Isernhagen
Softwaretechnik
in C und C++

Rolf Isernhagen

Softwaretechnik in C und C++

Modulare, objektorientierte und generische Programmierung

HANSER

Carl Hanser Verlag München Wien

Der Autor:

Prof. Rolf Isernhagen
FH Braunschweig/Wolfenbüttel
Institut für Verteilte Systeme

Internet: http://www.hanser.de

Die Deutsche Bibliothek – CIP-Einheitsaufnahme

Softwaretechnik in C und C++ [Medienkombination] :
modulare, objektorientierte und generische Programmierung / Rolf Isernhagen. -
München ; Wien : Hanser.
ISBN 3-446-18201-2
Buch. 1999
CD-ROM. 1999

Umschlaggestaltung: MCP • Susanne Kraus GbR, Holzkirchen
Datenbelichtung: Makengo Studios, München
Druck und Bindung: Druckerei Wagner GmbH, Nördlingen
Printed in Germany

Vorwort

Softwaretechnik Als *Softwaretechnik, engl. Software Engineering*, wird das Themengebiet bezeichnet, das sich mit der systematischen und methodischen Entwicklung insbesondere größerer Softwaresysteme beschäftigt. Man zieht auch gern und passend den Vergleich zur Entwicklung anderer – meist materieller – technischer Produkte, die auf hohem Niveau von Ingenieuren professionell betrieben wird. Die Entwicklung der – nicht materiellen – Software hat demgegenüber sicher keinen allzu guten Ruf. Das mag daran liegen, daß das Gebiet noch sehr jung ist, aber auch daran, daß Software in der Vergangenheit häufig von Nichtfachleuten entwickelt wurde, und schließlich auch daran, daß die Schwelle zum Einstieg in die Softwareentwicklung niedrig ist. Darüber hinaus sind große Softwaresysteme die komplexesten von Menschen entwickelten Strukturen.

Das Ziel der Softwaretechnik insbesondere im industriellen Bereich ist die Produktion qualitativ hochwertiger und zuverlässiger Software mit einem möglichst guten Verhältnis von Leistung zu Preis. Bei der Softwareentwicklung spielen neben Beherrschung von Syntax und Semantik der verwendeten Programmiersprache auch andere Dinge eine wesentliche Rolle, wie z.B. die Vorgehensweise (Phasenmodell, Softwarelifecycle) sowie die verwendeten Analyse- und Entwurfsmethoden und Programmierparadigmen (z.B. funktionale, datenorientierte oder objektorientierte Sicht).

Themenbereich Das Ziel dieses Buches – das aus den Vorlesungen *Programm- und Datenstrukturen I, II und III* des Autors hervorgegangen ist – soll die kompakte Darstellung der Basisthemen *Algorithmen, Datenstrukturen, Abstrakte Datentypen* sowie *Modulare und Objektorientierte Softwareentwicklung* im Rahmen der Programmiersprachen ANSI/ISO-C und ANSI/ISO–C++ sein. Die genannten Themen *Algorithmen ... Objektorientierung* haben natürlich ihren Wert auch unabhängig von der jeweils verwendeten Sprache und sollen auch so dargestellt werden, daß sie auf andere Sprachen – insbesondere auch auf *Java* – übertragbar sind.

Programmiersprachen Zur Wahl des Programmiersprachenkomplexes ANSI/-ISO-C und ANSI/ISO-C++ ist zu sagen, daß es leidenschaftliche Gegner und enthusiastische Anhänger dieser Sprachen gibt. Wenn man die Sprache C aus der Sicht der Informatik beurteilt, so ist mit Sicherheit heftigste Kritik angesagt, und bezüglich der Weiterentwicklung C++ würde der Autor die Frage: *C++ – Fortschritt oder Chaos?*[1] mit einem vorsichtigen *sowohl als auch* beantworten. Einerseits stellt C++ gegenüber C hinsichtlich Leistungsumfang und Qualität (z.B. strengere Typisierung) einen deutlichen Fortschritt dar, andererseits weist C++ viele Merkmale auf, die man chaotisch nennen *kann* (z.B. Adreßarithmetik und Objektorientierung auf einer Ebene). Nun gibt es aber noch viele andere Auswahl- und Beurteilungskriterien für eine Sprache – wie z.B. Verbreitung, Verfügbarkeit, Laufzeiteffizienz, Kompatibilität mit der Vergangenheit, Bandbreite, Flexibilität – bei denen C und C++ teilweise klare Spitzenreiter sind.

Die Sprache C ist seit 1990 nach ANSI und nach ISO standardisiert, die Standards sind fast identisch. Für 1999 wird ein überarbeiteter ISO-Standard erwartet, der im wesentlichen seinen Vorgänger an einigen Stellen ergänzen, aber sonst keine allzu großen Änderungen enthalten wird.

Die Sprache C++ ist seit September 1998 nach ANSI und nach ISO standardisiert, beide Gremien haben sich auf einen gemeinsamen Inhalt geeinigt. ANSI/ISO-C++ ist im wesentlichen eine Obermenge von ANSI/ISO-C.

Objektorientierung und andere Paradigmen Der schon lange dauernde und weiter anhaltende Siegeszug des Paradigmas[2] *Objektorientierung* ist eine unbestrittene Tatsache. Daneben gibt es aber andere klassische Paradigmen wie z.B. die *prozedurale Abstraktion* und die *Datenabstraktion* sowie den Ansatz der *generischen Programmierung*. Die Entwicklung der vielbeachteten *Standard Template Library (STL)* in C++ ist darüber hinaus ein erfolgreiches Beispiel für die Kombination verschiedener Paradigmen (Objektorientierung, Generik und funktionale Abstraktion). Während nun rein objektorientierte Sprachen wie *Java* sich nur dem einen Paradigma verschreiben, unterstützt C++ mehrere und scheint deshalb als Träger für den angegebenen Inhalt am geeignetsten.

Ebenen der Programmierung C++ ist eine Sprache, die nicht nur verschiedene Paradigmen unterstützt, sondern die auch die Programmierung auf verschiedenen Abstraktionsebenen ermöglicht. Dabei ist die untere Ebene die der klassischen C-Programmierung, die mittlere Ebene ist die der Objektorientierten Programmierung, und die obere Ebene ist die der Generischen Programmierung unter Verwendung entsprechender Bibliotheksmodule für *Strings*, *Container*, *Iteratoren* und *Algorithmen*.

[1] nach einem gleichnamigen Vortrag von *Nicolai Josuttis* am 23.01.1993 im Rahmen der *GI-Regionalgruppe Braunschweig*.

[2] *Paradigma* (griechisch) bedeutet *Muster*.

Hinweise für den Leser

Namen für Begriffe Das Fachvokabular im Softwarebereich ist umfangreich, es gibt viele synonyme und sich überschneidende Begriffe, und die Begriffswelt ist alles andere als konsistent. Hinzu kommt das Problem der Zweisprachigkeit Deutsch/Englisch, d.h. wo sollten deutsche Begriffe und wo die englischsprachigen Originale verwendet werden? Der Klarheit und guten Lesbarkeit wegen ziehe ich in Zweifelsfällen die englischen Originalbegriffe vor, z.B. *Client/Server-Struktur* statt vielleicht *Benutzer/Anbieter-Struktur* und verwende dabei auch Mischformen. Welche Alternative gibt es zu *friend-Funktion*? Selbst das Wort *Werkzeug* statt *tool* führt leider schon manchmal zu Mißverständnissen. Welche Form bevorzugen Sie: *Exception-Handling*, *Ausnahmebehandlung* oder *Exception-Behandlung*? Wie bezeichnen Sie einen *Exception-Handler* oder einen *Interrupt-Handler*? Sagen und schreiben Sie *Stapelspeicher* und *Warteschlange* oder lieber *Stack* und *Queue*, oder verwenden Sie beides nebeneinander?

Ein ähnliches Problem ist das der synonymen und teilweise sich auch nur stark überschneidenden Begriffe, z.B. *Objekt/Instanz/Variable* oder *Methode einer Klasse/Elementfunktion*. Sollte man sich jeweils durchgängig für einen Begriff entscheiden, oder sollte man auch teilweise variieren und die ganze Bandbreite der Terminologie vermitteln? Auch hier habe ich einen Kompromiß angestrebt.

Gestaltung der Programmtexte Das Buch enthält sehr viele Programmtexte, die in den meisten Fällen als vollständige Programme oder Programm-Module (H-Dateien und C- oder CPP-Dateien) einschließlich der Anweisungen für den Präprozessor abgedruckt sind. Das ist insbesondere hilfreich für den Leser, der Beispiele im Detail auf dem Rechner nachvollziehen will.

Ein wichtiger Grundsatz bei der Entwicklung und Darstellung der vielen Programmtexte ist die Konzentration auf das jeweilige Thema und die möglichst weitgehende Vernachlässigung weiterer Aspekte, die an anderen Stellen dargestellt sind. Beispiel: Bei der Behandlung binärer Bäume werden die wichtigsten Algorithmen als vollständige C-Funktionen angegeben, aber die Funktionen werden nicht mit Code zur Fehler- und Ausnahmebehandlung überladen.

Bei Namensgebung für Variable, Funktionen, Klassen usw. werden in der Regel englische Bezeichner bevorzugt. Das empfehle ich ganz allgemein bei der Programmierung, denn Software sollte lesbar und wartbar sein, und zwar möglichst in einem internationalen Rahmen.

Konsequent gedacht sollten dann auch die Kommentare in Programmen in Englisch abgefaßt sein; um aber gezielt dem deutschsprachigen Leser die Arbeit zu erleichtern, sind die Programmkommentare in der Regel in Deutsch abgefaßt.

Programmtexte auf CD-ROM Alle im Buch verwendeten Programmtexte sind auf der beigefügten CD-ROM enthalten, die entsprechenden Datei- und Pfadnamen sind direkt bei dem jeweiligen Beispiel mit angegeben, und außerdem befindet sich am Ende des Buches ein Verzeichnis aller Programmtexte mit den zugehörigen Datei- und Pfadnamen. Als Dateinamen werden verwendet: *name*`.c`, *name*`.h`, *name*`.cpp` und *name*`.sht`. Die Bezeichnung *name*`.sht` bedeutet, daß der Code durch Weglassen von Details abstrahiert wurde, auf der CD-ROM ist in den Fällen zusätzlich der vollständige Code in Form einer C-, einer H- oder einer CPP-Datei abgelegt.

Inhaltsübersicht

I Die Sprache C und Modulare Softwareentwicklung

1 ANSI/ISO-C, Clean-C und Better-C

ANSI/ISO-C unter besonderer Berücksichtigung der Aufwärtskompatibilität zu ANSI/ISO-C++, *Clean-C* als Schnittmenge von C und C++ und *Better-C* als Erweiterung von C um einige Bestandteile von C++.

2 ANSI/ISO-C-Standardbibliothek

Kompakte Übersicht über die Funktionalität der Bibliotheksmodule, die sich dem Benutzer in Form von *Header-Dateien* präsentieren, die jeweils *Deklarationen von Funktionen, Variablen* und *Konstanten* sowie *Typdefinitionen* enthalten können.

3 Modulare Programmierung

Es werden die Möglichkeiten der *Modularen Programmierung* und der *Generischen Programmierung* in ANSI/ISO-C durch Verwenden entsprechender Schemata aufgezeigt, mit der entsprechende Defizite der Sprache kompensiert werden können.

II Datenstrukturen, Algorithmen, ADT's, Container

4 Sortieren, Suchen und Zeitkomplexität

Es werden Algorithmen für das Sortieren und Suchen in Arrays vorgestellt, und in dem Rahmen wird die *Zeitkomplexität* als qualitativer Maßstab zur Bewertung von Algorithmen eingeführt.

5 Dynamische Datenstrukturen

In diesem Kapitel werden wichtige Datenstrukturen wie *Listen, Bäume, AVL-Bäume, Bayer-Bäume, Heaps* und *Hashstrukturen* zusammen mit den entsprechenden Algorithmen entwickelt und in wiederverwendbare *Generische Module* verpackt.

6 Container-Strukturen

Es werden typische Containerstrukturen wie *stack, queue, priorityqueue, set, multiset, map, multimap* und *vector* durch Abbilden auf die im vorigen Kapitel behandelten Datenstrukturen entwickelt.

7 Automaten in der Softwaretechnik
Es werden Automatenmodelle – *Endliche Automaten und Kellerautomaten* – als Grundlage des Softwareentwurfs vorgestellt. Sie spielen z.B. eine wichtige Rolle beim Erkennen von einfachen Mustern (*Scanner*) und beim Erkennen von komplexeren Mustern (*Parser*).

III Die Sprache C++ und ihre Softwaretechniken

8 Von ANSI/ISO-C nach ANSI/ISO-C++ – ein Überblick
Kompakter Überblick über die Sprache C++ und über die C++-Standardbibliothek auf der Basis von C, es werden die *nicht objektorientierten* und die *objektorientierten Erweiterungen* sowie deren Benutzung skizziert.

9 Objektorientierte Programmierung
Hier werden die Bestandteile der Sprache C++ und deren Verwendung im Detail behandelt, die insbesondere die *Objektorientierte Programmierung* und die *Generische Programmierung* unterstützen.

10 Objektorientierte und Generische Softwareentwicklung
Dieses Thema umfaßt besondere Programmiertechniken, Methoden und Konzepte zur effektiven Anwendung der von C++ angebotenen Sprachkonstrukte, die sowohl die *Objektorientierte Programmierung* als auch die *Generische Programmierung* als auch die Möglichkeiten, die sich aus Kombination beider Paradigmen ergeben, massiv unterstützen.

11 ANSI/ISO-C++-Standardbibliothek
Es wird ein Überblick über die sehr umfangreiche Standardbibliothek der Sprache C++ gegeben, und die wichtigsten Teile dieser Bibliothek – insbesondere die Unterstützung für das Arbeiten mit Eingabe- und Ausgabeströmen, mit Strings und mit Containern – werden im Detail vorgestellt und deren Anwendung an vielen Beispielen demonstriert.

Inhaltsverzeichnis

I Die Sprache C und Modulare Softwareentwicklung 1

1 ANSI/ISO-C, Clean-C und Better-C 3

1.1 Entwicklungsgeschichte: Von K&R-C nach C++ . . . 4
1.2 Clean-C und Better-C . . . 6
1.3 Neun Beispiele . . . 7
1.4 Aufbau der Sprache . . . 17
1.4.1 Lexikalische und Syntaktische Struktur . . . 17
1.4.2 Formale Beschreibung (Syntaxnotation) . . . 17
1.4.3 Lexikalische Elemente (Symbole, Token) . . . 18
1.4.4 Clean-C/Better-C: Restriktionen/Erweiterungen . . . 21
1.5 Daten, Operatoren, Ausdrücke, Anweisungen . . . 21
1.5.1 Vordefinierte Datentypen . . . 21
1.5.2 Variablen und Konstanten . . . 25
1.5.3 Operatoren für Elementare Datentypen . . . 28
1.5.4 Ausdrücke . . . 33
1.5.5 Prioritäten von Operatoren . . . 35
1.5.6 Explizite und implizite Typkonvertierungen . . . 36
1.5.7 Arbeiten mit Zahlen . . . 37
1.5.8 Arbeiten mit Zeichen . . . 39
1.5.9 Arbeiten mit Booleschen Ausdrücken . . . 40
1.5.10 Aufzählungstypen . . . 41
1.5.11 Ausdrücke als Anweisungen, Mehrfachzuweisungen . . . 42
1.5.12 Bedingte Ausdrücke und bedingte Anweisungen . . . 42
1.5.13 Clean-C/Better-C: Restriktionen/Erweiterungen . . . 43
1.6 Steueranweisungen . . . 44
1.6.1 Übersicht . . . 44
1.6.2 Verbundanweisung (compound-statement) . . . 45
1.6.3 Verzweigungen . . . 45
1.6.4 Wiederholungen . . . 47
1.6.5 Marken und Sprünge . . . 49
1.6.6 Zusammenfassung . . . 52

1.6.7 Clean-C/Better-C: Restriktionen/Erweiterungen 54
1.7 Funktionen 54
1.7.1 Grundlagen 54
1.7.2 Rekursive Algorithmen und Funktionen 56
1.7.3 Variable Anzahl von Parametern 61
1.7.4 Definition, Deklaration und Aufruf von Funktionen 62
1.7.5 ANSI/ISO-C-Bibliotheksfunktionen 64
1.7.6 Clean-C/Better-C: Restriktionen/Erweiterungen 65
1.8 Datenstrukturen, Werte- und Zeigersemantik 67
1.8.1 Zeiger, Adressen, Vektoren 67
1.8.2 Mehrdimensionale Vektoren 77
1.8.3 Strukturen 85
1.8.4 Vereinigungen (Unionen) 92
1.8.5 Zeiger und Zeigerkonvertierungen 92
1.8.6 Arbeiten mit selbstverwalteten Daten, Zeigersemantik 97
1.8.7 Syntax von Deklarationen 105
1.8.8 Clean-C/Better-C: Restriktionen/Erweiterungen 108
1.9 Eingabe und Ausgabe von Daten 110
1.9.1 Überblick 110
1.9.2 Typen, Variable und Konstanten 111
1.9.3 Arbeiten mit den Standardgeräten 112
1.9.4 Arbeiten mit Textdateien 114
1.9.5 Datenformatierung 118
1.9.6 Dateien mit Blockstruktur 122
1.9.7 Strings als Medium für formatierte Ein- und Ausgabe 125
1.9.8 Fehlerbehandlung 126
1.9.9 Weitere Funktionen 127
1.9.10 Clean-C/Better-C: Restriktionen/Erweiterungen 128
1.10 Programmstruktur und Speicherklassen 128
1.10.1 Dateien, Geltungsbereiche, Lebensdauer 128
1.10.2 Geltungsbereich von Bezeichnern 128
1.10.3 Lebensdauer von Variablenwerten 131
1.10.4 Zusammenfassung und Ergänzungen 133
1.10.5 Module: Definitions- und Implementationsdateien 136
1.10.6 Allgemeiner Aufbau von ANSI/ISO-C-Programmen 144
1.10.7 Clean-C/Better-C: Restriktionen/Erweiterungen 147
1.11 Zeiger auf Funktionen 148
1.11.1 Zeiger auf Funktionen in Vektoren und Strukturen 148
1.11.2 Zeiger auf Funktionen als Funktionsparameter 149
1.12 Präprozessor 152
1.12.1 Einfügen von Dateien 152
1.12.2 Ersetzen von Textstellen 152
1.12.3 Bedingte Einfügung, bedingte Übersetzung 153

1.12.4 Definition von Makros 154
1.12.5 Vordefinierte Namen 157
1.12.6 Sonstiges 157
1.12.7 Zusammenfassung und Bewertung 157
1.12.8 Clean-C/Better-C: Restriktionen/Erweiterungen 158
1.13 Speicherverwaltung, Speichermodelle 158
1.14 Fehlerbehandlung/Ausnahmebehandlung 160
1.15 Übungen 162

2 ANSI/ISO-C-Standardbibliothek 165
2.1 Kurzübersicht über die Gesamtbibliothek 166
2.2 Fehlerdiagnostik: `<assert.h>` 166
2.3 Zeichenoperationen: `<ctype.h>` 166
2.4 Fehlererkennung: `<errno.h>` 167
2.5 Grenzwerte für Gleitkommatypen: `<float.h>` 167
2.6 Grenzwerte für ganzzahlige Typen: `<limits.h>` 168
2.7 Lokale (nationale) Definitionen: `<locale.h>` 169
2.8 Mathematische Funktionen: `<math.h >` 169
2.9 Globale Sprünge : `<setjmp.h>` 171
2.10 Ausnahmebehandlung: `<signal.h>` 171
2.11 Variable Parameterlisten: `<stdarg.h>` 172
2.12 Allgemeine Definitionen: `<stddef.h>` 172
2.13 Ein- und Ausgabe: `<stdio.h>` 172
2.14 Hilfsfunktionen: `<stdlib.h>` 176
2.15 String-Operationen: `<string.h>` 179
2.16 Datum und Zeit: `<time.h >` 181

3 Modulare Programmierung 183
3.1 Module und Modulschnittstellen 184
3.1.1 Softwareentwurf und Modularisierung 184
3.1.2 Geheimnisprinzip, Datenkapselung, Abstrakte Datentypen . . 184
3.1.3 Realisierung von Abstrakten Datentypen in C 185
3.1.4 Realisierung von generischen Modulen in C 188
3.2 Fallstudie 1: Komplexe Arithmetik 192
3.2.1 Spezifikation 192
3.2.2 Implementierung 193
3.2.3 Anwendung 194
3.3 Fallstudie 2: Strings 195
3.3.1 Spezifikation 195
3.3.2 Implementierung 197
3.3.3 Anwendung 198
3.4 Fallstudie 3: Set (Menge) 199
3.4.1 Allgemeine Spezifikation 199
3.4.2 Modul Set, Version 0: Kleiner Wertebereich 200

3.4.3 Modul Set, Version 1: Vergrößerung des Wertebereichs 201
3.4.4 Modul Set, Version 2: Einstellbarer Wertebereich 205
3.4.5 Modul Set, Version 3: Alternative Realisierung 208
3.4.6 Modul Set, Version 4: Ein generisches Modul 210
3.5 Fallstudie 4: Generische Sortierte Liste 214
3.5.1 Spezifikation 214
3.5.2 Implementierung 215
3.5.3 Anwendung 218
3.5.4 Anpassung an Anwendungen 219
3.6 Übungen 228

II Datenstrukturen, Algorithmen, ADTs, Container 235

4 Sortieren, Suchen und Zeitkomplexität 237
4.1 Zeitkomplexität 238
4.2 Einfache Sortieralgorithmen 242
4.3 Schnelle Sortieralgorithmen 244
4.4 Laufzeitmessungen an Sortieralgorithmen 248
4.5 Lineares Suchen 250
4.6 Binäres Suchen 250
4.7 Die Macht der Zeitkomplexität 251

5 Dynamische Datenstrukturen 257
5.1 Lineare Listen, Stapel und Schlangen 258
5.1.1 Zeigernotation und Heapverwaltung 258
5.1.2 Lineare einfach gekettete Listen 260
5.1.3 Lineare doppelt gekettete Listen 263
5.1.4 Stapelspeicher 264
5.1.5 Warteschlange 265
5.1.6 ADT List (Unsortierte Liste) 265
5.1.7 Prioritätswarteschlange 271
5.1.8 Übungen 274
5.1.9 ADT SList (Sortierte Liste) 275
5.2 Binäre Wilde Bäume 279
5.2.1 Grundlagen 279
5.2.2 Traversieren 280
5.2.3 Einfügen 282
5.2.4 Suchen 284
5.2.5 Löschen 284
5.2.6 Übungen 286
5.2.7 ADT Tree (Binärer Suchbaum) 287
5.2.8 Fallstudie *Querverweis-Listengenerator* 293
5.3 Binäre Ausgeglichene Bäume 297

5.3.1 Definition der Ausgeglichenheit und Konzept 297
5.3.2 Einfügen 299
5.3.3 Löschen 306
5.3.4 ADT Avl (Ausgeglichener Binärer Suchbaum) 310
5.4 Vielweg-Bäume (Bayer-Bäume) 316
5.4.1 Einführung und Konzept 316
5.4.2 Datenstrukturen 320
5.4.3 Traversieren 321
5.4.4 Einfügen 322
5.4.5 Löschen 324
5.4.6 Demoprogramm 327
5.4.7 Übungen 333
5.5 Heap-Strukturen 333
5.6 Hashverfahren 339
5.6.1 Allgemeines 339
5.6.2 Statische Hashverfahren 339
5.6.3 Halbdynamische Hashverfahren 346
5.6.4 Dynamische Hashverfahren 350
5.6.5 Zusammenfassung 352

6 Container-Strukturen 353
6.1 Container-Strukturen, Überblick 354
6.2 Realisierung von Container-Strukturen 354
6.2.1 Stack, Queue und Priorityqueue 355
6.2.2 Set und Multiset 358
6.2.3 Map, Multimap und Vector 359
6.3 Anwendungsbeispiele 364
6.3.1 Test- und Demoprogramm 364
6.3.2 Anwendungsbeispiel *Textanalyse* 366
6.3.3 Anwendungsbeispiel *Anagramme* 369
6.4 Übungen 374

7 Automaten in der Softwaretechnik 375
7.1 Automaten und Sprachen 376
7.2 Endliche Automaten und Reguläre Sprachen 376
7.3 Lexikalische Analyse, Scanner 380
7.3.1 Scanner für Zahlen 381
7.3.2 Scanner für Kommentare 383
7.3.3 Ein Scanner für die kleine Sprache ML2 384
7.4 Kellerautomaten und Kontextfreie Sprachen 388
7.5 Syntaktische Analyse, Parser 392
7.5.1 EBNF-Notation und Syntaxdiagramme 392
7.5.2 Parser 393
7.5.3 Die Sprachen ML1 und ML2 und ihre Parser 400

III Die Sprache C++ und ihre Softwaretechniken 409

8 Von ANSI/ISO-C nach ANSI/ISO-C++ – ein Überblick 411

8.1 Die Funktion `main` . . . 413
8.2 Neue Schlüsselwörter und reservierte Wörter . . . 413
8.3 Neue Operatoren . . . 415
8.4 Neue Bibliotheksmodule . . . 415
8.5 Der Namensraum `std` . . . 416
8.6 Deklarationen und Bindung . . . 417
8.7 Benutzen von Modulen mit C-Bindung (Bindespezifikation) . . . 417
8.8 Kleine nicht objektorientierte Erweiterungen . . . 418
8.8.1 Vordefinierter Makro-Name . . . 418
8.8.2 *Inline*-Kommentare . . . 418
8.8.3 *Inline*-Funktionen . . . 419
8.8.4 Der Typ *bool* . . . 420
8.8.5 Der Typ *wchar_t* . . . 420
8.8.6 Zeichenkonstanten . . . 420
8.8.7 Syntax von Typkonvertierungen . . . 420
8.8.8 Das Attribut *const* . . . 421
8.8.9 Erweiterung des Strukturtyps . . . 421
8.8.10 Positionierung von Deklarationen . . . 422
8.8.11 Default-Parameterwerte und variable Parameterzahl . . . 423
8.8.12 Funktionen ohne Parameter . . . 423
8.9 Mittlere nicht direkt objektorientierte Erweiterungen . . . 424
8.9.1 Referenztypen . . . 424
8.9.2 Speicherverwaltung mit *new und delete* . . . 427
8.9.3 Überladen von Funktionen . . . 430
8.9.4 Überladen von Operatoren . . . 431
8.9.5 Generische Funktionen (Funktions-Templates) . . . 431
8.9.6 Namensbereiche (Namespaces) . . . 432
8.9.7 Typkonvertierungen (Typecasts) . . . 434
8.10 Objektorientierung: *das Klassenkonzept* . . . 435
8.10.1 Die Konzepte der Objektorientierung in C++ . . . 435
8.10.2 Klassen . . . 438
8.10.3 Vererbung . . . 442
8.10.4 Polymorphie und dynamisches Binden . . . 445
8.10.5 Klassenschablonen . . . 449
8.11 Ausnahmebehandlung (Exception Handling) . . . 451
8.12 Die C++-Standardbibliothek . . . 453
8.12.1 Überblick . . . 453
8.12.2 Neues EA-Konzept: *Stream-IO* . . . 455
8.12.3 Container & Zubehör: *Standard Template Library (STL)* . . . 458
8.12.4 Strings . . . 461

9 Objektorientierte Programmierung 467
9.1 Kapselung: *Klassen als Abstrakte Datentypen* . . . 468
9.1.1 Grundlagen . . . 468
9.1.2 Konstruktoren Destruktoren . . . 473
9.1.3 Der Zuweisungsoperator . . . 477
9.1.4 Minimale Standardschnittstelle und *Nice Class* . . . 479
9.1.5 Konstante Elementfunktionen, konstante Objekte . . . 481
9.1.6 Zugriffsrechte . . . 484
9.1.7 *Mitglieder* und *Freunde* . . . 485
9.1.8 Überladen von Operatoren . . . 490
9.1.9 Überladen von Konvertierungsoperatoren . . . 494
9.1.10 Übergabe per *Referenz* und das Attribut *const* . . . 495
9.1.11 Dynamische verwaltete Daten in Klassen . . . 499
9.1.12 Effizienzbetrachtungen: Laufzeiteffizienz . . . 503
9.1.13 Statische Elemente in einer Klasse . . . 505
9.1.14 Schachtelung von Klassen . . . 508
9.1.15 Funktionsobjekte . . . 510
9.1.16 Zusammenfassung: Wichtige Hinweise und Regeln . . . 514
9.1.17 Übungsaufgaben . . . 515
9.2 Vererbung: *Erweiterung von Klassen* . . . 517
9.2.1 Grundlagen . . . 517
9.2.2 Konstruktoren, Destruktor und Zuweisungsoperator . . . 521
9.2.3 Virtuelle Funktionen . . . 525
9.2.4 Öffentliches und Privates Erben . . . 527
9.2.5 Privates Erben und Benutzen . . . 528
9.2.6 *Rein* Virtuelle Funktionen und Abstrakte Klassen . . . 529
9.2.7 Übungsaufgaben . . . 533
9.3 Polymorphie: *Dynamisches Binden* . . . 535
9.3.1 Dynamisches Binden von Elementfunktionen . . . 535
9.3.2 Heterogene Datenstrukturen . . . 540
9.3.3 Virtuelle Destruktoren . . . 541
9.3.4 Ein Klassensystem für graphische Objekte, Vers. 1 . . . 543
9.3.5 Objektschachtelung: Graphische Objekte, Vers. 2 . . . 546
9.3.6 Zwei Aspekte der Polymorphie: *heterogen und generisch* . . . 549
9.3.7 Polymorphe Container-Strukturen . . . 553
9.4 Die richtige Anwendung der Vererbung . . . 565
9.4.1 Verschiedene Sichten und Probleme . . . 565
9.4.2 Schnittstellen-Klassen . . . 568
9.4.3 Abstrakte und nicht abstrakte Basisklassen . . . 569
9.4.4 Fallstudie *Querverweis-Listengenerator* . . . 574
9.4.5 Zuweisungsoperatoren in Klassen mit polymorphen Zeigern . 578
9.5 Mehrfachvererbung . . . 580
9.5.1 Grundlagen . . . 580

9.5.2 Verwendung nichtvirtueller Basisklassen . . . 582
9.5.3 Verwendung virtueller Basisklassen . . . 584
9.5.4 Virtuelle Methoden in virtuellen Basisklassen . . . 590
9.5.5 Fallstudie *Querverweis-Listengenerator* . . . 591
9.6 Beziehungen zwischen Klassen – Übersicht . . . 596
9.7 Klassen-Templates: *Generische Strukturen* . . . 599
9.7.1 Grundlagen . . . 599
9.7.2 Eine generische Container-Bibliothek . . . 607
9.7.3 Spezialisierung von Templates . . . 611
9.7.4 Eine spezialisierte Container-Bibliothek . . . 614
9.7.5 Funktions-Templates . . . 618
9.7.6 Funktions-Templates als Elemente . . . 619
9.7.7 Laufzeit- und Compilezeit-Polymorphismus . . . 620
9.8 Namensbereiche: *Namenskollisionen vermeiden* . . . 621
9.8.1 Grundlagen: Definition und Benutzung . . . 621
9.8.2 Erweiterung von Namensbereichen . . . 622
9.8.3 Alias (Synonym) für Namensbereiche . . . 624
9.8.4 `Using`-Direktive und `Using`-Deklaration . . . 625
9.8.5 Anonyme Namensbereiche . . . 626
9.8.6 Anwendung von Namensbereichen . . . 627
9.9 Typkonvertierung, Laufzeit-Typinformation . . . 629
9.9.1 Die Grundidee . . . 629
9.9.2 Syntax und Semantik der Sprachkonstrukte . . . 631
9.9.3 Zusammenfassung . . . 634
9.10 Ausnahmebehandlung (Exception-Handling) . . . 635
9.10.1 Grundlagen . . . 636
9.10.2 Syntax und Semantik der Sprachkonstrukte . . . 651
9.10.3 Ausnahmebehandlung am Beispiel der Klasse `Stack` . . . 654
9.10.4 Empfehlungen . . . 658
9.10.5 Zusammenfassung . . . 659

10 Objektorientierte und Generische Softwareentwicklung 661
10.1 Besondere Programmiertechniken . . . 662
10.1.1 Smart Pointer . . . 662
10.1.2 Iteratoren . . . 666
10.1.3 Generische Algorithmen . . . 675
10.1.4 Referenzzählung (Reference-Counting) . . . 679
10.2 Template-Metaprogrammierung . . . 688
10.2.1 Compilezeit-Berechnungen . . . 688
10.2.2 Compilezeit-Polymorphismus . . . 691
10.3 Zusicherungen (assertions) . . . 694
10.3.1 Das Prinzip: Zusicherungen in Eiffel . . . 694
10.3.2 Simulation von Zusicherungen in C++, Version 1 . . . 696

10.3.3 Simulation von Zusicherungen in C++, Version 2 700
10.3.4 Zusammenfassung 705
10.4 Fallstudien 706
10.4.1 Strings 706
10.4.2 Eine Array-Klasse 718
10.4.3 Entwicklung einer kleinen Container-Bibliothek 725

11 ANSI/ISO-C++-Standardbibliothek 737
11.1 Übersicht 738
11.2 Allgemeine Dienste 740
11.2.1 Vergleichsoperatoren 741
11.2.2 Paare 741
11.2.3 Auto-Zeiger 743
11.3 Strings 744
11.3.1 Konzept und Übersicht 744
11.3.2 Funktionalität 747
11.4 Eingabe und Ausgabe (EA) 756
11.4.1 Vorteile des neuen EA-Konzeptes 756
11.4.2 EA im Standardformat mit Standardgeräten 756
11.4.3 Struktur & Funktionalität der Stream-IO-Bibliothek 758
11.4.4 Formatierung 765
11.4.5 EA-Funktionen 770
11.4.6 Arbeiten mit Dateien 774
11.4.7 Strings als Eingabe- und Ausgabemedium 781
11.4.8 Anzeige & Abfrage von Zuständen, Fehlerbehandlung 784
11.4.9 Eigene Definitionen, weitere Funktionen 789
11.5 Container 799
11.5.1 Das Konzept der *Standard Template Library (STL)* 799
11.5.2 Container für Sequenzen 801
11.5.3 Containeradapter für Sequenzen 812
11.5.4 Container für Assoziationen 816
11.5.5 Die Containerklasse `bitset` 829
11.6 Iteratoren 832
11.6.1 Operationen und Klassifizierung 832
11.6.2 Iteratoren als Container-Schnittstellen 835
11.6.3 Reverse-Iteratoren 838
11.6.4 Insert-Iteratoren 840
11.6.5 Stream-Iteratoren 842
11.6.6 Selbstdefinierte Iteratoren (Iterator-Adapter) 845
11.7 Funktionsobjekte 851
11.7.1 Verwendung von Funktionsobjekten 851
11.7.2 Funktionsobjekte der Standardbibliothek 853
11.7.3 Funktionsadapter der Standardbibliothek 856

11.8 Algorithmen: globale generische Funktionen 860
11.8.1 Nicht modifizierende sequentielle Operationen 861
11.8.2 Modifizierende sequentielle Operationen 867
11.8.3 Sortieren, Suchen und verwandte Operationen 873
11.8.4 Mengenoperationen 879
11.8.5 Heap-bezogene Operationen 882
11.8.6 Minimax bestimmen und lexikographische Vergleiche 885
11.8.7 Permutieren 888
11.8.8 Anwendungsbeispiel *Textanalyse* 890
11.8.9 Anwendungsbeispiel *Anagramme* 893
11.9 Weitere Dienstleistungen 898
11.9.1 Ausnahmebehandlung 898
11.9.2 Grenzwerte der Implementierung 901
11.9.3 Speichermodelle 902
11.9.4 Internationalisierung 903
11.9.5 Numerik 903

Literaturverzeichnis 907

C/C++-Textverzeichnis 911

Abbildungsverzeichnis 919

Tabellenverzeichnis 923

Stichwortverzeichnis 925

Teil I

Die Sprache C und Modulare Softwareentwicklung

Kapitel 1

ANSI/ISO-C, Clean-C und Better-C

I think C has a lot of features that are very important. The way C handles pointers, for example, was a brilliant innovation; ... I do like C as a language, especially because it blends in with the operating system (if you're using UNIX, for example).

Donald E. Knuth, 1993, *CLB Interview*

The very features of C that make it an unsuitable candidate for human consumption – lack of structure, weak typing, ... – strengthen its appeal as a "universal assembly language" ...

Bertrand Meyer, 1998, *JOOP*

1.1 Entwicklungsgeschichte: Von K&R-C nach C++ 4
1.2 Clean-C und Better-C 6
1.3 Neun Beispiele 7
1.4 Aufbau der Sprache 17
1.5 Daten, Operatoren, Ausdrücke, Anweisungen 21
1.6 Steueranweisungen 44
1.7 Funktionen 54
1.8 Datenstrukturen, Werte- und Zeigersemantik 67
1.9 Eingabe und Ausgabe von Daten 110
1.10 Programmstruktur und Speicherklassen 128
1.11 Zeiger auf Funktionen 148
1.12 Präprozessor 152
1.13 Speicherverwaltung, Speichermodelle 158
1.14 Fehlerbehandlung/Ausnahmebehandlung 160
1.15 Übungen 162

1.1 Entwicklungsgeschichte: Von K&R-C nach C++

C ist eine gewachsene Sprache, die sich über einen Zeitraum von etwa 20 Jahren zum heutigen *ANSI/ISO-C* entwickelt hat. Sie schleppt einiges an Ballast mit sich herum, ist aber dafür weitgehend kompatibel zu verschiedenen vorherigen Standards.

C ist im Vergleich zu einigen anderen Sprachen wie z.B. Pascal, Ada, Modula-2 oder Oberon nicht besonders systematisch aufgebaut und teilweise recht kryptisch, aber sehr verbreitet in der Industrie und auch im Hochschulbereich.

C reicht in etwa von der *Assembler-Ebene* bis zur *Ebene der klassischen höheren Sprachen* und – mit der inzwischen ebenfalls standardisierten Erweiterung C++ – bis zur *Ebene der objektorientierten Sprachen.*

Wesentliche Nachteile von C:

- nicht durchweg systematischer Aufbau (insbesondere wegen Kompatibilität mit K&R-C)
- nicht konsequent statisch typisiert
- schwache Unterstützung für modulare Programmierung
- teilweise ins Kryptische gehende Notation

Wesentliche Vorteile von C:

- standardisiert und sehr stark verbreitet
- hohe Bandbreite (Assembler-Ebene bis zur Ebene der Hochsprachen)
- speicher- und laufzeiteffizient
- flexibel und anpassungsfähig

Die Sprache C – und insbesondere C++ – ist kompliziert wie das reale Leben, sie hat begeisterte Freunde und leidenschaftliche Gegner. Auch hier bietet sich ein Vergleich aus einem anderen Bereich an. Englisch ist eine Weltsprache: wer global kommunizieren will, muß Englisch lesen, sprechen und schreiben, egal ob ihm die Sprache gefällt oder nicht.

Es gibt viele C-Dialekte, Entwicklungsstufen und Untermengen, Bild 1.1 gibt einen Überblick über das Wesentliche. Das klassische Standardwerk zu K&R-C/ANSI-C ist [1]. Hier eine kurze Skizze der Entwicklung von K&R-C nach ANSI/ISO-C++ :

- **K&R-C**: klassischer Standard seit 1978, definiert von Kernighan und Ritchie
- **ANSI-C**: ANSI-Standard seit Dezember 1989, beinhaltet wesentliche Erweiterungen gegenüber K&R-C:
  - Strengere statische Typisierung
  - Funktionsprototypen

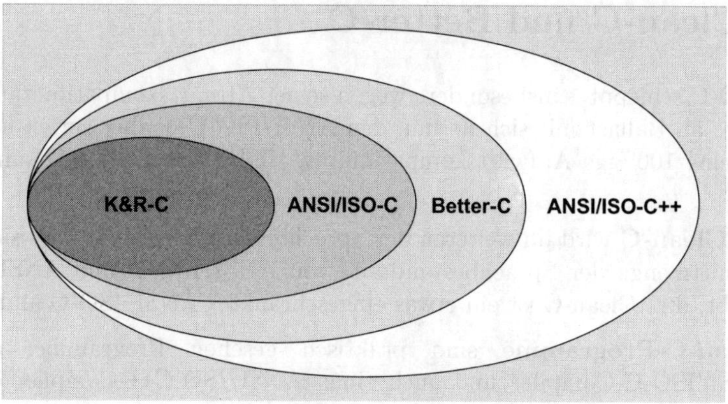

Bild 1.1: Entwicklungsstufen der Programmiersprache C

- Datentyp `void*` für nicht typisierte Zeiger (Adressen)
- Strukturen können als Ganzes zugewiesen, als Parameter an eine Funktion übergeben und als Funktionswert zurückgegeben werden
- Attribut `const` zur Definition von Konstanten
- Aufzählungstypen

• **Better-C**: Untermenge von C++, und zwar C++ ohne Klassen, wesentliche Erweiterungen gegenüber C:
  - weiter verbesserte statische Typisierung
  - elegantere Ein- und Ausgabe mit den überladenen Operatoren `<<` und `>>`
  - Referenztypen für Parameterübergabe
  - vereinfachte dynamische Speicherverwaltung mit `new` und `delete`
  - Kommentare mit `//`
  - Überladen von Funktionen und Operatoren
  - Inline-Funktionen
  - Namensbereiche (name spaces)

• **C++**: Von Stroustrup entwickelte objektorientierte Programmiersprache als Obermenge von C, seit September 1998 ebenfalls nach ANSI/ISO standardisiert. Wesentliche Erweiterungen gegenüber Better-C:
  - Klassenkonzept zur Realisierung *Abstrakter Datentypen* (ADT)
  - Vererbungsmechanismus (Inheritance) zur Erweiterung von Klassen
  - dynamische Bindung von Element-Funktionen (Polymorphismus)
  - generische Konstrukte durch Verwendung von Schablonen (Templates)
  - Ausnahmebehandlung (Exception Handling)

1.2 Clean-C und Better-C

ANSI/ISO-C schleppt – insbesondere wegen seiner Abwärtskompatibilität zu K&R-C – einiges an Ballast mit sich herum, den ANSI/ISO-C++ abgeworfen hat, d.h. es besteht keine 100%ige Aufwärtskompatibilität. Bild 1.2 stellt den Zusammenhang dar:

- Als **Clean-C** wird im weiteren der Sprachbereich bezeichnet, der sich aus der Schnittmenge der Sprachbestandteile von ANSI/ISO-C und ANSI/ISO-C++ ergibt, d.h. Clean-C ist ein etwas eingeschränktes ANSI/ISO-C und
- **Clean-C-Programme** sind praktisch gesehen Programme, die einen ANSI/ISO-C-Compiler und auch einen ANSI/ISO-C++-Compiler ohne Fehlermeldung passieren.

Aus Gründen der *Portierbarkeit*, der *Zukunftssicherheit*, der *Robustheit* und der *Erweiterbarkeit* empfiehlt es sich sehr, bei der Entwicklung von C-Programmen nur Clean-C zu verwenden, d.h. nur solche Sprachmittel, die auch Bestandteil von C++ sind. Die Einschränkungen sind gering, sie werden jeweils am Ende eines Unterabschnitts zusammenfassend dargestellt. Diese Strategie ermöglicht einen gleitenden Übergang von C nach C++. ANSI/ISO-C++ enthält gegenüber ANSI/ISO-C nicht

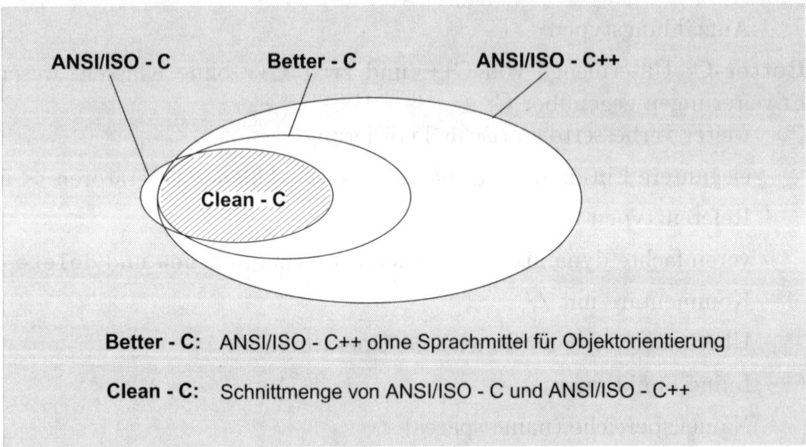

Bild 1.2: Definition der Sprachsubsets *Clean-C* und *Better-C*

nur *objektorientierte Erweiterungen*, sondern darüber hinaus auch eine Reihe von *nichtobjektorientierten Erweiterungen*, die es in vielen Fällen ermöglichen, Zusammenhänge klarer und besser lesbar zu formulieren:

- Als **Better-C** wird im weiteren ein Sprachbereich bezeichnet, der eine Obermenge von Clean-C und gleichzeitig eine Untermenge von C++ darstellt (siehe Bild 1.2).

Better-C kann eine Zwischenstufe auf dem Wege von C nach C++ sein beim Erlernen der Sprache und auch in der Programmentwicklung. Die Grenze zwischen Better-C und C++ verläuft fließend und sie ist nicht durch Compiler überprüfbar. Die elementaren Better-C-Erweiterungen werden jeweils im Anschluß an die Clean-C-Einschränkungen am Ende eines Unterabschnitts zusammengefaßt, dadurch wird ebenfalls der Übergang von C nach C++ erleichtert.

1.3 Neun Beispiele

Die folgenden neun Beispiele geben einen ersten Einblick in die Programmiersprache ANSI/ISO-C:

- Beispiel 1: Hallo Welt
- Beispiel 2: ... und da ist die Welt
- Beispiel 3: Dateilister Version 0
- Beispiel 4: Datei kopieren
- Beispiel 5: Zahlensumme berechnen
- Beispiel 6: Dateilister Version 1
- Beispiel 7: Dateilister Version 2
- Beispiel 8: Worthäufigkeiten bestimmen
- Beispiel 9: Ein Programm, das sich selbst reproduziert

Leser, die mit anderen höheren Programmiersprachen wie z.B. ALGOL, Pascal, Modula, Oberon oder Ada vertraut sind, werden viele Grundstrukturen wiedererkennen, das betrifft insbesondere die Ablaufstrukturen (Kontrollstrukturen).

Eine gute Möglichkeit zum praktischen Einstieg in ANSI C besteht darin, diese Beispiele in den Rechner einzugeben, sie ablaufen zu lassen und dann zu modifizieren und auch Fehler einzubauen, um zu sehen, wie der Compiler darauf reagiert.

Das wohl bekannteste Programm der Welt ist auch das erste C-Programm-Beispiel in dem Standardwerk von Kernighan/Ritchie [1] und wird in C-Text 1.1 wiedergegeben.

C-Text 1.1: *Hallo Welt* ./Bsp1/b1to7/b1.c

```
#include <stdio.h>

int main(void)
/* Das erste Beispiel */
{
  printf("hallo, world\n");
  return 0;
}
```

Erläuterungen zu C-Text 1.1:

- Mit `#include <stdio.h>` wird das Modul für die Standardeingabe und -ausgabe eingefügt. Das Suffix `h` bedeutet *Header-Datei* (kurz: *H-Datei*), was hier soviel wie *Schnittstellen-Datei* bedeutet. Es gibt 15 *Standard-H-Dateien*, z.B. *stdio, string, float, math, ...*, siehe auch [1] Anh. B (S. 239).
- `main` bedeutet *Hauptprogramm, genauer Hauptfunktion.* Formal ist `main` eine integer-Funktion des Betriebssystems und gibt über die return-Anweisung bei Programmende den Wert 0 (d.h. 0 Fehler, alles okay) an das Betriebssystem zurück.
- Das Klammerpaar `{ }` steht für `begin` und `end`, Kommentare werden in `/*` und `*/` eingeschlossen, Kommentarschachtelungen sind nicht erlaubt!
- `printf(...)` ist die Standardfunktion für formatierte Ausgabe aus `stdio.h`, \ zeigt an, daß ein Steuerzeichen folgt, `n` steht dort für Zeilenende.
- Während in Sprachen wie z.B. Pascal, Modula und Oberon das Semikolon als Trennzeichen zwischen zwei Anweisungen steht, wird in C jede Anweisung durch ein Semikolon abgeschlossen, d.h. also, daß das Semikolon hinter `return 0` zwingend notwendig ist.

Das als C-Text 1.2 wiedergegebene Programm [1] ist als kleiner einführender Scherz gedacht. Als C-Anfänger sollte man nicht versuchen, es zu verstehen. Es generiert eine Weltkarte, wenn es z.B. mit `b2 50 50` aufgerufen wird.

C-Text 1.2: *... und das ist die Welt* ./Bsp1/b1to7/b2.c

```
#include <stdlib.h>
#include <stdio.h>


        main(l
     ,a,n,d)char**a;{
  for(d=atoi(a[1])/10*80-
 atoi(a[2])/5-596;n="@NKA\
CLCCGZAAQBEAADAFaISADJABBA^\
SNLGAQABDAXIMBAACTBATAHDBAN\
ZcEMMCCCCAAhEIJFAEAAABAfHJE\
TBdFLDAANEfDNBPHdBcBBBEA_AL\
 H E L L O,    W O R L D! "
   [l++-3];)for(;n-->64;)
      putchar(!d+++33^
          l&1);}
```

Das Programm erzeugt mit dem angegebenen Aufruf folgende Ausgabe:

[1]Das Programm habe ich von Herrn Carsten Hoffmann, einem Hörer meiner Vorlesung. Er hat es in einer *Mailbox* gefunden

```
             !!!!!!!!!!! !!!            !!!  !!!!!!!
! !!!!!!!!!!!!!!!!  !!!!! !    !      !!!!!!!!!!!!!!!!!!!!!!!!!!!!!!!!
 !!!!!!!!!!!!!!!!!!! !!!!          !  !! !!!!!"!!!!!!!!!!!!!!!!!!!!!!!
          !!!!!!!!!!!!!            !!!!!!! !!!!!!!!!!!!!!!! !!    !
            !!!!!!!!!             !! ! !!!!!!!!!!!!!!!!!!!!  !
     !       !!!! !               !!!!!!!!!!!!!!!!!!!!!!!!
               !!!!!             !!!!!!!!!!!!!  !!!   !!! !
                    !!!!!         !!!!!!!!!!     !     ! !  !
                    !!!!!!!!          !!!!!                   !!
                     !!!!!!            !!!! !             !!!!!
                      !!!!              !!                !!!!!!!!
                      !!                                  !!  !!     !
                      !
```

Der C-Text 1.3 ist ein Programm, das die Textdatei `b3.c` – also den eigenen Quelltext – auf den Bildschirm ausgibt.

C-Text 1.3: *Dateilister Version 0* ———————— ./Bsp1/b1to7/b3.c

```
#include <stdio.h>

int main(void)
/*
   Eine Textdatei auf den Bildschirm kopieren (Filelister)
*/
{
  FILE *fp;
  int c;

  fp = fopen("b3.c", "r");
  c = getc(fp);
  while (c != EOF )
  {
    putchar(c); c = getc(fp);
  }
  fclose(fp);

  return 0;
}
```

Erläuterungen zu C-Text 1.3:

- `fp` (filepointer) ist ein Zeiger (eine Adresse), das Zeichen `*` ist der *Inhaltsoperator (Inhalt von).*
- `EOF` bedeutet *End Of File* und ist als Konstante in `stdio.h` definiert.
- Für Wertzuweisungen wird in C der Operator `=` verwendet, für Abfragen auf Gleichheit bzw. Ungleichheit werden die Operatoren `==` bzw. `!=` verwendet.

- Die Funktion `getc(fp)` liest ein Zeichen aus der durch `fp` bezeichneten Datei, die Funktion `putchar(c)` schreibt ein Zeichen auf das Standard-Ausgabemedium (Bildschirm), beide sind in `stdio` definiert.
- Die *Zeichenvariable* `c` wird bewußt als `int`-Typ vereinbart, unter anderem, weil die in `stdio.h` definierte Konstante `EOF` nicht den Wert eines bestimmten Zeichens des definierten Zeichensatzes (z.B. des ASCII-Zeichensatzes) hat, sondern sie hat einen Wert außerhalb des entsprechenden Zeichensatzes. Ein typischer Wert für `EOF` ist z.B. `-1`. Aus diesem Grunde ist der Rückgabetyp der Funktion `getc` auch `int` und nicht `char`.
- C erlaubt Klein- und Großschreibung für die Buchstaben innerhalb von Bezeichnern und ist *case sensitive*, d.h. es unterscheidet große und kleine Buchstaben. So sind z.B. `meier`, `Meier` und `MEIER` drei verschiedene Bezeichner.

Das Programm C-Text 1.4 kopiert die Textdatei `b4.c`, also wieder den eigenen Quelltext. Die Datei mit dem kopierten Text erhält den Namen `xxxxxx`.

C-Text 1.4: *Datei kopieren* ./Bsp1/b1to7/b4.c

```
#include <stdio.h>

int main(void)
/*
   Kopieren einer Textdatei (Filecopy)
*/
{
  FILE *fpi, *fpo;
  int c;

  fpi = fopen("b4.c", "r");
  fpo = fopen("xxxxxx", "w");

  c = getc(fpi);
  while (c != EOF )
  {
    putc(c, fpo); c = getc(fpi);
  }

  fclose(fpi); fclose(fpo);

  return 0;
}
```

Das Programm C-Text 1.5 bestimmt jeweils die Summe $S = \sum_{i=n1}^{n2} i$ für zwei eingelesene Werte $n1$ und $n2$ mit $n1 \leq n2$ und führt die entsprechnde Berechnung dazu in dem Unterprogramm (der C-Funktion) `summe` durch.

C-Text 1.5: *Zahlensumme berechnen* ./Bsp1/b1to7/b5.c

```
#include <stdio.h>

/* Prototyp fuer die unten definierte Funktion "summe": */
void summe(int a, int b, int *c);

int main(void)
{
  int n1, n2, sum;
  do {
    printf("n1, n2 eingeben: ");
    scanf("%d %d", &n1, &n2);
    summe(n1, n2, &sum);
    printf("n1 + n1+1 + ... + n2 = %d\n", sum);
  }
  while (n1 <= n2);
  return 0;
}

/* Implementierung der Funktion "summe" */
void summe(int a, int b, int *c)
{
  int i, s = 0;
  for (i = a; i <= b; i++) s = s + i;
  *c = s;
}
```

Erläuterungen zu C-Text 1.5:

- Unterprogramme in C heißen Funktionen, `void` (= leer) gibt an, daß kein Wert über den Funktionsnamen zurückgegeben wird, sonst steht dort der entsprechende Typbezeichner (z.B. `int`).
- Auch das Hauptprogramm `main` ist formal eine Funktion, und zwar eine Funktion, die vom Betriebssystem aufgerufen wird.
- Das in der Funktion `summe` berechnete Resultat wird über den Zeiger `c` – das ist die Adresse unter der das Resultat abgelegt wird – zurückgegeben. Die Notation `int *c` bedeutet: *Der Inhalt von c ist vom Typ int.* Das Zeichen `*` hat hier die Bedeutung *Inhaltsoperator, d.h. (Inhalt von).*
- Beim Aufruf von `summe` muß für diesen Parameter entsprechend der *Adreßoperator (Adresse von)* `&` verwendet werden (`summe(n1, n2, &sum)`).
- Es wäre eleganter gewesen, in dem Beispiel eine *echte Funktion* mit der Form `int summe(int a, int b);` zu verwenden, die das Resultat über den Funktionsnamen zurückgibt, sie würde dann mit `sum = summe(n1, n2);` aufgerufen werden.

- `scanf` ist die Standardfunktion des Bibliotheksmoduls `stdio` zur formatierten Eingabe von Daten über das Standardeingabemedium Tastatur. Der Parameterteil beginnt mit den Formatangaben, `%d` bedeutet Eingabe einer Dezimalzahl. Dann folgen die Eingabevariablen. Wegen der Übergabe von Resultaten muß hier wieder der Adreßoperator verwendet werden.
- Bei `printf` ist `%s` die Formatspezifikation für die Stringausgabe, `%d` für dezimale Ausgabe, und `\n` bedeutet wieder Zeilenende.

Der C-Text 1.6 zeigt einen *Dateilister*, der eine Textdatei in Blöcken von 25 Zeilen auf den Bildschirm ausgibt, die Weiterschaltung auf den nächsten Block erfolgt jeweils durch die Betätigung der Eingabetaste.

C-Text 1.6: *Dateilister Version 1* ./Bsp1/b1to7/b6.c

```
#include <stdio.h>

int main(int argc, char *argv[])
/*
  Listet Textdatei seitenweise auf den Bildschirm
*/
{
  FILE *fp;
  int c, z, n;
  if (argc < 2) {
    printf("b5 <Dateiname> !\n"); return 0;
  }
  fp = fopen(argv[1], "r");
  c = getc(fp); n = 1;
  while (c != EOF )
  {
    putchar(c); c = getc(fp);
    if (c == '\n') n++;
    if (n == 25)
    {
      z = getchar(); n = 1;
    }
  }
  fclose(fp);
  return 0;
}
```

Erläuterungen zu C-Text 1.6:

- Die beiden Parameter `argc` und `*argv[]` der `main`-Funktion werden verwendet, um beim Aufruf des Programms von der Ebene des Betriebssystems Kommandozeilenparameter zu übergeben. `argc` gibt deren Anzahl an und argv[0], argv[1], ... sind die Anfangsadressen, unter denen die entsprechenden Inhalte als Strings abgelegt sind, und zwar steht unter argv[0] der Programmname und unter argv[1] der erste Kommandozeilenparameter.

Das Programm C-Text 1.7 ist ein erweiterter Dateilister, der die ausgegebenen Blöcke (Seiten) durchnumeriert. Das Programm kann drei Befehle interpretieren und ausführen: + für *nächste Seite*, f für *zurück zur Seite 1 (first)* und q für *Programmende (quit)*.

C-Text 1.7: *Dateilister Version 2* ./Bsp1/b1to7/b7.sht

```
#include <stdio.h>
/*
  Die folgenden Variablen gelten global, d.h. in main und
  in den beiden Funktionen TypePage und PrintLine
*/
FILE *fp;
int c;

void TypePage(char *filename, int npage);
/*
   Kopiert die Seite npage (20 Zeilen) aus der bezeichneten
   Datei auf den Bildschirm
*/

void PrintLine(void);
/*
   Gibt einen Strich auf den Bildschirm aus
*/

int main(int argc, char *argv[]) {
/*
   Listet Textdatei seitenweise auf den Bildschirm mit
   Kopfzeile fuer Dateiname und Seitennummer.
*/
  int z, zz, npage;
  if (argc < 2) {
    printf("Dateinamen nicht vergessen !\n"); return 0;
  }
  fp = fopen(argv[1], "r");
  c = getc(fp); npage = 0; z = '+';
  while (z != 'q') {
    switch (z) {
      case '+' : npage++; TypePage(argv[1], npage); break;
      case 'f' : npage = 1; rewind(fp); c = getc(fp);
                 TypePage(argv[1], npage); break;
      case 'q' : /* nichts */ break;
      default  : printf("nur +, f, q zulaessig :");
    }
```

```
    z = getchar(); zz = getchar();
  }
  fclose(fp); return 0;
}

void TypePage(char *filename, int npage) { ... }

void PrintLine(void) { ... }
```

Erläuterungen zu C-Text 1.7:

- Die Variablen `fp` und `c` sind außerhalb des Hauptprogramms `main` und außerhalb der beiden Funktionen `TypePage` und `PrintLine` vereinbart. Man nennt sie deshalb externe oder auch globale Variable, d.h. sie gelten in der ganzen Datei und damit in allen Funktionen (einschließlich `main`).
- Die Kommandoeingabe (`+`, `f` oder `q`) soll mit *return* abgeschlossen werden, das durch die *return*-Taste ausgelöste Zeichen wird durch `zz = getchar()` verarbeitet.

Das Programm C-Text 1.8 liest eine Textdatei und bestimmt die n häufigsten darin vorkommenden Wörter, der Wert für n wird eingelesen.

C-Text 1.8: *Worthäufigkeiten bestimmen* ./Bsp1/b1to7/b8.sht

```
/*-----------------------Importe-----------------------*/
#include <stdio.h>
#include <ctype.h>
#include <string.h>
#include <stdlib.h>

/*----------------------Konstanten---------------------*/

#define MIN  2      /* Minimale Laenge eines Wortes */
#define MAX 12      /* Maximale Laenge eines Wortes */
#define COUNT 1000  /* Maximale Anzahl der Woerter */

/*-----------------Selbstdefinierte Typen--------------*/

typedef char word[MAX+1];
typedef struct {
  word wo;
  int n;
} entry;
typedef entry list[COUNT];

/*-------------------Globale Variablen-----------------*/

int ch, count;
```

```
/*-----------------------Prototypen---------------------*/

void GetWord(FILE *f, word wo, int *length);
/*
   Liest das naechste Wort wo mit der Laenge *length
   aus der Datei *f
*/

void PutWord(word wo, list li);
/*
   Wenn das Wort wo schon in der Liste li vorhanden ist,
   so wird seine Haeufigkeit um eins erhoeht, sonst wird
   es mit der Haeufigkeit 1 neu eingetragen
*/

void SortList(list li);
/*
   Sortiert die Liste li nach Haeufigkeiten
*/

void PrintList(list li, FILE *f);
/*
   Schreibt die n haeufigsten Woerter der Liste li in die
   Datei *f. n wird vom Benutzer erfragt.
*/

/*---------------------Hauptprogramm--------------------*/

int main(int argc, char *argv[])
/*
   Bestimmt die n haeufigsten Woerter einer Eingabedatei
   und schreibt sie in eine Ausgabedatei. n wird vom
   Benutzer erfragt. Das Programm wird in der Form

      o b7 <Name der Eingabedatei> <Name der Ausgabedatei>

   gestartet.
*/
{
  FILE *ein, *aus;
  word w; list li; int len, i;

  if (argc < 3) {
    printf("b7 <Eingabedatei> <Ausgabedatei> !\n"); return 0;
  }
```

```
  ein = fopen(argv[1], "r");
  ch = getc(ein); count = 0;
  while (ch != EOF) {
    GetWord(ein, w, &len);
    if (len >= MIN) PutWord(w, li);
  }
  fclose(ein);

  SortList(li);
  aus = fopen(argv[2], "w"); PrintList(li, aus); fclose(aus);
  return 0;
}

/*----------------Definition der Funktionen----------------*/

void GetWord   (FILE *f, word wo, int *length) { ... }
void PutWord   (word wo, list li)              { ... }
void SortList  (list li)                       { ... }
void PrintList (list li, FILE *f)              { ... }
```

Das Kommando `b8 b8.c xyz` erzeugt bei der Eingabe 20 für n die folgende Ausgabedatei:

```
      li  26        wo  14        der  11        int  11
      ch   9      list   8      count   8       void   8
    word   7        if   6       FILE   5        aus   5
    wird   5       ein   5    include   4    Woerter   4
  length   4        in   4      Liste   4        die   4
```

Erläuterungen zu C-Text 1.8:

- Mit der Präprozessor-Anweisung `#define` werden Textersetzungen durchgeführt. Damit kann das Programm *parametrisiert* werden. Hier werden auf diese Weise Konstanten definiert.
- Mit `typedef` können Namen für Typen definiert werden, hier sind das die Typen `word`, `entry` und `list`.
- Die vier Funktionen `GetWord`, `PutWord`, `SortList` und `PrintList` dienen der Strukturierung des Programms, sie können – analog zu den selbstdefinierten Datentypen – als selbstdefinierte Anweisungen angesehen werden.

Die Beispielserie begann mit einem *Scherz*-Programm und endet hier mit dem Programm C-Text 1.9, das auch nicht allzu ernst genommen werden sollte: Das Programm erzeugt als Ausgabe einen Text, der mit dem Quellprogramm identisch ist.

C-Text 1.9: *Ein selbstreproduzierendes Programm* ./Bsp1/b1to7/b9.c

```
main(){char*c="main(){char*c=%c%s%c;printf(c,34c,34,10);}%c";
printf(c,34,c,34,10);}
```

1.4 Aufbau der Sprache

1.4.1 Lexikalische und Syntaktische Struktur

Auf der untersten Betrachtungsebene ist ein ANSI/ISO-C-Programm – wie z.B. das folgende – eine Sequenz von ASCII-Zeichen:

```
#include <stdio.h>
int main(void) {
   int wert;
   wert = 123 + 456;
   printf("%d", wert);
   return 0;
}
```

Auf höherer Betrachtungsebene besteht das Programm aus der Präprozessoranweisung `#include <stdio.h>` und der Funktion `int main() { ... }`, die ihrerseits aus der Deklaration `int wert;` sowie aus den drei Anweisungen `wert = 123 + 456; printf{"%d", wert);` und `return 0;` besteht. Die genannten Bestandteile sind **syntaktische Elemente** des Programms bzw. der Sprache.

Dazwischen gibt es eine mittlere Betrachtungsebene, auf der das Programm aus einer Sequenz von Symbolen besteht: so setzt sich die Anweisung `wert = 123 + 456;` z.B. aus dem Namen `wert`, den Operatoren `=` und `+`, den Konstanten `123` und `456` und dem Interpunktionszeichen `;` zusammen. Diese Symbole, auch *Token* genannt, sind **lexikalische Elemente** des Programms bzw. der Sprache.

1.4.2 Formale Beschreibung (Syntaxnotation)

Die Syntax der Sprache ANSI/ISO-C ist in [2] vollständig in einer Notation beschrieben, die der bekannten BNF (Backus-Naur-Form, siehe auch 7.5.1) recht ähnlich ist und hier kurz vorgestellt wird. Sie hat folgende Konstrukte:

- *A* ist die Sequenz aus *B* und *C* (Reihung, Konkatenation):
  A :
      B C
- *A* ist entweder *B* oder *C* (Verzweigung, Alternative):
  A :
      B
      C
  oder:
  A : eins von
      B C
- *A* ist *B* oder leer
  A:

B_{opt}

- Wiederholungen werden durch Rekursionen ausgedrückt:
  A :
  B
  B A
- Endsymbole (Schlüsselwörter und bestimmte Zeichen) werden durch **Fettschrift** oder `Schreibmaschinenschrift` hervorgehoben.
- Zu definierende Begriffe (Nicht-Endsymbole) werden in *Kursivschrift* angegeben.

Ein Beispiel für die Anwendung dieser Notation ist die Definition des Begriffes *Bezeichner (identifier)*, wie er als Name für Variable, Funktionen und andere Konstrukte verwendet wird:

identifier:
nondigit
identifier nondigit
identifier digit

nondigit: one of
```
_ a b c d e f g h i j k l m
  n o p q r s t u v w x y z
  A B C D E F G H I J K L M
  N O P Q R S T U V W X Y Z
```

digit: one of
```
0 1 2 3 4 5 6 7 8 9
```

Ein Bezeichner ist demnach eine Folge von *Buchstaben*, *Ziffern* und *Unterstrichen*, wobei das erste Zeichen ein Buchstabe oder ein Unterstrich sein muß.

Diese formale Notation wird im weiteren stellenweise verwendet, um die Konstrukte der Sprache C genau zu erläutern (z.B. im Abschn. 1.6 zur Definition der Steueranweisungen), auf eine durchgängige Verwendung wird aber verzichtet, weil die formale Syntax der Sprache im Detail recht komplex und damit schwer lesbar ist.

1.4.3 Lexikalische Elemente (Symbole, Token)

Die Symbole (Token) der Sprache ANSI/ISO-C werden in sechs verschiedene Gruppen klassifiziert:

token :
keyword
identifier
constant

string-literal
operator
punctuator

Darüber hinaus gibt es noch verschiedene Gruppen von Präprozessor-Token, auf die im Abschn. 1.12 näher eingegangen wird.

Diese Symbole bestimmen die Feinstruktur von C-Programmen, d.h. jedes C-Programm besteht aus einer Folge solcher Symbole, wobei zwischen den Symbolen Trennzeichen (white spaces) und Kommentare (siehe Abschn. 1.4.3) stehen dürfen.

Trennzeichen (White Spaces) und Kommentare

Trennzeichen (white spaces) der Sprache C sind die Zeichen:

- Zwischenraum (space), horizontaler Tabulator, neue Zeile, vertikaler Tabulator und Seitenvorschub (form feed)

Kommentare sind beliebige Zeichenfolgen, die mit `/*` beginnen und mit `*/` enden:

- Kommentar: `/* . . . */`

Kommentare werden vom Compiler überlesen und dienen **nur** dazu, Quelltexte für den Menschen besser lesbar zu machen. Kommentare können sich auch über mehr als eine Zeile erstrecken, sie können aber nicht geschachtelt werden!

Bezeichner und Schlüsselwörter

Bezeichner (identifier) werden als Namen für Variable, Konstanten, Typen, Funktionen verwendet, sie bestehen, wie schon in Abschn. 1.4.2 genau definiert, aus Buchstaben, Unterstrichen und Ziffern, dürfen aber nicht mit einer Ziffer beginnen. Darüber hinaus gibt es eine Einschränkung: ein Bezeichner darf kein Schlüsselwort sein.

Schlüsselwörter sind *reservierte Bezeichner*, die jeweils eine definierte Bedeutung haben. In ANSI/ISO-C gibt es die im folgenden aufgeführten Schlüsselwörter, deren Bedeutungen anschließend kurz erläutert sind:

```
auto        double      int         struct
break       else        long        switch
case        enum        register    typedef
char        extern      return      union
const       float       short       unsigned
continue    for         signed      void
default     goto        sizeof      volatile
do          if          static      while
```

- **auto**, **extern**, **register**, **static** und **typedef** können zur Spezifikation der Speichereigenschaften von Datentypen verwendet werden.
- **break**, **case**, **continue**, **default**, **do**, **else**, **for**, **goto**, **if**, **return**, **switch** und **while** werden in Steueranweisungen (Kontrollstrukturen) verwendet.
- **char**, **double**, **float**, **int**, **long**, **short**, **signed**, **unsigned** und **void** werden zur Typspezifikation von Datentypen verwendet.
- **const** und **volatile** können verwendet werden, um Datentypen explizit als nicht veränderbar bzw. als veränderbar zu qualifizieren.
- **enum**, **struct** und **union** werden zur Definition entsprechender Datentypen verwendet.
- **sizeof** ist ein Operator zur Ermittlung des Speicherbedarfs für Konstanten, Variablen und Datentypen.

Konstanten und String-Literale

Es gibt vier verschiedene Arten von Konstanten, die im Abschn. 1.5 im Detail erläutert wurden – ganze Zahlen, Gleitkommazahlen, Zeichenkonstanten und Aufzählungswerte:

constant:
  integer-constant
  floating-constant
  char-constant
  enumeration-constant

String-Literale, kurz „Strings", sind Zeichenfolgen, die in doppelte Hochkommas (double quote) eingeschlossen sind:

- String-Literal: "*Zeichenfolge*"

In diesem Falle sind die Zeichen der Zeichenfolge klassische „Ein-Byte-Zeichen". Darüber hinaus gibt es auch Zeichenfolgen aus „Multibyte-Zeichen", die durch ein vorangestelltes `L` spezifiziert werden:

- String-Literal aus *Multibyte-Zeichen*: `L`"*Zeichenfolge*"

Weitere Einzelheiten und Hintergrunde zur Verwendung von Strings sind im Abschn. 1.8.1 zu finden.

Operatoren und Interpunktionszeichen

In ANSI/ISO-C sind folgende Operatoren definiert, die größtenteils im Abschn. 1.5 näher erläutert werden:

```
[]    ()    .     ->
++    --    &     *     +     -     ~     !     sizeof
/     %     <<    >>    <     >     <=    >=    ==     !=
^     |     &&    ||    ?     :
=     *=    /=    %=    +=    -=    <<=   >>=   &=     ^=  |=
,
```

Dazu kommen zwei Präprozessor-Operatoren: `#` `##`

Die wichtigsten Interpunktionszeichen sind `;` `{` `}` und `...` . Das Semikolon schließt Anweisungen, Deklarationen und andere syntaktische Konstrukte ab, die geschweiften Klammern werden im wesentlichen zur Bildung von Anweisungsblöcken verwendet. Die Punktfolge wird zur Spezifikation einer offenen Parameterliste verwendet.

1.4.4 Clean-C/Better-C: Restriktionen/Erweiterungen

Clean-C-Einschränkungen gegenüber ANSI/ISO-C

Die etwa 41 neuen ANSI/ISO-C++-Schlüsselwörter sind nicht als selbstgewählte Bezeichner verwendbar.

Better-C-Erweiterungen gegenüber ANSI/ISO-C

Als weitere Art von Konstanten gibt es die sog. *„wide-character-Konstanten“* und die *„Booleschen Konstanten“* `true` und `false`.

1.5 Daten, Operatoren, Ausdrücke, Anweisungen

1.5.1 Vordefinierte Datentypen

In der Tabelle 1.1 sind die elementaren vordefinierten Datentypen der Programmiersprache C zusammengestellt. Die Länge in Bytes der einzelnen Typen und die Wertebereiche sind implementierungsabhängig, in der Tabelle sind beispielhafte Werte für 16- und für 32-Bit-Umgebungen angegeben.

Die *Character-Typen* dienen dazu, Zeichen (Buchstaben, Ziffern, Sonderzeichen und Steuerzeichen), wie z.B. Zeichen des ASCII-Zeichensatzes, darzustellen, sie können aber auch – stilistisch unschön – zur Darstellung kleiner Zahlen verwendet werden, d.h. der Zeichencode kann auch als Zahl interpretiert werden, und es kann mit Character-Typen auch gerechnet werden. Die zusätzlichen Attribute *signed* und *unsigned* legen definitiv fest, ob der Bereich positive und negative oder nur vorzeichenlose Werte umfaßt. Die Implementierung des Typs *char* ist durch den ANSI/ISO-

Standard nicht festgelegt, sie kann dem *signed char* oder dem *unsigned char* entsprechen.

Die *Integer-Typen* dienen zur Darstellung ganzer Zahlen, *int* und *signed int* können synonym verwendet werden, wenn der Zahlenbereich beide Vorzeichen umfassen soll. *unsigned int* dient der Darstellung vorzeichenloser ganzer (natürlicher) Zahlen. Wohl aus historischen Gründen werden Integer-Typen auch zur Darstellung von Zeichen verwendet, verschiedene ANSI-C-Bibliotheksfunktionen für das Arbeiten mit Zeichen verwenden in dem Zusammenhang bei der Parameterübergabe und als Rückgabetyp den Typ *int*!

Da ANSI/ISO-C keinen speziellen Typ für Boolesche Variable vorsieht, dient der Typ *int* auch der Darstellung der Boole'schen Werte *true* und *false* und zwar wird *false* durch 0 und *true* durch $\neq 0$ dargestellt.

Die *short int*- und die *long int*-Typen sind speziell für kleine bzw. große Zahlenbereiche vorgesehen. Bezüglich der Implementierung ist vorgeschrieben, daß der Wertebereich für *short*-Typen kleiner oder gleich und der für *long*-Typen größer oder gleich dem der *int*-Typen ist:

$$short\ int \subseteq int \subseteq long\ int$$

Die Aufzählungstypen `enum` werden im Abschnitt 1.5.10 behandelt.

Zur Darstellung von Gleitkommazahlen (Real-Zahlen, Float-Zahlen) stehen die drei Typen *float*, *double* und *long double* zur Verfügung, wobei die höhere Zahl von Bytes für die Implementierung jeweils genutzt wird, um sowohl den Wertebereich als auch die Genauigkeit zu erhöhen. Konkrete Angaben zur Implementierung stehen in dem Bibliotheksmodul `float.h`; allgemein gilt:

$$float \subseteq double \subseteq long\ double$$

Beim Rechnen mit Gleitkommazahlen sollte man sich bewußt sein, daß sie die rationalen und die reellen Zahlen aus der Mathematik nur ungenau darstellen können. Daraus folgt unter anderem, daß es nicht sinnvoll sein kann, errechnete Gleitkommawerte auf Gleichheit zu testen!

Der untypisierte Zeiger (`void*`) und die typisierten Zeiger (z.B. `char*`, `int*`, `float*`) spielen in der Sprache C eine sehr wichtige Rolle, sie werden in dem Abschnitt 1.8.1 behandelt.

Die für eine konkrete Implementierung jeweils gültigen Maximal- und Minimalwerte für die ganzzahligen Typen stehen in dem ANSI-C-Bibliotheksmodul `limits.h`, die Grenzwerte für die Gleitkommatypen stehen in dem entsprechenden Bibliotheksmodul `float.h`. Sie können z.B. durch das in C-Text 1.10 wiedergegebene C-Programm in eine Datei ausgegeben werden (das sind nicht alle dort definierten Werte):

Tabelle 1.1: Elementare Datentypen in ANSI/ISO-C

Die angegebenen Werte stellen Beispiele für 16/32-Bit-Umgebungen dar, sie sind implementierungsabhängig!			
Datentyp	Länge in Byte	Wertebereich	Genauigkeit in Dezimalstellen
Character			

`char`
`signed char`
`unsigned char`
	1	$-2^7 \ldots +2^7-1$
		$-2^7 \ldots +2^7-1$
		$0 \ldots 2^8-1$
			2

Integer			

`int`
`signed int`
`unsigned int`
	2/4	$-2^{15} \ldots +2^{15}-1 \;/\; -2^{31} \ldots +2^{31}-1$
		$-2^{15} \ldots +2^{15}-1 \;/\; -2^{31} \ldots +2^{31}-1$
		$0 \ldots 2^{16}-1 \;/\; 0 \ldots 2^{32}-1$
			4/9

Short Integer			

`short=short int`
`signed short`
`unsigned short`
	2	$-2^{15} \ldots +2^{15}-1$
		$-2^{15} \ldots +2^{15}-1$
		$0 \ldots 2^{16}-1$
			4

Long Integer			

`long=long int`
`signed long`
`unsigned long`
	4	$-2^{31} \ldots +2^{31}-1$
		$-2^{31} \ldots +2^{31}-1$
		$0 \ldots 2^{32}-1$
			9

Aufzählungstypen			

`enum {` *list* `}`
`enum` *id* `{` *list* `}`
`enum` *id*
	2/4	wie int	

Gleitkommatypen			

`float`
`double`
`long double`
	4
	8
	10
		$\sim -10^{38} \ldots \sim +10^{38}$
		$\sim -10^{308} \ldots \sim +10^{308}$
		$\sim -10^{4932} \ldots \sim +10^{4932}$
			7
			15
			19

Typisierte und nicht typisierte Zeiger			
type`*` `void*`	2/4 2/4	$0 \ldots 2^{16}-1 \;/\; 0 \ldots 2^{32}-1$ $0 \ldots 2^{16}-1 \;/\; 0 \ldots 2^{32}-1$	

C-Text 1.10: *Grenzwerte* ./Bsp1/eledata/limits.c

```
#include<stdio.h>
#include<limits.h>
#include<float.h>

int main() {
  printf("char           : %d...%d\n",       CHAR_MIN, CHAR_MAX);
  printf("signed char    : %d...%d\n",       SCHAR_MIN, SCHAR_MAX);
  printf("unsigned char  : 0...%u\n\n",      UCHAR_MAX);

  printf("int            : %d...%d\n",       INT_MIN,  INT_MAX);
  printf("unsigned int   : 0...%u\n\n",      UINT_MAX);

  printf("short          : %d...%d\n",       SHRT_MIN, SHRT_MAX);
  printf("unsigned short : 0...%u\n\n",      USHRT_MAX);

  printf("long           : %ld...%ld\n",     LONG_MIN, LONG_MAX);
  printf("unsigned long  : 0...%lu\n\n",     ULONG_MAX);

  printf("float          : %7.1e...%7.1e\n", FLT_MIN, FLT_MAX);
  printf("float-Stellen  : %d\n\n",          FLT_DIG);

  printf("double         : %7.1e...%7.1e\n", DBL_MIN, DBL_MAX);
  printf("double-Stellen : %d\n",            DBL_DIG);
  return 0;
}
```

Das Programm erzeugt dann z.B. folgende Ausgabe:

```
char           : -128...127
signed char    : -128...127
unsigned char  : 0...255

int            : -2147483648...2147483647
unsigned int   : 0...4294967295

short          : -32768...32767
unsigned short : 0...65535

long           : -2147483648...2147483647
unsigned long  : 0...4294967295

float          : 1.2e-038...3.4e+038
float-Stellen  : 6

double         : 2.2e-308...1.8e+308
double-Stellen : 15
```

1.5.2 Variablen und Konstanten

Deklarationen (Vereinbarungen)

Jede Variable muß vor ihrer Benutzung vereinbart werden, das geschieht z.B. in folgender Form:

```
int i, j, k;
float x, y, z;
char ch;
unsigned long l1, l2, l3;
```

Eine Variable kann bei ihrer Vereinbarung auch gleich initialisiert werden, z.B.:

```
int i = 0, j = 100, k;
float x = 0.0, y, z = 123.456, max = 1.0e20;
char ch = 'A';
unsigned long l1, l2 =12345678, l3;
```

Die Attribute `const` und `volatile`

Mit dem Attribut **const** kann angegeben werden, daß sich der entsprechende Wert nicht ändern soll, z.B.:

```
const double pi = 3.1416;
const unsigned long MaxLen = 1000000;
const char space = ' ';
```

Wie allerdings der Compiler auf die Zuweisung von Werten an `const`-Objekte reagiert, ist implementierungsabhängig! Im Gegensatz dazu wird in C++ die Konstantheit von Objekten vom Compiler überprüft!
Entsprechend gibt es ein Attribut **volatile**, das angibt, daß sich der entsprechende Wert außerhalb der Kontrolle des Programms ändern kann, um damit einer eventuellen *falschen Optimierung* des Programms durch den Compiler vorzubeugen:

```
volatile int x = 123;
```

In diesem Falle darf der Wert nicht im schreibgeschützten Speicher abgelegt werden, auch wenn der Compiler erkennt, daß dieser Variablen `x` nirgendwo im Programm ein neuer Wert zugewiesen wird.

Wichtiger Hinweis: Variable und Konstanten müssen vor ihrer Benutzung deklariert sein und in jedem Block (siehe auch Abschn. 1.6.2) muß die Reihenfolge *„erst Vereinbarungen, dann Anweisungen"* eingehalten werden. Das gleiche gilt entsprechend für die Deklarationen von Typen und Funktionen, die in späteren Abschnitten behandelt werden.

Namen für Variable (und für andere Sprachkonstrukte)

Für die Wahl von Variablennamen gilt folgende Regel (siehe auch Abschn. 1.4.3):

- Ein Name besteht aus beliebigen Folgen von Buchstaben, Ziffern und Unterstrichen. Das erste Zeichen muß ein Buchstabe oder ein Unterstrich sein.
- Bezüglich der Namenslänge kann es implementierungsabhängige Einschränkungen geben.
- Es wird zwischen Klein- und Großschreibung unterschieden.
- Ein Name darf kein Schlüsselwort sein.

Die Regel für die Bildung von Namen für Variable gilt auch für die Bildung von Namen für andere Sprachkonstrukte, wie z.B. für Typen, Konstanten und Funktionen.

Darstellung von ganzen Zahlen (Integer-Konstanten)

In C können ganze Zahlen nicht nur dezimal, sondern auch oktal und hexadezimal dargestellt werden, z.B.

```
1996   123   5   027   033   01111   0xab   0x3f   0Xff
```

Die ersten drei Zahlen sind dezimal, die nächsten drei oktal, die letzten drei hexadezimal:

- dezimale Zahlen beginnen stets mit einer Ziffer ungleich `0`,
- oktale Zahlen beginnen stets mit `0`,
- hexadezimale Zahlen beginnen stets mit `0x` oder mit `0X`.

Durch Anhängen von Suffixen (`u, U, l, L`) kann der Typ der Konstanten präzisiert werden, und zwar stehen `u` und `U` für *unsigned*, d.h. vorzeichenlos sowie `l` und `L` für *long*, z.B.

```
1996L   1996UL   1996LU   023u   023ul   0xfful   0xffL
```

Darstellung von Gleitkommazahlen (Floatingpoint-Konstanten)

Zur Darstellung nicht ganzer Zahlen gibt es eine Vielzahl von Schreibweisen, z.B.

```
12.346  123.0  123.  .123  12.45e-3  123.0E20  0.12e+12  1e20
```

Auch hier können zusätzlich Suffixe (`f, F, l, L`) verwendet werden, um explizit den exakten Typ zu spezifizieren, und zwar stehen `f` und `F` für *float* sowie `l` und `L` für *long double*. Eine nicht ganze Zahl ohne Suffix hat den Typ `double`, d.h. `double` ist der *natürliche* Typ für Gleitkommazahlen.

Darstellung von Zeichen (Character-Konstanten)

Druckbare Zeichen werden üblicherweise wie folgt dargestellt:

```
'a'   'X'   'P'   '3'   ' '   '0'   '+'   '?'   '&'
```

Intern werden in ANSI-C Zeichenkonstanten auf `int`-Typen abgebildet, d.h. sizeof 'x' liefert je nach Implementierung der `int`-Typen z.B. den Wert 2 oder 4 bei 2-Byte- bzw. bei 4-Byte-Implementierung, deshalb sind auch folgende Darstellungen korrekte Zeichenkonstanten:

```
'ab'   '34'   '..'
```

Bei einem System mit 2-Byte-Integertypen gilt also:

`sizeof(int)` $\equiv 2$
`sizeof 'a'` $\equiv 2$
`sizeof 'ab'` $\equiv 2$
`sizeof(char)` $\equiv 1$

Achtung: In ANSI/ISO-C++ werden `char`-Konstanten als `char`-Typen mit einem Byte dargestellt, d.h. in C++ gilt: `sizeof 'a'` $\equiv 1$!

Zeichen können auch durch ihre Ordnungszahl in dem zugrundeliegenden Zeichensatz (z.B. ASCII-Code) bezeichnet werden (siehe auch Abschn. 1.5.8):

```
97 /* statt 'a' */   88 /* statt 'X' */   48 /* statt '0' */
33 /* statt '!' */   32 /* statt ' ' */   40 /* statt '(' */
```

Dabei ist aber zu bedenken, daß das zugrundeliegende Alphabet und die entsprechenden Ordnungszahlen implementierungsabhängig sind! Darüber hinaus sind auch die folgenden Darstellungen möglich:

```
'\07'  /* Klingelzeichen  */   '\011' /* horiz. Tabulator */
'\013' /* vert. Tabulator */   '\075' /* 'A'              */
'\x7'  /* Klingelzeichen  */   '\x9'  /* horiz. Tabulator */
'\xb'  /* vert. Tabulator */   '\x41' /* 'A'              */
```

Hinter dem *Rückschrägstrich* wird oktal oder hexadezimal die Ordnungszahl angegeben. Diese Form heißt *oktale bzw. hexadezimale Escape-Sequenz*, sie wird insbesondere zur Bezeichnung von Steuerzeichen verwendet.

Als letztes gibt es die sog. *einfachen Escape-Sequenzen* zur Bezeichnung einiger spezieller Zeichen:

```
'\''   /* einfaches Anfuehrungszeichen           */
'\"'   /* doppeltes Anfuehrungszeichen           */
'\?'   /* Fragezeichen                           */
'\\'   /* Rueckschraegstrich                     */
'\a'   /* Klingelzeichen                         */
```

```
'\b'   /* backspace                                      */
'\f'   /* Seitenvorschub                                 */
'\n'   /* neue Zeile                                     */
'\r'   /* auf Beginn der naechsten Zeile positionieren   */
'\t'   /* horizontaler Tabulator                         */
'\v'   /* vertikaler Tabulator                           */
```

Wide-Character-Typen: Wide-Character-Typen dienen dazu, Zeichensätze zu repräsentieren, die einen Umfang von mehr als 256 Zeichen aufweisen, d.h. für die Darstellung eines Zeichens wird jeweils mehr als ein Byte benötigt. Entsprechende Konstanten werden durch Voranstellen des Buchstaben `L` definiert:

```
L'a'   L'ab'   L'..'
```

Wide-Character-Typen werden ebenfalls intern als `int`-Typen abgelegt. Es gibt keinen entsprechenden vordefinierten Datentyp in ANSI/ISO-C, aber in dem Standard-Bibliotheksmodul `stddef` ist ein Typ `wchar_t` definiert, der dann wie ein vordefinierter Typ verwendet werden kann:

```
#include <stddef.h>
. . .
wchar_t ch1 = L'a';
```

Der Datentyp `wchar_t` hat also im Gegensatz zum Datentyp `char` bei 2-Byte-`int`-Typen die Größe 2 Byte: `sizeof(wchar_t)` $\equiv 2$!

Achtung: In ANSI/ISO-C++ ist der Wide-Character-Typ `wchar_t` genau wie der einfache Character-Typ durch die Sprache vordefiniert!

1.5.3 Operatoren für Elementare Datentypen

Die Tabellen 1.2 und 1.3 geben eine Übersicht über die in ANSI-C verfügbaren Operatoren und ihre jeweilige Bedeutung.

Binäre Operatoren

Arithmetik: `+ - * / %` Die ersten vier Operatoren betreffen die aus der Mathematik bekannten Grundrechenarten für Zahlen und sind auf alle Integer-Typen, auf Character-Typen und auf Gleitkommatypen anwendbar. Der Operator `%` ist nicht auf Gleitkommatypen anwendbar und steht für die Modulo-Operation, d.h. er liefert den Rest einer ganzzahligen Division (`5%2` $\equiv$ `1`, `27%10` $\equiv$ `7`, `35%5` $\equiv$ `0`). Die Division zweier ganzzahliger Operanden liefert ein ganzzahliges Ergebnis (`5/2` $\equiv$ `2`). Eine Operation mit einem ganzzahligen und einem Gleitkommatyp wird im Gleitkommabereich durchgeführt (`5.0/2` $\equiv$ `2.5`). Die Operatoren `+` und `-` können auch im

Tabelle 1.2: Operatoren für Elementare Datentypen, Teil I

Operator	Bedeutung	Art	anwendbar auf
Binäre Operatoren			
+	Addition		
-	Subtraktion		
*	Multiplikation	Arithmetik	Zahlen[2]
/	Division		
%	Divisionsrest		nur ganze Z.
<	Vergl. auf *kleiner*		
<=	Vergl. auf *kleiner oder gleich*		
==	Vergl. auf *gleich*	Vergleich	alle Typen
!=	Vergl. auf *ungleich*		
>=	Vergl. auf *größer oder gleich*		
>	Vergl. auf *größer*		
&	bitw. *UND*-Verknüpfung		
|	bitw. *ODER*-Verknüpfung		
^	bitw. *EXKL.-ODER*-Verkn.	Bitoperation	ganzz. Typen
<<	bitw. Linksschieben		
>>	bitw. Rechtsschieben		
&&	log. *UND*-Verkn. in Ausdr.	Logische	Boolesche
||	log. *ODER*-Verkn. in Ausdr.	Verknüpfung	Werte
Unäre Operatoren			
&	Adresse von	Referenzier.	alle Typen
*	Inhalt von	Dereferenz.	Adressen
+	pos. Vorzeichen	Arithmetik	Zahlen
-	neg. Vorzeichen		
~	bitw. Invertieren	Bitoperation	ganzz. Typen
!	log. Invertieren	Log. Verkn.	Bool. Werte
(*type*)	Typkonvertierung	Typisierung	alle Typen
sizeof	**sizeof** *expr.*: Speicherbedarf		Ausdrücke
sizeof	**sizeof(***type***)**: Speicherbedarf		Typen
Postfix- und Präfix-Operatoren			
++	Inkrementierung	Arithmetik	ganzz. Typen
--	Dekrementierung		und Zeiger

Tabelle 1.3: Operatoren für Elementare Datentypen, Teil II

Operator	Bedeutung	Art	anwendbar auf
Zuweisungsoperatoren			
=	Wertzuweisung	Zuweisung	alle Typen
+=	Addition	Arithmetik und Zuweisung	Zahlen[2]
-=	Subtraktion		
*=	Multiplikation		
/=	Division		
%=	Divisionsrest		nur ganze Z.
&=	bitw. *UND*-Verknüpfung	Bitoperation und Zuweisung	ganzz. Typ.
|=	bitw. *ODER*-Verknüpfung		
^=	bitw. *EXKL.-ODER*-Verkn.		
<<=	bitw. Linksschieben		
>>=	bitw. Rechtsschieben		
Sonstige Operatoren			
?:	Formulierung bed. Ausdrücke		Ausdrücke
,	Aufzählung in Klammerausdr.		Ausdrücke

begrenzten Umfang auf Adressen und Zeiger angewendet werden (*Zeigerarithmetik*), siehe dazu Abschn. 1.8.1.

Vergleich: `< <= == != >= >` Die Vergleichsoperatoren sind im wesentlichen auf alle elementaren Datentypen anwendbar, auf Zeiger allerdings nur der Test auf Gleichheit sowie auf Ungleichheit. Das Ergebnis einer Vergleichsoperation ist vom Typ **int**, der Wert ist 0 oder 1 (für FALSE bzw. TRUE). Die Vergleichsoperanden sollten möglichst dem gleichen Datentyp angehören, es können aber auch verwandte Datentypen – wie z.B. **int** und **long int** – verglichen werden.

Bitoperationen: `& | ^ << >>` Die Operatoren `& | ^` beziehen sich auf die binäre Darstellung ganzzahliger Typen und führen jeweils bitweise UND-, ODER- bzw. EXKLUSIV-ODER-Verknüpfungen durch, das sieht dann bei der üblichen Verwendung des Dualcodes am Beispiel der Zahlen $5_{dez} \equiv 101_{bin}$ und $4_{dez} \equiv 100_{bin}$ wie folgt aus:

- `5 & 4` $\longrightarrow$ `000...000101 & 000...000100` $\equiv$ `000...000100` $\longrightarrow$ `4`

[2]Fußnote zu den Tabellen 1.2 und 1.3: Darüber hinaus sind einige arithmetische Operatoren – mit Einschränkungen – auch in Verbindung mit Adressen und Zeigern verwendbar, siehe dazu Abschn. 1.8.1

- `5 | 4` ⟶ `000...000101 | 000...000100` ≡ `000...000101` ⟶ `5`
- `5 ^ 4` ⟶ `000...000101 ^ 000...000100` ≡ `000...000001` ⟶ `1`

Die Operatoren `<<` `>>` beziehen sich ebenfalls auf die binäre Darstellung ganzzahliger Typen und führen Links- bzw. Rechtsverschiebungen auf den linken Operanden um eine durch den rechten Operanden definierte Stellenzahl durch, z.B.:

- `5 << 3` ⟶ `000...000101 << 3` ≡ `000...101000` ⟶ `40`
- `40 >> 3` ⟶ `000...101000 >> 3` ≡ `000...000101` ⟶ `5`

Beim Links- und Rechtsverschieben werden jeweils von rechts bzw. von links binäre Nullen nachgeschoben. Eine Linksverschiebung um n Stellen entspricht einer Multiplikation mit 2^n, eine Rechtsverschiebung um n Stellen entsprechend einer Division durch 2^n.

Logische Verknüpfung: `&& ||` Die Operatoren `&& ||` verknüpfen *logische Werte und Ausdrücke* durch ein *logisches UND* bzw. durch ein *logisches ODER*, z.B.:

```
int Okey, NotOkey;
double x;
. . .
Okey = (x >= 0) && (x < 100);
NotOkey = (x < 0) || (x >= 100);
if (Okey && NotOkey) printf("Das kann nicht sein !\n");
```

Ein etwas ausführlicheres Beispiel für das Arbeiten mit Booleschen Ausdrücken wird in Abschnitt 1.5.9 behandelt.

Unäre Operatoren

Referenzierung/Dereferenzierung: `& *` Der Operator `&` liefert die Adresse im Arbeitsspeicher, unter der das durch den Operanden bezeichnete Datum abgelegt ist, entsprechend liefert der Operator `*` das Datum, das unter der durch den Operanden bezeichneten Adresse abgelegt ist. Eine Adresse ist typgebunden und wird z.B. wie folgt vereinbart:

```
double *x;
```

Das bedeutet: *der Inhalt von x ist vom Typ double, also ist x eine Adresse, die auf einen Speicherbereich zeigt, in dem ein double-Wert steht*. Das folgende kleine Beispiel demonstriert den prinzipiellen Umgang mit den beiden Operatoren `&` und `*`, ausführlicher wird das Thema im Abschn. 1.8.1 behandelt:

```
double x;
double *adresse
x = 12.34;
adresse = &x;
printf("%f %f\n", x, *adresse);  /* Ausgabe: 12.34 12.34 */
```

Arithmetik: `+ -` Die beiden unären Operatoren werden als positives bzw. als negatives Vorzeichen für Zahlen verwendet.

Bitoperation: `~` Der unäre Operator `~` gehört inhaltlich zu den oben behandelten Bitoperationen, er bewirkt, daß in der binären Darstellung des entsprechenden ganzzahligen Datentyps alle Bit invertiert werden.

Logische Verknüpfung: `!` Der unäre Operator `!` gehört inhaltlich zu den oben behandelten logischen Verknüpfungen, er invertiert einen Boole'schen Ausdruck, z.B. `!((x<0) || (x>=100))` ≡ `!(x<0) && !(x>=100)` ≡ `(x>=0) && (x<100)`.

Typkonvertierung: (*type*) Siehe Abschn. 1.5.6.

Speicherbedarf: `sizeof` Der Operator `sizeof` wird in zwei unterschiedlichen Zusammenhängen verwendet, er liefert den Speicherbedarf eines konkreten Objektes oder eines Datentyps in Byte, z.B.:

```
double x;
const int xLength = sizeof x;
const int doubleLength = sizeof (double);
```

Wenn, wie im zweiten Fall, der Operand ein Typ ist, dann muß er geklammert werden!

Postfix- und Präfix-Operatoren

Inkrementierung/Dekrementierung: `++ --` Durch Voranstellen oder Anhängen des Operators `++` oder `--` wird der zugehörige Ausdruck jeweils um den Wert 1 erhöht bzw. um den Wert 1 erniedrigt, dabei muß der Operand einem ganzzahligen Typ angehören und er muß ein L-Wert (siehe Seite 34) sein (d.h. ein konkretes Objekt repräsentieren). Bei einfachen Anwendungen führen Voranstellen und Anhängen zum gleichen Ergebnis, z.B.:

```
int i=0, j=0;
i++; ++j;        /* i und j erhalten beide den Wert 1 */
```

`i++` und `++j` sind Kurzschreibweisen für `i = i+1` bzw. `j = j+1`. In vielen Fällen führen Voranstellen und Anhängen auch zu verschiedenen Ergebnissen, z.B.:

- `a[i++] = x;` ≡ `a[i] = x; i = i+1;`
- `a[++i] = x;` ≡ `i = i+1; a[i] = x;`
- `while (*p1++ = *p2++);` ≡
  `while (*p1 = *p2) { p1++; p2++; }`

- `while (*++p1 = *++p2);` ≡
  `p1++; p2++; while (*p1 = *p2) { p1++; p2++; } p1--; p2--;`

Im dritten und vierten Beispiel seien p1 und p2 Zeiger, die genaue Wirkung der beiden Programmfragmente ist hier unerheblich.

Zuweisungsoperatoren

Zuweisung: `=` Der Zuweisungsoperator `=` entspricht dem Operator `:=` in Sprachen wie z.B. Pascal. Er wird meist in der Form

- *lvalue* = *expression*;
  lvalue : siehe Seite 34

im Rahmen einer Anweisung verwendet. Dabei wird der Ausdruck auf der rechten Seite berechnet und dem Objekt der linken Seite zugeordnet (d.h. der Wert des Ausdrucks wird in den zu dem Objekt gehörenden Speicherbereich kopiert).

Verknüpfung und Zuweisung: `+= -= *= /= %= &= |= ^= <<= >>=` Diese Operatoren dienen wieder der verkürzten Schreibweise, und zwar gilt allgemein

- *lvalue* **op=** *expression* ≡
  lvalue = *lvalue* **op** *expression*;
  lvalue : *siehe Seite 34*

wobei **op** für einen dieser Operatoren steht.

Sonstige Operatoren

Bedingte Auswertung: `?:` Siehe Abschn. 1.5.12

Aufzählung: `,` Die sicher verbreitetste Verwendung der Operators `,` (Kommaoperator genannt) findet in der for-Anweisung statt, siehe dazu Abschn. 1.6, auf weitere Erläuterungen wird hier verzichtet.

1.5.4 Ausdrücke

Ausdrücke (expressions) sind Konstrukte – Folgen von Operanden und Operatoren – die dazu dienen, Verarbeitungsvorgänge zu formulieren. Die entsprechenden Möglichkeiten in der Programmiersprache C sind sehr vielfältig, der syntaktische Rahmen ist entsprechend komplex, deshalb beschränken wir uns an dieser Stelle auf einige Beispiele und Hinweise:

Beispiele:

- $\frac{a-b}{a+b} \Longrightarrow$ `(a-b)/(a+b)`
- $a^2 + b^2 \Longrightarrow$ `a*a + b*b`
- $x^n - y^n \Longrightarrow$ `pow(x,n) - pow(y,n)`
- $x^3 + 3x^2y + 3xy^2 + y^3 \Longrightarrow$
  `pow(x,3) + 3*pow(x,2)*y + 3*x*pow(y,2) + pow(y,3)`
- $\sqrt[2]{a^2 + b^2} \Longrightarrow$ `sqrt(a*a + b*b)`
- $\sqrt[n]{\frac{x^n - y^n}{1+u^{2n}}} \equiv \left(\frac{x^n - y^n}{1+u^{2n}}\right)^{\frac{1}{n}} \Longrightarrow$
  `pow( ((pow(x,n) - pow(y,n))/(1 + pow(u, 2*n)), 1.0/(float)n)`
- $\sin(x + \frac{\pi}{2}) \Longrightarrow$ `sin(x + pi/2.0)`

`pow`, `sqrt` und `sin` sind Bezeichner für Funktionen aus der ANSI/ISO-Standardbibliothek, siehe Abschn. 2.

Objekte und L-Werte

Ein Objekt ist ein Bereich im Arbeitsspeicher, der einem Namen zugeordnet ist, d.h. eine Variable. Ein L-Wert (lvalue) ist ein Ausdruck, der sich auf ein solches Objekt bezieht, z.B. ein Variablenname. In der Zuweisung `a1 = a2` muß der linke Ausdruck a1 ein L-Wert – also z.B. ein Variablenname – sein. Entsprechendes gilt auch bei der Verwendung der übrigen Zuweisungsoperatoren `+=`, …, `||=`. Beispiele:

```
int a, b, *p;
a = 27;         /* richtig */
a += 27;        /* richtig */
b++ = 27;       /* falsch, b++ ist kein L-Wert ! */
*p++ = 27;      /* richtig, *p ist ein L-Wert    */
(p++)++;        /* falsch, p++ ist kein L-Wert   */
a + b = 27;     /* falsch, a + b ist kein L-Wert */
```

Hinweise:

- Die Reihenfolge der Auswertungen wird durch die *Prioritäten der Operatoren* und durch die *Gruppierung der Unterausdrücke* bestimmt, darüber hinaus können aber Freiheitsgrade bleiben (siehe weiter unten).
- Im Zweifelsfall und zur Erhöhung der Lesbarkeit sollten ggf. auch redundante Klammerpaare verwendet werden.

- Als Folge begrenzter Genauigkeit der Rechnerarithmetik können – auch bei gleichrangigen Operatoren – verschiedene Reihenfolgen der Auswertung zu unterschiedlichen Ergebnissen führen, siehe Abschn. 1.5.7.
- Das bedeutet, daß auch z.B. das *Kommutative Gesetz* nicht immer anwendbar ist (z.B. bei *Überlauf oder Unterlauf*).
- Entsprechendes gilt für das *Distributive Gesetz* und für das *Assoziative Gesetz*.
- Bei einem Ausdruck oder Unterausdruck mit gleichrangigen Operatoren ist die Reihenfolge der Auswertung undefiniert und damit implementierungsabhängig, hier können Klammern ggf. helfen, die Gruppierung – und damit die Reihenfolge der Auswertung – zu definieren.
- Das Verhalten bei Überlauf und Unterlauf ist implementierungsabhängig, üblicherweise wird in den Fällen **kein** Fehler angezeigt.
- Das Verhalten bei Division durch *Null* ist ebenfalls implementierungsabhängig.

1.5.5 Prioritäten von Operatoren

Bezüglich der Prioritäten aller C-Operatoren gilt die in Tabelle 1.4 angegebene Reihenfolge.

Tabelle 1.4: Prioritäten von Operatoren

Priorität	Operatoren	Bemerkung
0	`() [] -> .`	siehe spätere Abschnitte
1	`! ~ ++ -- + - * & sizeof` (*type*)	unär, postfix, präfix
2 3	`* / %` `+ -`	binäre arithmetische Operatoren
4	`<< >>`	Shift-Operatoren
5 6	`< <= > >=` `== !=`	Vergleichs-operatoren

7
8
9
	`&`
	`^`
	`|`
		Bitoperationen

10 11	`&&` `||`	Logische Verknüpfungen
12	`= += -= *= /= %= &= ^= |= <<= >>=`	Zuweisungsoperatoren
13	`,`	Kommaoperator

Die höchste Priorität haben die in Zeile (0) aufgeführten Operatoren, die erst in späteren Abschnitten behandelt werden. Die zweithöchste Priorität haben die in Zeile (1) notierten unären Operatoren sowie der Postfix- und der Präfixoperator. Die zweitniedrigste Priorität haben die in Zeile (12) angegebenen Zuweisungsoperatoren. Die Abstufungen sind mit Bedacht so festgelegt worden, damit in vielen Fällen auf Klammerungen verzichtet werden kann, wie es das folgende Beispiel zeigt, in dem die Darstellung ohne zusätzliche Klammern der Darstellung mit zusätzlichen Klammern gleichwertig ist:

ohne zus. Klammern	*mit zus. Klammern*
`int a, b, c, d, y1, y2, y3;`	`int a, b, c, d, y1, y2, y3;`
`y1 = a < b && !(c == d);`	`y1 = (a < b) && (!(c == d));`
`y2 = a & ~b | ~(c | d);`	`y2 = (a & (~b)) | (~(c | d));`
`y3 = a << b & c >> a;`	`y3 = (a << b) & (c >> a);`

1.5.6 Explizite und implizite Typkonvertierungen

Typkonvertierungen werden in manchen Fällen automatisch (*implizit*) durchgeführt (siehe Abschn. 1.5.7) und können aber auch *explizit* erzwungen werden, z.B.:

```
int m, n;
float x = 12.34;
m = x;           /* implizite Konvertierung */
n = (int) x;     /* explizite Konvertierung */
```

In beiden Fällen wird der Nachkommateil abgeschnitten, und sowohl m als auch n erhalten den Wert 12. In diesem Fall kommt es also aufs gleiche heraus. Trotzdem kann die *explizite Konvertierung* aus Gründen der Klarheit angebracht sein!

Es gibt aber auch viele Fälle, in denen eine *explizite Konvertierung* unbedingt erforderlich ist, z.B.:

```
int a = 5, b = 2;
float x, y, z;
x = a / b;                    /* x erhaelt den Wert 2   ! */
y = ((float) a) / ((float) b) /* y erhaelt den Wert 2.5 ! */
z = ((float) a) / b;          /* z erhaelt den Wert 2.5 ! */
```

Explizite Typkonvertierungen (**type casts**) werden durch Voranstellen des *Zieltyps* entsprechend folgender Form erreicht:

Allgemeine Form:	(*Zieltyp*) *Ausdruck*

Verschiedene elementare Datentypen können in Ausdrücken gemischt werden. Bei deren Auswertung werden dann implizit Konvertierungen nach bestimmten Regeln durchgeführt, die hier im Detail nicht erörtert werden, als grober Anhaltspunkt gilt:

- Bei der Verknüpfung zweier Operanden unterschiedlichen Typs wird der einfachere in den umfassenderen Typ umgewandelt.

Implizite und explizite Typkonvertierungen werden – wie oben gezeigt – auch dann durchgeführt, wenn dabei Information verlorengeht, insbesondere ist auch die Konvertierung zwischen `signed`- und `unsigned`-Typen sehr fehleranfällig, deshalb gilt:

- Typkonvertierungen sind gefährlich und sollten weitmöglichst vermieden werden!

Eine wichtige Rolle spielt die Konvertierung von Zeigertypen, sie wird in Abschn. 1.8.5 behandelt.

1.5.7 Arbeiten mit Zahlen

Ausdrücke und Zuweisungen mit gemischten Zahlentypen

In C können grundsätzlich in einem arithmetischen Ausdruck verschiedene Zahlentypen vermischt benutzt werden, z.B.

```
int ix = 27;
long lx = 123;
float fx = 53.6;
long double ldx = 76.2, ldy;
ldy = 1e5 * ( (ix + ldx - fx) / 2 );
```

Bei der Verknüpfung zweier Zahlen unterschiedlichen Typs wird immer implizit in den umfassenderen Typ konvertiert, d.h. z.B. Anweisungen

```
fx = 5.0 / 2.0;
fx = 5.0 / (float) 2;
fx = 5.0 / 2;
fx = 5 / 2.0;
```

führen zum gleichen Ergebnis `2.5`. Im Gegensatz dazu erhält fx in beiden folgenden Fällen

```
fx = 5 / 2;
fx = (float) (5 / 2);
```

den Wert `2.0` !

Bei der Umwandlung von einem Typ ohne Vorzeichen in einen Typ mit Vorzeichen kann unerwartet ein Vorzeichenwechsel auftreten:

```
unsigned int ux = UINT_MAX;
int ix = ux;                /* Ergebnis z.B.: -1 ! */
```

Das Regelwerk für die Konvertierung von Zahlentypen ist im Detail recht umfangreich, siehe dazu [2]. Es ist sicher auch nicht sinnvoll, alle Möglichkeiten auszuschöpfen. Die wesentlichen Grundregeln sind:

- Die Sprache ANSI-C erlaubt beliebige explizite und implizite Konvertierungen zwischen allen Character-Typen, Integer-Typen und Gleitkommatypen.
- Bei der Umwandlung eines Gleitkomma- in einen Ganzzahltyp wird der Nachkommateil abgeschnitten (truncate).
- Das Ergebnis der Umwandlung eines Wertes eines bestimmten Typs in einen Wert eines weniger mächtigen oder weniger genauen Typs kann undefiniert sein (z.B. *long* ⇒ *int*, aber auch *long* ⇒ *float*).
- Die Umwandlung zwischen *signed*- und *unsigned*- Typen kann wegen der unterschiedlichen Definitionsbereiche leicht zu unerwarteten Ergebnissen führen.

Einschränkungen gegenüber der Mathematik

In der Mathematik sind Zahlen (reelle und auch ganzzahlige) Elemente unendlicher Mengen, die Darstellung von Zahlen im Rechner ermöglicht natürlich nur endliche Mengen, und das hat mehr Konsequenzen, als man vielleicht auf den ersten Blick erwartet. Es betrifft neben dem Aspekt *Rechengenauigkeit* z.B. auch die beschränkte Gültigkeit mathematischer Axiome beim Rechnen mit *„Computerzahlen“*:

- Die ganzzahligen Typen (int, ..., unsigned long) repräsentieren nur Annäherungen an die ganzen bzw. an die natürlichen Zahlen aus der Mathematik, da ihr **Bereich eingeschränkt** ist!
- Die Gleitkommatypen (float, double und long double) repräsentieren nur Annäherungen an die reellen Zahlen aus der Mathematik, da ihr **Bereich eingeschränkt und** zusätzlich ihre **Genauigkeit begrenzt** ist.

Das wird durch folgende Beispiele demonstriert:

```
int a, b, c;
a = 20000;
b = 20000;
c = a + b;          /* Ueberlauf bei 16-Bit-Integer,  */
                    /* d.h. c != 40000                */
float x, y;
x = 1e20;
y = x + 1;          /* Die 1 geht verloren wegen      */
                    /* mangelnder Genauigkeit         */
c = y-x == 1;       /* c erhaelt den Wert 0 (FALSE) ! */
```

Weiterhin folgt aus diesen Begrenzungen, daß bei der Formulierung von Ausdrücken die Axiome der Mathematik – z.B. die *Kommutativgesetze*, die *Assoziativgesetze* und die *Distributivgesetze* – nur mit Einschränkungen gelten. Die im folgenden verwendeten Symbole $\oplus$ und $\otimes$ sollen hervorheben, daß nicht die mathematischen Operationen *plus* bzw. *mal*, sondern die im Rechner implementierten gemeint sind:

$$\begin{aligned} x \oplus y \oplus z &\neq x \oplus z \oplus y \\ x \otimes y \otimes z &\neq x \otimes z \otimes y \\ (x \oplus y) \oplus z &\neq x \oplus (y \oplus z) \\ (x \otimes y) \oplus (x \otimes z) &\neq x \otimes (y \oplus z) \end{aligned}$$

1.5.8 Arbeiten mit Zeichen

Das Programm C-Text 1.11, das eine Tabelle der ASCII-Zeichen erzeugt und in eine Datei schreibt, demonstriert das Arbeiten mit Zeichen. Anstatt des Datentyps `char` hätte man genausogut den Typ `int` oder jeden anderen ganzzahligen Typ verwenden können, was aber nicht unbedingt ein guter Programmierstil wäre.

C-Text 1.11: *ASCII-Zeichen* ./Bsp1/eledata/char1.c

```
#include<stdio.h>

int main() {

  int i, j;
  char ch;

  for (i=0; i<=15; i++) {
    for (j=0; j<=7; j++) {
      ch = i + 16*j;
      if (ch >= 32 && ch <= 126)
        printf("  %X %c", ch, ch);  /* Druckbares Zeichen */
      else
        printf("  %X %c", ch, ' '); /* Steuerzeichen      */
    }
    printf("\n");
  }

  return 0;
}
```

Ausgabe des Programms:

```
    0     10     20     30 0   40 @   50 P   60 `   70 p
    1     11     21 !   31 1   41 A   51 Q   61 a   71 q
    2     12     22 "   32 2   42 B   52 R   62 b   72 r
    3     13     23 #   33 3   43 C   53 S   63 c   73 s
    4     14     24 $   34 4   44 D   54 T   64 d   74 t
```

```
5    15    25 %   35 5   45 E   55 U   65 e   75 u
6    16    26 &   36 6   46 F   56 V   66 f   76 v
7    17    27 '   37 7   47 G   57 W   67 g   77 w
8    18    28 (   38 8   48 H   58 X   68 h   78 x
9    19    29 )   39 9   49 I   59 Y   69 i   79 y
A    1A    2A *   3A :   4A J   5A Z   6A j   7A z
B    1B    2B +   3B ;   4B K   5B [   6B k   7B {
C    1C    2C ,   3C <   4C L   5C \   6C l   7C |
D    1D    2D -   3D =   4D M   5D ]   6D m   7D }
E    1E    2E .   3E >   4E N   5E ^   6E n   7E ~
F    1F    2F /   3F ?   4F O   5F _   6F o   7F
```

1.5.9 Arbeiten mit Booleschen Ausdrücken

Der C-Text 1.12 demonstriert das Arbeiten mit Booleschen Ausdrücken in C:

C-Text 1.12: *Schaltjahr-Berechnung* ./Bsp1/eledata/schaltja.c

```
#include<stdio.h>

int main() {

  int jahr;
  int a, b, c, schalt;

  do {
    printf("Jahr: ");
    scanf("%d", &jahr);

    a = jahr%4 == 0;        /* ist ohne Rest durch 4 teilbar   */
    b = jahr%100 == 0;      /* ist ohne Rest durch 100 teilbar */
    c = jahr%400 == 0;      /* ist ohne Rest durch 400 teilbar */

    schalt = a && !b || c; /* ist ein Schaltjahr               */

    if (schalt)
      printf("%4d ist ein Schaltjahr\n", jahr);
    else
      printf("%4d ist  k e i n  Schaltjahr\n", jahr);
  } while (jahr > 0);

  return 0;
}
```

Alternative Ausdrücke zur Berechnung von `schalt` ohne die Verwendung der Hilfsvariablen `a, b, c` sind:

```
schalt = (jahr%4 == 0) && (jahr%100 != 0) || (jahr%400) == 0;
schalt = jahr%4 == 0 && jahr%100 != 0 || jahr%400 == 0;
schalt = !(jahr%4) && jahr%100 || !(jahr%400);
```

1.5.10 Aufzählungstypen

Häufig werden ganze Zahlen verwendet, um Begriffe zu codieren, z.B. Codierung für Bewertungen (1 : *sehr gut*, 2 : *gut*, ..., 5 : *ungenügend*), Codierung für Monatsnamen (1 : *Januar*, ..., 12 : *Dezember*) oder Codierung für Farben (0 : *rot*, 1 : *gelb*, 2 : *blau*). Die Aufzählungstypen bieten umgekehrt eine einfache Möglichkeit, im Programm anstelle der Zahlencodes aussagekräftige Namen zu verwenden; die folgenden Beispiele verdeutlichen die verschiedenen Verwendungsmöglichkeiten des enum-Typs:

Beispiel 1:

```
enum {rot, gelb, blau};
/*
  hat die gleiche Wirkung wie:
  const int rot   = 0;
  const int gelb  = 1;
  const int blau  = 2;
*/
```

Beispiel 2:

```
enum {rot=1, gelb, blau};
/*
  hat die gleiche Wirkung wie:
  const int rot   = 1;
  const int gelb  = 2;
  const int blau  = 3;
*/
```

Beispiel 3:

```
enum Farbe {rot, gelb, blau};
/* Definiert den neuen Typ Farbe */
. . .
enum Farbe f1, f2, f3, f4;
f1 = rot; f2 = f1; f3 = 2 /* d.h. blau ! */;
. . .
switch (f4) {
  case rot  : . . .; break;
  case gelb : . . .; break;
  case blau : . . .;
}
```

Beispiel 4:

```
enum Skatkartenwert {Ass=11, Zehn=10, Koenig=4,
                     Dame=3, Bube=2};
```

enum-Werte werden durch int-Typen dargestellt, und Variablen vom Typ enum können deshalb Werte beliebiger ganzzahliger Typen zugewiesen werden.

Allgemeine Formen:

enum { *enumerator-list* }
enum *identifier* { *enumerator-list* }
enum *identifier*

1.5.11 Ausdrücke als Anweisungen, Mehrfachzuweisungen

Anweisungen dienen dazu, Aktionen für Verarbeitungsvorgänge auszulösen. In C geschieht das im einfachsten Fall, indem ein Ausdruck durch ein Semikolon abgeschlossen wird:

```
x = 1.2;
y = 3.4;
z = x + y;
c = sqrt(a*a + b*b);
i = 0;
i++;
i += 5;
```

In C sind auch Mehrfachzuweisungen erlaubt, z.B. `i = j = k = 0;`

1.5.12 Bedingte Ausdrücke und bedingte Anweisungen

Bedingte Ausdrücke

Beispiel: `x < y ? x : y`

Allgemeine Form:

expression **?** *expression* **:** *expression*

Bedeutung: Der erste Ausdruck wird ausgewertet, wenn er den Wert $\neq 0$ (d.h. *true*) hat, dann ergibt sich der Wert des zweiten Ausdrucks, sonst der des dritten Ausdrucks für den Gesamtausdruck. Bezogen auf das Beispiel: Wenn x < y, dann hat der Ausdruck den Wert x, sonst den Wert y.

Bedingte Anweisungen

Beispiel: `z = x < y ? x : y;`

Allgemeine Form:

Lvalue assign-op expression **?** *expression* **:** *expression* ;
assign-op : *Zuweisungsoperator aus Tabelle 1.3*

Bedeutung: Der bedingte Ausdruck wird ausgewertet und entsprechend der Bedeutung des Zuweisungsoperators dem L-Wert zugewiesen. Die bedingte Anweisung ist eine Kurznotation für die if/else-Anweisung (siehe Abschn. 1.6).

1.5.13 Clean-C/Better-C: Restriktionen/Erweiterungen

Clean-C-Einschränkungen gegenüber ANSI/ISO-C

Zeichenkonstanten haben in C den Typ `int`, in C++ dagegen den Typ `char`, d.h. in C ist z.B. `sizeof'A'` ≡ `sizeof(int)`, in C++ dagegen gilt `sizeof'A'` ≡ `sizeof(char)`! In Clean-C muß also vermieden werden, daß entsprechende Verwendungen von Zeichenkonstanten zu einem anderen Resultat führen als in C++. Beispiel:

```
printf("%d", sizeof('A'));   Ausgabe in C z.B.  4,   in C++  1
```

Aufzählungstypen sind in C++ nicht kompatibel zum Typ `int`, was bedeutet, daß in C++ einer `enum`-Variablen nur ein Wert des gleichen `enum`-Typs zugewiesen werden kann; Beispiel:

```
enum Farbe {rot, gelb, blau};
enum Wert  {null, eins, zwei};
enum Farbe f1 = 1;              korrekt in C, Fehler in C++
enum Farbe f2 = eins;           korrekt in C, Fehler in C++
```

Die striktere Handhabung in C++ liegt darin begründet, daß C++ das Konzept der statischen Typisierung konsequenter durchsetzt.

Better-C-Erweiterungen gegenüber ANSI/ISO-C

In Better-C gibt es die zusätzlichen elementaren Datentypen **wchar_t** und **bool** für Multibyte-Zeichen bzw. für Boole'sche Variable, z.B.

```
wchar_t ch = 'AB';
bool  flag = false;
```

In Better-C braucht die Reihenfolge *„erst Vereinbarungen, dann Anweisungen"* innerhalb eines Blockes nicht eingehalten zu werden, sondern Vereinbarungen und Anweisungen können sich in beliebiger Reihenfolge abwechseln. Natürlich muß weiterhin jeder Name vor seiner Verwendung vereinbart sein.

Die wohl wichtigste Erweiterung ist die Einführung des neuen *Referenztyps*, z.B.

```
float x;
float &rx = x;
```

Der Name `rx` ist damit ein zweiter Name (Aliasname) für `x`. Referenzen müssen bei ihrer Vereinbarung initialisiert werden, und die Bindung einer Referenz an eine Variable kann nicht verändert werden. Die allgemeine Form zur Vereinbarung von

Referenztypen sieht also wie folgt aus:

Allgemeine Form: *Typname &Aliasname = Variablenname;*

Die mit Abstand wichtigste Verwendung von Referenzen betrifft die Referenzparameter, die den Variablenparametern in Pascal, Modula-2 und Oberon entsprechen, siehe dazu Abschn. 1.7.6.

1.6 Steueranweisungen

1.6.1 Übersicht

Anweisungen in Programmen dienen dazu, Algorithmen zu formulieren. Algorithmen wiederum sind Verarbeitungsvorschriften für die im Programm vereinbarten Daten. Neben den im vorigen Abschnitt genannten *einfachen Anweisungen*, die man durch Abschließen eines Ausdrucks mit einem Semikolon erhält, gibt es die *Steueranweisungen* oder auch *strukturierten Anweisungen*. Das Konzept der Steueranweisungen ist dem vieler anderer höherer Programmiersprachen, wie z.B. *Pascal, Modula, Oberon und Ada*, sehr ähnlich, und zwar gibt es in ANSI-C folgende Arten von Steueranweisungen:

- Verbundanweisung (compound-statement)
- if-Anweisung
- if/else-Anweisung
- switch-Anweisung
- while-Anweisung
- do/while-Anweisung
- for-Anweisung
- goto-Anweisung
- Anweisung mit Marke
- case-Anweisung
- default-Anweisung
- continue-Anweisung
- break-Anweisung
- return-Anweisung

1.6.2 Verbundanweisung (compound-statement)

Beispiel:

```
{ float buffer;
  buffer = x; x = y; y = buffer;
}
```

Allgemeine Form

{*declaration-list*$_{opt}$ *statement-list*$_{opt}$}

Bedeutung: Eine Verbundanweisung dient dazu, mehrere Anweisungen (*statement-list*) zu einer zusammenzufassen. Zu Beginn können Vereinbarungen (*declaration-list*) stehen, die dann aber nur innerhalb dieser Verbundanweisung gelten. Sowohl der Deklarations- als auch der Anweisungsteil ist optional, d.h. die Verbundanweisung kann auch leer sein, sie kann nur Anweisungen enthalten, und sie kann auch nur Vereinbarungen enthalten, was im allgemeinen nicht sinnvoll ist.

1.6.3 Verzweigungen

if-Anweisung

Beispiel:

```
if (x < y) {
  float buffer; buffer = x; x = y; y = buffer;
}
```

Allgemeine Form:

if (*expression*) *statement*

Bedeutung: Der Ausdruck (*expression*) wird ausgewertet. Wenn das Ergebnis $\neq 0$ ist, dann wird es als logisch *true* interpretiert, und die Anweisung (*statement*) wird durchgeführt, sonst – d.h. wenn die Auswertung den Wert $= 0$ liefert – wird die Anweisung nicht durchgeführt.

if/else-Anweisung

Beispiel 1:

```
if (i == 0) {
  y1 = x; y2 = x * x;
}
else {
  y1 = x + 1; y2 = x * x * x;
}
```

Allgemeine Form:

if (*expression*) *statement* **else** *statement*

Bedeutung: Wenn die Auswertung des Ausdrucks (*expression*) einen Wert $\neq 0$ (d.h. *true*) ergibt, dann wird die auf *expression* folgende Anweisung, sonst wird die auf *else* folgende Anweisung durchgeführt.

Die Anweisung im *else*-Teil einer *if/else-Anweisung* kann natürlich auch wieder eine *if/else-Anweisung* sein, was dann zu Mehrfachverzweigungen wie in Beispiel 2 führt. Das Beispiel zeigt auch, wie man durch logische Verknüpfungen im Ausdruck (*expression*) die Anzahl der Verzweigungen reduzieren kann.

Beispiel 2:

```
int  art;
char Klasse;
if ( ch < ' ' || ch == 127 /*!*/ ) {
  strcpy(Klasse, "Steuerzeichen"); art = 0;
}
else if ( ch >='0' && ch <= '9' ) {
  strcpy(Klasse, "Ziffer");        art = 2;
}
else if ( ch >= 'A' && ch <= 'Z' ||
 ch >= 'a' && ch <= 'z' ) {
  strcpy(Klasse, "Buchstabe");     art = 3;
}
else {
  strcpy(Klasse, "Sonderzeichen"); art = 1;
}
```

switch-Anweisung

Beispiel:

```
switch (art) {
  case 0  : ...; ...; break;
  case 1  : ...;
  case 2  : ...; break;
  case 3  : break;
  case 4  : case 9: ...; break;
  default : printf("falscher Wert !\n");
}
```

Allgemeine Form:

switch (*expression*) *statement*

Übliche Verwendung:

switch (*expression*) **{**
  case *constant expression*: *statements*
  . . .
  case *constant expression*: *statements*
  default: *statements*
}

Bedeutung: Die *switch-Anweisung* ist speziell zur Formulierung von Mehrfachverzweigungen vorgesehen. Die allgemeine Syntax läßt viele Konstrukte zu, die übliche Verwendung enthält aber im Rumpf – dem Beispiel und der angegebenen eingeschränkten Form entsprechend – nur Anweisungen oder Anweisungsfolgen, die jeweils durch eine „case-Marke“ (siehe Abschn. 1.6.5) eingeleitet werden, sowie maximal eine Anweisung oder Anweisungsfolge, die durch eine „default-Marke“ (siehe Abschn. 1.6.5) eingeleitet wird. Es sollte – aus Gründen der guten Lesbarkeit – nur diese eingeschränkte Form verwendet werden!

Der Ausdruck wird ausgewertet, und es wird geprüft, ob eine dem errechneten Wert entsprechende Sprungmarke vorhanden ist. Ist das der Fall, dann wird dorthin verzweigt, ist das nicht der Fall, dann wird – falls vorhanden – zum „default-Teil“ verzweigt. Wenn weder eine entsprechende Sprungmarke explizit angegeben, noch ein „default-Teil“ vorhanden ist, dann wird keine Anweisung durchgeführt!

Die „case-Teile“ werden üblicherweise mit einer *break-Anweisung* abgeschlossen, die die *switch-Anweisung* an der Stelle beenden. Wenn das „break“ entfällt, dann wird sequentiell mit dem folgenden „case-Teil“ oder mit dem „default-Teil“ weitergemacht. Statt mit einer *break-Anweisung* kann in Funktionen die *switch-Anweisung* auch mit einer *return-Anweisung* beendet werden.

Der Ausdruck (*expression*) muß einen ganzzahligen Typ liefern (char, int, ... oder enum), die auf „case“ folgenden Marken müssen ganzzahlige Konstanten sein. Mit der *switch-Anweisung* kann natürlich auch die *if/else-Anweisung* simuliert werden, z.B.:

```
switch ( i < j ) {
  case 1: printf("kleiner\n"); break;
  case 0: printf("nicht kleiner\n");
}
```

1.6.4 Wiederholungen

while-Anweisung

Beispiel:

```
sum = 0; count = 1;
while (count <= 100) {
   sum += count; count++;
}
```

Allgemeine Form:

while (*expression*) *statement*

Bedeutung: Die Anweisung wird so lange wiederholt, wie die Auswertung des Ausdrucks einen Wert *ungleich Null* (d.h. *true*) ergibt. Der Ausdruck wird bei jedem Schleifendurchlauf neu berechnet. Hat der Ausdruck den Anfangswert *Null* (d.h.

false), so wird die Anweisung gar nicht ausgeführt.

Dementsprechend ist `while (1)...` also eine Endlosschleife (repeat forever)!

do/while-Anweisung

Beispiel:

```
sum = 0; count = 1;
do {
  sum += count; count++;
}
while (count <= 101)
```

Allgemeine Form:

do *statement* **while** (*expression*);

Bedeutung: Die Anweisung wird so lange wiederholt, bis die Auswertung des Ausdrucks den Wert *Null* (d.h. *false*) ergibt. Im Unterschied zur *while-Anweisung* erfolgt die Auswertung nicht zu Beginn, sondern zum Schluß, und somit wird die Anweisung mindestens einmal ausgeführt.

Dementsprechend ist `do...while (1)` ebenfalls eine Endlosschleife.

for-Anweisung

Beispiel 1:

```
sum = 0;
for (count = 1; count <= 100; count++)
  sum += count;
```

Beispiel 2:

```
sum = 0;
for (i=1, j=100; i <= 50, j>50; i++, j--)
  sum = sum + i + j;
```

Allgemeine Form:

for (*expression*$_{opt}$; *expression*$_{opt}$; *expression*$_{opt}$) *statement*

Bedeutung: Der im Beispiel 1 angeführte C-Text mit der *for-Anweisung* wird durch den folgenden C-Text mit einer *while-Anweisung* nachgebildet:

```
sum = 0; count = 1;
while ( count <= 100 ) { sum += count; count++; }
```

Im ersten Ausdruck wird die Initialisierung spezifiziert, im zweiten wird die Bedingung spezifiziert, die erfüllt sein muß, bevor eine weitere Iteration durchgeführt wird, und im dritten Ausdruck wird eine Operation spezifiziert, die bei jeder Iteration durchgeführt wird.

Wie das Beispiel 2 demonstriert, können die Ausdrücke in der *for-Anweisung* sich aus jeweils mehreren durch Kommata getrennten Teilausdrücken zusammensetzen. Das Beispiel kann wie folgt durch Verwendung einer *while-Anweisung* nachgebildet werden:

```
sum = 0; i = 1; j = 100;
while ( i<=50 && j>50 ) { sum += count; i++; j--; }
```

Dementsprechend sind `for (;1;) ...` und auch `for (;;) ...` weitere Formulierungen für Endlosschleifen.

Bezüglich der Entscheidung, welche der drei Anweisungen `while`, `do/while` oder `for` jeweils zur Formulierung einer bestimmten Iteration zu verwenden ist, gibt es unterschiedliche Ansichten. Puristen verwenden stets die *sichere while-Anweisung*, typische C-Programmierer alter Schule haben eine ausgeprägte Vorliebe für die *mächtige for-Anweisung*. Sinnvoll ist sicher eine differenzierte Auswahl:

Verwendung der *while-Anweisung*, wenn die Anzahl der Iterationen n unbekannt ist mit $n \geq 0$ (auch *null* Durchläufe möglich!), Verwendung der *do/while-Anweisung*, wenn im Gegensatz dazu $n \geq 1$ (mindestens ein Durchlauf!), und Bevorzugung der *for-Schleife* insbesondere dann, wenn die Anzahl der Iterationen schon bekannt ist.

1.6.5 Marken und Sprünge

Anweisungen mit Marken (labeled statements)

Beispiel 1: `Marke : printf("Fehler\n");`

Allgemeine Form

identifier **:** *statement*

Beispiel 2: `case 27 : y = x;`

Allgemeine Form:

case *const-expression* **:** *statement*

Beispiel 3: `default : b = c;`

Allgemeine Form:

default : *statement*

Bedeutungen: Anweisungen mit Marken sind Anweisungen, denen eine allgemeine Marke (Beispiel 1), eine *case-Marke* (Beispiel 2) oder eine *default-Marke* (Beispiel 3) vorangestellt ist. Die allgemeine Marke kann mit einem freigewählten Namen versehen werden und dient als Sprungziel für eine *goto-Anweisung* (siehe Abschn. 1.6.5), die anderen beiden werden in *switch-Anweisungen* (siehe Abschn. 1.6.3) verwendet.

goto-Anweisung

Beispiel:

```
for (i=1; i<=iMax; i++) {
  . . .
  for (j=1; j<=jMax; j++) {
    . . .
    if (x < epsilon) goto fertig;
    . . .
  }
  . . .
}
fertig: printf(...);    /* Anweisung mit Marke
                           (labeled statement) */
```

Allgemeine Form:

goto *identifier* ;

Bedeutung: Die *goto-Anweisung* bewirkt einen Programmsprung zu der Anweisung, die mit der entsprechenden Marke versehen ist. Sie ermöglicht damit schwer überschaubare *wilde Sprünge* vorwärts und rückwärts sowie Sprünge über kleine und über große Distanzen und sollte gemäß den Richtlinien der *Strukturierten Programmierung* weitmöglichst vermieden werden. Das Beispiel zeigt einen der seltenen Fälle, in denen die Verwendung des *goto* gerechtfertigt sein mag. Normalerweise sollte man für den *vorzeitigen Ausstieg* aus einer Schleife eine *break-* oder eine *return-*Anweisung (siehe Abschn. 1.6.5 und 1.6.5) verwenden, ein *break* bewirkt aber jeweils nur den Ausstieg aus der aktuellen, nicht aber aus weiter außen liegenden Schleifen!

continue-Anweisung

Beispiel:

```
for (i=0; i<1000; i++) {
  . . .
  if (a < b) continue;
  . . .
}
```

Allgemeine Form:

continue;

Bedeutung: Die *continue-Anweisung* kann in Verbindung mit den Schleifenanweisungen `while`, `do/while` und `for` verwendet werden. In dem angegebenen Beispiel bewirkt das `continue` bei Vorliegen der Bedingung `(a < b)`, daß der aktuelle Schleifendurchlauf abgebrochen und mit dem nächsten Indexwert fortgefahren wird. Ganz allgemein sorgt die Ausführung einer `continue`-Anweisung in einer Schleifenanweisung dafür, daß beim jeweils aktuellen Durchlauf die folgenden restlichen

Anweisungen bis zum Schleifenende übersprungen werden. Die *continue-Anweisung* ist gut entbehrlich und kann leicht durch eine *if-Anweisung* ersetzt werden.

break-Anweisung

Beispiel 1:

```
for (i=0; i<iMax; i++) {
  . . .
  for (j=1; j<jMax; j++) {
    . . .
    if (x < epsilon) break;
    . . .
  }
  printf(...);
  . . .
}
```

Beispiel 2:

```
while (1) {
  . . .
  if (bedingung1) break;
  . . .
  if (bedingung2) break;
  . . .
  if (bedingung3) break;
  . . .
}
```

Allgemeine Form: **break;**

Bedeutung: Die *break-Anweisung* kann in allen Schleifenanweisungen verwendet werden, um die Iteration *vorzeitig* zu beenden, d.h. vor Erreichen der *normalen* Ende-Bedingung. Im ersten Beispiel wird nach der *break-Anweisung* als nächstes die *printf-Anweisung* durchgeführt, d.h. es wird die jeweils unmittelbar umschließende Schleife abgebrochen, nicht aber evtl. weitere umhüllende! Wie das zweite Beispiel zeigt, können Schleifen auch mehrere *breaks* enthalten.

return-Anweisung

Beispiel:

```
float Max(float a, float b) {
  if (a > b) return a;
  else return b;
}
```

Allgemeine Form: **return** $expression_{opt}$**;**

Bedeutung: Die *return-Anweisung* kann nur in Funktionen verwendet werden und wird im Abschn. 1.7 behandelt. Sie wird ähnlich wie die *break-Anweisung* eingesetzt, allerdings beendet die *return*-Anweisung nicht nur die Schleife, sondern die gesamte Funktion.

1.6.6 Zusammenfassung

A. Formale Beschreibung aller Steueranweisungen:

Die folgende Zusammenstellung enthält die syntaktische Beschreibung aller Steueranweisungen der Sprache ANSI/ISO-C, sie sind in den vorangehenden Abschnitten im Detail beschrieben.

- {*declaration-list*$_{opt}$ *statement-list*$_{opt}$}
- **if** (*expression*) *statement*
- **if** (*expression*) *statement* **else** *statement*
- **switch** (*expression*) *statement*
- **while** (*expression*) *statement*
- **do** *statement* **while** (*expression*);
- **for** (*expression*$_{opt}$; *expression*$_{opt}$; *expression*$_{opt}$) *statement*
- **goto** *identifier* ;
- *identifier* : *statement*
- **case** *const-expression* : *statement*
- **default** : *statement*
- **continue;**
- **break;**
- **return** *expression*$_{opt}$;

B. Informelle Übersicht über die wesentlichen Steueranweisungen:

Die im Bild 1.3 dargestellten Syntaxdiagramme stellen Syntax grafisch dar, wobei nur die Verbundanweisung sowie die Anweisungen für Verzweigungen und Wiederholungen berücksichtigt sind. Das Diagramm für die *switch-Anweisung* beschreibt die in Abschnitt 1.6.4 erläuterte übliche Verwendung.

Die abgerundeten Kästchen repräsentieren die Endsymbole, die explizit in der Anweisung auftreten, die eckigen Kästchen enthalten als Kurzbezeichnungen die Buchstaben *d* für *declaration*, *s* für *statement* und *e* für *expression*.

Korrekte Formen für Anweisungen ergeben sich aus den Syntaxdiagrammen, indem sie in Pfeilrichtung durchlaufen werden. Bögen in Vorwärtsrichtung von links nach

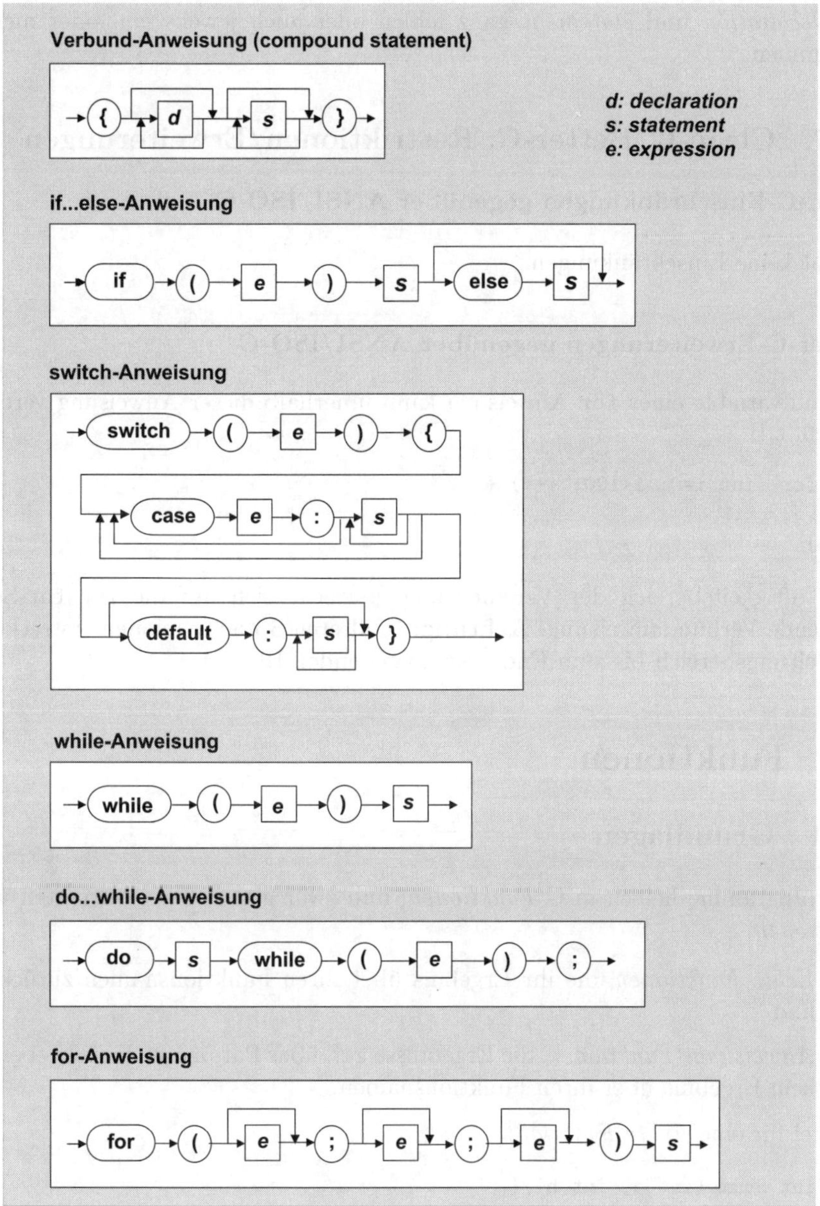

Bild 1.3: Syntaxdiagramme der Steueranweisungen, teilweise leicht vereinfacht

rechts definieren die Möglichkeiten, Teile zu umgehen, Bögen in Rückwärtsrichtung definieren entsprechend Wiederholungen. Im Falle der Verbundanweisung können z.B. *declaration* und *statement* ganz fehlen oder auch jeweils ein- oder mehrfach vorkommen.

1.6.7 Clean-C/Better-C: Restriktionen/Erweiterungen

Clean-C-Einschränkungen gegenüber ANSI/ISO-C

Es gibt keine Einschränkungen.

Better-C-Erweiterungen gegenüber ANSI/ISO-C

Die Laufvariable einer `for`-Anweisung kann innerhalb dieser Anweisung vereinbart werden, z.B.

```
for (int i=0; i<100; i++) {
  . . .
}
```

Der Gültigkeitsbereich der Vereinbarung erstreckt sich auf die zur `for`-Schleife gehörende Verbundanweisung. **Achtung:** In älteren Sprachversionen erstreckte sich der Geltungsbereich bis zum Ende des umgebenden Blocks!

1.7 Funktionen

1.7.1 Grundlagen

Unterprogramme heißen in C *Funktionen*; und zwar gibt es zwei Varianten von *C-Funktionen*:

- *Echte Funktionen*, die ihr Ergebnis über ihren Funktionsnamen zurückgeben und
- *Anweisungs-Funktionen*, die Ergebnisse ggf. über Parameter zurückgeben, aber kein Ergebnis über ihren Funktionsnamen.

Beispiel für eine *Echte Funktion*:

```
int Summe(int a, int b) {
/* a >= 0, b >= 0, b >= a */
  int i, sum;
  if ((a < 0) || (b < 0) || (a > b))
    return -1;                         /* Fehler, s.o. */
  sum = 0;
```

```
        for (i=a; i<=b; i++) sum += i;
        return sum;
    }
```

Der Aufruf erfolgt z.B. in der Form `s = Summe(1, 100);`

Beispiel für eine *Anweisungs-Funktion*:

```
    void Summe(int a, int b, int *sum) {
    /* a >= 0, b >= 0, b >= a */
      int i;
      if ((a < 0) || (b < 0) || (a > b)) {
        *sum = -1; return;                    /* Fehler, s.o. */
      }
      *sum = 0;
      for (i=a; i<=b; i++) *sum += i;
    }
```

Der Aufruf erfolgt z.B. in der Form `Summe(1, 100, &s);`

Der Parameter `*sum` ist im Gegensatz zu den *Werteparametern* `a` und `b` ein *Resultatparameter* oder auch *Variablen-* oder *Adreßparameter*, der sich dadurch auszeichnet, daß er ein Ergebnis an das aufrufende Programmteil zurückgeben kann. Durch Verwendung des *Dereferenzierungsoperators* `*` bei der Definition der Funktion wird nicht der Wert selbst, sondern seine Adresse übergeben. Umgekehrt muß dann beim Aufruf mit dem *Referenzierungsoperator* `&` die Adresse der zugehörigen Variablen gebildet werden. Genaugenommen gibt es in C nur *Werteparameter*, und der Mechanismus *Resultatparameter* wird dadurch simuliert, daß man nicht den Wert selbst, sondern seine Adresse übergibt, siehe dazu auch den entsprechenden Abschnitt 1.8.1 über *Zeiger, Adressen und Vektoren.*

Die Angabe `void` heißt *leer* und besagt, daß die Funktion selbst keinen Wert zurückgibt.

Prototypen

Eine Funktion muß in ANSI-C bei ihrem Aufruf bezüglich ihrer Schnittstelle bekannt sein, damit der Compiler den Aufruf auf korrekte Syntax überprüfen kann. Dafür gibt es zwei Möglichkeiten:

- **entweder** wird die Funktion vor ihrem Aufruf *definiert*, d.h. implementiert (d.h. vollständig realisiert),
- **oder** sie wird in Form eines sog. *Prototypen* vorher *deklariert*.

Der Prototyp umfaßt den Funktionskopf und damit die Schnittstelle der Funktion. Das folgende Beispiel zeigt einen entsprechenden Programmtext:

```
int Summe(int a, int b);          /* Deklaration (Prototyp) */

int main(void) {
  int s;
  . . .
  s = Summe(1, 100);              /* Aufruf */
  . . .
  return 0;
}

int Summe(int a, int b) {         /* Beginn der Definition  */
  int i, sum;
  if ((a < 0) || (b < 0) || (a > b))
    return -1;
  sum = 0;
  for (i=a; i<=b; i++) sum += i;
  return sum;
}                                 /* Ende der Definition    */
```

Sonstiges:

- Das Hauptprogramm `int main(void)` ist ebenfalls eine Funktion (aus der Sicht des Betriebssystems), sie hat in dem obigen Beispiel keinen Parameter und liefert einen `int`-Wert an das Betriebssystem.
- Funktionen können nicht statisch geschachtelt werden, d.h. eine Funktion kann nicht *innerhalb* einer anderen definiert werden, und das bedeutet wiederum, daß alle Funktionen auf der gleichen Ebene liegen.
- Rekursionen sind möglich, d.h. Funktionen können sich selbst direkt oder indirekt aufrufen (siehe dazu den Abschnitt über *Rekursive Funktionen*).

1.7.2 Rekursive Algorithmen und Funktionen

Rekursive Strukturen spielen in der Informatik eine sehr große Rolle, im Kapitel über *Datenstrukturen und Algorithmen* wird das Thema in Verbindung mit *Listen- und Baumstrukturen* ausführlich behandelt. Dieser Abschnitt gibt eine kompakte Einführung in das Themengebiet.

Die Wörter *Rekursion, rekursiv* entstammen dem Lateinischen *recurrere = zurückführen.* Bezogen auf unser Thema beinhaltet das grob gesehen einen Algorithmus, der mit sich selbst definiert wird (z.B. $n! = n(n-1)!$) bzw. eine Funktion die sich selbst direkt – oder auch indirekt – aufruft. In der Mathematik ist die Rekursion seit langem ein übliches Ausdrucksmittel. In dem Fachgebiet *Künstliche Intelligenz* (**KI**) spielt die Rekursion ebenfalls eine wichtige Rolle. Bei der bekanntesten und ältesten KI-Sprache – LISP – ist die Rekursion das zentrale Ausdrucksmittel.

Die Rekursion stellt eine höhere Ebene zur Formulierung von Iterationen (Wiederholungen) bereit, ein passender Spruch sagt: *Iteration ist menschlich, Rekursion ist göttlich.* Jede Rekursion kann rein formal durch eine Iteration ersetzt werden. Als Beispiel betrachten wir die einfache Summenfunktion $S(n)$ mit $n \geq 1$, die die Zahlen von 1 bis n addiert:

Iterative Formulierung: $\mathrm{S}(n) = \sum_{i=1}^{n} i$

Rekursive Formulierung: $s(n) = \begin{cases} n + \mathrm{S}(n-1) & : n > 1 \\ 1 & : n = 1 \end{cases}$

Die **rekursive** Berechnung von S(3) wird dann wie folgt durchgeführt:

$$\begin{aligned} \mathrm{S}(3) &= 3 + \mathrm{S}(2) \\ \mathrm{S}(2) &= 2 + \mathrm{S}(1) \\ \mathrm{S}(1) &= 1 \\ \longrightarrow \mathrm{S}(2) &= 2 + 1 \\ \longrightarrow \mathrm{S}(3) &= 3 + 2 + 1 \end{aligned}$$

Bild 1.4 zeigt die entsprechende Durchführung der rekursiven Berechnung mit Hilfe eines Stapelspeichers (Stack).

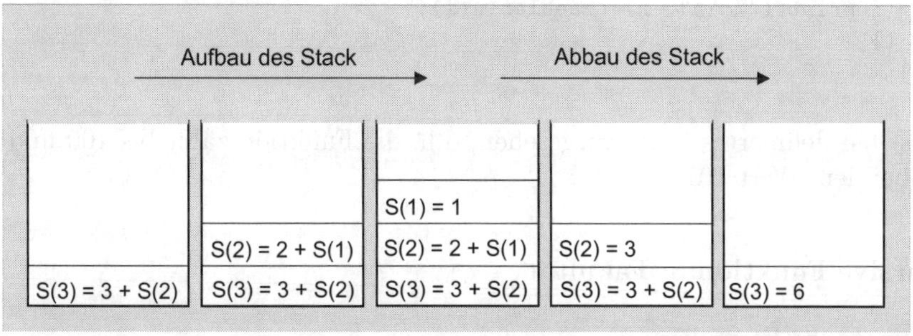

Bild 1.4: Rekursive Berechnung mit Hilfe eines Stapelspeichers

Eine entsprechende rekursive C-Funktion sieht dann z.B. wie folgt aus:

```
int S(int n) {
  if (n > 1)  return n + S(n-1);
  if (n == 1) return 1;
}
```

Wichtig bei der Formulierung rekursiver Funktionen ist das Vorsehen einer oder mehrerer **Terminations-Bedingungen**, die dafür sorgen, daß die Kette der rekursiven Aufrufe irgendwann terminiert!

Die folgenden neun rekursiven Funktionen demonstrieren die Anwendung rekursiver Algorithmen an einfachen Beispielen. Alle diese Funktionen lassen sich praktisch genauso einfach jeweils durch Verwenden eines entsprechenden iterativen Algorithmus realisieren, d.h. die rekursive Formulierung bringt hier kaum Vorteile, sie dienen nur als leicht durchschaubare Übungsbeispiele. Ganz anders sieht das bei den in Kapitel 5 besprochenen rekursiven Algorithmen aus, die ihren iterativen Alternativen an Kompaktheit und Überschaubarkeit teilweise weit überlegen sind.

Rekursive Funktion 1: Zählen ohne Begrenzung

```
void zaehlen(int n) {
  printf("%d\n", n); zaehlen(n+1);
}
```

Wird diese Funktion z.B. aufgerufen mit `zaehlen(1)`, so gibt sie nacheinander die Werte `1, 2, 3, ...` usw. aus. Diese Funktion ist aber nicht sinnvoll, weil sie nicht terminiert, d.h. es ist keine Terminations-Bedingung vorgesehen.

Rekursive Funktion 2: Zählen mit Begrenzung

```
void zaehlen(int n) {
  if (n <= 100) {
    printf("%d\n", n); zaehlen(n+1);
  }
}
```

Hier ist ein definiertes Ende vorgesehen, d.h. die Funktion zählt bis 100 und bricht dann bei dem Wert 101 ab.

Rekursive Funktion 3: Fakultät

Mathematische Formulierung:

$$n! = \begin{cases} n(n-1)! & : \quad n > 0 \\ 1 & : \quad \text{sonst} \end{cases}$$

Beispiel:

$$3! = 3 \cdot 2! = 3 \cdot 2 \cdot 1! = 3 \cdot 2 \cdot 1 \cdot 0! = 3 \cdot 2 \cdot 1 \cdot 1 = 6$$

C-Funktion:

```
int fak(int n) {
/* gilt nur fuer n >= 0 und fuer "kleine" Werte von n */
  if (n > 0) return n * fak(n-1);
  else return 1;
}
```

Das ist eine rekursive Realisierung der *Fakultätsfunktion*, aber Vorsicht, die Funktion wächst sehr schnell, und schon für relativ kleine Werte von n wird der *int-Bereich* überschritten. Das Problem hat natürlich mit der Rekursion nichts zu tun, es tritt genauso auf, wenn die Funktion iterativ formuliert wird.

Rekursive Funktion 4: Summe

Mathematische Formulierung:

$$\mathrm{S}(m,n) = \begin{cases} m + \mathrm{S}(m+1,n) & : \quad m < n \\ m & : \quad m = n \end{cases}$$

Beispiel:

$$\mathrm{S}(1,3) = 1 + \mathrm{S}(2,3) = 1 + 2 + \mathrm{S}(3,3) = 1 + 2 + 3 = 6$$

C-Funktion:

```
int summe(int m, int n) {
/* m <= n ! */
  if (m == n) return nm;
  else return n1 + sum(n1+1, n2);
}
```

Diese Funktion addiert die Zahlen von m bis n, also z.B. für $m = 1$ und $n = 100$ ergibt sich: $1 + 2 + 3 + ... + 98 + 99 + 100 = 5050$.

Rekursive Funktion 5: Größter gemeinsamer Teiler

Mathematische Formulierung:

$$\mathrm{ggt}(m,n) = \begin{cases} \mathrm{ggt}(n, m \bmod n) & : \quad n > 0 \\ m & : \quad n = 0 \end{cases}$$

Beispiel:

$$\mathrm{ggt}(48,64) = \mathrm{ggt}(64,48) = \mathrm{ggt}(48,16) = \mathrm{ggt}(16,0) = 16$$

C-Funktion:

```
int GGT(int m, int n) {
/* m, n >= 0 */
  if (n==0) return m;
  else return GGT(n, m % n);
}
```

Das ist die C-Formulierung für den klassischen rekursiven Algorithmus zur Berechnung des größten gemeinsamen Teilers.

Rekursive Funktion 6: Multiplizieren Vers. 1

Mathematische Formulierung:

$$a \cdot b = \begin{cases} b + (a-1) \cdot b & : \quad a > 0 \\ 0 & : \quad a = 0 \end{cases}$$

Beispiel:

$$3 \cdot 7 = 7 + 2 \cdot 7 = 7 + 7 + 1 \cdot 7 = 7 + 7 + 7 + 0 \cdot 7 = 21$$

C-Funktion:

```
int mal(int a, int b) {
/* a, b >= 0 */
  if (a==0) return 0;
  else return b + mal(a-1, b);
}
```

Diese Funktion rechnet `a*b` aus, indem sie a mal b addiert. Das ist natürlich nicht als konkrete Problemlösung gedacht, denn das ist sehr uneffektiv, und außerdem besteht *Absturzgefahr* bei zu großer Rekursionstiefe !

Rekursive Funktion 7: Multiplizieren Vers. 2

Mathematische Formulierung:

$$a \cdot b = \begin{cases} (a:2) \cdot (b \cdot 2) & : \quad a \neq 0 \wedge \text{a ist geradzahlig} \\ (a:2) \cdot (b \cdot 2) + b & : \quad a \neq 0 \wedge \text{a ist ungeradzahlig} \\ 0 & : \quad a = 0 \end{cases}$$

Beispiel:

$$\begin{aligned} 13 \cdot 7 &= 7 + 12 \cdot 7 = 7 + 6 \cdot 14 = 7 + 3 \cdot 28 = 7 + 28 + 2 \cdot 28 \\ &= 7 + 28 + 1 \cdot 56 = 7 + 28 + 56 + 0 \cdot 112 = 91 \end{aligned}$$

C-Funktion:

```
int mal(int a, int b) {
/* a, b >= 0 */
  if (a==0)
    return 0;
  else if ( (a%2)==0 )
    return mal(a/2, b*2);
  else
    return b + mal(a/2, b*2);
}
```

Das repräsentiert die rekursive Form eines klassischen Algorithmus zur Multiplikation nicht negativer ganzer Zahlen durch Zurückführen auf die Addition.

Rekursive Funktion 8: Dezimal- in Dualzahl umwandeln, Vers. 1

```
void DezimalInDual(long dezimal) {
  printf("%l", dezimal % 2);
  if (dezimal > 0) DezimalInDual(dezimal / 2);
}
```

Diese rekursive Anweisungsfunktion wandelt eine Dezimal- in eine Dualzahl um und gibt die einzelnen Bits in *falscher* Reihenfolge aus (d.h. links steht das niederwertigste und rechts das höchstwertigste Bit). Für den Aufruf `DezimalInDual(37)` erhält man z.B. die Ausgabe `100101`.

Durch einfaches Vertauschen der beiden Zeilen im Rumpf der Funktion erreicht man, daß die Bits in *richtiger Reihenfolge* ausgegeben werden:

Rekursive Funktion 9: Dezimal- in Dualzahl umwandeln, Vers. 2

```
void DezimalInDual(long dezimal) {
  if (dezimal > 0) DezimalInDual(dezimal / 2);
  printf("%l", dezimal % 2);
}
```

1.7.3 Variable Anzahl von Parametern

In ANSI/ISO-C gibt es die Möglichkeit, Funktionen mit variabler Parameterzahl auch selbst zu definieren. In der Standard-Bibliothek sind `int printf(const char* format, ...)` und `int scanf(const char* format, ...)` die bekanntesten Vertreter von Funktionen mit variabler Parameterliste. Aus der Interpretation der Formatstrings in der Implementierung dieser Funktionen ergibt sich die Anzahl der relevanten zusätzlichen Argumente: zu jeder mit `%` eingeleiteten Formatspezifikation gehört ein Argument. Ein etwas einfacheres Beispiel zeigt das Prinzip:

```
#include <stdio.h>
#include <stdarg.h>

int summe(int count, ...);

int main() {
  printf("%d\n", summe(3, 11, 22, 33));
  return 0;
}

int summe(int count, ...) {
```

```
    int s = 0;
    va_list ap;
    va_start(ap, count);
    while (count>0) {
      s = s + va_arg(ap, int); count--;
    }
    va_end(ap);
    return s;
  }
```

Die erforderlichen Hilfsmittel – der Typ `va_list` sowie die drei Makros `va_start`, `va_arg` und `va_end` – werden über die Definitionsdatei `stdarg.h` zur Verfügung gestellt:

> Zunächst wird mit `va_list ap;` ein Zeiger (argument pointer) definiert und mit `va_start(ap, count)` auf das erste Argument der variablen Parameterliste gesetzt. Bei jedem Schleifendurchlauf wird der Wert des Arguments gemäß dem als zweiten Parameter angegebenen Typs geliefert, und der Zeiger `ap` wird auf das nächste Argument gesetzt. Mit `va_end(ap)` werden erforderliche Abschlußaktionen durchgeführt.

Eine Kurzbeschreibung der Definitionsdatei `stdarg.h` steht im Abschnitt 2.11.

1.7.4 Definition, Deklaration und Aufruf von Funktionen

Eine typische Funktionsdefinition gemäß dem ANSI/ISO-C-Standard sieht wie folgt aus:

```
int f(int a, int b)
{
  return (a + b) * (a + b);
}
```

Wegen der Abwärtskompatibilität zum K&R-Standard wird aber auch folgende „alte“ Formen aktzeptiert:

```
int f(a, b)
  int a, b;
{
  return (a + b) * (a + b);
}
```

Nach dem K&R-Standard kann weiterhin auch die Spezifikation des Rückgabetyps entfallen, wenn er vom Typ `int` ist (Default-Rückgabetyp `int`):

```
f(a, b)
  int a, b;
```

```
{
  return (a + b) * (a + b);
}
```

Wir wollen – wie schon bei den Beispielen in den vorangehenden Abschnitten – auch im weiteren nur die „neueren“ Formen gemäß den ANSI/ISO-Empfehlungen betrachten.

Funktionsdefinition

Die Definition einer ANSI/ISO-C-Funktion – ohne Berücksichtigung der im ANSI-Standard noch tolerierten Formen gemäß dem alten K&R-Standard – sieht wie folgt aus:

Allgemeine Form:

declaration-specifiers *direct-declarator* (*parameter-type-list*) *compound-statement*

Bedeutung:

- *compound statement* ist eine Verbundanweisung gemäß Abschn. 1.6 als Rumpf der Funktion.
- *direct-declarator* ist hier ein Bezeichner (der Funktionsname), der auch in Klammern stehen kann.
- *declaration-specifiers* umfaßt die Spezifikation des Rückgabetyps (z.B. `int`, `float`, `double`, `char`, `void`) und zusätzlich optional die Spezifikation einer Speicherklasse (z.B. extern, static, siehe Abschn. 1.10) und – ebenfalls optional – das Attribut `const` oder `volatile`.
- *parameter-type-list* enthält eine oder mehrere Variablen-Deklarationen und ggf. ... am Ende der Liste, wobei die Elemente der Liste durch Kommata getrennt sind. Eine leere Parameterliste wird durch `void` bezeichnet.

Der Rückgabetyp einer Funktion kann auch eine C-Struktur oder eine C-Union sein, siehe dazu Abschn. 1.8.3 bzw. Abschn. 1.8.4.

Das Syntaxdiagramm in Bild 1.5 stellt den Aufbau der Definition einer Funktion anschaulich dar.

Funktionsdeklaration (Funktionsprototyp)

Die Deklaration einer ANSI/ISO-C-Funktion, der Funktionsprototyp, ist in erster Näherung mit dem Kopf der Funktionsdefinition und einem abschließenden Semikolon anstelle des Funktionsrumpfes identisch. Ein wesentlicher Unterschied besteht

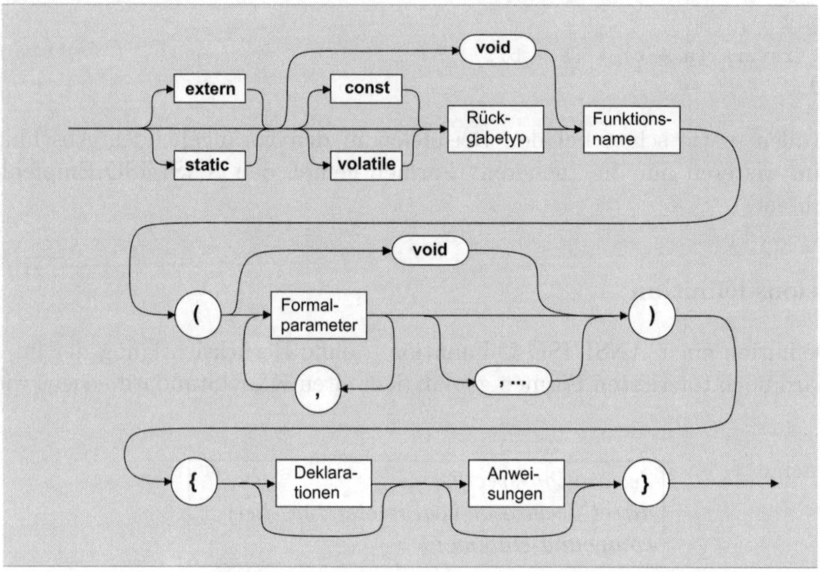

Bild 1.5: Definition einer ANSI-C-Funktion

darin, daß in der Parameterliste des Prototyps auf die Namen der Objekte verzichtet werden **kann**, also z.B.

```
int f(int, int);
```

oder

```
int f(int a, int b);
```

Der Prototyp dient ja dazu, dem Compiler die Kontrolle der richtigen Verwendung der Funktion zu ermöglichen, und dafür benötigt er jeweils nur die Parametertypen, aber nicht ihre Namen. Trotzdem ist es im allgemeinen sinnvoll, auch bei den Prototypen die Parameternamen anzugeben.

Funktionsaufruf

Bild 1.6 zeigt die allgemeine Form für den Aufruf einer Funktion.

1.7.5 ANSI/ISO-C-Bibliotheksfunktionen

Der Gesamtstandard ANSI-C beinhaltet neben der eigentlichen Sprache noch eine Standard-Bibliothek, bestehend aus fünfzehn Bibliotheksmodulen, Kap. 2 gibt eine Übersicht über diese ANSI/ISO-C- Standardbibliothek. Wesentliche Module dieser Bibliothek sind:

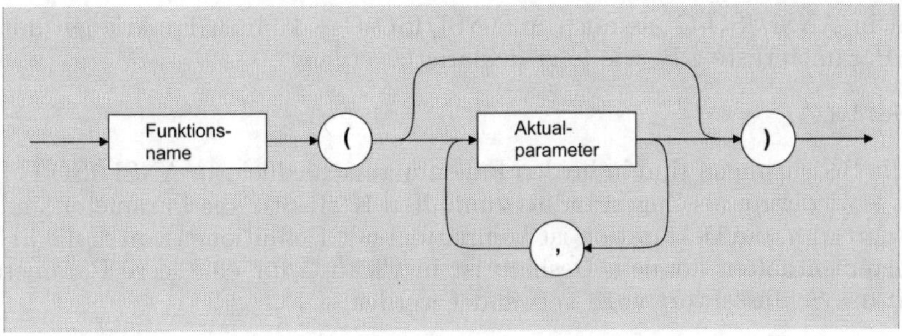

Bild 1.6: Aufruf einer ANSI-C-Funktion

⊗ `<stdio.h>` : *Eingabe- und Ausgabe-Funktionen ...*

⊗ `<string.h>` : *Stringfunktionen ...*

⊗ `<math.h>` : *Mathematische Funktionen ...*

⊗ `<stddef.h>` : *Allgemeine Definitionen*

⊗ `<stdlib.h>` : *Hilfsfunktionen*

In diesen Modulen stehen entsprechende Funktionsdeklarationen (Prototypen) sowie andere Deklarationen und Definitionen, die durch entsprechende **`#include`**-Anweisungen in Programme eingebunden werden und damit dort anwendbar sind.

1.7.6 Clean-C/Better-C: Restriktionen/Erweiterungen

Clean-C-Einschränkungen gegenüber ANSI/ISO-C

Clean-C aktzeptiert nicht die alte K&R-Form der Spezifikation von Parametern in Funktionsdefinitionen, sondern nur die neue Form mit der Typangabe unmittelbar beim Parameter, also

- **richtig ist z.B.:** `void f(int a, float x) {...}` und
- **falsch ist z.B.:** `void f(a, x) int a; float x; {...}`

Weiterhin muß in Clean-C für jede Funktion ein Rückgabetyp explizit angegeben werden, `void` bedeutet dabei „keine Rückgabe". Im alten K&R-C kann die explizite Angabe des Rückgabetyps entfallen, es wird dann implizit `int` angenommen.

Eine besonders wichtige Einschränkung von Clean-C, mit der ebenfalls wieder ein alter K&R-Zopf abgeschnitten wird:

- Jede Funktion muß vor ihrer Verwendung durch einen *Prototypen* deklariert sein oder sie muß vor ihrer Verwendung definiert (d.h. implementiert) sein. Die *Prototypen* entsprechen den *Vorwärtsdeklarationen* in den Sprachen *Pascal*, *Modula-2* und *Oberon*.

Sowohl in ANSI/ISO-C als auch in ANSI/ISO-C++ können Funktionen mit einer leeren Parameterliste z.B. wie folgt deklariert werden:

```
void f();
```

Aber die Bedeutungen sind in beiden Fällen unterschiedlich. In ANSI/ISO-C bedeutet das – wiederum als Zugeständnis zum alten K&R-Stil: die Parameter sind nicht spezifiziert, d.h. die Deklaration ist kompatibel mit Definitionen von `f`, die beliebige Parameter enthalten können. Deshalb ist in Clean-C für eine leere Parameterliste explizit das Schlüsselwort `void` verwendet werden:

```
void f(void);
```

In ANSI/ISO-C++ hat man den alten Zopf abgeschnitten, d.h. auch die Form mit dem leeren Klammerpaar in einer Deklaration kennzeichnet eindeutig eine leere Parameterliste, d.h. dort ist das `void` redundant.

Better-C-Erweiterungen gegenüber ANSI/ISO-C

Die wohl überhaupt wichtigste Neuerung von Better-C ist die Einführung von Referenzparametern entsprechend den Variablenparametern in Pascal, Modula-2 und Oberon, z.B.:

```
int x = 123, y = 456;
. . .
void swap(int& a, int& b) {
  int temp = a;
  a = b; b = temp;
}
. . .
swap(x, y);
```

In ANSI/ISO-C sieht das Beispiel wie folgt aus:

```
int x = 123, y = 456;
. . .
void swap(int* a, int* b) {
  int temp = a;
  *a = *b; *b = temp;
}
. . .
swap(&x, &y);
```

Eine weitere Neuerung stellen die *Default-Werte für Parameter* dar, wie sie das folgende Beispiel demonstriert:

```
double Summme(double x1, double x2, double x3=0.0, double x4=0.0) {
  return x1 + x2 + x3 + x4;
}
```

```
    . . .
    y1 = Summe(1.1, 2.2, 3.3, 4.4);  /* i.O.: y1 == 11.0 */
    y2 = Summe(1.1, 2.2, 3.3);       /* i.O.: y2 ==  6.6 */
    y3 = Summe(1.1, 2.2);            /* i.O.: y3 ==  3.3 */
```

Beim Weglassen von aktuellen Parametern geht die Reihenfolge stets von rechts nach links, dadurch wird die Zeile `y2 = Summe(1.1, 2.2, 3.3);` eindeutig: der dritte Parameter hat den Wert `3.3`, und der vierte hat den Wert `0`.

1.8 Datenstrukturen, Werte- und Zeigersemantik

1.8.1 Zeiger, Adressen, Vektoren

Das kleine ANSI/ISO-C-Demoprogramm, C-Text 1.13 zeigt zum einen am Beispiel des Arrays a (in C spricht man meist von Vektoren), daß man in C wie in vergleichbaren Sprachen (z.B. Pascal, Modula, Oberon und Ada) mit linearen Arrays arbeiten kann. Gleichzeitig zeigt es aber eine alternative – und zwar sehr C-typische – Möglichkeit, nämlich das Arbeiten mit Zeigern (Adressen).

C-Text 1.13: *Arbeiten mit Vektoren* ./Bsp1/datenstr/demo1.c

```
#include<stdio.h>

int main() {
  int i,
      a[10], b[10],          /*  zwei Arrays fuer je 10 int-Werte */
      *pb,                   /*  ein Zeiger auf einen int-Wert    */
      c[9],                  /*  ein Array fuer 9 int-Werte       */
      *pc;                   /*  ein Zeiger auf einen int-Wert    */

  pb = &b[0];                /*  oder auch pb = b                 */
  pc = c;                    /*  oder auch pc = &c[0]             */

  for (i = 0; i <= 9; i++) {
    a[i] = i * i;
    *pb = i * i; pb++;
    *pc = i * i; pc++;       /* Achtung: es ist nur Speicherplatz */
  }                          /* fuer C[0] bis c[8] reserviert !!! */

  pb = &b[0]; pc = c;
  for (i = 0; i <= 9; i++) {
    printf("%4d %4d %4d %4d %4d %4d\n", i, a[i], b[i], *pb, c[i], *pc);
    pb++; pc++;
  }
  return 0;
}
```

Erläuterungen:

Im Bild 1.7 wird der Zusammenhang zwischen Vektoren und Adressen sowie die jeweiligen Zugriffsmöglichkeiten über Indizierung und über Adreßrechnung dargestellt.

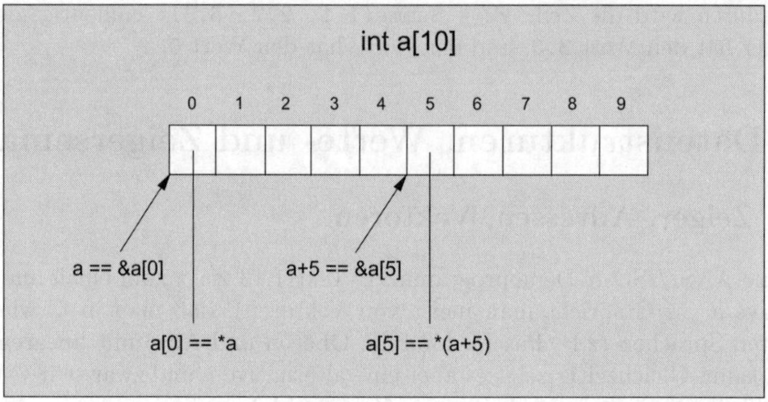

Bild 1.7: Die Dualität zwischen Vektoren und Adressen

- Bei der Vereinbarung von Arrays (Vektoren) wird die Anzahl der Elemente angegeben, der Compiler reserviert entsprechend Speicherplatz.
- Der Indexbereich beginnt stets per definition bei 0.
- Die Vereinbarungen `int *pb, *pc;` bedeuten: *die Inhalte von pb und pc sind vom Typ int, d.h. pb und pc selbst sind die entsprechenden Adressen (Zeiger) auf diese Werte.*
- Mit `pb = &b[0] und pc = &c[0]` werden die Zeiger jeweils auf das erste Element des Vektors b bzw. des Vektors c gesetzt.
- Das gleiche kann durch die Anweisungen pb = b bzw. pc = c erreicht werden!
- Das liegt daran, daß ein Vektor (Array) durch seine Adresse dargestellt wird!
- Somit kann der Zugriff z.B. auf das i-te Element des Vektors b entweder über die Notation `b[i]` oder über die Notation `*(b+i)` erfolgen oder, wegen der Zuweisung `pb = b`, natürlich auch über `*(pb+i)` bzw. `pb[i]`.
- Bei der Adreßrechnung `b+i`, z.B. `b+3`, wird die Adresse *typgerecht* um drei Schritte, also nicht etwa um drei Byte erhöht; das gilt allgemein für Adreßrechnungen in C.
- In C wird nicht geprüft, ob ein Index innerhalb des erlaubten (d.h. vereinbarten) Bereiches liegt, das erkennt man ganz deutlich an der Benutzung des Vektors c, für den ja nur die Größe 9 vereinbart wurde!
- Adreßrechnungen werden ohnehin nicht überprüft, also Vorsicht!

- Das oben angegebene Programm „*funktioniert* zwar meistens“, obgleich es mit nicht reserviertem Speicher arbeitet, aber das liegt nur daran, daß das Programm so klein ist und sonst nichts macht !

Initialisierung von Vektoren

Vektoren können an der Stelle der Vereinbarung auch gleich in folgender Form initialisiert werden:

```
int table[10] = { 0, 1, 4, 9, 16, 25, 36, 49, 64, 81 };
```

In dem Falle kann die explizite Angabe der Vektorgröße auch entfallen, da sie sich implizit aus der Anzahl der Initialisierungselemente ergibt:

```
int table[] = { 0, 1, 4, 9, 16, 25, 36, 49, 64, 81 };
```

Adreßarithmetik, `NULL`-Zeiger

Wie schon in den obigen Erläuterungen gesagt, können Adressen inkrementiert und dekrementiert werden, z.B.

```
double dx[10];
/*
   Es wird Speicher fuer einen Vektor mit
   10 Elementen vom Typ double reserviert,
   dx ist ein typisierter Zeiger, der auf
   den Anfang des ersten Elements zeigt.
*/
dx++; ++dx;    /* dx zeigt jetzt auf dx[2]                   */
dx += 7;       /* dx zeigt jetzt auf dx[9], das letzte Elem. */
dx -= 9;       /* dx zeigt jetzt auf dx[0], das erste Elem.  */
```

Die angegebenen Inkremente und Dekremente sind ganzzahlige Werte, die als typisierte Schritte interpretiert werden, d.h. z.B., daß `dx += 7` bedeutet: *plus sieben Schritte mit der Schrittweite* `sizeof(double)`.

Adressen können nicht addiert, aber sie können subtrahiert werden. Voraussetzung dabei ist natürlich, daß beide Adreßwerte vom gleichen Typ sind; Beispiel:

```
int i, j, n;
double dx[100], *p, *q;
. . .
p = &dx[...]; q = &dx[...];
if (p < q) n = q - p; else n = p - q;
```

Damit wird der Abstand zwischen `p` und `q` berechnet, z.B. $p - q \equiv 5$ bedeutet, daß in dem Bereich von Adresse `p` bis Adresse `q` sechs Elemente liegen, allgemein gilt demnach

$$n = \begin{cases} p - q + 1 & : \ p \geq q \\ q - p + 1 & : \ \text{sonst} \end{cases}$$

Insgesamt sind folgende Operationen mit Zeigern möglich:

- Dereferenzieren mit Lesen und Schreiben: `x = *p,  *p = x`
- Vergleichen: `p < q`, `p <= q`, `p == q`, `p != q`, `p >= q`, `p > q`
- Inkrementieren und Dekrementieren: `p++`, `++p`, `p--`, `--p`
- Addieren, Subtrahieren: `p + n`, `p - n`. `n` muß ein ganzzahliger Typ sein und `p - n` darf nicht negativ werden.
- Abstände bestimmen: `n = p - q`, wenn `p >= q`, `n` ist ganzzahlig.

`NULL`-Zeiger: Es gibt einen besonderen Zeigerwert, der als Konstante mit dem Namen `NULL` definiert ist. Die interne Darstellung der `NULL` ist implementierungsabhängig, aber kompatibel zur ganzzahligen Null (0). Der `NULL`-Zeiger kann jeder Zeigervariablen zugewiesen werden, und jede Zeigervariable kann auf den Wert `NULL` getestet werden; Beispiele:

```
p = NULL;                /* Beide Anweisungen sind          */
p = 0;                   /* korrekt und bedeutungsgleich! */
. . .
if (p==NULL) . . .       /* Alle drei                       */
if (p==0) . . .          /*      Abfragen sind korrekt      */
if (!p) . . .            /*         und bedeutungsgleich! */
```

Achtung, wichtiger Hinweis: Adreßrechnungen sind besonders gefährliche Operationen, weil keine Bereichsüberprüfungen gemacht werden. Dadurch passiert es leicht, daß nicht reservierte Speicherbereiche adressiert werden!

Adreßparameter

In C gibt es für Funktionen nur Werteparameter, keine Variablenparameter wie z.B. in Pascal, Modula oder Oberon. Das bedeutet aber, daß der Funktion zwar von außen ein Wert übergeben, aber nicht umgekehrt ein Resultat von innen nach außen transportiert werden kann. Hier muß der Umweg über die Adresse gegangen werden: *Man übergibt also nicht das Resultat direkt, sondern man übergibt die Adresse des Speicherplatzes* (den Zeiger auf das Objekt), wo das Resultat abzulegen ist. Mit den oben angegebenen Erläuterungen werden die Hintergründe bei der Benutzung des *Adreßoperators* beim Aufruf (*aktuelle Parameter*) und des *Inhaltsoperators* bei der Deklaration und der Definition der Funktion (*formale Parameter*) klar, das folgende kleine Beispiel demonstriert die Zusammenhänge:

```
#include<stdio.h>

void pi(float *x);        /* x ist also eine Zeiger         */

int main(void)
{
  float y;
                          /* es wird nicht die Variable y, */
  pi(&y);                 /* sondern ein Zeiger auf y      */
                          /* uebergeben                    */
  printf("%f\n", y);
  return 0;
}

void pi(float *x)         /* x ist also ein Zeiger, s. o.  */
{
  *x = 3.1416;            /* die Zuweisung geht an den     */
                          /* Inhalt von x                  */
}
```

Wenn das Resultat aber ein Vektor (Array) ist, dann ist zu beachten, daß auf Vektoren ja sowieso per Adresse zugegriffen wird (siehe obige Ausführungen), d.h. eine explizite *Referenzierung* und *Dereferenzierung* ist in diesem Falle nicht angebracht, wie es auch durch das folgende kleine Beispiel demonstriert wird:

```
#include<stdio.h>
#include<string.h>

void Hallo(char s[6]);        /* s ist ein Zeiger! */

int main(void)
{
  char str[10];

  Hallo(str);                 /* str ist ein Zeiger! */

  printf("%s\n", str);
  return 0;
}

void Hallo(char s[6])        /* s ist ein Zeiger, s.o.! */
{
  s[0] = 'H'; s[1] = 'a'; s[2] = 'l';
  s[3] = 'l'; s[4] = 'o'; s[5] = '\0';
  /*
     einfacher: strcpy(s, "Hallo");
  */
}
```

Strings (Zeichenketten):

Das letzte Beispiel – die Funktion `Hallo` – definiert einen String (Zeichenkette). Ein String ist in C eine Folge von Zeichen, die durch einen *Stringterminator* = *Stringendezeichen* (`'\0'`) abgeschlossen wird. Eine Stringkonstante kann z.B. wie folgt vereinbart werden:

```
const char Hallo[6] = "Hallo";  /* |'H'|'a'|'l'|'l'|'o'|'\0'| */
```

Entsprechend läßt sich eine Stringvariable als Zeichenvektor vereinbaren, der dann ein String zugewiesen werden kann:

```
char Name[20];
Name = "Peter";             /* nur der Zeiger wird gesetzt   */
strcpy(Name, "Peter");      /* der ganze String wird kopiert */
```

Die Zuweisung mit dem Zuweisungsoperator ist zwar syntaktisch richtig, sie kopiert aber nicht den String, sondern setzt nur den Zeiger auf den Speicherbereich, in dem der Text abgelegt ist. Mit der Funktion `strcpy` aus `string.h` wird dagegen der String in den Zeichenvektor `Name` hineinkopiert, und zwar einschließlich des *Stringendezeichens*. Die Länge des String `"Peter"` ist fünf, der String wird aber jeweils automatisch mit dem zusätzlichen *Stringendezeichen* abgelegt.

Das folgende kleine Programm demonstriert die formatierte Eingabe und Ausgabe von Strings unter Verwendung des Formatschlüssels `s`:

```
#include<stdio.h>
#include<string.h>

int main(void) {
  char Vorname[33];
  do {
    printf("Vorname (<= 32 Zeichen) : ");
    scanf("%s", Vorname);
    if (Vorname[0] != '.')
      printf("Hallo, %s\n", Vorname);
  } while (Vorname[0] != '.');
  return 0;
}
```

Da eine Stringvariable ein Vektor ist, kann auch über Indizes auf einzelne Zeichen lesend und schreibend zugegriffen werden.

Das Bibliotheksmodul `string.h` stellt dem Benutzer eine ganze Reihe von Funktionen zum Arbeiten mit Strings zur Verfügung, die wichtigsten sind:

- ⊗ `char* strcpy(char* s1, const char* s2);`
  den String s2 nach s1 kopieren, incl. Stringterminator
- ⊗ `char* strcat(char* s1, const char* s2);`
  den String s2 an den String anhängen, der unter s1 abgelegt ist

⊗ `size_t strlen(const char *s)`
liefert die Laenge des String s, d.h. Anz. der Zeichen ohne Stringterminator

⊗ `int strcmp(const char* s1, const char* s2);`
vergleicht beide Strings, liefert 0, wenn $s1 \equiv s2$*, liefert einen Wert* < 0*, wenn* $s1 < s2$ *und einen Wert* > 0*, wenn* $s1 > s2$*. Das zugrunde liegende Alphabet ist der ASCII-Zeichensatz*

Bei den beiden Funktionen `strcpy` und `strcat` wird das Ergebnis jeweils unter s1 abgelegt und zusätzlich als Funktionswert ein Zeiger auf den Ergebnis-String geliefert.

In Anlehnung an das Standardwerk von Kernighan/Ritchie [1] sollen im folgenden am Beispiel einer selbst zu schreibenden Funktion `strcpy` das Arbeiten mit Vektoren und Zeigern sowie C-typische Notationen an Hand verschiedener Alternativen demonstriert werden, wobei hier der Einfachkeit halber kein Funktionswert zurückgeliefert wird:

Version 1:

```
void strcpy(char s1[], char s2[]) {
  int i = 0;
  while (s2[i] != '\0') {
    s1[i] = s2[i]; i++;
  }
  s1[i] = s2[i];
}
```

Version 2:

```
void strcpy(char *s1, char *s2) {
  int i = 0;
  while (*(s2+i) != '\0') {
    *(s1+i) = *(s2+i); i++;
  }
  *(s1+i) = *(s2+i);
}
```

Version 3:

```
void strcpy(char *s1, char *s2) {
  while (*s2 != '\0') {
    *s1 = *s2; s1++; s2++;
  }
  *s1 = *s2;
}
```

Version 4:

```
void strcpy(char *s1, char *s2) {
  while ( (*s1 = *s2) != '\0') {
```

```
    s1++; s2++;
  }
}
```

Version 5:

```
void strcpy(char *s1, char *s2) {
  while ( (*s1++ = *s2++) != '\0');
}
```

Version 6:

```
void strcpy(char *s1, char *s2) {
  while (*s1++ = *s2++);
}
```

Die entsprechende Funktion `strcpy` aus der C-Standardbibliothek (`string.h`) hat folgenden Prototyp:

```
char* strcpy(char* s1, const char* s2);
```

Das Attribut `const` dokumentiert und garantiert, daß der Zeiger `s2` von der Funktion nicht verändert wird. Die Funktion liefert zusätzlich als Funktionswert einen Zeiger auf den Ergebnisstring `s1`.

Das Bild 1.8 stellt die C-typische Anweisung aus Version 6 zum Kopieren einer Zeichenkette graphisch dar. Es wird jeweils kopiert entsprechend `*s1 = *s2`, danach werden dann beide Zeiger inkrementiert. Wenn das Stringende-Zeichen `'\0'` kopiert ist, dann erhält auch der Ausdruck den Wert `'\0'`, der als `false` interpretiert wird, und damit terminiert die `while`-Schleife.

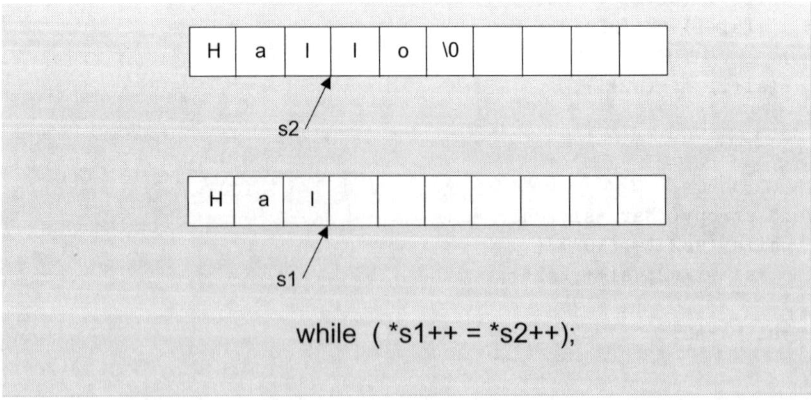

Bild 1.8: Kopieren einer Zeichenkette (String)

wide-char-Strings: In Anlehnung an die in Abschn. 1.5.2 vorgestellten wide-char-Konstanten gibt es auch Strings, die aus wide-char-Konstanten aufgebaut sind:

```
#include <stddef.h>
. . .
wchar_t string[50] = L"Dies ist ein wide-char-String";
```

Diese Strings sind entsprechend aufgebaut wie die Standard-Strings, mit dem Unterschied, daß die Elemente vom Typ `wchar_t` statt vom Typ `char` sind.

Alternative Darstellungen bei der Verwendung von Strings

In dem folgenden Beispiel sind die Definitionen von s1 und s2 gleichwertig, in beiden Fällen wird ein Vektor der Größe 6 bereitgestellt und mit dem String `"hallo"` gefüllt (incl. Stringterminator):

```
#include<stdio.h>
#include<string.h>

int main(void) {
  char s1[6] = "hallo";
  char s2[]  = "hallo";
  char *s3   = "hallo";
  strcpy(s1, "AAAAA");    /* richtig */
  strcpy(s2, "BBBBB");    /* richtig */
  strcpy(s3, "CCCCC");    /*  ? ? ?  */
  printf("%s %s %s\n", s1, s2, s3);
  return 0;
}
```

Anders verhält es sich dagegen mit der Definition von s3, hier wird ein Zeiger bereitgestellt, der auf einen konstanten String `"hallo"` zeigt. Nun kann zwar der Zeiger s3 auf einen anderen String gesetzt werden, aber an der Stelle s3 ist kein Speicherplatz für einen String reserviert: die Kopieroperation `strcpy(s3, "CCCCC")` beschreibt nicht reservierten Speicher, das Ergebnis ist undefiniert.

Man läßt sich leicht dadurch täuschen, daß das angegebene Programm doch „richtig" abläuft und das erwartete Ergebnis erzeugt, aber es ist keinesfalls gewährleistet, daß es mit einem anderen Compiler oder in einer anderen Umgebung auch richtig läuft, gerade darum sind solche Fehler, die nur „ab und zu" auftreten, besonders gefährlich!!!

Nichttypisierte Zeiger

In der folgenden Deklaration ist `p` ein *nichttypisierter* – man könnte auch sagen: ein *neutraler* – Zeiger:

```
void *p;
```

Nichttypisierte Zeiger sind mit allen typisierten Zeigern kompatibel in dem Sinne, daß man ihnen typisierte Zeigerwerte zuweisen kann und umgekehrt sowie, daß man beim Aufruf einer Funktion für formale nichttypisierte Parameter aktuelle typisierte Parameter einsetzen kann und umgekehrt, z.B.:

```
float *x;
void *p;

void f(void* pp) {  /* nichttypis. form. Parameter */
  . . .
}

p = x;              /* richtig */
x = p;              /* richtig aber unschoen */
x = (float*) p;     /* besser */

f(x);               /* richtig */
```

Die Zuweisung von `void*`-Zeigern an typisierte Zeiger ohne explizites *„casten“* ist in ANSI/ISO-C erlaubt, in ANSI/ISO-C++ aber nicht, sie sollte deshalb vermieden werden!

Nichttypisierte Zeiger können nicht dereferenziert werden, das ist eine einleuchtende und wichtige Einschränkung im Gebrauch von `void*`-Zeigern:

```
float *x, y, z;
void *p;
x = &z;
*x = 12.34;
y = *x;       /* klar          */
p = x;        /* in Ordnung  */
y = *p;       /* falsch, p bleibt ein void*-Zeiger        */
              /* und kann nicht dereferenziert werden ! */
```

Die Nichtdereferenzierbarkeit ist einleuchtend, denn was und wie sollte als Inhalt interpretiert werden, das nächste Byte als Zeichen, das nächste Wort als ganze Zahl, die nächsten acht Byte als Gleitkommazahl ...?

Das Themengebiet *typisierte Zeiger, nichttypisierte Zeiger, Zeigerkonvertierungen* wird in Abschn. 1.8.5 gründlich behandelt.

Typnamen, Synonyme für Typnamen

In C ist es möglich, z.B. Zweitnamen (Synonyme) für vorbelegte Typnamen festzulegen, z.B.:

```
typedef double Real;
typedef unsigned int Uint;
```

Die Synonyme können dann genauso verwendet werden wie die originalen Namen, z.B.:

```
Real x, y, z;        /* wie double x, y, z        */
Uint a, b, c;        /* wie unsigned int a, b, c */
```

Besonders praktisch ist die Möglichkeit, sich Typnamen zu definieren, für die bis dahin keine expliziten Bezeichner existieren, um sie dann als aussagekräftige Typnamen bei der Vereinbarung von Variablen zu benutzen, z.B.:

```
typedef double Vector[100];
typedef char   String[20];

Vector x;        /* wie double x[100];   */
String name;     /* wie char   name[20]; */
```

Übung:

Interpretieren Sie folgende Konstrukte:

- `float x, y, *p, *q;`
- `++p = q++;`
- `y = x**p;`
- `*p++ = *q++;`
- `*++p = *++q;`
- `y = *--x;`
- `y = +++x;`
- `y = +x++;`
- `y = ++x++;`
- `y = ++(++x);`
- `y = ++++x;`
- `z = x+++ ++y;`
- . . . . .

1.8.2 Mehrdimensionale Vektoren

Deklaration, Initialisierung, Zugriff auf Elemente

Als erstes Beispiel für einen mehrdimensionalen Vektor betrachten wir eine *zweidimensionale Matrix* mit `float`-Zahlen der Größe drei Zeilen und vier Spalten:

```
float matrix[3][4];       /* 3 Zeilen, 4 Spalten */
```

Die einzelnen Elemente der Matrix werden in der Form `matrix[i][j]` angesprochen.

Formal gesehen ist die Variable `matrix` ein linearer Vektor, dessen Elemente auch wieder lineare Vektoren sind, d.h. die folgende Deklaration ist mit der vorangehenden kompatibel:

```
typedef float Spalte[4];
Spalte matrix[3]
```

Die Matrix kann an der Stelle der Vereinbarung auch gleich initialisiert (mit Werten belegt) werden, z.B.:

```
float matrix[3][4] = { {1.1, 2.2, 3.3, 4.4},
                       {5.5, 6.6, 7.7, 8.8},
                       {9.9, 0.0, 1.0, 2.0}
                     };
```

Die inneren geschweiften Klammern sind redundant, sie dienen nur der optischen Strukturierung:

```
float matrix[3][4] = { 1.1, 2.2, 3.3, 4.4, 5.5, 6.6,
                       7.7, 8.8, 9.9, 0.0, 1.0, 2.0 };
```

Die Elemente werden im Arbeitsspeicher in der folgenden Reihenfolge abgelegt:

```
matrix[0][0] = 1.1;
matrix[0][1] = 2.2;
matrix[0][2] = 3.3;
matrix[0][3] = 4.4;
matrix[1][0] = 5.5;
matrix[1][1] = 6.6;
. . .
matrix[2][3] = 2.0;
```

Das ist leicht nachprüfbar, wenn man sich das Speicherabbild wie folgt in linear aufsteigender Reihenfolge ausgeben läßt:

```
float* p; p = &matrix[0][0];
for (i=0; i<3*4; i++) printf("%f ", *p++);
```

Exakt die gleiche Ausgabe erhält man natürlich bei folgender, an den Indizes orientierten Ausgabe:

```
for (i=0; i<3; i++)
   for (j=0; j<4; j++)
      printf("%f ", matrix[i][j]);
```

Alternativen für den Zugriff auf Elemente

Beim lesenden oder schreibenden Zugriff auf einzelne Elemente eines Vektors gibt es wegen der vorhandenen Dualität Indizierung/Adreßrechnung generell die Alternativen, entweder wie oben über Indizes oder über Adressen und Dereferenzierung oder über eine gemischte Form

```
x = matrix[i][j];           /* indizierter Zugriff */
x = (matrix[i])[j];         /* indizierter Zugriff */
x = *(matrix[i] + j);       /* Zugriff ueber Index und Adressrechnung */
x = *(*(matrix +i ) + j);   /* Zugriff ueber Adressrechnung */
```

Der C-Text 1.14 demonstriert die Äquivalenz der vier Ausdrücke.

C-Text 1.14: *Zugriff auf Elemente mehrdimensionale Vektoren* ./Bsp1/Matrix/MtAccess.c

```
#include <stdio.h>

int main() {
  int mat1[5][2] = { {0, 1}, {2, 3}, {4, 5}, {6, 7}, {8, 9} };
  int x1, x2, x3, x4, i, j;

  for (i=0; i<5; i++) for (j=0; j<2; j++) {
    x1 = mat1[i][j];
    x2 = (mat1[i])[j];
    x3 = *(mat1[i] + j);
    x4 = *(*(mat1+i) + j);
    printf("%d%d%d%d ", x1, x2, x3, x4);
  }
  printf("\n");
  return 0;
}
```

Ausgabe des Programms:

```
0000 1111 2222 3333 4444 5555 6666 7777 8888 9999
```

Übergabe mehrdimensionaler Vektoren als Parameter

Die Übergabe eindimensionaler Vektoren variabler Größe bereitet keine Probleme, z.B.:

```
double vector[SIZE];
void f(double* array);
/* oder void f(double array[]); */
```

Die entsprechende Übergabe eines zweidimensionalen Arrays in der Form

```
double vector[ROWS][CCOLS];
void f(double matrix[][]);  /* falsch !!! */
```

ist leider nicht möglich. Als Lösung bietet sich folgende Form an:

```
double vector[ROWS][COLS];
void f(int cols, double *array);
/* oder void f(double (*array)[COLS]); */
```

Die Form `f(int cols, double *array)` ist die flexibelste, die Dimensionen sind offen, die Anzahl der Spalten wird als Parameter übergeben. Ein Nachteil dieser Lösung liegt darin, daß die Typen `vector` und `array` nicht formal gleich sind, der Compiler erzeugt deshalb eine Warnung, die aber durch einen entsprechenden *cast* unterdrückt werden kann:

```
double vector[ROWS][COLS];
void f(int cols, double *array);
. . .
f(COLS, (double*)vector);
```

Bei der zweiten Lösung entfällt zwar der *cast*, aber hier ist der Nachteil, daß die Funktion für einen speziellen festen Wert von `COLS` übersetzt wird, d.h. die Flexibilität geht verloren:

```
double vector[ROWS][COLS];
void f(double (*array)[COLS]);
. . .
f(vector);
```

C-Text 1.15 demonstriert die beiden Möglichkeiten an einem kleinen Beispiel.

C-Text 1.15: *Mehrdimensionale Vektoren als Parameter* ———— ./Bsp1/Matrix/MtParam.c

```
#include <stdio.h>

#define ROWS 5  /* 5 Zeilen  */
#define COLS 2  /* 2 Spalten */

int vector[ROWS][COLS] = { {0, 1}, {2, 3}, {4, 5}, {6, 7}, {8, 9} };

int f1(int cols, int* array, int i, int j) { return array[i*cols + j]; }
int f2(int (*array)[COLS], int i, int j)   { return array[i][j]; }

int main() {
  int i, j, x1, x2;

  for (i=0; i<ROWS; i++) for (j=0; j<COLS; j++) {
    x1 = f1(COLS, (int*)vector, i, j);
    x2 = f2(vector, i, j);
    printf("%d%d ", x1, x2);
  }
  printf("\n");
  return 0;
}
```

Ausgabe des Programms:

```
00 11 22 33 44 55 66 77 88 99
```

Listen mit Strings

Für die Ablage von Strings in Listen und Tabellen gibt es verschiedene Alternativen, die hier am Beispiel einer Tabelle der Monatsnamen gegenübergestellt werden. **Alternative 1** sieht so aus

```
char Monat1[13][10] = { "???      ",
                        "Januar   ", "Februar  ", "Maerz ",
                        "April    ", "Mai      ", "Juni     ",
                        "Juli     ", "August   ", "September ",
                        "Oktober  ", "November  ", "Dezember  "
                      };
```

Aus leicht nachvollziehbaren Gründen enthält die Liste dreizehn statt nur zwölf Einträge (damit *Januar an Position 1* und *Dezember an Position 12* steht), der erste ist ein Platzhalter (Dummy). Jeder Monat wird im Speicher durch zehn Zeichen dargestellt, d.h. die Liste wird in folgender Darstellung auf den Arbeitsspeicher abgebildet:

```
???       Januar    Februar   Maerz     . . . Dezember
```

Das läßt sich ebenfalls wieder leicht nachprüfen, und zwar durch folgende linear arbeitende Ausgabe:

```
char* p; p = &monat1[0][0];
for (i=0; i<13*10; i++) printf("%c ", *p++);
```

Wenn bei der Initialisierung jeweils die Blanks am Ende weggelassen werden, dann wird bei der internen Darstellung jeder String mit dem Stringterminator abgeschlossen, **Alternative 2**:

```
char Monat1[13][10] = { "???",
                        "Januar", "Februar", "Maerz",
                        "April", "Mai", "Juni",
                        "Juli", "August", "September",
                        "Oktober", "November", "Dezember"
                      };
```

Die entsprechende Ausgabe kann dann z.B. so aussehen:

```
for (i=0; i<13; i++) printf("%s ", monat1[i]);
```

Ganz anders sieht die interne Struktur aus, wenn die Liste als **Alternative 3** wie folgt definiert wird:

```
char *Monat2[13] = { "???",
```

```
                        "Januar", "Februar", "Maerz",
                        "April", "Mai", "Juni",
                        "Juli", "August", "September",
                        "Oktober", "November", "Dezember"
                    };
```

In diesem Falle gibt es einen Speicherbereich, in dem nacheinander dreizehn `char*`-Zeiger abgelegt sind und andere Speicherbereiche, in denen die dreizehn konstanten Strings abgelegt sind, siehe dazu auch Abschn. 1.8.1. Ein praktischer Unterschied der beiden Darstellungen `Monat[13][10]` und `*Monat[]` besteht z.B. darin, daß mit `strcpy(Monat1[0], "!!!");` der nullte Eintrag neu geschrieben wird, wohingegen `strcpy(Monat2[0], "!!!");` zu undefiniertem Verhalten führt. Das Ziel der Kopieroperation sollte nicht `Monat2[0]`, sondern `&(*(Monat2[0]))` sein, also

- `strcpy(&(*(Monat2[0])), "!!!");`

Als **Alternative 4** bietet sich natürlich auch die Wahl eines linearen Vektors an:

```
char Monat2[13*10] = { "???       Januar     ...November  Dezember  "};
```

Das Bild 1.9 stellt die genannten vier Alternativen zur Speicherung einer Liste mit Strings am verkürzten Beispiel einer Liste für vier Namen dar.

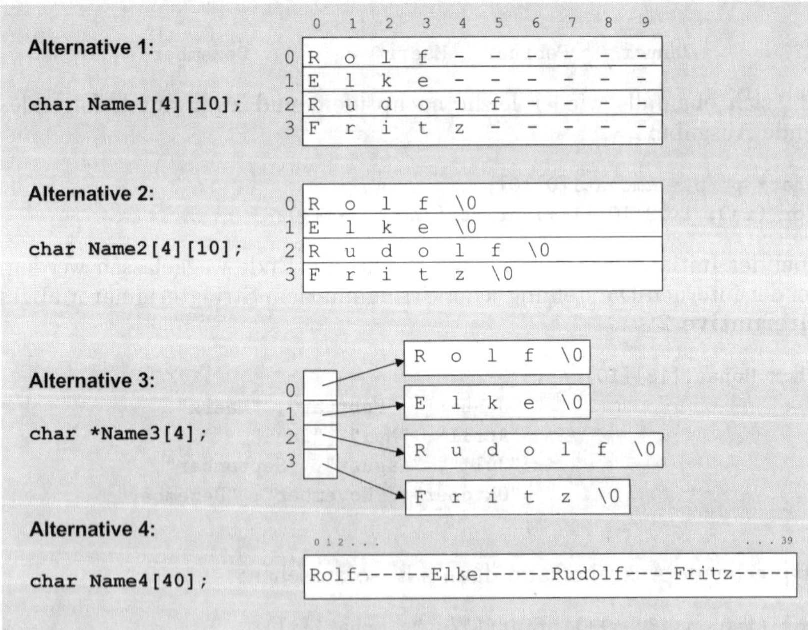

Bild 1.9: Vier Alternativen zur Darstellung einer Liste mit Strings

Der C-Text 1.16 demonstriert die Verwendung der vier verschiedenen Namenslisten.

C-Text 1.16: *Vier verschiedene Namenslisten* ./Bsp1/Matrix/WordList.c

```
#include <stdio.h>
#include <string.h>

char Name1[4][10] = {"Rolf      ", "Elke      ", "Rudolf    ", "Fritz     "};
char Name2[4][10] = {"Rolf", "Elke", "Rudolf", "Fritz"};
char *Name3[4]    = {"Rolf     ", "Elke     ", "Rudolf   ", "Fritz    "};
char Name4[40]    = {"Rolf      Elke      Rudolf    Fritz     "};

int main() {
  int i, j; char *p;

  for (i=0; i<4; i++)
    for (j=0; j<10; j++) printf("%c", Name1[i][j]);
  printf("\n");

  for (i=0; i<4; i++) printf("%s ", Name2[i]);
  printf("\n");

  for (i=0; i<4; i++) printf("%s ", Name3[i]);
  printf("\n");

  p = &Name4[0];
  for (i=0; i<4*10; i++) printf("%c", *p++);
  printf("\n");

/* strcpy(Name2[1], "Christine"); */                /* falsch !!! */
  strcpy(&(*(Name3[1])), "Christine");              /* richtig !!! */

  for (i=0; i<4; i++) printf("%s ", Name2[i]);
  printf("\n");
  for (i=0; i<4; i++) printf("%s ", Name3[i]);
  printf("\n");

  return 0;
}
```

Ausgabe des Programms:

```
Rolf      Elke      Rudolf    Fritz
Rolf Elke Rudolf Fritz
Rolf      Elke      Rudolf    Fritz
Rolf      Elke      Rudolf    Fritz
Rolf Elke Rudolf Fritz
Rolf      Christine Rudolf    Fritz
```

Zur Demonstration des Arbeitens mit Vektoren der Dimension > 1 in einem größeren Kontext dient das als C-Text 1.17 angegebene Programm `Wortliste`, das eine

Textdatei liest und daraus eine Datei mit einer alphabetisch geordneten Liste aller Wörter aus der Textdatei erstellt.

C-Text 1.17: *Wortliste, Version 0* ./Bsp1/wolist/wolist0.sht

```
#include <stdio.h>
#include <ctype.h>
#include <string.h>
#include <assert.h>

/*----------------Globale Typdefinitionen-----------------*/
#define ListLen 1000
#define WordLen 15

typedef char Word[WordLen+1];

typedef Word WordList[ListLen];
/* Gleichbedeutent mit
   typedef char Wordlist[ListLen][WordLen+1]              */

/*----------------Globale Variable------------------------*/
int count, len;

/*----------------Prototypen------------------------------*/
void GetWord(FILE *ein, Word wo, int *length);
/* Das naechste Wort aus der Datei ein holen, es ist
   length Zeichen lang                                    */

void Include(Word wo, WordList list);
/* Das Wort wo in die Wortliste list eintragen, wenn es
   nicht schon vorhanden ist                              */

void Sort(WordList list);
/* Die Wortliste list alphabetisch - entsprechend dem
   ASCII-Code ! - sortieren                               */

void Print(WordList list, char* filename);
/* Die Wortliste list in die Datei "WoList.Dat" schreiben */

/*---------------main-Funktion----------------------------*/
int main(int argc, char *argv[]) {

  FILE *ein;
  Word wo;
  WordList list;

  ein = fopen(argv[1], "r"); count = 0;
```

```
  GetWord(ein, wo, &len);
  while (!feof(ein) && count < ListLen-1) {
    if (len >= 2) Include(wo, list);
    GetWord(ein, wo, &len);
  }
  fclose(ein);

  Sort(list); Print(list, "WoList0.Dat");
  return 0;
}

/*---------------Implementierung der Funktionen-----------*/

. . . . . . . . .
```

1.8.3 Strukturen

Der Begriff *Struktur* hat für uns im folgenden drei Bedeutungen, die sich zwar stark überschneiden, die aber doch auseinanderzuhalten sind:

- die allgemeinste Bedeutung betrifft die *Struktur als Oberbegriff* für die vielfältigen Strukturierungsansätze in der Informatik (Programmstrukturen, Datenstrukturen, Kontrollstrukturen, ...).
- die speziellere betrifft die *Datenstrukturen allgemein*, gemäß der Überschrift dieses *Abschnitts* 1.8 als Oberbegriff für verschiedene Ansätze der Datenstrukturierung.
- die speziellste betrifft die *spezielle Datenstruktur* mit dem Namen *Struktur* (auch *Record* oder *Verbund* genannt) gemäß der Überschrift dieses *Unterabschnitts* 1.8.3 als eine Alternative zur Datenstruktur *Vektor*.

Ein **Vektor** (*Array*) ist eine **homogene Datenstruktur**, die verschiedene Datenelemente gleichen Typs zusammenfaßt, ein einzelnes Datenelement wird dann über einen Index als Selektor ausgewählt:

```
double tab[20];      /* Def. einer Vektor-Variablen     */
. . .
Tabelle[i] = ...;    /* Zugriff auf das Element Nr. i   */
```

Eine **Struktur** ist dagegen eine im allgemeinen **inhomogene Datenstruktur**, die verschiedene Datenelemente unterschiedlichen Typs zusammenfassen kann, ein einzelnes Datenelement (häufig *Komponente* oder *Mitglied [engl. member]* genannt) wird dann über einen symbolischen Komponentennamen als Selektor ausgewählt:

```
struct {                  /* Def. einer Struktur-Variablen */
   long MatrikelNr;
   char Name[20];
```

```
    char Fachbereich;
} stud;
. . .
stud.MatrikelNr = 9665123;       /* Zugriff auf die     */
                                 /* Kompon. MatrikelNr.  */
```

Der Punkt zwischen Strukturname und Komponentenname ist formal ein Operator, der *Punktoperator*.

Natürlich läßt sich auch ein entsprechender Strukturtyp definieren, der dann seinerseits zur Vereinbarung entsprechender Variablen verwendet werden kann:

```
typedef struct {
    long MatrikelNr;
    char Name[20];
    char Fachbereich;
} Student;
Student stud1, stud2, stud3;
```

Als Alternative dazu kann auch folgende Darstellung gewählt werden:

```
struct Student {
    long MatrikelNr;
    char Name[20];
    char Fachbereich;
};
struct Student stud1, stud2, stud3;
```

Dabei ist `Student` das sog. *structure tag (Etikett)*, die Kombination `struct Student` kann als Typbezeichner verwendet werden. In diesem Falle muß das Schlüsselwort `struct` bei der Definition der Variablen mit verwendet werden (in C++ ist das überflüssig).

Arbeiten mit Strukturtypen

Strukturen können initialisiert, als Ganzes zugewiesen, als Parameter von Funktionen übergeben und als Funktionswert zurückgegeben werden:

```
typedef struct { double re, double im } complex;
complex x = {1.1, 2.2};  /* x.re = 1.1, x.im = 2.2 */
complex y;
y = x;
. . .
complex Add(complex c1, complex c2) {
   complex temp;
   temp.re = c1.re + c2.re;
   temp.im = c1.im + c2.im;
   return temp;
}
```

Darüber hinaus ist es natürlich möglich, Zeiger auf Strukturen zu definieren und über Zeiger auf Strukturen zuzugreifen (Zeigersemantik, siehe Abschn. 1.8.6):

```
complex x;
complex* px;
px = &x;
(*px).re = 1.1;    /* d.h. x.re = 1.1 */
(*px).im = 2.2;    /* d.h. x.im = 2.2 */
```

Die Klammern sind wegen der hohen Priorität des Punktoperators erforderlich, der Ausdruck `*px.re = 1.1` wäre falsch! Da die geklammerte Schreibweise etwas umständlich ist, hat man dafür eine Abkürzung unter Verwendung des Operators `->` (*Pfeiloperator*) eingeführt:

- `(*`*Strukturzeiger*`).`*Komponente* ≡ *Strukturzeiger*`->`*Komponente*

Strukturzeiger wird hier als Kurzbezeichnung für *Zeiger auf Struktur* verwendet.

Damit lassen sich die Zuweisungen wie folgt formulieren:

```
px->re = 1.1;    /* == (*px).re = 1.1 */
px->im = 2.2;    /* == (*px).im = 2.2 */
```

Rekursive Strukturen

Strukturen, die eine oder mehrere Komponenten enthalten, deren Typ direkt oder indirekt über den eigenen Strukturtyp definiert sind, heißen *rekursive Strukturen.* Das klassische Beispiel hierfür ist ein *Listenknoten*, der aus dem eigentlichen Inhalt – z.B. einem Namen – und aus einem Zeiger auf einen Listenknoten gleichen Typs besteht:

```
struct ListNode {
  char Name[20];
  struct ListNode* next;
};
```

Als formale Alternative dazu kann die gleiche Struktur auch wie folgt definiert werden:

```
typedef struct ListNode* PointerToListNode;
struct ListNode {
  char Name[20];
  PointerToListNode next;
};
```

Solche rekursive Strukturen spielen in der Informatik bei der Definition von Listen- und Baumstrukturen eine wichtige Rolle, das Thema wird ausführlich in Kapitel 5 z.B. in den Abschn. 5.1 und 5.2 behandelt und wird hier deshalb nicht weiter vertieft.

Schachtelung von Datenstrukturen

Das Prinzip der Schachtelung spielt in der Informatik eine große Rolle, und auch bei der Beschreibung der Elemente der Programmiersprache C sind wir schon mehrfach auf das Prinzip gestoßen: *Ausdrücke und Anweisungen können geschachtelt werden.* Das gleiche Prinzip gilt nun auch bei der Definition von Datenstrukturen:

- Datenstrukturen können geschachtelt werden, d.h. z.B.
  - die Elemente eines Vektors können auch Vektoren oder Strukturen sein;
  - die Elemente einer Struktur können auch Strukturen oder Vektoren sein.
- Die Schachtelungstiefe ist formal nicht begrenzt (sondern nur durch die Größe des verfügbaren Arbeitsspeichers).

Hier einige typische Beispiele dazu:

```
/*-------------- Vektor aus Vektoren ---------------*/
/*--------------------------------------------------*/
  typedef int vector1[10];          /* eindim. Vektor  */
  typedef vector1 vector2[5];       /* zweidim. Vektor */
  vector2 vector3[20];              /* dreidim. Vektor */
  . . .
  vector3[i][j][k] = ...;

/*------------- Vektor aus Strukturen --------------*/
/*--------------------------------------------------*/
  typedef struct { double re, im; } complex;
  complex vector[100];
  . . .
  vector[27].re = ...;

/*------ Struktur aus Vektoren und Strukturen ------*/
/*--------------------------------------------------*/
  typedef struct { double re, im; } complex;
  typedef struct { int tag, monat, jahr; } Datum;
  struct Messwert {
    char    Name[20];
    Datum   dat;
    complex wert;
  };
  struct Messwert x;
  . . .
  strcpy(x.Name, "3. Messung");
  x.dat.tag   = 23;
  x.dat.monat = 8;
  x.dat.jahr  = 1996;
  . . .
```

Initialisierung von Strukturen

Bei Strukturen, deren Komponenten nichtstrukturierte Datentypen sind, erfolgt die Zuordnung der Anfangswerte zu den Komponenten gemäß der Reihenfolge, d.h. die i-te Komponente wird mit dem i-ten Anfangswert initialisiert:

```
struct datum { tag, monat, jahr; };
struct datum d = { 23, 8, 1996 };
```

Und wie ist das bei geschachtelten Datenstrukturen? Es gilt das gleiche Prinzip, wobei zusätzlich zur Verbesserung der Lesbarkeit geschweifte Klammerpaare verwendet werden können, z.B.

```
typedef struct { double re, im; } complex;
typedef struct { int tag, monat, jahr; } Datum;
struct Messwert {
  char    Name[20];
  Datum   dat;
  complex wert;
};
struct Messwert x = { "1. Messung",
                      { 23, 8, 1996 },
                      { 0.0, 0.0}
                    };
```

Ganz entsprechend kann auch ein Vektor initialisiert werden, dessen Elemente Strukturen sind:

```
typedef struct { double re, im; } complex;
complex x[5] = { { 0.0, 1.1 },
                 { 2.2, 3.3 },
                 { 4.4, 5.5 },
                 { 6.6, 7.7 },
                 { 8.8, 9.9 },
               };
```

Programmbeispiel *Wortliste, Version 2*

Das Programm *Wortliste* soll jetzt etwas erweitert werden, und zwar wird in der neuen Version nicht nur eine sortierte Liste aller in der gelesenen Textdatei gefundenen Wörter erzeugt, sondern zusätzlich zu jedem Wort wird auch angegeben, wie häufig das Wort im Text vorkommt. Die Datenstrukturen für die Einträge und für die Gesamtliste können dann wie folgt definiert und benutzt werden:

```
typedef struct {
  Word wo;
  int  count;
} Entry;
typedef Entry WordList[ListLen];
```

```
  . . .
  WordList list;
  . . .
  strcpy(list[i].wo, ...);
  list[i].count = ...;
```

Der C-Text 1.18 gibt das vollständige Programm in abstrahierter Form wieder, der weggelassene Code entspricht dem entsprechenden Code in der Version 0.

C-Text 1.18: *Wortliste, Version 2* ./Bsp1/wolist/wolist2.sht

```
... includes ...

/*----------------Globale Typdefinitionen-----------------*/
#define ListLen 1000
#define WordLen 15

typedef char  Word[WordLen+1];

typedef struct {
 Word wo;
 int   count;
} Entry;

typedef Entry WordList[ListLen];

/*----------------Globale Variable-----------------------*/
int count, len;

/*----------------Prototypen-----------------------------*/
  ... siehe Version 0 ...

/*----------------main-Funktion--------------------------*/
int main(int argc, char *argv[]) {... siehe Version 0 ...}

/*---------------Implementierung der Funktionen-----------*/

. . .

void Include(Word wo, WordList list) {
  int i;
  for (i=0; i<count; i++)
    if (strcmp(wo, list[i].wo) == 0) {
      list[i].count++; return;
    }
  strcpy(list[count].wo, wo); list[count].count = 1;
  count++;
}
```

```
void Sort(WordList list) {
  int i,j;
  Entry e;
  for (i=1; i<count; i++) {
    for (j=count-1; j>=i; j--)
      if (strcmp(list[j-1].wo, list[j].wo) > 0) {
        e = list[j]; list[j] = list[j-1]; list[j-1] = e;
      }
  }
}

void Print(WordList list, char* filename) {
  FILE *aus;
  int i;
  aus = fopen(filename, "w");
  for (i=0; i<count; i++) {
    if (i%4 == 0) fprintf(aus, "\n");
    fprintf(aus, "%15s %2d ", list[i].wo, list[i].count);
  }
  fprintf(aus, "\n\n %d Woerter \n", count);
  fclose(aus);
}
```

Bitfelder

Die Komponenten von Strukturen können elementare und selbstdefinierte Datentypen sein. Darüber hinaus gibt es – z.B. aus Gründen einer möglichst effektiven Speicherausnutzung – auch die Möglichkeit, daß Komponenten einzelne Bits oder Bitgruppen repräsentieren:

```
struct Datum {
  unsigned tag   : 5;   /* 0...31   */
  unsigned monat : 4;   /* 0...15   */
  unsigned jahr  : 12;  /* 0...4095 */
}
struct Datum d;
d.tag = 23; d.monat = 8; d.jahr = 1996;
```

Die entsprechenden Komponenten müssen vom Typ **int**, **unsigned int** ≡ **unsigned** oder **signed int** ≡ **signed** sein, hinter dem Doppelpunkt wird die Anzahl der benutzbaren Bits angegeben.

Achtung: Die Implementierung von Bitfeldern, d.h. ihre Abbildung auf den Speicher, ist durch den ANSI/ISO-Standard nicht definiert, sie ist also implementierungsabhängig!

1.8.4 Vereinigungen (Unionen)

Vereinigungen (Unionen) gleichen syntaktisch den Strukturen, sie unterscheiden sich in der Semantik:

```
union XYZ {
  typeA a;
  typeB b;
  . . .
  typeN n;
};
union XYZ x;
typeA aa;
typeB bb;
. . .
typeN nn;
. . .
x.a = aa;  /* Im Falle einer Struktur wuerden hier alle */
x.b = bb;  /* Werte gespeichert werden, in diesem Falle */
. . .      /* wird bei jeder Zuweisung der vorherige    */
x.n = nn;  /* Wert ueberschrieben !                     */
```

Es seien `typeA`, `typeB` und `typeN` irgendwelche vordefinierte oder selbstdefinierte Typbezeichner. Im Falle einer Struktur hätte eine Variable dieses Typs entsprechend viele Komponenten, alle können unabhängig voneinander mit einen Wert belegt werden. Im Falle einer Union gibt es nur eine gemeinsame Komponente, die zu jeder Zeit auch nur einen Wert haben kann, wobei aber zu verschiedenen Zeitpunkten jeweils unterschiedliche Datentypen abgelegt sein können. Bei der Abbildung der gemeinsamen Komponente auf den Arbeitsspeicher wird der Speicherplatz so ausgelegt, daß jeder der angegebenen Datentypen dort abgelegt werden kann.

Eine Union entspricht einem *varianten Record* der Sprachen Pascal und Modula-2.

1.8.5 Zeiger und Zeigerkonvertierungen

Typisierte und nichttypisierte Zeiger sind schon in vorangehenden Abschnitten eingeführt und verwendet worden (siehe z.B. Abschn. 1.8.1, hier werden noch einmal die Hintergründe im Detail erläutert).

Typisierte Zeiger

Die folgende Definition beschreibt einen strukturierten Datentyp, der sich aus drei Komponenten zusammensetzt:

```
typedef struct {
  char  x;
```

```
    int   y;
    float z;
  } XYZ;
```

Der Name des selbstdefinierten Typs ist XYZ. Mit der Deklaration

```
XYZ  item;
XYZ* zeiger = &item;
```

wird zunächst eine Variable dieses Typs und dann ein *typisierter Zeiger* (d.h. ein *typgebundener Zeiger*) deklariert. Der Zeiger wird dann auch gleich initialisiert, so daß er auf die Variable `item` zeigt. Dieser typisierte Zeiger beinhaltet neben der Adreßinformation (Anfangsadresse der Variablen `item`) zusätzlich eine Typinformation, d.h. er kennt Größe (in Byte) und Struktur (das Layout) der Variablen, auf die er zeigt, wie man an den folgenden Anweisungen erkennt:

```
zeiger->x = 'A';
zeiger->y = 12345;
zeiger->z = 123.456;
```

Besonders deutlich werden die Zusammenhänge auch bei einer dynamischen Speicherreservierung (siehe Abschn. 1.8.6) und anschließenden Wertezuweisung:

```
zeiger = (zeiger) malloc(sizeof(*zeiger));
zeiger->x = 'A';
zeiger->y = 12345;
zeiger->z = 123.456;
```

Nichttypisierte Zeiger

Neben den typisierten Zeigern gibt es in ANSI/ISO-C auch nichttypisierte Zeiger, das sind physikalische Adressen im Arbeitsspeicher. Nichttypisierte Zeiger haben den Typ `void*` und sind zuweisungskompatibel mit allen typisierten Zeigern:

```
void* adresse;
adresse = zeiger;                /* ANSI-C und Clean-C         */
zeiger  = adresse;               /* ANSI-C, aber kein Clean-C */
zeiger  = (zeiger) adresse;      /* ANSI-C und Clean-C         */
```

In ANSI/ISO-C++ ist die Zuweisungskompatibilität nur in der Richtung vom typisierten Zeiger zum `void*`-Zeiger erlaubt, nicht umgekehrt, das gleiche gilt dann also für Clean-C.

Diese Zuweisungskompatibilität bedeutet also, daß `void*`-Zeiger als generische Zeiger verwendet werden können. Als Beispiel für eine sinnvolle Anwendung sei auf die Funktion `malloc` verwiesen (Erläuterung im Abschn. 1.8.6), die eine nichttypisierte Adresse liefert, die dann explizit in den gewünschten Typ *„gecastet"* werden kann:

```
zeiger = (XYZ*) malloc(sizeof(XYZ));
zeiger = (XYZ*) malloc(sizeof(*zeiger));
```

Das explizite *„casten"* ist – wie schon gesagt – in ANSI/ISO-C zwar nicht erforderlich, es sollte aber wegen der Aufwärtskompatibilität zu ANSI/ISO-C++ und aus stilistischen Gründen nicht fehlen!

Der typisierte Zeiger `zeiger` beinhaltet die Typinformation, die es möglich und sinnvoll macht, ihn zu dereferenzieren. Alle angegebenen Varianten der Verwendung von `malloc` sind gleichwertig. Das explizite *„Casten"* kann aus Gründen der besseren Lesbarkeit bevorzugt werden, es ist ansonsten redundant! Im Gegensatz dazu können nichttypisierte Zeiger (d.h. `void*`- Zeiger) nicht dereferenziert werden, weil keine definierte Struktur dahintersteht. Bild 1.10 illustriert diesen Unterschied.

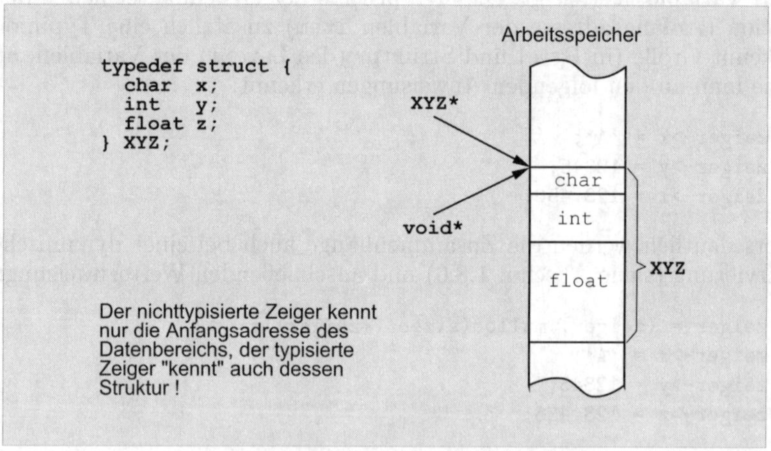

Bild 1.10: Typisierte und nichttypisierte Zeiger

Als Beispiel für die Verwendung von `void*`-Parametern in Funktionen soll die Definition und Anwendung der folgenden generischen Funktion `copy` betrachtet werden:

```
void copy(void* ziel, void* quelle, int count)
{
  char* y = (char*) ziel;
  char* x = (char*) quelle;
  while (count--) *y++ = *x++;
}
. . .
XYZ a, b;  /* XYZ sei der oben definierte Typ */
a.x = 'B'; a.y = 333; a.z = 3.3;
copy(&b, &a, sizeof(XYZ));
/*
   Das kann man natuerlich auch einfacher haben: b = a ,
   und die einfache, typisierte Loesung ist
   selbstverstaendlich immer zu bevorzugen!!!
*/
```

Die Konvertierung der beiden übergebenen void*-Zeiger in der copy-Funktion ist unumgänglich erforderlich, da – siehe oben – void*-Zeiger nicht dereferenziert werden können! Die interne Verwendung des char-Typs wurde gewählt als Synonym für *Byte* als kleinste „Dateneinheit".

Der schwerwiegende Nachteil solch generischer – mit void*- Zeigern konstruierter – Konstrukte liegt in der Fehleranfälligkeit wegen der nicht vorhandenen Typisierung: Der Benutzer kann als aktuelle Parameter beliebige Zeigertypen verwenden, der Compiler hat keine Möglichkeit, Inkonsistenzen festzustellen.

Als zweites Beispiel soll uns die folgende generische Funktion swap zum Vertauschen zweier Werte dienen, die ihrerseits die oben angegebene generische Funktion copy verwendet:

```
void copy(void* ziel, void* quelle, int count) { . . . }
void swap(void* x, void* y, int count) {
  void* temp = malloc(count);
  copy(temp, x, count);
  copy(x, y, count);
  copy(y, temp, count);
  free(temp);
}
. . .
XYZ item1, item2;
. . .
swap(&item1, &item2, sizeof(XYZ));
. . .
float x, y;
. . .
swap(&x, &y);
```

Vor den Nachteilen der Verwendung von void*-Zeigern kann gar nicht genug gewarnt werden, siehe oben. In der anwendungsnahen Programmierung sollte darauf weitgehendst verzichtet werden. In der hardwarenahen Systemprogrammierung sind sie allerdings schwer zu entbehren. Auch bei der Entwicklung „generischer Bibliotheksmodule" (siehe Teil II: *Datenstrukturen, Algorithmen, ADTs, Container*) sind void*-Zeiger unverzichtbar. In solchen Fällen sollten aber zusätzliche Schutzmaßnahmen – z.B. durch Verwendung von Makroprozessoren – in Betracht gezogen werden. In C++ (siehe Teil III) werden generische Strukturen mit Hilfe sog. *Templates* dargestellt, so daß void*-Zeiger dort wesentlich entbehrlicher sind als in C.

Konvertierung zwischen typisierten Zeigern

Als letztes sollen an dieser Stelle Möglichkeiten, Zweck und Sinn der Konvertierung zwischen typisierten Zeigern erörtert werden, dazu folgendes Beispiel:

```
typedef unsigned char Byte;
typedef struct { Byte b0, b1, b2, b3; } BYTES;
```

```
long ix;
BYTES bx, *pbx;
ix = 123456789;
pbx = (BYTES*) (&ix)
bx = *pbx;
printf(" ix=%ld\n b3=%d b2=%d b1=%d b0=%d\n",
       ix, bx.b3, bx.b2, bx.b1, bx.b0);
```

Einem Zeiger vom Typ *Zeiger auf BYTES* wird ein Zeiger zugewiesen, der auf einen Typ *long integer* verweist, und beim Dereferenzieren wird der `long`-Wert als Folge von vier Bytes interpretiert. Entsprechend ist die zugehörige Ausgabe:

```
ix=123456789
b3=7 b2=91 b1=205 b0=21
```

Die durchgeführte Umwandlung stellt eine Projektion eines `long`- Typs auf den `BYTES`-Typ dar. Durch Verallgemeinern dieses Beispiels ergibt sich ein Bild der *Möglichkeiten*, die diese Art der Typumwandlung bietet. Wie ist das aber mit der *Beurteilung* einer solchen Vorgehensweise? **Sie ist aus inhaltlichen und stilistischen Gründen im allgemeinen abzulehnen** und kann nur in Sonderfällen – z.B. hardwarenahe Systemprogrammierung – gerechtfertigt sein!

Der wesentliche **inhaltliche Grund** für die Ablehnung solcher Art von Konvertierungen ist die Implementierungsabhängigkeit und damit die mangelnde Portabilität: Größe (in Bit oder Byte) und Layout der beteiligten Typen sind nicht festgeschrieben, sondern systemabhängig!

Als **stilistischer Grund** ist die schwere Durchschaubarkeit der Auswirkungen von Typumwandlungen zu nennen. Typumwandlungen dieser Art sollten generell soweit wie möglich vermieden werden!

Regeln zur Konvertierung von Zeigern

Wie oben festgestellt, sollte man mit den Möglichkeiten der Konvertierung von Zeigern sehr vorsichtig umgehen. Der Inhalt des ANSI/ISO-Standards [2] zu diesem Punkt läßt sich im wesentlichen wie folgt zusammenfassen:

- `void*`-Zeiger (d.h. nichttypisierte Zeiger) sind mit allen typisierten Zeigern kompatibel, explizite *type casts* der Form `(void*)` und `(`*type* `*)` sind optional;
- bei Konvertierungen zwischen typisierten Zeigern ist die explizite Angabe des *type casts* der Form `(`*type* `*)` zwingend vorgeschrieben;
- Zeiger auf Funktionen (Funktionszeiger) können **nicht** konvertiert werden.

1.8.6 Arbeiten mit selbstverwalteten Daten, Zeigersemantik

Werte- und Zeigersemantik – das Prinzip

In C hat der Benutzer generell zwei verschiedene Möglichkeiten, auf Daten zuzugreifen: Er kann direkt mit dem Wert arbeiten oder indirekt über einen Zeiger, im ersten Falle spricht man von **Wertesemantik**, im zweiten Falle von **Zeigersemantik**, die folgende Gegenüberstellung demonstriert beide Prinzipien:

Wertesemantik bei elementaren Datentypen

```
int a, b;
a = 123;
b = a;
. . .
```

Zeigersemantik bei elementaren Datentypen

```
int *a, *b;
. . .
a = (int*) malloc(sizeof(int));
b = (int*) malloc(sizeof(int));

*a = 123;
*b = *a;  /* Wert kopieren   */
. . .
free(a); free(b);
```

Bei der Wertesemantik liegen die Daten im globalen Datenbereich oder im Programmstack (siehe dazu Abschn. 1.13), bei der Zeigersemantik verwendet man in der Regel den Programmheap und verwaltet die Daten mit den beiden Bibliotheksfunktionen `malloc` und `free`. Mit `malloc` (*memory allocate*) wird explizit Speicherplatz im Heap reserviert, und mit `free` wird er – ebenfalls explizit – wieder freigegeben, die Prototypen der beiden Funktionen stehen in `stdlib.h` und haben folgende Form:

⊗ `void* malloc(size_t size);`
size Byte Speicherplatz im Programm-Heap reservieren und die Anfangsadresse dieses Bereichs zurückgeben, falls nicht genügend frei, wird `NULL` *zurückgegeben*

⊗ `void free(void* ptr);`
den ab der Adresse ptr reservierten Speicherplatz wieder freigeben

Die Funktion `malloc` liefert einen `void*`-Zeiger, der zu allen typisierten Zeigern zuweisungskompatibel ist. Aus Gründen der Klarheit und wegen der Aufwärtskompatibilität zu ANSI/ISO-C++ sollte trotzdem explizit konvertiert werden:

gut; explizite Konvertierung

```
a = (int*) malloc(...);
```

unschön; implizite Konvertierung

```
b = malloc(...);
```

Der Vollständigkeit halber wird hier noch gezeigt, daß auch ohne Verwendung des Heaps die Zeigersemantik auf elementare Daten angewendet werden kann:

```
int buffer1, buffer2;
int *a, *b;
a = &buffer1; b = &buffer2;
```

```
*a = 123; *b = *a;
 . . .
```

Im Zusammenhang mit elementaren Daten macht die Verwendung von Zeigersemantik in der Regel nur bei der Parameterübergabe Sinn (Adreßparameter).

Zeigersemantik beim Arbeiten mit Vektoren

Das folgende Beispiel zeigt zwei alternative Ausdrucksmöglichkeiten in Verbindung mit Vektoren, in beiden Fällen wird die Zeigersemantik verwendet, ein Vektor als Ganzes kann nur durch einen Zeiger bezeichnet werden, auf die einzelnen Elemente kann sowohl per Zeigersemantik als auch per Wertesemantik zugegriffen werden:

Vektor im systemverwalteten Speicher

```
int vector[10];
. . .
vector[i]     = x; /* so      */
*(vector+i) = x; /* oder so */
. . .
y = vector[j];    /* so      */
y = *(vector+j); /* oder so */
. . .
```

Vektor im selbstverwalteten Speicher (Heap)

```
int *vector;
. . .
vector = (int*)malloc(10*sizeof(int));
. . .
vector[i]     = x; /* so      */
*(vector+i) = x; /* oder so */
. . .
y = vector[j];    /* so      */
y = *(vector+j); /* oder so */
. . .
free(vector)
```

Dabei ist folgendes wichtig:

- in beiden Fällen (links und rechts) ist `vector` ein Zeiger, und die Zugriffe auf den Vektor erfolgen in beiden Fällen über diesen Zeiger;
- im linken Fall wird bei der Vereinbarung gleich Platz für zehn Elemente im systemverwalteten Speicher reserviert, und der Platz wird gegebenenfalls automatisch wieder freigegeben. Die automatische Freigabe erfolgt, wenn die Vereinbarung in einer Funktion steht, bei deren Verlassen (siehe Abschn. 1.10);
- im rechten Fall wird der Speicherplatz explizit selbst reserviert und ebenfalls explizit wieder freigegeben;
- eine Zuweisung einer Vektorvariablen zu einer anderen in der Form

  ```
  int vector1[10], vector2[10]; ... vector1 = vector2; ...
  ```

  bewirkt, daß der Zeiger kopiert wird (Zeigersemantik) und **nicht** der Inhalt und die Zuweisung

  ```
  *vector1 = *vector2;
  ```

  kopiert **nicht** den Vektor sondern nur das erste Element.

Bild 1.11 illustriert die Gegenüberstellung. Im linken Beispiel liegen die Daten im globalen Datenbereich oder im Programmstack, im rechten Beispiel liegen sie im Programmheap und werden explizit selbstverwaltet: Die Reservierung und Freigabe des entsprechenden Speicherbereichs im Heap erfolgt zur Laufzeit des Programms über die sog. *Freispeicherverwaltung* des Laufzeitsystems. Die mit `malloc` durchgeführte Reservierung bleibt bestehen, bis der Speicherplatz explizit mit `free` wieder freigegeben wird oder bis zum Programmende.

Durch Vergessen der Freigabe oder dadurch, daß versehentlich zuwenig Speicherplatz wieder freigegeben wird, können *Speicherlecks* entstehen und damit die Ursache äußerst unangenehmer und schwer zu lokalisierender Fehler bilden!

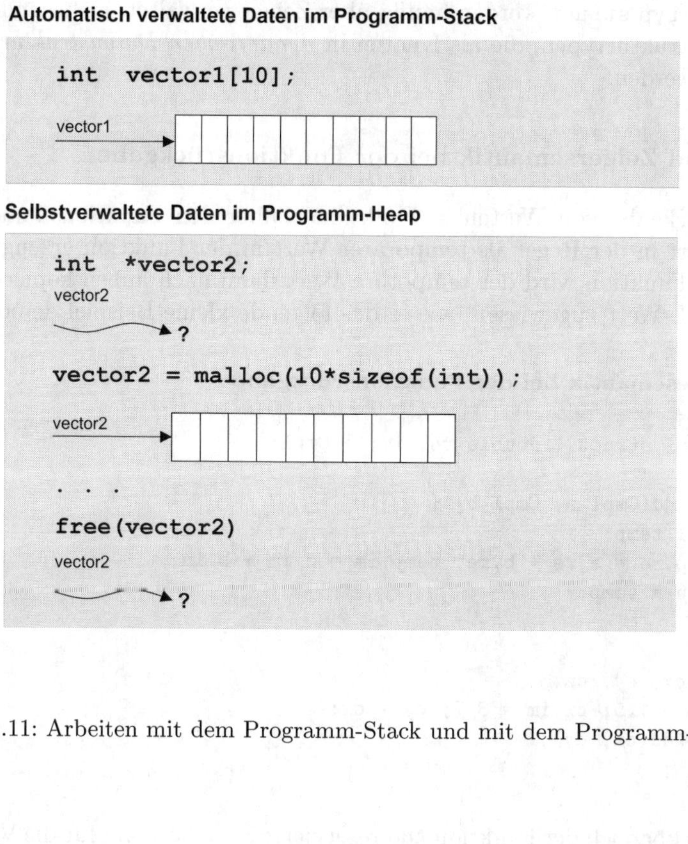

Bild 1.11: Arbeiten mit dem Programm-Stack und mit dem Programm-Heap

Werte- und Zeigersemantik beim Arbeiten mit Strukturen

Beim Arbeiten mit Struktur-Datentypen sind beide Alternativen – Wertesemantik und Zeigersemantik – möglich und werden häufig sogar nebeneinander verwendet; die folgende Gegenüberstellung demonstriert beide Möglichkeiten:

Wertesemantik bei Struktur-Datentypen

```
typedef struct {
  double re, im;
} Cmpl;
Cmpl cx, cy;
cx.re = 1.5; cx.im = 3.7;
cy = cx;
. . . ;
```

Zeigersemantik bei Struktur-Datentypen

```
typedef struct {
  double re, im;
} Cmpl;
Cmpl *cx, *cy;
. . .
cx = (Cmpl*) malloc(sizeof(Cmpl));
cy = (Cmpl*) malloc(sizeof(Cmpl));
cx->re = 1.5; cx->im = 3.7;
*cy = *cx;
. . . ;
free(cx); free(cy);
```

Daten vom Typ `struct` werden häufig über Zeiger verwaltet, insbesondere rekursiv definierte Strukturtypen, die als Knoten in *dynamischen Datenstrukturen* (siehe 5) verwendet werden.

Werte- und Zeigersemantik bei der Funktionsrückgabe

Bei der Rückgabe von Werten in Funktionen über den Funktionsnamen wird der Ergebniswert in der Regel als temporärer Wert in der Funktion erzeugt, und beim Aufruf der Funktion wird der temporäre Wert dann nach außen kopiert und damit z.B. einem L-Wert zugewiesen, wie es das folgende kleine Beispiel demonstriert.

Wertesemantik bei der Funktionsrückgabe

```
typedef struct { double re, im; } Cmpl;
. . .
Cmpl Add(Cmpl a, Cmpl b) {
  Cmpl temp;
  temp.re = a.re + b.re; temp.im = a.im + b.im;
  return temp;
}
. . .
Cmpl cx, cy, cz;
cx.re = 1.5; cx.im = 3.7; cy = cx;
cz = Add(cx, cy);
. . . ;
```

Der im Stackbereich der Funktion `Add` reservierte Speicherplatz für die Variable `temp` wird unmittelbar nach Beenden der Funktion automatisch wieder freigegeben. Ganz anders sieht das bei der Verwendung von Zeigersemantik im folgenden Beispiel aus:

Zeigersemantik bei der Funktionsrückgabe

```
typedef struct { double re, im; } Cmpl;
```

```
  free(*s1);
  *s1 = (char*) malloc(strlen(s2)+1);
  strcpy(*s1, s2);
}
```

Bei jeder Neuzuweisung eines Stringwertes mit `assignstr` wird der alte Speicherbereich freigegeben und genau entsprechend dem Neubedarf Speicher zugewiesen. Das Verfahren hat natürlich auch einen Nachteil: Die jeweilige Freigabe und Neuzuordnung von Speicherplatz kostet Zeit. Das Verfahren läßt sich in der Richtung aber auch noch erheblich verbessern, indem z.B. Freigabe und Neuzuordnung von Speicherplatz nur dann durchgeführt werden, wenn der neue String länger ist als der alte. Eine weitere Verbesserung stellt das sog. *Reference-Counting*-Konzept dar, das in Abschn. 10.1.4 vorgestellt wird.

Programmiertechnisch ist noch darauf hinzuweisen, daß der erste Parameter der Funktion `assignstr(char** s1, char* s2)` ein **Zeiger auf einen Zeiger** ist! Die doppelte Referenzierung ist erforderlich, weil 1. der eigentliche Parametertyp ein Zeiger auf einen `char`-Typ ist und 2. der Parameter als Ergebnis zurückgegeben werden soll!

Das zweite kleine Demobeispiel für das Arbeiten mit dynamischen Strings, C-Text 1.20, zeigt die Verwaltung einer kleinen Stringliste, deren Werte mit einer Zufallsfunktion erzeugt werden.

C-Text 1.20: *Dynamische Strings, Demo 2* ./Bsp1/pointer/p3.sht

```
#include<stdio.h>
#include<string.h>
#include<stdlib.h>

char* createstr(char* s);
/* Einen dynamischen String kreieren      */

void assignstr(char** s1, char* s2);
/* Einen String dynamisch zuweisen        */

char* rndstr(int n);
/* Zufallsstring der Laenge 1..n erzeugen */

void f(void) {
  int i;
  char *StringTable[10];
  for (i=0; i<10; i++)
    StringTable[i] = createstr("");
  for (i=0; i<10; i++)
    assignstr(&StringTable[i], rndstr(50));
  for (i=0; i<10; i++)
    printf("%s\n", StringTable[i]);
```

```
  for (i=0; i<10; i++)
    free(StringTable[i]);
}

int main() { f(); /* . . . */ return 0; }

. . . .
```

Das nächste Programm bezieht sich auf das schon bekannte *Wortlisten-Beispiel*. Die ursprüngliche Version 0 basierte auf einem zweidimensionalen `char`-Vektor als Wortliste, die in C-Text 1.21 wiedergegebene Version 1 verwendet statt dessen einen eindimensionalen `char*`-Vektor:

```
typedef char* WordList[ListLen];
```

In der Liste werden also wie schon im vorigen Beispiel Zeiger auf dynamische Strings verwaltet. Davon profitiert auch die angegebene Funktion `Sort(WordList list)`, die Vertauschungen von Strings dadurch realisiert, daß sie nicht jeweils die ganzen Strings umkopiert, sondern dadurch, daß sie lediglich die Zeiger auf die Strings vertauscht.

C-Text 1.21: *Wortliste, Version 1* ./Bsp1/wolist/wolist1.sht

```
. . .
#include <stdlib.h>
. . .

/*----------------Globale Typdefinitionen-----------------*/
#define ListLen 1000
#define WordLen 15

typedef char  Word[WordLen+1];

typedef char* WordList[ListLen];

/*----------------Globale Variable------------------------*/
int count, len;

/*----------------Prototypen------------------------------*/
   ... siehe Vers. 0 ...

/*----------------main-Funktion---------------------------*/
int main(int argc, char *argv[]) {
  ... siehe Version 0 ...
}

/*---------------Implementierung der Funktionen-----------*/
```

```
. . .

void Include(Word wo, WordList list) {
  int i;
  char* p;
  for (i=0; i<count; i++)
    if (strcmp(wo, list[i]) == 0) return;
  p = (char*) malloc(strlen(wo)+1);
  assert(p);
  strcpy(p, wo); list[count++] = p;
}

void Sort(WordList list) {
  int i, j;
  char* p;
  for (i=1; i<count; i++) {
    for (j=count-1; j>=i; j--)
      if (strcmp(list[j-1], list[j]) > 0) {
        p = list[j]; list[j] = list[j-1]; list[j-1] = p;
      }
  }
}

. . .
```

1.8.7 Syntax von Deklarationen

Deklarationen und Definitionen

Deklarationen werden verwendet, um Namen (Bezeichner) zu spezifizieren, d.h. mit einem Typ zu belegen, z.B.

```
char ch;                    /* 1 */
int i, j, k;                /* 2 */
double x, y, z;             /* 3 */
double f(double x);         /* 4 */
extern long int a, b, c;    /* 5 */
```

In den Fällen 1 bis 3 sind die Deklarationen auch Definitionen, weil die entsprechenden Namen auch Objekte im Speicher repräsentieren, in den Fällen 4 und 5 ist das nicht der Fall, in diesen Fällen steht die Definition woanders (siehe dazu Abschn. 1.10).

Typgleichheit

Typen sind nur dann gleich, wenn sie den gleichen oder einen synonymen Namen haben, es reicht nicht, daß sie den gleichen Aufbau haben:

```
typedef double Real1;
typedef double Real2;
Real1 x = 12.34;
Real2 y = x;               /* richtig */

struct S1 { double x; };
struct S2 { double x; };
struct S1 a = { 12.34 };
struct S2 b = a;           /* falsch  */
```

Die Namen `Real1` und `Real2` sind Synonyme für `double`, also sind x und y typgleich. Die Typen der Variablen `a` und `b` haben zwar exakt den gleichen Aufbau, sie sind aber trotzdem verschieden!

Verwendung des Attributs `const`

Mit dem Attribut `const` werden Variable spezifiziert, die nicht verändert werden sollen, im folgenden Beispiel ist der Inhalt des Strings konstant, nicht aber der Zeiger auf den String:

```
const char* name1 = "Isernhagen";
char* name2       = "Meier";
name1[0] = 'A';                       /* falsch  */
name1 = name2;                        /* richtig */
```

Gerade umgekehrt ist es im nächsten Beispiel mit konstantem Zeiger und veränderbarem Inhalt:

```
char* const name1 = "Isernhagen";
char* name2       = "Meier";
name2[0] = 'A';                           /* richtig */
name2 = name1;                            /* falsch  */
```

Wenn beide – der Inhalt und der Zeiger auf den Inhalt – nicht verändert werden sollen, dann muß das Attribut `const` zweifach wie folgt angegeben werden:

```
const char* const name1 = "Isernhagen";
char* name2             = "Meier";
name1[0] = 'A';                           /* falsch  */
name1 = name2;                            /* falsch  */
```

Wichtiger Hinweis 1: In ANSI/ISO-C ist es nicht garantiert, daß der Compiler auch überprüft, daß Variable, die mit dem Attribut `const` deklariert sind, nicht verändert werden! In ANSI/ISO-C++ dagegen wird die Konstanz überprüft.

Wichtiger Hinweis 2: In ANSI/ISO-C können `const`-Variable nicht zur Dimensionierung von Arrays (Vektoren) verwendet werden:

```
const int SIZE = 100;
double vector[SIZE];          /* falsch in ANSI/ISO-C,   */
                              /* richtig in ANSI/ISO-C++ */
```

In ANSI/ISO-C++ dagegen ist das gegenüber der Verwendung von `define` korrekt und stilistisch zu bevorzugen.

Eine in vielen Fällen sinnvolle Anwendung des Attributs `const` ist bei der Spezifikation von Array-Funktionsparametern gegeben:

```
typedef double Vector[100];
. . .
void f(const Vector v);
```

oder

```
void f(const double* x);
```

Ein Array (Vektor) wird immer *per definitionem* als Zeiger übergeben, d.h. Änderungen des Arrays innerhalb der Funktion werden zurückgegeben, und der Effekt kann bei Bedarf auf diese Weise verhindert werden.

Komplexere Deklarationen

Häufig verwendet wird die doppelte Referenzierung, so ist z.B.

```
Somewhat **x;
```

ein Zeiger auf einen Zeiger, der auf ein Objekt vom Typ `Somewhat` zeigt. Die Funktion

```
swapPointer(Somewhat** ppx, Somewhat** ppy);
```

soll zwei entsprechende Zeiger vertauschen: die erste Referenzierung besagt, daß das eigentliche Objekt ein Zeiger ist, die zweite Referenzierung ist erforderlich, weil die Parameter nicht per Wert, sondern per Adresse übergeben werden (eine Adresse wird per Adresse übergeben).

In der Vereinbarung

```
double *x[100];
```

ist `x` kein Zeiger auf einen Vektor mit 100 Elementen vom Typ `double`, sondern ein Vektor mit 100 Elementen vom Typ *Zeiger auf double*! Das liegt daran, daß der Subskriptoperator eine höhere Priorität hat als der Inhaltsoperator! Im Falle

```
double (*x)[100]
```

dagegen ist `x` ein Zeiger auf einen Vektor!

Die Vereinbarung

```
int (*f)(...);
```

spezifiziert einen Zeiger auf eine Funktion f, das ist ein Typ, der z.B. als Feld in einer Struktur oder als Parameter einer anderen Funktion verwendet werden kann, siehe dazu 1.11. Dagegen spezifiziert

```
int *f(...);
```

eine Funktion, die einen Zeiger auf ein int-Objekt liefert.

1.8.8 Clean-C/Better-C: Restriktionen/Erweiterungen

Clean-C-Einschränkungen gegenüber ANSI/ISO-C

In Clean-C sind Zuweisungen von void-Zeigern an typisierte Zeiger nicht erlaubt, sie werden von ANSI/ISO-C++-Compilern als syntaktische Fehler registriert, z.B.:

```
double *dx = malloc(...);            /* kein Clean-C, malloc   */
                                     /* liefert void*-Zeiger ! */

double *dy = (double*) malloc(...);  /* Clean-C                */
```

In ANSI/ISO-C hat eine Struktur keinen eigenen Namenbereich. Das führt in dem folgenden Beispiel dazu, daß struct B auch außerhalb der Funktion zur Vereinbarung der Variablen b verwendet werden kann:

```
struct A {
  struct B {
    int i;
    int j;
  } bi;
  int k;
};

struct B b;
```

In ANSI/ISO-C++ dagegen ist struct B außerhalb von struct A nicht sichtbar, Strukturen haben dort einen eigenen Sichtbarkeitsbereich, und das bedeutet hier, daß auch in Clean-C-Programmen Konstruktionen wie das angegebene Beispiel nicht verwendet werden dürfen, eine mögliche Clean-C-Alternative für das Beispiel kann dann wie folgt aussehen:

```
struct B {
  int i;
  int j;
};

struct A {
  struct B bi;
```

```
    int k;
  };

  struct B b;
```

Für die Strukturart `union` gelten diese Ausführungen gleichermaßen.

Better-C-Erweiterungen gegenüber ANSI/ISO-C

In ANSI/ISO-C gibt es zwei Möglichkeiten, einen *Strukturtyp* zu definieren und dann zur Vereinbarung entsprechender Variablen zu verwenden:

Möglichkeit 1

```
struct XYZ {
  . . .
};

struct XYZ x, y, z;
```

Möglichkeit 2

```
typedef struct {
  . . .
} XYZ;

XYZ x, y, z;
```

Bei der Möglichkeit 1 stört die zusätzliche Verwendung des Schlüsselwortes `struct`. In ANSI/ISO-C++ ist das überflüssig, also:

```
struct XYZ {
  . . .
};

XYZ x, y, z;                   /* falsch in C, richtig in C++ */
```

Das sieht dann insbesondere bei der Definition rekursiver Datenstrukturen kompakt und elegant aus, z.B.:

```
struct ListNode {
  int key;
  ListNode* next;              /* falsch in C, richtig in C++ */
};
```

Für die Strukturart `union` gelten diese Ausführungen gleichermaßen.

In ANSI/ISO-C++ werden als `const` spezifizierte Variable vom Compiler *per definitionem* daraufhin überprüft, daß ihnen nirgendwo ein Wert zugewiesen wird, und entsprechende Variable können dort auch – als bessere Alternative zur Verwendung von `#define...` – zur Dimensionierung von Arrays (Vektoren) verwendet werden:

```
const int Size;
double Vector[Size];           /* falsch in C, richtig in C++ */
```

1.9 Eingabe und Ausgabe von Daten

1.9.1 Überblick

ANSI-C hat keine speziellen Sprachelemente für die Eingabe und Ausgabe von Daten, statt dessen wird ein entsprechendes Bibliotheksmodul zur Verfügung gestellt, das über die Definitionsdatei `<stdio.h>` benutzt wird. Das Modul enthält viele Funktionen sowie einige Definitionen von Typen, Variablen und Konstanten, Bild 1.12 gibt einen Überblick über die wesentlichen Funktionen zum Lesen und Schreiben. Dort sind verschiedene Quellen und Ziele für die Datenbewegungen angegeben, als abstrakten Oberbegriff verwendet man für beides das Wort **Datenstrom** oder kurz **Strom** (engl. **stream**).

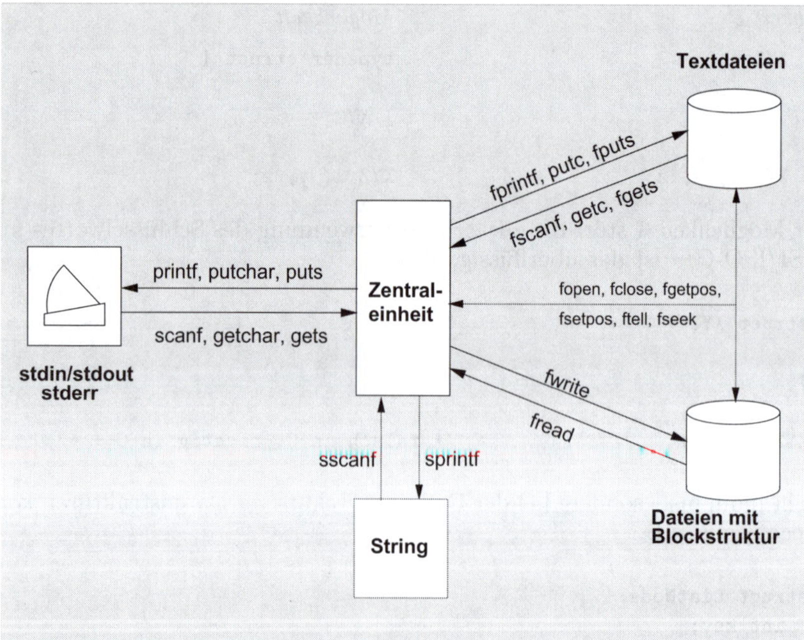

Bild 1.12: Überblick über die Funktionalität des Moduls `stdio.h`

Quellen und Ziele für die Eingabe und Ausgabe unter Benutzung von `<stdio.h>` sind:

- Ein **Standardeingabegerät** (`stdin`), heute üblicherweise die Tastatur, und ein **Standardausgabegerät** (`stdout`), heute üblicherweise der Bildschirm. Beide Geräte sind über einen gemeinsamen Datenpuffer verbunden und können als ein Dialoggerät angesehen werden (gepufferte Ein- und Ausgabe). Das Dialoggerät `stdin/stdout` kann durch durch die Funktionen `scanf` und `printf` zur Ein- bzw. Ausgabe formatierter Daten sowie durch die Funktionen `putchar`, `getchar`, `puts`, `gets` für den zeichenweisen Transfer und für den Transfer von Strings bedient werden. Darüber hinaus gibt es ein **Standardfehlergerät** (`stderr`), auch üblicherweise der Bildschirm. Standardeingabe, Standardausgabe und Standardfehler können in der Regel auf Betriebssystemebene so umgelenkt werden, daß sie von bzw. in Dateien erfolgen.

- Ein **Dateisystem**, das heute üblicherweise auf einen oder mehrere Plattenspeicher abgebildet wird. Beim Arbeiten mit Dateien ist es sinnvoll, zwischen **Textdateien** und **Dateien mit Blockstruktur** zu unterscheiden:
  - In den Textdateien sind die Daten zeilenweise angeordnet, der Datentransfer beim Lesen und Schreiben wird zeichenorientiert wie beim Arbeiten mit Tastatur und Bildschirm abgewickelt. Daten, die im Rechner nicht als Zeichen abgelegt sind – wie z.B. Zahlen – werden entsprechend umformatiert. Textdateien werden in der Regel *sequentiell* gelesen und geschrieben, es sind aber auch Direktzugriffe möglich. Der Datentransfer von und nach Textdateien kann auf `stdin` bzw. `stdout` umgeleitet werden und umgekehrt.
  - Der Datentransfer von und nach Dateien mit Blockstruktur erfolgt in Blöcken mit `fread` bzw. mit `fwrite`. Die Blöcke werden beim Transfer nicht umformatiert sondern sie werden in etwa so in der Datei abgelegt, wie sie auch im Arbeitsspeicher stehen. In manchen Implementierungen wird bezüglich des Aufbaues der blockstrukturierten Dateien zwischen binären und zeichenorientierten Dateien unterschieden, dagegen sind z.B. in Unix-Systemen alle Dateien zeichenorientiert aufgebaut. Dateien mit Blockstruktur sind besonders gut für das Arbeiten mit Direktzugriff (random access) geeignet. Zum Positionieren und zum Feststellen von Positionen sind die Funktionen `fseek` und `fsetpos` bzw. `ftell` und `fgetpos` vorgesehen, die auch für den Direktzugriff in Textdateien verwendbar sind.
- **ANSI-C-Strings**, d.h. Zeichenketten, die mit dem Stringterminator `'\0'` abgeschlossen sind. In Strings kann mit der Funktion `sprintf` formatiert geschrieben werden, und mit der Funktion `sscanf` kann aus Strings formatiert gelesen werden. Beim Schreiben in Strings und beim Lesen aus Strings werden die gleichen Umformatierungen wie beim Arbeiten mit Textdateien, Tastatur und Bildschirm durchgeführt.

1.9.2 Typen, Variable und Konstanten

Im `stdio` sind drei **Typen** definiert, die von Funktionen dieses Moduls verwendet werden:

⊗ `FILE`: *Datei-Deskriptor, der eine Datei spezifiziert. Variable vom Typ* `FILE*` *sind sog.* Dateizeiger *oder* filepointer, *die dann im Programm zur Bezeichnung von Dateien verwendet werden;*

- ⊗ `size_t`: *ganzzahliger Typ als Ergebnis des Operators* `sizeof`*, kann z.B. als* `unsigned int` *oder als* `unsigned long int` *implementiert sein. Dieser Typ ist auch in anderen Bibliotheksmodulen definiert, z.B. in* `stddef`*;*
- ⊗ `fpos_t`: *ein Typ, der eine Position innerhalb einer Datei spezifizieren kann.*

Dann gibt es drei vordefinierte **Variable** vom Typ `FILE*` :

- ⊗ `stdin`: *bezeichnet das Standardeingabemedium, per Voreinstellung die Tastatur;*
- ⊗ `stdout`: *bezeichnet das Standardausgabemedium, per Voreinstellung der Bildschirm;*
- ⊗ `stderr`: *bezeichnet die Standardausgabe für Fehlermeldungen, per Voreinstellung ebenfalls der Bildschirm.*

Darüber hinaus gibt es einige **Konstanten**, die an verschiedenen Stellen benutzt werden, die wichtigsten beiden sind:

- ⊗ `EOF`: *zeigt das Ende einer Datei an, implementiert als ganzzahliges Objekt mit negativem Wert als Indikator für Dateiende;*
- ⊗ `BUFSIZ`: *voreingestellte Puffergröße bei der Eingabe und Ausgabe von Daten.*

1.9.3 Arbeiten mit den Standardgeräten

Die Eingabe und Ausgabe von Daten über die Standardgeräte Tastatur und Bildschirm erfolgt in Form von *gepufferten Textströmen*. Für die Eingabe stellt `<stdio.h>` folgende Funktionen bereit:

- ⊗ `int scanf(const char* format, arg1, arg2, ...);`
  Formatierte Eingabe von Daten, der Funktionswert liefert die Anzahl der gelesenen Eingabefelder, bei Ende der Eingabe und im Fehlerfalle den Wert `EOF` (End Of File). *Die eingelesenen Werte werden über die Zeiger arg1, arg2, ... zurückgegeben. Die Anzahl der Argumente ist beliebig (≥ 0). Der vorangestellte Formatstring spezifiziert die Formatierung.*
- ⊗ `char* gets(char* s);`
  Eingabe eines String über den Zeiger s; bei erfolgreicher Eingabe wird der Zeiger auch als Funktionswert zurückgegeben, im Fehlerfalle ist der Rückgabewert ein Nullzeiger. Die Eingabe wird durch das Zeilenende `(return)` *abgeschlossen.*
- ⊗ `int getchar(void);`
  Eingabe des nächsten Zeichens, bei Ende der Eingabe und bei fehlerhafter Eingabe wird `EOF` *(End Of File) zurückgegeben.* `EOF` *hat typischerweise den Wert* `-1`*, ein Grund, weshalb ein int-Typ und kein char-Typ zurückgeliefert wird.*

Entsprechend sind die drei wichtigsten Funktionen aus `<stdio.h>` für die Ausgabe:

- ⊗ `int printf(const char* format, arg1, arg2, ...)`
  Formatierte Ausgabe der Datenwerte arg1, arg2, ..., die Anzahl der Argumente ist beliebig (≥ 0). Der Funktionswert liefert die Anzahl der ausgegebenen Zeichen, im Fehlerfalle einen negativen Wert. Der vorangestellte Formatstring spezifiziert die Formatierung.

⊗ `int puts(const char* s);`
Ausgabe eines String über den Zeiger s und Beenden der Zeile. Im Fehlerfalle ist der Funktionsrückgabewert `EOF`*, sonst ein nicht negativer Wert.*

⊗ `int putchar(int ch);`
Ausgabe eines Zeichens. Im Fehlerfalle ist der Funktionswert `EOF`*, sonst das ausgegebene Zeichen.*

⊗ `int vprintf(const char* format, va_list arg);`
Formatierte Ausgabe, die Argumente stehen nicht direkt in der Parameterliste, sondern sind über den Zeiger `arg` *verfügbar, siehe dazu Abschn. 1.7.3 und 2.11.*

Beispiel 1: Das erste Beispielprogramm, C-Text 1.22, tabelliert einige Werte der Funktion $y = x^4$ und stellt die Funktionswerte in drei unterschiedlichen Formen dar. Die „%“-Zeichen in dem Formatstring der dritten `printf`-Funktion leiten jeweils eine der Formatspezifikationen „1d“bzw. „8.3f“ bzw. „8.3g“ ein.

C-Text 1.22: *EA-Beispiel 1* ./Bsp1/io/io1.c

```
#include<math.h>
#include<stdio.h>

int main() {
  double x, y;
  int i;
  printf(" x |   Form1    |   Form2    |   Form3    \n");
  printf("---+-----------+-----------+-----------\n");
  for (i=0; i<=9; i++) {
    x = (float) i; y = x*x*x*x;
    printf(" %1d | %8.3f | %8.3e | %8.3g\n", i, y, y, y);
  }
  return 0;
}
```

Das Programm erzeugt folgende Ausgabe:

```
 x |   Form1    |   Form2    |   Form3
---+-----------+-----------+-----------
 0 |    0.000 | 0.000e+00 |        0
 1 |    1.000 | 1.000e+00 |        1
 2 |   16.000 | 1.600e+01 |       16
 3 |   81.000 | 8.100e+01 |       81
 4 |  256.000 | 2.560e+02 |      256
 5 |  625.000 | 6.250e+02 |      625
 6 | 1296.000 | 1.296e+03 |  1.3e+03
 7 | 2401.000 | 2.401e+03 |  2.4e+03
 8 | 4096.000 | 4.096e+03 |  4.1e+03
 9 | 6561.000 | 6.561e+03 | 6.56e+03
```

Beispiel 2: Das zweite Beispielprogramm, C-Text 1.23, formuliert einen kurzen Dialog:

C-Text 1.23: *EA-Beispiel 2* ./Bspl/io/io2.c

```
#include<stdio.h>

int main() {
  char art;
  char name[30];

  puts("Name : "); gets(name);
  puts("Mann oder Frau ? (M/F) : "); art = getchar();
  if (art == 'F')
    { puts("Hallo, Frau "); puts(name); }
  else
    { puts("Hallo, Herr "); puts(name); }
  return 0;
}
```

Die Formatspezifikationen werden im Abschnitt 1.9.5 erläutert.

1.9.4 Arbeiten mit Textdateien

Alle Funktionen, die das Arbeiten mit Dateien unterstützen, verwenden einen Parameter oder liefern ein Ergebnis vom Typ `FILE*`. Als formaler Parameter dafür wird meist (so auch im entsprechenden ANSI-Dokument) der Name `stream` verwendet. Der Kürze halber und wegen der Abgrenzung zum *Stream-IO-Konzept* von C++ (siehe Abschn. 11.4) wird hier statt dessen der kurze Name `f` verwendet, also z.B. `int fprintf(FILE* f, ...)` statt `int fprintf(FILE* stream, ...)`.

Für alle sechs im Abschnitt 1.9.3 vorgestellten Eingabe- und Ausgabefunktionen gibt es je eine entsprechende Funktion, die aus einer Datei liest bzw. in eine Datei schreibt:

- ⊗ `int fscanf(FILE* f, const char* format, arg1, arg2, ...);`
  Formatiertes Lesen aus der durch `f` *bezeichneten Datei*
- ⊗ `char* fgets(char* s, int n, FILE* f);`
  Lesen eines String aus der durch `f` *bezeichneten Datei bis Zeilenende, maximal* `n-1` *Zeichen*
- ⊗ `int fgetc(FILE* f);`
  `int  getc(FILE* f);`
  Lesen eines Zeichens aus der durch `f` *bezeichneten Datei,* `getc` *ist als Makro realisiert*
- ⊗ `int ungetc(int ch, File* f);`
  Schreibt ein Zeichen in den Eingabepuffer, es wird dann als nächstes gelesen

⊗ `int fprintf(FILE* f, const char* format, arg1, arg2, ...);`
Formatierte Ausgabe in die durch `f` *bezeichnete Datei*

⊗ `int fputs(const char* s, FILE* f);`
Ausgabe eines String in die durch `f` *bezeichnete Datei*

⊗ `int fputc(int ch, FILE* f);`
`int  putc(int ch, FILE* f);`
Ausgabe eines Zeichen in die durch `f` *bezeichnete Datei,* `putc` *ist als Makro realisiert*

⊗ `int vfprintf(FILE* f, const char* format, va_list arg);`
Formatierte Ausgabe, die Argumente stehen nicht direkt in der Parameterliste, sondern sind über den Zeiger `arg` *verfügbar, siehe dazu Abschn. 1.7.3 und 2.11*

Das Lesen und Schreiben in Dateien erfolgt mit diesen Funktionen entsprechend dem Lesen von der Tastatur bzw. dem Schreiben auf den Bildschirm. Durch Angabe von `stdin` bzw. `stdout` als aktueller Parameter für `f` können diese Dateizugriffs-Funktionen auch für die Standardgeräte verwendet werden, z.B.

- `printf("Hallo")` ≡ `fprintf(stdout, "Hallo")`
- `scanf ("%f", x)` ≡ `fscanf(stdin, "%f", x)`

Bevor auf eine Datei lesend oder schreibend zugegriffen wird, muß sie geöffnet werden, dadurch wird die durch `filename` bezeichnete Datei einem *Dateizeiger* vom Typ `FILE*` zugeordnet:

⊗ `FILE* fopen(const char* filename, const char* mode);`
Öffnen der Datei `filename` *für die Zugriffsart* `mode`*, wobei für* `mode` *folgende Angaben möglich sind:*
`"r"` *zum Lesen öffnen, Datei muß existieren*
`"w"` *Datei zum Schreiben kreieren, evtl. vorhandene wird durch leere ersetzt*
`"a"` *Datei zum Anfügen öffnen oder kreieren*
`"r+"` *Datei zum Aktualisieren (Lesen oder Schreiben) öffnen*
`"w+"` *Datei zum Aktualisieren (Lesen oder Schreiben) kreieren*
`"a+"` *Datei zum Aktualisieren am Dateiende öffnen oder kreieren*
Durch ein zusätzliches `b` *wird statt einer Textdatei eine binäre Datei geöffnet, z.B. (*`rb`*,* `wb`*,* `ab`*,* `r+b`*).*
Im Fehlerfalle (z.B. es existiert keine Datei mit dem angegebenen Namen) liefert die Funktion einen `NULL`*-Zeiger.*

Einen ähnlichen Zweck mit einem leicht veränderten Verhalten erfüllt die folgende Funktion:

⊗ `FILE* freopen(const char* filename, const char* mode, FILE* f);`
Ähnlich fopen, hier wird ggf. die zu `f` *gehörende Datei geschlossen, um dann den Zeiger* `f` *neu zu verwenden*

Der Typ `FILE` ist in `<stdio.h>` deklariert, er ist eine Struktur zur Definition eines sog. *File-Header*, in der Parameter zur Beschreibung der entsprechenden Datei abgelegt sind, das *File-Handle* ist ein Zeiger auf eine solche Struktur. Mit dem Schließen einer Datei wird das *File-Handle* wieder von der Datei getrennt:

⊗ `int fclose(FILE* f);`
Schließen der mit `f` *verbundenen Datei*

Zwei weitere wichtige Funktionen zum Arbeiten mit Dateien dienen der Abfrage des Dateizustandes:

⊗ `int ferror(FILE* f);`
Liefert einen Wert ungleich Null, wenn ein Fehler aufgetreten ist

⊗ `int feof(FILE* f);`
Liefert einen Wert ungleich Null, wenn bei einer Leseoperation das Ende der Datei erreicht ist

Beispiel: Es soll eine Textdatei kopiert werden, in der Kopie sind alle Zeilen mit Zeilennummern zu versehen. C-Text 1.24 zeigt ein entsprechendes Programm.

C-Text 1.24: *EA-Beispiel 3* ./Bsp1/io/io3.c

```
#include<stdio.h>
#include<string.h>

int main(int argc, char* argv[]) {
  FILE *ein, *aus;
  char EIN[20], AUS[20];
  char Line[1000];
  int lineNr = 0, n=80;

  if (argc==1) strcpy(EIN, "EIN"); else strcpy(EIN, argv[1]);
  if (argc<=2) strcpy(AUS, "AUS"); else strcpy(AUS, argv[2]);

  ein = fopen(EIN, "r");  aus = fopen(AUS, "w");
  fgets(Line, n, ein);
  while (!feof(ein)) {
    lineNr++;
    fprintf(aus, "%4d  ",lineNr); fputs(Line, aus);
    fgets(Line, n, ein);
  }
  fclose(ein); fclose(aus);
  return 0;
}
```

Direkter Zugriff in Textdateien

Textdateien werden in der Regel sequentiell verarbeitet, es gibt aber in `stdio` auch Funktionen, die einen direkten Zugriff (random access) ermöglichen:

⊗ `int fgetpos(FILE *f, fpos_t *pos);`
Die aktuelle Position für `f` *wird an* `*pos` *übergeben*

⊗ `int fsetpos(FILE* f, const fpos_t *pos);`
Die Datei wird auf `*pos` *positioniert*

⊗ `void rewind(FILE* f);`
Die aktuelle Position wird auf den Dateianfang gestellt

Der Typ `fpos_t` und die Konstante `SEEK_SET` sind in `stdio` definiert. Darüber hinaus können auch die beiden Funktionen `fseek` und `ftell` zum Positionieren verwendet werden, die im Abschnitt 1.9.6 behandelt sind.

Beispiel: Das in C-Text 1.25 dargestellte Programm liest zunächst zeilenweise eine Textdatei und legt dabei jeweils die zugehörigen Dateipositionen in einer Tabelle ab. Im zweiten Durchlauf wird die Tabelle **rückwärts** abgearbeitet: Es wird jeweils die abgelegte Zeilenposition gelesen, auf die zugehörige Position innerhalb der Datei positioniert, und dann wird die entsprechende Zeile in eine andere Datei kopiert:

C-Text 1.25: *EA-Beispiel 4* ./Bsp1/io/io4.c

```
#include <stdio.h>

fpos_t tab[1000];

int main() {
  FILE* ein;
  fpos_t pos;
  char zeile[200];
  int lineNr=0, i;

  ein = fopen("EIN", "r");

  while (!feof(ein)) {
    fgetpos(ein, &pos); tab[lineNr++] = pos;
    fscanf(ein, "%s", zeile);
  }

  for (i=lineNr-2; i>=0; i--) {
    pos = tab[i]; fsetpos(ein, &pos);
    fscanf(ein, "%s", zeile);
    puts(zeile);
  }

  fclose(ein);

  return 0;
}
```

1.9.5 Datenformatierung

Alle Anweisungen zur formatierten Eingabe und Ausgabe enthalten als wesentliche Parameter Zeichenketten, die *Formatstrings*, z.B.:

```
o int printf (const char* format, ...);
o int scanf  (const char* format, ...};
```

Die *Formatstrings* können *Konvertierungssequenzen* enthalten, mit denen die Form der gelesenen bzw. geschriebenen Daten genau spezifiziert wird. Die *Konvertierungssequenzen* im *Formatstring* werden jeweils mit dem Zeichen % eingeleitet.

Konvertierungssequenzen für Ausgaben

Die Konvertierungssequenzen für Ausgaben im Formatstring haben folgende allgemeine Form:

- % $Flags_{opt}$ $Feldbreite_{opt}$ $Genauigkeit_{opt}$ *Konvertierungsangabe*

▷ *Flags (Steuerzeichen)*:

Eines der fünf Zeichen „– + *Leerzeichen* # **0**“ mit folgenden Bedeutungen:

– bedeutet, daß die Ausgabe linksbündig erfolgt (default: rechtsbündig);

\+ bedeutet, daß bei der Ausgabe von Zahlen auch das positive Vorzeichen stets mit angegeben wird (default: es entfällt);

Leerzeichen bedeutet, daß bei der Ausgabe von Zahlen anstelle des positiven Vorzeichens ein Leerzeichen ausgegeben wird;

\# bedeutet „alternative Form“ der Ausgabe, auf die hier nicht eingegangen wird

0 bedeutet, daß bei der Ausgabe von Zahlen das Ausgabefeld ggf. mit *Nullen* (0) aufgefüllt wird.

▷ *Feldbreite*:

Eine ganze Zahl, die die Breite des Ausgabefeldes angibt. Wenn die Breite zu groß ist, wird mit *Leerzeichen* aufgefüllt, wenn sie zu klein ist, wird sie überschritten.

▷ *Genauigkeit*:

Ein Punkt (.), gefolgt von einer Zahl, die bei Gleitkommazahlen die Anzahl der Nachkommastellen (bei Verwendung der Konvertierungszeichen **f**, **e** und **E**) angibt bzw. der signifikanten Stellen (bei Verwendung der Konvertierungszeichen **g** und **G**) bzw. der Mindeststellenzahl (bei Verwendung der Konvertierungszeichen **d**, **i**, **o**, **u**,

x und **X**). Im letzten Falle – d.h. bei der Ausgabe ganzer Zahlen – wird die Differenz zwischen Mindeststellenzahl und realer Stellenzahl ggf. durch Nullen (`0`) aufgefüllt.

▷ *Konvertierungsangabe*:

Die Konvertierungsangabe besteht aus einem der folgenden *Konvertierungsspezifizierer (conversion specifier)*,

```
d i o x X u f e E g G c s p n %
```

dem ggf. noch eines der drei Zeichen `h l L` vorangestellt werden kann. Die folgende Tabelle 1.5 stellt die entsprechenden Zeichen und Zeichenkombinationen jeweils mit einer kurzen Beschreibung zusammen.

Konvertierungssequenzen für Eingaben

Die Konvertierungssequenzen für Eingaben im Formatstring haben folgende allgemeine Form:

- % *Stern*$_{opt}$ *Feldbreite*$_{opt}$ *Konvertierungsangabe*

▷ *Stern*:

Mit dem Zeichen * (*Stern*) wird die Zuweisung des entsprechenden Wertes an die zugehörige Variable unterdrückt.

▷ *Feldbreite*:

Eine ganze Zahl, die die maximale Breite des Eingabefeldes angibt.

▷ *Konvertierungsangabe*:

Die Konvertierungsangabe besteht aus einem der folgenden *Konvertierungsspezifizierer (conversion specifier)*,

```
d i o x u f e g c s [...] [^...] p n %
```

dem ggf. noch eines der drei Zeichen `h l L` vorangestellt werden kann. Die folgende Tabelle 1.6 stellt die entsprechenden Zeichen und Zeichenkombinationen jeweils mit einer kurzen Beschreibung zusammen.

Die Konvertierungsangabe [...] bedeutet folgendes:

> Die Punkte stehen für eine Zeichenliste (scanlist), und es wird eine Folge aus zusammenhängenden Zeichen aus der Eingabe eingelesen, die in der

Tabelle 1.5: Konvertierungszeichen für die formatierte Ausgabe

Ausgaben mit `printf`, `fprintf`, `sprintf`, `vprintf`, `vfprintf`, `vsprintf`		
Zeichen	Typ des Ausgabewertes	Form der Ausgabe
Integer		
`d, i`	**signed int**	dezimal, d.h. Zahl zur Basis 10
`o, u`	**unsigned int**	oktal bzw. dezimal
`x, X`	**unsigned int**	hexadez. mit `0..9a..f` bzw. `0..9A..F`
Short Integer		
`hd, hi`	**signed short int**	
`ho, hu`	**unsigned short int**	wie bei **Integer**
`hx, hX`	**unsigned short int**	
Long Integer		
`ld, li`	**signed long int**	
`lo, lu`	**unsigned long int**	wie bei **Integer**
`lx, lX`	**unsigned long int**	
float-Werte		
`f`	**float**	[−]*ddd.ddd*
`e, E`	**float**	[−]*d.ddd*e±*dd* bzw. [−]*d.ddd***E**±*dd*
`g, G`	**float**	je nach Größe im e- oder f-Format
double-Werte		
`lf`	**double**	
`le, lE`	**double**	wie bei **float-Werten**
`lg, lG`	**double**	
long double-Werte		
`Lf`	**long double**	
`Le, LE`	**long double**	wie bei **float-Werten**
`Lg, LG`	**long double**	
Zeichen und Strings		
`c`	**int, char**	als Zeichen (unsigned char)
`s`	**char***	als String
Sonstiges		
`p`	**void***	als Zeiger
`n`	**int***	Zeiger auf
`hn`	**short int***	Anzahl der bisher
`ln`	**long int***	ausgegebenen Zeichen
`%`	<*nichts*>	das Zeichen `%` wird ausgegeben

Tabelle 1.6: Konvertierungszeichen für die formatierte Eingabe

Eingaben mit `scanf`, `fscanf`, `sscanf`		
Zeichen	Typ des Eingabewertes	Form der Eingabe
Integer		
`d`	**signed int***	dezimal, d.h. Zahl zur Basis 10
`i`	**signed int***	dezimal, oktal oder hexadezimal
`o`	**signed int***	oktal
`u`	**unsigned int***	dezimal, vorzeichenlos
`x`	**signed int***	hexadezimal
Short Integer		
`hd`	**signed short int***	
`hi`	**signed short int***	
`ho`	**signed short int***	wie bei **Integer**
`hu`	**unsigned short int***	
`hx`	**signed short int***	
Long Integer		
`ld`	**signed long int***	
`li`	**signed long int***	
`lo`	**signed long int***	wie bei **Integer**
`lu`	**unsigned long int***	
`lx`	**signed long int***	
float-, double- und long double-Werte		
`e, f, g`	**float***	
`le, lf, lg`	**double***	gültiges Gleitkommaformat
`Le, Lf, Lg`	**long double***	
Zeichen und Strings		
`c`	**char***	als Zeichen oder Zeichenfolge (ohne Abschluß mit `'\0'`)
`s`	**char***	als String (`'\0'` wird als Abschlußzeichen angefügt)
`[...]`	**char***	als String, siehe Text
`[^...]`	**char***	als String, siehe Text
Sonstiges		
`p`	**void***	als Zeiger
`n`	**int***	Zeiger auf
`hn`	**short int***	Anzahl der bisher
`ln`	**long int***	ausgegebenen Zeichen
`%`	<*nichts*>	das Zeichen `%` wird überlesen

> Zeichenliste aufgeführt sind. Der String wird beendet, sobald ein Zeichen ansteht, das nicht in der Zeichenliste steht. Die eingelesene Zeichenfolge ist ein String, d.h. es wird das Zeichen `'\0'` angefügt.

Entsprechend bedeutet die Konvertierungsangabe [^...]:

> Es wird eine Folge aus zusammenhängenden Zeichen eingelesen, die **nicht** in der Zeichenliste zwischen den eckigen Klammern aufgeführt sind. Der String wird also beendet, sobald ein Zeichen ansteht, das **nicht** in der Zeichenliste steht. Die eingelesene Zeichenfolge ist ebenfalls ein String, d.h. sie wird mit `'\0'` abgeschlossen.

1.9.6 Dateien mit Blockstruktur

Die bisher vorgestellten Funktionen werden im wesentlichen zur Ein- und Ausgabe von Daten verwendet, die wie Texte strukturiert sind, darüber hinaus gibt es die hier vorgestellten Funktionen, die die Ein- und Ausgabe in Form von Blöcken (Sätzen, Records) fester Größe abwickeln und die einen direkten Zugriff auf einzelne Sätze innerhalb der Datei unterstützen:

- ⊗ `size_t fread(void* ptr, size_t size, size_t n, FILE* f);`
  Maximal `n` *Datensätze der Größe* `size` *aus der Datei* `f` *in das Array* `ptr` *lesen, die Anzahl der aktuell gelesenen Sätze zurückgeben*
- ⊗ `size_t fwrite(const void* ptr, size_t size, size_t n, FILE* f);`
  `n` *Datensätze der Größe* `size` *aus dem Array* `ptr` *in die Datei* `f` *schreiben*
- ⊗ `int fseek(FILE* f, long int offset, int whence);`
  Der Parameter `whence` *erhält bei Textdateien den Wert* `SEEK_SET`*;* `offset` *wird auf einen von der Funktion* `ftell` *gelieferten Wert gesetzt*
- ⊗ `long int ftell(FILE* f);`
  Liefert die aktuelle Position für `f`
- ⊗ Zum Öffnen und Schließen entsprechender Dateien werden die im Abschnitt 1.9.4 beschriebenen Funktionen `fopen` und `fclose` verwendet
- ⊗ Darüber hinaus können auch die im Abschnitt 1.9.4 vorgestellten Funktionen `fgetpos` und `fsetpos` zum Positionieren verwendet werden.

Das folgende Beispiel demonstriert das Arbeiten mit Direktzugriffsdateien. Der C-Text 1.26 definiert als Headerdatei die Benutzerschnittstelle eines Moduls *rndfile*, das vier Funktionen zum Zugriff auf eine Datei bereitstellt, die Datensätze vom Typ `Block` verwaltet. Mit `Create` und `Dispose` wird eine entsprechende Datei geöffnet bzw. geschlossen, die `count` Datensätze vom Typ `Block` verwalten kann. Mit `Load` und `Store` erfolgt der lesende bzw. schreibende Zugriff auf den Datensatz mit der angegebenen Nummer.

Der C-Text 1.27 zeigt die Implementierung der vier Funktionen, und der C-Text 1.28 beschreibt eine kleine Test- und Demo-Anwendung: Zunächst werden `N` Datensätze mit Zufallszahlen in der Datei abgelegt, dann werden die Datensätze ohne Verwendung eines entsprechenden Arrays, d.h. ohne Verwendung des Arbeitsspeichers, nach der ersten Komponente (`B.x`) sortiert und ausgegeben.

C-Text 1.26: *Datei-Direktzugriff, H-Datei* ./Bsp1/io/rndfile.h

```
#ifndef _rndfile_h
#define _rndFile_h

typedef struct {
  double x, y, z;
} Block;

FILE* Create  (char* fname, Block B, int count);
void  Store   (FILE* f, Block B, int Nr);
Block Load    (FILE* f, int Nr);
void  Dispose (FILE* f);

#endif
```

C-Text 1.27: *Datei-Direktzugriff, C-Datei* ./Bsp1/io/rndfile.c

```
#include <stdio.h>
#include "rndfile.h"

FILE* Create(char* fname, Block B, int count) {
  int i;
  FILE* f = fopen(fname, "w+");
  for (i=0; i<count; i++)
    fwrite(&B, sizeof(Block), 1, f);
  return f;
}

void Store(FILE* f, Block B, int Nr) {
  int pos = Nr * sizeof(Block);
  fseek(f, pos, SEEK_SET);
  fwrite(&B, sizeof(Block), 1, f);
}

Block Load(FILE* f, int Nr) {
  Block B;
  int pos = Nr * sizeof(Block);
  fseek(f, pos, SEEK_SET);
  fread(&B, sizeof(Block), 1, f);
  return B;
}

void Dispose(FILE* f) { fclose(f); }
```

C-Text 1.28: *Datei-Direktzugriff, Demo* ./Bsp1/io/rnddemo.c

```
#include <stdio.h>
#include <stdlib.h>
#include <limits.h>
#include "rndfile.h"

const int N = 10;

Block B = {0.0, 0.0, 0.0};

double RND(void) { return ((double)rand())/((double)RAND_MAX); }

void  Sort    (FILE* f, long count);

int main() {
  int i;
  FILE* X;

  X = Create("X", B, N);

  for (i=0; i<N; i++) {
    B.x = RND(); B.y = RND(); B.z = RND();
    Store(X, B, i);
  }

  Sort(X, N);

  for (i=0; i<N; i++) {
    B = Load(X, i);
    printf("%5.3lf %5.3lf %5.3lf\n", B.x, B.y, B.z);
  }

  Dispose(X);

  return 0;
}

void Sort(FILE* f, long count) {
  Block B1, B2;
  long i, j;
  for (i=1; i<=count-1; i++) {
    for (j=count-1; j>=i; j--) {
      B1 = Load(f, j-1); B2 = Load(f, j);
      if (B1.x > B2.x) {
        Store(f, B1, j); Store(f, B2, j-1);
} } } }
```

1.9.7 Strings als Medium für formatierte Ein- und Ausgabe

Die Funktionen `sscanf` und `sprintf` benutzen als Eingabe- bzw. Ausgabemedium einen String anstelle Tastatur, Bildschirm oder Datei, ansonsten haben sie die gleiche Funktionalität wie ihre Namensbrüder und eignen sich gut z.B. zur Konvertierung von Zahlen in Strings und umgekehrt, wie es das folgende Beispiel demonstriert:

```
#include <stdio.h>

int main() {
  int a, i;
  float x;
  char s[80];

  for (i=0; i<=3; i++) {
    sprintf(s, "%d %f", i, (float)(i*i));
    printf("String: %s;    ", s);
    sscanf(s,"%d %f", &a, &x);
    printf("Zahlen: %d %f\n", a, x);
  }

  return 0;
}
```

Das Programm erzeugt folgende Ausgabe:

```
String: 0 0.000000;   Zahlen: 0 0.000000
String: 1 1.000000;   Zahlen: 1 1.000000
String: 2 4.000000;   Zahlen: 2 4.000000
String: 3 9.000000;   Zahlen: 3 9.000000
```

Insgesamt gibt es drei Funktionen für die Verwendung von Strings als Eingabe- und Ausgabemedium, neben den beiden genannten dient `vsprintf` als Alternative zu `sprintf` zum Arbeiten mit variabler Parameterliste:

⊗ `int sscanf(const char* s, const char* format, arg1, arg2, ...);`
Formatiertes Lesen aus dem String `s`*, liefert* `EOF`*, wenn* `s` *zuwenig Eingabefelder enthält, sonst wird die Anzahl der gelesenen Felder zurückgegeben*

⊗ `int sprintf(char* s, const char* format, arg1, arg2,...);`
Formatiertes Schreiben in den String `s`*, liefert die Anzahl der ausgegebenen Zeichen*

⊗ `int vsprintf(char* s, const char* format, va_list arg);`
Formatiertes Schreiben in den String s, die Argumente stehen nicht direkt in der Parameterliste, sondern sind über den Zeiger `arg` *verfügbar, siehe dazu Abschn. 1.7.3 und 2.11*

1.9.8 Fehlerbehandlung

Für jede geöffnete Datei existiert ein Datei-Deskriptor, der unter anderem auch jeweils ein *Dateiende-Flag (end of file flag)* und ein *Fehler-Flag (error flag)* enthält, z.B. in der Form

```
typedef struct {
  . . .
  unsigned int flags;  /* enthaelt Dateiende- und Fehler-Flag */
  . . .
} FILE;
```

Das Dateiende-Flag wird z.B. gesetzt, wenn beim Lesen einer Datei das Dateiende erreicht wird, das Fehlerflag wird beim Auftreten bestimmter Fehler gesetzt. Die beiden Flags können mit der Funktion `feof` bzw. `ferror` abgefragt, mit der Funktion `clearerr` können die Flags zurückgesetzt (gelöscht), und mit der Funktion `perror` kann eine Fehlermeldung erzeugt werden:

⊗ `int feof(FILE* f);`
Liefert einen Wert ungleich Null, wenn bei einer Leseoperation in `f` *das Ende der Datei erreicht ist*

⊗ `int ferror(FILE* f);`
Liefert einen Wert ungleich Null, wenn in (mit) `f` *ein Fehler aufgetreten ist*

⊗ `void clearerr(FILE* f);`
Löscht das Dateiende- und das Fehlerflag von `f`

⊗ `void perror(const char* s);`
Schreibt den String `s` *und eine Systemfehlermeldung auf* `stderr` *(default: Bildschirm). Die Fehlermeldung wird von der Variablen* `errno` *aus der Bibliotheksdatei* `<errno.h>` *abgeleitet*

Das folgende Beispiel demonstriert die Anwendung von `perror`:

```
#include <stdio.h>
int main() {
  FILE* f;
  f = fopen("XYZ", "r");
  if (!f) perror("XYZ kann nicht geoeffnet werden!\n");
  return 0;
}
```

Die Ausgabe des Programms bei nicht gefundener Datei `XYZ` lautet dann z.B.:

```
XYZ kann nicht geoeffnet werden!
:No such file or directory
```

1.9.9 Weitere Funktionen

Operationen auf Dateien im aktuellen Verzeichnis

Die folgenden vier Funktionen dienen dazu, Dateien aus dem Verzeichnis zu entfernen, Dateinamen im Verzeichnis zu ändern, temporäre Dateien zu generieren und Namen für temporäre Dateien zu generieren:

⊗ `int remove(const char* filename);`
Entfernt die Datei filename aus dem aktuellen Verzeichnis

⊗ `int rename(const char* old, const char* new);`
Ersetzt den Dateinamen `old` *durch* `new` *im aktuellen Verzeichnis*

⊗ `FILE* tmpfile(void);`
Kreiert eine temporäre Datei im `wb+`*-Modus, sie wird automatisch wieder entfernt bei Programmende und beim Schließen der Datei*

⊗ `char* tmpnam(char* s);`
Generiert einen im aktuellen Verzeichnis noch nicht existierenden Dateinamen

Operationen zur Beeinflussung von Dateipuffern

Ein- und Ausgabeoperationen sind per Voreinstellung gepuffert, für die Größe der entsprechenden Puffer gibt es voreingestellte Werte, die per Programm geändert werden können. Mit der Funktion `setbuf` kann explizit ein Puffer selbstdefinierter Größe bereitgestellt werden.

Bei Dialoganwendungen, z.B. über die Standardeingabe und -ausgabe, wird ein gemeinsamer Puffer verwendet, und in manchen Fällen bei abwechselnder Eingabe und Ausgabe ist es erforderlich, zwischendurch den Puffer zu leeren; für solche Fälle ist die Funktion `fflush` vorgesehen.

Mit der Funktion `setvbuf` kann auch die Art der Pufferung (*Zeilenpufferung*, *volle Pufferung* oder *keine Pufferung*) festgelegt werden. Ungepufferte Operationen werden benötigt, wenn eingegebene Werte sofort interpretiert werden sollen. Die Pufferung kann auch mit der Funktion `setbuf` ausgeschaltet werden, z.B. mit `setbuf(stdin, NULL);`, die gleiche Wirkung wird mit dem Aufruf `... = setvbuf(stdin, NULL, _IONBUF, 0)` erzielt.

⊗ `int fflush(FILE* f);`
Bei einer vorangehenden Ausgabeoperation werden evtl. gepufferte Daten geschrieben, sonst ist die Wirkung undefiniert. Bei Angabe eines `NULL`*-Zeigers werden alle Ausgabepuffer geleert*

⊗ `void setbuf(FILE* f, char* buf);`
Stellt explizit das Array `buf` *der Größe* `BUFSIZE` *als Puffer für die Datei* `f` *zur Verfügung, die Angabe eines* `NULL`*-Zeigers für* `buf` *bewirkt die Abschaltung der Pufferung*

⊗ `int setvbuf(FILE* stream, char* buf, int mode, size_t size);`
Stellt explizit das Array `buf` *der Größe* `size` *als Puffer für die Datei* `f` *zur Verfügung. Der Parameter* `mode` *steuert die Art der Pufferung:* `_IOLBF` *bedeutet „Zeilenpufferung“,* `_IOFBF` *bedeutet „volle Pufferung“, und* `_IONBF` *bedeutet „keine Pufferung“. Bei fehlerfreier Ausführung liefert die Funktion den Wert* `0` *zurück*

1.9.10 Clean-C/Better-C: Restriktionen/Erweiterungen

Clean-C-Einschränkungen gegenüber ANSI/ISO-C

Es gibt keine Einschränkungen.

Better-C-Erweiterungen gegenüber ANSI/ISO-C

Es ist möglich, anstelle des ANSI/ISO-C-Moduls `stdio` für die Eingabe und Ausgabe von Daten die entsprechenden Module der C++-Standardbibliothek – ausführliche Beschreibung in Abschnitt 11.4 – zu verwenden.

1.10 Programmstruktur und Speicherklassen

1.10.1 Dateien, Geltungsbereiche, Lebensdauer

C-Programme bestehen aus einer Datei oder aus mehreren Dateien, die Dateien können logisch als Programm-Module angesehen werden, Abschn. 1.10.5 führt in die entsprechenden Grundlagen ein. Bezeichner für Variable, selbstdefinierte Typen, Funktionen und Marken können im gesamten Programm über die Grenzen von Dateien hinweg *sichtbar*, d.h. zugreifbar sein oder auch nur in einem Teilbereich; die Regeln dafür werden im Abschn. 1.10.2 vorgestellt. Variablenwerte – also Objekte eines definierten Datentyps (vordefiniert oder selbstdefiniert) im Speicher – gelten entweder während der ganzen Programmlaufzeit oder nur zur Laufzeit einer zugehörigen Funktion, die Regeln dafür werden im Abschn. 1.10.3 präsentiert.

1.10.2 Geltungsbereich von Bezeichnern

Grob gesehen gibt es externe, d.h. außerhalb von Funktionen vereinbarte Bezeichner mit einem globalen Geltungsbereich und interne, d.h. innerhalb von Funktionen vereinbarte Bezeichner mit einem lokalen Geltungsbereich. Im Detail ist das leider etwas komplizierter.

Externe (globale) Vereinbarungen

Externe (globale) Vereinbarungen sind solche, die außerhalb von Funktionen getroffen werden (auch `main` ist eine Funktion !). Sie gelten von der Stelle der Vereinbarung bis zum Ende der Datei. Externe Variablen entsprechen also grob gesehen den globalen Variablen in *Pascal*, *Modula-2* und *Oberon*. In diesem Zusammenhang wird das Attribut `extern` noch gar nicht benötigt. Im folgenden Fall a) (links) sind die Variablen `a`, `b` und `c` externe Variable, die sowohl in `main` als auch in `f(...)` gelten:

Fall a)

```
#. . . . . .
int a, b, c;
void f(...);
int main() {
  . . . . . .
}

void f(...) {
  . . . . . .
}
```

Fall b)

```
#. . . . .
extern int a, b, c;
void f(...);
int main() {
  . . . . .
}
int a, b, c;
void f(...) {
  . . . . .
}
```

Mit dem reservierten Wort `extern` kann man den Gültigkeitsbereich solcher Variablen erweitern, wie im Fall b) (rechts) gezeigt. Das ist auch über Dateigrenzen hinaus möglich, die entsprechenden Details werden im Abschnitt 1.10.5 behandelt.

In beiden Fällen sind a, b und c externe Variable und gelten in der ganzen Datei, d.h. sie sind global zu den Funktionen `main()` (Hauptprogramm) und `f()`. Im Falle a) sind sie am Anfang der Datei vereinbart, im Falle b) erst vor der Funktion f. Hier wird mit `extern ...` der Gültigkeitsbereich nach vorne verschoben. Mit `extern` läßt sich der Gültigkeitsbereich auch auf andere Dateien ausdehnen.

Die erste Vereinbarung der Variablen mit dem Attribut `extern` ist formal eine **Deklaration**, hier wird kein Speicherplatz reserviert! Die **Definition** der Variablen – und damit die Reservierung von Speicherplatz – erfolgt mit der zweiten Vereinbarung. Die Vereinbarung mit `extern` enthält also den Hinweis *„Definition erfolgt an anderer Stelle“*.

Interne (lokale) Vereinbarungen

Interne (lokale) Vereinbarungen sind – im Gegensatz dazu – solche, deren Geltungsbereich eine Funktion oder einen Block innerhalb einer Funktion überstreicht. Dabei ist ein Block ein Programmteil, durch geschweifte Klammern markiert, der Variablenvereinbarungen und Anweisungen enthalten kann. Im folgenden Beispiel ist `float x` lokal zur Funktion `f(...)` vereinbart und damit in der ganzen Funktion sichtbar, und die Laufvariable `int i` ist lokal zu einem inneren Block vereinbart und nur dort sichtbar.

```
void f(...) {
  float x;
  . . .
  { int i;
    for (i = 0; i < 100; i++) {
      . . .
    }
    . . .
  }
  . . .
}
```

Die Eigenschaft *intern* ergibt sich also auch hier nicht über ein Schlüsselwort, sondern aus der Position der Vereinbarung innerhalb einer Funktion bzw. eines Blocks.

Interne und externe Bindung

Ein externer Bezeichner hat per Voreinstellung *externe Bindung*, durch Hinzufügen des Attributs `static` erhält er *interne Bindung*:

```
. . .
int x;              /* externe Bindung */
static int y;       /* interne Bindung */
. . .
```

Das bedeutet konkret, daß auf das Objekt `y` nur innerhalb der Übersetzungseinheit (Datei) zugegriffen werden kann, auf das Objekt `x` ggf. auch außerhalb. In derselben Datei können weitere Vereinbarungen der beiden Bezeichner stehen, der Bezeichner `x` kann auch zusätzlich in einer anderen Datei vereinbart werden:

Datei A:

```
. . .
extern int x, y;
. . .
int x;
static int y;
. . .
```

Datei B:

```
. . .
extern int x, y;
. . .
```

Der Bezeichner `x` bezeichnet dateiübergreifend das in der Datei A definierte Objekt, der Bezeichner `x` hat also eine *externe Bindung*! Der Bezeichner `y` dagegen bezeichnet nur innerhalb der Datei A das Objekt `y`, der Bezeichner `y` hat also eine *interne Bindung*, d.h. es ist nicht möglich, durch zusätzliche Vereinbarungen gleichen Namens in anderen Dateien darauf Bezug zu nehmen. Entsprechendes gilt für Funktionen:

Datei A:

```
. . .
extern void f1(void);
extern void f2(void);
. . .
void f1(void) { . . . }
static void f2(void) { . . . }
. . .
```

Datei B:

```
. . .
extern void f1(void);
. . .
```

Im Falle der Variablen ist das Attribut `extern` erforderlich, um deutlich zu machen, daß eine Deklaration (Prototyp) vorliegt und keine Definition. Im Falle der Funktionen ist das Attribut `extern` redundant, weil Deklaration und Definition auch ohne das Attribut unterscheidbar sind, d.h. die folgende Darstellung ist mit der vorigen inhaltlich identisch:

Datei A:

```
. . .
void f1(void);
void f2(void);
. . .
void f1(void) { . . . }
static void f2(void) { . . . }
. . .
```

Datei B:

```
. . .
void f1(void);
. . .
```

1.10.3 Lebensdauer von Variablenwerten

Grob gesehen sind *intern vereinbarte Variable* **automatische Variable**, die ihren Wert bei Beendigung der zugehörigen Funktion verlieren, und *extern vereinbarte Variable* **statische Variable**, deren Werte erst bei Programmende verlorengehen, aber auch hier sind einige zusätzliche Details zu beachten.

Automatische Variable

Innerhalb von Funktionen vereinbarte Variable sind standardmäßig *automatische Variable* und verlieren ihren Wert, wenn die Funktion beendet wird. Sie können explizit durch das Schlüsselwort `auto` markiert werden, was aber überflüssig ist:

```
void f(...) {
  int a, b, c;
  auto int d, e, f;
  . . .
}
```

Die Variablen `a`, `b`, `c`, `d`, `e` und `f` sind gleichermaßen automatische Variable und gelten lokal innerhalb der Funktion. Die Verwendung des Attributs `auto` für externe Variable ist nicht möglich.

Statische Variable

Außerhalb von Funktionen vereinbarte Variable sind in jedem Falle *statische Variable* und verlieren ihren Wert erst bei Programmende. Das Schlüsselwort `static` ist in diesem Zusammenhang nicht anwendbar, es erzeugt eine *interne Bindung* (siehe oben), beeinflußt aber nicht die Lebensdauer!

Innerhalb von Funktionen vereinbarte Variable – die ja standardmäßig automatische Variable sind – können durch Voranstellen des Schlüsselworts `static` zu statischen Variablen gemacht werden, die ihren Wert dann also nicht beim Beenden ihrer Funktion verlieren, sondern sich wie externe (globale) Variable verhalten:

```
#include<stdio.h>

void f(void) {
  static int n=0;
  printf("%d ", n);
  n += 2;
}

int main() {
  int i;
  for (i=0; i<10; i++) f();
  return 0;
}
```

Weiterhin ist festzuhalten, daß statische Variable in Funktionen nur beim ersten Funktionsaufruf initialisiert werden. Das kleine Programm gibt die Werte `0 2 4 ... 18` aus, beim Weglassen des Attributs `static` wäre die Ausgabe `0 0 0 ... 0`.

Die Verwendung interner statischer Variabler ist nur in Ausnahmefällen stilistisch sinnvoll, die bessere Alternative ist im allgemeinen die externe Variable.

Register-Variable

Register-Variable sind automatische Variable, die zusätzlich den Hinweis an den Compiler beinhalten, zu versuchen, die entsprechenden Variablen bei der Abbildung auf den Speicher in den Registerbereich der CPU zu legen, um damit evtl. einen Laufzeitgewinn zu erzielen. Das kann im Bereich der hardwarenahen Systemprogrammierung sinnvoll sein, ansonsten sollte in der Regel auf Register-Variable verzichtet werden, weil damit die dem Compiler eingebaute Optimierungsstrategie behindert und somit evtl. das Gegenteil erreicht wird!

Die folgende Zusammenfassung sowie die zugehörigen Erläuterungen geben eine Übersicht über den Themenbereich *Gültigkeitsbereich, Lebensdauer und Bindung von Objekten in ANSI-C*.

1.10.4 Zusammenfassung und Ergänzungen

Lebensdauer, Geltungsbereich und Bindung bei Variablen

Bei der Verwendung von Bezeichnern für Variable spielen drei Eigenschaften, die eng miteinander verbunden sind, eine wichtige Rolle:

- Die **Lebensdauer** (kurz: Dauer, engl. **duration**), kann **fest (statisch)** oder **automatisch** sein. „Fest" bedeutet, daß das entsprechende Objekt so lange existiert, wie das Programm läuft; „automatisch" bedeutet, daß das Objekt so lange existiert, wie die zugehörige Funktion aktiv ist.
- Der **Geltungsbereich** (kurz: Bereich, engl. **scope**), auch Sichtbarkeitsbereich genannt, bezeichnet den Bereich, in dem auf das entsprechende Objekt lesend und schreibend zugegriffen werden kann. Etwas vergröbert gesehen kann zwischen **globalen** Variablen außerhalb von Funktionen und **lokalen** Variablen innerhalb von Funktionen und Blöcken unterschieden werden.
- Die **Bindung** (engl.: **linkage**) kann durch **intern**, **extern** oder **keine** bezeichnet werden, sie gibt z.B. an, ob ein Bezeichner nur innerhalb einer Datei oder dateiübergreifend auf ein definiertes Objekt zugreifen kann.

Wenn man versucht, alle Details exakt darzustellen, dann wird dieses Themengebiet recht unübersichtlich, weil verschiedene Begriffe und Attribute kontextabhängig verwendet werden und weil es genau gesehen vier verschiedene Geltungsbereiche gibt: *Datei*, *Funktion*, *Block* und *Funktionsprototyp*. Eine guten Überblick über die wesentlichen Zusammenhänge gibt die Tabelle 1.7.

Während Bezeichner außerhalb von Funktionen intern oder extern gebunden sind, gilt für Bezeichner innerhalb von Funktionen ohne das Attribut `extern` die Bindungsart „*keine Bindung*"; es existiert für den entsprechenden Bezeichner jeweils nur eine Vereinbarung. Im folgenden soll noch einmal besonders die Wirkung der Attribute `static` und `extern` hervorgehoben werden:

- Außerhalb einer Funktion bewirkt `static` die interne statt der externen Bindung, d.h. die Beschränkung der Zugreifbarkeit auf die eigene Datei. Innerhalb einer Funktion bewirkt `static` die feste statt der automatischen Lebensdauer.
- Das Attribut `extern` beeinflußt nur die Bindung eines Bezeichners, d.h. es hat weder außerhalb noch innerhalb der Funktion Einfluß auf Geltungsbereich und Lebensdauer! Das Attribut `extern` gibt an, daß das zugehörige Speicherobjekt an anderer Stelle definiert ist. Der mit `extern` deklarierte Bezeichner erhält eine externe Bindung, wenn in derselben Datei keine Vereinbarung mit gleichem Namen steht. Wenn eine entsprechende zweite Vereinbarung vorhanden ist, dann erhält der Bezeichner dessen Bindung. Besonders bemerkenswert ist, daß auch eine lokale Variable (d.h. eine Variable, die innerhalb einer Funktion vereinbart ist) eine externe Bindung erhalten kann.

Tabelle 1.7: Geltungsbereich, Lebensdauer und Bindung bei Variablen

global steht für *Geltungsbereich* Datei **lokal** steht für *Geltungsbereich* Block		
	Variable deklariert außerhalb einer Funktion	innerhalb einer Funktion
kein zus. Spezifizierer	*Bereich:* **global** *Dauer:* **fest** *Bindung:* **extern**	*Bereich:* **lokal** *Dauer:* **automatisch** *Bindung:* **keine**
`auto` *oder* `register`	nicht möglich	*Bereich:* **lokal** *Dauer:* **automatisch** *Bindung:* **keine**
`static`	*Bereich:* **global** *Dauer:* **fest** *Bindung:* **intern**	*Bereich:* **lokal** *Dauer:* **fest** *Bindung:* **keine**
`extern`	*Bereich:* **global** *Dauer:* **fest** *Bindung:* **intern/extern**	*Bereich:* **lokal** *Dauer:* **fest** *Bindung:* **intern/extern**
Wenn in derselben Datei keine Deklaration mit dem gleichen Namen vorhanden ist, dann ist die Bindung extern, sonst hat sie die gleiche Bindung wie die andere(n) Deklaration(en) gleichen Namens in der Datei.		

Lebensdauer und Geltungsbereich bei Funktionsparametern

Funktionsparameter verhalten sich wie lokale Variable, ihr Geltungsbereich umfaßt den Rumpf der Funktion, und beim Verlassen der Funktion ist deren Lebensdauer beendet.

Interne und externe Bindung bei Funktionen

Bei der Betrachtung von Funktionen werden die Zusammenhänge wesentlich einfacher, denn es gibt keine Funktionen innerhalb von Funktionen, und das Attribut *Lebensdauer (Dauer)* ist irrelevant. So ergibt sich dann die Tabelle 1.8. Im Unterschied zur Bindung bei den Variablen ist das Attribut `extern` ohne Einfluß, d.h. redundant: Bei den Variablen wird das Attribut ggf. benötigt, um die Deklaration von der Definition zu unterscheiden, bei den Funktionen ist die Unterscheidung schon von vornherein durch den fehlenden Funktionsrumpf bei der Deklaration (Prototyp) gegeben.

Tabelle 1.8: Interne und externe Bindung bei Funktionen

`auto` oder `register`	nicht möglich
`static`	*Bindung:* **intern**
`extern` *oder* *kein zus. Spezifizierer*	*Bindung:* **intern/extern**
Wenn in derselben Datei keine Deklaration mit dem gleichen Namen vorhanden ist, dann ist die Bindung extern, sonst hat sie die gleiche Bindung wie die andere(n) Deklaration(en) gleichen Namens in der Datei.	

Und noch ein paar Details

Implizite Initialisierung: Globale Variable und lokale Variable, die mit `static` spezifiziert sind, werden per Voreinstellung auf den Wert `0` initialisiert (Default-Initialisierung). Automatische Variable und Variable, die mit `register` spezifiziert sind, werden **nicht** per Voreinstellung initialisiert, d.h. ihre Werte sind dann undefiniert.

Explizite Initialisierung: Globale Variable und lokale Variable, die mit `static` spezifiziert sind, können mit **konstanten Ausdrücken** initialisiert werden. Die Zuordnung der Anfangswerte erfolgt einmal, und zwar vor der ersten ausführbaren Anweisung, d.h. die Wirkung ist eine andere als bei einer Vereinbarung mit anschließender Zuweisung, z.B.:

Initialisierung bei der Vereinbarung	$\not\equiv$	*Vereinbarung und anschließende Initialisierung*
`double y = 0.5 * 3.14158 * r;`		`double y;` `y = 0.5 * 3.14158 * r;`

Automatische Variable und Variable, die mit `register` spezifiziert sind, werden *bei jedem Durchlauf* neu initialisiert, und die Initialisierung kann mit **beliebigen Ausdrücken** erfolgen, die Initialisierung wirkt wie eine Definition von `y` ohne Initialisierung und eine anschließende Anweisung mit dem gleichen Ausdruck, z.B.:

Initialisierung bei der Vereinbarung $\equiv$ *Vereinbarung und anschließende Initialisierung*

```
double f(double r) {
  double y = 0.5 * 3.14158 * r;
  . . .
}
```

```
double f(double r) {
  double y;
  y = 0.5 * 3.14158 * r;
  . . .
}
```

Definitionen vom Typ ***tentative*****:** Die Deklaration einer Variablen ohne Initialisierung, z.B. der Form `int x;`, kann in einer Übersetzungseinheit auch mehrfach aufgeführt sein und wird *tentative definition (wörtlich: Versuchsdefinition)* genannt:

```
int a;          /* (1) tentative definition */
int b;          /* (2) tentative definition */
int c;          /* (3) tentative definition */
int a;          /* (4) tentative definition */
. . .
int a = 456;    /* (5) definition */
int c;          /* (6) tentative definition */
. . .
```

Die *tentative definition* `int a;` in Zeile (1) wirkt als Deklaration, die zugehörige Definition steht in Zeile (5), d.h. durch die Initialisierung wird die Deklaration eine Definition. Die *tentative definition* `int b;` in Zeile (2) wirkt als Definition, weil ansonsten keine Definition für `b` vorliegt. Die *tentative definition* `int c;` der Zeile (3) wirkt als Deklaration, die gleichlautende *tentative definition* in Zeile (6) wirkt als Definition, weil ansonsten keine Definition für `c` vorliegt.

Deklaration von Vektoren: Die Initialisierung von Variablen kann nur in Definitionen erfolgen, also an der Stelle, an der auch die Reservierung von Speicherplatz erfolgt. In Deklarationen und bei der Spezifikation von Funktonsparametern kann die Dimensionierung von Vektoren fehlen, z.B.

```
extern double x[];
. . .
void f(double x[]);
```

1.10.5 Module: Definitions- und Implementationsdateien

Bei größeren Programmen ist eine Aufteilung in Module, die jeweils in einer separaten Datei stehen können, sinnvoll. Als Voraussetzung dafür muß es möglich sein, in einer Datei gezielt Variable und Funktionen einer anderen Datei benutzen zu können. Das folgende Beispiel zeigt das Prinzip:

Datei 1: `xyz.c`

```
#include<stdio.h>
extern int a, b;
void f1();
void f2();
int main() {
  f1(); f2();
  printf("%d %d", a, b);
  return 0;
}
```

Datei 2: `f1f2.c`

```
int a, b;
void f1() {
  a = 12345;
}
void f2() {
  b = 67890;
}
```

In der rechten Datei 2 (`f1f2.c`) werden die beiden Variablen `a` und `b` sowie die beiden Funktionen `f1` und `f2` definiert, und in der linken Datei 1 (`xyz.c`) werden sie deklariert und benutzt. Die Deklarationen in der linken Datei bewirken, daß die beiden Variablen und die beiden Funktionen dort bekannt gemacht werden. Bei der Deklaration der beiden Variablen ist die Angabe von `extern` unbedingt erforderlich, um die Deklaration von der Definition zu unterscheiden, bei den beiden Funktionen ist das nicht erforderlich, weil dort die Unterscheidung von vornherein gegeben ist!

Zwischen den beiden Dateien `f1f2.c` und `xyz.c` besteht eine *benutzt-Beziehung*: `f1f2.c` (Server, Lieferant) wird von `xyz.c` (client, Kunde) benutzt. Die Integration verschiedener Dateien zu einem Programm erfolgt auf der Ebene des Betriebssystems durch eine Make- oder durch eine Projektdatei, siehe dazu Abschn. 1.10.5.

Eine Flexibilisierung solcher Beziehungen kann man durch die Verwendung sog. **Header-Dateien** (kurz: **H-Dateien**) erreichen. Die Namen von Header-Dateien erhalten das Suffix `h` oder `H`. Zur Unterscheidung nennt man die anderen Dateien häufig **Implementations-Dateien** oder **Quellcode-Dateien** oder **Quell-Dateien** (kurz: **C-Dateien**); sie erhalten das Suffix `c` oder `C`. Der folgende Programmtext zeigt die entsprechende Erweiterung des obigen Beispiels:

Datei 1: `xyz.c`

```
#include<stdio.h
#include"f1f2.h"
int main()
{
  f1(); f2();
  printf("\%d \%d", a, b);
  return 0
}
```

Datei 2: `f1f2.h`

```
extern int a, b;
void f1();
void f2();
```

Datei 3: `f1f2.c`

```
int a, b, c, d;
void f1() {
 a = 1234;
}
void f2() {
  b = 5678
}
void f3() {...}
```

Die wesentliche Erweiterung besteht darin, daß die Deklarationen aller von `f1f2.c` zu *exportierenden* Objekte in eine separate Header-Datei geschrieben werden, die nun durch Verwendung einer einzigen `include`-Anweisung von einer anderen Datei oder auch von mehreren anderen Dateien *importiert* werden kann. Die Verwendung der Hochkommas anstelle der spitzen Klammern bedeutet, daß eine selbstgeschriebene Datei aus dem eigenen Verzeichnis und nicht eine Bibliotheksdatei eingefügt wird.

Terminologie: Die beiden Dateien `f1f2.h` und `f1f2.c` sind zwei zusammengehörige Teile einer *logischen Einheit* `f1f2`. Als Name dafür verwendet man den Begriff **Programm-Modul** oder kurz **Modul**. Die Header-Datei wird auch als *Definitionsdatei* oder *Schnittstellendatei* bezeichnet, weil sie Definitionen des Moduls zum Export bereitstellt, sie definiert die Benutzerschnittstelle des Moduls; entsprechend heißt die Datei mit dem Suffix `C` dann auch *Implementationsdatei.* Häufig wird der Name *Modul* auch synonym zu *Datei* verwendet, und man spricht von *Definitionsmodul* oder *Schnittstellenmodul* und *Implementationsmodul*. Die Begriffe *Datei* und *Modul* gehören zu verschiedenen Abstraktionsebenen, vergleichbar wie z.B. *Byte* und

Zahl: *Datei* betrifft die physikalische, *Modul* dagegen die logische Ebene.

Beispiel: Stapelspeicher (Stack)

Als Beispiel zur Demonstration für das Arbeiten mit Modulen soll hier das Arbeiten mit einem Stapelspeicher (Stack) – einer wichtigen Struktur in der Informatik (und im täglichen Leben?) – behandelt werden. Bild 1.13 stellt zwei mögliche Realisierungen für die Datenstruktur eines Stapelspeichers dar, Version 1 und Version 2. Im folgenden soll zunächst als Version 1 eine einfache Realisierung mit Anwendung erläutert werden und danach eine flexiblere Version 2. Die Grundidee in beiden Fällen ist die Trennung des Stacks (Server) von seiner Benutzung (Client).

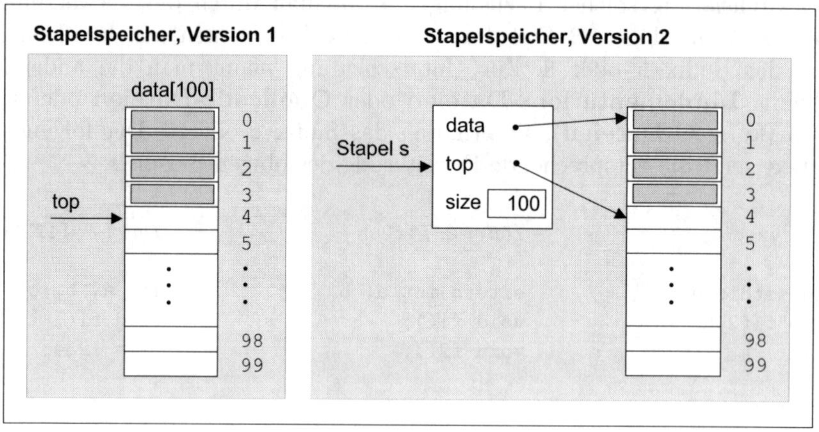

Bild 1.13: Zwei Realisierungsformen eines Stapelspeichers

Version 1 Das folgende Programm besteht aus drei Dateien, entsprechend den C-Texten 1.29, 1.30 und 1.31. Die erste `Stapel.h` ist die Header-Datei (das Definitionsmodul), das die Benutzerschnittstelle des Stapels definiert durch Deklaration der fünf Funktionen `Init`, `Push`, `Pop`, `isEmpty`, `isFull` und `Dispose`. Die zweite Datei `Stapel.c` (das Implementationsmodul) enthält die Definition der Funktionen und die dafür benötigten Datendefinitionen, die aber absichtlich nicht exportiert, sondern in der Implementierung verborgen werden (*Information Hiding*). Die dritte Datei `xyz.c` enthält die Anwendung.

C-Text 1.29: *Stapelspeicher, Version 1, H-Datei* ./Bsp1/Stapel/stapel1.h

```
void Init(void);
void Push(int x);
int  Pop(void);
```

```
int  isEmpty(void);
int  isFull(void);
```

C-Text 1.30: *Stapelspeicher, Version 1, C-Datei* ./Bsp1/Stapel/stapel1.c

```
int data[100];
int top;

void Init(void)    { top = 0; }
void Push(int x)   { data[top++] = x; }
int  Pop(void)     { return data[--top]; }
int  isEmpty(void) { return top == 0; }
int  isFull(void)  { return top == 100; }
```

C-Text 1.31: *Stapelspeicher, Version 1, Demo* ./Bsp1/Stapel/xyz1.c

```
#include<stdio.h>
#include"Stapel1.h"

int main() {
  int i;
  Init();
  for (i=0; i<10; i++) Push(i);
  while ( ! isEmpty() ) printf("%d ", Pop());
  return 0;
}
```

Version 2 Die vorgestellte Version 1 des Stapelspeichers ist starr und unflexibel. Die mit den C-Texten 1.32, 1.33 und 1.34 vorgestellte zweite Version hat demgegenüber zwei Vorteile:

- Der Benutzer kann in seiner Anwendung beliebig viele Exemplare des Stapelspeichers deklarieren und verwenden und
- er kann jeweils beim Initialisieren das Fassungsvermögen – d.h. die Größe des Stapelspeichers – spezifizieren.

Um diese beiden Ziele zu erreichen, muß der Speicher mit den beiden Funktionen `malloc` und `free` selbst verwaltet werden. Beim Initialisieren mit der Funktion `Init` gibt der Benutzer explizit die gewünschte Größe an; wenn er den Stapel nicht mehr benötigt, gibt er den reservierten Speicherplatz mit der Funktion `Dispose` explizit wieder frei (was in diesem kleinen Beispiel natürlich ohne Bedeutung ist, da das Programm dann ohnehin beendet ist). Das angegebene Programm zeigt die Details der Realisierung.

C-Text 1.32: *Stapelspeicher, Version 2, H-Datei* ./Bsp1/Stapel/stapel2.h

```
typedef struct {
  int* data;
  int top;
  int size;
} Header;
typedef Header* Stapel;

Stapel Init(int Size);
void Push(Stapel s, int x);
int  Pop(Stapel s);
int  isEmpty(Stapel s);
int  isFull(Stapel s);
void Dispose(Stapel s);
```

C-Text 1.33: *Stapelspeicher, Version 2, C-Datei* ./Bsp1/Stapel/stapel2.c

```
#include<stdlib.h>
#include"Stapel2.h"

Stapel Init(int Size) {
  Stapel s = (Stapel) malloc(sizeof(Header));
  s->data = (int*) malloc(Size*sizeof(int));
  s->size = Size; s->top = 0;
  return s;
}

void Push    (Stapel s, int x) { s->data[s->top++] = x;     }
int  Pop     (Stapel s)        { return s->data[--s->top]; }
int  isEmpty (Stapel s)        { return s->top == 0;        }
int  isFull  (Stapel s)        { return s->top == s->size; }
void Dispose (Stapel s)        { free(s->data); free(s);    }
```

C-Text 1.34: *Stapelspeicher, Version 2, Demo* ./Bsp1/Stapel/xyz2.c

```
#include<stdio.h>
#include"Stapel2.h"

int main() {
  Stapel s = Init(10);
  int i;
  for (i=0; i<10; i++) Push(s, i);
  while ( ! isEmpty(s) ) printf("%d ", Pop(s));
  Dispose(s);
  return 0;
}
```

Diese Version hat auch einen Nachteil: Die Datendefinition für den Stapelspeicher steht in der Header-Datei, weil sie zur Deklaration der Funktionen benötigt wird. Sie wird dem Anwender damit bekannt gemacht, der nun auch unter Umgehung der Funktionen direkt auf die Daten des Stapelspeichers zugreifen kann. Die Unmöglichkeit, das zu verhindern, ist eine Schwäche der Sprache C, die aber mit dem Klassenkonzept der Sprache C++ behoben wird. Allerdings gibt es doch eine Möglichkeit, den Compiler mit einer Vorwärtsdeklaration wie folgt zu überlisten, das wird im Abschn. 3.1.3 im Detail erläutert:

```
/*----------------H-Datei----------------*/

  typedef struct head* Stapel;

  Stapel Init(int Size);
  . . .
  void   Dispose(Stapel s);
/*---------------------------------------*/

/*-----------------C-Datei---------------*/

  typedef struct head {
    int* data;
    int top;
    int size;
  } Header;

  Stapel Init    (int Size) { . . . }
  . . .
  void   Dispose (Stapel s) { . . . }
/*---------------------------------------*/
```

Make- und Projektdateien

Große Programme bestehen im allgemeinen aus vielen Modulen mit definierten Schnittstellen, und die Module sind in verschiedenen Dateien – H-Dateien und C-Dateien – abgelegt. Hier wird gezeigt, wie aus verschiedenen Modulen und Dateien ein Programm gemacht wird. Bild 1.14 zeigt die Struktur eines Programms, das aus sechs Modulen besteht, die sich in einer hierarchischen Abhängigkeit befinden:

- Modul A *benutzt* die Module B, C und E,
  Modul B *benutzt* die Module D und E und
  Modul C *benutzt* die Module E und F.

Um das Beispiel einerseits zu konkretisieren und andererseits möglichst klein und überschaubar zu halten, enthält jedes Modul nur eine Funktion. Das Modul a enthält die Funktion `main` und wird durch die Datei `a.c` dargestellt, die anderen Module

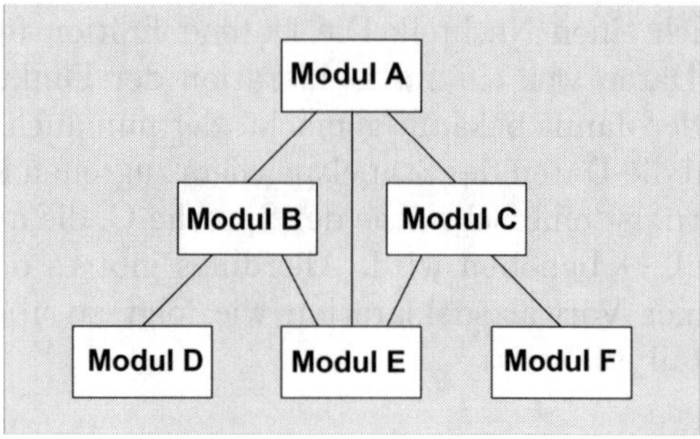

Bild 1.14: Programm, bestehend aus sechs Modulen, Abhängigkeiten

werden jeweils durch eine H-Datei und eine C-Datei realisiert, wobei die H-Datei jeweils die Benutzerschnittstelle des Moduls repräsentiert. Der in Bild 1.14 angegebene Programmtext – in Form der eingerahmten C-Texte – zeigt die Details:

- jedes Modul, das ein anderes benutzt, fügt mit `include` dessen H-Datei ein;
- jede H-Datei sollte wie folgt aufgebaut sein:
  #ifndef _*name*_**h**
  #define _*name*_**h**
  Inhalt der Headerdatei
  #endif

Dieser Mechanismus des *bedingten includes* sorgt dafür, daß H-Dateien nicht direkt oder indirekt mehrfach eingefügt werden, siehe dazu Abschn. 1.12.

Mit Hilfe der `#include`-Anweisungen werden also jeweils die Funktionsprototypen und ggf. weitere Deklarationen eingefügt. Darüber hinaus müssen die C-Dateien zusammengebunden werden, und das erfolgt entweder mit Hilfe einer sog. *Projektdatei* oder mit Hilfe einer sog. *Makedatei*. Das Anfertigen von Projektdateien wird von Systemen mit integrierten Entwicklungsumgebungen interaktiv unterstützt, Makedateien sind kleine Programme, die die Abhängigkeiten und weitere Informationen (z.B. Compileroptionen) meist in Parametersprachen beschreiben. Der folgende Text ist der Inhalt der Makedatei zu diesem Beispiel für ein Unix-System (GNU-C):

```
PROG = A
CC = gcc
CFLAGS = -g
LDFLAGS = -g

SRCS = A.c B.c C.c D.c E.c F.c
OBJS = $(SRCS:.c=.o)
LIBS =

all: $(PROG)
```

Modul A:

Datei A.c:
```
#include<stdio.h>
#include"B.h"
#include"E.h"
#include"C.h"

int main() {
  putchar('A'); fB(); fE(); fC(); putchar('\n');
  return 0;
}
```

Modul B:

Datei B.h:
```
#ifndef _B_H
#define _B_H

void fB(void);

#endif
```

Datei B.c:
```
#include<stdio.h>
#include"D.h"
#include"E.h"

void fB(void) {
  putchar('B'); fD(); fE();
}
```

Modul C:

Datei C.h:
```
#ifndef _C_H
#define _C_H

void fC(void);

#endif
```

Datei C.c:
```
#include<stdio.h>
#include"E.h"
#include"F.h"

void fC(void) {
  putchar('C'); fE(); fF();
}
```

Modul D:

Datei D.h:
```
#ifndef _D_H
#define _D_H

void fD(void);

#endif
```

Datei D.c:
```
#include<stdio.h>

void fD(void) {
  putchar('D');
}
```

Modul E:

Datei E.h:
```
#ifndef _E_H
#define _E_H

void fE(void);

#endif
```

Datei E.c:
```
#include<stdio.h>

void fE(void) {
  putchar('E');
}
```

Modul F:

Datei F.h:
```
#ifndef _F_H
#define _F_H

void fF(void);

#endif
```

Datei F.c:
```
#include<stdio.h>

void fF(void) {
  putchar('F');
}
```

Bild 1.15: Programm, bestehend aus sechs Modulen, Code

```
$(PROG): $(OBJS)
$(CC) $(LDFLAGS) -o $(PROG) $(OBJS) $(LIBS)

clean:
$(RM) $(OBJS) core *% *.BAK *.bak *~

realclean: clean
$(RM) $(PROG)

# Abhaengigkeiten

A.o: B.h C.h E.h
B.o: D.h E.h
C.o: E.h F.h
```

Eigene Übungen zum Thema Modularisierung:

Denken Sie sich – in Anlehnung an das hier behandelte Beispiel Stapelspeicher – eine andere Struktur samt zugehöriger Funktionen aus, realisieren die Struktur entsprechend und schreiben als Anwendungsmodul dafür ein kleines Demonstrationsprogramm. Hier ein paar Vorschläge für entsprechende Strukturen:

- ein BitSet (Schalterleiste, Bitstring, Bitmenge) mit den Funktionen SetBit, ResetBit, ...
- eine Telefonliste mit den Funktionen Include, Find, Remove, ...
- ein „dynamisches Array" mit den Funktionen Put, Get, ...
- ...

1.10.6 Allgemeiner Aufbau von ANSI/ISO-C-Programmen

Der Aufbau eines ANSI-C-Programms sieht wie folgt aus:

Allgemeine Form:

translation-unit:
    external declaration
    translation-unit
 	
external-declaration:
    function-definition
    declaration

Bedeutung: Das Startsymbol für die allgemeine syntaktische Definition eines C-Programms ist die sog. *Translation Unit*, sie stellt die Eingabe für den Übersetzer dar, und sie besteht also aus einer beliebigen Folge von *Deklarationen* und *Funktions-Definitionen*:

- Dabei ist eine *externe Deklaration* die Vereinbarung einer globalen Variablen oder die Vereinbarung einer globalen Konstanten oder die Definition eines Typs (mit `typedef`) oder eine Präprozessor-Definition oder die Deklaration einer Funktion (d.h. eines Funktionsprototyps) und
- eine *Funktions-Definition* ist die Implementierung einer Funktion.

Bild 1.16 stellt die allgemeine Form einer *Translation Unit* als Syntaxdiagramm dar; der linke Teil entspricht genau der oben angegebenen formalen Definition, im rechten Teil sind die Deklarationen aufgeschlüsselt. Die *Translation Unit* ist in diesem Zusammenhang eine logische Einheit, die dem Inhalt einer Header- oder Quellcodedatei nach Ausführung der entsprechenden Präprozessoranweisungen entspricht.

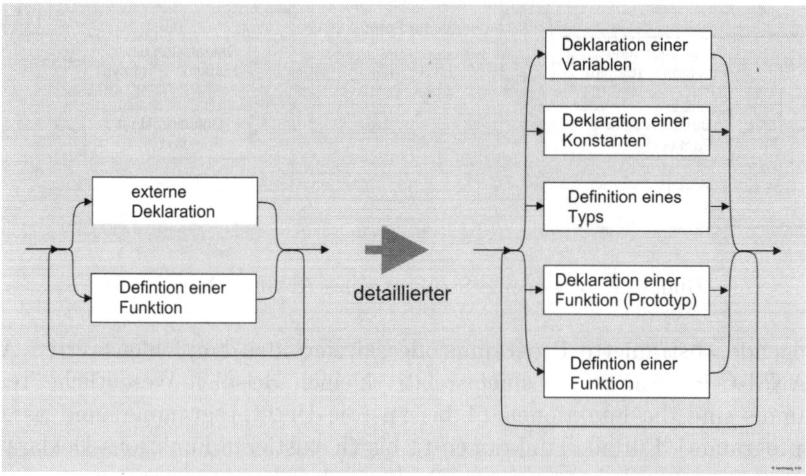

Bild 1.16: Aufbau einer *Translation Unit*

Ein ANSI/ISO-C-Programm besteht allgemein aus $n \geq 1$ *Translation Units*, wobei insgesamt genau eine Defintition der Funktion `main` vorhanden sein muß. Die Funktion `main` ist die Startfunktion, sie wird vom Betriebssystem aufgerufen und ruft ihrerseits direkt oder indirekt alle anderen Funktionen auf.

Das Zusammenfügen aller *Translation Units* zu einem vollständigen C-Programm erfolgt zum einen über die `include`-Anweisungen des Präprozessor vor dem Übersetzungsvorgang und zum anderen über den Binder, der die beim Übersetzen entstandenen Objektmodule zusammenbindet. Headerdateien werden in der Regel per `include`-Anweisung eingefügt.

Wenn wir etwas detaillierter ein C-Programm betrachten, das aus genau einer *Translation Unit* besteht, so können wir seine allgemeine Form durch das in Bild 1.17

wiedergegebene Syntaxdiagramm beschreiben. Es besteht aus genau einer `main`-Funktion sowie vorangehenden und folgenden externen Deklarationen (für Variable, Konstante, Typen und Funktionen) und aus Definitionen von Funktionen. Diese Struktur können wir nun übertragen auf alle C-Programme, d.h. auch auf solche, die aus beliebig vielen *Translation Units* bestehen, wenn wir uns vorstellen, daß die Teile durch Präprozessor und Binder zusammengefügt werden.

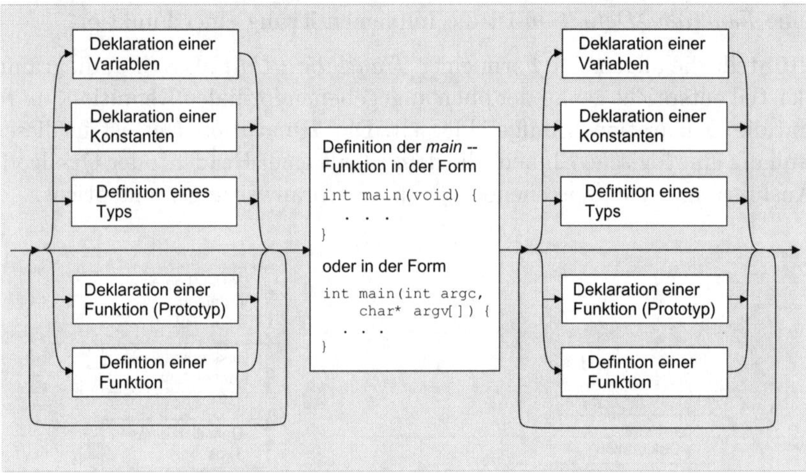

Bild 1.17: Allgemeine Struktur eines ANSI-C-Programms

Der folgende abstrahierte Programmcode skizziert den empfehlenswerten Aufbau eines ANSI-C-Programms an einem relativ kleinen Beispiel. Wesentliche Teile des Programms sind die Funktionen `f1` bis `fn` (die Unterprogramme) und `main` (das Hauptprogramm). Für alle Funktionen `f1` bis `fn` existieren Funktions-Deklarationen (sog. Prototypen) und sind in einem Block vor dem Hauptprogramm zusammengefaßt. Damit sind die Schnittstellen der Funktionen beim Aufruf bekannt, und der Compiler kann jeweils überprüfen, ob der Aufruf syntaktisch korrekt ist (richtiger Funktionsname, richtiger Funktionstyp, Übereinstimmung der aktuellen Parameter mit den formalen in Anzahl, Typ und Reihenfolge).

```
/*---------------- Einfuegungen ----------------*/
#include<stdio.h>
. . .
#include" . . . "

/*----------- Globale Dekl. und Defin. ---------*/
const double pi = 3.14158;
. . .
int abc;
```

```
/*---------- Funktions-Deklarationen ----------*/
void f1( . . . );
. . .
int  fn( . . . );

/*-------------- Hauptprogramm ---------------*/
int main( . . . ) {
   . . .
}

/*---------- Funktions-Definitionen ----------*/
void f1( . . . ) {
   . . .
}
. . .
int  fn( . . . ) {
   . . .
}
```

Neben den in diesem Programmteil selbstdefinierten Funktionen `f1` bis `fn` können auch Funktionen aus Bibliotheksmodulen (z.B. `stdio`) und aus anderen Programmteilen verwendet werden, sie müssen dann mit `#include`-Anweisungen eingefügt werden, die Details dazu werden im Abschn. 1.10 und im Kap. 3 behandelt.

Im Block `Globale Dekl. und Defin.` werden z.B. Variable und Konstanten vereinbart, auf die in allen Funktionen zugegriffen werden kann (Details: siehe Abschnitt 1.10).

1.10.7 Clean-C/Better-C: Restriktionen/Erweiterungen

Clean-C-Einschränkungen gegenüber ANSI/ISO-C

In ANSI/ISO-C kann dieselbe globale Variable mehrfach deklariert werden, ohne das Schlüsselwort `extern` zu verwenden, in ANSI/ISO-C++ ist das nicht der Fall:

In C korrekt, in C++ falsch

```
int a;
. . .
int a;
```

In C und in C++ korrekt

```
extern int a;
. . .
int a;
```

Eine globale als `const` deklarierte Variable hat in ANSI/ISO-C auch ohne das Attribut `extern` eine *externe* Bindung, in ANSI/ISO-C++ dagegen eine interne Bindung:

In C extern, in C++ intern gebunden

```
const double p = 3.14158;
```

In C und in C++ extern gebunden

```
extern const double p = 3.14158;
```

Better-C-Erweiterungen gegenüber ANSI/ISO-C

In ANSI/ISO-C++ gibt es das Konzept *Namensbereich (namespace)*, das als wirksames Mittel gegen die *Verschmutzung* des globalen Namensraumes verwendet werden kann. Damit ist es z.B. möglich, die Sichtbarkeit von Namen auf ein oder mehrere Module zu beschränken. Das Konzept *Namensbereich* wird in Abschnitt 9.8 beschrieben.

1.11 Zeiger auf Funktionen

1.11.1 Zeiger auf Funktionen in Vektoren und Strukturen

Ein Datentyp fortgeschrittener Programmiertechnik ist ein Zeiger auf eine Funktion, der dann auch wieder als Element in einem Vektor oder als Komponente in einer Struktur oder als Parameter einer Funktion verwendet werden kann. Damit ergeben sich dann interessante Anwendungsmöglichkeiten, die im folgenden skizziert werden.

Unter Verwendung von `typedef` lassen sich Datentypen der Art **Zeiger auf Funktion** definieren, z.B.:

```
typedef void   (*func1) (void);
typedef int    (*func2) (char*, int);
typedef double (*func3) (double);
```

Unter Verwendung dieser selbstdefinierten Typen können dann elementare und strukturierte Variable definiert werden, z.B.:

```
func2 x, y, z;
func3 a[10];
struct {
  func1 f1;
  func2 f2;
  func3 f3;
} xyz;
```

Die beiden C-Texte 1.35 und 1.36 demonstrieren die Verwendung von Vektoren, deren Elemente Zeiger auf Funktionen sind bzw. die Verwendung von Strukturen, deren Komponenten Zeiger auf Funktionen sind.

C-Text 1.35: *Zeiger auf Funktionen, Beispiel 1* ./Bsp1/pointer/Vektor.c

```
#include <stdio.h>

typedef double (*func) (double);

double f2(double x) { return x*x; }
double f3(double x) { return x*x*x; }
double f4(double x) { return x*x*x*x; }
```

```
double f5(double x) { return x*x*x*x*x; }

func liste[4] = { f2, f3, f4, f5 };

int main() {
  int i;
  for (i=0; i<4; i++) { double y = liste[i](5); printf("%f\n", y); }
  return 0;
}
```

C-Text 1.36: *Zeiger auf Funktionen, Beispiel 2* ./Bsp1/pointer/Struktur.c

```
#include <stdio.h>

int sum2(int a, int b)              { return a+b; }
int sum3(int a, int b, int c)       { return a+b+c; }
int sum4(int a, int b, int c, int d) { return a+b+c+d; }

struct {
  int (*sum2) (int, int);
  int (*sum3) (int, int, int);
  int (*sum4) (int, int, int, int);
} xyz                                = { sum2, sum3, sum4 };

int main() {
  int i = xyz.sum2(1, 2),
      j = xyz.sum3(1, 2, 3);
  printf("%d %d %d\n\n", i, j, xyz.sum4(1, 2, 3, 4));
  return 0;
}
```

1.11.2 Zeiger auf Funktionen als Funktionsparameter

Eine fortgeschrittene und in vielen Fällen nützliche Programmiertechnik ist die Übergabe von Zeigern auf Funktionen als Funktionsparameter. Man schreibt z.B. eine Funktion zur Berechnung der Nullstelle einer anderen Funktion, die man dann als Parameter übergibt, z.B.

```
float Nullstelle(float x1, float x2, float (*f) (float x));
. . .
x0 = Nullstelle(6, 7, sin);  /* x0 == pi */
```

Man übergibt der Funktion *Nullstelle* je einen x-Wert links und rechts der Nullstelle und einen Zeiger auf die Funktion $f(x)$, für die die Bestimmung durchgeführt werden soll.

Ein anderes Beispiel, das hier im Detail erläutert wird, betrifft eine Sortierfunktion, die eine Liste nach verschiedenen Kriterien sortieren kann, das jeweils gewünschte

Ordnungskriterium wird ihr als aktueller Funktionsparameter übergeben:

- Die Liste wird hintereinander nach vier verschiedenen Kriterien sortiert.
- Dafür wird eine einzige Sortierfunktion *Sort* verwendet!
- Das Ordnungskriterium wird jeweils über eine Funktion definiert, die zwei Einträge vergleicht.
- Diese Vergleichsfunktion wird der Funktion *Sort* als Parameter *comp (compare)* übergeben.
- Der Parameter *comp* hat die Form (den Typ):
  `int (*comp) (Student, Student);`

Der C-Text 1.37 enthält das vollständige Programm.

C-Text 1.37: *Zeiger auf Funktionen, Beispiel 3* ./Bsp1/function/sort.c

```
#include<stdio.h>
#include<string.h>

typedef struct {
  char MatrNr[8];
  char Name[12];
  int Semester;
  int Alter;
} Student;

typedef Student SList[100];

int  cmp1 (Student a, Student b);
int  cmp2 (Student a, Student b);
int  cmp3 (Student a, Student b);
int  cmp4 (Student a, Student b);

void Sort     (SList sl, int (*comp) (Student a, Student b));
void TypeList (FILE *f, SList sl);

int main() {
  FILE *aus = fopen("AUS", "w");

  SList li = { "8965123", "Meier",    9, 25,
               "9215046", "Degering", 4, 22,
               "8965122", "Schulz",   9, 26,
               "9167111", "Xyz",      5, 21,
               "       ", "  ",       0, 0
             };
  TypeList(aus, li);
  Sort(li, cmp1); TypeList(aus, li);
  Sort(li, cmp2); TypeList(aus, li);
```

```
  Sort(li, cmp3); TypeList(aus, li);
  Sort(li, cmp4); TypeList(aus, li);

  fclose(aus);
  return 0;
}

int cmp1 (Student a, Student b) { return strcmp(a.MatrNr, b.MatrNr); }
int cmp2 (Student a, Student b) { return strcmp(a.Name, b.Name); }
int cmp3 (Student a, Student b) { return a.Semester - b.Semester; }
int cmp4 (Student a, Student b) { return a.Alter - b.Alter; }

void Sort(SList sl, int (*comp) (Student a, Student b)) {
  int i, n, flag;
  Student st;
  do {
    flag = 0;
    for (i=1; sl[i].Alter != 0; i++) {
      n = comp(sl[i-1], sl[i]);
      if (n > 0) {
        flag = 1;
        st = sl[i-1]; sl[i-1] = sl[i]; sl[i] = st;
  } } }
  while (flag == 1);
}

void TypeList(FILE *f, SList sl) {
  int i;
  for (i=0; sl[i].MatrNr[0] != ' '; i++)
    fprintf(f, "%s %12s %2d %2d\n",
           sl[i].MatrNr, sl[i].Name, sl[i].Semester, sl[i].Alter);
  fprintf(f, "\n");
}
```

Ausgabe des Programms in die Datei AUS:

```
8965123        Meier  9 25
9215046     Degering  4 22
8965122       Schulz  9 26
9167111          Xyz  5 21

8965122       Schulz  9 26
8965123        Meier  9 25
9167111          Xyz  5 21
9215046     Degering  4 22

9215046     Degering  4 22
8965123        Meier  9 25
```

```
8965122      Schulz  9 26
9167111         Xyz  5 21

9215046    Degering  4 22
9167111         Xyz  5 21
8965123       Meier  9 25
8965122      Schulz  9 26

9167111         Xyz  5 21
9215046    Degering  4 22
8965123       Meier  9 25
8965122      Schulz  9 26
```

1.12 Präprozessor

Ein *C-Programm* enthält neben dem eigentlichen *C-Code* im allgemeinen zusätzlich Anweisungen einer sog. *Präprozessorsprache*. Diese Anweisungen beginnen mit dem Symbol `#`, sie werden vor der eigentlichen Übersetzung des *C-Codes* durch den *C-Compiler* von einem *Präprozesor* bearbeitet [2]. Die allerwichtigsten Funktionen des *Präprozessors* sind die in den vorangehenden Abschnitten schon vielfach verwendeten *Dateieinfügungen*. Wie die folgenden Abschnitte zeigen werden, ist die Funktionalität des *Präprozessors* aber erheblich umfangreicher.

1.12.1 Einfügen von Dateien

Für das Einfügen von Dateien gibt es zwei Formen:

- ⊗ `#include` <*filename*>
- ⊗ `#include` "*filename*"

Die erste Form wird für das Einfügen von Bibliotheksdateien verwendet, die zweite für das Einfügen von Dateien aus dem eigenen Arbeitsverzeichnis. Die exakte Definition der Suchstrategie in den beiden Fällen ist aber implementierungsabhängig!

1.12.2 Ersetzen von Textstellen

Das Ersetzen von Textstellen erfolgt in folgender Form:

- ⊗ `#define` *idendifier token-sequence*

[2]Bei modernen Systemen werden Vorübersetzung und Übersetzung meist in einer Phase durchgeführt, was aber an der Wirkung nichts ändert.

Dabei ist *identifier* der zu ersetzende Text und *token-sequence* der Ersatztext. Der Textersatz wird nur für Bezeichner (identifier) durchgeführt, d.h. wenn der zu ersetzende Text als Teilstring in einem Bezeichner enthalten ist, dann findet kein Textersatz statt. Der zu bearbeitende Bereich beginnt mit der auf die **#define**-Anweisung folgenden Zeile und endet mit Dateiende. Mit der Anweisung

⊗ **#undef** *identifier*

wird die Wirkung des entsprechenden Textersatzes außer Kraft gesetzt. Einen Sonderfall bildet die Form

⊗ **#define** *identifier*

Sie ordnet der entsprechenden *Präprozessorvariablen* den Wert *gesetzt* ≅ *true* zu. Die Variable kann dann durch die Anweisungen **#ifdef** *identifier* und **#ifndef** *identifier* bzw. **#if defined** *identifier* und **#if ! defined** *identifier* abgefragt werden, siehe Abschnitt 1.12.3.

1.12.3 Bedingte Einfügung, bedingte Übersetzung

Die Anweisung zum Einfügen einer bestimmten Headerdatei, z.B. **#include <stdio.h>**, steht häufig in verschiedenen Modulen eines Programms, die dann wieder über entsprechende *include*-Anweisungen zu einem Gesamtprogramm zusammengefügt werden. Dadurch würden die betroffenen Headerdateien dann fälschlicherweise und unbeabsichtigt mehrfach in das Programm eingefügt werden. Das vermeidet man zweckmäßigerweise dadurch, daß man jede Headerdatei grundsätzlich wie folgt aufbaut (siehe dazu auch Abschn. 1.10.5):

Allgemeiner Aufbau einer Headerdatei (*Empfehlung*)

#ifndef *_name*_**h**
#dcfinc *_namc*_**h**
Inhalt der Headerdatei
#endif

Als Beispiel dazu dient die folgende kleine Headerdatei SWAPS.H, die *swap*-Funktionen für verschiedene Datentypen bereitstellt:

```
#ifndef _SWAPS_H
#define  _SWAPS_H
void swapi(int, int);
void swapl(long, long);
void swapf(float, float);
void swapd(double, double);
void swaps(char*, char*);
#endif
```

Der Name `_SWAPS_H` bezeichnet eine *Präprozessor-Variable*, deren Name sich zweckmäßigerweise an den Dateinamen `SWAPS.H` anlehnt. Der erste Unterstrich expandiert den Namen, um eventuelle Namenskonflikte zu vermeiden, der zweite ersetzt den Punkt, da Punkte in Bezeichnern nicht erlaubt sind. Beim ersten Durchlauf ist diese Variable zunächst nicht gesetzt, d.h. der folgende Teil bis `#endif` wird durchlaufen. Dabei wird in der zweiten Zeile durch das `#define _SWAPS_H` die Variable gesetzt und damit verhindert, daß die Datei ein zweites Mal durchlaufen wird.

Mit Hilfe der gerade besprochenen Technik werden also Mehrfacheinfügungen von Headerdateien automatisch verhindert, alle Bibliotheksmodule sind deshalb entsprechend ausgerüstet. Eine andere Anwendung des bedingten Einfügens und damit des bedingten Übersetzens zeigt das folgende Beispiel:

```
#if LAND == GERMANY
  #define NAME "germ.h"
#elif LAND == FRANCE
  #define NAME "franc.h"
#elif LAND == SPAIN
  #define NAME "span.h"
#elif LAND == ITALY
  #define NAME "ital.h"
#else
  #define NAME "engl.h"
#endif
#include NAME
```

Auf diese Weise ist es einfach möglich, das Einbinden von Dateien mit spezifischen landessprachlichen Besonderheiten zu steuern.

D.h. mit den Präprozessor-Konstrukten

- ⊗ `#if` *constant-expression*
- ⊗ `#elif` *constant-expression*
- ⊗ `#else` und
- ⊗ `#endif`

lassen sich also auch auf der Ebene des Präprozessors bedingte Anweisungen realisieren und z.B. für das selektive Einbinden von Programmodulen verwenden.

1.12.4 Definition von Makros

Der C-Text 1.38 zeigt, wie Makros definiert und verwendet werden können. Die Verwendung `SQUARE1(1+2)` führt zum Fehler, weil die Ersetzung nicht korrekt durchgeführt wird, wenn der aktuelle Parameter ein Ausdruck ist. Deshalb sollte – wie bei der Definition von `SQUARE2` – grundsätzlich geklammert werden. Der Aufruf `SQUARE2(x1++)` führt dazu, daß der Wert $x = 3$ durch die *Makroexpansion* `(x)*(x)` zweimal inkrementiert wird!

C-Text 1.38: *Einfache Makros* ./Bsp1/praepro/makro0.c

```
#include <stdio.h>
#include <math.h>

#define SQARE1(a)  a*a
#define SQARE2(a)  (a)*(a)
#define PYTHAGORAS(a, b) sqrt((a)*(a) + (b)*(b))

int main() {

  int x1 = 3, x2 = 4, y1, y2, y3;

  y1 = SQARE1(x1); y2 = SQARE1(3); y3 = SQARE1(1+2);
  printf("y1=%d  y2=%d  y3=%d \n", y1, y2, y3);

  y1 = SQARE2(x1); y2 = SQARE2(3); y3 = SQARE2(1+2);
  printf("y1=%d  y2=%d  y3=%d \n", y1, y2, y3);

  y1 = SQARE2(x1++);                       /* x1==5 ! */
  printf("x1=%d  y1=%d \n", x1, y1);

  y1 = PYTHAGORAS(3, 4);
  printf("pythagoras(3, 4) = %d\n", y1);
  return 0;
}
```

Die allgemeine Form einer Definition für Makros mit Parametern lautet

- `#define` *identifier*(*identifier-list*) *token-sequence*

Der C-Text 1.39 zeigt Definition und Anwendung eines Makros, das eine Funktion `SWAP` zum Vertauschen zweier Variablenwerte für einen bestimmten Datentyp *generieren* kann. Mit dem Zeichen \ (*Backslash, Rückschrägstrich*) am Ende einer *Präprozessor-Codezeile* wird diese mit der folgenden logisch verbunden. Dadurch ist es möglich, *Präprozessor-Anweisungen* zu schreiben, die sich über beliebig viele Zeilen erstrecken. Die Makroaufrufe `CREATE_SWAP(int)`, `CEATE_SWAP(float)`, `CREATE_SWAP(char*)` generieren dann jeweils eine entsprechende typisierte Funktion für den Datentyp `int` bzw. `float` bzw. `char`.

C-Text 1.39: *Funktionsgenerierung mit Makros, Beispiel 1* ./Bsp1/praepro/makro1.c

```
#include <stdio.h>

#define CREATE_SWAP(T)             \
void SWAP(T* a, T* b) {            \
  T c = *a; *a = *b; *b = c;       \
}                                  \
```

```
CREATE_SWAP(float);

int main() {

  float x = 1.1, y = 2.2;

  printf("\n");
  printf("%4.1f%4.1f\n", x, y);
  SWAP(&x, &y);
  printf("%4.1f%4.1f\n", x, y);

  return 0;
}
```

Das nächste Beispiel, C-Text 1.40, zeigt, daß es keine Schwierigkeiten macht, derartige *Makrogeneratoren* auch für komplexere Funktionen zu verwenden.

C-Text 1.40: *Funktionsgenerierung mit Makros, Beispiel 2* ——— ./Bsp1/praepro/makro2.c

```
#include <stdio.h>
#include <stdlib.h>

#define CREATE_SORT(T)                                       \
void SORT(T vec[], int n) {                                  \
  T buf;                                                     \
  int i, j;                                                  \
  for (i=1; i<n; i++)                                        \
    for (j=n-1; j>=i; j--)                                   \
      if (vec[j-1] > vec[j]) {                               \
        buf = vec[j-1]; vec[j-1] = vec[j]; vec[j] = buf;     \
      }                                                      \
}                                                            \

CREATE_SORT(int);

int main() {
  int i;
  int a[20];
  for (i=0; i<20; i++) a[i] = rand() % 100;
  for (i=0; i<20; i++) printf("%3d", a[i]);
  printf("\n");
  SORT(a, 20);
  for (i=0; i<20; i++) printf("%3d", a[i]);
  return 0;
}
```

1.12.5 Vordefinierte Namen

Im ANSI/ISO-Standard sind einige Bezeichner vordefiniert, die bestimmte Informationen liefern:

- ⊗ `__LINE__` *Nr. der aktuellen Zeile in der aktuellen Datei*
- ⊗ `__FILE__` *aktueller Dateiname*
- ⊗ `__DATE__` *aktuelles Datum*
- ⊗ `__TIME__` *aktuelle Zeit*
- ⊗ `__STDC__` *zeigt an, ob auf Standard-C geprüft wird*

1.12.6 Sonstiges

Weitere im ANSI/ISO-Standard enthaltenen Konstrukte sind:

- ⊗ `#error`
- ⊗ `#error` *token-sequence*
- ⊗ `#pragma` *token-sequence*
- ⊗ `#line` *constant "filename"*
- ⊗ `#line` *constant*
- ⊗ `#` (Leeranweisung)

Die Bedeutung der `pragma`-Direktive ist per definitionem implementierungsabhängig, die anderen Direktiven sind unter anderem zur Unterstützung von Präprozessoren bei der Generierung von C-Code vorgesehen.

1.12.7 Zusammenfassung und Bewertung

Die Elemente des Präprozessors ergänzen die Funktionalität der Programmiersprache C und sind zum Teil unentbehrlich, z.B. für das Einfügen von Header-Dateien. Häufig wird der Präprozessor allerdings auch für Zwecke eingesetzt, die besser durch C-Code realisiert werden sollten, z.B.:

- statt `#define pi 3.1416`
- besser `const float pi = 3.1416`

Die Verwendung von *const* ist besser, weil `pi` in dem Fall eine typisierte Konstante ist, die damit auch der Typkontrolle des Compilers unterliegt. Bei der Verwendung von `#define` findet dagegen lediglich ein Textersatz statt.

Allgemein kann gesagt werden, daß es sicher konzeptionell schlecht ist, zwei völlig verschiedene Sprachen (*C-Code* und *Präprozessor-Code*) vermischt zu benutzen. Seit der ANSI/ISO-Standardisierung von C gehen die Bestrebungen dahin, den Präprozessor soweit wie möglich überflüssig zu machen. Diese Bemühungen werden bei der

ANSI/ISO-Standardisierung von C++ fortgesetzt, allerdings wird er auch dort nicht vollständig durch entsprechende C++-Konstrukte ersetzt.

1.12.8 Clean-C/Better-C: Restriktionen/Erweiterungen

Clean-C-Einschränkungen gegenüber ANSI/ISO-C

Alle Präprozessor-Anweisungen von ANSI/ISO-C stehen auch in ANSI/ISO-C++ zur Verfügung, d.h. es gibt keine Einschränkungen.

Better-C-Erweiterungen gegenüber ANSI/ISO-C

Es wird in C++ als schlechter Stil angesehen, Konstanten mit `#define` zu definieren. Die bessere Alternative ist die Verwendung Deklarationen mit dem Attribut `const` wegen der genannten Typisierung. In C++ können entsprechende Konstanten auch – im Gegensatz zu C – zur Dimensionierung von Vektoren verwendet werden:

```
const int Size = 100;
double vec[Size];          /* korrekt in C++, falsch in C ! */
```

1.13 Speicherverwaltung, Speichermodelle

Das Prinzip

Wie in Bild 1.18 dargestellt, enthält der für ein C-Programm bereitgestellte Arbeitsspeicher je einen statischen Bereich für den lauffähigen Programmcode und für die globalen Daten sowie je einen dynamischen Bereich für die vom System und für die vom Benutzer verwalteten Daten. Als globale Daten sind hier die extern und die als statisch vereinbarten Variablen sowie die Konstanten zusammengefaßt.

Der vom System verwaltete Teil des Arbeitsspeichers wird häufig *Stack-Bereich* genannt. Sobald eine Funktion aktiv (d.h. aufgerufen) wird, wird ihr vom System im Stack ein Datenbereich für ihre lokalen Daten und für ihre Funktionsparameter zugeordnet. Als erstes ist das immer das Hauptprogramm *main*. Sobald *main* eine Funktion aufruft (das kann auch eine Bibliotheksfunktion sein), wird ihr ein entsprechender zweiter Datenbereich auf dem Stack zugeordnet; wenn diese eine weitere aufruft, erhält sie den dritten Datenbereich auf dem Stack usw. Sobald eine Funktion beendet wird, gibt das System auch den zugehörigen – auf dem Stack liegenden – Speicherbereich frei.

Bei rekursiven Funktionen belegt jeder neue rekursive Aufruf wieder seinen eigenen Speicherbereich auf dem Stack, in dem der für den Aufruf aktuelle Satz von lokalen Daten und aktuellen Parametern abgelegt wird!

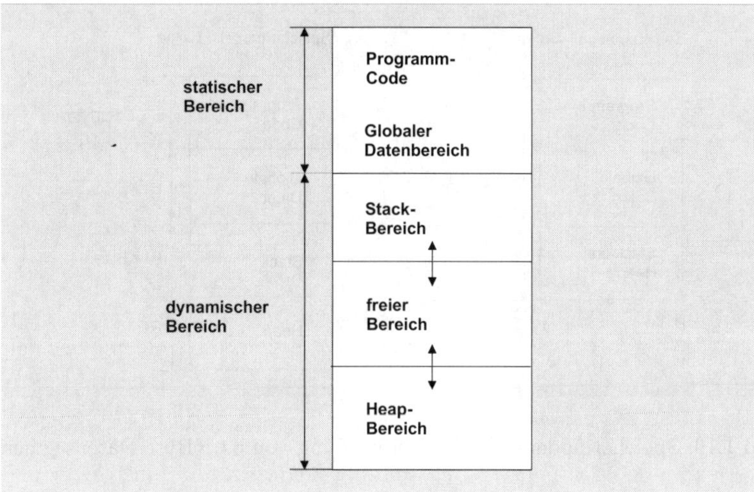

Bild 1.18: Speicherverwaltung für C-Programme

Der vom Anwender verwaltete Teil des Arbeitsspeichers wird häufig *Heap-Bereich* genannt. Die Reservierung und Freigabe von Speicherbereichen erfolgt mit Bibliotheksfunktionen wie z.B. `malloc` und `free`.

Die absolute Größe des für die einzelnen Bereiche maximal verfügbaren Arbeitsspeichers ist implementierungsabhängig. Auf alten *MS-DOS*-Systemen mit *Intel*-Prozessoren wird häufig mit verschiedenen optionalen Speichermodellen gearbeitet, die sich dann an der Größe von 64 KB Segmenten orientieren.

Verschiedene Speichermodelle

Die konkrete Größe des für die Bereiche *Programm-Code, Globale Daten, Heap* und *Stack* jeweils verfügbaren Arbeitsspeichers ist natürlich implementierungsabhängig. In alten *MS-DOS*-Umgebungen auf *Intel*-Prozessoren werden die Bereiche durch die 64 KByte Speichersegmente bestimmt, und ein entsprechender C-Compiler bietet meist verschiedene auswählbare Speichermodelle an. Das Bild 1.19 zeigt als Beispiele die Modelle *Small* und *Large* eines alten *Borland-C/C++*-Compilers für *MS-DOS*.

In 32-Bit-Umgebungen – z.B. in UNIX-Umgebungen auf Workstation-Rechnern oder in MS-Windows-Systemen auf PCs – steht meist ein Adreßraum von 4 GByte zur Verfügung, den die vier Bereiche sich teilen. Dabei ist die Größe des Adreßraumes dann im allgemeinen unabhängig von der Größe des physikalischen Arbeitsspeichers (*Virtueller Arbeitsspeicher*).

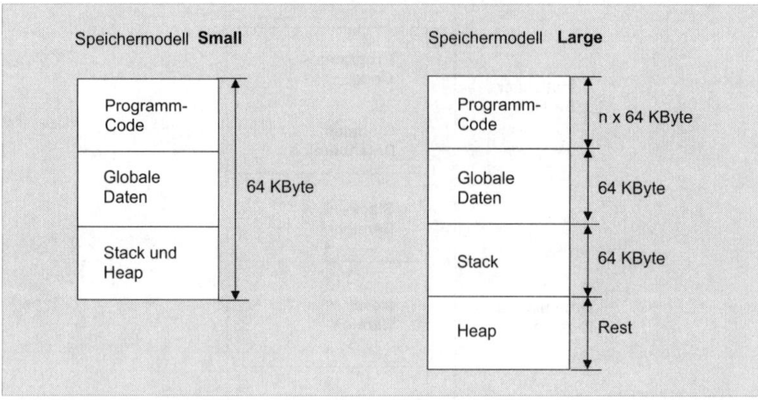

Bild 1.19: Speichermodelle bei der Verwendung von 64 KByte-Datensegmenten

1.14 Fehlerbehandlung/Ausnahmebehandlung

Insbesondere bei der Entwicklung professioneller Produkte muß natürlich angestrebt werden, *fehlerfreie* und *fehlertolerante* Software zu entwickeln. Das bedeutet, sie dürfen keine falschen Ergebnisse liefern und sollten keinesfalls *unkontrolliert abstürzen*, sondern schlimmstenfalls mit einer definierten und brauchbaren Meldung terminieren. Das ist ein sehr hoher Anspruch, der nicht leicht erfüllt werden kann: im Programm müssen alle möglichen Fehler- und Ausnahmesituationen behandelt werden. Ein ganz wesentliches Problem dabei ist, daß Fehlerursache und Fehlerbehandlung in der Regel weit auseinander auf verschiedenen Programmebenen liegen. In ANSI/ISO-C++ wird ein leistungsfähiges Konzept der Ausnahmebehandlung (Exception-Handling) durch entsprechende Sprachkonstrukte unterstützt, siehe dazu Abschn. 9.10, das Thema wird dort gründlich behandelt.

An dieser Stelle sollen kurz die bekanntesten klassischen Strategien zur Reaktion auf Fehler- und Ausnahmesituationen skizziert werden, die natürlich auch überlagert werden können.

Verwendung des Makros `assert(...)`:

Vorbedingungen – wie z.B. Bereichsüberprüfungen bei der Parameterübergabe einer Funktion – und andere erforderliche Randbedingungen – wie z.B. das Vorhandensein von genügend Speicherplatz bei der Zuweisung im Heapbereich – werden mit dem Makro `assert(...)` überprüft. Das Programm wird dann beim Auftreten eines Fehlerfalles oder einer nicht erwünschten Ausnahme sofort beendet, solche Programme werden **robuste Programme** genannt. Eine andere viel verwendete Strategie besteht darin, die Wirkung dieser Makros nur im Testbetrieb zu verwenden und sie im Normalbetrieb auszuschalten, siehe dazu Abschn. 2.2.

Beispiel 1:

```
int KalenderWoche(int Tag, int Monat) {
  assert(Tag>=1 && Tag<=31 && Monat>=1 && Monat<=12);
  . . .
}
```

Beispiel 2:

```
  XYZ* pxyz;
  . . .
  pxyz = (XYZ*) malloc(sizeof(XYZ);
  assert(pxyz);
  . . .
```

Fehler-Return-Codes bei Funktionen

Vielfach wird in C der Funktionswert zur Fehlercodierung verwendet, z.B.

Beispiel 1:

```
int Kalenderwoche(int Tag, int Monat, int* KW) {
  if (Tag < 1 || Tag > 31) return 1;
  else if (Monat < 1 || Monat > 12) return 2;
  *KW = . . . ;
  return 0;
}
```

Vielfach werden auch Ergebnis und evtl. Fehlercode als Funktionswert zurückgegeben:

Beispiel 2:

```
int Kalenderwoche(int Tag, int Monat) {
  int KW;
  if (Tag < 1 || Tag > 31) return -1;
  else if (Monat < 1 || Monat > 12) return -2;
  KW = . . . ;                                     /* > 0 */
  return KW;
}
```

Durch entsprechende Codierung wird der erkannte Fehler bezeichnet und um eine Ebene nach oben gereicht. In vielen Fällen kann erst in einer mehrere Ebenen höheren Schicht auf den Fehler konkret reagiert werden, der Fehler wird von Ebene zu Ebene transformiert.

Modulbehaftete Statusvariable

Beispiel:

```
. . .
int Status; /* 0: kein Fehler; 1: Ueberlauf; ... ; 9: sonstiges */

void f1(...) { ... };
. . .
void fn(...) { ... };
```

Jede Funktion setzt die Statusvariable auf einen entsprechenden Wert, der dann unmittelbar nach Ausführung der Funktion analysiert werden kann. Auch hier besteht wieder das Problem, daß der Status ggf. mehrfach transformiert werden muß, da eine Reaktion erst auf höheren Ebenen möglich ist!

Verwendung des Bibliotheksmoduls `setjmp.h`

Über das Bibliotheksmodul `setjmp.h`, siehe Abschn. 2.9, werden die beiden Funktionen `setjmp` und `longjmp` angeboten, die den normalen Programmablauf durchbrechen und mit einem Schritt mehrere Ebenen überspringen können, um damit eine Stelle anzulaufen, an der eine adäquate Reaktion auf einen Fehler oder auf eine andere Ausnahme durchgeführt werden kann. Vor dem Sprung an diese Position kann der Prozessorstatus in einem Puffer gespeichert werden. Nach Abschluß der Fehlerbehandlung auf der höheren Ebene wird dann wieder der gespeicherte Prozessorstatus geladen und an die Ausgangsstelle zurückgesprungen.

Diese Art der Ausnahmebehandlung kann in manchen Fällen nützlich sein, aber für eine wirklich differenzierte Vorgehensweise wären zusätzliche Maßnahmen, wie z.B. *stack unwinding (Programmstack abbauen)*, erforderlich. Eine umfangreiche Unterstützung in diese Richtung bietet das ANSI/ISO-C++-Exception-Handling-Konzept, siehe Abschn. 9.10.

1.15 Übungen

Dateilister

Erweitern Sie die Funktionalität des Dateilisters aus Abschn. 1.3, C-Text 1.6:

- mit „-“ kann eine Seite zurückgeblättert werden;
- es kann um eine beliebige Anzahl von Seiten vor- und zurückgeblättert werden;
- wahlweise wird vor jede Zeile die Zeilennummer geschrieben;
- ...

Implementieren Sie verschiedene Versionen des Dateilisters:

- Version 1 arbeitet sequentiell mit der Textdatei, das Rückwärtsblättern wird dadurch realisiert, daß vorab auf den Dateianfang positioniert wird (`rewind(fp);`).
- Version 2 verwendet zum Positionieren auf die jeweils gewünschte Seite den Funktionsaufruf `fsetpos(fp, pos)`, die Positionen der Seitenanfänge werden zu Beginn des Programms in eine interne Tabelle eingetragen.
- Version 3 lädt den gesamten Inhalt der Textdatei in den Arbeitsspeicher.

Diskutieren Sie die drei Lösungsansätze; welchen würden Sie für einen professionellen Ansatz bevorzugen?

Textverschlüsselung

Das folgende Programm verschlüsselt Textdateien, Sie müssen nur noch die Funktion `encode` implementieren. Verbessern Sie das Programm:

- Dateinamen per Programmparameter übergeben
- Verbesserung der Verschlüsselung
- *speed up* durch andere Dateizugriffe
- ...

```
char encode(char ch);
/* Das Zeichen ch verschluesseln */

int main(void)
/* Die Datei EIN wird verschluesselt, der verschluesselte
   Text wird in die Datei AUS geschrieben                  */
{
  FILE *ein, *aus;
  int c;

  ein = fopen("EIN", "r"); aus = fopen("AUS", "w");

  c = getc(ein);
  while (c != EOF ) {
    putc(c, aus);  c = encode(c);  c = getc(ein);
  }

  fclose(ein); fclose(ein);

  return 0;
}

char encode(char ch) { . . . }
```

Ergänzung: Schreiben Sie ein passendes Programm, das den verschlüsselten Text wieder entschlüsselt!

Textkomprimierung

Schreiben Sie ein kleines Programm, das C-Quellprogramme komprimiert, indem die „reservierten Wörter“ abgekürzt werden. Benutzen Sie dafür folgende Abkürzungstabelle:

```
typedef char String1[12];
typedef char String2[3];

typedef struct en {
  String1 s1;            /* reserviertes Wort */
  String2 s2;            /* Abkuerzung        */
} Entry;

typedef Entry Table[32];

Table tab = {
  "auto",     "@A",
  "break",    "@B",
  "case",     "@C",
  ...         ..
  "void",     "@c",
  "volatile", "@d",
  "while",    "@e"
};
```

Weitere Übungen:

- Wie kann der Komprimierungsfaktor verbessert werden?
- Wie könnte man das Programm zur Komprimierung beliebiger Texte modifizieren und ausbauen?
- Ist die Verwendung der obigen Abkürzungstabelle unkritisch, oder können Sie sich Texte vorstellen, bei denen das zu Fehlern führt?

Ergänzung: Schreiben Sie ein passendes Programm, das die komprimierten Texte wieder dekomprimiert!

Kapitel 2

ANSI/ISO-C-Standardbibliothek

Library design is language design.
Andrew Koenig in JOOP, June 1991

Language design is library design.
Andrew Koenig in JOOP, July 1991

2.1 Kurzübersicht über die Gesamtbibliothek 166
2.2 Fehlerdiagnostik: `<assert.h>` 166
2.3 Zeichenoperationen: `<ctype.h>` 166
2.4 Fehlererkennung: `<errno.h>` 167
2.5 Grenzwerte für Gleitkommatypen: `<float.h>` 167
2.6 Grenzwerte für ganzzahlige Typen: `<limits.h>` 168
2.7 Lokale (nationale) Definitionen: `<locale.h>` 169
2.8 Mathematische Funktionen: `<math.h >` 169
2.9 Globale Sprünge : `<setjmp.h>` 171
2.10 Ausnahmebehandlung: `<signal.h>` 171
2.11 Variable Parameterlisten: `<stdarg.h>` 172
2.12 Allgemeine Definitionen: `<stddef.h>` 172
2.13 Ein- und Ausgabe: `<stdio.h>` 172
2.14 Hilfsfunktionen: `<stdlib.h>` 176
2.15 String-Operationen: `<string.h>` 179
2.16 Datum und Zeit: `<time.h >` 181

2.1 Kurzübersicht über die Gesamtbibliothek

- ⊗ `<assert.h>` Fehlerdiagnostik
- ⊗ `<ctype.h>` Klassifizierung von Zeichen und Umwandlungen
- ⊗ `<errno.h>` Fehlererkennung
- ⊗ `<float.h>` Grenzwerte für Gleitkomma-Typen
- ⊗ `<limits.h>` Grenzwerte für ganzzahlige Typen
- ⊗ `<locale.h>` Lokale (nationale) Vereinbarungen
- ⊗ `<math.h>` Mathematische Funktionen
- ⊗ `<setjmp.h>` Globale Sprünge
- ⊗ `<signal.h>` Signale für Ausnahmebehandlung
- ⊗ `<stdarg.h>` Variable Parameterlisten
- ⊗ `<stddef.h>` Allgemeine Definitionen
- ⊗ `<stdio.h>` Ein- und Ausgabe
- ⊗ `<stdlib.h>` Hilfsfunktionen
- ⊗ `<string.h>` String-Operationen u.a.
- ⊗ `<time.h>` Datum und Zeit

2.2 Fehlerdiagnostik: `<assert.h>`

- ⊗ `void assert(int expression);`
  Wenn der Ausdruck den Wert `0` (false) *erhält, dann wird eine Fehlermeldung auf* `stderr` *ausgegeben, und das Programm wird beendet. Die Funktion ist als Makro realisiert, ihre Wirkung ist abschaltbar, s.u.*

Die Wirkung des Makros `assert(...)` kann abgeschaltet werden, indem **vor** dem Einfügen von `assert.h` der Makroname `NDEBUG` definiert wird.

2.3 Zeichenoperationen: `<ctype.h>`

Klassifizierung

- ⊗ `int isalnum(int c);`
  Ist c ein Buchstabe oder eine Ziffer?
- ⊗ `int isalpha(int c);`
  Ist c ein Buchstabe?
- ⊗ `int iscntrl(int c);`
  Ist c ein Steuerzeichen?

- `int isdigit(int c);`
  Ist c eine Ziffer?
- `int isgraph(int c);`
  Ist c ein druckbares Zeichen außer ' '?
- `int islower(int c);`
  Ist c ein Kleinbuchstabe?
- `int isprint(int c);`
  Ist c ein druckbares Zeichen, ' ' eingeschlossen?
- `int ispunct(int c);`
  Ist c ein druckbares Zeichen außer ' ', Buchstaben und Ziffern?
- `int isspace(int c);`
  Ist c ein "white-space"-Zeichen?
- `int isupper(int c);`
  Ist c ein Großbuchstabe?

Groß/Klein– und Klein/Groß-Konvertierung

- `int tolower(int c);`
  Wenn c ein Großbuchstabe ist, dann wird er in den entspr. Kleinbuchstaben konvertiert, sonst bleibt c unverändert.
- `int toupper(int c);`
  Wenn c ein Kleinbuchstabe ist, dann wird er in den entspr. Großbuchstaben konvertiert, sonst bleibt c unverändert.

2.4 Fehlererkennung: <errno.h>

Konstanten

- `EDOM`: *Falscher Argumentwert (domain error)*
- `ERANGE`: *Falscher Ergebniswert (range error)*

Variable

- `errno`: *Hier wird ein interner Fehlercode abgelegt*

2.5 Grenzwerte für Gleitkommatypen: <float.h>

Die symbolischen Konstanten definieren die Darstellung der float- und double-Typen. Die hier angegebenen konkreten Zahlenwerte sind beispielhafte Werte, die die Anforderungen an normalisierte einfach und doppelt genaue Zahlen nach dem Standard ANSI/IEEE 754-1985 erfüllen.

Konstanten

⊗ DBL_DIG	15	*Genauigkeit in Dezimalstellen*
⊗ DBL_EPSILON	2.220...e-016	*Kleinster Wert, so daß* 1.0+DBL_EPSILON !=1.0
⊗ DBL_MANT_DIG	53	*Anzahl der Bits in der Mantisse*
⊗ DBL_MAX	1.797...e+308	*Größter Wert*
⊗ DBL_MAX_10_EXP	308	*Größter dezimaler Exponent*
⊗ DBL_MAX_EXP	1024	*Größter binärer Exponent*
⊗ DBL_MIN	2.225...e-308	*Kleinster positiver Wert*
⊗ DBL_MIN_10_EXP	-307	*Kleinster dezimaler Exponent*
⊗ DBL_MIN_EXP	-1021	*Kleinster binärer Exponent*
⊗ _DBL_RADIX	2	*Exponent Radix*
⊗ _DBL_ROUNDS	1	*Runden bei Addition: nahe*
⊗ FLT_DIG	6	*Genauigkeit in Dezimalstellen*
⊗ FLT_EPSILON	1.192...e-07F	*Kleinster Wert, so daß* 1.0+FLT_EPSILON !=1.0
⊗ FLT_GUARD	0	
⊗ FLT_MANT_DIG	24	*Anzahl der Bits der Mantisse*
⊗ FLT_MAX	3.402...e+38F	*Größter Wert*
⊗ FLT_MAX_10_EXP	38	*Größter dezimaler Exponent*
⊗ FLT_MAX_EXP	128	*Größter binärer Exponent*
⊗ FLT_MIN	1.175...e-38F	*Kleinster positiver Wert*
⊗ FLT_MIN_10_EXP	-37	*Kleinster dezimaler Exponent*
⊗ FLT_MIN_EXP	-125	*Kleinster binärer Exponent*
⊗ FLT_NORMALIZE	0	
⊗ FLT_RADIX	2	*Exponent Radix*
⊗ FLT_ROUNDS	1	*Runden bei Addition: nahe*

2.6 Grenzwerte für ganzzahlige Typen: <limits.h>

Die symbolischen Konstanten definieren Grenzwerte, z.B. Minimal- und Maximalwerte, für alle char-, int-, short- und long-Typen. Die hier angegebenen Zahlenwerte sind beispielhafte Werte für eine Umgebung mit 32 Bit Wortlänge. Die konkreten Werte hängen von der jeweiligen Implementierung ab.

Konstanten

⊗ CHAR_BIT	8	*Anzahl der Bits pro char*
⊗ SCHAR_MIN	-128	*Kleinster signed char Wert*
⊗ SCHAR_MAX	127	*Größter signed char Wert*
⊗ UCHAR_MAX	0xff	*Größter unsigned char Wert*
⊗ CHAR_MIN	SCHAR_MIN	*Kleinster char Wert, wenn char = signed char*
⊗ CHAR_MIN	0	*Kleinster char Wert, wenn char = unsigned char*
⊗ CHAR_MAX	SCHAR_MAX	*Größter char Wert, wenn char = signed char*
⊗ CHAR_MAX	UCHAR_MAX	*Größter char Wert, wenn char = unsigned char*
⊗ MB_LEN_MAX	2	*max. number bytes in multibyte char*
⊗ SHRT_MIN	-32768	*Kleinster (signed) short Wert*
⊗ SHRT_MAX	32767	*Größter (signed) short Wert*
⊗ USHRT_MAX	0xffff	*Größter unsigned short Wert*
⊗ INT_MIN	-2147483648	*Kleinster (signed) int Wert*
⊗ INT_MAX	2147483647	*Größter (signed) int Wert*
⊗ UINT_MAX	4294967295	*Größter unsigned int Wert*
⊗ LONG_MIN	-2147483648L	*Kleinster (signed) long Wert*
⊗ LONG_MAX	2147483647L	*Größter (signed) long Wert*
⊗ ULONG_MAX	4294967295UL	*Größter unsigned long Wert*

2.7 Lokale (nationale) Definitionen: <locale.h>

Über diese Header-Datei können nationale landes- und sprachspezifische Eigenheiten festgelegt werden, die z.B. die Wiedergabe von Zahlen (Dezimal-Punkt oder -Komma), Geld, Zeiten und Zeichensätzen betreffen, auf deren Darstellungen hier verzichtet wird.

2.8 Mathematische Funktionen: <math.h >

Konstante

⊗ HUGE_VAL *: größtmöglicher* double-*Wert, der als Resultat im Falle eines Überlaufs geliefert wird.*

Trigonometrische und hyperbolische Funktionen

- ⊗ `double acos(double x);`
  Berechnet $\arccos x$ *für* x *im Bereich* $[-1, +1]$

- ⊗ `double asin(double x);`
  Berechnet $\arcsin x$ *für* x *im Bereich* $[-1, +1]$

- ⊗ `double atan(double x);`
  Berechnet $\arctan x$ *für* x *im Bereich* $[-\pi/2, +\pi/2]$

- ⊗ `double atan2(double y, double x);`
  Berechnet $\arctan x$ *für* y/x *im Bereich* $[-\pi/2, +\pi/2]$

- ⊗ `double cos(double x);`
  Berechnet $\cos x$

- ⊗ `double sin(double x);`
  Berechnet $\sin x$

- ⊗ `double tan(double x);`
  Berechnet $\tan x$

- ⊗ `double cosh(double x);`
  Berechnet $\cosh x$

- ⊗ `double sinh(double x);`
  Berechnet $\sinh x$

- ⊗ `double tanh(double x);`
  Berechnet $\tanh x$

Exponential- und Logarithmus-Funktionen

- ⊗ `double exp(double x);`
  Berechnet $\exp x$

- ⊗ `double frexp(double x, int *exp);`
  Berechnet $\exp x$, *das Ergebnis ist* $2^{*exp} \cdot frexp(...)$

- ⊗ `double ldexp(double x, int exp);`
  Berechnet $2^{*exp} \cdot x$

- ⊗ `double log(double x);`
  Berechnet $\ln x \equiv \log_e x$ *für* $x > 0$

- ⊗ `double log10(double x);`
  Berechnet $\lg x \equiv \log_{10} x$ *für* $x > 0$

- ⊗ `double modf(double x, double *iptr);`
  Berechnet für x *den Nachkommaanteil, der ganzzahlige Anteil wird als *iptr zurückgegeben*

Potenz- und Wurzel-Funktion

- `double pow(double x, double y);`
  liefert x^y *für* $x \geq 0 \vee x \equiv 0 \wedge y \leq 0 \vee x \leq 0 \wedge y$ *ist ganzzahlig*

- `double sqrt(double x);`
  Berechnet $\sqrt{x}$ *für* $x \geq 0$

Sonstige Funktionen

- `double ceil(double x);`
  Berechnet kleinsten ganzzahligen Wert $\geq x$

- `double fabs(double x);`
  Berechnet $|x|$

- `double floor(double x);`
  Berechnet größten ganzzahligen Wert $\leq x$

- `double fmod(double x, double y);`
  Berechnet den Gleitkommazahl-Rest der Division $x : y$, *z.B.* `fmod(10.0, 3.0)` *ergibt den Wert* `1.0`

2.9 Globale Sprünge : <setjmp.h>

- `jmp_buf` *: Array-Typ, der die Zustandsinformation (den aktuellen Kontext) speichern kann, die erforderlich ist, um diesen Zustand zu einem späteren Zeitpunkt wiederherzustellen*

- `int setjmp(jmp_buf env);`
  Der aktuelle Kontext wird in `env` *abgelegt, um zu einem späteren Zeitpunkt durch den Aufruf von* `longjmp` *wiederhergestellt zu werden. Bei direktem Aufruf liefert die Funktion den Wert Null zurück, bei einem über die Funktion* `longjmp` *laufende Aktivierung einen von Null verschiedenen Wert. Ist als Makro realisiert und kann nur in bestimmten Zusammenhängen aufgerufen werden*

- `void longjmp(jmp_buf env, int val);`
  Stellt den in `env` *gespeicherten Kontext wieder her*

2.10 Ausnahmebehandlung: <signal.h>

Das Modul unterstützt die Handhabung bestimmter Signale beim Programmlauf im Rahmen einer Ausnahmebehandlung, auf weitere Erläuterungen wird hier verzichtet.

2.11 Variable Parameterlisten: <stdarg.h>

Hierüber sind die Hilfsmittel zur Definition von Funktionen mit variablen Parameterlisten verfügbar, das sind ein Zeigertyp und drei Makros:

- `va_list`
  Zeigertyp zur Definition eines Zeigers, mit dem das jeweils aktuelle Argument bezeichnet wird
- `void va_start(va_list ap,` *paramN* `);`
  Damit wird der Argumentzeiger `ap` *initialisiert, paramM bezeichnet den letzten Parameter der Funktion mit variabler Parameterliste vor* `,...`*. Ist als Makro realisiert*
- *type* `va_arg(va_list ap,` *type* `);`
  liefert einen Wert mit einem Rückgabetyp, der hier als zweiter Parameter spezifiziert ist. Ist als Makro realisiert
- `void va_end(va_list ap);`
  Führt erforderliche Abschlußaktionen durch. Ist als Makro realisiert

2.12 Allgemeine Definitionen: <stddef.h>

Typen

- `ptrdiff_t`*: Resultattyp für die Subtraktion zweier Zeiger*
- `size_t`*: Resultattyp des Operators* `sizeof`
- `wchar_t`*: Vordefinierter Typ für ein Wide-Char-Zeichen*

Konstante

- `NULL`

Makro

- `size_t offsetof(`*struct_type, struct_member*`);`
  Liefert das Offset in Byte vom Beginn der Struktur bis zu dem bezeichneten Feld

2.13 Ein- und Ausgabe: <stdio.h>

Typen

- `FILE`*: Dateideskriptor zur Deklaration von Dateizeigern*
- `size_t`*: ganzzahliger Typ als Ergebnis des Operators* `sizeof`
- `fpos_t`*: Typ zur Spezifikation einer Position innerhalb einer Datei*

Konstanten

- ⊗ `NULL`: *Null-Zeiger, ein besonderer Wert für einen Zeiger, implementierungsabhängig, aber kompatibel zur ganzzahligen Null (0)*
- ⊗ `_IOFBF, _IOLBF, _IONBF`: *Werte für das dritte Argument in der Funktion* `setbuf`, *siehe dort*
- ⊗ `BUFSIZ`: *Größe des Puffers, der durch die* `setbuf`*-Funktion (s.u.) verwendet wird*
- ⊗ `EOF`: End Of File-*Indikator*
- ⊗ `FOPEN_MAX`: *Gibt an, wie viele Dateien gleichzeitig geöffnet sein können, implementationsabhängig*
- ⊗ `FILENAME_MAX`: *Gibt die maximal mögliche Länge für den Dateinamen an, implementationsabhängig*
- ⊗ `L_tmpnam`: *Größe, mit der ein String (*`char`*-Array) vereinbart sein muß, damit er einen Dateinamen aufnehmen kann, der durch die Funktion* `tmpnam` *generiert wird*
- ⊗ `SEEK_CUR, SEEK_END, SEEK_SET`: *Werte für das dritte Argument in der Funktion* `fseek`, *siehe dort*
- ⊗ `TMP_MAX`: *Maximale Anzahl der von* `tmpname` *erzeugbaren unterscheidbaren Dateinamen*

Variablen

- ⊗ `stdin, stdout, stderr`: *Standard-Eingabemedium, Standard-Ausgabemedium bzw. Standard-Fehlerausgabemedium*

Operationen auf Dateien

- ⊗ `int remove(const char* filename);`
  Entfernt die Datei filename aus dem aktuellen Verzeichnis
- ⊗ `int rename(const char* old, const char* new);`
  Ersetzt den Dateinamen `old` *durch* `new` *im aktuellen Verzeichnis*
- ⊗ `FILE* tmpfile(void);`
  Kreiert eine temporäre Datei, die automatisch wieder entfernt wird bei Programmende und beim Schließen der Datei
- ⊗ `char* tmpnam(char* s);`
  Generiert einen im aktuellen Verzeichnis noch nicht existierenden Dateinamen

Zugriffssteuerung

- ⊗ `int fclose(FILE* f);`
  Schließt die Datei f

⊗ `int fflush(FILE* f);`
Bei einer vorangehenden Ausgabeoperation werden evtl. gepufferte Daten geschrieben, sonst ist die Wirkung undefiniert. Bei Angabe eines `NULL`*-Zeigers werden alle Ausgabepuffer geleert*

⊗ `FILE* fopen(const char* filename, const char* mode);`
Eine Datei mit dem angegebenen Namen öffnen, Details siehe 1.9.4

⊗ `FILE* freopen(const char* filename, const char* mode, FILE* f);`
Ähnlich fopen, hier wird ggf. die zu `f` *gehörende Datei geschlossen, um dann den Zeiger* `f` *neu zu verwenden*

⊗ `void setbuf(FILE* f, char* buf);`
Stellt explizit das Array `buf` *der Größe* `BUFSIZE` *als Puffer für die Datei* `f` *zur Verfügung*

⊗ `int setvbuf(FILE* stream, char* buf, int mode, size_t size);`
Stellt explizit das Array `buf` *der Größe* `size` *als Puffer für die Datei* `f` *zur Verfügung. Der Parameter* `mode` *steuert die Art der Pufferung:* `_IOLBF` *bedeutet „Zeilenpufferung“,* `_IOFBF` *bedeutet „volle Pufferung“ und* `_IONBF` *bedeutet „keine Pufferung“*

Formatierte Eingabe und Ausgabe

⊗ `int fprintf(FILE* f, const char* format, ...);`
Formatierte Ausgabe in die Datei `f`*, siehe Abschn. 1.9.4*

⊗ `int fscanf(FILE* stram, const char* format, ...);`
Formatierte Eingabe aus der Datei `f`*, siehe Abschn. 1.9.4*

⊗ `int printf(const char* format, ...);`
Formatierte Ausgabe auf `stdout`*, siehe Abschn. 1.9.4*

⊗ `int scanf(const char* format, ...);`
Formatierte Eingabe von `stdin`*, siehe Abschn. 1.9.4*

⊗ `int sprintf(char* s, const char* format, ...);`
`int sscanf(const char* s, const char* format, ...);`
Wie die entsprechenden Funktionen `fprintf` *und* `fscanf`*, aber das Ausgabe- bzw. das Eingabemedium ist der String s*

⊗ `int vprintf(const char* format, va_list arg);`
`int vfprintf(File* f, const char* format, va_list arg);`
`int vsprintf(char* s, const char* format, va_list arg);`
Wie die entsprechenden Funktionen `printf`, `fprintf` *und* `sprintf`*, aber die variable Parameterliste wird durch* `arg` *ersetzt, siehe dazu Abschn. 1.7.3 und 2.11*

Eingabe und Ausgabe von Zeichen und Zeichenfolgen

⊗ `int fgetc(FILE* f);`
Das nächste Zeichen aus der Datei `f` *lesen*

⊗ `char* fgets(char* s, int n, FILE* f);`
Den nächsten String aus der Datei `f` *lesen, maximal* $n-1$ *Zeichen*

⊗ `int fputs(const char* s, FILE* f);`
Den String s in die Datei f ausgeben

⊗ `int getc(FILE* f);`
Wie `fgetc`*, aber als Makro realisiert*

⊗ `int getchar(void);`
Das nächste Zeichen von `stdin` *lesen, d.h. identisch mit* `fgetc(stdin`

⊗ `char* gets(char* s);`
Den nächsten String von `stdin` *lesen, d.h. identisch mit* `fgets(s, stdin)`

⊗ `int putc(int c, FILE* f);`
Wie `fputc`*, aber als Makro realisiert*

⊗ `int putchar(int c);`
Das nächste Zeichen auf `stdout` *ausgeben, d.h. identisch mit* `putc(c, stdout)`

⊗ `int puts(const char* s);`
Den String s auf `stdout` *ausgeben, d.h. identisch mit* `fputs(s, stdout)`

⊗ `int ungetc(int c, FILE* f);`
Schreibt virtuell ein Zeichen zurück auf das Eingabemedium `f`*, für ein Zeichen wird das garantiert. Konkret wird in den Eingabepuffer zurückgeschrieben*

Direkter Dateizugriff

⊗ `size_t fread(void* ptr, size_t size, size_t nmemb, FILE* f);`
Aus der Datei `f` *blockweise in den Puffer* `ptr` *der Größe* `size` *lesen, Details siehe Abschn. 1.9.6*

⊗ `size_t fwrite(void* ptr, size_t size, size_t nmemb, FILE* f);`
Blockweise aus dem Puffer `ptr` *der Größe size in die Datei* `f` *schreiben, Details siehe Abschn. 1.9.6*

⊗ `int fgetpos(FILE* f, fpos_t* pos);`
Die aktuelle Position `pos` *in der Datei* `f` *an* `*f_pos` *übergeben, Details siehe Abschn. 1.9.4*

⊗ `int fseek(FILE* f, long int offset, int whence);`
Die Datei `f` *auf ein „Offset“* `offset` *bezogen auf den „Ausgangswert“* `whence` *(Dateianfang, Dateiende oder aktuelle Position) positionieren, Details siehe Abschn. 1.9.6*

⊗ `int fsetpos(FILE* f, const fpos_t* pos);`
Die Datei `f` *auf die Position* `pos` *positionieren, Details siehe Abschn. 1.9.4*

⊗ `long int ftell(FILE* f);`
Liefert die aktuelle Position der Datei `f`*, Details siehe Abschn. 1.9.6*

⊗ `void rewind(FILE* f);`
Die Dateiposition auf den Dateianfang setzen, ist identisch mit `fseek(f, 0L, SEEK_SET)`

Fehlerbehandlung

- `void clearerr(FILE* f);`
  Löscht die Dateiende– und Fehleranzeigen für die Datei `f`
- `int feof(FILE* f);`
  Ist das Ende der Datei `f` *erreicht?*
- `int ferror(FILE* f);`
  Ist ein Fehler beim Benutzen der Datei `f` *aufgetreten?*
- `void perror(const char* s);`
  Schreibt den übergebenen String und eine Systemfehlermeldung, die aus der Variablen `errno` *in* `errno.h` *abgeleitet wird, in die Standardfehlerausgabe* `stderr` *(default: Bildschirm)*

2.14 Hilfsfunktionen: `<stdlib.h>`

Typen

- `size_t`*: ganzzahliger Typ als Ergebnis des Operators* `sizeof`
- `wchar_t`*: ganzzahliger Typ, der alle Wide-Character-Zeichen darstellen kann*
- `div_t`*: Strukturtyp, der das Ergebnis der* `div`*-Funktion aufnehmen kann*
- `ldiv_t`*: Strukturtyp, der das Ergebnis der* `ldiv`*-Funktion aufnehmen kann*

Konstanten

- `NULL` *: Null-Zeiger, ein besonderer Wert für einen Zeiger, implementierungsabhängig, aber kompatibel zur ganzzahligen Null (0)*
- `EXIT_FAILURE` *: kann von der* `exit`*-Funktion zur Bezeichnung eines fehlerhaften Abbruchs verwendet werden*
- `EXIT_SUCCESS` *: kann von der* `exit`*-Funktion zur Bezeichnung eines erfolgreichen Abbruchs verwendet werden*
- `RAND_MAX` *: größter Wert, den die* `rand`*-Funktion liefern kann*
- `MB_CUR_MAX` *: gibt an, wie viele Bytes maximal in einem Multibyte-Zeichen abgelegt werden können, kann mit* `LC_TYPE` *in* `locale.h` *spezifiziert werden, darf nicht größer werden als* `MB_LEN_MAX`

String-Konvertierungen

- `double atof(const char* s);`
  Wandelt den String `s` *in einen* `double`*-Wert*
- `int atoi(const char* s);`
  Wandelt den String `s` *in einen* `int`*-Wert*

⊗ `long atol(const char* s);`
Wandelt den String `s` *in einen* `long`*-Wert*

⊗ `double strtod(const char* s, char** endptr);`
Wandelt den String `s` *in einen* `double`*-Wert,* `*endptr` *zeigt auf das erste Zeichen in* `s`*, das hinter der Zahl steht*

⊗ `long int strtol(const char* nptr, char** endptr, int base);`
Wandelt den String `s` *in einen* `long int`*-Wert,* `*endptr` *zeigt auf das erste Zeichen in* `s`*, das hinter der Zahl steht.* `base` *kann Werte zwischen 2 und 36 oder 0 annehmen und definiert die Basis des Zahlensystems. Für base* $\equiv 0$ *kann die Darstellung der übergebenen Zahl in der üblichen Weise in oktaler, dezimaler oder hexadezimaler Form erfolgen*

⊗ `unsigned long int strtoul(const char* nptr, char** endptr, int base);`
Entsprechend `strtol`*, aber der gewandelte Wert ist vom Typ* `long int`

Pseudo-Zufallsgeneratoren

⊗ `int rand(void);`
Liefert eine Pseudozufallszahl im Bereich $0 \ldots RAND\_MAX$ *mit* $RAND\_MAX \geq 2^{15} - 1$

⊗ `void srand(unsigned int seed);`
`seed` *wird als neuer Ausgangswert für die Generierung der Zufallszahlen verwendet*

Heap-Speicher-Verwaltung

⊗ `void* calloc(size_t nmemb, size_t size);`
Reserviert ein Array mit `nmemb` *Elementen der Größe* `size` *auf dem Heap und liefert einen nichttypisierten Zeiger darauf zurück*

⊗ `void free(void* ptr);`
Gibt den durch `ptr` *bezeichneten Speicherplatz – der vorher durch* `calloc` *oder durch* `malloc` *reserviert gewesen sein muß – wieder frei*

⊗ `void* malloc(size_t size);`
Reserviert auf dem Heap Speicherplatz der Größe `size` *und liefert einen nichttypisierten Zeiger darauf zurück*

⊗ `void* realloc(void* ptr, size_t size);`
Damit kann der durch `ptr` *referenzierte Speicherbereich auf den neuen Wert* `size` *vergrößert werden*

Kommunikation mit dem Betriebssystem

⊗ `void abort(void);`
Anormaler Programmabbruch, ruft `raise(SIGABRT)`

⊗ `int atexit(void (*func) (void));`
Hinterlegt einen Verweis auf die angegebene Funktion, die dann bei normaler Beendigung des Programms aufgerufen wird

⊗ `void exit(int status);`
Beendet das Programm normal und übergibt dem Betriebssystem den Wert `status`*, 0 bedeutet „erfolgreich beendet"*

⊗ `char* getenv(const char* name);`
Implementierungsabhängige Möglichkeit, auf eine vom Betriebssystem bereitgestellte sog. „Umgebungsliste" zuzugreifen, z.B.: `char* s = getenv("PATH")` *liefert den im System festgelegten „Suchpfadnamen"*

⊗ `int system(const char* string);`
Implementierungsabhängige Möglichkeit, dem System einen String zu übergeben, der dann z.B. als Systemkommando interpretiert und ausgeführt werden kann

Sortieren und Suchen

⊗
```
void* bsearch(const void* key, const void* buf, size_t n, size_t size,
                int (*comp)(const void* x, const void* y));
```
Sucht in dem Puffer `buf` *mit* `n` *Elementen der jeweiligen Größe* `size` *den Wert* `key`*. Wenn vorhanden, wird ein Zeiger auf den gefundenen Eintrag zurückgegeben, sonst ein* `NULL`*-Zeiger. Die aktuelle Vergleichsfunktion* `comp` *wird in der angegebenen Form übergeben, sie vergleicht den gesuchten Wert* `x` *mit dem jeweiligen Eintrag* `y` *und liefert einen negativen Wert zurück, wenn* `x` *auf den kleineren Wert zeigt, einen positiven Wert, wenn* `x` *auf den größeren Wert zeigt, und den Wert 0, wenn* `x` *und* `y` *auf gleiche Werte zeigen.* **Achtung:** *Der Puffer* `buf` *muß sortiert sein, es wird der Algorithmus „Binäres Suchen" verwendet, Zeitkomplexität:* $T = O(\log n)$*!*

⊗
```
void qsort(const void* buf, const void* key, size_t n, size_t size,
              int (*comp)(const void* x, const void* y));
```
Sortiert den Puffer `buf` *mit* `n` *Elementen der jeweiligen Größe* `size` *unter Verwendung der Funktion* `comp` *für den Vergleich zweier Elemente. Bezüglich der Funktionalität von* `comp` *gilt die bei der Erläuterung von* `bsearch` *angegebene Spezifikation. Es wird der Algorithmus „Quicksort" verwendet, Zeitkomplexität:* $T = O(n \log n)$*!*

Ganzzahlige Arithmetik

⊗
```
int  abs(int j);
long labs(long int j);
```
Berechnen den Betrag von `j`

⊗
```
div_t  div(int a, int b);
ldiv_t div(long int numer, long int denom);
```
Berechnen `a/b`*. Das Ergebnis – Quotient und Rest – wird in den beiden Komponenten der Struktur* `div_t` *bzw.* `ldiv_t` *abgelegt und zurückgegeben*

Funktionen für Multibyte-Zeichen und für Multibyte-Strings

Die Darstellung von Multibyte-Zeichen und Zeichen vom Typ `wchar_t` ist implementierungsabhängig, in dem Bibliotheksmodul `locale.h` können entsprechende Festlegungen definiert sein.

- ⊗ `int mblen(const char* s, size_t n);`
  Liefert die Anzahl der Bytes, die in dem Multibyte-Zeichen enthalten ist, auf das `s` *zeigt, es werden höchstens* `n` *Byte untersucht*

- ⊗ `int mbtowc(wchar_t* pwc, const char* s, size_t n);`
  Konvertiert das durch `s` *bezeichnete Multibyte-Zeichen in eine* `wchar_t`*-Darstellung, es werden maximal* `n` *Bytes berücksichtigt. Die Funktion liefert bei erfolgreicher Konvertierung die Anzahl der Bytes in dem Multibyte-Zeichen*

- ⊗ `int wctomb(char* s, wchar_t wchar);`
  Konvertiert das `wchar_t`*-Zeichen in ein Multi-Byte Zeichen und liefert die Anzahl der Bytes in der Darstellung*

- ⊗ `size_t mbtowcs(wchar_t* pwcs, const char* s, size_t n);`
  Konvertiert den Multibyte-String `s` *in einen String mit Zeichen vom Typ* `wchar_t`*, es werden max.* `n` *Multibyte-Zeichen berücksichtigt. Die Funktion liefert die Anzahl der konvertierten Zeichen*

- ⊗ `size_t wcstombs(char* s, const wchar_t* pwcs, size_t n);`
  Konvertiert den String aus Zeichen vom Typ `wchar_t` *in einen String aus Multibyte-Zeichen, es werden max.* `n` *Bytes konvertiert. Die Funktion liefert die Anzahl der konvertierten Bytes*

2.15 String-Operationen: <string.h>

Kopieren

- ⊗ `void* memcpy(void* s1, const void* s2, size_t n);`
  Kopiert `n` *Zeichen (Byte) von* `s2` *nach* `s1`*. Quell- und Zielbereich sollten nicht überlappen*

- ⊗ `void* memmove(void* s1, const void* s2, size_t n);`
  Kopiert `n` *Zeichen (Byte) von* `s2` *zunächst in einen temporären Puffer und von dort nach* `s1`

- ⊗ `char* strcpy(char* s1, const char* s2);`
  Der mit `'\0'` *abgeschlossene String* `s2` *wird inclusive* `'\0'` *nach* `s1` *kopiert*

- ⊗ `char* strncpy(char* s1, const char* s2, size_t n);`
  Wenn `n` *kleiner ist als die Anzahl der Zeichen in* `s2`*, werden nur* `n` *Zeichen von* `s2` *kopiert, sonst wird* `s1` *ggf. mit zusätzlichen* `\'0'`*-Zeichen aufgefüllt*

Aneinanderhängen

- ⊗ `char* strcat(char* s1, const char* s2);`
  Der String `s2` *wird an den String* `s1` *gehängt*

- ⊗ `char* strncat(char* s1, const char* s2, size_t n);`
  Es werden maximal `n` *Zeichen von* `s2` *angehängt*

Vergleichen

- `int memcmp(const char* s1, const char* s2, size_t n);`
`int strcmp(const char* s1, const char* s2);`
`int strncmp(const char* s1, const char* s2, size_t n);`
Alle drei Funktionen vergleichen Zeichenketten und liefern einen negativen Wert, wenn die erste Zeichenkette alphabetisch vor der zweiten kommt, sie liefern einen negativen Wert, wenn sie alphabetisch nach der zweiten kommt, und bei Gleichheit geben sie den Wert 0 zurück. Die Funktion `memcmp` *vergleicht die ersten n Zeichen beider Zeichenketten, die Funktion* `strcmp` *vergleicht „nullterminierte" Strings, die also mit* `'\0'` *abgeschlossen sein müssen, und die Funktion* `strncmp` *vergleicht maximal die ersten* `n` *Zeichen der beiden Strings.*

- `int strcoll(const char* s1, const char* s2);`
Diese Funktion gleicht `strcmp`*, der Vergleich wird entsprechend den Festlegungen in* <locale.h> *durchgeführt, d.h. es ist möglich, damit die Besonderheiten nationaler Zeichensätze zu berücksichtigen.*

- `size_t strxfrm(char* s1, const char* s2, size_t n);`
Mit dieser Funktion kann – unter Bezug auf <locale.h> *– der String* `s2` *so in einen String* `s1` *transformiert werden, daß er als Argument von* `strcmp` *verwendet werden kann. Die Funktion gibt die Länge des transformierten Strings zurück.*

Suchen

- `void* memchr(const void* s, int c, size_t n);`
Liefert einen Zeiger auf das erste Zeichen `c` *in den ersten* `n` *Zeichen von* `s`*, wird kein* `c` *gefunden, dann wird ein* `NULL`*-Zeiger zurückgegeben*

- `char* strchr(const char* s, int c);`
`char* strrchr(const char* s1, int c);`
Liefert einen Zeiger auf das erste `strchr` *bzw. letzte* `strrchr` *Zeichen* `c` *in dem String* `s`*, wird kein* `c` *gefunden, dann wird ein* `NULL`*-Zeiger zurückgegeben*

- `size_t strspn (const char* s1, const char* s2);`
`size_t strcspn(const char* s1, const char* s2);`
Liefert die Länge des mit dem ersten Zeichen im String `s1` *beginnenden Bereiches, der alle Zeichen enthält, die auch im String* `s2` *vorkommen (*`strspn`*) bzw. nicht vorkommen (*`strcspn`*)*

- `char* strpbrk(const char* s1, const char* s2);`
Liefert einen Zeiger auf das erste Zeichen im String `s1`*, das auch im String* `s2` *enthalten ist*

- `char* strstr(const char* s1, const char* s2);`
Liefert einen Zeiger auf den Anfang eines ersten Substrings in `s1`*, der gleich dem String* `s2` *ist*

- `char* strtok(char* s1, const char* s2);`
Etwas „exotische" Funktion, hier nicht weiter erläutert

Verschiedenes

- ⊗ `void* memset(void* s, int c, size_t n);`
  Initialisiert die ersten `n` *Zeichen der Zeichenkette* `s` *mit dem Wert des Zeichens* `c`
- ⊗ `char* strerror(int errnum);`
  Liefert einen Zeiger auf einen String, der eine Fehlermeldung zu der angegebenen Fehlernummer ist
- ⊗ `size_t strlen(const char* s);`
  Liefert die Länge des Strings `s` *ohne das Stringende-Zeichen*

2.16 Datum und Zeit: <time.h >

Konstanten

- ⊗ `NULL`: *Null-Zeiger, ein besonderer Wert für einen Zeiger, implementierungsabhängig, aber kompatibel zur ganzzahligen Null (0)*
- ⊗ `CLOCKS_PER_SEC`: *Definiert, durch welchen Wert ein* `clock_t`*-Wert, der von der Funktion* `clock` *geliefert wird, dividiert werden muß, um die entsprechende Zeit in Sekunden anzugeben*

Typen

- ⊗ `size_t` : *ganzzahliger Typ als Ergebnis des Operators* `sizeof`
- ⊗ `clock_t` : *arithmetischer Typ zur Darstellung einer Zeit*
- ⊗ `time_t` : *arithmetischer Typ zur Darstellung einer Zeit*
- ⊗ `struct tm` : *Strukturtyp zur Darstellung von Datum und Zeit (Kalenderzeit)*

```
{
  int tm_sec;     : Sekunde (0...61) (wegen Schaltsekunden)
  int tm_min;     : Minute (0...59)
  int tm_hour;    : Stunde (0...23)
  int tm_mday;    : Tag (1...31)
  int tm_mon;     : Monat (0...11)
  int tm_year;    : Jahr (Jahr – 1900)
  int tm_wday;    : Tage nach Sonntag (0...6)
  int tm_yday;    : Tage nach 1. Januar (0...365)
  int tm_isdst;   : Sommerzeit (< 0: undef., = 0: keine S.-zeit, > 0: S.-zeit)
}
```

Manipulation

- ⊗ `clock_t clock(void);`
  Liefert die Zeit in ticks *(eine implementierungsabhängige Einheit) seit Programm-*

beginn. Falls der Rechner keinen entsprechenden Wert bereitstellt, wird `-1` *geliefert.* `clock()/CLOCKS_PER_SEC` *ist die Zeit in Sekunden*

⊗ `double difftime(time_t time1, time_t time0);`
Liefert die Differenz der beiden Kalenderzeiten `time0 - time1` *in Sekunden als* `double`*-Wert*

⊗ `time_t mktime(struct tm* timeptr);`
Kann eine in `*timeptr` *unvollständig eingetragene Kalenderzeit vervollständigen und dafür sorgen, daß die Angaben konsistent werden: bei der vom Benutzer übergebenen Strukturvariablen werden die Werte für* `tm_wday` *und* `tm_yday` *ignoriert, bei den anderen Komponenten ist der Benutzer nicht an die oben angegebenen Wertebereiche gebunden,* Beispiel: Auf welchen Wochentag (0...6) fällt Weihnachtsabend im Jahre 2002 ?

```
struct tm t = {0, 0, 12, 24, 12-1, 2002-1900, 0, 0, 0};
mktime(&t);
printf("%d\n", t.tm_wday);
```

⊗ `time_t time(time_t* timer);`
Liefert die aktuelle Kalenderzeit. Falls der Rechner keinen entsprechenden Wert bereitstellt, wird `-1` *geliefert. Wenn für* `timer` *kein* `NULL`*-Zeiger übergeben wird, dann wird die Kalenderzeit auch in* `*time` *abgelegt*

Konvertierung

⊗ `char* asctime(const struct tm* timeptr);`
Liefert einen Zeiger auf einen String, in dem die übergebene Kalenderzeit im amerikanischen Format steht, z.B. `Fri May 09 14:57:21 1997`

⊗ `char* ctime(const time_t* timer);`
Entsprechend `asctime`*, liefert aber die lokale Zeit, entspricht* `asctime( localtime (timer) )`

⊗ `struct tm* gmtime(const time_t* timer);`
Wandelt die übergebene Zeit um in die mittlere Greenwich-Zeit

⊗ `struct tm* localtime(const time_t* timer);`
Wandelt die übergebene Zeit um in die lokale Zeit

⊗ `size_t strftime(char* s, size_t maxsize, const char* format, const struct tm* timeptr);`
Konvertiert die durch `timeptr` *bezeichnete Zeit in einen String* `s` *unter Verwendung der im Formatstring spezifizierten Formatierung. Dafür sind 22 spezielle Formatspezifizierer definiert worden, auf deren Wiedergabe hier verzichtet wird*

Kapitel 3

Modulare Programmierung

... the art of programming is the art of organising complexity, of mastering multitude and avoiding its bastard chaos as effectively as possible.

Edsger W. Dijkstra, *Structured Programming*

Ein Modul ist eine Sammlung von Algorithmen und Datenstrukturen zur Bearbeitung einer in sich abgeschlossenen Aufgabe. Die Verwendung des Moduls (d.h. seine Integration in ein Programmsystem) erfordert keine Kenntnis seines inneren Aufbaus und der konkreten Realisierung der gekapselten Algorithmen und Datenstrukturen, und seine Korrektheit ist ohne Kenntnis seiner Einbettung in ein bestimmtes Programmsystem nachprüfbar.

G. Pomberger, *Informatik-Handbuch*

3.1 Module und Modulschnittstellen 184
3.2 Fallstudie 1: Komplexe Arithmetik 192
3.3 Fallstudie 2: Strings 195
3.4 Fallstudie 3: Set (Menge) 199
3.5 Fallstudie 4: Generische Sortierte Liste 214
3.6 Übungen 228

3.1 Module und Modulschnittstellen

3.1.1 Softwareentwurf und Modularisierung

Jeder erfahrene Softwareentwickler weiß, daß die Beherrschung der Komplexität das Hauptproblem bei der Entwicklung großer Softwaresysteme ist. Unter dem Stichwort *Strukturierte Programmierung* ist das Thema in den siebziger Jahren gründlich behandelt worden, die Ergebnisse haben sich in Sprachen wie z.B. *Pascal*, *MODULA-2* und *Ada* niedergeschagen.

Auf der unteren Abstraktionsebene *(Programmierung im Kleinen)* geht es dabei um *Steueranweisungen* (Ablaufstrukturen, Kontrollstrukturen) sowie um *Funktionale Abstraktion* in Form von Funktionen und Prozeduren und um *Datenabstraktion* in Form von Datenstrukturen.

Auf einer höheren Abstraktionsebene *(Programmierung im Großen)* ist das wesentliche Thema die *Gestaltung und Anordnung von Modulen*. MODULA-2 und Ada unterstützen mit ihrem *Modul- bzw. Package-* Konzept dieses *Programmierparadigma*, das dann später von anderen Sprachen wie z.B. von *Oberon* und *Java* übernommen wurde.

Die Grundidee der Modularen Programmierung besteht darin, oberhalb der Funktionalen Abstraktion und der Datenabstraktion Programmteile – meist Module oder Packages genannt – zu definieren, die im wesentlichen Definitionen von Daten und Funktionen (bzw. Prozeduren) zu einer Programmeinheit zusammenfassen.

Die Programmiersprache ANSI/ISO-C unterstützt nicht direkt logische Konzepte der Modularen Programmierung, aber es unterstützt die Möglichkeit, Programme in *Übersetzungseinheiten (compilation units)* in Form von Dateien zu unterteilen und ermöglicht es, Beziehungen zwischen Daten und Funktionen über Dateigrenzen hinweg zu definieren. Auf dieser Basis ist es möglich, Modulkonzepte, wie sie in *MODULA-2*, *Oberon* und *Java* verankert sind, mit gewissen Einschränkungen zu simulieren. Die sprachlichen Grundlagen für das Arbeiten mit Modulen in C und einige kleine Beispiele sind im Abschn. 1.10.5 beschrieben.

3.1.2 Geheimnisprinzip, Datenkapselung, Abstrakte Datentypen

Eine wichtiger Leitgedanke beim Softwareentwurf ist das *Geheimnisprinzip (Information Hiding)*. Um nicht in Komplexität zu ersticken, werden z.B. in Headerdateien Schnittstellen in Form von Funktionsprototypen definiert, der Anwender benutzt die Schnittstellen und interessiert sich im allgemeinen nicht für die Details der Realisierung, die deshalb in Implementationsdateien versteckt werden.

Eine spezielle – aber ganz besonders wichtige – Art, das Geheimnisprinzip umzusetzen, ist die Datenkapselung. Typisches Beispiel hierfür ist eine Liste, die irgendwelche

Einträge – z.B. Adressen – verwaltet. Die Realisierung der Liste in Form einer speziellen Datenstruktur wird dem Benutzer verborgen, die Liste wird gekapselt durch Zugriffsfunktionen, die die Schnittstelle zu der Liste definieren.

Die Datenkapselung hat zwei wichtige Vorteile: sie ermöglicht eine spätere Änderung der verborgenen Datenstruktur ohne Einfluß auf die Funktionalität der Schnittstelle, und sie hindert den Benutzer der Liste, Programmierfehler bei der direkten Benutzung der Daten zu machen. Die Datenkapselung und der Umgang mit *Datenkapseln* – z.B. in Form von *Klassen* – ist das Basisthema der *Objektorientierten* Programmierung.

Es gibt verschiedene Vorgehensweisen und Kriterien bei der Modularisierung von Software. Es kann z.B. sinnvoll sein, Konstanten-, Variablen- und Typdefinitionen jeweils separat oder insgesamt in Modulen zusammenzufassen oder auch Gruppen logisch zusammengehöriger Funktionen. Beispiele dafür sind die meisten ANSI/ISO-C–Bibliotheksmodule.

Eine besonders interessante und viel verwendete Struktur bei der Gestaltung von Modulen ist der sog. **Abstrakte Datentyp (ADT)**, wie er z.B. zur Realisierung von Datencontainern in Containerbibliotheken verwendet wird. Solche Datencontainer sind Strukturen wie z.B.

- Warteschlange (Queue), Stapelspeicher (Stack), Prioritätswarteschlange, Menge (Set), Tasche (Bag), geordnete Liste, Assoziativspeicher (Map), Array (Vektor) und andere

Bild 3.1 skizziert die Idee des ADT am Beispiel eines Stapelspeichers (Stack). Im Zentrum befinden sich die Daten, repräsentiert durch einen Typ `Stapel`. Der Stapel wird umhüllt von Funktionen für das Arbeiten mit Daten vom Typ `Stapel`, nur über sie kann auf entsprechende Daten zugegriffen werden, und auch die Struktur des Typs `Daten` ist dem Benutzer verborgen, ebenso wie z.B. die Struktur eines Typs `float` dem Anwender verborgen ist. Die Struktur eines ADT wird manchmal mit einem gekochten Ei verglichen, das Eigelb entspricht den Daten, das Eiweiß den Zugriffsfunktionen.

3.1.3 Realisierung von Abstrakten Datentypen in C

Die Sprache ANSI/ISO-C bietet explizit keine Unterstützung zur Realisierung Abstrakter Datentypen, insbesondere fehlt leider die Möglichkeit, Daten zu privatisieren, d.h. nach außen vor direktem Zugriff zu schützen. Die folgenden Beispiele demonstrieren die Realisierung des im vorigen Abschnitt skizzierten Stapelspeichers als ADT.

Der nachstehende Code zeigt die Typedefinitionen und die Prototypen für den ADT `Stapel`, entsprechend ließe sich die H-Datei aufbauen. Das hat, wie gesagt, den Nachteil, daß die Datenstruktur an der Benutzerschnittstelle sichtbar und direkt zugreifbar wird:

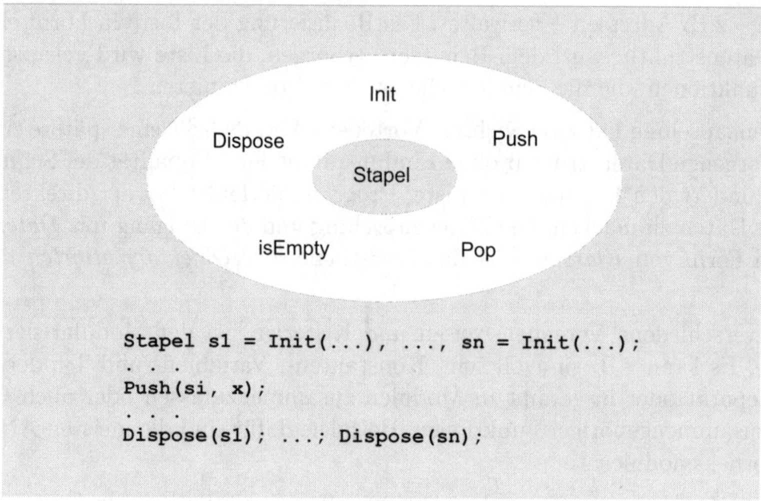

Bild 3.1: Abstrakter Datentyp *Stapelspeicher*

```
typedef struct {
  int* data;
  int top, size;
} Header;
typedef Header* Stapel;

Stapel Init    (int Size);
void   Push    (Stapel s, int x);
int    Pop     (Stapel s);
int    isEmpty (Stapel s);
void   Dispose (Stapel s);
```

Wie schon oben hervorgehoben, kann ein Zugriff des Benutzers auf die Daten unter Umgehung der Zugriffsfunktionen in C nicht völlig verhindert werden, aber es gibt immerhin die Möglichkeit, die Datenstruktur in die C-Datei zu verlagern, wie es durch die beiden C-Texte 3.1 und 3.2 demonstriert wird. In der H-Datei steht als Vorwärts-Deklaration die unvollständige Definition des Zeigers `Stapel`, die Definition der zugehörigen Struktur steht in der C-Datei.

C-Text 3.1: *Modul Stapel, H-Datei* ——— ./bsp3/stack/stapel.h

```
#ifndef _Stapel_h
#define _Stapel_h

typedef struct header* Stapel;

Stapel Init    (int Size);
```

```
void   Push    (Stapel s, int x);
int    Pop     (Stapel s);
int    isEmpty (Stapel s);
void   Dispose (Stapel s);

#endif
```

C-Text 3.2: *Modul Stapel, C-Datei* ./Bsp3/stack/stapel.sht

```
#include<stdlib.h>
#include"Stapel.h"

typedef struct header {
  int* data;
  int top, size;
} Header;

Stapel Init    (int Size)          { ... }
void   Push    (Stapel s, int x) { ... }
int    Pop     (Stapel s)          { ... }
int    isEmpty (Stapel s)          { ... }
void   Dispose (Stapel s)          { ... }
```

Diese Form ist ANSI/ISO-C-Standard-konform, sie ist vorgesehen worden, um insbesondere die Definition rekursiver Datenstrukturen zu unterstützen. Der C-Text 3.3 skizziert die Benutzung des Moduls.

C-Text 3.3: *Modul Stapel, Anwendung* ./Bsp3/stack/demo.c

```
#include<stdio.h>
#include"Stapel.h"

int main() {
  Stapel s1 = Init(10), s2 = Init(100), s3 = Init(50);
  int i;

  for (i=0; i<10; i++) Push(s1, i);
/*
  printf("%d", s1->data[3]);  Syntaxfehler, hier kein Zugriff !!!
*/
  while ( ! isEmpty(s1) ) printf("%d ", Pop(s1));
  /* . . . */

  Dispose(s1); Dispose(s2); Dispose(s3);
  return 0;
}
```

Der Zeiger `Stapel` kann erst hinter der vollständigen Definition der entsprechenden Struktur dereferenziert werden, damit wird also zweierlei erreicht:

> Zum einen ist die Datenstruktur an der Benutzerschnittstelle, der H-Datei, nicht explizit sichtbar, und zum anderen ist ein direkter Zugriff auf die Daten bei der Verwendung des Moduls über die H-Datei, wie in C-Text 3.3, nicht möglich.

3.1.4 Realisierung von generischen Modulen in C

Der im vorigen Abschnitt beschriebene ADT Stack hat einen ganz entscheidenden Nachteil, der seine Benutzbarkeit minimiert: er kann nur Datenelemente vom Typ `int` verwalten. Wünschenswert hingegen wäre ein **generischer ADT** `Stapel`, der Elemente beliebigen Typs verwalten könnte (wobei die Typen der Elemente innerhalb eines Stapels dann aber untereinander gleich sein sollten, d.h. er wäre homogen gefüllt). In ANSI/ISO-C gibt es kein Sprachelement, das Generizität explizit unterstützt, aber auch hier können wir uns helfen, indem wir Generizität durch das Verwenden von `void*`-Zeigern simulieren. Dafür muß allerdings ein hoher Preis gezahlt werden, weil die statische Typüberprüfung durch den Compiler umgangen wird. Der C-Text 3.4 zeigt die Headerdatei eines entsprechenden generischen ADT. Bei `Push` wird die Anfangsadresse des Datenelements übergeben, die Größe des Datenelements in Byte wird bei der Initialisierung über `Init` im Feld `ItemSize` abgelegt, und das übergebene Element wird intern byteweise in den Stapel kopiert. Entsprechend gibt `Pop` die Adresse des entsprechenden Datenelements zurück, die dann in einen benutzerdefinierten Zeigertyp konvertiert werden kann.

C-Text 3.4: *Modul GStapel, H-Datei* ./Bsp3/stack/Gstapel.h

```
#ifndef _GStapel2_h
#define _GStapel2_h

typedef struct header* Stapel;

Stapel Init    (int ItSize, int MaxIt);
void   Push    (Stapel s, void* x);
void*  Pop     (Stapel s);
int    isEmpty (Stapel s);
void   Dispose (Stapel s);

#endif
```

Der C-Text 3.5 skizziert die Implementierung des generischen ADT, weitere Details sind an dieser Stelle nicht relevant, verschiedene Fallstudien in den folgenden Abschnitten beleuchten auch entsprechende Realisierungen.

C-Text 3.5: *Modul GStapel, C-Datei* ./Bsp3/stack/Gstapel.sht

```
#include<string.h>
#include<stdlib.h>
#include"GStapel.h"

typedef struct header{
  void* data;
  int   ItemSize, top, MaxItems;
} Header;

Stapel Init    (int ItSize, int MaxIt) { ... }
void   Push    (Stapel s, void* x)     { ... }
void*  Pop     (Stapel s)              { ... }
int    isEmpty (Stapel s)              { ... }
void   Dispose (Stapel s)              { ... }
```

Schließlich demonstriert der C-Text 3.6 die Anwendung des generischen ADT. Bei Initialisieren von `s1` wird die Größe des Elementtyps übergeben und im Feld `s1->ItemSize` abgelegt. Bei der Funktion `Push` wird die Adresse des zu verwaltenden Elements übergeben, und von dort werden `s1->ItemSize` Bytes in den internen Puffer kopiert.

C-Text 3.6: *Modul GStapel, Anwendung* ./Bsp3/stack/Gdemo.c

```
#include<stdio.h>
#include"GStapel.h"

int main() {
  Stapel s1 = Init(sizeof(int), 10);
  /*
  Stapel s2 = Init(sizeof(somewhat), 100), s3 = Init(sizeof(xyz), 50);
  */
  int i, *px;
  for (i=0; i<10; i++) Push(s1, &i);
  while ( ! isEmpty(s1) ) {
    px = (int*)Pop(s1); printf("%d ", *px);
  }
  /* . . . */

  Dispose(s1); /* Dispose(s2); Dispose(s3); */
  return 0;
}
```

Der so realisierte generische ADT hat eine hohe Anwendungsbandbreite, aber er ist – wie schon gesagt – leider auch fehleranfällig, weil der Compiler beim Aufruf von `Push` und `Pop` nicht die Möglichkeit der Typüberprüfung hat; `void*`-Zeiger sind mit allen Zeigertypen kompatibel. Hier gibt es zwei Möglichkeiten, diesen Nachteil zu umgehen:

1) in einem kleinen *„Anpassungsmodul"* werden die Funktionen jeweils mit einer typisierten Hülle umgeben, z.B.
```
void PushInt(Stapel s, T* x) { Push(s, x); }
```

2) die Generierung der typisierten Funktionen wird mit Hilfe eines *Makroprozessor-Generators* durchgeführt, z.B.
```
#define Create_Push(T) void PUSH(Stapel s, T* x) {Push(s, x);}
. . .
Create_Push(int);
```

Bild 3.2 skizziert das Konzept eines generischen Moduls am Beispiel unseres Stapelspeichers. Mit Hilfe eines einzigen Makroaufrufs `Create_GStapel(somewhat)` wird zu jeder Funktion eine *typisierte Hülle* erzeugt.

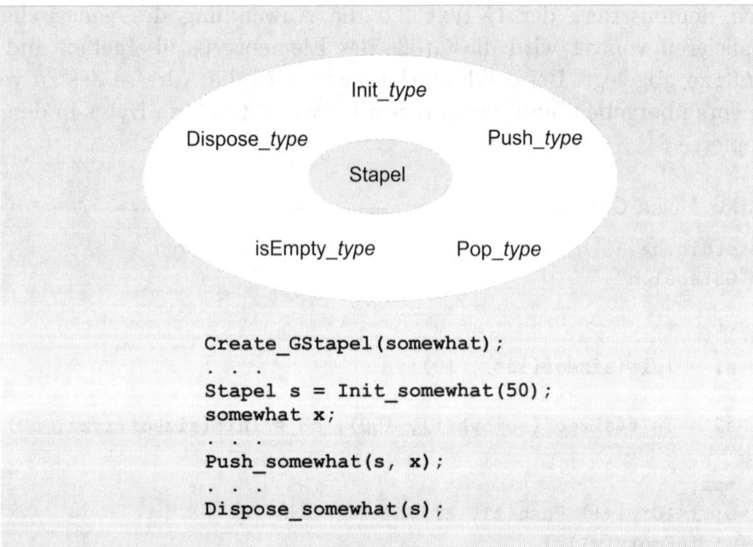

Bild 3.2: Ein generischer Stapelspeicher

Die Programmtexte 3.7 und 3.8 zeigen das entsprechend erweiterte Schnittstellenmodul des Stapelspeichers bzw. seine Anwendung. Das Makro

```
Create_GStapel(somewhat);
```

generiert an der Stelle seines Aufrufs *maßgeschneiderten* statisch typisierten Code für den Datentyp `somewhat`. Der Typname wird an die Funktionsnamen angehängt, damit auch entsprechender Code für verschiedene Elementtypen erzeugt werden kann.

C-Text 3.7: *Erweitertes Modul GStapel, H-Datei* ./Bsp3/stack/gstapel2.h

```
#ifndef _Test_h
#define _Test_h

typedef struct header* Stapel;

Stapel Init    (int ItSize, int MaxIt);
void   Push    (Stapel s, void* x);
void*  Pop     (Stapel s);
int    isEmpty (Stapel s);
void   Dispose (Stapel s);

#define Create_GStapel(T)                                              \
Stapel Init_##T    (int MaxIt)      { return Init(sizeof(T), MaxIt); } \
void   Push_##T    (Stapel s, T* x) { Push(s, x); }                    \
T*     Pop_##T     (Stapel s)       { return (T*) Pop(s); }            \
int    isEmpty_##T (Stapel s)       { return isEmpty(s);  }            \
void   Dispose_##T (Stapel s)       { Dispose(s);         }            \

#endif
```

C-Text 3.8: *Erweitertes Modul GStapel, Anwendung* ./Bsp3/stack/gdemo2.c

```
#include<stdio.h>
#include"gstapel2.h"

typedef int somewhat;

Create_GStapel(somewhat);

int main() {
  Stapel s = Init_somewhat(10);

  int i, *px;

  for (i=0; i<10; i++) Push_somewhat(s, &i);
  while ( ! isEmpty_somewhat(s) ) {
    px = Pop_somewhat(s); printf("%d ", *px);
  }

  Dispose_somewhat(s);
  return 0;
}
```

3.2 Fallstudie 1: Komplexe Arithmetik

3.2.1 Spezifikation

Das erste Beispiel stellt dem Benutzer mit dem Modul *complex* – bestehend aus den beiden Dateien `complex.h` und `complex.c` – den Datentyp `Complex` und folgende Operationen für das Arbeiten mit komplexen Zahlen zur Verfügung:

- ▷ $x = (re, im)$ $\Longrightarrow$ `x  = Set(re, im);`
- ▷ $y = x$ $\Longrightarrow$ `y  = Copy(x);`
- ▷ $re = Real(x)$ $\Longrightarrow$ `re = Real(x);`
- ▷ $im = Imag(x)$ $\Longrightarrow$ `im = Imag(x);`
- ▷ $z = x + y$ $\Longrightarrow$ `z  = Add(x, y);`
- ▷ $z = x - y$ $\Longrightarrow$ `z  = Sub(x, y);`
- ▷ $z = x * y$ $\Longrightarrow$ `z  = Mul(x, y);`
- ▷ $z = x/y$ $\Longrightarrow$ `z  = Div(x, y);`

Links ist jeweils die mathematische Notation für die entsprechende Operation angegeben und rechts daneben die zugehörige C-Funktion, die der Modulbenutzer verwenden kann, um diese Operation zu realisieren. Dabei repräsentieren x, y, z komplexe Zahlen und re, im reelle Zahlen. Die reellen Zahlen werden intern durch `double`-Typen dargestellt, die komplexen Zahlen durch Paare von `double-Typen`. Beim Funktionsumfang beschränken wir uns hier auf die angegebenen elementaren Operationen, Erweiterungen seien dem Leser als Übung überlassen. Bild 3.3 stellt den ADT *Komplex* als *gekochtes Ei*-Modell dar.

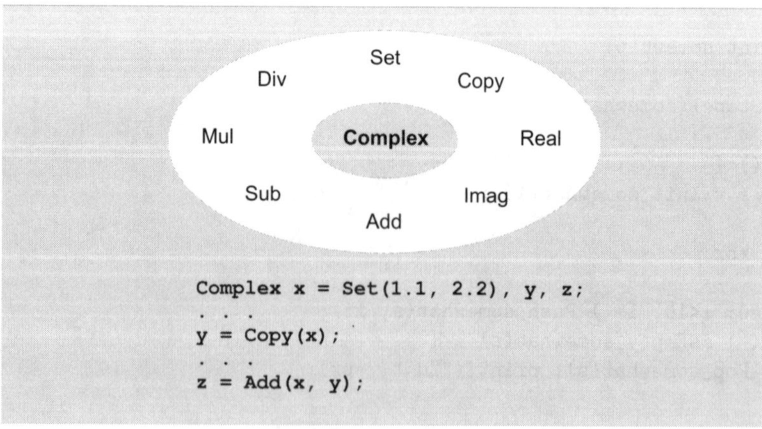

Bild 3.3: Abstrakter Datentyp *Komplex*

C-Text 3.9: *Modul Complex, H-Datei* ./Bsp3/complex/complex.h

```
#ifndef _complex_h
#define _complex_h

typedef struct {
  double re;
  double im;
} Complex;

Complex Set  (double re, double im);
Complex Copy (Complex x);
double  Real (Complex x);
double  Imag (Complex x);
Complex Add  (Complex x, Complex y);
Complex Sub  (Complex x, Complex y);
Complex Mul  (Complex x, Complex y);
Complex Div  (Complex x, Complex y);

#endif
```

3.2.2 Implementierung

Wenn man die Implementierung der drei Funktionen `Copy`, `Real` und `Imag` im C-Text 3.10 betrachtet, dann könnte man leicht auf die Idee kommen, daß sie überflüssig seien: das Kopieren läßt sich direkt durch eine Zuweisung der Form `y = x` realisieren, und auch die Komponenten von Komplexwerten könnten direkt in der Form `x.re = ...` und `x.im = ...` gesetzt werden!

Aber im Sinne der *Datenkapselung* und des *information hiding* wird in *Abstrakten Datentypen* nur über Funktionen auf Daten zugegriffen. Das ist keine Frage der Ideologie, sondern die Trennung von Schnittstelle und Implementierung hat sehr praktische Gründe: die Implementierung kann geändert werden, ohne daß die Schnittstelle sich ändert, z.B. könnte der Typ *Complex* auch durch Betrag und Winkel dargestellt werden.

C-Text 3.10: *Modul Complex, C-Datei* ./Bsp3/complex/complex.c

```
#include"complex.h"

Complex Set  (double re, double im) {
  Complex temp;
  temp.re = re; temp.im = im;
  return temp;
}

Complex Copy (Complex x) { return x; }
```

```
double  Real (Complex x) { return x.re; }
double  Imag (Complex x) { return x.im; }

Complex Add  (Complex x, Complex y) {
  Complex temp;
  temp.re = x.re + y.re; temp.im = x.im + y.im;
  return temp;
}

Complex Sub  (Complex x, Complex y) {
  Complex temp;
  temp.re = x.re - y.re; temp.im = x.im - y.im;
  return temp;
}

Complex Mul  (Complex x, Complex y) {
  Complex temp;
  /*...*/
  return temp;
}

Complex Div  (Complex x, Complex y) {
  Complex temp;
  /*...*/
  return temp;
}
```

3.2.3 Anwendung

C-Text 3.11: *Modul Complex, Demo* ./Bsp3/complex/ComTest.c

```
#include<stdio.h>
#include"complex.h"

void Print(Complex x) {printf("(%f, %f)\n", Real(x), Imag(x));}

int main() {

  Complex c1 = Set(1.1, 2.2), c2 = Set(3.3, 4.4), c3, c4;

  c3 = Add(c1, c2); c4 = Sub(c2, c1);

  printf("c1 : "); Print(c1); printf("c2 : "); Print(c2);
  printf("c3 : "); Print(c3); printf("c4 : "); Print(c4);

  return 0;
}
```

3.3 Fallstudie 2: Strings

3.3.1 Spezifikation

Das zweite Beispiel stellt dem Benutzer mit dem Modul *MyString* – bestehend aus den beiden Dateien `mystring.h` und `mystring.c` – einen Satz von Funktionen für das Arbeiten mit dynamischen Strings zur Verfügung. Die Grundidee liegt in der modulinternen dynamischen Verwaltung des entsprechenden Speicherplatzes, wobei die Größe des Speicherplatzes jeweils automatisch dem aktuellen Bedarf angepaßt wird. Die Bezeichner s, s1, s2 stehen für nullterminierte Strings vom Typ `char*`, die Bezeichner i, n für `int`-Typen und der Bezeichner ch für `char`-Typen.

- ▷ *Einen String mit dem Wert s2 kreieren* : `s1 = StrCreate1(s2);`
- ▷ *String auflösen* : `StrDispose(&s);`
- ▷ *String kopieren* : `StrCopy(&s1, s2);`
- ▷ *Zwei Strings vertauschen* : `StrSwap(&s1, &s2);`
- ▷ *Hängt s2 an s1* : `StrAppend(&s1, s2);`
- ▷ *Haben s1 und s2 den gleichen Wert?* : `n = StrEqual(s1, s2);`
- ▷ *Liegt s1 alphabetisch vor s2?* : `n = StrLess(s1, s2);`
- ▷ *Ausgabe von s auf Standardausgabegerät* : `StrPrint(s);`
- ▷ *Eingabe von s von Standardeingabegerät* : `StrScan(&s);`

- ▷ *String mit len Zeichen ch kreieren* : `s = StrCreate2(ch, len);`
- ▷ *Liefert die Länge des String s* : `n = StrLength(s);`
- ▷ *Liefert das Zeichen von Pos. i* : `ch = StrGet(s, i);`
- ▷ *Setzt das Zeichen an Pos. i* : `StrPut(s, i, ch);`
- ▷ *Ist das Zeichen ch in s enthalten?* : `n = StrFind(s, ch);`
- ▷ *Dreht den String s um* : `StrReverse(s);`
- ▷ *Macht aus kleinen große Buchstaben* : `StrMakeUpper(s);`
- ▷ *Macht aus großen kleine Buchstaben* : `StrMakeLower(s);`

Bild 3.4 gibt einen kompakten Überblick über die Funktionalität des Moduls. Es wird kein eigenständiger Datentyp formuliert, was natürlich z.B. in der Form `typedef char* String` möglich gewesen wäre. Bei der Umsetzung in C-Code wird der Einfachheit halber nur ein Teil der Funktionen berücksichtigt.

Achtung: Bei der Verwendung der Stringfunktionen ist zu beachten, daß die Resultatvariablen (Typ `char*`), denen per Resultatparameter oder über die Funktionsrückgabe ein Wert zugewiesen wird, jeweils mit `StrCreate(...)` vorher initialisiert sein müssen. So würden beispielsweise im folgenden Programmtext die beiden kommentierten Anweisungen zu einem Laufzeitfehler führen:

```
char *s1, *s2, *s3, *s4;
```

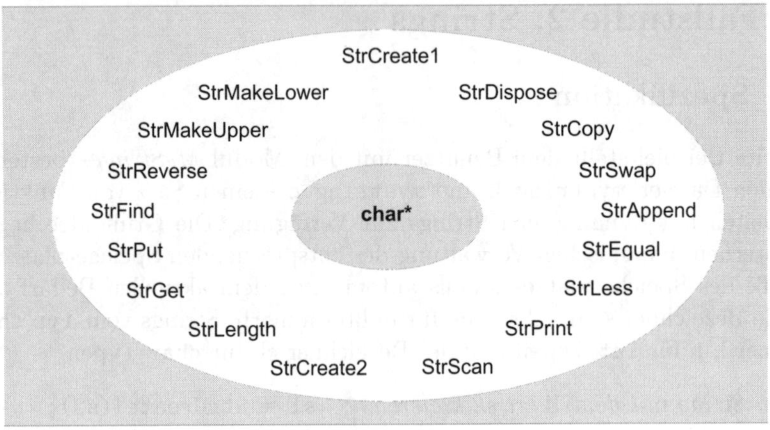

Bild 3.4: Modul *Strings*

```
s1 = StrCreate1("");
s2 = StrCreate1("");
s3 = StrCreate1("Hallo");

StrCopy(&s1, "Welt");
StrCopy(&s2, s3);
StrCopy(&s4, s2);      /* falsch, da s4 nicht initialis. ! */

StrAppend(&s3, s1);
StrAppend(&s4, s1);    /* falsch, da s4 nicht initialis. ! */
```

C-Text 3.12: *Modul MyString, H-Datei* ./Bsp3/strings/mystring.h

```
#ifndef _mystring_h
#define _mystring_h

char* StrCreate1   (char* s);
void  StrDispose   (char* s);
void  StrCopy      (char** s1, char* s2);
void  StrSwap      (char** s1, char** s2);
void  StrAppend    (char** s1, char* s2);
int   StrEqual     (char* s1, char* s2);
int   StrLess      (char* s1, char* s2);
void  StrPrint     (char* s);
void  StrScan      (char** s);

#endif
```

3.3.2 Implementierung

Der C-Text 3.13 zeigt die Implementierung des String-Moduls. Dabei ist besonders die Funktion `StrCopy` zu beachten: Der erste Parameter `s1` ist ein Zeiger auf einen *Heapzeiger*, d.h. `*s1` zeigt auf Speicherplatz, der voher mit `malloc` reserviert sein muß. Wenn der übergebene String nicht genau passend ist, dann wird der belegte Speicherbereich freigegeben und anschließend dann genau dem Bedarf entsprechend Speicherplatz reserviert. Ein Problem ist das Einlesen des Strings, da seine Länge unbekannt ist, er wird hier der Einfachkeit halber durch Angabe einer festen Maximallänge begrenzt.

C-Text 3.13: *Modul MyString, C-Datei* ./Bsp3/strings/mystring.sht

```
#include<stdio.h>
#include<string.h>
#include<stdlib.h>
#include<assert.h>
#include"MyString.h"

char* StrCreate1(char* s) {
  char* t = (char*) malloc(strlen(s)+1); assert(t);
  strcpy(t, s);
  return t;
}

void StrDispose(char* s) {
  free(s);
}

void StrCopy(char** s1, char* s2) {
  if (strlen(*s1) != strlen(s2)) {
    free(*s1);
    *s1 = (char*) malloc(strlen(s2)+1); assert(*s1);
  }
  strcpy(*s1, s2);
}

void StrSwap(char** s1, char** s2) {
  char* buf;
  buf = *s1; *s1 = *s2; *s2 = buf;
}

. . . . . . . . . . . . . . . . . . .

void StrPrint(char* s) {
  printf("%s", s);
}
```

```
void StrScan(char** s) {
  char strbuf[1000];
  scanf("%s", strbuf); StrCopy(s, strbuf);
}
```

3.3.3 Anwendung

Der C-Text 3.14 demonstriert die Anwendung des String-Moduls. Es werden sechs Strings (fast) beliebiger Länge eingelesen, sortiert und dann ausgegeben.

C-Text 3.14: *Modul MyString, Demo* ./Bsp3/strings/StrTest.c

```
#include<stdio.h>
#include"MyString.h"

int main(void) {

  int i, j;

  char *buffer=StrCreate1(""), *list[10];

  for (i=0; i<6; i++) {
    list[i] = StrCreate1("");
    printf("%2d.: ", i); StrScan(&list[i]);
  }

  /*-------- Sortieren mit Bubblesort ----------*/
  for (i=1; i<=5; i++)
    for (j=5; j>=i; j--)
      if (StrLess(list[j], list[j-1]))
        StrSwap(&list[j], &list[j-1]);

  for (i=0; i<6; i++) {
    printf("\n %2d.: ", i); StrPrint(list[i]);
  }
  StrPrint("\n\n");

  StrCopy(&buffer, "");
  for (i=0; i<6; i++) StrAppend(&buffer, list[i]);
  StrPrint(buffer);

  StrDispose(buffer);
  for (i=0; i<6; i++) StrDispose(list[i]);

  return 0;
}
```

3.4 Fallstudie 3: Set (Menge)

3.4.1 Allgemeine Spezifikation

Das nächste Beispiel ist ein Modul, das wir *Set* nennen wollen, es soll der Darstellung von Mengen aus vorzeichenlosen ganzen Zahlen und der Bereitstellung von Funktionen für das Arbeiten mit entsprechenden Mengen dienen. Wenn wir x, y und z als entsprechende Mengen und n als vorzeichenlose ganze Zahl definieren, dann können die aus der Mathematik bekannten Operationen mit Mengen wie folgt auf entsprechende Aufrufe von C-Funktionen abgebildet werden:

- ▷ $x = \{\}$ $\Longrightarrow$ `MakeEmpty(&x);`
- ▷ $x \cup \{n\}$ $\Longrightarrow$ `Include(&x, n);`
- ▷ $x - \{n\}$ $\Longrightarrow$ `Exclude(&x, n);`
- ▷ $x \equiv \{\}$ $\Longrightarrow$ `isEmpty(x);`
- ▷ $n \in x$ $\Longrightarrow$ `isIn(x, n);`

- ▷ $y = x$ $\Longrightarrow$ `Copy(&y, x);`
- ▷ $x \equiv y$ $\Longrightarrow$ `isEqual(x, y);`
- ▷ $x \subset y$ $\Longrightarrow$ `isSubset(x, y);`
- ▷ $z = x \cup y$ $\Longrightarrow$ `Union(&z, x, y);`
- ▷ $z = x \cap y$ $\Longrightarrow$ `Intersection(&z, x, y);`
- ▷ $z = x - y$ $\Longrightarrow$ `Difference(&z, x, y);`
- ▷ $z = x \setminus y$ $\Longrightarrow$ `SymDifference(&z, x, y);`

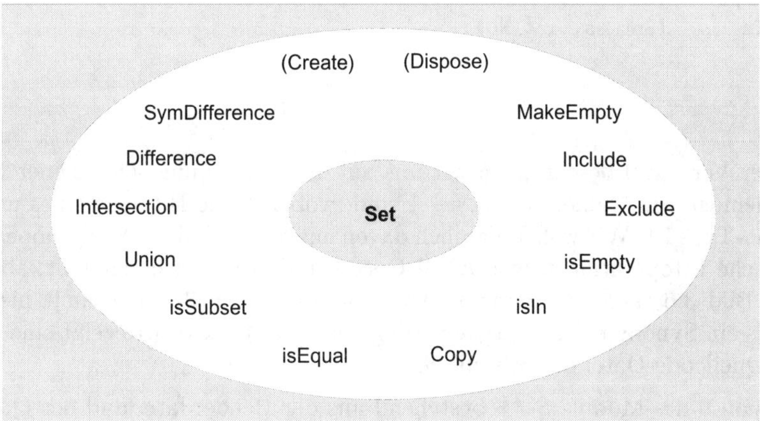

Bild 3.5: Abstrakter Datentyp *Set*

Bei den weiteren Betrachtungen, bei denen es darum geht, verschiedene Versionen von Set-Modulen zu spezifizieren und zu implementieren, sollen jeweils – der besseren

Übersicht wegen – nicht alle Funktionen, sondern nur einige elementare (die ersten fünf) berücksichtigt werden. Die Erweiterung um die restlichen Funktionen mag der Leser als eigene Übung durchführen.

Bild 3.5 zeigt die graphische Darstellung des ADT. Die zusätzlich in Klammern angegebenen Funktionen zum Generieren und Auflösen eines Set-Exemplars sind erst ab Version 2 erforderlich.

3.4.2 Modul Set, Version 0: Kleiner Wertebereich

Daraus ergibt sich dann die Header-Datei C-Text 3.15 als Version 0 zur Spezifikation des entsprechenden Moduls *Set*.

C-Text 3.15: *Modul Set, Version 0, H-Datei* ./Bsp3/set/set0.h

```
#ifndef _set0_h
#define _set0_h

#define WordLen 32

typedef unsigned long int Set;

void MakeEmpty (Set* s);
void Include   (Set* s, int No);
void Exclude   (Set* s, int No);
int  isEmpty   (Set  s);
int  isIn      (Set  s, int No);

#endif
```

Bei dieser Version 0 beschränken wir uns auf die Darstellung sehr kleiner Mengen, deren Elemente die Zahlen 0 bis $N - 1$ sind, wobei N die Bitlänge eines `unsigned long int`-Typs ist. Wir wollen nämlich davon ausgehen, daß die Mengenoperationen auf einfache Bitoperationen, wie ANSI-C sie standardmäßig bereitstellt, abgebildet werden, Bild 3.6 zeigt das Prinzip. Der verwendete Typ `Set` ist damit hier nichts weiter als ein Synonym für `unsigned long int`. Der C-Text 3.16 zeigt eine entsprechende Quellcode-Datei des Moduls *Set*.

Die Version 0 des Moduls *Set* – bestehend aus der Headerdatei und der Quellcodedatei – repräsentiert die einfachste Form eines Moduls, die darin besteht, dem Benutzer einen Satz von Funktionen für einen vordefinierten Datentyp (hier `unsigned long int`) zur Verfügung zu stellen. Zwar sieht es hier auf den ersten Blick so aus, als definiere das Modul auch den neuen Datentyp `set`, aber `set` ist hier ja lediglich ein Synonym für einen elementaren Datentyp!

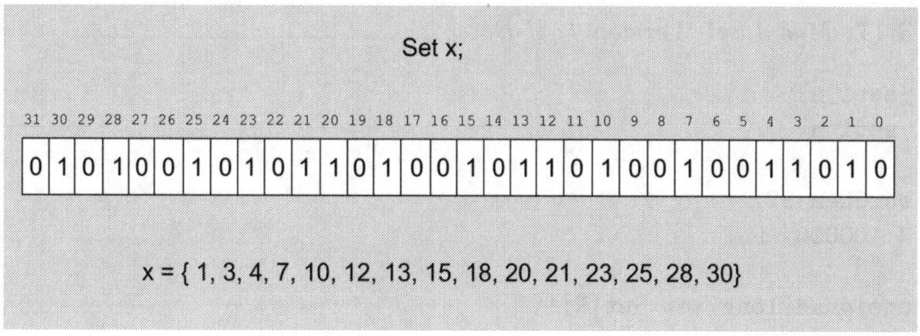

Bild 3.6: Abbildung eines kleinen Set auf einen Integer-Typ

C-Text 3.16: *Modul Set, Version 0, C-Datei* ./Bsp3/set/set0.c

```
#include"set0.h"
#include<limits.h>
#include<stdio.h>
#include<assert.h>

void MakeEmpty(Set* s) { *s = 0; }

void Include(Set* s, int No) {
  assert(No>=0 && No<WordLen);
  *s = *s | (1L << No);                    /* 1L !!! */
}

void Exclude(Set* s, int No) {
  assert(No>=0 && No<WordLen);
  *s = *s & ~(1L << No);                   /* 1L !!! */
}

int  isEmpty(Set s) { return s==0; }

int  isIn(Set s, int No) {
  assert(No>=0 && No<WordLen);
  return (s >> No) % 2;
}
```

3.4.3 Modul Set, Version 1: Vergrößerung des Wertebereichs

Die mit der Version 0 des Moduls *Set* verbundene Beschränkung auf einen kleinen Zahlenbereich, der durch die Bitlänge eines `unsigned long int`-Typs vorgegeben ist, läßt sich leicht beseitigen, indem wir – wie in Bild 3.7 dargestellt – als Datentyp nicht eine einzelne Zahl, sondern einen entsprechenden Vektor zugrunde legen, was dann z.B. zur Version 1 mit der Header-Datei C-Text 3.17 führt:

C-Text 3.17: *Modul Set, Version 1, H-Datei* ./Bsp3/set/set1.h

```
#ifndef _set1_h
#define _set1_h

#define WordLen 32
#define N 100000

typedef unsigned long int Set[N];

void MakeEmpty (Set s);
void Include   (Set s, int No);
void Exclude   (Set s, int No);
int  isEmpty   (Set s);
int  isIn      (Set s, int No);

#endif
```

Die Spezifikation dieser Version 1 des Moduls Set in Form der angegebenen Header-Datei unterscheidet sich von der der Version 0 nur in der neuen Definition des Datentyps `set`, der nun durch einen Vektor aus `unsigned int` dargestellt wird und damit vom Typ *Zeiger* ist. Damit entfallen dann in den Parameterlisten der Funktionen die expliziten Referenzierungen, und z.B. aus `Include(Set* s, int No)` wird deshalb `Include(Set s, int No)`!

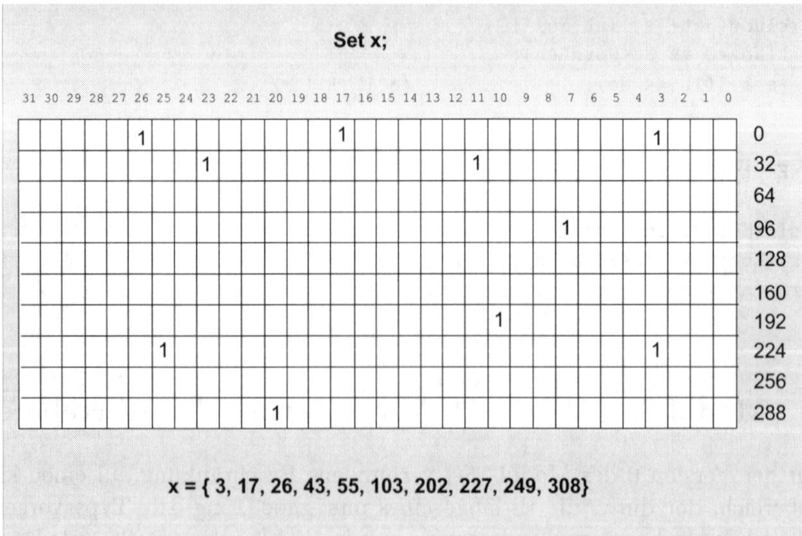

Bild 3.7: Abbildung eines Set auf einen statischen Integer-Vektor

Die Größe des Vektors wird über den mit `#define N ...` eingestellten Parameter festgelegt. Die weiteren Unterschiede der Version 1 gegenüber der Version 0 sind in der folgenden Quellcode-Datei, C-Text 3.18, „verborgen“, d.h. sie sind für den Anwender, der nur die Header-Datei kennen muß, nicht sichtbar:

C-Text 3.18: *Modul Set, Version 1, C-Datei* ./Bsp3/set/set1.c

```
#include"set1.h"
#include<limits.h>
#include<stdio.h>
#include<assert.h>

static int i, j;

void MakeEmpty(Set s) {
  for (i=0; i<N; i++) s[i] = 0;
}

void Include(Set s, int No) {
  assert(No < N*WordLen);
  i = No / WordLen; j = No % WordLen;
  s[i] |= 1L << j;
}

void Exclude(Set s, int No) {
  assert(No < N*WordLen);
  i = No / WordLen; j = No % WordLen;
  s[i] &= ~(1L << j);
}

int  isEmpty(Set s) {
  for (i=0; i<N; i++)
    if (s[i] != 0) return 0;
  return 1;
}

int  isIn(Set s, int No) {
  assert(No < N*WordLen);
  i = No / WordLen; j = No % WordLen;
  return (s[i] >> j) % 2;
}
```

Diese Version 1 des Moduls Set repräsentiert eine komplexere Form eines Moduls, den sog. **Abstrakten Datentyp**, kurz **ADT**. Ein ADT beinhaltet im wesentlichen eine selbstdefinierte Datenstruktur und einen Satz von Operationen (Funktionen), der die Daten kapselt (versteckt): Die **Funktionen** bilden die Benutzerschnittstelle des ADT, die direkte Benutzung der **gekapselten Daten** sollte nicht möglich sein.

Die Sprache C stellt leider keine Sprachmittel zur Verfügung, die eine solche Kapselung unterstützen. Erst die *Klasse (class)*, als wichtigste Erweiterung von C++ gegenüber C, ist ein entsprechendes Sprachkonstrukt. In C muß das Kapseln der Daten – hier also des Vektors – durch die Disziplin des Benutzers simuliert werden, der nur indirekt über die Funktionen des Moduls auf den Vektor zugreifen darf!

Eine schönes Test- und Demonstrationsbeispiel zur Anwendung des Moduls Set1 enthält der C-Text 3.19, es ist ein Programm zur Primzahlberechnung nach dem bekannten Algorithmus *das Sieb des Eratosthenes*:

C-Text 3.19: *Modul Set1, Primzahlenberechnung* ./Bsp3/set/sieb1.c

```
#include"set1.h"
#include<stdio.h>
#include<math.h>

int main() {
  const int NN = 1000000;
  Set Primes;
  int root, i, j;

  MakeEmpty(Primes);
  for (i=2; i<NN; i++) Include(Primes, i);

  root = (int) sqrt(NN);
  for (i=2; i<=root; i++) {
    if (isIn(Primes, i)) {
      j = i + i;
      while (j < NN) {
        Exclude(Primes, j); j += i;
  } } }

  j = 0;
  for (i=2; i<NN; i++)
    if (isIn(Primes, i)) {
      printf("%6d ", i); j++;
      if (j%10 == 0) printf("\n");
    }

  return 0;
}
```

Ausgabe des Programms:

```
     2      3      5      7     11     13     17     19     23     29
    31     37     41     43     47     53     59     61     67     71
    73     79     83     89     97    101    103    107    109    113
   ...    ...    ...    ...    ...    ...    ...    ...    ...    ...
999721 999727 999749 999763 999769 999773 999809 999853 999863 999883
999907 999917 999931 999953 999959 999961 999979 999983
```

3.4.4 Modul Set, Version 2: Einstellbarer Wertebereich

Ein wesentlicher Nachteil dieser Version 1 des Moduls Set ist die statische Größe des Vektors, die vor der Compilierung über die Anweisung `#define N ...` definiert sein muß. Hier bietet es sich an, statt dessen mit selbstverwalteten Daten zu arbeiten und die entsprechende Größe dann zur Laufzeit des Programms festzulegen. Bild 3.8 zeigt eine mögliche Realisierung und der folgende Code die Umsetung in eine Datenstruktur der Sprache C:

```
typedef unsigned long int ULong;
typedef struct head *Set;
typedef struct head {
  int size;
  ULong *ptr;
};
```

Die Datenstruktur `Set` enthält einen Zeiger auf einen Vektor, der zur Laufzeit im Heapbereich generiert wird, die Größe des Vektors wird in der Komponente `size` abgelegt. Der C-Text 3.20 enthält die H-Datei, hier ist wieder nur der Zeigertyp `Set` sichtbar, die eigentliche Datenstruktur wird in der C-Datei *versteckt*, siehe dazu Abschn. 3.1.4. Zum Generieren bzw. zum Freigeben einer entsprechenden Datenstruktur zur Laufzeit enthält das Modul zusätzlich die beiden Funktionen `Create` und `Dispose`, alle übrigen Funktionsprototypen sind mit den entsprechenden der Version 1 identisch.

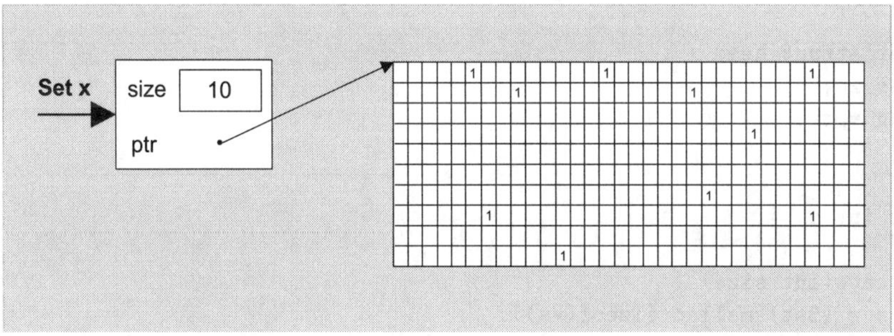

Bild 3.8: Abbildung eines Set auf einen dynamischen Integer-Vektor

C-Text 3.20: *Modul Set, Version 2, H-Datei* ./Bsp3/set/set2.h

```
#ifndef _set2_h
#define _set2_h

#define WordLen 32

typedef struct head* Set;
```

```
Set  Create    (int size);
void Dispose   (Set s);
void MakeEmpty (Set s);
void Include   (Set s, int No);
void Exclude   (Set s, int No);
int  isEmpty   (Set s);
int  isIn      (Set s, int No);

#endif
```

Der C-Text 3.21 zeigt die Implementierung der Version 2 des Moduls *Set*. Die Funktion `Create` weist zunächst den Speicherplatz für die Struktur `Set` mit den beiden Komponenten `size` und `ptr` zu und im zweiten Schritt dann den Speicherplatz für den Vektor mit `size` Elementen vom Typ `unsigned long int`. Die Funktion `Dispose` gibt die Speicherbereiche dann in umgekehrter Reihenfolge wieder frei. Alle übrigen Funktionen entsprechen inhaltlich denen der Vorgängerversion und unterscheiden sich formell im wesentlichen in der Syntax der Vektorzugriffe.

C-Text 3.21: *Modul Set, Version 2, C-Datei* ./Bsp3/set/set2.c

```
#include"Set2.h"
#include<stdlib.h>
#include<assert.h>

typedef unsigned long int ULong;

typedef struct head {
  int size;
  ULong *ptr;
};

static int i, j;

Set Create(int size) {
  Set s = (Set) malloc(sizeof(*s));
  assert(s);
  s->size = size/WordLen + 1;
  s->ptr = (ULong*) malloc(sizeof(ULong)*s->size);
  assert(s->ptr);
  for (i=0; i<s->size; i++) s->ptr[i] = 0;
  return s;
}

void Dispose(Set s) {
  free(s->ptr); free(s);
}
```

```
void MakeEmpty(Set s) {
  for (i=0; i<s->size; i++) s->ptr[i] = 0;
}

void Include(Set s, int No) {
  assert(No < WordLen*s->size);
  i = No / WordLen; j = No % WordLen;
  s->ptr[i] |= 1L << j;
}

void Exclude(Set s, int No) {
  assert(No < WordLen*s->size);
  i = No / WordLen; j = No % WordLen;
  s->ptr[i] &= ~(1L << j);
}

int  isEmpty(Set s) {
  for (i=0; i<s->size; i++)
    if (s->ptr[i] != 0) return 0;
  return 1;
}

int  isIn(Set s, int No) {
  assert(No < WordLen*s->size);
  i = No / WordLen; j = No % WordLen;
  return (s->ptr[i] >> j) % 2;
}
```

Die einzigen Unterschiede in der Anwendung der Version 2 gegenüber Version 1 bestehen darin, daß ein entsprechendes Set vor der Benutzung explizit mit `Create` generiert werden muß und bei Bedarf später auch explizit wieder freizugeben ist:

C-Text 3.22: *Modul Set, Version 2, Primzahlenberechnung* ./Dsp0/set/sieb2.c

```
#include"set2.h"
#include<stdio.h>
#include<math.h>

int main() {
  const int NN = 1000;
  Set Primes = Create(NN+1);
  int root, i, j;

  MakeEmpty(Primes);
  for (i=2; i<NN; i++) Include(Primes, i);

  root = (int) sqrt(NN);
  for (i=2; i<=root; i++) {
```

```
    if (isIn(Primes, i)) {
      j = i + i;
      while (j < NN) {
        Exclude(Primes, j); j += i;
  } } }

  for (i=2; i<NN; i++)
    if (isIn(Primes, i)) printf("%d ", i);

  Dispose(Primes);
  return 0;
}
```

3.4.5 Modul Set, Version 3: Alternative Realisierung

Die Set-Implementierungen der Versionen 0 bis 2 basieren alle auf einem gemeinsamen Prinzip, das auch *BitSet-Darstellung* genannt wird: Jedes mögliche Element (jeweils eine vorzeichenlose ganze Zahl) wird durch ein zugehöriges Bit repräsentiert, der dafür erforderliche Bitvektor wird aus Gründen der Speicher- und Laufzeiteffizienz auf einen `unsigned long int` -Vektor abgebildet.

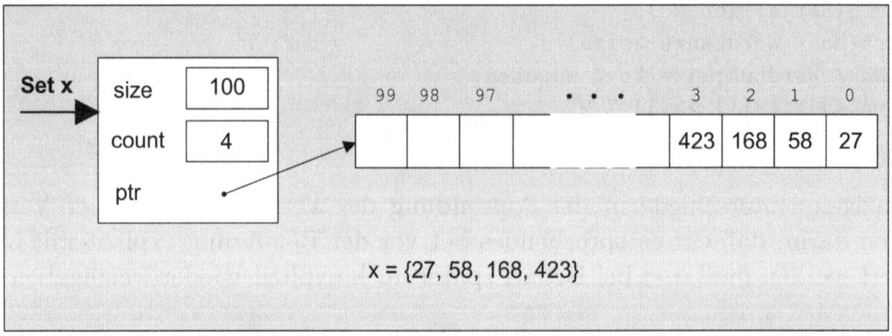

Bild 3.9: Alternative Abbildung eines Set auf einen dynamischen Vektor

Eine alternative Implementierung kann z.B. darin bestehen, die Zahlen, die jeweils in dem Set enthalten sind, direkt als Element in den Vektor einzutragen, Beispiel: das Set $s = \{27, 58, 168, 423\}$ wird dargestellt durch den Vektor v mit den aktuellen Werten $v_0 = 27, v_1 = 58, v_2 = 168, v_3 = 423$. Bild 3.9 zeigt das Prinzip, und der folgende Code definiert eine entsprechende Datenstruktur:

```
typedef struct head* Set;
typedef struct head {
  int size;
  int count;
  int *ptr;
};
```

Der C-Text 3.23 enthält die H-Datei für ein entsprechendes Set-Modul, Version 3, sie ist identisch mit der Headerdatei für die Version 2.

C-Text 3.23: *Modul Set, Version 3, H-Datei* ./Bsp3/set/set3.h

```
#ifndef _set3_h
#define _set3_h

#define WordLen 32

typedef struct head* Set;

Set  Create    (int size);
void Dispose   (Set s);
void MakeEmpty (Set s);
void Include   (Set s, int No);
void Exclude   (Set s, int No);
int  isEmpty   (Set s);
int  isIn      (Set s, int No);

#endif
```

Der C-Text 3.24 enthält die C-Datei mit der Definition der Datenstruktur und der Implementierung der Funktionen. Bei den vorangehenden Versionen wurden die Zugriffsoperationen auf elementare Bitverknüpfungen abgebildet, während dieser Version die Idee einer Zahlenliste zugrunde liegt.

C-Text 3.24: *Modul Set, Version 3, C-Datei* ./Bsp3/set/set3.c

```
#include"set3.h"
#include<stdlib.h>
#include<assert.h>

typedef struct head {
  int size;
  int count;
  int *ptr;
};

Set Create(int size) {
  Set s = (Set) malloc(sizeof(*s));
  assert(s);
  s->size = size; s->count = 0;
  s->ptr = (int*) malloc(sizeof(int)*s->size);
  assert(s->ptr);
  return s;
}
```

```
void Dispose(Set s) { free(s->ptr); free(s); }

void MakeEmpty(Set s) { s->count = 0; }

void Include(Set s, int No) { if (!isIn(s, No)) s->ptr[s->count++] = No; }

void Exclude(Set s, int No) {
  int i;
  for (i=0;;i++) {
    if (i >= s->count) break;
    if (No==s->ptr[i]) {
      s->ptr[i] = s->ptr[--s->count]; break;
    }
  }
}

int  isEmpty(Set s) { return s->count==0; }

int  isIn(Set s, int No) {
  int i;
  for (i=0; i<s->count; i++)
    if (s->ptr[i]==No) return 1;
  return 0;
}
```

Es taucht natürlich sofort die Frage nach Vor- und Nachteilen beim Vergleich der Versionen 2 und 3 auf und welche der beiden Alternativen zu bevorzugen ist. Eindeutiger Vorteil der Version 2 liegt in der hohen Laufzeiteffektvität durch die Abbildung auf elementare Bitoperationen. Die Version 3 kann dagegen vorteilhaft bei *dünn besetzten Mengen* sein, das sind Mengen, die einen großen Wertebereich haben, aber jeweils nur relativ wenig aktuelle Elemente enthalten.

3.4.6 Modul Set, Version 4: Ein generisches Modul

Bisher haben wir nur Mengen ganzer Zahlen betrachtet, wünschenswert wäre natürlich ein generischer ADT *Set*, der Elemente beliebigen Typs verwalten kann (wobei die Elemente untereinander natürlich den gleichen Typ haben sollten, d.h. die Struktur sollte homogen sein). Im Abschn. 3.1.4 wurde am Beispiel eines Stapelspeichers gezeigt, wie das Problem gelöst werden kann. Bild 3.10 stellt einen entsprechenden Lösungsansatz für unser Beispiel *Set* dar.

Der **linke Block** ist ein *Header*, in dem beim Generieren einer Variablen vom Typ *Set* spezifische Daten abgelegt werden: ein Zeiger auf die eigentlichen Daten, die maximale Anzahl der Elemente, die aktuelle Anzahl der Elemente, die Bytegröße eines Elements und der Verweis auf eine Funktion `equal`, mit der zwei Elemente auf

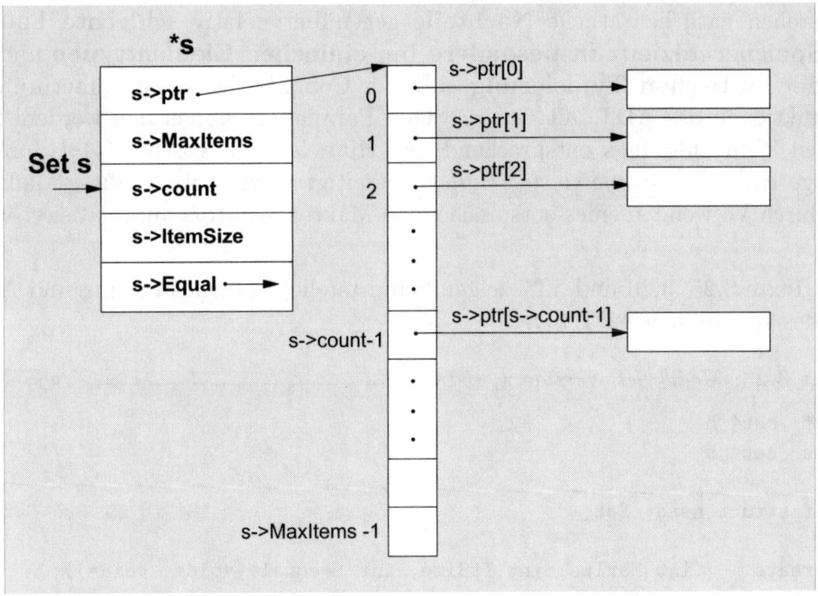

Bild 3.10: Realisierung der generischen Version des ADT Set

Gleichheit geprüft werden können. Der **mittlere Block** ist ein Verzeichnis mit Verweisen auf die einzelnen Elemente, und die **rechten Blöcke** enthalten die einzelnen Elemente selbst. Die Blöcke für die Elemente werden jeweils beim Einfügen generiert und beim Entfernen wieder freigegeben, um damit den Speicherplatzaufwand zu minimieren.

Der folgende Code zeigt die Umsetzung der Datenstruktur in C. Der Zeiger `ptr` ist vom Typ `void**`, d.h. *ein Zeiger auf einen Zeiger vom Typ* `void*`, denn er zeigt auf den Anfang eines Bereichs, dessen Elemente Zeiger sind. Auch die Vergleichsfunktion muß zwei `void*`-Zeiger als Parameter haben, um auf zwei Elemente beliebigen Typs anwendbar zu sein:

```
typedef struct head* Set;

typedef struct head {
  void** ptr;
  int MaxItems;
  int count;
  int ItemSize;
  int (*equal) (void*, void*);
};
```

Der **Vorteil** dieses ADT liegt in seiner **großen Anwendungsbreite**, die Elemente können Zahlen sein oder auch umfangreiche Datensätze.

Dem stehen natürlich etliche **Nachteile** gegenüber: relativ **schlechte Laufzeit- und Speichereffizienz insbesondere bei einfachen Elementtypen** und **Verlust der statischen Typisierung**, d.h. der Compiler kann nicht überprüfen, ob die Funktionen des ADT mit den richtigen Parametern aufgerufen werden! Dieser Nachteil kann allerdings entsprechend den Hinweisen in Abschn. 3.1.4 durch das jeweilige Hinzufügen *„typisierter Hüllen“* beseitigt werden, wobei diese Maßnahme auch durch Verwenden eines entsprechenden Makrogenerators automatisiert werden kann!

Die C-Texte 3.25, 3.26 und 3.27 zeigen Schnittstelle, Implementierung und Anwendung des generischen ADT *Set*.

C-Text 3.25: *Modul Set, Version 4, H-Datei* ./Bsp3/set/set4.h

```
#ifndef _set4_h
#define _set4_h

typedef struct head* Set;

Set  Create    (int MaxIts, int ItSize, int (*equal)(void*, void*));
void Dispose   (Set s);
void MakeEmpty (Set s);
void Include   (Set s, void* item);
void Exclude   (Set s, void* item);
int  isEmpty   (Set s);
int  isIn      (Set s, void* item);

#endif
```

C-Text 3.26: *Modul Set, Version 4, C-Datei* ./Bsp3/set/set4.sht

```
#include"set4.h"
#include<stdlib.h>
#include<string.h>
#include<assert.h>

typedef struct head {
  void** ptr;
  int MaxItems;
  int count;
  int ItemSize;
  int (*equal) (void*, void*);
};

static int i, flag;

Set Create(int MaxIts, int ItSize, int (*equal)(void*, void*)) {
  Set s = (Set) malloc(sizeof(*s));
```

```
  assert(s);
  s->MaxItems = MaxIts; s->ItemSize = ItSize; s->count = 0;
  s->equal = equal;
  s->ptr = malloc(s->MaxItems*sizeof(void*));
  assert(s->ptr);
  return s;
}

void Dispose(Set s) { MakeEmpty(s); free(s->ptr); free(s); }

void MakeEmpty(Set s) {
  for (i=0; i<s->count; i++) free(s->ptr[i]);
  s->count = 0;
}

void Include(Set s, void* item) {
  if (!isIn(s, item)) {
    s->ptr[s->count] = malloc(s->ItemSize);
    assert(s->ptr[s->count]);
    memcpy(s->ptr[s->count], item, s->ItemSize);
    s->count++;
  }
}

void Exclude(Set s, void* item) { ... }
int  isEmpty(Set s)             { ... }
int  isIn(Set s, void* item)    { ... }
```

C-Text 3.27: *Modul Set, Version 4, Primzahlenberechnung* ./Bsp3/set/sieb4.c

```
#include"set4.h"
#include<stdio.h>
#include<stdlib.h>
#include<math.h>

int equal(void* a, void* b) {
  int *x = (int*)a, *y = (int*)b;
  return *x == *y;
}

int main() {
  const int NN = 1000000;
  Set Primes = Create(NN+1, sizeof(int), equal);
  int root, i, j;

  for (i=2; i<NN; i++) Include(Primes, &i);
```

```
  root = (int) sqrt(NN);
  for (i=2; i<=root; i++) {
    if (isIn(Primes, &i)) {
      j = i + i;
      while (j < NN) { Exclude(Primes, &j); j += i; }
  } }

  for (i=2; i<NN; i++) if (isIn(Primes, &i)) printf("%d ", i);

  Dispose(Primes);

  return 0;
}
```

3.5 Fallstudie 4: Generische Sortierte Liste

3.5.1 Spezifikation

Sortierte Listen mit einem entsprechenden Satz von Zugriffsfunktionen sind häufig verwendete Strukturen. Um nicht für jeden Elementtyp ein neues Modul zu schreiben, bietet sich auch hier wieder eine generische Lösung an, wobei ausdrücklich auf die damit verbundenen Vor- und Nachteile verwiesen wird, die im Zusammenhang mit dem generischen ADT *Set* aufgeführt sind, siehe Abschn. 3.4.6. Bild 3.11 skizziert die Benutzerschnittstelle eines entsprechenden ADT *List*.

Die Funktionalität des ADT *List* sei wie folgt kompakt spezifiziert:

▷ *Eine leere Liste für max. n Datensätze der Größe s Byte generieren, die Ordnung ist über die Funktion* `comp` *definiert*	: `l = Create(n,s,comp);`
▷ *Datensatz gemäß Schlüssel und def. Ordnung einfügen*	: `Insert(l, &d);`
▷ *Datensatz mit dem entsprechenden Schlüssel entfernen, falls mehrere vorhanden, dann den ersten gefundenen*	: `Erase(l, &d);`
▷ *Prüft, ob mindestens ein Datensatz mit dem entspr. Schlüssel vorhanden ist (ja ≡ 1, nein ≡ 0) und gibt ggf. eine Kopie des ersten gefundenen zurück*	: `ok = Find(l,&d);`
▷ *Liefert eine Kopie des Datensatzes mit dem kleinsten Schlüssel*	: `ReadFirst(l, &d);`
▷ *Liefert eine Kopie der Liste l1*	: `l2 = Copy(l1);`
▷ *Die Funktion* `action` *auf jeden Datensatz anwenden*	: `Apply(l, action);`
▷ *Die Liste auflösen*	: `Dispose(l);`
▷ *Liefert die Anzahl der Einträge in der Liste*	: `n = Count(l);`

Das Kriterium, nach dem die Datensätze geordnet sind, wird bei der Initialisierung über die vom Anwender zu schreibende Funktion `comp` *definiert!*

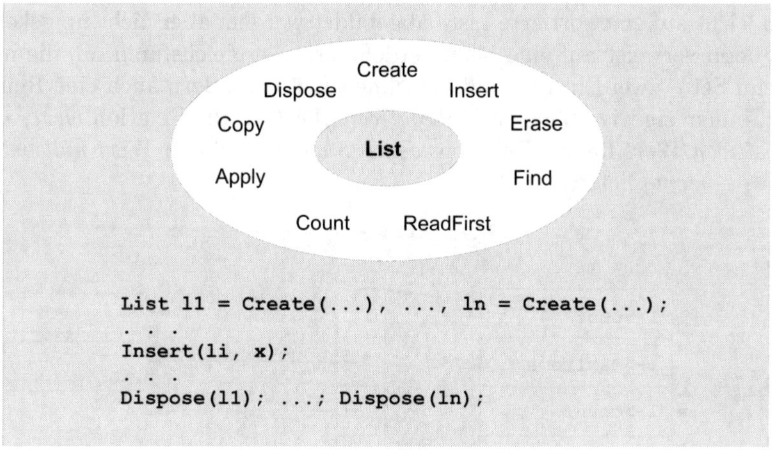

Bild 3.11: Benutzerschnittstelle des ADT *List*

Der C-Text 3.28 zeigt die zugehörige H-Datei mit der Vorwärtsdeklaration für den Zeigertyp `List` und mit den Prototypen der Zugriffsfunktionen.

C-Text 3.28: *Modul List, H-Datei* ./Bsp3/list/list.h

```
#ifndef _LIST_H
#define _LIST_H

typedef struct head* List;

List Create    (int MaxIts, int ItSize, int (*comp) (void*, void*));
void Insert    (List l, void* item);
void Erase     (List l, void* item);
int  Find      (List l, void* item);
void ReadFirst (List l, void* item);
List Copy      (List l);
void Apply     (List l, void (*action) (void*) );
void Dispose   (List l);
int  Count     (List l);

#endif
```

3.5.2 Implementierung

Bild 3.12 stellt die zur Implementierung des ADT *List* verwendete Datenstruktur dar, die praktisch mit der für den ADT *Set* verwendeten identisch ist, auch die Bezeichner für die internen Komponenten der Datenstruktur sind angeglichen. Bezüglich der Funktionalität ist die sortierte Liste aber wesentlich universeller, ein

Set kann leicht auf eine sortierte Liste abgebildet werden, aber nicht umgekehrt. Das Feld `l->comp` verweist auf eine benutzerdefinierte Vergleichsfunktion, die nicht nur – wie beim Set – zwei Einträge auf Gleichheit prüft, sondern auch eine Reihenfolge definiert, indem sie wie üblich einen *negativen Wert* für die Relation $wert_1 < wert_2$, einen *positiven Wert* für die Relation $wert_1 > wert_2$ und den *Wert null* bei Gleichheit $wert_1 \equiv wert_2$ liefert.

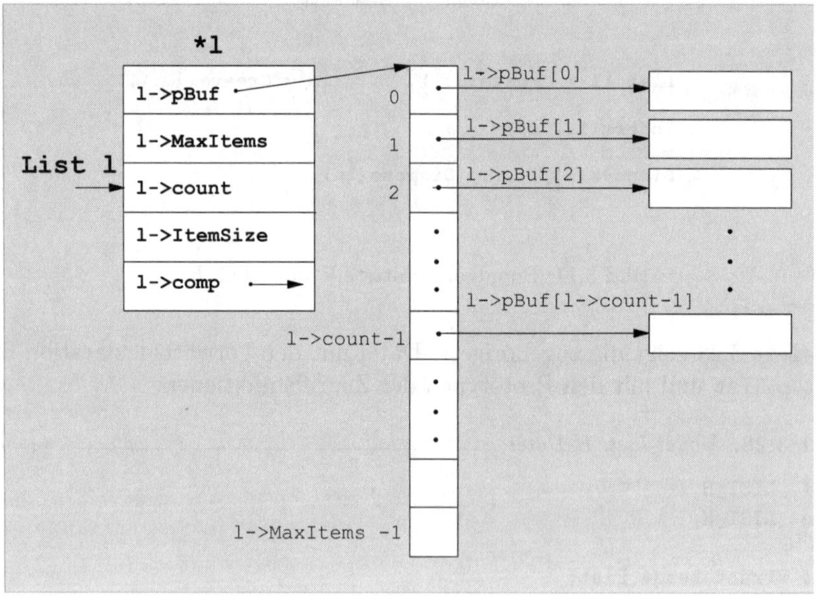

Bild 3.12: Interner Aufbau des ADT *List*

Die Implementierung des Moduls List wird im C-Text 3.29 gezeigt. Sie muß natürlich besonders sorgfältig durchgeführt werden, da an vielen Stellen nicht typisiert – mit Adressen und Adreßarithmetik – gearbeitet werden muß: z.B. das Kopieren eines Eintrags erfolgt mit `memcpy` derart, daß explizit `ItemSize` Bytes kopiert werden!

Die Einträge werden beim Einfügen ungeordnet abgelegt, das ist zwar besonders einfach, aber das muß dann in den Funktionen `Find`, `ReadFirst` und `Apply` mit erhöhter Laufzeit und teilweise auch mit höherem Aufwand bei der Implementierung bezahlt werden.

C-Text 3.29: *Modul List, C-Datei* ./Bsp3/list/list.sht

```
#include<stdlib.h>
#include<string.h>
#include<assert.h>
#include"list.h"

typedef struct head {
```

```
  void** pBuf;
  int MaxItems;
  int count;
  int ItemSize;
  int (*comp) (void*, void*);
} Header;

static int i, j;

List Create(int MaxIts, int ItSize, int (*comp)(void*, void*)) {
  List l = (List) malloc(sizeof(Header));
  assert(l);
  l->MaxItems = MaxIts; l->ItemSize = ItSize; l->count = 0;
  l->comp = comp;
  l->pBuf = malloc(l->MaxItems*sizeof(void*));
  assert(l->pBuf);
  return l;
}

void Insert(List l, void* item) {
  l->pBuf[l->count] = malloc(l->ItemSize);
  assert(l->pBuf[l->count]);
  memcpy(l->pBuf[l->count], item, l->ItemSize);
  l->count++;
}

int Find(List l, void* item) {
  for (i=0;;i++) {
    if ( i >= l->count ) return 0;
    if (l->comp(l->pBuf[i], item)==0) {
      memcpy(item, l->pBuf[i], l->ItemSize);
      return 1;
} } }

void ReadFirst(List l, void* item) { ... }
void Erase(List l, void* item)     { ... }
int  Count(List l)                 { ... }
static
void bubblesort(List l)            { ... }

void Apply( List l, void (*action) (void*) ) {
  bubblesort(l);
  for (i=0; i < l->count; i++) action(l->pBuf[i]);
}

List Copy(List l) {
  List ll = Create(l->MaxItems, l->ItemSize, l->comp);
```

```
  for (i=0; i < l->count; i++) {
    ll->pBuf[i] = malloc(l->ItemSize);
    memcpy(ll->pBuf[i], l->pBuf[i], l->ItemSize);
  }
  ll->count = l->count;
  return ll;
}

void Dispose(List l) {
  for (i=0; i<l->count; i++) free(l->pBuf[i]);
  free(l->pBuf); free(l);
}
```

3.5.3 Anwendung

Die im C-Text 3.30 angegebene Anwendung demonstriert die generische Verwendung des ADT *List*, eine Liste verwaltet Elemente des selbstdefinierten Typs `DATA`, die zweite Liste verwaltet Einträge vom Typ `int`.

C-Text 3.30: *Modul List, Anwendung* ./Bsp3/list/listtest.c

```
#include<stdio.h>
#include<string.h>
#include<stdlib.h>
#include"list.h"

typedef struct { char ch; int x; } DATA;

int cmp1(void* a, void* b) { return ((DATA*)a)->ch - ((DATA*)b)->ch; }

int cmp2(void* a, void* b) { return *((int*)a) - *((int*)b); }

void action1(void* a) { DATA* d = (DATA*)a; printf("%c%d ", d->ch, d->x); }

void action2(void* a) { printf("%d ", *((int*)a)); }

int main() {
  int i, n; DATA d;

  List l1 = Create(50, sizeof(DATA), cmp1),
       l2 = Create(100, sizeof(int), cmp2);

  for (i = 0; i < 10; i++) {
    n = d.x = rand()%100;
    d.ch = 'a' + rand()% 26;
    Insert(l1, &d); Insert(l2, &n);
  }
```

```
  Apply(l1, action1); printf("\n");
  Apply(l2, action2); printf("\n\n");

  while (Count(l1)>0) {
    ReadFirst(l1, &d); Erase(l1, &d); printf("%c%d ", d.ch, d.x);
  }
  printf("\n");
  while (Count(l2)>0) {
    ReadFirst(l2, &i); Erase(l2, &i); printf("%d ", i);
  }
  printf("\n");

  Dispose(l1); Dispose(l2);
  return 0;
}
```

Ausgabe des Programms:

```
c27 e78 f81 g34 h41 i95 n5 u69 x61 y62
5 27 34 41 61 62 69 78 81 95

c27 e78 f81 g34 h41 i95 n5 u69 x61 y62
5 27 34 41 61 62 69 78 81 95
```

3.5.4 Anpassung an Anwendungen

Wenn der generische ADT *List* in eine spezielle Anwendung eingebaut werden soll – z.B. für eine Adreßverwaltung oder für eine Terminverwaltung oder für eine Artikelverwaltung oder für irgendeine andere Aufgabe –, dann wird eine *Anpassungslücke* auftreten: der entsprechende Programmierer wird sich zum einen ein Modul wünschen, das an den jeweils vorgegebenen Elementetyp angepaßt ist, um eine statisch typisierte Verwendung zu ermöglichen, und zum anderen wird er sich eine modifizierte Funktionalität wünschen. Beide Anforderungen können im allgemeinen mit wenig Aufwand durch ein entsprechendes Anpassungsmodul realisiert werden, das die vorhandene Lücke schließt, es transfomiert die Standardfunktionalität des ADT List in eine benutzerspezifizierte Funktionalität; Bild 3.13 skizziert diese Idee: Eine Anwendung `Xyz` benötigt ein anwendungsspezifisches Modul `Set` zum Arbeiten mit Mengen oder ein Modul `Prio` zum Arbeiten mit Prioritätswarteschlangen oder ein Modul `Table` zum Arbeiten mit Adreßlisten oder ein entsprechendes anderes Modul. Dann ist zu überlegen, ob das Modul sinnvoll auf das generische Listenmodul abbildbar ist. Wenn das der Fall ist, wird das spezielle Anpassungsmodul auf der Basis des allgemeinen Listenmoduls implementiert.

Im folgenden wird dieser Vorgang an Hand dreier Beispiele durchgeführt, indem nacheinander die Module `Set`, `Prio` und `Table` auf der Basis des Listenmoduls rea-

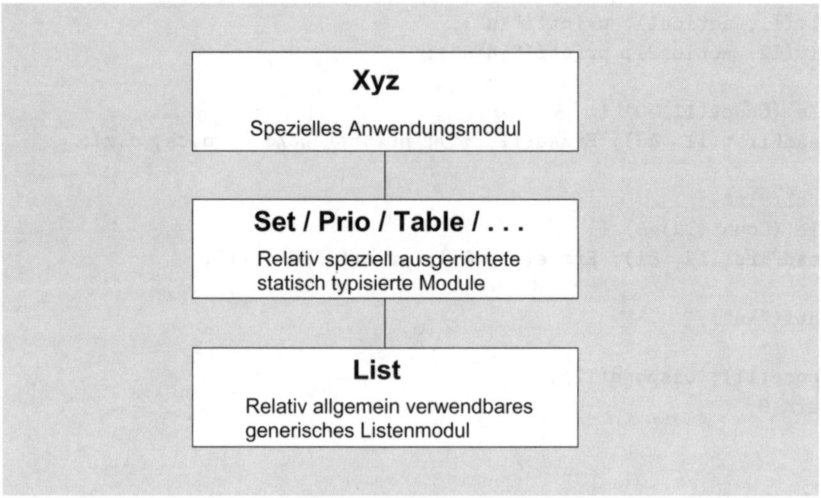

Bild 3.13: Anpassung des Moduls *List* an verschiedene Anwendungen

lisiert werden.

Natürlich läßt sowohl die Funktionalität als auch die Art der Implementierung des Listenmoduls erheblich zu wünschen übrig, aber hier geht es zunächst ums Prinzip. Andere – für viele Anwendungen effektivere – Realisierungsformen für entsprechende Listen werden im Kapitel 5 ausführlich behandelt. Die Funktionalität des Listenmoduls kann leicht durch Hinzufügen von Funktionen erweitert werden.

Beispiel 1: Menge (Set)

Das erste Beispiel beinhaltet die Abbildung eines Moduls `Set` auf das generische Listenmodul. Um ein Gefühl für den erforderlichen Aufwand zu entwickeln, rüsten wir das *Set*-Modul mit einem umfangreichen Satz von Funktionen aus:

C-Text 3.31: *Modul Set, H-Datei* ./Bsp3/list/set.h

```
#ifndef _set_h
#define _set_h

#include "list.h"

typedef List Set;

Set  SetCreate       (int size);
void SetDispose      (Set x);
void SetMakeEmpty    (Set x);
```

```
void SetInclude      (Set x, int n);
void SetExclude      (Set x, int n);
int  SetIsEmpty      (Set x);
int  SetIsIn         (Set x, int n);

Set  SetCopy         (Set x);
int  SetIsEqual      (Set x, Set y);
int  SetIsSubset     (Set x, Set y);
void SetUnion        (Set* z, Set x, Set y);
void SetIntersection (Set* z, Set x, Set y);

#endif
```

Bei der Implementierung – d.h. bei der Abbildung des Moduls `Set` auf das Modul `List` – stellt sich heraus, daß viele Funktionen sich *eins zu eins* oder nahezu *eins zu eins* abbilden lassen, daß bei anderen hingegen ein relativ hoher Aufwand erforderlich ist: die Implementierung der Funktionen `SetIsEqual`, `SetIsSubSet`, `SetUnion` und `SetIntersection` ist relativ aufwendig und uneffektiv. Hier haben wir es mit einem Grenzfall zu tun. Als Alternativen bieten sich an, die Funktionalität des Listenmoduls erweitern oder das `Set`-Modul wie im Abschnitt 3.4 direkt zu implementieren.

C-Text 3.32: *Modul Set, C-Datei* ./Bsp3/list/set.sht

```
#include "set.h"

int cmp(void* a, void* b) {
  int *x = (int*)a, *y = (int*)b;
  return *x - *y;
}

Set  SetCreate  (int size) { return Create(size, sizeof(int), cmp); }
void SetDispose (Set x)    { Dispose(x); }

void SetMakeEmpty(Set x) {
  while (Count(x)>0) { int n; ReadFirst(x, &n); Erase(x, &n); }
}

void SetInclude(Set x, int n) {
  if (!Find(x, &n)) Insert(x, &n);
}

void SetExclude (Set x, int n) { Erase(x, &n); }
int  SetIsEmpty (Set x)        { return Count(x)==0; }
int  SetIsIn    (Set x, int n) { return Find(x, &n); }
Set  SetCopy    (Set x)        { return Copy(x); }
```

```
int  SetIsEqual(Set x, Set y) {
  int i=0, n;
  List l1;
  if (Count(x)!=Count(y)) return 0;
  l1 = Copy(x);
  while (i<Count(l1)) {
    ReadFirst(l1, &n); Erase(l1, &n);
    if (!Find(y, &n)) { Dispose(l1); return 0; }
    i++;
  }
  Dispose(l1);
  return 1;
}

int  SetIsSubset(Set x, Set y) { . . . }

void SetUnion(Set* z, Set x, Set y) {
  List l2 = Copy(y);
  int n;
  Dispose(*z); *z = Copy(x);
  while (Count(l2)>0) {
    ReadFirst(l2, &n); Erase(l2, &n); Insert(*z, &n);
  }
  Dispose(l2);
}

void SetIntersection(Set* z, Set x, Set y) { . . . }
```

Als kleines Test- und Demoprogramm zur Anwendung des *Set*-Moduls dient uns wieder das kleine Programm zur Primzahlenberechnung:

C-Text 3.33: *Modul Set, Anwendung* ./Bsp3/list/sieb.c

```
#include "set.h"
#include <stdio.h>
#include <math.h>

int main() {

  const int NN = 10000;
  Set Primes = SetCreate(NN+1);
  int root, i, j;

  for (i=2; i<=NN; i++) SetInclude(Primes, i);

  root = (int) sqrt(NN);
  for (i=2; i<=root; i++) {
    if (SetIsIn(Primes, i)) {
```

```
      j = i + i;
      while (j <= NN) { SetExclude(Primes, j); j += i; }
  } };

  j = 0;
  for (i=2; i<=NN; i++)
    if (SetIsIn(Primes, i)) {
      printf("%6d ", i); j++;
      if (j%10==0) printf("\n");
    }

  SetDispose(Primes);

  return 0;
}
```

Beispiel 2: Prioritätswarteschlange

Das zweite Beispiel zeigt die Realisierung einer Prioritätswarteschlange auf der Basis des Listenmoduls. Die Funktionalität des Moduls `Prio` ist, wie im C-Text 3.34 gezeigt, sehr kompakt und die Abbildung auf das Listenmodul recht einfach, siehe C-Text 3.35.

C-Text 3.34: *Modul Prio, H-Datei* ./Bsp3/list/prio.h

```
#ifndef _prio_h
#define _prio_h

#include "list.h"

typedef List Prio;

typedef struct {
  char Name[20];
  /* . . . */
} Entry;

Prio  MakePrio(int size);
void  FreePrio(Prio pr);
void  InsertPrio(Prio pr, Entry e);
Entry PopPrio(Prio pr);
int   isEmptyPrio(Prio pr);

#endif
```

C-Text 3.35: *Modul Prio, C-Datei* ./Bsp3/list/prio.c

```
#include "prio.h"
#include "list.h"
#include <string.h>

int cmp(void* a, void* b) {
  Entry *e1 = (Entry*) a, *e2 = (Entry*) b;
  return strcmp(e1->Name, e2->Name);
}

Prio  MakePrio(int size) { return Create(size, sizeof(Entry), cmp); }
void  FreePrio(Prio pr) { Dispose(pr); }
void  InsertPrio(Prio pr, Entry e) { Insert(pr, &e); }

Entry PopPrio(Prio pr) {
  Entry e;
  ReadFirst(pr, &e); Erase(pr, &e);
  return e;
}

int isEmptyPrio(Prio pr) { return Count(pr)==0; }
```

Der C-Text 3.36 zeigt eine kleine Anwendung des *Prio*-Moduls, in der einige Datensätze eingefügt und dann in einer Schleife der jeweils höchst priore Eintrag entnommen und ausgegeben wird, d.h. das Ergebnis ist in diesem Falle eine alphabetisch sortierte Ausgabe der Datensätze.

C-Text 3.36: *Modul PrioTest, Anwendung* ./Bsp3/list/priotest.c

```
#include "prio.h"
#include <stdio.h>

int main(void) {
  int i;
  Prio que;
  Entry e[7] = { "Meier", "Mueller", "Gaertner",
                 "Isernhagen", "Ahrens", "Xyz", "Abc"
               };
  que = MakePrio(10);
  for (i=0; i<7; i++) InsertPrio(que, e[i]);
  while (!isEmptyPrio(que)) {
    Entry x = PopPrio(que);
    printf("%s, ", x.Name);
  }
  return 0;
}
```

Beispiel 3: Adreßliste

Das dritte Beispiel umfaßt ein Modul `Table` für eine kleine Adreßverwaltung. C-Text 3.37 zeigt die Headerdatei. Es können alternativ oder parallel Adreßlisten vom Typ `Table` kreiert werden, die nach Namen oder Matrikelnummern geordnet sind. Die Funktionen `Add`, `Update` und `LookUp` dienen dazu, einen Eintrag hinzuzufügen bzw. einen Eintrag zu aktualisieren bzw. einen vollständigen Eintrag zu liefern zu einem Eintrag, der nur die Suchschlüsselinformation *Name* oder *Matrikelnummer* enthält.

C-Text 3.37: *Modul Table, H-Datei* ./Bsp3/list/table.h

```
#ifndef _TABLE_H
#define _TABLE_H

#include "list.h"

typedef List Table;
typedef struct {
  long MatrNr;
  char Name[31];
  long TelNr;
} Student;

Table   CreateMatrNr (int size);
Table   CreateName   (int size);
void    Add          (Table t, Student s);
void    Update       (Table t, Student s);
Student LookUp       (Table t, Student s);
void    Display      (Table t, Student s);
void    DisplayAll   (Table t);
void    Resolve      (Table t);

#endif
```

Der C-Text 3.38 zeigt, daß die Implementierung auf der Basis des Listenmoduls wieder recht einfach ist, die meisten Funktionen lassen sich mehr oder weniger direkt abbilden.

C-Text 3.38: *Modul Table, C-Datei* ./Bsp3/list/table.c

```
#include<string.h>
#include<stdio.h>
#include"list.h"
#include"table.h"

int cmpMatrNr(void* a, void* b) {
  Student *s1 = (Student*) a, *s2 = (Student*) b;
  if (s1->MatrNr < s2->MatrNr) return -1;
```

```
  else if (s1->MatrNr > s2->MatrNr) return +1;
  else return 0;
}

int cmpName(void* a, void* b) {
  Student *s1 = (Student*) a, *s2 = (Student*) b;
  return strcmp(s1->Name, s2->Name);
}

void action(void* a) {
  Student* s = (Student*) a;
  printf("%ld %s %ld\n", s->MatrNr, s->Name, s->TelNr);
}

Table CreateMatrNr (int size) {
  return Create(size, sizeof(Student), cmpMatrNr);
}

Table CreateName(int size) {
  return Create(size, sizeof(Student), cmpName);
}

void  Add(Table t, Student s) {
  if (!Find(t, &s)) Insert(t, &s);
}

void  Update(Table t, Student s) {
  Erase(t, &s); Insert(t, &s);
}

Student LookUp(Table t, Student s) {
  Student x = { 0, "???", 0 };
  if (Find(t, &s)) return s; else return x;
}

void Display(Table t, Student s) {
  Student x = LookUp(t, s);
  printf("%ld %s %ld\n", x.MatrNr, x.Name, x.TelNr);
}

void  DisplayAll(Table t) { printf("\n"); Apply(t, action); }

void  Resolve(Table t) { Dispose(t); }
```

Der C-Text 3.39 skizziert die Anwendung des *Table*-Moduls.

C-Text 3.39: *Modul Table, Anwendung* ./Bsp3/list/tabtest.c

```
#include<stdio.h>
#include<string.h>
#include<stdlib.h>
#include"table.h"

int main() {
  int i;
  Student s[5] = { 9365123L, "Peters",  123456L,
                   9415222L, "Schmidt", 78903L,
                   9315444L, "Beyer",   9876L,
                   1111111L, "Xxxxx",   2222L,
                   2222222L, "Yyyyy",   3333L
                 };
  Student stud;

  Table tab1 = CreateMatrNr(100), tab2 = CreateName(200);

  for (i=0; i<5; i++) { Add(tab1, s[i]); Add(tab2, s[i]); }

  Display(tab1, s[2]); Display(tab2, s[3]);
  strcpy(stud.Name, "Yyyyy"); Display(tab2, stud);
  strcpy(stud.Name, "Meier"); Display(tab2, stud);

  DisplayAll(tab1); DisplayAll(tab2);

  Resolve(tab1); Resolve(tab2);
  return 0;
}
```

Ausgabe des Programms:

```
9315444 Beyer 9876
1111111 Xxxxx 2222
2222222 Yyyyy 3333
0 ??? 0

1111111 Xxxxx 2222
2222222 Yyyyy 3333
9315444 Beyer 9876
9365123 Peters 123456
9415222 Schmidt 78903

9315444 Beyer 9876
9365123 Peters 123456
9415222 Schmidt 78903
1111111 Xxxxx 2222
2222222 Yyyyy 3333
```

3.6 Übungen

Ü1: Arithmetik mit beliebiger Genauigkeit

Die folgenden Vereinbarungen spezifizieren ein Programmteil, das es ermöglicht, mit beliebig großen positiven Zahlen zu arbeiten. Implementieren Sie die entsprechenden Funktionen.

```
/*-------------------- Multipre.h ----------------------*/

   #define LENGTH 50;

   typedef unsigned char Byte;
   typedef Byte LONG[LENGTH];

   Byte Error; /* Fehlercode, 0 bedeutet "kein Fehler" */

   void Add(LONG a, LONG b, LONG c);
   void Sub(LONG a, LONG b, LONG c);
   void Mul(LONG a, LONG b, LONG c);
   void Div(LONG a, LONG b, LONG c);
   void Mod(LONG a, LONG b, LONG c);
   void LONGtoString(LONG l, char *s);
   void StringToLONG(char *s, LONG l);
   int  Less (LONG a, LONG b);
   int  Equal(LONG a, LONG b);
/*------------------------------------------------------*/
```

Anwendung:

- Schreiben Sie ein Test- und Demoprogramm, das einen einfachen Taschenrechner mit den fünf Grundrechenarten ($+, -, \cdot, /$, mod) simuliert.

Ü2: Matrixoperationen

Das Modul `Matrix` stellt Variable und Funktionen für das Arbeiten mit zweidimensionalen Matrizen bereit.

Problem: Es können in C keine mehrdimensionalen Vektoren (Arrays) mit variablen Grenzen als Funktionsparameter übergeben werden!

Lösung: Statt der Matrizen werden Zeiger auf die Anfangsadressen der jeweiligen Vektoren und zusätzlich die Dimensionen übergeben! Beim Aufruf ist dann eine explizite Typkonvertierung (type-cast) erforderlich, sonst wird gegen die ANSI-C-Syntax verstoßen und der Compiler erzeugt (nur!?) eine Warnung!

Quelle: Dr. Dobb's Journal, August 1993

Entwickeln Sie zu der angegebenen H-Datei eine Implementierung (C-Datei) und ein entsprechendes Test– und Demoprogramm.

```
/*---------------------- Matrix.h ------------------------------*/

  void matclear(int m, int n, float* z);
  /* Alle Elemente der Matrix z[m][n] auf 0.0 setzen              */

  void matadd(int m, int n, float* x, float* y, float* z);
  /* Matrizenaddition: z[m][n] = x[m][n] + y[m][n]                */

  void matsub(int m, int n, float* x, float* y, float* z);
  /* Matrizensubtraktion: z[m][n] = x[m][n] + y[m][n]             */

  void matmul(int m, int n, int p, float* x, float* y, float* z);
  /* Matrizenmultiplikation: z[m][p] = x[m][n] * y[n][p]          */

/*--------------------------------------------------------------*/
```

Der folgende Text skizziert die Anwendung des Moduls.

```
#include "Matrix.h"

#define M  40
#define N  60
#define P  80
. . .
float a[M][N], b[N][P], c[M][P];
. . .
matmul(M, N, P, (float*) a, (float*) b, (float*) c);
```

Ü3: Packen und Entpacken I

Ein Datensatz steht in zwei verschiedenen Formen zur Verfügung. Implementieren Sie die beiden Funktionen `Encode` und `Decode`, die von einer Form in die jeweils andere konvertieren, und schreiben Sie dafür ein kleines Test- und Demoprogramm.

```
/*----------------------- Pack.h -----------------------*/

  typedef struct st {
    unsigned long  a;          /* 0...2 hoch 32 - 1 */
    unsigned short b;          /* 0...2 hoch 16 - 1 */
    unsigned char  c;          /* 0...2 hoch  8 - 1 */
    int  flag0, flag1, flag2   /* 0...1             */
  } FORM1;

  typedef unsigned short FORM2[4];
```

```
  void Encode (FORM1 from, FORM2 to);
  void Decode (FORM2 from, FORM1* to);
/*-------------------------------------------------------*/
```

Ü4: Packen und Entpacken II

Schreiben Sie die beiden Funktionen `Encode` und `Decode`, um die Darstellung eines Datums zu packen bzw. zu entpacken:

```
typedef unsigned short Ushort;  /* 16 Bit */

typedef struct da {
  Ushort Tag,           /* 0..31 */
         Monat,         /* 1..12 */
         Jahr;          /* 0..99 */
} Datum;

Ushort Encode (Datum d);
void   Decode (Ushort d1, Datum d2);
```

Ü5: Packen und Entpacken III

Schreiben Sie die beiden Funktionen `Pack` und `Unpack`, um die Darstellung eines Headers für ein Datenübertragungsprotokoll (TCP/IP) zu packen bzw. zu entpacken:

```
typedef unsigned short Ushort;           /* 16 Bit */
typedef unsigned long  Ulong;            /* 32 Bit */
typedef int            Bool;

typedef struct log {
  Ushort Source, Dest;
  Ulong  SeqNo, QuitNo;
  Ushort Distance,                       /* 0..15 */
         Reserverd;                      /* 0..63 */
  Bool   URG, ACK, DSH, RST, SYN, FIN;   /* 0..1  */
  Uint   WinSize,
  CheckSum, UrgPoint;
} LogForm;

typedef Ushort PhysForm[10];
/*
   0. Source, 1. Dest, 2. SeqNo (high), 3. SeqNo (low),
   4. QuitNo (high), 5. QuitNo (low),
```

```
    6. Distance, Reserved, URG, ..., FIN,
    7. WinSize, 8. CheckSum, 9. UrgPoint
*/

void pack   (LogForm l, PhysForm p);
void unpack (PhysForm p, LogForm *f);
```

Ü6: Geldkonvertierungen

Das H-Datei `Money.h` definiert den Datentyp DM zur Darstellung von Geldbeträgen. Implementieren Sie die fünf spezifizierten Funktionen `Plus`, `DoubleToDM`, `DMtoDouble`, `DMtoString` und `StringToDM` und schreiben Sie dazu ein kleines Test- und Demoprogramm.

```
/*----------------------- Money.h ----------------------*/

  typedef unsigned int  UINT;

  typedef struct {
    UINT KiloMark, Mark;  /* erlaubte Werte: jew. 0...999 */
    UINT Pfg;             /* erlaubter Wert: 0...99       */
  } DM;

  int    Plus       (DM x, DM y, DM *z);
  int    Minus      (DM x, DM y, DM *z);

  int    DoubleToDM (double x, DM *z);
  double DMtoDouble (DM x);

  void   DMToString (DM x, char *s);
  void   StringToDM (char *s, DM *z);
/*------------------------------------------------------------*/
```

Tip : Führen Sie die Rechnungen soweit wie möglich im ganzzahligen Bereich aus (mit Pfennigen statt mit Mark rechnen!).

Ü7: *Table* als statischer Vektor

Entwickeln Sie zu der angegebenen H-Datei `Table.h` eine zugehörige C-Datei `Table.c`:

```
/*--------------------Table.h----------------------*/
#ifndef _Table_h
#define _Table_h
```

```
#define SIZE 10

typedef unsigned int Uint;  /* 32 Bit */

typedef struct {
  Uint minute,     /* 0...59999 */
       second,     /* 0...59    */
       millisec;   /* 0...999   */
} Time;

typedef Uint PackedTime;     /* 32 Bit */

typedef struct {
  PackedTime time;
  double     value;
} Entry;

typedef struct {
  Entry buffer[SIZE];
  int count;
} *Table;

Table Make     ();
void  Resolve  (Table tab);
void  Add      (Table tab, Time t, double x);
void  Pop      (Table tab, Time* t, double* x);
int   nEntries ();

#endif
/*-----------------------------------------------------*/
```

Spezifikation der Funktionen:

- ⊗ `Table Make();`
  Ein Table-Exemplar generieren
- ⊗ `void Resolve(Table tab);`
  Das Table-Exemplar auflösen
- ⊗ `void Add(Table tab, Time t, double x);`
  Einen Eintrag mit der Zeit t und dem Wert x hinzufügen, die Einträge werden intern nicht geordnet abgelegt
- ⊗ `void Pop(Table tab, Time* t, double* x);`
  *Den Eintrag mit dem kleinsten Zeitwert entfernen und seine Zeit als *t sowie seinen Wert als *x zurückgeben*
- ⊗ `int nEntries();`
  Liefert die Anzahl der aktuell vorhandenen Einträge

Die Zeitwerte werden also in gepackter Form (`PackedTime`) in der Liste abgelegt, die Übergabe bei den Funktionen `Add` und `Pop` erfolgt in nicht gepackter Form (`Time`)! Schreiben Sie für die entsprechenden Konvertierungen als erstes die beiden Hilfsfunktionen

```
PackedTime Pack   (Time t);  und
Time       Unpack (PackedTime t);
```

um sie dann zur Implementierung von `Add` bzw. `Pop` zu verwenden. Das Packen sollte so erfolgen, daß `minute` den höchstwertigen und `millisec` den niederstwertigen Teil in der 32-Bit-Darstellung einnimmt!

Entwickeln Sie anschließend ein Test– und Demoprogramm für das Modul Table, das folgendes macht:

- Es kreiert ein Exemplar und fügt mit `Add SIZE` Zufallseinträge ein.
- Mit `Pop` werden die Einträge in geordneter Reihenfolge ausgegeben, und anschließend wird das Exemplar aufgelöst.

Ü8: *Table* als dynamischer Vektor

Die folgende Version der Headerdatei unterscheidet sich von der vorangehenden im Aufbau von `*Table` und in der Funktion `Make`, die jetzt über einen Parameter verfügt, über den das Fassungsvermögen beim Generieren festgelegt wird. Implementieren Sie nur die beiden Funktionen `Make` und `Resolve`.

```
/*-------------------Table.h---------------------*/
  #ifndef _Table_h
  #define _Table_h

  . . .
  typedef struct {
    Entry* buffer;
    int count;
    int Size;
  } *Table;

  Table Make     (int size);
  void  Resolve  (Table tab);
  . . .

#endif
/*-----------------------------------------------*/
```

Ü9: *Table* als *List*

Entwickeln Sie für die angegebene H-Datei `Table.h` eine entsprechende C-Datei `Table.c` und benutzen dazu das Modul `List`. Die Funktionalität des Moduls und die Struktur der Einträge entsprechen Ü7/Ü8. Zum *Packen* und *Entpacken* der Zeitdarstellung verwenden Sie `Pack` und `Unpack` aus Ü7.

```
/*-------------------Table.h----------------------*/
  #ifndef _Table_h
  #define _Table_h
  #include "List.h"

  typedef unsigned int Uint;  /* 32 Bit */

  typedef struct {
    Uint minute,      /* 0...59999 */
         second,      /* 0...59    */
         millisec;    /* 0...999   */
  } Time;

  typedef Uint PackedTime;    /* 32 Bit */

  typedef struct {
    PackedTime time;
    double     value;
  } Entry;

  typedef List Table;

  Table Make     (int size);
  void  Resolve  (Table tab);
  void  Add      (Table tab, Time t, double x);
  void  Pop      (Table tab, Time* t, double* x);
  int   nEntries ();

  #endif
/*------------------------------------------------*/
```

Teil II

Datenstrukturen, Algorithmen, ADTs, Container

Kapitel 4

Sortieren, Suchen und Zeitkomplexität

Wer Ordnung hält, der ist nur zu faul zum Suchen.
Redensart

Suchen: *Tätigkeit, in einem vorgegebenen Datenbestand alle Objekte zu ermitteln, die eine bestimmte Bedingung, das Suchkriterium, erfüllen.* Informatik-Duden

The process should perhaps be called ordering, *not sorting; but anyone who tries to call it "ordering" is soon led into confusion because of the many different meanings attached to this word. Consider the following sentence, for example: "Since only two of our tape drives were in working order, I was ordered to order more tape units in short order, in order to order the data several orders of magnitude faster."*
Donald E. Knuth in *TAOCP, Vol.3*

4.1 Zeitkomplexität **238**
4.2 Einfache Sortieralgorithmen **242**
4.3 Schnelle Sortieralgorithmen **244**
4.4 Laufzeitmessungen an Sortieralgorithmen **248**
4.5 Lineares Suchen **250**
4.6 Binäres Suchen **250**
4.7 Die Macht der Zeitkomplexität **251**

Sortieren (Ordnen) und Suchen sind Basisaktivitäten im Bereich der Softwaretechnik. Je nach Anforderung und Zielsetzung werden hierfür unterschiedliche Datenstrukturen und Algorithmen verwendet. In diesem Kapitel werden Algorithmen zum Sortieren und Suchen in Arrays vorgestellt und bewertet. In diesem Zusammenhang wird der Begriff *Zeitkomplexität* als Funktion zur qualitativen Bewertung des Zeitverhaltens von Algorithmen eingeführt.

4.1 Zeitkomplexität

Einführung

Ein wichtiges Beurteilungskriterium für die Bewertung von Software ist das Zeitverhalten. Betrachten wir z.B. die mathematische Funktion

$$\text{summe}(n) = \sum_{i=1}^{n} i = 1 + 2 + 3 + \ldots + (n-1) + n$$

und ihre Umsetzung in eine C-Funktion:

```
long summe1(long n) {
  long i, s=0;
  for (i=1; i<=n; i++) s += i;
  return s;
}
```

Es ist unmöglich, einen konkreten Wert für die Zeit anzugeben, die benötigt wird, um einen Funktionswert zu berechnen. Die benötigte Zeit hängt zumindest von dem Wert des aktuellen Parameters und von dem Prozessor ab, auf dem der entsprechende Code abläuft. Aber es läßt sich eine sehr nützliche qualitative Aussage bezüglich des Zeitverhaltens dieser Funktion machen, nämlich

$$t_{summe1} \sim n \quad \text{für} \quad n \to \infty$$

Die Einschränkung der exakten Gültigkeit auf sehr große Werte von n ist praktisch gesehen nicht gravierend, denn die Proportionalität gilt schon für relativ kleine Werte von n mit hinreichender Genauigkeit. Der Informatiker verwendet zur Darstellung dieses Zusammenhangs folgende Notation:

$$T_{summe1} = \mathrm{O}(n)$$

Die Funktion nennt er „BigO-Funktion“, sie besagt in diesem Fall *das Zeitverhalten ist von der Ordnung n.* Wenn wir die Formel genauer betrachten, dann erkennen wir, daß die Summe auch wie folgt berechnet werden kann:

$$\text{summe}(n) = \sum_{i=1}^{n} i = \begin{cases} (n \div 2) * (n+1) & : \text{ für geradz. Werte von n} \\ (n \div 2) * (n+2) + 1 & : \text{ für ungeradz. Werte von n} \end{cases}$$

Damit läßt sich dann die folgende C-Funktion formulieren:

```
long summe2(long n) {
  if (n%2==0) return (n/2) * (n+1);
  else return n/2 * (n+2) + 1;
}
```

Bei dieser Funktion ist der Zeitaufwand für die Berechnung der Summe völlig unabhängig von dem Wert für n, er ist – bezogen auf n – eine Konstante; in dem Fall schreibt der Informatiker

$$T_{summe2} = \mathrm{O}(1)$$

Das Beispiel – die Berechnung der Funktion summe(n) – zeigt an einem einfachen Fall den Einfluß des Algorithmus auf den Berechnungsaufwand. Eine Anekdote besagt, daß ein Schullehrer des berühmten Mathematikers *Gauß* seinen Schülern die Aufgabe stellte, die Zahlen von 1 bis 100 zu addieren. Er erwartete, daß die Schüler damit für längere Zeit beschäftigt seien, aber schon nach ganz kurzer Zeit meldete sich *Gauß* mit dem richtigen Ergebnis, er hatte sich derzeit schon den *schnellen Algorithmus* mit der optimalen Zeitkomplexität $T = \mathrm{O}(1)$ überlegt, wohingegen seine Mitschüler lange Zeit rechnen mußten, weil sie den *langsamen Algorithmus* mit der Zeitkomplexität $T = \mathrm{O}(n)$ verwendeten!

Um die Überlegungen zur Zeitkomplexität an einem einfachen Beispiel fortzuführen, betrachten wir jetzt die mathematische Funktion

$$\mathrm{summe}(n) = \sum_{i=1}^{n} \sum_{j=1}^{i} j = (1) + (1+2) + (1+2+3) + \ldots + (1+2+3+\ldots+n),$$

setzen sie 1 : 1 um in eine entsprechende C-Funktion und erhalten damit

```
long summe3(long n) {
  long i, j, s = 0;
  for (i=1; i<=n; i++)
    for (j=1; j<=i; j++)
      s += j;
  return s;
}
```

Damit können wir – anschaulich leicht nachvollziehbar – für die Zeitkomplexität die Formel

$$T_{summe3} = \mathrm{O}(n^2)$$

angeben, d.h. z.B. für einen *zehnmal* so großen Wert für n erhöht sich der Berechnungsaufwand um den Faktor *hundert*. Natürlich läßt sich einfach ein *schnellerer Algorithmus* finden, indem wir die bekannte Formel zur Berechnung der inneren Summe verwenden:

```
long summe4(long n) {
```

```
    long j, s = 0;
    for (j=1; j<=n; j++)
      s += summe2(j);
    return s;
  }
```

Damit reduziert sich dann auch die Zeitkomplexität:

$$T_{summe4} = \mathrm{O}(n)$$

Der Leser möge versuchen, herauszufinden, ob sich auch eine entsprechende Funktion mit der Zeitkomplexität $T = \mathrm{O}(1)$ finden läßt.

Als weiteres Beispiel betrachten wir jetzt die Multiplikation zweier quadratischer Matrizen. Jedes Element der $n \cdot n$-Ergebnismatrix c wird wie folgt aus den beiden Matrizen a und b berechnet:

$$c_{i,j} = \sum_{i=1}^{n} \sum_{j=1}^{n} a_{i,k} \cdot b_{k,j}$$

Dementsprechend läßt sich die folgende Funktion formulieren:

```
typedef double Matrix[n][n]

void MatMultiplikation(Matrix a, Matrix b, Matrix c) {
  int i, j, k;
  for (i=0; i<n; i++)
    for (j=0; j<n; j++) {
      c[i][j] = 0;
      for (k=0; k<n; k++)
        c[i][j] += a[i][k] * b[k][j];
    }
}
```

Die Rechenoperationen innerhalb der inneren der drei `for`-Schleifen werden n^3 mal durchgeführt, und es ergibt sich – bezogen auf die lineare Dimension n der Matrizen – die Zeitkomplexität

$$T_{MatMultiplikation} = \mathrm{O}(n^3)$$

D.h. dann z.B., daß die Multiplikation zweier $10 \cdot 10$-Matrizen *achtmal* so lange dauert wie die Multiplikation zweier $5 \cdot 5$-Matrizen!

Wie die folgenden Abschnitte zeigen werden, spielt die Zeitkomplexität eine wichtige Rolle bei der Beurteilung des Zeitverhaltens von Algorithmen. Bei dieser Art der Betrachtung spielen Konstanten als Proportionalitätsfaktoren keine Rolle. Die folgende Gegenüberstellung zweier Funktionen zur Berechnung des *statistischen Erwartungswertes* beim „Würfeln“ mit einem „n-seitigen Würfel“ (z.B. n = 6 oder auch n = 1000) möge das demonstrieren:

Version 1

```
double E1(int n) {
  int i, x;
  double s = 0;
  for (i=0; i<1000; i++) {
    x = rand() % n + 1;
    s += x;
  }
  return s/1000;
}
```

Version 2

```
double E2(int n) {
  int i;
  double s;
  if (n%2==0)
    s = (n/2) * (n+1)
  else
    s = n/2 * (n+2) + 1;
  return s/n;
}
```

In der Funktion E1 wird *simuliert*, es wird der Mittelwert aus tausend Quasizufallsexperimenten gebildet, das Ergebnis kann natürlich ungenau werden (aber das spielt in diesem Zusammenhang keine Rolle). In der Funktion E2 wird dagegen exakt gerechnet. Beide Funktionen haben eine konstante Zeitkomplexität:

$$T_{E1} = T_{E2} = \mathrm{O}(1)$$

Zwar ist die Funktion E2 sicher viele tausendmal schneller, aber bei der Zeitkomplexität ist in dem Falle nur von Bedeutung, daß die Rechenzeit unabhängig ist von dem Wert für n.

Übersicht über verschiedene Kategorien von Zeitkomplexitäten

Die allgemeine Form für die Zeitkomplexität ist

$$T = \mathrm{O}(\mathrm{f}(n))$$

Dabei bezeichnet n die Anzahl der zu verarbeitenden oder betroffenen Datenelemente, und $\mathrm{f}(n)$ definiert die Art der Funktion, die das zeitliche Verhalten bestimmt. Die folgende Aufstellung skizziert die wichtigsten Kategorien der Zeitkomplexität:

- $T = \mathrm{O}(1)$ .... konstante Zeitkomplexität
  Der Zeitaufwand ist unabhängig vom betroffenen Datenvolumen
- $T = \mathrm{O}(\log n)$ .... logarithmische Zeitkomplexität
  Der Zeitaufwand steigt nur langsam – weniger als linear – mit dem betroffenen Datenvolumen
- $T = \mathrm{O}(n)$ .... lineare Zeitkomplexität
  Der Zeitaufwand steigt linear mit dem betroffenen Datenvolumen
- $T = \mathrm{O}(n \log n)$ .... linear logarithmische Zeitkomplexität
  Der Zeitaufwand steigt schwach überlinear mit dem betroffenen Datenvolumen
- $T = \mathrm{O}(n^2)$ .... quadratische Zeitkomplexität
  $T = \mathrm{O}(n^3)$ .... kubische Zeitkomplexität
  $T = \mathrm{O}(n^k)$ .... polynominale Zeitkomplexität
  Der Zeitaufwand steigt stark überlinear mit dem betroffenen Datenvolumen

- $T = \mathrm{O}(2^n)$ .... exponentielle Zeitkomplexität
  $T = \mathrm{O}(k^n)$ .... exponentielle Zeitkomplexität
  Der Zeitaufwand steigt exponentiell mit dem betroffenen Datenvolumen

Im manchen Fällen wird neben der *Big-O*-Funktion die *Big*–Ω-Funktion verwendet, um eine untere Schranke der Zeitkomplexität zu definieren:

- $T = \Omega(\mathrm{f}(x))$: *best-case*-Zeitkomplexität (günstigster Fall)

Weitere Hinweise

Bei der Definition der Zeitkomplexität bleiben nicht nur konstante Summanden und konstante Faktoren unberücksichtigt, sondern es wird auch generell nur das Glied mit dem stärksten Einfluß berücksichtigt. Wenn wir z.B. bei der Analyse eines Algorithmus folgende Formel

$$t = \mathrm{t}(n) = c_1 n^3 + c_2 n^2 + c_3 n + c_4$$

für das Zeitverhalten gefunden haben und darüber hinaus feststellen, daß im *unteren Bereich* für kleine und mittlere Werte von n die Glieder mit niederen Potenzen dominieren, so ergibt sich in dem Falle trotzdem

$$T = \mathrm{O}(n^3)$$

als Funktion für die Zeitkomplexität, d.h. wir betrachten stets so große Werte von n, daß die weniger stark wachsenden Glieder vernachlässigt werden können.

Die Zeitkomplexität definiert ein qualitatives Maß für die Abhängigkeit des Zeitaufwandes von der Anzahl der zu bearbeitenden Elemente bei dem untersuchten Algorithmus. Natürlich kann es hier auch mehr als eine abhängige Variable geben, der entsprechende Ausdruck für die Zeitkomplexität kann dann z.B. wie folgt aussehen:

$$T = \mathrm{O}(m \cdot n)$$

4.2 Einfache Sortieralgorithmen

Das Sortieren – oder allgemeiner gesagt: das Ordnen – von Daten in Rechnersystemen ist eine häufig wiederkehrende Basistätigkeit, für die viel Rechenkapazität aufgewendet wird. Auf der anderen Seite ist Sortieren recht zeitaufwendig, es gibt keinen allgemein verwendbaren Sortieralgorithmus, der nicht eine schlechtere als lineare Zeitkomplexität aufweist! Die in diesem Abschnitt vorgestellten drei Algorithmen *Bubblesort*, *Insertionsort* und *Selectionsort* haben alle eine quadratische Zeitkomplexität ($T = \mathrm{O}(n^2)$). Bubblesort ist der bei weitem langsamste Vertreter.

Bubblesort

Einfache Sortieralgorithmen, die vielfach zum Sortieren kleinerer und mittlerer Datenbestände verwendet werden, haben meist eine quadratische oder annähernd quadratische Zeitkomplexität, ein typischer Vertreter ist der sog. Bubblesort-Algorithmus, dessen Funktion durch die folgenden kleinen Zahlenspalten illustriert wird:

83	27	27	27	27	18
27	64	31	31	18	27
64	31	56	18	31	31
31	56	18	56	56	56
56	18	64	64	64	64
18	83	83	83	83	83

In der linken Spalte stehen die ursprünglichen zu sortierenden Zahlen, in der rechten Spalte stehen die sortierten Zahlen, insgesamt sind fünf Durchläufe erforderlich, bei denen jeweils benachbarte Elemente verglichen und ggf. vertauscht werden. Der Algorithmus – in Form einer C-Funktion, die ein `Array a` im Bereich von `a[1]` bis `a[n]` sortiert – sieht dann z.B. wie folgt aus:

```
typedef int Element;           /* Element, Eintrag           */
typedef Element Array[N+1];    /* N: max. Anzahl der Elemente */

void Bubblesort(Array a, int n) {
/* Es wird der Bereich a[1] bis a[n] sortiert */
  int i, j;
  for (i=2; i<=n; i++)
    for (j=n; j>=i; j--)
      if (a[j-1] > a[j])
        swap(&a[j-1], &a[j]);
}
```

Man erkennt leicht die quadratische Zeitkomplexität. Bubblesort ist ein besonders langsamer Algorithmus.

Insertionsort

Ein deutlich schnellerer Algorithmus – aber ebenfalls mit quadratischer Zeitkomplexität – ist das sog. Insertionsort. Dabei werden die Elemente der Reihe nach genommen und an der richtigen Stelle entsprechend ihres Wertes eingefügt:

```
typedef int Element;           /* Element, Eintrag           */
typedef Element Array[N+1];    /* N: max. Anzahl der Elemente */

void Insertionsort(Array a, int n) {
/* Es wird der Bereich a[1] bis a[n] sortiert. */
  int i, j;
```

```
    Element x;
    for (i=2; i<=n; i++) {
      x = a[i]; j = i;
      a[0] = x;              /* das eruebrigt die zweite */
      while (x<a[j-1]) {     /* Abbruchbedingung j==0 !  */
        a[j] = a[j-1]; j--;
      }
      a[j] = x;
    }
}
```

Der Code ist schon im Detail optimiert durch Einführung des sog. *Sentinels* (Marke) `a[0] = x`, damit wird die doppelte Abbruchbedingung `j>0 && x<a[j-1]` in der `while`-Schleife vermieden!

Selectionsort

Ein weiterer Vertreter der Sortieralgorithmen mit quadratischer Zeitkomplexität ist das sog. Selectionsort. Dabei wird das Element mit dem kleinsten Schlüssel bestimmt und mit dem ersten vertauscht. Dieser Vorgang wird dann auf die verbleibenden $n-1$ Elemente entsprechend angewendet usw.:

```
typedef int Element;          /* Element, Eintrag            */
typedef Element Array[N+1];   /* N: max. Anzahl der Elemente */

void Selectionsort(Array a, int n) {
/* Es wird der Bereich a[1] bis a[n] sortiert */
  int i, j, k;
  Element x;
  for (i=1; i<n; i++) {
    k = i; x = a[i];
    for (j=i+1; j<=n; j++)
      if (a[j] < x) {
        k = j; x = a[k];
      }
    a[k] = a[i]; a[i] = x;
  }
}
```

4.3 Schnelle Sortieralgorithmen

Die wichtigsten Vertreter für schnelle Sortieralgorithmen mit linear logarithmischer Zeitkomplexität ($T = \mathrm{O}(n \cdot \log n)$) sind *Heapsort*, *Quicksort* und *Mergesort*, die im folgenden vorgestellt werden.

Heapsort

Die logische Basis für Heapsort ist eine Datenstruktur, die Heap (Haufen) genannt wird und die sehr einfach auf Arrays abgebildet werden kann. Diese Datenstruktur und der Heapsort-Algorithmus werden im Abschn. 5.5 behandelt, deshalb wird die folgende C-Funktion für diesen Algorithmus hier ohne weitere Erläuterungen präsentiert:

```
typedef int Element;          /* Element, Eintrag          */
typedef Element Array[N+1];   /* N: max. Anzahl der Elemente */

void Heapsort(Array a, int n) {
/* Es wird der Bereich a[1] bis a[n] sortiert */
  int i, j, m, p, c;

  for (i=2; i<=n; i++) {
    /* siftup(i); */
    j = i;
    while (j > 1) {
      p = j / 2;
      if (a[p] < a[j]) swap(&a[p], &a[j]);
      j = p;
    }
  }
  for (i=n; i>=2; i--) {
    swap(&a[1], &a[i]);
    /* siftdown(i-1); */
    j = 1; m = i-1;
    while ( 2*j <= m ) {
      c = 2*j;
      if ((c+1) <= m) if ( a[c] < a[c+1] ) c++;
      if (a[j] < a[c]) swap(&a[c], &a[j]);
      j = c;
} } }
```

Die Verbesserung des Heapsort-Algorithmus gegenüber Sortierverfahren mit quadratischer Zeitkomplexität ist für große Werte von n gewaltig, z.B.:

- $n = 10^3$: $n^2 = 10^6$, $n \log_2 n \approx 10^4$
- $n = 10^6$: $n^2 = 10^{12}$, $n \log_2 n \approx 20 \cdot 10^6$

Quicksort

Quicksort ist der schnellste bekannte Sortieralgorithmus, seine Schnelligkeit beruht im wesentlichen darauf, daß er Elemente jeweils über möglichst große Distanzen vertauscht; das folgende Beispiel demonstriert die Arbeitsweise von Quicksort:

```
  1    2    3    4    5    6    7    8
+----+----+----+----+----+----+----+----+
 97   91    5   88   56   46   66   33
                 ^
 33   66    5   46   56   88   91   97
            ^
  5   66   33   46   56   88   91   97
            ^
  5   33   66   46   56   88   91   97
                 ^
  5   33   46   66   56   88   91   97
                 ^
  5   33   46   56   66   88   91   97
                                ^
```

Die erste Zeile zeigt den Inhalt eines Arrays mit den acht Elementen $a_1 = 97, a_2 = 91, \ldots, a_8 = 33$. Es wird ein mittleres Element $a_4 = 88$ bestimmt, und dann werden größere Elemente der linken Hälfte mit kleineren Elementen der rechten Hälfte vertauscht ($97 \leftrightarrow 33, 91 \leftrightarrow 66, 88 \leftrightarrow 46$). Das Ergebnis ist die zweite Reihe, die in zwei Bereiche unterteilt wird, wobei auf jeden Bereich rekursiv wieder das gleiche Verfahren angewendet wird. Die mittleren Elemente der jeweils bearbeiteten Teilbereiche sind mit dem Zeichen ↑ markiert. Die folgende C-Funktion präzisiert den Algorithmus:

```
typedef int Element;           /* Element, Eintrag            */
typedef Element Array[N+1];    /* N: max. Anzahl der Elemente */

void qusort(Array a, int left, int right) {
/* Es wird der Bereich a[1] bis a[n] sortiert. */
  int l, r;
  int x;
  l = left; r = right;
  x = a[(l+r)/2];
  do {
    while (a[l] < x) l++;
    while (x < a[r]) r--;
    if (l <= r) {
      swap(&a[l], &a[r]); l++; r--;
    }
  } while ( l<= r);
  if (left < r)  qusort(a, left, r);
  if (l < right) qusort(a, l, right);
}

void Quicksort(Array a, int n) {
  qusort(a, 1, n);
}
```

Die innere Funktion `qusort` benötigt wegen der Rekursion neben dem übergebenen Array zwei Parameter, die äußere Funktion `Quicksort` stellt dem Anwender die gleiche Schnittstelle wie bei den bisher definierten Sortierfunktionen zur Verfügung.

Der Quicksort-Algorithmus ist unübertroffen effektiv, wenn das Array mit Zufallszahlen gefüllt ist, entscheidend dabei ist die Wahl des mittleren Elements entsprechend $x = a_{(l+r)/2}$: im Mittel wird x einen mittelgroßen Wert erhalten und damit eine gute Voraussetzung für viele Vertauschungen bieten. Im ungünstigsten Falle allerdings ist das mittlere Element jeweils das mit dem kleinsten oder mit dem größten Wert, und damit wird dann die Zeitkomplexität quadratisch wie bei den einfachen Sortieralgorithmen, d.h. Quicksort wird zu einem *Slowsort*.

Darüber hinaus ist zu beachten, daß im ungünstigsten Fall die Rekursionstiefe den Wert n hat (statistisch gesehen hat die Rekursionstiefe die Größenordnung $\log_2 n$), was auch leicht zum Überlauf des Datenstacks führen kann. Natürlich kann Quicksort auch leicht in eine iterative Form gebracht werden, indem der Rekursionsstack zur Speicherung der Begrenzungen der später zu bearbeitenden Array-Teile explizit nachgebildet wird, aber das verschiebt natürlich das Problem nur etwas.

Die Verbesserungen liegen auf der Hand: zum einen muß zusätzlicher Aufwand getrieben werden, um ein mittelgroßes mittleres Element zu finden, und zum anderen ist dafür zu sorgen, daß jeweils der kleinere Teil zuerst bearbeitet wird, um damit die maximale Stackgröße sicher auf $\log n$ zu begrenzen.

Mergesort

Das Prinzip ist einfach und effektiv: Das zu sortierende Array wird in zwei etwa gleich große Hälften unterteilt, jede Hälfte separat sortiert, und dann werden beide Hälften zusammengemischt[1]. Der Zeitaufwand zum Sortieren zweier Hälften beträgt $2 \cdot 1/4 = 1/2$ der Zeit, die zum Sortieren des Ganzen benötigt wird, und der zusätzliche Aufwand zum Mischen ist sehr gering (Mischen hat eine lineare Zeitkomplexität). Das Sortieren der beiden Hälften erfolgt durch wiederholtes Anwenden des gleichen Verfahrens auf beide Hälften, und das kann wieder, wie auch hier angegeben, rekursiv erfolgen:

```
typedef int Element;          /* Element, Eintrag            */
typedef Element Array[N+1];   /* N: max. Anzahl der Elemente */

void msort(Array a, Array b, int left, int right) {
  int i, j, k, middle;
  if (right-left > 0) {
    middle = (right + left) / 2;
    msort(a, b, left, middle) ;
    msort(a, b, middle+1, right);
    for (i=middle; i>=left; i--)
      b[i] = a[i];
    for (j=middle+1; j<=right; j++)
      b[right+middle+1-j] = a[j];
```

[1] *Mischen* bedeutet hier *Verschmelzen*, d.h. zwei geordnete Sequenzen zu einer verschmelzen.

```
        i = left; j = right;
        for (k=left; k<= right; k++)
          if (b[i]<b[j]) { a[k] = b[i]; i++; }
          else { a[k] = b[j]; j--; }
      }
    }

    void Mergesort(Array a, int n) {
    /* Es wird der Bereich a[1] bis a[n] sortiert */
      Array b;
      msort(a, b, 1, n);
    }
```

Ein grundsätzlicher Nachteil von Mergesort ist das benötigte zweite Array gleicher Größe. Es gibt viele Varianten dieses Algorithmus, auf die hier nicht weiter eingegangen wird. Das Mergesort-Prinzip – die wiederholte Aufteilung in kleinere Bereiche und das anschließende Mischen dieser Bereiche – wird vielfach zum Sortieren großer Dateien angewendet.

4.4 Laufzeitmessungen an Sortieralgorithmen

In der folgenden Tabelle sind die Laufzeiten von vier der besprochenen Sortierfunktionen jeweils in Abhängigkeit von der Anzahl der zu sortierenden Elemente – es wurden `int`-Werte verwendet – ausgedruckt. Die Meßwerte in Millisekunden wurden auf einem 300MHz-Pentium-Prozessor ermittelt. Die Unregelmäßigkeiten bei kleinen Werten basieren auf Meßungenauigkeiten, ansonsten sind die Qualitätsunterschiede bezüglich des Laufzeitverhaltens zwischen Bubblesort und Insertionsort auf der einen Seite sowie Heapsort und Quicksort auf der anderen Seite gut zu erkennen:

	T = O(n^2)		T = O(n*ld(n))	
n	Bubblesort	Insertions.	Heapsort	Quicksort
100	0	0	0	0
200	0	0	0	0
400	0	10	0	0
800	20	0	10	0
1600	80	30	0	0
3200	351	100	10	0
6400	1362	400	20	0
12800	5699	1682	30	10
25600	23804	7311	70	20
51200	101486	31415	160	50
102400	425913	138739	361	100

Der C-Text 4.1 zeigt das Programm, mit dem die Messungen durchgeführt wurden.

C-Text 4.1: *Messung an Sortieralgorithmen* ./Bsp4/sort/sorttime.sht

```
#include<stdio.h>
#include<stdlib.h>
#include<assert.h>
#include<time.h>

#define ASize 250000+1

typedef int Item;
typedef Item Array[ASize];

void BubbleSort    (Array a, int n) { ... }
void InsertionSort (Array a, int n) { ... }
void HeapSort      (Array a, int n) { ... }
void QuickSort     (Array a, int n) { ... }

void Fill(Array a, int n) {
  int i; srand(1234);
  for (i=0; i<=n; i++) a[i] = (Item) rand(); }
}

void PrintTime(int t1, int t2) { printf("%11d | ", t2-t1); }

int main() {

  Array a;
  int n, t1, t2;

  printf("       | .    T = O(n^2)         |     T = O(n*ld(n))     |\n");
  printf("    n  |Bubblesort |Insertions.|  Heapsort  | Quicksort |\n");
  printf("-------+-----------+-----------+-----------+-----------+\n");

  for (n=100; n<250000; n*=2) {
    printf("%6d | ", n);
    Fill(a, n); t1 = clock(); BubbleSort(a, n);    t2 = clock();
    PrintTime(t1, t2);
    Fill(a, n); t1 = clock(); InsertionSort(a, n); t2 = clock();
    PrintTime(t1, t2);
    Fill(a, n); t1 = clock(); HeapSort(a, n);      t2 = clock();
    PrintTime(t1, t2);
    Fill(a, n); t1 = clock(); QuickSort(a, n);     t2 = clock();
    PrintTime(t1, t2);
    printf("\n");
  }
  return 0;
}
```

4.5 Lineares Suchen

Sortieren (Ordnen) von Daten und Suchen sind zwei zusammengehörige Aktivitäten, man sortiert (ordnet), um das Suchen zu erleichtern. Natürlich kann man auch in ungeordneten Strukturen suchen, es dauert nur länger. Die einfachste Art der Suche besteht darin, den Datenbestand linear (sequentiell) Element für Element durchzugehen, bis das gesuchte Element gefunden ist oder bis alle Elemente geprüft sind. Bezogen auf die Datenstruktur *Array (Vektor)* sieht die Formulierung als C-Funktion dann z.B. so aus:

```
typedef int Element;          /* Element, Eintrag            */
typedef Element Array[N+1];   /* N: max. Anzahl der Elemente */

int LinearSearch(Array a, Element x, int n) {
/* Es wird der Bereich a[1] bis a[n] durchsucht */
  a[0] = x;
  while (x!=a[n]) n--;     /* die Verwendung des Sentinel    */
  return n;                /* a[0] == x eruebrigt wieder     */
}                          /* die zweite Abbruchbedingung ! */
```

Wenn das Element gefunden wird, dann liefert die Funktion den entsprechenden Index zurück, der dann also im Bereich `1...n` liegt. Wenn das Element nicht gefunden wurde, dann liefert die Funktion den Wert `0`. Die Verwendung des Sentinel macht also die zweite Abbruchbedingung `j==0` überflüssig und bewirkt damit auch eine deutliche Laufzeitverbesserung!

Diese Funktion ist natürlich in jedem Falle auf das Array anwendbar, unabhängig, ob es sortiert ist oder nicht, ihre Zeitkomplexität ist

$$T_{LinearSearch} = \mathrm{O}(n)$$

Natürlich ist das eine statistische Aussage, die bedeutet, daß – statistisch gesehen – der Suchaufwand direkt proportional zu n ist.

4.6 Binäres Suchen

Das Suchen in einem sortierten (geordneten) Array läuft so ab, daß man das in der Mitte liegende Element betrachtet und dann entscheidet, ob in der unteren oder in der oberen Hälfte weiterzusuchen ist oder ob das Element schon das gesuchte ist. Dann wird der Vorgang ggf. in der unteren bzw. in der oberen Hälfte entsprechend fortgesetzt usw. Dabei wird der Suchraum jeweils halbiert, und nach maximal $\log_2 n$ Schritten ist man am Ziel:

```
typedef int Element;          /* Element, Eintrag            */
typedef Element Array[N+1];   /* N: max. Anzahl der Elemente */

int BinarySearch(Array a, Element x, int n) {
```

```
/* Es wird der Bereich a[1] bis a[n] durchsucht */
  int left=1, right=n, middle, found=0;
  Element temp;
  while (!found && left<right) {
    middle = left + (right-left)/2;
    temp = a[middle];
    if (x < temp) right = middle - 1;
    else if (x > temp) left = middle +1;
    else found = 1;
  }
  if (found) return middle; else return 0;
}
```

Damit hat die Funktion `BinarySearch` also die Zeitkomplexität

$$T_{BinarySearch} = \mathrm{O}(\log n)$$

Der Algorithmus simuliert – grob gesehen – unsere eigene Strategie, wenn wir z.B. ein Telefonbuch verwenden, aber die ist im Detail noch etwas raffinierter: Wir schlagen in der Mitte nach, wenn wir z.B. „Meier“ oder „Müller“ suchen, ziemlich weit vorn, wenn wir z.B. „Bertram“ suchen, und ziemlich weit hinten, wenn wir z.B. „Wohlters“ suchen. Natürlich können wir die C-Funktion auch in diese Richtung verfeinern, indem wir die neue Suchposition jeweils durch Interpolieren bestimmen:

```
{ int a1=a[left], a2=a[right];
  if (a1==a2)
    middle = left;
  else
    middle = left + (int)((right-left)*((float)(x-a1)/(a2-a1)));
}
```

Allerdings ist zu befürchten, daß die Verfeinerung durch den zusätzlichen Berechnungsaufwand sogar verlangsamend wirkt, insbesondere wenn der Suchschlüssel nicht numerisch, sondern z.B. ein String ist!

4.7 Die Macht der Zeitkomplexität

Bild 4.1 stellt das gemessene Zeitverhalten von vier Sortieralgorithmen – die Meßwerte wurden mit dem Programm C-Text 4.1 in Abschn. 4.4 ermittelt – gegenüber. *Bubblesort* und *Insertionsort* haben die Zeitkomplexität $T = \mathrm{O}(n^2)$, *Heapsort* und *Quicksort* haben die Zeitkomplexität $T = \mathrm{O}(n \log n)$. Die graphische Darstellung verdeutlicht den fundamentalen Unterschied. Der Maßstab ist so gewählt, daß das Zeitverhalten der langsamen Algorithmen gut dargestellt ist, die Kurven für die schnellen Algorithmen verlaufen fast auf der Abszissenachse. Würde man im Gegensatz dazu den Maßstab an den schnellen Algorithmen orientieren, dann würden die Kurven für die beiden anderen fast mit der Ordinatenachse zusammenfallen.

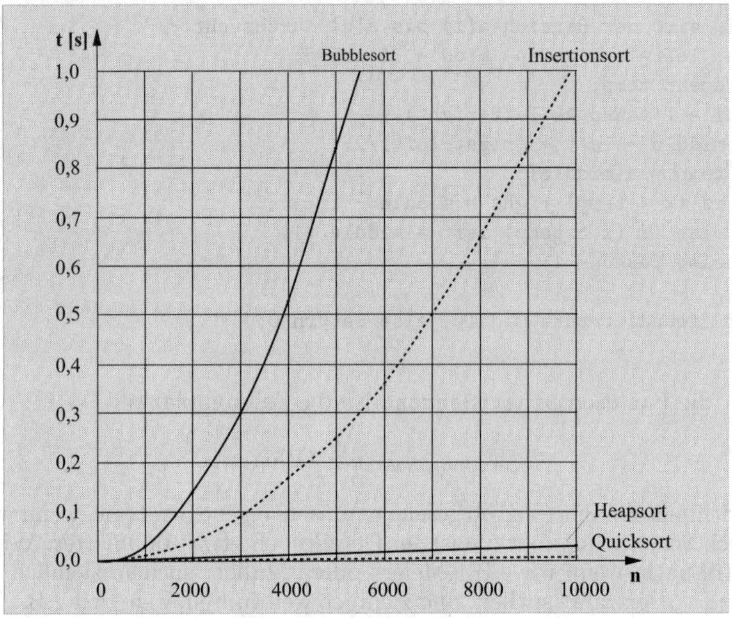

Bild 4.1: Zeitverhalten verschiedener Sortieralgorithmen

Im Abschnitt 4.1 sind die Zeitkomplexitäten in unterschiedliche Kategorien unterteilt, die Kategorie mit dem schlechtesten Zeitverhalten ist die exponentielle Zeitkomplexität:

- Exponentielle Zeitkomplexität bedeutet, daß sich der Zeitaufwand für jede Erhöhung von n um 1 um einen konstanten Faktor – z.B. um den Faktor 2 – erhöht.

Es gibt viele konkrete Probleme mit exponentieller Zeitkomplexität, eines der bekanntesten ist das *Problem des Handlungsreisenden*, der eine Rundreise zu n Städten plant, die möglichst kurz sein soll und bei der er jede der n Städte genau einmal besucht. Bild 4.2 stellt links so eine Situation mit vier Städten A, B, C und D dar, die verbindenden Kanten geben jeweils Entfernungen zwischen zwei Städten an. In diesem Beispiel mit $n = 4$ erkennt man schnell die Lösungen, es gibt acht Rundreisen mit der Länge 1400 km

$$\begin{array}{l} A \to B \to C \to D \to A, \\ B \to C \to D \to A \to B, \\ \ldots, \\ D \to C \to B \to A \to D \end{array}$$

Im gleichen Bild rechts ist eine Situation mit acht, d.h. mit doppelt so vielen Städten skizziert, und man sieht anschaulich die erheblich gestiegene Komplexität dieser Situation. Es ist bekannt, daß das *Problem des Handlungsreisenden mindestens* die

Zeitkomplexität $T = O(2^n)$ hat, was bedeutet, daß keine exakte Lösung mit einer besseren Zeitkomplexität für dieses Problem gefunden werden kann. Ein einfacher bekannter Algorithmus zur Lösung des Problems kann wie folgt skizziert werden:

> Man berechnet alle möglichen Rundreisen und wählt die günstigste aus. Dabei gibt es n Möglichkeiten zur Wahl der Ausgangsstadt. Von jeder Ausgangsstadt gibt es $n-1$ Möglichkeiten für die Wahl der zweiten Stadt, von dort dann jeweils $n-2$ Möglichkeiten für die Wahl der dritten Stadt usw. Es gibt demnach $n \cdot (n-1) \cdot (n-2) \cdot \ldots \cdot 2 \cdot 1 = n!$ mögliche Rundreisen, d.h. die Zeitkomplexität dieser Lösung ist $T = O(n!)$. Wegen der *Stirlingschen* Näherungsformel $n! \approx \sqrt{2\pi n} \cdot (\frac{n}{e})^n$ gilt in noch gröberer Näherung für hinreichend große n-Werte $n! \approx (\frac{n}{e})^n$, und damit wird deutlich, daß die Zeitkomplexität $T = O(n!)$ von vergleichbarer Mächtigkeit ist wie eine exponentielle Zeitkomplexität.

Es gibt zwar Algorithmen für Näherungslösungen, die mit geringerer Zeitkomplexität arbeiten, aber es gibt keine entsprechende exakte Lösung! Schon für $n = 100$ wird man voraussichtlich nie eine exakte Lösung angeben können ($2^{100} \approx 10^{30}$).

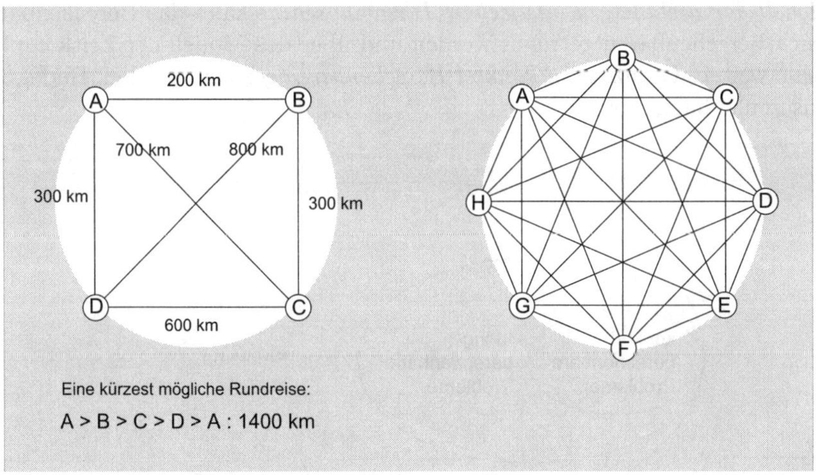

Bild 4.2: Das *Problem des Handlungsreisenden*

Entsprechend dem *Problem des Handlungsreisenden* gibt es viele andere konkrete Probleme mit exponentieller Zeitkomplexität und für alle gilt die gravierende Konsequenz:

- Probleme mit exponentieller Zeitkomplexität – wie das *Problem des Handlungsreisenden* – sind für große Werte von n nicht lösbar (zumindest nicht exakt).

Die folgende Tabellierung von Funktionswerten, die den verschiedenen Klassen von Zeitkomplexitäten zugrunde liegen, vermittelt einen Eindruck von der *Mächtigkeit der einzelnen Klassen* und zeigt deutlich die *überragende Mächtigkeit der exponentiellen Zeitkomplexität*:

n	ld(n)	n*ld(n)	n^2	n^3	2^n
10	3	33	100	1000	1e+03
20	4	86	400	8000	1e+06
40	5	213	1600	64000	1e+12
80	6	505	6400	512000	1e+24
160	7	1171	25600	4096000	1e+48
320	8	2661	102400	32768000	2e+96

Ein anderes Beispiel für die Wirkung einer Exponentialfunktion mit relativ kleiner Basis ist das derzeitige Wachstum der Weltbevölkerung mit etwa 1.5% pro Jahr mit einem Verdoppelungszeitraum von weniger als 50 Jahren. Extrapoliert auf einen Zeitraum von 1000 Jahren, ergibt sich rechnerisch eine Erhöhung um den Faktor ca. $3 \cdot 10^6$ (drei Millionen mal mehr als jetzt!).

Ein interessanter Aspekt dabei ist der Bezug zur *Theorie der Berechenbarkeit*: Über das *Modell der nichtdeterministischen Turingmaschine* kann das Berechenbare von dem Nichtberechenbaren getrennt werden und über das Modell der Zeitkomplexität kann eine weitere Grenze zum *konkret Berechenbaren* gezogen werden; Bild 4.3 stellt den Zusammenhang dar.

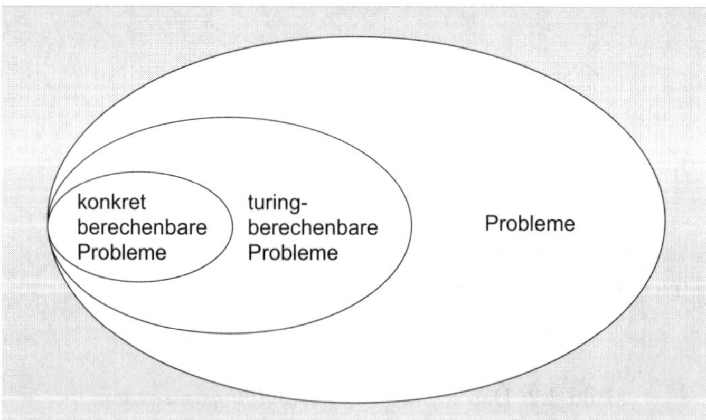

Bild 4.3: Berechenbarkeit unter Berücksichtigung der Zeitkomplexität

Übrigens wächst derzeit die Schnelligkeit der Rechner exponentiell, d.h. etwa alle zwei Jahre erhält man für den gleichen Preis einen doppelt so schnellen Rechner, aber die Spekulation, daß dieses Wachstum über lange Zeit so weitergeht und daß über kurz oder lang damit auch Probleme mit exponentieller Zeitkomplexität für

Kapitel 5

Dynamische Datenstrukturen

Kurz gesagt: Programmerstellung und Datenstrukturierung sind untrennbar ineinandergreifende Themen.

N. Wirth, 1975, *Algorithmen und Datenstrukturen*

The standard representation of a recursive type is also very similar to that of a similarly structured non-recursive type, with the exception that each component specified as belonging to the recursive type itself is represented by a location containing a pointer to its value, rather than the value itself. This use of a pointer is motivated by the fact that the component value may be of arbitrary size; and it is not possible to allocate any fixed amount of storage to contain it. This is known as the "tree representation", and is similar to the tree representation of an array or sequence, except that the branches may grow to arbitrary and varying heights.

C. A. R. Hoare, 1972, *Notes on Data Structuring*

5.1 Lineare Listen, Stapel und Schlangen **258**
5.2 Binäre Wilde Bäume **279**
5.3 Binäre Ausgeglichene Bäume **297**
5.4 Vielweg-Bäume (Bayer-Bäume) **316**
5.5 Heap-Strukturen **333**
5.6 Hashverfahren **339**

Dynamische Datenstrukturen

Im Themengebiet *Datenstrukturen und Algorithmen* spielen die häufig so genannten *Dynamischen Datenstrukturen* eine herausragende Rolle. Als *Dynamische Datenstrukturen* sollen hier Datenstrukturen bezeichnet werden, die etwa wie folgt charakterisiert werden können:

- Die Strukturen verändern sich hinsichtlich Größe und Form während ihres Daseins (Wachsen, Schrumpfen, ...).
- Der benötigte Speicherplatz wird dynamisch verwaltet (in C mit *malloc und free*) und dem aktuellen Bedarf angepaßt.
- Die einzelnen Strukturelemente sind durch *Zeiger* verknüpft.

5.1 Lineare Listen, Stapel und Schlangen

5.1.1 Zeigernotation und Heapverwaltung

Bei den in diesem Kapitel behandelten Datenstrukturen wird überwiegend die Zeigersemantik verwendet, d.h. die Daten werden auf dem Heap selbst verwaltet, und der Zugriff erfolgt über Zeiger. Zur Auffrischung der Erinnerung hier ein kurzes Beispiel:

```
typedef struct {
  int count;
  float price;
} DEVICE;

DEVICE *dev = (DEVICE*) malloc(sizeof(DEVICE));
```

Die Bibliotheksfunktion `malloc` reserviert zur Laufzeit auf dem Heap den benötigte Speicherplatz und liefert einen nichttypisierten Zeiger darauf zurück. Die Konvertierung in den typisierten Zeiger `dev` würde in ANSI/ISO-C auch implizit erfolgen, aber die explizite Konvertierung ist zu bevorzugen! Über den Zeiger `dev` kann dann auf die Struktur als Ganzes und auf Komponenten zugegriffen werden, wie es auch in Bild 5.1 dargestellt wird:

`dev`	:	Zeiger auf einen Eintrag vom Typ *Gerät*
`*dev`	:	Eintrag vom Typ *Gerät*
`(*dev).count` ≡ `d->count`	:	Anzahl der vorhandenen Geräte
`(*dev).price` ≡ `d->count`	:	Preis für ein Gerät
`*dev.count`	:	*falsch*
`*dev.price`	:	*falsch*

Das Symbol `->` ist ein neuer Operator, er wird in Verbindung mit dem Datentyp `struct` verwendet und ermöglicht eine abgekürzte Schreibweise. Dieser Operator hat

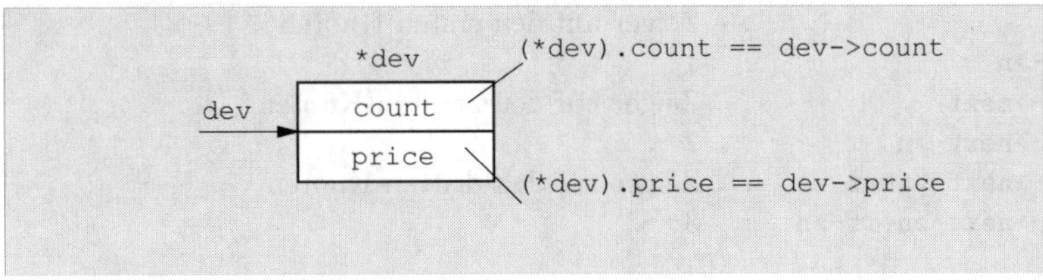

Bild 5.1: Zeiger auf Strukturen

eine hohe Priorität, wie es das folgende Beispiel demonstriert:

```
struct {
  int length;
  char *string;
} *ptr;

++ptr->length  == ++(ptr->length)  /* Es sind jeweils beide Seiten */
                                   /* identisch, d.h. beide        */
*ptr->string++ == *(ptr->string)++ /* Ausdruecke ergeben true!     */
```

Als nächstes betrachten wir die folgende rekursive Datenstruktur, die einen Knoten mit einem Datenelement und einen Zeiger definiert. Solche Knoten sind die Bausteine von linearen Listen:

```
typedef struct node *Ref;
typedef struct node {
  int n;
  Ref next;
} NODE;
Ref p;
```

Der Bezeichner `Ref` (Referenz) wird in diesem Kapitel durchgängig für Zeigertypen verwendet.

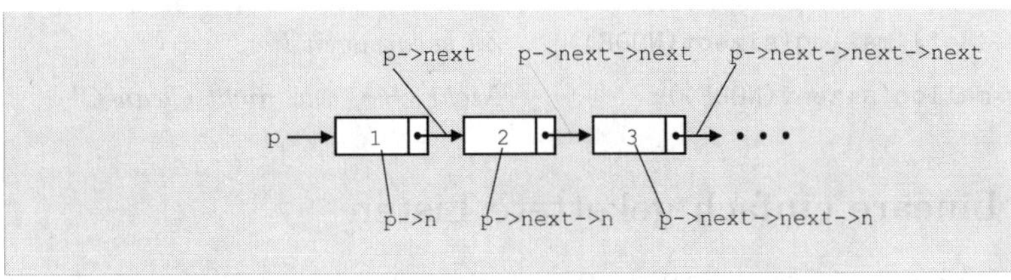

Bild 5.2: Zeiger in linearen Listen

Der folgende Code und die Darstellung in Bild 5.2 demonstrieren die Zugriffsmöglichkeiten über mehrere Stufen:

`p`	:	Zeiger auf den ersten Knoten
`p->n`	:	1
`p->next`	:	Zeiger auf den zweiten Knoten
`p->next->n`	:	2
`p->next->next`	:	Zeiger auf den dritten Knoten
`p->next->next->n`	:	3

Ein Listenknoten ist eine *rekursive Datenstruktur*, das erkennt man auch formal an der Definition von `NODE`: die Struktur besteht aus einer Zahl und aus einem Zeiger vom Typ *Zeiger auf einen Knoten* (`NODE*`). Noch deutlicher erscheint die Rekursion, wenn die Definitionen etwas anders formuliert werden:

```
struct node {
  int n;
  struct node* next;
};
typedef struct node NODE;
typedef struct node *Ref;
```

Für die Verwaltung der Heapdaten stehen die beiden Bibliotheksfunktionen `malloc` und `free` zur Verfügung, es gibt in ANSI/ISO-C keinen sog. *garbage collector*, der unreferenzierten Speicherplatz selbsttätig wieder freigibt. Der Programmierer muß also selbst sehr sorgfältig darauf achten, daß reservierter Speicherplatz auch vollständig wieder freigegeben wird, damit keine sog. *Speicherlecks* entstehen, eine der häufigsten Fehlerursachen in C:

⊗ `void *malloc(size_t size);`
Liefert einen nichttypisierten Zeiger (d.h. eine Adresse) auf einen Speicherbereich der Größe size Byte

⊗ `void free(void *ptr);`
Nimmt den durch ptr bezeichneten Speicherbereich – der vorher durch malloc geliefert wurde – wieder zurück

Die Konvertierung des von `malloc` gelieferten untypisierten in einen typisierten Zeiger kann explizit oder implizit erfolgen, die explizite Form ist zu bevorzugen:

⊗ `p = (Ref) malloc(sizeof(NODE));` *Zu bevorzugen !*

⊗ `p = malloc(sizeof(NODE));` *Nicht C++, d.h. nicht Clean-C!*

5.1.2 Lineare einfach gekettete Listen

Datenstruktur: Listen werden z.B. zur Verwaltung von Datensätzen verwendet, die jeweils aus einer Schlüsselinformation und irgendwelchen weiteren Daten bestehen. Die Datensätze sind anwendungsspezifisch und werden in den anstehenden Betrachtungen außer acht gelassen, als einfachen Stellvertreter für einen beliebigen Datensatz wählen wir der Einfachkeit halber ganze Zahlen und nennen sie `key`. Damit ergeben sich folgende Datendefinitionen als Basis für die weiteren Ausführungen:

```
typedef struct node *Ref;
typedef struct node {
  int key;
  Ref next;
} NODE;

Ref p, q, First;
```

Wesentliche Operationen: Wichtige Basisoperationen für das Arbeiten mit linearen Listen sind die folgenden vier Funktionen:

- Generieren einer Liste (Create)
- Auflösen einer Liste (Dispose)
- Einfügen eines Knoten (Insert)
- Löschen eines Knoten (Delete)

Später ergibt sich dann die Frage: *wie sieht ein vollständiger konsistenter Satz von Funktionen aus, in dem alle wesentlichen Operationen enthalten sind.* Das Thema wird in den Abschnitten 5.1.6 und 5.1.9 behandelt.

Generieren einer Liste: Bild 5.3 zeigt eine lineare verkettete Liste, die die Zahlen `1` bis `n` in aufsteigender Reihenfolge enthält. Der Code zum Generieren dieser Struktur ist so aufgebaut, daß zuerst das erste Element und dann in einer Schleife die Restliste erzeugt wird, die Liste wird mit einem `NULL`-Zeiger abgeschlossen:

```
First = (Ref) malloc(sizeof(NODE)); First->key = 1;
p = First;
for (i=2; i<=n; i++) {
  q = (Ref) malloc(sizeof(NODE)); q->key = i;
  p->next = q; p = q;
}
p->next = NULL;
```

Ist die Sonderbehandlung für das erste Element erforderlich, oder geht es auch einfacher?

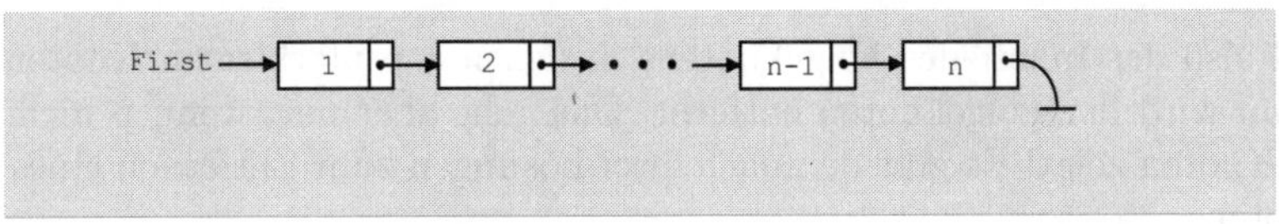

Bild 5.3: Generieren einer Liste

Es gibt eine einfachere Lösung, wenn man die Liste *rückwärts* generiert; es lohnt sich, einen Augenblick darüber nachzudenken, warum die Sonderbehandlung hier entfällt:

```
First = NULL;
for (i=n; i>0; i--) {
  q = (Ref) malloc(sizeof(NODE)); q->next = First;
  First = q; First->key = i;
}
```

Einfügen eines Knoten in eine Liste hinter p: Bild 5.4 zeigt den Vorgang des Erzeugens eines neuen Knotens und anschließenden Einfügens hinter den Knoten, der mit dem Zeiger p markiert ist. Es ist zunächst der entsprechende Speicherplatz zu reservieren, und dann sind zwei Zeiger umzusetzen:

```
q = (Ref) malloc(sizeof(NODE));
q->next = p->next;
p->next = q;
q->key  = ...;
```

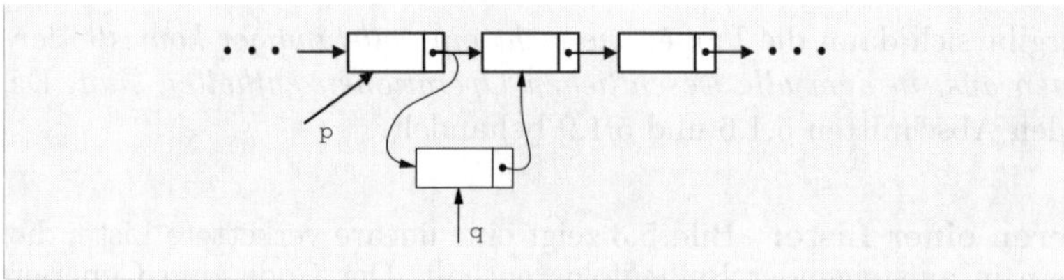

Bild 5.4: Einfügen eines Knotens in eine einfach verkettete Liste

Löschen eines Knotens in einer Liste: Das Löschen eines definierten Knotens, der durch den Zeiger p markiert ist, führt zunächst zu dem Problem, daß der Zeiger des nicht erreichbaren vorangehenden Elements umzusetzen ist. Hier hilft ein kleiner Trick, siehe dazu Bild 5.5:

```
q = p->next;
p->key  = q->key;   /*  noch einfacher: */
p->next = q->next;  /*  *p = *q;        */
free(q);
```

Es wird also der Inhalt des Folgeknotens in den mit p markierten Knoten kopiert, und dann wird der Folgeknoten entfernt. Das geht aber nur, wenn p nicht auf den letzten Knoten zeigt! Es gibt demnach zwei Lösungen zum Entfernen eines definierten Knotens:

> Entweder man setzt die Markierung jeweils auf den vorangehenden Knoten, oder man verwendet den genannten Trick und sorgt dafür, daß immer ein Folgeknoten existiert, indem man die Liste mit einem sog. `Trailer` abschließt, das ist dann ein Platzhalter, der generell nicht entfernt wird.

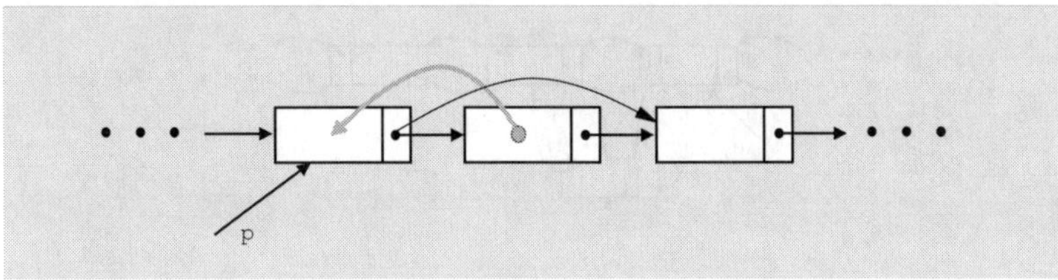

Bild 5.5: Löschen eines Knotens in einer einfach verketteten Liste (Tricklösung)

Auflösen einer Liste: Das Auflösen einer linearen Liste wird dem Leser als kleine Übung überlassen. Es ist darauf zu achten, daß der Speicherplatz für jedes Element freigegeben wird, damit kein Speicherleck entsteht.

5.1.3 Lineare doppelt gekettete Listen

Bei doppelt verketteten Listen wird nicht eine Richtung bevorzugt, sondern die Verkettung geht in beide Richtugen. Diese Struktur ist insbesondere dann sinnvoll, wenn Listen vorwärts und rückwärts zu durchlaufen sind.

Datenstruktur: Die Datenstruktur zur Definition eines entsprechenden Listenknotens unterscheidet sich von jener bei der entsprechenden einfach verketteten Liste durch den zusätzlich vorgesehenen Zeiger `prev` (previous):

```
typedef struct node *Ref;
typedef struct node {
  int key;
  Ref prev, next;
} NODE
```

Einfügen eines Knotens in die Liste hinter p: Bild 5.6 stellt das Einfügen eines Knoten hinter einen mit `p` markierten Knoten dar, der Code enthält eine Anweisung zum Reservieren des Speicherplatzes und vier Anweisungen zum Setzen der entsprechenden Zeiger:

```
q = (Ref) malloc(sizeof(NODE));
q->prev = p;
q->next = p->next;
p->next->prev = q;
p->next = q;
```

Löschen eines durch p markierten Knotens in der Liste: Besonders einfach ist das Entfernen eines markierten Knotens in einer doppelt verketteten Liste,

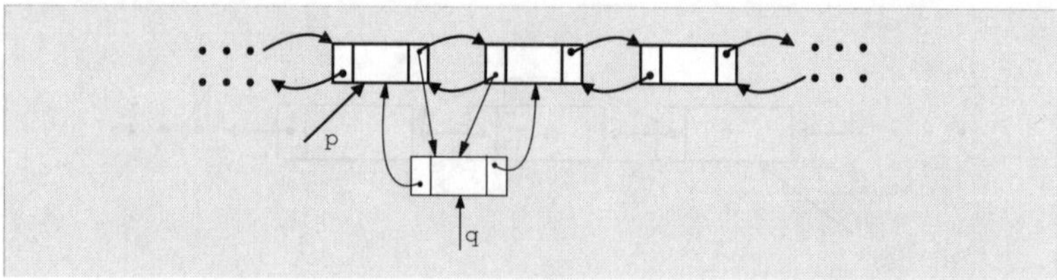

Bild 5.6: Einfügen eines Knotens in eine doppelt verkettete Liste

wie in Bild 5.7 gezeigt, denn der Vorgängerknoten ist über den Zeiger `prev` direkt erreichbar:

```
p->prev->next = p->next;
p->next->prev = p->prev;
q = p; p = p->next;
free(q);
```

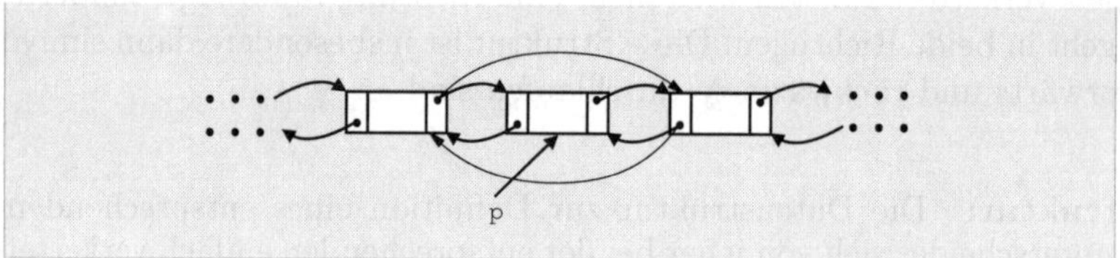

Bild 5.7: Löschen eines Knotens in einer doppelt verketteten Liste

Generieren und Auflösen einer doppelt verketteten Liste: Die Realisierung dieser beiden Funktionen wird wieder dem Leser als Übung überlassen.

5.1.4 Stapelspeicher

Ein Stapelspeicher (Stack, Keller) ist eine LIFO-Struktur (Last In First Out) und kann sehr einfach durch eine lineare Liste dargestellt werden, bei der das Einfügen (Push) und das Entfernen (Pop) am vorderen Ende erfolgt; Bild 5.8 stelt das dar:

Push:

```
q = (Ref) malloc(sizeof(NODE));
q->key = ...; q->next = Top; Top = q;
```

Pop:

```
q = Top; ... = Top->key; Top = q->next;
free(q);
```

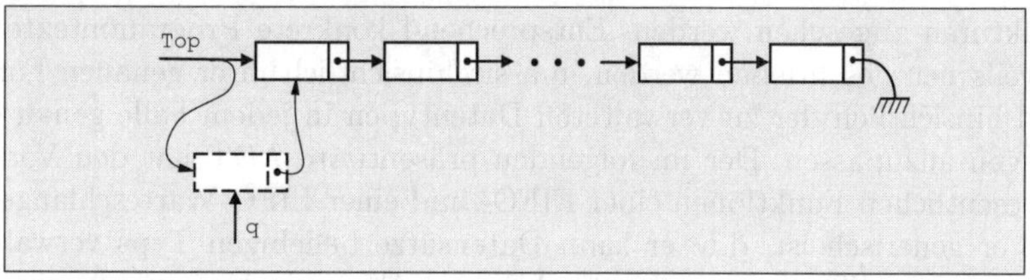

Bild 5.8: Einfügen (Push) und Löschen (Pop) im Stapelspeicher

5.1.5 Warteschlange

Eine Warteschlange (Queue) ist eine FIFO-Struktur und kann ebenfalls recht einfach auf eine lineare Liste abgebildet werden, siehe dazu Bild 5.9. Im Gegensatz zum Stapelspeicher erfolgen das Einfügen (Put) und die Entnahme (Get) an zwei verschiedenen Enden. Es ist zweckmäßig, auch das Ende mit einem Zeiger (`Last`) zu markieren. Man erkennt, daß für das Einfügen (Put) eines Knotens am besten das Listenende gewählt wird und für die Entnahme dann der Listenanfang:

Put:

```
q = (Ref)malloc(sizeof(NODE));
q->next = NULL; Last->next = q; Last = q;
```

Get:

```
q = First; First = First->next; q->next = NULL;
free(q);
```

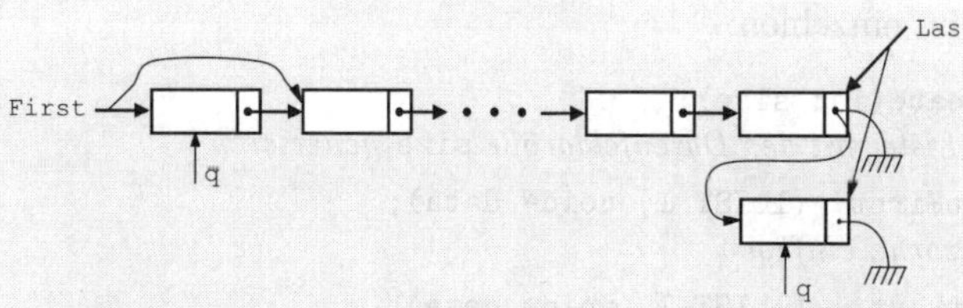

Bild 5.9: Einfügen und Löschen in einer Warteschlange

5.1.6 ADT List (Unsortierte Liste)

Die vorangehenden Abschnitte haben gezeigt, wie lineare Listen verwendet werden können, um z.B. FIFO- und LIFO-Warteschlangen zu implementieren. Die entsprechenden Programmfragmente können als Schablonen zur Realisierung entsprechender Strukturen angesehen werden. Entsprechend konkrete Programmtexte müssen aber jeweils neu geschrieben werden, um sie hinsichtlich ihrer genauen Funktionalität und hinsichtlich der zu verwalteten Datentypen in jedem Falle genau den Anforderungen anzupassen. Der im folgenden präsentierte ADT hat den Vorteil, daß er alle wesentlichen Funktionen einer FIFO- und einer LIFO-Warteschlange enthält und daß er generisch ist, d.h. er kann Datensätze beliebigen Typs verwalten. Die Hintergründe zum Thema „generische ADTs in C" sowie Vor- und Nachteile ihrer Verwendung sind ausführlich im Kapitel 3, insbesondere in Abschn. 3.1.4 erläutert.

Spezifikation:

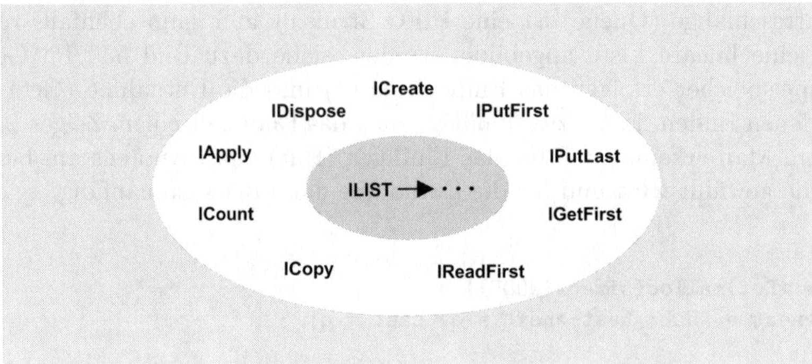

Bild 5.10: ADT List

Bild 5.10 zeigt das *Gekochtes-Ei-Modell* des ADT mit einem Überblick über die Funktionalität der Benutzerschnittstelle; die folgende Zusammenstellung spezifiziert die Funktionen im einzelnen:

⊗ `lLIST lCreate(int size);`
Eine leere Liste mit der Datenfeldgröße `size` *generieren*

⊗ `void lPutFirst  (lLIST l, void* data);`
Datensatz vorne einfügen

⊗ `void lPutLast   (lLIST l, void* data);`
Datensatz hinten einfügen

⊗ `void lGetFirst  (lLIST l, void* data);`
Den ersten Datensatz entnehmen

⊗ `void lReadFirst (lLIST l, void* data);`
Den ersten Datensatz lesen, ohne ihn zu entnehmen

⊗ `lLIST lCopy     (lLIST l);`
Liefert eine Kopie der Liste l. Die Variable, der die Kopie zugewiesen wird, sollte vorher an keine Liste gebunden sein!

⊗ `void lApply     (lLIST l, void (*f) (void*));`
Die Funktion f auf jeden Datensatz anwenden

⊗ `int lCount (lLIST l);`
Liefert die Anzahl der Knoten (Einträge) in der Liste l

⊗ `void lDispose (lLIST* l);`
Die Liste l auflösen

Der C-Text 5.1 zeigt die entsprechende Headerdatei. Der dort definierte Typ `lLIST` ist ein Zeiger auf die interne – für den Benutzer des Moduls nicht direkt sichtbare – Darstellung der Liste. Diese Art von Vorwärts-Deklaration ist in C und in C++ möglich! Damit wird für den Benutzer des Moduls der direkte Zugriff auf die Datenstrukturen allerdings nicht generell gesperrt, wie es wünschenswert wäre, aber der mißbräuchliche Zugriff wird erschwert, die Erläuterung dazu steht in Abschn. 3.1.4.

C-Text 5.1: *ADT List, H-Datei* ./Bsp5/list/list.h

```
#ifndef _list_h
#define _list_h

/*
    ListManager fuer nicht sortierte Listen mit
    "generischer Datenstruktur"
*/

  typedef struct lheader *lLIST;

  lLIST lCreate    (int size);
  void  lPutFirst  (lLIST l, void* data);
  void  lPutLast   (lLIST l, void* data);
  void  lGetFirst  (lLIST l, void* data);
  void  lReadFirst (lLIST l, void* data);
  lLIST lCopy      (lLIST l);
  void  lApply     (lLIST l, void (*f) (void*));
  int   lCount     (lLIST l);
  void  lDispose   (lLIST* l);

#endif
```

Entwurf und Implementierung

Bild 5.11 zeigt das Konzept der Realisierung. In einem *Header* wird der Wert für die Größe des zu verwaltenden Datensatzes (in Byte) sowie jeweils ein Zeiger auf den ersten und auf den letzten Knoten der Liste abgelegt, damit kann direkt auf Anfang und Ende der Liste zugegriffen werden. Diese Struktur läßt sich in C wie folgt darstellen:

```
/*---------------------Datenstrukturen--------------------*/

typedef struct lnode *lRef;                         /* lRef     */

typedef struct lnode{                               /* lNODE    */
  lRef lext;
  /* hier werden die Daten abgelegt ! */
} lNODE;

typedef struct lheader{                             /* lHEADER */
  lRef first;
  int (*comp) (void*, void*);
  int size;
} lHEADER;

/*--------------------------------------------------------*/
```

Der Knoten `lNODE` enthält nur den Zeiger, der Speicherplatz für den Datensatz – dessen Aufbau ja erst zur Laufzeit bekannt ist – wird beim Generieren eines Knotens direkt dahinter alloziert (`malloc(sizeof(lNODE)+l->size)`). Die Alternative dazu wäre es, einen Zeiger `void* ptrToDaten` in `lNODE` vorzusehen.

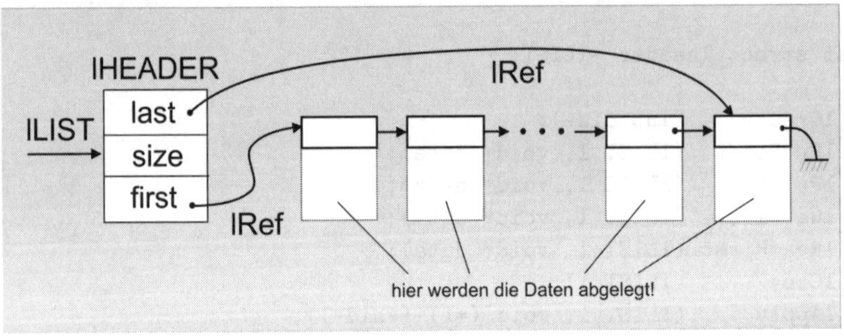

Bild 5.11: Aufbau eines generischen ListManagers

Der C-Text 5.2 zeigt die Implementierung des `List`-Moduls mit den Definitionen der Datenstrukturen und mit den Definitionen der Funktionen.

C-Text 5.2: *ADT List, C-Datei* ./Bsp5/list/list.sht

```
#include<stdlib.h>
#include<string.h>
#include"list.h"

/*-----------------------Datenstrukturen----------------*/

  typedef struct lnode* lRef;
```

```
  typedef struct lnode {
    lRef next;
    /* hier werden die Daten abgelegt ! */
  } lNODE;


  typedef struct lheader {
    lRef first, last;
    int  size;
  } lHEADER;

  /* in list.h:
     typedef struct lheader *lLIST;
  */
/*---------------------------------------------------------*/

lLIST lCreate(int size) {
  lLIST l = (lLIST) malloc(sizeof(lHEADER));
  l->size = size; l->first = l->last = NULL;
  return l;
}

void  lDispose  (lLIST* l) {
  lRef p = (*l)->first, q;
  while (p) { q = p; p = p->next; free(q); }
  free(l); *l = NULL;
}

void  lPutFirst  (lLIST l, void* data) {
  lRef q = (lRef) malloc(sizeof(lNODE)+ l->size);
  q->next = l->first;
  memcpy(q+1, data, l->size);
  if (l->first==NULL) l->first = l->last = q;
  else l->first = q;
}

lLIST lCopy      (lLIST l)              { . . . }
void  lPutLast   (lLIST l, void* data) { . . . }
void  lGetFirst  (lLIST l, void* data) { . . . }
void  lReadFirst (lLIST l, void* data) { . . . }
int   lCount     (lLIST l)              { . . . }

void  lApply     (lLIST l, void (*f) (void*)) {
  lRef p = l->first;
  while (p) { f(p+1); p =p->next; }
}
```

Test- und Demoprogramm

Der C-Text 5.3 demonstriert die Verwendung des ADT *List*. Das Programm kreiert eine Liste direkt mit `lCreate` und eine zweite indirekt durch Verwenden der Kopierfunktion `lCopy`.

C-Text 5.3: *ADT List, Demo* ./Bsp5/list/listtest.c

```
#include<stdio.h>
#include"list.h"

void f(void* data) { printf("%d ", *((int*) data)); }

int main() {
  lLIST l1, l2;
  int i, x;

  l1 = lCreate(sizeof(int));
  for (i=0; i<10; i++) lPutFirst(l1, &i);
  lApply(l1, f); printf("\n");

  l2 = lCopy(l1);
  while ( lCount(l2) != 0 ) {
    lGetFirst(l2, &x), printf("%d ", x);
  }
  printf("\n");

  for (i=0; i<10; i++) lPutLast(l2, &i);
  lApply(l2, f); printf("\n");
  while ( lCount(l2) != 0) {
    lGetFirst(l2, &x), printf("%d ", x);
  }
  printf("\n");

  lDispose(&l1); lDispose(&l2);

  return 0;
}
```

Ausgabe des Programms:

```
9 8 7 6 5 4 3 2 1 0
9 8 7 6 5 4 3 2 1 0
0 1 2 3 4 5 6 7 8 9
0 1 2 3 4 5 6 7 8 9
```

5.1.7 Prioritätswarteschlange

Eine Prioritätswarteschlange (priority queue) unterscheidet sich von einer FIFO- und von einer LIFO-Struktur prinzipiell dadurch, daß ihre Elemente eine Schlüsselinformation – die Priorität – beinhalten, die das Zugriffsverhalten auf diese Struktur bestimmt. Wir nennen hier die Einfügeoperation `Insert` und die Entnahmeoperation `Pop`. Die `Insert`-Funktion fügt das Element gemäß seiner Priorität ein, die `Pop`-Funktion liefert jeweils das höchstpriore Element. Die Priorität ist im einfachsten Falle durch eine alphabetische Ordnung oder durch die Ordnung von Zahlen definiert. Bild 5.12 zeigt die Realisierung einer Prioritätswarteschlange durch eine sortierte Liste.

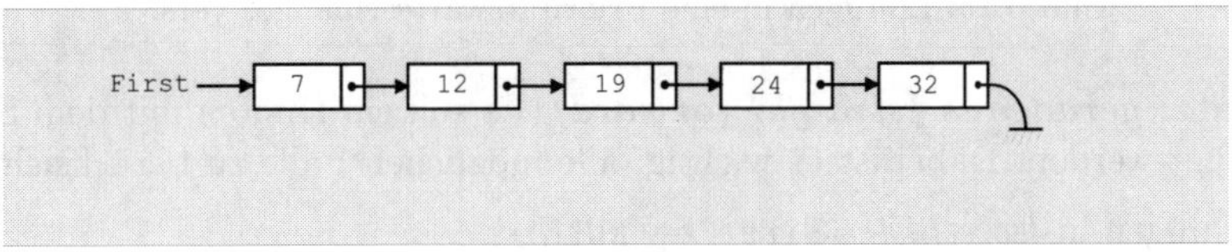

Bild 5.12: Aufbau einer Prioritätswarteschlange

Zeitkomplexität: Der Aufwand für das Einfügen in eine lineare sortierte Liste ist – statistisch betrachtet – proportional der Listenlänge, der Aufwand für die Entnahme des ersten Elements ist unabhängig von der Listenlänge:

- Einfügen (Insert): $T_{Insert} = O(n)$;
- Entnehmen (Pop): $T_{Pop} = O(1)$

Das ist also wieder die *Big-O-Funktion*, die eine qualitative Angabe über das Zeitverhalten macht! Es sind – z.B. mit Bäumen (siehe z.B. Kap. 5.2) – auch *schnellere* Lösungen möglich, z.B.: $T_{Insert} = T_{Pop} = O(\log n)$ für Einfügen und Entnehmen!

Anwendungen für Prioritätswarteschlangen: Für Prioritätswarteschlangen gibt es ein breites Anwendungsspektrum, diese Aufstellung greift einige heraus:

- Terminkalender
- Task-Queue in einem Prozeßrechner
- führen der Ereignisliste bei der Simulation zeitdiskreter Systeme (z.B. Warteschlangenmodelle zur Verkehrssimulation)
- Verwalten quasiparalleler Prozesse
- alphabetisch geordnete Liste
- Sortieren!
- ...

Einfügen eines neuen Knotens gemäß der def. Ordnung: Bild 5.13 zeigt das Einfügen eines Elements in die Liste gemäß der definierten Priorität, die hier so definiert ist, daß der kleinste Zahlenwert die größte Priorität repräsentiert.

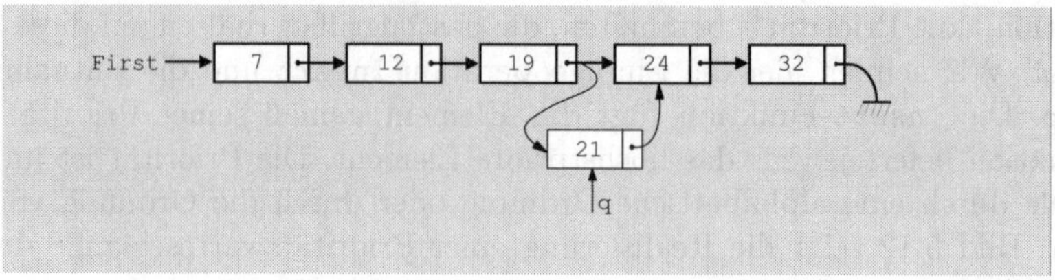

Bild 5.13: Einfügen in eine Prioritätswarteschlange, Vers. 1

1. Ansatz: ***geradeaus (straight forward)*** Es soll ein Knoten mit dem Schlüssel x eingefügt werden. Dabei ist es wichtig, alle möglichen Fälle zu berücksichtigen:

- Einfügen in *leere Liste* (`First == NULL`)
- *Ganz vorne* einfügen
- *Dazwischen* einfügen
- *Ganz hinten* einfügen

Das führt dann zu folgender Lösung, bei der jeder Fall separat behandelt wird:

```
q = new(); q->key = x;
if (First == NULL) {
  /* in leere Liste einfuegen:  */
  First = q; q->next = NULL;
}
else if (x < First->key) {
  /* "ganz vorne" einfuegen:    */
  q->next = First; First = q;
}
else {
  /* Einfuegstelle suchen, vorangeh. Knoten mit p markieren: */
  p = First;
  while ((p->next != NULL) && (p->next->key < x))      /* (!) */
    p = p->next;
  if (p->next != NULL) {
    /* "dazwischen" einfuegen:  */
    q->next = p->next; p->next = q;
  }
  else {
    /* "ganz hinten" einfuegen: */
    q->next = NULL; p->next = q;
  }
}
```

An der mit `/* (!) */` markierten Stelle ist zu beachten, daß die Reihenfolge der Bedingungen nicht vertauscht werden darf, d.h. in C sind die entsprechenden Ausdrücke nicht kommutativ: die Auswertung einer *UND*-Verknüpfung wird abgebrochen, wenn der erste Operand den Wert *false* ergibt, entsprechend wenn in einer *ODER*-Verknüpfung der erste Operand den Wert *true* ergibt. Diese spezielle Art der Auswertung in ANSI/ISO-C wird an der markierten Stelle ausgenutzt.

Die ersten beiden und die letzten beiden Fälle lassen sich jeweils zusammenfassen, an der markierten Stelle wird wieder von der besonderen Auswertung Gebrauch gemacht:

```
q = new(); q->key = x;
if ((first == NULL) || (x < First->key)){          /* (!) */
  q->next = First; First = q;
}
else {
  p = First;
  while ((p->next != NULL) && (x > p->next->key)) /* (!) */
    p = p->next;
  q->next = p->next; p->next = q;
}
```

2. Ansatz: *mit Header und Trailer* Algorithmen lassen sich häufig durch kleine Änderungen in der Datenstruktur deutlich vereinfachen, in diesem Fall durch Erweiterung der Liste um je einen Platzhalter am Anfang und am Ende der Liste. Bild 5.14 zeigt eine entsprechende Anordnung mit *Header* und *Trailer*, die nie entfernt werden: Im Header steht der kleinstmögliche Wert, der kleiner sein muß als jeder einzufügende Schlüssel, im Trailer steht entsprechend der größtmögliche Wert! Damit reduziert sich der Algorithmus des Einfügens auf ein Minimum:

```
q = new(); q->key = x; p = First;
while (x > p->next->key) p = p->next;
q->next = p->next; p->next = q;
```

Eine derartige Maßnahme kann sich insbesondere dann lohnen, wenn für die vorliegende Datenstruktur viele Algorithmen vorgesehen sind, die sich dadurch vereinfachen.

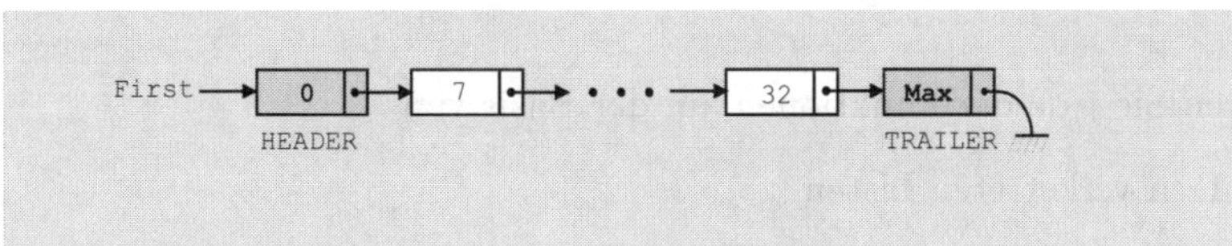

Bild 5.14: Einfügen in eine Prioritätswarteschlange, Vers. 2

5.1.8 Übungen

Implementieren Sie folgende Funktionen auf sortierte Listen:

- ⊗ `void Erase(int x, Ref* p);`
  – entfernt einen Knoten mit dem Schlüssel x
- ⊗ `int Find(int x, Ref p);`
  – stellt fest, ob ein Knoten mit dem Schlüssel x vorhanden ist, liefert 1 für ja und 0 für nein
- ⊗ `int GetFirst(Ref p);`
  – liefert den kleinsten Schlüssel und entfernt den Knoten aus der Liste
- ⊗ `int ReadFirst(Ref p);`
  – liefert eine Kopie des kleinsten Schlüssels, d.h. die Liste wird nicht verändert
- ⊗ `Ref Copy(Ref p);`
  – liefert eine Kopie der Liste p
- ⊗ `Ref Append ( Ref p, Ref q );`
  – hängt die Liste q an das Ende der Liste p und liefert den Zeiger auf die Gesamtliste
- ⊗ `void Dispose(Ref *p);`
  – *Recycled* die Liste p und setzt p auf NULL
- ⊗ `int Count(Ref p);`
  – gibt an, wie viele Knoten die Liste enthält
- ⊗ `int isEmpty (Ref p);`
  – stellt fest, ob die Liste leer ist
- ⊗ `Ref Union(Ref p, Ref q);`
  – p und q seien Zeiger auf sortierte Listen, es ist eine Liste zu erzeugen, die aus der *Vereinigung* der durch p und q referenzierten Listen besteht
- ⊗ `Ref Intersection(Ref p, Ref q);`
  – dito, aber hier Schnittmenge
- ⊗ `Ref Difference(Ref p, Ref q);`
  – dito, aber hier Differenzmenge
- ⊗ `void Print(Ref p);`
  – die Liste durchlaufen und dabei jeweils den Schlüssel des Knotens ausgeben
- ⊗ . . .

Realisieren Sie jede der Funktionen auf der Basis von

a) einfach verketteten Listen

b) doppelt verketteten Listen

c) Ringlisten (der erste Knoten der Liste ist der direkte Nachfolger des letzten Knotens in der Liste)

5.1.9 ADT SList (Sortierte Liste)

Eine Prioritätswarteschlange läßt sich auf eine sortierte Liste abbilden ebenso z.B. ein Set, siehe dazu Kapitel 3 sowie die Abschnitte 3.4 und 3.5. Auch hier geht es wieder darum, einen generischen ADT zu entwickeln mit einer möglichst universellen Funktionalität.

Spezifikation:

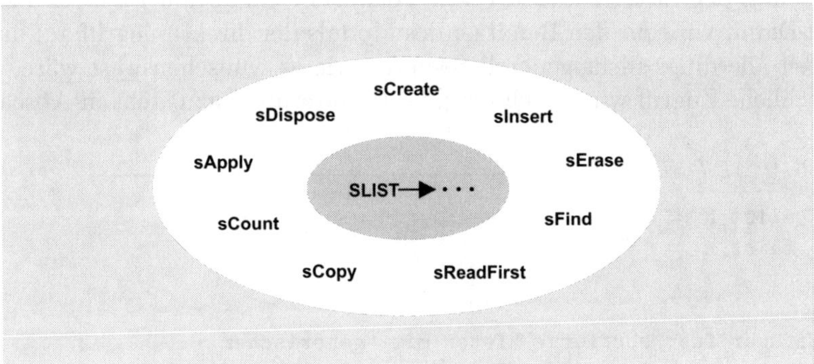

Bild 5.15: ADT SList

Bild 5.15 zeigt das *Gekochte-Ei-Modell* des ADT sLIST mit einem Überblick über die Funktionalität der Benutzerschnittstelle; die folgende Zusammenstellung spezifiziert die Funktionen im einzelnen:

- ⊗ `sLIST sCreate(int size, int (*comp) (void*, void*));`
  Eine leere Liste mit der Datenfeldgröße size gener., die Ordnung ist über die Funktion comp definiert
- ⊗ `void sInsert(sLIST l, void *data);`
  Datensatz gemäß Schlüssel und definierte Ordnung einfuegen, auch wenn ein oder mehrere Datensätze mit dem gleichen Schluessel schon existieren
- ⊗ `void sErase(sLIST l, void *data);`
  Datensatz mit dem entspr. Schlüssel entfernen, falls mehrere vorhanden, den ersten gefundenen
- ⊗ `int sFind(sLIST l, void *data);`
  Prüft, ob mindestens ein Datensatz mit dem entspr. Schlüssel vorhanden ist (Ja = 1, Nein = 0), und gibt ggf. eine Kopie des ersten gefundenen zurück
- ⊗ `void sReadFirst(sLIST l, void *data);`
  Liefert eine Kopie des Datensatzes mit dem kleinsten Schluessel
- ⊗ `sLIST sCopy(sLIST l);`
  Liefert eine Kopie der Liste l

⊗ `void sApply(sLIST l, void (*action) ( void* ) );`
`action` *auf jeden Datensatz anwenden*

⊗ `void sDispose(sLIST *l);`
Die Liste l auflösen

⊗ `int  sCount(sLIST l);`
Liefert Anzahl der Einträge in der Liste l

Der C-Text 5.4 zeigt die entsprechende Headerdatei. Der dort definierte Typ `sLIST` ist ein Zeiger auf die interne – für den Benutzer des Moduls nicht direkt sichtbare – Darstellung der Liste. Diese Art von Vorwärts-Deklaration ist in C und in C++ möglich! Damit wird für den Benutzer des Moduls der direkte Zugriff auf die Datenstrukturen allerdings nicht generell gesperrt, wie es wünschenswert wäre, aber der mißbräuchliche Zugriff wird erschwert, die Erläuterung dazu steht in Abschn. 3.1.4.

C-Text 5.4: *ADT SList, H-Datei* ./Bsp5/slist/slist.h

```
#ifndef _slist_h
#define _slist_h

/*
   ListManager fuer sortierte Listen mit "generischer
   Datenstruktur" und "benutzerdefinierter Ordnung"
*/

  typedef struct sheader *sLIST;                /* sLIST   */

  sLIST sCreate    (int size, int (*comp) (void *, void *));
  void  sInsert    (sLIST l, void *data);
  void  sErase     (sLIST l, void *data);
  int   sFind      (sLIST l, void *data);
  void  sReadFirst (sLIST l, void *data);
  sLIST sCopy      (sLIST l);
  void  sApply     (sLIST l, void (*action) ( void * ) );
  void  sDispose   (sLIST *l);
  int   sCount     (sLIST l);

#endif
```

Entwurf und Implementierung

Bild 5.16 zeigt das Konzept der Realisierung. In einem *Header* wird der Wert für die Größe des zu verwaltenden Datensatzes (in Byte) und ein Zeiger auf die vom Anwender zu definierende Funktion *comp* (d.h. compare) sowie der Zeiger *first* auf den Wurzelknoten des eigentlichen Baumes abgelegt. Diese Struktur läßt sich in C wie folgt darstellen:

```
/*--------------------Datenstrukturen--------------------*/

typedef struct snode *sRef;                      /* sRef     */

typedef struct snode{                            /* sNODE    */
  sRef next;
  /* hier werden die Daten abgelegt ! */
} sNODE;

typedef struct sheader{                          /* sHEADER */
  sRef first;
  int (*comp) (void*, void*);
  int size;
} sHEADER;

/*-------------------------------------------------------*/
```

Der Knoten `sNODE` enthält nur den Zeiger, der Speicherplatz für den Datensatz – dessen Aufbau ja erst zur Laufzeit bekannt ist – wird beim Generieren eines Knotens direkt dahinter alloziert (`malloc(sizeof(sNODE)+l->size)`). Die Alternative dazu wäre es, einen Zeiger `void* ptrToDaten` in `sNODE` vorzusehen.

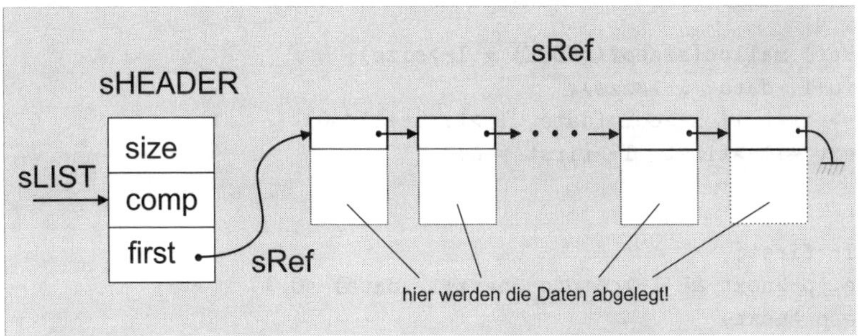

Bild 5.16: Aufbau eines generischen ListManagers für sortierte Listen

Der C-Text 5.5 zeigt die Implementierung des `SList`-Moduls mit den Definitionen der Datenstrukturen und mit den Definitionen der Funktionen.

C-Text 5.5: *ADT SList, C-Datei* ./Bsp5/slist/slist.sht

```
#include <stdlib.h>
#include <string.h>
#include "slist.h"

/*-----------------------Datenstrukturen----------------*/

  typedef struct snode *sRef;                   /* sRef    */
```

```
  typedef struct snode{                           /* sNODE   */
    sRef next;
    /* hier werden die Daten abgelegt ! */
  } sNODE;

  typedef struct sheader{                         /* sHEADER */
    sRef first;
    int (*comp) (void *, void *);
    int size;
  } sHEADER;

/*-------------------------------------------------------*/

sLIST sCreate(int size, int(*comp) (void*, void*)) {
  sLIST l;
  l = (sLIST) malloc( sizeof( sHEADER ));
  l->first = NULL;
  l->comp  = comp; l->size = size;
  return l ;
}

void sInsert(sLIST l, void *data ) {
  sRef p, q;
  q = (sRef) malloc(sizeof(sNODE) + l->size);
  memcpy(q+1, data, l->size);
  if (!l->first || l->comp(data, l->first+1)<=0) {
    q->next = l->first; l->first = q;
  }
  else {
    p = l->first;
    while (p->next && l->comp(p->next+1, data) <0 )
      p = p->next;
    q->next = p->next; p->next = q;
  }
}

void  sErase     (sLIST l, void *data) { . . . }
int   sFind      (sLIST l, void *data) { . . . }
void  sReadFirst (sLIST l, void *data) { . . . }
sLIST sCopy      (sLIST l)             { . . . }
int   sCount     (sLIST l)             { . . . }
void  sDispose   (sLIST *l)            { . . . }

void  sApply (sLIST l, void (*f) (void*)) {
  sRef p = l->first;
  while (p) { f(p+1); p =p->next; }
}
```

5.2 Binäre Wilde Bäume

Bei den bisher behandelten linearen Strukturen ist der Aufwand beim Suchen, Einfügen und Löschen i.a. proportional der Anzahl n der enthaltenen Datenelemente, d.h. wir haben eine lineare Zeitkomplexität $T = O(n)$. Wesentlich günstiger sieht das bei den in diesem Abschnitt behandelten binären Bäumen aus, mit denen sich der Aufwand proportional dem binären Logarithmus der Anzahl n der Datenelemente erreichen läßt, d.h. die entsprechende Zeitkomplexität beträgt $T = O(\log_2 n)$. Da sich Logarithmen zu verschiedenen Basiswerten nur um einen konstanten Faktor unterscheiden ($\log_a n / \log_b n \equiv const$), gilt allgemein $T = O(\log n)$.

Das gilt allerdings leider nicht unbedingt! Im ungünstigsten Fall kann der binäre Baum zu einer linearen Liste entarten, und alle Vorteile wären verloren. Das kann bei den hier so genannten *Wilden Bäumen* passieren, d.h. man muß mit ihrer Anwendung vorsichtig sein und die jeweiligen Randbedingungen beachten. Im nächsten Abschnitt werden dann *Ausgeglichene Bäume* behandelt, die diesen Nachteil vermeiden.

5.2.1 Grundlagen

Def. 1: Ein *binärer Baum* ist

- eine leere Struktur oder
- ein Knoten mit einem linken (Teil-) Baum und einem rechten (Teil-) Baum.

Def. 2: Ein *binärer Suchbaum* ist ein binärer Baum mit folgender Zusatzbedingung für alle Knoten :

- Alle kleineren und gleichen Schlüssel befinden sich im linken Teilbaum.
- Alle größeren Schlüssel befinden sich im rechten Teilbaum.

Häufig werden in der Literatur die entsprechenden Definitionen so gehalten, daß die Schlüssel eindeutig sein müssen. Hier wird dagegen die Definition absichtlich so verfaßt, daß Schlüssel auch mehrfach vorkommen dürfen. Bild 5.17 zeigt einen entsprechenden Suchbaum.

Ein Baumknoten beinhaltet hier einen Suchschlüssel, den eigentlichen Datensatz, und je einen Zeiger auf den linken und auf den rechten Teilbaum. Für unsere Betrachtungen legen wir die angegebene Datenstruktur zugrunde.

Datenstruktur:

```
typedef struct node {
  int key;
  /*...<weitere Daten>...*/
  struct node *left, *right;
} NODE;
```

oder auch:

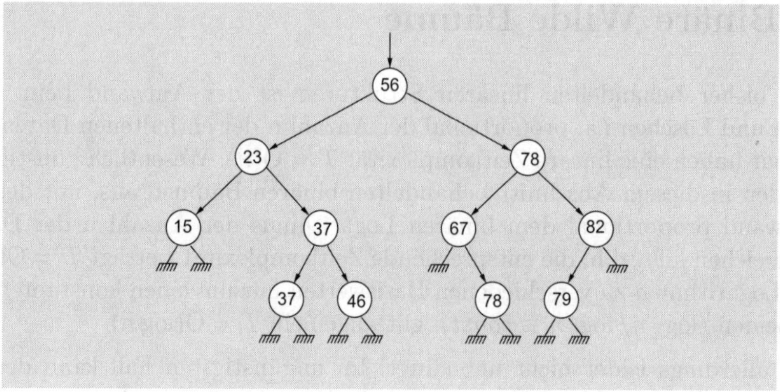

Bild 5.17: Aufbau eines binären Suchbaumes

```
typedef struct node *Ref;

typedef struct node {
  int key;
  /*...<weitere>...*/
  Ref left, right;
} NODE;
```

Die Datenstruktur ist *rekursiv*, wie es auch an der zweiten Schreibweise ersichtlich ist: die Definition des Typs *Ref* bezieht sich auf die Definition des Typs *NODE* und umgekehrt. Man spricht in diesem Zusammenhang auch vielfach von *Rekursiven Datenstrukturen. Rekursive Datenstrukturen* lassen sich besonders elegant und einfach durch *rekursive Algorithmen* bearbeiten, das zeigen besonders eindrucksvoll die im folgenden Abschnitt angegebenen Algorithmen zum Traversieren (Durchlaufen) von Suchbäumen.

5.2.2 Traversieren

Traversieren bedeutet hier, den Baum in einer definierten Ordnung zu durchlaufen, wobei drei Varianten betrachtet werden: *Inorder-Traversieren, Postorder-Traversieren* und *PreOrder-Traversieren*. Die wichtigste Variante ist sicher das *InOrder-Traversieren*. In diesem Fall wird der Baum so durchlaufen, daß die Schlüssel in aufsteigender Reihenfolge anfallen, d.h. das *Inorder-Traversieren* bietet z.B. die Möglichkeit, den Baum als geordnete Liste auszugeben oder abzuspeichern! Die anderen beiden Varianten spielen bei speziellen Anwendungen eine Rolle, die hier zunächst nicht weiter erörtert werden sollen.

Bild 5.18 stellt die Ergebnisse der drei Varianten des Traversierens dar. *Inorder-Traversieren* bedeutet, daß der Knoten jeweils beim Passieren in *östlicher Richtung* – entsprechend den eingezeichneten Pfeilmarkierungen – aufgesucht wird. Entsprechend wird beim *Präorder-Traversieren* der Knoten jeweils beim Passieren in südlicher Richtung und beim *PostOrder-Traversieren* beim Passieren in nördlicher Richtung aufgesucht.

Die Betrachtung mit den Himmelsrichtungen ist sicher sehr anschaulich, läßt sich aber so nicht in einen Computer-Algorithmus umsetzen, dafür eignet sich hingegen die folgende *rekursive Variante* vorzüglich, die an Klarheit und Einfachkeit kaum Wünsche übrigläßt:

- *Inorder-Traversieren:* Beginnend mit dem Wurzelknoten ist erst jeweils der linke Teilbaum zu durchlaufen, dann der jeweilige Knoten aufzusuchen und schließlich der rechte Teilbaum zu durchlaufen.
- *Postorder-Traversieren:* Beginnend mit dem Wurzelknoten ist erst jeweils der linke Teilbaum zu durchlaufen, dann der rechte Teilbaum und schließlich der jeweilige Knoten aufzusuchen.
- *Präorder-Traversieren:* Entsprechend als erstes den jeweiligen Knoten aufsuchen und dann den linken und zuletzt den rechten Teilbaum durchlaufen.

Diese Algorithmen lassen sich dann verblüffend einfach in Programmcode umsetzen, wie die folgende Funktion zeigt.

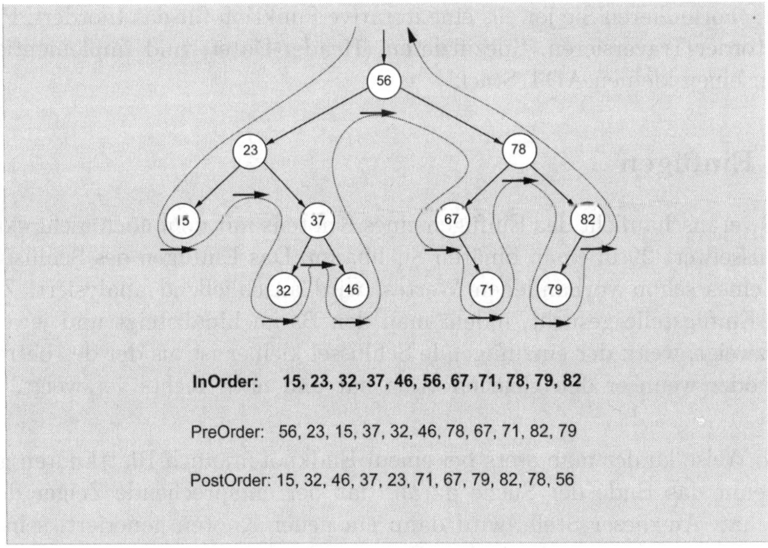

Bild 5.18: Traversieren eines binären Suchbaumes

Traversieren in Inorder:

```
void inorder(Ref p) {
  if (p) {
    inorder(p->left);
    f(p);
    inorder(p->right);
  }
}
```

Traversieren in Postorder und in Preorder: eigene Übung!

Iterative Traversierungsalgorithmen: Die *rekursiven* Traversierungs-Algorithmen sind ein eindrucksvolle Beispiele dafür, daß die Anwendung der Rekursion in vielen Fällen zu erheblich einfacheren und transparenteren Lösungen führen kann. Das wird z.B. deutlich spürbar, wenn man versucht, entsprechende *iterative* Traversierungs-Algorithmen zu formulieren:

- Eine Lösung besteht darin, die Rekursion zu simulieren.
- Das geschieht in diesem Falle dadurch, daß vor jedem Hinabsteigen der aktuelle Zeiger auf einem Stack abgelegt wird (Push).
- Vor dem Hochsteigen holt man sich die Zieladresse dann wieder vom Stack (Pop).

Übung: Formulieren Sie jeweils eine iterative Funktion für das Inorder-, Preorder- und Postorder-Traversieren. Spezifizieren (Header-Datei) und implementieren Sie sich dafür einen kleinen ADT Stack!

5.2.3 Einfügen

Bild 5.19 veranschaulicht das Einfügen eines Knotens mit dem noch nicht existierenden Schlüsselwert 29 in einen binären Suchbaum. Das Einfügen des Schlüsselwertes 56, also eines schon vorhandenen Wertes, wird anschließend analysiert. Zunächst wird die Einfügstelle gesucht, indem man den Baum hinabsteigt und jeweils nach links verzweigt, wenn der einzufügende Schlüssel kleiner ist als der des betreffenden Knotens oder wenn er den gleichen Wert hat und nach rechts verzweigt, wenn er größer ist.

Auf diese Weise landet man stets bei einem Endknoten, auch Blattknoten genannt. Man erkennt das Ende der Suche daran, daß der entsprechende Zeiger den Wert `p==NULL` hat. An dieser Stelle wird dann ein neuer Knoten generiert, seine Werte werden initiiert, und er wird mit dem Baum verbunden.

Der Abstieg im Baum zur Suche der Einfügstelle läßt sich wieder sehr elegant rekursiv formulieren, das führt dann schließlich zu dem angegebenen Algorithmus:

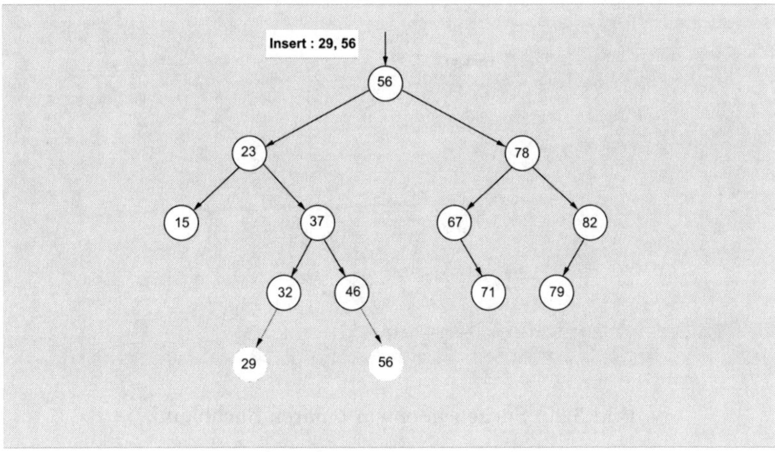

Bild 5.19: Einfügen eines Knoten in einen binären Suchbaum

Insert (oder Include oder Add):

```
void insert(int x, Ref *p) {
  Ref p0 = *p;
  if (!p0) {
    p0 = (Ref)malloc(sizeof(NODE));
    p0->left = p0->right = NULL;
    p0->key = x; p0->info = ...;
  }
  else if (x <= p0->key)
    insert(x, &(p0->left));
  else /* d.h. x > p0->key */
    insert(x, &(p0->right));
  *p = p0;
}
```

Der Algorithmus führt auch dann zu einem richtigen Ergebnis, wenn ein schon vorhandener Schlüssel eingefügt wird, wie es das Bild 5.19 am Beispiel des Schlüssels 56 zeigt. Man sieht, daß gleiche Schlüssel im Baum nicht *„physisch“* benachbart sein müssen, wichtig ist vielmehr, daß sie *„logisch“* benachbart sind. Daß das der Fall ist, erkennt man z.B. am *Inorder-Traversieren*: Der Knoten mit dem größten Schlüsselwert im linken Teilbaum wird unmittelbar vor dem Wurzelknoten besucht!

Übung: Schreiben Sie eine entsprechende iterative Funktion `insert`!

5.2.4 Suchen

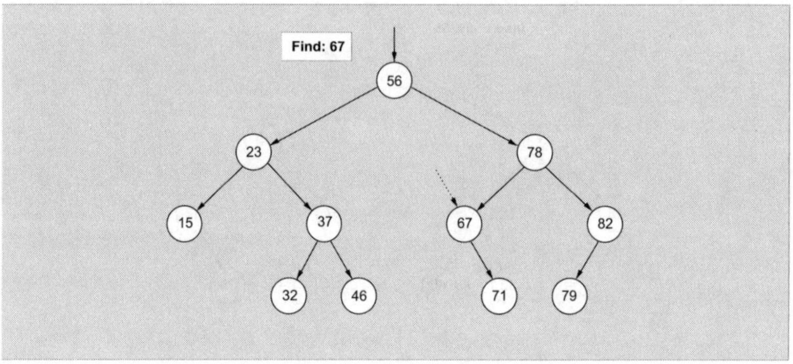

Bild 5.20: Suchen in einem binären Suchbaum

Das Suchen eines Schlüssels in einem Suchbaum soll im Erfolgsfall als Ergebnis einen Zeiger auf den Knoten zurückgeben, der den entsprechenden Wert enthält; siehe dazu Bild 5.20. Falls der Schlüssel im Baum nicht vorhanden ist, soll ein `NULL`-Zeiger zurückgegeben werden. Die folgende Funktion enthält einen iterativen Algorithmus zur Formulierung dieses Zusammenhangs, der in diesem Fall genauso einfach ist wie ein entsprechender rekursiver:

Find (oder Search):

```
Ref find(int x, Ref p) {
  while (p) {
    if (x == p->key)
      return p;
    else if (x < p->key)
      p = p->left;
    else
      p = p->right;
  }
  return p;
}
```

5.2.5 Löschen

Beim **Löschen des Knotens mit dem Schlüssel x in einem binären Suchbaum** können drei Fälle unterschieden werden:

- Am einfachsten ist es, wenn der zu löschende Knoten keinen Nachfolger hat (Endknoten, Blatt).
- Ziemlich einfach ist auch der Fall, daß der zu löschende Knoten genau einen Nachfolger hat.

- Am schwierigsten ist der Fall, daß der zu löschende Knoten zwei Nachfolger hat. Dieser Fall wird dadurch gelöst, daß man nicht den Knoten selbst löscht sondern einen Ersatzknoten:
  - Es wird im linken Teilbaum des zu löschenden Baumes der Knoten mit dem größten Schlüssel aufgesucht (oder im rechten Teilbaum der Knoten mit dem kleinsten Schlüssel),
  - dessen Inhalt wird in den zu löschenden Knoten kopiert,
  - und dann wird der Ersatzknoten gelöscht!

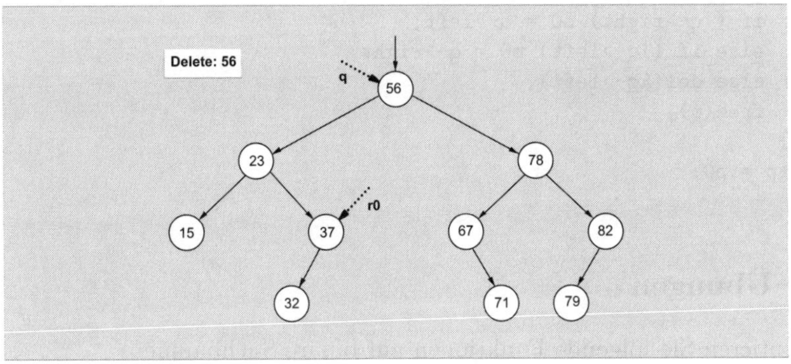

Bild 5.21: Löschen in einem binären Suchbaum

Bild 5.21 zeigt ein entsprechendes Beispiel: Der Knoten mit dem Schlüssel 56 – also der Wurzelknoten des Baumes – soll entfernt werden. Der Zeiger *r* markiert den Ersatzknoten mit dem Schlüsselwert 37, dem größten Schlüsselwert im linken Teilbaum.

Hilfsprozedur del bestimmt den Knoten mit dem größten Schlüssel im linken Teilbaum, kopiert dessen Inhalt in den zu löschenden Knoten, der mit q markiert sei, und löscht den Ersatzknoten:

Hilfsfunktion del:

```
Ref q;

void del(Ref *r) {
  Ref r0 = *r;
  if (r0->right)
    del (&r0->right);
  else {
    q->key = r0->key; q->info = r0->info;
    q = r0; r0 = r0->left;
  }
  *r = r0;
}
```

Delete (oder Erase oder Remove):

```
void delete(int x, Ref *p) {
  Ref p0 = *p;
  if (!p0) return;
  else if (x < p0->key)
    delete(x, &p0->left);
  else if (x > p0->key)
    delete(x, &p0->right);
  else {
    q = p0;
    if (!q->right) p0 = q->left;
    else if (!q->left) p0 = q->right;
    else del(&q->left);
    free(q);
  }
  *p = p0;
}
```

5.2.6 Übungen

Implementieren Sie folgende Funktionen auf binäre Suchbäume:

- ⊗ `int Tiefe(Ref p);`
  – die Tiefe (Höhe) des durch p ref. Baumes messen
  (leerer Baum: 0, Baum mit einem Knoten: 1, ...)
- ⊗ `int GetFirst(Ref p);`
  – liefert den kleinsten Schlüssel und entfernt den Knoten aus dem Baum
- ⊗ `int ReadFirst(Ref p);`
  – liefert eine Kopie des kleinsten Schlüssels, d.h. der Baum wird nicht verändert
- ⊗ `Ref Copy(Ref p);`
  – liefert eine Kopie des Baumes p
- ⊗ `void Dispose(Ref *p);`
  – *recycled* den Baum p und setzt p auf NULL
- ⊗ `int Count(Ref p);`
  – gibt an, wie viele Knoten der Baum enthält
- ⊗ `int isEmpty (Ref p);`
  – stellt fest, ob der Baum leer ist
- ⊗ `Ref Union(Ref p, Ref q);`
  – es ist ein Suchbaum zu erzeugen, der aus der *Vereinigungsmenge* der Elemente der durch p und q referenzierten Bäume besteht
- ⊗ `Ref Intersection(Ref p, Ref q);`
  – dito, aber hier *Schnittmenge*

⊗ `Ref Difference(Ref p, Ref q);`
– dito, aber hier *Differenzmenge*

⊗ . . .

5.2.7 ADT Tree (Binärer Suchbaum)

Es geht hier um ein als ADT (Abstrakter Datentyp) formuliertes Modul für das Arbeiten mit Bäumen. Das Modul ist universell verwendbar, der Typ der verwendeten Datenelemente und das Ordnungskriterium werden vom Anwender festgelegt.

Spezifikation

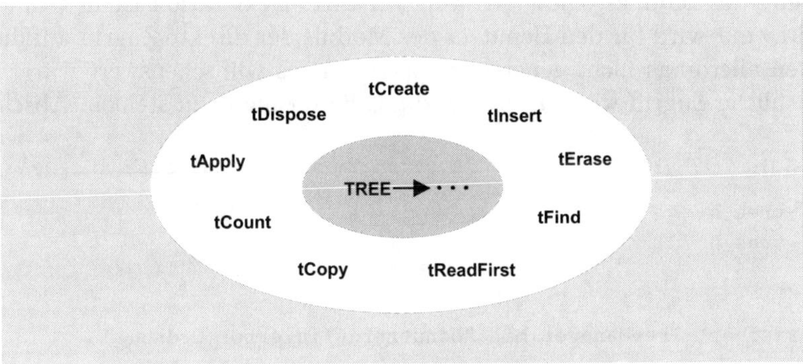

Bild 5.22: ADT TreeManager

Bild 5.22 zeigt das *Gekochte-Ei-Modell* des ADT TREE mit einem Überblick über die Funktionalität der Benutzerschnittstelle; die folgende Zusammenstellung spezifiziert die Funktionen im einzelnen:

⊗ `TREE tCreate(int size, int (*comp) (void*, void*));`
Einen leeren Baum mit der Datenfeldgröße size gener., die Ordnung ist über die Funktion `comp` *definiert*

⊗ `void tInsert(TREE t, void *data);`
Datensatz gemäß Schlüssel und definiertet Ordnung einfügen, auch wenn ein oder mehr Datensätze mit dem gleichen Schlüssel schon existieren

⊗ `void tErase(TREE t, void *data);`
Datensatz mit dem entspr. Schlüssel entfernen, falls mehrere vorhanden, dann den ersten gefundenen

⊗ `int tFind(TREE t, void *data);`
Prüft, ob mindestens ein Datensatz mit dem entspr. Schlüssel vorhanden ist (Ja = 1, Nein = 0) und gibt ggf. eine Kopie des ersten gefundenen zurück

⊗ `void tReadFirst(TREE t, void *data);`
Liefert eine Kopie des Datensatzes mit dem kleinsten Schlüssel

⊗ `TREE tCopy(TREE t);`
Liefert eine Kopie des Baumes t

⊗ `void tApply(TREE t, void (*action) ( void * ) );`
`action` *auf jeden Datensatz anwenden*

⊗ `void tDispose(TREE *t);`
Den Baum t auflösen

⊗ `int  tCount(TREE t);`
Liefert Anzahl der Einträge im Baum t

Der C-Text 5.6 zeigt die entsprechende Headerdatei. Der dort definierte Typ `TREE` ist ein Zeiger auf die interne – für den Benutzer des Moduls nicht direkt sichtbare – Darstellung des Baumes. Diese Art von Vorwärts-Deklaration ist in C und in C++ möglich! Damit wird für den Benutzer des Moduls der direkte Zugriff auf die Datenstrukturen allerdings nicht generell gesperrt, wie es wünschenswert wäre, aber der mißbräuchliche Zugriff wird erschwert, die Erläuterung dazu steht in Abschn. 3.1.4.

C-Text 5.6: *ADT Tree, H-Datei* ./Bsp5/tree/tree.h

```
#ifndef _tree_h
#define _tree_h

/*
   "generischer" TreeManager mit "benutzerdefinierter Ordnung"
*/

  typedef struct theader* TREE;                    /* TREE    */

  TREE tCreate    (int size, int (*comp) (void *, void *));
  void tInsert    (TREE t, void *data);
  void tErase     (TREE t, void *data);
  int  tFind      (TREE t, void *data);
  void tReadFirst (TREE t, void *data);
  TREE tCopy      (TREE t);
  void tApply     (TREE t, void (*action) ( void * ) );
  void tDispose   (TREE *t);
  int  tCount     (TREE t);

#endif
```

Entwurf und Implementierung

Bild 5.23 zeigt das Konzept der Realisierung. In einem *Header* wird der Wert für die Größe des zu verwaltenden Datensatzes (in Byte) und ein Zeiger auf die vom

Anwender zu definierende Funktion *comp* (d.h. compare) sowie der Zeiger *first* auf den Wurzelknoten des eigentlichen Baumes abgelegt. Diese Struktur läßt sich in C wie folgt darstellen:

```
/*--------------------Datenstrukturen--------------------*/

typedef struct tnode *tRef;                    /* tRef    */

typedef struct tnode{                          /* tNODE   */
  tRef left, right;
  /* hier werden die Daten abgelegt! */
} tNODE;

typedef struct theader{                        /* tHEADER */
  tRef first;
  int (*comp) (void*, void*);
  int size;
} tHEADER;

/*-------------------------------------------------------*/
```

Der Knoten `tNODE` enthält nur die beiden Zeiger, der Speicherplatz für den Datensatz – dessen Aufbau ja erst zur Laufzeit bekannt ist – wird beim Generieren eines Knotens direkt dahinter alloziert (`malloc(sizeof(tNODE)+ptree->size)`). Die Alternative dazu wäre es, einen Zeiger `void* ptrToDaten` in `tNODE` vorzusehen.

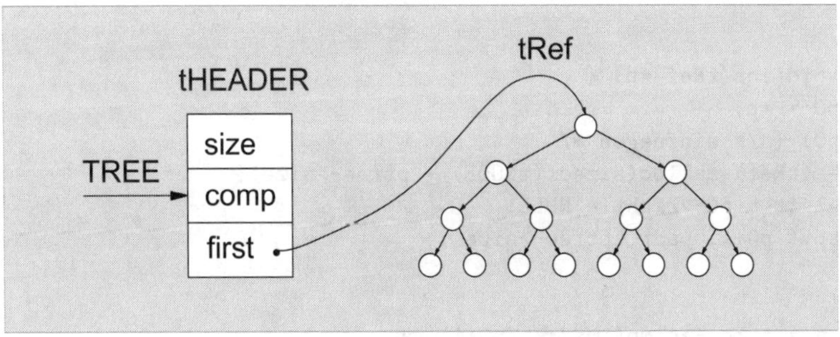

Bild 5.23: Aufbau eines generischen TreeManagers

Der C-Text 5.7 zeigt die Implementierung des `Tree`-Moduls mit den Definitionen der Datenstrukturen und mit den Definitionen der Funktionen.

C-Text 5.7: *ADT Tree, Implementierung* ./Bsp5/tree/tree.sht

```
#include <stdlib.h>
#include <string.h>
#include "tree.h"
```

```
/*-----------------------Datenstrukturen-----------------*/

typedef struct tnode *tRef;                         /* tRef    */

typedef struct tnode{                               /* tNODE   */
  tRef left, right;
  /* hier werden die Daten abgelegt ! */
} tNODE;

typedef struct theader{                             /* tHEADER */
  tRef first;
  int (*comp) (void *, void *);
  int size;
} tHEADER;
/*-------------------------------------------------------*/

static TREE ptree;
static tRef pnode;
static void *padr;

TREE tCreate(int size, int(*comp) (void *, void *)) {
  TREE t;
  t = (TREE) malloc( sizeof( tHEADER ));
  t->first = NULL;
  t->comp  = comp; t->size = size;
  return( t );
}

static void ins(tRef *p) {
  tRef p0 = *p;
  if (!p0) { /* einfuegen */
    p0 = (tRef) malloc(sizeof(tNODE) + ptree->size);
    p0->left = p0->right = NULL;
    memcpy( p0+1, padr, ptree->size );
  }
  else {
    int n = ptree->comp( padr, (p0+1) );
    if (n <= 0) ins(&p0->left); else ins(&p0->right);
  }
  *p = p0;
}

void tInsert( TREE t, void *data ) {
  ptree = t; padr = data;
  ins( &t->first );
}
```

. . . .

```
static tRef cpy(tRef p) {
  if (!p) return NULL;
  else {
    tRef q = (tRef) malloc(sizeof(tNODE) + ptree->size);
    memcpy(q+1, p+1, ptree->size);
    q->left = cpy(p->left); q->right = cpy(p->right);
    return q;
} }

TREE tCopy(TREE t) {
  TREE tt;
  tt = (TREE) malloc(sizeof(tHEADER));
  tt->size = t->size; tt->comp = t->comp; ptree = t;
  tt->first = cpy(t->first);
  return tt;
}

static void dis( tRef p ) {
  if(p) {
    dis(p->left); dis(p->right); free(p);
} }

void tDispose( TREE *t ) {
  TREE tt = *t;
  dis(tt->first ); free(tt); tt = NULL;
  *t = tt;
}

static void ap( tRef p, void (*action) (void *) ) {
  if (p) {
    ap(p->left, action); action(p+1); ap(p->right, action);
} }

void tApply( TREE t, void (*action) ( void * ) ) {
  ap( t->first, action );
}

static int count(tRef p) {
  if (! p) return 0;
  else return 1 + count(p->left) + count(p->right);
}

int tCount(TREE t) { return count(t->first); }
```

Test- und Demoprogramm

Der C-Text 5.8 demonstriert die Verwendung des ADT *Tree*. Es werden zwei Bäume mit jeweils verschiedenen Zufallszahlen erzeugt, der erste Baum wird kopiert, und in der Kopie werden alle Einträge entfernt, die auch im zweiten Baum vorhanden sind.

C-Text 5.8: *ADT Tree, Demo* ./Bsp5/tree/test.c

```
#include <stdio.h>
#include <stdlib.h>
#include "tree.h"

int comp (void* a, void* b) { return *((int*) a) - *((int*) b); }

void action(void *adr) { printf("%d ", *((int*) adr)); }

void PrintTree(TREE t) { tApply(t, action); printf("\n"); }

int main( void ) {
  TREE t1, t2, t3;
  int i, x;

  t1 = tCreate(sizeof(int), comp);
  for (i=0; i<20; i++) { x = rand()%50; tInsert(t1, &x); }
  PrintTree(t1);

  t2 = tCreate(sizeof(int), comp);
  for (i=0; i<20; i++) { x = rand()%50; tInsert(t2, &x); }
  PrintTree(t2);

  t3 = tCopy(t1);
  PrintTree(t3);

  while (tCount(t2)) {
    tReadFirst(t2, &x); tErase(t2, &x); tErase(t3, &x);
  }
  PrintTree(t3);

  tDispose(&t1); tDispose(&t2); tDispose(&t3);
  return 0;
}
```

Ausgabe des Programms:

```
0 5 8 11 12 14 17 19 24 27 27 28 31 34 36 41 41 42 45 45
2 3 4 12 16 17 18 19 21 21 26 32 35 38 41 42 44 45 47 49
0 5 8 11 12 14 17 19 24 27 27 28 31 34 36 41 41 42 45 45
0 5 8 11 14 24 27 27 28 31 34 36 41 45
```

5.2.8 Fallstudie *Querverweis-Listengenerator*

Es soll ein Querverweis-Listengenerator entwickelt werden, der eine Textdatei liest und daraus eine Datei mit einer alphabetisch geordneten Liste aller Wörter erzeugt, wobei zusätzlich hinter jedes Wort seine Häufigkeit und die Zeilennummern geschrieben werden, in denen das Wort vorkommt. Eine von dem Programm generierte Querverweisliste hat dann z.B. folgendes Aussehen:

```
    aus :    1 : 16
   char :    1 : 8
  clear :    1 : 17
  count :    1 : 11
 crtree :    3 : 1  2  6
   data :    1 : 15
 define :    1 : 2
 . . . . . . . . .
  TABLE :    5 : 7  14  15  16  17
   TREE :    2 : 3  7
typedef :    3 : 7  8  9
 update :    1 : 15
   void :    4 : 14  15  16  17
   WORD :    2 : 8  10
```

Als Eingabedatei wurde hier der Text `crtree.h` verwendet.

Bild 5.24 zeigt eine mögliche Datenstruktur für die Darstellung der Einträge im Arbeitsspeicher. Die obere Ebene wird von der geordneten Liste aller Wörter gebildet, und zu jedem Wort gehört eine weitere Liste, in die die zugehörigen Zeilennummern eingetragen werden. Die obere Liste läßt sich z.B. auf einen Baum (ADT TREE) abbilden, die untere auf eine nicht sortierte Liste (ADT LIST). Die Zeilennummern fallen wegen des sequentiellen Lesens in aufsteigender Reihenfolge an und können so in die Liste eingetragen werden. Die Liste verhält sich dann wie eine „FIFO-Warteschlange" (Queue).

Das Programm kann dementsprechend aus einem Modul `TREE`, einem Modul `LIST` und einem weiteren Modul `CrTree` und dem Hauptmodul `Cross` als oberster Ebene, wie in Bild 5.25 dargestellt, aufgebaut werden. Das Modul `CrTree` realisiert die abgebildete Datenstruktur, d.h. es setzt diese Struktur aus einem Baum (Modul `TREE`) und aus einer ungeordneten Liste (Modul `LIST`) zusammen und bildet die erforderlichen Zugriffsfunktionen auf diese beiden Module ab. Der Name `CrTree` soll die Verwendung des Baumes zur Realisierung der oberen Ebene ausdrücken, als Alternative könnte auch die geordnete Liste (Modul `sLIST`) verwendet werden.

Die für das Modul `CrTree` zu fordernde Funktionalität ist recht einfach, Bild 5.26 stellt seine Schnittstelle dar. Die beiden Funktionen `Init` und `Clear` dienen dem *Generieren* bzw. dem *Wiederauflösen* der Struktur, mit `Update` wird ein neuer Eintrag vorgenommen, und mit `Print` werden die Einträge schließlich in eine Datei geschrieben. Die C-Texte 5.9 und 5.10 zeigen die entsprechende H-Datei bzw. C-Datei. Ein Baumknoten `Node` setzt sich zusammen aus einem Wort (`Name`), einer Liste (`Fifo`) und aus einem Zähler (`count`). Die gesamte Datenstruktur, die aus einem Baum mit Knoten vom Typ `Node` besteht, wird hier `Table` genannt. Der C-Texte 5.11 zeigt die obere Programmebene.

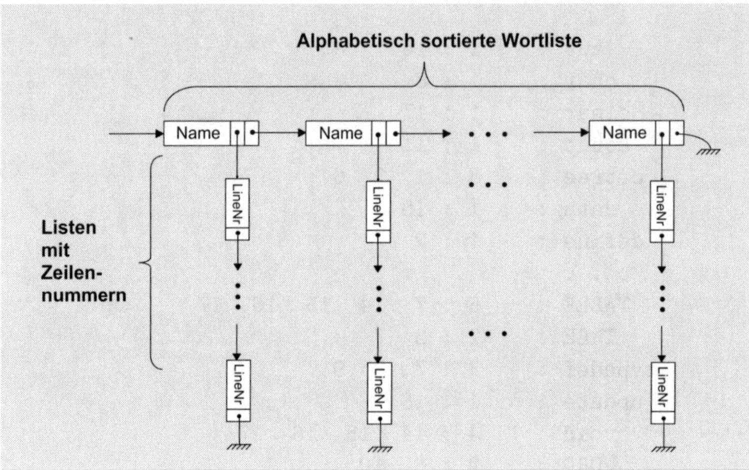

Bild 5.24: Datenstruktur des Querverweislisten-Generators

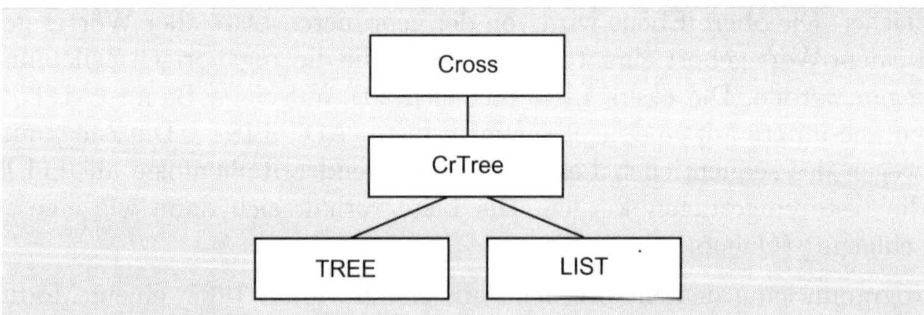

Bild 5.25: Programmstruktur des Querverweis-Listengenerators

C-Text 5.9: *crtree, Spezifikation* ./Bsp5/cross/crtree.h

```
#ifndef _crtree_h
#define _crtree_h

  #include"tree.h"
  #include<stdio.h>
```

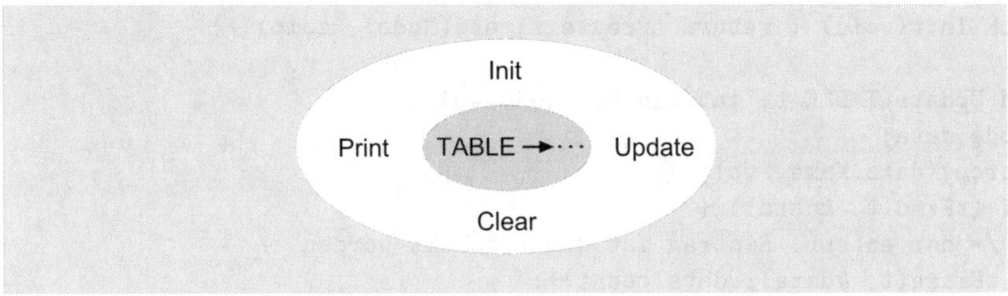

Bild 5.26: ADT zur Kapselung der angegebenen Datenstruktur

```
  typedef TREE TABLE;
  typedef char WORD[21];

  TABLE Init   (void);
  void  Update (TABLE t, int LineNr, WORD wo);
  void  Print  (FILE *aus, TABLE t);
  void  Clear  (TABLE *t);

#endif
```

C-Text 5.10: *crtree, Implementierung* ./Bsp5/cross/crtree.c

```
#include"crtree.h"
#include"list.h"
#include<ctype.h>
#include<string.h>

  typedef struct {
    WORD  Name;
    int   count;
    lLIST  Fifo;
  } Node;

  FILE *f; /* zur Kommunikation zwischen PrintLinNr und PrintSymbol */

  int comp(void *a, void *b) {
    Node *x = (Node*)a,
         *y = (Node*)b;
    int i;
    for (i=0; toupper(x->Name[i])==toupper(y->Name[i]); i++)
      if (x->Name[i]=='\0') return 0;
    return toupper(x->Name[i]) - toupper(y->Name[i]);
  }
```

```
TABLE Init(void) { return tCreate(sizeof(Node), comp); }

void Update(TABLE t, int LineNr, WORD wo) {
  Node data;
  strcpy(data.Name, wo);
  if (tFind(t, &data)) {
    /* der entspr. Eintrag ist damit geholt worden */
    tErase(t, &data); data.count++;
  }
  else {
    data.count = 1; data.Fifo = lCreate(sizeof(int));
  }
  lPutLast(data.Fifo, &LineNr); tInsert(t, &data);
}

void PrintLineNr(void *LNr) {
  fprintf(f, " %d ", *((int*) LNr));
}

void PrintSymbol(void *ss) {
  Node* s = (Node*) ss;
  fprintf(f, "\n %20s : %4d :", s->Name, s->count);
  lApply(s->Fifo, PrintLineNr);
}

void Print(FILE *aus, TABLE t) {
  f = aus; tApply(t, PrintSymbol);
}

void disp(void *p) {
  Node* N = (Node*) p;
  lDispose(&N->Fifo);
}

void Clear(TABLE *t) {
  tApply(*t, disp); tDispose(t);
}
```

C-Text 5.11: *Cross, die obere Ebene* ./Bsp5/cross/cross2.sht

```
#include"crtree.h"
#include<ctype.h>

  TABLE Table;
  int ch = ' ';

  void GetWord(FILE *f, WORD wo, int *EOLN);
```

```
int main(void) {
  WORD wo;
  FILE *ein, *aus;
  int EOLN, LineNr;

  Table = Init(); ein = fopen("EIN", "r");

  LineNr = 1; GetWord(ein, wo, &EOLN);
  while (!feof(ein)) {
    Update(Table, LineNr, wo);
    GetWord(ein, wo, &EOLN);
    if (EOLN) LineNr++;
  }
  fclose(ein);

  aus = fopen("AUS", "w"); Print(aus, Table);
  fclose(aus); Clear(&Table);
  return 0;
}

void GetWord(FILE *f, WORD wo, int *EOLN) { . . . }
```

5.3 Binäre Ausgeglichene Bäume

5.3.1 Definition der Ausgeglichenheit und Konzept

Nicht ausgeglichene Bäume:

- Die mittlere Länge des Suchpfades ist bei einem *vollständig ausgeglichenen Baum* im Mittel um 39% kürzer als bei einem *statistisch gewachsenen Baum* (siehe Wirth: Algorithmen und Datenstrukturen), d.h. statistisch gesehen lohnt sich das Ausgleichen kaum!
- Aber im ungünstigsten Falle wird der Baum zur linearen Liste, und das hat zwei Nachteile:
  - lineare statt logarithmische Zeitkomplexität: ($T = \mathrm{O}(n)$ statt $T = \mathrm{O}(\log n)$)
  - Absturzgefahr bei Verwendung rekursiver Algorithmen

Beispiel: Baum mit 1000 Knoten

- Vollständig ausgeglichener Baum: $Tiefe = 10$
- Statistisch gewachsener Baum: $Tiefe = 14$
- Als lineare Liste entarteter Baum: $Tiefe = 1000$

Def. 1: Vollständig ausgeglichener Baum

- In einem vollständig ausgeglichenen Baum beträgt der *Höhenunterschied* zwischen Endknoten maximal 1, d.h. die *Baumhöhe (Baumtiefe)* ist stets kleiner oder gleich dem ganzzahligen Anteil von $\log_2 n + 1$ (n sei die Anzahl der Knoten).

Das Ziel der vollständigen Ausgeglichenheit anzustreben ist nicht sinnvoll, da es zu aufwendig oder nicht erreichbar ist (unter Beibehaltung der Zeitkomplexität $T = O(\log n)$. Wenn man die Anforderungen an die Ausgeglichenheit etwas herabschraubt, dann erreicht man fast den gleichen Effekt wie mit vollständiger Ausgeglichenheit:

Def. 2: AVL-ausgeglichener Baum (Adelson-Velski & Landis)

- Ein Baum ist AVL-ausgeglichen, wenn sich für jeden Knoten die Höhen (Tiefen) der zugehörigen Teilbäume um maximal 1 unterscheiden.

Bild 5.27 zeigt die Struktur eines kleinen *AVL-Baumes*. Der linke Teilbaum des Wurzelknotens hat die Höhe 3, der des rechten Teilbaumes die Höhe 2, die Differenz beträgt 1. Für alle Endknoten beträgt die entsprechende Differenz 0, für keinen Knoten ist der entsprechende Wert größer als 1!

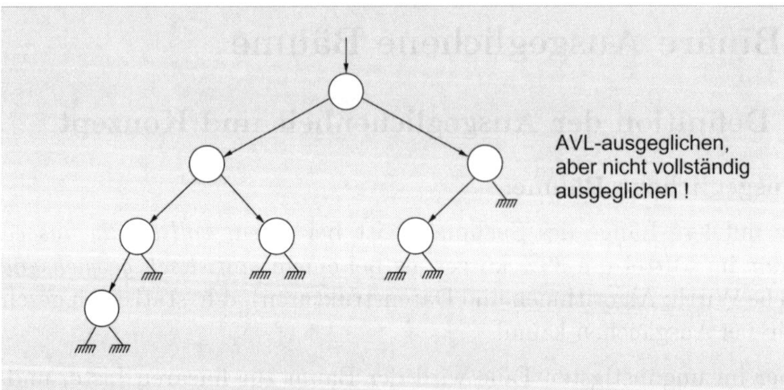

Bild 5.27: AVL-ausgeglichener Baum

Forderung an die entsprechenden Algorithmen:

- Die Algorithmen sollen mit logarithmischer Zeitkomplexität arbeiten!

Vorgehensweise: Die Algorithmen, die die Struktur des Baumes verändern – wir betrachten hier wieder als wichtigste Vertreter `Insert` und `Delete` – werden durch Erweiterung der entsprechenden Algorithmen für die *Wilden Bäume* entwickelt. Die

Datenstruktur für AVL-Bäume enthält zusätzlich ein Feld `bal` (balance), das angibt, ob der entsprechende Baum linkslastig, ausgeglichen oder rechtslastig ist:

Datenstruktur:

```
typedef struct node *Ref;

typedef struct node {
  int key;
  ... <info> ...
  int bal;        /* -1 (linker Teilbaum ist hoeher),
                      0 (ausgeglichen),
                     +1 (rechter Teilbaum ist hoeher) */
  Ref left, right;
} NODE;
```

Algorithmen:

Die Spezifikation der Funktionen fürs Einfügen und Löschen werden jetzt durch einen Parameter erweitert, der angibt, ob der entsprechende Baum oder Teilbaum gewachsen bzw. geschrumpft ist:

```
void Insert(int x, Ref *p, int *h);
/*
   Einfuegen des Knotens mit dem Schluessel x in einen
   AVL-Baum. h liefert 1 (d.h. TRUE), wenn der Baum
   dadurch gewachsen ist, sonst 0.
*/

void Delete(int x, Ref *p, int *h);
/*
   Loeschen des Knotens mit dem Schluessel x in einem
   AVL-Baum. h liefert 1 (d.h. TRUE), wenn der Baum
   dadurch geschrumpft ist, sonst 0.
*/
```

5.3.2 Einfügen

Bild 5.28 zeigt den Vorgang des Einfügens und Ausgleichens zunächst an einem kleinen Beispiel, oben im Knoten ist jeweils der Schlüsselwert und darunter der Balanzwert angegeben:

- In den linken Baum wird ein Knoten mit dem Schlüssel 1 eingefügt, und damit wird der Baum *nicht AVL-ausgeglichen*.

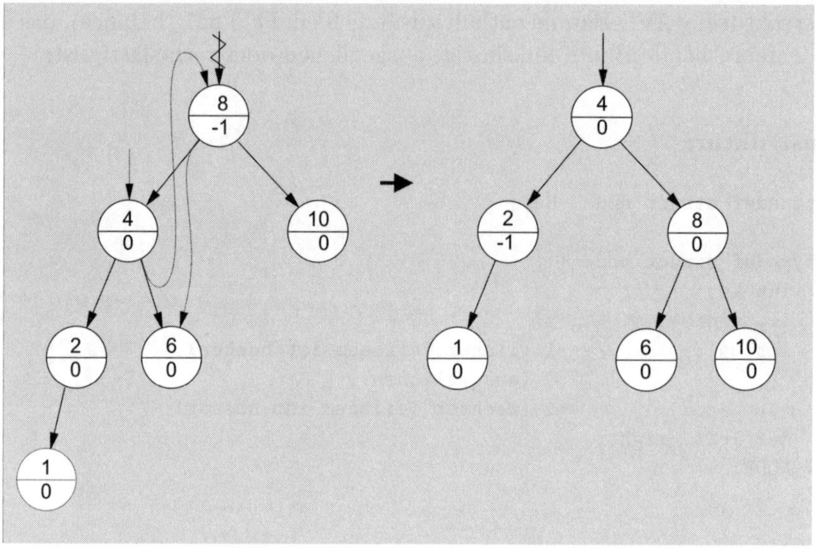

Bild 5.28: Einfügen in einen AVL-Baum, Beispiel 1

- Die Knoten mit den Schlüsseln 2 und 4 erhalten zunächst den Balanzwert -1, d.h. der linke Teilbaum wird zwar linkslastig, aber das Kriterium der AVL-Ausgeglichenheit ist – bezogen auf den linken Teilbaum – noch erfüllt.
- Bei der Rückkehr zum Wurzelknoten nach dem rekursiven Abstieg wird nun festgestellt:
  a) Der linke Teilbaum ist gewachsen und
  b) der linke Teilbaum war schon linkslastig.
- Also muß ausgeglichen werden, und es entsteht der rechte Baum.

Das Ausgleichen erfolgt dadurch, daß wenige Zeiger umgesetzt werden, wobei darauf zu achten ist, daß die horizontale Reihenfolge der Knoten erhalten bleibt, andernfalls würde die Sortierreihenfolge gestört werden.

Etwas komplizierter ist der Vorgang des Ausgleichens bei dem Beispiel in Bild 5.29:

- In den linken Baum wird ein Knoten mit dem Schlüssel 5 eingefügt, und damit wird der Baum ebenfalls wieder *nicht AVL-ausgeglichen*.
- Die Knoten mit den Schlüsseln 6 erhält zunächst den Balanzwert -1 und der Knoten mit dem Schlüssel 4 den Wert $+1$, d.h. der linke Teilbaum wird zwar linkslastig, aber das Kriterium der AVL-Ausgeglichenheit ist – bezogen auf den linken Teilbaum – noch erfüllt.
- Bei der Rückkehr von der Rekursion zum Wurzelknoten wird nun festgestellt:
  a) Der linke Teilbaum ist gewachsen, und

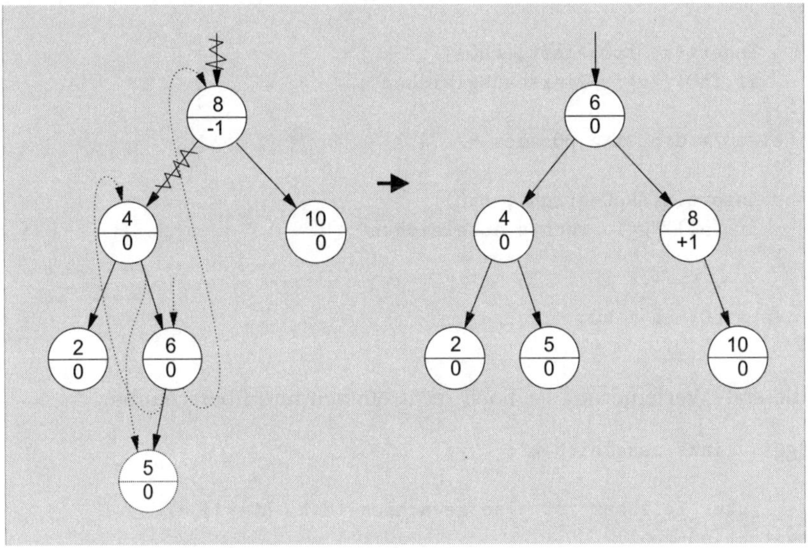

Bild 5.29: Einfügen in einen AVL-Baum, Beispiel 2

b) der linke Teilbaum war schon linkslastig.

- Also muß ausgeglichen werden, und es entsteht der rechte Baum.

Der Ausgleichsvorgang ist leider etwas komplizierter als im ersten Beispiel, d.h. es müssen mehr Zeiger umgesetzt werden, aber wir werden nachher sehen, daß sich diese beiden Beispiele verallgemeinern lassen und damit alle Ausgleichsvorgänge abdecken für den Fall, daß der Baum zu linkslastig wird. Entsprechend gibt es genau spiegelbildlich zwei Fälle des Ausgleichens, wenn der Baum zu rechtslastig wird.

Vor der Betrachtung der Verallgemeinerung und der exakten Formulierung der Ausgleichsvorgänge soll zunächst die obere Ebene der Funktion `Insert` formuliert werden:

```
void Insert(int x, Ref *p, int *h)
{
  Ref p0 = *p;
  int h0 = *h;

  if (!p0) /* einfuegen */
  {
    p0 = (Ref) malloc(sizeof(NODE));
    h0 = 1; p0-> bal = 0;
    p0->left = p0->right = NULL;
    p0->key = x;
  }
  else if (x <= p0->key)
```

```
    {
      Insert(x, &p0->left, &h0);
      if (h0) "ggf. links ausgleichen";
    }
    else /* d.h. x > p0->key */
    {
      Insert(x, &p0->right, &h0);
      if (h0) "ggf. rechts ausgleichen";
    }

    *p = p0; *h = h0;
  }
```

Auch die erste Verfeinerung ist noch recht einfach und überschaubar:

```
"ggf. links ausgleichen":

/* linker Teilbaum ist also gewachsen (d.h. h0==1) */
switch (p0->bal)
{
  case +1: p0->bal = 0; h0 = 0; break;
  case  0: p0->bal = -1;        break;
  case -1: "links ausgleichen"; break;
}
```

und vollkommen symmetrisch dazu:

```
"ggf. rechts ausgleichen":

/* rechter Teilbaum ist also gewachsen (d.h. h0==1) */
switch (p0->bal)
{
  case -1: p0->bal = 0; h0 = 0;  break;
  case  0: p0->bal = +1;         break;
  case +1: "rechts ausgleichen"; break;
}
```

Die beiden Alternativen *links ausgleichen, weil linker Teilbaum gewachsen ist* und *rechts ausgleichen, weil rechter Teilbaum gewachsen ist* verhalten sich genau spiegelbildlich, hier wird im weiteren das Ausgleichen des linken Teilbaums betrachtet, und zwar gibt es die beiden schon angekündigten Fallunterscheidungen, die jeweils eine Verallgemeinerung der beiden in den Bildern 5.28 und 5.29 dargestellten Beispiele sind:

Fall 1: Einfache LL-Rotation Die *einfache LL-Rotation* wird in Bild 5.30 dargestellt. Die Ausgangssituation läßt sich stets auf die links gezeigte Anordnung zurückführen, die Rechtecke repräsentieren Teilbäume, der linke Teilbaum von A ist gewachsen. Die Anordnung rechts wird durch *Umhängen* der Teilbäume erreicht, mit der Randbedingung, daß die horizontale Reihenfolge der Teilbäume sich natürlich nicht ändern darf!

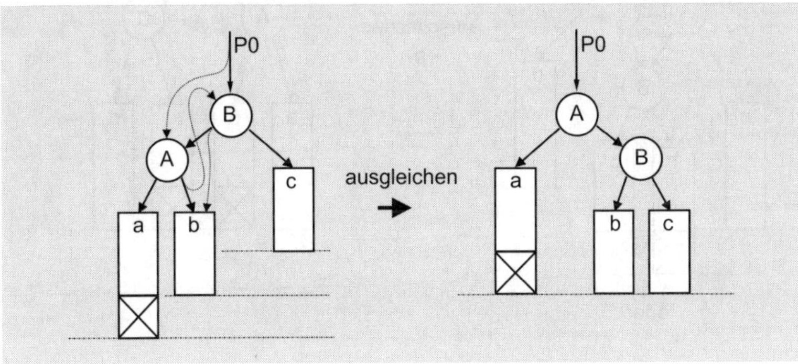

Bild 5.30: Einfache LL-Rotation

In C läßt sich der Algorithmus für die *einfache LL-Rotation* dann wie folgt formulieren:

```
"SingleLL" :

   p1 = p0->left;
   p0->left = p1->right; p1->right = p0;
   p0->bal = 0; p1->bal = 0;
   p0 = p1; h0 = 0;
```

Fall 2: Doppelte LR-Rotation Etwas komplexer, aber auch noch gut überschaubar ist die in Bild 5.31 dargestellte *doppelte LR-Rotation*. Einer der beiden Teilbäume des Knoten B im linken Bildteil ist gewachsen. Durch Umhängen der Teilbäume – natürlich ebenfalls wieder unter Beachtung der Randbedingung, daß die horizontale Reihenfolge erhalten bleibt – ergibt sich dann die im rechten Bildteil dargestellte Anordnung.

Die entsprechende Formulierung des Algorithmus in C sieht dann wie folgt aus:

```
"DoubleLR" :

   p1 = p0->left;
   p2 = p1->right; p1->right = p2->left;
   p2->left = p1; p0->left = p2->right; p2->right = p0;
   if (p2->bal == -1) p0->bal = +1; else p0->bal = 0;
   if (p2->bal == +1) p1->bal = -1; else p1->bal = 0;
   p0 = p2;
   p0->bal = 0; h0 = 0;
```

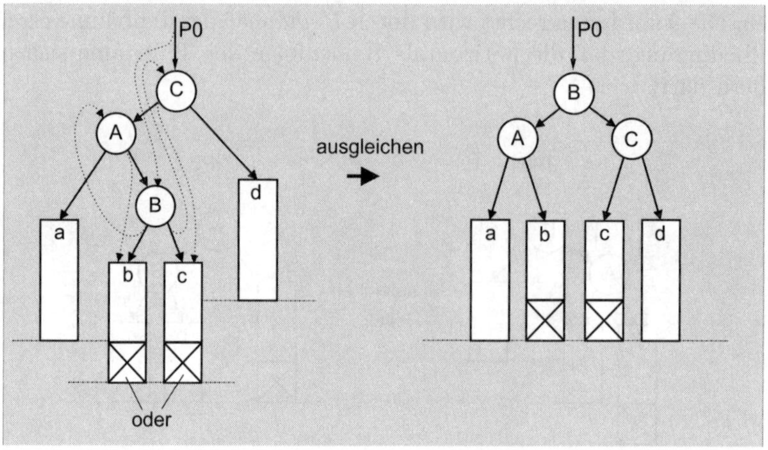

Bild 5.31: Doppelte LR-Rotation

Insgesamt läßt sich damit der Programmteil *ggf. links ausgleichen* wie folgt in C formulieren:

```
"ggf. links ausgleichen" (BalanceL):

  switch (p0->bal) {
    case +1: p0->bal = 0; h0 = 0; break;
    case  0: p0->bal = -1;        break;
    case -1: p1 = p0->left;
             if (p1->bal == -1) "SingleLL" else "DoubleLR";
             p0->bal = 0; h0 = 0; break;
  }
```

Völlig symmetrisch dazu läßt sich dann auch der Programmteil *ggf. rechts ausgleichen* wie folgt in C formulieren:

```
"ggf. rechts ausgleichen" (BalanceR):

  switch (p0->bal) {
    case -1: p0->bal = 0; h0 = 0;  break;
    case  0: p->bal = +1;          break;
    case +1: p1 = p0->right;
             if (p2->bal == +1) "SingleRR"; else "DoubleRL";
             p0->bal = 0; h0 = 0;  break;
  }
```

Damit sieht die Funktion `Insert` für das Einfügen eines Knotens in einen AVL-Baum mit dem ggf. erforderlichen Ausgleichen jetzt wie folgt aus:

```
Ref p1, p2;

void SingleLL(Ref *p) {
  (*p)->left = p1->right; p1->right = *p;
  (*p)->bal = 0; *p = p1;
}

void DoubleLR(Ref *p) {
  p2 = p1->right; p1->right = p2->left;
  p2->left = p1; (*p)->left = p2->right; p2->right = *p;
  if (p2->bal == -1) (*p)->bal = +1; else (*p)->bal = 0;
  if (p2->bal == +1) p1->bal = -1; else p1->bal = 0;
  *p = p2;
}

void BalanceL(Ref *p, int *h) {
  switch ((*p)->bal) {
    case +1: (*p)->bal = 0; *h = 0; break;
    case  0: (*p)->bal = -1;        break;
    case -1: p1 = (*p)->left;
             if (p1->bal == -1) SingleLL(p); else DoubleLR(p);
             (*p)->bal = 0; *h = 0;
             break;
  }
}

void SingleRR (Ref *p)         { ... entsprechend SingleLL ... }
void DoubleRL (Ref *p)         { ... entsprechend DoubleLR ... }
void BalanceR(Ref *p, int *h) { ... entsprechend BalanceL ... }

void Insert(int x, Ref *p, int *h) {
  Ref p0 = *p;
  if (!p0) { /* einfuegen */
    p0 = (Ref) malloc(sizeof(Node));
    *h = 1;
    p0->bal = 0; p0->left = p0->right = NULL; p0->key = x;
  }
  else {
    if (x <= p0->key) {
      Insert(x, &p0->left, h);  if (*h) BalanceL(&p0, h);
    }
    else {
      Insert(x, &p0->right, h); if (*h) BalanceR(&p0, h);
    }
  }
  *p = p0;
}
```

Bild 5.32 zeigt die Entwicklung eines AVL-Baumes, in den – beginnend mit dem leeren Baum – nacheinander die Schlüssel 0, 1, 2, 3, 4 und 5 eingefügt werden. Der entsprechende nichtausgeglichene Baum würde zu einer linearen Liste entarten!

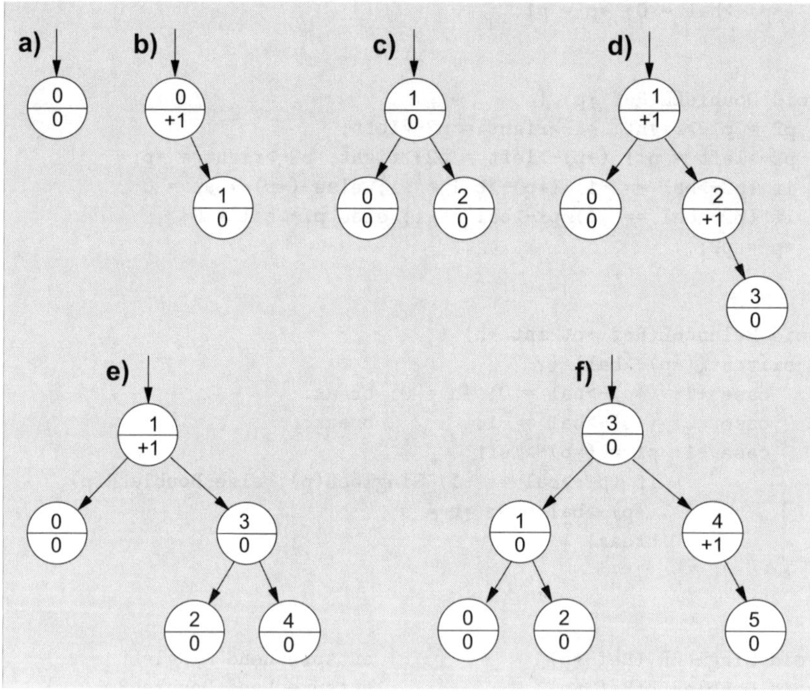

Bild 5.32: Wachsen eines AVL-Baumes

Bild 5.33 zeigt einen mit Zufallsschlüsseln aufgebauten *AVL-Baum*, in dem auch einige Schlüssel mehrfach vorhanden sind.

5.3.3 Löschen

Die Vorgehensweise beim Löschen von Knoten im *AVL-Baum* entspricht prinzipiell der beim Einfügen, die im Abschnitt 5.3.2 ausführlich behandelt wurde; die Ausgleichsvorgänge sind allerdings etwas komplexer und werden hier nicht im Detail erläutert, können aber bei Bedarf anhand des angegebenen Programmcodes genau nachvollzogen werden.

Bild 5.34 stellt das Entfernen eines Schlüssels im *AVL-Baum* und das damit verbundene Ausgleichen an einem kleinen Beispiel dar. Im oberen Teil der Knoten ist jeweils wieder der Schlüsselwert und darunter der Balanzwert angegeben. Beim Löschen des Schlüssels 10 schrumpft der ohnehin schon linkslastige Baum auf der rechten Seite,

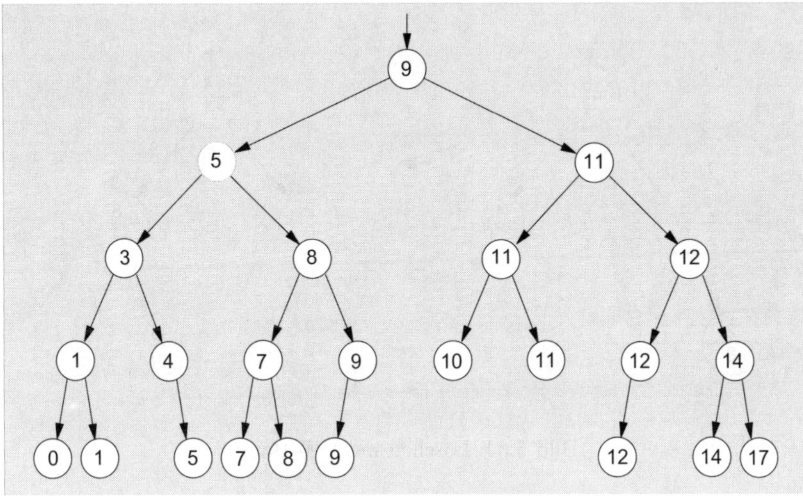

Bild 5.33: AVL-Baum, generiert mit Zufallsschlüsseln

er wird umorganisiert, und das Ergebnis ist die rechts im Bild dargestellte Struktur. Bild 5.35 dokumentiert eine Schrumpfungssequenz: Aus dem Anfangsbaum, der durch aufeinanderfolgendes Einfügen der Schlüssel 0, 1, 2, 3, 4 und 5 entstanden ist, werden die Schlüssel wieder in umgekehrter Reihenfolge entfernt (5, 4, 3, 2, 1).

Der folgende Programmtext gibt die Funktion `Delete` zum Löschen eines Knotens im *AVL-Baum* zusammen mit den entsprechenden Hilfsfunktionen wieder. Ganz entsprechend der Vorgehensweise beim Einfügen wird wieder *Ausgleichen im linken Teilbaum* und *Ausgleichen im rechten Teilbaum* unterschieden, und beide Fälle verhalten sich auch hier exakt spiegelbildlich. Zur Vermeidung von Namenskollisionen werden etwas modifizierte Bezeichner für die entsprechenden Funktionen verwendet:

```
int b1, h1, b2;
Ref q;

void SingLL(Ref *p) {
  (*p)->left = p1->right; p1->right = *p;
  if (b1==0) {(*p)->bal = -1; p1->bal = 1; h1 = 0;}
  else {(*p)->bal = 0; p1->bal = 0;}
  *p = p1;
}

void DoubLR(Ref *p) {
  p2 = p1->right; b2 = p2->bal;
  p1->right = p2->left; p2->left = p1;
  (*p)->left = p2->right; p2->right = *p;
  if (b2==-1) (*p)->bal = +1; else (*p)->bal = 0;
  if (b2==+1) p1->bal = -1; else p1->bal = 0;
```

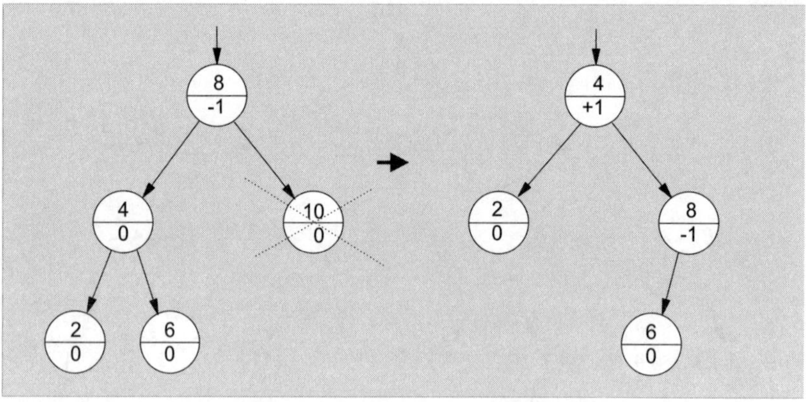

Bild 5.34: Löschen im AVL-Baum

```
  *p = p2; p2->bal = 0;
}

void BalR(Ref *p, int *h) {
  switch ((*p)->bal) {
    case +1: (*p)->bal =  0;         break;
    case  0: (*p)->bal = -1; *h = 0; break;
    case -1: p1 = (*p)->left; b1 = p1->bal; h1 = *h;
             if (b1 <= 0) SingLL(p); else DoubLR(p);
             *h = h1;
             break;
  }
}

void SingRR (Ref *p)         { ... entsprechend SingLL ... }
void DoubRL (Ref *p)         { ... entsprechend DoubLR ... }
void BalL   (Ref *p, int *h) { ... entsprechend BalR ...   }

static void del(Ref *r, int *h) {
  Ref r0 = *r;
  if (r0->right) {
    del (&r0->right, h); if (*h) BalR(&r0, h);
  }
  else {
    q->key = r0->key;
    q = r0; r0 = r0->left; *h = 1;
  }
  *r = r0;
}
```

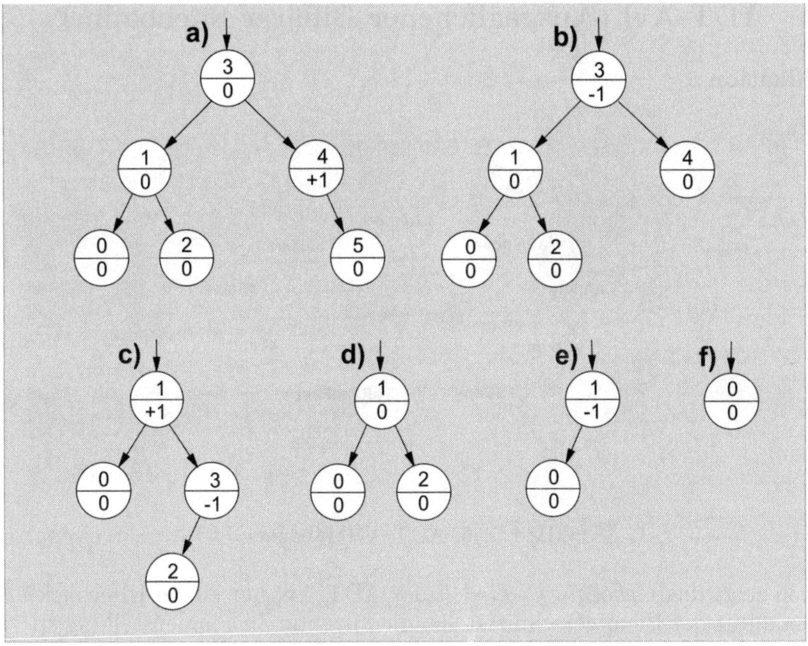

Bild 5.35: Schrumpfen eines AVL-Baumes

```
void Erase(int x, Ref *p, int *h) {
  Ref p0 = *p;
  if (!p0) *h = 0;                         /* !!! */
  else {
    if ( x < p0->key ) {
      Erase(x, &p0->left, h );  if (*h) BalL(&p0, h);
    }
    else if ( x > p0->key ) {
      Erase(x, &p0->right, h ); if (*h) BalR(&p0, h);
    }
    else {
      q = p0;
      if      (!q->right) { p0 = q->left;  *h = 1; }
      else if (!q->left)  { p0 = q->right; *h = 1; }
      else {
        del(&q->left, h); if (*h) BalL(&p0, h);
      }
      free(q);
  } }
  *p = p0;
}
```

5.3.4 ADT Avl (Ausgeglichener Binärer Suchbaum)

Spezifikation

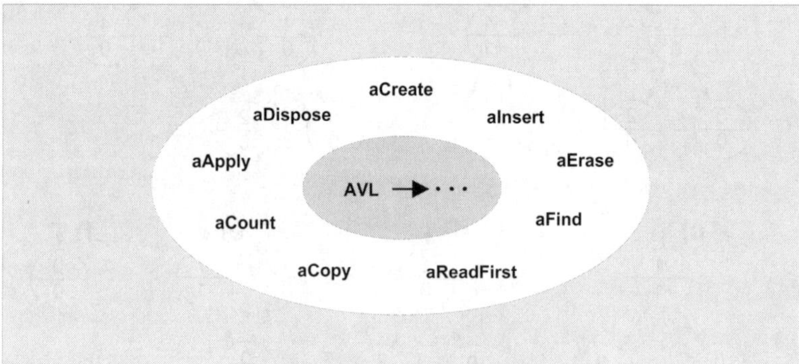

Bild 5.36: ADT AvlManager

Bild 5.36 zeigt das *Gekochte-Ei-Modell* des ADT Avl mit einem Überblick über die Funktionalität der Benutzerschnittstelle; die folgende Zusammenstellung spezifiziert die Funktionen im einzelnen:

- ⊗ `AVL aCreate(int size, int (*comp) (void *, void *));`
  Einen leeren Baum mit der Datenfeldgröße `size` *generieren, die Ordnung ist über die Funktion* `comp` *definiert*
- ⊗ `void aInsert(AVL t, void *data);`
  Datensatz gemäß Schlüssel und definiertet Ordnung einfügen, auch wenn ein oder mehr Datensätze mit dem gleichen Schlüssel schon existieren
- ⊗ `void aErase(AVL t, void *data);`
  Datensatz mit dem entspr. Schlüssel entfernen, falls mehrere vorhanden, dann den ersten gefundenen
- ⊗ `int aFind(AVL t, void *data);`
  Prüft, ob mindestens ein Datensatz mit dem entspr. Schlüssel vorhanden ist (Ja = 1, Nein = 0) und gibt ggf. eine Kopie des ersten gefundenen zurück
- ⊗ `void aReadFirst(AVL t, void *data);`
  Liefert eine Kopie des Datensatzes mit dem kleinsten Schlüssel
- ⊗ `AVL aCopy(AVL t);`
  Liefert eine Kopie des Baumes t
- ⊗ `void aApply(AVL t, void (*action) ( void * ) );`
  `action` *auf jeden Datensatz anwenden*
- ⊗ `void aDispose(AVL *t);`
  Den Baum t auflösen
- ⊗ `int  aCount(AVL t);`
  Liefert Anzahl der Einträge im Baum t

Der C-Text 5.12 zeigt die entsprechende Headerdatei. Der dort definierte Typ AVL ist ein Zeiger auf die interne – für den Benutzer des Moduls nicht sichtbare – Darstellung des Baumes.

C-Text 5.12: *ADT Avl, H-Datei* ./Bsp5/avl/avl.h

```
#ifndef _avl_h
#define _avl_h
/*
   "Generischer" AvlTree mit "benutzerdefinierter Ordnung"
*/
  typedef struct aheader *AVL;                      /* AVL     */

  AVL  aCreate     (int size, int (*comp) (void *, void *));
  void aInsert     (AVL t, void *data);
  void aErase      (AVL t, void *data);
  int  aFind       (AVL t, void *data);
  void aReadFirst  (AVL t, void *data);
  AVL  aCopy       (AVL t);
  void aApply      (AVL t, void (*action) ( void * ) );
  void aDispose    (AVL *t);
  int  aCount      (AVL t);

#endif
```

Entwurf und Implementierung

Das Entwurfskonzept lehnt sich an die entsprechende Datenstruktur des ADT TREE mit einem *Header* an, in dem der Verweis auf die verwendete Vergleichsfunktion sowie die Größe eines Datensatzes und ein Zeiger auf den eigentlichen Baum abgelegt werden, der folgende C-Code zeigt die Details:

```
/*--------------------Datenstrukturen--------------------*/
typedef struct anode *aRef;                        /* aRef    */

typedef struct anode{                              /* aNode   */
  int bal;                  /* -1...+1 */
  aRef left, right;
  /* hier werden die Daten abgelegt ! */
} aNODE;

typedef struct aheader{                            /* aHEADER */
  aRef first;
  int (*comp) (void*, void*);
  int size;
} aHEADER;
/*-------------------------------------------------------*/
```

Implementierung

Der C-Text 5.13 gibt einen Überblick über die Implementierung des ADT Avl. Die sechs Funktionen zum Ausgleichen `SingleLL` bis `BalanceR` beim Einfügen und die entsprechenden sechs Funktionen zum Ausgleichen beim Löschen `SingLL` bis `BalR` stimmen exakt mit den vorangehend beschriebenen überein.

C-Text 5.13: *ADT Avl, C-Datei* ./Bsp5/avl/avlc.sht

```
#include <stdlib.h>
#include <string.h>
#include "avl.h"

/*--------------------Datenstrukturen-------------------*/

typedef struct anode *aRef;                   /* aRef    */

typedef struct anode{                         /* aNode   */
  int bal;                /* -1...+1 */
  aRef left, right;
  /* hier werden die Daten abgelegt ! */
} aNODE;

typedef struct aheader{                       /* aHEADER */
  aRef first;
  int (*comp) (void *, void *);
  int size;
} aHEADER;
/*----------------------------------------------------*/

static AVL ptree;
static aRef pnode;
static void *padr;

AVL aCreate(int size, int(*comp) (void *, void *)) { ... }

/*----------------------Insert:----------------------*/

aRef p1, p2;

void SingleLL (aRef *p)         { ... }
void DoubleLR (aRef *p)         { ... }
void BalanceL (aRef *p, int *h) { ... }

void SingleRR (aRef *p)         { ... }
void DoubleRL (aRef *p)         { ... }
void BalanceR (aRef *p, int *h) { ... }
```

```
static void ins(aRef *p, int *h) {
  aRef p0 = *p;
  if (!p0) { /* einfuegen */
    p0 = (aRef) malloc(sizeof(aNODE) + ptree->size);
    *h = 1; p0-> bal = 0;
    p0->left = p0->right = NULL;
    memcpy( p0+1, padr, ptree->size );
  }
  else {
    int n = ptree->comp( padr, (p0+1) );
    if (n <= 0) {
      ins(&p0->left, h);
      if (*h) BalanceL(&p0, h);
    }
    else {
      ins(&p0->right, h);
      if (*h) BalanceR(&p0, h);
    }
  }
  *p = p0;
}

void aInsert( AVL t, void *data ) {
  int h;
  ptree = t; padr = data;
  ins( &t->first, &h );
}
/*---------------------------------------------------------*/

/*-----------------------Erase:--------------------------*/

int b1, h1, b2;  /* aRef p1, p2; siehe bei Insert ! */

void SingLL (aRef *p)         { ... }
void DoubLR (aRef *p)         { ... }
void SingRR (aRef *p)         { ... }
void DoubRL (aRef *p)         { ... }

void BalR   (aRef *p, int *h) { ... }
void BalL   (aRef *p, int *h) { ... }

static void d(aRef *r, int *h) {
  aRef r0 = *r;
  if (r0->right) {
    d (&r0->right, h); if (*h) BalR(&r0, h);
  }
  else {
```

```
    memcpy( pnode+1, r0+1, ptree->size );
    pnode = r0; r0 = r0->left; *h = 1;
  }
  *r = r0;
}

static void del(aRef *p, int *h) {
  aRef p0 = *p;
  if (!p0) *h = 0;                     /* !!! */
  else {
    int n = ptree->comp( padr, p0+1 );
    if ( n < 0 ) {
      del( &p0->left, h ); if (*h) BalL(&p0, h);
    }
    else if ( n > 0 ) {
      del( &p0->right, h ); if (*h) BalR(&p0, h);
    }
    else {
      pnode = p0;
      if      (!pnode->right) { p0 = pnode->left;  *h = 1; }
      else if (!pnode->left)  { p0 = pnode->right; *h = 1; }
      else {
        d(&pnode->left, h); if (*h) BalL(&p0, h);
      }
      free(pnode);
  } }
  *p = p0;
}

void aErase( AVL t, void *data ) {
  int h;
  ptree = t; padr = data;
  del( &t->first, &h );
}
/*-------------------------------------------------------*/

/*
   Die folgenden Funktionen beinhalten keine Ausgleichsvorgaenge
   und sind deshalb mit den entsp. TREE-Funktionen identisch!
*/
int  aFind      (AVL t, void *data)            { ... }
void aReadFirst (AVL t, void *data)            { ... }
AVL  aCopy      (AVL t)                        { ... }
void aDispose   (AVL *t )                      { ... }
void aApply     (AVL t, void (*action)(void*)) { ... }
int nodes       (aRef p)                       { ... }
int aCount      (AVL t)                        { ... }
```

Test- und Demoprogramm

Das in C-Text 5.14 angegebene kleine Programm demonstriert die Anwendung des ADT Avl und zeigt deutlich den Vorteil der Verwendung des *Avl-Baumes* gegenüber der Verwendung eines *Wilden Baumes*: Bei nur hundert eingefügten Zahlen in geordneter Reihenfolge sind fast nur zehn mal sowenig Vergleiche erforderlich, und entsprechend geringer ist auch die Rekursionstiefe!

C-Text 5.14: *ADT Avl, Demo* ./Bsp5/avl/test.c

```
#include <stdio.h>
#include <stdlib.h>
#include "avl.h"
#include "tree.h"

int count;             /* globaler Zaehler */

int comp ( void* a, void* b ) {
  count++;                            /* Vergleiche zaehlen */
  return *((int*) a) - *((int*) b);
}
void action(void* a)    { printf("%d ", *((int*)a)); }
void PrintTree(TREE t) { tApply(t, action); printf("\n"); }
void PrintAvl(AVL a)    { aApply(a, action); printf("\n"); }

int main(void) {
  AVL  a1, a2;        /* AVL-Baum    */
  TREE t1, t2;        /* Wilder Baum */
  int i, x;

  a1 = aCreate( sizeof(int), comp ); a2 = aCreate( sizeof(int), comp );
  t1 = tCreate( sizeof(int), comp ); t2 = tCreate( sizeof(int), comp );

  printf("\n AVL,  100 Zufallszahlen einfuegen   : "); count = 0;
  for (i=0; i<100; i++) { x = rand()%10000; aInsert(a1, &x); }
  printf("%5d Vergleiche", count);

  printf("\n AVL,  100 geordnete Zahlen einfuegen : "); count = 0;
  for (i=0; i<100; i++) aInsert(a2, &i);
  printf("%5d Vergleiche", count);

  printf("\n TREE, 100 Zufallszahlen einfuegen   : "); count = 0;
  for (i=0; i<100; i++) { x = rand()%10000; tInsert(t1, &x); }
  printf("%5d Vergleiche", count);

  printf("\n TREE, 100 geordnete Zahlen einfuegen : "); count = 0;
  for (i=0; i<100; i++) tInsert(t2, &i);
```

```
  printf("%5d Vergleiche", count);

  printf("\n\n Alle Eintraege loeschen");
  for (i=0; i<10000; i++) {
    tErase(t1, &i); tErase(t2, &i); aErase(a1, &i); aErase(a2, &i);
  }
  if ( tCount(t1) || tCount(t2) || aCount(a1) || aCount(a2) )
    printf("\n\n Das kann nicht sein !");
  else
    printf("\n\n In Ordnung, alle 4 Baeume sind jetzt leer\n");

  PrintTree(t1); PrintTree(t2); PrintAvl(a1);  PrintAvl(a2);
  tDispose(&t1); tDispose(&t2); aDispose(&a1); aDispose(&a2);

  return 0;
}
```

Ausgabe des Programms:

```
AVL,  100 Zufallszahlen einfuegen     :   537 Vergleiche
AVL,  100 geordnete Zahlen einfuegen :   573 Vergleiche
TREE, 100 Zufallszahlen einfuegen     :   618 Vergleiche
TREE, 100 geordnete Zahlen einfuegen :  4950 Vergleiche

Alle Eintraege loeschen

In Ordnung, alle 4 Baeume sind jetzt leer
```

5.4 Vielweg-Bäume (Bayer-Bäume)

5.4.1 Einführung und Konzept

Bayer-Bäume, kurz: B-Bäume, sind speziell für das Arbeiten mit Hintergrundspeichern (Plattenspeichern) von Bayer und McCreight entwickelt worden (1970). Beim Zugriff auf große Datenbestände (Datenbanken) wird berücksichtigt, daß der größte Teil der Daten nicht im Arbeitsspeicher, sondern auf der Platte steht und daß der wahlfreie Zugriff (random access) auf ein Datum auf der Platte etwa um den 10^6 (!!!) langsamer ist als auf ein Datum im Arbeitsspeicher (ca. 10 ms zu 10 ns).

Bild 5.37 zeigt an einem Beispiel den prinzipiellen Aufbau eines B-Baumes. Jeder Knoten hat mehrere Einträge und verzweigt sich nicht binär, sondern vielfach. Das führt zu einer geringeren Tiefe des Baumes. Wenn man jetzt davon ausgeht, daß die Knoten – in diesem Zusammenhang auch Seiten genannt – überwiegend auf der Platte abgelegt sind, dann kann man in erster Näherung sagen, daß bei jedem wahlfreien lesenden Zugriff auf einen bestimmten Datensatz so viele Plattenzugriffe erforderlich

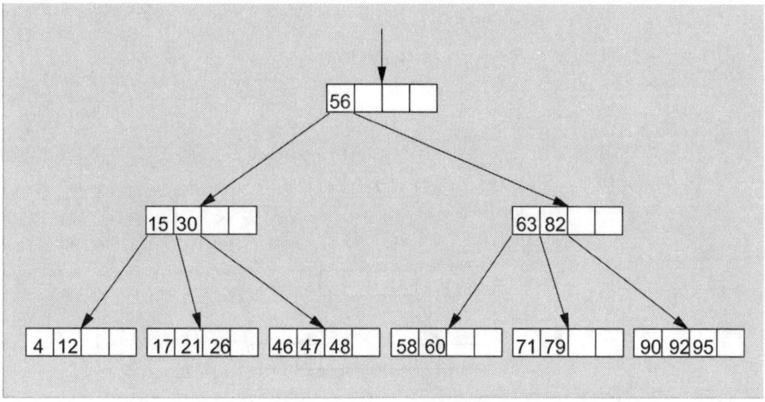

Bild 5.37: Bayer-Baum

sind, wie es der Tiefe (Höhe) des Baumes entspricht und etwa doppelt so viele Zugriffe, wenn Daten verändert werden. In unserem Minibeispiel enthalten die Seiten jeweils zwei bis vier Einträge und verzweigen sich maximal fünffach, in der Praxis liegen die entsprechenden Zahlen durchaus im Bereich tausend und mehr! Das führt dann selbst bei z.B. 10^9 Datensätzen zu einer Tiefe von drei und dementsprechend wenigen Plattenzugriffen!

Def.: Eigenschaften von Bayer-Bäumen der Ordnung n

- Jede Seite (page) bis auf die Wurzelseite enthält $n \leq m \leq 2 * n$ Einträge (Datensätze);
- die Wurzelseite enthält $1 \leq m \leq 2 * n$ Einträge;
- jede Seite hat m+1 oder 0 Nachfolger;
- alle Seiten mit 0 Nachfolgern heißen Blattseiten und liegen auf einer Ebene (level).

Als Beispiel wollen wir jetzt einen B-Baum der Ordnung n = 2 betrachten, in den wir nacheinander Datensätze mit den Schlüsseln 1, 2, 3, ... 16, 17 einfügen. Bild 5.38 zeigt Momentaufnahmen beim Wachsen des Baumes:

- Beim Einfügen von 5 wird die Seite gesplittet, es entstehen die Wurzelseite mit dem mittleren Schlüssel 3 und zwei Blattseiten.
- Beim Einfügen von 8 wird wieder gesplittet, der mittlere Schlüssel 6 der rechten Blattseite wird nach oben in die Wurzelseite verdrängt.
- Entsprechend werden dann der Schlüssel 9 nach Einfügen von 11 und 12 nach Einfügen von 14 in die Wurzelseite verdrängt.

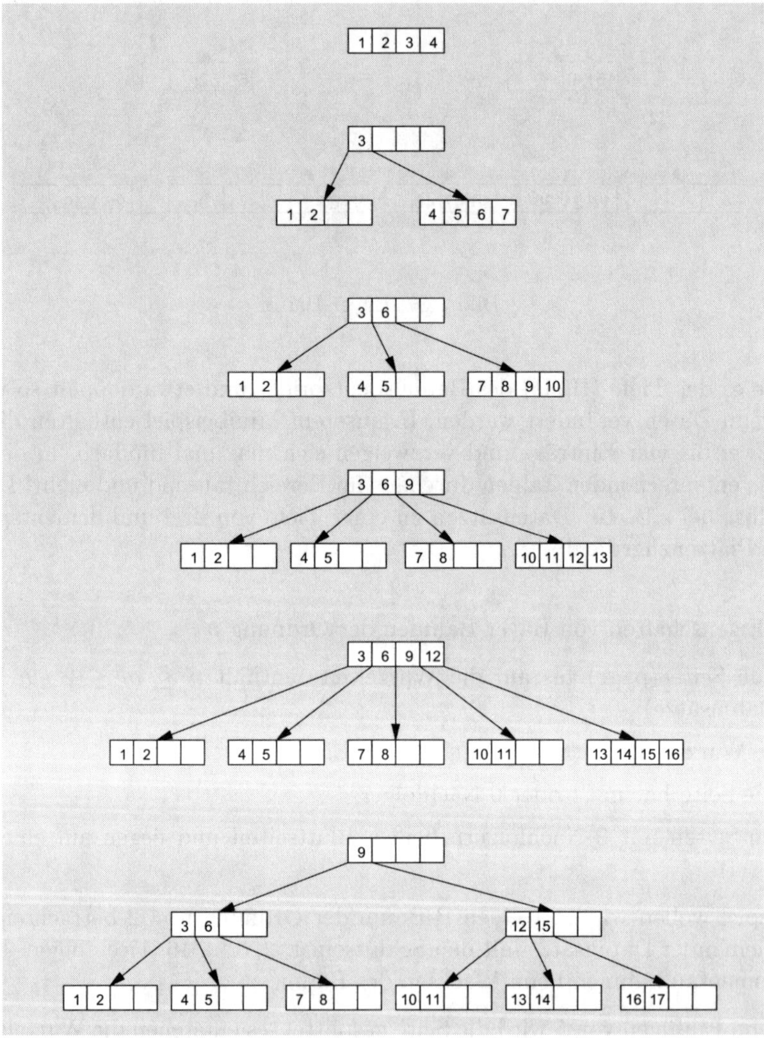

Bild 5.38: Wachsen eines Bayer-Baumes

- Schließlich läuft beim Einfügen von 17 zunächst die entsprechende Blattseite über und wird gesplittet. Dabei wird die 15 nach oben in die Wurzelseite verdrängt, die ihrerseits nun ebenfalls überläuft und gesplittet wird.
- So entsteht eine neue Wurzelseite, die nur den Schüssel 9 enthält.

Dieses kleine Beispiel demonstriert zwei wichtige Eigenschaften von B-Bäumen:

- B-Bäume sind immer vollständig ausgeglichen, und
- alle Endknoten (Blattseiten) befinden sich auf der gleichen Ebene!

Die folgenden Darstellungen a) bis d) zeigen den Einfluß der Ordnung n auf die Struktur des B-Baumes. Die Darstellungen sind so aufgebaut, daß jede Zeile eine Seite – d.h. einen B-Baumknoten – wiedergibt, die Wurzelseite ist am wenigsten eingerückt, die unteren Seiten am weitesten. In allen vier Fällen werden jeweils die folgenden 20 durch einen Zufallsgenerator erzeugten Zahlen genommen und in B-Bäume der Ordnung n=1, n=2, n=5 und n=10 eingefügt:

```
 46 30 82 90 56 17 95 15 48 26  4 58 71 79 92 60 12 21 63 47

a) n = 1

    46
      17
        12
           4
          15
        26
          21
          30
      71
        56  60
          47  48
          58
          63
        82  92
          79
          90
          95

b) n = 2

    56
      15  30
         4  12
        17  21  26
        46  47  48
      63  82
        58  60
        71  79
        90  92  95
```

```
c) n = 5

     46  71
        4  12  15  17  21  26  30
       47  48  56  58  60  63
       79  82  90  92  95

d) n = 10

     4 12 15 17 21 26 30 46 47 48 56 58 60 63 71 79 82 90 92 95
```

5.4.2 Datenstrukturen

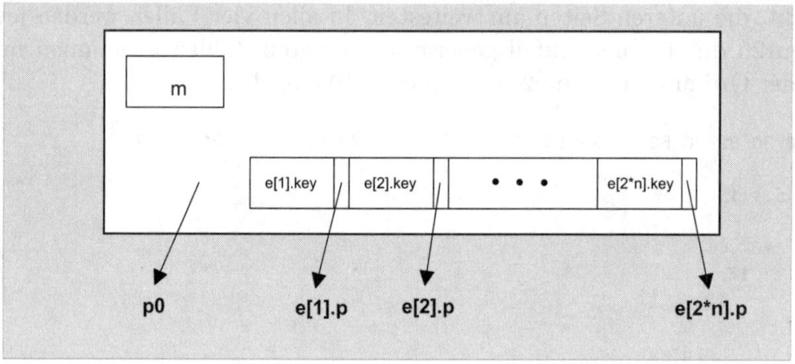

Bild 5.39: Datenstruktur einer Seite in einem Bayer-Baum

In Anlehnung an Wirth [17] (Algorithmen und Datenstrukturen) soll hier für die Seiten die im Bild 5.39 skizzierte Struktur verwendet werden. Dabei enthält m die Anzahl der Einträge auf dieser Seite (1..$2n$), und p0 zeigt auf den *ganz linken* Teilbaum. Für das Ablegen der Einträge ist ein Array `e[1..2*n]` vorgesehen, wobei jeder Eintrag die Schlüsselinformation key und einen Zeiger p auf einen *rechts folgenden* Teilbaum enthält. Statt des Arrays könnte man natürlich z.B. auch eine lineare Liste, einen *wilden Baum* oder einen AVL-Baum verwenden.

In ANSI-C läßt sich eine entsprechende Struktur z.B. wie folgt formulieren:

```
#define n 2

typedef struct pa *Ref;

typedef struct {
  int key;
  /* ...Daten... */
  Ref p;
} Item;
```

```
typedef struct pa{
  int m;                /* 1..2*n */
  Ref p0;
  Item e[2*n+1];        /* 1..2*n */
} Page;
```

5.4.3 Traversieren

Zunächst eine Funktion Traverse, die den Baum gemäß der für die Schlüssel definierte Ordnung durchläuft und auf jeden Eintrag eine Funktion f anwendet:

```
void f(Item it) {
  "Bearbeitung des entsprechenden Eintrags"
}

void Traverse(Ref p) {
  int i;
  if (p) {
    Traverse(p->p0);
    for (i = 1; i <= p->m;  i++) {
      f(p->e[i]); Traverse(p->e[i].p);
} } }
```

Durch Anwendung eines rekursiven Algorithmus auf die rekursive Datenstruktur des B-Baumes wird die Funktion sehr einfach; man kann sie auch als Erweiterung der entsprechenden Funktion für das Durchlaufen des binären Baumes ansehen.

Eine etwas andere Traversierungsreihenfolge ergibt sich, wenn wir uns eine Funktion Print wünschen, die die Struktur des B-Baumes gemäß den Beispielen in Abschn. 5.4.1 ausgibt:

```
void Print(Ref p, int level) {
  int i;
  if (p) {
    for (i = 1; i <= level; i++)
      fprintf(aus, "  ");          /* level entspr. einruecken */
    for (i = 1; i <= p->m;  i++)
      fprintf(aus, "  %2d", p->e[i].key);
    fprintf(aus, "\n");
    Print(p->p0, level+1);
    for (i = 1; i <= p->m; i++) Print(p->e[i].p, level+1);
} }
```

5.4.4 Einfügen

Die Formulierung für das Einfügen eines Eintrags in einen B-Baum ist nicht ganz einfach, weil sie die Behandlung des Seitenüberlaufs mit Splitten der Seite und das Generieren einer neuen Wurzelseite beim *Wachsen nach oben* einschließt. Wir beginnen mit der oberen Ebene:

```
void Insert(int x, Ref *root) {
  Item u; Ref q; int h;
  Ins(x, *root, &h, &u);
  if (h) {
    q = *root; *root = (Ref) malloc(sizeof(Page));
    (*root)->m = 1; (*root)->p0 = q; (*root)->e[1] = u;
} }
```

- Die Funktion Insert fügt den Schlüssel x in den B-Baum ein, der über den Zeiger root angesprochen wird.
- Sie verwendet dazu eine Funktion Ins. Wenn dabei der B-Baum nach oben wächst, so wird das über den Parameter h mitgeteilt, und über den Parameter u wird der entsprechende Eintrag nach oben weitergegeben.
- Im Falle des Wachsens wird eine neue Seite generiert, der Eintrag u wird in die Position 1 eingetragen, und diese neue Wurzelseite wird mit dem Restbaum verbunden.

Die nächste Ebene bildet die rekursiv formulierte Funktion Ins:

```
void Ins(int x, Ref a, int *h, Item *v) {
  Item u; int r;
  if (!a) {
    /* Der Teilbaum, auf den a zeigt, ist also leer. Also */
    /* wird x in v eingetragen, und mit *h==1 wird       */
    /* signalisiert, dass der Baum waechst :              */
    v->key = x; v->p = NULL; *h = 1;
  }
  else {
    if (found(x, a))
      *h = 0;
    else {
      r = Successor(x, a);
      if (r == 0)
        Ins(x, a->p0, h, &u);
      else
        Ins(x, a->e[r].p, h, &u);
      if (*h) {
        /* ein Element u ist nach oben (d.h. auf diese    */
        /* Ebene) weitergegeben worden und wird jetzt     */
        /* hier in *a eingefuegt                          */
        if (a->m < 2*n) {
```

```
        /* die Seite *a ist nicht voll, also einfuegen  */
        include(a, u); *h = 0;
      }
      else
        /* die Seite *a ist voll, also splitten         */
        Split(a, r, u, v);
} } } }
```

- Wenn der durch a referenzierte Baum leer ist, werden die Daten (hier nur der Schlüssel x) eingetragen, der Zeiger auf den Nachfolgebaum, den es ja noch nicht gibt, wird auf NULL gesetzt, und über h wird das entsprechende Signal *der B-Baum wächst* nach oben weitergegeben.
- Wenn der Schlüssel auf der Seite gefunden wird, so hat sich die Sache erledigt, es wird nur vermerkt, daß der Baum in diesem Fall nicht wächst.
- Wenn der Schlüssel auf der aktuellen Seite nicht vorhanden ist, wird die Nr. des Nachfolgers bestimmt, und der Einfügeauftrag wird durch rekursiven Aufruf von Ins an den entsprechenden Teilbaum weitergegeben.
- Dabei kann natürlich ein Überlauf stattfinden (`*h==1`) und der von unten hochgereichte Eintrag wird übernommen. Das geschieht entweder dadurch, daß er – falls möglich – auf der aktuellen Seite eingefügt wird, oder die Seite wird– falls sie voll ist – gesplittet.

Die untere Ebene bilden die vier *Hilfsfunktionen* include, found, Successor und Split.

```
void include(Ref y, Item u) {
  /* y->m < 2*n */
  int i = 1, j;
  while ( (u.key > y->e[i].key) && (i<=y->m) ) i++;
  for (j=y->m; j>=i; j--) y->e[j+1] = y->e[j];
  y->e[i] = u; y->m++;
}
```

- Include fügt den Eintrag u gemäß seinem Schlüssel in das Array e auf der durch y referenzierten Seite ein.

```
int found(int x, Ref a) {
  int i;
  for (i=1; i<=a->m; i++) if (x==a->e[i].key) return 1;
  return 0;
}
```

- `found` stellt fest, ob der Schlüssel x auf der durch a referenzierten Seite vorhanden ist.

```
int Successor(int x, Ref a) {
  int i = 1;
  while ( (x > a->e[i].key) && (i<a->m) ) i++;
```

```
  if (x < a->e[i].key) return i-1; else return i;
}
```

- Successor ermittelt den Index des Eintrages auf der durch a bezeichneten Seite, dessen Zeiger auf den Teilbaum weist, in dem die Nachfolger von x stehen.

```
void Split(Ref a, int r, Item u, Item *v) {
/* Zerlege die Seite a und weise v das mittl. El. zu */
  int i, middle;
  Ref b = (Ref) malloc(sizeof(Page));
  if (r == n) *v = u;
  else {
    if (r < n) middle = n; else middle = n + 1;
    *v = a->e[middle];
    for (i = middle; i <= a->m; i++) a->e[i] = a->e[i+1];
    a->m--; include(a, u);
  }
  for (i=1; i<=n; i++) b->e[i] = a->e[n+i];
  a->m = n; b->m = n; b->p0 = v->p; v->p = b;
}
```

- Der Eintrag u soll in die durch a bezeichnete Seite übernommen werden, die aber voll ist. Deshalb wird das mittlere Element v bestimmt und nach oben weitergereicht.

5.4.5 Löschen

Das Löschen von Einträgen erfolgt genau spiegelbildlich zum Einfügen, wie es durch die folgende Sequenz demonstriert wird, in der zunächst die Schlüssel 1, 2, 3, ... 16, 17 eingefügt und dann wieder in der entgegengesetzten Reihenfolge 17, 16, ... 3, 2, 1 gelöscht werden:

```
1

1  2

1  2  3

. . . . . .

3  6  9 12
  1  2
  4  5
  7  8
 10 11
 13 14 15 16

9
  3  6
```

```
        1  2
        4  5
        7  8
   12 15
       10 11
       13 14
       16 17

  3  6  9 12
    1  2
    4  5
    7  8
   10 11
   13 14 15 16

  . . . . . .

  1  2  3

  1  2

  1
```

Wird z.B. der Schlüssel 17 wieder entnommen, so werden die zuletzt gesplitteten Seiten wieder verschmolzen, und der vorher nach oben verdrängte Schlüssel 15 wird ebenfalls wieder zurückgenommen. Das führt dann - Kettenreaktion - zu einem erneuten *Unterlauf*, und die beiden Seiten auf der mittleren Ebene werden ebenfalls verschmolzen. Schließlich wird dann auch der Schlüssel 9 aus der Wurzelseite wieder *heruntergezogen*, und die Wurzel wird aufgelöst.

So ist dann auch die obere Ebene bei der Programmierung des Löschens ganz symmetrisch zu der des Einfügens (s.o.):

```
void Delete(int x, Ref *root) {
  int h; Ref q;
  Del(x, *root, &h);
  if (h) {
    /* Groesse der Wurzelseite wurde reduziert */
    if ((*root)->m == 0) {
      q = *root; *root = q->p0; free(q);
    }
  }
}
```

- Über den Parameter h signalisiert die Funktion Del, daß der Wurzelseite ein Eintrag entnommen wurde. Es wird dann geprüft, ob die Wurzelseite damit leer geworden ist. Wenn das der Fall ist, so wird der entsprechende Speicherplatz freigegeben, und der Wurzelzeiger wird auf den Restbaum gesetzt.

Auf der zweiten Ebene finden wir die rekursiv definierte Funktion Del, die die wesentlichen Dinge organisiert und Details auf eine tiefere Ebene delegiert:

```
void Del(int x, Ref a, int *h) {
  int r, i; Ref q;
  if (!a) *h = 0;
  else {
    r = Successor(x, a);
    if (r == 0) q = a->p0; else q = a->e[r].p;
    if ( found(x, a) ) {
      /* e[r] loeschen */
      if (!q) {
        /* a ist eine Blattseite ! */
        a->m--; *h = a->m < n;
        for (i = r; i <= a->m; i++) a->e[i] = a->e[i+1];
      }
      else {
        D(q, a, r, h); if (*h) Underflow(a, q, r, h);
      }
    }
    else {
      Del(x, q, h); if (*h) Underflow(a, q, r, h);
    }
  }
}
```

- Über den Index r wird ggf. der Teilbaum gefunden, der den gesuchten Schlüssel enthält. Falls der Schlüssel schon auf der aktuellen Seite gefunden wird, dann ist dort der Eintrag e[r] zu löschen.
- Das gestaltet sich relativ einfach, wenn die aktuelle Seite eine Blattseite ist. Es wird dabei vermerkt, ob das zum Unterlauf führt (`*h = a->m < n`).
- Andernfalls, d.h. wenn die aktuelle Seite keine Blattseite ist, wird entsprechend wie beim Löschen im binären Baum verfahren: Die Funktion D sucht im linken Teilbaum einen Ersatzeintrag, indem sie nach *rechts unten* hinabsteigt. Der Ersatzeintrag wird *nach oben* kopiert und an seiner ursprünglichen Stelle gelöscht. Das kann zum Unterlauf führen.
- Wenn der gesuchte Eintrag nicht auf der aktuellen Seite gefunden wird, dann wird durch rekursiven Aufruf von `Del` in den entsprechenden Teilbaum hinabgestiegen. Auf einer tieferen Ebene kann dann ebenfalls wieder ein Unterlauf passieren.

In der unteren Ebene befinden sich schließlich die Funktionen D und Underflow. Die Funktion D ist – wie schon oben angemerkt – analog der entsprechenden für den binären Baum aufgebaut. Die Funktion Underflow ist im Detail sehr aufwendig und soll hier nicht weiter erörtert werden. Interessenten seien hier auf das entsprechende Kapitel über B-Bäume in Wirths A&DS [17] verwiesen.

```
void D(Ref p, Ref a, int r, int *h) {
  Ref q;
```

```
    q = p->e[p->m].p;
    if (q) {
      D(q, a, r, h);
      if (*h) Underflow(p, q, p->m, h);
    }
    else {
      p->e[p->m].p = a->e[r].p; a->e[r] = p->e[p->m];
      p->m--; *h = p->m < n;
    }
  }

  void Underflow(Ref c, Ref a, int s, int *h) {
  /* a: Seite mit Unterlauf, c: Vorgaenger-Seite */
    . . .
  }
```

5.4.6 Demoprogramm

Der C-Text 5.15 enthält ein vollständiges Programm mit dem Code für die besprochenen Datenstrukturen und Algorithmen des B-Baumes und einer kleinen Test- und Demo-Anwendung. Die Anwendung erzeugt einen B-Baum mit den Schlüsseln 1 bis 20 und druckt ihn. Anschließend löscht sie alle ungeradzahligen Schlüssel und druckt den Restbaum.

C-Text 5.15: *Bayer-Baum* ./Bsp5/btree/btree.c

```
#include<stdio.h>
#include<stddef.h>
#include<stdlib.h>

/*--------------------Datendefinitionen-------------------*/

#define n 1

typedef struct pa *Ref;

typedef struct{
  int key;
  /* Daten */
  Ref p;
} Item;

typedef struct pa{
  int m;              /* 0..2*n */
  Ref p0;
  Item e[2*n+1];      /* 1..2*n */
} Page;
```

```
FILE *ein, *aus;


/*------------------------Traversieren------------------*/

int count = 0;

void f(int x) {
  fprintf(aus, "%5d", x); count = (count + 1) % 10;
  if (count == 0) fprintf(aus, "\n");
}

void Traverse(Ref p) {
  int i;
  if (p) {
    Traverse(p->p0);
    for (i = 1; i <= p->m;  i++) {
      f(p->e[i].key); Traverse(p->e[i].p);
} } }

void Print(Ref p, int level) {
  int i;
  if (p) {
    for (i = 1; i <= level; i++) fprintf(aus, ".....");
    for (i = 1; i <= p->m;  i++)
      fprintf(aus, "%5d", p->e[i].key);
    fprintf(aus, "\n");
    Print(p->p0, level+1);
    for (i = 1; i <= p->m; i++) Print(p->e[i].p, level+1);
} }


/*----------------------Hilfsfunktionen------------------*/

void include(Ref y, Item u) {
  int i = 1, j;
  while ( (u.key > y->e[i].key) && (i<=y->m) ) i++;
  for (j=y->m; j>=i; j--) y->e[j+1] = y->e[j];
  y->e[i] = u; y->m++;
}

int found(int x, Ref a) {
  int i;
  for (i=1; i<=a->m; i++) if (x==a->e[i].key) return 1;
  return 0;
}
```

```
int Successor(int x, Ref a) {
  int i = 1;
  while ( (x > a->e[i].key) && (i<a->m) ) i++;
  if (x < a->e[i].key) return i-1; else return i;
}

void copy(Ref y, int ly, Ref x, int lx, int rx) {
  int i;
  for (i=0; i<=rx-lx; i++) y->e[ly+i] = x->e[lx+i];
}


/*----------------------Einfuegen-----------------------*/

void Split(Ref a, int r, Item u, Item *v) {
/* Zerlege die Seite a und weise v das mittl. El. zu */
  int i, middle;
  Ref b = (Ref) malloc(sizeof(Page));
  if (r == n) *v = u;
  else {
    if (r < n) middle = n; else middle = n + 1;
    *v = a->e[middle];
    for (i = middle; i <= a->m; i++) a->e[i] = a->e[i+1];
    a->m--; include(a, u);
  }
  for (i=1; i<=n; i++) b->e[i] = a->e[n+i];
  a->m = n; b->m = n; b->p0 = v->p; v->p = b;
}

void Ins(int x, Ref a, int *h, Item *v) {
  Item u; int r;
  if (!a) {
    /* x in eintragen, d.h. Baum waechst : */
    v->key = x; v->p = NULL; *h = 1;
  }
  else {
    if (found(x, a)) *h = 0;
    else {
      r = Successor(x, a);
      if (r == 0) Ins(x, a->p0, h, &u);
      else Ins(x, a->e[r].p, h, &u);
      if (*h) {
        /* ein Element u ist nach oben weiterzugeben: */
        if (a->m < 2*n) { include(a, u); *h = 0; }
        else Split(a, r, u, v);
} } } }
```

```
void Insert(int x, Ref *root) {
  Item u; Ref q; int h;
  Ins(x, *root, &h, &u);
  if (h) {
    q = *root; *root = (Ref) malloc(sizeof(Page));
    (*root)->m = 1; (*root)->p0 = q; (*root)->e[1] = u;
} }


/*----------------------Loeschen------------------------*/

void Underflow(Ref c, Ref a, int s, int *h) {
/* a: Seite mit Unterlauf, c: Vorgaenger-Seite */
  Ref b; int i, k, mb;
  if (s < c->m) {
    s++;
    b = c->e[s].p; mb = b->m; k = (mb-n+1)/2;
    a->e[n] = c->e[s]; a->e[n].p = b->p0;
    if (k > 0) {
      copy(a,n+1, b, 1, k-1);
      c->e[s] = b->e[k]; c->e[s].p = b;
      b->p0 = b->e[k].p; copy(b, 1, b, k+1, mb);
      mb = mb - k; b->m = mb; a->m = n-1+k; *h = 0;
    }
    else {
      copy(a, n+1, b, 1, n);
      a->m = 2*n; c->m--; *h = c->m < n;
      for (i = s; i <= c->m; i++) c->e[i] = c->e[i+1];
      free(b);
    }
  }
  else {
    if (s == 1) b = c->p0; else b = c->e[s-1].p;
    mb = b->m + 1; k = (mb-n)/2;
    if (k > 0) {
      for (i=n-1; i>= 1; i--) a->e[i+k] = a->e[i];
      a->e[k] = c->e[s]; a->e[k].p = a->p0;
      mb = mb - k;
      for (i=k-1; i>=1; i--) a->e[i] = b->e[i+mb];
      a->p0 = b->e[mb].p;
      c->e[s] = b->e[mb]; c->e[s].p = a;
      b->m = mb - 1; a->m = n -1 + k; *h = 0;
    }
    else {
      b->e[mb] = c->e[s]; b->e[mb].p = a->p0;
      copy(b, mb+1, a, 1, n-1);
      b->m = 2*n; c->m--; *h = c->m < n;
```

```
      free(a);
    }
  }
}

void D(Ref p, Ref a, int r, int *h) {
  Ref q;
  q = p->e[p->m].p;
  if (q) {
    D(q, a, r, h);
    if (*h) Underflow(p, q, p->m, h);
  }
  else {
    p->e[p->m].p = a->e[r].p; a->e[r] = p->e[p->m];
    p->m--; *h = p->m < n;
} }

void Del(int x, Ref a, int *h) {
  int r, i; Ref q;
  if (!a) *h = 0;
  else {
    r = Successor(x, a);
    if (r == 0) q = a->p0; else q = a->e[r].p;
    if ( found(x, a) ) {
      /* e[r] loeschen */
      if (!q) {
        /* a ist eine Blattseite ! */
        a->m--; *h = a->m < n;
        for (i = r; i <= a->m; i++) a->e[i] = a->e[i+1];
      }
      else {
        D(q, a, r, h); if (*h) Underflow(a, q, r, h);
    } }
    else {
      Del(x, q, h); if (*h) Underflow(a, q, r, h);
} } }

void Delete(int x, Ref *root) {
  int h; Ref q;
  Del(x, *root, &h);
  if (h) {
    /* Groesse der Wurzelseite wurde reduziert */
    if ((*root)->m == 0) {
      q = *root; *root = q->p0; free(q);
} } }
```

```
/*--------------------Testprogramm----------------------*/

int main(void) {
  Ref root; int i;

  aus = fopen("AUS", "w");

  root = NULL;
  for (i = 1; i <= 20; i++) Insert(i, &root);
  Print(root, 0);

  for (i = 1; i <= 20; i+=2) Delete(i, &root);
  fprintf(aus, "\n\n"); Print(root, 1);

  fclose(aus);
  return 0;
}
```

Für die Ordnung n = 1 erzeugt das Programm die abgedruckte Ausgabe. Der Spezialfall eines B-Baumes der Ordnung 1 hat eine relativ große praktische Bedeutung. Er ist unter dem Namen 2-3-Baum bekannt und gilt als Konkurrent des AVL-Baumes bei Anwendung im Arbeitsspeicher:

```
      8
.....    4
..........    2
...............    1
...............    3
..........    6
...............    5
...............    7
.....    12   16
..........    10
...............    9
...............    11
..........    14
...............    13
...............    15
..........    18
...............    17
...............    19    20


.....    12
..........    4    8
...............    2
...............    6
...............    10
..........    16
...............    14
...............    18    20
```

5.4.7 Übungen

Entwickeln Sie das Implementationsmodul `btree.c` zu dem angegebenen Definitionsmodul `btree.h`, das Modul `btree` soll die gleiche Funktinalität haben wie die Module `slist`, `tree` und `avl`:

```
/*------------------------ btree.h -------------------------*/
  #ifndef _btree_h
  #define _btree_h
    /*
      "Generischer" B-Baum mit "benutzerdefinierter Ordnung"
    */
    #define n 1                                 /* Ordnung n */
    typedef struct aheader *BTREE;              /* BTREE     */

    BTREE bCreate    (int size, int (*comp) (void *, void *));
    void  bInsert    (BTREE t, void *data);
    void  bErase     (BTREE t, void *data);
    int   bFind      (BTREE t, void *data);
    void  bReadFirst (BTREE t, void *data);
    BTREE bCopy      (BTREE t);
    void  bApply     (BTREE t, void (*action) ( void * ) );
    void  bDispose   (BTREE *t);
    int   bCount     (BTREE t);

  #endif
/*-----------------------------------------------------------*/
```

5.5 Heap-Strukturen

Eine interessante Struktur, die sich gut zur Implementierung von Prioritätswarteschlangen – und damit auch zum Sortieren – eignet, ist der sog. Heap (heap, engl. : Haufen). Eine schön geschriebene Darstellung, die auch die Basis dieses Abschnitts darstellt, ist in [20] zu finden. Besonders elegant ist seine Realisierung als Array, was natürlich auch wieder Nachteile hat (statische Struktur, zumindest wenn man C-Vektoren benutzt). Bild 5.40 zeigt einen Heap mit *int*-Zahlen als Ordnungskriterium: Der jeweils im oberen Teil des Knotens angegebene Wert ist der Index, unter dem der Schlüssel, der im unteren Teil des Knotens steht, im Array abgelegt ist.

Die Wurzel dieser baumartigen Struktur beinhaltet den höchst prioren Datensatz, hier dargestellt durch den Schlüssel mit dem kleinsten Wert. Ein Heap hat folgende Eigenschaften:

- **Ordnung**: der Schlüssel jedes Knotens ist <= dem seiner Kinder
- **Form (Shape)**: der Heap ist immer ein vollständig ausgeglichener Baum!

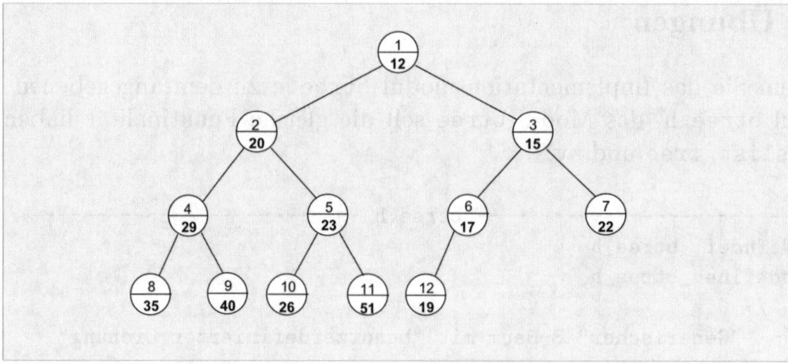

Bild 5.40: Heap-Struktur

Bei der Abbildung einer Heapstruktur auf ein Array gelten gemäß Bild 5.40 folgende Beziehungen für die Indizes:

- linkes Kind: `2 * i`
- rechtes Kind: `2 * i + 1`
- Vater (Mutter): `i / 2`

Einfügen eines neuen Wertes in den Heap, z.B. $x = 14$ **:**

```
n = n + 1; a[n] = x;
siftup(n)                /* nach oben gleiten */
```

- SiftUp bedeutet: Durch Tauschoperationen gleitet ein *„leichtes"* Element nach oben, siehe Bild 5.41.

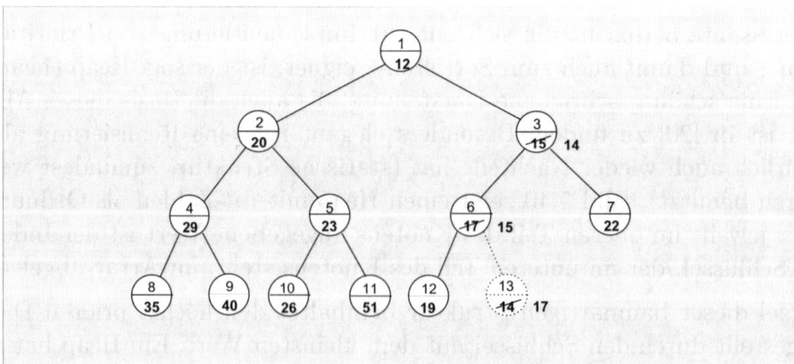

Bild 5.41: Aufwärtsgleiten in einem Heap

Algorithmus für *siftup*:

```
void siftup(int n) {
  int p;
  while (n > 1) {
    p = n / 2;
    if (a[p] > a[n]) swap(&a[p], &a[n]);
    n = p;
} }
```

Wenn der Heap entgegengesetzt geordnet sein soll, so daß an Position 1 der größte Wert abgelegt ist, dann muß die Relation a[p] > a[n] geändert werden in a[p] < a[n].

Entnehmen des höchstprioren Eintrags aus dem Heap:

```
x = a[1]; a[1] = a[n]; n = n - 1;
siftdown(n);                    /* nach unten gleiten */
```

- SiftDown bedeutet: Durch Tauschoperationen fällt ein *„schweres"* Element nach unten, siehe dazu Bild 5.42.

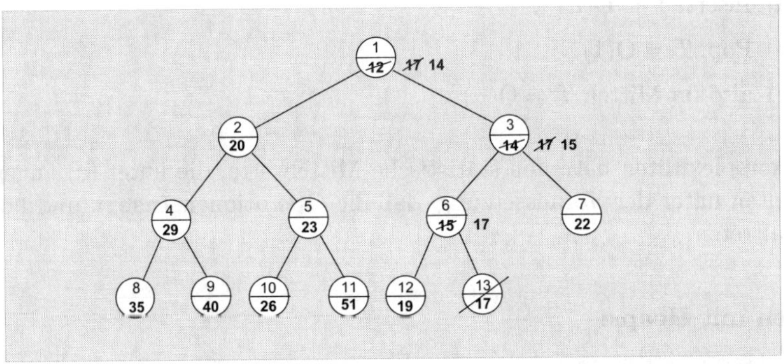

Bild 5.42: Abwärtsgleiten in einem Heap

Algorithmus für *SiftDown*:

```
void siftdown(int n) {
  int c, i;
  i = 1;
  while ( 2*i <= n ) {
    c = 2*i;
    if ( (c+1) <= n ) {
      if (a[c] > a[c+1]) c++;            /* bzw. < */
    }
```

```
    if (a[i] > a[c]) {                    /* bzw. < */
      swap(&a[i], &a[c]);
    }
    i = c;
  }
}
```

Bei entgegengesetzter Ordnung – d.h. an Position 1 steht der größte Wert – müssen die beiden > -Relationen auch hier in < geändert werden.

Betrachtung zur Zeitkomplexität, Vergleich mit linearer Struktur:

1. Heap (oder auch ausgeglichener binärer Baum)
   (a) Insert: $T = O(\log n)$
   (b) Pop: $T = O(\log n)$
   (c) also im Mittel: $T = O(\log n)$
2. Lineare Struktur
   (a) Insert: $T = O(n)$
   (b) Pop: $T = O(1)$
   (c) also im Mittel: $T = O(n)$

Die Zeitkomplexitäten betreffen statistische Mittelwerte, die unter (c) angegebenen Werte gelten unter der Voraussetzung, daß die Operationen `Insert` und `Pop` gleich häufig auftreten.

Sortieren mit Heaps:

Es sei ein unsortiertes Array a1 vorhanden, das sortiert werden soll. Dann kann man mit *Insert* ein zweites Array a2 füllen, das dann entsprechend der Heap-Struktur geordnet ist. Der geordneten Heap-Struktur wird fortlaufend jeweils das kleinste Element entnommen (Pop) und wieder in das ursprüngliche Array a2 eingetragen:

```
for (i=1; i<=n; i++)
  Insert(a2, a1[i]);  /* a1[i] in Array a2 einfuegen */
for (i=1; i<=n; i++)
  a1[i] = Pop(a2);    /* a2[i] = "hoechstprioren     */
                      /*          Eintrag von a1"    */
```

Der Nachteil dieser Lösung ist die Erfordernis eines zweiten Arrays, aber es geht auch eleganter mit einem Array:

Heapsort:

```
for (i=2; i<=n; i++)
  siftup(i);
for (i=n; i>=2; i--) {
  swap(&a[1], &a[i]);
  siftdown(i-1);
}
```

Bei dieser Variante, die also kein zweites Array benötigt und die auch schneller ist als der erste Algorithmus, wird in der ersten Phase eine Heap-Struktur aufgebaut, und in der zweiten Phase werden die Elemente in absteigender Reihenfolge der Indizes (n, n-1, ... 2) dem Heap entnommen, um damit das sequentiell geordnete Array zu erzeugen. Dabei entsteht dann allerdings die entgegengesetzte Ordnung, d.h. der größte Wert steht an Position 1. Das läßt sich aber wieder leicht invertieren, indem bei den Algorithmen `SiftUp` und `SiftDown` an den markierten Stellen (`/* bzw. < */`) die Relationen entsprechend geändert werden.

Beispiel dazu:

```
Index                      1  2  3  4  5  6  7  8  9 10 11 12
-------------------------------------------------------------
unsortiertes Array    :  60 23 73 24 10 82 99 53 26  7 19 53
Array nach SiftUp     :   7 10 53 26 19 73 99 60 53 24 23 82
Array nach SiftDown   :  99 82 73 60 53 53 26 24 23 19 10  7
```

Bestimmung der Zeitkomplexität von Heapsort:

$$\begin{aligned}
t_{ges} &\approx n \cdot t_{insert} + n \cdot t_{pop} \approx n \cdot t_{siftup} + n \cdot t_{siftdown} \\
&\approx n \cdot (t_{siftup} + t_{siftdown}) \approx n \cdot (c_1 \cdot \log n + c_2 \cdot \log n) \\
&\approx n \cdot \log n \cdot (c_1 + c_2) \approx c \cdot (n \cdot \log n) \\
\leadsto t &\sim n \cdot \log n
\end{aligned}$$

Damit gilt für die Zeitkomplexität in der *Big-O*-Notation:

$$\boxed{T = \mathrm{O}(n \cdot \log n)}$$

Der C-Text 5.16 demonstriert das *Heapsort*-Verfahren.

C-Text 5.16: *HeapSort* ./Bsp5/heap/h.sht

```
#define count 12

typedef int Array[count+1];

Array a1, a2;

int i, j, N;

void siftup   (Array a, int n) { . . . }
void siftdown (Array a, int n) { . . . }

void Insert(Array a, int x) {
  a[++N] = x; siftup(a, N);
}

int Pop(Array a) {
  int x;
  x = a[1]; a[1] = a[N--]; siftdown(a, N);
  return x;
}

void Fill(Array a) {
  srand(321);
  for (i=1; i<=count; i++) a[i] = rand() % 100;
}

void Print(Array a, FILE* f) {
  for (i=1; i<=count; i++) fprintf(f, "%3d", a[i]);
  fprintf(f, "\n");
}

int main() {
  FILE* aus = fopen("AUS", "w");

/*-------------------------------------------------------*/

  fprintf(aus, "\nSortieren mit zwei Arrays:\n");
  Fill(a1); Print(a1, aus);
  for (i=1; i<=count; i++) Insert(a2, a1[i]);
  for (i=1; i<=count; i++) a1[i] = Pop(a2);
  Print(a1, aus);

/*--------------------Heapsort--------------------------*/

  fprintf(aus, "\nHeapsort:\n");
  Fill(a1); Print(a1, aus);
```

```
  for (i=2; i<=count; i++) siftup(a1, i);
  Print(a1, aus);
  for (i=count; i>=2; i--) {
    swap(&a1[1], &a1[i]); siftdown(a1, i-1);
  }
  Print(a1, aus);

  fclose(aus);

  return 0;
}
```

Das Programm erzeugt folgende Ausgabe:

```
Sortieren mit zwei Arrays:
 60 23 73 24 10 82 99 53 26  7 19 53
 99 82 73 60 53 53 26 24 23 19 10  7

Heapsort:
 60 23 73 24 10 82 99 53 26  7 19 53
 99 53 82 26 19 60 73 23 24  7 10 53
  7 10 19 23 24 26 53 53 60 73 82 99
```

5.6 Hashverfahren

5.6.1 Allgemeines

Die bisher behandelten *besseren* Suchalgorithmen verwenden Bäume als Datenstruktur und haben die Zeitkomplexität $T = \mathrm{O}(\log(n))$. Nun stellt sich die Frage, ob es nicht Verfahren gibt, bei denen der Suchaufwand völlig unabhängig ist von der Größe des Datenvolumens, und die gibt es tätsächlich, es sind dies die *Hashverfahren*. Die ihnen zugrunde liegende Ordnung ist quasi das *Chaos*. Das Einsatzgebiet dieser Verfahren ist begrenzt, sie weisen verschiedene Nachteile auf, sonst wären sie konkurrenzlos!

5.6.2 Statische Hashverfahren

Ein erstes Beispiel

Bild 5.43 demonstriert das Prinzip des Hashverfahrens an einem Beispiel. Im linken Teil des Bildes stehen Namen und daneben jeweils eine Hashadresse sowie in einigen Fällen zusätzlich eine Ausweichadresse. Der rechte Teil des Bildes zeigt die neue Anordnung der Namen gemäß der links angegebenen Hash- oder Ausweichadresse.

Die Berechnung der Hashadresse erfolgt nach der folgenden Formel, wobei $Name_i$ der i-te Buchstabe des Namens ist:

$$Adr = [\text{ord}(Name_0) + 26 \cdot \text{ord}(Name_2 + 26^2 \cdot \text{ord}(Name_4)] \bmod 37$$

```
                              | #|   N A M E       |
Stabler.......17              | 0| Schirrmacher    |
Meier.........20              | 1| Fredersdorf     |
Kuhls.........2               | 2| Kuhls           |
Schneider.....18              | 3| Foege           |
Bauschulte....23              | 4| Noll            |
Tautz.........12              | 5| Horn            |
Ahrens1.......17->19          | 6| Mietling        |
Schirrmacher..0               | 7| Bollmeyer       |
Mawlawi.......29->            | 8| Behrens         |
Peters........13              | 9|                 |
Markiewicz....16              |10|                 |
Kawulok.......26              |11|                 |
Ahrens2.......17->21          |12| Tautz           |
Horn..........5               |13| Peters          |
Fredersdorf...1               |14|                 |
Juvczok.......28              |15|                 |
Foege.........1->3            |16| Markiewicz      |
Noll..........3->4            |17| Stabler         |
Kessler.......33-             |18| Schneider       |
Celik.........18->22          |19| Ahrens1         |
Urbansky......28->30          |20| Meier           |
Mietling......4->6            |21| Ahrens2         |
Hartung.......20->24          |22| Celik           |
Bollmeyer.....0->7            |23| Bauschulte      |
Wiedebusch....18->25          |24| Hartung         |
Lammers.......30->31          |25| Wiedebusch      |
Szyperrek.....16->27          |26| Kawuloc         |
Behrens.......1->8            |27| Szyperrek       |
                              |28| Juvczok         |
                              |29|                 |
                              |30| Urbansky        |
                              |31| Lammers         |
                              |32|                 |
                              |33| Kessler         |
                              |34|                 |
                              |35|                 |
                              |36|                 |
```

Bild 5.43: Anordnen von Namen entsprechend ihrer Hashadressen

Umgesetzt in Code sieht das z.B. wie folgt aus:

```
int ord(char ch) { return toupper(ch) - 'A'; }
int hash2(STRING s) {
  int h = ord(s[0]);
  if (strlen(s) > 2) h = h + 26 * ord(s[2]);
  if (strlen(s) > 4) h = h + 26*26 * ord(s[4]);
  return h % 37;
}
```

Die Basisalgorithmen in Pseudocode

Insert:

Hashadresse adr aus dem Suchbegriff des einzufügenden Datensatzes berechnen
do {
  Nachsehen, ob der adressierte Platz frei ist
  if (*frei*)
    Satz dort ablegen
  else
    Neue Adresse adr berechnen (z.B. +1)
}
while *nicht frei*

Find:

Hashadresse adr aus dem Suchbegriff des gesuchten Datensatzes berechnen
do {
  Nachsehen, ob der Satz dort steht, oder ob der
  Platz frei ist
  if (*gefunden*)
    Kopie des Satzes entnehmen
  else if (*nicht frei*)
    Neue Adresse adr berechnen (z.B. +1)
}
while (*nicht gefunden und nicht frei*)
if (*nicht gefunden*) *Fehlanzeige*

Verfahren zur Berechnung der Hashadresse (des Hashcodes)

Beispiel 1: Quersumme Z.B. Quersumme der Ordnungszahlen der ersten 8 Buchstaben bilden:

$MEIER:$

$$\begin{aligned} adr &= \text{ord}('M') + \text{ord}('E') + \text{ord}('I') + \text{ord}('E') + \text{ord}('R') \\ &= 13 + 5 + 9 + 5 + 18 = 50 \end{aligned}$$

$$\boxed{\text{Adreßbereich:} \quad 0 \leq adr \leq 8 \cdot 26}$$

Beispiel 2: „Bitfummelei“ Z.B. aus dem Bitmuster des Suchbegriffes die 16 mittleren Bit ausblenden und als Dualzahl interpretieren:

`...1011000101100100...`

$$adr = 2^{15} + 2^{13} + 2^{12} + 2^{8} + 2^{6} + 2^{5} + 2^{2} = \ldots$$

$$\boxed{\text{Adreßbereich:} \quad 0 \leq adr \leq 2^{16} - 1}$$

Beispiel 3: Divisionsrest-Verfahren

- 1. Schritt: Ordnungszahl des Suchbegriffes bilden, z.B.

$$\begin{aligned} zahl &= \text{ord}('MEIER') \\ &= \text{ord}('M') \cdot 27^0 + \text{ord}('E') \cdot 27^1 + \text{ord}('I') \cdot 27^2 \\ &\quad + \text{ord}('E') \cdot 27^3 + \text{ord}('R') \cdot 27^4 \\ &= 9671062 \end{aligned}$$

$$\text{Adreßber. bei Berücksicht. von 8 Stellen:} \quad 0 \leq adr \leq 27^8 - 1$$

- 2. Schritt: Zahl durch max dividieren, der Divisionsrest ist die gesuchte Adresse:

$$adr = zahl \bmod max = \text{ord(suchbegriff)} \bmod max$$

sinnvoll: Für max eine Primzahl, hier z.B. 8317, wählen:

$$adr = \text{ord}('MEIER') \bmod 8317 = 6708$$

$$\boxed{\text{Endgültiger Adreßbereich:} \quad 0 \leq adr < max}$$

Anforderungen an eine Hashfunktion:

- Die berechneten Adressen sollen gleichmäßig über den Adreßbereich gestreut werden: gestreute Speicherung (scattered storage).
- Der zeitliche Berechnungsaufwand sollte angemessen sein.

Kollisionsbehandlung

Die Hashfunktion liefert im allgemeinen keine eindeutigen Adressen, sondern verschiedene Suchbegriffe führen teilweise zu gleichen Adressen!

Lösung 1: Lineares Sondieren (linear probing)

$$adr = (adr_0 + k) \bmod prim \qquad \text{mit k: Kollisionszähler}$$

Nachteil: führt zu „Klumpungen" (Cluster-Bildung), Kettenreaktionen sind möglich:

$$\begin{aligned} Name_i &: 423 \rightarrow 423 \\ Name_j &: 423 \rightarrow 423 \rightarrow 424 \\ Name_k &: 424 \rightarrow 424 \rightarrow 425 \\ Name_l &: 425 \rightarrow 425 \rightarrow 426 \end{aligned}$$

Die Kollision von $Name_i$ mit $Name_j$ führt zur Kettenreaktion!

Lösung 2: Quadratisches Sondieren

$$adr = (adr_0 + k^2) \bmod prim \qquad \text{mit k: Kollisionszähler}$$

Lösung 3: Rehashing

D.h. es wird mit einer anderen Hashfunktion eine neue Adresse errechnet.

Simulationsergebnisse

Um den Einfluß der Hashfunktion und des Sondierens zu veranschaulichen, wurden für vier Varianten Simulationen durchgeführt, die Ergebnisse sind in Bild 5.44 dargestellt:

Variante 1

Ind.	HInd.	Name	Zugr.
0	17	Urbansky	21
1	17	Mietling	22
2	17	Hartung	23
3	17	Bollmeyer	24
4	17	Wiedebusch	25
5	17	Lammers	26
6	17	Szyperrek	27
7	17	Behrens	28
8	0		0
9	0		0
10	0		0
11	0		0
12	0		0
13	0		0
14	0		0
15	0		0
16	0		0
17	17	Stabler	1
18	17	Meier	2
19	17	Kuhls	3
20	17	Schneider	4
21	17	Bauschulte	5
22	17	Tautz	6
23	17	Ahrens1	7
24	17	Schirrmacher	8
25	17	Mawlawi	9
26	17	Peters	10
27	17	Markiewicz	11
28	17	Kawulok	12
29	17	Ahrens2	13
30	17	Horn	14
31	17	Fredersdorf	15
32	17	Juvczok	16
33	17	Foege	17
34	17	Noll	18
35	17	Kessler	19
36	17	Celik	20

406 Zugriffe

Variante 2

Ind.	HInd.	Name	Zugr.
0	0	Ahrens1	1
1	1	Bauschulte	1
2	0	Ahrens2	3
3	2	Celik	2
4	1	Bollmeyer	4
5	5	Fredersdorf	1
6	5	Foege	2
7	7	Horn	1
8	7	Hartung	2
9	9	Juvczok	1
10	10	Kuhls	1
11	10	Kawulok	2
12	12	Meier	1
13	12	Mawlawi	2
14	12	Markiewicz	3
15	15	Peters	1
16	13	Noll	4
17	10	Kessler	8
18	18	Stabler	1
19	18	Schneider	2
20	19	Tautz	2
21	18	Schirrmacher	4
22	20	Urbansky	3
23	12	Mietling	12
24	22	Wiedebusch	3
25	11	Lammers	15
26	18	Szyperrek	9
27	1	Behrens	27
28	0		0
29	0		0
30	0		0
31	0		0
32	0		0
33	0		0
34	0		0
35	0		0
36	0		0

118 Zugriffe

Variante 3

Ind.	HInd.	Name	Zugr.
0	0	Schirrmacher	1
1	1	Fredersdorf	1
2	2	Kuhls	1
3	1	Foege	3
4	3	Noll	2
5	5	Horn	1
6	4	Mietling	3
7	0	Bollmeyer	8
8	1	Behrens	8
9	0		0
10	0		0
11	0		0
12	12	Tautz	1
13	13	Peters	1
14	0		0
15	0		0
16	16	Markiewicz	1
17	17	Stabler	1
18	18	Schneider	1
19	17	Ahrens1	3
20	20	Meier	1
21	17	Ahrens2	5
22	18	Celik	5
23	23	Bauschulte	1
24	20	Hartung	5
25	18	Wiedebusch	8
26	26	Kawulok	1
27	16	Szyperrek	12
28	28	Juvczok	1
29	29	Mawlawi	1
30	28	Urbansky	3
31	30	Lammers	2
32	0		0
33	33	Kessler	1
34	0		0
35	0		0
36	0		0

82 Zugriffe

Variante 4

Ind.	HInd.	Name	Zugr.
0	0	Schirrmacher	1
1	1	Fredersdorf	1
2	2	Kuhls	1
3	3	Noll	1
4	4	Mietling	1
5	5	Horn	1
6	0		0
7	0		0
8	1	Behrens	10
9	0	Bollmeyer	4
10	1	Foege	4
11	0		0
12	12	Tautz	1
13	13	Peters	1
14	0		0
15	0		0
16	16	Markiewicz	1
17	17	Stabler	1
18	18	Schneider	1
19	18	Celik	2
20	20	Meier	1
21	17	Ahrens1	3
22	18	Wiedebusch	3
23	23	Bauschulte	1
24	20	Hartung	3
25	16	Szyperrek	4
26	26	Kawulok	1
27	0		0
28	28	Juvczok	1
29	29	Mawlawi	1
30	30	Lammers	1
31	0		0
32	28	Urbansky	3
33	17	Ahrens2	5
34	33	Kessler	2
35	0		0
36	0		0

60 Zugriffe

Bild 5.44: Hashing-Simulationsergebnisse

- Die erste Variante verwendet eine miserable Hashfunktion $Adr = 17$, die eine immer gleiche Hashadresse liefert und lineares Sondieren.

- Die zweite Variante verwendet die etwas bessere Hashfunktion $Adr = \text{ord}(Name_0)$, die als Ergebnis die Ordnungszahl des ersten Buchstaben verwendet und wieder lineares Sondieren.
- Die dritte Variante verwendet die deutlich bessere Hashfunktion $Adr = [\text{ord}(Name_0)+26\cdot\text{ord}(Name_2+26^2\cdot\text{ord}(Name_4)] \bmod 37$ und ebenfalls wieder lineares Sondieren.
- Die vierte Variante verwendet die gleiche Hashfunktion wie die dritte, aber quadratisches Sondieren.

Man erkennt deutlich, daß das Ergebnis mit jedem Schritt besser wird. Im ersten Fall beträgt die Anzahl der Zugriffe pro Eintrag $z_1 = 406/28 = 14,5$, im vierten Fall ist der entsprechende Wert $z_4 = 60/28 = 2,14$.

Der C-Text 5.17 zeigt das Simulationsprogramm, mit dem die Simulationsergebnisse erzeugt wurden.

C-Text 5.17: *Hashing* ./Bsp5/hash/ha1.sht

```
#include<stdio.h>
#include<stdlib.h>
#include<ctype.h>
#include<string.h>

#define prim 37

typedef char STRING[14];

int ord   (char ch)  { return toupper(ch) - 'A'; }
int hash0 (STRING s) { return 17; }
int hash1 (STRING s) { return ord(s[0]); }

int hash2(STRING s) {
  int h = ord(s[0]);
  if (strlen(s) > 2) h = h + 26 * ord(s[2]);
  if (strlen(s) > 4) h = h + 26*26 * ord(s[4]);
  return h % prim;
}

int collision0 (int adr0, int k) { return (adr0 + k) % prim; }
int collision1 (int adr0, int k) { return (adr0 + k*k) % prim; }

typedef struct entry {
  STRING Key;
//DATA Data;
  int hcode;
  int count;
} ENTRY;
```

```
typedef ENTRY LIST[prim];

FILE *ein, *aus;
LIST list0A, list1A, list2A, list2B;

void Init(LIST list) {
  int i;
  for (i=0; i<prim; i++) {
    strcpy(list[i].Key, " "); list[i].hcode = 0;
    list[i].count = 0;
} }

void Insert(STRING Na, LIST list, int (*hash) (STRING),
                                  int (*collision) (int, int)) {
  int k, adr0, adr, frei;
  ENTRY e;
  adr0 = hash(Na); adr = adr0; k = 0;
  do {
    e = list[adr]; frei = strcmp(e.Key, " ") == 0;
    if (frei) {
      e.hcode = adr0; strcpy(e.Key, Na); e.count = k + 1;
      list[adr] = e;
    }
    else {
      k++; adr = collision(adr0, k);
  } }
  while (!frei);
}

ENTRY ReadX(STRING Na, LIST list, int (*hash) (STRING),
                                  int (*collision) (int, int)) { . . . }

void Print(ENTRY list[prim], char *text) {
  int i, sum=0;
  ENTRY e;
  fprintf(aus, "%s \n\nInd. HInd.    Name   Zugr.\n", text);
  for (i=0; i<prim; i++) {
    e = list[i]; sum = sum + e.count;
    fprintf(aus, "%2d%5d%14s%3d\n",
                 i, e.hcode, e.Key, e.count);
  }
  fprintf(aus, "\n% 4d Zugriffe\n\n\n", sum);
}

int main(void) {

  STRING Name;
```

```
  int n0, n1, n2, n3;
  ENTRY ent;

  Init(list0A); Init(list1A); Init(list2A); Init(list2B);

  ein = fopen("EIN", "r"); aus = fopen("AUS", "w");
  fscanf(ein, "%s", Name);
  while (!feof(ein)) {
    Insert(Name, list0A, hash0, collision0);
    Insert(Name, list1A, hash1, collision0);
    Insert(Name, list2A, hash2, collision0);
    Insert(Name, list2B, hash2, collision1);
    fscanf(ein, "%s", Name);
  }
  Print(list0A, "Miserable Hashf., lin. Sond.");
  Print(list1A, "Schlechte Hashf., lin. Sond.");
  Print(list2A, "Bessere Hashf., lin. Sond.");
  Print(list2B, "Bessere Hashf., quadr. Sond.");
  fclose(ein); fclose(aus);
  . . .
  return 0;
}
```

5.6.3 Halbdynamische Hashverfahren

Das Prinzip

Das bisher besprochene Hashverfahren ist in doppelter Hinsicht statisch, die Hashfunktion wird nicht verändert, und die Datenstruktur ist ein statisch dimensionierter Vektor. Beides kann flexibilisiert werden: anstelle einer Hashfunktion kann eine Klasse aufeinander abgestimmter Hashfunktionen und anstelle des statischen Vektors kann eine dynamische Datenstruktur verwendet werden. Beide Maßnahmen zusammengenommen führen zu den *dynamischen Hashverfahren*, die im Abschn. 5.6.4 kurz skizziert sind.

Einen erheblichen Fortschritt bringt schon allein das Verwenden einer dynamischen Datenstruktur, das Prinzip ist in Bild 5.45 dargestellt: Die Hashadressen verweisen nicht direkt auf Einträge im Vektor, sondern über einen Vektor mit Zeigern jeweils auf den Anfang einer Liste. Bei Kollisionen werden die Elemente zusätzlich in die jeweilige Liste eingetragen, d.h. die Struktur dehnt sich in horizontaler Richtung aus. Das bringt folgende Vorteile:

- Es gibt keine obere Grenze für das Datenvolumen.
- Einträge können ohne Probleme gelöscht werden.
- Adreßkollisionen führen nicht zur Clusterbildung.

Als Nachteile bleiben aber bestehen:

- Ein effektives Durchlaufen der Einträge in einer geordneten Reihenfolge ist nicht möglich.
- Ebenso ist es nicht möglich, effektiv den Eintrag mit dem kleinsten oder mit dem größten Schlüsselwert zu finden.

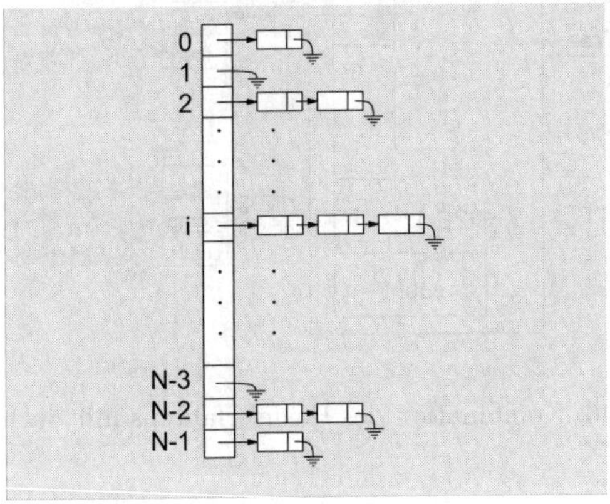

Bild 5.45: Halbdynamisches Hashverfahren

Beispiel *Hashtree*

Natürlich können anstelle linearer Listen z.B. auch binäre Suchbäume verwendet werden, was natürlich nur sinnvoll ist, wenn die Anzahl der Einträge pro Hashadresse im Mittel oder auch im schlimmsten Falle deutlich größer ist als eins. Bild 5.46 skizziert eine solche Kombination der beiden Stukturkonzepte *Hashing* und *Suchbaum*, wobei zur Realisierung der Suchbäume das Modul *ADT TREE* verwendet wird. Der C-Text 5.18 zeigt Datenstrukturen und Funktionsprototypen für ein entsprechendes Beispielmodul.

C-Text 5.18: *HashTree, H-Datei* ./Bsp5/hash/hashtree.h

```
#ifndef _hashtree_h
#define _hashtree_h
#include "tree.h"

#define SIZE 26*26

typedef struct {
  char Key[21];
  // ...
} Item;
```

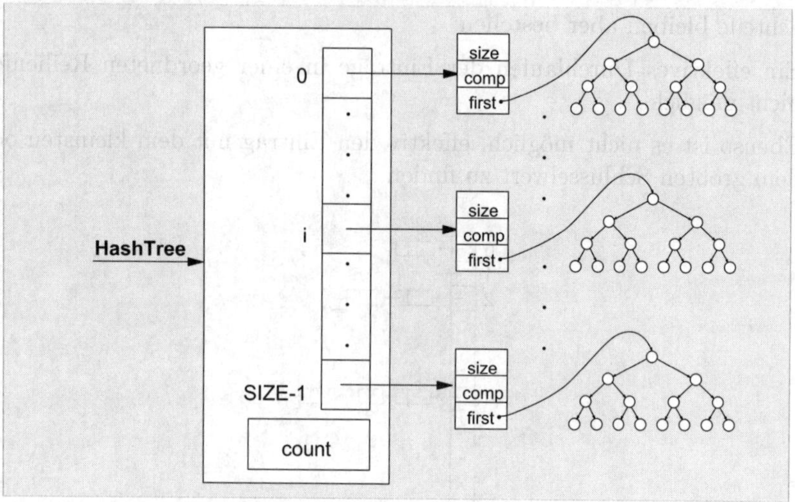

Bild 5.46: Kombination des Hashverfahrens mit Suchbäumen

```
typedef struct {
  TREE vec[SIZE];
  int count;
} *HashTree;

HashTree htCreate  ();
void     htInsert  (HashTree ht, Item it);
void     htErase   (HashTree ht, Item it);
int      htFind    (HashTree ht, Item* it);
void     htDispose (HashTree *ht);
int      htCount   (HashTree ht);

#endif
```

Der C-Text 5.19 zeigt die Implementierung der Funktionen. Alle Zugriffsfunktionen lassen durch eine oder zwei Anweisungen auf den verwendeten generischen ADT abbilden, hier zeigt sich deutlich der Vorteil der *Modularen Programmierung*!

C-Text 5.19: *HashTree, C-Datei* ./Bsp5/hash/hashtree.c

```
#include <stdlib.h>
#include <string.h>
#include "hashtree.h"
#include "tree.h"

int comp(void* a, void* b) {
```

```
  Item *it1 = (Item*) a,
       *it2 = (Item*) b;
  return strcmp(it1->Key, it2->Key);
}

int Nr(Item it) {
  return it.Key[1]-'A' + 26*(it.Key[0]-'A');
}

HashTree htCreate() {
  HashTree ht; int i;
  ht = (HashTree) malloc(sizeof(*ht));
  ht->count = 0;
  for (i=0; i<SIZE; i++)
    ht->vec[i] = tCreate(sizeof(Item), comp);
  return ht;
}

void htInsert(HashTree ht, Item it) {
  TREE t = ht->vec[Nr(it)];
  if (!tFind(t, &it)) {
    tInsert(t, &it); ht->count++;
  }
}

void htErase(HashTree ht, Item it) {
  TREE t = ht->vec[Nr(it)];
  if (tFind(t, &it)) {
    tErase(t, &it); ht->count--;
  }
}

int htFind(HashTree ht, Item* it) {
  TREE t = ht->vec[Nr(*it)];
  return tFind(t, it);
}

void htDispose(HashTree *ht) {
  HashTree ht0 = *ht; int i;
  for (i=0; i<SIZE; i++)
    tDispose(&(ht0->vec[i]));
  free(ht0); *ht = NULL;
}

int htCount(HashTree ht) {
  return ht->count;
}
```

5.6.4 Dynamische Hashverfahren

Statische Hashverfahren haben den gravierenden Nachteil, daß die Obergrenze für das Datenvolumen (d.h. für die Anzahl der Elemente) zur Laufzeit nicht vergrößert und auch nicht verkleinert werden kann, d.h. es muß schon bei der Übersetzung Speicherplatz für das maximal auftretende Datenvolumen reserviert werden, und die Hashfunktion liefert Adressen, die über diesen Bereich streuen. Dieses Verfahren ist also sehr unflexibel und nutzt den Speicherplatz schlecht aus.

Halbdynamische Hashverfahren sind wesentlich flexibler, aber sie haben den Nachteil, daß das Überschreiten eines vorgesehenen Datenvolumens zunehmend mit einer Verschlechterung der Zugriffszeiten bezahlt wird! Der zur Übersetzungszeit definierte Adreßbereich ist durch die feste Hashfunktion vorgegeben und kann zur Laufzeit nicht geändert werden.

Der erste gedankliche Schritt auf dem Weg vom halbdynamischen zum *Dynamischen Hashverfahren* ist die abrupte Reorganisation: wenn die Zugriffszeiten eine gewisse Schwelle überschreiten, dann wird ein neues größeres Verzeichnis kreiert und eine darauf abgestimmte andere Hashfunktion verwendet, und es werden alle Einträge aus dem alten Verzeichnis entsprechend in das neue übertragen. Dieses Konzept ist natürlich praktisch nicht aktzeptabel wegen des Zeitaufwands für die Reorganisation.

Daraus ergibt sich fast von selbst der zweite Schritt: Statt abrupt in Riesenschritten sollte die Reorganisation fast kontinuierlich in kleinen Schritten erfolgen, Bild 5.47 stellt das Prinzip dar.

Der linke Teil des Bildes zeigt eine Hashstruktur mit Datenelementen, deren Schlüssel der Einfachkeit halber ganze Zahlen sind. Die Hashfunktion $adr = \text{ord}(key) \bmod 5$ streut die Elemente über den Adreßbereich $0 \leq adr < 5$. Wenn die Anzahl der in diesem Bereich verwalteten Elemente eine bestimmte Schwelle überschreitet – hier wurde der Wert 15 festgelegt –, wird der Adreßbereich verdoppelt und die Zeile `0` entsprechend der neuen Hashfunktion reorganisiert. Der Zeiger `Split` zeigt jeweils auf die nächste zu reorganisierende Zeile, d.h. er wird von `0` auf `1` gesetzt.

Die Berechnung der Hashadresse wird nach der Reorganisation zunächst nach der alten Hashfunktion durchgeführt. Verweist dabei die errechnete Adresse auf eine reorganisierte Zeile (d.h. $adr < Split$), dann wird sie sofort entsprechend der neuen Hashfunktion korrigiert.

Bei jedem weiteren Einfügen wird erneut geprüft, ob die festgelegte Schwelle erneut überschritten ist. Wenn das der Fall ist, wird die zweite Zeile entsprechend reorganisiert und der Zeiger `Split` um `1` erhöht.

Sind alle Zeilen reorganisiert, und der verdoppelte Adreßbereich ist erschöpft, dann wird der Adreßbereich erneut verdoppelt; die Reorganisation beginnt wieder mit Zeile `0`, und der Zeiger `Split` wird anschließend wieder auf die Adresse `1` gesetzt.

In Pseudocode kann der Vorgang des Einfügens eines Elements wie folgt formuliert werden:

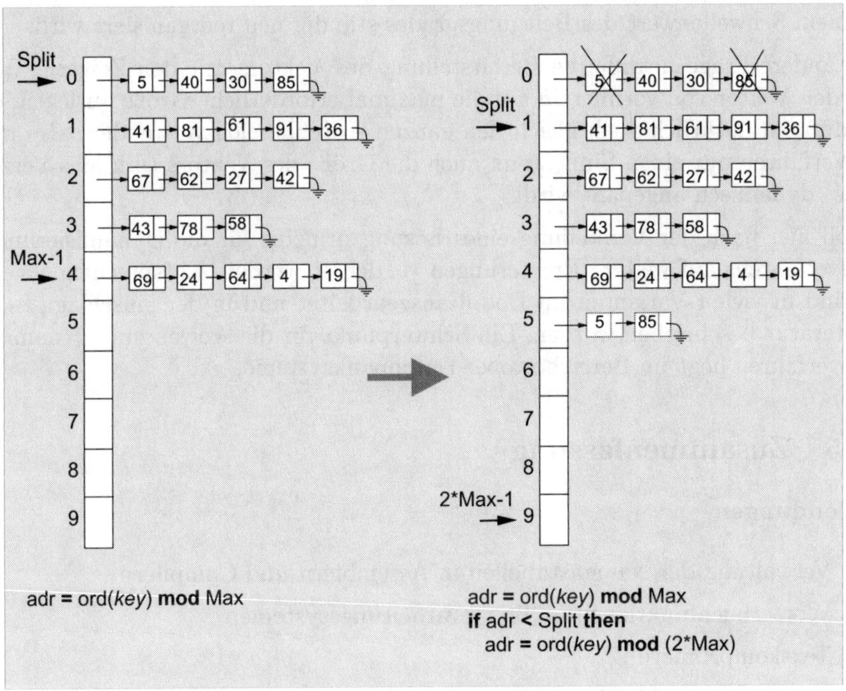

Bild 5.47: Dynamisches Hashverfahren

Insert:

```
adr = ord(key) % Max
if (adr < Split)
  adr = ord(Key) % (2*Max);
Element in die durch adr bezeichnete Liste einfügen;
neuen Belegungsgrad bestimmen
if (Belegungsgrad > Schwellenwert) {
  if (Split > Max) {
    Max = Max * 2; Split = 0;
  }
  Die durch Split bezeichnete Liste splitten
  Split = Split + 1;
}
```

Entsprechend der kontinuierlichen Erweiterung bei Einfügungen kann das Entfernen von Elementen mit einer kontinuierlichen Verkleinerung des Adreßbereiches gekoppelt werden, indem bei einem abnehmenden Belegungsgrad des Adreßbereiches Zeilen verschmolzen werden. Dabei sollte allerdings eine Verzögerung (*Hystereseeffekt!*) vorgesehen werden, damit nicht bei abwechselndem Einfügen und Entfernen an einem Schwellenwert des Belegungsgrades ständig neu reorganisiert wird.

Eine andere Frage betrifft die Bereitstellung des Vektors mit den Zeigern. Würde man den Vektor von vornherein auf die maximal erforderliche Größe auslegen, dann könnte man natürlich auch gleich den ganzen Adreßbereich verwenden, also macht das Verfahren nur einen Sinn, wenn auch die Größe des Vektors (d.h. des Verzeichnisses) dynamisch angepaßt wird!

Es soll hier nach der Vorstellung eines Lösungsprinzips für die Dynamisierung des Hashverfahrens auf weitere Erörterungen verzichtet werden. Entsprechende Verfahren sind in vielen Varianten im Detail ausgearbeitet und in der einschlägigen Spezialliteratur beschrieben worden. Ein Schwerpunkt für die Anwendung dynamischer Hashverfahren liegt im Bereich großer Datenbanksysteme.

5.6.5 Zusammenfassung

Anwendungen

- Verwaltung der Namenstabellen in Assemblern und Compilern
- Wörterbuchfunktionen in Textverarbeitungssystemen
- Textkomprimierung
- Dünn besetzte Matrizen
- ...
- Dateiverwaltung in Betriebssystemen
- Adreßverwaltungssysteme
- *Information Retrieval in Very Large Databases*

Vorteil:

- $T = O(1)$

Nachteile:

- Sequentielle Verarbeitung in geordneter Reihenfolge ist zeitlich sehr aufwendig;
- extrem schlechtes *worst-case*-Verhalten;
- Vertrauen in die Gesetze der Statistik ist erforderlich;
- das klassische Verfahren ist statisch, d.h. durch die einmal getroffene Wahl der Hashfunktion und des zugehörigen Speicherbereiches ist das Datenvolumen statisch festgelegt,
- aber inzwischen sind moderne dynamische Verfahren entwickelt worden, die diesen Nachteil vermeiden.

Kapitel 6

Container-Strukturen

Containers are objects that store other objects.

ANSI/ISO-C++-Standard

Eine Klasse mit der Hauptaufgabe, Objekte zu verwalten, wird Container *genannt.*

B. Stroustrup, *Die C++-Programmiersprache*

Grundsätzlich lassen sich zwei Klassen von Behältern ausmachen: sequentielle Behälter und assoziative Behälter. Bei den sequentiellen Behältern werden die Objekte in einer linearen Struktur gesammelt, das bekannteste Beispiel ist Array. *Assoziative Behälter speichern nicht nur Objekte, sondern für jedes Objekt zusätzlich einen Schlüssel, über den die Objekte identifiziert werden können. Ein Beispiel dafür ist* Dictionary.

B. Oestereich, *Objektorientierte Softwareentwicklung mit der Unified Modeling Language*

6.1 Container-Strukturen, Überblick 354
6.2 Realisierung von Container-Strukturen 354
6.3 Anwendungsbeispiele 364
6.4 Übungen 374

6.1 Container-Strukturen, Überblick

Container-Strukturen sind *Abstrakte Datentypen* , die dazu dienen, Datenelemente zu verwalten (zu speichern) und einen definierten Zugriff darauf zu ermöglichen. Container-Strukturen werden nach der Art des Zugriffs klassifiziert, typische und bekannte Beispiele sind:

- Stack (Stapelspeicher, Kellerspeicher)
- Queue (Warteschlange)
- Priority-Queue (Prioritätswarteschlange)
- Set (Menge)
- Bag, Multiset (Menge mit Mehrfacheinträgen, Tasche)
- Map, Dictionary (Wörterbuch)
- Multimap (Wörterbuch mit Mehrfacheinträgen)
- Vector (Array)

Ein wichtiger Aspekt bei Containern ist ihre *Generizität*, d.h. sie sollen nicht nur Datenelemente eines bestimmten Typs verwalten können, sondern sie sollten für beliebige Typen verwendbar sein, wobei ein Datenelement auch wieder ein Container sein kann. Der Containerinhalt ist in der Regel homogen, d.h. es werden in einem Container nur Elemente gleichen Typs verwendet; allerdings gibt es auch viele Anwendungen für heterogen gefüllte Container, z.B. im Bereich der graphischen Datenverarbeitung; siehe auch Abschnitte 9.3.4, 9.3.5 und 9.3.7.

Die Tabelle 6.1 gibt einen Überblick über mögliche und sinnvolle Abbildungen solcher Container auf die bekannten Datenstrukturen: Stack und Queue wird man auf die nicht sortierte Liste abbilden, für die Prioritätswarteschlange bietet sich neben der sortierten Liste und den Baumstrukturen insbesondere der Heap an, u.s.w. Abbildungen, die besonders geeignet erscheinen, sind in der Tabelle durch Fettdruck hervorgehoben.

6.2 Realisierung von Container-Strukturen

In den folgenden Abschnitten wird für jede in der Tabelle 6.1 aufgeführte Containerstruktur eine kompakte Version spezifiziert und implementiert. Die Spezifikation erfolgt jeweils durch Angabe der Prototypen für die Zugriffsfunktionen mit einer kurzen Beschreibung der Funktionalität.

Bei den Implementierungen wird jeweils der Präprozessor benutzt, um den generischen Elementetyp durch einen konkreten Typ zu ersetzen (siehe dazu 3.1.4). Die Realisierung der einzelnen Funktionen gestaltet sich in den meisten Fällen sehr einfach, indem die Aufgabe einfach weitergeleitet wird an die jeweils verwendete Datenstruktur *(Delegation)*.

Tabelle 6.1: Abbildung von Containerstrukturen auf Datenstrukturen

Container-struktur	Stack	Queue	Prio-queue	Set	Multi-set	Map	Multi-map	Vec-tor
Datenstruktur								
Nicht sort. Liste	•	•						
Sortierte Liste			◦	◦	◦	◦	◦	◦
Bin. Suchbaum			◦	◦	◦	◦	◦	◦
AVL-Baum			•	•	•	•	•	•
Bayer-Baum			◦	◦	◦	◦	◦	◦
Heap			•					
Hash-Struktur				◦	◦	◦	◦	◦
C-Vektor	◦	◦	◦	◦	◦	◦	◦	◦

6.2.1 Stack, Queue und Priorityqueue

Bei den Container-Strukturen *Stack* und *Queue* hat der Inhalt der Datenelemente keinen Einfluß auf die Zugriffsfunktionen, die Anordnung der Elemente im Container wird nur durch die Reihenfolge des Einfügens bestimmt; diese beiden Container-Strukturen werden deshalb auf die nicht sortierte Liste abgebildet.

Bei der Container-Struktur *PrioQueue (Prioritätswarteschlange)* wird für die Elemente und ihre Ordnung eine Vergleichsfunktion definiert, hier bietet sich die Abbildung z.B. auf die Datenstruktur *binärer Suchbaum* oder *AVL-Baum* an; der Einfachkeit halber wird hier der einfachere nichtausgeglichene Baum verwendet, der aber natürlich sehr leicht durch den ausgeglichenen ausgewechselt werden kann.

Spezifikation des Stack

⊗ `Stack StackCreate ();`
Einen leeren Stack generieren

⊗ `void StackDispose(Stack* st);`
Den durch `st` *bezeichneten Stack auflösen*

⊗ `void StackPush(Stack st, T* x);`
Das Element `*x` *auf den Stack* `st` *legen*

⊗ `void StackPop(Stack st, T* x);`
Das obere Element vom Stack `st` *nehmen*

⊗ `void StackTop(Stack st, T* x);`
Eine Kopie des oberen Elements des Stack `st` *liefern*

⊗ `int StackIsEmpty(Stack st);`
Liefert 1, wenn der Stack `st` *leer ist, sonst 0*

⊗ `void StackForEach (Stack st, void (*f)(T* x));`
Die Funktion `f` *auf jedes Element des Stacks* `st` *anwenden*

Spezifikation der Queue

⊗ `Queue QueueCreate ();`
Eine leere Queue generieren

⊗ `void QueueDispose(Queue* qu);`
Die durch `qu` *bezeichnete Queue auflösen*

⊗ `void QueuePut(Queue qu, T* x);`
Das Element `*x` *am Ende der Queue einfuegen*

⊗ `void QueueGet(Queue qu, T* x);`
Das erste Element der Queue entnehmen

⊗ `void QueueFirst(Queue qu, T* x);`
Eine Kopie des ersten Elements der Queue `qu` *liefern*

⊗ `int QueueIsEmpty(Queue qu);`
Liefert 1, wenn die Queue `qu` *leer ist, sonst 0*

⊗ `void QueueForEach (Queue qu, void (*f)(T* x));`
Die Funktion `f` *auf jedes Element der Queue* `qu` *anwenden*

Spezifikation der Priorityqueue

⊗ `Prio PrioCreate (int (*comp) (void* a, void* b));`
Eine leere Prioritätswarteschlange mit dem durch die Funktion `comp` *definierten Ordnungskriterium generieren*

⊗ `void PrioDispose(Prio* pr);`
Die durch `pr` *bezeichnete Prioritätswarteschlange auflösen*

⊗ `void PrioInsert(Prio pr, T* x);`
Das Element `*x` *gemäß seiner Priorität einfügen*

⊗ `void PrioPop(Prio pr, T* x);`
Das Element mit der höchsten Priorität entnehmen

⊗ `void PrioTop(Prio pr, T* x);`
Eine Kopie des höchstprioren Elements liefern

⊗ `int PrioIsEmpty(Prio pr);`
Liefert 1, wenn die Prioritätswarteschlange leer ist, sonst 0

⊗ `void PrioForEach (Prio pr, void (*f)(T* x));`
Die Funktion `f` *auf jedes Element der Prioritätswarteschlange* `pr` *anwenden*

Implementierung

C-Text 6.1: *Queue-Container, H-Datei* ./Bsp6/contain/queue.h

```
#ifndef _Queue_h
#define _Queue_h
#include"List.h"
#include"Tree.h"

/*------------------------------- Stack -----------------------*/
typedef lLIST Stack;

#define GenerateStack(T)                                          \
Stack StackCreate  ()            {return lCreate(sizeof(T));   }\
void  StackDispose (Stack* st)   {lDispose(st);                }\
void  StackPush    (Stack st, T* x) {lPutFirst(st, x);         }\
void  StackPop     (Stack st, T* x) {lGetFirst(st, x);         }\
void  StackTop     (Stack st, T* x) {lReadFirst(st, x);        }\
void  StackForEach (Stack st, void(*f)(void*)) {lApply(st, f); }\
int   StackIsEmpty (Stack st)    {return !lCount(st);          }

/*------------------------------- Queue -----------------------*/
typedef lLIST Queue;

#define GenerateQueue(T)                                          \
Queue QueueCreate  ()            {return lCreate(sizeof(T));   }\
void  QueueDispose (Queue* qu)   {lDispose(qu);                }\
void  QueuePut     (Queue qu, T* x) {lPutLast(qu, x);          }\
void  QueueGet     (Queue qu, T* x) {lGetFirst(qu, x);         }\
void  QueueFirst   (Queue qu, T* x) {lReadFirst(qu, x);        }\
void  QueueForEach (Queue qu, void(*f)(void*)) { lApply(qu, f); }\
int   QueueIsEmpty (Queue qu)    { return !lCount(qu);         }

/*------------------------------- Prio ------------------------*/
typedef TREE Prio;

#define GeneratePrio(T)                                           \
Prio  PrioCreate   (int (*cmp)(void*, void*)) {                   \
  return tCreate(sizeof(T), cmp);                                 \
}                                                                 \
void  PrioDispose  (Prio* pr)    {tDispose(pr);                }\
void  PrioInsert   (Prio pr, T* x) {tInsert(pr, x);            }\
void  PrioPop      (Prio pr, T* x) {tReadFirst(pr, x);          \
                                    tErase(pr, x);             }\
void  PrioTop      (Prio pr, T* x) {tReadFirst(pr, x);         }\
void  PrioForEach  (Prio pr, void (*f)(void*)) {tApply(pr, f); }\
int   PrioIsEmpty  (Prio pr)     {return !tCount(pr);          }\

#endif
```

6.2.2 Set und Multiset

Ein Multiset-Container unterscheidet sich von einem Set-Container dadurch, daß Einträge mit dem gleichen Schlüsselwert mehrfach enthalten sein können.

Spezifikation des Set

⊗ `Set SetCreate (int (*comp) (void* a, void* b));`
Eine leere Struktur Set generieren, deren innere Ordnung durch `comp` *definiert ist*

⊗ `void SetDispose (Set* se);`
Das durch `se` *bezeichnete Set auflösen*

⊗ `void SetInclude (Set se, T* x);`
Das Element `*x` *in das Set* `se` *einfuegen*

⊗ `void SetExclude (Set se, T* x);`
Das Element `*x` *aus dem Set* `se` *entfernen*

⊗ `int SetIsEmpty (Set se);`
Liefert 1, wenn das Set `se` *leer ist, sonst 0*

⊗ `int SetIsIn (Set se, T* x);`
Liefert 1, wenn das Element `*x` *in dem Set* `se` *vorhanden ist, sonst 0*

⊗ `void SetForEach (Set se, void (*f)(T* x));`
Die Funktion `f` *auf jedes Element des Sets* `se` *anwenden*

Spezifikation des Multiset

⊗ `MSet MSetCreate (int (*comp) (void* a, void* b));`
Eine leere Struktur `MSet` *generieren, deren innere Ordnung durch* `comp` *definiert ist*

⊗ `void MSetDispose (MSet* ms);`
Das durch ms bezeichnete Multiset auflösen

⊗ `void MSetInclude (MSet ms, T* x);`
Das Element `*x` *in das Multiset* `ms` *einfügen*

⊗ `void MSetExclude (MSet ms, T* x);`
Ein Element `*x` *aus dem Multiset* `ms` *entfernen*

⊗ `void MMSetIsEmpty (MSet ms);`
Liefert 1, wenn ms leer ist, sonst 0

⊗ `int MSetIsIn (MSet ms, T* x);`
Liefert 1, wenn ein Element `*x` *in dem Multiset* `ms` *vorhanden ist, sonst 0*

⊗ `void MSetForEach (MSet ms, void (*f)(T* x));`
Die Funktion `f` *auf jedes Element des Multiset* `ms` *anwenden*

Implementierung

C-Text 6.2: *Set-Container, H-Datei* ./Bsp6/contain/set.h

```
#ifndef _set_h
#define _set_h
#include "tree.h"

/*---------------------------- Set ---------------------------*/
typedef TREE Set;

#define GenerateSet(T)                                         \
                                                               \
Set  SetCreate  (int (*cmp) (void*, void*)) {                  \
  return tCreate(sizeof(T), cmp);                              \
}                                                              \
void SetDispose (Set* se)      {tDispose(se);                 }\
void SetInclude (Set se, T* x) {if (!tFind(se, x)) tInsert(se, x);}\
void SetExclude (Set se, T* x) {tErase(se, x);                }\
void SetForEach (Set se, void (*f) (void*)) {tApply(se, f);   }\
int  SetIsEmpty (Set se)       {return !tCount(se);           }\
int  SetIsIn    (Set se, T* x) {return tFind(se, x);          }\

/*---------------------------- MSet ---------------------------*/
typedef TREE MSet;

#define GenerateMSet(T)                                        \
                                                               \
MSet  MSetCreate  (int (*cmp) (void*, void*)) {                \
  return tCreate(sizeof(T), cmp);                              \
}                                                              \
void  MSetDispose (MSet* ms)      {tDispose(ms);              }\
void  MSetInclude (MSet ms, T* x) {tInsert(ms, x);            }\
void  MSetExclude (MSet ms, T* x) {tErase(ms, x);             }\
void  MSetForEach (MSet ms, void  (*f) (void*)) {tApply(ms, f);  }\
int   MSetIsEmpty (MSet ms)       {return !tCount(ms);        }\
int   MSetIsIn    (MSet ms, T* x) {return tFind(ms, x);       }\

#endif
```

6.2.3 Map, Multimap und Vector

Ein Map ist ein assoziativer Container. Jedes Element (MapItem) besteht aus einem Schlüssel und aus einem Wert. Über den Schlüssel kann auf ein Element zugegriffen werden, der Wert ist mit dem Schlüssel fest verbunden. Ein Map-Container kann z.B. als englisch/deutsches Wörterbuch verwendet werden, in dem Fall ist das englische Wort der Schlüssel und das zugehörige deutsche Wort der Wert.

Ein Map kann auch als generalisierter Vektor aufgefaßt werden: Beim Vektor ist der Schlüsseltyp eine ganze Zahl, beim Map ist er beliebig. Darüber hinaus ist ein Vektor im allgemeinen *dicht besetzt*, d.h. alle Indizes im vorgegebenen Bereich sind mit einem Eintrag vertreten, wohingegen ein Map im allgemeinen *dünn besetzt* ist, d.h. von allen möglichen Schlüsselwerten existieren nur relativ wenige.

In einem Map kann ein bestimmter Schlüssel nur einmal vertreten sein.

Spezifikation des Map

⊗ `typedef struct { Key k; Value v; } MapItem;`
Struktur eines Elementtyps

⊗ `Map MapCreate (int (*comp) (void* a, void* b));`
Eine leere Struktur `Map` *generieren, deren innere Ordnung durch* `comp` *definiert ist*

⊗ `void MapDispose (Map* ma);`
Das durch `ma` *bezeichnete* `Map` *auflösen*

⊗ `void MapInclude (Map ma, MapItem* x);`
Ein Element `*x`*, bestehend aus einem Schlüssel und einem Wert, in* `ma` *einfügen*

⊗ `void MapExclude (Map ma, Key k);`
Das Element mit dem Schlüssel `k` *aus dem* `Map ma` *entfernen*

⊗ `void MapWrite(Map ma, Key k, Value v);`
Ein Element mit dem Schlüssel `k` *und dem Wert* `v` *in das* `Map ma` *einfügen, ein evtl. vorhandener Wert mit dem gleichen Schlüssel wird ueberschrieben*

⊗ `Value MapRead(Map ma, Key k);`
Liefert den Wert des Elements mit dem Schluessel `k`*, falls kein entsprechendes Element existiert, dann wird ein undefinierter Wert zurüeckgegeben!*

⊗ `int MapIsEmpty (Map ma);`
Liefert 1, wenn `ma` *leer ist, sonst 0*

⊗ `int MapIsIn (Map ma, Key k);`
Liefert 1, wenn ein Element mit dem Schlüssel `k` *vorhanden ist, sonst 0*

⊗ `void MapForEach (Map ma, void (*f)(MapItem* x));`
Die Funktion `f` *auf jedes Element des* `Map ma` *anwenden*

Spezifikation des Multimap

⊗ `typedef struct { Key k; Value v; } MMapItem;`
Struktur eines Elementtyps

⊗ `MMap MMapCreate (int (*comp) (void* a, void* b));`
Eine leere Struktur `MMap` *generieren, deren innere Ordnung durch* `comp` *definiert ist*

⊗ `void MMapDispose (MMap* mm);`
Das durch mm bezeichnete Multmap auflösen

⊗ `void MMapInclude (MMap ma, MMapItem* x);`
Ein Element `*x`*, bestehend aus einem Schlüssel und einem Wert, in das* `Multmap mm` *einfügen*

⊗ `void MMapExclude (MMap mm, Key k);`
Ein Element mit dem Schlüssel `k` *aus dem* `Multmap mm` *entfernen, falls mehrere vorhanden, dann das erste gefundene*

⊗ `int MMapIsEmpty (MMap mm);`
Liefert 1, wenn ma leer ist, sonst 0

⊗ `int MMapIsIn (MMap mm, Key k);`
Liefert 1, wenn mindestens ein Element mit dem Schlüssel `k` *vorhanden ist, sonst 0*

⊗ `void MMapForEach (MMap mm, void (*f)(MMapItem* x));`
Die Funktion `f` *auf jedes Element des* `Multimap mm` *anwenden*

Spezifikation des Vector

⊗ `typedef struct { int index; T value; } VectorItem;`
Struktur eines Elementtyps

⊗ `Vector VectorCreate ();`
Eine leere Struktur `Vector` *generieren*

⊗ `void VectorDispose (Vector* ve);`
Den durch `ve` *bezeichneten Vektor auflösen*

⊗ `void VectorWrite(Vector ve, int index, T value);`
Ein Element mit dem Index `index` *und dem Wert* `value` *in den Vektor* `ve` *einfügen*

⊗ `Value VectorRead(Vector ve, int index);`
Liefert den Wert des Elements mit dem angegebenen Index; falls kein entsprechendes Element existiert, wird ein undefinierter Wert zurueckgegeben!

⊗ `void VectorExclude (Vector ve, int index);`
Das Element mit dem angegebenen Index aus dem `Vector ve` *entfernen*

⊗ `int VectorIsEmpty (Vector ve);`
Liefert 1, wenn ve leer ist, sonst 0

⊗ `int VectorIsIn (Vector ve, int index);`
Liefert 1, wenn ein Element mit dem angegebenen Index vorhanden ist, sonst 0

⊗ `void VectorForEach (Vector ve, void (*f)(VectorItem* x));`
Die Funktion `f` *auf jedes Element des Vektors anwenden*

Implementierung

C-Text 6.3: *Map-Container, H-Datei* ./Bsp6/contain/Map.h

```
#ifndef _map_h
#define _map_h
#include "tree.h"

/*---------------------------- Map ----------------------------*/
typedef TREE Map;

#define GenerateMap(Key, Value)                                 \
                                                                \
```

```
typedef struct { Key k; Value v; } MapItem;                          \
                                                                     \
Map  MapCreate  (int (*cmp) (void*, void* b)) {                      \
  return tCreate(sizeof(MapItem), cmp);                              \
}                                                                    \
void  MapDispose (Map* ma) {                                         \
  tDispose(ma);                                                      \
}                                                                    \
void  MapInclude (Map ma, MapItem* x) {                              \
  if (!tFind(ma, x)) tInsert(ma, x);                                 \
}                                                                    \
void  MapExclude (Map ma, Key k) {                                   \
  MapItem it; it.k = k; tErase(ma, &it);                             \
}                                                                    \
void  MapForEach (Map ma, void (*f) (void*)) {                       \
  tApply(ma, f);                                                     \
}                                                                    \
void  MapWrite(Map ma, Key k, Value v) {                             \
  MapItem it; it.k = k; it.v = v;                                    \
  if (tFind(ma, &it)) tErase(ma, &it);                               \
  tInsert(ma, &it);                                                  \
}                                                                    \
Value MapRead(Map ma, Key k) {                                       \
  MapItem it; it.k = k; tFind(ma, &it); return it.v;                 \
}                                                                    \
int   MapIsEmpty (Map ma) {                                          \
  return !tCount(ma);                                                \
}                                                                    \
int   MapIsIn    (Map ma, Key k) {                                   \
  MapItem it; it.k = k; return tFind(ma, &it);                       \
}                                                                    \


/*--------------------------- Multimap --------------------------*/
typedef TREE MMap;

#define GenerateMMap(Key, Value)                                     \
                                                                     \
typedef struct { Key k; Value v; } MMapItem;                         \
                                                                     \
MMap  MMapCreate  (int (*cmp) (void*, void*)) {                      \
  return tCreate(sizeof(MMapItem), cmp);                             \
}                                                                    \
void  MMapDispose (MMap* mm) {                                       \
  tDispose(mm);                                                      \
}                                                                    \
void  MMapInclude (MMap mm, MMapItem* x) {                           \
```

```
  tInsert(mm, x);                                                      \
}                                                                      \
void  MMapExclude (MMap mm, Key k) {                                   \
  MMapItem it; it.k = k; tErase(mm, &it);                              \
}                                                                      \
void  MMapForEach (MMap mm, void (*f) (void*)) {                       \
  tApply(mm, f);                                                       \
}                                                                      \
int   MMapIsEmpty (MMap mm) {                                          \
  return !tCount(mm);                                                  \
}                                                                      \
int   MMapIsIn    (MMap mm, Key k) {                                   \
  MMapItem it; it.k = k; return tFind(mm, &it);                        \
}                                                                      \


/*--------------------------- Vector ----------------------------*/
typedef TREE Vector;

#define GenerateVector(T)                                              \
                                                                       \
typedef struct { int index; T value; } VectorItem;                     \
                                                                       \
static                                                                 \
int comp (VectorItem* a, VectorItem* b) {                              \
  return a->index - b->index;                                          \
}                                                                      \
                                                                       \
Vector VectorCreate  () {                                              \
  return tCreate(sizeof(VectorItem), comp);                            \
}                                                                      \
void  VectorDispose (Vector* ve) {                                     \
  tDispose(ve);                                                        \
}                                                                      \
void  VectorForEach (Vector ve, void (*f) (void*)) {                   \
  tApply(ve, f);                                                       \
}                                                                      \
void  VectorWrite(Vector ve, int index, T value) {                     \
  VectorItem it; it.index = index; it.value = value;                   \
  if (tFind(ve, &it)) tErase(ve, &it);                                 \
  tInsert(ve, &it);                                                    \
}                                                                      \
T VectorRead(Vector ve, int index) {                                   \
  VectorItem it; it.index = index;                                     \
  tFind(ve, &it); return it.value;                                     \
}                                                                      \
void  VectorExclude (Vector ve, int index) {                           \
```

```
  VectorItem it; it.index = index; tErase(ve, &it);              \
}                                                                 \
int   VectorIsIn     (Vector ve, int index) {                     \
  VectorItem it; it.index = index; return tFind(ve, &it);         \
}                                                                 \

#endif
```

6.3 Anwendungsbeispiele

Die in den vorangehenden Abschnitten beschriebenen Container-Strukturen sind in ihrer Verwendung Typ-sicher, denn es handelt sich bei ihnen um Schablonen, aus denen heraus mit den Generierungs-Makros statisch typisierter Code generiert wird. Die Schablonen haben einen Nachteil, der aber leicht behoben werden kann (siehe dazu 3.1.4): die Bezeichner für die Funktionen und Typen, z.B. `MapCreate` und `MapItem`, sind fest, d.h. es können nicht gleichzeitig Module eines Containertyps für verschiedene Elementtypen generiert werden. Die folgenden drei Abschnitte demonstrieren die Verwendung der Container-Schablonen.

6.3.1 Test- und Demoprogramm

Der C-Text 6.4 zeit ein Test- und Demoprogramm für die entwickelten Containerschablonen. Es wird je ein Modul zu jeder Containerart generiert und verwendet. Der Code ist sehr einfach gehalten und sollte ohne weitere Erläuterungen lesbar sein.

C-Text 6.4: *Container-Test* ./Bsp6/contain/contest.c

```
#include<stdio.h>
#include<stdlib.h>
#include<math.h>
#include"queue.h"
#include"set.h"
#include"map.h"

GenerateStack(int); GenerateQueue(int);
GeneratePrio (int); GenerateSet  (int);
GenerateMSet (int); GenerateMap  (int, double);
GenerateMMap (int, double); GenerateVector(double);

int comp1 (void* a, void* b) { return *((int*)a) - *((int*)b); }
int comp2 (void* a, void* b) { return ((MapItem*)a)->k - ((MapItem*)b)->k; }
int comp3 (void* a, void* b) { return ((MMapItem*)a)->k- ((MMapItem*)b)->k;}
```

```
void action1(void* data)      { printf("%d ", *((int*)data)); }
void action2(void* data)      {
  printf("(%d, %3.1lf) ", ((MapItem*)data)->k, ((MapItem*)data)->v);
}
void action3(void* data)  {
  printf("(%d, %3.1lf) ", ((MMapItem*)data)->k, ((MMapItem*)data)->v);
}
void action4(void* data)      {
  printf("(%d, %3.1lf) ",
         ((VectorItem*)data)->index, ((VectorItem*)data)->value);
}

int main() {
  Stack s; Queue q; Prio p; Set u; MSet v; Map w; MMap x; Vector y;
  int i, ix, ixx;
  double dy;
  MMapItem it;

  s = StackCreate();      q = QueueCreate();      p = PrioCreate(comp1);
  u = SetCreate(comp1);  v = MSetCreate(comp1); w = MapCreate(comp2);
  x = MMapCreate(comp3); y = VectorCreate();

  for (i=0; i<10; i++) {
    ixx = rand()%100; ix = ixx%10; dy = sqrt((double)ix);
    StackPush(s, &ix);  QueuePut(q, &ix);     PrioInsert(p, &ix);
    SetInclude(u, &ix); MSetInclude(v, &ix);
    MapWrite(w, ixx, dy);
    it.k = ix; it.v = dy; MMapInclude(x, &it);
    VectorWrite(y, ixx, dy);
  }

  while (!StackIsEmpty(s)) { StackPop(s, &ix); printf("%d ", ix); }
  printf("\n");

  while (!QueueIsEmpty(q)) { QueueGet(q, &ix); printf("%d ", ix); }
  printf("\n");

  while (!PrioIsEmpty(p))  { PrioPop(p, &ix);  printf("%d ", ix); }
  printf("\n");

  SetForEach  (u, action1); printf("\n");
  MSetForEach (v, action1); printf("\n");

  for (i=0; i<100; i++)
    if (MapIsIn(w, i)) printf("(%d, %3.1lf) ", i, MapRead(w,i ));
  printf("\n\n");
```

```
  MMapForEach    (x, action3); printf("\n");
  VectorForEach (y, action4); printf("\n");

  StackDispose(&s); QueueDispose(&q);  PrioDispose(&p);
  SetDispose(&u);   MSetDispose(&v);   MapDispose(&w);
  MMapDispose(&x); VectorDispose(&y);
  return 0;
}
```

6.3.2 Anwendungsbeispiel *Textanalyse*

Das hier präsentierte Programm kann durchaus auch als praktisches Werkzeug zur Analyse von Texten verwendet werden, Bild 6.1 skizziert seine Funktion in Form eines Datenflußdiagrammes. Es werden zwei Textdateien gelesen und daraus Dateien mit Wortlisten erstellt: `Words1` und `Words2` enthalten alle Wörter aus `Text1` bzw. `Text2`; `Union` enthält alle Wörter aus beiden Texten, und `Diff12` und `Diff21` enthalten jeweils die Wörter, die nur in dem einen bzw. in dem anderen Text vorkommen. Die Listen sind alphabetisch sortiert entsprechend dem ASCII-Code.

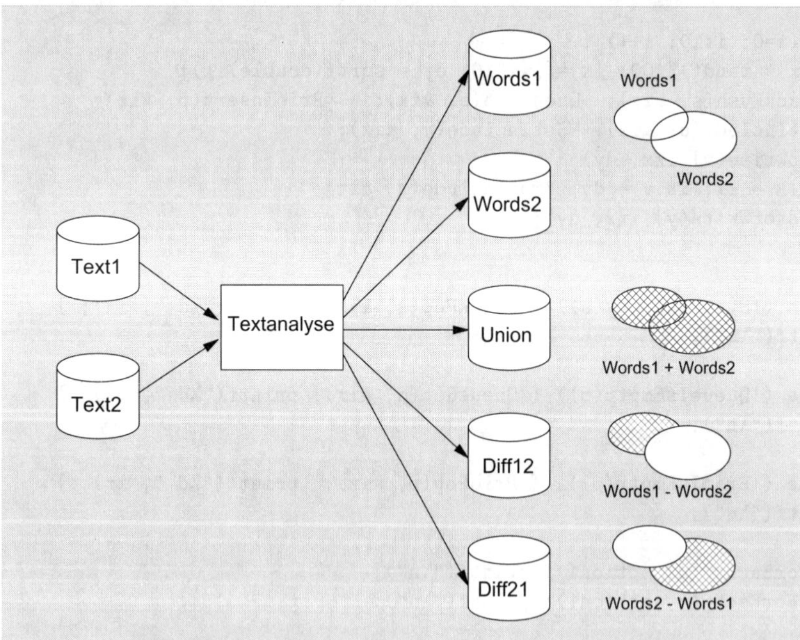

Bild 6.1: Textanalyse

Als Minibeispiel zur Demonstration der Funktionalität sollen folgende Eingaben verwendet werden:

Datei "Text1" : `Dieses ist der erste Text.`
Datei "Text2" : `Dieses ist der zweite Text.`

Daraus erzeugt das Programm dann folgende Inhalte zu den fünf Ausgabedateien:

Datei "Words1" : `Dieses Text der erste ist`
Datei "Words2" : `Dieses Text der ist zweite`
Datei "Union" : `Dieses Text der erste ist zweite`
Datei "Diff12" : `erste`
Datei "Diff21" : `zweite`

Der C-Text 6.5 zeigt ein entsprechends Programm, das die Aufgabe unter Verwendung des Moduls `set.h` recht einfach löst. Allerdings macht sich hier ein generelles C-Problem bemerkbar: an verschiedenen Stellen erfolgt die Kommunikation zwischen Funktionen und Hilfsfunktionen über die globale Variable `actset`, weil es in C nicht möglich ist, Funktionen lokal in einer übergeordneten Funktion zu verstecken.

C-Text 6.5: *Set-Anwendung Textanalyse* ./Bsp6/contain/analyse.c

```
#include<stdio.h>
#include<stdlib.h>
#include<ctype.h>
#include<string.h>
#include"set.h"

#define WordLen 32
typedef char Word[WordLen];

FILE* actualFile;

GenerateSet(Word);

Set actset;  /* Globale Kommunikationsvariable */

int comp1 (void* a, void* b) { return strcmp((char*)a, (char*)b); }

void action1(void* data)     { fprintf(actualFile, "%s ", (char*)data); }
void action2(void* data)     { SetInclude(actset, (Word*)data); }
void action3(void* data)     { SetExclude(actset, (Word*)data); }

void ReadWords  (const char* Filename, Set words);
void PrintWords (const char* Filename, Set words);

int main(int argc, char *argv[]) {
```

```
  Set Words1 = SetCreate(comp1), Words2 = SetCreate(comp1),
      Union  = SetCreate(comp1), Diff12 = SetCreate(comp1),
      Diff21 = SetCreate(comp1);

  ReadWords(argv[1], Words1);
  ReadWords(argv[2], Words2);

  /*
    Alle Elemente von Words1 und von Words2 in Union einfuegen:
  */
  actset = Union; SetForEach(Words1, action2); SetForEach(Words2, action2);

  /*
    Alle Elemente von Words1 in Diff21 einfuegen, dann alle Elemente
    von Words2 aus Diff21 entfernen (Diff21 = Words1 - Words2):
  */
  actset = Diff21; SetForEach(Words1, action2); SetForEach(Words2, action3);

  /*
    Alle Elemente von Words2 in Diff12 einfuegen, dann alle Elemente
    von Words1 aus Diff12 entfernen (Diff12 = Words2 - Words1) :
  */
  actset = Diff12; SetForEach(Words2, action2); SetForEach(Words1, action3);

  /*
     Alle 5 Sets ausgeben:
  */
  PrintWords("words1", Words1); PrintWords("words2", Words2);
  PrintWords("union",  Union);  PrintWords("diff12", Diff12);
  PrintWords("diff21", Diff21);

  SetDispose(&Words1); SetDispose(&Words2);
  SetDispose(&Union);  SetDispose(&Diff12);
  SetDispose(&Diff21);
  return 0;
}

void GetNextWord(FILE *ein, Word wo) {
  int i = 0;
  char ch = getc(ein);
  while ( ! isalpha(ch) && !feof(ein) ) ch = fgetc(ein);
  while ( isalpha(ch) && i < WordLen) {
    wo[i] = ch; ch = getc(ein); i++;
  }
  wo[i] = '\0';
}
```

```
void ReadWords(const char* Filename, Set words) {
  FILE* ein = fopen(Filename, "r");
  Word wo;
  GetNextWord(ein, wo);
  while (!feof(ein)) {
    if (strlen(wo) > 1) SetInclude(words, &wo);
    GetNextWord(ein, wo);
  }
  fclose(ein);
}

void PrintWords(const char* Filename, Set words) {
  FILE* aus = fopen(Filename, "w");
  actualFile = aus; SetForEach(words, action1);
}
```

6.3.3 Anwendungsbeispiel *Anagramme*

Als weiteres Beispiel wird hier ein *Anagramm-Generator* präsentiert. Ein Anagramm ist eine Gruppe von zwei oder mehr Wörtern, die alle die gleichen Buchstaben in jeweils unterschiedlichen Reihenfolgen enthalten, z.B. *(ihre, hier)* und *(Regen, Neger)*. Das Programm soll eine beliebige Textdatei lesen und alle Anagramme heraussuchen und ausgeben, die in diesem Text enthalten sind. Als Minibeispiel zur Demonstration der Funktionalität wird folgende Eingabe verwendet:

```
defc vyxw sie fghi ghif wxyz hifg sei
ghij hijk eis hier abcd ijkl xwyv jklm
klmn ihre bcde cdef eines seine
```

Daraus erzeugt das Programm dann folgende Ausgabe:

```
defc cdef
seine eines
ihre hier
sie sei eis
hifg ghif fghi
xwyv vyxw
```

Das Programm ist ein gutes Beispiel dafür, wie sich durch geschickte Wahl der *Algorithmen und Datenstrukturen* sehr effiziente Lösungen finden lassen. Das Konzept stammt aus dem Buch [9] über die bekannte *Standard Template Library (STL)*.

C-Text 6.6: *Multimap-Anwendung Anagramme* ./Bsp6/contain/anagrams.c

```
#include<stdio.h>
#include<stdlib.h>
#include<ctype.h>
#include<string.h>
#include"map.h"
```

```
#include"set.h"

const char* Dic = "DIC";      // Woerterbuch
#define Size 1000
#define WordLen 32

typedef struct { char str[WordLen]; } Word;

/*------- Multimap-Modul und zugehoerige Ordnungsfunktion ---------*/
GenerateMMap(Word, Word);

int MMapComp(void* a, void* b) {
  MMapItem *x = (MMapItem*) a, *y = (MMapItem*) b;
  return strcmp((x->k).str, (y->k).str);
}

MMap actualMMap; /* globales Synonym fuer "WordPairs" */
/*---------------------------------------------------------------*/

/*---------- Set-Modul und zugehoerige Ordnungsfunktion -----------*/
GenerateSet(Word);

int SetComp(void* a, void* b) {
  Word *x = (Word*) a, *y = (Word*) b;
  return strcmp(x->str, y->str);
}
/*---------------------------------------------------------------*/

typedef MMapItem* Register[Size]; /* Register fuer Zugriff auf die  */
                                  /* Elemente des Multimap          */
MMapItem** actualReg;             /* globales Synonym fuer "reg"    */


void ReadWords(const char* Filename, Set words);
/* Eine Textdatei lesen und alle Woerter in "words" eintragen       */

void MakePairs(Set words, MMap WordPairs);
/* Jedes Wort sortieren und alle Paare, bestehend jeweils
   aus einem Wort und dem sortierten Wort, in WordPairs eintragen   */

void CopyPtrsIntoRegister(MMap WordPairs, Register reg);
/* Erzeugt ein Register mit Zeigern auf die Multimap-Eintraege      */

void RemoveSingles(MMap WordPairs, Register reg);
/* Markiert die Multimap-Eintraege, deren Schluesselwert nur
   einmal existiert                                                 */
```

```
void PrintAnagrams(Register reg);
/* Gibt alle Anagramme ueber der Registerzugriff aus                  */

int main() {
  Set words       = SetCreate(SetComp);
  MMap WordPairs = MMapCreate(MMapComp);
  Register reg;

  actualMMap = WordPairs; /* globale Synonyme, werden bei Implemen- */
  actualReg  = reg;       /* mentierung fuer die Kommunikation      */
                          /* mit Hilfsfunktionen benoetigt          */

  ReadWords             (Dic, words);
  MakePairs             (words, WordPairs);
  CopyPtrsIntoRegister (WordPairs, reg);
  RemoveSingles         (WordPairs, reg);
  PrintAnagrams         (reg); printf("\n");

  SetDispose(&words); MMapDispose(&WordPairs);
  return 0;
}

void GetNextWord(FILE *ein, Word* wo) {
  int i = 0;
  char ch = getc(ein);
  while ( ! isalpha(ch) && !feof(ein) ) ch = fgetc(ein);
  while ( isalpha(ch) && i < WordLen) {
    wo->str[i] = ch; ch = getc(ein); i++;
  }
  wo->str[i] = '\0';
}

void sort(Word* wo) {
  int i, j, n;
  n = strlen(wo->str);
  for (i=1; i<n; i++) for (j=n-1; j>=i; j--)
    if (wo->str[j-1] > wo->str[j]) {
      char ch = wo->str[j-1];
      wo->str[j-1] = wo->str[j]; wo->str[j] = ch;
    }
}

void ReadWords(const char* Filename, Set words) {
  FILE* ein = fopen(Filename, "r");
  Word wo;
  while (!feof(ein)) {
    GetNextWord(ein, &wo);
```

```
    if (strlen(wo.str) > 1) SetInclude(words, &wo);
  }
  fclose(ein);
}

/*--------- MakePairs mit Hilfsfunktion cpy ------------*/
void cpy(void* data) {
  Word *wo = (Word*) data, swo;
  MMapItem tuple;
  swo = *wo; sort(&swo);
  tuple.k = swo; tuple.v = *wo;
  MMapInclude(actualMMap, &tuple);
}

void MakePairs(Set words, MMap WordPairs) {
  SetForEach(words, cpy);
  WordPairs = actualMMap;
}
/*-----------------------------------------------------*/

/*------ CopyPtrsIntoRegister mit Hilfsfunktion copy -----*/
int count;

void copy(void* data) {
  MMapItem *it = (MMapItem*) data;
  actualReg[count++] = it;
}

void CopyPtrsIntoRegister(MMap WordPairs, Register reg) {
  count = 0;
  MMapForEach(WordPairs, copy);
  reg = actualReg;
}
/*-----------------------------------------------------*/

void RemoveSingles(MMap WordPairs, Register reg) {
  int i, toErase;
  MMapItem* lastItem = reg[0];

  if (MMapComp(reg[0], reg[1])) reg[0] = NULL;
  for (i=1; i<count-1; i++) {
    toErase = 0;
    if (MMapComp(lastItem, reg[i]) && MMapComp(reg[i], reg[i+1]))
      toErase = 1;
    lastItem = reg[i];
    if (toErase) reg[i] = NULL;
  }
```

```
  if (!lastItem || MMapComp(lastItem, reg[count-1]))
    reg[count-1] = NULL;
}

void PrintAnagrams(Register reg) {
  int i;
  MMapItem* lastItem;

  i = 0; while (!reg[i] && i < count) i++;
  if (i==count) return; else lastItem = reg[i];

  for (i=0; i<count; i++) {
    if (reg[i]) {
      if (MMapComp(lastItem, reg[i])) printf("\n");
      printf("%s ", (reg[i]->v).str);
      lastItem = reg[i];
    }
  }
}
```

Eine einfache – aber sehr zeitineffiziente – Strategie könnte so aussehen, daß man eine Liste aller Wörter generiert und sich dann jedes einzelne Wort vornimmt, dafür jeweils eine Liste aller Permutationen erstellt und dann in der Wortliste nachsieht, ob die eine oder andere Permutaion in ihr enthalten ist.

Eine ebenso einfache und gleichzeitig sehr zeiteffiziente Strategie sieht dagegen wie folgt aus:

> Man erzeugt zu jedem Wort einen String, der sich durch Sortieren der Buchstaben innerhalb des Wortes ergibt. Alle im Text gefundenen Wörter werden dann als Paar zusammen mit dem sortierten String als Schlüsselwert in einen Multiset-Container eingetragen. Damit wird erreicht, daß Wörter, die die gleichen Buchstaben enthalten – Anagramme – benachbart sind, z.B.:
>
> ```
> . . .  . . .
> eegnr  Regen
> eegnr  Neger
> . . .  . . .
> ```
>
> Das Heraussuchen der Anagrammgruppen aus dem Multiset ist dann eine Routineaufgabe.

6.4 Übungen

Aufgabe 1:

Erweitern Sie das Textanalyse-Programm schrittweise:

- Es sollen nur Wörter berücksichtigt werden, die nicht in der zusätzlich vorzusehenden Datei `"DIC"` (*dictionary = Wörterbuch*) enthalten sind.
- Zusätzlich zu den bestehenden Ausgaben sollen die Schnittmenge und die symmetrische Mengendifferenz gebildet werden.
- Die Sortierung soll nicht gemäß dem ASCII-Code erfolgen, sondern nach den Regeln der deutschen Sprache.

Aufgabe 2:

Erweitern Sie den Anagramm-Generator schrittweise:

- Statt des ASCII-Code ist das deutsche Alphabet zugrunde zu legen.
- Die Ausgabe soll nach Anagrammgruppen geordnet werden, d.h. zuerst werden Anagramme ausgegeben, die aus zwei Wörtern bestehen, dann solche mit drei Wörtern usw.

Kapitel 7

Automaten in der Softwaretechnik

Nichts ist praktischer als eine gute Theorie.

Redensart

Im Zusammenhang mit (formalen) Sprachen werden Automaten als formale Systeme zur Beschreibung von Sprachen bzw. zur Beschreibung von Sprachverarbeitungssystemen verwendet.

DUDEN Informatik, 2. Auflage, 1993

7.1	**Automaten und Sprachen**	**376**
7.2	**Endliche Automaten und Reguläre Sprachen**	**376**
7.3	**Lexikalische Analyse, Scanner**	**380**
7.4	**Kellerautomaten und Kontextfreie Sprachen**	**388**
7.5	**Syntaktische Analyse, Parser**	**392**

7.1 Automaten und Sprachen

Ein Kern der *Theoretischen Informatik* ist das Thema *Automaten und Formale Sprachen*. Dort geht es um verschiedene Klassen von Automaten und jeweils dazugehörige Klassen von Formalen Sprachen, wobei die Klassen eine Hierarchie bilden:

- Die einfachsten Automaten sind die **Endlichen Automaten** (Finite State Machines), dazu gehören als einfachste Sprachen die **Regulären Sprachen**.
- Die nächste Ebene wird von den **Kellerautomaten** und den dazugehörigen **Kontextfreien Sprachen** gebildet.
- Die leistungsfähigsten Automaten sind die **Turing-Maschinen**, dazu gehören die **Allgemeinen Sprachen**.

Die *Automaten und Sprachen* der *Theoretischen Informatik* sind *Abstrakte Modelle*, die zwei Aufgaben erfüllen:

> Zum einen geht es wie in der Mathematik um abstrakte Einsichten. Das *Mathematische Modell Turing-Maschine* – veröffentlicht im Jahre 1936 von dem englischen Mathematiker Alan Turing – hat neue Erkenntnisse auf dem Gebiet der Berechenbarkeit gebracht. Zum anderen bildet z.B. das Gebiet *Kellerautomaten und Kontextfreie Sprachen* die wichtige theoretische Grundlage für die praktische Anwendung **Compilerbau**. Hier bewahrheitet sich die Weisheit *Nichts ist praktischer als eine gute Theorie*.

Wichtige Anwendungen der Theorie der *Automaten und Formalen Sprachen* in der Softwaretechnik sind neben vielen anderen

- die lexikalische Analyse von Texten, z.B. als Vorstufe der Syntaxanalyse;
- die syntaktische Analyse bei Programmiersprachen oder allgemeiner bei der Mustererkennung und
- die Spezifikation des Kontrollflusses bei Echtzeit-Software-Anwendungen.

Die folgenden Abschnitte geben eine kompakte Einführung in Theorie und Praxis des Softwareentwurfs mit Automatenmodellen.

7.2 Endliche Automaten und Reguläre Sprachen

Endliche Automaten

Bild 7.1 symbolisiert einen *Endlichen Automaten* (kurz: *EA*) als Black Box. Der *EA* befindet sich in einem Zustand z_j der definierten Menge Z. Er liest Zeichen x_i des Eingabealphabets X und interpretiert jedes in Abhängigkeit von seinem aktuellen

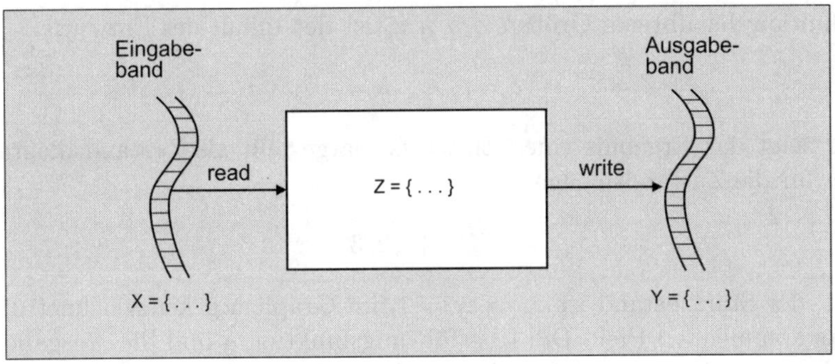

Bild 7.1: Endlicher Automat

Zustand z_j, das Ergebnis (d.h. die Ausgabe) ist ein Zeichen y_k des Ausgabealphabets Y und ein neuer Zustand, definiert durch die Menge Z. Ein solches Automatenmodell heißt **Mealy-Automat**, es gibt auch andere Modelle. Ein Mealy-Automat wird formal wie folgt beschrieben:

MA	$=$	$\{X, Z, Y, \delta, \lambda, z_s\}$	*Mealy-Automat*
X	$=$	$\{\ldots\}$	*Menge der Eingabezeichen*
Z	$=$	$\{\ldots\}$	*Menge der Zustände*
Y	$=$	$\{\ldots\}$	*Menge der Ausgabezeichen*
δ	$:$	$X \times Z \to Z$	*Überführungsfunktion*
λ	$:$	$X \times Z \to Y$	*Ausgabefunktion*
z_s	$\in$	Z	*Startzustand*

- Die Überführungsfunktion $\delta : X \times Z \to Z$ berechnet den jeweiligen Folgezustand $z_l \in Z$ aus dem aktuellen Eingabezeichen $x_i \in X$ und aus dem aktuellen Zustand $z_j \in Z$
- Die Ausgabefunktion $\lambda : X \times Z \to Y$ berechnet entsprechend das Ausgabezeichen $y_k \in Y$ aus $x_i \in X$ und $z_j \in Z$

Beispiel: Zahlenschloß

Als Beispiel wollen wir die Simulation eines kleinen Zahlenschlosses betrachten: Nach Eingabe von drei bestimmten Ziffern in definierter Reihenfolge (z.B. 437) soll die Ausgabe $y = 1$ erzeugt werden, bei allen anderen Eingaben wird $y = 0$ ausgegeben. Der Automat hat demnach folgende Menge von Eingabe- und Ausgabezeichen:

$$X = \{0, 1, 2, 3, 4, 5, 6, 7, 8, 9\}; \quad Y = \{0, 1\}$$

Die Definition der übrigen Größen Z, δ, λ, z_s ist der Inhalt des Entwurfs:

$$Z = \ldots; \quad \delta = \ldots; \quad \lambda = \ldots; \quad z_1 = \ldots$$

Bild 7.2 zeigt das Ergebnis eines Entwurfs, dargestellt als Zustandsdiagramm. Es wird hierfür die Zustandsmenge

$$Z = \{1, 2, 3\}$$

benötigt, der Startzustand ist $z_s = z_1 = 1$, im Graphen gekennzeichnet durch den von links kommenden Pfeil. Die Überführungsfunktion δ und die Ausgabefunktion λ sind durch die Kanten des Graphen und ihre Beschriftungen definiert. Die Kanten zeigen auf die jeweiligen Folgezustände, die Beschriftungen in der Form x_i/y_k geben jeweils an, bei welchem Eingangszeichen x_i der Übergang erfolgt und welches Ausgangssignal y_k dabei jeweils erzeugt wird.

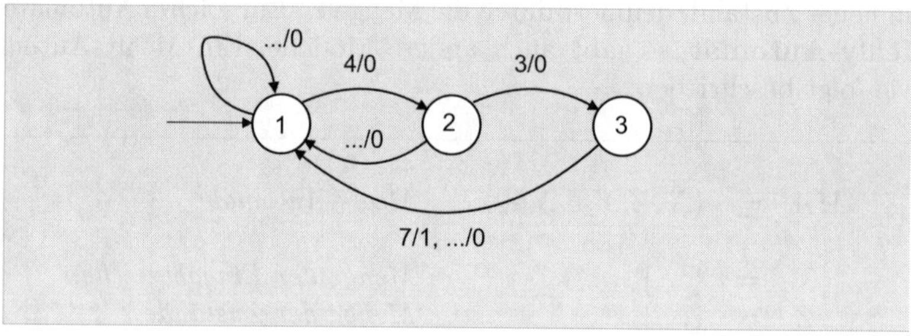

Bild 7.2: Zahlenschloß

Die Beschreibung dieses Automaten in der Programmiersprache C kann dann z.B. wie folgt aussehen:

```
/*
  Simulation eines Zahlenschlosses,
  die Kombination ist "437".
*/
char x; /* Eingabezeichen */
char y; /* Ausgabezeichen */
int  z; /* Zustand        */
z = 1; y = '0';
while ( y=='0' ) {
  x = getchar();
  switch (z) {
    case 1: if (x=='4') z = 2;
            y = '0';
            break;
    case 2: if (x=='3') z = 3; else z = 1;
            y = '0';
```

```
            break;
    case 3: z = 1;
            if (x=='7') y = '1'; else y = '0';
            break;
  }
  putchar(y);
}
printf("\n Das Schloss ist geoeffnet ! \n");
```

Reguläre Sprachen

Der im Beispiel *Zahlenschloß* beschriebene *Endliche Automat*, kurz *EA*, kann Zeichenfolgen des definierten Eingabealphabets verarbeiten, er erkennt die Zeichenfolge 437. Der *EA* könnte so erweitert werden, daß er auch andere Zeichenfolgen erkennt. Die von einem *EA* erkannten Zeichenfolgen heißen *Sätze* oder *Wörter*, die Regeln zur Produktion entsprechender Sätze heißen *Syntaxregeln* oder *Produktionen*, und die Menge aller möglichen Sätze – die unendlich groß sein kann – definiert die Sprache. Hier erkennt man die Dualität der Begriffe *Sprache* und *Automat*:

- Alle Sätze einer Sprache werden durch einen entsprechenden Automaten erkannt, die Sätze bewirken, daß der Automat von einem Anfangszustand in einen Endzustand übergeht.

Die einfachsten Sprachen sind *reguläre Sprachen*, die einfachsten Automaten sind *endliche Automaten*:

- **Reguläre Sprachen** sind Sprachen, deren Sätze durch **endliche Automaten** erkannt werden können.

Als Beispiel sei hier die in vielen Programmiersprachen geltende Syntaxregel zum Bilden von Bezeichnern genannt: *ein Bezeichner ist eine Folge von Zeichen aus Buchstaben und Ziffern der Länge* $n \geq 1$, *wobei das erste Zeichen ein Buchstabe sein muß*. Es ist sehr einfach, einen endlichen Automaten zu entwickeln, der Bezeichner erkennt, siehe Abschnitt 7.3.

Ein schönes Beispiel aus der Praxis für die Verwendung regulärer Ausdrücke ist das *Unix-Grep*. Inzwischen wird die Verwendung regulärer Ausdrücke von den meisten guten Editoren angeboten. Damit ergeben sich wesentlich flexiblere Möglichkeiten der Mustererkennung und der Textersetzung als bei der Erkennung und Ersetzung fester Muster.

In der Theoretischen Informatik sind die hier eingeführten automaten- und sprachtheoretischen Begriffe alle formal exakt definiert, für unsere Belange – z.B. für die Entwicklung von Software zur lexikalischen Analyse von Texten – genügen die bisherigen Erläuterungen.

7.3 Lexikalische Analyse, Scanner

Lexikalische Analyse beinhaltet das Erkennen von Zeichenmustern in Texten. Ein typisches Beispiel sind sog. *Scanner* als Softwarebausteine von Compilern, die dazu dienen, die *Symbole*, häufig auch *Token* genannt, einer Programmiersprache zu erkennen. Die Symbole (Token) z.B. der Programmiersprache C sind *Bezeichner*, *reservierte Wörter*, *Zahlen*, *Operatoren* usw. Diese Symbole sind die Grundmuster der Sprache C, sie bilden auf höherer Ebene ihre Eingabezeichen.

Im folgenden werden zunächst einige *atomare Scanner* entwickelt, die jeweils nur ein spezielles Symbol erkennen, anschließend dann ein Scanner für eine kleine selbstdefinierte Sprache.

Scanner für Bezeichner

Die Regel zur Bildung von Bezeichern lautet in vielen Programmiersprachen:

- Ein Bezeichner beginnt mit einem Buchstaben, dem eine beliebige Sequenz – deren Länge auch null sein kann – aus Buchstaben und Ziffern folgt.

In der erweiterten Backus-Naur-Form (siehe dazu auch Abschn. 7.5.1) lautet die entsprechende Definition:

```
identifier = letter {letter | digit}.
```

Bild 7.3 zeigt den Entwurf eines entsprechenden Scanners in Form eines Zustandsdiagrammes, der angegebene Programmcode zeigt die softwaretechnische Umsetzung.

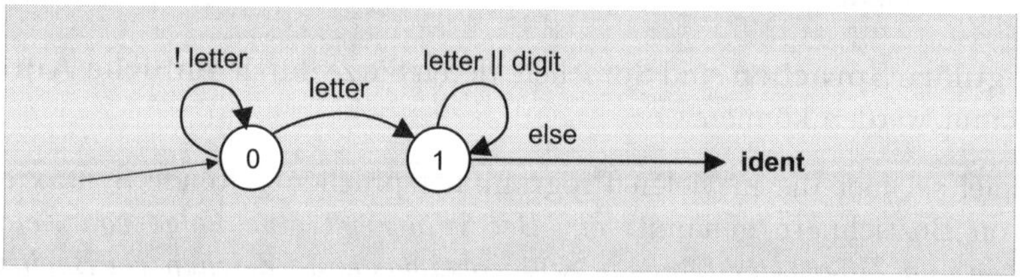

Bild 7.3: Scanner zur Erkennung von Bezeichnern

C-Text 7.1: *Scanner* ./Bsp7/scan/scident.sht

```
const int ende  = 0;
const int ident = 1;

char buf[81];
int  p;
char ch;
FILE* f;
```

```
char ReadCh(void) {
  ch = getc(f); buf[p++] = ch;
  if (feof(f)) exit(0);
  return ch;
}

int scan() {
  int p, state, sym;
  char ch;
  p = 0; state = 0; sym = 0;
  while (!sym) {
    ch = ReadCh();
    switch (state) {
      case 0 : if (isalpha(ch)) state = 1;
               else p = 0;
               break;
      case 1 : if (!isalnum(ch)) sym = ident;
               break;
    }
  }
  buf[p-1] = '\0'; ungetc(ch, f);
  return sym;
}
```

7.3.1 Scanner für Zahlen

Die Regeln zur Bildung von Zahlen sind in verschiedenen Programmiersprachen recht unterschiedlich, diese Regeln sind deutlich komplexer als die zur Bildung von Bezeichnern. Besonders klar ist die Definition der Produktionsregel für Zahlen in der Programmiersprache Oberon mit Hilfe der EBNF (siehe Abschn. 7.5.1), die im folgenden leicht vereinfacht (d.h. ohne Berücksichtigung der hexadezimalen und oktalen Schreibweise) wiedergegeben wird. In C ist die entsprechende Definition wesentlich aufwendiger, unter anderem auch wegen der dort verwendeten modifizierten Backus-Naur-Form.

Definition einer *Oberon-Zahl* in EBNF, leicht vereinfacht

```
number      = integer | real.
integer     = digit {digit}.
real        = digit {digit} "." {digit} [ScaleFactor].
ScaleFactor = ("E"|"D")["+"|"-"] digit {digit}.
```

Auf dieser Basis ergibt sich der in Bild 7.4 als Zustandsdiagramm spezifizierte EA, der entsprechende Zahlen erkennt. Der angegebene Programmcode zeigt eine softwaretechnische Implementierung.

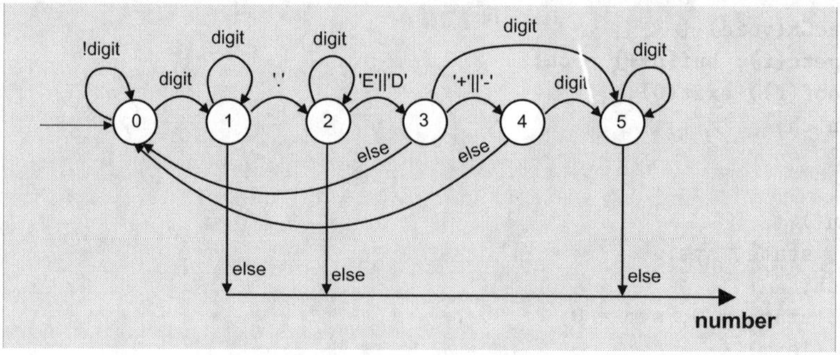

Bild 7.4: Scanner zur Erkennung von Zahlen

C-Text 7.2: *Scanner für Zahlen* ./Bsp7/scan/scnumber.sht

```
. . .
int scan() {
  . . .
  while (!sym) {
    ch = ReadCh();
    switch (state) {
      case 0 : if (isdigit(ch)) state = 1;
               else p = 0;
               break;
      case 1 : if (!isdigit(ch)) {
                 if (ch == '.') state = 2;
                 else sym = number;
               }
               break;
      case 2 : if (!isdigit(ch)) {
                 if (ch=='E'||ch=='D') state = 3;
                 else sym = number;
               }
               break;
      case 3 : if (isdigit(ch)) state = 5;
               else if (ch == '+' || ch == '-') state = 4;
               else { state = 0; p = 0; }
               break;
      case 4 : if (isdigit(ch)) state = 5;
               else { state = 0; p = 0; }
               break;
      case 5 : if (!isdigit(ch)) sym = number; break;
  } }
  buf[p-1] = '\0'; ungetc(ch, f);
  return sym;
}
```

7.3.2 Scanner für Kommentare

Als drittes Beispiel dient uns ein Scanner zur Erkennung von C-Kommentaren. Bild 7.5 zeigt einen entsprechenden Graphen. Wenn man die beiden Zeichenkombinationen `/*` und `*/` zur Einleitung bzw. Beendigung des Kommentars als jeweils ein Zeichen interpretiert, dann können die beiden Zustände 0 und 1 bzw. 2 und 3 zu jeweils einem verschmolzen werden. Der angegebene Programmcode nutzt diese Möglichkeit und kommt dementsprechend mit zwei Zuständen aus.

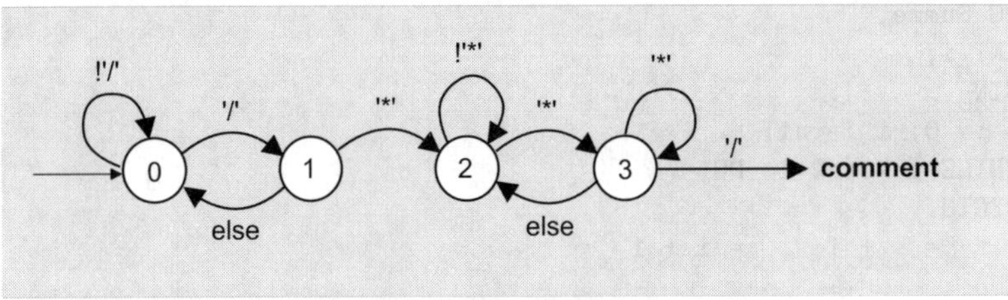

Bild 7.5: Scanner zur Erkennung von Kommentaren

C-Text 7.3: *Scanner für Kommentare, Vers.1* ./Bsp7/scan/scco1.sht

```
. . .
int scan() {
  . . .
  while (!sym) {
    ch = ReadCh();
    switch (state) {
      case 0 : if (ch == '/') {
                 ch = ReadCh();
                 if (ch == '*') state = 1; else p = 0;
               }
               else p = 0;
               break;
      case 1 : if (ch == '*') {
                 ch = ReadCh();
                 if (ch == '/') sym = comment;
               }
               break;
    }
  }
  buf[p] = '\0';
  return sym;
}
```

7.3.3 Ein Scanner für die kleine Sprache ML2

Wir betrachten zunächst ein typisches Programm der *Miniprogrammiersprache ML2*, die in Abschn. 7.5.3 vorgestellt wird, und interessieren uns an dieser Stelle nicht für die Syntax der Sprache, die dort Gegenstand der Betrachtungen ist, sondern für deren lexikalische Elemente:

```
(* Ein ML2-Programm *)
(* =============== *)
INT n1, n2, s;
PROC Summe;
  INT i;
BEGIN
  s := 0; i := n1;
  WHILE i < (n2+1) DO
  BEGIN
    s := s + i; i := i + 1
  END;
END;
BEGIN
  READ n1; READ n2;  (* Werte fuer n1 und n2 eingeben *)
  CALL Summe;
  WRITE s            (* Wert der Variablen s ausgeben *)
END.
```

Die Sprache ML2 verfügt über vierundzwanzig verschiedene Symbole (Token), die durch einen entsprechenden Scanner erkannt werden sollen. Variablenbezeichner seien wie üblich definiert, Kommentare können an beliebigen Stellen eingefügt werden, sie werden durch `(*` eingeleitet und durch `*)` beendet.

Der C-Text 7.5 zeigt die H-Datei eines entsprechenden Scanners. Mit dem Aufzählungstyp `Sym` wird für jedes der vierundzwanzig Symbole ein Name als Symbolischer Wert definiert. Bei jedem Aufruf der Funktion `GetSym` wird der aktuelle Wert des Symbols in der Variablen `sym` abgelegt. Wenn das Symbol ein Name (identifier) ist, dann wird in der Variablen `id` zusätzlich der aktuelle Name als String abgelegt, und wenn es eine Zahl ist, dann wird in der Variablen `num` zusätzlich der aktuelle Wert der Zahl abgelegt.

C-Text 7.4: *Scanner, H-Datei* ./Bsp7/pl0/scan.h

```
#ifndef _scan_h
#define _scan_h

typedef enum symb {
  null,      /* kein Symbol */   plus,      /* "+"     */
  minus,     /* "-"         */   times,     /* "*"     */
  divi,      /* "/"         */   lparen,    /* "("     */
  rparen,    /* ")"         */   comma,     /* ","     */
```

```
  becomes,    /* ":="          */  number,    /* eine Zahl */
  ident,      /* ein Name      */  semicolon, /* ";"       */
  end,        /* "END"         */  begin,     /* "BEGIN"   */
  write,      /* "WRITE"       */  read,      /* "READ"    */
  whil,       /* "WHILE"       */  doit,      /* "DO"      */
  var,        /* "INT"         */  eql,       /* "="       */
  lss,        /* "<"           */  proc,      /* "PROC"    */
  call,       /* "CALL"        */  period     /* "."       */
} Symbol;

typedef char Ident[33];

extern Symbol sym;          /* last symbol read     */
extern Ident  id;           /* last identifier read */
extern int    num;          /* last number read     */

void StartScanner(char* source);
void StopScanner(void);

void GetSym(void);  /* get next symbol      */

#endif
```

Der C-Text 7.5 zeigt die Implementierung des Scanners, der Programmcode ist selbsterklärend.

C-Text 7.5: *Scanner, C-Datei* ./Bsp7/pl0/scan.c

```
#include"scan.h"
#include<stdio.h>
#include<ctype.h>
#include<string.h>

#define kmax 100

char    ch;
struct kT {
  Symbol sym;
  Ident name;
} keyTab[kmax];
unsigned k;

FILE*  f;

Symbol sym;          /* last symbol read     */
Ident  id;           /* last identifier read */
int    num;          /* last number read     */
```

```
void EnterKW(Symbol sym, char* name) {
  k++;
  keyTab[k].sym  = sym;
  strcpy(keyTab[k].name, name);
}

void GetCh(void) { ch = getc(f); putchar(ch); }

void StartScanner(char* source) {
  ch = ' '; k = 0;
  EnterKW(end,   "END");    EnterKW(var,     "INT");
  EnterKW(begin, "BEGIN"); EnterKW(write,   "WRITE");
  EnterKW(read,  "READ");   EnterKW(whil,    "WHILE");
  EnterKW(doit,  "DO");     EnterKW(proc,    "PROC");
  EnterKW(call,  "CALL");
  if (source[0] != '\0') f = fopen(source, "r");
  else f = stdin;
}

void StopScanner(void) { if (f != stdin) fclose(f); }

void Identifier(void) {
  unsigned i = 0;
  do { id[i++] = ch; GetCh(); } while (isalnum(ch));
  id[i] = '\0';
  for (i=1; i<=k; i++) {
    if (strcmp(id, keyTab[i].name)==0) {
      sym = keyTab[i].sym; return;
    }
  }
  sym = ident;
}

void Number(void) {
  sym = number; num = 0;
  do { num = num*10+ch-'0'; GetCh(); } while (isdigit(ch));
}

void Comment(void) {
  do {
    while (ch != '*') GetCh();
    GetCh();
  }
  while (ch != ')');
  GetCh();
}
```

```
void GetSym(void) {
  while (ch <= ' ') GetCh();
  if      (isalpha(ch)) Identifier();
  else if (isdigit(ch)) Number();
  else {
    switch (ch) {
      case '+' : sym = plus;      GetCh(); break;
      case '-' : sym = minus;     GetCh(); break;
      case '*' : sym = times;     GetCh(); break;
      case '/' : sym = divi;      GetCh(); break;
      case '(' : GetCh();
                 if (ch == '*') { Comment(); GetSym(); }
                 else sym = lparen;
                 break;
      case ')' : sym = rparen;    GetCh(); break;
      case ',' : sym = comma;     GetCh(); break;
      case ';' : sym = semicolon; GetCh(); break;
      case '<' : sym = lss;       GetCh(); break;
      case '=' : sym = eql;       GetCh(); break;
      case '.' : sym = period;    GetCh(); break;
      case ':' : GetCh();
                 if (ch == '=') { sym = becomes; GetCh(); }
                 else sym = null;
                 break;
      default  : sym = null; printf("\n???\n"); break; /* #&$"'%@[{...~ */
    }
  }
}
```

Der C-Text 7.6 enthält ein kleines Test- und Demoprogramm für den Scanner, das einen Text liest und reproduziert und zusätzlich hinter jedes erkannte Symbol den Wert des Symbols als Dezimalzahl schreibt.

C-Text 7.6: *Scanner, Test* ./Bsp7/pl0/scantest.c

```
#include"scan.h"
#include"stdio.h"

int main(void) {
  StartScanner("ml2.dat"); GetSym();
  while (sym != null && sym != period) {
    printf("%d", sym); GetSym();
  }
  StopScanner();
  return 0;
}
```

Ausgabe des Programms:

```
(* Ein ML2-Programm *)
(* =============== *)
INT 18n1,10 7n2,10 7s;10
11PROC 21Summe;10
11  INT 18i;10
11BEGIN
13  s 10:= 80;9 11i 10:= 8n1;10
11  WHILE 16i 10< 20(n52+1011)9 6DO
17  BEGIN
13    s 10:= 8s 10+ 1i;10 11i 10:= 8i 10+ 11;9
11  END;12
11END;12
11BEGIN
13  READ 15n1;10 11READ 15n2;10 11 (* Werte fuer n1 und n2 eingeben *)
  CALL 22Summe;10
11  WRITE 14s 10            (* Wert der Variablen s ausgeben *)
END.12
```

Das Programm enthält eine Tabelle `keyTab`, in die bei der Initialisierung die Wortsymbole der Sprache (INT, BEGIN, END, ...) eingetragen werden, damit zwischen Bezeichnern und Wortsymbolen unterschieden und die Wortsymbole im einzelnen erkannt werden können. Der Scanner legt das Ergebnis – die Art des erkannten Symbols (plus, minus, ..., period) – in der Variablen `sym` ab und liefert im Falle eines Bezeichners oder Wortsymbols zusätzlich den entsprechenden Zeichenstring und im Falle einer Zahl den entsprechenden Wert.

Wenn man den Code im Detail betrachtet und mit den in Abschn. 7.3 beschriebenen Ansätzen vergleicht, so fällt auf, daß Vereinfachungen durchgeführt worden sind durch Verzicht auf *Zustände*; das ist eine Sache der üblichen Codereduzierung, wie sie häufig nach der Spezifikation in einem zweiten Ansatz durchgeführt wird.

7.4 Kellerautomaten und Kontextfreie Sprachen

Das Modell der Endlichen Automaten eignet sich sehr gut zur Analyse von Mustern, die einer bestimmten Klasse angehören – den *Regulären Sprachen.* Andere – auf den ersten Blick sehr einfach erscheinende – Muster lassen sich damit nicht analysieren. Typische Beispiele dafür sind Klammerausdrücke mit unbegrenzter Schachtelungstiefe. Das trifft z.B. auch auf das Erkennen von Kommentaren zu, wenn wir eine beliebige Schachtelungstiefe zulassen. Das Problem kann zwar programmtechnisch sehr einfach gelöst werden, indem wir mit einem Zähler über die aktuelle Schachtelungstiefe buchführen, wie es der C-Text 7.7 zeigt, aber dann haben wir keinen *EA* mehr, sondern wir haben einen *EA*, der um einen Zähler mit *unbegrenzter Kapazität* erweitert ist.[1]

[1] *unbegrenzt* bezieht sich auf das mathematische Modell, die Implementierung ist stets *begrenzt*.

C-Text 7.7: *Scanner für Kommentare, Vers. 2* ./Bsp7/scan/scco4.sht

```
. . .
int scan() {
  . . .
  while (!sym) {
    ch = ReadCh();
    if (ch == '/') {
      ch = ReadCh();
      if (ch == '*') tiefe++;
    }
    else if (ch == '*') {
      ch = ReadCh();
      if (ch == '/') tiefe--;
      if (tiefe == 0) sym = comment;
    }
    else if (tiefe == 0) p = 0;
  }
  buf[p] = '\0';
  return sym;
}
```

Noch schwieriger wird der Fall, wenn wir unterschiedliche Klammerpaare zulassen (wie es z.B. in Pascal der Fall ist!). Wir müssen uns dann nicht nur die Tiefe, sondern auch die Art der Klammer merken. Hier bietet sich als Lösung die Verwendung eines Kellerspeichers an (ein Kellerspeicher ist ein Stapelspeicher, engl. Stack genannt); C-Text 7.8 skizziert das.

C-Text 7.8: *Scanner für Kommentare, Vers. 3* ./Bsp7/scan/scco5.sht

```
/*--------------- Stack -----------------*/
char Data[1000];
int  n;
void InitStack(void) { n = 0; }
void Push(char x)    { Data[n++] = x; }
char Pop(void)       { return Data[--n]; }
char Top(void)       { return Data[n-1]; }
int isEmpty(void)    { return n == 0; }
/*---------------------------------------*/
. . .
int scan() {
  int sym;
  p = 0; sym = 0;
  while (!sym) {
    ch = ReadCh();
    if      (ch == '<') Push('>');
    else if (ch == '(') Push(')');
    else if (!isEmpty()) {
```

```
      if (ch == Top()) {
        Pop();
        if (isEmpty()) sym = comment;
    } }
    else p = 0;
  }
  buf[p] = '\0';
  return sym;
}
```

Eine generelle Lösung für die Erkennung von Mustern dieser neuen Klasse bietet der in Bild 7.6 gezeigte *Kellerautomat*.

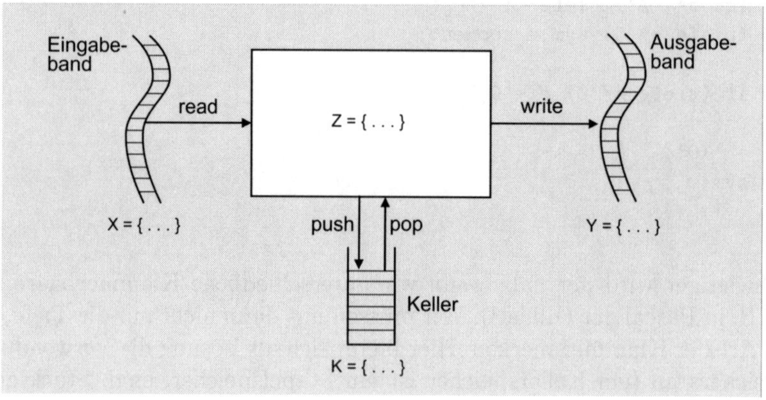

Bild 7.6: Kellerautomat

Die formale Beschreibung des *Kellerautomaten*, kurz *KA* genannt, ist eine Erweiterung des Sechs-Tupel für den *EA* um die beiden Positionen K (Kelleralphabet) und k_s (Kellerstartzeichen):

KA	$=$	$\{X, Z, Y, K, \delta, \lambda, z_s, k_s\}$	*Kellerautomat*
X	$=$	$\{\ldots\}$	*Menge der Eingabezeichen*
Z	$=$	$\{\ldots\}$	*Menge der Zustände*
Y	$=$	$\{\ldots\}$	*Menge der Ausgabezeichen*
K	$=$	$\{\ldots\}$	*Menge der Kellerzeichen*
δ	$:$	$\ldots \to \ldots$	*Überführungsfunktion*
λ	$:$	$\ldots \to \ldots$	*Ausgabefunktion*
z_s	$\in$	Z	*Startzustand*
k_s	$\in$	K	*Startzeichen des Kellers*

- Die Überführungsfunktion $\delta(X, Z, K)$, deren genaue Form hier nicht interessiert, berechnet aus dem Eingabezeichen, dem aktuellen Zustand und dem oben auf dem Kellerstapel liegenden Zeichen einen neuen Zustand und ein neues *Topstackelement.*
- Die Ausgabefunktion $\lambda(X, Z, K)$ berechnet entsprechend ein neues Ausgabezeichen (das auch leer sein kann!).

Beispiel: Geschachtelte Kommentare

Ein *KA* soll als Eingabe eine beliebige Sequenz von ASCII-Zeichen lesen und auf das Ausgabemedium kopieren mit dem Zusatz, daß Kommentare zu überlesen sind. Kommentare seien Zeichensequenzen, die durch Klammerpaare `()` oder `[]` eingeschlossen sind, wobei die Schachtelungstiefe unbegrenzt sei. So erzeugt als Beispiel die Eingabesequenz

```
abc(def[ghi(jkl(mno)pqr)stu]vw)xyz
```

durch Überlesen der geschachtelten Kommentare die Ausgabesequenz

```
abcxyz
```

Der C-Text 7.9 simuliert den entsprechenden Kellerautomaten.

C-Text 7.9: *Überlesen geschachtelter Kommentare* ——— ./Bsp7/scan/scco6.sht

```
/*-----------------Stack------------------*/
char Data[1000];
int  n;
void InitStack(void) { n = 0; }
void Push(char x)    { Data[n++] = x; }
char Pop(void)       { return Data[--n]; }
char Top(void)       { return Data[n-1]; }
int isEmpty(void)    { return n == 0; }
/*-----------------------------------------*/

int main() {
  char ch = getchar();
  InitStack();
  while (ch != '\n') {
    if      (ch == '(') Push(')');
    else if (ch == '[') Push(']');
    else if (!isEmpty()) {
      if (ch == Top()) {
        Pop();
        if (isEmpty()) ch = getchar();
      }
    }
```

```
    if (isEmpty()) putchar(ch);
    ch = getchar();
  }
  return 0;
}
```

Kontextfreie Sprachen

Das vorangehende Beispiel hat gezeigt, daß die Möglichkeiten der *EA* sehr beschränkt sind, sie können nur Sätze *regulärer Sprachen* erkennen, schon das Erkennen von Klammerausdrücken mit unbegrenzter Schachtelungstiefe ist damit nicht möglich. Der gegenüber einem *EA* um einen Stapelspeicher (unbegrenzter Kapazität!) erweiterte *KA* hat damit keine Probleme, er kann komplexere Strukturen, nämlich Sätze von sog. *kontextfreien Sprachen*, erkennen:

- **Kontextfreie Sprachen** sind Sprachen, deren Sätze durch **Kellerautomaten** erkannt werden können.

Das Konzept der *kontextfreien Sprachen* ist die Basis der üblichen höheren Programmiersprachen, deren Grundsymbole Namen, Zahlen, Operatoren usw. sind. Der Aufbau entsprechender Programme erfolgt nach formalen Regeln, die die Syntax der Sprachen festlegen. Mit dem Modell *KA* ist es nun möglich, solche Programme auf syntaktische Korrektheit zu überprüfen und ggf. auch Fehlerdiagnostik zu betreiben. Programme, die die Syntax von Programmen analysieren, heißen *Parser* und sind Bestandteile jedes Compilers.

7.5 Syntaktische Analyse, Parser

Die Elemente der *lexikalischen Analyse* sind im allgemeinen einzelne Zeichen, die Regeln zur Bildung der daraus aufgebauten Grundsymbole sind durch *reguläre Sprachen* definiert, die sich im wesentlichen dadurch auszeichnen, daß sie keine Rekursionen enthalten. Die Elemente der *syntaktischen Analyse* sind dann die Grundsymbole, die Regeln zur Bildung der daraus aufgebauten Sprachelemente – z.B. Ausdrücke, Anweisungen, Blöcke – sind durch *kontextfreie Sprachen* definiert, die sich im wesentlichen dadurch auszeichnen, daß sie Rekursionen enthalten. Anschaulich gesagt, heißt das, daß das Prinzip der *Schachtelung* auf dieser Ebene typisch ist: Ausdrücke enthalten (Teil-) Ausdrücke, Anweisungen enthalten Anweisungen, und Blöcke enthalten Blöcke.

7.5.1 EBNF-Notation und Syntaxdiagramme

Die Elemente der *Metasprache* EBNF sind:

- `A = B C` : Sequenz (Konkatenation)

- `A = B | C` : Auswahl (Alternative)
- `A = [B]` : Option
- `A = {B}` : n Wiederholungen ($n \geq 0$) (Iteration)
- `(...)` : Gruppierung
- *Bezeichner (Namen)* : Wie üblich (`letter {letter | digit}`)
- *Endsymbole (terminale Symbole, Literale)* : Zeichen oder Strings, die in *Anführungsstriche oben* eingeschlossen werden

Die Syntax der Metasprache EBNF kann in EBNF selbst definiert werden:

```
production = identifier "=" expression ".".
expression = term {"|" term}.
term       = factor {factor}.
factor     = identifier | literal | "(" expression ")" |
             "[" expression "]" | "{" expression "}".
```

Bild 7.7 zeigt die Beschreibung der entsprechenden Regeln als Syntaxdiagramm. Beispiel für eine einfache in EBNF definierte Sprache:

```
A = letter | "(" B ")".
B = A C.
C = {("+"|"-") A}.
```

In dieser Sprache gibt es also die vier Endsymbole `( ) + -` . Beispiele für syntaktisch richtige Sätze (Konstrukte, Programme) dieser Sprache sind:

```
x
(y)
(x+y-z)
((a))
((a+b)-(a-b))-((b-a+p)-(y-x))
```

Bild 7.8 stellt die oben angegebenen Regeln als Syntaxdiagramm dar, im unteren Teil sind als alternative Darstellung die *drei* Regeln in *einem* Diagramm zusammengefaßt.

7.5.2 Parser

Beispiel 1: Ein Parser für eine ganz einfache Sprache

Im vorigen Abschnitt wurde eine ganz einfache Sprache mit folgender Syntax vorgestellt:

```
A = letter | "(" B ")".
B = A C.
C = {("+"|"-") A}.
```

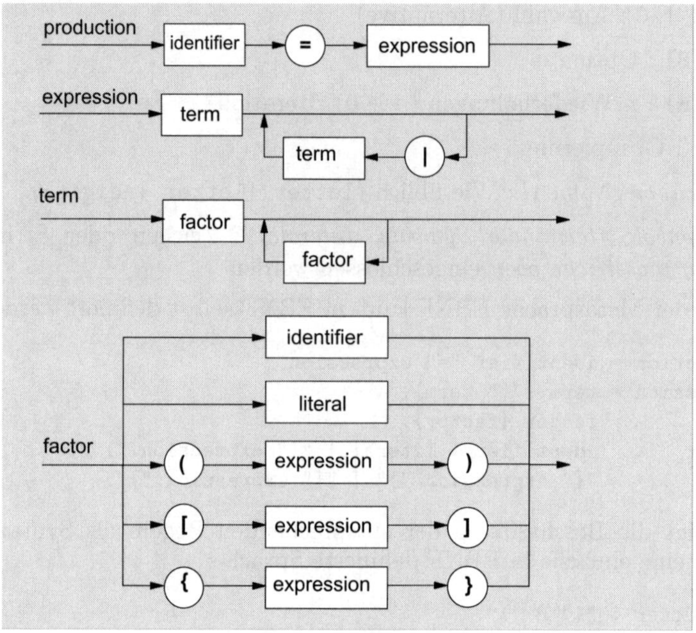

Bild 7.7: Syntax der Metasprache EBNF

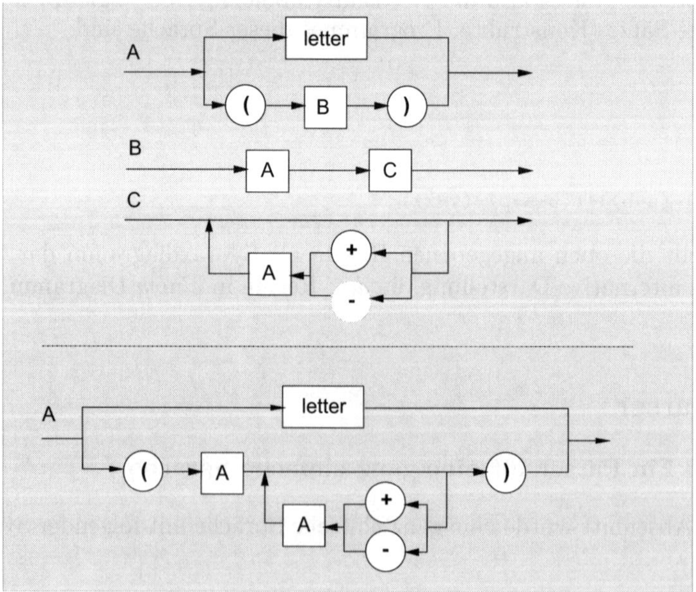

Bild 7.8: Syntax einer einfachen Sprache

Produktionen dieser kleinen Sprache können durch das folgende kleine Programm *geparst* werden:

C-Text 7.10: *Parser für eine ganz einfache Sprache* ./Bsp7/pl0/MINIPAR.sht

```
char sym;

void error(void) { printf("\n Fehler !\n"); exit(0); }

void GetSym(void) { sym = getchar(); putchar(sym); }

void A(void) {
  if (isalpha(sym)) GetSym();
  else if (sym == '(') {
    GetSym(); A();
    while (sym == '+' || sym == '-') {
      GetSym(); A();
    }
    if (sym == ')') GetSym(); else error();
  }
  else error();
}

int main(void) {

  printf("-> ");

  GetSym(); A();
  if (sym == '.') printf("\n Syntax ist korrekt \n");

  return 0;
}
```

Unterscheidung *nicht regulärer* von *regulären* Sprachen

Die Struktur der Funktion A spiegelt die Struktur der oben definierten Sprache wider. Im unteren Teil des Bildes 7.8 sind die drei Regeln zu einer zusammengefaßt, die entsprechende textuelle Darstellung hat folgende Form:

```
A = letter | "(" A { ("+"|"-") A } ")".
```

Die Symbole A auf der rechten Seite der *Syntaxregel* in Form einer EBNF stellen Rekursionen dar, die nicht eliminiert werden können. Auf dieser Basis läßt sich nach [19] die Unterscheidung der *nicht regulären* von den *regulären* Sprachen sehr einfach wie folgt durchführen:

- Eine Sprache ist *regulär*, wenn ihre Syntax durch *eine* EBNF-Regel ohne Rekursion formuliert werden kann.

Regeln zur Entwicklung von Parsern

Parser können ganz formal durch Anwenden der folgenden Ersetzungsregeln entwickelt werden:

(1) $a_1 a_2 \ldots a_n$:

```
f(a1); f(a2); ... f(an);
```

(2) $\{a\}$:

```
while (sym == s) f(a);
```

(3) $[a]$:

```
if (sym == s) f(a);
```

(4) $a_1|a_2|\ldots|a_n$:

```
if      (sym == s1) f(a1);
else if (sym == s2) f(a2);
. . .
else if (sym == sn) f(an):
else error();
```

oder :

```
switch (sym) {
  case s1 : f(a1); break;
  case s2 : f(a2); break;
  . . .
  case sn : f(an); break;
  default : error();
}
```

(5) Jeder Bezug zu einem Graphen (d.h. Nicht-Endsymbol) wird durch Aufruf der dem Graphen entsprechenden Funktion übersetzt.

(6) Jeder Bezug zu einem Endsymbol "e" wird wie folgt übersetzt:

```
if (sym = 'e') GetSym(); else error();
```

Beispiel 2: Ein Parser für arithmetische Ausdrücke

Beispiele für arithmetische Ausdrücke sind:

```
x + y.
(a+b) * (a-b).
((a + b) * (c - d)) / (a*a + b*b + c*c + d*d).
3 * pi * radius * radius + 2.5 * laenge * breite.
```

Die Elemente solcher Ausdrücke sind z.B. Operatoren (+, -, *, /), Klammern, Bezeichner und Zahlen. Die entsprechende Syntax läßt sich in EBNF z.B. wie folgt beschreiben:

```
expression = term {("+"|"-") term}"."
term       = factor {("*"|"/"|"%") factor}
factor     = identifier | number | "("expression")"
```

Daraus ergeben sich durch Anwenden der genannten Regeln die folgenden drei C-Funktionen:

```
void factor() {
  if      (sym==ident)  GetSym();
  else if (sym==number) GetSym();
  else if (sym==lparen) {
    GetSym(); expression();
    if (sym==rparen) GetSym(); else error();
  }
  else error();
}

void term() {
  factor();
  while (sym==times || sym==divi || modu) { GetSym(); factor(); }
}

void expression() {
  term();
  while (sym==plus || sym==minus) { GetSym(); term(); }
}
```

Der C-Text 7.11 demonstriert Test und Anwendung dieser Funktionen unter Verwendung eines entsprechenden Scanners:

C-Text 7.11: *Parser für arithmetische Ausdrücke* ./Bsp7/pl0/expr.str

```
#include"scan.h"

void error(void) { printf("\n > Fehler ! < \n"); exit(0); }

void term(void);

void expression(void);

void factor(void) { . . . }
void term(void) { . . . }
void expression(void) { . . . }

int main(void) {
  StartScanner(""); printf("->");
```

```
  GetSym(); expression();
  printf("\n Der Ausdruck ist korrekt \n");
  return 0;
}
```

Beispiel 3: Ein Parser für *EBNF-Programme*

Als weiteres Beispiel soll ein Programm entwickelt werden, das *EBNF-Programme* parsen kann. Der Einfachheit halber lassen wir hier für Bezeichner nur Buchstaben zu:

```
production = letter "=" expression ".".
expression = term {"|" term}.
term       = factor {factor}.
factor     = letter | literal | "(" expression ")" |
             "[" expression "]" | "{" expression "}".
```

Daraus ergeben sich – ebenfalls wieder durch rein formales Anwenden der angegebenen Regeln – die folgenden vier C-Funktionen:

```
production() {
  if (isalpha(sym)) GetSym();
  else error(6);
  if (sym == '=') GetSym(); else error(7);
  expression();
  if (sym == '.') GetSym(); else error(8);
}

expression() {
  term();
  while (sym == '|') { GetSym(); term(); }
}

term() {
  factor();
  while ( isalpha(sym) || sym=='(' ||
          sym=='['     || sym=='{' || sym=='"'  ) factor();
}

factor() {
  if (isalpha(sym))
     GetSym();                // nichtterminales Symbol
  else {
    switch(sym) {
      case '"' :
        GetSym(); GetSym();  // terminales Symbol
        if (sym=='"') GetSym(); else error(1);
```

```
          break;
        case '(' :
          GetSym(); expression();
          if (sym==')') GetSym(); else error(2);
          break;
        . . .
        default  : error(5);
          break;
      }
    }
  }
```

Die Syntax eines beliebigen *EBNF-Programms* (das also die Syntax einer anderen Sprache definiert) kann dann mit dem folgenden Parser auf Korrektheit geprüft werden:

C-Text 7.12: *Parser für EBNF-Produktionen* ./Bsp7/pl0/EBNFPAR.str

```
char sym;
FILE* source;

void GetSym(void) { . . . }

void error(int nr) { . . . }

void expression(void);
void production(void) { . . . }

void term(void);
void expression(void) { . . . }

void factor(void);
void term(void) { . . . }

void factor(void) { . . . }

int main(void) {
  source = fopen("EBNF.DAT", "r");
  GetSym();
  while (!feof(source)) production();
  printf("Syntax ist korrekt !\n");
  fclose(source);
  return 0;
}
```

7.5.3 Die Sprachen ML1 und ML2 und ihre Parser

Im folgenden wird zunächst die sehr einfache Sprache ML1 (Mini Language) vorgestellt und dafür ein Parser angegeben, der nach den vorgestellten Regeln rein formal aus der angegebenen EBNF-Syntax hergeleitet wurde. ML1 enthält nur Elemente zur Deklaration ganzer Zahlen und Anweisungen zur Eingabe und Ausgabe von Zahlenwerten sowie Anweisungen zur Berechnung arithmetischer Ausdrücke.

Anschließend wird ML1 durch Hinzufügen von Elementen für Kontrollstrukturen sowie zur Definition und zum Aufruf von Prozeduren zur Sprache ML2 erweitert, für die dann ebenfalls ein Parser angegeben wird, dessen Programmstruktur die syntaktische Struktur der Sprache widerspiegelt.

Die Syntax der Sprache ML1

Ein ML1-Programm beginnt mit der Deklaration von Variablen für ganze Zahlen, dann folgt der Anweisungsteil, der formal eine einzige Anweisung ist, und das Programm endet mit einem Punkt. Deklaration und Anweisungsteil können auch leer sein, d.h. das kürzest mögliche syntaktisch korrekte ML1-Programm besteht aus nur einem Punkt. Die folgenden EBNF-Regeln definieren die Syntax der Sprache:

```
program     = block "." .
block       = declaration statement .
declaration = ["INT" ident {"," ident} ";"] .
statement   = [ident ":=" expression |
              "BEGIN" statement {";" statement} "END" |
              "READ" ident | "WRITE" expression] .
expression  = ["+"|"-"] term {("+"|"-")term} .
term        = factor {("*"|"/") factor} .
factor      = ident | number | "("expression")" .
```

Bild 7.9 enthält die gleiche Information in anschaulicher Form.

Beispiel für ein ML1-Programm:

Das kleine ML1-Programm skizziert die beschränkten Möglichkeiten der Sprache: Eingabe von Werten für ganze Zahlen, Berechnung arithmetischer Ausdrücke und Ausgabe von Zahlenwerten:

```
(* Ein ML1-Programm *)
(* ================ *)
INT n1, n2, s;
BEGIN
  READ n1; READ n2;  (* Werte fuer n1 und n2 eingeben *)
  s := (n1 + n2) * (n1 - n2);
  WRITE s            (* Wert der Variablen s ausgeben *)
END.
```

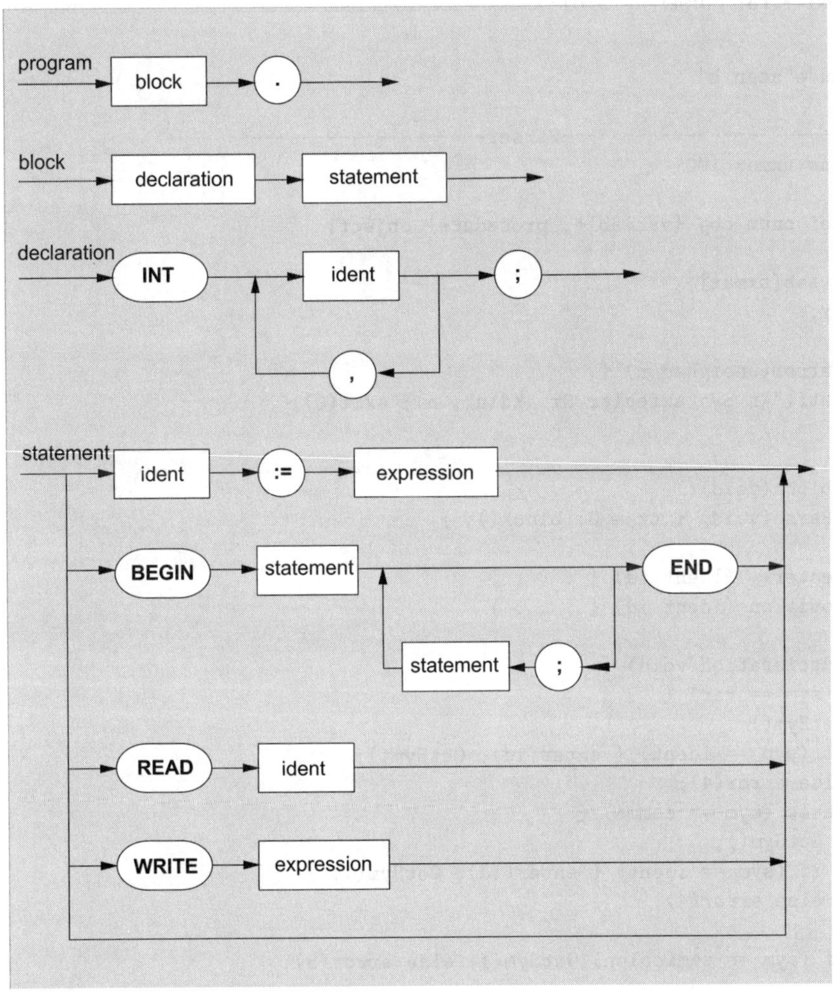

Bild 7.9: Syntaxdiagramm für die Sprache ML1

Parser für ML1

Der C-Text 7.13 spiegelt die syntaktische Struktur der Sprache wider, für jede Syntaxregel existiert eine Funktion, die die Regel umsetzt.

C-Text 7.13: *Parser für ML1* ./Bsp7/pl0/ml1.sht

```
. . .
#include"scan.h"

/*------------------------Parser------------------------*/
#define txmax 100

typedef enum obj {variable, procedure} object;

Ident tab[txmax];
int tx;

void error(unsigned n) {
  printf("\n Syntaxfehler Nr. %d\n", n); exit(0);
}

void block(void);
void Parse(void) { tx = 0; block(); }

void enter    (Ident id) { . . . }
int position (Ident id) { . . . }

void declaration(void) {
  if (sym == var) {
    GetSym();
    if (sym == ident) { enter(id); GetSym(); }
    else error(4);
    while (sym == comma) {
      GetSym();
      if (sym == ident) { enter(id); GetSym(); }
      else error(4);
    }
    if (sym == semicolon) GetSym(); else error(5);
  }
}

void expression(void);
void factor     (void) { . . . }
void term       (void) { . . . }
void expression (void) { . . . }

void statement(void) {
```

```
  int i;
  switch (sym) {
    case ident :
      i = position(id);
      if (i==0) error(11);
      GetSym();
      if (sym == becomes) GetSym(); else error(13);
      expression();
      break;
    case begin :
      GetSym(); statement();
      while (sym == semicolon) { GetSym(); statement(); }
      if (sym == end) GetSym(); else error(17);
      break;
    case read :
      . . .
      break;
    case write :
      . . .
      break;
    default : ;
  }
}

void block(void) { declaration(); statement(); }
/*----------------------------------------------------------*/

int main() {
  StartScanner("ml1.dat");
  GetSym(); Parse();
  printf("\n >> Syntax ist korrekt << \n");
  StopScanner();
  return 0;
}
```

Ausgabe des Programms:

```
(* Ein ML1-Programm *)
(* ================ *)
INT n1, n2, s;
BEGIN
  READ n1; READ n2;  (* Werte fuer n1 und n2 eingeben *)
  s := (n1 + n2) * (n1 - n2);
  WRITE s            (* Wert der Variablen s ausgeben *)
END.

 >> Syntax ist korrekt <<
```

Die Syntax der Sprache ML2

Die Sprache ML2 enthält ML1 als Untermenge, erweitert um die Kontrollanweisung `WHILE ... DO ...`, um die Anweisung `CALL ...` zum Aufruf von Prozeduren und um das Konstrukt `PROC ...;` zur Definition von Prozeduren:

```
program     = block "." .
block       = declaration statement .
declaration = ["INT" ident {"," ident} ";"]
              {"PROC" ident ";" block ";"} .
statement   = [ident ":=" expression |
              "BEGIN" statement {";" statement} "END" |
              "READ" ident | "WRITE" expression |
              "WHILE" condition "DO" statement |
              "CALL" ident] .
condition   = expression ("="|"<") expression .
expression  = ["+"|"-"] term {("+"|"-")term} .
term        = factor {("*"|"/") factor} .
factor      = ident | number | "("expression")" .
```

Bild 7.10 stellt die Regeln wieder in anschaulicher Form als Syntaxdiagramm dar.

Beispiel für ein ML2-Programm

Der folgende Code skizziert die Möglichkeiten von ML2. In Erweiterung zu ML1 ist es möglich, mit der Kontrollstruktur `WHILE ...` Wiederholungen und bedingte Anweisungen zu formulieren sowie Prozeduren zu definieren und aufzurufen:

```
(* Ein ML2-Programm *)
(* ================ *)
INT n1, n2, s;
PROC Summe;
  INT i;
BEGIN
  s := 0; i := n1;
  WHILE i < (n2+1) DO
  BEGIN
    s := s + i; i := i + 1;
  END;
END;
BEGIN
  READ n1; READ n2;  (* Werte fuer n1 und n2 eingeben *)
  CALL Summe;
  WRITE s            (* Wert der Variablen s ausgeben *)
END.
```

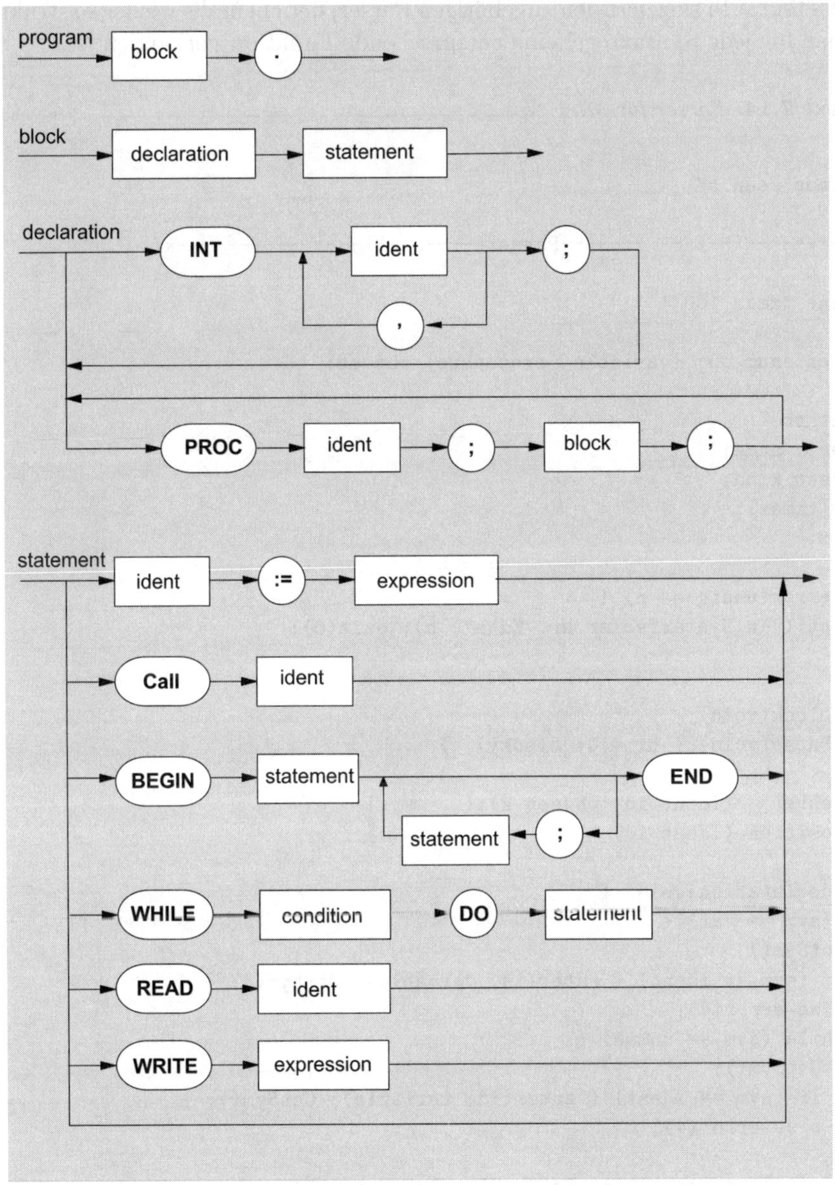

Bild 7.10: Syntaxdiagramm für die Sprache ML2

Parser für ML2

Der C-Text 7.14 skizziert den zugehörigen Parser, der ebenfalls wieder so strukturiert ist, daß für jede Syntaxregel eine entsprechende Funktion vorhanden ist.

C-Text 7.14: *Parser für ML2* ./Bsp7/pl0/ml2.sht

```
. . .
#include"scan.h"

/*-----------------------Parser------------------------*/

#define txmax 100

typedef enum obj {variable, procedure} object;

struct tb {
  Ident  name;
  object kind;
} tab[txmax];
int tx;

void error(unsigned n) {
  printf("\n Syntaxfehler Nr. %d\n", n); exit(0);
}

void block(void);
void Parse(void) { tx = 0; block(); }

void enter    (Ident id, object k) { . . . }
int position (Ident id)            { . . . }

void declaration(void) {
  if (sym == var) {
    GetSym();
    if (sym == ident) { enter(id, variable); GetSym(); }
    else error(4);
    while (sym == comma) {
      GetSym();
      if (sym == ident) { enter(id, variable); GetSym(); }
      else error(4);
    }
    if (sym == semicolon) GetSym(); else error(5);
  }
  while (sym == proc) {
    GetSym();
    if (sym == ident) GetSym(); else error(4);
    enter(id, procedure);
```

```
    if (sym == semicolon) GetSym(); else error(5);
    block();
    if (sym == semicolon) GetSym(); else error(5);
  }
}

void expression(void);
void factor     (void) { . . . }
void term       (void) { . . . }
void expression (void) { . . . }

void condition(void) {
  expression();
  if (sym==eql || sym==lss) { GetSym(); expression(); }
  else error(20);
}

void statement(void) {
  int i;
  switch (sym) {
    case ident :
      i = position(id);
      if (i==0) error(11);
      else if (tab[i].kind != variable) error(12);
      GetSym();
      if (sym == becomes) GetSym(); else error(13);
      expression();
      break;
    case call :
      GetSym();
      if (sym != ident) error(14);
      else {
        i = position(id);
        if (i==0) error(11);
        else if (tab[i].kind != procedure) error(15);
        GetSym();
      }
      break;
    . . .
  }
}

void block(void) {
  declaration(); statement();
}
/*-----------------------------------------------------*/
```

```
int main() {

  StartScanner("ml2.dat");

  GetSym(); Parse();
  printf("\n >> Syntax ist korrekt << \n");

  StopScanner();

  return 0;
}
```

Ausgabe des Programms:

```
(* Ein ML2-Programm *)
(* ================ *)
INT n1, n2, s;
PROC Summe;
  INT i;
BEGIN
  s := 0; i := n1;
  WHILE i < (n2+1) DO
  BEGIN
    s := s + i; i := i + 1;
  END;
END;
BEGIN
  READ n1; READ n2;  (* Werte fuer n1 und n2 eingeben *)
  CALL Summe;
  WRITE s            (* Wert der Variablen s ausgeben *)
END.

 >> Syntax ist korrekt <<
```

Teil III

Die Sprache C++ und ihre Softwaretechniken

Kapitel 8

Von ANSI/ISO-C nach ANSI/ISO-C++ – ein Überblick

Established habits usually change only gradually. In places where C users switch to C++, they usually do so at first by writing C programs in C++. The next move is usually to start using C++ class libraries written by someone else. Only after that do they typically start really writing C++ programs on their own.

There's nothing wrong with that. . . .

Andrew Koenig, JOOP, october 1993

8.1 **Die Funktion** `main` 413
8.2 **Neue Schlüsselwörter und reservierte Wörter** 413
8.3 **Neue Operatoren** 415
8.4 **Neue Bibliotheksmodule** 415
8.5 **Der Namensraum** `std` 416
8.6 **Deklarationen und Bindung** 417
8.7 **Benutzen von Modulen mit C-Bindung (Bindespezifikation)** . . 417
8.8 **Kleine nicht objektorientierte Erweiterungen** 418
8.9 **Mittlere nicht direkt objektorientierte Erweiterungen** 424
8.10 **Objektorientierung:** *das Klassenkonzept* 435
8.11 **Ausnahmebehandlung (Exception Handling)** 451
8.12 **Die C++-Standardbibliothek** 453

Allgemeine Bemerkungen zur Sprache C++

C++ ist eine Programmiersprache, die die wesentlichen Konzepte der Objektorientierung unterstützt. Sie wurde von Bjarne Stroustrup und einem ANSI/ISO-Gremium als Erweiterung und Übermenge (fast) von ANSI/ISO-C entwickelt. Mit ihrer ANSI/ISO-Standardisierung wurde 1990 begonnen und sie wurde 1998 abgeschlossen. C++ ist *keine rein objektorientierte Sprache* wie z.B. *Smalltalk*, *Eiffel* und *Java*, sondern eine *hybride Sprache* oder auch *Multiparadigmen-Sprache*, d.h. sie ermöglicht OOP, erzwingt sie aber nicht.

C++ enthält – unterhalb der Ebene der Objektorientierung – eine Reihe von Verbesserungen, die zunächst mit Objektorientierung noch nichts zu tun haben, man nennt das entsprechend erweiterte ANSI/ISO-C häufig *Better-C*. Solche Erweiterungen sind z. B. die *Inline-Kommentare*, das neue Ein- und Ausgabekonzept und die *Referenztypen*, insbesondere deren Verwendung für *Referenzparameter*. Darüber hinaus enthält C++ als entscheidende objektorientierte Erweiterung zur Beschreibung von *Abstrakten Datentypen* das Klassenkonzept und das Konzept der *Vererbung* zur Erweiterung von Klassen; Bild 8.1 stellt die Beziehungen zwischen den drei genannten Sprachebenen dar.

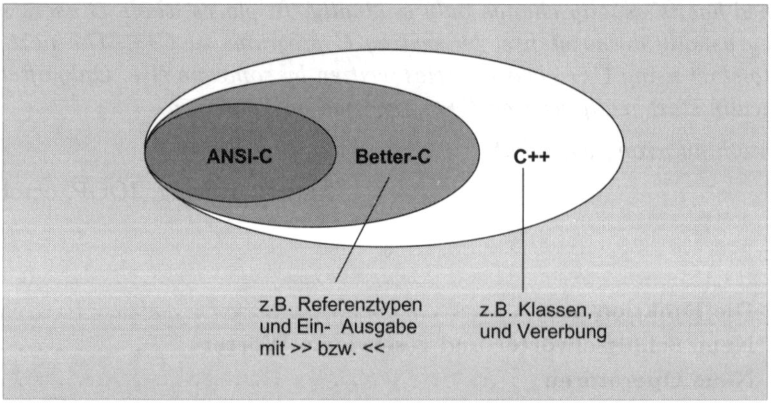

Bild 8.1: ANSI/ISO-C, Better-C und ANSI/ISO-C++

Erst in einer relativ späten Entwicklungsphase von C++ wurde z.B. der Typ `bool` als vordefinierter Datentyp für das Arbeiten mit *Booleschen* Werten gegen den heftigen Widerstand vieler Mitglieder des Standardisierungsgremiums aufgenommen. Das mag erstaunen, aber es verdeutlicht zwei wesentliche Gesichtspunkte, deren Beachtung bei der Entwicklung von C++ sehr ernst genommen wurde:

- Kompatibilität mit älteren C-Konzepten bis herunter zu K&R-C;
- Rücksicht auf den Schreibstil typischer C-Programmierer!

Übersicht über die Erweiterungen

Die Erweiterungen von ANSI/ISO-C++ gegenüber ANSI/ISO-C lassen sich in drei Kategorien einteilen:

- (1) Erweiterungen ohne Bezug zur Objektorientierung, z.B. *Referenztypen*, *inline-Kommentare*, verbesserte *Freispeicherverwaltung*, einen *Booleschen Datentyp*, *Namensbereiche* usw.
- (2) Erweiterungen, die zwar auf objektorientierten Prinzipien beruhen, aber teilweise oder ganz im Rahmen eines *besseren C (Better-C)* unterhalb des Bereichs der objektorientierten Programmierung verwendbar sind, z.B. das *Stream-IO-Konzept*, die *Ausnahmebehandlung (Exception-Handling)*, das neue Konzept der differenzierten Typkonvertierung und andere.
- (3) Erweiterungen, die ausschließlich oder überwiegend die objektorientierte Programmierung unterstützen, z.B. *Klassen (Datenkapselung, Abstrakte Datentypen)*, *Vererbung (Typerweiterung)*, *Polymorphie* usw.

8.1 Die Funktion `main`

Wie in C gibt es auch in C++ zwei mögliche Formen für die Funktion `main`, eine ohne Parameter, die nach dem ANSI/ISO-C++-Standard wie folgt geschrieben wird:

```
int main() { /* ... */ }
```

Der Unterschied zu C besteht darin, daß auf die explizite `void`-Angabe verzichtet wird (in C: `main(void)`), siehe dazu auch Abschn. 8.8.12. Auf die explizite Angabe eines Rückgabewertes (`return` ...) kann ebenfalls verzichtet werden, in dem Falle wird per Default der `int`-Wert 0 zurückgegeben! Die zweite Form ist die gleiche wie auch in C:

```
int main(int argc, char* argv[]) { /* ... */ }
```

8.2 Neue Schlüsselwörter und reservierte Wörter

In ANSI/ISO-C++ gibt es zusätzlich zu den ANSI/ISO-C enthaltenen (siehe Abschn. 1.4.3) eine Reihe weiterer Schlüsselwörter, die im folgenden zusammengestellt und anschließend kurz erläutert sind:

asm	export	private	true
bool	false	protected	try
catch	friend	public	typeid
class	inline	reinterpret-cast	typename

`const_cast`	`mutable`	`static_cast`	`using`
`delete`	`namespace`	`template`	`virtual`
`dynamic_cast`	`new`	`this`	`wchar_t`
`explicit`	`operator`	`throw`	

- **asm:** Einbindung von Assemblercode
- **bool, false, true:** Boolescher Datentyp und seine beiden Werte
- **class, private, public, protected, friend, this, virtual:** Klasse, Definition der Zugriffsrechte auf Klassenelemente und Attribut zur Spezifikation virtueller Elementfunktionen
- **const_cast, static_cast, reinterpret_cast:** Cast-Operatoren, die den mächtigen, aber gefährlichen Allzweck-Cast der Form (*type*)*expression* ablösen sollen
- **explicit:** Verhindert die automatische Typkonvertierung durch Umwandlungskonstruktoren
- **export:** Export von Template-Deklarationen und -Definitionen
- **inline:** Attribut für sog. *inline*-Funktionen, die vom Compiler wie Makros behandelt werden
- **mutable:** Attribut für Variable, verhindert, daß die Variable in irgendeinem Kontext als `const` behandelt wird
- **namespace, using:** Definition und Benutzung von Namensbereichen zur Verhinderung von Namenskollisionen
- **new, delete:** Operatoren zur verbesserten Freispeicherverwaltung, sie ersetzen die Funktionen `malloc` und `free`
- **operator:** Schlüsselwort für das Überladen von Operatoren
- **template:** Schlüsselwort zur Definition generischer Funktionen und generischer Klassen
- **typeid, typename, dynamic_cast:** Typerkennung, Typspezifikation und Typkonvertierung
- **wchar_t:** Erweiterter Zeichentyp, der Platz bietet, um auch umfangreiche Zeichensätze zu codieren(wide char type)

Schließlich gibt es noch einige reservierte Wörter, die als Alternative für bestimmte Operatoren (jeweils in Klammern angegeben) verwendet werden können:

`and`	`(&&)`	`and_eq`	`(&=)`	`bitor`	`(|)`	`or_eq`	`(|=)`
`or`	`(||)`	`xor_eq`	`(^=)`	`xor`	`(^)`	`not`	`(!)`
`compl`	`(~)`	`not_eq`	`(!=)`	`bitand`	`(&)`		

Die Anzahl der neuen ANSI/ISO-C++-Schlüsselwörter – einschlielich der zusätzlich reservierten Wörter – ist übrigens größer als die der ANSI/ISO-C-Schlüsselwörter!

8.3 Neue Operatoren

In C++ gelten alle C-Operatoren, darüber hinaus gibt es in C++ die folgenden weiteren, deren Bedeutung hier jeweils nur kurz skizziert sei:

- `::` Bereichsauflösungsoperator
- `new` Speicherreservierung
- `delete` Speicherfreigabe
- `delete[]` Speicherfreigabe von Vektoren
- `.*` Zeiger auf Klassenkomponenten dereferenzieren
- `->*` Zeiger auf Zeiger auf Klassenkomp. dereferenzieren
- `static_cast` Konvertierung zwischen elementaren Datentypen
- `const_cast` das Attribut `const` außer Kraft setzen
- `reinterpret_cast` Zeiger konvertieren
- `dynamic_cast` zum sog. *downcasting* in polymorphen Strukturen
- `typeid` Typerkennung zur Laufzeit

8.4 Neue Bibliotheksmodule

In ANSI/ISO-C++ gibt es neben den fünfzehn in ANSI/ISO-C definierten Bibliotheksmodulen zweiunddreißg weitere, die im folgenden zusammengestellt sind und deren Bedeutung anschließend ganz kurz erläutert wird:

```
<algorithm>   <ios>        <map>       <stack>
<bitset>      <iosfwd>     <memory>    <stdexcept>
<complex>     <iostream>   <new>       <streambuff>
<dequeue>     <istream>    <numeric>   <string>
<exception>   <iterator>   <ostream>   <typeinfo>
<fstream>     <limits>     <queue>     <utility>
<functional>  <list>       <set>       <valarray>
<iomanip>     <locale>     <sstream>   <vector>
```

- `algorithm, iterator` : Klassenübergreifende Algorithmen und Iteratoren für Container-Typen
- `bitset, dequeue, list, map, queue, set, stack, vector` : Container-Klassen
- `complex, numerics, valarrays` : Komplexe Arithmetik, numerische Operationen, numerische Vektoren und Operationen
- `exception, stdexept` : Ausnahmebehandlung, Standardausnahmen

- `fstream, iomanip, ios, iosfwd, iostream, istream, ostream, sstream, streambuf` : Eingabe und Ausgabe
- `functional, utility` : Funktionsobjekte, Operatoren und Wertepaare (pairs)
- `limits` : Grenzwerte zur Implementierung numerischer Typen
- `locale` : Nationale Spezialitäten
- `memory` : Klassen, die Speichermodelle für Container definieren
- `new` : Dynamische Speicherverwaltung (Heap-Verwaltung)
- `numerics` : Allgemeine numerische Operationen
- `string` : Strings
- `typeinfo` : Typerkennung zur Laufzeit

Bei den Modulnamen entfällt im Vergleich zu den in C verwendeten Namen das anghängte `.h`. Alle von C her bekannten Bibliotheksmodule gehören ebenfalls zur C++-Standardbibliothek und unterliegen der neuen Namenskonvention, den Namen wird zusätzlich jeweils der Buchstabe `c` vorangestellt, also:

- `<cstdio>`, `<cstdlib>`, `<cstring>`, ...

8.5 Der Namensraum std

Eine wichtige Erweiterung von C++ gegenüber C ist das Konzept *Namensraum (namespace)*, das in den Abschnitten 8.9.6 und 9.8 vorgestellt wird. Alle Bibliotheksmodule der C++-Standardbibliothek gehören zum Namensraum `std` (standard), d.h. alle Funktionen, Variable usw. aus diesen Modulen müssen bei Benutzung mit `std` qualifiziert werden, z.B.:

```
#include <cstdio>

int main() {
  std::printf("Hello World !\n");
}
```

Als Alternative bietet sich die Verwendung der sog. `using-Direktive` an, z.B.:

```
#include <cstdio>

using namespace std;

int main() {
  printf("Hello World !\n");
}
```

8.6 Deklarationen und Bindung

ANSI/ISO-C++ hat von ANSI/ISO-C die Syntax und Semantik für Deklarationen und das Modell für die interne und externe Bindung von Objekten fast vollständig übernommen, es gibt nur zwei kleine Abweichungen:

- Es gibt keine sog. *tentative definitions* und damit keine Mehrfachdeklarationen globaler Variabler in einer Übersetzungseinheit ohne das Attribut `extern`:

  In C korrekt, in C++ falsch:

  ```
  int a;
  . . .
  int a;
  ```

  In C und in C++ korrekt:

  ```
  extern int a;
  . . .
  int a;
  ```

- In C hat eine global als `const` deklarierte Variable auch ohne Verwendung des Attributs `extern` eine *externe* Bindung, in C++ hat sie dagegen eine *interne* Bindung:

  In C extern, in C++ intern gebunden:

  ```
  const double p = 3.14158;
  ```

  In C und in C++ extern gebunden:

  ```
  extern const double p = 3.14158;
  ```

8.7 Benutzen von Modulen mit C-Bindung (Bindespezifikation)

Aus Gründen der Aufwärtskompatibilität und aus vielen anderen Gründen ist es vielfach wünschenswert, Module einzubinden, die in C geschrieben sind. Zwar ist C in erster Näherung eine Untermenge von C++, aber eben nur in *erster Näherung*: es gibt C-Code, der kein syntaktisch richtiger C++-Code ist, und es gibt Code, der zwar sowohl einen ANSI/ISO-C- als auch einen entsprechenden C++-Compiler ohne Fehlermeldungen und ohne Warnungen passiert, der aber in beiden Fällen Maschinencode generiert, der unterschiedliche Ergebnisse erzeugt, z.B.:

```
#include <iostream>
using namespace std;

#include "f1.h"

extern "C" {
  #include "f2.h"
}

int main() {
```

```
    cout << "f1.cpp: " << f1() << "  f2.c: " << f2() << endl;
}
```

f1.cpp :

```
int f1(void) { return sizeof 'x'; }
```

f2.c :

```
int f2(void) { return sizeof 'x'; }
```

Ausgabe des Programms:

```
f1.cpp: 1  f2.c: 4
```

Die Anweisung „`extern "C" ...` “ heißt *Bindespezifikation (linkage-specification)*, die allgemeine Form ist

linkage-specification:

extern *string-literal* { *declaration-seq*$_{opt}$ }
extern *string-literal declaration*

Mit Hilfe der Bindespezifikation können im Prinzip Module beliebiger Sprachen eingebunden werden, die jeweils zu verwendende Sprache wird durch das *string-literal* benannt. Welche Sprachen über C hinaus unterstützt werden, ist eine Sache des jeweiligen Entwicklungssystems.

8.8 Kleine nicht objektorientierte Erweiterungen

8.8.1 Vordefinierter Makro-Name

Im ANSI/ISO-C++ ist folgender Makroname zusätzlich vordefiniert:

⊗ `__cplusplus` *zeigt an, ob auf C++ geprüft wird*

8.8.2 *Inline*-Kommentare

Beispiel:

```
if (ch < ' ')       // Steuerzeichen
  . . .
else if (ch < '0')  // Sonderzeichen
  . . .
else if (ch < ':')  // Ziffer
  . . .
else if (ch < 'A')  // Sonderzeichen
  . . .
```

Der Kommentar beginnt jeweils hinter // und endet am Zeilenende. Ein *Inline*-Kommentar kann in einem *normalen* Kommentar geschachtetelt sein, das kommt z.B. vor, wenn Programmteile zeitweilig deaktiviert werden sollen, z.B. zu Testzwecken:

```
/*
. . .
else if (ch < ':')  // Ziffer
. . .
*/
```

8.8.3 *Inline*-Funktionen

Beispiel:

```
inline void swap(float& a, float& b) {
  float temp;
  temp = a; a = b; b = temp;
}

float x = 1.5, y = 3.3;
swap(x, y);
```

Es wird kein Unterprogramm aufgerufen, sondern der definierte Code wird direkt eingefügt (Makro-Expansion). Das kann bei sehr kleinen Funktionen sinnvoll sein, um ggf. ein *speed-up* zu erzielen, indem der Verwaltungsüberhang (Parameterübergabe, Sprung ins Unterprogramm und zurück) eliminiert wird. Achtung:

- Das Attribut `inline` gibt dem Compiler die Empfehlung, das Makrokonzept zu verwenden, der Compiler kann diese Empfehlung aber ignorieren.

- Rekursive Aufrufe können aus naheliegenden Gründen nicht korrekt abgearbeitet werden.

Die *Definitionen* von `inline`-Funktionen sollten in den Dateien stehen, in denen sie – nach Ausführung der `#include`-Anweisungen – auch aufgerufen werden. Konkret bedeutet das:

- Die *Definitionen* von `inline`-Funktionen sollten in H-Dateien stehen!

Sie werden dann per `#include`-Anweisung in die Dateien eingefügt, in denen sie benutzt werden. Wenn die entsprechenden Definitionen wie die Definitionen *normaler* Funktionen in C-Dateien ausgelagert werden, dann sind Probleme beim Linken zu erwarten!

8.8.4 Der Typ *bool*

Im November 1993 hat das ANSI-Kommittee die Einführung eines Booleschen Datentyps `bool` in Zusammenhang mit den beiden Konstanten `true` und `false` beschlossen:

```
bool a, b, c;
```

Wenn der Typ bool vom Compiler noch nicht unterstützt wird, wird folgende Simulation empfohlen:

```
typedef int bool;
#define true  1
#define false 0
```

Das kann allerdings leicht zu Problemen führen, weil in C und C++ alle von `0` verschiedenen Werte als `true` interpretiert werden !

8.8.5 Der Typ *wchar_t*

In ANSI/ISO-C ist `wchar_t` ein in `stdlib` mit `typedef` definierter Typ für *breite Zeichen*, in ANSI/ISO-C++ ist `wchar_t` ein vordefinierter elementarer Datentyp wie z.B. `char` und `int`. Die Darstellung ist implementierungsabhängig, häufig wird eine 16-Bit-Darstellung und der *Unicode* verwendet, allgemein gilt:

$$\texttt{sizeof(char)} \leq \texttt{sizeof(wchar\_t)} \leq \texttt{sizeof(long)}$$

Ein Wert vom Typ `wchar_t` – d.h. ein `wchar_t`-*Literal* – wird z.B. wie folgt dargestellt: `L'ab'` , d.h. das Zeichen wird durch Zeichen vom Typ `char` codiert. Die Länge des Literals ist, wie gesagt, implementierungsabhängig.

Entsprechend werden in `wchar_t`-Strings die einzelnen Zeichen durch Zeichen vom Typ `char` codiert und in der Form `L"`*char-Zeichenfolge*`"` dargestellt.

8.8.6 Zeichenkonstanten

Zeichenkonstanten, z.B. `'x'`, haben in C den Typ `int`, in C++ aber den Typ `char`. So liefert in C der Ausdruck `sizeof 'x'` den gleichen Wert wie `sizeof(int)`, in C++ dagegen den gleichen Wert wie `sizeof(char)`!

8.8.7 Syntax von Typkonvertierungen

Die ANSI/ISO-C–Schreibweise expliziter Typkonvertierungen ist:

L-Value = (*Zieltyp*) *Ausdruck*;

Diese Schreibweise ist auch in C++ erlaubt, es wird aber folgende Notation bevorzugt:

L-Value = *Zieltyp*(*Ausdruck*);

Beispiel:

```
float x;
int i;
i = (int) x;      // korrekt in C und in C++
i = int(x);       // nur in C++ korrekt
```

8.8.8 Das Attribut *const*

Im Gegensatz zu ANSI/ISO-C wird in ANSI-C++ garantiert, daß der Compiler in jedem Falle die Modifikation von `const`-Objekten als Fehler diagnostiziert. Damit wird die Verwendung der Präprozessor-`#define`-Anweisung zur Definition (nicht typisierter) Konstanten überflüssig! Im weiteren Gegensatz zu ANSI/ISO-C können in ANSI-C++ auch als „`const int`" definierte Zahlenwerte zur Deklaration von Vektorgrößen verwendet werden, z.B.:

```
const int Max     = 80;
const int Zeilen  =  5;
const int Spalten = 10;
char String[Max];
double Matrix[Zeilen][Spalten];
```

8.8.9 Erweiterung des Strukturtyps

Vereinfachte Definition

In C ist es nur über die Verwendung des Schlüsselworts `typedef` möglich, sich einen Strukturtyp `T` zu definieren:

Die Definition eines Strukturtyps `T` (statt `struct T`) ist in C nur über die Verwendung des Schlüsselworts `typedef` möglich, z.B.:

```
typedef struct { ... } T;
T t1, t2, t3;
```

Als Alternative muß in C sonst immer das Schlüsselwort `struct` mit verwendet werden:

```
struct T { ... };
struct T t1, t2, t3;
```

In C++ vereinfacht sich das zu:

```
struct T { ... };
T t1, t2, t3;
```

Eigener Namensbereich

In ANSI/ISO-C sind Definitionen, die innerhalb von Strukturen durchgeführt werden, auch außerhalb der Struktur sichtbar und können dementsprechend verwendet werden:

```
struct A {
  struct B { float x, y; } b;
  float z;
};

struct B b;  // richtig in C, falsch in C++
A::B b;      // richtig in C++, nicht moeglich in C
```

In ANSI/ISO-C++ ist das nicht der Fall, Strukturen haben hier – wie z.B. Funktionen – einen eigenen Namensbereich, der Strukturname `B` wird in C++ mit dem Namen der umschließenden Struktur durch Verwenden des Bereichsoperators `::` qualifiziert. Das Gesagte gilt entsprechend auch für `union`-Typen.

Erweiterungen der Syntax und Semantik

In ANSI/ISO-C++ sind Syntax und Semantik des Strukturtyps erheblich erweitert worden: es können auch Funktionen als Elemente definiert werden (sog. *Elementfunktionen*), und es können Elemente verborgen, d.h. von außen nicht zugreifbar gemacht werden. Diese Erweiterungen bilden den Kern der Objektorientierung, sie werden einführend im Abschnitt 8.10 und im Detail im Abschnitt 9.1 behandelt.

8.8.10 Positionierung von Deklarationen

Innerhalb von Blöcken (Verbundanweisungen), die durch geschweifte Klammern begrenzt werden, muß in C die Reihenfolge *erst Deklarationen, dann Anweisungen* eingehalten werden:

Verbundanweisung in C:

$\{declaration\text{-}list_{opt}\ statement\text{-}list_{opt}\}$

In C++ können Deklarationen und Anweisungen in der Reihenfolge gemischt werden. Formal wird das dadurch erreicht, daß eine Deklaration auch eine Anweisung ist:

Verbundanweisung in C++:

$\{statement\text{-}seq_{opt}\}$

Eine *statement-seq* ist in C++ eine Folge von Anweisungen, die auch leer sein kann, wobei *declaration-statement* als neue Anweisungsart definiert ist.

Eine weitere Ergänzung von C++ gegenüber C ist die Erweiterung der *for-Anweisung*, die es ermöglicht, Schleifenvariable innerhalb dieses Konstruktes zu vereinbaren, z.B.:

```
for (int i=0; i<100; i++) . . .
```

Nach dem endgültigen ANSI/ISO-C++-Standard gilt die Schleifenvariable nur innerhalb der for-Anweisung, vorher galt sie in dem gesamten Block, zu dem auch die for-Anweisung gehört. So ist das folgende Programmstück nach dem neuesten ANSI/ISO-Standard korrekt, nach dem alten gilt `i` als doppelt deklariert:

```
for (int i=0; i<100; i++) { . . . }
for (int i=0; i<100; i++) { . . . }
```

8.8.11 Default-Parameterwerte und variable Parameterzahl

C++ bietet die Möglichkeit, bei der Deklaration oder Definition einer Funktion die Parameter mit Default-Werten zu initialisieren, z.B.

```
void f(int a=26, int b=83);
```

Die Funktion kann dann mit null, ein oder zwei aktuellen Parametern aufgerufen werden:

- `f();` bedeutet das gleiche wie `f(26, 83);` und
- `f(44);` bedeutet das gleiche wie `f(44, 83);`

8.8.12 Funktionen ohne Parameter

Die Deklaration einer Funktion ohne Parameter enthält in ANSI/ISO-C die Angabe `void` an der Stelle der Parameterliste. Das ist auch in C++ korrekt, aber die Angabe `void` kann in C++ auch entfallen, in ANSI/ISO-C hingegen nicht:[1]

- `void f(void);      // ANSI-C und C++`
- `void f();          // nur C++`

[1] In dem ANSI/ISO-C-Vorgänger K&R-C ist `f()` zwar auch erlaubt, bedeutet aber, daß die Funktion mit beliebig vielen Parametern beliebigen Typs aufgerufen werden kann.

8.9 Mittlere nicht direkt objektorientierte Erweiterungen

8.9.1 Referenztypen

Beispiel:

```
float x;
float& rx = x;

x = 1.23; rx = 4.56; // d.h. x == 4.56 !!!
```

`rx` ist eine Referenz auf `x` und bezeichnet damit die gleiche Variable wie `x`, sie kann somit als zweiter Name für die Variable `x` angesehen werden. Operationen auf `rx` manipulieren somit nicht `rx` selbst, sondern `x`!

Eine Referenzvariable muß initialisiert werden!

Wesentliche Verwendung: Variablenparameter (Call by Reference) bei Funktionen:

```
void swap(float& a, float& b) {
  float temp;
  temp = a; a = b; b = temp;
}

x = 1.23; y = 4.56;

swap(x, y); // d.h. jetzt x==4.56, y==1.23
```

Diese Lösung ist wesentlich eleganter als der entsprechende ANSI-C-Ansatz:

```
void swap(float *a, float *b) {
  float temp;
  temp = *a; *a = *b; *b = temp;
}
. . .
swap(&x, &y);
```

Die Variablenparameter (Referenz-Parameter) werden in zwei Fällen benötigt:

- Rückgabe von Werten von der Funktion an das aufrufende Programmteil
- Vermeidung des Überhangs an Speicherplatz und Rechenzeit beim Kopieren von Werteparametern

Bei dem folgenden Beispiel werden zwei `struct`-Parameter per Referenz übergeben. Funktionell gesehen sind die Parameter keine Resultatparameter, sie werden in der Funktion nicht manipuliert, d.h. sie könnten per Wert transferiert werden. Um aber den Speicherplatz für die Kopien und die Kopierzeit zu sparen, übergeben wir hier keine Werte, sondern Referenzen:

```
struct Complex { double re; double im; };

Complex Add( Complex& a, Complex& b ) {
  Complex temp;
  temp.re = a.re + b.re;
  temp.im = a.im + b.im;
  return temp;
}
```

Der Preis für den Gewinn an Effizienz ist die hier nicht erwünschte Rückwirkungsmöglichkeit über die beiden Referenz-Parameter, die aber mit Hilfe von `const`-Attributen wieder neutralisiert werden kann:

```
Complex Add( const Complex& a, const Complex& b ) {
  Complex temp;
  temp.re = a.re + b.re;
  temp.im = a.im + b.im;
  return temp;
}
```

Nun können nicht nur Parameter per Referenz übergeben werden, sondern darüber hinaus ist es prinzipiell auch möglich, das Funktionsergebnis per Referenz zurückzugeben. Aber hier ist Vorsicht geboten, im folgenden Beispiel führt diese Strategie zu einem Fehler:

Falsch: Rückgabe einer Referenz auf eine lokale Variable

```
  Complex& Add( const Complex& a, const Complex& b ) {
//        ^                                          !!!
    Complex temp;                                 // !!!
    temp.re = a.re + b.re;
    temp.im = a.im + b.im;
    return temp;                                  // !!!
  }
```

Es wird eine Referenz auf eine lokale (automatische) Variable zurückgegeben, die nach Beendigung der Funktion gar nicht mehr existiert! Auch die folgende Variante ist falsch:

Ebenfalls falsch: Alte Werte werden überschrieben

```
Complex& Add( const Complex& a, const Complex& b ) {
  static Complex temp;                          // !!!
  temp.re = a.re + b.re;
  temp.im = a.im + b.im;
  return temp;
}
```

Diese Variante ist zwar syntaktisch korrekt, aber logisch falsch: eine statische Variable verhält sich wie eine globale Variable, d.h. bei mehrfachem Aufruf der Funktion wird der vorangehende Wert jeweils überschrieben! Schließlich bietet sich auf dem ersten Blick noch eine weitere Variante an, die aber ebenfalls nicht aktzeptabel ist:[2]

Auch nicht brauchbar: Wer soll Speicherplatz freigeben?

```
Complex& Add( const Complex& a, const Complex& b ) {
  Complex* temp = new Complex;                      // !!!
  temp->re = a.re + b.re;
  temp->im = a.im + b.im;
  return *temp;
}
```

Diese Variante ist sogar syntaktisch korrekt und logisch nicht unbedingt falsch, aber es entsteht ein potentielles *Speicherleck*! Wer soll den Speicherplatz wann wieder freigeben ? Sinnvoll wäre eine automatische Freigabe des Speicherplatzes am Ende des Geltungsbereiches! Die von vielen gewünschte automatische Heapverwaltung ist aber leider in C++ nicht vorgesehen.

So bleibt dann als einzig aktzeptable Lösung schließlich die Rückgabe des Ergebnisses *per Wert*:

Richtige Lösung: Rückgabe *per Wert*

```
  Complex  Add( const Complex& a, const Complex& b ) {
//        ^ keine Referenz !                          !!!
    Complex temp;
    temp.re = a.re + b.re;
    temp.im = a.im + b.im;
    return temp;
  }
```

In diesem Fall wird der für `temp` berechnete Wert nach außen kopiert und der Variablen oder dem Ausdruck als Wert zugewiesen, für die bzw. für den die Funktion aufgerufen wurde.

Hier scheint nun die Frage angebracht: „*Warum nicht gleich so?*“ Nun, in diesem Falle ist der Effizienzverlust durch das Kopieren des Ergebnisses relativ gering, aber es geht hier um die grundsätzliche Erörterung des Problems, das natürlich eine andere Dimension erhält, wenn der betreffende Datentyp ein erheblich größeres Volumen besitzt.

Als Ergebnisse der Betrachtungen kann also festgehalten werden:

- Daten, die in einer Funktion erst generiert werden, sollten nicht per Referenz zurückgegeben werden (bewußte Ausnahmen sind denkbar, wenn Speicher auf dem Heap generiert wird).

[2]zur Bedeutung und Verwendung des Operators `new` siehe Kapitel 5.5.

Der richtige Umgang mit *Referenztypen* fällt vielen anfangs beim Übergang von C nach C++ schwer, insbesondere die Abgrenzung gegen *Zeigertypen*; hier hilft folgende Gedächtnisstütze:

- Ein Referenztyp ist zwar wie ein Zeigertyp ein typisierter Verweis auf einen Datentyp,
- aber Zeigern können andere Werte zugewiesen – und in C und C++ können Zeiger sogar manipuliert – werden,
- während eine Referenz einen festen Bezug auf ein Datum darstellt und wie ein zweiter Namen benutzt wird,
- d.h. eine Referenz wird genauso gehandhabt wie das zugehörige Datum!

8.9.2 Speicherverwaltung mit *new und delete*

`new` und `delete` sind in C++ Operatoren, sie ermöglichen eine elegantere Freispeicherverwaltung als die Verwendung der ANSI-C-Funktionen `malloc` und `free`, z.B.:

```
struct NODE {
     NODE* next;
     int data;
};

NODE* p = new NODE;
. . .
delete p;
```

Die Größe des erforderlichen Speicherbereichs braucht nicht wie in ANSI-C explizit angegeben werden, sondern sie wird automatisch aus dem Typ abgeleitet, d.h. der `sizeof`-Operator wird *versteckt*.

Achtung: `delete` darf nur auf einen Zeiger angewendet werden, dem vorher mit `new` Speicherplatz zugewiesen wurde und der noch nicht wieder freigegeben wurde, der entsprechende Zeiger darf also kein `NULL`-Zeiger sein.

Bei der Speicherreservierung kann das generierte Objekt auch initialisiert werden:

```
struct T { . . . };
. . .
T x;
. . .
T* pt = new T(x);
int* pi = new int(123);
. . .
delete pt; delete pi;
```

Das nächste Beispiel zeigt die Verwendung der Operatoren `new` und `delete` beim Arbeiten mit Vektoren:

```
  float* vector = new float[20];
  . .
  delete[] vector;
//        ^^                        // wichtig !
```

Bei der Freigabe eines Vektors muß der Subskriptoperator verwendet werden! Das Weglassen des Subskriptoperators führt nicht zu einem Syntaxfehler, sondern erzeugt im allgemeinen ein *Speicherleck*!

Wenn in C eine Speicheranforderung nicht erfüllt werden kann, weil der Freispeicher erschöpft ist, dann liefert `malloc` einen `NULL`-Zeiger, in C++ wird dagegen beim Verwenden des Operators `new` ein Ausnahmeobjekt vom Typ `bad_alloc` erzeugt, siehe dazu Abschnitte 8.11 und 9.10. Es gibt aber als Alternative die Möglichkeit, die konventionelle Lösung zu wählen, indem der entsprechende Wunsch wie folgt explizit angegeben wird:

```
#include <new>
using namespace std;
. . .
float* x      = new(nothrow) float;
float* vector = new(nothrow) float[20];
```

Der verwendete Bezeichner `nothrow` ist im Modul `new` definiert, dort sind ebenfalls sechs Funktionen `operator new` und sechs Funktionen `operator delete` definiert, auf die die Operatoren `new` und `delete` sich abstützen.

Der *new-Handler*

Es gibt die Möglichkeit, direkt auf den erschöpften Freispeicher zu reagieren, indem man sich eine Funktion der Form `void f()` definiert und sie der Bibliotheksfunktion `set_new_handler` als Parameter übergibt. Auf diese Weise wird die Aktivierung der Ausnahmebehandlung vermieden, d.h. der Anwender kann ohne Umweg entsprechende Maßnahmen durchführen, indem er z.B. andere Speicherbereiche freigibt:

```
#include <new>
using namespace std;
. . .
void myNewHandler() { . . . }
. . .
set_new_handler(myNewHandler);  // C++ - Bibliotheksfunktion
. . .
for (int i=1; i<=10000; i++) {
  char* string = new char[10000];
  cout << i << " * 10 kByte alloziert" << endl;
}
. . .
```

In diesem Beispiel werden in der Schleife bei jedem Durchlauf etwa 10 kByte Speicher auf dem Heap belegt, bis kein Speicher mehr verfügbar ist. Dann wird die selbstdefinierte Funktion `myNewHandler`, die durch die Bibliotheksfunktion `set_new_handler(...)` installiert wurde, aufgerufen.

Speicherreservierung für mehrdimensionale Vektoren

Ohne viel nachzudenken, wird leicht folgender Versuch gemacht, um einen zweidimensionalen Vektor zu kreieren:

```
cin >> Size1 >> ch >> Size2;
float* matrix = new float[Size1][Size2];  // synt. & sem. falsch !!!
```

Dieser Ansatz enthält aber zwei grundlegende Fehler; der erste Fehler ist:

> Die rechte Seite liefert keinen Zeiger vom Typ `float*`, denn die Matrix ist ein Vektor mit `Size1` Elementen, die jeweils Vektoren der Größe `Size2` – d.h. vom Typ `(float*)[Size2]` – sind.

Dementsprechend könnte der zweite Versuch wie folgt aussehen:

```
cin >> Size1 >> ch >> Size2;
float (*matrix)[Size2] = new float[Size1][Size2]; // noch falsch !
```

Dieser Versuch enthält noch den folgenden zweiten Fehler:

> Ein Typ – hier `(float*)[Size2]` – kann keine Variable enthalten, d.h. `Size2` muß durch eine Konstante ersetzt werden!

Der folgende Code zeigt eine Lösung und skizziert den Zugriff auf die Elemente der zweidimensionalen Matrix sowie die Freigabe der Matrix:

```
cin >> Size;
float (*matrix)[20] = new float[Size][20];
...; matrix[i][j] = x; ...;
...; x = matrix[i][j]; ...;
delete[] matrix;
```

Bei diesem Ansatz ist es also nur möglich, eine Dimension variabel zu gestalten. Ganz entsprechend kann die Vorgehensweise auf n Dimensionen ausgedehnt werden, für $n = 3$ sieht es dann wie folgt aus:

```
cin >> Size;
float (*matrix)[20][30] = new float[Size][20][30];
...; matrix[i][j][k] = x; ...;
...; x = matrix[i][j][k]; ...;
delete[] matrix;
```

Plazierte Reservierung

Normalerweise wird die Anfangsadresse des reservierten Speicherbereichs automatisch irgendwo im Freispeicher plaziert. Es gibt aber auch die Möglichkeit, bei der Reservierung eine Adresse vorzugeben:

```
char* buffer = new char[1000];
void* address = buffer;
float* x = new(address) float[50];
```

Die Adresse muß auf den Anfangsbereich eines Speicherbereichs zeigen, der größer oder gleich der Größe des angeforderten Bereichs ist. Der Zeiger `x` zeigt auf den Anfang des benutzten Puffers, auf den `address` verweist.

Die hier verwendete Syntax für die Verwendung des Operators `new` ist die gleiche wie bei der Form `new(nothrow) ...` . In beiden Fällen werden zusätzliche Argumente verwertet, im C++-Standard-Dokument wird die Form *placement syntax* genannt. Die Auswertung von Ausdrücken mit dem Operator `new` erfolgt so, daß entsprechende Funktionen `operator new`, die in dem Bibliotheksmodul `new` definiert sind, mit den jeweiligen Argumenten aufgerufen werden.

8.9.3 Überladen von Funktionen

Beispiel:

```
// Prototypen
void swap (int&, int&);
void swap (long&, long&);
void swap (float&, float&);
. . .
int   i1 = 1,   i2 = 2;
long  l1 = 4,   l2 = 3;
float x1 = 1.1, x2 = 2.2;

swap(i1, i2); swap(l1, l2); swap(x1, x2);  // eindeutig
swap(i1, l2); swap(i1, x2); swap(l1, x2);  // ???
. . .
// Implementierungen:
void swap (int&, int&)     {...}
void swap (long&, long&)   {...}
void swap (float&, float&) {...}
```

Das System erkennt bei den ersten Aufrufen anhand der aktuellen Parameter, welche der drei gleichnamigen Funktionen jeweils zu verwenden ist. Bei den folgenden Aufrufen paßt jeweils keine Funktion genau. Über die definierten Typkonvertierungen wird dann nach bestimmten Regeln eine ausgewählt, solche Fälle sind unübersichtlich und sollten deshalb vermieden werden.

8.9.4 Überladen von Operatoren

Beispiel:

```
struct Complex{ double re, double im; };

Complex operator+ (Complex a, Complex b) {
  Complex s;
  s.r = a.re + b.re; s.im = a.im + b.im;
  return s;
}
. . .
Complex c1, c2, c3;
. . .
c3 = c1 + c2;
// Das ist die Kurzschreibweise fuer
c3 = operator+ (c1, c2);
```

Das Thema wird ausführlich in Abschnitt 9.1.8 behandelt.

8.9.5 Generische Funktionen (Funktions-Templates)

Beispiel:

```
template <class T>
swap(T& a, T& b) {
  T temp;
  temp = a; a = b; b = temp;
}

int   i, j;
long  l1, l2;
float x, y;
struct complex { double re, im; } cx, cy;
. . .
swap(i, j); swap(l1, l2); swap(x, y); swap(cx, cy);
```

Das Prinzip der Funktions-Templates ist sehr leicht zu verstehen, was aber darüber hinwegtäuscht, daß es nicht immer leicht überschaubar ist, welche von mehreren Möglichkeiten bei der Konkurrenz mit gleichnamigen anderen überladenen Funktionen jeweils gewählt wird, z.B. bei folgender Zusammenstellung:

```
template <class T> void swap(T& a, T& b);

void swap(int& a, int& b);
void swap(double& x, double& y);
```

```
int   i, j;
short si, sj;
double dx, dy;
float fx, fy;
. . .
swap(i, j);   swap(dx, dy);
swap(si, sj); swap(fx, fy);
swap(x, d2);
. . .
```

Die genauen Regeln sind recht kompliziert; sie lassen sich etwas vereinfacht wie folgt skizzieren:

- Zunächst wird nachgesehen, ob eine exakt passende Funktion definiert wurde. Wenn ja, dann wird die genommen.
- Wenn es keine exakt passende Funktion gibt, dann wird nachgesehen, ob eine Schablone zur Erzeugung einer exakt passenden Funktion vorhanden ist.
- Ist das ebenfalls nicht der Fall, wird geprüft, ob über eine definierte Typkonvertierung eine *aktzeptable* Funktion gefunden werden kann.

8.9.6 Namensbereiche (Namespaces)

In ANSI/ISO-C gibt es vier Sichtbarkeitsbereiche für Bezeichner, und zwar

- Datei, Funktion, Block und Funktionsprototyp.

In ANSI/ISO-C++ gibt es darüber hinaus zwei weitere:

- Klasse und Namensbereich.

Eine Klasse, eingeleitet durch eins der Schlüsselwörter `class`, `struct`, `union`, hat einen eigenen Sichtbarkeitsbereich. In C haben Strukturen und Unionen keinen eigenen Sichtbarkeitsbereich. Ein Namensbereich (namespace) ist in C++ ein Sprachmittel, mit dem insbesondere der globale Sichtbarkeitsbereich (außerhalb von Funktionen) strukturiert werden kann. Dazu werden folgende Konstrukte angeboten:

(1) **namespace** *identifier* { *declaration-seq*$_{opt}$ }

(2) **namespace** *original-namespace-name* { *declaration-seq*$_{opt}$ }

(3) **namespace** *identifier* = ::$_{opt}$ *nested-namespace-specifier*$_{opt}$ *namespace-name*;

(4) **using namespace** ::$_{opt}$ *nested-namespace-specifier*$_{opt}$ *namespace-name*;

(5) **using** *typename*$_{opt}$ ::$_{opt}$ *nested-namespace-specifier*; *unqualified-id*;
using :: *unqualified-id*;

(6) **namespace** { *declaration-seq*$_{opt}$ }

Das Konstrukt (1) faßt alle Deklarationen des *namespace*-Rumpfes unter dem *namespace*-Bezeichner zusammen; außerhalb des Rumpfes werden die dort deklarierten Namen mit dem Bezeichner des Namensraumes qualifiziert, z.B.:

```
namespace A {
  int x;
  void f() { ... }
  . . .
}
void f();
int main() {
  int x;
  x = 123; A::x = 456;
  f(); A::f();
  return 0;
}
```

Mit dem Konstrukt (2) kann ein vorhandener Namensraum erweitert werden, z.B.:

```
namespace A { ... }
. . .
namespace A { ... }
```

Damit können die Deklarationen eines Namensbereiches z.B. auch auf verschiedene Dateien verteilt werden. Mit dem Konstrukt (3) können Alias (Zweitnamen) – z.B. Abkürzungen – eingeführt werden, z.B.

```
namespace MeineZufallszahlenBibliothek { . . . }
. . .
namespace MZB = MeineZufallszahlenBibliothek;
```

Mit dem Konstrukt (4) (`using`-Direktive) kann der bezeichnete Namensbereich auf den aktuellen erweitert werden, d.h. alle Bezeichner des angegebenen Namensbereiches können im aktuellen Bereich ohne Qualifikation verwendet werden, z.B.:

```
namespace X { int y; void f(); ... }
...
using namespace X;
// ab hier koennen y und f()
// statt X::y und X::f() verwendet werden
```

Insbesondere Anwendungen wie die folgende sind sinnvoll:

```
#include<cstdlib>
. . .
#include<iostream>
using namespace std;
```

Alle Deklarationen der C++-Standardbibliothek liegen im Namensbereich `std`, und diese `using`-Direktive macht es möglich, sie *wie früher* unqualifiziert benutzen zu können. Mit den Konstrukten (5) (`using`-Deklaration) können gezielt einzelne Deklarationen eines Namensbereiches entqualifiziert werden, z.B.:

```
namespace X {
  void f1() { ... }
  void f2() { ... }
  void f3() { ... }
  void f4() { ... }
}
. . .
using X::f2();
using X::f4();
. . .
f2(); f4();
. . .
```

Mit dem Konstrukt (6) (anonymer Namensbereich) kann der Sichtbarkeitsbereich von Deklarationen auf die aktuelle Übersetzungseinheit beschränkt werden, dadurch sollen globale `static`-Deklarationen ersetzt werden, z.B.:

```
int a;
namespace {
  int b;
  void f() { ... }
}
void g();
```

Die Namen `b` und `f` sind nur in der aktuellen Übersetzungseinheit sichtbar, die Namen `a` und `g` hingegen ggf. auch in anderen.

8.9.7 Typkonvertierungen (Typecasts)

ANSI/ISO-C++ enthält als Alternative zu dem *mächtigen, aber auch gefährlichen* ANSI/ISO-C-Universalkonstrukt zur Typkonvertierung in der Form (*Typ*)*Ausdruck* ein differenziertes System mit vier Operatoren:

(1) **static_cast**<*type*>(*expression*)

(2) **const_cast**<*type*>(*expression*)

(3) **dynamic_cast**<*type*>(*expression*)

(4) **reinterpret_cast**<*type*>(*expression*)

Damit hat man das Ziel verfolgt, Typkonvertierungen auffälliger und aussagekräftiger zu machen. Die Details zu diesem Thema sind im Abschn. 9.9 zu finden, im groben sieht die Aufgabenteilung wie folgt aus: Der Operator `static_cast` ist das Arbeitspferd, das z.B. bei Umwandlungen zwischen elementaren Datentypen verwendet wird, er ist aber nicht für das „Wegcasten“ von `const`-Eigenschaften und nicht für das „Uminterpretieren“ von Zeigern verwendbar – dafür sind die Operatoren (2) bzw. (4) vorgesehen. Der Operator `dynamic_cast` wird speziell für Konvertierungen in polymorphen Programmstrukturen verwendet und betrifft damit den Bereich der Objektorientierung.

8.10 Objektorientierung: *das Klassenkonzept*

8.10.1 Die Konzepte der Objektorientierung in C++

Die wesentlichen Konzepte der OOP in C++ sind:

- Klassen zur Kapselung von Daten (Encapsulation);
- Erweiterung von Klassen durch Vererbung (Inheritance);
- Polymorphie und dynamisches Binden;
- Generische Klassen in Form von Klassenschablonen.[3]

Das primäre Konzept, die Kapselung, läßt sich durch das bisher vielfach verwendete *„Gekochte-Ei-Modell“* veranschaulichen; siehe dazu Bild 8.2:

- innen das Eigelb, das den Daten entspricht, und
- darum herum das Eiweiß, das den zugreifenden Funktionen entspricht.

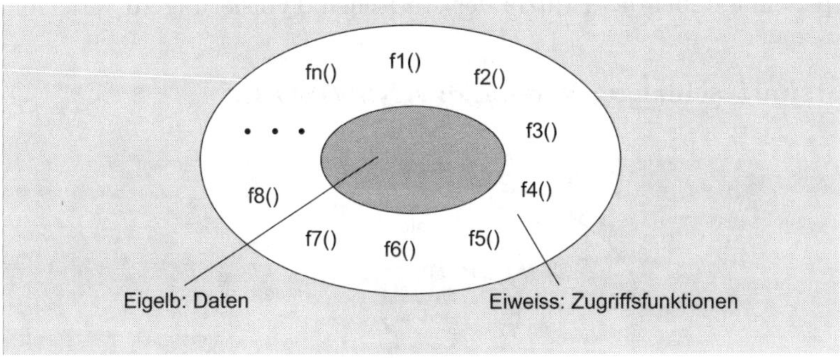

Bild 8.2: Datenkapselung, das *Gekochte-Ei-Modell*

Die Daten (das Eigelb) können nur über die Funktionen gelesen und verändert werden. Beide Teile bilden zusammen eine Einheit in Form einer Klasse (Datenkapsel, Abstrakter Datentyp).

Am Beispiel der bekannten Prioritätswarteschlange (priority queue) sollen schrittweise in den folgenden Abschnitten die wesentlichen Konzepte der objektorientierten Programmierung vorgestellt werden:

- **Version 0** ist die ANSI-C-Version. Hier besteht keine ausdrückliche Verbindung zwischen Daten und Funktionen und keine Kapselung.
- **Version 1** verwendet das gegenüber C erweiterte *struct*-Konzept, das die Datendefinition und die zugehörigen Funktionen der Prioqueue zu einer Einheit zusammenbindet, und führt den *Konstruktor* und den *Destruktor* ein.

[3]Bei differenzierter Klassifizierung ist es sinnvoll, zwischen *objektorientierter* und *generischer* Programmierung zu unterscheiden, hier wird zunächst beides *unter einen Hut gebracht.*

- **Version 2** führt das Sprachmittel *class* ein und definiert damit den *Abstrakten Datentyp* `Prio` als Datenkapsel, bei der Daten und Funktionen eine Einheit bilden, in der die Daten vor Zugriff von außen abgeschirmt sind.
- **Version 3** stellt das Prinzip *Vererbung* vor, das dort angewendet wird, um aus der Klasse `Prio` eine erweiterte Klasse `myPrio` abzuleiten.
- **Version 4** führt das Konzept *Abstrakte Klasse* ein, die als wesentliches Element *rein virtuelle Funktionen* enthält, das sind Funktionen, die per definitionem dort nicht implementiert sind. *Abstrakte Klassen* sind ein wichtiges Sprachmittel zur Spezifikation von Software und werden zur Definition sog. *Schnittstellenklassen* verwendet. *Abstrakte Klassen* sind ein wesentliches Konstruktionsmittel für *polymorphe Programmstrukturen* und *heterogene Datenstrukturen*.
- **Version 5** demonstriert schließlich die Verwendung der *Klassen-Templates* zur Realisierung *generischer* Klassen. Generische Klassen ermöglichen die Verwaltung und Verarbeitung verschiedener Datentypen anstelle eines speziellen Typs, ohne dabei das Prinzip der statischen Typisierung zu verletzen.

Prioritätswarteschlange, Version 0: ANSI/ISO-C

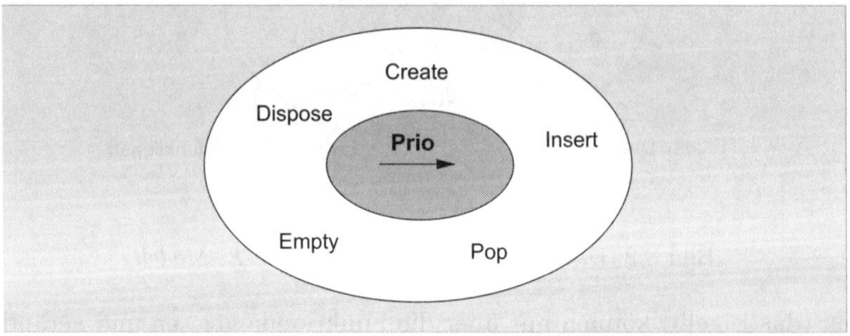

Bild 8.3: *Prioritätswarteschlange, C-Version*

Bild 8.3 zeigt unseren Ansatz zur Realisierung einer *Prioritätswarteschlange* mit folgendem Aufbau:

- eine Datenstruktur, z.B. in Form einer linearen Liste, und
- ein Satz von Funktionen, der die Zugriffe auf diese Daten und damit die Benutzerschnittstelle definiert, und zwar:
  - Mit *Create und Dispose* wird eine derartige Struktur generiert und initiiert bzw. wieder aufgelöst.
  - *Insert* fügt ein Element gemäß einem definierten Schlüssel seiner Priorität entsprechend in die Queue ein.

- *Pop* liefert das höchstpriore Element und entfernt es aus der Queue.
- *Empty* liefert 1, wenn die Queue leer ist, sonst 0.

Der ANSI-C-Text 8.1 skizziert eine entsprechende Realisierung. Im ersten Teil stehen die Datendefinitionen und die Prototypen der Zugriffsfunktionen. Es ist aber hier keine Kapselung vorhanden, die die Funktionen an die Datenstruktur bindet und die die Daten vor unbefugtem Zugriff schützt! Im zweiten Teil stehen die zugehörigen Funktionsdefinitionen, und im dritten Teil ist eine kleine Anwendung angegeben. Der Einfachheit halber sind die drei Teile hier in einer Datei zusammengefaßt worden.

C++-Text 8.1: *Prioritätswarteschlange, Version 0* ./Bsp8/prio/prio0.sht

```
/*---------------------------------------------*/
  typedef struct Pnode* Prio;

  typedef struct Pnode {
    Prio next;
    int data;
  } Node;

  Prio Create  (void);
  void Dispose (Prio pr);
  void Insert  (Prio pr, int x);
  int  Pop     (Prio pr);
  int  Empty   (Prio pr);

/*---------------------------------------------*/
  Prio Create  (void)          { ... }
  void Dispose (Prio pr)       { ... }
  void Insert  (Prio pr, int x) { ... }
  int  Pop     (Prio pr)       { ... }
  int  Empty   (Prio pr)       { ... }

/*---------------------------------------------*/
  int main (void) {

    Prio queue;
    queue = Create();

    for (int i=0; i<10; i++) Insert (queue, rand() % 100 );

    while (!Empty(queue)) printf("%d ", Pop(queue));

    Dispose(queue);

    return 0;
  }
```

8.10.2 Klassen

Prioritätswarteschlange, Version 1: Erweiterung des `struct`-Konzeptes

Bei dieser Version wird eine Struktur `struct Prio` eingeführt, die mit der Datendefinition `NODE *first` einen Zeiger auf den Anfang der Prioqueue definiert und darüber hinaus die Funktionen deklariert, die auf diese Queue zugreifen können. Dadurch werden die Funktionen an die definierte Datenstruktur gebunden, wenn auch eine Abkapselung vor unbefugtem Zugriff hier noch nicht realisiert ist. Bild 8.4 zeigt die entsprechende grafische Darstellung und C++-Text 8.2 den Programmcode.

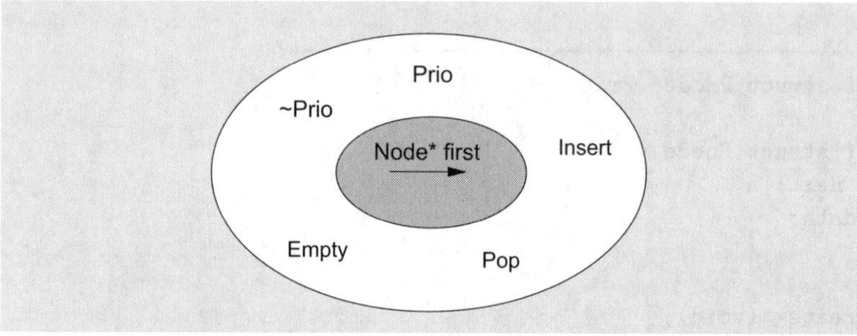

Bild 8.4: Datenkapsel *Prioritätswarteschlange*, C++-Version

Zwei besondere Funktionen heißen `Prio` und `~Prio` und tragen den Namen der Struktur, es sind dies der **Konstruktor** bzw. der **Destruktor**. Sie sind für das Generieren und Initiieren bzw. für das Auflösen einer entsprechenden Struktur zuständig. Der *Konstruktor* wird bei der Vereinbarung einer entsprechenden Variablen vom Typ `Prio` automatisch aufgerufen, der *Destruktor* wird automatisch beim Verlassen des entsprechenden Gültigkeitsbereichs aufgerufen. Konstruktor und Destruktor ersetzen damit die bisher verwendeten Funktionen `Create` und `Dispose`.

Der in ANSI/ISO-C++ so erweiterte *struct-Typ* kann also nicht nur Datendeklarationen, sondern auch Funktionsdeklarationen enthalten. Die Implementierung der Funktionen erfolgt in der üblichen Weise, nur daß über `Prio::` jeweils der Bezug zur Struktur `struct Prio` hergestellt wird. Das erweiterte *struct*-Konzept von C++ unterscheidet sich von dem mit der nächsten Version eingeführten *class*-Konzept nur durch die voreingestellten Zugriffsrechte, die bei struct *public* (jeder hat Zugriff) und die bei class *private* sind (nur die eigenen Elementfunktionen haben Zugriff).

Der angegebene Programmcode besteht wieder aus den drei Teilen *Benutzerschnittstelle*, *Implementierung* und *Anwendung*, die auch hier der Einfachkeit halber in einer Datei zusammengefaßt sind. In *main* steht die Vereinbarung `Prio queue;`, damit wird eine Variable `queue` der Struktur *Prio* definiert, die also einen Zeiger auf den Anfang der Liste **und darüber hinaus** Verweise auf die zugehörigen Zugriffsfunktionen beinhaltet.

Der Aufruf der Funktionen *Insert, Pop* und *isEmpty*, die ja jetzt Teil der Variablen queue des Typs Prio sind, erfolgt nun durch Verwendung der qualifizierten Bezeichner queue.Insert(...), queue.Pop() bzw. queue.Empty().

C++-Text 8.2: *Prioritätswarteschlange, Version 1* ./Bsp8/prio/prio1.sht

```
//-------------------------------------------------
  struct Prio {
    // Daten:
    struct Node {
      Node* next;
      int data;
    };
    Node* first;

    // Funktionen:
    Prio ();
    ~Prio ();
    void Insert(int);
    int Pop();
    int isEmpty();
  };

//-------------------------------------------------
       Prio :: Prio ()        { ... }
       Prio :: ~Prio ()       { ... }
  void Prio :: Insert (int x) { ... }
  int  Prio :: Pop()          { ... }
  int  Prio :: isEmpty()      { ... }

//-------------------------------------------------
  int main() {

    Prio queue;

    for (int i=0; i<10; i++) queue.Insert( rand() % 100 );

    while (!queue.isEmpty()) cout << queue.Pop() << " ";

  }
```

Prioritätswarteschlange, Version 2: Klassen (Kapselung)

In dieser Version wird das Schlüsselwort class eingeführt und dazu verwendet, eine Kapselung zu realisieren, die der Idee des *ADT* entspricht, dessen beide wesentlichen Grundprinzipien

- das Zusammenbinden von Daten und Funktionen und
- der Schutz der Daten vor direktem Zugriff von außen

sind.

Der Programmtext dieser Version – C++-Text 8.3 – unterscheidet sich nur an zwei Stellen von dem der vorangehenden Version, aber diese kleinen Änderungen sind entscheidend:

- das Schlüsselwort `struct` ist durch das neue Schlüsselwort `class` ersetzt, und
- vor den Funktionsprototypen steht das neue Schlüsselwort `public`

Eine `class`-Struktur – **Klasse** genannt – unterscheidet sich in genau einem Punkt von einer `struct`-Struktur:

- In einer Struktur `struct` sind per Voreinstellung alle Komponenten *öffentlich*, d.h. von außen direkt zugreifbar, und in einer Klasse `class` sind per Voreinstellung alle Komponenten *privat*, d.h. von außen **nicht** direkt zugreifbar.

Ansonsten können sowohl in Klassen `class` als auch in Strukturen `struct` die Zugriffsrechte explizit mit den Schlüsselwörtern `public`, `private` und `protected` definiert werden; Details dazu sind im Abschn. 9.1.6 zu finden. In unserem Beispiel liegt also der Zeiger `Node* first` – und damit der direkte Zugang zu den Daten – im privaten Teil der Klasse und die Funktionen im öffentlichen Teil.

Wie schon bei der vorangehenden Version erläutert, wird der Konstruktor `Prio()` implizit bei der Definition einer entsprechenden Variablen aufgerufen und der Destruktor ~`Prio()` ebenfalls implizit beim Verlassen des Gültigkeitsbereiches.

C++-Text 8.3: *Prioritätswarteschlange, Version 2* ——— ./Bsp8/prio/prio2.sht

```
//---------------------------------------------
  class Prio {
      struct Node {
        Node* next;
        int data;
      };
      Node *first;
    public :
      Prio ();
      ~Prio ();
      void Insert (int);
      int Pop();
      int isEmpty();
  };

//---------------------------------------------
       Prio :: Prio    ()       { ... }
       Prio :: ~Prio   ()       { ... }
```

```
  void Prio :: Insert  (int x) { ... }
  int  Prio :: Pop     ()      { ... }
  int  Prio :: isEmpty ()      { ... }

//-------------------------------------------------
  int main () {

    Prio queue;

    for (int i=0; i<10; i++) queue.Insert( rand() % 100 );

    while (!queue.isEmpty()) cout << queue.Pop() << " ";
  }
```

Bild 8.5 stellt das Modell der Klasse im Zusammenhang mit einer zugehörigen Variablen (Instanz, Objekt, siehe unten) in Anlehnung an heute übliche Konventionen dar [21], [29]: links die ausführliche, in der Mitte und rechts jeweils verkürzte Formen. Ein Sechseck wird zur Darstellung von *Instanzen (Objekten)* verwendet, der gestrichelte Pfeil bedeutet *Instanzierung*. Aus dieser Perspektive kann man eine Klasse auch als *Objektfabrik* ansehen!

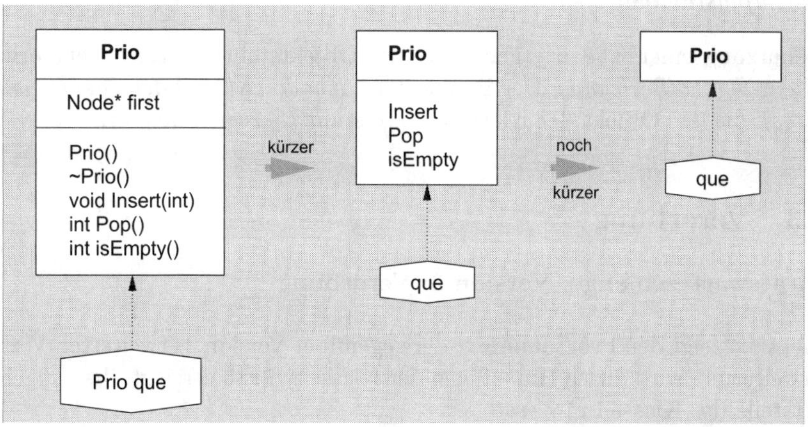

Bild 8.5: Datenkapsel *Prioritätswarteschlange*, C++-Version

Begriffsbildung, Terminologie Die erste größere Woge der Objektorientierung kam Anfang der achtziger Jahre und wurde durch die Programmiersprache *Smalltalk* getragen. Damit verbunden waren Begriffe, die zum Teil schon in den sechziger Jahren durch die Programmiersprache *Simula* eingeführt, zum größeren Teil aber durch die *Smalltalk-Welt* geprägt wurden. Wesentliche Begriffe in diesem Zusammenhang sind z.B. *Klasse, Objekt, Instanz, instanzieren, Methode, eine Nachricht senden, ...*

Die Begriffe wurden eingeführt und verwendet, um die neue Denkweise zu betonen und den Unterschied zur nicht objektorientierten Denkweise hervorzuheben, sind aber zum Großteil synonym mit entsprechenden *klassischen* Begriffen und werden insbesondere im Bereich der *hybriden* Programmiersprache C++ nebeneinander benutzt:

- **Klasse** ist in etwa synonym mit **Typ** und bezeichnet einen selbstdefinierten Datentyp; eine Klasse ist die Beschreibung eines **ADT**. Manchmal wird auch wie folgt differenziert: **Typ** beinhaltet nur den sichtbaren Teil der **Klasse** (Schnittstelle der Klasse).
- **Objekt** ist in etwa synonym mit **Variable** und wird häufig auch als **Instanz** oder **Exemplar** einer Klasse bezeichnet. So spricht man auch von *eine Klasse instanzieren* statt *eine Variable der Klasse definieren.*
- **Methode** ist in etwa synonym mit **Funktion** und bezeichnet eine *klassengebundene (typgebundene) Funktion.* Zur Unterscheidung von *nicht klassengebundenen Funktionen* in C++ sagt man dafür häufig **Elementfunktion, engl.: member function**.
- **Nachricht senden** oder **Botschaft senden** bedeutet das gleiche wie *Elementfunktion aufrufen.*

Die Benutzung einer Klasse – genauer eines Objekts einer Klasse – entspricht einer *Client-Server-Beziehung*: Der Benutzer ist *Kunde (Klient)* der *Dienstleistungen (Services)*, die das Objekt der Klasse als *Lieferant (Server)* anbietet.

8.10.3 Vererbung

Prioritätswarteschlange, Version 3: Vererbung

C++-Text 8.4 zeigt den Programmtext der gegenüber Version 2 erweiterten Version 3. Die Erweiterung wird durch Hinzufügen der Klasse `myPrio` erreicht, die zunächst die Schnittstelle der Klasse `Prio` *erbt*:

- `class myPrio : public Prio {...`

Wäre die Klasse *myPrio* leer, so hätte sie die gleiche Schnittstelle wie *Prio*; in diesem Beispiel werden zwei Elementfunktionen hinzugefügt, so daß `myPrio` insgesamt

- die Elementfunktionen *Insert, Pop* und *Empty* von *Prio* und
- als eigenen Beitrag die Elementfunktionen *GetMin* und *Count*

zur Verfügung stellt. Das Schlüsselwort `public` in der Kopfzeile der Klasse `myPrio` bedeutet *öffentliches Erben*, d.h. der öffentliche Teil von `Prio` wird weitergereicht und ist auch in `myPrio` öffentlich.

C++-Text 8.4: *Prioritätswarteschlange, Version 3* ./Bsp8/prio/prio3.sht

```
//------------------------------------------------
  class Prio {
    protected:
      struct Node {
        Node* next;
        int data;
      };
      Node *first;
    public :
      Prio ();
      ~Prio ();
      void Insert(int);
      int Pop();
      int isEmpty();
  };

//------------------------------------------------
       Prio :: Prio    ()      { ... }
       . . .
  int  Prio :: isEmpty ()      { ... }

//------------------------------------------------
  class myPrio : public Prio {
    public :
      int Top();
      int Count();
  };

//------------------------------------------------
  int myPrio :: Top() { ... }
  int myPrio :: Count() { ... }

//------------------------------------------------
  int main () {
    myPrio queue;

    for (int i=0; i<10; i++) queue.Insert( rand() % 100 );
    cout << queue.Count() << " Eintraege" << endl;

    while (!queue.isEmpty()) {
      int x = queue.Top();
      cout << x << " " << queue.Pop() << ", ";
    }
    cout << endl << queue.Count() << " Eintraege\n";
  }
```

Damit `myPrio` auch auf die internen Daten von `Prio` zugreifen kann, ist das entsprechende Zugriffsattribut in `Prio` auf `protected` gesetzt worden. Das Attribut `protected` bewirkt, daß Erben direkt lesend und schreibend auf die entsprechenden Felder zugreifen können, Benutzer hingegen nicht.

Bild 8.6 stellt die Klassen `Prio` und `myPrio` und ein Objekt (eine Instanz) `que` der Klasse `myPrio` sowie die Beziehungen zwischen den Teilen graphisch dar: `myPrio` erbt (durchgezogener Pfeil) von `Prio` die Funktionen `Insert`, `Pop` und `isEmpty` und **erweitert** um die beiden Funktionen `Top` und `Count`; `que` instanziert (gestrichelter Pfeil) die Klasse `myPrio`. Objekte werden hier stets durch Sechsecke dargestellt.

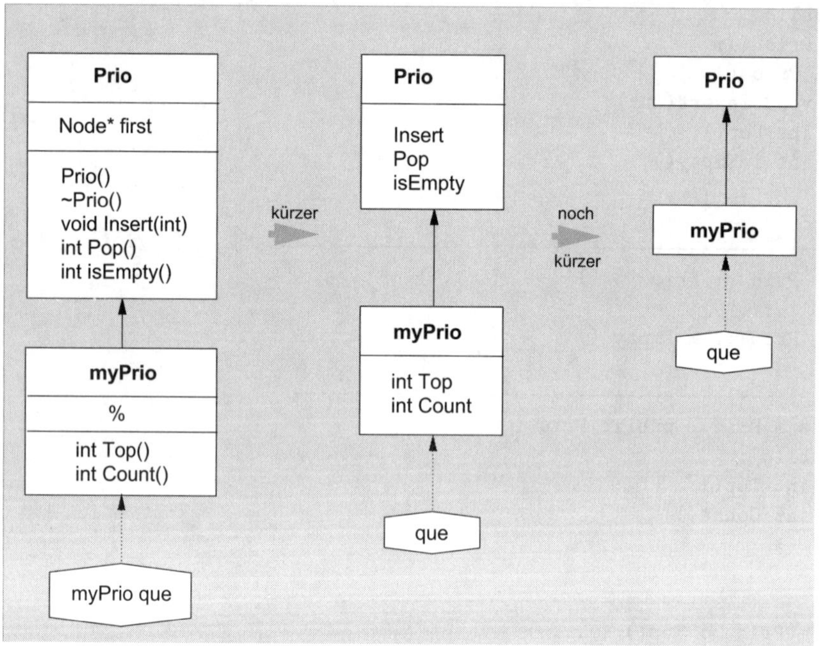

Bild 8.6: Erweiterung der Prioritätswarteschlange durch Vererbung

Begriffsbildung, Terminologie Im Zusammenhang mit der Vererbung werden folgende Begriffe verwendet:

- **Basisklasse** ist jene Klasse, von der eine oder mehrere andere Klassen abgeleitet werden, der Begriff ist relativ insofern, als eine abgeleitete Klasse auch wieder Basisklasse für weitere Ableitungen sein kann.
- **Oberklasse** ist in etwa synonym zu *Basisklasse*, betont aber mehr die relative Position in einer Ableitungshierarchie.
- **Unterklasse**, **erbende Klasse**, **abgeleitete Klasse** oder kurz **Ableitung** sind in etwa synonym.

8.10.4 Polymorphie und dynamisches Binden

Prioritätswarteschlange, Version 4: Abstrakte Klassen, virtuelle und rein virtuelle Elementfunktionen

C++-Text 8.5 präsentiert eine Version der Prioritätswarteschlange mit einer *vorgeschobenen* **Abstrakten Klasse**, die dadurch gekennzeichnet ist, daß mindestens eine ihrer Elementfunktionen nicht implementiert ist, gekennzeichnet jeweils durch das `... = 0`.

Die Funktionen der *Abstrakten Klasse* `AbsPrio` sind alle – d.h. die nicht implementierten und auch die bereits implementierten – als virtuell gekennzeichnet. Das bedeutet, daß sie in der erbenden Klasse `Prio` redefiniert werden können.[4] Bei den leeren Funktionen ist das ja ohnehin notwendig, aber das gilt hier auch für die schon implementierten Funktionen `Top` und `isEmpty`!

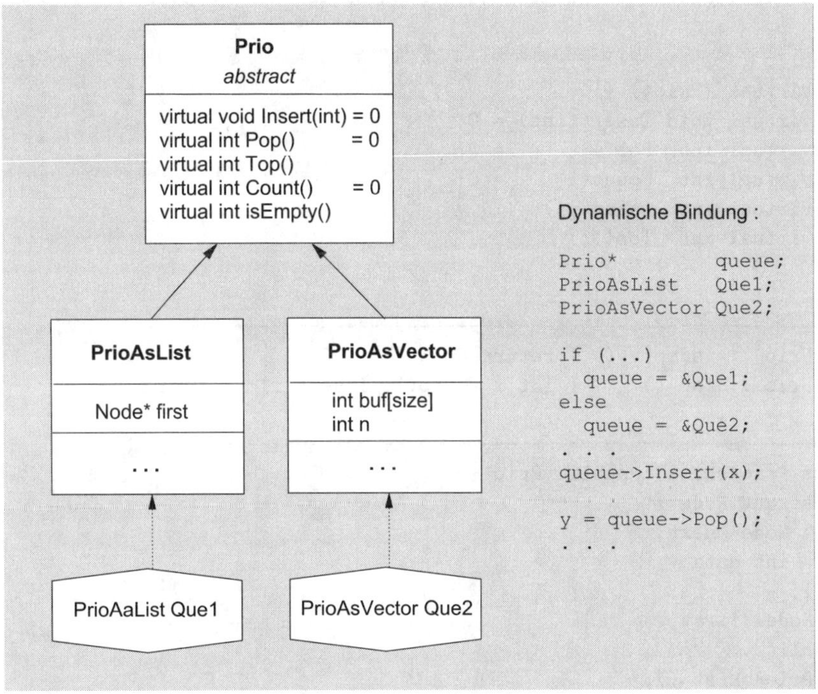

Bild 8.7: Verwendung einer *abstrakten Basisklasse*

Bild 8.7 veranschaulicht die Struktur dieser Version der Prioritätswarteschlange. Die beiden Klassen `PrioAsList` und `PrioAsVector` erben von der abstrakten Basisklasse

[4] Überschriebene *nicht virtuelle* Funktionen können nicht dynamisch gebunden werden, siehe dazu Abschn. 9.2.3.

die Schnittstelle mir den angegebenen fünf Funktionen und stellen zwei verschiedene Implementierungen – als lineare einfach verkettete Liste und als C-Vektor – zur Verfügung. Für beide Klassen wird jeweils ein Objekt (eine Variable) vereinbart: `Que1` und `Que2`.

Der Programmcode neben dem Klassendiagramm skizziert die *polymorphe* Verwendung der beiden Objekte `Queue1` und `Queue2` über den Basisklassenzeiger `queue`: abhängig von einer Bedingung, die erst zur Laufzeit des Programms ausgewertet wird, wird der Basisklassenzeiger entweder an das eine oder an das andere Objekt gebunden. Dementsprechend werden die Funktionen `queue->Insert(x)` und `queue->Pop()` – je nachdem, wie die Bindung erfolgte – von den entsprechenden Funktionen der einen oder der anderen Klasse überschrieben.

C++-Text 8.5: *Prioritätswarteschlange, Version 4* ./Bsp8/prio/prio4.sht

```
//--------------------------------------------------------------
  class Prio {
    public :
      virtual ~Prio() {}
      virtual void Insert(int) = 0;
      virtual int  Pop()       = 0;
      virtual int  Count()     = 0;
      virtual int  isEmpty();
      virtual int  Top();
  };

//--------------------------------------------------------------
  int Prio :: isEmpty () { return Count() == 0; }
  int Prio :: Top ()     { int x = Pop(); Insert(x); return x; }

//--------------------------------------------------------------
  class PrioAsList : public Prio {
      struct Node {
        Node* next;
        int data;
      };
      Node* first;
    public :
      PrioAsList ();
      virtual ~PrioAsList ();
      virtual void Insert (int);
      virtual int Pop();
      virtual int Count();
  };

//--------------------------------------------------------------
       PrioAsList :: PrioAsList  ()      { ... }
```

```
  . . .
  int  PrioAsList :: Count       ()      { ... }

//-----------------------------------------------------------
  class PrioAsVector : public Prio {
      int buf[1000];
      int n;
    public :
      PrioAsVector ();
      . . .
      virtual int Count();
  };

//-----------------------------------------------------------
      PrioAsVector :: PrioAsVector  ()      { ... }
  . . .
  int  PrioAsVector :: Count        ()      { ... }

//-----------------------------------------------------------
  int main () {

    Prio* queue;
    int a;

    do {
      cout << "1 oder 2 eingeben : "; cin >> a;
    } while (a!=1 && a!=2);

    if (a==1) queue = new PrioAsList; else queue = new PrioAsVector; // !!!
  //================================================================

    for (int i=0; i<10; i++) queue->Insert( rand() % 100 );
    cout << queue->Count() << " Eintraege" << endl;

    while (!queue->isEmpty()) {
      cout << queue->Top() << " ";
      queue->Pop();
    }
    cout << endl << queue->Count() << " Eintraege";

  }
```

Sinn und Zweck einer *Abstrakten Klasse*:

- Als vorgeschaltete Klasse kann sie alle Elementfunktionen – und damit die Schnittstelle der Klasse und ihrer Ableitungen – völlig unabhängig von einer speziellen Implementierung spezifizieren.

- Viele Funktionen lassen sich, wie hier `isEmpty()` und `Top()`, schon in der Abstrakten Klasse – d.h. unabhängig von der späteren Realisierung der Liste – implementieren. Diese Funktionen können dann in einer abgeleiteten Klasse bei Bedarf implementierungsabhängig zwecks Optimierung redefiniert werden.

- Die vorgeschaltete Klasse `AbsPrio` kann als gemeinsame *Schnittstellenklasse* für daraus abgeleitete Klassen verwendet werden, die alle die Prioritätswarteschlange unterschiedlich implementieren (z.B. als lineare Liste, als Baum, als Array, ...). Damit basieren dann alle Implementierungen auf einer gemeinsamen Spezifikation in Form einer gemeinsamen Basisklasse.

- Abstrakte Klassen werden häufig als Basisklassen im Rahmen *Polymorpher Konzepte* verwendet, um damit *Heterogene Datenstrukturen* zu realisieren, die typischerweise z.B. im Bereich graphischer Anwendungen anzutreffen sind, siehe dazu Abschnitte 9.3.4 und 9.3.5.

Begriffsbildung, Terminologie

- Eine **Abstrakte Klasse** ist eine Klasse, die mindestens eine **rein virtuelle Funktion** enthält und damit nicht instanzierbar ist;

- eine **virtuelle Funktion** ist eine Elementfunktion mit dem vorangestellten Attribut `virtual`, sie kann in einer erbenden Klasse redefiniert (d.h. **überschrieben**) werden;

- eine **rein virtuelle Funktion**, manchmal auch **abstrakte Funktion** genannt, ist eine **virtuelle Funktion mit dem Zusatz „**= 0“, was bedeutet, daß sie per definitionem in der zugehörigen Klasse nicht implementiert ist;

- eine **Polymorphe Programmstruktur** ist eine Anordnung von Klassen – wie in diesem Beispiel –, bei der verschiedene Objekte verschiedener Klassen zur Laufzeit über eine einheitliche Schnittstelle angesprochen werden können;

- **Dynamische Bindung** bedeutet, daß die Bindung eines Funktionsaufrufs an die konkret auszuführende Funktion eines Objektes zur Laufzeit durchgeführt wird. Das Gegenteil davon heißt *statische Bindung* und bedeutet, daß die entsprechende Bindung schon beim Compilieren erfolgt. Man spricht auch häufig von **später Bindung** und **früher Bindung**;

- im Rahmen einer *polymorphen Programmstruktur* können verschiedenartige Objekte über Zeiger gleichen Typs verwaltet werden und ermöglichen somit **heterogene Datenstrukturen**: z.B. kann ein Vektor oder eine Liste definiert werden, deren Elemente entsprechende Zeiger sind, und die Zeiger können an verschiedenartige Objekte gebunden werden.

8.10.5 Klassenschablonen

Prioritätswarteschlange, Version 5: Klassen-Templates (generische Klassen, typparametrisierte Klassen)

Während alle bisher besprochenen Versionen auf die Verwaltung von Daten des Typs *Integer* spezialisiert waren, wird hier durch das *Template-Konzept* (template = Schablone) erreicht, daß der als C++-Text 8.6 angegebene Programmcode eine Prioritätswarteschlange beinhaltet, die für unterschiedliche Datentypen verwendbar ist; sie ist *generisch.* Die folgenden Typdefinitionen demonstrieren den Umgang mit *Klassen-Templates*:

- `typedef Prio<int> IntegerQue;`
- `typedef Prio<float> FloatQue;`
- `typedef Prio<String> StringQue;`
- `typedef Prio<Somewhat> SomewhatQue;`

Instanzierungen können dann z.B. wie folgt aussehen:

- `IntegerQue que1;`
- `Prio<int> que2;`
- usw.

Bild 8.8 zeigt die graphische Darstellung einer generische Klasse und verschiedene Möglichkeiten der Instanzierung.

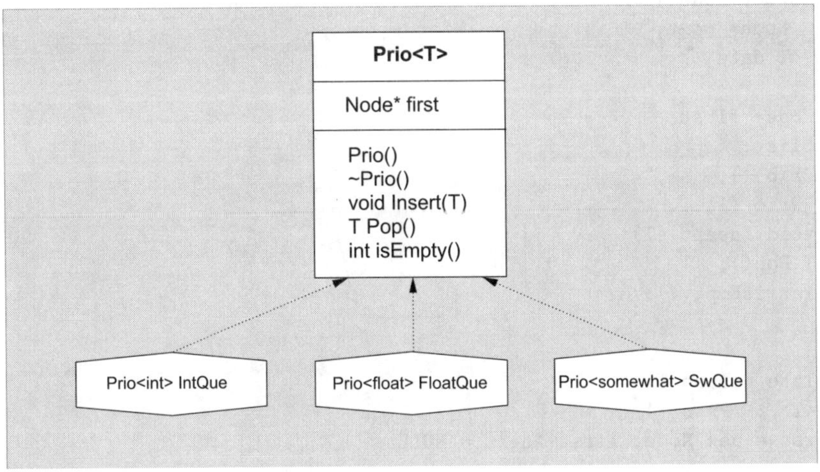

Bild 8.8: Eine generische Klasse durch Verwendung des Template-Konzepts

Der Compiler generiert daraus gemäß den in spitzen Klammern angegebenen **Typparametern** durch Verwendung des Klassen-Templates als Schablone den Quellcode für den entsprechenden Typ. Hier besteht eine gewisse Verwandtschaft zur Verwendung des Präprozessors zur Generierung entsprechenden Codes (siehe dazu z.B. 3.1.4; es wird stets statisch typisierter Code erzeugt und vom Compiler syntaktisch überprüft. Das Neue des Template-Konzepts liegt darin, daß es in die Sprache C++ integriert, und daß es sicherer und leistungsfähiger ist.

Der Vorteil Template-basierter generischer Klassen liegt in ihrer guten Laufzeiteffizienz, die Generierung des typisierten Codes wird zur Compilierungszeit durchgeführt. Als Nachteil ist zu nennen, daß für jede Variante der volle Code erzeugt wird, d.h. die Speichereffizienz ist zunächst mal schlecht. Allerdings gibt es Möglichkeiten, hier einzugreifen, und darüber hinaus ist es auch denkbar, daß spätere optimierende Compiler dort eingreifen werden.

Die verwendeten Typparameter können Standardtypen oder selbstdefinierte Typen (d.h. Klassen) sein mit der selbstverständlichen **Einschränkung**, daß alle für den Typparameter im Klassen-Template verwendeten Operationen (Funktionen und/oder Operatoren) definiert sein müssen! Will man z.B. Strings verwalten, so muß vorab eine entsprechende Klasse `String` definiert oder als Bibliotheksklasse importiert werden.

C++-Text 8.6: *Prioritätswarteschlange, Version 5* ./Bsp8/prio/prio5.sht

```
//---------------------------------------------------
  template <class T>
  class Prio {
      struct Node {
        Node* next;
        T data;
      };
      Node* first;
    public :
      Prio ();
      ~Prio ();
      void Insert (T);
      T Pop();
      int isEmpty();
  };

  template <class T>
  Prio<T> :: Prio () {
    first = new Node; first->next = NULL;
  }

  template <class T>
  Prio<T> :: ~Prio () { ... }

  template <class T>
```

```
  void Prio<T> :: Insert (T x) { ... }

  template <class T>
  T  Prio<T> :: Pop() {
    Node* p = first->next;
    T x = p->data;
    first->next = p->next; delete p;
    return x;
  }

  template <class T>
  int Prio<T> :: isEmpty() { return first->next == NULL; }

//-------------------------------------------------
  int main () {
    Prio<int> queue;
    for (int i=0; i<10; i++) queue.Insert( rand() % 100);
    while (!queue.isEmpty()) cout << queue.Pop() << " ";
  }
```

8.11 Ausnahmebehandlung (Exception Handling)

Die wesentliche Idee der Ausnahmebehandlung (exception handling) besteht darin, sprachliche Unterstützung zur Behandlung von Ausnahmefällen (z.B. von Fehlern) zu bieten, auf die nicht an der Stelle des Erkennens der Ausnahme reagiert werden kann, sondern in einem anderen Kontext. Wenn z.B. eine Bibliotheksroutine feststellt, daß kein Speicherplatz im Heap mehr verfügbar ist oder daß die Festplatte voll ist, dann kann sie im allgemeinen nicht sinnvoll darauf reagieren. Dagegen kann aber eine übergeordnete Funktion z.B. dem Heap durchaus wieder Speicherplatz verfügbar machen und Dateien auf der Platte löschen (z.B. den *Papierkorb leeren*).

Nach Abschluß der Ausnahmebehandlung wird dann in der Regel die Arbeit an der Unterbrechungsstelle fortgesetzt. Dazu sollte möglichst der alte Zustand – der also unmittelbar vor der Unterbrechung vorlag – wiederhergestellt werden, oder zumindest ein konsistenter Zustand. Um das zu erreichen, sind Maßnahmen wie das Aufräumen des Programmstacks beim *Notausstieg* aus Funktionen erforderlich. Das folgende kleine Beispiel demonstriert das Prinzip der Ausnahmebehandlung in C++:

```
class xyzError {
    double value;
  public:
    xyzError(double v): value(v) {}
    void Print() { cout << value; }
};

double f(double dx) {
```

```
    if (dx < 0) throw xyzError(dx);
    return sqrt(dx);
  }

  int main() {
    double x, y;
    for (int i=-2; i<=2; i++) {
      cout << "i = " << i << ";  ";
      try {
        x = double(i); cout << "x = " << x << ";  ";
        y = f(x);
        cout << "sqrt " << x << " = " << y << endl;
      }
      catch (xyzError e) {
        cout << "Fehler, negativer Wert : "; e.Print(); cout << endl;
      }
    }
    return 0;
  }
```

Ausgabe des Programms:

```
i = -2;  x = -2;  Fehler, negativer Wert : -2
i = -1;  x = -1;  Fehler, negativer Wert : -1
i = 0;  x = 0;  sqrt 0 = 0
i = 1;  x = 1;  sqrt 1 = 1
i = 2;  x = 2;  sqrt 2 = 1.41421
```

In der Funktion `f(x)` wird ein nicht erlaubter negativer Wert festgestellt, und deshalb wird ein Fehlerobjekt vom Typ `xyzError` mit dem Fehlerwert `dx` initialisiert und *ausgeworfen* (`throw xyzError(dx)`). Der Aufruf der Funktion `f(x)` erfolgt im Rumpf der `try`-Anweisung der übergeordneten Funktion `main()`. Das durch den Aufruf `f(x)` erzeugte Fehlerobjekt veranlaßt den Abbruch der `try`-Anweisung. Das Fehlerobjekt wird von der `catch`-Anweisung aufgefangen, die durch Angabe des Typs `xyzError` für das Auffangen von Fehlerobjekten vom Typ `xyzError` spezifiziert ist. Dann werden die Anweisungen des `catch`-Rumpfes durchlaufen.

In diesem einfachen Beispiel hat das irreguläre Verlassen der Funktion `f(x)` keine Nebenwirkungen; in der Regel ist das aber nicht so: Wenn z.B. am Anfang der Funktion Speicherplatz im Heap belegt, Dateien geöffnet oder ganz allgemein Betiebsmittel belegt werden, dann werden diese Operationen meist implizit über den automatischen Aufruf der entsprechenden Destruktoren wieder rückgängig gemacht. Dieser Vorgang heißt *stack unwinding*, d.h. der Programmstack wird abgebaut. Diese notwendigen Aufräumarbeiten werden nun auch automatisch beim Verlassen der Funktion über die `throw`-Anweisung durchgeführt!

Das Rückgängigmachen entsprechender Operationen erfolgt natürlich nur, wenn die entsprechenden Funktionen implizit über den Aufruf von Konstruktoren und Destruktoren aktiviert werden. Entsprechende explizit ausgelöste Operationen müssen auch im Falle eines Fehlerausgangs explizit wieder rückgängig gemacht werden! Hier bieten die sog. *smart pointer* (siehe dazu Abschn. 10.1.1) eine gute Hilfestellung.

8.12 Die C++-Standardbibliothek

8.12.1 Überblick

Zusammen mit der eigentlichen Sprache C++ ist eine umfangreiche Bibliothek mit 47 Modulen standardisiert worden, das Bild 8.9 gibt einen Überblick über die verschiedenen Gruppen. Bei den Modulnamen entfällt das in C verwendete – und früher auch in C++ verwendete – Suffix „`.h`", und alle Module gehören dem Namensraum `std` (standard) an: d.h. bei einer unqualifizierten Benutzung der entsprechenden Namen für Funktionen, Typen, Variablen und Konstanten muß jeweils die Direktive `using namespace std` verwendet werden.

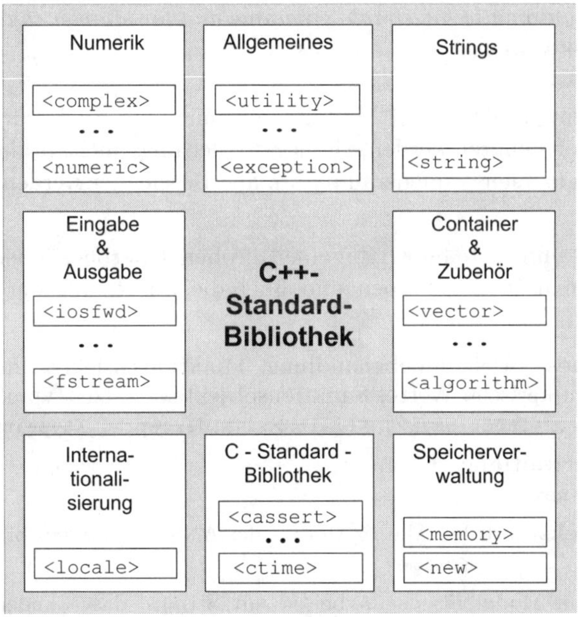

Bild 8.9: Überblick über die C++-Standardbibliothek

Die drei größten Gruppen der C++-Standardbibliothek sind die C-Standardbibliothek mit ihren 15 Modulen, die vollständig übernommen wurde, sowie jeweils eine umfangreiche Teilbibliothek zur Unterstützung der Ein- und Ausgabe neuen Stils und eine umfangreiche Teilbibliothek für das Arbeiten mit

Containern. Die 15 Module der C-Bibliothek verwenden die alten Namen, die jeweils durch ein vorangestelltes `c` erweitert wurden (z.B. aus `assert` wird `cassert`).

Hinweis: Die C++-Standardbibliothek hat nicht nur ein großes Volumen, sie ist auch sehr leistungsfähig. Ein interessanter Aspekt besteht sicher darin, Bibliotheksmodule nutzen zu können, ohne Spezialist für objektorientierte Programmierung zu sein. Das Benutzen von Klassen ist sicher wesentlich einfacher als das Entwerfen von Klassen und insbesondere von Klassensystemen: Better-C unter Einbeziehung der typischen C++-Bibliotheksmodule. Bjarne Stroustrup, der Erfinder der Programmiersprache C++ formuliert das so:

> *The standard library makes it far simpler to teach C++. No longer do we have to start out with low-level pointer manipulation to accomodate C-style arrays and strings. Instead, we can use appropriate container types and strings and thereby postpone the discussion of lower-level concepts until students are ready to deal with them. Importantly, the standard containers and the string class manage the storage for their elements and expand as needed. This means that memory management becomes completely automatic for simple programs and far simpler than it used to be for larger systems.*[5]

Die Kompatibilität zu den alten Modulnamen mit dem Suffix `.h` ist gewahrt, sie können also weiter benutzt werden, sie liegen allerdings nicht in dem Namensraum `std`, sondern im globalen Namensraum, d.h. alle Bezeichner werden ohne Qualifizierung verwendet.

Die folgende Zusammenstellung gibt einen groben Überblick über die Einsatzbereiche der einzelnen Modulgruppen und über die Zuordnung der Module zu den Gruppen:

- **Allgemeines** Ausnahmebehandlung, Funktionsobjekte, Implementierungslimits für numerische Werte, Funktionsobjekte, Laufzeittypinformation: `<exception>, <functional>, <limits>, <stdexcept>, <typeinfo>, <utility>`
- **Speicherverwaltung:** `<memory>, <new>`
- **C-Bibliotheksmodule** Alle 15 Module der ANSI-C–Standardbibliothek: `<cassert>, . . . <ctime>`
- **Strings** Ein Modul für das Arbeiten mit Strings, das – anders als das Modul `cstring` – z.B. einen vordefinierten Typ **string** und Operatoren bereitstellt: `<string>`
- **Eingabe & Ausgabe (Streams)** Stellt ein völlig neues Konzept für die Ein– und Ausgabe als Alternative zu `cstdio` zur Verfügung: `<fstream>, <iomanip>, <ios>, <iosfwd>, <iostream>, <istream>, <ostream>, <sstream>, <streambuf>`

[5] Bjarne Stroustrup im Dezember 1997 in einem Interview von *Object magazin Online.*

- **Container und Zubehör** Module für das Arbeiten mit Containern, im wesentlichen auf der Basis der bekannten STL-Bibliothek (Standard Template Library): `<algorithm>`, `<bitset>`, `<dequeue>`, `<functional>`, `<iterator>`, `<list>`, `<map>`, `<queue>`, `<set>`, `<stack>`, `<vector>`
- **Numerik** Unterstützung für numerische Berechnungen: `<complex>`, `<numeric>`, `<valarray>`
- **Internationalisierung** Unterstützung für die Anpassung an nationale Eigenarten: `<locale>`

8.12.2 Neues EA-Konzept: *Stream-IO*

Typsicherheit, Generizität, Erweiterbarkeit, Lokalisierbarkeit

Das C-Bibliotheksmodul `stdio` bzw. `cstdio` kann zwar weiterhin verwendet werden, aber C++ hat sein eigenes EA-Konzept, das insgesamt neun Module umfaßt (`fstream`, ... `iostream`, ... `streambuf`). Das C++-EA-Konzept ist im Gegensatz z.B. zu den C-Funktionen `printf` und `scanf` **typsicher**, und es ist leicht **erweiterbar**, z.B. zur Anwendung auf selbstdefinierte Typen. Darüber hinaus enthalten die Module Klassen-Templates mit dem Zeichensatz und mit sog. *Traits* (engl. *trait*: [Charakter-]Zug) als Typparameter, d.h. das Konzept ist **generisch** und **lokalisierbar** (lokalen nationalen Besonderheiten anpaßbar).

Ein- und Ausgabe im Standardmodus mit Standardgeräten

Für die Eingabe und Ausgabe auf Standardgeräten sind die Objekte `cin` und `cout` vordefiniert, die per Default in der Regel die Tastatur bzw. den Bildschirm repräsentieren. Entsprechend gibt es Voreinstellungen für die Formatierung, so daß in vielen Fällen auf eine explizite Formatierung verzichtet werden kann. Als Operatoren sind die Symbole `>>` und `<<` zur Eingabe bzw. zur Ausgabe überladen worden, die ansonsten für Shift Operationen verwendet werden. Ein einfaches Beispiel mit der Eingabe und Ausgabe von `float`-Werten kann dann z.B. so aussehen:

```
#include<iostream>

float x, y;
cout << "x: "; cin >> x;
if (! cin) {
  cerr << "falsche Eingabe fuer x"; exit(1);
}
cout << "y: "; cin >> y;
if (! cin) {
  cerr << "falsche Eingabe fuer y"; exit(1);
}
cout << "x + y = " << x+y << endl;
```

Formatierung (Manipulatoren, ios-Operationen und ios-Flags)

Die Anweisungen

```
cout << setiosflags(ios::left)  << setfill('.') << setw(10);
cout << 1999 << endl;
cout << setiosflags(ios::right) << setfill('.') << setw(10);
cout << 1999 << endl;
```

erzeugen die Ausgabe

```
1999......
......1999
```

`setiosflags(...)`, `setfill(...)` und `setw(...)` sind sog. *Manipulatoren*, die die Ausgabe formatieren. Die gleiche Wirkung kann auch durch die Anweisungen

```
cout.setf(ios::left);  cout.fill('.'); cout.width(10);
cout << 1995 << endl;
cout.setf(ios::right); cout.fill('.'); cout.width(10);
cout << 1995 << endl;
```

erzeugt werden, wobei `setf(...)`, `fill(...)` und `width(...)` Elementfunktionen der Klasse `ios` – der Basisklasse des Stream-IO-Systems – sind, sog. *ios-Operationen.* Parameter der beiden Manipulatoren `setiosflags(...)` und `resetiosflags(...)` bzw. der entsprechenden ios-Operationen `setf(...)` sind sog. ios-Flags. Es können auch durchaus mehrere ios-Flags gleichzeitig gesetzt werden; z.B. erzeugt

```
cout << setiosflags(ios::hex|ios::showbase) << 12 << endl;
```

die Ausgabe

```
0xC
```

Die Flags kann man sich als Schalter von *Bitleisten* vorstellen, die bitweise „*ver-odert*“ werden, d.h. es kommt jeder Schalter zum Tragen. Zur Benutzung der ios-Flags muß `<iomanip>` eingefügt werden.

Die folgenden Zeilen vergleichen eine formatierte Ausgabe in C und C++, in beiden Fällen wird die gleiche Darstellung erzeugt.

```
float x = 12.34, y = 5678.9123456;
printf("(%8.2f,%8.2f)\n", x, y);
cout<<"("<<setprecision(2)<<setiosflags(ios::fixed)
    <<setw(8)<<x<<","<<setw(8)<<y<<")"<<endl;

Ausgabe:

(   12.34, 5678.91)
(   12.34, 5678.91)
```

Die C-Version mit `printf` ist zwar in diesem Beispiel etwas kürzer, sie hat aber den Nachteil, nicht typsicher zu sein!

Ein- und Ausgabefunktionen

Neben den beiden Operatoren `>>` und `<<` für die Ein- und Ausgabe gibt es auch eine Reihe entsprechender Funktionen. Für die Eingabe von Zeichen und Zeichenfolgen existieren z.B. verschiedene Varianten von `get`, d.h. die Funktion ist mehrfach überladen:

- `istream& get(char* str, int len, char ch = '\n');`
- `istream& get(char* str, char ch = '\n');`
- `istream& get(char& ch);`
- `int      get();`

Die erste liest eine Zeichenkette, bis die vorgegebene Länge erreicht ist oder bis das angegebene Trennzeichen – voreingestellt ist das Zeilenende-Zeichen – erreicht ist. Die zweite liest bis zum Trennzeichen, die dritte liest ein einzelnes Zeichen, und die vierte entspricht dem `getc()` bzw. `getchar()` von ANSI/ISO-C. Darüber hinaus gibt es weitere Funktionen für die Eingabe und Ausgabe von Zeichen und Zeichenfolgen.

Arbeiten mit Dateien (*fstream*)

Das Arbeiten mit sequentiellen Textdateien wird genauso abgewickelt wie das Arbeiten mit Tastatur und Bildschirm, es müssen nur zusätzlich die betroffenen Dateien geöffnet und wieder geschlossen werden. Das kann im einfachsten Falle über die Konstruktoren und Destruktoren geschehen, wie es die folgende kurze Funktion zum Kopieren einer Datei demonstriert:

```
#include <fstream>
using namespace std;

void FileCopy(char* name1, char* name2) {
  ifstream ein(name1);
  ofstream aus(name2);
  char ch;
  if (!ein || ! aus) {
    cerr << "Fehler beim Oeffnen der Dateien"; exit(1);
  }
  while (ein.get(ch))
    aus.put(ch);
}
```

Die Konstruktoren öffnen eine Datei zum Lesen und eine zum Schreiben, und am Ende der Funktion werden automatisch die zugehörigen Destruktoren zum Schließen der Dateien aktiviert. Dabei sind folgende Konstruktoren verfügbar:

```
o ifstream();
o ifstream(const char* name, int mode = ios::in);

o ofstream();
o ofstream(const char* name, int mode = ios::out);

o fstream();
o fstream(const char* name, int mode);
```

Die Formen ohne Parameter sind Standardkonstruktoren, die jeweils ein entsprechendes Objekt für Eingabeströme bzw. Ausgabeströme bzw. Ein-Ausgabeströme generieren; die anderen öffnen zusätzlich jeweils eine Datei des angegebenen Namens und legen den Zugriffsmodus mit Hilfe von `ios`-Flags fest.

Auch der Direktzugriff (random access) auf Datensätze in Dateien wird selbstverständlich durch entsprechende Funktionen unterstützt.

Status- und Fehlerinformationen

Der Zugriff auf Status- und Fehlerinformationen wird durch spezielle Funktionen und durch die Bereitstellung entsprechender `ios`-Flags unterstützt. Für die Ausnahme- und Fehlerbehandlung bietet sich insbesondere das von C++ unterstützte Konzept der Ausnahmebehandlung an.

8.12.3 Container & Zubehör: *Standard Template Library (STL)*

Der Bereich *Container & Zubehör* bildet mit seinen zehn Bibliotheksmodulen einen wesentlichen Teil der C++-Standardbibliothek, von denen alle bis auf eins der sog. *Standard Template Library (STL)* zuzurechnen sind. Die STL repräsentiert ein mächtiges, auf Templates basierendes Konzept, dessen wesentliche Idee durch das Bild 8.10 illustriert wird.

Den Kern der STL bilden die Containertypen `vector`, `deque`, `list`, `stack`, `queue`, `priority-queue`, `set`, `multiset`, `map` und `multimap` (drei davon sind sog. Container-Adapter, sie werden auf andere Container abgebildet). Für den Zugriff auf Containerobjekte gibt es nun folgende Möglichkeiten:

- **Zugriff über Elementfunktionen**, wobei es neben den jeweils speziellen Funktionen auch solche gibt, die für jeden Containertyp definiert sind, z.B. `size`, `empty` und `clear` sowie z.B. `begin` und `end`, die jeweils für den entsprechenden Container Anfangs- und Endposition für zugehörige Iteratoren liefern;
- **Zugriff über Iteratoren**, die die Container mit einer mächtigen, von der Containerart im wesentlichen unabhängigen Schnittstelle versehen, wobei die

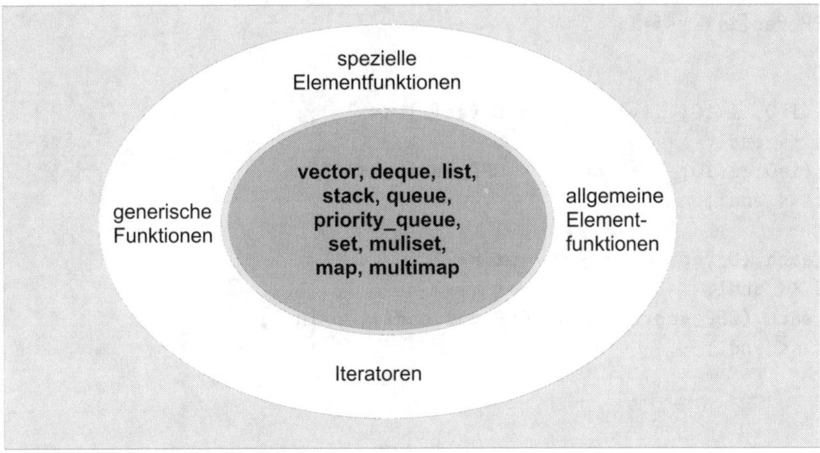

Bild 8.10: Konzept der Standard Template Library (STL)

Mächtigkeit der Iteratoren (z.B. bidirektional oder direkt positionierbar) natürlich von der Containerart abhängt. Über diese Iteratoren kann auf Containerelemente vergleichbar zugegriffen werden, wie über Zeiger auf Elemente von C-Vektoren;

- **Zugriff über generische** (d.h. in diesem Kontext: containerübergreifende) **globale Funktionen**, die ihrerseits den Zugriff über Iteratoren nutzen. Beispiele für solche Funktionen sind `for_each`, `find` und `copy`.

Der C++-Text 8.7 gibt einen ersten Einblick in die Benutzung dieser Bibliothek.

C++-Text 8.7: *Standard-Container, Beispiel 1* ./Bsp8/stl/stl001.cpp

```
#include <iostream>
#include <vector>
#include <algorithm>
using namespace std;

void print(int x) { cout << x << " "; }

int main() {

  int i;
  int             C_vec[10];    // C-Vektor
  vector<int>     CPP_vec(10);  // STL-Vektor

  for (i=0; i<10; i++) {
    C_vec[i]    = i*i;
```

```
    CPP_vec[i]  = i*i;
  }

  for (i=0; i<10; i++) cout << C_vec[i] << ' ';;
  cout << endl;
  for (i=0; i<10; i++) cout << CPP_vec[i] << ' ';
  cout << endl;

  for_each (C_vec, C_vec+10,  print);
  cout << endl;
  for_each (CPP_vec.begin(), CPP_vec.end(), print);
  cout << endl;

}
```

Ausgabe des Programms:

```
0 1 4 9 16 25 36 49 64 81
0 1 4 9 16 25 36 49 64 81
0 1 4 9 16 25 36 49 64 81
0 1 4 9 16 25 36 49 64 81
```

Der C++-Text 8.8 zeigt, wie das gleiche Programm unter weitgehender Verwendung von Iteratoren realisiert werden kann.

C++-Text 8.8: *Standard-Container, Beispiel 2* ./Bsp8/stl/stl002.cpp

```
#include <iostream>
#include <vector>
#include <list>
using namespace std;

int main() {

  int                        vec1[10]; // C-Vektor
  vector<int>                vec2(10); // CPP-Vektor

  int*                       it1;      // Iterator fuer C-Vektor
  vector<int>::iterator      it2;      // Iterator fuer CPP-Vektor

  it1 = vec1;
  it2 = vec2.begin();
  for (int i=0; i<10; i++) {
    *it1++ = i*i;
    *it2++ = i*i;
  }
```

```
    it1 = vec1;
    while (it1 != vec1+10)    cout << *it1++ << " ";
    cout << endl;

    it2 = vec2.begin();
    while (it2 != vec2.end()) cout << *it2++ << " ";
    cout << endl;

    vec2.resize(20);                                  // !!!
    for (i=10; i<20; i++) vec2[i] = i*i;

    it2 = vec2.begin();
    while (it2 != vec2.end()) cout << *it2++ << " ";
    cout << endl;

}
```

Ausgabe des Programms:

```
0 1 4 9 16 25 36 49 64 81
0 1 4 9 16 25 36 49 64 81
0 1 4 9 16 25 36 49 64 81 100 121 144 169 196 225 256 289 324 361
```

Die Iteratoren können als abstrakte Zeiger angesehen und entsprechend wie Zeiger verwendet werden. Wenn `p` ein Iterator ist, kann er durch `p++`, `++p`, `p--` und `--p` auf das nächste bzw. auf das vorige Element positioniert werden, und mit `... = *p` und `*p = ...` kann auf das entsprechende Element lesend bzw. schreibend zugegriffen werden. Außerdem können zwei Iteratoren auf Gleichheit und auf Ungleichheit getestet werden. Bild 8.11 stellt diesen Zusammenhang zwischen Containern und Iteratoren dar. Die gerade genannten Iterator-Operationen können auf alle Containertypen mit Ausnahme der sog. Containeradapter angewendet werden.[6]

Darüber hinaus sind auf die Container `vector` und `deque` (double ended queue) weitere Iteratoren anwendbar, die einen direkten Zugriff auf die Containerelemente ermöglichen und die untereinder auch auf *kleiner* und *größer* vergleichbar sind.

8.12.4 Strings

Strings sind im Prinzip Container vom Typ *vector* für Zeichen, und im wesentlichen sind auf Strings die gleichen Operatoren, Elementfunktionen, Iteratoren und generischen globalen Funktionen anwendbar wie auf Vektoren. Zum Arbeiten mit Strings stellt die C++-Standardbibliothek ein Klassen-Template und zwei damit vordefinierte Klassen zur Verfügung:

[6] Bei Containern vom Typ `set` und `multiset` sind nur Lesezugriffe auf die Schlüsselinformation zulässig, ein Schreibzugriff würde auch keinen Sinn machen! Der Inhaltsteil von Elementen in Containern vom Typ `map` und `multimap` kann dagegen über einen Iterator verändert werden.

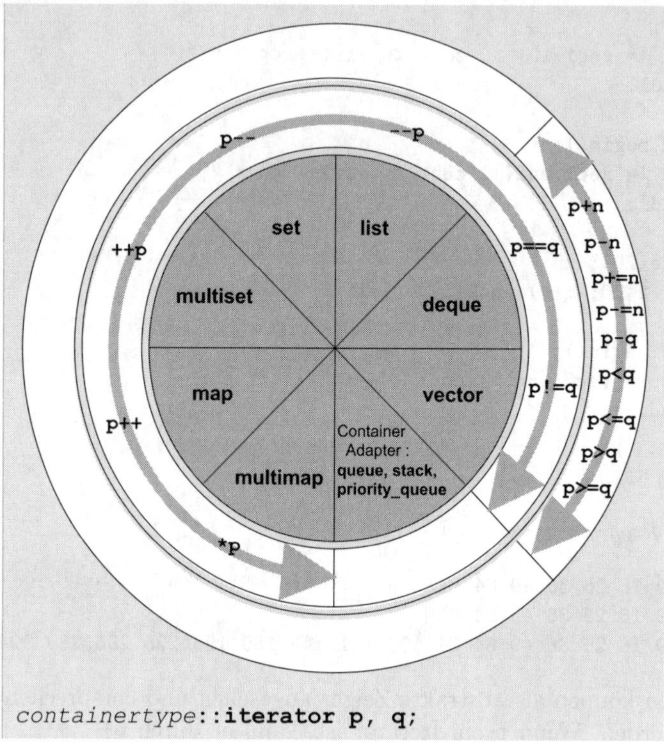

Bild 8.11: Anwendbarkeit von Iteratoren auf STL-Container

- Klassen-Template für das Arbeiten mit Strings:
  ```
  template <class Ch, ... >
  class basic_string;
  ```
- Vordefinierte Klassen für das Arbeiten mit Strings:
  ```
  typedef basic_string<char>    string;
  typedef basic_string<wchar_t> wstring;
  ```

Die vordefinierten Klassen definieren Elementfunktionen, Operatoren und Iteratoren für das Arbeiten mit den vordefinierten Zeichentypen `char` und `wchar_t`. Mit Hilfe des Klassen-Templates `basic_string` kann der Anwender sich auch selbst entsprechende Klassen für beliebige andere selbstdefinierte Zeichentypen generieren. Die Pünktchen deuten an, daß noch weitere Typparameter angegeben werden können, für die voreingestellte Typen (Default-Typen) existieren. Die Tabelle 8.1 gibt einen unvollständigen Überblick über die auf Stringtypen anwendbaren Operationen. Variable vom Typ `string` sind Direktzugriffscontainer, die Elemente eines Zeichentyps verwalten. Für den Zugriff auf einzelne Zeichen können – ähnlich wie bei den STL-Containern – Iteratorvariable definiert und verwendet werden.

Tabelle 8.1: Operationen auf C++-Standard-Strings, eine Auswahl

Funktion	Bedeutung, Erläuterung
Konstruktoren	
`string s`	Standardkonstruktor
`string s(C_String)`	Umwandlungskonstruktor
`string s(len, ch)`	erzeugt String der Laenge len mit Zeichen ch
`string s1(s2)`	Kopierkonstruktor
Zuweisen, Vertauschen, Aneinanderhängen	
`s1 = s2`	Zuweisungsoperator
`s1.swap(s2)`	vertauscht s1 und s2
`s1 += s2`	s2 wird an s1 gehängt (Konkatenation)
`s3 = s1 + s2`	s3 wird die Konkatenation aus s1 und s2
Vergleiche	
`s1 == s2, s1 != s2,`	liefert jeweils `true`, wenn
`s1 < s2, s1 <= s2,`	die jeweilige Bedingung erfüllt
`s1 > s2, s1 >= s2`	ist, sonst `false`
Zugriffe auf Zeichen	
`s[i] = ...`	das Zeichen i von s schreiben
`... = s[i]`	das Zeichen i von s lesen
Eingabe- und Ausgabe-Operatoren und -Funktionen	
`os << s`	String s ausgeben
`is >> s`	String s einlesen
`getline(os, s)`	String bis Zeilenende einlesen
`getline(os, s, ch)`	String bis ch oder bis Zeilenende einlesen
Elementfunktionen	
`... = s.length()`	liefert die aktuelle Länge von s
`... = s1.insert(i, s2)`	fügt String s2 hinter Position i ein
`... = s1.replace(i,n,s2)`	ersetzt die n Zeichen hinter Position i durch s2
`s.begin()`	Iterator auf das erste Zeichen (Stringanfang)
`s.end()`	Iterator auf Pos. hinter das letzte Zeichen
Iteratoren	
`string::iterator p, q`	p, q sind Iteratoren (abstr. Zeiger) für Strings
`... = *p, *p = ...,`	lesender bzw. schreib. Zugr. auf das entspr. Z.
`p++, ++p, p--, --p,`	Inkr. und Dekr. des Iterators um eine Pos.
`p+n, p-n, p-q,`	Inkr. und Dekr. allgem., Iteratorabstände
`p==q, p!=q,`	Vergleich von
`p<q, p<=q, p>q, p>=q`	Iteratorpositionen
Globale generische Funktionen	
`for_each(p, q, func)`	func auf alle Z. im Bereich von p bis q anwenden
`sort(p, q)`	sortiert den Bereich von p bis q
`reverse(p, q)`	invert. die Reihenf. der Z. im Ber. von p bis q

Die C++-Texte 8.9 und 8.10 zeigen zwei kleine Beispiele für das Arbeiten mit dem Bibliotheksmodul **<string>**, dahinter ist jeweils die Ausgabe des Programms angegeben. Das erste Beispiel demonstriert insbesondere das Verwenden von Iteratoren und globalen Funktionen.

C++-Text 8.9: *Standard-Strings, Beispiel 1* ./Bsp8/strings/ex1.cpp

```
#include <cstring>
#include <string>
#include <algorithm>
#include <iostream>
using namespace std;

int main() {
  string s1;
  string s2 = "rolf ";
  string s3 = "isernhagen";
  string s4 = "...";

  s1 = s4 + s2 + s3 + s4;
  cout << s1 << " (Laenge/Kapazitaet: ";
  cout << s1.length() << "/" << s1.capacity() << " Zeichen)"<< endl;

  s1[3] = 'R'; s1[8] = 'I';
  cout << s1 << endl;

  string::iterator anf = s1.begin(), ende = s1.end(), p;    // Verwendung
  for (p=anf; p!=ende; p++)                                  // von
    cout << char(toupper(*p));                               // Iteratoren
  cout << endl;

  reverse(anf, ende);         cout << s1 << endl;            // Verwendung
  sort(anf, ende);            cout << s1 << endl;            // globaler
  random_shuffle(anf, ende); cout << s1 << endl;             // Funktionen
}
```

Ausgabe des Programms:

```
...rolf isernhagen... (Laenge/Kapazitaet: 21/31 Zeichen)
...Rolf Isernhagen...
...ROLF ISERNHAGEN...
...negahnresI floR...
 ......IRaeefghlnnors
.r nefReo..nIha.s..lg
```

Das zweite Beispiel gibt einen Einblick in die Ausnutzung des Speicherplatzes – die natürlich implementierungsabhängig ist – bei der Verwendung von Stringtypen.

Hier ist es offensichtlich so, daß der Ausbau der Stringkapazität jeweils in Blöcken von 32 Byte erfolgt und daß bei der Reduzierung der Stringlänge kein Speicherplatz freigegeben wird, was offensichtlich so gehandhabt wird, um die Laufzeiteffizienz zu Lasten der Speichereffizienz zu verbessern.

C++-Text 8.10: *Standard-Strings, Beispiel 2* ./Bsp8/strings/ex2.cpp

```
#include <string>
#include <iostream>
using namespace std;

int main() {
  string s1 = "x",
         s2 = "xxxxxxxxxxxxxxxxxxxx";

  for (int i=1; i<=5; i++) {
    cout << "Laenge/Kapazitaet: " << s1.length() << "/" << s1.capacity() << endl;
    s1 += s2;
  }
  cout << endl;

  for (int j=1; j<=5; j++) {
    s1.replace(0, 20, "");
    cout << "Laenge/Kapazitaet: " << s1.length() << "/" << s1.capacity() << endl;
  }
  cout << endl;

  s1 = "x";
  cout << "Laenge/Kapazitaet: " << s1.length() << "/" << s1.capacity() << endl;
  return 0;
}
```

Ausgabe des Programms:

```
Laenge/Kapazitaet: 1/31
Laenge/Kapazitaet: 21/31
Laenge/Kapazitaet: 41/63
Laenge/Kapazitaet: 61/63
Laenge/Kapazitaet: 81/95

Laenge/Kapazitaet: 81/127
Laenge/Kapazitaet: 61/127
Laenge/Kapazitaet: 41/127
Laenge/Kapazitaet: 21/127
Laenge/Kapazitaet: 1/127

Laenge/Kapazitaet: 1/31
```

Kapitel 9

Objektorientierte Programmierung

Oberstes Prinzip des objektorientierten Vorgehens ist es, Objekte nur von außen zu betrachten und den inneren Aufbau zu ignorieren.

DUDEN Informatik, 2. Auflage, 1993

Objektorientiertes Programmieren (object-oriented programming).
Eine Programmiertechnik (mit objektorientierten Programmiersprachen), bei der Daten und die auf sie zugreifenden Operationen zusammen als miteinander kommunizierende Objekte angesehen werden.

P. Rechenberg, *Was ist Informatik*, 1991

9.1 **Kapselung:** *Klassen als Abstrakte Datentypen* **468**
9.2 **Vererbung:** *Erweiterung von Klassen* **517**
9.3 **Polymorphie:** *Dynamisches Binden* **535**
9.4 **Die richtige Anwendung der Vererbung** **565**
9.5 **Mehrfachvererbung** **580**
9.6 **Beziehungen zwischen Klassen – Übersicht** **596**
9.7 **Klassen-Templates:** *Generische Strukturen* **599**
9.8 **Namensbereiche:** ***Namenskollisionen vermeiden*** **621**
9.9 **Typkonvertierung, Laufzeit-Typinformation** **629**
9.10 **Ausnahmebehandlung (Exception-Handling)** **635**

9.1 Kapselung: *Klassen als Abstrakte Datentypen*

Die zentrale und wichtigste Erweiterung von C++ gegenüber C ist das **Klassenkonzept**, damit wird ein Sprachmittel zur Beschreibung und Verwendung von **Abstrakten Datentypen (ADT)** angeboten. Durch Verwenden der Strukturart Klasse (engl. class) ist es möglich, **Daten in einem privaten Teil** vor dem direkten Zugriff des Benutzers zu schützen (*Datenkapselung, information hiding*) und über **Funktionen in einem öffentlichen** Teil eine geeignete Benutzerschnittstelle zu definieren.

9.1.1 Grundlagen

Die Grundlagen des Klassenkonzepts werden hier am Beispiel eines einfachen Stacks erläutert, dem Paradebeispiel für Abstrakte Datentypen wegen seiner Bekanntheit und Einfachkeit.

Version 1: Definition der Elemente innerhalb der Klasse

Der C++-Text 9.1 zeigt die Version 1, hier werden die *Elementfunktionen (memberfunctions)* gleich innerhalb der Klassendeklaration implementiert (definiert), der Compiler macht sie dann automatisch zu *Inline-Funktionen*, die in Form von *Makros* realisiert werden, d.h. an der Aufrufstelle wird vom Compiler entsprechender Code eingefügt. Das kann bei kleinen Funktionen einen Geschwindigkeitsgewinn bringen, und es kann den Programmcode sogar verkürzen. Das kann in Ausnahmefällen sinnvoll sein, im *Normalfall* sollte man aber von dieser Möglichkeit keinen Gebrauch machen, denn es gibt zwei *Nachteile*:

- Die Klassenschnittstelle wird nicht von ihrer Implementierung getrennt, darunter kann die Klarheit des Entwurfs leiden (*Stil*);
- die Implementierung wird dem Benutzer der Klasse offengelegt, was eine Änderung erschweren oder sogar unmöglich machen kann.

C++-Text 9.1: *Stack, Version 1* ./Bsp9/stack/stack1.h

```
#ifndef _stack1_h
#define _stack1_h

class Stack1 {
    int *Data;
    int size;
    int n;
  public:
    Stack1(int siz=20)  { Data = new int[size=siz]; n = 0; }
```

```
    ~Stack1()           { delete[] Data; }
    void Push(int x)    { Data[n++] = x; }
    int  Pop()          { return Data[--n]; }
    int  count()        { return n; }
};

#endif
```

Neben den *normalen* Elementfunktionen `Push`, `Pop` und `count` gibt es die beiden *besonderen* Funktionen `Stack1` und `~Stack1` – den **Standardkonstruktor** und den **Destruktor** –, die den Klassennamen beinhalten und für die kein Rückgabetyp angegeben wird. Der C++-Text 9.2 zeigt die Benutzung der definierten Klasse. Der **Konstruktor** wird bei der Instanzierung der Klasse – d.h. bei der **Vereinbarung** einer entsprechenden Variablen – **automatisch aufgerufen**. Der **Destruktor** wird **automatisch** beim **Verlassen des Gültigkeitsbereichs** der Variablen aufgerufen, in diesem Beispiel also am Programmende. Zum Thema *Konstruktoren und Destruktoren* gibt es noch weiteres zu sagen, siehe dazu den nächsten Abschnitt (Abschn. 9.1.2).

C++-Text 9.2: *Stack, Version 1, Anwendung* ——— ./Bsp9/stack/demo1.cpp

```
#include "Stack1.h"
#include <iostream>
using namespace std;

int main() {
  Stack1 s;
  for (int i=0; i<10; i++) s.Push(i);
  while (s.count() > 0) cout << s.Pop() << " ";
  cout << endl;
}
```

Wie bei der Vereinbarung *„normaler Variabler“*, so gibt es auch bei der Vereinbarung von *„Klassenvariablen“* die Möglichkeit, den entsprechenden Speicherplatz in den Heap zu legen und selbst zu verwalten:

```
Stack1 *s = new Stack1;
. . .
delete s;
```

In dem Fall wird durch Anwenden des Operators `delete` zunächst automatisch der Destruktor des Stackobjektes aufgerufen, der dann den an den Zeiger `s->Data` gebundenen Speicherplatz freigibt, und dann wird der an den Zeiger `s` gebundene Speicherplatz – d.h. der Speicherplatz für das Speicherobjekt – freigegeben.

Version 2: Definition der Elemente in einer CPP-Datei

Bei der Version 2 sind die Deklarationen und die Definitionen der Elementfunktionen in gewohnter Weise getrennt, der C++-Text 9.3 zeigt die H-Datei mit der Klassenschnittstelle, der C++-Text 9.4 zeigt die CPP-Datei mit den Funktionsdefinitionen. Um die Zugehörigkeit zu der Klasse festzulegen, müssen in der CPP-Datei alle definierten Elemente mit dem Klassennamen unter Verwendung des Bereichsoperators :: qualifiziert werden.

C++-Text 9.3: *Stack, Version 2, H-Datei* ./Bsp9/stack/stack2.h

```
#ifndef _stack2_h
#define _stack2_h

class Stack2 {
    int *Data;
    int size;
    int n;
  public:
    Stack2(int siz=20);
    ~Stack2();
    void Push(int x);
    int  Pop();
    int  count();
};

#endif
```

Bezüglich der *Modularisierung*, d.h. der Unterteilung von C++-Programmen in mehrere Dateien, gelten im wesentlichen die gleichen Kriterien wie bei ANSI-C-Programmen. Man wird in der Regel die Klassendeklarationen in *Header-Dateien* packen und die Dateinamen mit dem Suffix `h` oder `hpp` versehen (z.B. `stack.h` oder `stack.hpp`) und die Implementierungen in *Implementationsdateien* und deren Dateinamen mit dem Suffix `cpp` versehen.

C++-Text 9.4: *Stack, Version 2, CPP-Datei* ./Bsp9/stack/stack2.cpp

```
#include "stack2.h"

Stack2::Stack2  (int siz)  { Data = new int[size=siz]; n = 0; }
Stack2::~Stack2 ()         { delete[] Data; }
void Stack2::Push  (int x) { Data[n++] = x; }
int  Stack2::Pop   ()      { return Data[--n]; }
int  Stack2::count ()      { return n; }
```

Version 2a: Definition der Elemente *inline* außerhalb der Klasse

Als weitere Alternative ist es möglich, die Elementfunktionen außerhalb der Klassenschnittstelle als `inline`-Code zu implementieren, der C++-Text 9.5 zeigt die entsprechende Realisierung. Dabei ist zu beachten:

- Die `inline`-Definitionen sollten – im Gegensatz zu *normalen* Funktionsdefinitionen – zusammen mit den Deklarationen in der entsprechenden H-Datei stehen.

Der Grund dafür liegt darin, daß der Aufruf einer als `inline` definierten Funktion zur Compilezeit – also vor dem Linkvorgang — durch den entsprechenden Code ersetzt wird. Wenn aber die `inline`-Definition nicht in der H-Datei steht, dann ist das nicht möglich.

C++-Text 9.5: *Stack, Version 2a* ./Bsp9/stack/stack2a.h

```
#ifndef _stack2a_h
#define _stack2a_h

class Stack {
    int *Data;
    int n;
    int size;
  public:
    Stack  (int siz=10);
    ~Stack ();
    void   Push      (int x);
    int    Pop       ();
    int    count     ();
};

inline Stack::Stack  (int siz)  { Data = new int[size=siz]; n = 0; }
inline Stack::~Stack ()         { delete[] Data; }
inline void Stack::Push (int x) { Data[n++] = x; }
inline int  Stack::Pop   ()     { return Data[--n]; }
inline int  Stack::count ()     { return n; }

#endif
```

Bild 9.1 stellt die Klasse mit zwei Objekten graphisch dar. Das linke Objekt wird per *Wertesemantik* behandelt, der zugehörige Destruktor wird implizit beim Verlassen des Geltungsbereiches aufgerufen. Das rechte Objekt wird per *Zeigersemantik* behandelt, und der zugehörige Destruktor muß explizit über den Operator `delete` aktiviert werden!

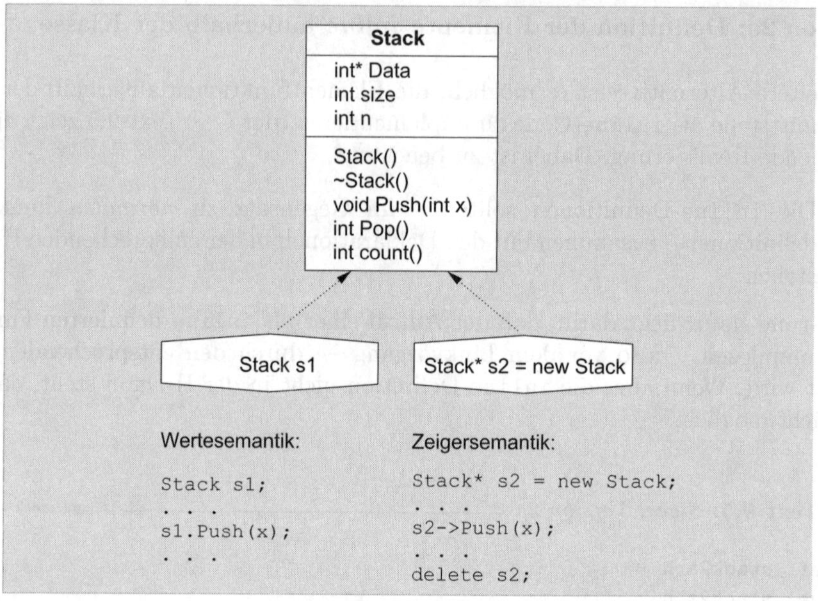

Bild 9.1: Eine Klasse Stack und zwei Stack-Objekte

Der vordefinierte Zeiger `this`

Für jede Klasse wird automatisch ein Zeiger `this` definiert, der auf die eigene Klasse bzw. auf die aktuelle Instanz verweist. Der Zeiger ist natürlich nur im Bereich seiner Klasse definiert, seine Verwendung wird hier am Beispiel der Klasse `stack` demonstriert:

- `this` : Zeiger auf das aktuelle Objekt
- `*this` : das eigene Objekt
- `this->size` : die Variable `size` des aktuellen Objektes
- `this->count()` : die Funktion `count()` des aktuellen Objektes

In den meisten Fällen ist die explizite Angabe des Zeigers redundant, er kann zur Hervorhebung benutzt werden; es gibt aber auch Fälle, in denen er nicht entbehrlich ist, so kann er z.B. zur Auflösung von Namenskollisionen verwendet werden:

```
class Stack {
    . . .
    int size;
  public:
    Stack(int size=20) { this->size = size; ... }
    . . .
};
```

9.1.2 Konstruktoren Destruktoren

Verschiedene Arten von Konstruktoren

Konstruktoren werden automatisch bei der Vereinbarung von Objekten aufgerufen. Sie haben die Aufgabe, das entsprechende Objekt zu initialisieren und ggf. vorher noch Speicherplatz für das Objekt zu belegen (siehe das Beispiel *Stack* aus dem vorigen Abschnitt). Man unterscheidet nun zwischen verschiedenen Arten von Konstruktoren und hat dafür teilweise spezielle Namen eingeführt:

- Der **Standardkonstruktor** verfügt über keine Parameter, er kann also für die Initialisierung nur voreingestellte Standardwerte benutzen.
- Der **Kopierkonstruktor (copy-constructor)** kopiert die Werte eines anderen Objektes, das ihm als Parameter übergeben wird.
- Der **Umwandlungskonstruktor** erhält die Anfangswerte in anderer Form, z.B. als String, und wandelt sie in die interne Darstellung um.
- **Sonstige Konstruktoren**, wie der zweite im Beispiel.

Das Beispiel `Date`, verteilt auf die C-Texte 9.6, 9.7 und 9.8, demonstriert die Definition und die Benutzung der verschiedenen Arten von Konstruktoren.

C++-Text 9.6: *Date, H-Datei* ./Bsp9/date/date1.h

```
#ifndef _date1_h
#define _date1_h

class date {
    int t, m, j;
  public:
  // 4 Konstrukoren :
    date();                         // Standardkonotruktor
    date(int tt, int mm, int jj);
    date(char *s);                  // Umwandlungskonstruktor
    date(const date& d);            // Kopierkonstruktor

  // 1 Destruktor
    ~date();

  // 2 "normale" Elementfunktionen:
    void Set(int tt, int mm, int jj);
    void Print();
};

#endif
```

C++-Text 9.7: *Date, CPP-Datei* ./Bsp9/date/date1.cpp

```
#include "date1.h"
#include <iostream>
using namespace std;

date::date() { t=1; m=1; j=99; };

date::date(int tt, int mm, int jj) { t=tt; m=mm; j=jj; }

date::date(char *s) {
  t = (s[0]-'0')*10 + s[1]-'0';
  m = (s[3]-'0')*10 + s[4]-'0';
  j = (s[6]-'0')*1000 + (s[7]-'0')*100 + (s[8]-'0')*10 + s[9]-'0';
}

date::date(const date& d) { t=d.t; m=d.m; j=d.j; }

date::~date() {};

void date::Set(int tt, int mm, int jj) { t=tt; m=mm; j=jj; };

void date::Print() { cout << t << '.' << m << '.' << j; };
```

C++-Text 9.8: *Date, Anwendung* ./Bsp9/date/demo1.cpp

```
#include "date1.h"
#include <iostream>
using namespace std;

int main() {
  date d1, d2(23, 8, 98), d3("16.12.2002"), d4;
  d1.Print(); cout << endl;
  d2.Print(); cout << endl;
  d3.Print(); cout << endl;
  d4 = date("25.07.1977");
  d4.Print(); cout << endl;
}
```

Ausgabe des Programms:

```
1.1.99
23.8.98
16.12.2002
25.7.1977
```

Implizite Erzeugung von Konstruktoren

Wenn in einer Klasse kein Konstruktor explizit definiert ist, dann generiert das System automatisch einen **Default-Standardkonstruktor** und einen **Default-Kopierkonstruktor**. Der Default-Standardkonstruktor generiert keinen Speicherplatz und führt keine Initialisierungen durch, er ist sozusagen leer. Der Default-Kopierkonstruktor erzeugt komponentenweise eine Kopie der Klasseninstanz, d.h. ein Objekt, das Zeiger beinhaltet, wird **flach kopiert**: es werden die Zeiger, aber nicht die damit verbundenen Speicherbereiche im Heap kopiert! Unter Berücksichtigung dieser Hintergründe läßt sich folgende einfache Merkregel formulieren:

- Die implizite Erzeugung eines Default-Standardkonstruktors und eines Default-Kopierkonstruktors kann in der Regel nur dann korrekt erfolgen, wenn die Klasse keine dynamisch verwalteten Daten (d.h. grob betrachtet: keine Zeiger) enthält.

Besonders zu beachten ist weiterhin (siehe oben):

- Ein Default-Standardkonstruktor wird nur dann automatisch vom System erzeugt, wenn kein anderer Konstruktor explizit definiert worden ist.

Die Bedeutung des Kopierkonstruktors

Der Kopierkonstruktor hat eine ganz besondere Bedeutung – er wird in vielen Fällen implizit vom System verwendet, z.B. in den beiden folgenden Funktionen `f1` und `f2`:

```
void f1(Date d) { . . . }
Date f2()       { Date temp; . . .; return temp; }
```

Die Funktion `f1` hat Werteparameter `Date d`, d.h. der Wert der Variablen (des Objektes) `d` wird in die Funktion hineinkopiert, und dazu verwendet das System den Kopierkonstruktor! Entsprechend verwendet das System in der Funktion `f2` den Kopierkonstruktor, um den Wert von `Date temp` zurückzugeben! Zusammenfassend ist folgendes hervorzuheben:

- Ein korrekt arbeitender Kopierkonstruktor ist fast für jede Klasse erforderlich, weil er vielfach implizit vom System verwendet wird.
- Die allgemeine Form der Deklaration eines Kopierkonstruktors für die Klasse `X` lautet:
  `X(const X& x);`

Ein Kopierkonstruktor für die in Abschnitt 9.1.1 definierte Klasse `Stack` wäre wie folgt zu deklarieren und zu definieren:

```
class Stack {
    int* Data;
    int size;
    int n;
```

```
  public:
    . . .
    Stack(const Stack& s);
    . . .
};
. . .
Stack::Stack(const Stack& s) {
   Data = new int[size=s.size]; n = s.n;
   for (int i=0; i<n; i++) Data[i] = s.Data[i];
}
```

Die Bedeutung von Umwandlungskonstruktoren

Der in dem vorangehenden Beispiel `date` definierte Umwandlungskonstruktor wurde in der kleinen Anwendung (C-Text 9.8) an zwei Stellen verwendet:

```
date d3("16.12.2002"), d4;
. . .
d4 = date("25.07.1975");
```

In der Deklaration wird er zur Initialisierung der Variablen `d3` verwendet, und in der Zuweisung führt er die Konvertierung vom C-String in den Typ `date` durch.

Um bei der Initialisierung selbstdefinierter Typen die gleiche Syntax zu ermöglichen wie bei elementaren Datentypen, ist bei der Deklaration auch folgende Schreibweise erlaubt:

```
date d3 = "16.12.2002";
```

Bei der Zuweisung `d4 = date("25.07.1975")` wird explizit konvertiert, es ist an der Stelle auch möglich, implizit zu konvertieren:

```
d3 = "16.12.2002";
```

In dem Falle prüft das System zunächst, ob ein passender Umwandlungskonstruktor für den Typ von `d3` definiert ist, und verwendet ihn dann gegebenenfalls.

Implizite Typkonvertierungen sind aber in vielen Fällen gar nicht erwünscht, weil sie leicht zu Fehlern führen können. Für diesen Fall ist das Schlüsselwort `explicit` vorgesehen:

```
class date {
    int t, m, d;
  public:
    . . .
    explicit date(char* s);
    . . .
};
. . .
```

```
date :: date(char* s) { ... }
```

Ein als `explicit` deklarierter Konstruktor kann nur für *explizite* Typkonvertierungen verwendet werden.

Destruktoren und implizite Erzeugung von Destruktoren

Destruktoren werden automatisch aufgerufen, wenn der Gültigkeitsbereich des entsprechenden Objektes verlassen wird, und bei der expliziten Freigabe eines Heap-Objektes mit dem Operator `delete` (siehe dazu Abschn. 9.1.1, Seite 469). Ein Objekt, das z.B. lokal in einer Funktion vereinbart wurde, wird aufgelöst beim Verlassen der Funktion. In diesem Beispiel der Klasse `date` ist die Implementation des Destruktors leer, weil hier keine Aktivitäten erforderlich sind. Es wurde von den Konstruktoren kein Speicherplatz vom Heap angefordert, d.h. es ist hier auch keine Freigabe erforderlich (im Gegensatz dazu wurde beim Beispiel der Klasse `Stack` des vorigen Abschnitts vom Konstruktor Speicherplatz auf dem Heap belegt und vom Destruktor wieder freigegeben).

Wenn in einer Klasse kein Destruktor explizit definiert ist, dann wird – entsprechend der impliziten Definition bei den Konstruktoren – auch hier ein Destruktor implizit als **Default-Destruktor** vom System definiert. So wie Default-Konstruktoren keinen Speicherplatz auf dem Heap belegen, geben auch Default-Destruktoren keinen Speicherplatz auf dem Heap frei. Unter Berücksichtigung dieses Sachverhalts läßt sich auch hier wieder eine einfache Merkregel formulieren:

- Die implizite Erzeugung eines Default-Destruktors kann in der Regel nur dann korrekt erfolgen, wenn die Klasse keine dynamisch verwalteten Daten (d.h. in der Regel: keine Zeiger) enthält.

9.1.3 Der Zuweisungsoperator

Implizite Erzeugung von Zuweisungsoperatoren

In dem folgenden Code werden je zwei Objekte vom Typ `Stack` und vom Typ `Date` definiert und dann in Zuweisungen verwendet. Für die beiden Typen werden die in den vorangehenden Abschnitten verwendeten Definitionen zugrunde gelegt. Beide Zuweisungen sind syntaktisch korrekt, die Zuweisung `s2 = s1;` ist aber inhaltlich falsch!

```
class Stack { int* Data; . . . };
class Date  { int t, m, d; . . . };
. . .
Stack s1, s2;
Date  d1, d2;
. . .
s2 = s1;        // logischer Fehler !
```

```
d2 = d2;        // in Ordnung !
. . .
```

Für beide Klassen wurde kein Zuweisungsoperator explizit definiert, in dem Falle definiert das System – ähnlich wie im Falle der Konstruktoren und der Destruktoren – implizit einen Zuweisungsoperator, und zwar in der Form, daß es komponentenweise kopiert, d.h. aber, daß im Falle der Verwendung von Zeigern wieder **flach kopiert** wird. Aus diesem Grunde erfolgt also die Zuweisung der `Date`-Objekte korrekt, während die Zuweisung der `Stack`-Objekte fehlerhaft abläuft.

In C++ ist es nun möglich, die meisten bestehenden Operatoren – so auch den Zuweisungsoperator – zu überladen, d.h. mit einer selbstdefinierten Semantik zu versehen (das Thema wird in späteren Abschnitten behandelt). Der Vollständigkeit halber soll hier der Code zur Deklaration und zur Definition des Zuweisungsoperators für die Klasse `Stack` im Vorgriff ohne weitere Erläuterungen angegeben werden:

```
class Stack {
    int* Data;
    int size;
    int n;
  public:
    . . .
    Stack& operator= (const Stack s);
    . . .
};

. . .
Stack& Stack::operator= (const Stack& s) {
  if (this != &s) {
    delete Data;
    Data = new int[size = s.size]; n = s.n;
    for (int i=0; i<n; i++) Data[i] = s.Data[i];
  }
  return *this;
}
```

Zusammenfassend zum Thema Zuweisungsoperator ist an dieser Stelle folgendes hervorzuheben:

- Wenn der *Klassendesigner* keinen Zuweisungsoperator explizit definiert, dann definiert das System implizit einen.
- Der vom System implizit erzeugte Zuweisungsoperator kopiert elementenweise, was in vielen Fällen falsch ist.
- Der Zuweisungsoperator wird zwar vom System *nicht so versteckt benutzt* wie der Kopierkonstruktor, aber er wird ebenfalls *häufig unbewußt verwendet*, was dann vielfach zu Fehlern führt, wenn er nicht explizit definiert ist.

9.1.4 Minimale Standardschnittstelle und *Nice Class*

Es ist leider nicht möglich, exakt zu definieren, über welche Mindestfunktionalität eine Klasse verfügen sollte, das Problem wird in [13] und in [23] gründlich behandelt. Die bisherigen Überlegungen haben gezeigt, daß folgende Elemente für die meisten Klassen eine notwendige Grundausstattung darstellen:

- Standardkonstruktor (`X()`)
- Kopierkonstruktor (`X(const X& x)`)
- Destruktor (`~X()`)
- Zuweisungsoperator (`X& X(const X& x)`)

Eine entsprechende Klasse hat eine *minimale Standardschnittstelle*. Damit kann das entsprechende Objekt *generiert* und *freigegeben* sowie *kopiert* und *zugewiesen* werden. Zwar lassen sich jeweils Gegenbeispiele anführen, in denen die eine oder andere Operation nicht benötigt wird oder sogar schädlich ist, doch handelt es sich dabei eher um Ausnahmen.[1]

Mit diesem Hintergrund ist folgende Strategie zu empfehlen:

> Beim Entwurf einer Klasse wird geprüft, ob die Elemente jeweils jetzt oder im Rahmen einer späteren Erweiterung benötigt werden. Sollte das ausnahmsweise nicht der Fall sein, und soll vielleicht sogar ein implizites Erzeugen der entsprechenden Operation verhindert werden, dann gibt es Möglichkeiten, das automatische Erzeugen zu unterdrücken, indem die entsprechende Deklaration im privaten Teil der Klasse erfolgt (Details dazu an anderer Stelle).
>
> In der Regel wird man feststellen, daß jedes der vier Elemente erforderlich ist oder zumindest die Verwendbarkeit der Klasse verbessert. In diesem Regelfall ist dann zu entscheiden, ob die Default-Implementierung durch das System den Anforderungen genügt, wobei auch die Erweiterbarkeit der Klasse (z.B. auch spateres Hinzufügen von Zeigern als Datenelemente) zu berücksichtigen ist. Entscheidet man sich dann für die Default-Implementierung einer, mehrerer oder jeder der vier Elemente, so sollte das jeweils als Kommentar im Programmcode dokumentiert werden.
>
> Eine einfache und durchaus sinnvolle Strategie ist es auch, alle vier Elemente generell – von den genannten Ausnahmen abgesehen – explizit zu implementieren.

Es gibt eine weitere Operation auf Objekte, die in vielen Anwendungen unverzichtbar ist – der Test auf Gleichheit/Ungleichheit unter Verwendung der Operatoren `==`

[1] Die Meinungen zum Thema *minimale Standardschnittstelle* sind uneinheitlich! In [13] und in [23] werden im Detail Beispiele gezeigt, in denen jeweils eine bestimmte der genannten Operationen nicht definiert werden sollte.

bzw. `!=`, die benötigt werden, um z.B. beim Suchen ein Objekt zu identifizieren. Aus Gründen, die erst später erörtert werden, sollten diese Operationen als globale Funktionen implementiert werden:

- Gleichheitsoperator (`bool operator==(const X& x1, const X& x2)`) und Ungleichheitsoperator (`bool operator!=(const X& x1, const X& x2)`)

Unter Bezug auf die beiden Literaturstellen [13], [23] wird hier eine Klasse als *Nice Class* bezeichnet, wenn für sie zusätzlich zu der minimalen Standardschnittstelle eine Vergleichsfunktion definiert ist:

a) Klasse mit minimaler Standardschnittstelle

```
class X {
  public:
    X();
    X(const X& x);
    ~X();
    X& operator= (const X& x);
    . . .
};
```

b) Nice Class

```
class Y {
  public:
    Y();
    Y(const Y& y);
    ~Y();
    Y& operator= (const Y& y);
    . . .
};
bool operator== (const Y& y1,
                 const Y& y2);
. . .
```

Bei der Betrachtung der *Nice Class* `Y` taucht natürlich die Frage auf: *Wie werden die beiden globalen Vergleichsfunktionen mit der Datenkapselung fertig?*, d.h. wie greifen sie auf die internen Daten zu. Hiefür gibt es verschiedene Lösungen, z.B. die Definition einer *friend-Beziehung* oder die Definition einer entsprechenden *Elementfunktion als Hilfsfunktion* (die Details dazu werden später erläutert).

Die folgenden wenigen Codezeilen demonstrieren, daß die minimale Standardschnittstelle schon für recht einfache *Routineaufgaben* benötigt wird:

```
void swap(X& x1, X&x2) {
  X temp = x1;                // Kopierkonstruktor
  x1 = x2; x2 = t;            // Zuweisungsoperator
}                             // Destruktor
. . .
X a, b;                       // Standardkonstruktor
. . .
swap(a, b);
```

Soll es möglich sein, Objekte in einem Vektor oder in einem anderen Container oder sonstwo in gewohnter Weise unter Benutzung des Operators `==` oder `!=` zu identfizieren, werden dafür die beiden Operatorfunktionen benötigt:

```
typedef X List[SIZE];
. . .
bool Find(const List& list, const X& x, int length) {
```

```
    int i=0; bool found = false;
    while (i < length && !found)
      found = x == list[i++];     // Vergleichsoperator
    return found;
  }
```

Es gibt viele Vorschläge, Quasi-Standards für Klassenschnittstellen mit erweiterter Funktionalität zu definieren, die sich auch für spezielle Anwendungen teilweise durchgesetzt haben (z.B. im Containerbereich), aber die minimale Standardschnittstelle repräsentiert hier ganz klar den größten gemeinsamen Nenner!

Unterdrückung von Elementfunktionen: Es gibt in verschiedenen Fällen auch Gründe, z.B. die Verwendung des Zuweisungsoperators oder des Kopierkonstruktors explizit zu unterbinden. Das kann dadurch geschehen, daß man diese Elemente im privaten Bereich deklariert:

```
class X {
    //. . .
    X(const X& x);
    X& operator= (const X& x);
  public:
    // . . .
};

X a, b;
. . .
X c(a);         // falsch, kein Zugriff auf private Operationen !
. . .
a = b;          // falsch, kein Zugriff auf private Operationen !
```

Eine zugehörige Definition kann dabei entfallen, die *nackte Deklaration* ist ausreichend. Wird dagegen auch eine Definition (Implementierung) vorgesehen, dann bedeutet das weiterhin, daß diese Operationen für den Benutzer der Klasse nicht verfügbar sind, wohl aber innerhalb der Klasse selbst als Hilfsfunktionen zur Implementierung anderer Funktionen.

9.1.5 Konstante Elementfunktionen, konstante Objekte

Prinzip: Elementfunktionen, die den Zustand eines Objektes nicht verändern, können mit dem Attribut `const` versehen werden, wie im folgenden Code die Funktion `f`:

```
class X {
    . . .
    void f(...) const;
    . . .
};
```

Damit stellt der Compiler sicher, daß in der Funktion `f` nicht schreibend auf eine Klassenvariable zugegriffen wird, das Attribut ist also eine *Zusicherung* an den Benutzer, daß der Wert des Objektes durch die Funktion `f` nicht verändert wird. Die folgende Spezifikation eines Stapelspeichers demonstriert die Verwendung *konstanter Elementfunktionen* an einem konkteten Beispiel:

```
class Stack {
    int *Data;
    int n;
    int size;
  public:
    Stack  (int siz=10);
    ~Stack ();
    Stack  (const Stack& s);

    Stack& operator= (const Stack& s);
    void   Push      (int x);
    int    Pop       ();

    int    Top       () const;
    int    count     () const;
    bool   isEmpty   () const;
};
```

Die Funktion `Top` liefert eine Kopie des oben auf dem Stapel liegenden Elementes, ohne den Zustand (den Wert) des Stapels zu verändern. Entsprechend verändern auch `count` und `isEmpty` den Zustand des Stapels nicht. Die Spezifikation verlangt damit, die Funktionen so zu implementieren, daß die Klassenvariablen nicht verändert werden.

Logische und physikalische Konstanz: Wenn wir die drei konstanten Elementfunktionen wie folgt implementieren, dann ist ersichtlich, daß auf keine Klassenvariable schreibend zugegriffen wird, und damit ist auch gewährleistet, daß keine dieser drei Funktionen den Zustand eines Stack-Objektes verändert:

```
int  Stack :: Top     () const { return Data[n-1}; }
int  Stack :: count   () const { return n; }
bool Stack :: isEmpty () const { return n==0; }
```

Wie sieht es aber bei folgender Implementierung von `Top` aus:

```
int  Stack :: Top () const { int buf = Pop(); Push(buf); return buf; }
```

Der Zustand des betreffenden Stack-Objektes ist nach Aufruf der Funktion `Top` der gleiche wie vorher, aber während der Durchführung der Funktion wird das Objekt verändert: das Objekt ist *logisch konstant,* ***aber nicht*** *physikalisch konstant*. Der Compiler kann nur die physikalische Konstanz überwachen, und damit wird durch diese alternative Implementierung die `const`-Zusicherung nicht eingehalten.

Es gibt allerdings eine *unschöne Möglichkeit*, den Compiler *an der Nase herumzuführen*, die durch folgende Alternative demonstriert wird:

```
int Stack::Top () const {
  Stack* s = const_cast<Stack*>(this);
  // oder auch: Stack* s = (Stack*)this;
  int buf = s->Pop(); s->Push(buf); return buf;
}
```

Damit wird das Attribut `const` *weggecastet*. Das ist aber keine empfehlenswerte Lösung!

Konstante Objekte und das Attribut `mutable`: Objekte selbstdefinierter Typen (Klassen) können wie *normale Variable* als konstant definiert werden, z.B.:

```
class X {
    . . .
    void f1() const;
    void f2();
    . . .
};
. . .
const X x;
x.f1();     // richtig
x.f2();     // Fehler
```

Für ein konstantes Objekt können dann nur konstante Elementfunktionen aufgerufen werden, das wird vom Compiler überprüft! Nun sind Fälle denkbar, in denen das Objekt zwar *im wesentlichen* konstant ist, wobei es dann aber trotzdem möglich sein soll, z.B. eine interne *Hilfsvariable* zu verändern. Dazu folgendes Beispiel:

```
class X {
    double table[max];
    mutable int pos;
  public:
    X() { "table mit Zufallszahlen fuellen"; pos = 0; }
    double get() const { return table[pos++]; }
    void init() { "table mit Zufallszahlen fuellen"; pos = 0; }
};
. . .
const X x;          // konstantes Objekt
. . .
cout << x.get();    // richtig
. ..
x.init();           // Fehler
. . .
X y;                // nicht konstantes Objekt
. . .
```

```
cout << y.get();  // richtig
. . .
y.init();         // richtig
. . .
```

Die Klasse X liefert Zufallszahlen aus der Tabelle table, pos markiert die aktuelle Leseposition. Das Objekt const X x ist als konstant definiert, deshalb kann die nicht konstante Elementfunktion x.init() nicht aufgerufen werden. Das Attribut mutable qualifiziert die Klassenvariable pos als *veränderbar, auch wenn das eigene Objekt als konstant deklariert wird*! Das Objekt X y ist nicht konstant definiert, damit kann für y sowohl die konstante Funktion y.get() als auch die nicht konstante Funktion y.init() aufgerufen werden.

Zusammenfassung: Das Attribut const gibt dem Benutzer eine Zusicherung, deren Einhaltung – ganz im Sinne der statischen Typisierung – zur Compilezeit überprüft wird. Deshalb gilt die allgemeine Empfehlung:

- Das Attribut const kann und sollte sowohl zur Spezifikation der Konstantheit von Variablenwerten, von Funktionsparametern und von Funktionsrückgabewerten als auch zur Spezifikation der *Nichtveränderung* von Objektzuständen durch Elementfunktionen weitmöglichst eingesetzt werden.

9.1.6 Zugriffsrechte

Beispiel:

```
class XYZ {
    . . .      // per Voreinst. private, d.h. kein Zugriff von aussen
  public:
    . . .      // Zugriff fuer alle (Benutzer und Erben)
  protected:
    . . .      // Zugriff nur fuer Erben
  private:
    . . .      // kein Zugriff von aussen
}
```

Das Beispiel zeigt alles Wesentliche. Die Schlüsselwörter *public*, *protected* und *private* können in beliebiger Reihenfolge und auch mehrfach in der Klassendeklaration verwendet werden. Sie schalten den entsprechenden Zugriffsmodus ein, der dann jeweils bis zur nächsten Umschaltung oder bis zum Klassenende gilt. Als Voreinstellung bei der Klasse (class) gilt das Zugriffsattribut *private*, deshalb gilt in dem Beispiel in dem ersten Bereich das Zugriffsattribut *private.*

Im Gegensatz dazu ist die Voreinstellung bei der Struktur (struct) *public*, das ist übrigens der einzige Unterschied in C++ zwischen einer Klasse und einer Struktur!

9.1.7 *Mitglieder* und *Freunde*

Neben dem *normalen* Zugriff auf private Daten einer Klasse über ihre *Element-Funktionen (member-functions)* dürfen auch *befreundete* Funktionen darauf zugreifen. Sie gehören nicht zu der Klasse, sondern sind mit ihr nur durch eine *Freund-Beziehung* verbunden. Sie können sowohl im privaten als auch im öffentlichen Teil der Klasse deklariert werden. Der C++-Text 9.9 zeigt ein entsprechendes Beispiel.

C++-Text 9.9: *Friends* ./Bsp9/friends/xyz.cpp

```
#include<iostream>
using namespace std;

class XYZ {
    float x;
  public:
    friend void set1(XYZ *p, float y);
    friend void print1(XYZ *p);

    void set2(float y);
    void print2(void);
};

void set1(XYZ *p, float y) { p->x = y; }
void print1(XYZ *p) { cout << p->x << endl; }

void XYZ::set2(float y) { x = y; }
void XYZ::print2(void) { cout << x << endl; }

int main() {
  XYZ a;
  set1(&a, 1.23); print1(&a);
  a.set2(4.56); a.print2();
}
```

Während bei der Implementierung die *Elementfunktionen* über den Bereichsoperator :: mit der Klasse verbunden sind, fehlt dieser Bezug bei den *normalen (globalen) Funktionen*, für die zusätzlich der Freundschaftsbezug definiert wurde. Auch bei der Verwendung unterscheiden sich die *globalen* Funktionen mit Freundschaftsbezug formal natürlich von den *Elementfunktionen*, wie in dem Beispiel zu erkennen ist.

Friend-Funktionen sollte man nur äußerst restriktiv verwenden, sie widersprechen dem Prinzip der Datenkapselung. Das weiter unten besprochene Beispiel *Komplexe Zahlen, Version 0* und noch mehr das Beispiel *Komplexe Zahlen, Version 1* im Abschnitt 9.1.8 zeigen allerdings, daß in manchen Fällen *friend*-Funktionen zu bevorzugen und teilweise schwer verzichtbar sind.

Beispiel: *Friend*-Klassen

```
class A { . . . };

class B {
  friend class A;
  . . .
}
```

Wie das Beispiel zeigt, kann auch eine ganze Klasse zum *Freund* gemacht werden. Damit wird der befreundeten Klasse der Zugriff auf die eigenen privaten Daten ermöglicht, hier kann also die Klasse A auf alle Daten der Klasse B direkt zugreifen!

Diese Art der *Friend-Beziehung* sollte noch restriktiver angewendet werden, denn sie durchbricht das Prinzip der Datenkapselung noch konsequenter als die Benutzung einzelner *Friend-Funktionen*. In der Literatur werden allerdings Beispiele zur sinnvollen Anwendung genannt.

Beispiel: Komplexe Arithmetik, Version 0.

Das Beispiel der Klasse `complex` für das Arbeiten mit komplexen Zahlen demonstriert die Anwendung von *friend*-Funktionen in einem konkreten Rahmen. Die Addition ist einmal als *member*-Funktion (add1) und das zweite Mal als *friend*-Funktion (add2) aufgenommen, entsprechend unterschiedlich ist auch die Anwendung:

- *member*-Funktion: `y1 = x1.add1(x2);`
- *friend*-Funktion: `y2 = add2(x1, x2);`

Beide Lösungen sind fast gleichwertig.[2] Man kann in diesem Fall die Wahl je nach Bevorzugung der einen oder anderen Schreibweise treffen oder auch beide Alternativen anbieten. Das ist nicht generell so. Soll z.B. der Ausgabeoperator `<<` überladen werden, so geht das nur über eine *friend*-Beziehung. Die entsprechenden Erläuterungen dazu sind in Abschnitt 9.1.8 und im Kapitel 11.4 zu finden.

C++-Text 9.10: *Komplexe Zahlen, Version 0, H-Datei* ——— ./Bsp9/complex/complex0.h

```
#ifndef _complex0_h
#define _complex0_h
#include <iostream>
using namespace std;

class complex {
    double re, im;
```

[2]Ein Unterschied liegt darin, daß im Falle der Friend-Funktion beide Parameter auch konstante Zahlenwerte (vom Typ double, float, int, ...) sein können (siehe Abschn. 9.1.8), im Falle der Element-Funktion kann `x1` natürlich keine Konstante sein.

```
  public:
    /*
      Kopierkonstruktor, Destruktor und Zuweisungsoperator
      sind per default definiert, der Standardkonstruktor
      muss in diesem Falle explizit definiert werden !!!
    */
    complex() {}
    complex(double r, double i = 0);
    complex add1 (complex a);
    friend complex add2 (complex a, complex b);
    friend ostream& operator<< (ostream& os, complex c);
};

#endif
```

Ein anderer wichtiger Aspekt – losgelöst von der *friend*-Beziehung – in dem Beispiel der Klasse complex ist die Wahl des zweiten Konstruktors mit dem vordefinierten Wert für $i = 0$:

- `complex(double r, double i=0)`

Dieser Konstruktor kann also mit einem oder zwei Parametern aufgerufen werden. Der Aufruf mit einem Parameter kann z.B. zur Konvertierung eines *double*- in einen *complex*-Wert verwendet werden. Interessant ist, daß die Konvertierung auch implizit erfolgen kann, d.h. bei der Anweisung `c = x` wird der Umwandlungskonstruktor automatisch aufgerufen:

```
complex c;           // hier wird der Standardkonstruktor aufgerufen
double   x = 123.45;
c = complex(x);      // hier wird der Umwandlungskonstruktor aufgerufen
c = x;               // und hier auch !
```

Damit können die Funktionen add1 und add2 auch für Parameter vom Typ float oder double verwendet werden, auch in diesen Fällen wird durch den Aufruf des Konstruktors mit einem Parameter automatisch eine Konvertierung in den Typ Komplex durchgeführt!

Das Attribut `explicit`: Wenn die gerade erläuterte implizite Verwendung der Typkonvertierung unerwünscht ist – z.B. wegen unabsehbarer Nebenwirkungen –, kann der Konstruktor mit dem Attribut `explicit` versehen werden. In dem Falle wird nur der explizite Aufruf des Umwandlungskonstruktors aktzeptiert:

```
class complex {
    double re, im;
  public:
    complex() {}
    explicit complex(double r, double i = 0)
```

```
    . . .
};
. . .
complex x(1.1);        // korrekt !
complex y = 2.2;       // Fehler !
complex z;
z = 3.7;               // Fehler !
```

In dem kleinen Anwendungsbeispiel für die Klasse complex wird der Zuweisungsoperator benutzt, obgleich er in der Klasse nicht explizit definiert ist:

- `y1 = x1.add1(x2); y2 = add2(x1, x2);          // !!!`

Die Benutzung ist hier trotzdem korrekt, denn wenn für eine Klasse kein **Zuweisungsoperator** definiert wird, dann generiert das System automatisch einen, der die Daten *elementweise* kopiert, siehe auch Abschnitt 9.1.8. In diesem Beispiel führt das auch zu korrekten Ergebnissen. In vielen Fällen muß aber ein Zuweisungsoperator für die Klasse explizit definiert werden, in jedem Fall bei der Verwendung dynamisch verwalteter Daten, siehe dazu *Komplexe Arithmetik, Version 3* in Abschnitt 9.1.11.

Ähnlich verhält es sich mit dem **Kopierkonstruktor**, der in der aufgeführten Klasse nicht explizit definiert, aber trotzdem benutzt wird:

- `complex x3(x1), x4 = x2;                      // !!!`

Die Initialisierung von x3 und x4 erfolgt jeweils über einen vom System automatisch definierten Kopierkonstruktor, d.h. `x4 = x2` ist an dieser Stelle lediglich eine andere Schreibweise für `x4(x2)`!

Der **Standardkonstruktor** muß in diesem Beispiel explizit definiert werden, auch wenn seine Implementierung leer ist, weil ein anderer Konstruktor, der *Umwandlungskonstruktor*, explizit definiert ist. Ein Default-Standardkonstruktor wird nur dann implizit vom System generiert, wenn kein anderer Konstruktor explizit definiert ist! Die Notwendigkeit, zusätzlich zum Umwandlungskonstruktor explizit einen Standardkonstruktor definieren zu müssen, läßt sich dadurch umgehen, daß für alle Parameter Default-Werte vorgesehen werden, dadurch ist der Umwandlungskonstruktor dann auch ohne Parameter aufrufbar und schließt somit den Standardkonstruktor ein:

- `complex(double r=0, double i=0);`
  // *ist sowohl Umwandlungs- als auch Standardkonstruktor!*

So wie das System automatisch einen Kopierkonstruktor und einen Zuweisungsoperator selbst definiert, wenn vom Klassendesigner explizit keiner vorgesehen wurde, so generiert es in entsprechenden Fällen auch automatisch einen **Destruktor**.

Bezogen auf unser Beispiel, die Klasse `complex`, Version 0, können wir also zusammenfassend festhalten, daß Kopierkonstruktor, Destruktor und Zuweisungsoperator als Default-Versionen korrekt vom System automatisch erzeugt werden, da in diesem Falle keine Daten dynamisch über Zeiger auf dem Heap verwaltet werden, siehe dazu Abschn. 9.1.11.

Mit der Funktion

- `friend ostream& operator<< (ostream& os, complex c);`

wird der Shift-Operator `<<` überladen, so daß er für die Ausgabe von `complex`–Werten verwendet werden kann. Die Erläuterungen zu diesem Thema sind in den Abschnitten 9.1.8 und 11.4 zu finden.

C++-Text 9.11: *Komplexe Zahlen, Version 0, CPP-Datei* ./Bsp9/complex/complex0.cpp

```
#include <iostream>
#include "complex0.h"

complex :: complex(double r, double i) {
  re = r; im = i;
}

complex complex :: add1(complex a) {
  return complex(re + a.re, im + a.im);
}

complex add2(complex a, complex b) {
  return complex(a.re + b.re, a.im + b.im);
}

ostream& operator<< (ostream& os, complex c) {
  os << '(' << c.re << ',' << c.im << "); ";
  return os;
}
```

C++-Text 9.12: *Komplexe Zahlen, Version 0, Anwendung* ./Bsp9/complex/demo0.cpp

```
#include "complex0.h"

int main() {

  complex x1(1, 2), x2(3, 4), y1, y2;
  complex x3(x1), x4 = x2;              // !!!

  y1 = x1; y2 = x2;                     // !!!

  cout << x1 << x2 << x3 << x4 << y1 << y2 << endl;

  y1 = x1.add1(x2); y2 = add2(x3, x4);
  cout << y1 << y2 << endl;

}
```

9.1.8 Überladen von Operatoren

Beispiel: Komplexe Arithmetik, Version 1

Dieses Beispiel demonstriert die sinnvolle Anwendung der Möglichkeit, Operatoren zu überladen. Hier werden zur Definition der Operatoren `+`, `-`, ... *friend*-Funktionen gewählt. Es wäre auch möglich gewesen, dafür Elementfunktionen zu verwenden, das hätte allerdings schwerwiegende Nachteile gehabt. Der C++-Text 9.13 zeigt eine entsprechende H-Datei, der C++-Text 9.14 die zugehörige Implementierung. Die Handhabung der beiden Alternativen – *Freund oder Element* – sieht wie folgt aus:

a) *friend*-Funktion:

```
friend complex operator+ (complex a, complex b);
. . .
complex x1, x2, y;
. . .
y = operator+(x1, x2);
. . .
y = x1 + x2; // Kurzschreibweise fuer y = operator+(x1, x2)
. . .
```

Beide Schreibweisen sind korrekt und bewirken das gleiche!

b) *Element*-Funktion:

```
complex operator+ (complex a);
. . .
complex x1, x2, y;
. . .
y = x1.operator+(x2);
. . .
y = x1 + x2;  // Kurzschreibweise fuer y = x1.operator+(x2)
. . .
```

Auch hier sind – in diesem Fall – beide Schreibweisen korrekt und bewirken das gleiche, **aber** der folgende Ausdruck

```
y = complex(5.0) + x1;          // Fehler !
// oder kurz:
y = 5.0 + x1;                   // Fehler !
```

ist falsch, weil er als `complex(5.0).operator+(x1)` interpretiert werden müßte, und ein konstanter Ausdruck wie `complex(5.0)` kann keine Elementfunktion haben!

Im Falle der *friend*-Funktion bereitet der gleiche Ausdruck hingegen keine Probleme, da er dann als `operator+(complex(5.0), x1)` interpretiert wird!

C++-Text 9.13: *Komplexe Zahlen, Version 1, H-Datei* ./Bsp9/complex/complex1.h

```
#ifndef _complex1_h
#define _complex1_h
#include <iostream>
using namespace std;

class complex {
    double re, im;
  public:
    /*
      Kopierkonstruktor, Destruktor und
      Zuweisungsoperator sind per Default definiert !
    */

    complex(double r=0, double i=0);
    // ist auch Standardkonstruktor !

    friend complex operator+ (complex a, complex b);

    complex operator+= (complex a);

    // schlechte Alternative, siehe Text :       !!!
    // void operator+= (complex a);

    // . . .

    friend ostream& operator<< (ostream& os, complex c);
};

#endif
```

Das Überladen der Zuweisungsoperatoren `+=`, `-=`, ... wird durch Elementfunktionen realisiert. Hier treten die bei der Implementierung der Operatoren `+`, `-`, ... besprochenen Probleme nicht auf, was daran liegt, daß das Ergebnis der Zuweisung (links von `+=`) in jedem Falle ein L-Wert sein muß, also z.B. keine Konstante sein kann:

```
. . .
complex x, y;
. . .
y.operator+= (x);  // ausfuehrliche Schreibweise
. . .
y += x;            // Kurzschreibweise
```

Eine weitere Frage ist: *Warum hat die Funktion* `operator+=` *den Rückgabetyp* `complex` *statt* `void`*, also, weshalb nicht*

```
void operator+= (complex a);    // ???
```

Der Grund dafür ist die Möglichkeit, Mehrfachzuweisungen der Form

```
x += y += z;          // nur moeglich mit Rueckgabetyp complex !!!
```

zu erlauben, denn solche Zuweisungen sind für elementare Datentypen definiert, und es wäre nicht konsistent, sie für selbstdefinierte Typen nicht zu definieren!

Das Überladen des Shift-Operators für die Ausgabe komplexer Zahlen erfolgt ebenfalls über eine *friend*-Funktion, was durch die Schnittstelle zum Bibliotheksmodul (`<iostream>`) so vorgegeben ist; siehe dazu auch Kapitel 11.4.

C++-Text 9.14: *Komplexe Zahlen, Version 1, CPP-Datei* ——— ./Bsp9/complex/complex1.cpp

```
#include "complex1.h"

complex :: complex(double r, double i) {
  re = r; im = i;
}

complex operator+ (complex a, complex b) {
  return complex(a.re + b.re, a.im + b.im);
}

complex complex :: operator+= (complex a) {
  re += a.re; im += a.im;
  return *this;
}

// schlechte Alternative, siehe Text :        !!!
// void complex :: operator+= (complex a) {
//   re += a.re; im += a.im;
// }

// . . .

ostream& operator<< (ostream& os, complex c) {
  os << '(' << c.re << ',' << c.im << "); ";
  return os;
}
```

Das kleine Anwendungsprogramm demonstriert, daß – als Ergebnis der überladenen Operatoren – der selbstdefinierte Typ `complex` genauso benutzt werden kann wie vordefinierte Typen!

C++-Text 9.15: *Komplexe Zahlen, Version 1, Anwendung* ./Bsp9/complex/demo1.cpp

```
#include "complex1.h"

int main() {

  complex x1(1, 2), x2(3, 4), x3, y1, y2, y3;

  x3 = complex(5, 6);
  y1 = x1 + x2; y2 = 5 + x1; y3 = x1 + 5; y3 += y2;
  cout << x1 << x2 << x3 << y1 << y2 << y3 << endl;

  x1 += x2 += x3;                    // siehe Text !!!
  cout << x1 << x2 << x3 << endl;
}
```

Überladbare Operatoren

Die folgende Aufstellung zeigt die Operatoren der Programmiersprache C++, die überladen werden können, nach Gruppen zusammengefaßt:

- `-> ->*`
- `[] ()`
- `new new[] delete delete[]`
- `! ~ ++ -- + - * &` (*unär*)
- `* / % + -`
- `<< >>`
- `< <= > >= == !=`
- `& ^ |`
- `&& ||`
- `= += -= *= /= %= &= ^= |= <<= >>=`
- `,`

Nicht überladbare Operatoren

Damit verbleiben nur die folgenden vier Operatoren, die nicht überladbar sind:

- `.`
- `.*`
- `::`
- `?:`

Hinweise zum Überladen von Operatoren

- Durch das Überladen werden die Bedeutungen der Operatoren verändert, ihre Prioritäten bleiben erhalten.
- Die Bedeutung eines zusammengesetzten Operators, wie z.B. `+=`, paßt sich nicht automatisch der Bedeutung seiner einzelnen Komponenten `+` und `=` an, deshalb werden im Beispiel *Komplexe Arithmetik, Version 2* im Abschnitt 9.1.9 auch die Operatoren `+=, -=, *=` überladen.

9.1.9 Überladen von Konvertierungsoperatoren

Umwandlungskonstruktoren werden explizit und implizit zur Typkonvertierung verwendet. So wird in der Klasse `complex` z.B. der Konstruktor `complex(double r, double i=0);` verwendet, um einen `double`-Wert in einen Wert vom Typ `complex` zu konvertieren. Das kann explizit in der Form

```
complex c; double d;
c = complex(d);
```

oder implizit in der Form

```
complex c; double d;
c = d;
```

erfolgen. D.h. beim Entwurf einer neuen Klasse kann man sich überlegen, von welchem anderen *Typ* Konvertierungen in den eigenen *Klassentyp* möglich sein sollen, und wird dann entsprechende Umwandlungskonstruktoren spezifizieren.

Anders sieht es aus bei Konvertierungen in die entgegengesetzte Richtung, d.h. Konvertierung vom eigenen Klassentyp in eine schon existierende Klasse oder in einen Standardtyp. Für diesen Fall sieht C++ die Möglichkeit vor, eigene *Konvertierungsoperatoren* zu definieren. Der folgende Programmtext demonstriert den Fall am Beispiel der Konvertierung der Klasse in den Standardtyp double und zeigt auch gleich *unerwünschte Nebenwirkungen*:

```
class complex {
    double re, im;
  public:
    complex();
    complex(double r, double i = 0);
    . . .
    operator double();
    . . .
};
. . .
complex::operator double() { return re; }
. . .
```

```
int main() {
  complex x1(1, 2), x2(3, 4), x3(5, 6), y;
  double d1, d2, d3;
  d1 = (double) x1;  // richtig, C-Stil
  d2 = double(x2);   // richtig, C++-Stil
  d3 = x3;           // auch richtig
  y = x1 + 5;        // falsch, da mehrdeutig !!!
}
```

Die *unerwünschte Nebenwirkung* wird in dem Beispiel an dem Ausdruck `y = x1 + 5;` deutlich, der durch die Definition des Konvertierungsoperators zweideutig geworden ist:

`x1 + 5  :  x1 + complex(5)` **oder** `double(x1) + 5` ???

Als Ergebnis dieser Überlegungen können wir festhalten:

- Wegen schwer übersehbarer *schädlicher Nebenwirkungen* sollten *Konvertierungsoperatoren* nur sehr restriktiv definiert werden.

Die allgemeine Form zur Deklaration eines Konvertierungsoperators lautet:

operator *type* ();

9.1.10 Übergabe per *Referenz* und das Attribut *const*

Beispiel: Komplexe Zahlen, Version 2

Die Version 2 der Klasse *complex*, siehe C++-Texte 9.16 und 9.17, unterscheidet sich von der vorangehenden Version 1 durch den ausgiebigen Gebrauch von Referenzentypen. Verbunden damit ist der ausgiebige Gebrauch des `const`-Attributes.

C++-Text 9.16: *Komplexe Zahlen, Version 2, H-Datei* ——— ./Bsp9/complex/complex2.h

```
#ifndef _complex2_h
#define _complex2_h
#include <iostream.h>

class complex {
    double re, im;
  public:
    /*
      Kopierkonstruktor, Destruktor und
      Zuweisungsoperator sind per Default definiert !
    */

    complex(double r=0, double i=0);
```

```
    // ist auch Standardkonstruktor !

    friend complex  operator+  (const complex& a, const complex& b);
    complex& operator+= (const complex& a);

    // . . .

    friend ostream& operator<< (ostream& os, const complex& c);
};

#endif
```

Grundsätzlich ist zur Alternative **Wert oder konstante Referenz** zu sagen, daß in den meisten Fällen beides möglich ist. In einigen Fällen führt allerdings die Übergabe per Referenz zu Problemen, so daß darauf verzichtet werden muß. So muß z.B. in der Klasse complex, Version 2 bei den Funktionen zum Überladen der Operatoren `+, ...` die jeweilige Funktion das Ergebnis als Wert zurückgeben, eine Rückgabe per Referenz wäre bestenfalls über Umwege möglich (siehe Erläuterung weiter unten).

Generell wird die Festlegung – **Werteparameter oder Referenzparameter** – im wesentlichen durch die beiden Kriterien *Resultatrückgabe per Parameter* sowie *Speicher- und Laufzeiteffizienz* bestimmt:

- Für die Resultatrückgabe per Parameter ist die Referenz unbedingt erforderlich.
- In allen übrigen Fällen bringt sie bei der Übergabe größerer Datenobjekte im allgemeinen große Vorteile, weil das Kopieren entfällt und damit Zeit und Speicherplatz gespart wird. Das gilt sowohl für Parameter als auch für die Resultatrückgabe über den Funktionsnamen.

Für den Fall, daß ein Datenobjekt an sich als Wert – d.h. also rückwirkungsfrei – übergeben werden sollte, man sich aber aus Effizienzgründen für die Referenzübergabe entscheidet, entsteht zunächst der Nachteil, daß die Rückwirkungsfreiheit damit aufgehoben wird. Um diesen Nachteil wieder zu kompensieren, kann das Attribut `const` verwendet werden:

```
const complex& operator+= (const complex& a);
```

Das Attribut `const` kann also sowohl bei der Parameterübergabe als auch bei der Ergebnisrückgabe über die Funktion verwendet werden. Allerdings hat die Rückgabe einer konstanten Referenz den Nachteil, daß der überladene Operator `+=` nicht exakt so verwendbar ist wie bei den vordefinierten elementaren Datentypen:

```
double  dx, dy, dz;
complex cx, cy, cz;
. . .
dx += dy += dz;     // richtig
cx += cy += cz;     // richtig
```

```
...
(dx += dy) += dz;   // auch richtig
(cx += cy) += cz;   // falsch, konstante Referenz !
```

Aus diesem Grunde sollte man beim Überladen des Operators `+=` doch folgende Form bevorzugen:

```
complex& operator+= (const complex& a);
```

Als Verallgemeinerung kann also die Form für das Überladen von Zuweisungsoperatoren Operatoren der Art *op*= wie folgt angegeben werden:

- `X& operator`*op*`= (const X& x);`

Ganz anders liegt der Fall beim Überladen des Operators `+` und entsprechender anderer binärer Operatoren, hier sollte eine *friemd*-Funktion mit folgendem Prototyp verwendet werden:

```
friend complex operator+ (const complex& a, const complex& b);
```

Der Grund dafür liegt darin, daß hier in der Funktion ein neues Objekt für das Ergebnis generiert werden muß, im Beispiel der Funktion `operator+=` wird hingegen das vorhandene Objekt `*this` manipuliert. Das wird deutlich, wenn wir uns die beiden Implementierungen ansehen:

```
complex& complex :: operator+= (const complex& a) {
  this->re += a.re; this->im += a.im;
  return *this;
}

complex operator+ (const complex& a, const complex& b) {
  return complex(a.re + b.re, a.im + b.im);
}
```

Im Falle der Funktion `operator+=` wird das vorhandene Objekt neu berechnet, und dann wird eine Referenz darauf zurückgegeben. Im Falle der Funktion `operator+` hingegen wird ein neues Objekt über den Aufruf des Konstruktors `complex(..., ...)` generiert. Man erkennt das noch deutlicher, wenn die Implementierung etwas ausführlicher wie folgt formuliert wird:

```
complex operator+ (const complex& a, const complex& b) {
  complex c;
  c.re = a.re + b.re; c.im = a.im + b.im;
  return c;
}
```

Die Instanz `c` der Klasse `complex` ist von der Art `automatic`, d.h. sie existiert nicht mehr nach Beendigung der Funktion, und es macht keinen Sinn, eine Referenz auf ein nicht mehr vorhandenes Objekt zurückzugeben! Das Problem läßt sich auch nicht dadurch lösen, daß die Deklaration mit dem Attribut *static* versehen wird, denn die Funktion wird ja im allgemeinen mehrfach aufgerufen, und das Objekt `c` würde jedesmal überschrieben werden. Eine `static`-Variable verhält sich in dieser Beziehung wie eine globale *externe* Variable. Die mögliche Lösung wäre das dynamische Generieren des Objektes `c` mit *new*. Allerdings taucht dann das Problem der späteren Freigabe auf. Die allgemeine Form zum Überladen von binären Operatoren sieht also wie folgt aus:

- `friend X operator`*op* `(const X& x1, const X& x2);`

Für die Benutzung des Attributs `const` haben wir bisher zwei Anwendungen besprochen, und zwar den Schutz vor ungewollter Rückwirkung bei *Referenz*- Parametern und den Schutz vor ungewollter Änderung des Funktionswertes. Es gibt noch eine dritte wichtige Anwendung, die den Schutz des Objektes selbst vor ungewollter Änderung, z.B. bei folgenden Elementfunktionen, betrifft:

```
class complex {
    double re, im;
  public:
    . . .
    double Real() const { return re; }
    double Imag() const { return im; }
    . . .
};
```

Das Thema *konstante Elementfunktionen, konstante Objekte* mit den Aspekten *logische und physikalische Konstanz* wird im Abschnitt 9.1.5 im Detail erörtert.

C++-Text 9.17: *Komplexe Zahlen, Version 2, CPP-Datei* ——— ./Bsp9/complex/complex2.cpp

```
#include "complex2.h"

complex :: complex(double r, double i) { re = r; im = i; }

complex operator+ (const complex& a, const complex& b) {
  return complex(a.re + b.re, a.im + b.im);
}

complex& complex :: operator+= (const complex& a) {
  re += a.re; im += a.im;
  return *this;
}

// . . .

ostream& operator<< (ostream& os, const complex& c) {
  os << '(' << c.re << ',' << c.im << "); ";
  return os;
}
```

9.1.11 Dynamische verwaltete Daten in Klassen

Beispiel: Komplexe Arithmetik, Version 3

Die Version 3 der Klasse `complex`, siehe C++-Texte 9.18 und 9.18, arbeitet mit dynamisch verwalteten Daten. Sie hat exakt die gleiche Schnittstelle (`public`-Bereich) wie die vorher besprochene Version 2, die wesentlichen Änderungen der Implementierung betreffen die Konstruktoren, den Destruktor und den Zuweisungsoperator:

- Es ist unbedingt erforderlich, den Standardkonstruktor, den Kopierkonstruktor, den Destruktor und den Zuweisungsoperator hier explizit zu definieren, die vom System automatisch erzeugten Default-Versionen würden falsch arbeiten!!!
- Die Konstruktoren generieren über den Operator `new` den entsprechenden Speicherplatz im Heap-Bereich, der Kopierkonstruktor fertigt eine **tiefe Kopie** des übergebenen Objektes an, der Destruktor gibt den entsprechenden Speicherplatz wieder an den Heap zurück.
- Der Zuweisungsoperator kopiert den Wert des übergebenen Objektes in das eigene Objekt, d.h. er kopiert (wie auch der Kopierkonstruktor) nicht nur den Zeiger auf den entsprechenden Datenbereich, sondern auch die entsprechenden Daten. Für den Fall einer Zuweisung an sich selbst in der Form `x = x` prüft er vorher, ob Quelle und Ziel identisch sind.
- Die Notwendigkeit der expliziten Definition eines Kopierkonstruktors wird leicht übersehen. Er wird in unserem Beispiel nirgendwo explizit benutzt, aber vom System verwendet; siehe dazu die folgenden Erläuterungen:

C++-Text 9.18: *Komplexe Zahlen, Version 3, H-Datei* ——— ./Bsp9/complex/complex3.h

```
#ifndef _complex3_h
#define _complex3_h
#include <iostream.h>

class complex {
    double* data;
  public:
    complex();
    complex(double r, double i = 0);
    complex(const complex& c);
    ~complex();

    complex& operator=  (const complex& c);

    friend complex  operator+  (const complex& a, const complex& b);
    complex& operator+= (const complex& a);
```

```
    // . . .

    friend ostream& operator<< (ostream& os, const complex& c);
};

#endif
```

Erläuterung zur Verwendung des Kopierkonstruktors durch das System:

Bei der folgenden Implementierung der Funktion `operator+` wird der Kopier-Konstruktor vom System benötigt, denn bei der Realisierung von `return c` wird ein neues Objekt generiert und mit dem Wert des Objektes c initialisiert:

```
complex operator+ (const complex& a, const complex& b) {
  complex c;
  c.d[0] = a.data[0] + b.data[0];
  c.d[1] = a.data[1] + b.data[1];
  return c;
}
```

Wird die Funktion `operator+` dagegen wie folgt implementiert, dann wird der Kopierkonstruktor vom System nicht benötigt, das den Umwandlungskonstruktor verwendet:

```
complex operator+ (const complex& a, const complex& b) {
  return complex(
    a.data[0] + b.data[0], a.data[1] + b.data[1]);
}
```

Erläuterung zum Überladen des Zuweisungsoperators:

Der Prototyp der Elementfunktion zum Überladen des Zuweisungsoperators hat folgende allgemeine Form:

- `X& operator= (const X& x);`

Der Wert `x` wird dem eigenen Objekt zugewiesen, und es wird eine Referenz auf das Objekt zurückgegeben, um damit Mehrfachzuweisungen wie bei elementaren Datentypen zu ermöglichen. Es wäre im Prinzip auch durchaus sinnvoll, eine konstante Referenz zurückzugeben (`const X& operator= (const X& x);`), dann wäre aber die Semantik gegenüber dem Standard-Zuweisungsoperator leicht verändert:

```
int i, j, k;
X   x, y, z;
. . .
(i = j) = k;  // richtig
(x = y) = z;  // falsch, konstante Referenz !
```

Bei der angegebenen allgemeinen Form mit der Rückgabe einer nicht konstanten Referenz ist die Anweisung `(x=y)=z;` syntaktisch und semantisch korrekt.

Zuweisungsoperatoren sollten im allgemeinen nach folgendem Schema implementiert werden:

- Als erstes wird kontrolliert, ob Selbstzuweisung vorliegt, indem geprüft wird, ob die Adresse des eigenen Objektes `this` (die Zieladresse) mit der Adresse des zuzuweisenden Objektes `&c` identisch ist;
- wenn das der Fall ist, dann wird nur eine Referenz auf das eigene Objekt zurückgegeben (`return *this`);
- wenn das **nicht** der Fall ist (*der Normalfall*), wird zunächst das eigene Objekt aufgelöst, ein neues Objekt der benötigten Größe kreiert und das zuzuweisende Objekt dahin kopiert und schließlich eine entsprechende Referenz zurückgegeben;
- das Auflösen und Neugenerieren eines Objektes ist in vielen Fällen – wie auch hier – überflüssig, wenn alle Objekte die gleiche Größe haben;
- die Rückgabe einer Referenz auf das eigene Objekt ist erforderlich, um Mehrfachzuweisungen zu ermöglichen:
  `x = y = z;` $\equiv$ `x.operator=(y.operator=(z));`

Bezogen auf unsere Klasse `complex` sieht das wie folgt aus:

```
complex& complex :: operator= (const complex& c) {
  if (this != &c) {
    delete[] data;          // das ist hier natuerlich
    data = new double[2];   // ueberfluessig, siehe oben !
    data[0] = c.data[0];
    data[1] = c.data[1];
  }
  return *this;
}
```

Wie gerade gesagt, ist in diesem Falle das *Auflösen* und *Wiederkreieren* des Objektes überflüssig, weil das Objekt immer die gleiche Größe hat. Im allgemeinen Falle, bei variabler Größe, wie z.B. bei String-Klassen (siehe dazu Abschn. 10.4.1), ist es aber zwingend erforderlich. Auch der Test auf Selbstzuweisung kann hier natürlich entfallen, ist aber im allgemeinen Falle dringend erforderlich! Bei einer Selbstzuweisung würde sonst der Objektwert verlorengehen! In unserem Beispiel kann die Implementierung des Zuweisungsoperators also wie folgt vereinfacht werden:

```
complex& complex :: operator= (const complex& c) {
  data[0] = c.data[0];
  data[1] = c.data[1];
  return *this;
}
```

Empfehlung:

- Es empfiehlt sich, beim Entwurf größerer Klassen grundsätzlich einen Zuweisungsoperator und einen Kopierkonstruktor selbst zu definieren!

C++-Text 9.19: *Komplexe Zahlen, Version 3, CPP-Datei* ./Bsp9/complex/complex3.cpp

```
#include "complex3.h"

complex :: complex() {
  data = new double[2];
}

complex :: complex(double r, double i) {
  data = new double[2]; data[0] = r; data[1] = i;
}

complex :: complex(const complex& c) {
  data = new double[2];
  data[0] = c.data[0]; data[1] = c.data[1];
}

complex :: ~complex() {
  if (data) delete[] data;
}

complex& complex :: operator= (const complex& c) {
  data[0] = c.data[0]; data[1] = c.data[1];
  return *this;
}

complex operator+ (const complex& a, const complex& b) {
  return complex(
    a.data[0] + b.data[0], a.data[1] + b.data[1]);
}

complex& complex :: operator+= (const complex& a) {
  *this = *this + a; return *this;
}

// . . .

ostream& operator<< (ostream& os, const complex& c) {
  os << '(' << c.data[0] << ',' << c.data[1] << "); ";
  return os;
}
```

9.1.12 Effizienzbetrachtungen: Laufzeiteffizienz

Beispiel: Komplexe Arithmetik, Version 4

Bisher haben wir beim Entwurf einer `complex`-Klasse auf guten Entwurf, einwandfreie Funktionalität und gute Lesbarkeit geachtet, ein weiteres wichtiges Entwurfsziel ist natürlich häufig (aber nicht immer!) eine gute Laufzeiteffizienz. Hier werden verschiedene Maßnahmen vorgestellt und angewendet, die helfen können, dieses Ziel zu erreichen.

Eine Funktion wie

```
friend complex operator+ (const complex& a, const complex& b);
```

ist auch anwendbar, wenn sie für einen der beiden Parameter mit einem *double*-Typ aufgerufen wird (darauf wurde bereits im Abschnitt 9.1.8 hingewiesen). In dem Fall wird über den Konstruktor

```
complex(double r, double i = 0);
```

die Konvertierung `double` in `complex` durchgeführt. Das kostet Laufzeit, und aus Gründen der Optimierung kann es deshalb sinnvoll sein – wie in der Version 4 der Klasse `complex` gezeigt – jeweils spezielle Funktionen vorzusehen.

In den vorigen Abschnitten wurden zwei wichtige Entwurfskriterien am Beispiel der Klasse `complex` aufgezeigt:

- Parameterübergabe per Wert oder per Referenz;
- Arbeiten mit Wertesemantik (Programmstack) oder mit Zeigersemantik (Programmheap), bezogen auf die internen Daten der Klasse.

Die Wahl der jeweils richtigen Alternative kann großen Einfluß auf den Speicherbedarf und die erforderliche Laufzeit haben. Als Faustregeln zur Wahl der jeweils richtigen Alternative kann folgendes gelten:

- Elementare Datentypen sollten, falls es sich nicht um Resultatparameter handelt, per Wert übergeben werden. Der dabei erforderliche Kopieraufwand erfordert wenig Speicherplatz und wenig Zeit.
- Bei kleinen Datenelementen fester Größe der Klasse empfiehlt sich im allgemeinen der vom System verwaltete Programmstack. Bei größeren Datenobjekten mit variablem Speicherbedarf (typisches Beispiel: String) empfiehlt sich hingegen der selbstverwaltete Programmheap.

In dem Beispiel *Komplexe Arithmetik: Version 4* werden die `complex`-Werte soweit wie möglich per Referenz übergeben, da jeder `complex`-Wert immerhin zwei `double`-Werte beinhaltet und da im Falle einer Werteübergabe jedesmal ein Kopierkonstruktor aufgerufen wird. Die `double`-Größen hingegen werden als Wert übergeben. Hier benötigt die Kopie nur halb soviel Speicherplatz, und es entfällt vor allem der Aufruf des Kopierkonstruktors.

Eine weitere Verbesserung des Laufzeitverhaltens dieser Version wird durch die Verwendung von *inline*-Funktionen erreicht, die bewirken, daß eine Makrosubstitution durchgeführt wird und damit Verwaltungsaufwand beim Funktionsaufruf entfällt.

Zur Codeoptimierung bezüglich der Laufzeitminimierung kann schließlich noch gesagt werden, daß die Formulierung

```
complex operator+ (const complex& a, const complex& b) {
  return complex(a.re + b.re, a.im + b.im);
}
```

günstiger sein kann als der ausführlichere Code

```
complex operator+ (const complex& a, const complex& b) {
  complex c;
  c.re = a.re + b.re; c.im = a.im + b.im;
  return c;
}
```

Aber das hängt natürlich sehr von den Optimierungsmöglichkeiten des jeweiligen Compilers ab.

C++-Text 9.20: *Komplexe Zahlen, Version 4, H-Datei* ——— ./Bsp9/complex/complex4.sht

```
#ifndef _complex4_h
#define _complex4_h
#include <iostream>
using namespace std;

class complex {
    double re, im;
  public:
    /*
      Kopierkonstruktor, Destruktor und
      Zuweisungsoperator sind per Default definiert !
    */
    complex(double r=0, double i=0);

    friend complex operator+ (const complex& a, const complex& b);
    friend complex operator+ (const complex& a, double b);
    friend complex operator+ (double a,   const complex& b);

    complex& operator+= (const complex& a);
    complex& operator+= (double a);
```

```
    // . . .

    friend ostream& operator<< (ostream& os, const complex& c);
};

inline complex :: complex(double r, double i) { re = r; im = i; }

inline complex operator+ (const complex& a, const complex& b) {
  return complex(a.re + b.re, a.im + b.im);
}

inline complex operator+ (const complex& a, double b) {
  return complex(a.re + b, a.im);
}

inline complex& complex :: operator+= (const complex& a) {
  re += a.re; im += a.im;
  return *this;
}

inline complex& complex :: operator+= (double a) {
  re += a;
  return *this;
}

// . . .

inline ostream& operator<< (ostream& os, const complex& c) {
  os << '(' << c.re << ',' << c.im << "); ";
  return os;
}

#endif
```

9.1.13 Statische Elemente in einer Klasse

Normalerweise sind die in einer Klasse definierten Variablen und Elementfunktionen *objektbezogen*, d.h. zu jedem Objekt der Klasse gehört ein entsprechender Satz der in der Klasse definierten Variablen, und jedem Objekt sind die in der Klasse definierten Elementfunktionen zugeordnet:

```
class X {
    int x, y, z;
  public:
    void f1() {...}
    void f2() {...}
    void f3() {...}
```

```
};
. . .
X x1, x2, x3;
x1.f1(); x2.f1(); x3.f1(); x1.f2(); . . .
```

Jedes Objekt der Klasse `X` hat seinen individuellen Satz von Variablen und belegt damit ein Speichervolumen, das dem für drei Variablen vom Typ `int` entspricht:

`sizeof(x1)` $\equiv$ `sizeof(x2)` $\equiv$ `sizeof(x3)` $\equiv$ `3*sizeof(int)`

Die Elementfunktionen sind zwar den Objekten zugeordnet – d.h. sie sind nur in Verbindung mit den Objekten verwendbar –, aber sie sind nur einmal vorhanden, und sie belegen keinen Speicherplatz im Objekt!

Für besondere Fälle gibt es aber auch die Möglichkeit, Variablen und Funktionen innerhalb einer Klasse zu definieren, die *klassenbezogen* sind, sie werden mit dem Attribut `static` spezifiziert:

```
class X {
    int x, y, z;
  public:
    static int xyz;
    void f1() {...}
    void f2() {...}
    void f3() {...}
    static void g() {...}
};
. . .
X x1, x2, x3;
x1.f1(); x2.f1(); x3.f1(); x1.f2(); . . .
. . .
X::g(); ... = X::xyz; . . .
```

Die *Klassenvariable* `xyz` belastet die Objekte nicht, d.h. sie belegen den gleichen Speicherplatz (`3*sizeof(int)`) wie oben! Statische Elemente sind also der Klasse (dem Typ) zugeordnet, sie sind objektübergreifend vorhanden und verhalten sich wie globale Variable bzw. wie globale Funktionen, deren Geltungsbereich (scope) auf die Klasse beschränkt ist, und werden deshalb außerhalb der Klasse über den Bereichsoperator `::` angesprochen (`X::g()` bzw. `X::xyz`). Sie unterliegen den gleichen Zugriffsrechten wie die üblichen nichtstatischen Funktionen und Variablen. Statische Elementfunktionen können auch *objektbezogen* aufgerufen werden, also statt `X::g()` auch `x1.g()`, was aber der Klarheit wegen vermieden werden sollte.

Wichtig ist noch folgendes:

- Eine statische Elementfunktion kann **nicht** `virtual`, `const` oder `volatile` deklariert werden!

Natürlich kann eine statische Variable einer Klasse auch nicht in einem Konstruktor initiiert werden, denn der Konstruktor initiiert das Objekt, nicht die Klasse.

Der C-Text 9.21 demonstriert den Umgang mit klassenbezogenen Elementen. Die Objekte der Klasse `A` sind Knoten einer verketteten Liste, bei jeder Instanzierung wird ein Knotenobjekt erzeugt und in die Liste eingefügt:

- Die Zahl `count` gibt an, wieviele Objekte der Klasse angelegt worden sind;
- der Zeiger `list` ist ein Zeiger auf den Anfang der Liste, d.h. auf das erste Knotenobjekt, das ist in diesem Beispiel das zuletzt generierte;
- die Funktion `Print` gibt die Liste, d.h. alle Knotenobjekte aus.

Da der Objektzähler `count`, der Listenzeiger `list` und die Funktion `Print` sich nicht auf ein Objekt, sondern auf die Klasse beziehen, ist es auch sinnvoll, sie nicht für jedes Objekt, sondern übergreifend für die Klasse anzulegen.

C++-Text 9.21: *Statische Elemente in einer Klasse* ./Bsp9/static/x.cpp

```
#include<iostream>
using namespace std;

class A {
    A* next;
    static A* list;
    static int count;
  public:
    A() { next = list; list = this; count++; }
    void f() { cout << " A::f"; }
    static void PrintList();
};

A* A::list = NULL;
int A::count = 0;

void A::PrintList() {
  for (A* p = list; p; p = p->next) p->f();
  cout << endl << count << " Eintraege" << endl;
}

int main() {
  A a1, a2, a3, a4;
  A::PrintList();
}

/* Ausgabe :

 A::f A::f A::f A::f
4 Eintraege

*/
```

9.1.14 Schachtelung von Klassen

Klassen können geschachtelt werden, d.h. eine Klasse kann als lokale Klasse innerhalb einer anderen Klasse vereinbart werden. Das kann aus zwei Gründen sinnvoll sein:

- Eine Klasse wird lokal im privaten Teil einer anderen Klasse vereinbart, weil sie nur innerhalb der umgebenden Klasse benötigt wird (**information hiding**) (Beispiel: Referenzzählung, Abschn. 10.1.4), oder
- eine Klasse wird lokal im öffentlichen Teil einer anderen Klasse vereinbart, sie kann extern benutzt werden, gehört aber funktionell zur umgebenden Klasse (Beispiel: Iteratoren, Abschn. 10.1.2).

Die Regeln für die *„Benutzbarkeit"* von Definitionen bei der Schachtelung von Klassen sind nicht ganz einfach, weil sich die Wirkungen von *„Sichtbarkeit" (scope)* und *„Zugriffsrechten" (access)* überschneiden und weil darüber hinaus noch zu unterscheiden ist, ob eine Definition *klassenbezogen* (z.B. Typ oder statische Variable oder statische Funktion) oder *objektbezogen* (normale Variable der Klasse) ist. Deshalb werden die Zusammenhänge hier schrittweise erörtert.

Der folgende C++-Text zeigt zwei geschachtelte Klassen und deren Benutzung, wobei eine Klasse (`B`) innerhalb der anderen (`A`) vereinbart ist:

```
struct A {
  struct B {
    int xB;
  };
  int xA;
};

A a; a.xA = ...;

A::B b; b.xB = 456;
```

`A` und `B` verhalten sich wie separate Klassen, mit der einzigen Besonderheit, daß der Name der inneren Klasse nach außen mit dem Namen der äußeren Klasse qualifiziert werden muß.

Der nächste Text demonstriert die gegenseitige Benutzung klassenbezogener Definitionen. In `B` kann die Funktion `fA()` benutzt werden, weil sie mit `static` spezifiziert ist, und in `A` kann unter Verwendung der „Qualifizierung" `B::` der Typ `Uint` verwendet werden. Ein gegenseitiger Zugriff auf die Variablen `xA` bzw. `xB` der jeweils anderen Klasse ist nicht möglich, sondern sogar sinnlos, da die Klasse `A` kein Objekt der Klasse `B` enthält und umgekehrt:

```
struct A {
  static void fA() { cout << "AAA"; }
  struct B {
    typedef unsigned int Uint;
    Uint xB;
```

```
        void fB() { fA(); };
      };
      B::Uint xA;
    };
```

Beim Zugriff auf Definitionen einer umgebenden oder enthaltenen Klasse gelten außerdem die jeweiligen Zugriffsattribute, die in diesem Beispiel jeweils `public` per Voreinstellung sind.

Im folgenden Fall enthält die Klasse `A` nicht nur die Klasse `B`, sondern auch ein entsprechendes Objekt `b`, und damit kann in einer Elementfunktion der Klasse `A` auch auf eine Variable der Klasse `B` zugegriffen werden (`b.xB = y` in `put`). Notwendige Voraussetzung dabei ist, daß die entsprechende Variable im `public`-Bereich liegt:

```
struct A {
  struct B {
    int xB;
  };
  B b;
  int xA;
  void put(int x, int y) { xA = x; b.xB = y; }
};
```

Wenn eine Klasse `B` im `private`-Teil einer Klasse `A` vereinbart und instanziert ist, dann ist weder die Klasse `B` noch deren Instanz `b` nach außen sichtbar, die Zugriffe auf `b.xB` erfolgen über die `public`-Funktionen `put` und `get` der Klasse `A`, die ihrerseits entsprechende Funktionen der Klasse `B` verwenden muß, um auf deren private Komponente `xB` zuzugreifen:

```
class A {
    class B {
        int xB;
      public:
        void put(int x) { xB = x; }
        int  get()      { return xB; }
    };
    B b;
    int xA;
  public:
    void put(int x,  int y)  { xA = x; b.put(y); }
    void get(int& x, int& y) { x = xA; y = b.get(); }
};
```

Die Definition der Elementfunktionen – und auch statischer Elemente – kann auch im globalen Bereich erfolgen, ihre Namen müssen dann entsprechend qualifiziert werden:

```
class A {
    class B {
        int xB;
```

```
      public:
        void put(int x) { xB = x; }
        int  get()      { return xB; }
    };
    . . .
};

void A::B::put(int x) { xB = x; }
int  A::B::get()      { return xB; }

. . .
```

Bei Klassenschachtelungen ist es vielfach sinnvoll, die Schnittstellen der inneren Klassen zu verbergen, um Details zu verbergen. Um dies zu erreichen, ist die Vorwärtsdeklaration für verschachtelte Klassen eingeführt worden:

```
class A {
    class B;
    B b;
    int xA;
  public:
    void put(int x,  int y);
    void get(int& x, int& y);
};

class A::B {
    int xB;
  public:
    void put(int x);
    int  get();
};

void A::B::put(int x) { xB = x; }
int  A::B::get()      { return xB; }

void A::put(int x,  int y)  { xA = x; b.put(y); }
void A::get(int& x, int& y) { x = xA; y = b.get(); }
```

9.1.15 Funktionsobjekte

Funktionsobjekte sind Objekte, die einerseits wie Funktionen verwendet werden können, aber andererseits formal Objekte, d.h. Instanzen von Klassen sind. Der C-Text 9.22 zeigt das Prinzip der Definition einer entsprechenden Klasse und ihror Anwendung. Die Elementfunktion überlädt den Funktionsoperator (), der dann in Verbindung mit dem Objektnamen verwendet wird, und dadurch ergibt sich die äußere Form eines Funktionsaufrufes.

Ein wichtiger Aspekt bei der Verwendung von Funktionsobjekten ist deren Verwendung als Parameter anstelle der Verwendung von Funktionsparametern: das ist die objektorientierte Alternative!

C++-Text 9.22: *Funktionsobjekte, Beispiel 0* ./Bsp9/funcobjs/funcobj0.cpp

```
#include <iostream>
using namespace std;

class Func {
  public:
    double operator()(double x) { return x*x; }
};

int main() {
  Func f;
  cout << f(5) << endl;
}
```

Der C-Text 9.23 demonstriert die Möglichkeiten, die sich durch mehrfaches Überladen des Funktionsoperators ergeben.

C++-Text 9.23: *Funktionsobjekte, Beispiel 1* ./Bsp9/funcobjs/funcobj1.cpp

```
#include <iostream>
using namespace std;

class Func {
  public:
    double operator()(double x) { return x*x; }
    double operator()(double a, double b, double c, double x) {
       return a*x*x + b*x + c;
    }
};

int main() {
  Func f;
  cout << f(5) << " " << f(3, -2, -7, 5) << endl;
}
```

Ein weiterer wichtiger Aspekt bei Funktionsobjekten ist die Möglichkeit, der Quasifunktion eine Zustandsinformation zuordnen und initialisieren zu können, C-Text 9.24 verdeutlicht das Prinzip. Hier dient die Zustandsinformation dazu, ein Polynom zu parametrisieren.

C++-Text 9.24: *Funktionsobjekte, Beispiel 2* ./Bsp9/funcobjs/funcobj2.cpp

```
#include <iostream>
using namespace std;

class Func {
    double a, b, c; // Polynominalkoeffizienten
  public:
    Func(double a, double b=0, double c=0) {
      Func::a = a; Func::b = b; Func::c = c;
    }
    double operator()(double x) const { return a*x*x + b*x + c; }
};

int main() {
  Func f(3, -2, -7);
  cout << f(5) << endl;
}
```

Der C-Text 9.25 zeigt die Verwendung der gleichen Klasse zur Defintion eines parametrisierten Funktionsobjektes, das als Funktionsparameter verwendet wird.

C++-Text 9.25: *Funktionsobjekte, Beispiel 3* ./Bsp9/funcobjs/funcobj3.cpp

```
#include <iostream>
#include <cassert>
#include <cmath>
using namespace std;

class Func {
    double a, b, c; // Polynominalkoeffizienten
  public:
    Func(double a, double b=0, double c=0) {
      Func::a = a; Func::b = b; Func::c = c;
    }
    double operator()(double x) const { return a*x*x + b*x + c; }
};

double Nullstelle(double x1, double x2, Func f) {
  const double eps = 0.001;
  double x0;
  assert(x1 <= x2);
  do {
    x0 = x1 + (x2 - x1)/2;
    if (f(x0)*f(x1) >= 0) x1 = x0; else x2 = x0;
  } while (fabs(f(x0)) > eps);
  return x0;
```

```
}

int main() {
  Func f(2, 0, -1);
  cout << f(5) << " = " << f.operator()(5) << endl;
  cout << Nullstelle(0, 10, f) << endl;
}
```

Als letztes Beispiel zum Thema Funktionsobjekte wird im C-Text 9.26 ein Zufallszahlengenerator definiert und benutzt, der über seinen Konstruktor initialisierbar ist. Die verwendeten klassenbezogenen Konstanten sind dem vielbeachteten Artikel *Random Number Generators, Good Ones are Hard to Find* [30] zu diesem Thema entnommen.

C++-Text 9.26: *Funktionsobjekte, Beispiel 4* ./Bsp9/funcobjs/funcobj4.cpp

```
#include <iostream>
using namespace std;

class Rand {
    long z;
    static long a, m, q, r;
  public:
    Rand(long seed=314159);
    long operator()();
};

long Rand :: a = 16807;
long Rand :: m = 2147483647;
long Rand :: q = m / a;
long Rand :: r = m % a;

Rand :: Rand(long seed) { z = seed; }

long Rand :: operator()() {
  int gamma;
  gamma = a * (z % q) - r * (z / q);
  if (gamma > 0) z = gamma; else z = gamma + m;
  return z;
}

int main() {
  Rand rd(1234);
  for (int i=0; i<10; i++) cout << rd()%1000 << " ";
  cout << endl;
}
```

9.1.16 Zusammenfassung: Wichtige Hinweise und Regeln

- Auf jedes Objekt einer Klasse ist per Default ein Zeiger `this` definiert, der innerhalb der Klasse benutzbar ist, z.B.
  - `this` : *Zeiger auf das eigene Objekt*
  - `*this` : *das Objekt selbst*
  - `this->`*Komponente* : *eine Komponente (Variable oder Funktion) des Objektes*
- Falls nicht vom Designer der Klasse explizit vorgesehen, definiert das System automatisch folgende Operationen:
  - Standardkonstruktor
  - Destruktor
  - Kopierkonstruktor
  - Zuweisungsoperator

  Man spricht in dem Falle von **Default-Standardkonstruktor** bzw. **Default-Destruktor** bzw. **Default-Kopierkonstruktor** bzw. **Default-Zuweisungsoperator**. Weiterhin ist zu beachten:
  - Ein Default-Standardkonstruktor wird nur dann automatisch erzeugt, wenn in der Klasse kein anderer Konstruktor explizit definiert ist.
- Wenn mit einem selbstdefinierten Typ `X` ein C-Vektor definiert wird (z.B. `X x[Size]`), dann muß für `X` ein Standardkonstruktor definiert sein, das Nichtvorhandensein wäre ein Syntaxfehler.
- Implizit vom System erzeugte Operationen arbeiten nur in einfachen Fällen korrekt, insbesondere beim Arbeiten mit dynamisch verwalteten Daten werden die Funktionen vom System falsch definiert, d.h. sie sollten dann vom Klassen-Designer explizit deklariert und implementiert werden.
- Im Falle, daß ein Kopierkonstruktor oder ein Zuweisungsoperator ausdrücklich nicht für die Klasse verfügbar sein soll, gibt es zwei Möglichkeiten:
  a) Diese Operationen werden im privaten Bereich deklariert und implementiert, dann sind sie innerhalb der Klasse verwendbar, oder
  b) diese Operationen werden im privaten Bereich deklariert und gar nicht implementiert, dann ist ihre Verwendung überall ausgeschlossen.
- Die Parameter von Funktionen sollten im allgemeinen Referenztypen sein und wenn möglich – d.h. wenn es keine Resultatparameter sind – zusätzlich mit dem Attribut `const` versehen werden. Ausnahme: Die Übergabe von Werten für elementare vordefinierte Typen (char, int, float, double, ...) sollte im allgemeinen per Wert oder – bei Resultatrückgabe – per Referenz erfolgen.
- Die Rückgabe einer Referenz als Funktionsergebnis (`X& f(...)`) ist im allgemeinen nur möglich, wenn das zugehörige Objekt nicht innerhalb der Funktion generiert wurde.

- Funktionen, die die Daten einer Klasse nicht verändern, sollten mit dem Attribut `const` versehen werden, z.B. `T& ReadValue() const;`
- Grundsätzlich sollten Element-Funktionen – das sind klassengebundene Funktionen – gegenüber Friend-Funktionen – das sind globale Funktionen – bevorzugt werden, aber es gibt auch viele Fälle, in denen Friend-Funktionen aus inhaltlichen Gründen (Semantik!), und manche Fälle, in denen sie aus formellen Gründen (Syntax !) zu bevorzugen sind (siehe Abschn. 9.1.7 und 9.1.8).
- Die Verwendung von Friend-Klassen sollte im allgemeinen vermieden werden, weil damit die Datenkapselung umgangen wird, aber auch hier gibt es begründete Ausnahmen, z.B. Iteratorklassen für Containerstrukturen (siehe Abschn. 10.1.2).

9.1.17 Übungsaufgaben

Ü1: Eine Klasse für Termine

a) Implementieren Sie die folgende Klasse `Event` (Ereignis, Termin), die einen Termin, bestehend aus einer Zeitangabe und einem Text, darstellt:

```
struct Time {
  int hour,     // 0...23
      day,      // 1...31
      month;    // 1...12
};

class Event {
    Time  T;
    char* Text;
    int   size;
  public:
    Event(int siz=50);
    // Textpuffer der Groesse siz bereitstellen

    ~Event();
    Event(const Event& ev);
    Event& operator= (const Event& ev);

    void Set(const Time& t, char* string);
    // Zeit und Text setzen

    void Display() const;
    // Termin (Event) auf den Bildschirm ausgeben

    int less(const Event& ev) const;
    // ist die interne Zeit kleiner als die von ev, d.h. liegt
```

```
    // sie chronologisch vor der von ev ?

    friend int operator<  (const Event& ev1, const Event& ev2);
    friend int operator== (const Event& ev1, const Event& ev2);
};
```

b) Schreiben Sie ein kleines Test- und Demoprogramm für die Klasse Event.

Ü2: Einbruch

Vervollständigen Sie das folgende Programm, das ein **Negativbeispiel** ist und demonstriert, wie man die Schutzmechanismen von C++ überlisten kann:

```
#include <iostream>
using namespace std;

class A {
    char ch;
    int   i;
    float x;
  public:
    A() : ch('!'), i(123), x(4.56) {}
};

void readA1(A* pa, char& ch, int& i, float& x) {
// Die Daten von *pa auslesen, Version 1
}

void readA2(A* pa, char& ch, int& i, float& x) {
// Die Daten von *pa auslesen, Version 2
}

int main() {
  A a;
  char z; int n; float y;
  readA1(&a, z, n, y);
  cout << z << " " << n << " " << y << endl;
  readA2(&a, z, n, y);
  cout << z << " " << n << " " << y << endl;
}

/*
   Ausgabe:
   ! 123 4.56
   ! 123 4.56
*/
```

9.2 Vererbung: *Erweiterung von Klassen*

Was du ererbt von deinen Vätern, erwirb es, um es zu besitzen.
Goethe

9.2.1 Grundlagen

Die C++-Texte 9.27 und 9.28 zeigen die Schnittstelle und die Implementierung einer Klasse Stack, die im folgenden per Vererbung erweitert wird, d.h. sie soll als **Basisklasse** verwendet werden. Sie unterscheidet sich in drei Punkten von der im Abschnitt 9.1.1 besprochenen Version:

- Die internen Daten erhalten hier das Zugriffsattribut *protected*, damit auch abgeleitete Klassen darauf zugreifen können.
- Die Klasse erhält eine *minimale Standardschnittstelle*, d.h. Stackobjekte können kopiert und zugewiesen werden.
- Zusätzlich zu den *Elementfunktionen Push, Pop* und *count* wird die *Elementfunktion Top* eingeführt und als **virtuell** spezifiziert, d.h. sie kann in einer abgeleiteten Klasse überschrieben (redefiniert) werden.

C++-Text 9.27: *Basisklasse Stack, H-Datei* ./Bsp9/stack/stack3.h

```
#ifndef _stack3_h
#define _stack3_h

class Stack {
  // Die Klasse Stack hat eine "minimale Standardschnittstelle",
  // Stackobjekte koennen kopiert und zugewiesen werden
  protected:
    int *Data;
    int n;
    int size;
    void Copy (const Stack& s);
  public:
    Stack  (int siz=10);
    ~Stack ();
    Stack  (const Stack& s);
    Stack& operator= (const Stack& s);
    void Push (int x);
    int  Pop  ();
    virtual int Top();  // virtuelle, d.h. ueberschreibbare Funktion
    int count () const;
};

#endif
```

C++-Text 9.28: *Basisklasse Stack, C-Datei* ./Bsp9/stack/stack3.cpp

```
#include "stack3.h"

Stack::Stack  (int siz)  { Data = new int[size=siz]; n = 0; }
Stack::~Stack ()         { delete[] Data; }

void Stack::Copy (const Stack& s) {
  for (int i=0; i<n; i++) Data[i] = s.Data[i];
}

Stack::Stack (const Stack& s) {
  Data = new int[size=s.size]; n = s.n; Copy(s);
}

Stack& Stack:: operator= (const Stack& s) {
  if (this != &s) {
    delete Data;
    Data = new int[size = s.size]; n = s.n; Copy(s);
  }
  return *this;
}

void Stack::Push  (int x)  { Data[n++] = x; }

int  Stack::Pop   ()       { return Data[--n]; }

int  Stack::Top   ()       { int buf = Pop(); Push(buf); return buf; }

int  Stack::count () const { return n; }
```

Der C++-Text 9.29 zeigt die abgeleitete Klasse `MyStack`, die hier vollständig als Headerdatei `mystack3.h` realisiert ist; sie faßt der Einfachkeit halber Deklaration und Implementierung zusammen. Das Attribut `public` vor der Angabe der *Basisklasse* `Stack3` besagt, daß alle öffentlichen Elementfunktionen übernommen werden und damit auch den Benutzern der abgeleiteten Klasse zur Verfügung stehen. Die abgeleitete Klasse `MyStack` führt nun folgende Änderungen und Erweiterungen durch:

- sie redefiniert die *virtuelle* Funktion `Top`, was in diesem Fall keine Änderung der Funktionalität, sondern eine effektivere Implementierung beinhaltet;
- sie fügt die beiden Funktionen `isEmpty` und `isFull` hinzu, und
- sie definiert die Funktion `ItemsInStack`, die identisch ist mit der Funktion `count`, d.h. die gleiche Funktionalität ist jetzt unter zwei Namen verfügbar.

Der Formalismus zum Aufruf des Konstruktors der Basisklasse in Form einer sog. *Initialisierungsliste* wird im nächsten Abschnitt erläutert.

C++-Text 9.29: *Abgeleitete Klasse MyStack, H-Datei* ./Bsp9/stack/mystack3.h

```
#include "stack3.h"

class MyStack : public Stack {
  public:
    MyStack(int size=20) : Stack(size) {}

    virtual int Top()   { return Data[n-1]; }
    // hier wird die Funktion Top der Basisklasse
    // Stack ueberschrieben, d.h. sie wird redefiniert !!!

    bool isEmpty()      const { return count() == 0; }
    bool isFull()       const { return count() == size; }
    int  ItemsInStack() const { return count(); }
};
```

Der C++-Text 9.30 demonstriert die Anwendung der abgeleiteten Klasse `MyStack`. Bei der Instanzierung von `MyStack`-Objekten wird automatisch der entsprechende Konstruktor der Basisklasse aufgerufen, beim Verlassen des Geltungsbereiches – hier also am Ende der Funktion `main` – dann der Destruktor der Basisklasse.

C++-Text 9.30: *Abgeleitete Klasse MyStack, Anwendung* ./Bsp9/stack/demo3.cpp

```
#include "mystack3.h"
#include <iostream>
using namespace std;

int main() {
  MyStack ms1, ms2;               // Konstruktor von Stack wird aufgerufen
  for (int i=0; i<10; i++)
    if (! ms1.isFull()) ms1.Push(i);

  ms2 = ms1;                      // Zuweisen !
  while (!ms2.isEmpty())
    cout << ms2.Pop() << " ";
  cout << endl;

  MyStack ms3 = ms1;              // Kopie erzeugen !
  while (!ms3.isEmpty())
    cout << ms3.Pop() << " ";
  cout << endl;
}                                 // Destruktor von Stack wird aufgerufen
```

Ausgabe:

```
9 8 7 6 5 4 3 2 1 0
9 8 7 6 5 4 3 2 1 0
```

Wie die anschließend angegebene Ausgabe des Programms zeigt, werden offensichtlich sowohl die Zuweisung `m2 = m1;` als auch das Kopieren `MyStack m3 = m1;` durch den Kopierkonstruktor korrekt durchgeführt, obgleich in der abgeleiteten Klasse weder der Zuweisungsoperator noch der Kopierkonstruktor definiert wurden, d.h. auch die abgeleitete Klasse verfügt über die *minimale Standardschnittstelle*. Das ist aber nur deshalb so, weil die abgeleitete Klasse `MyStack` keine eigenen Daten definiert. Wenn `MyStack` selbst eigene Daten über den Freispeicher (Heap) verwalten würde, dann müßte sie auch eigene Konstruktoren, einen eigenen Destruktor und einen eigenen Zuweisungsoperator definieren, um die entsprechende Funktionalität erfüllen zu können (das Thema wird im folgenden Abschnitt behandelt).

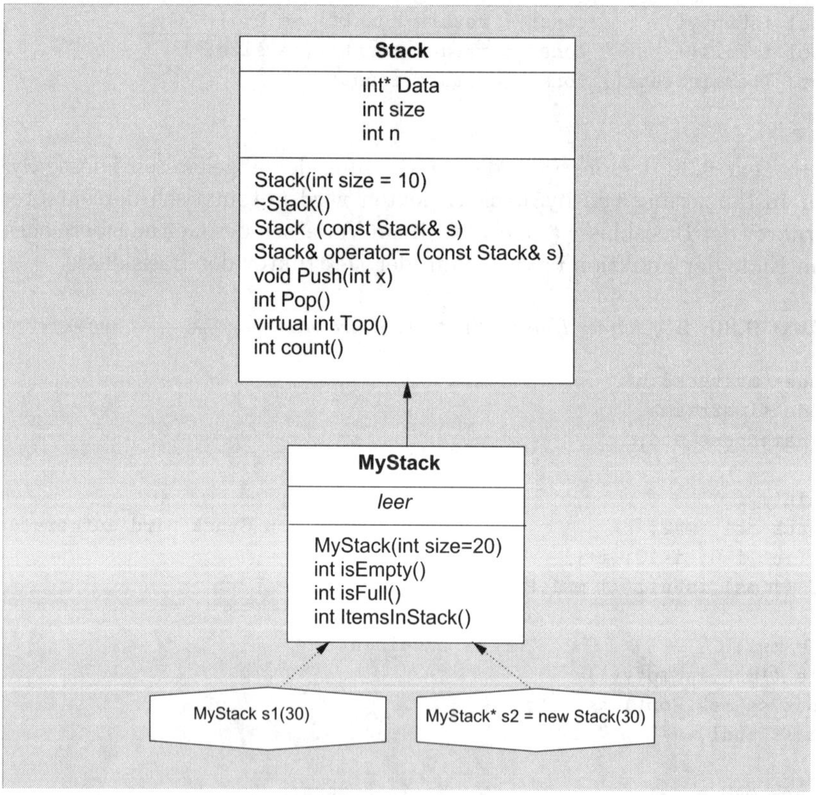

Bild 9.2: Vererbung: Die Klasse `MyStack` erbt von der Basisklasse `Stack`

Bild 9.2 stellt die Beziehung zwischen den beiden Klassen `Stack` und `Mystack` dar: **Stack** ist die **Basisklasse** und wird auch *Oberklasse* und *vererbende Klasse* genannt, **MyStack** ist die **abgeleitete Klasse** und wird auch *Unterklasse*, *erbende Klasse*, *abgeleitete Klasse* oder kurz *Ableitung* genannt. Die abgeleitete Klasse `MyStack` erbt von der Basisklasse deren öffentliche Elementfunktionen und fügt selbst weitere hinzu, d.h. sie erweitert die Funktionalität der Basisklasse. Die beiden sechseckigen Kästchen repräsentieren jeweils ein Objekt, das im Programmstack, und eins, das im Programmheap verwaltet wird.

9.2.2 Konstruktoren, Destruktor und Zuweisungsoperator

Initialisierungslisten

Eine abgeleitete Klasse benötigt – wenn sie keine zusätzlichen eigenen Daten auf dem Heap verwaltet – im einfachsten Falle keine eigenen Konstruktoren und keinen eigenen Destruktor, wie die folgende Variante von MyStack zeigt:

```
class MyStack : public Stack {
  public:
    virtual int Top()        { return Data[n-1]; }
    bool isEmpty()     const { return count() == 0; }
    bool isFull()      const { return count() == size; }
    int ItemsInStack() const { return count(); }
};

void f() {
  MyIntStack s;   // hier wird der Standardkonstruktor Stack
                  // aufgerufen
  . . .
}                 // hier wird der Destruktor von Stack
                  // aufgerufen
```

Beim Instanzieren der Klasse wird dann automatisch der Standardkonstruktor der Basisklasse Stack aufgerufen (es wird der Konstruktor Stack mit dem Default-Wert aufgerufen, der dann als Standardkonstruktor fungiert), beim Verlassen des Gültigkeitsbereiches der Instanz der Klasse MyStack wird entsprechend der Destruktor der Basisklasse MyStack aufgerufen.

Sollen aber – wie in unserem Beispiel der Headerdatei MyStack.h – Konstruktoren der Basisklasse mit Parametern versorgt werden, so wird das durch explizites Weiterreichen der Parameter der abgeleiteten Klasse über die sog. *Initialisierungsliste* in der Form

```
MyStack(int size) : Stack(size) {} // Initialisierungsliste
```

realisiert. Die Initialisierungsliste ist ein Konstrukt der Sprache C++, das eigens für diesen Zweck – Übergabe von Parametern an Basiskonstruktoren – geschaffen werden mußte. Ein expliziter Aufruf dieses Konstruktors der Basisklasse im Rumpf des Konstruktors MyIntStack ist syntaktisch verboten und wäre auch inhaltlich falsch, weil die Initialisierung des Basisklassenkonstruktors abgeschlossen sein muß, bevor die erste Anweisung im Rumpf ausgeführt wird.

Darüber hinaus kann die Initialisierungsliste aber auch zur Initialisierung von Klassenvariablen verwendet werden, wie das folgende Beispiel zeigt:

```
class Stack {
    enum {defsize=20};
    int *Data;
    int size;
    int n;
  public:
    Stack()        : size(defsize), n(0), Data(new int[defsize]) {}

    Stack(int siz) : size(siz), n(0), Data(new int[siz]) {}
    . . .
};
```

Diese Art der Initialisierung sollte sogar zur Regel gemacht werden, weil sie in vielen Fällen einen erheblichen Gewinn an Laufzeiteffizienz bringen kann. Das ist insbesondere der Fall, wenn die zu initialisierenden Klassenvariablen Objekte selbstdefinierter Typen (Klassen) sind.

Abgeleitete Klassen mit eigenen Heapdaten

Wenn die abgeleitete Klasse selbst Daten im Heap verwaltet, dann sind in jedem Fall ein eigener Konstruktor und ein eigener Destruktor erforderlich, der den entsprechenden Speicherbereich kreiert bzw. ihn wieder freigibt. Soll die abgeleitete Klasse darüber hinaus über eine *minimale Standardschnittstelle* verfügen – d.h. ihre Objekte können kopiert und zugewiesen werden –, dann sind auch ein eigener Kopierkonstruktor und ein eigener Zuweisungsoperator zu definieren, wie im folgenden Beispiel skizziert wird:

```
class MyStack : public Stack {
    // . . .
  public:
    MyStack(int size=20) : Stack(size) { . . . }

    ~MyStack() { . . . }

    MyStack(const MyStack& ms) : Stack(ms) { . . . }

    MyStack& operator= (const MyStack& ms) {
      Stack::operator=(ms);
      // . . .
      return *this;
    }

    virtual int Top() { return Data[n-1]; }
```

```
    bool isEmpty()      const { return count() == 0; }
    bool isFull()       const { return count() == size; }
    int  ItemsInStack() const { return count(); }
};
```

Bei der Definition des Kopierkonstruktors und bei der Definition des Zuweisungsoperators wird der Konstruktor bzw. der Zuweisungsoperator mit einem Parameter aufgerufen, dessen Typ nicht mit dem Typ des formalen Parameters übereinstimmt: bei `Stack(ms)` bzw. bei `Stack::operator=(ms)` ist `ms` vom Typ `MyStack`, obgleich die entsprechenden formalen Parameter vom Typ `Stack` sind. Das ist völlig korrekt, denn ein Objekt vom Typ *abgeleitete Klasse* kann an ein Objekt vom Typ *Basisklasse* zugewiesen werden (eine Zuweisung in die umgekehrte Richtung ist nicht möglich); Details und Hintergründe dazu werden im Abschnitt 9.3 erklärt.

Der C++-Text 9.31 verdeutlicht die Definition von Konstruktoren, Destruktor und Zuweisungsoperator in einer abgeleiteten Klasse mit eigenen Heapdaten an einem synthetischen Beispiel im Detail. Der Kürze wegen werden die Funktionen hier in der Klassenschnittstelle implementiert.

C++-Text 9.31: *Abgeleitete Klassen, Konstruktion, ...* ./Bsp9/inherit/inherit.cpp

```
#include <iostream>
using namespace std;

class A {
    char* buf;
    int size;
    void Copy(const A& a) { for (int i=0; i<size; i++) buf[i] = a.buf[i]; }
  public:
    A(int siz=10) {
      buf = new char[size=siz];
      for (int i=0; i<size; i++) buf[i] = 'a';
    }

    ~A() { delete[] buf; }

    A(const A& a)  { buf = new char[size=a.size]; Copy(a); }

    A& operator= (const A& a) {
      if (this != &a) {
        delete buf; buf = new char[size = a.size]; Copy(a);
      }
      return *this;
    }

    virtual void Print() const { for (int i=0; i<size; i++) cout << buf[i]; }
```

```
    // . . .
};

class B : public A {
    char* buf;
    int size;
    void Copy(const B& b) { for (int i=0; i<size; i++) buf[i] = b.buf[i]; }
  public:
    B(int sizA=10, int sizB=20) : A(sizA) {
      buf = new char[size=sizB];
      for (int i=0; i<size; i++) buf[i] = 'b';
    }

    ~B() { delete[] buf; }

    B(const B& b) : A(b) { buf = new char[size=b.size]; Copy(b); }

    B& operator= (const B& b) {
      if (this != &b) {
        A::operator=(b);
        delete buf; buf = new char[size = b.size]; Copy(b);
      }
      return *this;
    }

    virtual void Print() const {
      A::Print();
      for (int i=0; i<size; i++) cout << buf[i];
    }

    // . . .
};

int main() {
  B b1(3, 5), b2(6, 8), b3 = b1, b4;
  b1.Print(); cout << endl;
  b2.Print(); cout << endl;
  b3.Print(); cout << endl;
  b4 = b2;
  b4.Print(); cout << endl;
}
```

Ausgabe:

```
aaabbbbb
aaaaaabbbbbbbb
aaabbbbb
aaaaaabbbbbbbb
```

9.2.3 Virtuelle Funktionen

Der wesentliche Sinn der Vererbung liegt darin, die Funktionalität einer Klasse erweitern zu können, ohne die Klasse selbst zu verändern, die Erweiterungen werden vielmehr in der erbenden Klasse definiert. Wenn die erbende Klasse leer ist, dann hat sie die gleiche Funktionalität wie die Basisklasse:

```
class A {
  public:
    void f1();
    void f2();
    void f3();
};

class B: public A {};
```

Der folgende Code zeigt zwei Möglichkeiten, eine Klasse durch Vererbung zu erweitern und zu modifizieren. Es wird eine Funktion `f4()` hinzugefügt, und es werden die beiden Funktionen `f2()` und `f3()` redefiniert, **aber** das Redefinieren der Funktion `f2()` ist ein Negativbeispiel, denn das Redefinieren nichtvirtueller Funktionen sollte vermieden werden:

```
class A {
  public:
    void f1();
    void f2();
    virtual void f3();
};

class B: public A {
  public:
    void f4();            // in Ordnung
    void f2();            // s c h l e c h t !
    virtual void f3();    // in Ordnung
};
```

Die Schnittstelle der Klasse `B` bietet dem Benutzer jetzt vier Funktionen: die Klasse `B` erbt `f1()`, sie fügt `f4()` hinzu, sie redefiniert `f3()` – und was ist mit `f2()`? Man sagt `B::f2()` verbirgt (engl. hides) `A::f2()`. Wie sich das Überschreiben einer nichtvirtuellen Elementfunktion auswirkt, wird im Abschnitt 9.3.1 im Detail erläutert. Hier soll zunächst ohne weitere Begründung festgehalten werden:

- Funktionen können in einer abgeleiteten Klasse nur dann sinnvoll überschrieben werden, wenn sie von vornherein als *virtuell* deklariert sind, d.h. Voraussetzung für das problemlose Redefinieren einer Elementfunktion ist, daß sie in der Basisklasse *virtuell* deklariert wurde.

Weiterhin gilt zwar, daß eine einmal als *virtuell* deklarierte Funktion immer *virtuell* bleibt, auch wenn dieses Attribut nicht wiederholt wird: **einmal virtuell bedeutet**

immer virtuell! Allerdings ist es guter Stil, das Attribut immer mit anzugeben!

Eine weitere Voraussetzung für das Überschreiben ist, daß die Parameter der überschreibenden und der zu überschreibenden Funktion nach Typ, Anzahl und Reihenfolge exakt übereinstimmen – man sagt, sie haben die gleiche **Signatur**. Bezüglich des Rückgabetyps ist grundsätzlich auch eine Übereinstimmung erforderlich, nach dem endgültigen Stand des ANSI/ISO-Standards ist diese aber auch gegeben, wenn der Rückgabetyp der überschreibenden Funktion von dem Rückgabetyp der überschriebenen Funktion abgeleitet ist. Wenn nur die Funktionsnamen übereinstimmen, nicht aber die Signatur, dann wird überladen statt überschrieben:

```
class A {
  public:
    virtual void f1(int x);
    virtual int  f2(int x);
    virtual int  f3(int x);
    virtual A&   f4(A& x);
    virtual A&   f5(A& x);
    virtual A&   f6(const A& x);
};

class B: public A {
  public:
    virtual void f1(long x);   // ueberlaedt void A::f1(int x)
    virtual long f2(int x);    // ueberlaedt int A::f2(int x)
    virtual int  f3(int x);    // ueberschreibt int A::f3(int x)
    virtual B&   f4(A& x);     // ueberschreibt A& A::f4(A& x)
                               // nach endgueltigem Standard
    virtual B&   f5(B& x);     // ueberlaedt A& A::f5(A& x)
    virtual A&   f6(A& x);     // ueberlaedt A& A::f6(const A& x)
};
```

Wie den Beispielen zu entnehmen ist, ist zum Überschreiben jeweils exakte Übereinstimmung erforderlich, z.B. ein fehlendes Attribut `const` macht den Unterschied zwischen Überschreiben und Überladen aus!

Es tritt natürlich die Frage auf: *Ist es dann nicht sinnvoll, generell alle Elementfunktionen von Klassen als* virtuell *zu deklarieren?* Wenn *„ja“*, dann ergibt sich gleich die nächste Frage: *Weshalb haben die C++-Designer nicht vorgesehen, daß alle Elementfunktionen automatisch sich wie* virtuelle *verhalten?*

In anderen Sprachen (z.B. in *Eiffel*) sind Elementfunktionen generell redefinierbar, d.h. sie verhalten sich wie virtuelle Funktionen in C++. In C++ hat man das aus zwei Gründen anders gemacht:

- Virtuelle Funktionen werden *dynamisch*, d.h. zur Laufzeit des Programms gebunden, und erfordern damit einen zusätzlichen Zeitaufwand bei der Ausführung (Details dazu siehe Abschnitt 9.3).

- Durch bewußtes Deklarieren von Funktionen als nichtvirtuell wird dem Entwickler der Klasse die Möglichkeit gegeben, damit deutlich zu machen, daß die Redefinition dieser Elementfunktionen in abgeleiteten Klassen nicht gewollt ist.

9.2.4 Öffentliches und Privates Erben

In unserem Ausgangsbeispiel zur Vererbung (Abschn. 9.2.1) erbt die Klasse `MyStack` öffentlich von der Klasse `Stack`:

```
class MyStack : public Stack { . . . };
```

So wird alles, was in der Basisklasse als `public` deklariert ist, an den *public*-Teil der erbenden Klasse weitergereicht und ist damit auch für alle Benutzer dieser Klasse verfügbar:

- **Öffentliches Erben bedeutet „die Schnittstelle erben"!**

In dem folgenden Programmbeispiel erbt die Klasse `MyStack` privat von der Klasse `Stack`:

```
class MyStack : private Stack { . . . };
```

Das Attribut `private` ist an dieser Stelle redundant, *privates Erben ist voreingestellt*! Damit hat nur die erbende Klasse Zugriff auf die in der Basisklasse als *public* deklarierten Attribute, nicht aber die Benutzer der erbenden Klasse:

- **Privates Erben bedeutet „die Implementierung erben"!**

Die abgeleitete Klasse kann die geerbten Attribute (Elementfunktionen und ggf. auch Datendefinitionen) nicht direkt weitergeben, aber sie kann sie dazu benutzen, eigene Attribute zu definieren, z.B.:

```
void Push(int x)    { Stack :: Push(x); }
```

Der Aufruf der Funktion `Push(x)` muß durch Verwenden des Bereichsoperators `::` qualifiziert werden, damit klar wird, ob die Funktion `Push` der eigenen Klasse der Basisklasse gemeint ist. Der C++-Text 9.32 zeigt die Implementierung der Klasse `MyStack` auf der Basis der privaten Vererbung.

C++-Text 9.32: *MyStack erbt privat von Stack* ./Bsp9/stack/stack3a.sht

```
class Stack { . . . };

class MyStack : Stack {
  public:
    MyStack(int size) : Stack(size) {}
    void Push(int x)          { Stack :: Push(x); }
    int  Pop()                { return Stack :: Pop(); }
    int  Top()                { return Stack :: Top(); }
```

```
    bool isEmpty()      const { return count() == 0; }
    int  ItemsInStack() const { return count(); }
};

int main() { MyStack ms(20); . . . }
```

Die `virtual`-Spezifikation der Funktion `Top()` wird bei dieser Realisierung natürlich überflüssig. Diese Version von *MyIntStack* unterscheidet sich bezüglich ihrer Funktionalität für Benutzer von der vorangehenden dadurch, daß die Funktion *count()* nicht mehr direkt verfügbar ist.

Bild 9.3 stellt die beiden Alternativen *öffentliches Erben* und *privates Erben* graphisch dar. Das linke Objekt `MyStack1 ms` verfügt über die *Stack-Funktionen* und zusätzlich über die *MyStack1–Funktionen*, das rechte Objekt `MyStack2 ms` verfügt **nur** über die *MyStack2–Funktionen*!

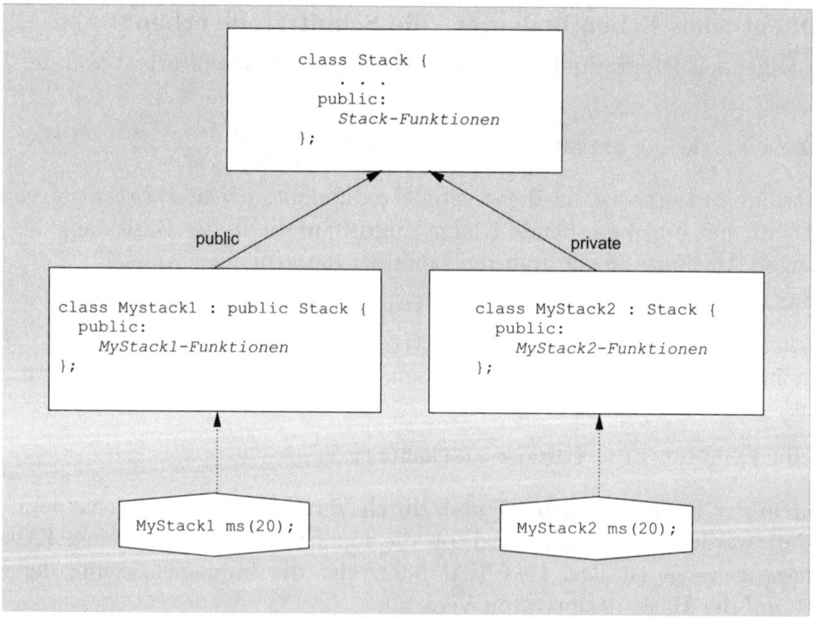

Bild 9.3: Öffentliches und privates Erben

9.2.5 Privates Erben und Benutzen

Die in der Regel **sinnvollste Anwendung der Vererbung** ist die **Erweiterung einer Basisklasse**, die häufig als **is-a-Relation** (ist ein) bezeichnet wird, in unserem Falle: *„MyStack" ist ein Stack*. Anders gesagt:

- Vererbung sollte im Normalfall zur Klassen-(Typ-) Erweiterung eingesetzt werden, dazu dient die *öffentliche Ableitung*.

Die in der Regel **weniger sinnvolle Anwendung der Vererbung** ist die **Verwendung der Basisklasse als Implementierungshilfmittel**, die als **has-a-Relation** (hat ein) anzusehen ist und damit besser über eine Benutzt-Beziehung realisiert werden kann:

- Vererbung sollte im Normalfall **nicht** als Hilfsmittel zur Implementierung mißbraucht werden, d.h. die *private Ableitung* sollte eine Ausnahme bleiben.

Die im allgemeinen stilistisch **bessere Alternative** zur *privaten Ableitung* ist also die *Benutzt-Beziehung (has a)*, bei der die benutzende Klasse (*Client*) explizit ein Objekt der benutzten Klasse (*Server*) deklariert. Das folgende Programmstück skizziert die entsprechende Lösung.

C++-Text 9.33: *MyStack benutzt Stack* ./Bsp9/stack/stack3b.sht

```
class Stack { . . . };

class MyStack {
    Stack s;
  public:
    MyStack(int size) : s(size) {}
    void Push(int x)          { s.Push(x); }
    int  Pop()                { return s.Pop(); }
    int  Top()                { return s.Top(); }
    bool isEmpty()      const { return s.count()==0; }
    int  ItemsInStack() const { return s.count(); }
};

int main() { MyStack ms(20); . . . }
```

Bild 9.4 stellt beide Alternativen graphisch gegenüber. Im linken Fall sind die Funktionen der Basisklasse in der privat abgeleiteten Klasse verfügbar und werden explizit verwendet. Im rechten Fall wird in der Klasse `MyStack` die Klasse `Stack` durch die Deklaration `Stack s` instanziert, und es werden die Funktionen des Objektes `s` verwendet. Die Instanzierungsbeziehung zwischen zwei Klassen wird hier und im weiteren durch eine Linie zwischen beiden bezeichnet, die mit einem ausgefüllten Kreis an der Klasse endet, in der ein entsprechendes Objekt vereinbart wird.

9.2.6 *Rein* Virtuelle Funktionen und Abstrakte Klassen

Der C++-Text 9.34 zeigt eine *Abstrakte Klasse* – eine Klasse, die nicht instanziert werden kann. Eine Klasse ist dann abstrakt, also nicht instanzierbar, wenn sie mindestens eine *rein virtuelle Funktion (pure virtual function)* enthält. Rein virtuelle

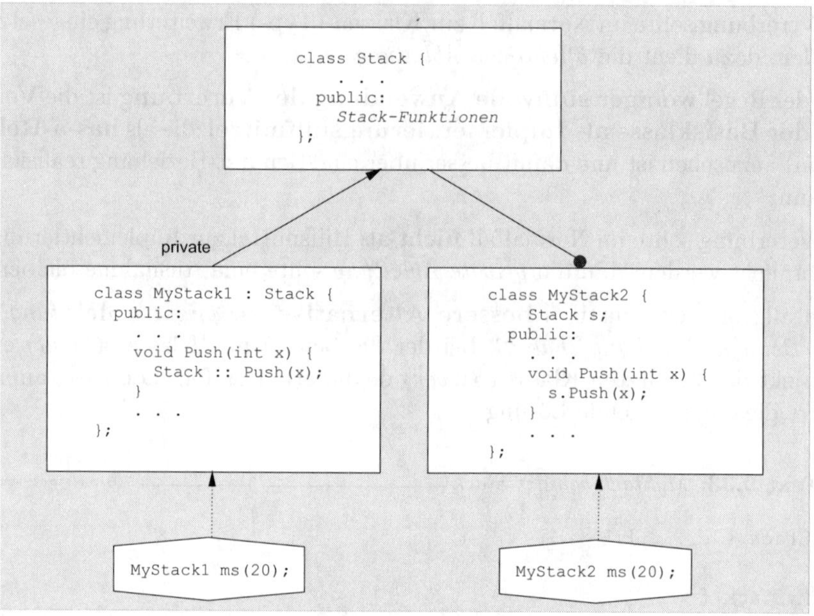

Bild 9.4: Privates Erben und Benutzen

Funktionen werden durch den Zusatz `= 0` hinter dem Funktionskopf deklariert. Die Nichtinstanzierbarkeit einer Klasse wird vom Compiler überprüft:

- `StackDef stack;` Syntaxfehler!

C++-Text 9.34: *Abstrakte Klasse StackDef* ./Bsp9/stack/stackdef.h

```
#ifndef _stackdef_h
#define _stackdef_h

class StackDef {
  public:
    virtual void Push(int x)      = 0;
    virtual int  Pop()            = 0;
    virtual int  count()    const = 0;
    virtual int  isEmpty()  const { return count() == 0; }
    virtual int  isFull()   const { return false; }
    virtual int  Top()            { int x = Pop(); Push(x); return x; }
};

#endif
```

Eine rein virtuelle Funktion kann durchaus eine Definition in der gleichen Klasse haben, was sicher die Ausnahme ist, eine rein virtuelle Funktion muß aber in einer abgeleiteten konkreten Klasse durch eine entsprechende *normale virtuelle Funktion* überschrieben werden!

Wenn eine Klasse nicht instanzierbar ist – d.h., wenn es nicht möglich ist, ein entsprechendes Objekt zu definieren –, *welchen Sinn und Zweck hat eine Abstrakte Klasse* dann? Darauf zunächst folgende Antworten:

- Eine *Abstrakte Klasse* ist eine *vorgeschobene Klasse*, die der implementationsunabhängigen Spezifikation des entsprechenden ADT dient, sie wird deshalb auch häufig *Schnittstellenklasse* genannt.
- Von einer *Abstrakten Klasse* können jeweils eine oder mehrere *konkrete, d.h. instanzierbare Klassen* abgeleitet werden, die verschiedene Implementierungen realisieren.
- In einer *Abstrakten Klasse* kann durchaus schon ein großer Teil der Elementfunktionen implementiert sein (im Beispiel die Funktionen *isEmpty, isFull und Top*, denn häufig ist es so, daß sich viele *sekundäre Funktionen* aus wenigen *primären Basisfunktionen* ableiten lassen. Dadurch werden dann die abgeleiteten Klassen vereinfacht. Die schon in der *Abstrakten Klasse* implementierten Funktionen können dann natürlich in den abgeleiteten konkreten Klassen redefiniert werden.

Der C++-Text 9.35 zeigt eine konkrete Klasse `Stack`, die öffentlich von der abstrakten Basisklasse `MyStack` abgeleitet ist. Sie implementiert die drei rein virtuellen Funktionen `Push`, `Pop` und `count`, die virtuelle Funktion `isEmpty` wird übernommen, ohne redefiniert zu werden, und die virtuellen Funktionen `Top` und `isFull` werden redefiniert. Die Redefinition hat in dem einen Fall das Ziel, die Implementierung effektiver zu machen, und im anderen Falle geht es darum, eine implementierungsbedingte Grenze zu berücksichtigen (ein abstrakter Stack hat keine Kapazitätsgrenze, ein konkreter schon).

Es kann durchaus sinnvoll sein, von der *vorgeschobenen abstrakten Klasse* `StackDef` neben der angegebenen *konkreten Klasse* `Stack` eine zweite *konkrete Klasse* abzuleiten, die den ADT *Stack* als lineare verkettete Liste implementiert. Sie hätte die gleiche Schnittstelle und könnte daher in einer Anwendung leicht gegen die andere ausgetauscht werden.

C++-Text 9.35: *Stack erbt von StackDef* ./Bsp9/stack/stack4.h

```
#ifndef _stack4_h
#define _stack4_h
#include "stackdef.h"

class Stack : public StackDef{
    enum {Max = 100};
```

```
    int *Data;
    int n;
  public:
    Stack() : Data(new int[Max]), n(0) {}
    ~Stack()                          { delete[] Data; }
    Stack (const Stack& s)            { /* ... */ }
    Stack& operator= (const Stack& s) { /* ... */ return *this; }

    virtual int  count()      const   { return n; }
    virtual void Push(int x)          { Data[n++] = x; }
    virtual int  Pop()                { return Data[--n]; }
    virtual int  Top()                { return Data[n-1]; }
    virtual int  isFull()     const   { return count() >= 100; }
};

#endif
```

Der C++-Text 9.36 zeigt die Anwendung der von der abstrakten Klasse `StackDef` abgeleiteten Klasse `Stack`. Bei dieser Anwendung spielt es keine Rolle, daß `Stack` Erbe einer abstrakten Klasse ist, das ist aber ganz anders bei polymorphen Strukturen, wie sie im Abschn. 9.3 ausführlich behandelt werden.

C++-Text 9.36: *Anwendung der Klasse Stack* ./Bsp9/stack/demo4.cpp

```
#include "stack4.h"
#include <iostream>
using namespace std;

int main() {
  Stack s;
  for (int i=0; i<200; i++) if (! s.isFull()) s.Push(i);
  while (!s.isEmpty()) cout << s.Pop() << " ";
  cout << endl;
}
```

Einen ersten Einblick in die Verwendungsmöglichkeit von Strukturen mit abstrakten Klassen skizziert die folgende etwas modifizierte Anwendung der Klasse `Stack`:

```
. . .
StackDef* s = new Stack;
for (i=0; i<100; i++) if (! s->isFull()) s->Push(i);
. . .
```

Eine abstrakte Klasse kann zwar nicht instanziert werden, wohl aber kann ein Zeiger vom Typ *Zeiger auf abstrakte Basisklasse* definiert und an ein Objekt vom Typ *abgeleitete Klasse* gebunden werden! Dies – und die daraus resultierenden Möglichkeiten des Aufbaus polymorpher Strukturen – ist Thema des folgenden Abschnitts.

9.2.7 Übungsaufgaben

Ü1: Terminkalender

a) Implementieren Sie die folgende Klasse `Time` (Zeit):

```
class Time {
    int hour,   // 0...23
        day,    // 1...31
        month;  // 1...12
  public:
    // Standardkonstruktor, Kopierkonstruktor und
    // Zuweisungsoperator werden automatisch erzeugt

    virtual ~Time();

    void Set(int h, int d, int m);
    // die Zeit einstellen (setzen)

    virtual void Display() const;
    // die Zeit auf dem Bildschirm ausgeben

    int less(const Time& t) const;
    // ist die interne Zeit kleiner als t, d.h. liegt
    // sie chronologisch vor t ?

    friend int operator<  (const Time& t1, const Time& t2);
    friend int operator== (const Time& t1, const Time& t2);
};
```

b) Implementieren Sie die folgende Klasse `Event` (Ereignis, Termin), die von der in Teil a) spezifizierten Klasse `Time` erbt, d.h. ein Objekt vom Typ `Event` (Termin) ist durch eine Zeit und einen Text definiert (z.B. `hour==10`, `day==14`, `month==6`, `text=="PDSIII-Klausur"`):

```
class Event : public Time {
    char* text;     // Zeiger auf Textpuffer
    int size;       // Groesse des Textpuffers
  public:
    Event();
    virtual ~Event();
    Event(const Event& e);
    Event& operator= (const Event& e);

    void Set(int h, int d, int m, char* string);
    // einen Termin (Event) festlegen
```

```
    virtual void Display() const;
    // den Termin (Event) auf den Bildschirm ausgeben
};
```

c) Implementieren Sie die folgende Klasse `calendar`, die einen Terminkalender spezifiziert, der Termine vom Typ `Event`, wie sie in Teil b) spezifiziert sind, verwaltet:

```
class Calendar {
    Event* buf;      // Zeiger auf Termineintraege
    int    size;     // Anzahl der moeglichen Eintraege
    int    count;    // aktuelle Anzahl der Eintraege
  public:
    Calendar(int siz=100);
    // Terminkalender fuer siz Eintraege initiieren

    ~Calendar();
    Calendar(const Calendar& ca);
    Calendar& operator= (const Calendar& ca);

    void Enter(const Event& ev);
    // Termin ev eintragen, falls die entsprechende Zeit
    // schon belegt ist, dann keine Aktion

    void Display() const;
    // alle eingetragenen Termine (Events) auf den Bildschirm
    // ausgeben (der Einfachkeit halber nicht zeitlich geordnet)

    void Cancel(const Event& ev);
    // Termin ev loeschen (falls vorhanden, sonst keine Aktion)

    Event ReadNext() const;
    // eine Kopie des Termines mit der kleinsten Zeit liefern

    Event GetNext();
    // eine Kopie des Termines mit der kleinsten Zeit liefern
    // und den Eintrag loeschen
};
```

Die Termine stehen nicht chronologisch geordnet, sondern entsprechend der Reihenfolge ihrer Eingabe im Puffer. Beim Löschen eines Termins wird die entstehende Lücke ggf. durch den letzten Eintrag ersetzt.

9.3 Polymorphie: *Dynamisches Binden*

Polymorphe Programmstrukturen sind wichtige Konstruktionselemente objektorientierter Softwareentwicklung. Ein Beispiel dafür ist die Realisierung heterogener Listen, das sind Listen, deren Knoten nicht alle dem gleichen Typ angehören, z.B. eine Liste, die Graphikobjekte vom Typ Kreis, Quadrat, Rechteck usw. verwaltet. Das scheint dem Prinzip der statischen Typisierung zu widersprechen, aber es ist im Sinne der statischen Typisierung beherrschbar, wenn alle Typen von einem Basistyp – hier z.B. `Figur` oder `GraphikObjekt` – abgeleitet sind: die Heterogenität wird hier durch Vererbung kontrolliert.

9.3.1 Dynamisches Binden von Elementfunktionen

Die wichtigste **Voraussetzung** zur Realisierung **polymorpher Strukturen** ist das **dynamische Binden** von Elementfunktionen. Dynamisches Binden bedeutet in dem Falle, daß aus der statischen Niederschrift des Programms nicht entnommen werden kann, welche Elementfunktion in bestimmten Fällen aufgerufen wird, d.h. auch:

- **Dynamisches Binden einer Elementfunktion** bedeutet, daß die Festlegung, welche Funktion innerhalb einer Hierarchie überschriebener Funktionen aufgerufen wird, nicht zur Compilierungszeit, sondern zur Laufzeit getroffen wird.

Das Prinzip des dynamischen Bindens wird hier am Beispiel des C++-Textes `date2.cpp` demonstriert. Das Beispiel besteht aus den beiden Klassen `Date` und `MyDate` und deren Anwendung, der Einfachheit halber ist alles in einer Datei zusammengefaßt.

C++-Text 9.37: *Dynamisches Binden* ./Bsp9/date/date2.cpp

```
#include <iostream>
#include <cstdlib>
using namespace std;

class Date {
  protected:
    int t, m, j;
  public:
    virtual void Set  (int tt, int mm, int jj) {
      t = tt; m = mm; j = jj;
    }
    virtual void Type () const {
      cout << t << '.' << m << '.' << j;
    }
```

```
    // . . .
};

class MyDate : public Date {
    int Kw;
  public:
    virtual void Set(int tt, int mm, int jj) {
      Date::Set(tt, mm, jj);
      Kw = ((t-1) + (m-1)*30)/7 + 1;  // so in etwa
    }
    virtual void Type() const {
      Date::Type(); cout << " , Kw = " << Kw;
    }
};

void Print(Date d) { d.Type(); cout << endl; }

int main() {
  Date d; MyDate md;

  d.Set(30, 11, 99); md.Set(1, 12, 98);
  Print(d); Print(md);

  if ( rand() % 2 ) d = md; // md = d waere falsch !!!
  Print(d);
}
```

In diesem Beispiel wird eine globale Funktion

```
void Print(Date d);
```

definiert, die sowohl ein Objekt vom Typ `Date` als auch ein Objekt vom Typ `MyDate` drucken kann. Ebenso ist es möglich, einem Objekt vom Typ `Date` ein Objekt vom Typ `MyDate` zuzuweisen:

```
if (...) d = md;                    // md = d waere falsch !!!
```

Das Programm erzeugt die Ausgabe:

```
30.11.99
1.12.98
1.12.98
```

oder

```
30.11.99
1.12.98
30.11.99
```

je nachdem, ob die Zuweisung `d = md` ausgeführt wird oder nicht!

Der Aufruf `Print(md)` und die Zuweisung `d = md` sind möglich, weil `MyDate` von `Date` abgeleitet und damit kompatibel ist (`MyDate` ist eine Spezialisierung – **d.h. Erweiterung** – von `Date`!). In umgekehrter Richtung gilt die Kompatibilität nicht! Dabei ist wichtig:

- Bei der Zuweisung des Objektes eines abgeleiteten Typs an ein Objekt eines Basistyps geht die Erweiterung verloren (was ja auch nicht anders denkbar ist), d.h. es liegt eine **Projektion** eines abgeleiteten Typs in einen Basistyp vor.

Statische und Dynamische Bindung

Bei den bisherigen Betrachtungen waren die **Elementfunktionen alle statisch an ihre Objekte gebunden**, d.h. durch die Vereinbarungen `date d; MyDate md;` ist festgelegt, daß `d` ein Objekt mit den in der Klasse `date` deklarierten Funktionen ist und entsprechend `md` ein Objekt mit den in der Klasse `MyDate` deklarierten Funktionen. Die Zuweisung `d = md;` bewirkt, daß `md` auf `d` abgebildet (projiziert) wird.

Bei der folgenden Anwendung der beiden Klassen `date` und `MyDate` haben wir es im Gegensatz dazu mit **dynamischer Bindung** zu tun:

```
. . .
void Print(date* d) { d->Type(); cout << endl; };      // !!!
. . .
date* d = new date; MyDate* md = new MyDate;

d->Set(30, 11, 99); md->Set(1, 12, 98);
Print(d); Print(md);

if (...) d = md;                     // Auch hier waere md = d falsch !!!
Print(d);
```

In diesem Falle erzeugt das Programm die Ausgabe

```
30.11.99
1.12.98 , Kw = 48
1.12.98 , Kw = 48
```

oder

```
30.11.99
1.12.98 , Kw = 48
30.11.99
```

je nachdem, ob die Anweisung `d = md` ausgeführt wird oder nicht.

Hier wird beim Aufruf `Print(md)` und bei der Zuweisung `d = md` keine Projektion durchgeführt, sondern der Zeiger `d` wird an ein Objekt vom Typ `MyDate` gebunden, siehe dazu Bild 9.5:

- Beim Aufruf der virtuellen Elementfunktion `d->Type()` – hier durch die Funktion `Print(d)` – wird nun die Elementfunktion des Objektes ausgewählt, an die der Zeiger `d` gerade gebunden ist.

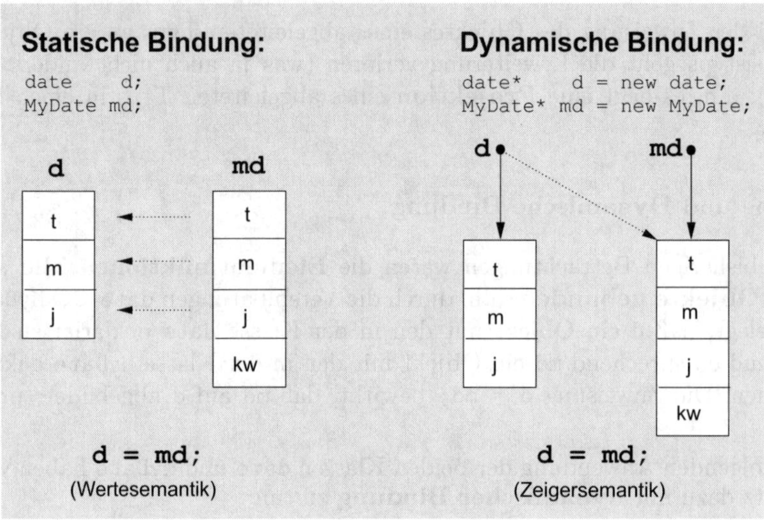

Bild 9.5: Statisches und Dynamisches Binden

Da die Zuweisung `d = md` im Zweig einer *if-Anweisung* steht, ist aus der statischen Niederschrift des Programms nicht entscheidbar, welche der beiden Funktionen `date::Type()` und `MyDate::Type()` auszuführen ist. Das wiederum bedeutet, daß die Bindung der relevanten Elementfunktion erst zur Laufzeit vorgenommen werden kann, man nennt das **Dynamische Bindung**. Dabei ist stets zu beachten:

- Nur virtuelle Funktionen können dynamisch gebunden werden!

Der Zeiger `date* d` hat per Deklaration den **statischen Typ** `date*`, der zur Compilezeit festgelegt ist, und er hat darüber hinaus einen **dynamischen Typ**, der zur Laufzeit per Zuweisung oder per Parametersubstitution festgelegt wird. Zeiger, deren dynamischer Typ zur Laufzeit verändert werden können, heißen **polymorphe Zeiger**.

Ein ähnlicher Effekt wie mit Zeigern kann auch mit Referenzen erzielt werden, eine Referenz kann wie ein Zeiger neben ihrem per Deklaration festgelegten statischen Typ einen dynamischen Typ haben, der durch den Typ des Objektes definiert ist, an das sie gebunden ist:

```
date d; MyDate md;
date& rd;
```

Das folgende kleine Programmbeispiel demonstriert noch einmal kurz und klar die beiden Voraussetzungen für *Dynamisches Binden*: Zugriff auf die Objekte über Zeiger und Deklaration der Elementfunktionen als *virtuell*.

C++-Text 9.38: *Zuweisung abgeleiteter Typen* ./Bsp9/poly/a.cpp

```
#include<iostream>
using namespace std;

class A {
  public:
    virtual
    void f() {cout << "Halliii ";}
    void g() {cout << "Halliii ";}
};

class B: public A {
  public:
    virtual
    void f() {cout << "Hallooo ";}
    void g() {cout << "Hallooo ";}
};

int main() {
  A a, *pA; B b, *pB;

//----- "Direkter" Zugriff --------

  a = b;                                    // b = a waere falsch !
  a.f(); b.f(); a.g(); b.g();
  cout << endl;

//------ Zugriff ueber Zeiger -----

  pA = &b; pB = &b;                         // pB = &a waere falsch !
  pA->f(); pB->f(); pA->g(); pB->g();
  cout << endl;
}
```

Ausgabe des Programmes:

```
Halliii Hallooo Halliii Hallooo
Hallooo Hallooo Halliii Hallooo
```

Die Ausgabe des Programms zeigt, daß nur im Falle

```
pA = &b; pA->f();
```

eine Elementfunktion überschrieben wird, weil der Zugriff über einen Zeiger erfolgt und weil die Funktionen `A::f()` und `B::f()` virtuell sind!

9.3.2 Heterogene Datenstrukturen

Der C++-Text 9.39 zeigt ein erstes kompaktes Beispiel einer polymorphen Programmstruktur, die eine heterogene Datenstruktur erzeugt, wie sie in Bild 9.6 dargestellt ist. Die Polymorphie in diesem Beispiel besteht darin, daß der definierte Zeiger `A* next` sowohl auf Objekte vom Typ `A` als auch auf Objekte vom Typ `B` weisen kann, und damit wird es möglich, eine heterogene Liste aufzubauen, die beide Arten von Objekten enthält. Die Anwendung der beiden Klassen besteht darin, daß nacheinander die Konstruktoren der deklarierten Objekte `a1`, `a2`, `a3`, `b1`, `b2` und `a4` in der angegebenen Reihenfolge aufgerufen werden und dabei jeweils den generierten Knoten in die Liste aufnehmen, beginnend mit einer leeren Liste.

C++-Text 9.39: *Heterogene Datenstruktur* ./Bsp9/poly/b.cpp

```
#include<iostream>
using namespace std;

class A {
    A* next;
    static A* list;
  protected:
    int nr;
  public:
    A(int n) { nr = n; next = list; list = this; }
    ~A() {};
    virtual
    void f() { cout << "  A::f" << nr; }
    static void PrintList();
};

A* A::list = NULL;

void A::PrintList() {
  for (A* p = list; p; p = p->next) p->f();
  cout << '\n';
}

class B : public A {
    char* name;
  public:
    B(int n, char* str) : A(n), name(str) {}
    virtual
    void f() { cout << "  B::f" << nr << name; }
};

int main() {
```

```
  A a1(1), a2(2), a3(3);
  B b1(4, "b1"), b2(5, "b2");
  A a(6);
  A::PrintList();
}
```

Ausgabe des Programmes:

```
A::f6  B::f5b2  B::f4b1  A::f3  A::f2  A::f1
```

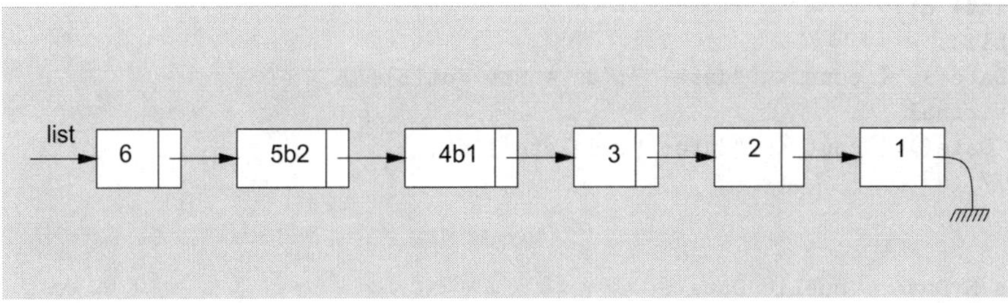

Bild 9.6: Heterogene Liste als Ergebnis einer polymorphen Programmstruktur

9.3.3 Virtuelle Destruktoren

Alle Funktionen einer Basisklasse, die in abgeleiteten Klassen redefiniert werden, sollten virtuell deklariert sein. Das ermöglicht polymorphe Beziehungen und dynamisches Binden, d.h. das System entscheidet erst zur Laufzeit, welche Funktion konkret aufgerufen wird. Das gilt nun in gleicher Weise für Destruktoren in Basisklassen:

- Da ein Objekt einer abgeleiteten Klasse an eine Basisklasse gebunden werden kann, ist beim Auflösen des Objektes darauf zu achten, ob der Destruktor der eigenen (Basis-) Klasse oder der Destruktor einer abgeleiteten Klasse aufgerufen werden muß.

D.h. Destruktoren einer Basisklasse werden aus dem gleichen Grunde virtuell deklariert wie normale Elementfunktionen. Bei Konstruktoren besteht das Problem nicht, denn bei der Generierung eines Objektes ist auch die Zugehörigkeit zur Klasse statisch (d.h. zur Compilierungszeit) festgelegt.

Der C++-Text 9.40 demonstriert die Zusammenhänge. In der Funktion `f()` wird ein Objekt der abgeleiteten Klasse `MyDate` generiert, und dementsprechend wird zunächst der Konstruktor der Basisklasse und dann der Konstruktor der abgeleiteten Klasse aufgerufen. Das generierte Objekt wird dann über den Zeiger `pd` an die Basisklasse `date` gebunden. Beim Auflösen des Objektes durch die Anweisung `delete pd` wird dann im Falle eines virtuellen Destruktors in korrekter Weise der Destruktor der abgeleiteten Klasse aufgerufen, im Falle eines nichtvirtuellen Destruktors aber direkt und fälschlicherweise der Destruktor der Basisklasse.

C++-Text 9.40: *Virtueller Destruktor* ./Bsp9/date/date3.cpp

```
#include<iostream>
using namespace std;

class Date {
    int* dt;
  public:
    Date()  { cout << "date+ "; dt = new int[3]; }
    virtual
    ~Date() { cout << "date- "; delete[] dt; }
    // . . .
};

class MyDate : public Date {
    int* Kw;
  public:
    MyDate()  { cout << "MyDate+ "; Kw = new int; }
    virtual
    ~MyDate() { cout << "MyDate- "; delete Kw; }
    // . . .
};

void f() {
  Date* pd = new MyDate;
  // . . .
  delete pd;
}

int main() {
  f();
  // Hier entsteht ein Speicherleck, wenn der Destruktor
  // in der Basisklasse nicht virtuell deklariert wird !
  // . . .
}
```

Ausgabe des Programms mit virtuellem Destruktor:

```
date+ MyDate+ MyDate- date-
```

Ausgabe des Programms mit nichtvirtuellem Destruktor:

```
date+ MyDate+ date-
```

In dem Beispiel entsteht also – im Falle eines nichtvirtuellen Destruktors – durch Aufruf der Funktion `f()` ein *Speicherleck*, da `f()` ein Objekt einer abgeleiteten Klasse generiert, aber nur Speicherplatz freigibt, der einem Objekt der Basisklasse entspricht. Daraus ergibt sich folgende Einsicht, die man – zumindest bei größeren Softwareprojekten – als feste Programmierrichtlinie formulieren kann:

- Jede Basisklasse sollte mit einem virtuellen Destruktor ausgerüstet werden.

Natürlich sind auch viele Fälle denkbar, in denen die Notwendigkeit nicht besteht, aber es handelt sich um eine *Vorsorgemaßnahme* im Sinne der *Defensiven Programmierung*, denn häufig ist es so, daß der virtuelle Destruktor erst bei einer Softwareerweiterung in einer abgeleiteten Klasse erforderlich wird, daß dann aber die Notwendigkeit übersehen wird!

9.3.4 Ein Klassensystem für graphische Objekte, Vers. 1

Ein inzwischen klassisches Beispiel zur Anwendung der Polymorphie ist der Graphikeditor. Er wird verwendet, um Bilder zu zeichnen, die sich jeweils meist aus vielen Graphikobjekten – das sind z.B. Kreise, Quadrate, Rechtecke, Dreiecke, Ellipsen usw. – zusammensetzen. Alle Graphikobjekte, die zu einem Bild gehören, werden in einer Liste verwaltet. Soll das Bild nun auf dem Bildschirm dargestellt werden, dann wird die Liste durchlaufen und für jedes Graphikobjekt eine Elementfunktion `draw()` aufgerufen. Das Konzept hierfür soll im folgenden an einem vereinfachten Modell studiert werden, das in Bild 9.7 skizziert ist. Stellvertretend für Graphikfunktionen wie z.B. *Verschiebe*, *Rotiere* und *Zeichne* werden im Modellfunktionen zur Berechnung des Umfangs und der Fläche des jeweiligen Objektes verwendet.

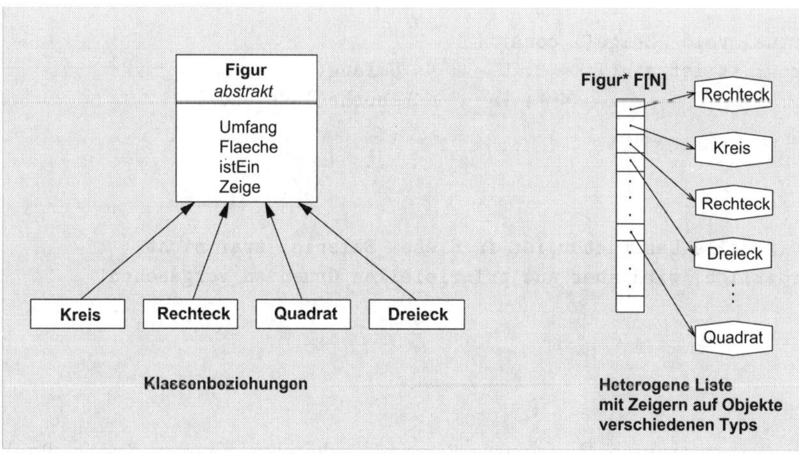

Bild 9.7: Klassensystem für graphische Objekte

Die Klassenstruktur enthält als Basis die abstrakte Klasse `Figur` mit meist rein virtuellen Funktionen. Die Funktion `ist_ein()` liefert die Bezeichnung des jeweiligen Objektes als C-String, die Funktion `Zeige` gibt den Namen des Objektes sowie dessen Umfang und Fläche aus.

C++-Text 9.41: *Graphiksystem, abstrakte Basisklasse* ./Bsp9/figure/figure.h

```
#ifndef _figure_h
#define _figure_h
#include <iostream>
using namespace std;

/*
  Dies ist eine abstrakte Klasse, die als Schnittstellenklasse
  verwendet wird. Sie spezifiziert alle Funktionen, die in den
  abgeleiteten konkreten Klassen jeweils implementiert (Umfang,
  Flaeche, ist_ein) oder uebernommen werden !
*/

class Figur {
  public:
virtual ~Figur() {}

    virtual float Umfang () const = 0;

    virtual float Flaeche() const = 0;

    virtual char* ist_ein() const = 0;

    virtual void  Zeige() const {
      cout << ist_ein() << ": U = " << Umfang()
                        << "; F = " <<Flaeche() << endl;
    }
};

/*
  Der virtuelle Destruktor ist in diesem Beispiel zwar nicht
  erforderlich, wird aber aus prinzipiellen Gruenden vorgesehen!
*/

#endif
```

Die von der abstrakten Basisklasse `Figur` abgeleiteten Klassen `Kreis`, `Rechteck`, `Quadrat` und `Dreieck` implementieren jeweils die in der Basisklasse spezifizierten rein virtuellen Funktionen.

C++-Text 9.42: *Graphiksystem, konkrete Klassen* ./Bsp9/figure/objects.sht

```
#include "figure.h"
#include <cmath>
using namespace std;

const double pi = 3.1416;

class Kreis : public Figur {
    float r;
  public:
    virtual ~Kreis() {}         // siehe Text !
    Kreis(float rr) {r = rr;}
    virtual float Umfang () const { return 2 * pi * r; }
    virtual float Flaeche() const { return pi * r *r; }
    virtual char* ist_ein() const { return "Kreis   "; }
};

class Rechteck : public Figur { . . . };
class Quadrat  : public Figur { . . . };
class Dreieck  : public Figur { . . . };
```

Dazu folgende Anmerkungen:

- Das explizite Definieren von Standardkonstruktoren ist in diesem Beispiel nicht erforderlich, da hier nur statisch verwaltete Daten verwendet werden (es werden auch keine Standardkonstruktoren implizit vom System definiert wegen des jeweils vorhandenen Konstruktors).
- Aus dem gleichen Grunde wird hier – auch um das Beispiel überschaubar zu halten – auf die explizite Definition von Kopierkonstruktor und Zuweisungsoperator verzichtet.
- Ebenso könnte hier auf den angegebenen virtuellen Destruktor verzichtet werden, was aber demonstrativ nicht getan wurde, um hervorzuheben, daß bei realen Systemen die Destruktoren in abgeleiteten Klassen in der Regel Speicherplatz freigeben und daß dessen Aktivierung nur gewährleistet ist, wenn die Basisklasse über einen virtuellen Destruktor verfügt (siehe dazu Abschn. 9.3.3).

Neben der Klassenstruktur ist in Bild 9.7 eine heterogene Liste dargestellt, in der Objekte verschiedener Klassen – die aber alle die gemeinsame Basisklasse `Figur` haben – verwaltet werden. **Hierfür ist es entscheidend, daß die Objekte dynamisch über Zeiger gebunden sind!** Damit wird es möglich, die Liste zu durchlaufen und für jedes Objekt z.B. die Funktion `Flaeche()` aufzurufen. Wegen der dynamischen Bindung und der Spezifikation als *virtuell* wird durch das Überschreiben in der abgeleiteten *konkreten* Klasse jeweils die passende Funktion ausgewählt. Der C++-Text zur Anwendung des Graphiksystems zeigt das im Detail.

C++-Text 9.43: *Graphiksystem, Anwendung* ./Bsp9/figure/fgdemo.cpp

```
#include "figure.h"
#include "objects.h"

int main() {
  int i;

  /*
    Die Datenstruktur F ist heterogen, da sie
    geometrische Objekte verschiedenen Typs enthaelt!
  */
  Figur* F[10];
  F[0] = new Kreis(5);   F[1] = new Rechteck(4, 6);
  F[2] = new Quadrat(5); F[3] = new Dreieck(4, 6);

  /*
    Es wird dynamisches Binden erforderlich, da erst
    zur Laufzeit die Art des Objektes und damit auch
    die zugehoerige Methode festliegt!
  */
  for (i=0; i<4; i++) F[i]->Zeige();

  for (i=0; i<4; i++) delete F[i];
}
```

Das Programm erzeugt folgende Ausgabe:

```
Kreis    : U = 31.416; F = 78.54
Rechteck: U = 20; F = 24
Quadrat : U = 20; F = 25
Dreieck : U = 16.3288; F = 12
```

Übung: Entwickeln Sie entsprechend dem hier angegebenen Modell einen kleinen Graphikeditor.

9.3.5 Objektschachtelung: Graphische Objekte, Vers. 2

Eine wichtige Eigenschaft von Graphikeditoren ist die Möglichkeit, Graphikobjekte eines Bildes zu Untergruppen zusammenfassen zu können, die ggf. auch wieder „Unteruntergruppen" enthalten usw. Um diese Möglichkeit soll auch das besprochene Modell zu einer Version 2 erweitert werden, Bild 9.8 zeigt die dafür erforderliche Erweiterung des Klassensystems um die Klasse `FIGUREN` mit der zusätzlichen Funktion `fuege_hinzu()` zum Hinzufügen eines Graphikobjektes in die entsprechende Untergruppe.

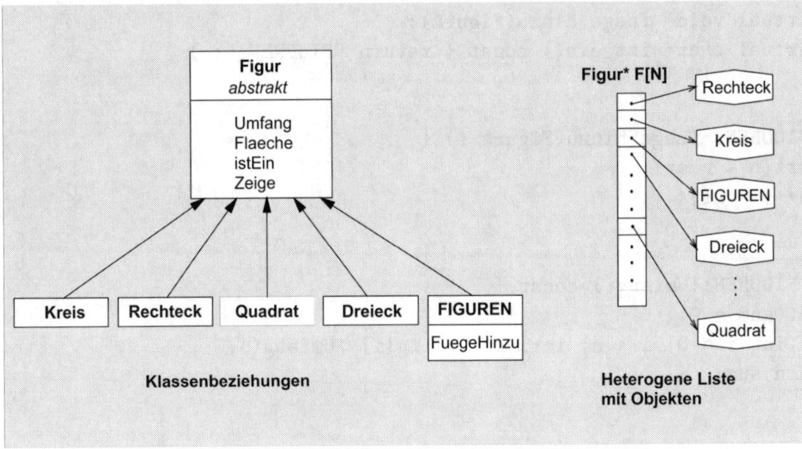

Bild 9.8: Erweitertes Klassensystem für graphische Objekte

Der angegebene C++-Text skizziert das gegenüber der ersten Version erweiterte Programmsystem. Die Erweiterung besteht nur aus der neuen Klasse `FIGUREN` sowie aus den zusätzlichen Testfunktionen im Anwendungsteil. Dort werden einige Gruppenobjekte vom Typ `FIGUREN` vereinbart, mit Graphikobjekten, die zum Teil auch wieder Gruppenobjekte sind, „gefüllt" und schließlich ausgegeben.

C++-Text 9.44: *Graphiksystem, erweitert* ./Bsp9/figure/figures.sht

```
. . .

//-------------------------------------------------------------
class Figur { . . . }

class Kreis    : public Figur { . . . }
class Rechteck : public Figur { . . . }
class Quadrat  : public Figur { . . . }
class Dreieck  : public Figur { . . . }

//-------------------------------------------------------------
class FIGUREN : public Figur {
    Figur* fg[nMax];
    int n;
  public:
    virtual ~FIGUREN() {}
    FIGUREN () { n = 0; }
    virtual float Umfang () const;
    virtual float Flaeche() const;
```

```
    virtual void  fuege_hinzu(Figur&);
    virtual char* ist_ein() const { return "FIGUREN "; }
};

void FIGUREN::fuege_hinzu(Figur& f) {
  assert(n < nMax);
  fg[n++] = &f;
}

float FIGUREN::Umfang() const {
  float sum = 0;
  for (int i = 0; i < n; i++) sum += fg[i]->Umfang();
  return sum;
}

float FIGUREN::Flaeche() const {
  float sum = 0;
  for (int i = 0; i < n; i++) sum += fg[i]->Flaeche();
  return sum;
}

//-------------------------------------------------------------
int main() {

  Kreis    k1(5), k2(8);
  Rechteck r1(4, 6), r2(7, 11);
  Quadrat  q1(5);
  Dreieck  d1(4, 6);

  Figur* F[10];
  F[0] = &k1; F[1] = &r1; F[2] = &q1; F[3] = &d1;

  for (int i=0; i<4; i++) F[i]->Zeige();

  FIGUREN f, g, h;

  f.fuege_hinzu(k1); f.fuege_hinzu(r1);
  f.fuege_hinzu(q1); f.fuege_hinzu(d1);

  g.fuege_hinzu(k2); g.fuege_hinzu(r2);

  h.fuege_hinzu(f); h.fuege_hinzu(g);

  f.Zeige(); g.Zeige(); h.Zeige();
}
```

Das Programm erzeugt folgende Ausgabe:

```
Kreis    : U = 31.416; F = 78.54
Rechteck: U = 20; F = 24
Quadrat : U = 20; F = 25
Dreieck : U = 16.3288; F = 12
FIGUREN : U = 87.7448; F = 139.54
FIGUREN : U = 86.2656; F = 278.062
FIGUREN : U = 174.01; F = 417.602
```

9.3.6 Zwei Aspekte der Polymorphie: *heterogen und generisch*

In den Abschnitten 9.3.4 und 9.3.5 wird das Konzept *Polymorphie* verwendet, um Objekte verschiedenen Typs – die aber alle eine gemeinsame Basisklasse haben – in einer Liste zu verwalten, d.h. es handelt sich dort um eine *heterogene* Datenstruktur.

Neben diesem Aspekt *„heterogen"* soll im folgenden der zweite wichtige Aspekt *„generisch"* erörtert werden. Wir könnten die dort definierte Liste mit Zeigern auf Objekte vom Typ der Basisklasse *Figur* auch als generische Liste ansehen, in der wir entweder Kreis-Objekte oder Rechteck-Objekte usw. verwalten. Die Bandbreite der Generizität ist dabei durch die Spezifikation der Basisklasse `Figur` definiert.

Als Basis zur genaueren Untersuchung der Möglichkeit, Generizität durch polymorphe Konstrukte zu simulieren, dient die in Bild 9.9 gezeigte Klassenstruktur und die entsprechende Realisierung im C++-Text 9.45. Die abstrakte Basisklasse `Any` spezifiziert die beiden rein virtuellen Funktionen `Less` (zum Vergleichen zweier Objekte) und `Print`, die von allen abgeleiteten Klassen zu implementieren sind. Die beiden Klassen `Integer` und `String` sind einfache Prototypen zur Definition von `Integer`- bzw. von `String`-Objekten.

Damit wird es möglich, z.B. einen „generischen" Vektor zu definieren, der sowohl zur Verwaltung einer (homogenen) Liste von `Integer`-Objekten als auch einer Liste von `String`-Objekten dienen kann. Das kann natürlich auf Objekte anderer Klassen erweitert werden, die einzige Bedingung ist, daß sie von `Any` abgeleitet werden:

```
Any* A[size]
```

Ein weiterer Schritt in Richtung *Generizität* ist dann z.B. die Möglichkeit, einen *generischen* Sortieralgorithmus für `Any`-Objekte zu formulieren:

```
void Sort(Any* A[], int low, int high);
```

Das ist möglich, da für jedes `Any`-Objekt eine Funktion `Less` definiert ist, die einen Vergleich des eigenen mit einem anderen Objekt ermöglicht. An der Stelle beginnt es dann aber auch, problematisch zu werden: die Funktion `Sort` sortiert den Vektor `A[]` auch dann, wenn er eine heterogene Struktur mit `Integer`- und `String`-Objekten verwaltet, d.h. es werden **Äpfel mit Birnen verglichen**.

Die Details werden klar durch Analyse des angegebenen Programms. Generell ist zu vermerken, daß das Beispiel auch hier wieder auf eine Minimalversion reduziert wurde, um den Aspekt Polymorphismus hervorzuheben. D.h. die im allgemeinen wichtigen Funktionen *Standardkonstruktor, Kopierkonstruktor, Destruktor und Zuweisungsoperator* wurden bewußt nicht explizit deklariert und definiert, was hier aber wegen der statisch verwalteten Daten auch korrekt ist.

Die Funktion `Less` kann auf der Ebene der Basisklasse natürlich nur mit einem Parameter vom Typ `Any` spezifiziert werden, was dazu führt, daß z.B. auch die abgeleitete Klasse `Integer`, die diese Funktion überschreibt, den Parametertyp `Any` statt `Integer` verwenden muß. Um dann intern den Vergleich mit dem eigenen Objekt zu ermöglichen, muß konvertiert („*gecastet*") werden:

```
virtual int Less(const Any& a) const{
  return x < ((Integer) a).x;         // Brute Force: "Downcast"
}
```

Das bedeutet dann aber, daß z.B. auch ein `String`-Typ übergeben und mit dem eigenen `Integer`-Typ verglichen wird (*Äpfel und Birnen*), was nur zu unsinnigen Resultaten führen kann. Generell ist also festzuhalten:

- *Downcasts* sind fast immer gefährlich und deshalb mit Vorsicht zu genießen!

Wie kann man das Problem nun *in den Griff kriegen*? Eine perfekte Lösung auf *Compilezeit-Ebene* gibt es nicht, der Typ des aktuellen Parameters von `Less` kann nur zur Laufzeit festgestellt werden! Aber es gibt eine Lösung auf der *Laufzeit-Ebene* unter Verwendung des C++-Laufzeit-Typinformationssystems (Details siehe Abschnitt 9.9), die den entsprechenden Fehler (falscher Parametertyp) zur Laufzeit abfängt:

```
virtual int Less(const Any& a) const{
  return x < dynamic_cast<const Integer&>(a).x;
}
```

Dabei wird der dynamische Typ von `a` geprüft, und die Konvertierung wird nur durchgeführt, wenn Übereinstimmung mit dem Zieltyp besteht! Im Fehlerfalle wird – falls vorgesehen – dann eine Fehlerbehandlung durchgeführt, sonst erfolgt ein Programmabbruch.

Als Ergebnis der vorangehenden Betrachtungen ist festzuhalten, daß polymorphe Strukturen nicht leicht beherrschbar sind!

In der Funktion `main` des Programmbeispiels (C++-Text 9.45) wird zunächst eine homogene Liste mit `String`-Objekten aufgebaut und sortiert, dann werden der Liste `Integer`-Objekte hinzugefügt, und es wird abermals „sortiert". Das Ergebnis der beiden Sortiervorgänge ist im Anschluß an die Programmliste wiedergegeben.

C++-Text 9.45: *Heterogen und generisch* ——— ./Bsp9/Any/Any.cpp

```
#include <iostream>
#include <cstring>
```

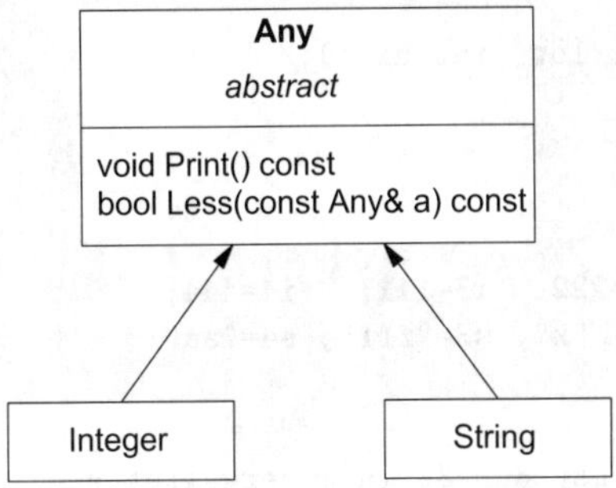

Bild 9.9: Polymorphe Struktur

```
using namespace std;

class Any {
  public:
    virtual void Print()              const = 0;
    virtual bool Less(const Any& a) const = 0;
};

class Integer : public Any {
    int x;
  public:
    Integer(int xx) : x(xx) {}
    virtual void Print() const { cout << x; }
    virtual bool  Less(const Any& a) const {    // Any, nicht Integer !
      return x < ((Integer&) a).x;              // Brute Force: "Downcast"
    }                                           // siehe dazu Text !
};

class String : public Any {
    char s[10];
  public:
    String(char* str) { strcpy(s, str); }
    virtual void Print() const { cout << s; }
    virtual bool Less(const Any& a) const {     // Any, nicht String !
      return strcmp(s, ((String&) a).s)< 0;     // Brute Force: "Downcast"
    }                                           // siehe dazu Text !
};

/*
   Diese Funktion sortiert "beliebige" (any) Typen, die einzige
```

```
  Bedingung ist, dass der jeweilige Typ von "Any" abgeleitet ist !
*/
void Sort(Any* A[], int low, int high);

int main() {

  int i;
  Integer i1=333,   i2=222,  i3=111,   i4=444;
  String  s1="hhh", s2= "x", s3="fff", s4="aa";

  /*
     Hier werden zunaechst nur Strings verwaltet und
     sortiert, die Struktur ist also homogen !
  */
  Any* A[10];
  A[0] = &s1; A[1] = &s2; A[2] = &s3; A[3] = &s4;
  Sort(A, 0, 3);                                  // korrekt !
  for (i=0; i<=3; i++) {A[i]->Print(); cout<<"  ";}
  cout << endl;

  /*
     Hier werden Integer hinzugefuegt, die Struktur wird
     also heterogen ! Beim Sortieren werden sprichwoertlich
     "Aepfel mit Birnen" verglichen !
  */
  A[4] = &i1; A[5] = &i2; A[6] = &i3; A[7] = &i4;
  Sort(A, 0, 7);                                 // ???
  for (i=0; i<=7; i++) {A[i]->Print(); cout<<"  ";}
  cout << endl;

}

void Sort(Any* A[], int low, int high) {
  for (int i=low+1; i<=high; i++)
    for (int j=high; j >= i; j--)
      if (A[j]->Less(*A[j-1])) {                   // !!!
        Any* buf = A[j-1]; A[j-1] = A[j]; A[j] = buf;
      }
}
```

Das Programm erzeugt folgende Ausgabe:

```
aa  fff  hh  x
111  aa  fff  hh  x  222  333  444
```

9.3.7 Polymorphe Container-Strukturen

Container sind im Sprachgebrauch der Softwaretechnik Objekte, die andere Objekte *aufbewahren* können. Beispiele für Container-Klassen sind **Stack, Queue, Priorityqueue, Set, ...** Ein Container – wie z.B. ein Stack – sollte natürlich in der Lage sein, nicht nur Objekte eines speziellen Typs aufzunehmen, sondern er sollte Objekte beliebigen Typs aufnehmen können, d.h. die entsprechende Klasse sollte *generisch* sein. Zur Realisierung eines solchen Konzeptes gibt es in C++ zwei Ansätze: einen *polymorphen* und einen *rein generischen* (mit *Templates*).

Eine polymorphe Container-Struktur kann **nicht nur generisch verwendet** werden, indem z.B. der eine Stack Objekte vom Typ `XXX` und ein anderer Objekte vom Typ `YYY` verwaltet, sondern sie kann **auch als heterogene Struktur verwendet** werden, die z.B. in einem Stack gleichzeitig Objekte vom Typ `XXX` und vom Typ `YYY` verwaltet!

Konzept einer kleinen Containerbibliothek

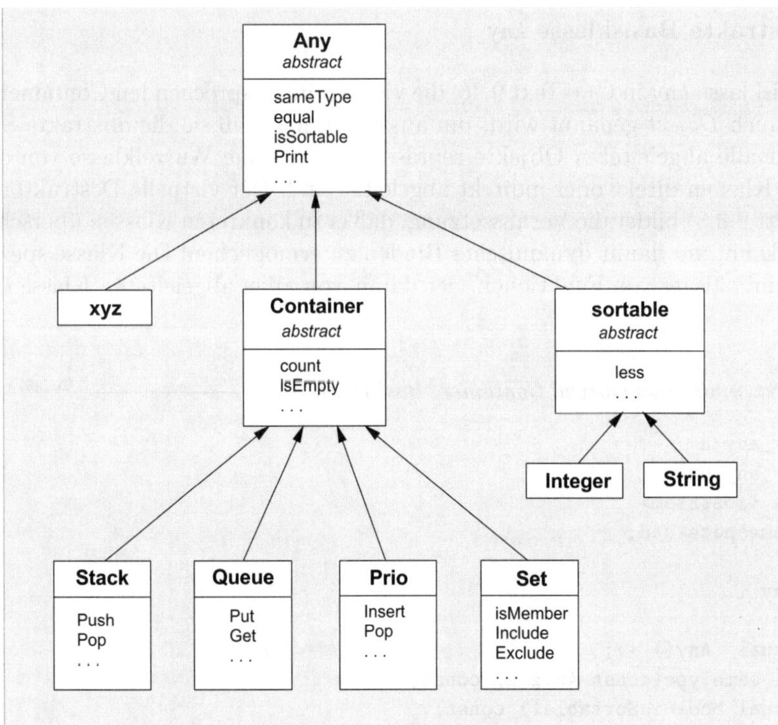

Bild 9.10: Polymorphe Container-Struktur

Bild 9.10 stellt die Struktur einer kleinen polymorphen Container-Bibliothek dar, im Abschnitt 9.7 wird das entsprechende rein generische Gegenstück auf der Basis von *Templates* behandelt. Bild 9.10 zeigt im unteren Bereich die vier *Container-Klassen Stack, Queue, Priority-Queue und Set*, die alle von der abstrakten Klasse *Container* abgeleitet sind. Jede Container-Klasse stellt – zusätzlich zu ihren spezifischen Funktionen – die beiden Funktionen `isEmpty` und `count` zur Verfügung, mit denen festgestellt werden kann, ob der betreffende Container zur Zeit leer ist bzw. wie viele Objekte er zur Zeit enthält. Ein Container-Objekt kann andere Objekte aufnehmen, im Falle eines Stacks, einer Queue oder eines Sets können das Objekte aller *nicht abstrakten* Klassen sein, die von der *abstrakten Basisklasse Any* abgeleitet sind, **also auch wieder Container-Objekte**. D.h. eine *Schachtelung von Container-Objekten* ist möglich und sinnvoll. Darüber hinaus können Container der Klassen Stack, Queue und Set auch **Objekte verschiedenen Typs** aufnehmen, d.h. ihr Inhalt kann auch **heterogen** sein ! Im Falle einer *Priority-Queue* können das nur Objekte sein, die von der *abstrakten Klasse sortable* abgeleitet sind, hier also Objekte der Klassen *String* und *Integer*, **nicht dagegen** Objekte der Klasse *xyz* oder gar Objekte von Container-Klassen!

Die abstrakte Basisklasse `Any`

Die Basisklasse `Any` in C++-Text 9.46, die vielfach in entsprechenden Containerbibliotheken auch *Object* genannt wird, um auszudrücken, daß sie die abstrakte Schnittstelle für alle abgeleiteten Objekte repräsentiert, ist eine Wurzelklasse von der alle übrigen Klassen direkt oder indirekt abgeleitet sind. Der virtuelle Destruktor (siehe Abschnitt 9.3.3) bildet die Voraussetzung, daß er in konkreten Klassen überschrieben werden kann, um damit dynamisches Binden zu ermöglichen! Die Klasse spezifiziert einen Minimalsatz von Funktionen, der damit von allen abgeleiteten Klassen geerbt wird:

C++-Text 9.46: *Polymorphe Container, Basisklasse* ——————— ./Bsp9/Any/Any.h

```
#ifndef _any_h
#define _any_h
#include <iostream>
using namespace std;

class Any {
  public:
    virtual ~Any() {};
    bool sameType(const Any& a) const;
    virtual bool isSortable() const;
    virtual bool equal(const Any& a) const = 0;
    virtual void Print() const            = 0;
};
```

```
inline bool Any::isSortable() const { return 0; }
inline bool Any::sameType(const Any& a) const {
  return typeid(*this)==typeid(a);
}

inline bool operator== (const Any& a, const Any& b) { return a.equal(b); }
inline bool operator!= (const Any& a, const Any& b) { return !a.equal(b); }
inline ostream& operator<< (ostream& os, Any& a)  { a.Print(); return os; }

#endif
```

Die beiden rein virtuellen Funktionen geben vor, daß in jeder konkreten Klasse die Funktionen `Print()` und `equal(const Any& a) const` implementiert werden. `Print()` definiert eine Standardausgabe für die betreffende Klasse, und `equal(const Any& a) const` stellt fest, ob das übergebene Objekt typ- und wertemäßig mit dem eigenen identisch ist.

Die virtuelle Funktion `isSortable()` definiert, ob die Objekte der Klasse sich ordnen lassen, Voraussetzung dafür ist, daß die entsprechende Klasse eine Funktion `less` zur Verfügung stellt, die dann das eigene Objekt mit einem anderen auf die Relation *kleiner* hin vergleicht. In der Wurzelklasse `Any` liefert `isSortable` den Defaultwert `false`.

Zur Typerkennung von Objekten zur Laufzeit gibt es im ANSI/ISO-C++ den Komplex *Laufzeit-Typinformation (Runtime Typeinformation = RTTI)*; er basiert auf verschienenen Operatoren, die in Abschnitt 9.9 eingeführt werden. Wir verwenden hier den Operator `typeid` zur Realisierung der Elementfunktion `sameType`, die prüft, ob der Typ des übergebenen Objektes mit dem eigenen Typ übereinstimmt.

Interessant sind auch die drei Funktionen zur Definition der Operatoren `==`, `!=` und `<<`, sie werden auf dieser Ebene (d.h. auf der Ebene der Wurzelklasse) unter Verwendung der Funktionen `equal` und `Print` implementiert und stehen damit als globale Funktionen für alle abgeleiteten Klassen zur Verfügung! Die beiden Funktionen `operator == (const Any& a, const Any& b)` und `operator != (const Any& a, const Any& b)` ermöglichen den Vergleich von Objekten, die verschiedenen Klassen angehören, und das ist auch durchaus sinnvoll für das **Suchen** eines bestimmten Objektes *in einer heterogenen Struktur.* Ein entsprechendes Beispiel ist die heterogene Liste mit Graphikobjekten, in der ein bestimmtes identifiziert werden soll.

Bei den *Elementfunktionen* der Klasse *Any* sind formal drei Fälle zu unterscheiden:

- Die Funktion ist **rein virtuell**, wie z.B. `Print`, dann wird dadurch die zugehörige Implementierung von jeder direkt abgeleiteten instanzierbaren Klasse erzwungen.
- Die Funktion ist **nichtvirtuell**, wie hier `sameType`, dann wird sie bereits auf

dieser Ebene für alle abgeleiteten Klassen implementiert und kann auch nicht mehr redefiniert werden.

- Die Funktion ist **virtuell, aber nicht rein virtuell**, wie z.B. `isSortable` und auch der Destruktor `Any()`, dann wird sie bereits auf dieser Ebene implementiert, kann aber in jeder abgeleiteten Klasse redefiniert werden. Im Falle von `Any() {}` ist die Implementierung zwar leer, aber der Destruktor ist damit implementiert.

Wichtiger Hinweis:

- Die Funktionen auf dieser Ebene (Elementfunktionen und globale Funktionen) werden aus Effizienzgründen als `inline`-Versionen implementiert; die Definitionen sollten auf alle Fälle in der H-Datei stehen.
- Die Definitionen von Funktionen, die nicht in `inline`-Form erfolgt, sollten dagegen keinesfalls in H-Dateien stehen, andernfalls kann das im Rahmen des `include`-Mechanismus zu Mehrfachdefinitionen führen.

Die abstrakte Klasse `sortable`

Die Elementfunktion der Klasse `isSortable` in C++-Text 9.47 überschreibt die entsprechende in der Wurzelklasse `Any` definierte Funktion und liefert für jede von der Klasse `Sortable` abgeleitete Klasse den Wert `true`. Die *rein virtuelle Funktion* `less` muß in jeder direkt abgeleiteten konkreten Klasse implementiert werden; sie wird auf dieser Ebene zur Definition der globalen `inline`-Funktion `operator<` verwendet, die damit ebenfalls in allen abgeleiteten Klassen verfügbar ist.

C++-Text 9.47: *Polymorphe Container, Klasse sortable* ——— ./Bsp9/Any/sortable.h

```
#ifndef _sortable_h
#define _sortable_h
#include "any.h"

class sortable : public Any {
  public:
    virtual bool isSortable() const;
    virtual bool less(const sortable& a) const = 0;
};

inline bool sortable::isSortable() const { return true; }

inline bool operator< (const sortable& a, const sortable& b) {
  return a.less(b);
}

#endif
```

Die Klasse `Integer`

Die Klasse *Integer* in C++-Text 9.48 verwendet keine über Zeiger auf dem Heap verwalteten Daten, d.h. es ist nicht erforderlich, den Kopierkonstruktor, den Destruktor und den Zuweisungsoperator explizit zu implementieren, das wird in diesem Fall implizit korrekt vom System erledigt. Der Umwandlungskonstruktor `Integer(int xx = 0)` wird verwendet, um `Integer`-Objekte bei der Deklaration zu initialisieren und für entsprechende Konvertierungen. Durch den Defaultwert `xx = 0` wird der Konstruktor gleichzeitig Standardkonstruktor. Ohne Definition des Defaultwertes müßte in diesem Fall der Standardkonstruktor explizit zusätzlich definiert werden, weil die entsprechende implizite Definition durch das System unterbunden wird, sobald ein Konstruktor explizit definiert worden ist!

C++-Text 9.48: *Polymorphe Container, Klasse Integer* ———— ./Bsp9/Any/integer.h

```
#ifndef _integer_h
#define _integer_h
#include "any.h"
#include "sortable.h"

class Integer : public sortable {
    int x;
  public:
    Integer (int xx = 0);                        // Schliesst Std-ktr. ein
    // Integer(const Integer& x);                // per Default
    // Integer& operator= (const Integer& a); // per Default
    // virtual ~Integer  () {}                   // per Default
    virtual void Print () const;
    virtual bool equal (const Any& a) const;
    virtual bool less  (const sortable& a) const;
};

inline Integer::Integer(int xx) : x(xx) {}

inline void Integer::Print() const { cout << x << " "; }

inline bool Integer::equal(const Any& a) const {
  return sameType(a) && x == dynamic_cast<const Integer&>(a).x;
}

inline bool Integer::less(const sortable& a) const {
  return sameType(a) && x < dynamic_cast<const Integer&>(a).x;
}

#endif
```

Die Klasse *Integer* erbt direkt die Elementfunktionen von der Klasse *sortable* und indirekt die Elementfunktionen von der Basisklasse *Any*. Sie muß alle geerbten rein virtuellen Funktionen (`Print`, `equal` und `less`) implementieren, um *instanzierbar* zu werden.

Bei der Implementierung der beiden Elementfunktionen `equal` und `less` ist zu beachten, daß jeweils von einem übergeordneten Typ in den eigenen Typ konvertiert werden muß (sog. *downcasts*), weil die Funktionen in übergeordneten Klassen mit Parametern vom Typ dieser Klassen spezifiziert worden sind:

```
inline bool Integer::equal(const Any& a) const {
  return sameType(a) && x == dynamic_cast<const Integer&>(a).x;
}

inline bool Integer::less(const sortable& a) const {
  return sameType(a) && x < dynamic_cast<const Integer&>(a).x;
}
```

Die beiden *downcasts* werden mit dem Operator `dynamic_cast`, der im Abschnitt 9.9 erläutert wird, durchgeführt. Bei dieser Konvertierung wird vorher überprüft, ob eine entsprechende Umwandlung überhaupt sinnvoll möglich ist, um dann ggf. eine Ausnahme auszulösen, siehe dazu 9.10. Die Verwendung der fehleranfälligen Typkonvertierung mit der im *einfachen C* üblichen Form *Wert* `=` `(`*Zieltyp*`)` *Ausdruck*`;` sollte vermieden werden.

Die Funktion `equal(const Any& a) const` vergleicht das übergebene Objekt `a` – das durchaus einem anderen Typ als `Integer` angehören kann – mit dem eigenen Objekt. Wie schon bei der Spezifikation der Basisklasse gesagt, ist das sinnvoll beim Suchen eines bestimmten Objektes in einer heterogenen Struktur, die also Objekte verschiedener Klassen enthält. Bei der Funktion `less(const sortable& a) const` muß das übergebene Objekt *sortierbar* – d.h. von der Klasse `sortable` abgeleitet – sein. Der Parameter muß vom Typ `sortable` statt `Integer` sein, weil die Signatur entsprechend durch die Spezifikation vorgegeben ist.

Über die geerbten und explizit sowie implizit implementierten Elementfunktionen hinaus sind für `Integer`-Objekte – sowie für Objekte aller anderen von der Wurzelklasse `Any` abgeleiteten konkreten Klassen – die global implementierten Operatorfunktionen `operator==`, `operator!=` und `operator<<` definiert.

Die Klasse `String`

Die Klasse `String` ist ganz entsprechend aufgebaut wie die Klasse `Integer`, sie verwendet intern zur Darstellung den Typ `string` aus der C++-Standardbibliothek, der hier wie ein von der Sprache vordefinierter Typ verwendet wird:

```
. . .
#include <string>
using namespace std;
```

```
class String : public sortable {
    string str;
  public:
    String(const string s = "");  // Schliesst Standardkonstruktor ein

    // String(const String& x);   // Kopierkonstruktor per Default
    . . .
};

. . .
```

Die abstrakte Klasse `Container`

Die abstrakte Klasse `Container` in C++-Text 9.49 spezifiziert für die von ihr abgeleiteten *Container-Klassen* `Stack`, `Queue`, `Prio` und `Set` zusätzlich die Elementfunktion `count`, die angibt, wie viele Elemente jeweils aktuell im Container abgelegt sind, und sie implementiert selbst die Funktion `isEmpty`.

C++-Text 9.49: *Polymorphe Container, Klasse Container* ./Bsp9/Any/contain.h

```
#ifndef _contain_h
#define _contain_h
#include "any.h"

class Container : public Any {
  public:
    virtual int  count() const    = 0;
    virtual bool isEmpty() const;
};

inline bool Container::isEmpty() const { return count() == 0; }

#endif
```

Die Container-Klasse `Stack`

Der C++-Text 9.50 zeigt die H-Datei für die Klasse `Stack`. Diese Klasse arbeitet mit dynamisch auf dem Heap verwalteten Daten, d.h. Standardkonstruktor, Kopierkonstruktor, Destruktor und Zuweisungsoperator müssen hier auf jeden Fall explizit deklariert und implementiert werden, um den Anforderungen der *minimalen Standardschnittstelle* zu genügen.

C++-Text 9.50: *Polymorphe Container, Klasse Stack, H-Datei* ./Bsp9/Any/stack.h

```
#ifndef _stack_h
#define _stack_h
#include "any.h"
#include "contain.h"
using namespace std;

class Stack : public Container {
    Any** Data;
    int Size;
    int n;
  public:
    Stack(int size=100);
    Stack(const Stack& a);
    Stack& operator= (const Stack& a);
    virtual ~Stack();
    void Push(Any& a);
    Any& Pop();
    virtual int  count () const;
    virtual bool equal (const Any& a) const;
    virtual void Print () const;
};

#endif
```

Stack-Objekte können heterogen gefüllt werden, d.h. sie verwalten Objekte von Klassen, die von der Wurzelklasse `Any` abgeleitet sind, was z.B. auch wieder Stack-Objekte sein können! Die zu verwaltenden Objekte werden nicht in den Stack hineinkopiert, sondern sie werden über Zeiger verwaltet. Daraus ergibt sich die Definition der internen Daten in der Form

```
Any** Data;  // Zeiger auf Vektor, dessen Elemente Zeiger sind
```

Die doppelte Referenzierung/Dereferenzierung ist so zu interpretieren, daß hier ein Zeiger auf einen Bereich definiert wird, dessen Elemente vom Typ *Zeiger auf Any* sind! Bei der Verwendung von Objekten der Klasse `Stack` und gleichermaßen bei der Verwendung von Objekten der anderen Containerklassen ist also folgendes zu beachten:

- Objekte der hier beschriebenen Containerklassen verwalten ihre Elemente nicht direkt, sondern sie verwalten Zeiger auf die entsprechenden Elemente. Wenn ein Element aus einem Containerobjekt entfernt wird, dann wird der entsprechende Zeiger entfernt, das eigentliche Element bleibt bestehen.
- Der Anwender muß die Elemente – d.h. den Speicherplatz für die Elemente – selbst verwalten, das kleine Test- und Demoprogramm in C++-Text 9.52 demonstriert dies.

Natürlich ist es auch möglich, den Code so zu ändern, daß der Speicherplatz für die Elemente vom Container selbst verwaltet wird, das würde in unserem Beispiel den Destruktor und die Elementfunktion `Pop` betreffen. Bei konkreten Implementierungen von Containerklassen wird der entsprechende Code vielfach parametrisiert, so daß der Benutzer zwischen beiden Alternativen – Elemente selbst verwalten oder die Aufgabe dem Container übertragen – wählen kann.

Sehr wichtig ist in diesem Beispiel der *virtuelle* Destruktor, denn ein Stack-Objekt kann beim Auflösen an einen Zeiger vom Typ `Any*` gebunden sein. In dem Falle wird der Destruktor der Klasse Any durch den der Klasse Stack überschrieben, und es wird – wie es ja auch unbedingt erforderlich ist – der durch den Stack reservierte Speicherplatz freigegeben. Das kann nicht funktionieren, wenn die Destruktoren nicht virtuell sind!

Der C++-Text 9.51 zeigt die Implementierung der Klasse `Stack`. Der Destruktor gibt – wie oben besprochen – also nur den Speicherplatz des *Containers* selbst, nicht aber den Speicherplatz der von ihm verwalteten Elemente frei!

Die Prüfung auf Gleichheit zweier Stacks in der Funktion `int equal(const Any& a) const;` wird so durchgeführt, daß zunächst die Typgleichheit kontrolliert wird, dann wird geprüft, ob beide gleich viele Elemente enthalten, und schließlich werden die Einträge verglichen.

Die Implementierung des Zuweisungsoperators erfolgt hier nach der allgemeinsten Form des Schemas für Zuweisungen: Zunächst wird geprüft, ob es sich um eine Selbstzuweisung handelt, wenn das nicht der Fall ist, wird das eigene Objekt als Zielobjekt der Zuweisung aufgelöst und entsprechend dem zuzuweisenden Objekt Speicherplatz generiert, und schließlich wird das Objekt elementweise kopiert.

C++-Text 9.51: *Polymorphe Container, Klasse Stack, CPP-Datei* —— ./Bsp9/Any/stack.cpp

```
#include "stack.h"
#include <cassert>
using namespace std;

Stack::Stack(int size) { Data = new Any* [Size=size]; n = 0; }

Stack::Stack(const Stack& a) {
  Data = new Any* [Size=a.Size]; n = a.n;
  for (int i=0; i<n; i++) Data[i] = a.Data[i];
}

Stack& Stack::operator= (const Stack& a) {
  if (this != &a) {
    delete[] Data;
    Data = new Any* [Size=a.Size]; n = a.n;
    for (int i=0; i<n; i++) Data[i] = a.Data[i];
```

```
  }
  return *this;
}

Stack::~Stack() { delete[] Data; }

void Stack::Push(Any& a) { assert(n<Size); Data[n++] = &a; }

Any& Stack::Pop() { assert(n > 0); return *Data[--n]; }

int Stack::count() const { return n;}

bool Stack::equal(const Any& a) const {
  if (!sameType(a)) return 0;
  Stack S = dynamic_cast<const Stack&>(a);
  if (n != S.n) return 0;
  for (int i=0; i<n; i++)
    if (Data[i] != S.Data[i]) return 0;
  return 1;
}

void Stack::Print () const {
  for (int i=0; i<n; i++) { Data[i]->Print(); cout << " "; }
}
```

Die Container-Klassen Queue, Prio und Set

Die Schnittstellen und Implementierungen der drei Klassen Queue, Prio und Set entsprechen im wesentlichen denen der Klasse Stack. Allerdings gibt es bei der Klasse Prio eine Besonderheit:

- In eine Prioritätswarteschlange können nur Objekte eingefügt werden, die sich ordnen lassen, d.h. hier: die von der Klasse `sortable` abgeleitet sind.

Dies legt nahe, den Datenpuffer so zu typisieren, daß er auf die Aufnahme von Elementen vom Typ `*sortable` (d.h. Zeiger auf sortierbare Objekte) spezialisiert ist. Entsprechend können mit `Insert` nur Referenzen auf sortierbare Objekte übergeben und mit `Pop` nur Referenzen auf sortierbare Objekte geliefert werden:

```
class Prio : public Container {
    sortable** Data;
    . . .
  public:
    . . .
    void Insert(sortable& a);
    sortable& Pop();
    . . .
};
```

Natürlich hätte man hier statt der spezielleren `*sortable`-Zeiger auch die allgemeineren `*Any`-Zeiger verwenden können, aber die Alternative hätte zwei gravierende Nachteile. Zum einen müßten die dem Container übergebenen Objekte zur Laufzeit auf das Attribut `isSortable` überprüft werden, zum anderen wären intern *downcasts* von `Any&` nach `sortable&` erforderlich, und beide Maßnahmen sind sehr fehleranfällig und sollten weitgehend vermieden werden.

Zur Implementierung der vier Containerklassen

Zusammenfassend ist zur Implementierung der vier Containerklassen `Stack`, `Queue`, `Prio` und `Set` zu bemerken, daß das Hauptziel der hier gewählten Realisierung – z.B. die Verwendung statischer C-Vektoren – möglichst einfache und gut durchschaubare Strukturen sind. Bei konkreten Produkten wird man sicher auf geeignete spezialisierte Datenstrukturen zurückgreifen, siehe dazu Kap. 5.

Die hier angegebene Lösung kann natürlich auch dadurch noch erheblich weiter kompaktisiert werden, daß die Gemeinsamkeiten der vier Containerklassen in der abstrakten Klasse `Container` formuliert werden, siehe dazu auch Abschnitt 9.7.

Die Benutzung der polymorphen Containerstruktur

Der folgende Programmcode zeigt die Anwendungsmöglichkeiten der kleinen Container-Bibliothek. Im ersten Teil werden homogen gefüllte Container verwendet, die alle Objekte der Klasse `Integer` verwalten. Für alle Ausgaben wird jeweils der in der globalen Funktion `operator<<` *überladene Shiftoperator* verwendet, der die virtuelle Funktion `Print` aufruft, die dann in jeder abgeleiteten konkreten Klasse überschrieben wird.

Im zweiten Teil der Anwendung wird ein heterogen gefüllter Stack verwendet, dem zunächst Objekte vom Typ *Integer* und dann ein Objekt vom Typ *Prio* übergeben wird.

C++-Text 9.52: *Polymorphe Container, Anwendung* ——— ./Bsp9/Any/polycont.cpp

```
#include "integer.h"
#include "string.h"
#include "stack.h"
#include "queue.h"
#include "prio.h"
#include "set.h"

#include <cstdlib>

using namespace std;
```

```
int main() {
  int i;
  Integer n[10];

  // Anwendung 1 : Homogene gefuellte Container :
  // ==========================================

  Stack S; Queue Q; Prio P; Set Se;
  for (i=0; i<10; i++) {
    n[i] = rand() % 10;
    S.Push(n[i]); Q.Put(n[i]); P.Insert(n[i]); Se.Include(n[i]);
  }
  cout << S << endl << Q << endl << P << endl << Se << endl;

  cout << endl; while (!S.isEmpty()) cout << S.Pop();
  cout << endl; while (!Q.isEmpty()) cout << Q.Get();
  cout << endl; while (!P.isEmpty()) cout << P.Pop();
  cout << endl;
  for (i=0; i<10; i++) {
    Integer x = i;
    if (Se.isMember(x)) { Se.Exclude(x); cout << x; }
  }

  // Anwendung 2: Der Stack wird heterogen gefuellt :
  // ================================================

  for (i=0; i<10; i++) {
    n[i] = rand() % 10;
    S.Push(n[i]); P.Insert(n[i]);
  }
  S.Push(P);
  cout << endl << endl << S << endl;
}
```

Das Programm erzeugt folgende Ausgabe:

```
1  7  4  0  9  4  8  8  2  4
1  7  4  0  9  4  8  8  2  4
9  8  8  7  4  4  4  2  1  0
1  7  4  0  9  8  2

4 2 8 8 4 9 0 4 7 1
1 7 4 0 9 4 8 8 2 4
0 1 2 4 4 4 7 8 8 9
0 1 2 4 7 8 9

5  5  1  7  1  1  5  2  7  6  7  7  6  5  5  5  2  1  1  1
```

Bei der Verwendung der Container-Klassen `Stack`, `Queue`, `Prio` und `Set` ist zu beachten, daß in den Containern nicht die eigentlichen Daten, sondern ihre Adressen abgelegt werden, d.h. z.B., daß bei der Auflösung des Containers beim Aufruf seines Destruktors der Speicherplatz des Containers, nicht aber der Speicherplatz der von ihm verwalteten Datenelemente freigegeben wird! In unserem Anwendungsbeispiel stehen die eigentlichen Daten in dem Vektor `Integer n[10]`.

Bei der Verwendung selbstverwalteter Daten über den Heap sieht das anders aus: für jedes Datenelement wird explizit Speicherplatz reserviert, die Adressen der Datenelemente werden in den Containern verwaltet, und bei jedem Entfernen eines Eintrags aus dem Container muß dann der explizit reservierte Speicherplatz auch explizit wieder freigegeben werden (falls er nicht noch anderweitig verwendet wird). Das folgende Programmstück illustriert diesen Zusammenhang:

```
Stack St;

for (i=0; i<10; i++) {
  Integer *ix = new Integer;
  *ix = rand() % 10; St.Push(*ix);
}

while (!St.isEmpty()) {
  Any* ax = &St.Pop(); cout << *ax; delete ax;
}
```

9.4 Die richtige Anwendung der Vererbung

9.4.1 Verschiedene Sichten und Probleme

Die Verwendung des Begriffs *Vererbung* im Bereich der Softwareentwicklung ist eine Metapher (Wort mit übertragener Bedeutung, bildliche Verwendung), die aber leicht zu einer falschen Anwendung der Vererbung verführt, wobei sich gleich die Frage stellt: *„Was ist richtig, und was ist falsch?“*.

Das Konzept *Vererbung* wird von vielen Sprachen unterstützt, und die Art der Verwendung dieses Konzeptes ist sprachabhängig. Aber auch wenn wir uns hier auf die C++-Sicht konzentrieren, so ist festzustellen, daß die Vererbung in C++ mit keiner klaren Semantik ausgestattet ist, es gibt hier vielmehr unterschiedliche Gesichtspunkte zu ihrer Anwendung, z.B.:

1) *Klassen* und *Vererbung* sind Sprachkonzepte, die so eingesetzt werden, wie es gerade praktisch ist (**Pragmatik**).

2) Eine *Klasse* ist ein Konzept zur Realisierung eines *abstrakten Datentyps* und die *Vererbung* ist ein Konzept, um daraus eine neue Klasse abzuleiten, die zu der ursprünglichen Klasse in einer **„ist ein (is a)“**-Beziehung steht (**Spezialisierung**).

3) Wie (2), doch mit der Zusatzbedingung, daß die abgeleitete Klasse eine Erweiterung der ursprünglichen Klasse (d.h. der Basisklasse) darstellt. Damit beinhaltet die abgeleitete Klasse die Basisklasse und kann an die Stelle der Basisklasse treten (**Typerweiterung, Subtyping**)

Gesichtspunkt **1)** beinhaltet keine weiteren Entwurfsrichtlinien, er erlaubt, was die Sprache hergibt. Entwurfsrichtlinien (design rules) dienen aber dem Zweck, Programme durchschaubarer, sicherer und wartbarer zu machen, und darauf sollte gerade bei der Verwendung des komplexen Konzeptes *Vererbung* nicht verzichtet werden!

Gesichtspunkt **3)** kommt von N. Wirth, der aus dieser Sicht die Sprache Oberon als Nachfolgerin von Pascal und Modula entwickelt hat. Typerweiterung bedeutet, daß eine abgeleitete Klasse die Oberklasse als Untermenge enthält, und Ableitung fügt etwas hinzu. Das Konzept Typerweiterung ist relativ einfach und klar, und es kann auch in C++ als *eingegrenzte Sicht der Vererbung mit einer klaren Semantik* verwendet werden. Diese Sicht soll auch im weiteren stets als Entwurfsrichtlinie dienen!

Gesichtspunkt **2)** ist wesentlich umfassender, aber auch komplexer in der Anwendung; er beinhaltet keine klare Semantik und führt häufig in eine Sackgasse. Die folgenden beiden Beispiele sollen den Unterschied zwischen den beiden Gesichtspunkten 2) und 3) verdeutlichen.

Beispiel 1: *Ein Student ist eine Person*

Der folgende Code skizziert eine **ist ein**-Beziehung mit der erfüllten Zusatzbedingung, daß die abgeleitete Klasse eine **Erweiterung** der Basisklasse ist:

- Ein Student ist eine Person, und die Klasse `Student` erweitert die Klasse `Person` z.B. um das Datenfeld `Matrikelnummer` sowie um die Funktion `Studieren` und sicher noch weitere.
- Ein Student kann auch als Person angesehen werden, ein Objekt vom Typ `Student` verfügt über alle Eigenschaften eines Objektes vom Typ `Person`.

```
class Person {
    string Name;
    . . .
  public:
    . . .
};

class Student : public Person {  // richtig: der Typ Student
    string Matrikelnummer;       // erweitert den Typ Person,
    . . .                        // und ein Student ist eine
  public:                        // spezielle Person, nicht
    void studiert();             // umgekehrt!
    . . .
};
```

Beispiel 2: *Ein Quadrat ist ein Rechteck, aber ...*

Im Sinne der Mathematik gilt: *Ein Quadrat ist ein spezielles Rechteck*! Trotzdem würde eine entsprechende Modellierung auf der Basis dieser Beziehung zu Problemen führen, wie es der folgende Code skizziert, denn:

- Ein Quadrat stellt keine Erweiterung eines Rechtecks dar, und
- Ein Objekt vom Typ `Quadrat` kann auch nicht wie ein Objekt vom Typ `Rechteck` über je eine Funktion zur unabhängigen Einstellung von Länge und Breite verfügen.

```
class Rechteck {
    int Laenge, Breite;
  public:
    . . .
    virtual void SetzeLaenge(int l) { Laenge = l; }
    virtual void SetzeBreite(int b) { Breite = b; }
    int  Flaeche();                 { return Laenge * Breite; }
    . . .
};

class Quadrat  : public Rechteck {
  public:
    . . .
    virtual void SetzeLaenge(int l) { Laenge = l; Breite = l; }
    virtual void SetzeBreite(int b) { Breite = b; Laenge = b; }
    . . .
};
```

Es bedarf sicher keinen weiteren Kommentars, um zu erkennen, daß diese Beziehung *ein Krampf* ist! Es bleibt die Frage, wie dieses Beispiel Rechteck/Quadrat aus der Sicht der Programmierung optimal darzustellen ist: Auch die Vererbung in umgekehrter Richtung – Rechteck erbt von Quadrat, weil ein Rechteck ein Quadrat erweitert – ist keine gute Lösung, wie man sich leicht überlegen kann! Die beste Lösung besteht darin, beide Klassen von einer vorgeschobenen abstrakten Klasse abzuleiten, der Hintergrund dafür wird im Abschn. 9.4.3 erläutert. Das verallgemeinerte Ergebnis der dortigen Betrachtungen ist **einfach und provokant:** man sollte in C++ im allgemeinen nur von abstrakten Klassen erben!

Analog zur Beziehung Rechteck/Quadrat können ähnliche Betrachtungen z.B. für die Beziehungen (komplexe Zahl)/(reelle Zahl) und (Liste)/(sortierte Liste) durchgeführt werden: Eine reelle Zahl ist eine spezielle komplexe Zahl, und eine sortierte Liste ist eine spezielle Liste; trotzdem treten erhebliche Probleme auf, wenn eine Klasse `Reell` aus einer Klasse `Complex` oder eine Klasse `sortedList` aus einer Klasse `List` abgeleitet wird.

Klar und einfach scheint die Beziehung im Falle (Rechteck)/(gefülltes Rechteck) zu sein: Ein gefülltes Rechteck sei ein solches, das zusätzlich über das Attribut *Farbe* verfügt, es ist ein spezielles Rechteck, und es stellt eine Erweiterung dar, trotzdem:

- Bei Ableitungen von konkreten Klassen treten generell Probleme auf, die zum Teil C++-sprachspezifisch sind und die z.B. mit dem Zuweisungsoperator und dessen Überladbarkeit zusammenhängen (siehe dazu Abschn. 9.4.3).

9.4.2 Schnittstellen-Klassen

Ein wichtiges Entwurfsziel bei der Entwicklung von Software ist dessen Erweiterbarkeit:

- Erweiterbarkeit von Software *im höheren Sinne* bedeutet, daß die Funktionalität der Software erweitert wird, ohne in irgendeinem Programmteil Änderungen vorzunehmen, sondern nur durch Hinzufügen von Programmteilen.

Der folgende Code skizziert die Lösungsidee in Form eines kleines Graphiksystems:

```
class Figur {
   public:
     virtual void Zeichne() = 0;
};

class Kreis : public Figur {
  public:
    virtual void Zeichne();
};

class Rechteck : public Figur {
  public:
    virtual void Zeichne();
};

. . .

Figur* Liste[size];
. . .
for (int i=0; Liste[i]; i++) Liste[i]->Zeichne();
```

Bild 9.11 links zeigt das kleine Graphiksystem. Es besteht aus zwei konkreten Klassen zur Beschreibung graphischer Objekte (Kreis und Rechteck), aus einer abstrakten Klasse (Figur), die der Anwendung als Schnittstellenklasse dient, und aus der Anwendung, die alle Graphikobjekte einer Liste zeichnet. Die Anwendung enthält nichts Spezielles, das die Art der zu zeichnenden Objekte betrifft, und so kann dieses kleine System leicht durch Hinzufügen weiterer Klassen zur Beschreibung von Graphikobjekten (z.B. Quadrat, Ellipse, ...) erweitert werden, ohne den bestehenden Code zu ändern.

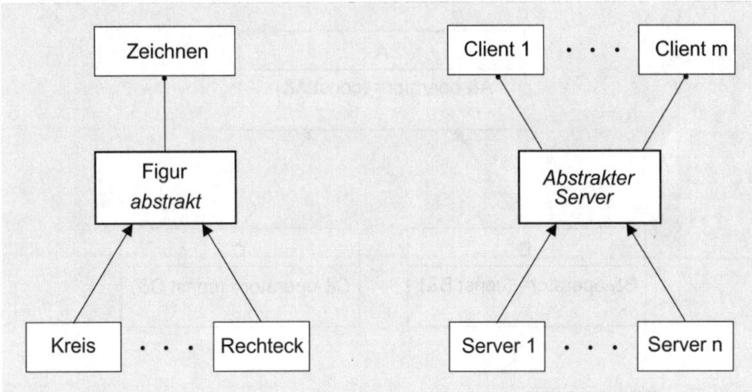

Bild 9.11: Erweiterbare Systeme mit abstrakten Basisklassen

Bild 9.11 rechts stellt die verallgemeinerte Strukur dar: eine *abstrakte Basisklasse als Schnittstelle* in einer erweiterbaren Client/Server-Struktur. Es können jederzeit weitere Server als konkrete Klassen hinzugefügt werden, ohne daß es die Klienten tangiert, d.h. es sind keine Code-Änderungen erforderlich.

9.4.3 Abstrakte und nicht abstrakte Basisklassen

Im Abschn. 9.4.1 wurde deutlich gemacht, daß Vererbung eine *ist ein*-Beziehung repräsentieren und die Basisklasse erweitern sollte, aber es ist noch weiteres zu beachten. Bild 9.12 stellt einen entsprechenden Fall dar. Die Klassen `B` und `C` seien Erweiterungen der Klasse `A`, trotzdem gibt es Probleme, und zwar in folgenden beiden Zuweisungen:

```
B b1, b2;
C c;
A *a1=&b1, *a2=&b2, *a3=&c;
. . .
*a1 = *a2;                    // (1) partielle Zuweisung !!!
*a1 = *a3;                    // (2) heterogene Zuweisung !!!
```

Im ersten Falle verweisen die Zeiger `a1` und `a2` auf Objekte der Klasse `B`, es wird aber der Zuweisungsoperator der Klasse `A` aufgerufen, was dazu führt, daß nur der `A`-Anteil kopiert wird: **partielle Zuweisung (slicing)**. Die syntaktisch richtige Anweisung führt eine verstümmelte und damit sinnlose Operation durch! Eine direkte Zuweisung `b1 = b2` würde natürlich zum richtigen Ergebnis führen!

Im zweiten Falle wird ein Objekt der Klasse `C` (z.B. eine Clementine) einem Objekt der Klasse `B` (z.B. einer Birne) zugewiesen, und dies außerdem noch partiell (wieder nur der `A`-Anteil). Eine direkte Zuweisung `b1 = c` wäre schon syntaktisch falsch.

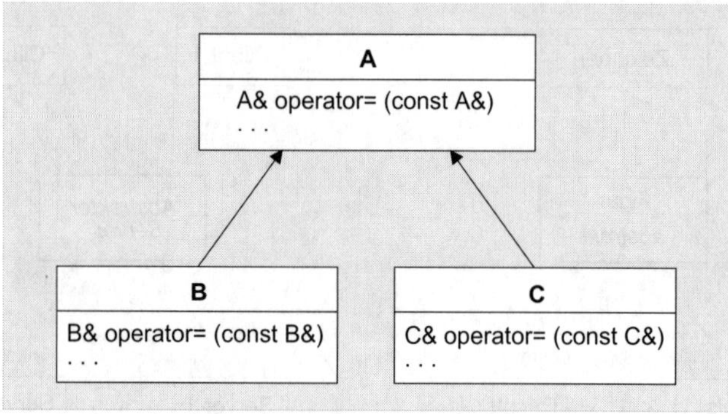

Bild 9.12: Hierarchie mit nicht abstrakter Basisklasse

In beiden Fällen ist der **logische Fehler** in dem kleinen Beispiel aus dem Code ablesbar, aber die Bindung der Zeiger vom Typ `A` kann natürlich zur Laufzeit beliebig manipuliert werden. Zwar gibt es Möglichkeiten, den Fehler unter Benutzung des Laufzeittypsystems (siehe Abschn. 9.9) zur Laufzeit festzustellen, aber Fehler sollten möglichst im Rahmen der statischen Typisierung zur Übersetzungszeit lokalisiert werden!

Häufig wird der Vorschlag gemacht, Zuweisungsoperatoren *virtuell* zu deklarieren, um damit das Problem der partiellen Zuweisung zu lösen. Es würde dann dem dynamischen Typ gemäß der Zuweisungsoperator der Klasse `B` aufgerufen; aber: *Überschreiben setzt identische Signatur der Parameterliste voraus.* Der Zuweisungsoperator der Klasse `B` müßte also wie folgt deklariert sein:

```
B& operator= (const A&);
```

Das ist aber aus anderen leicht nachvollziehbaren Gründen nicht aktzeptabel.

Wie sieht also die richtige Lösung aus? Die Basisklasse `A` sollte abstrakt sein, Bild 9.13 zeigt die entsprechende Alternative. Hier werden **partielle und heterogene Zuweisungen** der Form `*a1 = *a2` **syntaktisch ausgeschlossen**, weil der statische Typ der Zeiger eine abstrakte Klasse ist. Die Basisklasse `A` enthält in diesem Falle die vererbbaren Gemeinsamkeiten der abgeleiteten Klassen `B` und `C`, wozu auch der Zuweisungsoperator für den `A`-Anteil gehört.

Es bleibt noch ein Miniproblem: es gibt keine Objekte der Klasse `A`. Wenn aber geplant war, auch `A` instanzieren zu können, dann sollte man eine Struktur entsprechend Bild 9.14 wählen: Es gibt eine abstrakte Basisklasse `AA` für die Abstraktion aus den drei instanzierbaren abgeleiteten Klassen `A`, `B` und `C`. Der C++-Text 9.53 enthält den vollständigen Programmcode eines kleinen *Modells* für eine entsprechende Struktur, dazu noch folgende Erläuterungen:

- Das kleine Programm ist ein *Modell*, das so einfach wie möglich gehalten ist, die Konstruktoren, Destruktoren und Zuweisungsoperatoren bräuchten hier

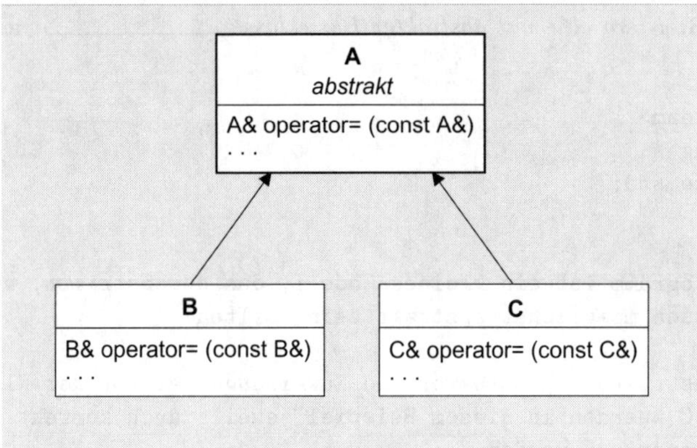

Bild 9.13: Hierarchie mit abstrakter Basisklasse, Version 1

nicht explizit definiert zu werden, weil der verwendete Datentyp `string` aus der C++-Standardbibliothek über eine *minimale Standardschnittstelle* verfügt;

- der Destruktor der Basisklasse `AA` ist *rein virtuell* deklariert, dadurch wird die Klasse *abstrakt*;
- er verfügt trotzdem über eine (wenn auch leere) Definition in derselben Klasse als Platzhalter für einen evtl. notwendigen Destruktor in einer komplexeren abstrakten Basiklasse;
- ein rein virtueller Destruktor oder eine andere rein virtuelle Elementfunktion muß in einer abgeleiteten konkreten Klasse durch einen *normalen virtuellen Destruktor* bzw. durch eine entsprechende *normale virtuelle Elementfunktion* überschrieben werden.

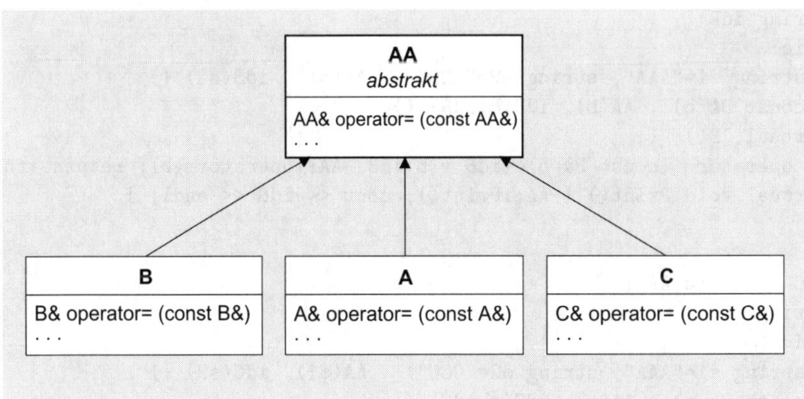

Bild 9.14: Hierarchie mit abstrakter Basisklasse, Version 2

C++-Text 9.53: *Hierarchie mit abstrakter Basisklasse* ./Bsp9/inherit/ABC.cpp

```
#include<iostream>
#include<string>
using namespace std;

/*
   o Dieses Programm ist ein kleines Modell, das demonstriert, weshalb
     Basisklassen moeglichst abstrakt sein sollten!

   o Kopierkonstruktor, Destruktor und Zuweisungsoperator der Klassen
     A, B und C wuerden in diesem Beispiel jeweils auch korrekt als
     Default generiert werden.
*/

class AA {
    string idAA;
  protected:
//  public:
    AA(string s="AAA") : idAA(s) {}
    AA(const AA& a) { idAA = a.idAA; }
    AA& operator= (const AA& a) { idAA = a.idAA; return *this; }
    virtual void Print() { cout << idAA << ", "; }
  public:
    virtual ~AA() = 0;  // siehe Text
};

AA::~AA() {}            // siehe Text

class B : public AA {
    string idB;
  public:
    B(string s1="AAA", string s2="BBB") : AA(s1), idB(s2) {}
    B(const B& b) : AA(b), idB(b.idB) {}
    virtual ~B()  {}
    B& operator= (const B& b) {idB = b.idB; AA::operator=(b); return *this;}
    virtual void Print() { AA::Print(); cout << idB << endl; }
};

class C : public AA {
    string idC;
  public:
    C(string s1="AAA", string s2="CCC") : AA(s1), idC(s2) {}
    C(const C& c) : AA(c), idC(c.idC) {}
    virtual ~C() {}
    C& operator= (const C& c) {idC = c.idC; AA::operator=(c); return *this;}
    virtual void Print() { AA::Print(); cout << idC << endl; }
```

```
};

class A : public AA {
  public:
    A(string s1="AAA") : AA(s1) {}
    A(const A& a) : AA(a) {}
    virtual ~A()  {}
    A& operator= (const A& a) { AA::operator=(a); return *this; }
};

int main() {
  B b1("AA-Teil von b1", "B-Teil von b1"),
    b2("AA-Teil von b2", "B-Teil von b2");
  C c1("AA-Teil vob c1", "C-Teil von c1");

  AA *a1=&b1, *a2=&b2, *a3=&c1;

//  *a1 = *a2;    // Syntaxfehler: partielle und inhomogene
//  b1.Print();
//  *a1 = *a3;    // Zuweisungen sind nicht zulaessig !!!

  b1.Print();
  b1 = b2;        // homogene Zuweisung, richtig !!!
  b1.Print();
}
```

Ausgabe des Programms:

```
AA-Teil von b1, B-Teil von b1
AA-Teil von b2, B-Teil von b2
```

Ausgabe des Programms, wenn in der Klasse `AA` `protected` *durch* `public` *ersetzt und die drei auskommentierten Anweisungen in* `main` *aktiviert werden:*

```
AA-Teil von b2, B-Teil von b1
AA-Teil vob c1, B-Teil von b1
AA-Teil von b2, B-Teil von b2
```

Die vorangehenden Überlegungen zeigen, daß das Erben von nicht abstrakten Basisklassen leicht zu Problemen führen kann. Etwas deutlicher formuliert:

- Basisklassen sollten möglichst abstrakte Klassen sein!

Das scheint eine harte Forderung zu sein, aber eine strukturelle Überlegung führt unabhängig von den Details der Sprache C++ zum gleichen Ergebnis: Wenn eine Klasse von einer anderen abgeleitet wird, dann haben beide Klassen etwas Gemeinsames, und dieser Teil sollte als Abstraktion in eine abstrakte Basisklasse gesteckt werden!

9.4.4 Fallstudie *Querverweis-Listengenerator*

Die kleine Fallstudie *Querverweis-Listengenerator* soll das Arbeiten mit *abstrakten Basisklassen* als *Schnittstellenklassen* verdeutlichen. Bild 9.15 zeigt eine mögliche Klassenstruktur. Besonders wichtig ist zunächst der untere Teil:

> Die abstrakte Schnittstellenklasse `Table` hat die beiden Funktionen `Add` und `Print`. Mit `Add` wird jeweils der nächste Eintrag – ein Wort und die zugehörige Zeilennummer – eingetragen, und mit `Print` wird die gesamte nach Wörtern geordnete Liste mit den jeweils zugehörigen Zeilennummern ausgegeben. Die abgeleitete Klasse `Prio` implementiert die beiden Funktionen im Rahmen einer Struktur, die als sortierte Liste oder auch als rudimentäre Prioritätswarteschlange angesehen werden kann. Instanziert wird ein `Prio`-Objekt über einen Basisklassenzeiger `Table* tab`. Das bedeutet, daß die Anwendung das `Prio`-Objekt nur über den Zeiger der abstrakten Basisklasse benutzt und daß somit jederzeit die Implementierung der abgeleiteten konkreten Klasse geändert werden kann und daß auch parallel verschiedene konkrete Klassen als Implementierung von `Table` hinzugefügt und benutzt werden können.

Der obere Teil des Bildes 9.15 zeigt die weiteren Klassen, die zur Implementierung der Klasse `Prio` verwendet werden:

> Jeder Eintrag (Entry) in einem `Prio`-Objekt besteht aus einem Wort vom Typ `string` und aus einer Liste mit den zugehörenden Zeilennummern in Form einer FIFO-Warteschlange `Queue`. `Entry`-Objekte müssen verglichen und zugewiesen werden können (`operator<`, `operator==`, `operator=`), es muß eine Zeilennummer in `que` eingefügt (`Put`), und `que` muß ausgegeben werden können (`Print`). Ein `Entry`-Objekt besteht also aus den beiden Anteilen `String str` und `Queue que`, dieser Zusammenhang wird entsprechend durch die *benutzt*-Beziehung zu den Klassen `String` und `Queue` realisiert, deren jeweilige Elementfunktionen zur Implementierung der `Entry`-Klasse *benutzt* werden.

Es ist auch ein anderes Konzept zur Realisierung der Klasse `Entry` denkbar, indem man definiert: *Ein* `Entry`*-Typ ist sowohl ein* `string`*-Typ als auch ein* `Queue`*-Typ*, vergleichsweise wie ein Amphibienfahrzeug sowohl ein Auto als auch ein Schiff ist. Dieses Konzept kann durch Anwendung der Mehrfachvererbung umgesetzt werden, die entsprechende Version des Querverweis-Listengenerators wird im Abschnitt 9.5.5 präsentiert.

Der C++-Text 9.54 zeigt den zugehörigen Programmcode, wobei auf die Wiedergabe der Implementierung der Klassen verzichtet wird. Die Klasse `Prio` wird hier der Einfachkeit halber intern durch einen vom Konstruktor generierten *C-Vektor* dargestellt. Zu den Klassen gibt es im einzelnen folgendes zu sagen:

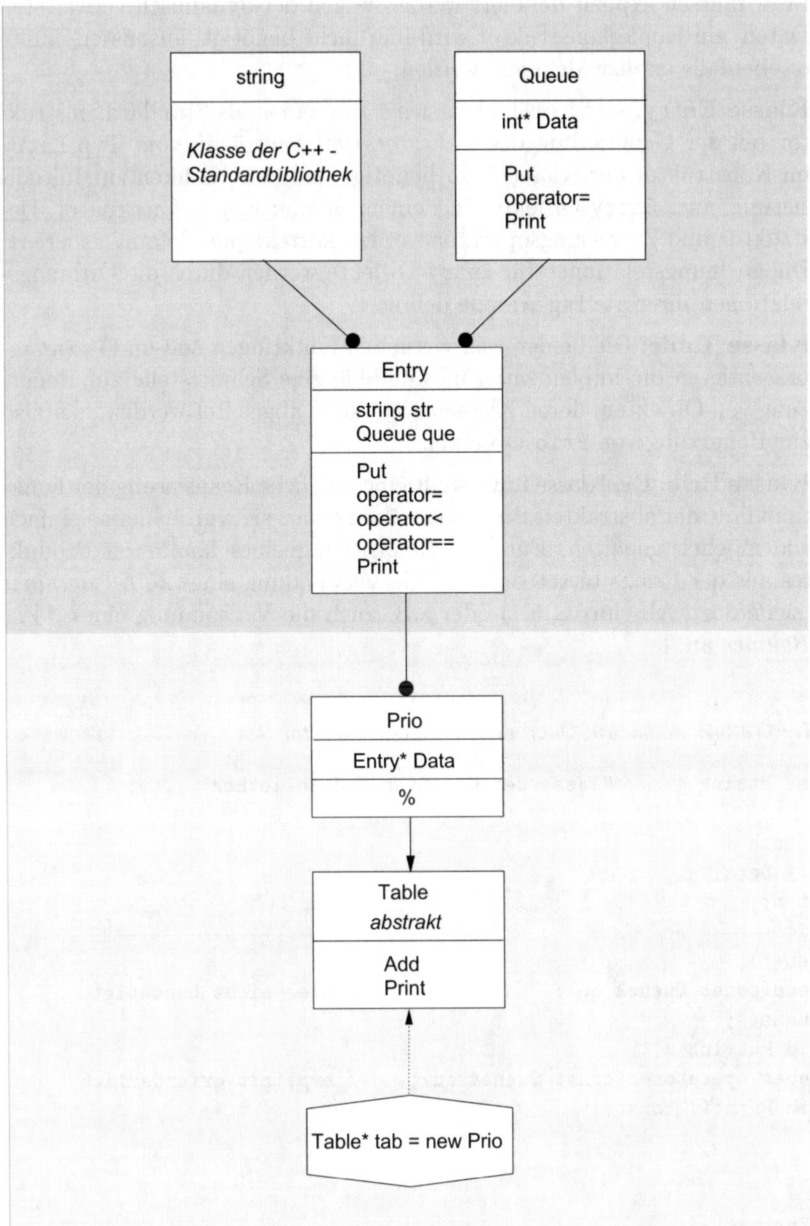

Bild 9.15: Querverweis-Listengenerator

Klasse Queue: Standardkonstruktor, Destruktor und Zuweisungsoperator müssen explizit definiert werden wegen der dynamisch verwalteten Daten, ein Kopierkonstruktor wird hier nicht benötigt, ansonsten müßte er ebenfalls explizit definiert werden.

Klasse Entry: Der Konstruktor wird zum einen als Standardkonstruktor bei der Generierung des *C-Vektors* mit Einträgen vom Typ `Entry` im Konstruktor der Klasse `Prio` benötigt und zum anderen zur Initialisierung eines `Entry`-Objektes mit einem *String*; Kopierkonstruktor, Destruktor und Zuweisungsoperator werden korrekt per Default generiert. Die Ordnungsrelationen für `Entry`-Objekte werden durch die Ordnungsrelationen ihrer `string`-Anteile definiert.

Klasse Table: Die beiden rein virtuellen Funktionen `Add` und `Print` repräsentieren die implementierungsunabhängige Schnittstelle zur Benutzung von Objekten, deren Klassen von `Table` abgeleitet werden, hier also zur Benutzung von `Prio`-Objekten.

Klasse Prio: Die Klasse `Prio` stellt eine mögliche Realisierung der Funktionalität der abstrakten Basisklasse `Table` dar, sie wurde hier so einfach wie möglich gehalten. Für eine Realisierung eines konkreten Produktes aus der Praxis bietet sich z.B. die Verwendung eines *STL-Container* (siehe dazu Abschn. 11.5.1) oder z.B. auch die Verwendung eines *AVL-Baumes* an.

C++-Text 9.54: *Fallstudie Querverweis-Listengenerator* ./Bsp9/inherit/cross.sht

```
// class string { ... Klasse der C++ Standardbibliothek ... };

class Queue {
    int* Data;
    int n;
  public:
    Queue();
//  Queue(const Queue& qu);                 // hier nicht benoetigt
    ~Queue();
    void Put(int x);
    Queue& operator= (const Queue& qu);     // explizit erforderlich
    void Print() const;
};
. . .

class Entry {
    string str;
    Queue  que;
  public:
    Entry(const string s="");
```

```
//  Entry(const Entry& e);                  // Default
//  Entry& operator= (const Entry& e);      // Default
//  ~Entry();                               // Default
    void Put(int x);
    friend int operator<  (const Entry& e1, const Entry& e2);
    friend int operator== (const Entry& e1, const Entry& e2);
    void Print() const;
};
. . .

class Table {
  public:
    virtual void Add(char* word, int line)  = 0;
    virtual void Print() const              = 0;
};

class Prio : public Table {
    Entry* Data;
    int n;
    void Update(Entry& e);
    Entry& ReadX(Entry& e);
  public:
    Prio();
//  Prio(const Prio& p);                      // nicht benoetigt
    ~Prio();
//  Prio& operator= (const Prio&);            // nicht benoetigt
    virtual void Add(char* word, int line);
    virtual void Print() const;
};
. . .

//------------------------------------------------------------
void GetNextWord(char* word, int& LineNr) { ... }

ifstream in;

int main() {

  Table* tab = new Prio;
  char Word[WordLen+1];

  in.open("EIN"); int LineNr=1;
  while (!in.eof()) {
    GetNextWord(Word, LineNr); tab->Add(Word, LineNr);
  }
  in.close(); tab->Print();
}
```

9.4.5 Zuweisungsoperatoren in Klassen mit polymorphen Zeigern

Die Ausführungen in Abschnitt 9.4.3 haben gezeigt, daß Zuweisungen der Form `*p = *q` gefährlich sind, wenn `p` und `q` *polymorphe Zeiger* sind, d.h. Zeiger, die an Objekte abgeleiteter Klassen gebunden sein können: Wenn `p` und `q` vom Typ *Zeiger auf abstrakte Klasse* sind, dann ist die Zuweisung schon syntaktisch falsch, andernfalls wird eine partielle Zuweisung (slicing) durchgeführt. Diese Tatsache muß natürlich ggf. auch beim Schreiben von Zuweisungsoperatoren berücksichtigt werden. Dazu betrachten wir zunächst den Fall eines Zuweisungsoperators für eine Klasse, die einen *monomorphen* Zeiger beinhaltet:

Zuweisungsoperator in Klassen mit *monomorphen Zeigern*:

```
class T { ... wird nicht abgeleitet, hat min. Standardschn. ... }

class X {
    T* t;
  public:
    X(int x=0) { t = new T(x); }
    . . .
    X& operator=(const X& x) {
      if (this != &x)
        *t = *x.t;     // korrekt
      return *this;
    }
};
. . .
X x1, x2;
. . .
x2 = x1;                   // wird richtig zugewiesen
```

Die Zuweisung `*t = *x.t` ist korrekt, wenn `T` – wie hier vorausgesetzt – keine Ableitungen hat und wenn `T` über eine *minimale Standardschnittstelle* verfügt.

Anders sieht das aus, wenn `T` eine konkrete oder eine abstrakte Basisklasse ist. Dann ist der Zeiger `T* t` nämlich polymorph, und die Zuweisung `*t = *x.t` bewirkt eine partielle Zuweisung (slicing) bzw. sie ist syntaktisch falsch.

Zuweisungsoperator in Klassen mit *polymorphen Zeigern*, **falsch**:

```
class T { ... konkrete oder abstrakte Klasse ... };

class TDir : public T { . . . };

class X {
    T* t;
  public:
    . . .
```

```
    X& operator=(const X& x) {
      if (this != &x)
        *t = *x.t;    // partielle Zuweis. (slicing) bzw. Syntaxfehler
      return *this;
    }
};
. . .
X x1, x2;
. . .
x2 = x1;
```

Die Lösung zur Formulierung eines Zuweisungsoperators für eine Klasse, die einen polymorphen Zeiger enthält, sieht so aus, daß die Basisklasse `T` mit einer virtuellen oder mit einer rein virtuellen (wenn sie eine abstrakte Klasse ist oder werden soll) Funktion `clone` ausgerüstet wird, die einen Zeiger auf das eigene Objekt liefert. Diese Funktion muß dann von allen abgeleiteten Klassen implementiert werden:

Zuweisungsoperator in Klassen mit *polymorphen Zeigern*, **richtig**:

```
class T {
    . . .
//  virtual T* clone() const = 0;
    virtual T* clone() const { return new T(*this); }
};

class TDir : public T {
    . . .
    virtual T* clone() const { return new TDir(*this); }
};

class X {
    T* t;
  public:
    . . .
    X& operator=(const X& x) {
      if (this != &x) {
        delete t; t = x.t->clone();
      }
      return *this;
    }
};
. . .
X x1, x2;
. . .
x2 = x1;            // wird richtig zugewiesen
```

9.5 Mehrfachvererbung

9.5.1 Grundlagen

Mehrfachvererbung bedeutet, daß eine Klasse von mehreren anderen Klassen erbt. Das Prinzip ist sehr einfach, C++-Text 9.55 zeigt ein erstes Beispiel:

C++-Text 9.55: *Mehrfachvererbung, Prinzip* ./Bsp9/multinhe/muin0.cpp

```
#include<iostream>
using namespace std;

class B {
    int bx;
  public:
    void bset(int x) { bx = x; }
    int  bget()      { return bx; }
    void f()         { cout << "BBB"; }
};

class C {
    int cx;
  public:
    void cset(int x) { cx = x; }
    int  cget()      { return cx; }
    void f()         { cout << "CCC"; }
};

class D : public B, public C {};

int main() {

  D d;

  d.bset(222); d.cset(333);
  cout << d.bget() << d.cget() << endl;

//d.f();                            // falsch: zweideutig

  d.B::f();                         // richtig

  d.C::f();                         // richtig
}
```

Es dürfen sogar Namenskollisionen auftreten wie bei der Funktion `f()`, es müssen dann nur mit der Klassenbezeichnung qualifizierte Namen verwendet werden!

Etwas komplizierter wird die Situation, wenn eine weitere Klasse `A` als gemeinsame Basisklasse von `B` und `C` – und damit auch als indirekte Basisklasse von `D` – hinzukommt, siehe dazu C++-Text 9.56:

C++-Text 9.56: *Mehrfachvererbung, gemeinsame Basisklasse* ./Bsp9/multinhe/muin1.cpp

```
#include <iostream>
using namespace std;

class A {
    int ax;
  public:
    void aset(int x) { ax = x; }
    int  aget()      { return ax; }
};

class B: public A {};

class C: public A {};

class D: public B, public C {};

int main() {

  D d;

//d.aset(111);                    // Syntaxfehler : beide Auf-
//cout << d.aget() << endl;       // rufe sind zweideutig !

  d.B::aset(222);                 // richtig
  d.C::aset(333);                 // richtig
  cout << d.B::aget() << endl;    // richtig
  cout << d.C::aget() << endl;    // richtig
}
```

Das Datum `A::ax` sowie die beiden Funktionen `A::aset` und `A::aget` werden jeweils doppelt von der Klasse `D` geerbt, d.h. `D` enthält zwei Werte für `ax`! Die Details zur Verwendung der Mehrfachvererbung werden in den folgenden Abschnitten abgehandelt.

Mehrfachvererbung ist ein komplexes Konzept, und ihre richtige und vor allem auch ihre *stilistisch* sinnvolle Anwendung ist nicht einfach. Darüber hinaus besteht die berechtigte Frage, ob Mehrfachvererbung überhaupt notwendig ist. Diese Frage muß jeder Programmierer oder jeder Projektleiter für sich entscheiden. Es gibt sinnvolle Anwendungen für das Konzept Mehrfachvererbung, und es gibt Anwendungen, die man mit anderen Konzepten eleganter und klarer hätte formulieren können.

9.5.2 Verwendung nichtvirtueller Basisklassen

Bei Mehrfachvererbung mit gemeinsamer Basisklasse vererbt die Basisklasse ihre Komponenten (das sind ihre Datenelemente und ihre Funktionen) auf zwei Wegen. Der C++-Text 9.57 zeigt eine entsprechende Klassenstruktur:

C++-Text 9.57: *Mehrfachvererbung, nichtvirtuelle Basisklasse* —— ./Bsp9/multinhe/muin2.cpp

```
#include <iostream>
using namespace std;

class A {
    int ax;
  public:
    void aset(int x) { ax = x; }
    int  aget()      { return ax; }
};

class B: public A {
    int bx;
  public:
    void bset(int x) { bx = x; }
    int  bget()      { return bx; }
};

class C: public A {
    int cx;
  public:
    void cset(int x) { cx = x; }
    int  cget()      { return cx; }
};

class D: public B, public C {
  public:
    void dprint() {
      cout<<B::aget()<<C::aget()<<bget()<<cget()<<endl;
    }
};

int main() {

  D d;
  /*
  d.aset(111);              // Syntaxfehler : beide Aufrufe
  cout << aget() << endl;   // sind zweideutig !
  */
```

```
  d.B::aset(111); d.C::aset(222);
  d.bset(333);    d.cset(444);
  d.dprint();
}
```

Die Ausgabe des entsprechenden Programms lautet:

```
111222333444
```

Die Klasse `D`, die hier selbst keine Datenelemente und nur die Funktion `dprint()` definiert, erbt also

- direkt von den Klassen `B` und `C` die Funktionen `bset`, `bget`, `cset` und `cget` und
- indirekt von der Basisklasse A die Funktionen `B::aset`, `B::aget`, `C::aset` und `C::aget`!

Entsprechend erbt sie auch vier Datenelemente, und zwar

- direkt die beiden Elemente `bx` und `cx` und
- indirekt die beiden Elemente `B::ax` und `C::ax`!

Das Bild 9.16 stellt die wesentlichen Zusammenhänge allgemein dar: im linken Teil die Vererbungshierarchie und rechts die (genauer: eine mögliche)[3] Abbildung eines Objektes der Klasse `D` auf den Arbeitsspeicher: Die Basisklasse ist mit zwei Anteilen vertreten!

Eine Zuweisung zweier Objekte der Klasse `D` wird automatisch richtig gemacht, d.h. das System definiert für die Klassen implizit die entsprechenden Zuweisungsoperatoren und ruft sie in definierter Reihenfolge auf:

```
class A { . . . };
class B : public A { . . . };
class C : public A { . . . };
class D : public B, public C { . . . }

D d, dd;

d.B::aset(111); d.C::aset(222);
d.bset(333);    d.cset(444);

dd = d;                           // wird korrekt ausgefuehrt

dd.dprint();
```

Dabei sei daran erinnert, daß Zuweisungsoperatoren nicht vererbt werden, sondern es werden die implizit definierten Zuweisungsoperatoren für die einzelnen Komponenten

[3] Die Reihenfolge der einzelnen Blöcke ist nicht durch die Sprache definiert, d.h. die Anordnung kann auch anders aussehen!

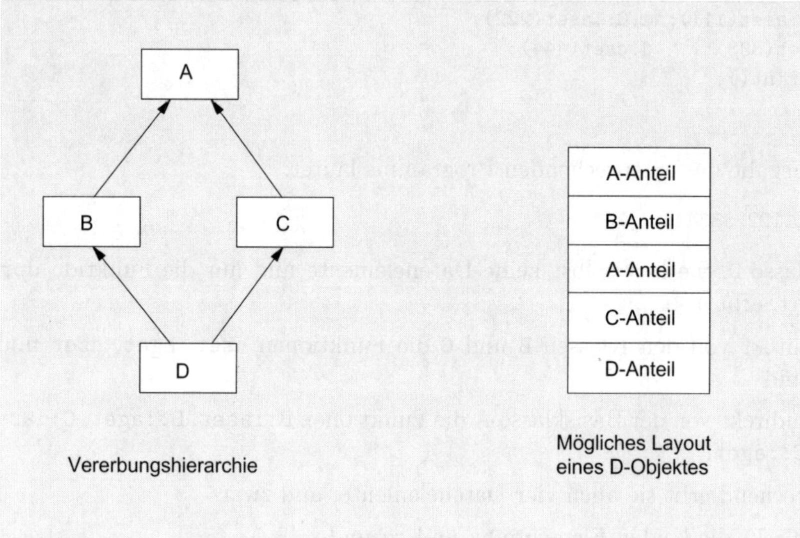

Bild 9.16: Mehrfachvererbung mit nichtvirtuellen Basisklassen

aufgerufen. Die implizite Definition arbeitet hier natürlich nur deshalb richtig, weil die Klassen keine Zeiger enthalten.

9.5.3 Verwendung virtueller Basisklassen

Das Prinzip

Im vorigen Abschnitt wurde der Fall betrachtet, daß eine Klasse `D` indirekt zweifach von einer Basisklasse `A` erbt, das führte dazu, daß `D` auch zwei Anteile von `A` enthielt. Das wird anders, wenn die erbenden Klassen die Basisklasse virtuell deklarieren:

```
class A { . . . };
class B : virtual public A { . . . };
class C : virtual public A { . . . };
class D : public B, public C { . . . }
```

In diesem Falle gibt es in der Klasse `D` nur einen Anteil der Basisklasse `A`, d.h. ein Zugriff auf Attribute (Daten oder Funktionen) von `A` ist eindeutig, wie es durch den C++-Text 9.58 demonstriert wird:

C++-Text 9.58: *Mehrfachvererbung, virtuelle Basisklasse* ——— ./Bsp9/multinhe/muin3.cpp

```
#include <iostream>
using namespace std;
```

```
class A {
    int ax;
  public:
    void aset(int x) { ax = x; }
    int  aget()      { return ax; }
};

class B: virtual public A {};

class C: virtual public A {};

class D: public B, public C {};

int main() {

  D d;

  d.aset(111);                  // richtig, es gibt nur
  cout << d.aget() << endl;     // einen A-Anteil

  d.B::aset(222);               // so geht es natuerlich auch:
  d.C::aset(333);               // ueberschreibt den Wert "222" !

  cout << d.B::aget() << endl; // es wird jeweils der Wert
  cout << d.C::aget() << endl; // "333" ausgegeben !
}
```

Das Beispiel zeigt deutlich, daß die Attribute von A nur einmal in der Instanz d der Klasse D vertreten sind und daß damit die Funktionen d.aset() und d.aget() eindeutig sind, d.h. es gilt:

$$\texttt{d.aset()} \equiv \texttt{d.B::aset()} \equiv \texttt{d.C::aset()} \text{ sowie}$$
$$\texttt{d.aget()} \equiv \texttt{d.B::aget()} \equiv \texttt{d.C::aget()}$$

Bild 9.17 verdeutlicht allgemein die Situation bei der Mehrfachvererbung mit einer virtuellen Basisklasse: Die Klasse D beerbt die Basisklasse A zwar auf zwei Wegen (über B und über C), aber in Objekten der Klasse d ist die Basisklasse nur einmal vertreten! Im speziellen Falle des Beispiels (C++-Text 9.58) sind die durch die Klassen B, C und D hinzugefügten Anteile leer.

Initialisierung und Zuweisung, die Delegation der Verantwortlichkeiten

Bei der im Bild 9.17 dargestellten Struktur stellen sich z.B. für die Konstruktion und für die Zuweisung von Objekten der Klasse D die Fragen:

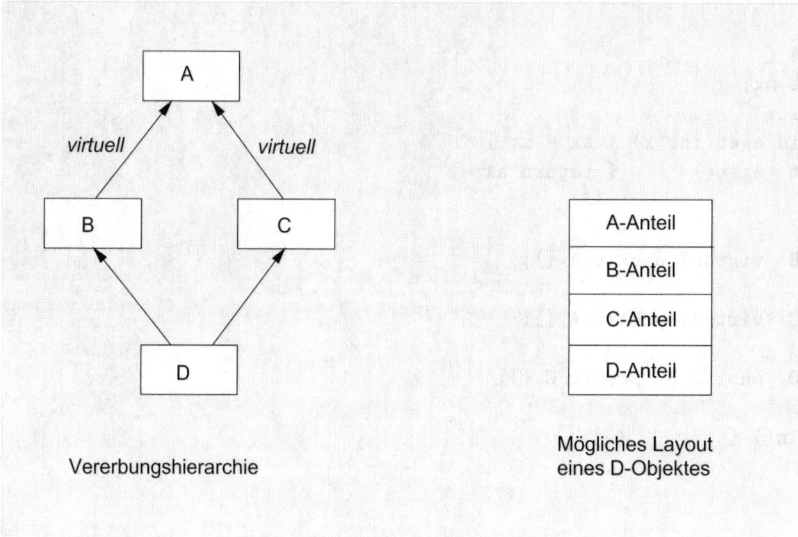

Bild 9.17: Mehrfachvererbung mit virtuellen Basisklassen

- Wie verläuft die Initialisierung des (nur einmal vorhandenen) Anteils von der Basisklasse `A`? und entsprechend
- Wie verläuft die Zuweisung von `D`-Objekten unter besonderer Berücksichtigung der Zuweisung des `A`-Anteils?

Beide Fragen können auf abstrakter Ebene durch folgende einfache Regel beantwortet werden:

> Verantwortlich für die *Initialisierung virtueller Basisklassen* und für die *Wertzuweisung an virtuelle Basisklassen* ist jeweils die *„Endklasse"*, d.h. die in der Vererbungshierarchie letzte Klasse, also die Klasse, die instanziert wird.

Zur Erläuterung der Details dient das Beispiel C++-Text 9.59, das der Struktur des Bildes 9.17 entspricht.

C++-Text 9.59: *Mehrfachvererbung, Verantwortlichkeiten* ./Bsp9/multinhe/muin4.sht

```
#include <iostream>
using namespace std;

class A {
  protected:
    int* ax;
```

```
    void localcopy (const A& aa);
  public:
    A(int a=0);
    A(const A& aa);
    virtual ~A();
    A& operator= (const A& aa);
};

class B : virtual public A {
  protected:
    int* bx;
    void localcopy (const B& bb);
  public:
    B(int a=0, int b=0);
    B(const B& bb);
    virtual ~B();
    B& operator= (const B& bb);
};

class C : virtual public A {
  "entsprechend B"
};

class D : public B, public C {
  protected:
    int* dx;
    void localcopy (const D& dd);
  public:
    D(int a=0, int b=0, int c=0, int d=0);
    D(const D& dd);
    virtual ~D();
    D& operator= (const D& dd);
    void print();
};

"Implementierung aller Konstruktoren, Destruktoren
 und Elementfunktionen der Klassen A, B, C und D"

int main() {

  D d1(111, 222, 333, 444), d2(d1), d3;
  d3 = d2;
  d1.print(); d2.print(); d3.print();
}
```

Um die Detailprobleme sichtbar zu machen, werden dynamisch verwaltete Daten verwendet, und in jeder der vier Klassen sind *jeweils Standardkonstruktor, Kopier-*

konstruktor, Destruktor und *Zuweisungsoperator* zu implementieren, wobei der Standardkonstruktor jeweils durch den Konstruktor mit einem bzw. mit mehreren voreingestellten Parametern abgedeckt ist. Die vier Konstruktoren (die also jeweils den Standardkonstruktor einschließen) sind wie folgt zu implementieren:

```
A::A(int a) {
  ax = new int; *ax = a;
}
B::B(int a, int b) : A(a) {
  bx = new int; *bx = b;
}
C::C(int a, int c) : A(a) {
  cx = new int; *cx = c;
}
D::D(int a,int b,int c,int d) : A(a), B(a,b), C(a,c) {
  dx=new int; *dx=d;
}
```

Der entscheidende Punkt ist, daß die Initialisierung des `A`-Anteils von `D`-Objekten nicht indirekt über die Klassen `B` und `C` mittels des Aufrufs der Konstruktoren `B(a,b)` und `C(a,c)`, sondern direkt durch Aufruf des Konstruktors `A(a)` (in der Initialisierungsliste Klasse `D`) erfolgt ! Die Initialisierung des `A`-Anteils von `B`- und `C`-Objekten erfolgt entsprechend über deren Initialisierungslisten!

Ganz entsprechend sehen die Implementierungen der Kopierkonstruktoren aus:

```
A::A(const A& aa) {
  ax = new int; localcopy(aa);
}
B::B(const B& bb) : A(bb) {
  bx = new int; localcopy(bb);
}
C::C(const C& cc) : A(cc) {
   cx = new int; localcopy(cc);
}
D::D(const D& dd) : A(dd), B(dd), C(dd) {
  dx=new int; localcopy(dd);
}
```

Jede Klasse ist mit einer Elementfunktion `localcopy` ausgerüstet, die jeweils die eigenen lokalen Daten (ohne evtl. geerbte Anteile) kopiert, diese Funktionen werden auch bei der Definition der Zuweisungsoperationen verwendet:

```
void A::localcopy (const A& aa) { *ax = *aa.ax; }
void B::localcopy (const B& bb) { *bx = *bb.bx; }
void C::localcopy (const C& cc) { *cx = *cc.cx; }
void D::localcopy (const D& dd) { *dx = *dd.dx; }
```

Die Implementierung der Zuweisungsoperatoren erfolgt jeweils nach dem Schema, daß zunächst auf Selbstzuweisung geprüft wird, um dann die jeweils lokalen und zusätzlich die jeweils geerbten Anteile zuzuweisen. Auch hier wird wieder deutlich, daß jedes zu initialisierende Objekt und jedes Objekt, dem etwas zugewiesen wird, selbst dafür verantwortlich ist, daß dies jeweils vollständig geschieht:

```
A& A::operator= (const A& aa) {
  if (this != &aa)
    localcopy(aa);
  return *this;
}
B& B::operator= (const B& bb) {
  if (this != &bb) {
    A::localcopy(bb); localcopy(bb);
  }
  return *this;
}
C& C::operator= (const C& cc) {
  if (this != &cc) {
    A::localcopy(cc); localcopy(cc);
  }
  return *this;
}
D& D::operator= (const D& dd) {
  if (this != &dd) {
    A::operator=(dd);                    // siehe Text !
    B::localcopy(dd); C::localcopy(dd);
    localcopy(dd);
  }
  return *this;
}
```

Besonders zu beachten bei der Realisierung für die Klasse `D` ist die Zuweisung des `A`-Anteils mit Hilfe des Zuweisungsoperators (`A::operator=(dd)`) statt mit der Funktion `A::localcopy(dd)` ! Das ist wichtig und notwendig für den allgemeinen Fall, daß `A` auch wieder von einer anderen Klasse erbt. In unserem speziellen Fall, in dem `A` eine „absolute" Basisklasse ist, könnte auch die Funktion `A::localcopy` verwendet werden.

Völlig unberührt von der Komplexität bei der Mehrfachvererbung mit virtueller Basisklasse ist die Implementierung der Destruktoren, die jeweils automatisch in der richtigen Reihenfolge (d.h. zuletzt der Destruktor der Basisklasse) aufgerufen werden:

```
A::~A() { delete ax; }
B::~B() { delete bx; }
C::~C() { delete cx; }
D::~D() { delete dx; }
```

Wichtig ist auch in diesem Fall, daß die Destruktoren *virtuell* deklariert sind, damit z.B. für den Fall, daß ein `A*`-Zeiger an ein `D`-Objekt gebunden ist, der Destruktor der `A`-Klasse durch den Destruktor der `D`-Klasse überschrieben wird!

9.5.4 Virtuelle Methoden in virtuellen Basisklassen

Wenn in virtuellen Basisklassen virtuelle Methoden verwendet werden, dann tritt die Frage nach Regeln für das Überschreiben auf, die glücklicherweise ausgesprochen einfach und einsehbar sind, wie am Beispiel von C++-Text 9.60 gezeigt wird:

1. Frage: *Welche Ausgabe erzeugen die ersten beiden Aufrufe?* Natürlich `B::f1()` `C::f2()`, weil die entsprechenden beiden Basisklassenfunktionen `A::f1()` und `A::f2()` jeweils durch `B::f1()` bzw. durch `C::f2()` überschrieben werden. Hier kann es sicher keinen Zweifel geben!

2. Frage: *Welche Ausgabe erzeugen die letzten beiden Ausrufe?* Natürlich die gleiche, denn bei dynamischer Bindung wird die Frage, welche Funktion aufgerufen wird, nicht durch die Art des jeweiligen Zeigers bestimmt, sondern dadurch, welche Funktion aufgerufen und durch welche andere sie ggf. überschrieben wird.

C++-Text 9.60: *Virtuelle Methoden und virtuelle Basisklassen* —— ./Bsp9/multinhe/muin5.cpp

```
#include <iostream>
using namespace std;

class A {
  public:
    virtual void f1() { cout << "A::f1() "; }
    virtual void f2() { cout << "A::f2() "; }
};
class B: virtual public A {
  public:
    virtual void f1() { cout << "B::f1() "; }
};
class C: virtual public A {
  public:
    virtual void f2() { cout << "C::f2() "; }
};
class D: public B, public C {};

int main() {
  D d, *pd = &d;
  B *pb = &d;
  C *pc = &d;

  pd->f1(); pd->f2();
  pb->f1(); pc->f2();
}
```

Ausgabe des Programms:

```
B::f1() C::f2() B::f1() C::f2()
```

In [6] und in [5] sind die Regeln zum Arbeiten mit virtuellen Elementfunktionen in virtuellen Basisklassen bei Mehrfachvererbung definiert, sie lassen sich wie folgt formulieren:

- **Virtuelle Funktionen** einer virtuellen Basisklasse können in **mehreren abgeleiteten Klassen überschrieben** werden.
- Es muß dann **eindeutig** feststellbar sein, welche virtuelle Funktion in welcher abgeleiteten Klasse die ursprüngliche virtuelle Funktion der Basisklasse schließlich **überschreibt**.
- **Mehrdeutigkeiten** beim Auflösen des Überschreibungsmechanismus werden vom Compiler bei der Übersetzung als **Fehler** entdeckt.

Man hat nach Definieren dieser Regeln für das Arbeiten mit virtuellen Elementfunktionen festgestellt, daß sie auch auf entsprechende nichtvirtuelle Funktionen anwendbar sind!

Wenn das obige Programmbeispiel so geändert wird, daß die Klassen `B` und `C` nichtvirtuell von der Basisklasse `A` abgeleitet werden, dann liegt eine Zweideutigkeit vor, die vom Compiler als Fehler gemeldet wird, denn in dem Falle existieren zwei Basisklassenanteile!

Wenn mindestens eine Funktion in der Basisklasse rein virtuell ist, *dann ist die Basisklasse eine abstrakte Klasse*, und sie ist z.B. als Schnittstellenklasse vorgesehen. Stroustrup stellt sich in [5] für solche Konstruktionen Anwendungen vor, bei denen die von einer abstrakten Basisklassen abgeleiteten Klassen eine verteilte Form der Implementierung bilden. Sicher gibt es derzeit wenig Anwendungen, die solche komplexen Formen der Mehrfachvererbung rechtfertigen, aber das kann sich durchaus mit der Zeit ändern.

9.5.5 Fallstudie *Querverweis-Listengenerator*

Die Fallstudie *Querverweis Listengenerator* an dieser Stelle lehnt stark an die entsprechende im Abschn. 9.4.4 präsentierte an, der wesentliche Unterschied besteht darin, daß hier eine Klasse durch Verwendung von Mehrfachvererbung realisiert wurde. Bild 9.18 stellt die verwendeten Klassen und ihre Beziehungen untereinander dar. Der untere hervorgehobene Teil ist mit der dortigen Version identisch. Der obere Teil zeigt die Konstruktion der Klasse `Entry` durch Mehrfachvererbung:

> Ein `Entry`-Typ ist sowohl ein `String`-Typ als auch ein `Queue`-Typ. `Entry` erbt von `Queue` die Funktion `Put`, um eine Zeilennummer in einen Eintrag einzufügen, und sie erbt von `String` und von `Queue` die Funktion `Print`, um einen String-Wert bzw. um den Inhalt einer Queue ausgeben zu können, und redefiniert die Funktion, um beide Funktionen zu kombinieren. Der Zuweisungsoperator und die beiden Vergleichsoperatoren stehen Objekten der Klasse `Entry` implizit zur Verfügung, ohne

formal geerbt zu werden (Zuweisungsoperatoren werden nicht vererbt, und die Vergleichsoperatoren sind globale `friend`-Funktionen und werden also ebenfalls nicht vererbt), der Hintergrund wird anschließend am Programmcode erörtert.

Der C++-Text 9.61 skizziert das Programm, wobei im folgenden die Klasse `Entry` erläutert wird, die also durch Mehrfachvererbung aus den beiden Klassen `String` und `Queue` abgeleitet wird:

Die etlichen Kommentarzeilen weisen auf Funktionen hin, die für `Entry`-Objekte implizit verfügbar sind (teils durch Vererbung, teils durch andere Mechanismen) oder die hier nicht benötigt werden; der nackte Code sieht also wie folgt aus:

```
class Entry : public String, public Queue {
  public:
    Entry(const char* s="");
    virtual void Print() const;
};
```

Ein Destruktor steht implizit dadurch zur Verfügung, daß automatisch die Destruktoren der Basisklassen aufgerufen werden. Ein *Default*-Zuweisungsoperator wird vom System generiert, der die beiden geerbten Komponenten vom Typ `String` und `Queue` durch Verwendung der zugehörigen Zuweisungsoperatoren kopiert. Als Vergleichsoperatoren für `Entry`-Objekte werden die entsprechenden globalen `friend`-Operatorfunktionen der Klasse `String` benutzt. Das klappt deshalb, weil die `Entry`-Typen der aktuellen Parameter, mit denen die Operatorfunktionen aufgerufen werden, von den `String`-Typen abgeleitet sind.

C++-Text 9.61: *Fallstudie Querverweis-Listengenerator* ./Bsp9/multinhe/cr0.sht

```
#include <iostream>
#include <iomanip>
#include <fstream>
#include <string>
#include <cstdlib>
#include <cassert>
#include <cctype>
using namespace std;

//-------------------------------------------------------------
const int Size    = 1000;
const int qSize   = 5;
const int WordLen = 24;
```

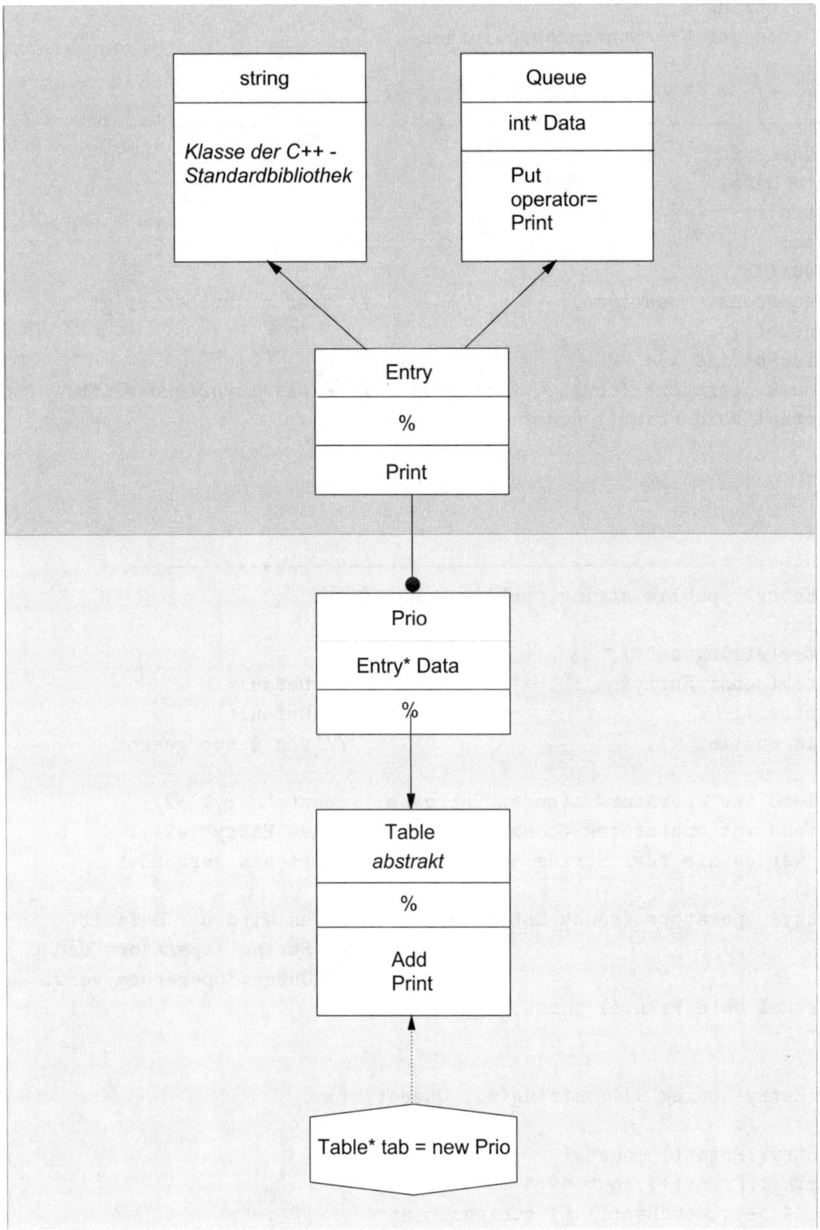

Bild 9.18: Querverweis-Listengenerator

```
//--------------------------------------------------------------
// class string {
//   Klasse der C++-Standardbibliothek
// };

//--------------------------------------------------------------
class Queue {
    int* Data;
    int n;
  public:
    Queue();
//  Queue(const Queue& qu);                // hier nicht benoetigt
    ~Queue();
    void Put(int x);
    Queue& operator= (const Queue& qu);    // explizit erforderlich
    virtual void Print() const;
};

. . .

//--------------------------------------------------------------
class Entry : public string, public Queue {
  public:
    Entry(string s="");
//  Entry(const Entry& e);                   // Default
//  ~Entry();                                // Default
//  void Put(int x);                         // von Queue geerbt

//  friend int operator<  (const Entry& e1, const Entry& e2);
//  friend int operator== (const Entry& e1, const Entry& e2);
//  es werden die fuer String definierten Operationen verwendet

//  Entry& operator= (const Entry& e);       // es wird per Default
                                             // String::operator= und
                                             // Queue::operator= verw.
    virtual void Print() const;
};

Entry::Entry(string s) : string(s), Queue() {}

void Entry::Print() const {
//  String::Print(); cout << " : ";
  cout << setw(WordLen+1) << string::c_str() << " : ";
  Queue::Print();  cout << endl;
}
```

```
//------------------------------------------------------------
class Table {
  public:
    virtual void Add(char* word, int line) = 0;
    virtual void Print() const              = 0;
};

//------------------------------------------------------------
class Prio : public Table {
    Entry* Data;
    int n;
    void Update(Entry& e);
    Entry& ReadX(Entry& e);
  public:
    Prio();

//  Prio(const Prio& p);                    // nicht benoetigt

    ~Prio();

//  Prio& operator= (const Prio&);          // nicht benoetigt

    virtual void Add(char* word, int line);
    virtual void Print() const;
};

. . .

//------------------------------------------------------------
void GetNextWord(char* word, int& LineNr);

ifstream in;

int main() {

  Table* tab = new Prio;
  char Word[WordLen+1];

  in.open("EIN"); int LineNr=1;
  while (!in.eof()) {
    GetNextWord(Word, LineNr); tab->Add(Word, LineNr);
  }
  in.close(); tab->Print();
}

void GetNextWord(char* word, int& LineNr) { ... }
```

9.6 Beziehungen zwischen Klassen – Übersicht

Ein objektorientiertes Programm besteht aus Klassen, die in bestimmten Beziehungen zueinander stehen. Bild 9.19 stellt die wichtigsten Beziehungen im Rahmen der Progrogrammiersprache C++ und ihre graphischen Darstellungen – wie sie in diesem Buch benutzt werden – zusammen.

Vererbung: Vererbung wird durch einen gerichteten Pfeil von der Unterklasse zur Oberklasse dargestellt. Eine klare Semantik erhält man, wenn die Vererbung im Sinne der *Typerweiterung (subtyping)* verwendet wird. Die C++-Notation dafür ist

- `class B: public A { ... };`

In C++ gibt es darüber hinaus die `private Vererbung`, die aber eine völlig andere Semantik hat. Ihre Verwendung kann in dem einen oder anderen Falle nützlich sein, soll aber an dieser Stelle ausgeklammert werden.

Mehrfachvererbung: Die Nützlichkeit und die Notwendigkeit der Mehrfachvererbung ist umstritten, zumindest führt sie leicht zu Problemen, insbesondere im Falle der Existenz einer gemeinsamen Basisklasse, die dann auf zwei Wegen vererbt wird und doppelt in der zusammenführenden Klasse vorhanden ist:

- ```
  class B: public A {...};
  class C: public A {...};
  class D: public B , public C {...};
  ```

Das läßt sich vermeiden durch Verwenden einer virtuellen Basisklasse mit folgender Notation:

- ```
  class B: virtual public A {...};
  class C: virtual public A {...};
  class D: public B , public C {...};
  ```

Benutzung: Benutzung existiert in unterschiedlichen Formen, als allgemeinste Darstellung wird in diesem Buch ein gestrichelter Pfeil von der benutzenden zur benutzten Klasse verwendet. Eine besondere und häufig verwendete Benutzt-Beziehung ist die *Aggregation*, bei der Objekte anderer Klassen zur Realisierung der eigenen Klasse verwendet werden, wobei die verwendeten Objekte in der Klasse selbst instanziert werden können, oder sie existieren außerhalb und werden über Zeiger oder Referenzen benutzt:

(1) `class A { X x; Y y[n]; ... };`

(2) `class A { X* x; Y* y[n]; ... };`

Im Falle (1) aggregiert die Klasse `A` direkt ein Element der Klasse `X` und n Elemente der Klasse `Y`; hier liegt als spezielle Form der Aggregation eine *Komposition* vor, die so zu intepretieren ist, daß die Elemente aufhören zu existieren, wenn das benutzende Objekt aufgelöst wird. Im Falle (2) sind Zeiger auf die verwendeten Objekte definiert, aber es ist hier nicht zu ersehen, ob die entsprechenden Objekte außerhalb der Klasse

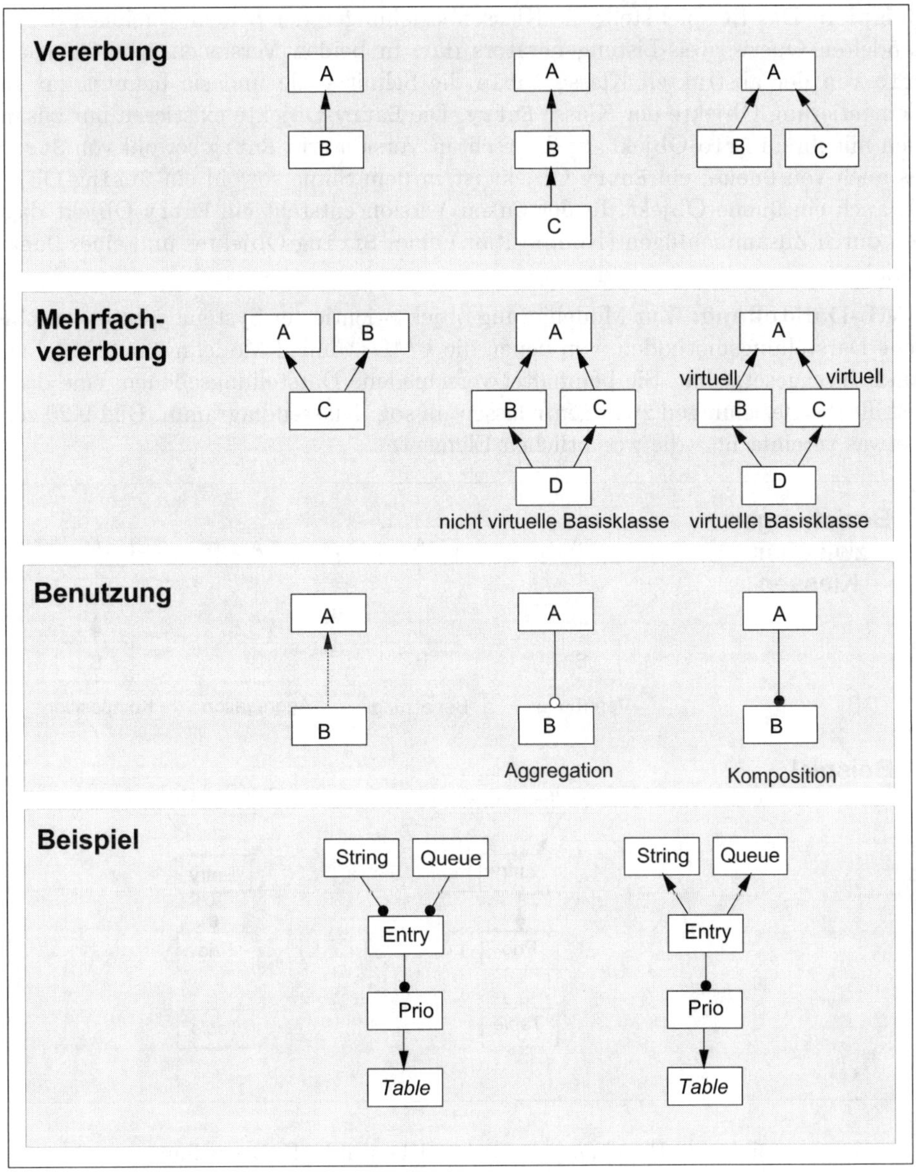

Bild 9.19: Beziehungen zwischen Klassen in C++

vorhanden sind, oder ob sie zum Beispiel durch den eigenen Konstruktor innerhalb erzeugt werden.

Beispiel: Das Beispiel stellt die Klassenbeziehungen der beiden Versionen des behandelten Querverweis-Listengenerators dar. In beiden Versionen erbt die Klasse `Prio` von der abstrakten Klasse `Table` die Schnittstelle und sie benutzt zur Implementierung Objekte der Klasse `Entry`. Die `Entry`-Objekte existieren nur zusammen mit ihrem `Prio`-Objekt. In der rechten Version erbt `Entry` sowohl von `String` als auch von `Queue`; ein `Entry`-Objekt ist in dem Sinne sowohl ein `String`-Objekt als auch ein `Queue`-Objekt. In der linken Version entsteht ein `Entry`-Objekt dagegen durch Zusammenfügen (Komposition) eines `String`-Objektes und eines `Queue`-Objektes.

UML-Darstellung: Zur Modellierung objektorientierter Systeme gibt es verschiedene Darstellungsmethoden, von denen die UML (Unified Modeling Language) sich stark durchgesetzt hat. Sie beinhaltet verschiedene Darstellungsebenen; eine davon betrifft die Beziehungen zwischen Klassen im sog. Klassendiagramm. Bild 9.20 zeigt – etwas vereinfacht – die wesentlichen Elemente.

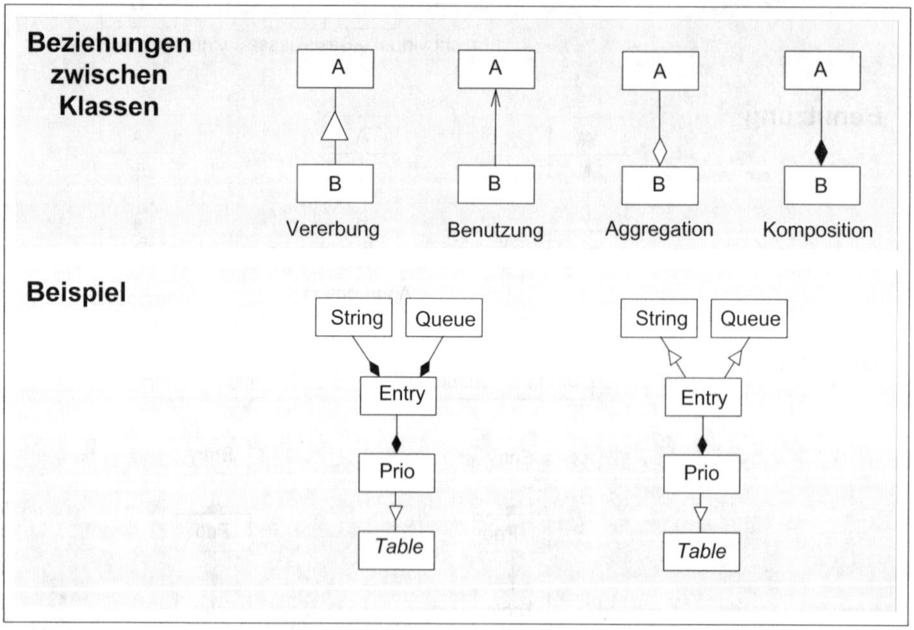

Bild 9.20: Beziehungen zwischen Klassen, UML-Darstellung

9.7 Klassen-Templates: *Generische Strukturen*

Das Template-Konzept, das Klassen-Templates und Funktions-Templates beinhaltet, ist im Verlauf des Standardisierungsprozesses erheblich ausgebaut worden (z.B. *Default-Angaben für Typparameter* und *Spezialisierung von Templates*). Es hat dadurch an Mächtigkeit gewonnen und dies hat dazu geführt, daß klassische objektorientierte Lösungen heute in C++ vielfach durch entsprechende generische Lösungen ersetzt werden, die dann klarer, sicherer (statisch typisiert) und effizienter sind. Die folgenden Unterabschnitte stellen die entsprechenden Sprachbestandteile und ihre Anwendung dar.

Zwei Aspekte des Template-Konzeptes, die sich in das Thema *Meta-Programmierung* einordnen lassen, werden unter den Titeln *Compilezeit-Berechnungen* und *Compilezeit-Polymorphismus* in Kapitel 10 behandelt.

9.7.1 Grundlagen

Das Prinzip

Klassen-Templates sind Typ-parametrisierte Klassen, das zugrundeliegende Prinzip ist elementar und einfach zu verstehen: Anstelle eines konkreten Datentyps – z.B. float – wird ein Platzhalter (Dummy) – z.B. T – genommen, und die Klasse wird unter Verwendung dieses Platzhalter-Typs formuliert, der als Typparameter verwendet wird, wie hier am Beispiel einer Klasse Stack skizziert:

```
template <class T>
class Stack {
    T Data[100];
    int n;
  public:
    . . .
    void Push(const T& t) { Data[n++] = t; }
    . . .
};

. . .
float x;
Stack<float> s;
s.Push(x);
. . .
```

Der Compiler kann dann nach dieser Schablone (engl. template) eine Klasse Stack für konkrete Datentypen generieren, indem er überall den Dummy-Typ durch den gewünschten konkreten Typ ersetzt, T ist ein *Typparameter* der Schablone. Der Name des Typparameters unterliegt der üblichen Konvention für Namensbildung von Bezeichnern und ist in diesem Rahmen frei wählbar; die Anzahl der Typparameter ist nicht begrenzt.

Zusätzlich oder auch anstatt der *Typparameter* können *Variablen* als *Parameter* benutzt werden, um damit z.B. einen Vektor zu dimensionieren:

```
template <class T, int Size>
class Stack {
    T Data[Size];
    int n;
  public:
    . . .
};

. . .
Stack<float, 100> s;
. . .
```

Bei der Implementierung der Elementfunktionen außerhalb der Klassenschnittstelle ist als Vorspann jeweils das Schlüsselwort `template` mit den formalen Typ- und Variablenparametern anzugeben, und die Klassennamen sind zu parametrisieren:

```
template <class T, int Size>
class Stack {
    . . .
    void Push(const T& t);
    . . .
};

. . .
template <class T, int Size>
void Stack<T, Size>::Push(const T& t) { Data[n++] = t; }
. . .
```

Ein Klassen-Template für einen generischen Stack

Die drei C++-Texte 9.62, 9.63 und 9.64 zeigen die Klassenschnittstelle bzw. die Implementierung bzw. die Anwendung einer generischen Stack-Klasse mit dynamisch verwaltetem Datenbereich und werden im folgenden erläutert.

Die Klassenschnittstelle Wir verzichten bei dieser Version auf den zweiten `template`-Parameter und definieren statt dessen die Kapazität des Stack über einen Konstruktorparameter. Durch die zusätzliche Angabe eines Defaultwertes ist der Konstruktor gleichzeitig Standardkonstruktor.

C++-Text 9.62: *Generischer Stack, H-Datei* ./Bsp9/stack/stack5.h

```
#ifndef _stack5_h
#define _stack5_h
```

```
template <class T>
class Stack {
    T *Data;
    int Size;
    int n;
  public:
    Stack(int size=10);
    Stack(const Stack& s);
    ~Stack();
    Stack& operator= (const Stack& s);
    void Push(const T& x);
    T& Pop();
    int count() const;
};

#include "stack5.cpp"

#endif
```

Der Einfachkeit halber treffen wir bei dieser Klasse keine besonderen Vorkehrungen zur Verwendung als Basisklasse für die Vererbung, andernfalls sollten der Destruktor und die Elementfunktionen `Push`, `Pop` und `count` als *virtuell* deklariert und der hier *private Bereich* dann ggf. als *protected* deklariert werden!

Über die drei typischen Stackoperationen `Push`, `Pop` und `count` hinaus sind vier weitere deklariert, die für viele Klassen – vielleicht sogar für die meisten – mehr oder weniger zwingend erforderlich sind. Klassen, die über diese Funktionen verfügen, haben die in Abschnitt 9.1.4 definierte *minimale Standardschnittstelle*:

- `Stack(int size=10)` ist wegen des Default-Parameters gleichzeitig Standardkonstruktor, der bei der Vereinbarung nicht explizit initialisierter Instanzen benötigt wird, z.B. in der Form `Stack<int> s` oder `Stack<...> s[10]` (ein Vektor dessen Elemente Stackobjekte sind).
- `~Stack()` ist der Destruktor, der bei dynamisch über den Heap verwalteten Daten fast immer erforderlich ist.
- `Stack(const Stack& s)` ist der Kopierkonstruktor, der ebenfalls wegen der dynamisch verwalteten Daten explizit implementiert werden sollte, selbst wenn er nicht explizit benutzt wird, da mit hoher Wahrscheinlichkeit das System einen Kopierkonstruktor benötigen wird.
- `Stack& operator= (const Stack& s)` ist der Zuweisungsoperator, für den etwa das gleiche gilt (er wird allerdings nicht implizit verwendet).

Bezüglich der expliziten Definition eines Zuweisungsoperators ist auch zu bedenken, daß Objekte selbstdefinierter Klassen auch wieder als Datenelemente in Objekten anderer Klassen oder der gleichen Klasse verwendet werden können, wie es der folgende Code skizziert:

```
typedef Stack<int> IntStack;
IntStack is;
Stack<IntStack> s;
. . .
is = s.Pop();  // Zuweisung eines Objektes vom Typ IntStack !
```

Die vom Objekt s verwalteten Elemente sind ihrerseits Stacks, die Daten vom Typ int verwalten, und von solchen Elementen erwartet man in der Regel, daß sie zuweisbar sind!

Die Implementierung Die Implementierung der Funktionen in C-Text 9.63 ist weitgehend selbsterklärend, auch der Zuweisungsoperator ist nach dem bekannten Schema *Zunächst Prüfen auf Selbstzuweisung, dann Auflösen und Neugenerieren des eigenen Objektes* realisiert, wobei hier zusätzlich geprüft wird, ob die Stackgröße sich wirklich geändert hat.

C++-Text 9.63: *Generischer Stack, CPP-Datei* ./Bsp9/stack/stack5.cpp

```
#include "stack5.h"
#include <cassert>

template <class T>
Stack<T>::Stack(int size) {
  Data = new T[Size=size]; n = 0;
}

template <class T>
Stack<T>::Stack(const Stack<T>& s) {
  Data = new T[Size=s.Size]; n = s.n;
  for (int i=0; i<n; i++) Data[i] = s.Data[i];
}

template <class T>
Stack<T>::~Stack() { delete[] Data; }

template <class T>
Stack<T>& Stack<T>:: operator= (const Stack<T>& s) {
  if (this != &s) {
    if (Size != s.Size) {
      delete[] Data; Data = new T[Size=s.Size];
    }
    n = s.n;
    for (int i=0; i<n; i++) Data[i] = s.Data[i];
  }
  return *this;
}
```

```
template <class T>
void Stack<T>::Push(const T& x) {
  assert(n < Size); Data[n++] = x;
}

template <class T>
T& Stack<T>::Pop() {
  assert(n > 0); return Data[--n];
}

template <class T>
int  Stack<T>::count() const { return n; }
```

Anwendung Das kleine Anwendungsprogramm demonstriert, daß ein so definierter Stack auch Objekte selbstdefinierter Typen – in diesem Beispiel sind das also wieder Stackobjekte – verwalten kann. Es beginnt mit der Deklaration eines Stackobjektes `is`, das Elemente vom Typ `int` verwaltet, und eines Stackobjektes `s`, das Elemente vom Typ `IntStack` verwaltet. Es wird dann jeweils der `IntStack is` mit Zufallswerten gefüllt, und anschließend wird das gefüllte `IntStack`-Objekt in das `StackofStack`-Objekt gebracht. Bei der anschließenden Ausgabe läuft das dann in umgekehrter Reihenfolge ab, d.h. die `StackofStack`-Objekte werden jeweils einem `IntStack`-Objekt zugewiesen, und das wird dann jeweils ausgegeben.

C++-Text 9.64: *Generischer Stack, Anwendung* ./Bsp9/stack/demo5.cpp

```
#include "stack5.h"
#include <iostream>
#include <cstdlib>
using namespace std;

typedef Stack<int>            IntStack;
typedef Stack< Stack<int> > StackofStack;

int main() {

  IntStack is;
  StackofStack s;

  for (int j=0; j<5; j++) {
    while (is.count())
      is.Pop();
    for (int i=0; i<10; i++)
      is.Push(rand()% 10);
    s.Push(is);
  }
```

```
  while (s.count()) {
    is = s.Pop();
    while (is.count())
      cout << is.Pop() << " ";
    cout << endl;
  }
}
```

Das Programm erzeugt dann z.B. folgende Ausgabe:

```
1 9 4 6 3 2 4 6 8 9
2 1 5 9 0 4 3 5 1 1
6 9 1 2 9 4 5 0 1 9
7 3 1 2 0 2 9 1 8 4
6 8 5 5 7 6 0 2 0 6
```

Aufteilung des Quellcodes, Aufbau der Template-Deklaration

Die H-Datei enthält im Anschluß an die Klassenschnittstelle eine `include`-Anweisung zur Einfügung der zugehörigen CPP-Datei. Das ist die einfachste Möglichkeit, dem Compiler eine rechtzeitige Instanzierung – d.h. die Generierung von Code entsprechend der Schablone – zu ermöglichen. Bei dieser Möglichkeit werden die Definitionen für die Elementfunktionen – vergleichbar der Definition von `inline`-Funktionen – praktisch mit in der H-Datei angeordnet, und damit stehen die Template-Definitionen vor ihrer Anwendung.

Es gibt eine andere Lösung, die eine Anbindung der CPP-Datei wie sonst üblich ermöglicht. Sie verwendet das Schlüsselwort `export` für die aus der entsprechenden CPP-Datei zu exportierenden `template`-Definitionen oder für die Deklaration des Klassen-Templates in der H-Datei. Die Lösung mit dem Schlüsselwort `export` wird von den gängigen Compilern derzeit noch nicht unterstützt, wir werden im weiteren für die Beispiele in diesem Kapitel deshalb die einfache Lösung verwenden. Der Vorteil der `export`-Lösung ist die höhere Flexibilität, was insbesondere bei größeren Systemen zum Tragen kommt. Der Compiler kann in dem Falle selektiv Code generieren.

Allgemein beginnt eine Template-Deklaration mit dem Schlüsselwort `template`, dem ggf. das Attribut `export` vorangestellt wird:

template-declaration:

Allgemeine Form:	**export**$_{opt}$ **template**< *template-parameter-list* > **declaration**

Bei der Analyse dieses Konstruktes ist wieder zu beachten, daß `declaration` in C und in C++ als *Oberbegriff für Deklaration im engeren Sinne (z.B. Prototyp) und*

Definition verwendet wird: eine Defintion liegt vor, wenn an der Stelle eine Klasse, eine Funktion oder ein static-Datenelement definiert wird.

Parameter für Klassen-Templates, Typnamen

Parameter Klassen-Templates können – wie zu erwarten – auch mehrere Typparameter und mehrere Parameter haben, die keine Typparameter sind. Darüber hinaus können sowohl die Typparameter als auch die Nichttypparameter mit Defaultwerten belegt werden. Das folgende Beispiel zeigt das Klassen-Template für die Klasse set, eine Containerklasse der C++-Standardbibliothek:

```
template< class Key, class Compare=less<Key>, class A=allocator<Key> >
class set {. . . }
```

Hier definiert die Klasse Compare ein Funktionsobjekt mit dem Defaultwert less<Key>, das die Ordnung (Sortierreihenfolge der Elemente) innerhalb des Containers definiert, und die Klasse A definiert ein Speichermodell, das ebenfalls per Default vorbelegt ist. Bei der Verwendung der spitzen Klammern ist – ggf. durch Einfügen von Leerzeichen – darauf zu achten, daß keine Token der Form << und >> entstehen, die zu Syntaxfehlern führen.

Die folgende Syntax definiert die Form für einen Typparameter, für die Nichttypparameter gilt die allgemeine Form der Parameter-Deklaration:

Allgemeine Form:

type-parameter:

class *identifier*
class *identifier* = *type-id*
typename *identifier*
typename *identifier* = *type-id*
template<*template-parameter-list*> **class** $identifier_{opt}$
template<*template-parameter-list*> **class** $identifier_{opt}$ = *template-name*

Das Schlüsselwort class kann in der Parameterliste durch typename ersetzt werden, und ein Typparameter kann auch wieder ein template-Konstrukt mit entsprechenden Parametern sein.

Typnamen Die Einführung des Schlüsselwortes typename – es ist erst in einer späten Phase der Standardisierung hinzugekommen – ist nicht geschehen, um eine Alternative für das Schlüsselwort class in der Parameterliste zu schaffen, sondern aus einem anderen Grunde:

- typename wird verwendet, um in Zweifelsfällen explizit zu definieren, daß ein Bezeichner der Name eines Typs ist.

In der C++-Standardbibliothek wird `typename` häufig wie im folgenden Beispiel verwendet:

```
template < class T, class A = allocator<T> >
class list {
  public:
    typedef typename A::reference          reference;
    typedef typename A::const_reference    const_reference;
    typedef typename A::size_type          size_type;
    typedef typename A::difference_type    difference_type;
    typedef typename A::pointer            pointer;
    typedef typename A::const_pointer      const_pointer;
    . . .
};
```

Das zusätzliche Attribut gibt dem Compiler den definitiven Hinweis, daß z.B. `A::reference` ein Typbezeichner ist, das Weglassen des redundant erscheinenden `typname` kann zu Unklarheiten führen:

> Wenn der Compiler zunächst alle Instanzen von templates erzeugt, die dem Quellcode entsprechend zu erzeugen sind, und dann den Quellcode parst, wird das Schlüsselwort `typename` nicht benötigt. Gute Compiler sollten aber auch möglichst `template`-Definitionen parsen, und auf dieser Ebene kann in manchen Fällen nur durch Verwenden eines Schlüsselworts Klarheit erzeugt werden. Der ANSI/ISO-Standard besagt, daß ein Bezeichner in einem *Template* so lange nicht als Typbezeichner anzusehen ist, bis entweder aus dem Kontext eindeutig hervorgeht, daß er einen Typ bezeichnet, oder bis er durch das Schlüsselwort `typename` eindeutig dazu gemacht wird.

Zusammenfassung:

Die Bandbreite der Generizität ist natürlich von Fall zu Fall begrenzt. Im Beispiel Stack muß z.B. für den jeweils verwendeten Elementetyp (der Typ der Objekte, die vom Container aufgenommen oder verwaltet werden) ein Zuweisungsoperator definiert sein, bei einer geordneten Struktur – wie z.B. bei einer Prioritätswarteschlange – müßte zusätzlich für den Elementetyp auch eine Ordnungsrelation definiert sein. Das bedeutet z.B. daß die Stack-Schablone für ANSI/ISO-C–Strings als Elementetyp nicht verwendbar ist, für ANSI/ISO-C++-Strings hingegen wohl!

Das Prinzip der Generizität scheint auf den ersten Blick dem Prinzip der statischen Typisierung zuwiderzulaufen, aber das täuscht:

- Im Gegensatz zu nichttypisierten *Präprozessor-Makros* und im Gegensatz zur Verwendung *nichttypisierter Zeiger vom Typ* `void*` bleibt bei der Verwendung von templates die statische Typisierung erhalten, denn der Compiler generiert gemäß der Schablone typisierten Code, und der wird schließlich verwendet!

- Natürlich können im Prinzip auch *Präprozessor-Makros* zur Generierung von typisiertem Code verwendet werden – wie es z.B. in Abschnitt 3.1.4 vorgeführt wird – aber das `template`-Konzept ist ungleich mächtiger!

9.7.2 Eine generische Container-Bibliothek

Templates eignen sich sehr gut für Container-Strukturen. Ein wesentlicher Vorteil gegenüber polymorphen Container-Strukturen ist die einfachere Verwendbarkeit und auch die einfachere Realisierbarkeit: Jeder Elementetyp, der von einem polymorphen Container verwaltet wird, muß als Klasse definiert und von der Basisklasse abgeleitet sein!

Dagegen ist die Anwendung und Realisierung generischer Container auf der Basis von *templates* in C++ deutlich einfacher. Bild 9.21 zeigt die Klassenstruktur einer rudimentären generischen Containerbibliothek, die aber leicht ausgebaut werden kann. Es sind die fünf Container-Klassen `Stack`, `Queue`, `Prio`, `Vector` und `Set` vorgesehen, die alle von der Basisklasse `Container` abgeleitet sind. Das Vorsehen der vorgeschobenen abstrakten Klasse hat hier nur den Sinn, Gemeinsamkeiten wie z.B. Konstruktoren, Destruktor und zwei Elementfunktionen vorab für alle Klassen gemeinsam zu implementieren. Das muß natürlich nicht so sein, sondern es ist durchaus denkbar, daß die vier Containerklassen so unterschiedlich implementiert werden, daß die vorgeschobene Klasse sich erübrigt.

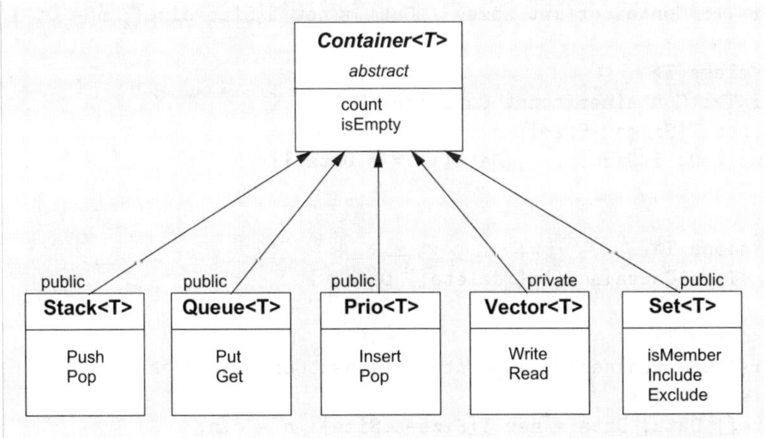

Bild 9.21: Generische Container, Version 1

Der C++-Text 9.65 beschreibt die Basisklasse der kleinen Container-Bibliothek. Konstruktoren, Destruktor und Zuweisungsoperator stehen im `protected`-Teil, sie stehen damit abgeleiteten Klassen direkt zur Verfügung, nicht aber Benutzern. Die Klasse ist damit abstrakt, weil sie keinen öffentlichen Standardkonstruktor besitzt, die Plazierung des Standardkonstruktors im nichtöffentlichen Bereich verhindert das Erzeugen eines Default-Standardkonstruktors!

C++-Text 9.65: *Generische Container, Vers. 1, Basisklasse* ______ ./Bsp9/gencont/contadef.h

```
#ifndef _conta_h
#define _conta_h

template <class T>
class Container {
  protected:
    T* Data;
    int Size;
    int n;
    Container(int size=10);
    Container(const Container& c);
    Container& operator= (const Container& c);
  public:
    virtual ~Container() = 0;                    // !!!
    int  count()   const { return n; }
    bool isEmpty() const { return n== 0; }
};

template<class T>
Container<T>::Container(int size) { Data = new T[Size=size]; n = 0; }

template<class T>
Container<T>::Container(const Container<T>& c) {
  Data = new T[Size=c.Size]; n = c.n;
  for (int i=0; i<Size; i++) Data[i] = c.Data[i];
}

template<class T>
Container<T>::~Container() { delete[] Data; }

template<class T>
Container<T>& Container<T>::operator= (const Container<T>& c) {
  if (this != &c) {
    delete[] Data; Data = new T[Size=c.Size]; n = c.n;
    for (int i=0; i<Size; i++) Data[i] = c.Data[i];
  }
  return *this;
}
#endif
```

Der C++-Text 9.66 zeigt die Schnittstelle und Implementierung der konkreten Klasse `Stack`, der Programmcode für die übrigen drei Klassen `Queue`, `Prio` und `Set` sieht entsprechend aus und wird deshalb hier nicht abgedruckt.

C++-Text 9.66: *Generische Container, Vers. 1, konkrete Klassen* ./Bsp9/gencont/contsa.sht

```
#ifndef _contsa_h
#define _contsa_h
#include "contadef.h"

template <class T>
class Stack : public Container<T> {
  public:
    Stack(int size=10)    : Container<T>(size)  {}
    Stack(const Stack& s) : Container<T>(s) {}
    virtual ~Stack() {}
    Stack& operator= (const Stack& s) {
      Container<T>::operator=(s); return *this;
    }
    void Push(T& t) { Data[n++] = t; }
    T& Pop()        { return Data[--n]; }
};

template <class T>
class Queue : public Container<T> { . . . };

template <class T>
class Vector : private Container<T> {                  // private !
/*
  Vector erbt private, da die beiden Funktionen
  count() und isEmpty() nicht relevant sind
*/
  public:
    Vector(int size=10)     : Container<T>(size) {};
    Vector(const Vector& v) : Container<T>(v) {};
    virtual ~Vector() {}
    Vector& operator= (const Vector& v) {
      Container<T>::operator=(v); return *this;
    }
    void Write(T& t, int i) { Data[i] = t; }
    T& Read(int i) { return Data[i]; }
};

template <class T>
class Prio : public Container<T> { . . . };

template <class T>
class Set : public Container<T>  { . . . };
#endif
```

Mit dem C++-Text 9.67 wird die Anwendung der generischen Container-Klassen demonstriert.

C++-Text 9.67: *Generische Container, Vers. 1, Anwendung* ——— ./Bsp9/gencont/demoa.cpp

```
#include "contsa.h"
#include <iostream>
#include <cstdlib>
using namespace std;

int main() {
  int i, ix;
  Stack<int>  St1, St2; Queue<int>  Qu1, Qu2;
  Prio<int>   Pr1, Pr2; Vector<int> Ve1, Ve2;
  Set<int>    Se1, Se2;

  for (i=0; i<10; i++) {
    ix = rand() % 10;
    St1.Push(ix); Qu1.Put(ix); Pr1.Insert(ix);
    Ve1.Write(ix, i); Se1.Include(ix);
  }
  St2 = St1; Qu2 = Qu1; Pr2 = Pr1; Ve2 = Ve1; Se2 = Se1;

  cout << endl << "Stack  : ";
  while (!St2.isEmpty()) cout << St2.Pop() << " ";

  cout << endl << "Queue  : ";
  while (!Qu2.isEmpty()) cout << Qu2.Get() << " ";

  cout << endl << "Prio   : ";
  while (!Pr2.isEmpty()) cout << Pr2.Pop() << " ";

  cout << endl << "Vector : ";
  for (i=0; i<10; i++) cout << Ve2.Read(i) << " ";

  cout << endl << "Set    : ";
  for (i=0; i<10; i++) if (Se2.isMember(i)) cout << i << " ";
  cout << endl << endl;
}
```

Das Programm erzeugt z.B. die folgende Ausgabe:

```
Stack  : 4 2 8 8 4 9 0 4 7 1
Queue  : 1 7 4 0 9 4 8 8 2 4
Prio   : 0 1 2 4 4 4 7 8 8 9
Vector : 1 7 4 0 9 4 8 8 2 4
Set    : 0 1 2 4 7 8 9
```

Natürlich lassen sich die Strukturen auch wieder schachteln, z.B. wie folgt:

```
typedef Prio<int>     intPrio;
typedef Set<string>   stringSet;
typedef Stack<float>  floatStack;
Stack<intPrio>        StackOfPrio;
Stack<floatStack>     StackOfStack(50);
Queue<stringSet>      QueueOfSet;
```

Dabei ist wieder zu beachten, daß die *Bandbreite der Generizität* auch hier beschränkt ist: die zur Parametrisierung von `Stack` und `Queue` verwendeten Typen müssen mindestens eine *minimale Standardschnittstelle* haben, die entsprechend für `Set` verwendeten Typen müssen zusätzlich den Operator `==`, und die entsprechend für `Prio` verwendeten Typen müssen zusätzlich den Operator `<` bereitstellen.

Ein Nachteil solcher template-Strukturen ist die Tatsache, daß dabei in vielen Fällen sehr viel – zum großen Teil sicher redundanter – Programmcode generiert wird:

```
Stack<float>        s1;
Stack<double>       s2;
Stack<int>          s3;
Stack<unsigned int> s4;
Stack<long int>     s5;
Stack<string>       s6;
String<somewhat>    s7;
```

Die sieben Stackdeklarationen erzeugen sieben mal Programmcode gemäß der vorgegebenen Schablone. Das mag im Falle der relativ kompakten Klasse Stack noch erträglich sein, aber wenn wir statt dessen z.B. einen AVL-Baum oder einer Bayer-Baum mit z.B. dreißig teilweise sehr umfangreichen Elementfunktionen betrachten, dann wird man die Redundanz vielleicht nicht mehr hinnehmen wollen! Der folgende Abschnitt zeigt eine Möglichkeit – die allerdings nur in bestimmten Fällen anwendbar ist –, die entsprechende Redundanz erheblich zu verringern.

9.7.3 Spezialisierung von Templates

Die C++-Templates stellen ein sehr mächtiges Hilfsmittel dar, *generische Softwaremodule* zu entwickeln, und verbessern damit die Möglichkeiten ihrer *Wiederverwendbarkeit* erheblich. Generische Lösungen sind aber meist nicht kostenfrei zu haben! Auf unser Problem bezogen heißt das, daß bei der Verwendung von Templates in der Regel redundanter Code erzeugt wird und daß Code, der aus Templates generiert wird, in der Regel auch bezüglich seiner Laufzeiteffizienz nicht optimiert ist.

Vielfach wird die Meinung vertreten, daß Optimierung von Code primär die Aufgabe des Compilers und nicht die des Programmierers ist. Ein besonders wichtiges Ziel bei der Entwicklung von C und C++ war aber die Laufzeit- und Speichereffektivität, und aus diesem Grunde ist das Template-Konzept um Bestandteile zur Spezialisierung erweitert worden.

Gezielte Spezialisierung

Der folgende Beispiel zeigt – in Anlehnung an entsprechende Klassen der C++-Standardbibliothek – das Prinzip:

```
template<class T> class complex {          // Vers. 1
    T re, im;
    . . .
};
template<> class complex<float> {          // Vers. 2
    float re, im;
    . . .
};
template<> class complex<double> {         // Vers. 3
    double re, im;
    . . .
};
template<> class complex<long double> {  // Vers. 4
    long double re, im;
    . . .
};
. . .
complex<float>       x1, x2, x3;    // Vers. 2 wird instanziert
complex<double>      y1, y2, y3;    // Vers. 3 wird instanziert
complex<long double> z1, z2, z3;    // Vers. 4 wird instanziert
complex<int>         n1, n2, n3;    // Vers. 1 wird instanziert
```

Die Klasse `complex` ist mit dem Typparameter `T` versehen, um damit `complex`-Klassen generieren zu können, bei denen der Typ für die Komponenten *Realteil* und *Imaginärteil* frei wählbar ist. Die übrigen drei Klassen sind optimierte Speziallösungen für die häufig verwendeten Typen `float`, `double` und `long double`, die jeweils Konstruktoren und Elementfunktionen für spezielle Konvertierungen enthalten. Der Anwender, der sich `complex`-Typen definiert, braucht die Details nicht zu kennen, der Compiler wählt selbst die jeweils am besten passende Lösung. Bei der Definition derartiger gezielter Spezialisierungen geht es darum, die Laufzeiteffizienz zu verbessern.

Partielle Spezialisierung

Bei der partiellen Spezialisierung geht es darum, für verschiedene Anwendungen eine gemeinsam nutzbare Spezialisierung zu finden und so die Generierung von Template-Instanzen zu reduzieren. Beim Arbeiten mit Containern werden häufig Zeiger als Elementtypen verwendet. Als größter gemeinsamer Nenner für Zeigertypen kann der Typ `void*`, der nichttypisierte Zeiger, angesehen werden. Bei der Definition einer Containerklasse, z.B. einer Stackklasse, bietet es sich nun an, zwei Schablonen zu definieren, eine für den allgemeinen Elementetyp `T` und eine Spezialisierung für den

Elementetyp `void*`:

```
template<class T> class Stack {
    T *Data;
    . . .
  public:
    . . .
    void Push (T x) { Data[n++] = x; }
    . . .
};
template<> class Stack<void*> {
    void* *Data;
    . . .
  public:
    . . .
    void  Push (void* x) { Data[n++] = x; }
    . . .
};
. . .
Stack<int>   s1;  // verwendet die allgemeine Schablone
Stack<void*> s2;  // verwendet die Spezialisierung fuer void*
```

Damit scheint auf den ersten Blick nicht viel gewonnen, denn natürlich unterscheidet sich ein typisierter Zeiger ganz erheblich von einem `void*`-Zeiger:

- Ein typisierter Zeiger *ist ein* `void*`-Zeiger, erweitert um die jeweilige Typinformation.

Bei der Verwaltung von Zeigern in Containern wie *Stack*, *Queue* und *Vector* wird intern die Typinfomation nicht benötigt (in Containern, die ihre Elemente ordnen, wie z.B. *Priorityqueue* und *(ordered) set* dagegen schon). Im folgenden wird gezeigt, wie man – aufbauend auf einer partiellen Spezialisierung für `void*`-Zeiger – zu gemeinsamen Lösungen für typisierte Zeiger kommen kann.

Gezielte und partielle Spezialisierung

Der angegebene C++-Text deutet zunächst die bekannte allgemein verwendbare Stackschablone und dann die *gezielte Spezialisierung* für `void*`-Zeiger an. Die dann folgende Schablone stellt eine *partielle Spezialisierung* dar, d.h. eine Stackschablone, die für typisierte Zeiger verwendbar ist:

```
template<class T> class Stack { . . . };

template<> class Stack<void*> { . . . };

template<class T> class Stack<T*> : private Stack<void*> {
  public:
```

```
    Stack(int size=10) :  Stack<void*>(size)              {}
    void Push(T p)        { Stack<void*>::Push(p);          }
    Ptr  Pop ()           { return (T*)Stack<void*>::Pop(); }
    int  count()          { return Stack<void*>::count();   }
};

. . .
Stack<int*> s1, s2;
for (int i=0; i<10; i++) {
  int* ix = new int; *ix = i; s1.Push(ix);
}
s2 = s1;
while (s2.count()>0) {
  int* ix = s2.Pop(); cout << *ix << " "; delete ix;
}
. . .
```

Die Schablone `Stack<T*>` wird hier durch private Vererbung aus der Schablone `Stack<void*>` abgeleitet. Die mit `Stack<void*>::Push(p)` übergebenen Zeiger sind kompatibel mit den internen `void*`-Zeigern, bei der Rückgabe von `void*`-Zeigern durch `Stack<void*>::Pop()` wird explizit konvertiert, der Zieltyp ist ja eindeutig definiert! Damit ist das angestrebte Ziel – *Redundanzvermeidung* – erreicht:

- Bei der Defintion von Instanzierungen für alle Zeigertypen, z.B. `Stack<int*> s`, wird intern die Schablone `Stack<void*>` benutzt.

Falls der verwendete Compiler noch keine *Spezialisierung* unterstützt, kann man sich relativ einfach wie folgt helfen:

```
template<class Ptr> class PtrStack : private Stack<void*> {
  public:
    PtrStack(int size=10) :      Stack<void*>(size)                {}
    void Push(Ptr p)           { Stack<void*>::Push(p);              }
    Ptr  Pop ()                { return (Ptr)Stack<void*>::Pop(); }
    int  count() count         { return Stack<void*>::count();     }
};
. . .
PtrStack<int*> s1, s2;
```

Der wesentliche Nachteil dieser Ersatzmaßnahme besteht darin, daß der Programmierer explizit angeben muß, welche Schablone zu verwenden ist!

9.7.4 Eine spezialisierte Container-Bibliothek

Die vorangehenden Überlegungen haben gezeigt, daß es sinnvoll sein kann, beim Entwurf von Containerklassen *gezielte* Spezialisierungen für die Verwendung von Zeigerobjekten vorzusehen, die sich dann ihrerseits intern auf *partielle* Spezialisierungen für `void*`-Zeiger abstützen. Bild 9.22 stellt eine solche Lösung dar. Dadurch, daß Container mit Zeigerobjekten sich die Instanzierung für `void*`-Zeiger teilen, wird *das Aufblasen von Code (engl. code bloat)* an dieser Stelle verhindert. Wie schon erläutert, ist dieser Ansatz natürlich nur anwendbar auf Container, die intern nicht die Typinformation ihrer Elemente verwenden, der Ansatz ist also z.B. nicht auf Container anwendbar, die ihre Elemente ordnen, wie z.B. *priority queue* und *ordered set*.

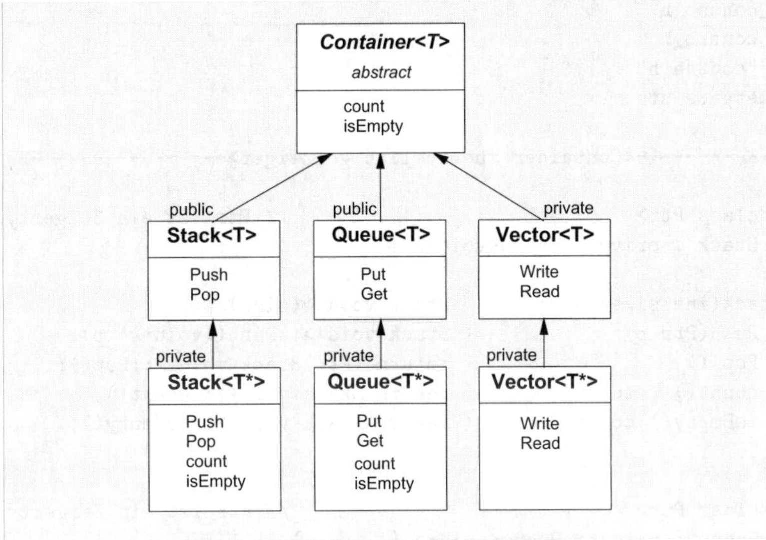

Bild 9.22: Generische Container, eine Speziallösung

Der folgende Code verdeutlicht die Wirkung der Spezialisierung:

```
Stack<int>        st1;  // verwendet die Schablone Stack<T>

Stack<int*>       st2;  // hier wird jeweils die
Stack<double*>    st3;  // Schablone Stack<T*> verwendet,
Stack<string*>    st4;  // die intern die Schablone
Stack<somewhat*> st5;  // Stack<void*> benutzt!
```

Die vier Objekte `st2`, `st3`, `st4` und `st5` werden alle unter Verwendung der Schablone `Stack<T*>` instanziert und damit jeweils auf die partielle Spezialisierung `Stack<void*>` abgebildet, nur das Objekt `st1` wird unter Verwendung der Schablone `Stack<T>` instanziert und besteht damit aus separatem Code.

Der C++-Text 9.68 zeigt die Realisierung. Aufbauend auf den Schablonen `Stack<T>`, `Queue<T>` und `Vector<T>` werden über *private Vererbung* die entsprechenden Schablonen für Zeiger abgeleitet und dabei als Zwischenstufe die Spezialisierungen `Stack<void*>`, `Queue<void*>` und `Vector<void*>` verwendet.

Wegen der vielfach noch nicht verfügbaren entsprechenden Compiler-Unterstützung werden in dem C++-Text separate Namen für die *Zeigerschablonen* verwendet (z.B. `PtrStack` statt `Stack`), die *bessere Alternative* ist als Kommentar angegeben.

C++-Text 9.68: *Generische Container, Vers. 2* ./Bsp9/gencont/contsb.sht

```
#ifndef _contsb_h
#define _contsb_h
#include "contsa.h"
using namespace std;

//-----------------<Container fuer beliebige Zeiger>--------------------

template<class Ptr>                                   // Ptr ist ein Zeigertyp!
class PtrStack : private Stack<void*> {
  public:
    PtrStack(int size=10) :       Stack<void*>(size)                {}
    void Push(Ptr p)             { Stack<void*>::Push((void*&) p);     }
    Ptr  Pop ()                  { return (Ptr)Stack<void*>::Pop();    }
    int  count()   const         { return Stack<void*>::count();       }
    bool isEmpty() const         { return Stack<void*>::isEmpty();     }
};

template<class Ptr>                                   // Ptr ist ein Zeigertyp!
class PtrQueue : private Queue<void*> { . . . }

template<class Ptr>                                   // Ptr ist ein Zeigertyp!
class PtrVector : private Vector<void*> { . . . }

/*
besser: (siehe Text)

template<class T> class Stack<T*>  : private Stack<void*>  { . . . }
template<class T> class Queue<T*>  : private Queue<void*>  { . . . }
template<class T> class Vector<T*> : private Vector<void*> { . . . }

*/

#endif
```

Der C++-Text 9.69 zeigt ein kleines Test- und Demoprogramm für die *Zeiger-Container*. Es werden zehn Zufallszahlen generiert, und die Container werden mit Verweisen (Zeigern) auf die Zahlen gefüllt. Beim Entfernen der Verweise (Zeiger) bleiben die Zahlen erhalten, erst beim Entfernen aus dem *Vector* wird auch der Speicherplatz für die Zahlen explizit wieder freigegeben.

C++-Text 9.69: *Generische Container, Vers. 2, Anwendung* ./Bsp9/gencont/demob.cpp

```
#include<iostream>
#include<cstdlib>

#include"contsb.h"

using namespace std;

int main() {

  int i;

  PtrStack <int*> S1, S2;   //  Stack <int*> S1, S2;
  PtrQueue <int*> Q1, Q2;   //  Queue <int*> Q1, Q2;
  PtrVector<int*> V1, V2;   //  Vector<int*> V1, V2;

  for (i=0; i<10; i++) {
    int* wert = new int;           // hier wird der Speicherplatz
    *wert = rand() % 10;           // fuer die Elemente reserviert
    S1.Push(wert); Q1.Put(wert);
    V1.Write(wert, i);
  }

  S2 = S1; Q2 = Q1; V2 = V1;

  cout << endl << "Stack  : ";
  while (!S2.isEmpty()) {          // der Zeiger wird entnommen,
    cout << *S2.Pop() << " ";      // der Speicherplatz bleibt   !!!
  }

  cout << endl << "Queue  : ";
  while (!Q2.isEmpty()) {          // der Zeiger wird entnommen,
    cout << *Q2.Get() << " ";      // der Speicherplatz bleibt   !!!
  }

  cout << endl << "Vector : ";
  for (i=0; i<10; i++) {
    int* ix = V2.Read(i);
    cout << *ix << " ";
    delete ix;                    // hier wird der Speicher-
  }                               // platz erst wieder freigegeben !

  cout << endl << endl;

}
```

9.7.5 Funktions-Templates

Bedeutung

Normale – d.h. *globale* – Funktionen gibt es in der *reinen objektorientierten Programmierung* überhaupt nicht. In der Programmiersprache C++, die neben der *objektorientierten Programmierung* die *generische Programmierung* unterstützt, spielen globale Funktionen und insbesondere Templates für globale Funktionen eine ganz besondere Rolle, die sie insbesondere durch die *Algorithmen* der *Standard Template Library (STL)* erhalten haben, siehe dazu Abschn. 11.5.1 und 11.8.

Für die Parameter von Funktions-Templates gilt das gleiche wie für Klassen-Template-Parameter: es gibt Typparameter und Nichttypparameter, und es gibt die Möglichkeit der Default-Werte für beide Arten.

Überladen

Funktions-Templates können überladen werden, was bei den entsprechenden Templates der C++-Standardbibliothek fast die Regel ist; der folgende Code skizziert ein Beispiel:

```
template<class T>
void Sort(T* vec, int n) { . . . }

template<class T>
void Sort(vector<T>& vec) { . . . }

template<class RndIt>
void Sort(RndIt first, RndIt last) { . . . }
. . .
int array[10];
vector<int> buffer(10);  // Template aus der STL
. . .
Sort(array, 10); Sort(buffer); Sort(buffer.begin(), buffer.end());
```

Es sind drei Templates mit dem Namen `Sort` definiert, die sich in der Signatur unterscheiden, und entsprechend wird jeweils das passende Template ausgewählt. Darüber hinaus können auch weitere *Nicht-Template-Funktionen* gleichen Namens definiert sein, die sich natürlich auch wieder in der Signatur unterscheiden müssen. Die Auswahlregeln sind im Detail komplex, sie stimmen aber mit den Erwartungen überein, wenn nicht zu komplexe Situationen konstruiert werden. Die folgenden beiden Funktions-Templates, deren Prototypen in der Form Bestandteile der C++-Standardbibliothek sind, zeigen, daß auch Exemplare mit mehreren Typparametern durchaus üblich sind.

```
template<class FwdIt1, class FwdIt2>
FwdIt1 search(FwdIt1 first1, FwdIt1 last1,
              FwdIt2 first2, FwdIt2 last2);
```

```
template<class FwdIt1, class FwdIt2, class BinPred>
FwdIt1 search(FwdIt1 first1, FwdIt1 last1,
              FwdIt2 first2, FwdIt2 last2, BinPred pred);
```

Spezialisieren

Funktions-Templates lassen sich ebenfalls spezialisieren, wie im folgenden Beispiel demonstriert wird:

```
template<class T>
int compare(T x, T y) {
  if (x==y) return 0; else if (x < y) return -1; else return +1;
}

template<>
int compare(const char* s1, const char* s2) {
  return strcmp(s1, s2);
}

. . .

cout << compare(7, 5) << " " << compare("Meyer", "Meier") << endl;
```

9.7.6 Funktions-Templates als Elemente

Auch Elementfunktionen können – aber nur nichtvirtuelle – Funktions-Templates (kurz: *Element-Templates*) sein. Der folgende Code zeigt das Problem:

```
template<class T>
class Complex {
    T re, im;
  public:
    . . .
    T real() const { return re; }
    T imag() const { return im; }
    . . .
    Complex& operator=(const Complex& cx) {
      re = cx.re; im = cx.im; return *this;
    }
    . . .
};
. . .
Complex<float>  cf1, cf2;
Complex<double> cd1, cd2;
. . .
cf1 = cf2;  // korrekt
```

```
cd1 = cd2;  // korrekt
cd1 = cf1;  // Fehler: links und rechts unterschiedliche Typen !!!
. . .
```

Die Klasse `Complex` wird für die Typen `float` und `double` instanziert. Nun sind zwar Konvertierungen zwischen `float` und `double` per Default definiert, aber nicht zwischen `Complex<float>` und `Complex<double>`, und deshalb wird die Anweisung `cd1 = cf1;` vom Compiler als Syntaxfehler erkannt. Die Lösung besteht darin, den Zuweisungsoperator per *Element-Template* zu definieren:

```
template<class U>
Complex<T>& operator= (const Complex<U>& cx) {
  re = cx.real(); im = cx.imag(); return *this;
}
. . .
cd1 = cf1;  // jetzt korrekt !
```

Damit wird also festgelegt, daß Zuweisungen zwischen `Complex`-Typen möglich sind, wenn die Komponenten (Realteil und Imaginärteil) kompatibel sind: für die Zuweisung `cd1 = cf1;` wird entsprechend der Schablone der typgerechte Zuweisungsoperator generiert.

Ein zweites Problem kann bei einer Zuweisung eines Typs `T` zum Typ `Complex<T>` auftreten, das durch das folgende *Element-Template* gelöst werden kann:

```
template<class U>
Complex<T>& operator= (const U& x) {
  re = x; im = 0; return *this;
}
. . .
Complex<Somewhat> cx;
Somewhat x;
. . .
cx = x;  // jetzt korrekt !
```

9.7.7 Laufzeit- und Compilezeit-Polymorphismus

Klassen-Templates – d.h. typparametrisierte Klassen – bieten in vielen Fällen eine noch weithin unterschätzte Alternative zu polymorphen Strukturen mit Vererbungshierarchien. Ein schlagendes Beispiel ist eine Containerbibliothek:

> Die klassische polymorphe Realisierung mit dynamischer Bindung zur Laufzeit verwendet eine abstrakte Basisklasse und eine umfangreiche Hierarchie davon abgeleiteter Klassen mit virtuellen Funktionen zur Definition von Elementtypen und von Containertypen; gefährliche *Downcasts* sind unvermeidbare Konstruktionselemente, die Typüberprüfung erfolgt zur Laufzeit.

Die alternative Realisierung auf der Basis von Templates kann vollständig auf die Verwendung der Vererbung und damit auf virtuelle Funktionen verzichten; es wird streng statisch typisierter Code generiert, d.h. die Typüberprüfung findet zur Compilezeit statt; ein weiterer Vorteil sind die einfachere Benutzbarkeit und die bessere Laufzeiteffizienz.

Die *Standard Template Library (STL)* – ein wichtiger Bestandteil der C++-Standardbibliothek – ist eine inzwischen weithin bekannte Vertreterin des *generischen Ansatzes* unter Verwendung von Templates.

Da die Möglichkeiten und Ziele des klassischen polymorphen Ansatzes und die des generischen Ansatzes unter Verwendung von Templates sich stark (aber bei weitem nicht vollständig) überdecken, spricht man beim Template-Ansatz manchmal von *Compilezeit-Polymorphismus* im Gegensatz zu *Laufzeit-Polymorphismus*.

9.8 Namensbereiche: *Namenskollisionen vermeiden*

9.8.1 Grundlagen: Definition und Benutzung

In größeren Programmen wird das Problem der Kollision globaler Namen – insbesondere bei der Benutzung von Bibliotheksmodulen verschiedener Hersteller und bei der Zusammenbindung von Modulen, die von verschiedenen Personen geschrieben werden – sehr groß. Darüber hinaus kann es *zum Krampf werden*, Namen modifizieren zu müssen, um entsprechende Kollisionen zu vermeiden. Der C++-Text 9.70 zeigt an einem kleinen Beipiel, wie das C++-Sprachmittel *Namensbereich, engl.: namespace* verwendet wird, um solche Probleme zu lösen.

C++-Text 9.70: *Namensbereich, Beispiel 1* ./Bsp9/namesp/nsp1.cpp

```
#include <iostream>
using namespace std;

namespace Stack {
  const int size = 100;
  int buf[size];
  int top;
  void init ()       {top = 0;}
  void push (int x) {buf[top++] = x;}
  int  pop  ()       {return buf[--top];}
  bool empty()       {return top == 0;}
}

namespace Queue {
```

```
  const int size = 100;
  int buf[size];
  int first, last, count;
  void init ()      {first = last = 0;}
  void put  (int x) {buf[first++] = x; first %= size; count++;}
  int  get  ()      {int x = buf[last++]; last %= size; count--; return x;}
  bool empty()      {return count == 0;}
}

int main() {
  Stack::init(); Queue::init();
  for (int i=0; i<10; i++) {
    Stack::push(i); Queue::put(i);
  }

  while (!Stack::empty()) cout << Stack::pop() << " ";
  cout << endl;

  while (!Queue::empty()) cout << Queue::get() << " ";
  cout << endl;
}
```

In dem Beipiel sind die beiden Namensbereiche `Stack` und `Queue` definiert, und die dort jeweils definierten Namen können von außen durch Qualifizierung mit dem Bereichsnamen benutzt werden, z.B.: `Stack::init`, `Stack::top`, `Stack::push`, `Queue::int`, `Queue::first`, ...

Die Definitionen der beiden Namensbereiche heißen *original-namespace-definition*, sie haben folgende allgemeine Form:

Allgemeine Form:

original-namespace-definition:

namespace *identifier* { *declaration-seq*$_{opt}$ }

Der Rumpf der Definition kann also eine Sequenz beliebiger Deklarationen enthalten, wobei zu beachten ist, daß der Begriff *Deklaration* in C und in C++ als Oberbegriff für *Deklaration* und *Definition* verwendet wird, d.h. er schließt z.B. die Deklaration und die Definition von Variablen und Funktionen ein und natürlich auch die Definition von Namensräumen: Namensräume können also ebenfalls geschachtelt werden.

9.8.2 Erweiterung von Namensbereichen

Namensbereiche sind offen und können erweitert werden, wie es die C++-Texte 9.71 und 9.72 zeigen. D.h. also: Ein Namensbereich ist eine logische Einheit, die sich *physikalisch* aus verschiedenen Blöcken zusammensetzen kann. Im C-Text 9.71 werden die beiden Namensbereiche durch jeweils eine Funktionsdefinition erweitert.

C++-Text 9.71: *Namensbereich, Beispiel 2* ./Bsp9/namesp/nsp2.sht

```
#include <iostream>
using namespace std;

namespace Stack { . . . }

namespace Queue { . . . }

namespace Stack { bool full() {return top == size;} }

namespace Queue { bool full() {return count == size;} }

int main() {
  Stack::init(); Queue::init();
  . . .
}
```

Im C-Text 9.72 werden die beiden Namensbereiche so aufgeteilt, daß Deklarationen (die Funktionsprototypen) und die Definitionen im separaten Bereich stehen, entsprechend der Aufteilung in Header- und Implementierungsdateien.

C++-Text 9.72: *Namensbereich, Beispiel 3* ./Bsp9/namesp/nsp3.sht

```
#include <iostream>
using namespace std;

namespace Stack {            // Prototypen
  void init ();
  . . .
}

namespace Queue {            // Prototypen
  void init ();
  . . .
}

int main() {
  Stack::init(); Queue::init();
  . . .
}

namespace Stack {            // Implementierung
  const int size = 100;
  . . .
```

```
  bool empty()      {return top == 0;}
}

namespace Queue {             // Implementierung
  const int size = 100;
  . . .
  bool empty()      {return count == 0;}
}
```

Die Definitionen von Namensbereich-Erweiterungen heißen *extension-namespace-definition*, sie haben folgende allgemeine Form:

Allgemeine Form:

extension-namespace-definition:

namespace *original-namespace-name* { *declaration-seq*$_{opt}$ }

Der Rumpf der Erweiterungsdefinitionen wird also nach dem gleichen Schema aufgebaut wie die originale Definition.

9.8.3 Alias (Synonym) für Namensbereiche

Der folgende Code zeigt die Möglichkeit, synonyme Namen für Namensbereiche zu definieren und zu benutzen:

```
namespace Stack { . . . }
namespace Queue { . . . }

namespace A = Stack;
namespace B = Queue;

int main() {
  A::init(); B::init();
  . . .
}
```

Die Verwendung von Alias für Namensbereiche kann aus zwei verschiedenen Gründen sinnvoll sein:

- zur Abkürzung von Originalnamen, die aus Gründen der Eindeutigkeit lang gewählt wurden;
- zur Parametrisierung, d.h. um den verwendeten Namensbereich leicht und zentral ändern zu können.

Die Definition von Alias für Namensbereiche hat folgende allgemeine Form:

Allgemeine Form:

namespace-alias-definition:

namespace *identifier* = $::_{opt}$ *nested-namespace-specifier*$_{opt}$ *namespace-name*;

9.8.4 Using-Direktive und Using-Deklaration

Die `using`-Direktive erweitert die Sichtbarkeit aller Namen des angegebenen Namensbereichs auf den aktuellen Gültigkeitsbereich:

```
namespace A {
  int x;
  void f() { ... }
}
. . .
using namespace A;
. . .
```

Damit werden also `x` und `f()` auch außerhalb von `A` in dem Gültigkeitsbereich, in dem diese `using`-Direktive steht, ohne explizite Qualifizierung verfügbar. Eine Standardanwendung der `using`-Direktive betrifft den Zugriff auf die Module der Standardbibliothek, die alle im Namensbereich `std` liegen, z.B.

```
#include <iostream>
using namespace std;
. . .
```

Um die Kompatibilität zu älterem C++-Code zu gewährleisten, ist die `using`-Direktive in die alten Headerdateien, die mit

```
#include <name.h>
```

eingefügt werden, integriert.[4]

Die `using`-Direktive hat folgende allgemeine Form:

Allgemeine Form:

using-directive:

using namespace $::_{opt}$ *nested-namespace-specifier*$_{opt}$ *namespace-name*;

Unter Verwendung des Bereichsoperators `::` kann auch auf innere Namensräume bei entsprechenden Schachtelungen zugegriffen werden.

Ein selektiver vereinfachter Zugriff, d.h. Benutzung ohne zusätzliche Qualifizierung, auf einzelne Elemente eines Namensbereichs ist mit der `using`-Deklaration möglich:

[4]Genauer gesagt: Die entsprechenden `include`-Anweisungen werden vom Compiler so behandelt, als ob die `using`-Direktive integriert wäre.

```
namespace A {
  int x, y, z;
  void f1() { ... }
  void f2() { ... }
  void f3() { ... }
}
. . .
using A::y;
using A::f2;
y = ...; f2();
. . .
```

Die allgemeinen Formen einer using-Deklaration sehen wie folgt aus:

Allgemeine Formen:

using-declaration:

using *typename*$_{opt}$ ::$_{opt}$ *nested-namespace-specifier*; *unqualified-id*;
using :: *unqualified-id*;

9.8.5 Anonyme Namensbereiche

Anonyme Namensbereiche ermöglichen es, den Gültigkeitsbereich von Namen auf eine Übersetzungseinheit zu begrenzen, wie es durch die folgende kleine Übersetzungseinheit demonstriert wird:

```
int a;
namespace {
  int b;
  void f() { ... }
}
void g() { ... }
```

Die Variable a und die Funktion g() können ggf. auch von anderen Übersetzungseinheiten benuzt werden, wohingegen der Gültigkeitsbereich der Variablen b und der Funktion f() auf die eigene begrenzt ist. Die gleiche Wirkung ließe sich durch einen nicht anonymen Namenbereich erreichen, wenn gewährleistet wäre, daß Spezialname von keiner anderen Definition benutzt würde:

```
int a;
namespace SpezialName {
  int b;
  void f() { ... }
}
using SpezialName;
void g() { ... }
```

Mit anonymen Namensbereichen wird damit der gleiche Effekt erzielt wie mit den globalen `static`-Deklarationen, die damit überflüssig sind und nicht verwendet werden sollten.

Die Definition eines anonymen Namensbereichs hat folgende allgemeine Form:

Allgemeine Form:

unnamed-namespace-definition:

namespace { *declaration-seq*$_{opt}$ }

9.8.6 Anwendung von Namensbereichen

Wie allgemein typisch für die Sprache C++, so auch hier: Es wird ein Sprachmittel mit reichhaltiger Syntax und vielfältigen Anwendungsmöglichkeiten angeboten, aber die Kunst des Programmierens und des Entwerfens besteht darin, klare Richtlinien zu haben, sich bewußt einzuschränken und viele Dinge nicht zu tun, die von der Sprache her möglich sind.

Bezogen auf das Sprachmittel *Namespace* bedeutet das zunächst einmal: es sollte nicht überstrapaziert werden. Es ist sicher in der Regel nicht sinnvoll, innerhalb einer Übersetzungseinheit mehrere Namensbereiche einzuführen. Insbesondere ist dabei zu berücksichtigen, daß die Sprache C++ darüber hinaus über die Gültigkeitsbereiche *Datei, Funktion, Block* und *Klasse (Struktur) (file-scope, function-scope, block-scope, class-scope)* verfügt, die ebenfalls dazu dienen, die Sichtbarkeit von Namen zu lokalisieren!

Eine wichtige Anwendung von Namensbereichen – nach Meinung des Autors die wichtigste – liegt darin, Modulschnittstellen zu spezifizieren. Das folgende Programm, das aus den C++-Texten 9.73, 9.74, 9.76, 9.75 und 9.77 besteht, soll das deutlich machen. Dabei geht es um die Anwendung eines Stack- und eines Queue-Moduls. Die Anwendung braucht nur die Schnittstellen der beiden Module, die sie quasi importiert, zu kennen.

C++-Text 9.73: *Namensbereich, Beispiel 4: Anwendung* ——— ./Bsp9/namesp/nsp4.cpp

```
#include <iostream>
#include "stack.h"
#include "queue.h"

using namespace std;

int main() {
  Stack::init(); Queue::init();
  for (int i=0; i<10; i++) {
    Stack::push(i); Queue::put(i);
  }
```

```
  while (!Stack::empty()) cout << Stack::pop() << " ";
  cout << endl;

  while (!Queue::empty()) cout << Queue::get() << " ";
  cout << endl;
}
```

Die beiden Schnittstellen werden in den Headerdateien `stack.h` und `queue.h` spezifiziert. Mit der Definition des jeweiligen Namenbereichs `Stack` bzw. `Queue` wird zweierlei erreicht:

- Es werden Namenskollisionen verhindert, und
- die Schnittstellen werden logisch abgegrenzt und gebündelt.

C++-Text 9.74: *Namensbereich, Beispiel 4: Stack, H-Datei* ./Bsp9/namesp/stack.h

```
namespace Stack {
  void init ();
  void push (int x);
  int  pop  ();
  bool empty();
}
```

C++-Text 9.75: *Namensbereich, Beispiel 4: Queue, H-Datei* ./Bsp9/namesp/queue.h

```
namespace Queue {
  void init ();
  void put  (int x);
  int  get  ();
  bool empty();
}
```

Die Implementierungen stehen in den Dateien `stack.cpp` und `queue.cpp`:

- Die anonymen Namensbereiche haben die Aufgabe, die Gültigkeit der Datendefinitionen auf die jeweilige Datei zu begrenzen.

C++-Text 9.76: *Namensbereich, Beispiel 4: Stack, CPP-Datei* ./Bsp9/namesp/stack.cpp

```
#include "stack.h"

namespace {
  const int size = 100;
  int buf[size];
  int top;
}
```

```
void Stack::init ()       {top = 0;}
void Stack::push (int x) {buf[top++] = x;}
int  Stack::pop  ()       {return buf[--top];}
bool Stack::empty()       {return top == 0;}
```

C++-Text 9.77: *Namensbereich, Beispiel 4: Queue, CPP-Datei* —— ./Bsp9/namesp/queue.cpp

```
#include "queue.h"

namespace {
  const int size = 100;
  int buf[size];
  int first, last, count;
}
void Queue::init ()       {first = last = 0;}
void Queue::put  (int x) {buf[first++] = x; first %= size; count++;}
int  Queue::get  ()       {int x = buf[last++]; last %= size; count--;
                                                        return x;}
bool Queue::empty()       {return count == 0;}
```

9.9 Typkonvertierung, Laufzeit-Typinformation

Typumwandlungen gehören zu den fehlerträchtigsten Konzepten, die C++ unterstützt.
Bjarne Stroustrup

9.9.1 Die Grundidee

Statische Typisierung und Typkonvertierungen

ANSI/ISO-C++ ist eine statisch typisierte Sprache, d.h. der Compiler kann bei der Syntaxprüfung Typinkonsistenzen erkennen. Das kann z.B. die Zuweisung eines Ausdrucks an eine Variable nicht kompatiblen Typs betreffen oder den Aufruf einer Funktion mit Parametern falschen Typs. Statische Typisierung ist ein mächtiges Konzept zur Entwicklung korrekter und robuster Software: Fehler sind in der statischen Niederschrift des Programms erkennbar, sie werden zur Compilierungszeit sicher entdeckt und nicht evtl. und irgendwann zur Laufzeit.

Leider reißt die von vielen C-Programmierern so geliebte, fast allmächtige Typkonvertierung der Form (*type-id*)*expression* große Lücken in das feinmaschige Netz der Typüberprüfung. Die aus **ANSI/ISO-C** übernommene Art der Typkonvertierung kann

- Konvertierungen zwischen elementaren Datentypen explizit herbeiführen, die auch implizit definiert sind;
- die Attribute `const` und `volatile` bei Zeigern auf Objekte, die diese Attribute tragen, *„wegcasten“*;
- beliebige Zeigertypen in beliebige andere Zeigertypen konvertieren (damit kann z.B. auch der Zugriff auf private Bereiche einer Klasse erzwungen werden).

Als Ersatz für die im Programmtext kaum auffindbaren *C-Allzweckkonvertierungen* bietet **ANSI/ISO-C++** vier Konvertierungsoperatoren mit jeweils spezieller Zielrichtung an:

- (1) **static_cast**<*type-id*>(*expression*)
- (2) **const_cast**<*type-id*>(*expression*)
- (3) **reinterpret_cast**<*type-id*>(*expression*)
- (4) **dynamic_cast**<*type-id*>(*expression*)

Der erste ist für Konvertierungen gedacht, die auch implizit möglich sind, und für die sog. *Downcasts*, der zweite kann die Attribute `const` und `volatile` *wegcasten*, der dritte kann beliebige Zeigerkonvertierungen durchführen, und der vierte kann diese *Downcasts* unter Berücksichtigung von Laufzeitinfomationen durchführen. Die Operatoren werden im Abschn. 9.9.2 im Detail erläutert.

Das Ziel dieser scheinbaren *„Verumständlichung“* ist es, Typkonvertierungen im Programmtext deutlich hervorzuheben und jeweils sichtbar zu machen, welchem Zweck die Konvertierung dient, und nicht zuletzt auch, den Programmierer zu animieren, Konvertierungen weitmöglichst zu vermeiden!

Neben den vier Konvertierungsoperatoren ist in **ANSI/ISO-C++** ein fünfter Operator eingeführt worden, der der Typerkennung zur Laufzeit dient;

- (5) **typeid**(*expression*) oder **typeid**(*type-id*)

Damit kann z.B. der *dynamische Typ* eines Basisklassenzeigers geprüft werden, d.h. welchen Typ das Objekt hat, an das der Zeiger aktuell gebunden ist.

Mißbrauch des Laufzeit-Typidentifikations-Systems

Leider verführen die Operatoren leicht zu **Mißbrauch, ein besonders krasses Beispiel** dafür sieht so aus:

```
class Figure {
  public:
    virtual void Display() = 0;
};

class Circle : public Figure {
  public:
```

```
    virtual void Display() { cout << "Circle"; }
};

class Square : public Figure {
  public:
    virtual void Display() { cout << "Square"; }
};

void DisplayFigur(Figure* fg) {
  if (typeid(*fg)==typeid(Circle)) {
    Circle* p = static_cast<Circle*>(fg);
    p->Display();
  }
  else if (typeid(*fg)==typeid(Square)) {
    Square* p = static_cast<Square*>(fg);
    p->Display();
  }
}
```

Die Formulierung der Funktion `DisplayFigure` ist umständlich und nicht um zusätzliche Graphikobjekte erweiterbar, ohne jedesmal die Funktion `DisplayFigure` anzupassen. Die stilistisch **richtige Lösung** sieht natürlich so aus:

```
void DisplayFigure(Figure* fg) {
  fg->Display();
}
```

Die Auswahl der *richtigen* Elementfunktion wird wegen der polymorphen Programmstruktur automatisch durch dynamisches Binden zur Laufzeit erreicht.

9.9.2 Syntax und Semantik der Sprachkonstrukte

Der Operator `static_cast`

Beispiel 1:

```
int a=5, b=2; double y;
y = static_cast<double>(a) / static_cast<double>(b);
statt einfach
y = (double)a / (double)b;
```

Beispiel 2:

```
class Figure { . . . };
class Circle : public Figure {
  . . .
  virtual void f(Figure* pF) {
    Circle* pC = static_cast<Circle*>(pF) // gefaehrlich !
    . . .
  }
};
```

Allgemeine Form: **static_cast**<*type-id*>(*expression*)

Bedeutung: Dieser neue Operator soll primär die unauffälligen *C-Allzweck-Konvertierungen* (*type-id*)*expression* durch die auffällige Form static_cast<*type-id*>(*expression*) ersetzen. Dieser Operator wird im wesentlichen wie in Beispiel 1 für Konvertierungen zwischen elementaren Datentypen verwendet. Er kann auch – wie in Beispiel 2 – für sog. **downcasts** verwendet werden, um vom Typ *Zeiger auf Objekt einer Basisklasse* in den Typ *Zeiger auf Objekt einer davon abgeleiteten Klasse* zu konvertieren, aber das ist gefährlich, weil keine Typprüfungen zur Laufzeit durchgeführt werden! Für *downcasts* sollte besser der Operator `dynamic_cast` verwendet werden!

Der Operator kann nicht das `const`-Attribut wegcasten, und er kann nicht von irgendeinem Zeigertyp in einen beliebigen anderen Zeigertyp konvertieren!

Der Operator `const_cast`

Beispiel:

```
const int Size = 100;
int* SizePtr   = const_cast<int*>(&Size);
*SizePtr = 50;   // d.h. Size == 50 !
```

Allgemeine Form: **const_cast**<*type-id*>(*expression*)

Bedeutung: Mit der C-*Allzweck-Konvertierung* der Form (*type-id*)*expression* kann ein Zeiger auf ein konstantes Objekt in einen entsprechenden Zeiger auf ein nicht konstantes Objekt konvertiert werden, diese spezielle Aufgabe hat der `const_cast`-Operator übernommen, er ist der einzige der vier Konvertierungsoperatoren, der ein `const`-Attribut *wegcasten* kann.

Der Operator `dynamic_cast`

Beispiel:

```
class Figure { . . . };
class Circle : public Figure {
  . . .
  virtual void f(Figure* pF) {
    Circle* pC = dynamic_cast<Circle*>(pF)
    if (!pC) { . . . }
    . . .
  }
};
```

Allgemeine Form: **dynamic_cast**<*type-id*>(*expression*)

Bedeutung: Der zu konvertierende Ausdruck muß ein Zeiger oder eine Referenz sein. Syntaktisch gesehen kann `dynamic_cast` für bestimmte spezielle Zeigerkonvertierungen wie auch `static_cast` verwendet werden, nämlich für die sog. **downcasts**, der Unterschied liegt darin, daß `dynamic_cast` auch Laufzeitinfomation verwendet (an welches Objekt ist der Zeiger gerade gebunden), während `static_cast` nur Informationen verwertet, die schon zur Compilierungszeit vorliegen.

In dem angegebenen Beispiel versucht die Funktion `f(Figure* pF)` den übergebenen `Figure*`-Zeiger in einen `Circle*`-Zeiger zu konvertieren. Wenn das nicht gelingt, weil `pF` an ein Objekt eines anderen Typs gebunden ist, dann liefert `dynamic_cast` einen `NULL`-Zeiger, während `static_cast` die Konvertierung erzwingen würde (brute force)! Beim Versuch, eine Referenz mit `dynamic_cast` in einen nicht abgeleiteten Referenztyp zu konvertieren, wird ein Ausnahmeobjekt vom Typ `bad_cast` ausgeworfen; siehe dazu Abschn. 9.10.

Der Operator `reinterpret_cast`

Beispiel:

```
class X { privat: int x; . . . };
class Y { public: int x; . . . };
. . .
X* px = new X;
Y* py = reinterpret_cast<Y*>(px);
py->x = ...;
```

Allgemeine Form:

reinterpret_cast<*type-id*>(*expression*)

Bedeutung: Das ist der „gefährlichste“ aller Konvertierungsoperatoren, der es ermöglicht, einen Zeiger auf einen beliebigen Typ in einen Zeiger auf einen beliebigen anderen Typ zu konvertieren (was natürlich auch mit der C-Allzweck-Konvertierung immer gelingt!).

Der Operator `typeid`

Beispiel 1:

```
if (typeid(*FigurePtr)==typeid(Circle)) . . .
```

Beispiel 2:

```
class Figure { . . . };
class Circle : public Figure { . . . };
. . .
Figure* FigurePtr = new Circle;
cout << typeid(*FigurePtr).name(); // Ausgabe: Circle
```

Beispiel 3:
```
if (typeid(int).before(typeid(float)))
   cout << "ja";
else
   cout << "nein";
```

Allgemeine Formen:

typeid(*expression***)**
typeid(*type-id***)**

Bedeutung: Mit dem Operator `typeid` ist es möglich, Typen zu vergleichen (siehe Beispiel 1), den Typnamen zu erfragen (siehe Beispiel 2) und – im Rahmen einer implementierungsabhängig definierten Ordnung – festzustellen, ob ein Typ vor einem anderen angeordnet ist (siehe Beispiel 3).

Der `typeid`-Operator liefert eine Referenz auf eine interne Klasse `type_info` zurück. Die Klasse `type_info` ist in der C++-Standardbibliotheksdatei `typeinfo` deklariert und stellt vier Elementfunktionen zur Verfügung:

```
class type_info {
    . . .
  public:
    int operator==(const type_info&) const;
    int operator!=(const type_info&) const;
    const char* name() const;
    int before(const type_info&) const;
};
```

Die Funktion `before` kann **nicht** dazu verwendet werden, um z.B. festzustellen, ob eine Klasse von einer anderen abgeleitet wurde; die definierte Ordnung ist vielmehr implementierungsabhängig und dient dazu, überhaupt eine reproduzierbare Ordnung verfügbar zu machen.

9.9.3 Zusammenfassung

ANSI/ISO-C++ bietet durch seine gegenüber ANSI/ISO-C erheblich verbesserte statische Typisierung einen guten Schutz gegen versehentliche Fehler bei Funktionsaufrufen mit falschen Parametertypen, bei der Zuweisung falsch typisierter Ausdrücke und beim Vergleich von Werten verschiedenen Typs. Diese Kontrollmöglichkeiten können durch Typkonvertierungen umgangen werden, was zu Lasten der Fehlersicherheit geht.

Auf der anderen Seiten gibt es Fälle, in denen auf Typkonvertierungen schwer verzichtet werden kann – ein typisches Beispiel sind *downcasts* in polymorphen Strukturen. Dem Sinne nach hat Stroustrup dazu gesagt, *„der Programmierer sollte vor versehentlichen Typfehlern geschützt werden, man sollte ihn aber nicht hindern, bewußte Konvertierungen durchzuführen“*.

9.10 Ausnahmebehandlung (Exception-Handling)

Exception handling: A false sense of security.
Tom Cargill

Program testing can be used to show the presence of bugs,
but never to show their absence!
Edsger W. Dijkstra

Ausnahmen sind die Regel. Keine Regel ohne Ausnahme.
Redensarten

Ausnahmebehandlung bedeutet in erster Näherung Fehlerbehandlung im Bereich der Software. Es gibt auch Ausnahmen, die keine Fehler sind, im folgenden Text werden der Einfachkeit halber die Begriffe *Ausnahme* und *Fehler* vielfach synonym verwendet.

Das Thema Fehlerbehandlung im Bereich der Software – und sicher auch in anderen Bereichen – gehört zu den schwierigsten Themen. Es gibt viele unterschiedliche Strategien und Konzepte der Vorgehensweise bei der Fehlerbehandlung, z.B.

- Überprüfen möglicher Fehlerfälle mit dem Makro `assert(...)`, der dann im Fehlerfall zu einem Programmabbruch führt;
- bei Funktionen werden die Rückgabewerte zur Fehlerbeschreibung verwendet, der Rückgabewert `0` bedeutet meist „kein Fehler". Der Benutzer der Funktion reagiert dann direkt auf den Fehler oder gibt die Fehlermeldung – direkt oder transformiert – weiter an eine höhere Ebene;
- Fehlermeldungen werden in „Modul-globalen" oder in „Programm-globalen" Fehlervariablen abgelegt, auf die der Benutzer dann wieder direkt reagieren oder die Fehlermeldung weitergeben kann.

Das sind drei verschiedene Ansätze, die aber jeweils weit entfernt sind von einer geschlossenen konsistenten Strategie der Fehlerbehandlung.

Das in der Sprache ANSI/ISO-C++ verankerte **Konzept Ausnahmebehandlung (Exception-Handling)** versucht hier eine Lücke zu schließen, indem es **Sprachmittel** anbietet, die die Behandlung von Fehlern (und anderen Ausnahmen) **syntaktisch und semantisch** unterstützen.

Dabei stellt sich die Frage: *Was soll damit erreicht werden, was sind die Anforderungen und Ziele eines solchen Konzeptes?* Nicht selten wird auch die Meinung vertreten, daß so etwas nicht nur überflüssig, sondern sogar schädlich ist.

Ein wesentliches Ziel einer guten Fehlerbehandlung in umfangreichen Softwaresystemen muß sicher die Entwicklung *„fehlertoleranter Software"* sein, d.h. beim Auftreten von Fehlern soll das Programm nicht „abstürzen" oder auch explizit beendet werden, sondern es muß angemessen auf den Fehler reagiert werden, so daß das Programm korrekt weiterarbeiten kann. Wichtig ist dabei auch, daß im Programm der Code für den *Normalfall* von dem Code für den *Ausnahmefall* getrennt wird, die klassische Integration der Ausnahmebehandlung in den normalen Code führt zur Unübersichtlichkeit.

Das wesentliche Problem bei der Fehlerbehandlung besteht darin, daß Fehlerursache und Fehlerbehandlung in der Regel auf unterschiedlichen Programmebenen und in verschiedenen Modulen liegen!

9.10.1 Grundlagen

Das Prinzip

Wie schon festgestellt, liegen Fehlerursache und Fehlerbehandlung in der Regel weit voneinander entfernt in verschiedenen Modulen eines Softwaresystems. Die Grundidee der Ausnahmebehandlung in ANSI/ISO-C++ kann wie folgt skizziert werden:

- Beim Erkennen eines Fehlers wird ein **Fehlerobjekt** mit Informationen über die Fehlerursache initialisiert und **ausgeworfen**.
- Auf einer höheren Programmebene, die eine globale Funktion oder eine Elementfunktion benutzt, in der das Fehlerobjekt ausgeworfen wurde, wird das Fehlerobjekt **aufgefangen** und im richtigen Kontext **ausgewertet**.
- Auf dem Weg des Fehlerobjektes vom Auslösepunkt zum Ort der Behandlung wird beim Verlassen von Funktionen der jeweilige Programmstack abgebaut (stack unwinding); dabei werden jeweils die Destruktoren der vom System verwalteten Objekte aufgerufen.

Die allgemeine Struktur zur Erzeugung und Behandlung einer Ausnahmesituation – in der Regel ausgelöst durch einen Fehler – verwendet die drei Schlüsselwörter **throw**, **try** und **catch** und sieht wie folgt aus:

```
void f(...) {
  . . .
  if (...) throw Error(...);    // Ausnahmeobjekt auswerfen
  . . .
}
. . .
void g(...) {
  . . .
  try { . . . f(...); . . . }  // Ausnahmeobjekt auffangen
  catch(Error e) { . . . }     // Ausnahme behandeln
  . . .
}
```

Durch `throw Error(...)` wird ein Objekt der Fehlerklasse `Error` „*ausgeworfen*“. Das Objekt kann durch Parameter in der Klammer initialisiert werden. Die Fehlerklasse kann eine selbstdefinierte Klasse sein, z.B.:

```
class Error{ ... };
. . .
if (...) throw Error(...);
. . .
```

oder auch ein vordefinierter Typ, z.B.:

```
if (...) throw int(27);
```

Der C++-Text 9.78 demonstriert das Prinzip der Ausnahmebehandlung in einem kompletten Kontext. Das von `throw` ausgeworfene Ausnahmeobjekt `z` ist in diesem einfachen Falle ein `double`-Objekt, d.h. eine Gleitkommazahl. Es wird im `try`- Block aufgefangen, und die Ausnahmebehandlung wird in dem `catch`-Block – der dem `try`-Block unmittelbar folgen muß – durchgeführt; dort wird der Wert der Zahl `z` ausgegeben.

C++-Text 9.78: *Fehlerbehandlung, das Prinzip* ./Bsp9/exception/e0.cpp

```
#include <iostream>
#include <cmath>
using namespace std;

double f(double z) {
  if (z < 0.0) throw double(z);
  return sqrt(z);
}

int main() {
  while (1){
    try {
      double x, y;
      cout << "x : "; cin >> x;
      if (!cin) break;
      y = f(x);
      cout << "f(x) = " << y << endl;
    }
    catch (double z) {
      cerr << z << " ist negativ, Fehler !";
    }
  }
  cout << "ENDE" << endl;
}
```

Abbau des Programm-Stack (stack unwinding)

Beim *normalen* Verlassen einer Funktion – z.B. über eine `return`-Anweisung – werden automatisch die Destruktoren der vom System verwalteten Objekte aufgerufen, deren Gültigkeitsbereich verlassen wird. Das gleiche geschieht auch beim Verlassen einer Funktion über eine `throw`-Anweisung, d.h. **der Programm-Stack wird abgebaut** (engl.: **stack unwinding**). Das ist natürlich eine (fast) unumgängliche (keine hinreichende!) Voraussetzung für die ordnungsgemäße Beendigung einer Funktion, um sie dann anschließend wieder korrekt verwenden zu können. Als Beispiel sei auf Ressourcen-Verwaltung verwiesen, z.B. eine Datei, die in einer Funktion über einen Konstruktor geöffnet und über einen Destruktor wieder geschlossen wird. In der Funktion `f` wird ein Objekt `a` der Klasse `A` vereinbart, und sowohl beim *normalen* Ausstieg über `return` als auch beim *Notausstieg* über `throw` wird der zugehörige Destruktor aufgerufen:

```
double f(double z) {
  A a;
  . . .
  if (z < 0.0) throw double(z);
  . . .
  return sqrt(z);
}

int main() {
  while (1){
    try { ... y = g(x); ... }
    catch (double z) { . . . }
  }
}
```

Achtung: Beim Ausstieg aus einer Funktion – ob regulär oder über eine `throw`-Anweisung – werden nur die Destruktoren der vom System verwalteten Objekte aufgerufen, aber nicht die Destruktoren der selbstverwalteten Daten:

```
double f(double z) {
  A* pa = new A;
  . . .
  if (z < 0.0) throw double(z);
  . . .
  delete pa;
  return sqrt(z);
}
. . .
```

In diesem Beispiel wird vor dem regulären Verlassen der Funktion der Destruktor des Objektes `*pa` aufgerufen, beim Auslösen eines Ausnahmefalls wird er hingegen nicht aufgerufen, und es entsteht ein Speicherleck. Das Problem und mögliche Lösungen werden im Abschn. 9.10.2 behandelt.

Überspringen von Ebenen, Weiterreichen von Ausnahmeobjekten

Ausnahmeobjekte können beliebig viele Ebenen überspringen. In dem anschließenden Beispiel erzeugt die Funktion `f` das Ausnahmeobjekt `z`, die Funktion `f` wird von `g` aufgerufen, aber `g` fängt das ausgeworfene Objekt nicht auf, sondern erst die Funktion `h`, die ihrerseits `g` aufruft:

```
double f(double z) {
  if (z < 0.0) throw double(z);
  return sqrt(z);
}

double g(double z) {
  return f(z);
}

void h(double z) {
  try { ... y = g(x); ... }
  catch (double z) { ... throw "Fehler"; }
}

int main() {
  while (...){
    try { ... h(x); ... }
    catch (char* string) { ... cout << string; ... }
  }
}
```

Die Funktion `h` fängt also das zwei Ebenen tiefer erzeugte Ausnahmeobjekt auf und erzeugt ihrerseits das Ausnahmeobjekt `"Fehler"` vom Typ C-String, das dann auf der obersten Ebene – der Funktion `main` – aufgefangen und behandelt wird.

Eine weitere Möglichkeit im Umgang mit Ausnahmeobjekten in einem **catch-Block** besteht darin, dasselbe Objekt an eine höhere Ebene weiterzureichen, z.B.:

```
catch (Error e) { ... throw; }
```

Der C++-Text 9.79 demonstriert das Aufräumen des Stacks und das Überspringen von Ebenen an einem vollständigen Programm.

C++-Text 9.79: *Fehlerbehandlung, Aufräumen des Stack* ———— ./Bsp9/exception/e1.cpp

```
#include <iostream>
#include <cmath>
using namespace std;
```

```
class A {
  public:
    A()  {cout << "+A "; }
    ~A() {cout << "-A "; }
};

double f(double z) {
  A a;
  if (z < 0.0) throw double(z);
  return sqrt(z);
}

double g(double z) {
  A a;
  return f(z);
}

double h(double z) {
  A a;
  try { g(z); }
  catch (double z) { if (z<0.0) throw "negativ"; else throw "???"; }
  return f(z);
}

int main() {
  while (1){
    try {
      double x, y;
      cout << "x : "; cin >> x;
      if (!cin) break;
      y = h(x);
      cout << endl << "h(x) = " << y << endl;
    }
    catch (char* string) { cout << endl << string << endl; }
  }
  cout << "Programmende" << endl;
}
```

In den drei Funktionen `f`, `g` und `h` wird jeweils ein Objekt der Klasse `A` angelegt, dessen Konstruktor und Destruktor die Ausgabe `+A` bzw. `-A` erzeugen. Die beispielhafte Ausgabe des Programms demonstriert, daß auch bei der Eingabe eines fehlerhaften Wertes, die dann zur Erzeugung eines Fehlerobjektes beim Aufruf in der Funktion `f` führt, in jeder der drei Funktionen der Destruktor aufgerufen wird:

```
x : 25
+A +A +A -A -A +A -A -A
```

```
h(x) = 5
x : -25
+A +A +A -A -A -A
negativ
x : q
Programmende
```

Bild 9.23 stellt den Kontrollfluß des Programms 9.79 graphisch dar, und zwar im linken Teil für den Fall, daß kein Ausnahmeobjekt erzeugt wird, im rechten Teil dann für den Fall, daß die Funktion `f` mit einem negativen Argument aufgerufen wird und daß sie infolgedessen ein Ausnahmeobjekt generiert.

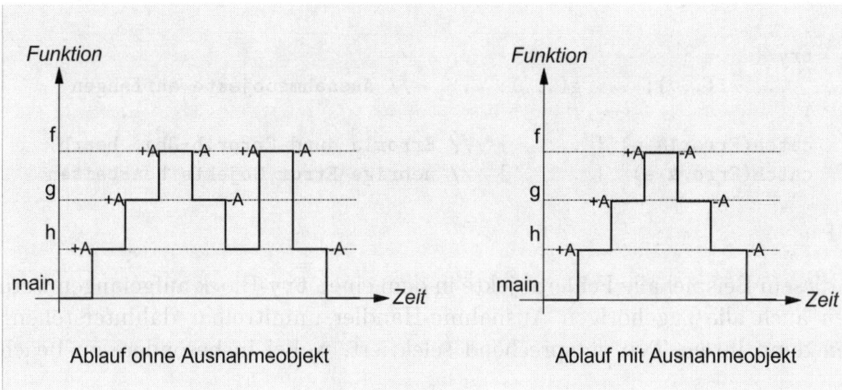

Bild 9.23: Ablauf ohne und mit Erzeugen eines Ausnahmeobjektes

Anordnung von Fehlerklassen und Ausnahmebehandlungen

Wie im folgenden skizziert, können in einem Programm Ausnahmeobjekte verschiedener hierarchisch angeordneter Klassen ausgeworfen werden. Das Auffangen kann in verschiedenen `try`-Blöcken oder wie hier im selben `try`-Block erfolgen. Im einfachsten Falle – wie auch hier – können die Fehlerklassen leer sein, dann werden eben leere Objekte ausgeworfen und verarbeitet, die keine weiteren Informationen über die ausgeworfene Fehlerart beinhalten:

```
class Error {};                          // Basisfehlerklasse Error
class Error1  : public Error  {};
class Error1a : public Error1 {};
class Error1b : public Error1 {};
class Error2  : public Error  {};

void f(...) {
  . . .
  if (...) throw Error1a();              // Error1a-Objekt auswerfen
```

```
    . . .
    if (...) throw Error1b();        // Error1b-Objekt auswerfen
    . . .
}

void g(...) {
    . . .
    if (...) throw Error2();         // Error2-Objekt auswerfen
    . . .
}
. . .
void h(...) {
    . . .
    try {
      .... f(...); ... g(...); ...   // Ausnahmeobjekte auffangen
    }
    catch(Error1& e) { . . . } // Error1a- und Error1b-Obj. bearb.
    catch(Error& e)  { . . . } // uebrige Error-Objekte bearbeiten
    . . .
}
```

Da in diesem Beispiel alle Fehlerobjekte in dem einen `try`-Block aufgefangen werden, müssen auch alle zugehörigen Ausnahme-Handler unmittelbar dahinterstehen, sie werden dann ihrem Typ entsprechend selektiert, wobei insbesondere zu beachten ist:

- In einem `catch`-Block werden alle **Objekte des spezifizierten Typs** und zusätzlich alle **Objekte evtl. davon abgeleiteter Typen** behandelt.

Die hierarchische Anordnung der Fehlerklassen – die dem Prinzip der Klassifizierung von Fehlern entspricht – hat mindestens auch zwei sehr praktische Vorteile:

- Der Anwender kann die **Behandlung verwandter Fehlerobjekte** zusammenfassen;
- durch ein abschließendes **Auffangen und Behandeln aller „restlichen“ Fehlerobjekte** kann der unkontrollierte Programmabsturz durch ein nicht aufgefangenes Objekt vermieden werden.

Insbesondere ist es auch möglich, die Fehlerbehandlung schrittweise zu differenzieren!

Parameterübergabe bei `catch`-Routinen

Fehlerobjekte können an `catch`-Routinen **im Prinzip** – vergleichbar der Übergabe aktueller Parameter an Funktionen – **wahlweise** per Wert, per Referenz oder per Zeiger übergeben werden, **aber**

- in der Regel sollten Ausnahmeobjekte per Referenz übergeben werden!

Das sei hier kurz nach dem Ausschlußverfahren wie folgt begründet:

Eine Übergabe per Zeiger ist im allgemeinen abenteuerlich wegen der mangelnden Kontrolle über das eigentliche Objekt: *Wie lange lebt es, wer ist für die Speicherfreigabe verantwortlich, ...* . In manchen Fällen, wenn z.B. das Ausnahmeobjekt ein statischer C-String ist, funktioniert es natürlich. Eine Übergabe per Wert kann zu unerwarteten Ergebnissen führen, wenn der Typ des aufgefangenen Objektes von dem Parametertyp der `catch`-Routine abgeleitet ist:

```
class Error {...};
class ErrorX  : public Error  {...};
. . .
void f() {
  . . .
  if (...) throw ErrorX(...);
  . . .
}

void h() {
  . . .
  try {
    .... f(); . . .
  }
  catch(Error e)  { . . . }  // "richtig": catch(Error& e)
  . . .
}
```

Bei der Übergabe des Objektes von Typ `ErrorX` wird eine Projektion durchgeführt: *Bestimmend ist in diesem Falle nicht der Typ des Objektes, sondern der statische Typ des Parameters.* Die speziellen Erweiterungen gehen also verloren, im `catch`-Block ist aus dem `ErrorX`-Objekt ein `Error`-Objekt geworden! Natürlich kann das auch beabsichtigt sein, in der Regel ist das aber nicht!

Aufbau und Benutzung von Fehlerklassen

Die in den bisherigen Beispielen verwendeten Fehlerobjekte waren entweder leere Objekte, d.h. Instanzen leerer Klassen (z.B. `throw Error()`) oder Werte vordefinierter Typen (z.B. `throw double(z)`). In konkreten Anwendungen verwendet man im allgemeinen Fehlerobjekte, die zum einen Informationen transportieren können und die zum anderen auch über Elementfunktionen zur Fehlerbehandlung – z.B. zur Ausgabe der transportierten Information – verfügen:

```
class Error {
    double value;
  public:
    Error(double v) { value = v; }
```

```
    void Print() { cout << value; }
};

double f(double z) {
  if (z < 0.0) throw Error(z);
  return sqrt(z);
}

int main() {
  while (1){
    try {
      double x, y;
      . . .
      y = f(x);
      . . .
    }
    catch (Error& e) {    // auch catch(Error e) waere hier korrekt
      e.Print();
      cout << " ist negativ, Fehler !" << endl;
    }
  }
  cout << "ENDE" << endl;
}
```

Beim Auswerfen wird dem Fehlerobjekt über den Konstruktor die Fehlerinformation übergeben, bei der Fehlerbehandlung wird die Funktion `Print` des Fehlerobjektes verwendet, um die Fehlerinformation auszugeben.

Das Beispiel `Tiny`

Als Demonstration zur Verwendung einer Hierarchie von nichtleeren Fehlerklassen soll uns die im C++-Text 9.80 gezeigte Klasse `Tiny` dienen, eine rudimentäre Klasse zur Darstellung kleiner ganzzahliger Objekte (Wertebereich `0...99`). Sie stellt die vier Operatoren `+`, `-`, `*` und `/` sowie einen Operator zur Konvertierung von `Tiny`-Werten in `int`-Werte zur Verfügung.

C++-Text 9.80: *Fehlerbehandlung, die Klasse Tiny* ./Bsp9/exception/tiny.h

```
#ifndef _tiny_h
#define _tiny_h
#include "error.h"

class Tiny {
    int value;  // 0...99
  public:
    Tiny(int v=0, char* op="cast");
```

```
    friend Tiny operator+ (const Tiny& a, const Tiny& b);
    friend Tiny operator- (const Tiny& a, const Tiny& b);
    friend Tiny operator* (const Tiny& a, const Tiny& b);
    friend Tiny operator/ (const Tiny& a, const Tiny& b);
    operator int() const;
};

Tiny::Tiny(int v, char* op) : value(v) {
  if (value<0)  throw UnderFlow(op, value, 0);
  if (value>99) throw OverFlow (op, value, 99);
}

Tiny operator+ (const Tiny& a, const Tiny& b) {
  return Tiny(a.value + b.value, "op+");
}

Tiny operator- (const Tiny& a, const Tiny& b) {
  return Tiny(a.value - b.value, "op-");
}

Tiny operator* (const Tiny& a, const Tiny& b) {
  return Tiny(a.value * b.value, "op*");
}

Tiny operator/ (const Tiny& a, const Tiny& b) {
  if (b==0) throw DivideByZero(a.value);
  return Tiny(a.value / b.value, "op/");
}

Tiny::operator int() const { return value; }

#endif
```

In der Klasse `Tiny` wird der erlaubte Wertebereich überprüft:

- Bei Addition, Subtraktion und Multiplikation wird im Falle von Überlauf bzw. Unterlauf ein Fehlerobjekt der Klasse `OverFlow` bzw. `UnderFlow` initialisiert und ausgeworfen, die Überwachungen werden im Konstruktor durchgeführt.
- Bei Division wird im Falle der Division durch Null ein Fehlerobjekt der Klasse `DivideByZero` initialisiert und ausgeworfen.

Für die Fehlerbehandlung werden die im C++ Text 9.81 angegebenen Fehlerklassen verwendet, das sind die drei in der Klasse `Tiny` direkt verwendeten konkreten Fehlerklassen sowie die beiden vorgeschobenen abstrakten Fehlerklassen `Error` und `RangeError`:

```
class Error {...};
```

```
    class RangeError   : public Error {...};
      class UnderFlow  : public RangeError {...};
      class OverFlow   : public RangeError {...};
    class DivideByZero : public Error {...};
```

C++-Text 9.81: *Fehlerbehandlung, die Klasse Error* ./Bsp9/exception/error.h

```
#ifndef _error_h
#define _error_h
#include<iostream>
using namespace std;

class Error {
  protected:
    char* operation;
  public:
    Error(char* op) : operation(op) {}
    virtual void report(ostream& o) = 0;
};

class RangeError : public Error {
  protected:
    int value, limit;
  public:
    RangeError(char* op, int v, int l)
      : Error(op), value(v), limit(l) {}
};

class UnderFlow : public RangeError {
  public:
    UnderFlow(char* op, int v, int l) : RangeError(op, v, l) {}
    virtual void report(ostream& o) {
      o << "Fehler in " << operation << ": Wert " << value
        << " < limit " << limit << endl;
    }
};

class OverFlow : public RangeError {
  public:
    OverFlow(char* op, int v, int l) : RangeError(op, v, l) {}
    virtual void report(ostream& o) {
      o << "Fehler in " << operation << ": Wert " << value
        << " > limit " << limit << endl;
    }
};

class DivideByZero : public Error {
```

```
  protected:
    int dividend;
  public:
    DivideByZero(int d) : Error("divide"), dividend(d) {}
    virtual void report(ostream& o) {
      o << "Fehler in " << operation
        << ": Division durch 0 (Dividend = "
        << dividend << ")" << endl;
    }
};

#endif
```

Der Vorteil der Verwendung vorgeschobener Klassen kann leicht mit der kleinen in C++-Text 9.82 gezeigten Anwendung demonstriert werden: Es ist nicht erforderlich, die Fehlerobjekte im Detail zu selektieren und zu behandeln, sondern sie können klassifiziert werden. In diesem Beispiel werden also zunächst Fehlerobjekte, deren Typ von `RangeError` abgeleitet ist, aufgefangen (also Objekte vom Typ `UnderFlow` und `OverFlow` und dann alle übrigen Fehlerobjekte, deren Typ von der Basisklasse `Error` abgeleitet ist [also Objekte vom Typ `DivideByZero`]).

C++-Text 9.82: *Fehlerbehandlung, Anwendung* ./Bsp9/exception/tinydemo.cpp

```
#include <iostream>
#include "error.h"
#include "tiny.h"
using namespace std;

int main() {
  while (1) {
    try {
      int ia, ib;
      Tiny a, b;
      cin >> ia; if (!cin) break; a = ia;
      cin >> ib; b = ib;
      cout << "+ : " << (a+b) << endl;
      cout << "- : " << (a-b) << endl;
      cout << "* : " << (a*b) << endl;
      cout << "/ : " << (a/b) << endl;
    }
    catch (RangeError& err) { err.report(cerr); }
    catch (Error& err)      { err.report(cerr); }
    cout << endl;
  }
  cout << "--- Ende ---";
}
```

Standardisierte Ausnahmeklassen

In ANSI/ISO-C++ ist ein hierarchisch angeordnetes System von Ausnahmeklassen, wie in Bild 9.24 dargestellt, standardisiert. Die Wurzelklasse und die entsprechende H-Datei heißen beide **`exception`**, abgeleitete Klassen sind z.B. **`bad_alloc`**, **`overflow_error`**, **`out_of_range`** und **`length_error`**.

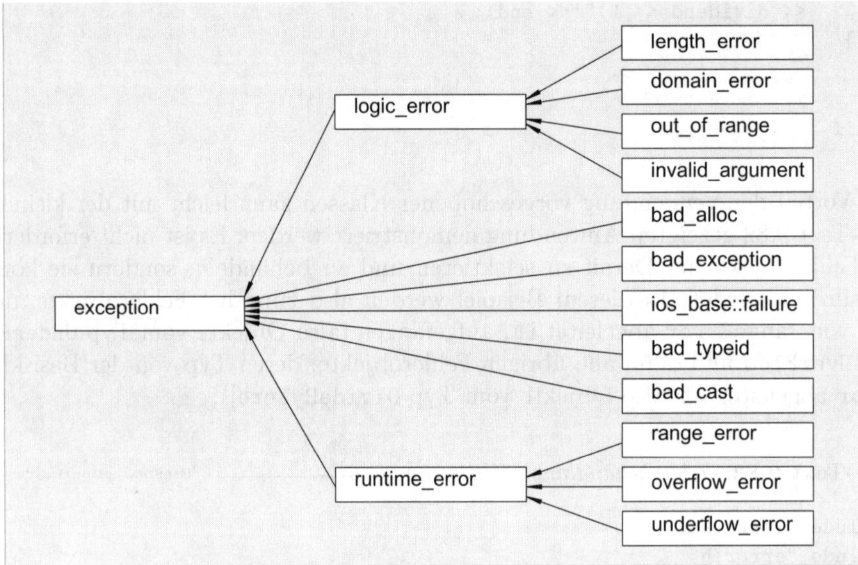

Bild 9.24: Standardisierte Ausnahmeklassen

Spezifikation des Ausnahmeverhaltens

Die Angabe des Ausnahmeverhaltens einer globalen Funktion oder einer Elementfunktion gehört zur Spezifikation der Funktion. Ein Anwender, der eine Funktion benutzt, muß auch wissen, welche Ausnahmeobjekte sie ggf. auswerfen kann, um darauf mit einer passenden Fehlerbehandlung reagieren zu können. In C++ sind entsprechende Angaben optional. Es gibt folgende Möglichkeiten:

```
void f1(...) throw(A, B);
void f2(...) throw();
void f3(...);
```

Die Funktion `f1` kann Ausnahmeobjekte der Klassen `A` und `B` auswerfen, die Funktion `f2` kann keine Ausnahmeobjekte auswerfen, und die Funktion `f3` kann Ausnahmeobjekte beliebiger Klassen auswerfen.

Wenn Funktionsprototypen `throw`-Spezifikationen enthalten, dann müssen sie in der gleichen Form bei der Definition wiederholt werden:

```
void f(...) throw(A, B);
. . .
void f(...) throw(A, B) { . . . }
```

Achtung: Ausnahmespezifikationen gehören **nicht** zur Signatur einer Funktion, d.h. zwei Funktonsprototypen werden bezüglich des Überladens und des Überschreibens vom Compiler als gleich angesehen, wenn sie sich nur durch die Ausnahmespezifikation unterscheiden, was insbesondere bei virtuellen Elementfunktionen beachtet werden muß:

```
class A {
  . . .
  virtual void f(X x, Y y) throw();
  . . .
};

class B : public A {
  . . .
  virtual void f(X x, Y y) throw(Error);
  . . .
};
```

In diesem Beispiel wird `A::f` von `B::f` überschrieben, und dabei wird auch das Ausnahmeverhalten geändert!

Nicht erwartete Fehlerobjekte

Wenn eine Funktion eine Ausnahmespezifikation enthält und wenn sie dann ein Ausnahmeobjekt auswirft, dessen Typ in dieser Spezifikation nicht aufgeführt ist, dann wird die Systemfunktion `unexpected` aus dem Bibliotheksmodul `except.h` aufgerufen, und das führt zu einer Beendigung des Programms:

```
void f(...) throw() {
  . . .
  if (...) throw Error();  // Aufruf von "unexpected"
  . . .
}
```

Darüber hinaus gibt es aber die Möglichkeit, eine eigene Funktion (z.B. `MyUnexpected`) zu definieren und dafür zu sorgen, daß sie automatisch aufgerufen wird, um den *unexpected*-Fall individuell zu behandeln. Die Aktivierung der selbstdefinierten Funktion erfolgt durch den Systemfunktionsaufruf `set_unexpected(MyUnexpected)`.

Nicht aufgefangene Fehlerobjekte

Der Fall, der entsteht, wenn ein Fehlerobjekt durch keinen `catch`-Block aufgefangen wird, ist dem der nicht erwarteten Fehlerobjekte ähnlich. In diesem Falle wird die Systemfunktion `terminate`, ebenfalls aus dem Bibliotheksmodul `exception`, aufgerufen, was auch wieder zum Programmende führt.

Auch hier gibt es die Möglichkeit, eine entsprechende eigene Funktion (z.B. `MyTerminate`) zu definieren, die dann automatisch aufgerufen wird und die die Terminierung individuell regelt. Die Aktivierung der selbstdefinierten Funktion erfolgt hier durch den Systemfunktionsaufruf `set_terminate(MyTerminate)`.

Betriebsmittelverwaltung

Die Verwaltung von Betriebsmitteln (z.B. Geräten und Dateien) in Funktionen sieht in der Regel so aus, daß am Funktionsanfang ein Betriebsmittel angefordert wird (z.B. eine Datei wird geöffnet), und vor dem regulären Verlassen der Funktion wird das Betriebsmittel wieder freigegeben (z.B. die Datei wird geschlossen), was dann im Falle der Erzeugung eines Ausnahmeobjektes zum Problem führt:

```
void f(...) {
  ifstream* input;
  input = open("xxxx");
  . . .
  if (...) throw Error();
  . . .
  close(input);                // wird im "Ausnahmefall"
                               // nicht durchgefuehrt
}
```

Natürlich läßt sich das in diesem Falle leicht so ergänzen, daß die Datei auch unmittelbar vor dem `throw` geschlossen wird:

```
  . . .
  if (...) { close(input); throw Error(); }
  . . .
```

Aber im allgemeinen Falle ist das recht umständlich und darum auch fehleranfällig. Wesentlich eleganter ist folgende Lösung:

```
void f(...) {
  ifstream input("xxxx");
  . . .
  if (...) throw Error();
  . . .
}
```

Hier wird die Datei durch den automatischen Aufruf des Destruktors des Objektes `input` geschlossen, und zwar sowohl beim regulären Verlassen der Funktion als auch beim Ausstieg infolge der Erzeugung eines Fehlerobjektes.

Dieses Muster ist vielfältig anwendbar, indem man jeweils das Anfordern und das Freigeben von Betriebsmitteln in Konstruktoren bzw. Destruktoren versteckt.

9.10.2 Syntax und Semantik der Sprachkonstrukte

throw-expression

Beispiel 1: `throw;`

Beispiel 2: `throw "Fehler";`

Beispiel 3: `throw OverFlow(op, value, 99);`

Allgemeine Form: **throw** *assignment-expression*$_{opt}$

Bedeutung: Die Anweisung `throw` ohne Parameter kann in `catch`-Blöcken verwendet werden, um die aufgefangene Ausnahme weiterzureichen. Das Argument von `throw` ist in einfachen Fällen ein vordefinierter elementarer Datentyp oder ein C-String, damit wird ein entsprechender Wert als einfaches Ausnahmeobjekt generiert. Im allgemeinen Falle wird ein Ausnahmeobjekt – wie hier im Beispiel 3 – durch Angabe des Konstruktors einer entsprechenden Fehlerklasse und durch dessen Versorgung mit aktuellen Parametern generiert.

exception-specification

Beispiel 1: `throw();`

Beispiel 2: `throw(bad_alloc, out_of_range);`

Allgemeine Form: **throw** (*type-id-list*$_{opt}$)

Bedeutung: Die Parameterliste spezifiziert, welche Typen von Ausnahmeobjekten ausgeworfen werden können; eine leere Liste bedeutet, daß keine Objekte ausgeworfen werden, und eine fehlende `throw`-Spezifikation läßt alle Möglichkeiten offen.

try-block

Beispiel:

```
try {
  f1(); f2(); f3(); f(4); f(5);
}
handler1
handler2
handler3
```

Allgemeine Form:

try *compound-statement handler-seq*

Bedeutung: Die Behandlungsroutinen zum Auffangen von Ausnahmeobjekten müssen unmittelbar auf den Rumpf des `try`-Blockes folgen, die richtige Reihenfolge der Anordnung der Behandlungsroutinen ist bei der Verwendung hierarchisch strukturierter Ausnahmeklassen zu beachten.

handler

Beispiel 1:

```
catch (char* cstring) {
  cerr << cstring << '\n';
}
```

Beispiel 2:

```
catch (RangeError& err) {
  err.report(cerr);
}
```

Beispiel 3:

```
catch (bad_alloc) {
  throw;
}
```

Beispiel 4:

```
catch (...) {
  cerr << "irgendeine Ausnahme";
}
```

Allgemeine Form:

catch (*exception-declaration*) *compound-statement*

Bedeutung: In der Regel sollte, wie im Beispiel 2, das Fehlerobjekt per Referenz übergeben werden, dann werden in der `catch`-Routine die Elementfunktionen gemäß dem dynamischen Typ selektiert. Im Falle der Übergabe per Wert würden dagegen die Elementfunktionen gemäß dem statischen Typ des Parameters selektiert werden. Beispiel 1 repräsentiert den seltenen Fall der Übergabe per Zeiger, und im Beispiel 3 wird das Fehlerobjekt an Ort und Stelle nicht ausgewertet, sondern weitergereicht. Mit ... für *exception-declaration* in Beispiel 4 wird jede Ausnahme aufgefangen.

Das Problem mit selbstverwalteten Daten

Leider funktioniert die im vorigen Abschnitt empfohlene Art der Betriebsmittelverwaltung nur für Stackobjekte und versagt bei Objekten, die auf dem Heap selbst verwaltet werden:

```
void f(...) {
  ifstream* input = new ifstream("xxxx");
  . . .
  if (...) throw Error();
  . . .
  delete input;
}
```

Der entsprechende Destruktor wird durch den `delete`-Operator aufgerufen und nicht automatisch beim Verlassen der Funktion; d.h. im Fehlerfalle bleibt die Datei geöffnet, und es muß explizit dafür gesorgt werden, daß der Destruktor auch im Fehlerfalle aufgerufen wird:

```
  . . .
  if (...) { delete input; throw Error(); }
  . . .
```

Das ist natürlich im allgemeinen recht umständlich und fehleranfällig, und deshalb gibt es dafür eine andere Lösung:

```
#include<memory>
using namespace std;
. . .
void f(...) {
  auto_ptr<ifstream> input;
  input = open("xxxx");
  . . .
  if (...) throw Error();
  . . .
}
```

Dabei ist `auto_ptr` eine Template-Klasse des ANSI/ISO-C++-Standardbibliotheks-Moduls `memory`, die in dem Beispiel einen *intelligenten* Zeiger (engl.: smart pointer) auf ein `ifstream`-Objekt erzeugt, das beim Verlassen der Funktion durch Aufruf seines Destruktors wieder an den Programmheap zurückgegeben wird. Entsprechende Zeiger werden auch **Auto-Zeiger** oder **auto pointer** genannt. Bei der Verwendung von Auto-Zeigern sind einige Details zu beachten, die im Abschn. 10.1.1 erläutert werden.

9.10.3 Ausnahmebehandlung am Beispiel der Klasse `Stack`

Die Ausgangssituation

In einem Artikel mit dem Thema *Exception handling: A false sense of security* ([25]) erörtert *Tom Cargill* die Schwierigkeiten der Ausnahmebehandlung am Beispiel einer Klasse zur Realisierung eines Stacks. Er bezieht sich darin auf einen vorangehenden Artikel von *David Read* ([24]), deckt einige gravierende Schwachstellen auf und lädt den Leser ein, eine Version mit korrekter Ausnahmebehandlung zu veröffentlichen. Daraufhin erscheinen zwei recht ausführliche Artikel mit Regeln und Techniken zur Ausnahmebehandlung im allgemeinen und mit Antworten zu dem *Cargill*-Artikel im besonderen: *Ten Rules for Handling Exception Handling Successfully* ([27]) und *Coping with Exceptions*, ([26]). Ich werde die Essenz der Bemühungen um eine korrekte Ausnahmebehandlung für das Beispiel einer Klasse `Stack` hier nachvollziehen und im Abschnitt 9.10.4 dann einige Empfehlungen für eine korrekte und defensive Handhabung der Ausnahmebehandlung zusammenstellen.

Ausgangspunkt unserer Betrachtungen ist ein kleiner Stack mit der im C++-Text 9.83 angegebenen Klassenschnittstelle.

C++-Text 9.83: *Fehlerbehandlung, Stack-Schnittstelle* ./Bsp9/exception/stack0.h

```
template<class T>
class Stack {
    T* data;
    int size;
    int top;
  public:
    Stack();
    ~Stack();
    Stack(const Stack&);
    Stack& operator= (const Stack&);
    int count() const;
    void push(T);
    T pop();
};
```

Der C++-Text 9.84 zeigt eine Implementierung, die bei der Ausnahmebehandlung etliche Schwächen – um nicht zu sagen Fehler – aufweist. Die krassesten Fehler – z.B. Inkrementieren des Stack-Zeigers `top` am Anfang der Funktion und anschließendes Auswerfen eines Fehlerobjektes, wobei ein falscher Wert des Stackzeigers hinterlassen würde – sind von vornherein vermieden worden.

Die Stellen im Quellcode, an denen **direkt** ein Ausnahmeobjekt erzeugt werden kann, sind mit `(1)` bis `(5)` markiert. Bei `(1)` bis `(4)` wird im Falle, daß der Heap erschöpft ist, vom System automatisch ein Ausnahmeobjekt erzeugt,[5] bei (5) wird explizit ein Ausnahmeobjekt erzeugt, der Einfachheit halber hier vom Typ *CString*.

Die Stellen im Quellcode, an denen **indirekt** ein Ausnahmeobjekt erzeugt werden kann, sind mit (a) bis (e) markiert. Dabei ist zu berücksichtigen, daß die auf dem Stack verwalteten Elemente ja auch wieder Objekte selbstdefinierter Typen – z.B. auch wieder Objekte vom Typ Stack – sein können! An den Stellen kann das entsprechende Objekt in der Funktion ausgeworfen werden, die den Zuweisungsoperator überlädt ((a) bis (d)) oder die den Kopierkonstruktor implementiert ((e)).

C++-Text 9.84: *Fehlerbehandlung, Stack-Implementierung* ——— ./Bsp9/exception/stack0.cpp

```
template<class T>
Stack<T>::Stack() {
  top = 0;
  data = new T[size=5];                          // <==(1)==
}

template<class T>
Stack<T>::~Stack() { delete[] data; }

template<class T>
Stack<T>::Stack(const Stack<T>& s) {
  data = new T[size = s.size];                   // <==(2)==
  for (int i=0; i<s.top; i++)
    data[i] = s.data[i];                         // <--(a)--
  top = s.top;
}

template<class T>
Stack<T>& Stack<T>::operator=(const Stack<T>& s) {
  if (this != &s) {
    delete[] data;
    data = new T[s.size];                        // <==(3)==
    for (int i=0; i<s.top; i++)
      data[i] = s.data[i];                       // <--(b)--
    top = s.top;
  }
  return *this;
}

template<class T>
int Stack<T>::count() const { return top; }
```

[5] Nach dem ANSI/ISO-Standard anstelle der konventionellen Rückgabe eines NULL-Zeigers. ANSI/ISO-C++-Compiler ermöglichen dem Benutzer in der Regel auch die Einstellung des konventionellen Verhaltens.

```
template<class T>
void Stack<T>::push(T x) {
  if (top == size) {
    T* buf = new T[size*2];                       // <==(4)==
    for (int i=0; i<top; i++)
      buf[i] = data[i];                           // <--(c)==
    delete[] data;
    data = buf; size *= 2;
  }
  data[top++] = x;                                // <--(d)--
}

template<class T>
T Stack<T>::pop() {
  if (top==0) throw "Stack is empty";             // <==(5)==
  return data[--top];                             // <--(e)==
}
```

Probleme treten dabei in den drei Elementfunktionen `Stack::operator=`, `Stack::push` und `Stack::pop` auf; sie werden im folgenden erläutert, anschließend werden dann jeweils Lösungen angegeben, die insgesamt zu einem Stack mit korrektem Ausnahmeverhalten führen sollen.

Bei der Implementierung des Zuweisungsoperators werden die Probleme sehr gut sichtbar: Der Datenpuffer auf dem Heap wird freigegeben, bei der anschließenden Neubelegung wird eine Ausnahme ausgelöst, und damit bleibt der Stack in einem völlig unakzeptablen Zustand:

operator= :

```
if (this != &s) {
  delete[] data;
  data = new T[s.size];                   // <==(3)==
  for (int i=0; i<s.top; i++)
    data[i] = s.data[i];                  // <--(b)--
  top = s.top;
}
return *this;
```

Die Lösung sieht so aus, daß zunächst über einen Auto-Zeiger ein temporärer Puffer angelegt wird, der beim Verlassen des Blocks automatisch wieder freigegeben wird über den Destruktor des Auto-Zeigers:

operator= , revidiert :

```
if (this != &s) {
  auto_array_ptr<T> buf = new T[s.size];
  for (int i=0; i<s.top; i++)
    buf[i] = s.data[i];
```

```
    data = buf.swap(data);
    size = s.size; top = s.top;
  }
  return *this;
```

Würde man statt des Auto-Zeigers einen normalen Zeiger verwenden, dann müßte der Puffer nach Abschluß des Kopiervorgangs explizit wieder mit `delete` freigegeben werden, was aber unterbleibt, wenn bei einer Zuweisung `buf[i] = s.data[i];` – bei der der Zuweisungsoperator ja überladen sein kann – eine Ausnahme ausgelöst wird.

Das Hauptproblem bei der Funktion `push` ist ebenfalls die Nichtfreigabe des temporären Puffer, wenn der Kopiervorgang in der `for`-Schleife infolge der Auslösung einer Ausnahme unterbrochen wird. Ein weiteres Problem besteht darin, daß eine Ausnahme bei der Zuweisung `data[top++] = x` dazu führen kann, daß der Kopiervorgang abgebrochen, aber der Wert von `top` fälschlicherweise schon inkrementiert wurde:

push :

```
if (top == size) {
  T* buf = new T[size*2];                // <==(4)==
  for (int i=0; i<top; i++)
    buf[i] = data[i];                    // <--(c)==
  delete[] data;
  data = buf; size *= 2;
}
data[top++] = x;                         // <--(d)--
```

Auch hier besteht die Lösung wieder in der Verwendung eines *intelligenten Zeigers*, dessen Konstruktor auch beim Verlassen der Funktion über eine Ausnahme aufgerufen wird und der dann über seinen Destruktor den Puffer freigibt. Außerdem wird der Zeiger `top` erst erhöht, wenn sichergestellt ist, daß die Zuweisung `data[top]=x;` vollständig durchgeführt wurde:

push , revidiert :

```
if (top == size) {
  int newsize = size * 2;
  auto_array_ptr<T> buf = new T[newsize];
  for (int i=0; i<top; i++)
    buf[i] = data[i];
  data = buf.swap(data);
  size = newsize;
}
data[top] = x; top++;
```

Das Problem bei der Funktion pop besteht darin, daß die Rückgabe eines Stackelements ggf. mit Hilfe des Kopierkonstruktors des Objektes vom Typ `T` durchgeführt wird. Wenn das Kopieren dann durch eine Ausnahme unterbrochen wird, hat `top` einen falschen Wert:

pop :

```
if (top==0) throw "Stack is empty";      // <==(5)==
return data[--top];                      // <--(e)==
```

Die Lösung besteht darin, das evtl. beim Kopieren generierte Ausnahmeobjekt aufzufangen und den Wert von `top` wieder zu inkrementieren; das Ausnahmeobjekt wird danach weitergeleitet:

pop , revidiert :

```
if (top==0) throw "Stack is empty";
try { return data[--top]; }
catch (...) { top++; throw; }
```

9.10.4 Empfehlungen

Das erste Entscheidungskriterium ist: *Ausnahmebehandlung oder keine Ausnahmebehandlung*. Bei der Entwicklung *fehlertoleranter Programme* – Programme, die *Fehler ohne Abbruch* verkraften müssen – kann die Ausnahmebehandlung eine wichtige Rolle spielen; aber lange nicht alle Programme müssen fehlertolerant sein. Die Alternative sind *robuste Programme*, die fehlerfrei arbeiten solange sie laufen, und beim Auftreten eines Fehlers mit einem entsprechenden Hinweis abbrechen.

Beim Entwurf von Bibliotheksmodulen oder anderen wiederverwendbaren Softwarebausteinen ist die spätere Verwendung breit gefächert; hier kann es sinnvoll sein, alle Fehlermöglichkeiten durch die Generierung von Fehlerobjekten abzudecken, denn

- das Erzeugen von Ausnahmeobjekten ist viel einfacher als eine detaillierte Ausnahmebehandlung.

Bei der Verwendung von Modulen, die mit der Erzeugung von Ausnahmeobjekten reichlich ausgestattet sind, kann im einfachsten Falle auf eine Behandlung verzichtet werden, dann wird das Programm im Fehlerfalle beendet.

Die nächste Ebene kann eine Fehlerdiagnose auf der obersten Programmebene sein, damit läßt sich in etwa das gleiche erreichen wie bei der Verwendung von `assert`-Makros. Das Makro `Assert` kann z.B. auch durch die folgende C++-Schablone ersetzt werden:

```
template<class T, class U>
inline void Assert(T expression, U error) {
  if (!NDEBUG) if (!expression) throw error;
}
```

Das selbstdefinierte `Assert` kann dann z.B. wie folgt verwendet werden:

```
class IndexFehler {};
. . .
void f(int i) {
  Assert(i>=low && i<=high, IndexFehler());
```

```
    . . .
}
. . .
int main() {
  try { . . . }
  catch (Indexfehler)       { cerr << "Indexfehler"; }
  catch (Bereichsfehler)    { cerr << "Bereichsfehler"; }
  . . . . . .               . . .
  catch (SonstigerFehler)   { cerr << "Sonstiger Fehler"; }
  . . . . . .               . . .
  catch (...)               { cerr << "Irgendein anderer Fehler"; }
}
```

Die wichtigsten Regeln beim Auswurf und beim Weiterleiten von Ausnahmeobjekten sind:

- Beim Erzeugen oder Weitergeben eines Ausnahmeobjektes sollte möglichst dafür gesorgt werden, das betroffene Objekt in dem Zustand zu verlassen, der beim Einstieg in die Funktion (**Ausgangszustand**) vorlag.
- Wenn das nicht möglich ist, sollte das Objekt zumindest möglichst in einem **konsistenten Zustand** verlassen werden, d.h. in einem Zustand, der einem definierten Wert des Objektes entspricht.
- Das Entstehen von **Speicherlecks** und die **Nichtfreigabe von Betriebsmitteln**, die im Kontext der Erzeugung des Ausnahmeobjektes belegt wurden, muß in jedem Falle vermieden werden.

Ein nicht konsistenter Zustand eines Stack-Objektes liegt z.B. vor, wenn in der Funktion `push` der Stack-Zeiger erhöht, aber kein entsprechendes Element mehr abgelegt wurde!

9.10.5 Zusammenfassung

Die von ANSI/ISO-C++ bereitgestellte Sprachunterstützung für die Ausnahmebehandlung ist kompakt und universell einsetzbar, aber sie beinhaltet kein konsistentes Anwendungskonzept. Hier bietet sich der Vergleich mit dem in früheren Zeiten heiß diskutierten Gebrauch der einfachen und universellen Kontrollstruktur `goto` an: das Sprachkonstrukt ist einfach, universell anwendbar, aber schwer beherrschbar. Das spiegelt sich auch in den zum Standard gehörenden Bibliotheken wider, einige nutzen das Konzept sehr intensiv (Beispiel: Strings), andere wieder gar nicht oder wenig (Beispiel: Standard Template Library).

Als konsistentes Konzept zur Unterstützung der Entwicklung sicherer Programme sind Zusicherungen (assertions) nach *T. Hoare* anzusehen, die von *B. Meyer* in die Sprache **Eiffel** integriert worden sind [22]. Dieses Konzept wird im Abschnitt 10.3 vorgestellt, darüber hinaus werden dort Vorschläge präsentiert, das Konzept in C++ auf der Basis der Ausnahmebehandlung zu simulieren.

Kapitel 10

Objektorientierte und Generische Softwareentwicklung

Compile-time polymorphism allows the C++-Compiler to select which of your functions to invoke based on specific properties of their parameters without *introducing the runtime overhead of inheritance and dynamic binding.*

K. Kreft, A. Langer, C++-Report, 11/1997

What do I have to design in a generic program in contrast to an OO program? Can I use OO design methods for modeling a generic program? Well, not really.

First, not all elements of your generic program are classes. Algorithms, for instance, play an important role in generic programming, and they are function templates, not classes. ...

Second, classes in generic proramming are mostly unrelated. There is no inheritance among containers, iterators, or algorithms. ...

A. Langer, K. Kreft, C++-Report, 3/1997

10.1 Besondere Programmiertechniken **662**
10.2 Template-Metaprogrammierung **688**
10.3 Zusicherungen (assertions) **694**
10.4 Fallstudien **706**

10.1 Besondere Programmiertechniken

10.1.1 Smart Pointer

Smart Pointer sind selbstdefinierte Zeiger, die wie „normale“ Zeiger verwendet werden können, aber mit zusätzlichen Fähigkeiten ausgestattet sind:

```
template<class T>
class SmartPtr {
    T* ptr;
  public:
    SmartPtr  (T* p=0) : ptr(p) {}
    ~SmartPtr ()       { delete ptr; }
};

void f() {
  SmartPtr<float> px = new float; // Aufruf des Konstruktors
  . . .
}                                   // Aufruf des Destruktors
```

In diesem Beispiel – das das Prinzip zeigt – wird ein Objekt `px` vom Typ `SmartPtr` erzeugt und über den Konstruktor so initialisiert, daß sein interner Zeiger `ptr` auf einen `float`-Wert zeigt. Das Besondere daran ist, daß beim Verlassen des Gültigkeitsbereiches von `px` automatisch sein Destruktor (d.h. der Destruktor der Klasse `SmartPtr`) aufgerufen und über dessen `delete` der Speicherbereich im Heap freigegeben wird. Damit ist es also nicht mehr erforderlich, selbstverwalteten Heap-Speicher explizit mit `delete` wieder freizugeben, sondern der intelligente Zeiger enthält einen kleinen *Garbage Collector*.

Um mit solchen Smart-Pointern ähnlich wie mit normalen Zeigern arbeiten zu können, müssen natürlich weitere Funktionen und Operatoren zur Verfügung gestellt werden, zumindest Kopierkonstruktor, Zuweisungsoperator, Dereferenzierungsoperator und der Operator für den Komponentenzugriff. Der C++-Text 10.1 zeigt eine entsprechende Klasse und eine kleine Anwendung, die die Verwendung demonstriert:

C++-Text 10.1: *Smart Pointer zur Verwaltung des Heap* ———— ./Bsp10/smart/demo1.cpp

```
#include <iostream>
#include <cstdlib>
using namespace std;

template<class T>
class SmartPtr {
    T* ptr;
  public:
    SmartPtr(T* p=0) : ptr(p) {}
    SmartPtr(SmartPtr& ap)    { ptr = ap.ptr; ap.ptr = NULL; }
```

```
    ~SmartPtr()                  { delete ptr; }

    SmartPtr<T>& operator= (SmartPtr& ap) {
      if (this != &ap) {
        delete ptr;
        ptr = ap.ptr; ap.ptr = NULL;
      }
      return *this;
    }

    T& operator*  () { return *ptr; }
    T* operator-> () { return ptr; }
};

struct X {
  int x;
  X()  { cout << "+A "; }
  ~X() { cout << "-A "; }
};

void f() {
  X *pa           = new X;
  SmartPtr<X> pb = new X, pc;

  pa->x = 123; cout << pa->x << " ";
  pb->x = 321; cout << pb->x << " ";
  pc = pb;     cout << pc->x << " ";
}

int main() { f(); }
```

Die Ausgabe des Programms ist

```
+A +A 123 321 321 -A
```

Man sieht, daß der Destruktor des an den Smart-Pointer `pb` gebundenen Objektes aufgerufen wird, der Destruktor des an den normalen Zeiger `pa` gebundenen Objektes hingegen nicht.

Die Implementierung von Kopierkonstruktor und Zuweisungsoperator erfolgt so, daß jeweils der *Zielzeiger* an das betreffende Objekt gebunden wird und der *Quellenzeiger* den Wert `NULL` erhält:

```
ptr = ap.ptr; ap.ptr = NULL;
```

Damit geht das Objekt in den Besitz des neuen Smart-Pointers über, denn es darf nur einen Besitzer haben, der dann auch für die Freigabe des Objektes zuständig ist.

Leider verursacht dieses Verhalten des Kopierkonstruktors eine unangenehme Nebenwirkung:

```
void f1(SmartPtr<X> p)  {}
void f2(SmartPtr<X>& p) {}
. . .
SmartPtr<X> pa = new X, pb = new X;
f1(pa);
f2(pb);
cout << pa->x;                // Fehler: pa == NULL !!!
cout << pb->x;                // korrekt
```

Wenn ein Smart-Pointer per Wert an eine Funktion übergeben wird, dann erfolgt die Übergabe durch den Aufruf des Kopierkonstruktors, und das bewirkt, daß der übergebene Zeiger vom Objekt getrennt (d.h. auf den Wert `NULL` gesetzt) wird! Daraus folgt ganz allgemein:

- **Smart-Pointer sollten per Referenz übergeben werden!**

Bei der Verwendung der erläuterten Smart-Pointer-Klasse gibt es eine zweite Einschränkung: sie ist nur zur Bildung von Einzelobjekten geeignet und nicht zur Instanzierung entsprechender Vektoren, weil ihr Destruktor nur ein Einzelobjekt freigibt (`delete ptr;`). Die Einschränkung kann aber leicht durch die Definition einer Klasse `SmartVecPtr` beseitigt werden, deren Konstruktor die Anweisung `delete[] ptr;` enthält:

```
template<class T>
class SmartVecPtr {
    T* ptr;
  public:
    SmartVecPtr  (T* p=0) : ptr(p) {}
    . . .
    ~SmartVecPtr ()       { delete[] ptr; }
};

void f() {
  SmartVecPtr<X> px = new X[10];
  . . .
}
```

In der Funktion `f()` wird bei der Deklaration des Smart-Zeigers `px` zehnmal der Standardkonstruktor der Klasse `X` aufgerufen und beim Verlassen der Funktion entsprechend zehnmal der Destruktor der Klasse `X`. Der C++-Text 10.2 zeigt eine vollständige Smart-Pointer-Klasse zur Verwaltung von Vektor-Objekten mit einer kleinen Anwendung.

C++-Text 10.2: *Smart Pointer für Vektor-Objekte* ./Bsp10/smart/demo2.cpp

```
#include <iostream>
using namespace std;
```

```
template<class T>
class SmartVecPtr {
    T* ptr;
  public:
    SmartVecPtr(T* p=0) : ptr(p) {}
    SmartVecPtr(SmartVecPtr& ap) { ptr = ap.ptr; ap.ptr = NULL; }
    ~SmartVecPtr()               { delete[] ptr; }

    SmartVecPtr<T>& operator= (SmartVecPtr& ap) {
      if (this != &ap) {
        delete[] ptr;
        ptr = ap.ptr; ap.ptr = NULL;
      }
      return *this;
    }

    T& operator[] (int i) { return ptr[i]; }
};

struct X {
  int x;
  X() { cout << "+X "; }
  ~X(){ cout << "-X "; }
};

void f() {
  X* pa             = new X[5];
  SmartVecPtr<X> pb = new X[5];
  int i;

  cout << endl;
  for (i=0; i<5; i++) pb[i].x = i;

  for (i=0; i<5; i++) cout << pb[i].x << ' ';
  cout << endl;
}

int main() { f(); }
```

Das Programm erzeugt die Ausgabe

```
+X +X +X +X +X +X +X +X +X +X
0 1 2 3 4
-X -X -X -X -X
```

Wie zu erwarten, werden die fünf Konstruktoren der an den normalen Zeiger `pa` gebundenen fünf Objekte sowie die der an den Smart-Pointer `pb` gebundenen fünf

Objekte aufgerufen. Beim Verlassen der Funktion `f()` werden aber nur die fünf Destruktoren der Smart-Pointer-Objekte aktiviert.

Ein interessantes Einsatzgebiet für Smart-Pointer in C++ ist das Anfordern und Freigeben von Betriebsmitteln wie z.B. Heapspeicher, Geräten und Dateien, sofern sie als Heapobjekte selbstverwaltet werden:

```
void f() {
  SmartPtr<BM> px = new BM;  // Betriebsmittel anfordern
  . . .
  if (...) throw ...;
  . . .
}
```

Bei Verwendung normaler Zeiger würde das Betriebsmittel „Heapobjekt" z.B. am Ende der Funktion explizit mit `delete px` wieder freigegeben werden, beim Verlassen der Funktion durch das Auswerfen eines Ausnahmeobjektes würde die Freigabe aber nicht erfolgen, wohingegen die Verwendung des Smart-Pointers dafür sorgt, daß die Freigabe in jedem Falle erfolgt! Der ANSI/ISO-Standard enthält eine Bibliotheksklasse `auto_ptr`, die insbesondere für solche Anwendungen konzipiert wurde; sie hat gegenüber der hier besprochenen Klasse `SmartPtr` eine etwas erweiterte Funktionalität, eine entsprechende Klasse zur Verwaltung von Vektor-Objekten ist im Standard nicht enthalten.

10.1.2 Iteratoren

Grundlagen

Ein Iterator ist eine Hilfsklasse für eine Container-Klasse, die einen Mechanismus zum Durchlaufen von Container-Objekten beschreibt. Iterator-Objekte verhalten sich in bezug auf Container wie z.B. Zeiger in bezug auf Vektoren; Bild 10.1 zeigt den Zusammenhang. Der Zeiger `it` (Iterator) kann den Vektor in beiden Richtungen durchlaufen sowie lesend und schreibend auf einzelne Elemente zugreifen. Dafür genügen die Operationen `it++;`, `it--;` zum Bewegen des Iterators sowie der Zugriff auf das aktuelle Element mit `*t`.

Die beiden Zeiger `begin` und `end` markieren Anfang und Ende, wobei zu beachten ist, daß `end` nicht das letzte Element markiert, sondern das darauffolgende.[1] Mit der Vorwärts-Iteration

```
it = begin;
while ( !(it==end) ) { *it = ...; it++; }
```

[1] In C und C++ ist garantiert, daß stets ein Zeiger auf ein folgendes Element definiert werden kann.

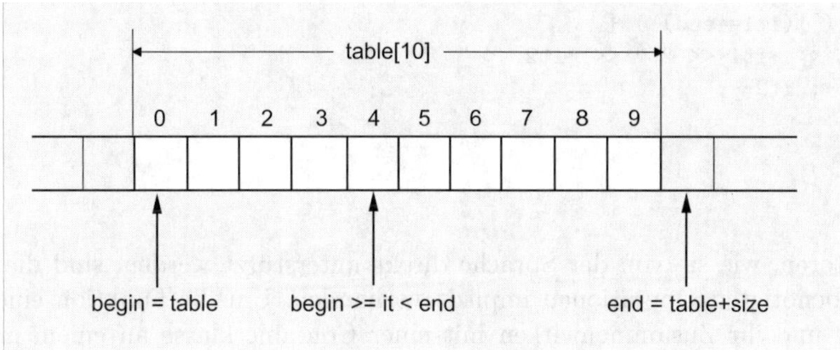

Bild 10.1: Zeiger als Iterator für einen Vektor

kann der Vektor durchlaufen und jedem Element ein Wert zugeordnet werden. Entsprechend geht das auch mit der Rückwärts-Iteration:

```
it = end;
while ( !(it==begin) ) { it--; *it = ...; }
```

Das Programm 10.3 demonstriert die Verwendung von Zeigern als Iteratoren. Für die Benutzung der Iteratoren in diesem Beispiel werden vier Operationen benötigt:

- it++, it--, *it und it1==it2

C++-Text 10.3: *Iteratoren, das Prinzip* ./Bsp10/iter/iter00.cpp

```
#include<iostream>
using namespace std;

const int size = 10;
int table[size];

typedef int* Iterator;
Iterator begin = table;
Iterator end   = table + size;

int main() {

  int i;
  Iterator it1, it2;

  it1 = begin; i = 0;
  while ( !(it1==end) ) { *it1++ = i*i++; }

  it1 = begin; it2 = end; it2--;
```

```
  while ( !(it1==end) ) {
    cout << *it1 << " " << *it2 << "  ";
    it1++; it2--;
  }
}
```

Bei Vektoren, wie sie von der Sprache direkt unterstützt werden, sind die für Iteratoren benötigten Operationen implizit vorhanden. Um die Funktion einer Iteratorklasse und ihr Zusammenwirken mit einer Containerklasse an einem möglichst einfachen Fall zu studieren, sehen wir uns den C++-Text 10.4 an. Dort wird eine aufs Minimum reduzierte Klasse `Vektor` definiert, die mit Konstruktor und Destruktor sowie mit zwei Funktionen ausgerüstet ist, die Anfang und Ende des Vektors definieren. Darin eingebettet ist die Klasse `Iterator`, die die vier Operatoren für das Bewegen des Iterators, für den Zugriff auf ein Vektorelement sowie für den Vergleich mit der Anfangs- und Ende-Markierung bereitstellt:

- Die Iteratorklasse enthält – wie auch die weiteren in diesem Abschnitt vorgestellten Iteratorklassen – keinerlei Fehlerbehandlung, z.B. auch keine Bereichsüberwachung.

Die Klasse `Iterator` hat einen Zeiger vom Typ *Zeiger auf ein Element des Vektors*, der auf das jeweils aktuelle Element zeigt. Mit diesem Zeiger wird intern gearbeitet. Der erste Konstruktor

```
Iterator(T* po) { pos = po; }
```

wird für die Konvertierung des internen Zeigers in den Typ `Iterator` verwendet, er wird in den beiden Funktionen `begin` und `end` der Klasse `Vektor` benötigt.

C++-Text 10.4: *Iteratoren für einen Vektor* ——— ./Bsp10/iter/iter0.h

```
#ifndef _iter0_h
#define _iter0_h

template<class T>
class Vector {
    T* data;
    int size;
  public:
    //------------------------------------------------------------
    class Iterator {
        Vector* vec;
        T*      pos;
      public:
        Iterator(T* po)     { pos = po; }
```

```
      Iterator(Vector& v) { vec = &v; pos = vec->data; }

      T& operator* ()     { return *pos; }

      Iterator operator++ (int) {
        Iterator it = *this; pos++; return it;
      }
      Iterator operator-- (int) {
        Iterator it = *this; pos--; return it;
      }

      int operator== (const Iterator& it) const {
        return pos == it.pos;
      }
    };
    //-----------------------------------------------------------

    friend class Iterator;

    Vector         (int sz) { data = new T[size=sz]; }
    ~Vector        ()       { delete[] data; }
    Iterator begin ()       { return Iterator(data); }
    Iterator end   ()       { return Iterator(data+size); }
};

#endif
```

Eine Iteratorklasse benötigt den Zugriff auf die internen Daten ihrer Containerklasse, das wird durch die *friend-Beziehung* erreicht, nicht durch die Klassenschachtelung! Die Anordnung der Klasse `Iterator` innerhalb der Klasse `Vector` ist eine stilistische Maßnahme, die die Zugehörigkeit *„der Iterator" gehört zum Vektor* hervorheben soll.

C++-Text 10.5: *Demo zur Anwendung von Iteratoren* ./Bsp10/iter/iter01.cpp

```
#include<iostream>
#include "iter0.h"
#include "iter1.h"
using namespace std;

int main() {
  const size = 10;
  int i;

  Vector<int>                         // oder List<int>
  table(size);

  Vector<int>::                       // oder List<int>::
```

```
  Iterator it1(table), it2(table);

  it1 = table.begin(); i = 0;
  while ( !(it1==table.end()) ) *it1++ = i*i++;

  it1 = table.begin(); it2 = table.end(); it2--;
  while ( !(it1==table.end()) ) {
    cout << *it1++ << " " << *it2-- << "  ";
  }
}
```

Der C++-Text 10.5 demonstriert die Verwendung des Iterators. Die beiden Kommentare `// oder List<int>` zeigen an, daß anstelle eines Vektors auch ein anderer Container – z.B. eine lineare doppelt verkettete Liste – mit einem entsprechenden „eingebauten" Iterator verwendet werden kann; eine entsprechende Realisierung wird im Bild 10.2 skizziert und im C++-Text 10.6 umgesetzt. Auch hier wird die Funktionalität auf das Minimum reduziert. Der Konstruktor der Klasse `List` generiert eine Liste der Länge `n`, in der der Iterator – wie in einem Vektor – lesen und schreiben kann, auf Listenfunktionen wie *insert* und *delete* wird hier verzichtet.

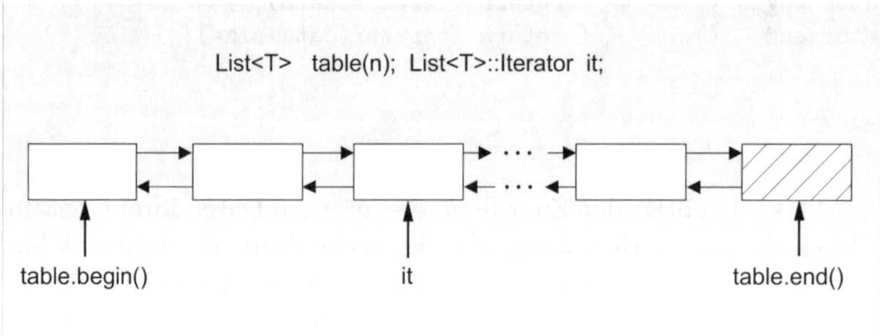

Bild 10.2: Eine doppelt verkettete Liste mit Iterator

Der interne Zeiger der Klasse `Iterator` zeigt auf den aktuellen Listenknoten. Die Operationen zur Manipulation des internen Zeigers sind hier `pos = pos->next` und `pos = pos->prev` anstelle von `pos++` bzw. `pos--` beim Vektor.

C++-Text 10.6: *Iteratoren für eine Liste* ./Bsp10/iter/iter1.h

```
#ifndef _iter1_h
#define _iter1_h

template<class T>
class List {
    struct Node { Node *prev, *next; T data; };
```

```
    Node *first, *last;
  public :
    //------------------------------------------------------------
    class Iterator {
        List* li;
        Node* pos;
      public:
        Iterator (Node* po)         { pos = po; }
        Iterator (List& l)          { li = &l; pos = li->first; }

        T& operator* ()             { return pos->data; }

        Iterator operator++ (int) {
          Iterator it = *this; pos = pos->next; return it;
        }
        Iterator operator-- (int) {
          Iterator it=*this; pos = pos->prev; return it;
        }

        int operator== (const Iterator& it) const {
          return pos==it.pos;
        }
    };
    //------------------------------------------------------------

    List (int n) {
      first = last = new Node;
      while (n--) {
        Node* q = new Node;
        q->next = first; first->prev = q; first = q;
      }
    }
    ~List () {
      Node *q = first;
      while (first!=last) {
        first = q->next; delete q; q = first;
      }
      delete first;
    }

    Iterator begin() { return Iterator(first); }
    Iterator end()   { return Iterator(last);  }
};

#endif
```

Klassifizierung von Iteratoren

Neben den bisher vorgestellten Iteratoren gibt es weitere, die z.B. Direktzugriffe ermöglichen. Das ist bei einem Vektor sinnvoll, bei einer linearen Liste nicht. Um die Iteratoren der „eingebauten Funktionalität" verschiedener Arten von Containern anzupassen, hat sich folgende Gruppeneinteilung herausgebildet, wobei die Gruppen sich teilweise überschneiden:

Eingabe-Iteratoren können das markierte Element lesen, die Markierung vorwärtsbewegen und zwei Markierungen vergleichen:

```
x = *p, ++p, p++, p == q, p != q
```

Ausgabe-Iteratoren können an der markierten Position schreiben, die Markierung vorwärts bewegen und zwei Markierungen vergleichen:

```
*p = x, ++p, p++, p == q, p != q
```

Vorwärts-Iteratoren sind kombiniere Eingabe- und Ausgabe-Iteratoren:

```
x = *p, *p = x, ++p, p++, p == q, p != q
```

Bidirektionale Iteratoren schließen die Vorwärts-Iteratoren ein und können die Markierung zusätzlich rückwärts bewegen:

```
x = *p, *p = x, ++p, p++, --p, p--, p == q, p != q
```

Direktzugriffs-Iteratoren schließen die bidirektionalen Iteratoren ein und können die Operatoren zusätzlich direkt positionieren und Reihenfolgen bestimmen:

```
x = *p, *p = , ++p, p++, --p, p--, p == q, p != q, p + n, n + p,
p - n, p += n, p -= n, p - q, p < q, p < q, p <= q, p >= q
```

Natürlich ist es z.B. **möglich, aber nicht sinnvoll**, Direktzugriffs-Iteratoren auch für lineare Listen zu implementieren, das zeitliche Verhalten wäre katastrophal! Hier gibt es ein klares Kriterium, was sinnvoll ist:

- Es sollten jeweils nur Iteratoren vorgesehen werden, die mit konstanter Zeitkomplexität ($T = O(1)$) implementierbar sind!

Arbeiten mit Iteratoren

Der C++-Text `iter2.h` enthält einen Vektor mit einer umfangreicheren Iterator-Funktionalität. Als Erweiterungen sind Operatoren für den Direktzugriff, Präfixoperatoren und weitere Vergleichsoperatoren vorgesehen worden. Die Unterscheidung zwischen postfix und präfix erfolgt an der Schnittstelle der Funktion durch die Angabe eines *Dummy-Parameters* bei der Postfix-Operation; bei der Implementierung gibt es einen gravierenden Unterschied:

```
Iterator operator++ (int) {                    // postfix
  Iterator it = *this; pos++; return it;
}
Iterator& operator++ ()   {                    // praefix
  pos++; return *this;
}
```

Beim Postfixoperator muß das Objekt zwei Mal kopiert werden, da ja der Wert, den das Objekt vor dem Inkrementieren hatte, zurückgegeben werden muß. Beim Präfixoperator wird hingegen eine Referenz auf das aktuelle Objekt zurückgegeben, d.h. also:

- Der Präfixoperator sollte in der Regel bevorzugt werden, er repräsentiert im allgemeinen die wesentlich schnellere Operation.

C++-Text 10.7: *Vektor mit Iteratoren für Direktzugriffe* ./Bsp10/iter/iter2.h

```
#ifndef _iter2_h
#define _iter2_h

template<class T>
class Vector {
    T* data;
    int size;
  public:

    //------------------------------------------------------------------
    class Iterator {
        Vector* vec;
        T*      pos;
      public:
        Iterator(T* po)      { pos = po; }
        Iterator(Vector& v) { vec = &v; pos = vec->data; }

        T& operator* ()      { return *pos; }

        Iterator  operator++ (int) { Iterator it = *this; pos++; return it; }
        Iterator  operator-- (int) { Iterator it = *this; pos--; return it; }
        Iterator& operator++ ()    { pos++; return *this; }
        Iterator& operator-- ()    { pos--; return *this; }

        int operator==   (const Iterator& it) const { return pos == it.pos; }
        int operator!=   (const Iterator& it) const { return pos != it.pos; }
```

```
        int operator<   (const Iterator& it) const { return pos  < it.pos; }
        int operator<=  (const Iterator& it) const { return pos <= it.pos; }
        int operator>   (const Iterator& it) const { return pos  > it.pos; }
        int operator>=  (const Iterator& it) const { return pos >= it.pos; }

        Iterator operator+ (int n) const { return pos + n; }
        Iterator operator- (int n) const { return pos - n; }

        int operator- (const Iterator& q) const { return pos - q.pos; }
    };
    //---------------------------------------------------------------------

    friend class Iterator;

    Vector          (int sz) { data = new T[size=sz]; }
    ~Vector         ()       { delete[] data; }
    Iterator begin ()       { return Iterator(data); }
    Iterator end    ()       { return Iterator(data+size); }
};

#endif
```

Mit den Iteratoren für Direktzugriffe lassen sich auch komplexere Algorithmen wie *binäres Suchen* auf die zugehörigen Container formulieren, der C++-Text 10.8 enthält eine kleine Auswahl von Funktionen, die auf den vorgestellten Vektor anwendbar sind und demonstriert deren Benutzung. Die Sortierfunktion `BubbleSort` verwendet den einfachen *Bubblesort-Algorithmus*, der jeweils nur benachbarte Elemente vergleicht und vertauscht und deshalb keine Direktzugriffe benötigt. Anders ist das natürlich im Falle z.B. *Heapsort* oder *Quicksort*: beide basieren auf Direktzugriffen.

C++-Text 10.8: *Komplexere Algorithmen mit Iteratoren* ./Bsp10/iter/iter2.cpp

```
#include<iostream>
#include<algorithm>
#include<cstdlib>
#include"iter2.h"
using namespace std;

typedef Vector<int>::Iterator Iter;

void Print(Iter start, Iter stop) {
  while (start != stop) { cout << *start << " "; start++; }
}

void BubbleSort(Iter start, Iter stop) {
```

```
  for (Iter i=start+1; i!=stop; i++) {
    for (Iter j=stop-1; j!=i-1; j--) {
      if (*(j-1) > *j) swap(*(j-1), *j);  // swap aus <algorithm>
    }
  }
}

Iter BinSearch(Iter start, Iter stop, int x) {
  Iter lo = start, hi = stop;
  while (lo != hi) {
    Iter mi = lo + (hi-lo)/2;
    if (x==*mi) return mi;
    if (x < *mi) hi = mi; else lo = mi + 1;
  }
  return NULL;
}


int main() {
  Vector<int> vec(10);
  Iter it(vec);

  for (it=vec.begin(); it!=vec.end(); it++) *it = rand()%100;
  Print(vec.begin(), vec.end());
  cout << endl;

  BubbleSort(vec.begin(), vec.end());
  Print(vec.begin(), vec.end());
  cout << endl;

  it = BinSearch(vec.begin(), vec.end(), 26);
 cout << *it << endl;
}
```

Ein weiterer wichtiger Schritt ist die Erweiterung der im C++-Text 10.8 vorgestellten Funktionen zu Schablonen (templates), der im Abschnitt 10.1.3 durchgeführt wird.

10.1.3 Generische Algorithmen

Im Abschnitt über Iteratoren (10.1.2) haben wir gesehen, wie mit Hilfe von Iteratoren Algorithmen auf Container formuliert werden können, z.B.:

```
typedef Vector<int>::Iterator Iter;

void Print(Iter start, Iter stop) {
```

```
  while (start != stop) {
    cout << *start << " "; start++;
  }
}
```

Die Funktion `Print` kann also den Inhalt eines entsprechenden Vektors – oder den Inhalt eines Unterbereichs – ausgeben. Durch Auswechseln der `typedef`-Direktive kann die gleiche Funktion auf jeden anderen Container angewendet werden, vorausgesetzt, der Container hat einen Iterator, der die Funktionen `begin()`, `end()`, `operator*()` und `operator++(int)` bereitstellt. Dieser Vorgang kann leicht durch Verwenden eines `templates` anstelle einer `typedef`-Direktive automatisiert werden:

```
template<class Iter>
void Print(Iter start, Iter stop) {
  while (start != stop) {
    cout << *start << " "; start++;
  }
}
```

Die `template`-Funktion `Print` ist damit generisch verwendbar:

```
Vector<int>    vec(10);
List<somewhat> tab(...);
. . .
Print(vec.begin(), vec.end());
Print(tab.begin(), tab.end());
```

An Stelle der `Print`-Aufrufe für Vektor und Liste generiert der Compiler eine Funktion zur Ausgabe des Vektors `vec` und eine zur Ausgabe der Liste `tab`.

Die Funktion `Print` kann leicht zu einer allgemeinen Funktion zum Traversieren eines Containers abstrahiert werden, der man eine Funktion `f`, die auf jedes Element anzuwenden ist, als Parameter übergibt:

```
typedef void (*Func)(int&);

template<class Iter, class Func>
void ForEach(Iter start, Iter stop, Func f) {
  while (start!=stop) { f(*start); start++; }
}
```

Ein weiteres besonders einfaches Beispiel für einen generischen Algorithmus ist die sequentielle Suche nach einem Objekt `x` in einem Container:

```
template<class Iter, class T>
Iter Find(Iter start, Iter stop, const T& x) {
```

```
    Iter p = start;
    while (p!=stop && *p!=x) ++p;
    if (*p==x) return p; else return NULL;
  }
```

Die Rückgabe des NULL-Zeigers im Falle des nicht gefundenen Objektes x scheint auf den ersten Blick ein Verstoß gegen die statische Typisierung zu sein, weil der verlangte Rückgabetyp Iter ist. Für solche Fälle enthält die Iteratorklasse jedoch den Umwandlungskonstruktor, der von dem intern verwendeten Zeiger in den Iteratortyp Iter umwandelt: Iterator (T* po).

Der C++-Text 10.9 stellt einige typische generische Container-Funktionen zusammen. Wie man sieht, bereitet auch die Formulierung etwas komplexerer Algorithmen, wie z.B. in Funktionen zum Sortieren und binären Suchen, keine Probleme.

C++-Text 10.9: *Generische Container-Funktionen* ./Bsp10/iter/generic.h

```
#ifndef _generic_h
#define _generic_h
#include"iter2.h"

template<class T>
void myswap(T& x, T& y) { T t = x; x = y; y = t; }

typedef void (*Func)(int&);

template<class Iter, class Func>
void ForEach(Iter start, Iter stop, Func f) {
  while (start!=stop) { f(*start); start++; }
}

template<class Iter, class T>
Iter Find(Iter start, Iter stop, const T& x) {
  Iter p = start;
  while (p!=stop && *p!=x) ++p;
  if (*p==x) return p; else return NULL;
}

template<class Iter>
void Reverse(Iter start, Iter stop) {
  while (start<stop) {
    stop--;
    myswap(*start, *stop);
    start++;
  }
}
```

```
template<class Iter>
void Copy(Iter start, Iter stop, Iter destination) {
  while (start<stop)
    *destination++ = *start++;
}

template<class Iter>
void BubbleSort(Iter start, Iter stop) {
  for (Iter i=start+1; i!=stop; i++) {
    for (Iter j=stop-1; j!=i-1; j--) {
      if (*(j-1) > *j) myswap(*(j-1), *j);
    }
  }
}

template<class Iter, class X>
Iter BinSearch(Iter start, Iter stop, X x) {
  Iter lo = start, hi = stop;
  while (lo != hi) {
    Iter mi = lo + (hi-lo)/2;
    if (x==*mi) return mi;
    if (x < *mi) hi = mi; else lo = mi + 1;
  }
  return NULL;
}

#endif
```

Der C++-Text 10.9 demonstriert die Benutzung der generischen Funktionen.

C++-Text 10.10: *Demo zur Anwendung generischer Funktionen* —— ./Bsp10/iter/generic.cpp

```
#include<iostream>
#include"generic.h"
using namespace std;

void printvalue(int& x) { cout << x << " "; }

int main() {

const size = 10;
  int i;

  Vector<int> vec(size);
  Vector<int>::Iterator it1(vec), it2(vec);

  for (i=0; i<size; i++) { *it1 = (size-i)*(size-i); it1++; }
```

```
  ForEach(vec.begin(), vec.end(), printvalue);
  cout << endl;

  BubbleSort(vec.begin(), vec.end());

  ForEach(vec.begin(), vec.end(), printvalue);
  cout << endl;

  it1 = Find(vec.begin(), vec.end(), 36);
  if (it1!=NULL) cout << *it1 << endl;

  it1 = BinSearch(vec.begin(), vec.end(), 36);
  if (it1!=NULL) cout << *it1 << endl;

}
```

Generische Funktionen sind leistungsfähige Entwurfsmuster für das Arbeiten mit Containern, sie sind auch wesentlicher Bestandteil der C++-Standard-Template-Library (STL), siehe Abschn. 11.5.1. Interessant ist in diesem Zusammenhang folgende Feststellung:

- **Generische Funktionen** sind globale Funktionen, die also nicht an eine Klasse gebunden sind, sondern mit verschiedenen Klassen zusammenarbeiten, d.h. sie liegen **außerhalb des Paradigmas Objektorientierung** und sind nur möglich, weil C++ eine hybride Sprache ist!

10.1.4 Referenzzählung (Reference-Counting)

Reference-Counting ist ein Entwurfsmuster, das angewendet wird, um Speicherplatz und Rechenzeit für das Anlegen von Kopien für Objekte einzusparen. Das ist z.B. interessant bei der Implementierung von Containerklassen und Matrizen, aber auch durchaus bei der Realisierung von Stringklassen.

Das Prinzip

Bild 10.3 skizziert das Prinzip dieses interessanten Entwurfsmusters. Die eigentlichen Objekte werden durch ein Hilfsobjekt dargestellt, das einen Zeiger auf die Daten und einen Zähler enthält. Der Zähler gibt an, wie viele Objekte es mit diesen Daten (d.h. mit diesem Wert) zur Zeit gibt. Ein Objekt wird durch einen Zeiger auf das Hilfsobjekt repräsentiert. Wenn ein Objekt kopiert wird, dann werden nicht die Daten kopiert, sondern es wird lediglich ein weiterer Zeiger auf das entsprechende Hilfsobjekt gesetzt.

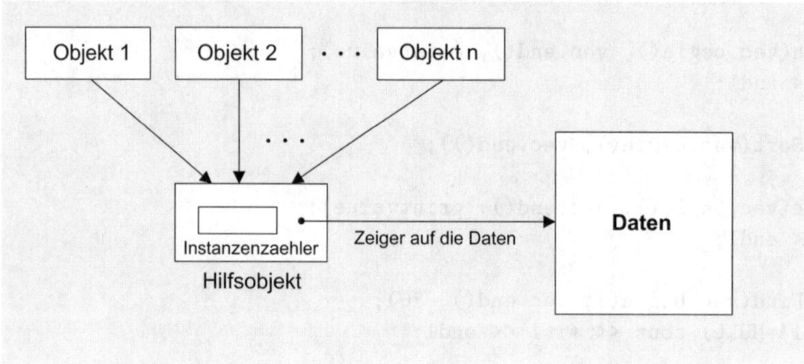

Bild 10.3: Das Prinzip des Reference-Counting

Für das Arbeiten mit der angegebenen Struktur gelten im wesentlichen folgende Regeln:

- Ein Objekt wird kopiert, indem sein Zeiger auf das Hilfsobjekt kopiert und der Referenzzähler erhöht wird.
- Wenn ein Objekt gelöscht wird, wird der Referenzzähler erniedrigt.
- Wenn der Referenzzähler auf den Wert Null erniedrigt wird, dann wird das Hilfsobjekt aufgelöst.

Das Prinzip ist also einfach überschaubar, aber es gibt ein kleines zusätzliches Problem: Was passiert, wenn ein mehrfach vorhandenes Objekt, z.B. eine Matrix, verändert wird, weil ein Matrixelement neu gesetzt wurde? In dem Fall muß also tatsächlich kopiert und die entsprechende Referenz aufgelöst werden, das heißt also auch, daß lesende und schreibende Zugriffe unterschiedlich zu behandeln sind.

Die Details werden in den beiden folgenden Abschnitten jeweils am Beispiel einer String-Klasse und am Beispiel einer Matrix-Klasse behandelt.

Eine Reference-Count-String-Klasse

C++-Text 10.11 zeigt eine entsprechende Klassenschnittstelle. Der Kern ist die lokale Hilfsklasse `SRep`, die neben dem Zeiger auf den eigentlichen String den Zahler `count` sowie einen Konstruktor und einen Destruktor enthält. Die Klasse enthält eine Funktion für den lesenden Zugriff auf ein Zeichen (`char operator[]`) und eine für den schreibenden Zugriff (`void Put`), es wäre natürlich absolut falsch, die beiden z.B. zu einer Funktion zusammenzufassen, die eine Referenz auf das entsprechende Zeichen zurückgibt (`char& operator[]`), denn beim Schreiben muß der String wirklich kopiert werden!

C++-Text 10.11: *Ref.-Count-String-Klasse, H-Datei* ./Bsp10/refcount/string3.h

```
#ifndef _string3_h
#define _string3_h
#include <iostream>
using namespace std;

class String {
    struct SRep {
      char* word;
      int count;
      SRep(const char* s);
      ~SRep();
    };
    SRep* rep;
  public:
    String(const char* s="");
    String(const String& s);
    String& operator= (const String& s);
    ~String();

    void Print(ostream& o) const;
    friend ostream& operator<< (ostream& o, const String s);

    char  operator[] (int i) const;
    void Put(int i, char ch);
};

#endif
```

C++-Text 10.12 stellt die Implementierung dar, wobei insbesondere der Zuweisungsoperator, der Destruktor und die Funktion `Put` interessant sind:

> Der Zuweisungsoperator erhöht den Zähler für das übergebene Stringobjekt und erniedrigt den Zähler für das eigene. Wenn nach der Erniedrigung keine Referenz mehr auf den eigentlichen String vorhanden ist, dann wird mit `delete rep` das Hilfsobjekt mit C-String aufgelöst. Der Destruktor erniedrigt ebenfalls den Instanzenzähler und löst das Objekt auf, wenn dessen Wert null ist. Die Funktion `Put` soll das Stringobjekt verändern, d.h. es muß ein neues `SRep`-Objekt angelegt werden. Der Instanzenzähler für das alte `SRep`-Objekt wird erniedrigt, und es wird aufgelöst, wenn es nicht mehr referenziert wird. Der Zeiger `rep` wird dann auf die neu kreierte Hilfsklsse gesetzt und das zu schreibende Zeichen in dessen C-String eingetragen.

C++-Text 10.12: *Reference-Count-String-Klasse, CPP-Datei* ___ ./Bsp10/refcount/string3.cpp

```
#include <string>
#include <iostream>
#include "string3.h"
using namespace std;

String :: SRep :: SRep(const char* s) : count(1) {
  word = new char[strlen(s)+1]; strcpy(word, s);
}

String :: SRep :: ~SRep() { delete[] word; }

String :: String(const char* s) { rep = new SRep(s); }

String :: String(const String& s) {
  s.rep->count++; rep = s.rep;
}

String& String :: operator= (const String& s) {
  s.rep->count++;
  if (--rep->count <= 0)
    delete rep;              // Aufruf des SRep-Destruktors !
  rep = s.rep;
  return *this;
}

String :: ~String() {
  if (--rep->count <= 0)
    delete rep;              // Aufruf des SRep-Destruktors !
}

void String :: Print(ostream& o) const { o << rep->word; }

ostream& operator<< (ostream& o, const String s) {
  s.Print(o); return o;
}

char String :: operator[] (int i) const { return rep->word[i]; }

void String :: Put (int i, char ch) {
  SRep* x = new SRep(rep->word);
  if (--rep->count <= 0)
    delete rep;
  rep = x;
  rep->word[i] = ch;
}
```

Der C++-Text 10.13 demonstriert die Benutzung dieser Stringklasse, die Ausgabe des Programms zeigt, daß die Schreibzugriffe korrekt arbeiten und nur jeweils den eigenen Wert verändern.

C++-Text 10.13: *Ref.-Count-String-Klasse, Test und Demo* ./Bsp10/refcount/teststr3.cpp

```
#include "string3.h"
using namespace std;

int main() {
  String a = "Hello ", b;

  b = a;

  cout << a << b << endl;
  cout << "a[4] = " << a[4] << endl;

  a.Put(4, 'i');
  cout << a << b << endl;

  b.Put(4, 'a');
  cout << a << b << endl;

  a = "xxxxxxxxx"; b = "yyyyyyyyyyyyyyyy";
  a.Put(2, b[3]); b.Put(2, a[3]);
  cout << a << b << endl;
}
```

Ausgabe des Programms:

```
Hello Hello
a[4] = o
Helli Hello
Helli Hella
xxyxxxxxxyyxyyyyyyyyyyyyy
```

Eine Reference-Count-Matrix-Klasse

Als zweites Beispiel zur Demonstration des Referenzzahl-Konzeptes wird hier eine Matrix-Klasse verwendet, der C++-Text 10.14 zeigt eine entsprechende H-Datei mit der Hilfsklasse `MRep` und der Klasse `Matrix`. Hier ist die Hilfsklasse etwas aufwendiger und wird als separate Klasse ausgelagert, wobei sie der Hauptklasse durch die `friend`-Deklaration den Zugriff auf ihre privaten Daten gestattet. Die Hilfsklasse ist mit verschiedenen Funktionen ausgestattet, die die Implementierung der Hauptklasse erleichtern. Als Operator für den Lesezugriff auf ein Element wird hier der Einfachheit halber der Funktionsoperator überladen.

C++-Text 10.14: *Reference-Count-Matrix-Klasse, H-Datei* ./Bsp10/refcount/matrix2.h

```
#ifndef _matrix2_h
#define _matrix2_h
#include <cassert>

class MRep {
  friend class Matrix;
    int count;
    float* Data;
    void copy(const MRep& mat);
    int M, N;              // M Reihen und N Spalten
    MRep(int m, int n);
    MRep(const MRep& y);
    ~MRep();
    float& operator() (int i, int j);
    MRep&  operator=  (const MRep& y);
};

class Matrix {
    MRep* rep;
    void CreateNewBody();
  public:
    Matrix(int m, int n);
    Matrix(const Matrix& y);
    ~Matrix();
    float operator() (int i, int j) const;
    void Put(int i, int j, float x);
    Matrix& operator=  (const Matrix& y);
    Matrix& operator+= (const Matrix& y);
    Matrix& operator-= (const Matrix& y);
    Matrix& operator*= (const Matrix& y);
    friend Matrix operator+ (const Matrix& x, const Matrix& y);
    friend Matrix operator- (const Matrix& x, const Matrix& y);
    friend Matrix operator* (const Matrix& x, const Matrix& y);
};

#endif;
```

C++-Text 10.15 zeigt die Implementierung der beiden Klassen. Wenn das Konzept bekannt ist, dann müßte der Code ohne zusätzliche Erläuterungen im wesentlichen leicht nachvollziebar sein. Interessant ist die Implementierung der Operatorfunktionen `operator+=`, `operator+` und so weiter: Die Funktion für die binäre Verknüpfung ist jeweils eine globale Funktion, und sie kann sich auf die entsprechende Elementfunktion für die kombinierte Verknüpfung mit Zuweisung abstützen. Wenn Laufzeiteffizienz ein Kriterium ist, dann sollte übrigens die Elementfunktion bevorzugt werden, sie gibt eine Referenz auf ein bestehendes Objekt zurück, während die globale Funktion ein neues Objekt generiert und eine Kopie davon zurückgibt.

C++-Text 10.15: *Reference-Count-Matrix-Klasse, CPP-Datei* ___ ./Bsp10/refcount/matrix2.sht

```
#include <cassert>
#include "matrix2.h"

//-------------------------------------------
void MRep :: copy(const MRep& mat) {
  int Size;
  count = mat.count;
  M = mat.M; N = mat.N; Size = M*N;
  assert(Data = new float[Size]);
  for (int i = 0; i < Size; i++)
    Data[i] = mat.Data[i];
}

MRep :: MRep(int m, int n) {
  assert(Data = new float[m*n]);
  count = 1; M = m; N = n;
}

MRep :: MRep(const MRep& y) { copy(y); }

MRep :: ~MRep() { delete[] Data; }

float& MRep :: operator() (int i, int j) {
  assert(i<M && j<N);
  return Data[j*M+i];
}

MRep& MRep :: operator= (const MRep& y) {
  if (Data != y.Data) {
    delete[] Data; copy(y);
  }
  return *this;
}

//-------------------------------------------
Matrix :: Matrix(int m, int n) {
  assert(rep = new MRep(m, n));
}

Matrix :: Matrix(const Matrix& y) {
  y.rep->count++; rep = y.rep;
}

Matrix :: ~Matrix() {
  assert(rep->count > 0);
```

```
  if (--rep->count == 0)
    delete rep;
}

float Matrix :: operator() (int i, int j) const {
  return (*rep)(i, j);
}

void Matrix :: CreateNewBody() {
  --(rep->count);
  MRep* r = new MRep(*rep);
  if (rep->count <= 0) delete rep;
  rep = r;
}

void Matrix :: Put(int i, int j, float x) {
  if (rep->count > 1) CreateNewBody();
  (*rep)(i, j) = x;
}

Matrix& Matrix :: operator= (const Matrix& y) {
  y.rep->count++;
  if (--rep->count == 0)
    delete rep;
  rep = y.rep;
  return *this;
}

Matrix& Matrix :: operator+= (const Matrix& y) {
  assert( rep->M==y.rep->M && rep->N==y.rep->N );
  int Size = rep->M*rep->N;
  if (rep->count > 1) CreateNewBody();
  for (int i=0; i<Size; i++)
    rep->Data[i] += y.rep->Data[i];
  return *this;
}

Matrix operator+ (const Matrix& x, const Matrix& y) {
  Matrix Sum(x);
  Sum += y;
  return Sum;
}

. . .
```

Der C++-Text 10.16 demonstriert die Anwendung der entwickelten Referenzzähl-Matrixklasse.

C++-Text 10.16: *Ref.-Count-Matrix-Klasse, Test und Demo* ___ ./Bsp10/refcount/testmat2.cpp

```
#include "matrix2.h"
#include <iostream>
using namespace std;

const int L = 3;

void Type(Matrix& x) {
  int i, j;
  for (i=0; i<L; i++) {
    for (j=0; j<L; j++) cout << x(i, j) << "  ";
    cout << "\n";
  }
  cout << "\n";
}

int main () {
  Matrix m1(L, L), m2(L, L), m3(L, L);

  for (int i=0; i<L; i++)
    for(int j=0; j<L; j++) {
     m1.Put(i, j, i+L*j);
     m2.Put(i, j, j+L*i);
    }

  m3 = m1 + m2;

  Type(m1); Type(m2); Type(m3);
}
```

Ausgabe des Programms:

```
0  3  6
1  4  7
2  5  8

0  1  2
3  4  5
6  7  8

0  4  8
4  8  12
8  12  16
```

10.2 Template-Metaprogrammierung

Templates were designed to support generic programming but unintentionally provided the ability to write code generators and perform static computations.
Todd L. Veldhuizen, C++ Templates as Partial Evaluation

Templates (Schablonen) wurden entwickelt, um generische Programmierung zu unterstützen. Templates – d.h. typparametrisierte Funktionen und Klassen – sind Abstraktionen statisch typisierter Funktionen und Klassen. Dann wurde entdeckt, daß Templates darüber hinaus weitere – zunächst unvorhergesehene – Möglichkeiten bieten. *Template-Metaprogramme* sind Compilezeit-Programme, die Laufzeitprogramme erzeugen. Dabei wird C++ als Sprache mit zwei Ebenen gesehen:

- Die obere, *statische Ebene* verwendet die Template-Konstrukte und generiert zur *Compilezeit* spezialisierte Programme;
- die untere, *dynamische Ebene* verwendet die üblichen Sprachkonstrukte und führt die spezialisierten Programme zur *Laufzeit* aus.

Template-Metaprogramme sind für zwei verschiedene Anwendungsbereiche interessant: Für *Compilezeit-Berechnungen* zur Verbesserung der Laufzeiteffizienz, und für *Compilezeit-Polymorphismus* als sichere – weil statisch typisierte – Alternative zum dynamisch typisierten Laufzeit-Polymorphismus. Frühe Zeitschriftenartikel zu diesen Themen stammen von *T.L. Veldhuizen*, sie sind 1995 in *C++-Report* [31], [32] erschienen , ein neuerer Artikel von *U. Eisenecker und K. Czarnecki* 1999 im *Objektspektrum* [33].

10.2.1 Compilezeit-Berechnungen

Der C++-Text 10.17 stellt ein paar Beispiele für Template-Metaprogramme zusammen, die einfache Berechnungen durchführen. Der Mechanismus ist in allen Fällen der gleiche: Ein rekursiver `enum`-Ausdruck terminiert dadurch, daß der Compiler zum Schluß das jeweils spezialisierte Klassen-Template verwendet.

C++-Text 10.17: *Compilezeit-Berechnungen I* ——————— ./Bsp10/metaprgs/fac.cpp

```
#include <iostream>
using namespace std;

//-------------------- Fakultaet -------------------------
template<int n>
struct Fac { enum {Result = Fac<n-1>::Result * n};};

struct Fac<0> { enum{Result = 1}; };
```

```
//----------------------- Summe ---------------------------
template<int n>
struct Sum{ enum {Result = Sum<n-1>::Result + n};};

struct Sum<0> { enum{Result = 0}; };

//----------------------- Power2 --------------------------
template<int n>
struct Pow2 { enum {Result = Pow2<n-1>::Result * 2}; };

struct Pow2<0> { enum {Result = 1}; };

//---------------------- Binary ---------------------------
template<int n>
struct Bin { Bin() { Bin< n>>1 >(); cout << n%2; } };

struct Bin<0> {};

//--------------------------------------------------------
int main() {
  cout << Fac<10>::Result << endl;
  cout << Sum<100>::Result << endl;
  cout << Pow2<30>::Result << endl;

  Bin<123456789>(); cout << endl;
}
```

Ausgabe des Programms:

```
3628800
5050
1073741824
111010110111100110100010101
```

Im Falle des Klassen-Templates `struct Fac` wird aus `Fac<10>::Result` zur Compilezeit der spezialisierte Code `Result = 10*9*8*7*6*5*4*3*2*1*1;` erzeugt, der dann zur Laufzeit ausgeführt wird.

Mit Hilfe der partiellen Spezialisierung können auch komplexere Konstrukte – z.B. ein Template zur Berechnung des größten gemeinsamen Teilers (`ggt`) – formuliert werden:

```
template<int m, int n>
struct ggt { enum {Result = ggt<n, m%n>::Result}; };

template<int m>
struct ggt<m, 0> { enum {Result = m}; };
```

T.L. Feldhuizen hat in verschiedenen Veröffentlichungen gezeigt, daß Template-Metaprogramme insbesondere im Bereich der *Numerik* erheblich zur Verbesserung der Laufzeiteffizienz beitragen können; typische Beipiele aus diesem Bereich sind Vektor- und Matrixberechnungen. Das sehr einfache Beispiel in C++-Text 10.18 demonstriert die generativen Möglichkeiten für diesen Anwendungsbereich.

C++-Text 10.18: *Compilezeit-Berechnungen II* ./Bsp10/metaprgs/vector.cpp

```
#include <iostream>
#include <cstdlib>
using namespace std;

template<int I>
struct VektorProdukt {
  static double f(double* x, double* y) {
    return VektorProdukt<I-1>::f(x, y) + x[I]*y[I];
  }
};

struct VektorProdukt<0> {
  static double f(double* x, double* y) { return x[0]*y[0]; }
};

int main() {
  double a[4] = {1.0, 2.0, 3.0, 4.0},
         b[4] = {5.0, 6.0, 7.0, 8.0}, result;

  result = VektorProdukt<3>::f(a, b);  // a[0]*b[0] + ... + a[3]* b[3];

  cout << result1 << " = " << result2 << endl;
}
```

Neben der Frage nach der Nützlichkeit von Compilezeit-Berechnungen ist auch die Frage nach den Grenzen der Berechenbarkeit interessant. Der C++-Text 10.19 demonstriert die Möglichkeit, Steueranweisungen mit Templates zu realisieren; inzwischen gibt es auch Veröffentlichungen, die über die Simulation eines Subsets der Programmiersprache *LISP* berichten: Das deutet daraufhin, daß der Template-Mechanismus eine *Turing-mächtige* Programmiersprache ist. Dieser Frage soll aber hier nicht auf den Grund gegangen werden.

C++-Text 10.19: *Simulation von Steueranweisungen* ./Bsp10/metaprgs/if.cpp

```
#include <iostream>
using namespace std;

//--------------------- if/else ------------------------------
```

```
template<bool Cond>
struct IFELSE {};

struct IFELSE<true>  { static void f() { cout << "ja"; } };
struct IFELSE<false> { static void f() { cout << "nein"; } };

//--------------------- do/while -----------------------------
template<int I>
struct DOWHILE {
    static void f() {
      cout << "!";
      DOWHILE<flag ? (I-1) : 0>::f();
    }
  private:
    enum { flag = (I-1) != 0 };
};

struct DOWHILE <0> { static void f() {}; };

//----------------------------------------------------------------
int main() {

  IFELSE<( 2+3 < 1+2 )>::f(); cout << endl;

  DOWHILE<10>::f(); cout << endl;

}
```

10.2.2 Compilezeit-Polymorphismus

In objektorientierten Sprachen wie Smalltalk, Eiffel und Java ist **Laufzeit-Polymorhismus** – eng verbunden mit dynamischem Binden – die einzige Möglichkeit, um generische und heterogene Strukturen zu entwickeln. Eine typische **generische Struktur** ist in dem Zusammenhang z.B. ein Container, der wahlweise mit verschiedenen Typen von Elementen gefüllt sein kann, wobei alle Elemente eines Containers aber jeweils den gleichen Typ haben: *Der Inhalt ist homogen.* Eine typische **heterogene Struktur** ist demgegenüber ein Container, der gleichzeitig mit Elementen verschiedenen Typs gefüllt sein kann: *Der Inhalt ist heterogen.*

Im Falle der heterogenen Struktur gibt es keine Alternative zum Laufzeit-Polymorhismus; im Falle der generischen Struktur bietet sich in C++ in vielen Fällen der **Compilezeit-Polymorphismus** in der Form typparametrisierter Klassen als Alternative an. Die beiden C++-Texte 10.20 und 10.21 stellen beide Arten von Polymorhismus in einem kleinen Beispiel gegegenüber. In beiden Fällen geht es darum, einen abstrakten Ablauf – jeweils dargestellt durch die Klasse `Abs` – zu konkretisieren. Im ersten Falle erfolgt das zur Laufzeit durch Überschreiben der virtuellen

Elementfunktionen, im zweiten Falle geschieht das zur Compilezeit durch Angabe des aktuellen Typparameters N.

Ein wichtiges Sprachdetail von C++ zur Unterstützung des Compilezeit-Polymorhpismus ist die Möglichkeit, von einer Klasse erben zu können, die als Typparameter übergeben wird!

C++-Text 10.20: *Laufzeit-Polymorphismus* ./Bsp10/metaprgs/frame.cpp

```
#include <iostream>
using namespace std;

class Abs {
  public:
    virtual void f1() = 0;
    virtual void f2() = 0;
    // . . .
    void f() { f1(); f2(); /* ... */ }
};

class A: public Abs {
  public:
    void f1() { cout << "A::f1 "; }
    void f2() { cout << "A::f2 "; }
    // . . .
};
// . . .
class N: public Abs {
  public:
    void f1() { cout << "N::f1 "; }
    void f2() { cout << "N::f2 "; }
    // . . .
};

const int n = 10;

int main() {
  Abs* AbsPtr;

  int i = n;   // i = rand() % n + 1;

  if (i==1) AbsPtr = new A;
  // . . .
  else if (i==n) AbsPtr = new N;

  AbsPtr->f(); cout << endl;
}
```

C++-Text 10.21: *Compilezeit-Polymorphismus* ./Bsp10/metaprgs/frame2.cpp

```
#include <iostream>
using namespace std;

template<class X>
class Abs: public X {
  public:
    void f() { Abs<X>::f1(); Abs<X>::f2(); /* ... */ }
};

class A {
  public:
    void f1() { cout << "A::f1 "; }
    void f2() { cout << "A::f2 "; }
    // . . .
};
// . . .
class N {
  public:
    void f1() { cout << "N::f1 "; }
    void f2() { cout << "N::f2 "; }
    // . . .
};

int main() {
  Abs<N> n;
  n.f();
  // . . .
}
```

Bei Programmiersprachen wird häufig *Orthogonalität* oder auch *Disjunktivität* als wichtiges Qualitätskriterium angesehen; das bedeutet, im wesentlichen sollte es für jede Aufgabe ein passendes Sprachkonstrukt (nicht mehrere) geben. Damit stellt sich hier die Frage: *Wenn Laufzeit-Polymorphismus alle Anforderungen abdeckt, weshalb ist dann trotzdem der Compilezeit-Polymorphismus eine interessante Alternative?* Der Grund für die Attraktivität des Compilezeit-Polymorphismus liegt in folgenden Vorteilen gegenüber dem Laufzeit-Polymorhismus in C++:

- Bessere Laufzeiteffizienz, das dynamische Binden entfällt;
- sicherer, weil statisch typisierter Code; kein *downcasting* erforderlich;
- vielfach einfacherer und klarerer Code.

Ein inzwischen berühmtes Beispiel für die Leistungsfähigkeit von Template-Strukturen liefert die *Standard Template Library (STL)*, die ein wichtiger Bestandteil der C++-Standardbibliothek geworden ist.

10.3 Zusicherungen (assertions)

Prüfungen von Annahmen und Invarianten lassen sich mit dem existierenden Vokabular von C++ derart einfach definieren bzw. anwenden, daß der Ruf nach spezifischen Erweiterungen für Prüfzwecke fast verstummt ist.
Bjarne Stroustrup, Design und Entwicklung von C++

10.3.1 Das Prinzip: Zusicherungen in Eiffel

In der von *Bertrand Meyer* entwickelten objektorientierten Programmiersprache **Eiffel** [22] ist erstmals ein konsistentes, in sich geschlossenes Konzept integriert worden, das die Entwicklung korrekter und robuster Programme unterstützt. Es basiert auf der Verwendung sog. **Zusicherungen** in Form von **Vorbedingungen (Preconditions)**, **Nachbedingungen (Postconditions)** und **Invarianten (Invariants)**, wie sie in der Informatik seit langem bekannt sind. *B. Meyer* hat für den Programmierstil, der Zusicherungen konsequent verwendet, den Begriff

- Programming by Contract (Programmieren mit Verträgen)

geprägt. Das Konzept wird hier am Beispiel einer generischen Klasse für Stacks unter Verwendung der *Eiffel-Syntax* erläutert:

```
deferred class STACK[T]
  feature
    count : INTEGER is
      -- aktuelle Anzahl der Elemente
      deferred
      end;
    isEmpty: BOOLEAN is
      -- ist der Stack leer ?
      do        Result := (count = 0)
      ensure    Result =  (count = 0)
      end;
    isFull: BOOLEAN is
      -- ist der Stack voll ?
      deferred
      end;
    Top: T is
      -- liefert das oberste Element, ohne es zu entfernen
      require  not isEmpty
      local    x
      do       x := Pop; Push(x); Result := x
      ensure   not isEmpty; count = old count
      end;
    Push(x: T) is
```

```
        -- legt x auf den Stack
        require  not full
        deferred
        ensure   not isEmpty; Top = x; count = old count+1
        end
      Pop: T is
        -- entnimmt oberstes Element
        require  not isEmpty
        deferred
        ensure   not isFull; count = old count-1
        end
    invariant
      count >= 0;
  end
```

Eine `deferred class` in Eiffel entspricht einer abstrakten C++-Klasse mit der gleichen Intention: sie wird als *Schnittstellenklasse* verwendet und dient der *Spezifikation*:

- Die **require**-Klauseln formulieren die **Vorbedingungen**, die erfüllt sein müssen, damit die Funktion richtig arbeiten kann;
- die **ensure**-Klauseln definieren die **Nachbedingungen**, die die Funktion garantiert, wenn sie korrekt verwendet wurde, und
- der **invariant**-Teil spezifiziert die Bedingungen, die funktionsübergreifend im Objekt der Klasse gelten sollen.

In Eiffel verhalten sich Elementfunktionen grundsätzlich *„virtuell"*, d.h. jede Funktion kann in abgeleiteten Klassen überschrieben werden. Entsprechend wie in C++ kann eine abstrakte Klasse sowohl fertig implementierte Funktionen enthalten als auch solche, deren Nichtimplementierung explizit angegeben wird, in Eiffel durch das Schlüsselwort `deferred`.

Entsprechende Zusicherungen können in abstrakten und in konkreten Klassen verwendet werden, aber eine besondere Bedeutung hat ihre Verwendung in abstrakten Schnittstellenklassen, und zwar aus folgenden Gründen:

- Zusicherungen sind – wenn sie verwendet werden – ein wichtiger Bestandteil der Spezifikation, und
- Zusicherungen werden in Eiffel vererbt, sie gelten also in gleichem Maße für die abgeleiteten konkreten Klassen, und das bedeutet, daß die Einhaltung der Zusicherungen dort auch zur Laufzeit vom System überwacht wird.

Die Zusicherungen können als kleine Verträge zwischen einer Funktion und ihrem Benutzer angesehen werden, z.B.

- **ich**, die Funktion `push(T:x)` **sowie meine Erben garantieren**, daß nach Abschluß meiner Funktion
  - der Stack nicht leer ist;

  - daß das mir übergebene Element dann obenauf liegt, und
  - daß die Elementezahl dann um eins größer ist als vorher,

- **wenn Du** mir einen Stack übergibst, der nicht voll ist.[2]

Verträge machen nur einen Sinn, wenn sie überwacht werden, d.h. hier stellt sich die Frage: *Was passiert, wenn Vor- oder Nachbedingungen oder Invarianten nicht eingehalten werden?* Es werden Ausnahmen ausgelöst! Das Ausnahme-Konzept in Eiffel ist ganz anders als das in C++ und wird hier nicht im Detail erläutert. Bei einer durch eine Zusicherungsverletzung (Vertragsverletzung) ausgelösten Ausnahme kann der Benutzer in einer `rescue`-Klausel darauf reagieren, oder er kümmert sich nicht darum, dann wird die Ausnahme an die nächsthöhere Ebene weitergeleitet, der auch wieder beide Alternativen offenstehen. Wenn auch in der höchsten Ebene nicht auf die Ausnahme reagiert wird, dann wird das Programm abgebrochen. Ein wichtiger Aspekt des Zusicherungskonzeptes ist die Möglichkeit, die Überprüfungen aus Laufzeit-Effizienzgründen abschalten zu können. Man kann Überwachungen also explizit für die Testphase anschalten und während des Normalbetriebs – ganz oder teilweise – ausschalten (teilweise ausschalten bedeutet, daß nur noch die Vorbedingungen überprüft werden).

10.3.2 Simulation von Zusicherungen in C++, Version 1

Es wurde der ANSI/ISO-C++-Kommission vorgeschlagen, ein entsprechendes Konzept in C++ zu integrieren, was allerdings abgelehnt wurde. Stroustrup selbst äußert sich in [5] wie folgt dazu:

- Zitat: *Prüfungen von Annahmen und Invarianten lassen sich mit dem existierenden Vokabular von C++ derart einfach definieren bzw. anwenden, daß der Ruf nach spezifischen Erweiterungen für Prüfzwecke fast verstummt ist.*

Dieser Behauptung muß hier aber leider widersprochen werden: *Das Eiffel-Konzept der Zusicherungen kann zwar mit Einschränkungen in C++ simuliert werden, aber es gibt eine ganz wesentliche und grundsätzliche Einschränkung*:

- Zusicherungen, die in C++ im einfachsten Falle durch das viel strapazierte `assert` oder in ausgefeilterer Technik mit *Funktionen, die Ausnahmen auswerfen*, simuliert werden, sind nicht vererbbar.

Eine solche C++-Funktion kann dann z.B. so aussehen:

```
inline void require(bool expression) const {
  if (!NDEBUG)
    if (!expression) throw require(...);
}
```

[2] Es sei dies ein Stack begrenzter Größe. Falls keine endliche Größe bei der späteren Implementierung angegeben werden kann oder soll, dann wird `isFull` einfach mit konstant `false` definiert!

Der C++-Text 10.22 zeigt einen ersten bescheidenen Versuch, eine entsprechende abstrakte C++-Klasse mit Zusicherungen auszurüsten, wobei in den Funktionen `require` und `ensure` zusätzlich die Invarianzen überprüft werden. Dabei treten zwei Probleme auf: in den rein virtuellen Funktionen könnten die Zusicherungen nur als Kommentare notiert, in den anderen virtuellen Funktionen müssen die Zusicherungen beim Überschreiben in einer abgeleiteten Klasse wiederholt werden!

C++-Text 10.22: *Simulation von Zusicherungen (1.1)* ./Bsp10/assertio/stackde1.h

```
#ifndef _stackde1_h
#define _stackde1_h
#define NDEBUG 0

template <class T>
class StackDef {
  protected:
    bool  invariant() const { return count()>=0; }

    void require(bool expr) const {
      if (!NDEBUG)
        if (!expr || !invariant()) throw "require";
    }
    void ensure (bool expr) const {
      if (!NDEBUG)
        if (!expr || !invariant()) throw "ensure";
    }
  public:
    virtual int count() const                         = 0;
      // liefert aktuelle Anzahl der Elemente

    virtual bool isEmpty() const                      = 0;
      // ist der Stack leer ?
      // ensure  : count()==0;

    virtual bool isFull() const                       = 0;
      // ist der Stack voll ?

    virtual void Push(T x)                            = 0;
      // legt x auf den Stack
      // require : !isFull();
      // ensure  : !isEmpty() && Top()==x && count()==old count()+1;

    virtual T Pop()                                   = 0;
      // entnimmt oberstes Element
      // require : !isEmpty()
      // ensure  : !isFull() && count()==old count()-1
```

```
    virtual T Top() const                              = 0;
      // liefert oberstes Element, ohne es zu entfernen
      // require : !isEmpty();

  //------------------------
  // invariant: count() >= 0
  //------------------------
};

#endif
```

Der C++-Text 10.23 zeigt die Simulation von Zusicherungen in einer abgeleiteten instanzierbaren Klasse: Für alle Funktionen, die sie implementiert, muß sie auch selbst die Zusicherungen implementieren; die entsprechende Eiffel-Klasse würde die Zusicherungen alle von der abstrakten Basisklasse erben.

C++-Text 10.23: *Simulation von Zusicherungen (1.2)* ———— ./Bsp10/assertio/stack1.h

```
#ifndef _stack1_h
#define _stack1_h
#include "stackde1.h"

template <class T>
class Stack : public StackDef<T> {
    T *Data;
    int n;
    int Size;

    Stack(const Stack& s);
    Stack& operator= (const Stack& s);
  public:
    Stack(int size=10) {
      Data = new T[Size=size]; n = 0;
      ensure(isEmpty());
    }

    ~Stack() { delete[] Data; }

    virtual int count() const { return n; }

    virtual bool isEmpty() const {
      bool result = n==0;
      ensure(result == (n==0));
      return result;
    }
```

```
    virtual bool isFull() const { return n == Size; }

    virtual void Push(T x) {
      require(!isFull());
      Data[n++] = x;
      ensure(!isEmpty() && Data[n-1]==x);
    }

    virtual T Pop() {
      require(!isEmpty());
      int oldcount = count();
      T result = Data[--n];
      ensure(!isFull() && count()==oldcount-1);
      return result;
    }

    virtual T Top() const {
      require(!isEmpty());
      int oldcount = count();
      T result = Data[n-1];
      return result;
    }
};

#endif
```

Der C++-Text 10.24 demonstriert die Anwendung. Die *Pop-Operation* auf den leeren Stack bewirkt eine Verletzung der Vorbedingung, die verlangt, daß der Stack nicht leer sein darf. Es wird das Fehlerobjekt `require` ausgeworfen. Wenn das Fehlerobjekt nicht – wie in diesem Falle – auf einer höheren Ebene (spätestens in der Funktion `main`) aufgefangen wird, dann führt das zu einem Programmabbruch ohne Fehlerhinweis.

C++-Text 10.24: *Simulation von Zusicherungen (1.3)* ——— ./Bsp10/assertio/test1.cpp

```
#include <iostream>
#include "stack1.h"
using namespace std;

int main() {
  StackDef<int>* s = new Stack<int>(15);
  try {
    for (int i=0; i<15; i++) s->Push(i);
    while (!s->isEmpty()) cout << s->Pop() << " ";
    cout << endl;
    s->Pop();   // !!!
  }
```

```
  catch (char* cstring) {
    cerr << endl << cstring << endl;
  }
}
```

Ausgabe des Programms:

```
    14 13 12 11 10 9 8 7 6 5 4 3 2 1 0

    require
```

10.3.3 Simulation von Zusicherungen in C++, Version 2

Die zweite Version zur Simulation der *Eiffel-Zusicherungen* ist etwas aufwendiger und basiert auf einem Artikel in JOOP, JULY/AUGUST 1998 (JOURNAL OF OBJECTORIENTED PROGRAMMING) von *David Welch* und *Scott Strong* mit dem Titel *An Exeption-Based Assertion Mechanism for C++*. Bei dieser Version wird zunächst das als C++-Text 10.25 angegebene Modul `myassert` definiert, das im ersten Teil Makros zur Simulation der Zusicherungen enthält, die wahlweise an- oder abgeschaltet werden können. Der zweite Teil umfaßt dann die Klasse `Assertion`, in der die Ausnahmeobjekte definiert werden.

C++-Text 10.25: *Simulation von Zusicherungen (2.1)* ——— ./Bsp10/assertio/myassert.h

```
#ifndef _myassert_h
#define _myassert_h

class Assertion;

#define ASSERTION(type, exp)      \
throw Assertion(Assertion::type, #type"("exp")", __FILE__, __LINE__)

#ifdef ASSERTIONS_ON
  #define REQUIRE(exp) \
    if (!(exp)) {ASSERTION(Require, #exp);} else {;}
  #define ENSURE(exp) \
    if (!(exp)) {ASSERTION(Ensure, #exp);} else {;}
  #define IMPLIES(exp1, exp2) \
    if ((exp1)) \
      { if (!(exp2)) {ASSERTION(Implies, #exp1 "," #exp2);} } \
    else {;}
  #define INVARIANT protected: virtual void invariant() const {
  #define END_INVARIANT }
  #define CHECK_INVARIANT invariant()
  #define ASSERT(exp) \
    if (!(exp)) {ASSERTION(Assert, #exp);} else {;}
  #define USES_OLD(Type) Type old(*this)
```

```
#else
  #define REQUIRE(exp)
  #define ENSURE(exp)
  #define IMPLIES(exp1, exp2)
  #define INVARIANT
  #define END_INVARIANT
  #define CHECK_INVARIANT
  #define ASSERT(exp)
  #define USES_OLD(Type)
#endif

class Assertion {
    char* Reason;
    char* File;
    int   Line;
  public:
    enum Type { Require, Ensure, Check, Assert, Implies};

    Assertion(Type type, const char* reason,
              const char* file, int line) :
      assType(type), Reason((char*) reason),
      File((char*) file), Line(line)
    {}

    Assertion(const Assertion& as) :
      assType(as.getType()), Reason((char*) as.getReason()),
      File((char*) as.getFile()), Line(as.getLine())
    {}

    virtual ~Assertion() {}

    Assertion& operator= (const Assertion& as) {
      if (this != &as) {
        assType = as.getType(); Reason = (char*) as.getReason();
        File = (char*) as.getFile(); Line   = as.getLine();
      }
      return *this;
    }

    const char* getReason () const { return Reason; }
    const char* getFile   () const { return File;   }
    int         getLine   () const { return Line;   }
    Type        getType   () const { return assType;   }
  private:
    Assertion::Type assType;
};
#endif
```

Als Anwendungsbeispiel verwenden wir wieder den bekannten Stack. Die in C++-Text 10.26 beschriebene abstrakte Klasse `StackDef` unterscheidet sich von der in Version 1 nur durch den Wegfall der dort definierten Zusicherungsfunktionen.

C++-Text 10.26: *Simulation von Zusicherungen (2.2)* ./Bsp10/assertio/stackde2.h

```
#ifndef _stackdef2_h
#define _stackdef2_h

template <class T>
class StackDef {
  public:
    virtual int count() const                          = 0;
      // liefert aktuelle Anzahl der Elemente

    virtual bool isEmpty() const                       = 0;
      // ist der Stack leer ?
      // ensure  : count()==0;

    virtual bool isFull() const                        = 0;
      // ist der Stack voll ?

    virtual void Push(T x)                             = 0;
      // legt x auf den Stack
      // require : !isFull();
      // ensure  : !isEmpty() && Top()==x && count()==old count()+1;

    virtual T Pop()                                    = 0;
      // entnimmt oberstes Element
      // require : !isEmpty()
      // ensure  : !isFull() && count()==old count()-1

    virtual T Top() const                              = 0;
      // liefert oberstes Element ohne es zu entfernen
      // require : !isEmpty();

  //-------------------------
  // invariant: count() >= 0
  //-------------------------
};

#endif
```

Der C++-Text 10.27 zeigt dann wieder die abgeleitete konkrete Klasse mit den Zusicherungen unter Verwendung des Moduls `myassert`. Bei abgeleiteten Klassen ist übrigens darauf zu achten, daß beim Überschreiben (Redefinieren) von Funktionen ebenfalls die Vor- und Nachbedingungen neu zu formulieren sind. Im einfachsten Falle werden die Formulierungen der Oberklasse übernommen, ansonsten gilt:

- **Vorbedingungen** können in einer Funktion einer abgeleiteten Klasse nur **abgeschwächt** werden gegenüber der entsprechenden überschriebenen Funktion der Oberklasse, d.h. es können Vorbedingungen entfallen, und
- **Nachbedingungen** können in einer Funktionen einer abgeleiteten Klasse nur **verstärkt** werden gegenüber der entsprechenden überschriebenen Funktion der Oberklasse, d.h. es können Nachbedingungen hinzugefügt werden.

Die zwingende logische Notwendigkeit dieser beiden Aussagen kann man sich z.B. leicht klarmachen, wenn man Vererbung mit der Vergabe von Unteraufträgen vergleicht. Der Vorteil des *Eiffel-Konzeptes* gegenüber unserer Simulation liegt auch darin, daß Vor- und Nachbedingungen an die überschreibende Funktion automatisch weitergegeben und dort ggf. nur abgeschwächt bzw. verstärkt werden.

C++-Text 10.27: *Simulation von Zusicherungen (2.3)* ./Bsp10/assertio/stack2.h

```
#ifndef _stack2_h
#define _stack2_h
#include "stackde2.h"

#define ASSERTIONS_ON
#include "myassert.h"

template <class T>
class Stack : public StackDef<T> {
    T *Data;
    int n;
    int Size;
    Stack& operator= (const Stack& st);
  public:
    Stack(int size=10) : n(0), Size(size) {
      REQUIRE(Size > 0);
      Data = new T[size];
      ENSURE(count() == n);
      CHECK_INVARIANT;
    }

    Stack(const Stack& st) : n(st.n), Size(st.Size) {
      Data = new T[st.Size];
      for (int i=0; i<st.n; i++) Data[i] = st.Data[i];
      ENSURE(n==st.n && Size==st.Size);
    }

    ~Stack() { delete[] Data; }
```

```
    virtual int  count()  const { return n; }

    virtual bool isEmpty() const {
      bool result = n==0;
      ENSURE(result == (n==0));
      return result;
    }

    virtual bool isFull()  const { return n == Size; }

    virtual void Push(T x) {
      REQUIRE(!isFull());
      USES_OLD(Stack<T>);
      Data[n++] = x;
      ENSURE(Top()==x && !isEmpty() && count()==old.count()+1);
      CHECK_INVARIANT;
    }

    virtual T Pop() {
      REQUIRE(!isEmpty());
      USES_OLD(Stack<T>);
      T result = Data[--n];
      ENSURE(!isFull() && count()==old.count()-1);
      CHECK_INVARIANT;
      return result;
    }

    virtual T Top() const {
      REQUIRE(!isEmpty());
      USES_OLD(Stack<T>);
      T result = Data[n-1];
      ENSURE(!isEmpty() && count()==old.count());
      CHECK_INVARIANT;
      return result;
    }

  private:
    INVARIANT
      ASSERT(count() >= 0 && count() <= Size);
      ASSERT(Size >= 0);
      IMPLIES(Size > 0, Data != 0);
    END_INVARIANT
};

#endif
```

Die kurze Anwendung in C++-Text 10.28 entspricht der von Version 1 mit dem Unterschied, daß das ausgeworfene Ausnahmeobjekt – das auch hier wieder beim Prüfen der Vorbedingung in dem Aufruf `s->Pop()` erzeugt wird – relativ detaillierte Angaben zur Beschreibung des Ausnahmefalles enthält, die dann in dem `catch`-Block ausgegeben werden.

C++-Text 10.28: *Simulation von Zusicherungen (2.4)* ./Bsp10/assertio/test2.cpp

```
#include <iostream>
#include "stack2.h"
using namespace std;

int main() {
  StackDef<int>* s = new Stack<int>(15);
  try {
    for (int i=0; i<15; i++) s->Push(i);
    while (!s->isEmpty()) cout << s->Pop() << " ";
    cout << endl;
    s->Pop();    // !!!
  }
  catch (Assertion x ) {
    cerr << endl << "Fehlerhafte Zusicherung !" << endl
         << "  Grund :  " << x.getReason() << endl
         << "  Datei :  " << x.getFile()   << endl
         << "  Zeile :  " << x.getLine()   << endl
         << "  Typ   :  " << x.getType()   << endl;
  }
}
```

Ausgabe des Programms:

```
14 13 12 11 10 9 8 7 6 5 4 3 2 1 0

Programmabbruch !
  Grund :  Require(!isEmpty())
  Datei :  C:\Isernhag\PDS\E6\assertio\stack3.h
  Zeile :  65
  Typ   :  0
```

10.3.4 Zusammenfassung

Zusicherungen, wie sie von der Sprache Eiffel unterstützt werden, stellen im Rahmen der von B. Meyer vorgeschlagenen Verwendung *Programming by Contract* ein leistungsfähiges und konsistentes Konzept zur Entwicklung korrekter und robuster Software dar, sie können mit Einschränkungen im Komfort der Benutzung und mit stilistischen Einschränkungen in C++ simuliert werden.

Anders herum gesehen sind die Möglichkeiten, die die Ausnahmebehandlung in C++ bietet, universeller, d.h. sie können Strategien unterstützen, die durch das Konzept der Zusicherungen nicht abgedeckt sind.

10.4 Fallstudien

Dieser Abschnitt enthält die drei Fallstudien *Strings*, *Array* und *Container*. Sowohl das Arbeiten mit Strings und Arrays (Vektoren) als auch die Benutzung ganzer Containerbibliotheken wird durch sehr leistungsfähige Module der C++-Standardbibliothek unterstützt. Die folgenden Eigenentwicklungen sollen keine Konkurrenz dazu sein, sondern vielmehr die Anforderungen an entsprechende Module und ihre Implementierung beleuchten.

10.4.1 Strings

Strings sind vielbenutzte Datenobjekte, und es liegt nahe, sich eine String-Klasse zu definieren, die dann entsprechend vielseitig verwendbar sein sollte. Dementsprechend sieht das Konzept der Standardbibliothek wie folgt aus:

```
template<class Ch, class Tr=char_traits<Ch>, class A=allocator<Ch> >
class basic_string { . . . };
. . .
typedef basic_string<char>    string;
typedef basic_string<wchar_t> wstring;
```

Man hat dort also ein Klassen-Template vorgesehen, das als Typparameter den Zeichentyp enthält; die beiden anderen Parameter sind mit Default-Werten belegt, die hier nicht erörtert werden. Es sind die beiden Klassen `string` und `wstring` für den Zeichentyp `char` und `wchar_t` vordefiniert, und der Benutzer hat die Möglichkeit, sich eine entsprechende Klasse – z.B. für einen Zeichensatz mit deutschen Umlauten usw. – selbst zu definieren. Hier wird also durch Verwenden des generischen Konstruktes *Template* eine hohe Flexibilität erreicht.

Wir wollen im folgenden so vorgehen, daß zunächst eine String-Klasse nach dem klassischen objektorientierten Schema entwickelt wird. Danach werden Varianten der Implementierung und des Konzeptes aufgezeigt.

Anforderungen

Die Sprache C++ bietet im wesentlichen die Möglichkeit, daß der Benutzer selbst sich eigene – **benutzerdefinierte Typen** – schafft, die dann so verwendbar sind wie die Standardtypen der Sprache. Daraus resultiert die Forderung nach der Definition von

Operatoren, z.B. für Vergleiche, Zuweisungen, Ein-, Ausgaben und andere. Des weiteren ist sicher ein großer Funktionsumfang wichtig, um damit ein breites Spektrum von Benutzerwünschen abzudecken. Das führt dann zu Spezialfunktionen wie z.B. die Möglichkeit zu testen, ob der String einen anderen als Substring enthält, oder zu einer Funktion zum Umdrehen (engl. reverse) eines String. Ein weiterer wichtiger Punkt ist die Laufzeit- und die Speichereffizienz, d.h. die Strings sollen mit möglichst wenig Redundanz im Speicher abgelegt werden, und die Stringfunktionen sollten möglichst *schnell* sein. Als letzter – und wohl wichtigster – Aspekt sei hier die Erweiterbarkeit und Flexibilität des Entwurfs genannt, der die Möglichkeit bieten sollte, ein solches Softwaremodul wachsenden und sich verändernden Anforderungen anzupassen. Somit können die Anforderungen in folgende Bereiche aufgeteilt werden:

- hohe Funktionsvielfalt, großer Funktionsumfang;
- Definition von Operatoren zur Vereinfachung der Benutzung;
- gute Laufzeit- und Speichereffizienz;
- gute Erweiterbarkeit und hohe Flexibilität bei der Anpassung an neue Anwendungen.

Die Forderung nach Erweiterbarkeit und Flexibilität trifft geradezu das Grundparadigma der objektorientierten Softwareentwicklung. In unserem konkreten Beispiel einer String-Klasse beinhaltet das z.B. die Möglichkeit, weitere Funktionen über die Vererbung hinzuzufügen, und die Möglichkeit, die Vergleichsfunktion `less` zu überschreiben. Damit wird es dann auch möglich, z.B. eine entsprechende Funktion für *unscharfe Vergleiche* unter Verwendung von *Wildcards* und `Jokern` zu definieren.

Zur Erhöhung der Laufzeit- und Speichereffizienz gibt es unterschiedliche Ansätze, wobei die beiden Bestrebungen zum Teil gegenläufig wirken. Im einfachsten Falle wird man bei jedem Zuweisen eines String den alten Speicherplatz freigeben und entsprechend dem aktuellen Bedarf neuen Speicherplatz belegen. Das kostet natürlich jeweils viel Zeit und kann dadurch eingeschränkt werden, daß diese Prozedur nur dann durchlaufen wird, wenn der zugewiesene String nicht in den alten Speicherplatz hineinpaßt. Das ist eine vielfach praktizierte Vorgehensweise. Andere Entwicklungen treiben einen erheblich höheren Aufwand und wenden das Referenzzähl-Prinzip (*Reference-Counting*) an (siehe Abschn. 10.1.4).

Der sehr hohe Aufwand, der bei der Entwicklung von String-Klassen vielfach getrieben wird, ist sicher eine gute Investition, da String-Objekte meist vielfach in anderen Objekten enthalten sind und damit auch einen starken Einfluß auf die Laufzeit- und Speichereffekivität von Software haben.

Die bisherigen Betrachtungen zeigen, daß es – schon bei der Entwicklung einer Stringklasse – kaum Grenzen für den zu treibenden Aufwand gibt. Wie auch sonst im Leben kommt es darauf an, das *richtige Maß* zu finden, und das sieht z.B. bei der Entwicklung für eine professionelle Klassenbibliothek natürlich anders aus als z.B. für ein mittleres firmeninternes Projekt.

Spezifikation

Unter Berücksichtigung der genannten Anforderungen und Randbedingungen soll unsere Stringklasse einen vernünftigen Kompromiß zwischen Aufwand und Leistung bilden: moderate Funktionsvielfalt, kein erhöhter Aufwand zur Verbesserung von Laufzeit- und Speichereffizienz außer der Verwendung von *Inline-Funktionen*, aber hoher Benutzerkomfort durch überladene Operatoren sowie gute Erweiterbarkeit und hohe Flexibilität. Die angegebene Header-Datei enthält zum einen die Klassenschnittstelle als Spezifikation der Stringklasse und zusätzlich die Implementierung der Inline-Funktionen, die aus *Compiler-technischen* Gründen in derselben Datei stehen müssen.

C++-Text 10.29: *Schnittstelle der String-Klasse* ./Bsp10/string/string0.hs

```
#ifndef _String0_H
#define _String0_H
#include <iostream>
using namespace std;

typedef char Char;

class String {
   Char *word;
  public:
     //               Konstruktion, Destruktion, Zuweisung:
     //               -------------------------------------
     String ();
     String (const Char* s);
     String (Char ch, int len); // Erzeugt String mit len Zeichen ch
     String (const String& s);
     virtual ~String();
     String& operator= (const String& s);

     //                        Vergleiche:
     //                        -----------
     virtual bool less (const String& s) const;
     friend bool operator< (const String& s1, const String& s2);
     friend bool operator<= (const String& s1, const String& s2);
     friend bool operator== (const String& s1, const String& s2);
     friend bool operator!= (const String& s1, const String& s2);
     friend bool operator>= (const String& s1, const String& s2);
     friend bool operator> (const String& s1, const String& s2);

     //             indizierter Zugriff auf einzelne Zeichen:
     //             ----------------------------------------
     Char& operator[] (int i);
```

```
    Char operator[] (int i) const; // fuer konst. Strings

    //                    Eingabe und Ausgabe:
    //                    --------------------
    void print(ostream &os) const;
    void scan (istream &is);
    friend ostream& operator<< (ostream &os, String &s);
    friend istream& operator>> (istream &is, String &s);

    //              Hintereinanderhaengen von Strings:
    //              ----------------------------------
    friend String operator+ (const String& s1, const String& s2);
    String& operator+= (const String& s);

    //                    Weitere Funktionen:
    //                    -------------------
    int  Length() const;
    int  Find(const Char* s) const;
    void Reverse();
    void MakeUpper();
    void MakeLower();
    // . . . und so weiter . . .

    //                Zugriff auf internen C-String:
    //                ------------------------------
    Char* CString() const;             // liefert Kopie des C-String
    const Char* PtrToCString() const;  // liefert Zeiger auf C-String
};

inline
bool operator<  (const String& s1, const String& s2) { return  s1.less(s2); }
inline
bool operator<= (const String& s1, const String& s2) { return !s2.less(s1); }
. . .
inline
ostream& operator<< (ostream &os, String &s) { s.print(os); return os; }
inline
istream& operator>> (istream &is, String &s) { s.scan(is); return is; }

#endif
```

Erläuterungen zur Klassenschnittstelle

Konstruktoren und Destruktor: Neben Standardkonstruktor und Kopierkonstruktor dient der Umwandlungskonstruktor der Initialisierung mit einem C-String – z.B. `String s("Hallo");` – der vierte Konstruktor wird entsprechend zur Initialisierung homogener Zeichenketten – z.B. `String s("-", 79);` – verwendet. Die explizite Definition eines Kopierkonstruktors ist hier unbedingt erforderlich wegen der dynamisch verwalteten Daten. Der Destruktor ist hier aus prinzipiellen Gründen *virtuell* deklariert (siehe dazu Abschn. 9.3.3), aus Gründen der Effizienz – *Dynamisches Binden* kostet Zeit – wird der Destruktor einer Stringklasse meist *nicht virtuell* deklariert, zumal in evtl. abgeleiteten Klassen der Datenteil normalerweise nicht erweitert wird.

Zuweisungsoperator: Wie schon der Kopierkonstruktor muß auch der Zuweisungsoperator wegen der dynamisch verwalteten Daten explizit definiert werden, er weist dem eigenen Objekt den übergebenen String zu. Der Rückgabetyp `String&` ist erforderlich, um Mehrfachzuweisungen zu ermöglichen, das ist deutlich zu erkennen, wenn man für die Zuweisung

```
y = x = "Hallo";
```

die ausführlichere Schreibweise

```
y.operator= (x.operator= ("Hallo"));
```

betrachtet: Der C-String „Hallo“ wird zunächst dem Stringobjekt `x` und darüber dann dem Stringobjekt `y` zugewiesen! Die Parameterübergabe als *konstante Referenz* soll einerseits die Effizienz erhöhen (bei der Übergabe wird kein String kopiert, sondern eine Referenz), und sie soll andererseits Rückwirkungen vermeiden. Die Rückgabe der Referenz ermöglicht außer den Mehrfachzuweisungen auch Vergleiche wie den folgenden:

```
if ( (y=x) == "Hallo" ) . . .
```

Die von der Funktion `operator=` zurückgegebene Referenz sollte im allgemeinen nicht benutzt werden, um einen Ausdruck `y = x` zu manipulieren, d.h. `y = x` sollte nicht als *l-value* auftreten – also nicht auf der linken Seite einer Zuweisung stehen. Um also Zuweisungen wie z.B.

```
(z = y) = x;
```

zu verhindern, wäre es sinnvoll, wie folgt eine konstante Referenz

```
const String& operator= (const String& s),
```

zurückzugeben, aber meist wird das nicht gemacht, weil dann auch Anweisungen wie z.B.

```
(x = y)[1] = '?';
```

illegal werden. Stilistisch wäre das sicher zu vertreten, aber es widerspricht vielleicht der C-Philosophie, den Programmierer sowenig wie möglich einzuschränken. Außerdem sollte beim Überladen von Operatoren die Semantik stets so definiert werden, wie es ihrer sonst üblichen Verwendung entspricht.

Wie wir gesehen haben, sind auch *direkte* Zuweisungen (d.h. ohne explizite Konvertierung) von C-Strings mit dem angegebenen Zuweisungsoperator möglich, weil wir einen entsprechenden Umwandlungskonstruktor definiert haben. Trotzdem wird in professionell entwickelten String-Klassen häufig zusätzlich für diese Verwendung die folgende Operatorfunktion definiert:

```
String& operator= (const char* s);
```

Der Grund hierfür liegt in der besseren Laufzeiteffizienz, denn es entfällt damit die Benutzung des Umwandlungskonstruktors.

Die Funktion *less* und die Vergleichsoperatoren: Die Funktion *less* vergleicht den übergebenen String mit dem des eigenen Objektes und liefert `true`, wenn der eigene String alphabetisch vor dem übergebenen einzuordnen ist. Aus dieser Funktion lassen sich alle sechs Vergleiche herleiten, das wird in den *friend-Funktionen* gemacht, die den jeweiligen Operator überladen. Die Funktion *less* ist hier als *virtuell* deklariert worden, um sie in einer abgeleiteten Klasse redefinieren zu können (siehe oben). Hier sind natürlich auch ganz andere flexiblere Lösungen denkbar, die einfacher zu handhaben sind und die zudem Laufzeitverluste durch *dynamisches Binden* vermeiden:

```
template <class CharT, class Comp=less<CharT> >
class StringT {...}
```

Dabei würde also der Zeichentyp und ein entsprechendes Vergleichsobjekt als Typparameter auftreten, und – ganz wichtig – die Aufgabe wird zur Compile-Zeit gelöst.

Die Operatorfunktionen sollten auf alle Fälle globale Funktionen sein, um als linken Operanden auch Konstante zuzulassen, siehe dazu Abschn. 9.1.8. *Friend-* Funktionen sind globale Funktionen mit Zugriff auf die privaten Daten einer Klasse. Da der Zugriff hier über die öffentliche Elementfunktion *less* erfolgt, wäre das *friend*-Attribut eigentlich überflüssig, es wird hier lediglich aus stilistischen Gründen verwendet, damit diese Funktionen in der Klassenschnittstelle sichtbar werden.

Mit Hilfe dieser sechs Operatoren sind also beliebige Vergleiche nicht nur zwischen Objekten der Klasse String möglich, sondern auch mit C-Strings, die dann mit Hilfe des Umwandlungskonstruktors implizit (oder natürlich auch explizit) in String-Objekte konvertiert werden. Um solche Umwandlungen zu vermeiden und dadurch Laufzeit zu gewinnen, werden für jeden Operator deshalb häufig drei Funktionen implementiert:

```
friend int operator< (const String& s1, const String& s2);
friend int operator< (const String& s,  const char* cs);
friend int operator< (const char* cs,   const String& s);
```

Operator für indizierten Zugriff: Komfortable lesende und schreibende Zugriffe auf einzelne Zeichen in Strings lassen durch Überladen des Subskript-(Index-)Operators realisieren:

```
ch = x[i]; y[j] = 'a';
```

Für diesen Zweck gibt die Funktion `operator[]` eine Referenz auf das entsprechende Zeichen zurück, die dann sowohl auf der rechten Seite einer Zuweisung (d.h. Lesen) als auch auf der linken Seite einer Zuweisung (d.h. Schreiben) stehen darf.

Um aber auch lesend auf Zeichen in konstanten Strings zugreifen zu können, muß eine zweite Funktion `operator[]` angeboten werden, die entweder ein Zeichen oder eine konstante Referenz zurückgibt:

```
char operator[] (int i) const;          // Version 1
```

```
const char& operator[] (int i) const;  // Version 2
```

Beide Versionen sind korrekt, welche sollte implementiert werden? Da das Objekt `char` kleiner ist als eine Referenz, spricht der Faktor *Effizienz* hier für die Version 1!

Operatoren zum Aneinanderhängen von Strings: Das Anhängen eines String an einen anderen läßt sich komfortabel mit den Funktionen `operator+` und `operator+=` bewerkstelligen.

Bei der Funktion `operator+` wird als Resultat ein neues Objekt in der Funktion generiert, und das Objekt selbst wird über die Funktion zurückgegeben. Es wird keine Elementfunktion, sondern eine *friend*-Funktion verwendet, damit der erste Operand auch eine Konstante sein kann (siehe dazu Abschn. 9.1.8).

Bei der Funktion `operator+=` wird das Resultat im eigenen Objekt abgelegt, und wie beim Zuweisungsoperator wird auch hier eine Referenz auf das eigene Objekt zurückgegeben.

Sonstige Funktionen: Da Strings viel benutzte Objekte sind, wird in professionellen String-Klassen meist eine große Vielfalt von Funktionen angeboten, z.B. für das Suchen und Substituieren von Substrings. In unserer kompakteren Version einer String-Klasse stehen an der Stelle die fünf Funktionen `Length`, `Find`, `Reverse`, `MakeUpper` und `MakeLower`, die sich selbst erklären.

Funktionen mit Zugriff auf den internen C-String: Die beiden Funktionen `Cstring` und `PtrToCstring` greifen auf den klasseninternen C-String `char* word` zu, ohne ihn verändern zu können. Die erste generiert eine Kopie und liefert den zugehörigen Zeiger zurück, der Benutzer übernimmt damit auch die Verantwortung für eine spätere Freigabe des zugehörigen Speicherplatzes. Die andere Funktion liefert einen konstanten Zeiger auf den internen C-String, der damit gelesen, aber nicht manipuliert werden kann.

Funktionen und Operatoren für die Ein- und Ausgabe: Die Funktionen `print` und `scan` geben ein String-Objekt `s` auf ein Ausgabemedium `os` aus bzw. lesen ein String-Objekt `s` vom Eingabemedium `is` ein. Diese beiden Funktionen werden dann auch verwendet, um das Überladen der entsprechenden beiden Operatoren `<<` und `>>` mit Hilfe von *inline*-Funktionen zu implementieren.

Implementierung der String-Klasse

Der C++-Text 10.30 zeigt die Implementierung der spezifizierten String-Klasse, bei der kein weiterer Aufwand zur Verbesserung von Laufzeit- und Speichereffizienz getrieben wurde. Auch der Aufwand zur Fehlerüberwachung ist gering, es werden lediglich die Speicherbelegung und der Indexbereich mit dem C-Makro `assert` überwacht. Der Code ist weitgehend selbsterklärend, deshalb hier nur Bemerkungen zu zwei Funktionen:

Die **Implementierung des Zuweisungsoperators** entspricht genau der üblichen

Schablone für die Zuweisung dynamisch verwalteter Daten variabler Größe. Zuerst der Test auf *Selbstzuweisung.* Wenn damit sichergestellt ist, daß ein anderes Objekt zugewiesen wird, dann wird der Speicherplatz des alten Objektes freigegeben und entsprechend der Größe des zuzuweisenden Objektes Speicherplatz neu reserviert und das Objekt dorthin kopiert.

Die **Implementierung der Eingabefunktion** scan ist nur als Prototyp zu betrachten, eine endgültige Implementierung sollte Strings unbegrenzter Länge erfassen und auch eindeutige Kriterien für Beginn und Ende des einzulesenden Strings berücksichtigen.

C++-Text 10.30: *Implementierung der String-Klasse* ./Bsp10/string/string0.sht

```
#include <iostream>
#include <cstring>
#include "String0.h"
#include <cassert>
using namespace std;

String :: String () {
  word = new Char[1]; strcpy(word, "");
}

String :: String(const Char *s) {
  word = new Char[strlen(s)+1]; assert(word);
  strcpy(word,s);
}

String :: String(Char ch, int len) {
  word = new Char[len+1]; assert(word);
  for (int i=0; i<len; i++) word[i] = ch;
  word[len] = '\0';
}

String :: String (const String &s) {
  word = new Char[strlen(s.word)+1]; assert(word);
  strcpy(word, s.word);
}

String::~String() {
  delete[] word;
}

String& String :: operator= (const String &s) {
  if (this != &s) {
    delete[] word;
    word = new Char[strlen(s.word)+1]; assert(word);
```

```
    strcpy (word,s.word);
  }
  return *this;
}

bool String :: less (const String &s) const {
  return strcmp(word, s.word) < 0;
}

Char& String :: operator[] (int i) {
  assert(i>=0 && i<strlen(word));
  return word[i];
}

Char String :: operator[] (int i) const {
  assert(i>=0 && i<strlen(word));
  return word[i];
}

String operator+ (const String& s1, const String& s2) {
  String temp(' ', strlen(s1.word) + strlen(s2.word));
  strcpy(temp.word, s1.word);
  strcat(temp.word, s2.word);
  return temp;
}

String& String :: operator+= (const String& s) {
  *this = *this + s;
  return *this;
}

int String  :: Length    () const               { . . . }
int String  :: Find      (const Char* s) const  { . . . }
void String :: Reverse   ()                     { . . . }
void String :: MakeUpper ()                     { . . . }
void String :: MakeLower ()                     { . . . }
// . . .  weitere . . .

Char* String :: CString() const {
  Char *s = new Char[strlen(word)+1]; assert(s);
  strcpy(s, word);
  return s;
}

const Char* String :: PtrToCString() const {
  return word;
}
```

```
void String :: print(ostream& os) const {
  os << word;
}

void String :: scan(istream& is) {
  Char buf[1000];                        // provisorisch !
  is >> buf;
  word = new Char[strlen(buf)+1]; assert(word);
  strcpy(word, buf);
}
```

Redefinieren der less-Funktion und damit der Vergleichsoperatoren

Der C++-Text 10.31 zeigt eine Klasse Mystring, die das Überschreiben der Funktion less und damit die Neudefinition der sechs Operatoren für String-Vergleiche demonstriert. Die Vergleiche sind jetzt so definiert, daß das ASCII-Alphabet in umgekehrter Reihenfolge gilt. Das wird durch die kleine Anwendung in C++-Text 10.32 demonstriert. Die dort angegebenen Vornamen werden *alphabetisch sortiert*, aber die *alphabetische Ordnung* heißt jetzt:

$$\ldots z < y < x < \ldots < c < b < a < \ldots < Z < Y < X < \ldots < C < B < A < \ldots$$

C++-Text 10.31: *Eine Klasse* MyString ./Bsp10/string/MyString.h

```
#ifndef _MYString_H
#define _MYString_H

#include "String0.h"

class MyString : public String {
  public:
    MyString() : String() {}
    MyString(const Char* s) : String(s) {}
    MyString(const String& s) : String(s) {}

    MyString& operator= (const MyString& s) {
      String::operator= (s); return *this;
    }

    virtual bool less(const String& s) const {
      return strcmp(PtrToCString(), s.PtrToCString()) > 0;
    }
};

#endif
```

C++-Text 10.32: *Demo für die Klasse MyString* ./Bsp10/string/TestMy.cpp

```
#include <iostream>
#include "myString.h"
using namespace std;

const long count = 8;
MyString a[count] = {"Thekla", "Rolf", "Julie", "Hans",
                     "Ilse", "Erich", "Helene", "Peter"};
int main() {

  int i, j;
  MyString x;

//Bubblesort :
  for (i=1; i<count; i++) {
    for (j=count-1; j>=i; j--) {
      if (a[j-1] > a[j]) {
        x = a[j]; a[j] = a[j-1]; a[j-1] = x;
      }
    }
  }

  for (i=0; i<count; i++) cout << a[i] << " ";
  cout << endl;

}
```

Ausgabe des Programms:

```
Thekla Rolf Peter Julie Ilse Helene Hans Erich
```

Alternative Implementierungen

Wenn das Laufzeitverhalten der String-Implementierung verbessert werden soll, dann bietet es sich an, zusätzlich die Länge des aktuellen String und die Größe des jeweils belegten Speicherplatzes in jedem String-Objekt zu speichern:

```
class String {
    char *word;
    int  len;
    int  size;
  public:
    . . .
};
```

Wenn der String schrumpft, dann wird nicht neu „maßgeschneidert“ Speicherplatz belegt. Das spart Zeit, kostet aber Speicherplatz.

Ein weitergehendes Konzept, mit dem Zeit und Speicherplatz gespart werden kann, ist das *Reference-Counting*-Muster, das insbesondere für die Implementierung von Matrizen und Container-Klassen interessant ist. Es wird in Abschn. 10.1.4 im Detail besprochen.

Alternative Konzepte

Die angegebene Lösung für eine Stringklasse kann bezüglich der Benutzerschnittstelle (Funktionalität) und auch bezüglich der Implementierung fast beliebig umgestaltet werden, ohne das Konzept wesentlich zu ändern. Als grundsätzlich alternatives Konzept kann dagegen der *generische Ansatz* unter Verwendung von Klassen-Templates angesehen werden. Ein erster Schritt wäre, wie schon oben kurz vorgestellt, die Verwendung des Zeichentyps und der alphabetischen Ordnung als Typparameter eines Klassen-Templates:

```
template <class CharT, class Comp=less<CharT> >
class StringT {...}
```

Neben der damit erreichten Flexibilität, insbesondere auch der Erweiterbarkeit, ersetzt man damit auch den Laufzeit-Polymorphismus durch Compilezeit-Polymorphismus. Das Überschreiben der virtuellen Funktion `less` wird vermieden, der benötigte Code wird beim Übersetzen generiert (was eine beträchtliche Verbesserung der Laufzeiteffizienz bewirken kann).

Nach diesem Prinzip – das noch erheblich verfeinert wurde – ist das String-Modul der Standardbibliothek konzipiert:

```
template<class Ch, class Tr=char_traits<Ch>, class A=allocator<Ch> >
class basic_string { . . . };
```

Statt eines simplen Vergleichsobjektes wird dort ein sog. *Traits-Objekt* übergeben, das noch viele zusätzliche Eigenschaften des Zeichensatzes definiert, als Default-Einstellung werden die Default-Eigenschaften des Zeichensatz-Typs `Ch` verwendet. Für die beiden vordefinierten Zeichentypen `char` und `wchar_t` sind bereits die beiden Klassen `string` und `wstring` in der Bibliothek definiert:

```
typedef basic_string<char>    string;
typedef basic_string<wchar_t> wstring;
```

Der dritte Typparameter in der Schablone für `basic_string` ermöglicht die Verwendung verschiedener Speichermodelle.

10.4.2 Eine Array-Klasse

Einfache C-Vektoren sind unsicher und unflexibel, sie sollten in der Regel durch einen Standard-Container – z.B. durch `vector` – ersetzt werden. Dieses Beispiel zeigt die Möglichkeit, einen Container – hier `Array` genannt – zu konstruieren, der die genannten Nachteile vermeidet und sich entsprechend durch folgende Merkmale charakterisieren läßt:

- *Überwachung der Bereichsgrenzen und der Speicherbelegung:*
  Bei Indexfehlern und beim Scheitern einer Speicheranforderung werden Fehlerobjekte ausgeworfen.
- *Kopier- und zuweisbar:*
  `Array`-Objekte können kopiert (Kopierkonstruktor) und zugewiesen (Zuweisungsoperator) werden.
- *Geschützter Elementzugriff:*
  Das Lesen eines Elements erfolgt mit `operator[]`, das Schreiben mit `Put`, ohne direkten Zugriff auf die interne Darstellung.
- *Dynamische Array-Größe:*
  Die Größe des Arrays kann zur Laufzeit geändert werden.
- *Vorwärts- und Rückwärtsiteration:*
  Es wird eine Iteratorklasse definiert, mit der Array-Objekte vorwärts und rückwärts iteriert werden können.

Die Funktionalität der Klassen und die interne Realisierung wird ansonsten möglichst einfach gehalten, damit das Beispiel kompakt und überschaubar wird. Das betrifft z.B. auch die Iteratorschnittstelle und die interne Speicherverwaltung, die hier nach dem *„brute force“*-Prinzip umgesetzt ist.

Der C++-Text 10.33 zeigt die Klassenschnittstellen für die Klasse `Array` und für die zugehörige Iteratorklasse `ArrayIterator`, die in diesem Beispiel nicht lokal zur Hauptklasse angeordnet ist, sondern als separate Klasse, die über eine *friend*-Beziehung Zugriff auf die Datenelemente von `Array` erhält. Die `Array`-Klasse verfügt über die minimale Standardschnittstelle und darüber hinaus über Funktionen für den Zugriff auf die Elemente und für die Änderung und Abfrage der Größe. Auch die Iteratorschnittstelle hat eine einfache Funktionalität. Iteratoren können auf Anfang und Ende positioniert werden, sie können vorwärts und rückwärts bewegt werden, und sie ermöglichen einen Lese- und Schreibzugriff auf das aktuelle Element.

C++-Text 10.33: *Array-Klasse, H-Datei* ./Bsp10/virtarr/array.h

```
#ifndef _array_h
#define _array_h
#include <string>
using namespace std;
```

```
template <class T>
class ArrayIterator;

template <class T>
class Array {
    friend class ArrayIterator<T>;
    T *Vector;
    int Size;
    void assign(const Array& a);
  public:

    Array(int sz);
    Array(const Array& a);
    Array& operator= (const Array& a);
    ~Array();

    void Put(int i, const T& t);
    const T& operator[] (int i) const;
    int GetSize();
    void Resize(int sz);
};

template <class T>
class ArrayIterator {
    Array<T>* a;
    int    i;       // Cursor
  public:
    ArrayIterator(Array<T>& aa);
    void First();
    void Last();
    void Next();
    void Prev();
    const T& Read() const;
    void Write(const T&);
    bool isFirst();
    bool isLast();
};

#endif
```

Der C++-Text 10.34 enthält die Funktion `Assert` und zwei Klassen für die Überwachung der Indizes und der Speicherreservierung. Das hier definierte `Assert` wird wie sein Namensvetter `assert` verwendet, aber es ist viel mächtiger, weil es den Mechanismus der Ausnahmebehandlung benutzt. Im Fehlerfalle werden Fehlerobjekte generiert, auf die der Anwender flexibel reagieren kann.

C++-Text 10.34: *Fehler-Klasse* ./Bsp10/virtarr/errors.h

```
#ifndef _errors_h
#define _errors_h

#define NDEBUG 0

template<class T, class U>
inline void Assert(T expression, U error) {
  if (!NDEBUG) if (!expression) throw error;
}

class IndexFehler {
    int LNr;
    string FName;
  public:
    IndexFehler(int Nr, string Name) : LNr(Nr), FName(Name) {};
    void Print() {
      cerr<<"\nDatei "<<FName<<", Indexfehler in Zeile "<<LNr<<'\n';
    }
};

class AllocFehler {
    int LNr;
    string FName;
  public:
    AllocFehler(int Nr, string Name) : LNr(Nr), FName(Name) {};
    void Print() {
      cerr<<"\nDatei "<<FName<<", Allocfehler in Zeile "<<LNr<<'\n';
    }
};

#endif
```

Der C++-Text 10.35 demonstriert die Benutzung der Array-Klasse. Die Ausgabe des Array-Objektes nach dem Sortieren erfolgt gleichzeitig vorwärts und rückwärts. Bei der dann folgenden Ausgabe in einer `for`-Schleife ist die Endbedingung falsch, statt `i<=...` müßte es heißen `i<...`. Deshalb wird ein Fehlerobjekt ausgeworfen, das dann in dem ersten `catch`-Block ausgewertet wird.

C++-Text 10.35: *Array-Klasse, Test und Demo* ./Bsp10/virtarr/arrtest.cpp

```
#include <iostream>
#include <string>
#include "array.h"
#include "errors.h"
```

```
using namespace std;

int main() {

  Array<int> a(5);
  int i, j, x, count, oldSize;

  try {

    for (i=0; i<a.GetSize(); i++) a.Put(i, rand());

    oldSize = a.GetSize(); a.Resize(10);

    for (i=oldSize; i<a.GetSize(); i++) a.Put(i, rand());

   //Bubblesort :
     count = a.GetSize();
     for (i=1; i<count; i++) {
       for (j=count-1; j>=i; j--) {
         if (a[j-1] > a[j]) {
           x = a[j]; a.Put(j, a[j-1]); a.Put(j-1, x);
         }
       }
     }

     ArrayIterator<int> iter1(a), iter2(a);
     iter1.First(); iter2.Last();
     cout << iter1.Read() << "; " << iter2.Read() << endl;
     while (!iter1.isLast() && !iter2.isFirst()) {
       iter1.Next(); iter2.Prev();
       cout << iter1.Read() << "; " << iter2.Read() << endl;
     }
     cout << endl;

     for (i=0; i<=a.GetSize(); i++)     // fuehrt zu
       //        ^
       cout << a[i] << " ";             // Indexfehler

  }
  catch (IndexFehler& err) { err.Print(); }
  catch (AllocFehler& err) { err.Print(); }
  catch (...)              { cerr << "\nIrgendein anderer Fehler ! \n"; }

}

#include "array.cpp"
```

Ausgabe des Programms:

```
41; 29358
6334; 26962
11478; 26500
15724; 24464
18467; 19169
19169; 18467
24464; 15724
26500; 11478
26962; 6334
29358; 41

41 6334 11478 15724 18467 19169 24464 26500 26962 29358
Datei C:\swt\bsp10\virtarr\array.cpp, Indexfehler in Zeile 50
```

Die Implementierung der Klassen `Array` und `ArrayIterator` in C++-Text 10.36 enthält keine Besonderheiten und wird deshalb nicht weiter kommentiert.

C++-Text 10.36: *Array-Klasse, CPP-Datei* ./Bsp10/virtarr/array.cpp

```
#include <iostream>
#include <cstdlib>
#include "array.h"
#include "errors.h"
using namespace std;

//----------------------------- Array --------------------------------

template <class T>
void Array<T>::assign(const Array& a) {
  Vector = new T[a.Size];
  Assert(Vector, AllocFehler(__LINE__, __FILE__));
  Size = a.Size;
  for (int i=0; i<Size; i++) Vector[i] = a.Vector[i];
}

template <class T>
Array<T>::Array(int sz) {
  Size = sz;
  Vector = new T[Size];
  Assert(Vector, AllocFehler(__LINE__, __FILE__));
}

template <class T>
Array<T>::Array(const Array& a) { assign(a); }

template <class T>
```

```
Array<T>& Array<T>::operator= (const Array& a) {
  if (this != &a) {
    if (Size!=a.Size) {
      delete[] Vector; assign(a);
    }
    else
     for (int i=0; i<Size; i++) Vector[i] = a.Vector[i];
  }
  return *this;
}

template <class T>
Array<T>::~Array() { delete[] Vector; }

template <class T>
void Array<T>::Put(int i, const T& t) {
  Assert(i >= 0 && i < Size, IndexFehler(__LINE__, __FILE__));
  Vector[i] = t;
}

template <class T>
const T& Array<T>::operator[] (int i) const {
  Assert(i >= 0 && i < Size, IndexFehler(__LINE__, __FILE__));
  return Vector[i];
}

template <class T>
int Array<T>::GetSize() { return Size; }

template <class T>
void Array<T>::Resize(int sz) {
  if (sz == Size) return;
  Array<T> buf(*this);
  delete[] Vector;
  Vector = new T[sz];
  Assert(Vector, AllocFehler(__LINE__, __FILE__));
  Size = sz;
  for (int i=0; i<Size; i++) Vector[i] = buf.Vector[i];
}


//------------------------ ArrayIterator -----------------------------

template <class T>
ArrayIterator<T>::ArrayIterator(Array<T>& aa) { a = &aa; i = 0; }

template <class T>
```

```
void ArrayIterator<T>::First() { i = 0; }

template <class T>
void ArrayIterator<T>::Last()  { i = a->Size-1; }

template <class T>
void ArrayIterator<T>::Next() {
  Assert(i < a->Size-1, IndexFehler(__LINE__, __FILE__));
  i++;
}

template <class T>
void ArrayIterator<T>::Prev() {
  Assert(i > 0, IndexFehler(__LINE__, __FILE__));
  i--;
}

template <class T>
bool ArrayIterator<T>::isFirst() { return i==0; }

template <class T>
bool ArrayIterator<T>::isLast() { return i==a->Size-1; }

template <class T>
const T& ArrayIterator<T>::Read() const { return a->Vector[i]; }

template <class T>
void ArrayIterator<T>::Write(const T& x) { a->Vector[i] = x; }
```

Übungsaufgabe

Erweitern Sie die Klassen `Array` und `ArrayIterator` wie folgt:

- Die Iteratorklasse soll neu konzipiert werden, so daß die entsprechenden Iteratorobjekte wie Zeiger auf C-Vektoren benutzbar sind:
  `*p=..., ...=*p, p++, ++p, p--, --p, p+n, p-n, p-q, p<q, p<=q, p==q, p!=q, p>=q, p>q`
- Die Speicherverwaltung sollte so verfeinert werden, daß nicht bei jeder Größenänderung ein völliger Neuaufbau gemacht wird; dabei geht es insbesondere um die Laufzeiteffizienz.
- Die Speicherwaltung ist auf den externen Speicher (Platte) zu erweitern, so daß die maximale Größe eines entsprechenden Arrays nur durch den verfügbaren Arbeitsspeicher begrenzt wird. Das beinhaltet also ein *Paging-System*, das *Seiten (Blöcke)* bei Bedarf auf die Platte auslagert.

10.4.3 Entwicklung einer kleinen Container-Bibliothek

Konzept und Überblick

In Kapitel 6.1 wird ein Überblick über die wichtigsten Containerstrukturen gegeben, und es wird demonstriert, wie sie sich durch Abbilden auf entsprechende Datenstrukturen realisieren lassen. Das Problem dort war allerdings die mangelnde Unterstützung der Sprache C. Im folgenden wird demonstriert, wie sich die entsprechende Abbildung in der Sprache C++ unter Verwendung von Klassen-Templates durchführen läßt. Die Tabelle 10.1 gibt einen kleinen Überblick über mögliche Abbildungen. `Stack` und `Queue` können auf ein ADT für eine lineare nicht sortierte Liste abgebildet werden, die die erforderlichen Listenzugriffe an die beiden Enden zur Verfügung stellt, und alle anderen Containerstrukturen lassen sich z.B. einfach auf ein ADT für eine sortierte Liste, für einen binären Suchbaum oder für einen AVL-Baum abbilden.

Tabelle 10.1: Abbildung von Containerstrukturen auf Datenstrukturen

Container-struktur	Stack	Queue	Prio-queue	Set	Multi-set	Map	Multi-map	Vec-tor
Datenstruktur								
Nicht sort. Liste	○	○						
Sortierte Liste			○	○	○	○	○	○
Bin. Suchbaum			○	○	○	○	○	○
AVL-Baum			○	○	○	○	○	○

Die Klassen List, SList und Tree

Die drei C++-Texte 10.37, 10.38, 10.39 zeigen die Klassenschnittstellen der entsprechenden Klassen-Templates, auf die die Containerstrukturen abgebildet werden. `SList` und `Tree` haben exakt die gleiche Funktionalität und sind austauschbar bezüglich ihrer Benutzerschnittstelle. Die zugehörigen cpp-Dateien sind auf der CD-ROM im gleichen Verzeichnis zu finden.

C++-Text 10.37: *Die Klasse List, Headerdatei* ./Bsp10/gencont2/list.h

```
#ifndef _list_h
#define _list_h

template<class T>
class List {
```

```
    struct NODE {
      NODE *next;
      T Data;
    };
    typedef NODE* Ref;

    Ref first, last;

    void cpy(Ref p, Ref& First, Ref& Last);
  public:
    List();
    List(const List& q);
    ~List();
    void  PutFirst  (const T& data);
    void  PutLast   (const T& data);
    void  GetFirst  (T& data);
    void  ReadFirst (T& data) const;
    List& operator= (const List& l);
    void  ForEach   (void (*f) (T& data));
    int   Count     () const;
};

#endif
```

C++-Text 10.38: *Die Klasse SList, Headerdatei* ./Bsp10/gencont2/slist.h

```
#ifndef _slist_h
#define _slist_h

template<class T>
class SList {
    struct NODE {
      NODE *next;
      T Data;
    };
    typedef NODE* Ref;

    Ref first;

    Ref cpy(Ref p);
    Ref fnd(T& data) const;
  public:
    SList();
    SList(const SList& q);
    ~SList();
    void   Insert    (const T& data);
    void   Erase     (const T& data);
```

```
    int     Find      (T& data) const;
    void    ReadFirst (T& data) const;
    SList& operator= (const SList& l);
    void    ForEach   (void(*f)(T& data));
    int     Count     () const;
};

#endif
```

C++-Text 10.39: *Die Klasse Tree, Headerdatei* ./Bsp10/gencont2/tree.h

```
#ifndef _Tree_h
#define _Tree_h

template<class T>
class Tree {
    struct NODE {
      NODE *left, *right;
      T Data;
    };
    typedef NODE* Ref;

    Ref first;
    Ref temp;
    T   buf;

    void dis   (Ref p);
    void ins   (Ref& p);
    void d     (Ref& r);
    void del   (Ref& p);
    Ref  fnd   (T& data) const;
    Ref  cpy   (Ref p);
    void ap    (Ref p, void (*f) (T& data));
    int  nodes (Ref p) const;
  public:
    Tree();
    Tree(const Tree& t);
    ~Tree();
    void  Insert    (const T& data);
    void  Erase     (const T& data);
    int   Find      (T& data) const;
    void  ReadFirst (T& data) const;
    Tree& operator= (const Tree& t);
    void  ForEach   (void (*f) (T& data));
    int   Count     () const;
};
#endif
```

Die Containerklassen Stack, Queue und Prio

Per Default verfügen alle drei Containerklassen neben den jeweils aufgeführten Elementfunktionen implizit über folgende vier weiteren Funktionen:

- *Standardkonstruktor, Kopierkonstruktor, Destruktor* und *Zuweisungsoperator*

Alle vier Default-Operationen arbeiten hier auch korrekt, sie aktivieren jeweils direkt die entsprechenden Operationen der verwendeten Instanz *List* bzw. *Tree*.

Spezifikation des Stack

⊗ `void Push(const T& x);`
Das Element x auf den Stack legen

⊗ `void Pop(T& x);`
Das obere Element vom Stack nehmen

⊗ `void Top(T& x) const;`
Eine Kopie des oberen Elements des Stack liefern

⊗ `int  IsEmpty() const;`
Liefert 1, wenn der Stack leer ist, sonst 0

⊗ `void ForEach (void (*f)(T& x));`
Die Funktion f auf jedes Element des Stacks anwenden

Spezifikation der Queue

⊗ `void Put(const T& x);`
Das Element x am Ende der Queue einfügen

⊗ `void Get(T* x);`
Das erste Element der Queue entnehmen

⊗ `void First(T& x) const;`
Eine Kopie des ersten Elements der Queue liefern

⊗ `int IsEmpty() const;`
Liefert 1, wenn die Queue leer ist, sonst 0

⊗ `void ForEach (void (*f)(T& x));`
Die Funktion f auf jedes Element der Queue anwenden

Spezifikation der Priority-Queue

⊗ `void Insert(const T& x);`
*Das Element *x gemäß seiner Priorität einfügen*

⊗ `void Pop(T& x);`
Das Element mit der höchsten Priorität entnehmen

⊗ `void Top(T& x) const;`
Eine Kopie des höchstprioren Elements liefern

⊗ `int IsEmpty() const;`
Liefert 1, wenn die Prioritätswarteschlange leer ist, sonst 0

⊗ `void ForEach (void (*f)(T& x));`
Die Funktion f auf jedes Element der Prioritätswarteschlange anwenden

Implementierung

Der C++-Text 10.40 enthält die vollständigen Klassen für diese drei Containertypen. Deren Elementfunktionen werden im wesentlichen *eins zu eins* auf den jeweils verwendeten ADT `List` oder `Tree` abgebildet (delegiert).

C++-Text 10.40: *Die Container Stack, Queue und Prio* ———— ./bsp10/gencont2/queue.h

```
#ifndef _Queue_h
#define _Queue_h
#include "List.h"
#include "Tree.h"

//------------------------------- Stack --------------------------
template<class T>
class Stack {
    List<T> Li;
  public:
    void  Push    (const T& x)     { Li.PutFirst(x);              }
    void  Pop     (T& x)           { Li.GetFirst(x);              }
    void  Top     (T& x) const     { Li.ReadFirst(x);             }
    int   IsEmpty () const         { return Li.Count()==0;        }
    void  ForEach (void(*f)(T& x)) { Li.ForEach(f);               }
};

//------------------------------- Queue --------------------------
template<class T>
class Queue {
    List<T> Li;
  public:
    void  Put     (const T& x)     { Li.PutLast(x);               }
    void  Get     (T& x)           { Li.GetFirst(x);              }
    void  First   (T& x) const     { Li.ReadFirst(x);             }
    int   IsEmpty () const         { return Li.Count()==0;        }
    void  ForEach (void(*f)(T& x)) { Li.ForEach(f);               }
};

//------------------------------- Prio ---------------------------
template<class T>
class Prio {
```

```
    Tree<T> sl;  // oder SList<T> oder Avl<T>
  public:
    void Insert  (const T& x)        { sl.Insert(x);                  }
    void Pop     (T& x)              { sl.ReadFirst(x); sl.Erase(x); }
    void Top     (T& x) const        { sl.ReadFirst(x);               }
    int  IsEmpty () const            { return sl.Count()==0;          }
    void ForEach (void(*f)(T& x))    { sl.ForEach(f);                 }
};

#endif
```

Set und Multiset

Per Default verfügen alle beide Containerklassen wie auch im Falle der Queue-Container neben den aufgeführten Elementfunktionen wieder implizit über folgende vier weiteren Funktionen:

- *Standardkonstruktor, Kopierkonstruktor, Destruktor* und *Zuweisungsoperator*

Spezifikation des Set

⊗ `void Include (const T& x);`
Das Element x in das Set einfügen

⊗ `void Exclude (const T& x);`
Das Element aus dem Set entfernen

⊗ `int  IsEmpty () const;`
Liefert 1, wenn das Set leer ist, sonst 0

⊗ `int  IsIn    (const T& x) const;`
Liefert 1, wenn das Element x in dem Set vorhanden ist, sonst 0

⊗ `void ForEach (void (*f)(T& x));`
Die Funktion f auf jedes Element des Sets anwenden

Spezifikation des Multiset

⊗ `void Include (const T& x);`
Das Element x in das Multiset einfügen

⊗ `void Exclude (const T& x);`
Ein Element x aus dem Multiset entfernen

⊗ `void IsEmpty () const;`
Liefert 1, wenn das Multiset leer ist, sonst 0

⊗ `int  IsIn    (const T& x) const;`
Liefert 1, wenn ein Element in dem Multiset vorhanden ist, sonst 0

⊗ `void ForEach (void (*f)(T& x));`
Die Funktion f auf jedes Element des Multiset anwenden

Implementierung

Der C++-Text 10.41 enthält die vollständigen Klassen für diese beiden Containertypen. Deren Elementfunktionen werden im wesentlichen *eins zu eins* auf den ADT `Tree` abgebildet (delegiert).

C++-Text 10.41: *Die Container Set und Multiset* ./Bsp10/gencont2/Set.h

```
#ifndef _Set_h
#define _Set_h
#include "Tree.h"

//-------------------------------- Set ---------------------------
template<class T>
class Set {
    Tree<T> sl;  // oder SList<T> oder Avl<T>
  public:
    void Include (const T& x)       {T y=x;
                                     if (!sl.Find(y)) sl.Insert(x);}
    void Exclude (const T& x)       {sl.Erase(x);                  }
    int  IsIn    (const T& x) const {T y=x; return sl.Find(y);     }
    int  IsEmpty () const           {return sl.Count()==0;         }
    void ForEach (void(*f)(T& x))   {sl.ForEach(f);                }
};

//----------------------------- Multiset -------------------------
template<class T>
class Multiset {
    Tree<T> sl;  // oder SList<T> oder Avl<T>
  public:
    void Include (const T& x)       {sl.Insert(x);                 }
    void Exclude (const T& x)       {sl.Erase(x);                  }
    int  IsIn    (const T& x) const {T y=x; return sl.Find(y);     }
    int  IsEmpty () const           {return sl.Count()==0;         }
    void ForEach (void(*f)(T& x))   {sl.ForEach(f);                }
};

#endif
```

Die Containerklassen Map, Multimap und Vector

Per Default verfügen auch diese drei Containerklassen wie die vorher beschriebenen neben den aufgeführten Elementfunktionen implizit über folgende vier weiteren Funktionen:

- *Standardkonstruktor, Kopierkonstruktor, Destruktor* und *Zuweisungsoperator*

Spezifikation des Map

- ⊗ `typedef struct { Key k; Value v; } Item;`
  Struktur eines Elementtyps
- ⊗ `void Include (const Item& x);`
  Ein Element x, bestehend aus Schlüssel und Wert, in das Map einfügen
- ⊗ `void Exclude (const Key& k);`
  Das Element mit dem Schlüssel k aus dem Map entfernen
- ⊗ `void Write(const Key& k, const Value& v);`
  Ein Element mit dem Schlüssel k und dem Wert v in das Map einfügen, ein evtl. vorhandener Wert mit dem gleichen Schlüssel wird überschrieben
- ⊗ `Value Read(const Key& k) const;`
  Liefert den Wert des Elementes mit dem Schlüssel k; falls kein entsprechendes Element existiert, wird ein undefinierter Wert zurückgegeben!
- ⊗ `int  IsEmpty () const;`
  Liefert 1, wenn das Map leer ist, sonst 0
- ⊗ `int  IsIn    (const Key& k) const;`
  Liefert 1, wenn ein Element mit dem Schlüssel k vorhanden ist, sonst 0
- ⊗ `void ForEach (void (*f)(Item& x));`
  Die Funktion f auf jedes Element des Map anwenden

Spezifikation des Multimap

- ⊗ `typedef struct { Key k; Value v; } Item;`
  Struktur eines Elementtyps
- ⊗ `void  Include (const Item& x);`
  Ein Element, bestehend aus Schlüssel und Wert, in das Multimap einfügen
- ⊗ `void  Exclude (const Key& k);`
  Ein Element mit dem Schlüssel k aus dem Multimap entfernen, falls mehrere vorhanden, dann das erste gefundene
- ⊗ `int   IsEmpty () const;`
  Liefert 1, wenn das Multimap leer ist, sonst 0
- ⊗ `int   IsIn    (const Key& k) const;`
  Liefert 1, wenn mindestens ein Element mit dem Schlüssel k vorhanden ist, sonst 0
- ⊗ `void ForEach (void (*f)(Item& x));`
  Die Funktion f auf jedes Element des Multimap anwenden

Spezifikation des Vector

Das Besondere an diesem Vektor ist seine besondere Eignung zur Darstellung entsprechend dünn besetzter Strukturen, d.h. es wird nur Speicherplatz benötigt für konkret abgelegte Elemente: in der Struktur `item` wird jeweils das Element zusammen mit dem vorgesehenen Index kombiniert, und der Index wird als Suchschlüssel in der zugrundeliegenden sortierten Struktur verwendet, d.h. der Vektor-Container ist ein spezieller Map-Container.

- ⊗ `typedef struct { int index; T value; } Item;`
  Struktur eines Elementtyps
- ⊗ `void  Write(int index, const T& value);`
  Ein Element mit dem angegebenen Index und dem Wert value in den Vector einfügen
- ⊗ `Value Read(int index) const;`
  Liefert den Wert des Elements mit dem angegebenen Index; falls kein entsprechendes Element existiert, wird ein undefinierter Wert zurückgegeben!
- ⊗ `void Exclude (int index);`
  Das Element mit dem angegebenen Index aus dem Vector entfernen
- ⊗ `int IsEmpty () const;`
  Liefert 1, wenn der Vector leer ist, sonst 0
- ⊗ `int IsIn (int index) const;`
  Liefert 1, wenn ein Element mit dem angegebenen Index vorhanden ist, sonst 0
- ⊗ `void ForEach (void (*f)(Item& x));`
  Die Funktion f auf jedes Element des Vectors anwenden

Implementierung

Der C++-Text 10.42 enthält die vollständigen Klassen für diese drei Containertypen. Deren Elementfunktionen werden auch wieder im wesentlichen *eins zu eins* auf den ADT `Tree` abgebildet (delegiert).

C++-Text 10.42: *Die Container Map, Multimap und Vector* ——— ./Bsp10/gencont2/Map.h

```
#ifndef _Map_h
#define _Map_h
#include "Tree.h"

//-------------------------------- Map ---------------------------
template<class Key, class Value>
class Map {
  public:
    struct Item {
        Key k; Value v;
        Item() {}
        Item(const Key& kk): k(kk) {}
        Item(const Key& kk, Value vv): k(kk), v(vv) {}
        int operator<  (const Item& it) const {return k < it.k;    }
        int operator== (const Item& it) const {return k == it.k;   }
    };
  private:
```

```
  Tree<Item> sl;  // oder SList<Item> oder Avl<Item>
 public:
   void Include (const Item& x)      {Item y=x;
                                      if (!sl.Find(y))
                                        sl.Insert(x);            }
   void Exclude (const Key& k)       {Item it(k); sl.Erase(it);  }
   int  IsIn    (const Key& k) const {Item it(k);
                                      return sl.Find(it);        }
   int  IsEmpty ()             const {return sl.Count()==0;      }
   void ForEach (void(*f)(Item& x))  {sl.ForEach(f);             }
   void Write   (const Key& k,
                  const Value& v)    {Item it(k, v);
                                      sl.Erase(it); sl.Insert(it);}
   Value Read   (const Key& k) const {Item it(k);
                                      sl.Find(it); return it.v;  }
};

//------------------------------- Multimap --------------------------
template<class Key, class Value>
class Multimap {
 public:
   struct Item {
       Key k; Value v;
       Item() {}
       Item(const Key& kk): k(kk) {}
       Item(const Key& kk, Value vv): k(kk), v(vv) {}
       int operator<  (const Item& it) const {return k < it.k;   }
       int operator== (const Item& it) const {return k == it.k;  }
   };
 private:
   Tree<Item> sl;  // oder SList<Item> oder Avl<Item>
 public:
   void Include (const Item& x)      {Item y=x; sl.Insert(x);    }
   void Exclude (const Key& k)       {Item it(k); sl.Erase(it);  }
   int  IsIn    (const Key& k) const {Item it(k);
                                      return sl.Find(it);        }
   int  IsEmpty ()             const {return sl.Count()==0;      }
   void ForEach (void(*f)(Item& x))  {sl.ForEach(f);             }
};

//------------------------------- Vector ----------------------------
template<class T>
class Vector {
 public:
   struct Item {
       int index; T value;
       Item() {}
```

```
        Item(int in): index(in) {}
        Item(int in, T val): index(in), value(val) {}
        int operator< (const Item& it) const {
          return index < it.index;
        }
        int operator== (const Item& it) const {
          return index == it.index;
        }
    };
  private:
    Tree<Item> sl;  // oder SList<Item> oder Avl<Item>
  public:
    void Write (int index,
                const T& value)     {Item it(index, value);
                                     if (sl.Find(it)) sl.Erase(it);
                                     sl.Insert(it);             }
    T Read (int index) const        {Item it(index); sl.Find(it);
                                     return it.value;           }
    void Exclude (int index)        {Item it(index); sl.Erase(it); }
    int  IsIn (int index) const     {Item it(index);
                                     return sl.Find(it);        }
    void ForEach (void(*f)(Item& x)){sl.ForEach(f);             }
};

#endif
```

Test- und Demoprogramm für die Containerklassen

Der C++-Text 10.43 demonstriert die Verwendung der definierten Containerklassen. Es werden alle Klassen instanziert und deren wesentliche Funktionen getestet.

C++-Text 10.43: *Container: Demo* ./Bsp10/gencont2/Contain.cpp

```
#include <iostream.h>
#include <stdlib.h>
#include "Queue.h"
#include "Set.h"
#include "Map.h"

//------------------- Test- und Demo -----------------------

void f1(int& data) { cout << data << " "; }
void f2(Map<int, double>::Item& data) {
  cout << "(" << data.k << ", " << data.v << ") ";
}
void f3(Multimap<int, double>::Item& data) {
  cout << "(" << data.k << ", " << data.v << ") ";
}
```

```
void f4(Vector<double>::Item& data) {
  cout << "(" << data.index << ", " << data.value << ") ";
}

int main() {
  Queue<int>              qu1, qu2;
  Stack<int>              st1, st2;
  Prio<int>               pr1, pr2;
  Set<int>                se1, se2;
  Multiset<int>           ms1, ms2;
  Map<int, double>        ma1, ma2;
  Multimap<int, double> mm1, mm2;
  Vector<double>          ve1, ve2;

  for (int i=0; i<10; i++) {
    int x = rand()%10;
    Map<int, double>::Item it1(i, double(x));
    Multimap<int, double>::Item it2(i, double(x));
    qu1.Put(x); st1.Push(x); pr1.Insert(x);
    se1.Include(x); ms1.Include(x);
    ma1.Include(it1); mm1.Include(it2);
    ve1.Write(i, double(x));
  }
  ma1.Write(27, 1.5);
  qu2 = qu1; st2 = st1; pr2 = pr1; se2 = se1; ms2 = ms1;
  ma2 = ma1; mm2 = mm1; ve2 = ve1;
  qu2.ForEach(f1); cout << endl;
  st2.ForEach(f1); cout << endl;
  pr2.ForEach(f1); cout << endl;
  se2.ForEach(f1); cout << endl;
  ms2.ForEach(f1); cout << endl;
  ma2.ForEach(f2); cout << endl;
  cout << ma2.Read(27) << endl;
  mm2.ForEach(f3); cout << endl;
  ve2.ForEach(f4); cout << endl;
}
#include "list.cpp"
#include "tree.cpp"
```

Ausgabe des Programms:

```
1 7 4 0 9 4 8 8 2 4
4 2 8 8 4 9 0 4 7 1
0 1 2 4 4 4 7 8 8 9
0 1 2 4 7 8 9
0 1 2 4 4 4 7 8 8 9
(0, 1) (1, 7) (2, 4) (3, 0) (4, 9) (5, 4) (6, 8) (7, 8) (8, 2) (9, 4) (27, 1.5)
1.5
(0, 1) (1, 7) (2, 4) (3, 0) (4, 9) (5, 4) (6, 8) (7, 8) (8, 2) (9, 4)
(0, 1) (1, 7) (2, 4) (3, 0) (4, 9) (5, 4) (6, 8) (7, 8) (8, 2) (9, 4)
```

Kapitel 11

ANSI/ISO-C++-Standardbibliothek

The C++ Standard library provides an extensible framework, and contains components for: language support, diagnostics, general utilities, strings, locales, containers, iterators, algorithms, numerics, and input/output.

ANSI-C++-Standard

11.1 Übersicht 738
11.2 Allgemeine Dienste 740
11.3 Strings 744
11.4 Eingabe und Ausgabe (EA) 756
11.5 Container 799
11.6 Iteratoren 832
11.7 Funktionsobjekte 851
11.8 Algorithmen: globale generische Funktionen 860
11.9 Weitere Dienstleistungen 898

11.1 Übersicht

Der C++-Standard umfaßt eine recht umfangreiche Bibliothek, bestehend aus elf Teilbibliotheken mit insgesamt fünfzig Bibliotheksmodulen; Bild 11.1 gibt eine erste Übersicht. Darin enthalten sind die Module der C-Standardbibliothek, die größtenteils in Kapitel 2 beschrieben sind.

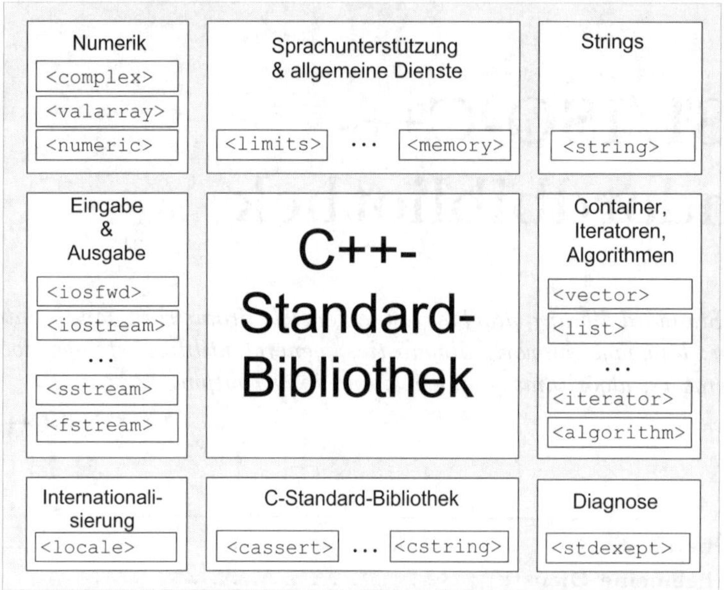

Bild 11.1: Übersicht über die Module der C++-Standardbibliothek

Die Standardbibliothek bietet umfangreiche Unterstützung für das Arbeiten mit Strings und für den Bereich der Numerik, sie stellt ein völlig neues Konzept für die Eingabe und Ausgabe von Daten zur Verfügung, und sie stellt mit ihren Containern, Iteratoren und Algorithmen eine generische Containerbibliothek zur Verfügung, deren Kern die berühmte *Standard Template Library (STL)* ist. Weitere Teile umfassen Module zur Sprachunterstützung, allgemeine Dienste, Diagnose und ein Modul, das Anpassungen an nationale Besonderheiten unterstützt.

Die Entwurfsprinzipien, nach denen die Standardbibliothek aufgebaut ist, sind nicht homogen. Der Teil für die Eingabe und Ausgabe von Daten ist im wesentlichen klassisch objektorientiert als hierarchische Klassenstruktur unter Verwendung der Vererbung strukturiert, die `STL` hingegen kommt fast ohne Vererbung aus und setzt konsequent auf generische Strukturen.

Typisch für die Standardbibliothek ist in jedem Falle die konsequente Verwendung des Template-Konzeptes von C++. Bemerkenswert ist z.B. auch die Verwendung von

Templates im Teil für die Eingabe und Ausgabe und für das Modul String: die entsprechenden Klassen sind mit Typparametern versehen, die es z.B. ermöglichen, entsprechende Objekte für frei wählbare Zeichensätze zu generieren. Damit sind Strings und die Objekte zur Eingabe und zur Ausgabe von Daten also nicht mehr starr an den `ASCII`-Zeichensatz und einige Erweiterungen gebunden!

Die folgende Zusammenstellung gibt einen etwas detaillierteren Überblick über die elf Teilbibliotheken mit den ihnen jeweils zugeordneten Modulen, und sie enthält Verweise auf die entsprechenden Kapitel oder Abschnitte, in denen die Teile behandelt werden:

⊗ **Sprachunterstützung** (Abschnitt 11.9, Seite 898)
`<limits>`, `<new>`, `<typeinfo>`, `<exception>`
`limits` *erweitert das Informationssystem zur Definition numerischer Grenzwerte, es stellt dafür eine Basisklasse* `numeric_limits` *und Spezialisierungen für alle Standarddatentypen zur Verfügung.* `new` *definiert jeweils sechs Funktionen* `operator new` *und* `operator delete`*, die z.B. von den Operatoren* `new` *und* `delete` *der Sprache C++ verwendet werden.* `typeinfo` *enthält die Klassen* `type_info`*,* `bad_cast` *und* `bad_typeid` *zur Unterstützung des Laufzeit-Typinformationssystems, und* `exception` *enthält die Basisklasse* `exception` *für die Ausnahmebehandlung sowie einige davon abgeleitete standardisierte Ausnahmeklassen und weitere Funktionen zu dem Komplex.*

⊗ **Diagnose** (Abschnitt 11.9.1, Seite 898)
`<stdexcept>`
In `stdexcept` *sind die standardisierten – von der Basisklasse* `exception` *abgeleiteten – Ausnahme-Klassen definiert.*

⊗ **Allgemeine Dienste** (Abschnitte 11.2 und 11.7, Seite 740 bzw. 851)
`<utility>`, `<functional>`, `<memory>`
In `utility` *sind Funktions-Templates für Vergleichsoperationen, die Klasse* `auto_ptr` (intelligente Zeiger) *sowie eine Klasse und einige Hilfsfunktionen für das Arbeiten mit* Paaren *(z.B. für* Maps*) definiert.* `functional` *stellt eine Sammlung von Funktionsobjekten und Funktionsadaptern für den allgemeinen Gebrauch zur Verfügung.* `memory` *definiert die Klasse* `allocator`*, die ein Default-Speichermodell bereitstellt und unterstützt die Definition eigener Speichermodelle.*

⊗ **Strings** (Abschnitt 11.3, Seite 744)
`<string>`
Dieses Modul unterstützt sehr ausgiebig das Arbeiten mit dynamischen Strings. Ausgehend von dem Klassentemplate `basic_string` *ist es möglich, String-Typen und Stringfunktionen für beliebige Zeichensätze zu generieren, entsprechende Typen und Funktionen für die Standard-Datentypen* `char` *und* `wchar_t` *sind vordefiniert.*

⊗ **Internationalisierung** (Abschnitt 11.9, Seite 898)
`<locale>`
Dieses Modul enthält Elemente, die es ermöglichen, nationale Besonderheiten – spezielle Zeichen, Darstellung von Zahlen, Zeiten und Datumsangaben usw. – einzukapseln und damit parametrisierbar zu machen.

⊗ **Container** (Abschnitt 11.5, Seite 799)
`<bitset>`, `<dequeue>`, `<list>`, `<map>`, `<queue>`,`<set>`, `<stack>`, `<vector>`

Diese Module stellen elf Containerklassen zur Verfügung, von denen drei sog. Container-Adapter sind. Diese Containerklassen sind – bis auf eine – Teil der sog. STL (Standard Template Library), zu der auch die in der Standardbibliothek definierten Iteratoren und Algorithmen gehören.

⊗ **Iteratoren** (Abschnitt 11.6, Seite 832)
`<iterator>`
Die Containerklassen enthalten – abgesehen von den Containeradaptern – jeweils eine lokale Iteratorklasse, die dem Benutzer einen Zugriff auf Containerobjekte ermöglichen, der vergleichbar dem Zugriff über Zeiger auf C-Vektoren ist. In dem Modul `iterator` *werden weitere Iteratorklassen als Iteratoradapter definiert und darüber hinaus einige Funktions-Templates, die das Arbeiten mit Iteratoren unterstützen.*

⊗ **Algorithmen** (Abschnitt 11.8, Seite 860)
`<algorithm>`
Dieses Modul stellt Algorithmen in Form von Funktionsschablonen zur Verfügung. Die Algorithmen arbeiten größtenteils mit den standardisierten Containern über deren Iteratorschnittstelle zusammen. Entsprechend können sie z.B. auch in Verbindung mit String-Objekten, mit C-Vektoren und mit Objekten selbstdefinierter Klassen verwendet werden.

⊗ **Numerik** (Abschnitt 11.9, Seite 898)
`<complex>`, `<numeric>`, `<valarray>`
`complex` *enthält ein Klassentemplate zur Generierung von Klassen für den Datentyp* `complex` *(komplexe Zahl), wobei der Typ der Komponenten* Realteil *und* Imaginärteil *als Typparameter verwendet wird, Spezialisierungen für* `float`, `double` *und* `long double` *sind vordefiniert.* `numeric` *enthält numerische Algorithmen, die – entsprechend wie die allgemeinen Algorithmen – generisch auf Container angewendet werden können. In* `valarray` *wird u.a. eine Klasse* `valarray` *definiert, die numerische Vektor- und Matrixoperationen ermöglicht.*

⊗ **Eingabe und Ausgabe (Streams)** (Abschnitt 11.4, Seite 756)
`<fstream>`, `<iomanip>`, `<ios>`, `<iosfwd>`, `<iostream>`, `<istream>`, `<ostream>`, `<sstream>`, `<streambuf>`
Diese Module stellen ein neues System für die Eingabe und Ausgabe von Daten zur Verfügung, das in der Regel als bessere Alternative zu `stdio` *verwendet wird.*

⊗ **C-Standard-Bibliothek** (Kapitel 2, Seite 165)
`<cassert>`, `<cctype>`, `<cerrno>`, `<cfloat>`, `<ciso646>`, `<climits>`, `<clocale>`, `<cmath>`, `<csetjmp>`, `<csignal>`, `<cstdarg>`, `<cstddef>`, `<cstdio>`, `<cstdlib>`, `<cstring>`, `<ctime>`, `<cwchar>`, `<cwctype>`
Diese Teilbibliothek beinhaltet die Module der klassischen C-Standardbibliothek.

11.2 Allgemeine Dienste

Das Modul `utility` stellt drei Dienstleistungen zur Verfügung. Die erste beinhaltet einen Satz von Funktions-Templates für Vergleichsfunktionen, die zweite umfaßt eine Struktur und einige Funktionen für das Arbeiten mit *zugeordneten Paaren (Asso-*

ziationen), wie sie z.B. im Zusammenhang mit Map-Containern Anwendung finden, und die dritte ist die Definition einer Klasse mit *intelligenten Zeigern (Auto-Zeiger)*.

Das Modul `functional`, das Funktionsobjekte und Funktionsadapter zur Verfügung stellt, wird im Abschnitt 9.1.15 behandelt. Auf das Modul `memory`, das das Default-Speichermodell `allocator` definiert, und das die Definition eigener Speichermodelle unterstützt, wird hier nicht eingegangen.

11.2.1 Vergleichsoperatoren

Der Zweck der folgenden Definitionen von Funktions-Templates liegt darin, die vier Operationen `!=`, `>`, `<=` und `>=` auf die beiden Operationen `==` und `<` zurückzuführen. Damit wird einem Programmierer, der z.B. alle sechs Operationen für einen bestimmten Typ definieren müßte, die explizite Definition dieser vier Operationen erspart:

```
template <class T>
bool operator!=(const T& x, const T& y) { return !(x == y); }

template <class T>
bool operator> (const T& x, const T& y) { return y < x; }

template <class T>
bool operator<=(const T& x, const T& y) { return !(y < x); }

template <class T>
bool operator>=(const T& x, const T& y) { return !(x < y); }
```

Die Definitionen werden aus Effektivitätsgründen in der Regel in der `inline`-Form realisiert sein.

11.2.2 Paare

Die Klasse `pair` – als `struct` realisiert, um alle Elemente öffentlich zu machen – unterstützt das Arbeiten mit `Wertepaaren` und wird z.B. in Verbindung mit den Containertypen `set` und `multiset` verwendet:

```
template <class T1, class T2>
struct pair {
  typedef T1 first_type;
  typedef T2 second_type;

  T1 first;
  T2 second;
  pair();
  pair(const T1& x, const T2& y);
```

```
    template<class U, class V> pair(const pair<U, V> &p);
};
```

Die Klasse definiert die beiden Komponenten, die das Wertepaar bilden, und drei Konstruktoren. Der Kopierkonstruktor verwendet das Konstrukt *Element-Template*, um damit Konvertierungsprobleme zu überwinden. Die Hintergründe dazu werden in Abschnitt 9.7.6 behandelt. Weiterhin *veröffentlicht* die Klasse definierte Bezeichner für die beiden Komponententypen, eine Technik, die bei fast allen im Zusammenhang mit der *STL* definierten Klassen angewendet wird; die Gründe dafür werden insbesondere in Abschnitt 11.6.6 erörtert. Der folgende Code skizziert eine typische Anwendung:

```
typedef multiset<int>   MSet;
typedef MSet::iterator  MSetIter;

MSet mset;
MSetIter miter;

pair<MSetIter, MSetIter> pospair;
  . . .
pospair = mset.equal_range(27);
mset.erase(pospair.first, pospair.second);
```

Die Elementfunktion `mset.equal_range` liefert ein Paar von Iteratoren, das den Bereich definiert, in dem die Elemente mit dem übergebenen Wert 27 stehen, und die Elementfunktion `mset.erase` löscht diese Elemente.

Als Hilfsfunktionen zur Unterstützung für das Arbeiten mit Paaren werden eine Funktion `make_pair` und sechs Funktionen für das Vergleichen von Paaren bereitgestellt.

```
template <class T1, class T2>
pair<T1,T2> make_pair(const T1&, const T2&);

template <class T1, class T2>
bool operator==(const pair<T1,T2>&, const pair<T1,T2>&);

. . .

template <class T1, class T2>
bool operator<=(const pair<T1,T2>&, const pair<T1,T2>&);
```

Die Funktion `make_pair` kann zur vereinfachten Zuweisung von Wertepaaren verwendet werden, z.B.

```
pair<int, double> tuple;
. . .
tuple = make_pair(27, 123.456);
```

Die Paarvergleiche werden so umgesetzt, daß bei `==` und `!=` beide Komponenten berücksichtigt werden. Bei den Operatoren `<`, `<=`, `>=` und `>` werden primär die Komponenten `first` berücksichtigt, bei deren Wertegleichheit dann auch die Komponenten `second`.

11.2.3 Auto-Zeiger

Auto-Zeiger sind die standardisierte Form der *intelligenten Zeiger (smart pointer)*, wie sie in Abschnitt 10.1.1 behandelt sind. Der folgende Code zeigt die entsprechende Klassenschnittstelle:

```
template<class X> class auto_ptr {
  public:
    typedef X element_type;

    // Konstruktoren und Destruktor:
    explicit auto_ptr(X* p =0) throw();
    auto_ptr(const auto_ptr&) throw();
    template<class Y> auto_ptr(const auto_ptr<Y>&) throw();
   ~auto_ptr();

    // Zuweisungsoperatoren:
    auto_ptr& operator=(const auto_ptr&) throw();
    template<class Y> auto_ptr& operator=(const auto_ptr<Y>&) throw();

    // Dereferenzierung:
    X& operator*() const throw();
    X* operator->() const throw();

    // Zugriff auf Freigabe:
    X* get() const throw();
    X* release() const throw();
};
```

Der Grundgedanke bei der Verwendung der *Auto-Zeiger* sei hier noch einmal kurz durch folgende Codezeilen skizziert:

```
#include <utility>
using namespace std;
void f() {
  auto_ptr<SomeWhat> ptr = new SomeWhat;
  . . .
}; // hier wird das Objekt wieder "automatisch" freigegeben
```

Am Ende der Funktion `f` wird der Destruktor des Auto-Zeiger-Objektes `ptr` aufgerufen, das sozusagen der *Besitzer* des Objektes vom Typ `SomeWhat` ist und bei seiner *Destruktion* dann explizit das `SomeWhat`-Objekt freigibt.

Achtung: Beim Arbeiten mit *Auto-Zeigern* sind einige Dinge zu beachten, die insbesondere daraus resultieren, daß es sog. *besitzende Zeiger (owning pointer)* sind; wegen der Details sei nochmals auf Abschn. 10.1.1 verwiesen.

11.3 Strings

11.3.1 Konzept und Übersicht

Die C++-Standardbibliotheksklasse für Strings hat viel Ähnlichkeit mit einer Containerklasse, insbesondere mit der Klasse `vector` der Standard Template Library (STL), aber es gibt doch einige wesentliche Unterschiede:

> Die Elemente eines Stringobjekts sind einzelne Zeichen. Die Elemente eines Vektorobjektes können einen beliebigen Typ haben, und bei Stringobjekten spielen *Substrings* eine besondere Rolle, was sich auch in der Vielfalt der darauf abgestellten Funktionen widerspiegelt; bei allgemeinen Vektoren gibt es hingegen nichts Vergleichbares.

Das Besondere der Stringklasse der C++-Standardbibliothek ist ihre Parametriesierbarkeit, sie ist eine Klassenschablone mit drei Typparametern:

```
template<class Ch, class Tr=char_traits<Ch>, class A=allocator<Ch> >
class basic_string { . . . };
```

Der Parameter `class Ch` definiert den Zeichensatz, wobei aber jeweils eine Klasse für einen 1-Byte-Zeichensatz – üblicherweise ist das der/ein erweiterter ASCII-Zeichensatz (Typ `char`) – und eine Klasse für einen Mehr-Byte-Zeichensatz (häufig ist das der Unicode (Typ `wchar_T`)) vordefiniert ist:

```
typedef basic_string<char>    string;
typedef basic_string<wchar_t> wstring;
```

Der Typparameter `class Tr` mit dem Defaultwert `char_traits<Ch>` definiert bestimmte Eigenschaften des Zeichensatzes, wie z.B. die alphabetische Reihenfolge der Zeichen. Der Typparameter `class A` mit dem Defaultwert `allocator<ch>` definiert das Speichermodell. Speichermodelle legen fest, wie der verfügbare Arbeitsspeicher verwaltet wird, sie spielten in der Vergangenheit bei MS-DOS basierten Softwaresystemen eine wichtige Rolle.

Für die weiteren Erörterungen wird die Verwendung der Defaultwerte für die beiden Typen `Tr` und `A` zugrunde gelegt und die Klasse `string` als die meistverwendete Spezialisierung der Klassenschablone `basic_string` mit dem Zeichentyp `class Ch = char`. Die folgenden drei kurzen Programmbeispiele sollen zunächst vier Aspekte der String-Bibliothek demonstrieren.

Das erste Beispiel, C++-Text 11.1, demonstriert, wie die Kapazität des Strings sich stufenweise den Erfordernissen anpaßt.

C++-Text 11.1: *Automatische Größenanpassung von Strings* ./Bsp11/strings/ex4.cpp

```
#include <string>
#include <iostream>
using namespace std;

int main() {
  string s;
  int capacity = s.capacity();

  for (int i=0; i<100; i++) {
    s += 'a';
    if (capacity != s.capacity()) {
      capacity = s.capacity();
      cout << "Laenge/Kapazitaet: " << s.length() << "/" << s.capacity() << endl;
} } }
```

Ausgabe des Programms:

```
Laenge/Kapazitaet: 1/31
Laenge/Kapazitaet: 32/63
Laenge/Kapazitaet: 64/95
Laenge/Kapazitaet: 96/127
```

Das zweite Beispiel, C++-Text 11.2, demonstriert, wie globale Funktionen der Standardbibliothek – die Algorithmen – verwendet werden, um über die Iteratorschnittstelle Strings zu manipulieren.

C++-Text 11.2: *Strings, Iteratoren und Algorithmen* ./Bsp11/strings/ex5.cpp

```
#include <string>
#include <iostream>
#include <algorithm>
using namespace std;

int main() {
  string s = "Rolf Isernhagen, FB Informatik, FH BS/WF";

  string::iterator p = s.begin(), q = s.end(), iter;

  cout << s << "\n\n";
  reverse(p, q);         cout << s << "\n\n";
  sort(p, q);            cout << s << "\n\n";
  reverse(p, q);         cout << s << "\n\n";
```

```
  random_shuffle(p, q); cout << s << "\n\n";
  for (iter=p; iter!=q; iter++)
    cout << char(toupper(*iter));
  cout << "\n\n";
}
```

Ausgabe des Programms:

```
Rolf Isernhagen, FB Informatik, FH BS/WF

FW/SB HF ,kitamrofnI BF ,negahnresI floR

     ,,/BBFFFHIIRSWaaeeffghiklmnnnoorrst

tsrroonnnmlkihgffeeaaWSRIIHFFFBB/,,

oat  BFkeInf,g RaISf,sBrWr FnH/ ihFmlneo

OAT  BFKEINF,G RAISF,SBRWR FNH/ IHFMLNEO
```

Das dritte Beispiel, C++-Text 11.3, demonstriert die Verwendung von Elementfunktionen zur Manipulation von Strings. Die Ausstattung der Stringklasse mit entsprechenden Funktionen ist ausgesprochen üppig.

C++-Text 11.3: *Strings und Elementfunktionen* ./Bsp11/strings/ex6.cpp

```
#include <string>
#include <iostream>
using namespace std;

int main() {
  string s = "Rolf Isernhagen.FB Informatik.FH BS/WF";
  string teil1, teil2, teil3;

  int pos = s.rfind(".");
  teil3 = s.substr(pos+1); s.erase(pos); pos = s.rfind(".");
  teil2 = s.substr(pos+1);
  teil1 = s.erase(pos);

  cout << teil1 << '\n' << teil2 << '\n' << teil3 << '\n';
}
```

Ausgabe des Programms:

```
Rolf Isernhagen
FB Informatik
FH BS/WF
```

In der String-Bibliothek findet in vielen Funktionen eine Überprüfung auf Laufzeitfehler statt, und zwar werden zwei Arten von Ausnahmeobjekten ausgeworfen, nämlich `out_of_range`- und `length_error`-Objekte. Das vierte Beispiel, C++-Text 11.4, demonstriert das Ausnahmeverhalten von Strings. Die erste Ausnahme tritt auf, weil es eine Position `15` in dem String `s1` nicht gibt, d.h. statt `i<=15` muß in der `for`-Anweisung statt dessen `i<15` oder `i<=14` stehen. Die zweite Ausnahme tritt auf, weil die in der `insert`-Anweisung angegebene Einfügeposition 20 nicht existiert.

C++-Text 11.4: *Strings und Ausnahmebehandlung* ./Bsp11/strings/ex7.cpp

```
#include <iostream>
#include <string>
using namespace std;

int main() {
  string s1 = "Rolf Isernhagen",
         s2 = "aaaaaaaaaaa";
  try {
    for (int i = 0; i<=15; i++) cout << s1.at(i);
    cout << '\n';
  }
  catch(out_of_range) {
    cout << '\n' << "Indexbereich ueberschritten !" << '\n';
  }
  try {
    s2.insert(20, "...");
    cout << s2 << '\n';
  }
  catch(out_of_range& error) {
    cout << '\n' << error.what() << '\n';
  }
}
```

Ausgabe des Programms:

```
Rolf Isernhagen
Indexbereich ueberschritten !

invalid string position
```

11.3.2 Funktionalität

Überblick: Typdefinitionen, Elementfunktionen & globale Funktionen

Der folgende Code gibt einen Überblick über die Schnittstelle der Klassenschablone `basic_string` und der zugehörigen globalen Funktionen:

```
template<class Ch, class Tr=char_traits<Ch>, class A=allocator<Ch> >
class basic_string {
  public:

  // - Typdefinitionen: . . .

  // Elementfunktionen :
  // --------------------

  // - Konstruktion, Kopieren, Destruktion: . . .
  // - Iteratorpositionen: . . .
  // - Kapazitaet, Fuellungsgrad: . . .
  // - Zugriff auf Elemente: . . .
  // - Hinten anfuegen: . . .
  // - Einfuegen: . . .
  // - Loeschen: . . .
  // - Ersetzen: . . .
  // - Vertauschen: . . .
  // - Konvertierung in C-String: . . .
  // - Finden (Suchen): . . .
  // - Zugriff auf Substring: . . .
};

// Globale Funktionen :
// --------------------

// - Aneinanderhaengen (Konkatenation) zweier Strings
// - Vergleichsoperationen
// - Vertauschen zweier Strings
// - Eingabe- und Ausgabeoperationen
```

Details: Typdefinitionen, Elementfunktionen & globale Funktionen

Zur Deklaration und Definition der Stringklasse werden eine Reihe von Typen sowie eine Konstante definiert und nach außen zur Verfügung gestellt:

Typdefinitionen

```
⊗ typedef   Tr    traits_type;
  typedef . . .   value_type;
  typedef   A     allocator_type;
  typedef . . .   size_type;
  typedef . . .   difference_type;
  typedef . . .   reference;
  typedef . . .   const_reference;
  typedef . . .   pointer;
  typedef . . .   const_pointer;
```

```
typedef . . . iterator;
typedef . . . const_iterator;
typedef . . . reverse_iterator;
typedef . . . const_reverse_iterator;
```
Die Typen werden auf der Ebene der Klassenschnittstelle zur Deklaration der Elementfunktionen verwendet, ihre genaue Implementierung ist an dieser Stelle nicht von Interesse.

⊗ `static const size_type npos = -1;`
Diese Konstante wird an verschiedenen Stellen als Default-Parameterwert mit der Bedeutung alle Zeichen *verwendet (da* `size_type` *ein vorzeichenloser Typ ist, wird der Wert* `-1` *als größtmöglicher Wert interpretiert.*

Bei der folgenden Beschreibung der Elementfunktionen der Klasse `basic_string` wird zur Abkürzung und zur besseren Übersicht `basic_string` ersetzt durch `string`, also z.B.

```
basic_string& append(const basic_string& str);
```

wird abgekürzt durch

```
string& append(const string& str);
```

Neben Standard- und Kopierkonstruktor sind weitere Konstruktoren zur Initialisierung von Strings und für Konvertierungen definiert. Die `operator=`- und die `assign`-Funktionen ermöglichen neben der Zuweisung von `string`-Objekten auch die Zuweisung von C-Strings, von einzelnen Zeichen und von Zeichenfolgen:

Konstruktion, Kopieren, Destruktion

⊗
```
explicit string(const A& a = A());
string(const string& str, size_type pos = 0, size_type n = npos,
                                               const A& a = A());
string(const Ch* s, size_type n, const A& a = A());
string(const Ch* s, const A& a = A());
string(size_type n, Ch c, const A& a = A());
```
Der Standardkonstruktor generiert einen leeren String, der Kopierkonstruktor und die anderen drei Konstruktoren bieten verschiedene Möglichkeiten der Initialisierung.

⊗
```
template<class InIt>
string(InIt begin, InIt end, const A& a = A());
```
Initialisiert den String mit dem Substring des markierten Bereiches

⊗ `~string();`
Destruktor

⊗
```
string& operator=(const string& str);
string& operator=(const Ch* s);
string& operator=(Ch c);
```
Zuweisung von Strings, C-Strings und Einzelzeichen

⊗
```
string& assign(const string&);
string& assign(const string& str, size_type pos, size_type n);
string& assign(const Ch* s, size_type n);
string& assign(const Ch* s);
string& assign(size_type n, Ch c);
```
Zuweisung von Strings, Substrings, C-Strings und Einzelzeichen

⊗
```
template<class InIt>
string& assign(InIt first, InIt last);
```
Zuweisung des durch die Markierung bezeichneten Substrings

⊗
```
allocator_type get_allocator() const;
```
Zugriff auf den von der Stringklasse verwendeten Allokator

Die folgenden Elementfunktionen geben die Anfangs- und Endpositionen zum Iterieren von Strings in Vorwärts- bzw. Rückwärtsrichtung zurück, damit kann über die Verwendung eines Iterators der String sequentiell durchlaufen und auf jedes Zeichen eine definierte Operation angewendet werden:

Iteratorpositionen

⊗
```
iterator               begin();
const_iterator         begin() const;
iterator               end();
const_iterator         end() const;
reverse_iterator       rbegin();
const_reverse_iterator rbegin() const;
reverse_iterator       rend();
const_reverse_iterator rend() const;
```
Liefern Anfangs- und Endpositionen für Vorwärts– und Rückwärtsiteratoren

Ein Stringobjekt verändert vielfach seine Größe, die folgenden Elementfunktionen liefern Informationen über die aktuelle Größe, über Fassungsvermögen des Stringcontainers und über andere Aspekte, und sie können die Größe eines Stringobjektes verändern und auch ein Stringobjekt entleeren:

Kapazität, Füllungsgrad

⊗
```
size_type size() const;
size_type length() const;
size_type max_size() const;
void resize(size_type n, Ch c);
void resize(size_type n);
size_type capacity() const;
void reserve(size_type res_arg = 0);
void clear();
bool empty() const;
```
Liefern Länge, Fassungsvermögen und ähnliche Informationen, ermöglichen die Änderung des Fassungsvermögens, löschen den Inhalt des Strings. `size` *und* `length` *sind identisch,* `max_size` *gibt die größtmögliche Stringlänge an, und* `capacity` *gibt die mögliche Länge ohne Neuallokierung an.*

Die folgenden vier Elementfunktionen ermöglichen lesende und schreibende Direktzugriffe auf einzelne Zeichen ohne oder mit Bereichsüberprüfung:

Zugriff auf Elemente

⊗
```
const_reference operator[](size_type pos) const;
reference       operator[](size_type pos);
const_reference at(size_type n) const;
reference       at(size_type n);
```
Lesende und schreibende Direktzugriffe auf einzelne Zeichen, mit Subskriptoperator ohne Bereichsüberprüfung, oder mit `at` *mit Bereichsüberprüfung, bei Überschreitung wird Exception* `out_of_range` *ausgelöst*

Einen besonderen Stellenwert beim Arbeiten mit Strings hat die Konkatenation, d.h. das Aneinanderhängen, für diesen Zweck werden verschiedenen Funktionen `operator+=` und verschiedene Funktionen `append` zur Verfügung gestellt, die sich dann im wesentlichen im Typ unterscheiden, in dem das anzuhängende Objekt vorliegt (String, C-String oder Einzelzeichen). Eine Besonderheit stellt wieder die zuletzt aufgeführte Elementfunktion, die den anzuhängenden String durch zwei Iteratorobjekte spezifiziert:

Hinten anfügen

⊗
```
string& operator+=(const string& str);
string& operator+=(const Ch* s);
string& operator+=(Ch c);
string& append(const string& str);
string& append(const string& str, size_type pos, size_type n);
string& append(const Ch* s, size_type n);
string& append(const Ch* s);
string& append(size_type n, Ch c);
```
Strings, Substrings, C-Strings und Einzelzeichen anhängen

⊗
```
template<class InIt>
string& append(InIt first, InIt last);
```
Substring des markierten Bereiches anhängen

Auch für das Einfügen von Einzelzeichen, von C-Strings und von Strings als Substring in einen vorhandenen String gibt es verschiedenen Möglichkeiten. Bei den ersten Elementfunktionen wird hinter einer als Parameter `pos1` bzw. `pos` angegebenen Stelle eingefügt, bei den letzten Elementfunktionen wird vor der Position des Iteratorobjektes `p` eingefügt:

Einfügen

⊗
```
string& insert(size_type pos1, const string& str);
string& insert(size_type pos1, const string& str, size_type pos2,
                                                  size_type n);
string& insert(size_type pos, const Ch* s, size_type n);
string& insert(size_type pos, const Ch* s);
```

```
string& insert(size_type pos, size_type n, Ch c);
```
Verschiedene Möglichkeiten des Einfügens von Strings, C-Strings und Einzelzeichen hinter die Position pos

```
⊗ iterator insert(iterator p, Ch c = Ch());
  void     insert(iterator p, size_type n, Ch c);
  template<class InIt>
  void insert(iterator p, InIt first, InIt last);
```
Verschiedene Möglichkeiten des Einfügens von Strings und Einzelzeichen vor die Iteratorposition p

Die drei folgenden Elementfunktionen sind darauf spezialisiert, ein oder mehrere Zeichen aus einem String zu entfernen; dabei wird die Größe des String automatisch angepaßt, d.h. verkleinert:

Löschen

```
⊗ string&  erase(size_type pos = 0, size_type n = npos);
  iterator erase(iterator position);
  iterator erase(iterator first, iterator last);
```
Löschen der Zeichen ab der angegebenen Position oder des angegebenen Bereiches. Die erste Funktion ohne Parameter entfernt alle Zeichen, die zweite Funktion entfernt genau das durch position *markierte Zeichen.*

Die folgenden Elementfunktionen `replace` kann man als Verallgemeinerung der `erase`-Funktionen ansehen, d.h. es werden zunächst Zeichen aus dem String entfernt, und dann wird an der gleichen Stelle ein definierter Substring, ein entsprechender C-String oder ein Einzelzeichen oder eine Folge von Einzelzeichen eingefügt:

Ersetzen

```
⊗ string& replace(size_type pos1, size_type n1, const string& str);
  string& replace(size_type pos1, size_type n1, const string& str,
                                  size_type pos2, size_type n2);
  string& replace(size_type pos, size_type n1, const Ch* s,
                                               size_type n2);
  string& replace(size_type pos, size_type n1, const Ch* s);
  string& replace(size_type pos, size_type n1, size_type n2, Ch c);
  string& replace(iterator i1, iterator i2, const string& str);
  string& replace(iterator i1, iterator i2, const Ch* s, size_type n);
  string& replace(iterator i1, iterator i2, const Ch* s);
  string& replace(iterator i1, iterator i2, size_type n, Ch c);
```
Ersetzt n1 Zeichen ab Position pos1 durch den übergebenen String, durch n2 Zeichen des übergebenen Strings, durch einen entsprechenden C-String, durch n2 Zeichen des übergebenen C-Strings bzw. durch n2 Zeichen c*. Alternativ ersetzen die letzten vier Funktionen in ähnlicher Weise den durch die Iteratorpositionen* i1 *und* i2 *markierten Bereich.*

```
⊗ template<class InIt>
  string& replace(iterator i1, iterator i2, InIt j1, InIt j2);
```

Es wird der durch i1 *und* i2 *markierte Substring des Stringobjektes durch den Substring ersetzt, der durch* j1 *und* j2 *markiert ist.*

Diese spezielle Elementfunktion swap ermöglicht ein – verglichen mit einer entsprechenden allgemeinen globalen Tauschoperation, die ebenfalls von der C++-Standardbiblothek angeboten wird – sehr viel effektiveres Vertauschen zweier Strings:

Vertauschen

⊗ `void swap(string<Ch,Tr,A>&);`
Vertauscht den eigenen String mit dem übergebenen

Die folgenden drei Elementfunktionen geben einen lesenden Zugriff auf die im String gespeicherten Zeichen:

Konvertierung in C-String oder Zeichenfolge

⊗
```
const Ch* c_str() const;  // explicit
const Ch* data() const;
size_type copy(Ch* s, size_type n, size_type pos = 0) const;
```
Die erste Funktion liefert den C-String des Strings, die zweite nur die nackte Zeichenfolge ohne Stringendezeichen. Der gelieferte C-String steht in einem internen Puffer des Stringobjektes, über den der Benutzer keine Kontrolle hat. Die Funktion copy *kopiert maximal* n *Zeichen des eigenen Strings in den C-String* s *ab Position* pos

Insgesamt zwei Dutzend Elementfunktionen werden zur Verfügung gestellt, die dem Finden von Substrings, von C-Substrings und von Einzelzeichen in dem String dienen:

Finden (Suchen)

⊗
```
size_type find (const string& str, size_type pos = 0) const;
size_type find (const Ch* s, size_type pos, size_type n) const;
size_type find (const Ch* s, size_type pos = 0) const;
size_type find (Ch c, size_type pos = 0) const;
size_type rfind(const string& str, size_type pos = npos) const;
size_type rfind(const Ch* s, size_type pos, size_type n) const;
size_type rfind(const Ch* s, size_type pos = npos) const;
size_type rfind(Ch c, size_type pos = npos) const;
size_type find_first_of(const string& str, size_type pos = 0) const;
size_type find_first_of(const Ch* s, size_type pos, size_type n)
                                                            const;
size_type find_first_of(const Ch* s, size_type pos = 0) const;
size_type find_first_of(Ch c, size_type pos = 0) const;
size_type find_last_of (const string& str, size_type pos=npos) const;
size_type find_last_of (const Ch* s, size_type pos, size_type n)
                                                            const;
size_type find_last_of (const Ch* s, size_type pos = npos) const;
```

```
size_type find_last_of (Ch c, size_type pos = npos) const;
size_type find_first_not_of(const string& str, size_type pos = 0)
                                                        const;
size_type find_first_not_of(const Ch* s, size_type pos, size_type n)
                                                       const;
size_type find_first_not_of(const Ch* s, size_type pos = 0)const;
size_type find_first_not_of(Ch c, size_type pos = 0) const;
size_type find_last_not_of (const string& str, size_type pos = npos)
                                                          const;
size_type find_last_not_of (const Ch* s, size_type pos, size_type n)
                                                       const;
size_type find_last_not_of (const Ch* s, size_type pos=npos) const;
size_type find_last_not_of (Ch c, size_type pos = npos) const;
```

Die Funktionen lokalisieren die spezifizierte Position und geben sie zurück. Im Falle eines Fehlschlags wird der Wert von `npos`, *d.h.* `-1` *zurückgegeben (siehe unter Typdefinitionen).*

Die Elementfunktion `substr` hat die Aufgabe, einen Teil des Stringobjektes, der durch die Anfangsposition `pos` und durch die Länge `n` spezifiziert ist, als Kopie zurückzugeben:

Zugriff auf Substring

⊗ `string substr(size_type pos = 0, size_type n = npos) const;`
Liefert Kopie des bezeichneten Substrings. `substr()` *liefert eine Kopie des Gesamtstrings,* `substr(pos)` *liefert eine Kopie des Strings ab Position* `pos`

Die Elementfunktionen `compare` vergleichen den eigenen String oder einen spezifizierten Teilbereich des eigenen Strings mit einem als Parameter übergebenen String oder C-String oder mit einem ebenfalls spezifizierten Teilbereich des übergebenen Wertes:

Vergleiche

⊗
```
int compare(const string& str) const;
int compare(size_type pos1, size_type n1, const string& str) const;
int compare(size_type pos1, size_type n1, const string& str,
                            size_type pos2, size_type n2) const;
int compare(const Ch* s) const;
int compare(size_type pos1, size_type n1, const Ch* s, )
                            size_type n2 = npos, const;
```

Bei Gleichheit liefern die Funktionen den Wert `0`*; wenn der eigene String oder der relevante Teilbereich kleiner ist, liefern sie einen negativen Wert, und wenn der eigene String oder der relevante Teilbereich größer ist, dann liefern Sie einen positiven Wert.*

Bei der folgenden Beschreibung der globalen Funktionen wird zur Abkürzung und zur besseren Übersicht die Angabe `template<...>` weggelassen, und `basic_string<Ch, Tr, A>` wird ersetzt durch `string`, also z.B.

```
template<class Ch, class Tr, class A>
```

```
bool operator==(const basic_string<Ch, Tr, A>& lhs,
                const basic_string<Ch, Tr, A>& rhs);
```

wird abgekürzt mit

```
bool operator== (const string& lhs, const string& rhs);
```

Globale Funktionen:

⊗ `string operator+ (const string& lhs, const string& rhs);`
`string operator+ (const Ch*  lhs, const string& rhs);`
`string operator+ (Ch lhs,         const string& rhs);`
`string operator+ (const string& lhs, const Ch* rhs);`
`string operator+ (const string& lhs, Ch rhs);`
Die Funktionen liefern jeweils einen neuen String, der durch Aneinanderhängen (Konkatenation) von zwei Teilen gebildet wird, wobei jedes Teil ein String, ein C-String oder ein Einzelzeichen sein kann.

⊗ `bool operator== (const string& lhs, const string& rhs);`
`bool operator== (const Ch*  lhs, const string& rhs);`
`bool operator== (const string& lhs, const Ch* rhs);`
... entsprechend für `!=`, `<`, `<=` *und* `>` ...
`bool operator>= (const string& lhs, const string& rhs);`
`bool operator>= (const Ch*  lhs, const string& rhs);`
`bool operator>= (const string& lhs, const Ch* rhs);`
Diese $6 \cdot 3 = 18$ *Funktionen werden für entsprechende Stringvergleiche benutzt. Rein funktional betrachtet sind die zwölf Funktionen mit je einem Parameter vom Typ* `Ch*` *(C-String) überflüssig, aber sie dienen der Verbesserung der Laufzeiteffizienz, indem sie den sonst erforderlichen Aufruf des Umwandlungskonstruktors erübrigen.*

⊗ `void swap(string& lhs, string& rhs);`
Vertauschen zweier Stringwerte

⊗ `basic_istream<Ch,Tr>&`
`operator>>(basic_istream<Ch, Tr>& is, string& str);`
Liest einen String vom Eingabestrom `is` *ein, dabei sorgt das Stringobjekt automatisch dafür, daß stets genügend Speicherplatz bereitgestellt wird*

⊗ `basic_ostream<Ch, Tr>&`
`operator<<(basic_ostream<Ch, Tr>& os, const string& str);`
Gibt den String `str` *auf den Ausgabestrom* `os` *aus*

⊗ `basic_istream<Ch,Tr>&`
`getline(basic_istream<Ch, Tr>& is, string& str, Ch delim);`
`basic_istream<Ch,Tr>&`
`getline(basic_istream<Ch,Tr>& is, string& str);`
Die erste Funktion liest alle Zeichen bis Zeilenende, die zweite Funktion liest bis zu dem angegebenen Endezeichen; wenn es nicht vorkommt, dann ebenfalls bis Zeilenende

11.4 Eingabe und Ausgabe (EA)

11.4.1 Vorteile des neuen EA-Konzeptes

Für die Ein- und Ausgabe in C++ kann natürlich weiterhin das C-Bibliothekmodul `<stdio.h>` bzw. `<cstdio>` benutzt werden, aber, wie schon in Abschn. 8.12 gezeigt, C++ hat ein eigenes EA-Konzept, das über eine Reihe entsprechender Bibliotheksmodule verfügbar gemacht wird. Wesentliche Merkmale des neuen Konzeptes sind:

- **Typsicherheit:** Im Gegensatz z.B. zu der Verwendung der C-Funktionen `printf`, `scanf` und anderen für die formatierte Ein- und Ausgabe ist die Verwendung aller Funktionen und Operatoren der C++-Module typsicher, d.h. sie unterliegt der Kontrolle des Compilers (statische Typisierung).
- **Generizität:** Die C++-Module für die Ein- und Ausgabe sind mit Klassen-Templates (Schablonen) aufgebaut, die es ermöglichen, beliebige Zeichensätze zu verwenden.
- **Erweiterbarkeit:** Durch Überladen von Operatoren und Funktionen ist es möglich, die für die vordefinierten elementaren Datentypen anwendbaren Operatoren und Funktionen auch für selbstdefinierte Typen zu verwenden.
- **Lokalisierbarkeit:** Über das Modul `<locale>` können nationale Eigenarten bei der Ein- und Ausgabe berücksichigt werden, wie z.B. bei der Darstellung von Gleitkommazahlen, Datums- und Zeitangaben.

11.4.2 EA im Standardformat mit Standardgeräten

Das folgende Beispiel enthält einige typische Grundmerkmale des *C++-Stream-IO*:

```
#include<iostream>
. . .
float x, y;
cout << "x: "; cin >> x;
if (! cin) {
  cerr << "falsche Eingabe fuer x"; exit(1);
}
cout << "y: "; cin >> y;
if (! cin) {
  cerr << "falsche Eingabe fuer y"; exit(1);
}
cout << "x + y = " << x+y << endl;
. . .
```

- Zur Ein- und Ausgabe können die Operatoren `>>` bzw. `<<` benutzt werden. Das wurde ermöglicht, indem die entsprechenden *Shift-Operatoren* überladen wurden.

- Als Standardmedien für die Ein- und Ausgabe sind **cin** bzw. **cout** als Objekte vordefiniert worden. Üblicherweise sind als Standardeingabe die Tastatur und als Standardausgabe der Bildschirm vorgesehen.
- Formatanweisungen können – wie in diesem Beispiel – entfallen; dann erfolgt die Ausgabe in einem Standardformat.
- Als weitere Standardmedien sind die Objekte **cerr** und **clog** für die ungepufferte bzw. für die gepufferte Fehlerausgabe vordefiniert, die üblicherweise auch mit dem Bildschirm verbunden sind.
- **endl** ist ein sog. *Manipulator* (siehe Abschn. 11.4.4), er bewirkt, daß bei der Ausgabe die Zeile beendet und der Ausgabepuffer geleert wird.
- Eine Ausgabeanweisung kann mehrere <<-Operatoren, eine Eingabeanweisung mehrere >>-Operatoren enthalten.
- Mit `if (! cin)...` oder `if (cin)...` kann überprüft werden, ob die Eingabe fehlerfrei abgewickelt wurde, entsprechendes gilt für die Ausgabe.

Die Prototypen der Funktionen, die die Operatoren << und >> überladen, haben die Form

```
ostream& operator<< (type);
istream& operator>> (type);
```

Sie sind in den Klassen `ostream` und `istream` definiert und liefern eine Referenz auf ein Objekt der entsprechenden Klasse zurück. Dadurch wird es möglich, jeweils mehrere Operatoren in einer Anweisung zu benutzen. Die Klassen `ostream` und `istream` sind Vorgänger der Klasse `iostream`, siehe Abschn. 11.4.3. Die *originale* Schreibweise für

```
cout << x << y;
```

lautet

```
(cout.operator<< (x)).operator<< (y);
```

Daraus ergibt sich dann sogleich die Frage:

- Wie sind Abfragen in der Form `if (! cin)...` und `if (cin)...` möglich, wenn die entsprechenden Funktionen keinen entsprechenden (ganzzahligen) Typ zurückliefern?

Die Antwort darauf ist wirklich verblüffend und C-typisch, allerdings sicher kein Musterbeispiel für systematischen und sauberen Sprachentwurf: Man hat die beiden Konvertierungsoperatoren `operator void*` und `operator !` definiert. Der erste liefert im Fehlerfall die Adresse 0 zurück, die dann als **false** interpretiert wird, ansonsten liefert sie die gewünschte Referenz. Die zweite Funktion überlädt den Operator **!** :

```
operator void* () const { return fail() ? 0 : this; }
bool operator! () const { return fail(); }
```

11.4.3 Struktur & Funktionalität der Stream-IO-Bibliothek

Das Klassensystem

Das Verwenden der Stream-IO-Bibliothek setzt nicht unbedingt detaillierte Kenntnisse über deren Struktur und Implementierung voraus, aber es ist doch sehr hilfreich, wenn man die Schnittstellen der wesentlichen Klassen und die Beziehungen zwischen ihnen kennt; Bild 11.2 zeigt dazu das Vererbungsdiagramm der entsprechenden Klassen. Der abstrahierte C++-Programmcode hat folgende Struktur:

```
class ios_base {...};

template <class Ch, class Tr = char_traits<Ch> >
class basic_ios : public ios_base {...};

template <class Ch, class Tr = char_traits<Ch> >
class basic_istream : virtual public basic_ios<Ch, Tr> {...};

template <class Ch, class Tr = char_traits<Ch> >
class basic_ostream : virtual public basic_ios<Ch, Tr> {...};

template <class Ch, class Tr = char_traits<Ch> >
class basic_iostream : public basic_istream<Ch, Tr>,
                       public  basic_ostream<Ch, Tr> {...};

template <class Ch, class Tr = char_traits<Ch> >
class basic_ifstream : public basic_istream<Ch, Tr> {...};

template <class Ch, class Tr = char_traits<Ch> >
class basic_ofstream : public basic_ostream<Ch, Tr> {...};

template <class Ch, class Tr = char_traits<Ch> >
class basic_istringstream : public basic_istream<Ch, Tr> {...};

template <class Ch, class Tr = char_traits<Ch>,
class basic_ostringstream : public basic_ostream<Ch, Tr> {...};

template <class Ch, class Tr = char_traits<Ch> >
class basic_fstream : public basic_iostream<Ch, Tr> {...};

template <class Ch, class Tr = char_traits<Ch> >
class basic_stringstream : public basic_iostream<Ch, Tr> {...};
```

Bis auf die Wurzelklasse `ios_base` sind alle Klassen Schablonen (Klassen-Templates), und die Typparameter dieser Schablonen werden verwendet, um Klassen für definierte Zeichensätze (z.B. ASCII-Zeichen) zu generieren. Damit wird es also

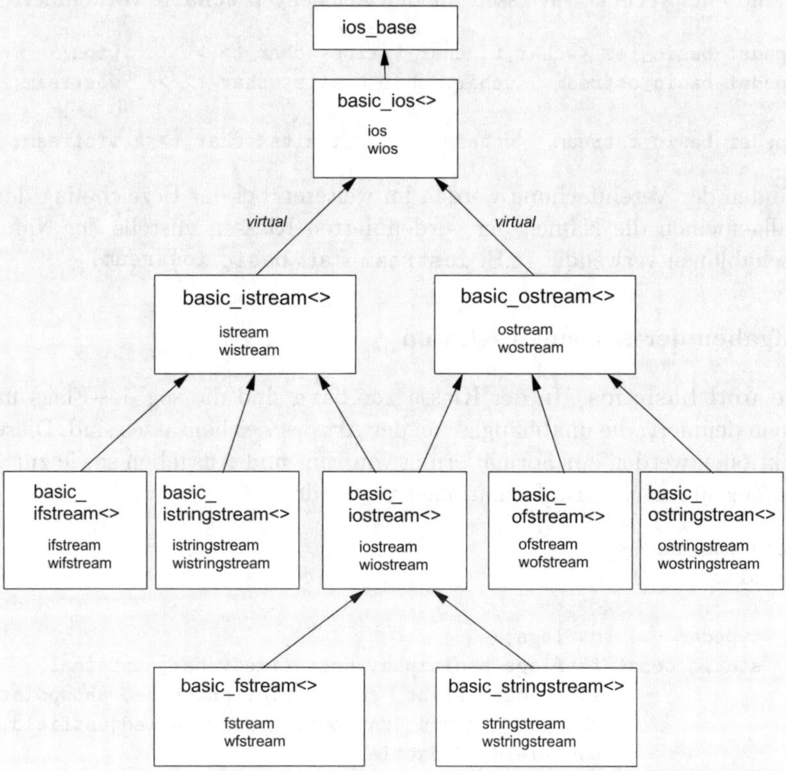

Bild 11.2: Das Klassensytem zur Realisierung des Stream-IO-Konzeptes

möglich, die Bibliothek an die Besonderheiten nationaler Zeichensätze anzupassen. Der zweite Typparameter `class Tr` (Trait) spezifiziert zusätzliche Eigenschaften des Zeichensatzes, für die eine Voreinstellung existiert. Für den Zeichentyp `char`, der als Wertebereich im allgemeinen den ASCII-Zeichensatz repräsentiert, sind entsprechende Klassen schon vordefiniert:

```
typedef basic_ios <char, char_traits<char> >       ios;
typedef basic_ostream  <char, char_traits<char> >  ostream;
typedef basic_iostream <char, char_traits<char> >  iostream;
typedef basic_ifstream <char, char_traits<char> >  ifstream;
typedef basic_ofstream <char, char_traits<char> >  ofstream;
typedef basic_istringstream <char>                 istringstream;
typedef basic_ostringstream <char>                 ostringstream;
typedef basic_stringstream  <char>                 stringstream;
typedef basic_fstream  <char, char_traits<char> >  fstream;
```

Ebenso sind entsprechende Klassen für den Zeichentyp `wchar_t` vordefiniert:

```
typedef basic_ios <wchar_t, char_traits<wchar_t> >      wios;
typedef basic_ostream  <wchar, char_traits<wchar_t> >   wostream;
. . .                                                    . . .
typedef basic_fstream  <wchar_t, char_traits<wchar_t> > wfstream;
```

Aus Gründen der Vereinfachung werden im weiteren bei der Bezeichnung der Klassen im allgemeinen die Namen der vordefinierten Klassen anstelle der Namen der Klassenschablonen verwendet (z.B. `iostream` statt `basic_iostream`).

Die Aufgaben der einzelnen Klassen

ios_base und basic_ios In der Klasse `ios_base` sind die sog. ios-Flags und ios-Funktionen definiert, die unabhängig von der Art des Zeichensatzes sind. Diese Flags und Funktionen werden zur Formatierung von Ein- und Ausgaben sowie zur Ablage und zum Zugriff auf Statusinformationen verwendet:

```
class ios_base {
  public:
    . . .
    typedef ... fmtflags;
    static const fmtflags boolalpha, dec, fixed, hex, internal,
                 left, oct, right, scientific, showbase, showpoint,
                 showpos, skipws, unitbuf, uppercase, adjustfield,
                 basefield, floatfield;

    typedef ... iostate;
    static const iostate badbit, eofbit, failbit, goodbit;

    typedef ... openmode;
    static const openmode app, ate, binary, in, out, trunc;

    typedef ... seekdir;
    static const seekdir beg, cur, end;
    . . .
    fmtflags flags() const;
    fmtflags flags(fmtflags fmtfl);
    fmtflags setf(fmtflags fmtfl);
    fmtflags setf(fmtflags fmtfl, fmtflags mask);
    void unsetf(fmtflags mask);
    streamsize precision() const;
    streamsize precision(streamsize prec);
    streamsize width() const;
    streamsize width(streamsize wide);
    . . .
};
```

Entsprechend sind in der abgeleiteten Klassenschablone `basic_ios` die ios-Funktionen definiert, die vom Zeichensatz abhängig sind; dazu gehören:

```
template <class Ch, class Tr = char_traits<Ch> >
class basic_ios : public ios_base {
  public:
    . . .
    operator void* () const;
    bool operator! () const;
    iostate rdstate() const;
    void clear(iostate state = goodbit);
    void setstate(iostate state);
    bool good() const;
    bool eof () const;
    . . .
    basic_streambuf<Ch, Tr> *rdbuf() const;
    basic_streambuf<Ch, Tr> *rdbuf(basic_streambuf<Ch, Tr> *sb);
    . . .
};
```

ostream und istream In den Klassenschablonen `istream` und `ostream` sind zunächst jeweils die Operatorfunktionen `operator>>` und `operator<<` für alle elementaren Datentypen definiert, die also der formatierten Ein- und Ausgabe dienen. Darüber hinaus sind dort weitere Eingabe- und Ausgabefunktionen definiert. Die Eingaben und Ausgaben werden über einen Puffer `basic_streambuf<Ch, Tr>` abgewickelt:

```
template <class Ch, class Tr = char_traits<Ch> >
class basic_istream : virtual public basic_ios<Ch, Tr> {
  public:
    explicit basic_istream(basic_streambuf<E, T> *sb);
    . . .
    basic_istream& operator>>(bool& n);
    basic_istream& operator>>(short& n);
    basic_istream& operator>>(unsigned short& n);
    . . .
    int_type        get();
    basic_istream& get(Ch& c);
    basic_istream& get(Ch *s, streamsize n);
    . . .
    basic_istream& getline(Ch *s, streamsize n);
    basic_istream& getline(Ch *s, streamsize n, Ch delim);
    . . .
};

template <class Ch, class Tr = char_traits<Ch> >
```

```
class basic_ostream : virtual public basic_ios<Ch, Tr> {
  public:
    explicit basic_ostream(basic_streambuf<E, T> *sb);
    . . .
    basic_ostream& operator<<(char c);
    basic_ostream& operator<<(bool n);
    basic_ostream& operator<<(short n);
    . . .
    basic_ostream& put(Ch c);
    basic_ostream& write(Ch *s, streamsize n);
    . . .
};
```

ofstream und ifstream Diese beiden Klassenschablonen definieren die Kontrolle der Eingabe aus dem Dateipuffer `basic_filebuf` und der Ausgabe in den Dateipuffer und stellen dafür entsprechende Konstruktoren und Elementfunktionen bereit:

```
template <class Ch, class Tr = char_traits<Ch> >
class basic_ifstream : public basic_istream<Ch, Tr> {
  public:
    explicit basic_ifstream();
    explicit basic_ifstream(const char *s,
        ios_base::openmode mode = ios_base::in);
    basic_filebuf<Ch, Tr> *rdbuf() const;
    bool is_open() const;
    void open(const char *s,
        ios_base::openmode mode = ios_base::in);
    void close();
    . . .
};

template <class Ch, class Tr = char_traits<Ch> >
class basic_ofstream : public basic_ostream<Ch, Tr> {
  public:
    explicit basic_ofstream();
    explicit basic_ofstream(const char *s,
        ios_base::openmode mode = ios_base::out | ios_base::trunc);
    basic_filebuf<Ch, Tr> *rdbuf() const;
    bool is_open() const;
    void open(const char *s,
        ios_base::openmode mode = ios_base::out | ios_base::trunc);
    void close();
    . . .
};
```

iostream Die Klasse `iostream` beschreibt Objekte, die sich aus `istream`- und `ostream`-Objekten zusammensetzen. Sie arbeiten mit einem gemeinsamen Puffer für Eingabe und Ausgabe:

```
template <class Ch, class Tr = char_traits<Ch> >
class basic_iostream : public basic_istream<Ch, Tr>,
                       public basic_ostream<Ch, Tr> {
  public:
    explicit basic_iostream(basic_streambuf<Ch, Tr> *sb);
    virtual ~basic_iostream();
};
```

ostringstream und istringstream Diese beiden Klassen `istringstream` und `ostringstream` ähneln formal den Klassen `ifstream` bzw. `ofstream`. Sie beschreiben Objekte, deren Eingabe- und Ausgabemedium Strings sind, und verwenden entsprechend einen Stringpuffer `basicstrinbuf`:

```
template <class Ch, class Tr = char_traits<Ch> >
class basic_istringstream : public basic_istream<Ch, Tr> {...}

template <class Ch, class Tr = char_traits<Ch> >
class basic_ostringstream : public basic_ostream<Ch, Tr> {...}
```

fstream und stringstream Diese beiden Klassen beschreiben Objekte, die – vergleichbar Objekten vom Typ `iostream` – jeweils Eingaben und Ausgaben über einen Dateipuffer bzw. über einen Stringpuffer kontrollieren können:

```
template <class Ch, class Tr = char_traits<Ch> >
class basic_fstream : public basic_iostream<Ch, Tr> {
  public:
    explicit basic_fstream();
    explicit basic_fstream(const char *s,
        ios_base::openmode mode = ios_base::in | ios_base::out);
    basic_filebuf<Ch, Tr> *rdbuf() const;
    bool is_open() const;
    void open(const char *s,
        ios_base::openmode mode = ios_base::in | ios_base::out);
};

template <class Ch, class Tr = char_traits<Ch> >
class basic_stringstream : public basic_iostream<Ch, Tr> {
  public:
    explicit basic_stringstream(ios_base::openmode mode = ios_base::in |
                                                          ios_base::out);
    explicit basic_stringstream(const basic_string<E, T, A>& x,
        ios_base::openmode mode = ios_base::in | ios_base::out);
```

```
        basic_stringbuf<Ch, Tr> *rdbuf() const;
        basic_string<Ch, Tr>& str();
        void str(const basic_string<Ch, Tr>& x);
    };
```

Vordefinierte Stream-Objekte

Für die Eingabe und Ausgabe sind folgende acht Objekte vom System vordefiniert:

- ⊗ istream cin; //*Standard-Eingabe für Typ* char
- ⊗ ostream cout; //*Standard-Ausgabe für Typ* char
- ⊗ ostream cerr; //*Standard-Fehlerausgabe, ungep., für Typ* char
- ⊗ ostream clog; //*Standard-Fehlerausgabe, gepuffert, für Typ* char
- ⊗ wistream wcin; //*Standard-Eingabe für Typ* wchar_t
- ⊗ wostream wcout; //*Standard-Ausgabe für Typ* wchar_t
- ⊗ wostream wcerr; //*Standard-Fehlerausgabe, ungep., für Typ* wchar_t
- ⊗ wostream wclog; //*Standard-Fehlerausgabe, gepuffert, für Typ* wchar_t

Header-Dateien

- ⊗ <fstream>
  Arbeiten mit externen Dateien
- ⊗ <iomanip>
  Während einige Manipulatoren in <iostream> *definiert sind, muß dieser Header eingebunden werden, wenn Manipulatoren mit Parametern verwendet werden*
- ⊗ <ios>
  Enthält Basisdefinitionen. Dieser Header wird von anderen Headern verwendet und muß im allgemeinen nicht explizit vom Anwender eingefügt werden
- ⊗ <iosfwd>
  Enthält Vorwärtsdeklarationen, die entsprechenden Definitionen stehen in den speziellen Headern. Auch dieser Header wird vom Anwender im allgemeinen nicht explizit verwendet
- ⊗ <iostream>
  *Eingabe und Ausgabe mit den vordefinierten Stream-Objekten (*cin, cout, ...*)*
- ⊗ <istream>
  Wird meist indirekt bei Verwendung anderer Header eingefügt, wird vom Anwender im allgemeinen nicht explizit verwendet
- ⊗ <ostream>
  Wird meist indirekt bei Verwendung anderer Header eingefügt, wird vom Anwender im allgemeinen nicht explizit verwendet
- ⊗ <sstream>
  Arbeiten mit Strings als Eingabe- und Ausgabemedium

⊗ `<streambuf>`
Wird meist indirekt bei Verwendung anderer Header eingefügt, wird vom Anwender im allgemeinen nicht explizit verwendet

11.4.4 Formatierung

Bei der Formatierung gibt es zwei verschiedene Möglichkeiten, die der folgende Code gegenüberstellt:

```
int n = 123;

// Formatierung mit Manipulatoren:
cout << setfill('*') << setw(12) << n;

// Formatierung mit ios-Funktionen:
cout.fill('*'); cout.width(12); cout << n;
```

In beiden Fällen wird die Zahl 123 mit neun vorangestellten Zeichen `*` ausgegeben. Im ersten Falle werden sog. *Manipulatoren* verwendet, die wie die Ausgabevariable `n` direkt als Argumente verwendet werden, im zweiten Falle werden *ios-Funktionen* als Elementfunktionen des Ausgabeobjektes aufgerufen.

Viele der ios-Funktionen sowie auch viele der Manipulatoren werden mit `ios-Flags` parametrisiert, wie es der folgende Code demonstriert:

```
int n = 123;

// Manipulator mit ios-Flags:
cout << setiosflags(ios::showbase | ios::hex) << n;

// ios-Funktion mit ios-Flags:
cout.setf(ios::showbase | ios::hex); cout << n;
```

ios-Funktionen und ios-Flags

Der C++-Text 11.5 zeigt die Verwendung von ios-Funktionen in Verbindung mit ios-Flags zur Formatierung von Ausgaben. Er demonstriert zunächst die Ausgabe von Zahlenwerten in verschiedenen Zahlensystemen (dezimal, hexadezimal und oktal), anschließend die Verwendung von Füllzeichen und schließlich verschiedene Möglichkeiten der Ausgabe von Gleitkommawerten.

C++-Text 11.5: *Formatierung: ios-Operationen und ios-Flags* ——— ./Bsp11/io/iosfunc.cpp

```
#include <iostream>
#include <cstdio>
```

```
using namespace std;

int main() {
  int i;

  // 1) Dezimal/Hexadezimal/Oktal
  // ============================
  cout.setf(ios::showbase | ios::uppercase | ios::dec);
  for (i=0; i<=15; i++) { cout.width(4); cout << i; }
  cout << endl;
  cout.unsetf(ios::dec);  cout.setf(ios::hex);
  for (i=0; i<=15; i++) { cout.width(4); cout << i; }
  cout << endl;
  cout.unsetf(ios::hex);  cout.setf(ios::oct);
  for (i=0; i<=15; i++) { cout.width(4); cout << i; }
  cout << endl << endl;

  // 2) Ausrichtung und Fuellzeichen
  // ===============================
  cout.unsetf(ios::hex);  cout.setf(ios::dec);
  cout.setf(ios::left); cout.fill('.'); cout.width(10);
  cout << 1998 << endl;
  cout.setf(ios.right); cout.fill('.'); cout.width(10);
  cout << 1998 << endl << endl;

  // 3) Ausgabe von Gleitkommazahlen
  // ===============================
  double x = 12.34, y = 5678.9123456, z = 1e5;

  printf("Festpunkt  : (%12.2lf,%12.2lf,%12.2lf)\n", x, y, z);

  cout.fill(' '); cout.setf(ios::fixed); cout.precision(2);
  cout << "Festpunkt  : (";
  cout.width(12); cout << x << ',';
  cout.width(12); cout << y << ',';
  cout.width(12); cout << z << ')' << endl;

  printf("Gleitpunkt : (%12.2le,%12.2le,%12.2le)\n", x, y, z);

  cout.unsetf(ios::floatfield | ios::uppercase);
  cout.fill(' '); cout.setf(ios::scientific); cout.precision(2);
  cout << "Gleitpunkt : (";
  cout.width(12); cout << x << ',';
  cout.width(12); cout << y << ',';
  cout.width(12); cout << z << ')' << endl;
}
```

Ausgabe des Programms:

```
        0   1   2   3   4   5   6   7   8   9  10  11  12  13  14  15
        0 0X1 0X2 0X3 0X4 0X5 0X6 0X7 0X8 0X9 0XA 0XB 0XC 0XD 0XE 0XF
        0  01  02  03  04  05  06  07 010 011 012 013 014 015 016 017

    1998......
    ......1998

    Festpunkt  : (        12.34,       5678.91,     100000.00)
    Festpunkt  : (        12.34,       5678.91,     100000.00)
    Gleitpunkt : (   1.23e+001,    5.68e+003,    1.00e+005)
    Gleitpunkt : (   1.23e+001,    5.68e+003,    1.00e+005)
```

Die Tabelle 11.1 gibt einen kompakten Überblick über die zur Formatierung verfügbaren ios-Flags. Bei deren Verwendung ist insbesondere folgendes zu beachten:

> Die ios-Flags wirken natürlich nicht alle unabhängig voneinander, d.h. es macht z.B. keinen Sinn, gleichzeitig die Flags `left` und `right` oder `dec` und `hex` oder `fixed` und `scientific` zu setzen! Natürlich kann man Kollisionen dadurch vermeiden, daß man vor dem Setzen eines Flags andere evtl. kollidierende Flags explizit zurücksetzt, z.B.:
>
> ```
> cout.unsetf(ios::dec); cout.setf(ios::oct);
> ```
>
> Wenn man nicht sicher ist, welches Flag gesetzt ist, dann kann man mit
>
> ```
> cout.unsetf(ios::basefield);
> ```
>
> dafür sorgen, daß alle drei Flags sicher zurückgesetzt sind; das Flag `basefield` wirkt hier wie eine Maske. Noch einfacher ist aber folgende Alternative:
>
> ```
> cout.setf(ios::oct, ios::basefield);
> ```
>
> Dieser Funktion `setf` wird als zweiter Parameter das Flag `basefield` übergeben, das auch hier als Maske wirkt und die drei Zahlenbasis-Flags als erstes zurücksetzt.
>
> Ebenfalls in entsprechender Weise als Maske können die Flags `adjustfield` und `floatfield` verwendet werden.

ios-Funktionen für die Formatierung Die folgende Zusammenstellung gibt einen Überblick über die zur Formatierung verfügbaren ios-Funktionen, die drei zuletzt genannten Funktionen `copyfmt(...)`, `fill()` und `fill(...)` sind zeichensatzabhängig und somit Elementfunktionen der Klasse `basic_ios`, die übrigen Funktionen sind zeichensatzunabhängig und deshalb Elementfunktionen der Klasse `ios_base`:

Elementfunktionen der Klassen `basic_ios` *und* `ios_base` *zur Formatierung*

⊗ `fmtflags flags () const;`
Formatflags lesen

Tabelle 11.1: ios-Flags für die Formatierung

(static const fmtflags ios_base::*flagname*)	
ios-Flag	Bedeutung, Erläuterung
skipws	führende Trennzeichen (whitespaces) überlesen
left right internal adjustfield	Ausrichtung bei der Ausgabe, linksbündig rechtsbündig intern Ausrichtung links, rechts oder intern (**Maske**)
dec hex oct basefield	Eingabe oder Ausgabe einer Zahl dezimal hexadezimal oktal Zahlenbasis (**Maske**)
boolalpha showbase showpos uppercase	Boolesche Werte als `true` bzw. `false` darstellen Zahlenbasis wird mit ausgegeben positives Vorzeichen wird mit ausgeben die Zeichen E u. X sow. die Hex.-zahl als Großb. ausg.
fixed scientific floatfield	Festkommadarstellung Gleitkommadarstellung Gleitkomma, Festkomma, Standard (**Maske**)
showpoint unitbuf	angehängten Punkt und angehängte Nullen darstellen Ausgabepuffer nach jeder Ausgabeoperation leeren

⊗ `fmtflags flags (fmtflags fmtfl);`
Formatflags setzen

⊗ `fmtflags setf (fmtflags fmtfl);`
Setzen weiterer Formatflags: `return flags() | fmtfl`

⊗ `fmtflags setf (fmtflags fmtfl, fmtflags mask);`
Setzen weiterer Formatflags: `return flags() | (fmtfl & mask)`

⊗ `void unsetf (fmtflags mask);`
Formatflags zurücksetzen: `return flags() & ~mask`

⊗ `streamsize precision () const;`
Genauigkeit bei Gleitkommawerten lesen

⊗ `streamsize precision (streamsize prec);`
Genauigkeit bei Gleitkommawerten setzen

⊗ `streamsize width () const;`
Feldbreite lesen

⊗ `streamsize width (streamsize wide);`
Feldbreite setzen

⊗ `basic_ios& copyfmt (const basic_ios& rhs);`
Zustand eines Stream-Objektes kopieren

⊗ `Ch fill () const;`
Füllzeichen lesen

⊗ `Ch fill (Ch ch);`
Füllzeichen setzen

Manipulatoren

Der C++-Text 11.6 enthält exakt die gleichen Formatierungsbeispiele des C++-Textes 11.5, die hier unter Verwendung von Manipulatoren anstelle der Verwendung von ios-Funktionen realisiert sind. Die Tabelle 11.2 gibt einen kompakten Überblick über alle verfügbaren Manipulatoren.

Manipulatoren können auch selbst definiert werden, das wird in Abschnitt 11.12 erläutert.

C++-Text 11.6: *Formatierung: Manipulatoren und ios-Flags* ——— ./Bsp11/io/manip.cpp

```
#include <iostream>
#include <iomanip>
#include <cstdio>
using namespace std;

int main() {

  int i;

  // 1) Dezimal/Hexadezimal/Oktal
  // ============================
  cout << setiosflags(ios::showbase | ios::uppercase | ios::dec);
  for (i=0; i<=15; i++) { cout << setw(4) << i; }
  cout << endl;
  cout << resetiosflags(ios::dec) << setiosflags(ios::hex);
  for (i=0; i<=15; i++) { cout << setw(4) << i; }
  cout << endl;
  cout << resetiosflags(ios::hex) << setiosflags(ios::oct);
  for (i=0; i<=15; i++) { cout << setw(4) << i; }
  cout << endl << endl;

  // 2) Ausrichtung und Fuellzeichen
  // ================================
  cout << resetiosflags(ios::oct);
  cout << setiosflags(ios::left) << setfill('.') << setw(10);
  cout << 1998 << endl;
  cout << setiosflags(ios::right) << setfill('.') << setw(10);
  cout << 1998 << endl << endl;
```

```
    // 3) Ausgabe von Gleitkommazahlen
    // ================================
    double x = 12.34, y = 5678.9123456, z = 1e5;

    printf("Festpunkt  : (%12.2lf,%12.2lf,%12.2lf)\n", x, y, z);

    cout << setfill(' ') << setiosflags(ios::fixed) << setprecision(2);
    cout << "Festpunkt  : (" << setw(12) << x << ','
         << setw(12) << y << ',' << setw(12) << z << ')' << endl;

    printf("Gleitpunkt : (%12.2le,%12.2le,%12.2le)\n", x, y, z);

    cout << resetiosflags(ios::floatfield | ios::uppercase);
    cout << setfill(' ') << setiosflags(ios::scientific) << setprecision(2);
    cout << "Gleitpunkt : (" << setw(12) << x << ','
         << setw(12) << y << ',' << setw(12) << z << ')' << endl;
}
```

11.4.5 EA-Funktionen

Funktionen zur Eingabe und zur Ausgabe von Daten sind in den Klassenschablonen `basic_istream` bzw. `basic_ostream` mit den vordefinierten Klassen `istream` und `wistream` bzw. `ostream` bzw. `wostream` definiert. Die Typparameter der Schablonen sind mit `Ch` für den Zeichentyp und mit `Tr` für den Traittyp (zur Spezifikation zusätzlicher Eigenschaften des Zeichensatzes) bezeichnet.

Eingabefunktionen

Die Eingabefunktionen umfassen im wesentlichen Operatorfunktionen `operator>>` für alle elementaren Standardtypen sowie spezielle Funktionen zum Einlesen von Zeichen und Zeichenfolgen. Die speziellen Funktionen zum Einlesen einzelner Zeichen und Zeichenfolgen wie `get`, `getline` und `read` sind *low-level-Funktionen* mit hoher Laufzeiteffizienz. Im allgemeinen sollte als Alternative das Einlesen in Variable vom C++-Bibliothekstyp `string` bevorzut werden.

Der Rückgabewert der meisten Eingabefunktionen ist eine Referenz auf das aktuelle `basic_istream`-Objekt (`return *this`), d.h. der Stream-Zustand, der dann mit speziellen Funktionen interpretiert werden kann (siehe Abschn. 11.4.8).

Die folgende Zusammenstellung gibt einen Überblick über die Eingabefunktionen der Klasse `basic_istream`, die natürlich ebenfalls für Objekte abgeleiteter Klassen, wie z.B. für `basic_iostream`-, `basic_fstream`- und `basic_stringstream`-Objekte, zur Verfügung stehen:

Elementfunktionen der Klasse `basic_istream` *zur Eingabe*

Tabelle 11.2: Manipulatoren

Manipulator	Bedeutung, Erläuterung
ios_base& *name* (ios_base&), z.B.: ios_base& left (ios_base&)	
skipws	führende Trennzeichen (whitespaces) überlesen
noskipws	führende Trennzeichen (whitespaces) nicht überlesen
left	Ausrichtung bei der Ausgabe, linksbündig
right	rechtsbündig
internal	intern
dec	Ausgabe einer Zahl dezimal
hex	hexadezimal
oct	oktal
boolalpha	Boolsche Werte als true bzw. false darstellen
noboolalpha	Boolsche Werte nicht als true bzw. false darstellen
showbase	Zahlenbasis wird mit ausgegeben
noshowbase	Zahlenbasis wird nicht mit ausgegeben
showpos	positives Vorzeichen mit ausgeben
noshowpos	positives Vorzeichen nicht mit ausgeben
uppercase	die Zeichen E u. X sow. die Hex.-zahl als Großb. ausg.
nouppercase	die Zeichen E u. X sow. die Hex.-zahl nicht als Großb. ausg.
fixed	Festkommadarstellung
scientific	Gleitkommadarstellung
showpoint	angehängten Punkt und angehängte Nullen darstellen
noshowpoint	angehängten Punkt und angehängte Nullen nicht darstellen
manip *name* (ios_base::fmtflags)	
setiosflags	Formatflags setzen
resetiosflags	Formatflags zurücksetzen
manip *name* (int)	
setbase	Zahlenbasis für Ein- oder Ausgabe setzen
setfill	Füllzeichen definieren
setw	Feldbreite für Ein- oder Ausgabe setzen
setprecision	Genauigkeit bei Ausgabe von Gleitkommawerten definieren
template <class Ch, class Tr> basic_ostream<Ch, Tr>& *name* (basic_ostream<Ch, Tr>&)	
flush	Ausgabepuffer leeren
endl	Zeile beenden und Ausgabepuffer leeren
ends	String beenden und Ausgabepuffer leeren
ws	Trennzeichen (whitespaces) überlesen

⊗ `basic_istream& operator>> (bool& n);`
`basic_istream& operator>> (short& n);`
`basic_istream& operator>> (unsigned short& n);`
`basic_istream& operator>> (. . .);`
Eingabefunktionen für elementare Standardtypen

⊗ `streamsize gcount() const;`
Liefert die Anzahl der zuletzt gelesenen Zeichen

⊗ `int_type get();`
Liefert das nächste Zeichen oder End Of File *(= `EOF` im Falle `istream`), entspricht den C-Funktionen* `int getchar(FILE* f)` *und* `int getc(void)`

⊗ `basic_istream& get(Ch& ch);`
Ein Zeichen lesen

⊗ `basic_istream& get(Ch* s, streamsize n);`
Maximal n-1 Zeichen bis Zeilenende lesen, mit `'\0'` *abschließen*

⊗ `basic_istream& get(Ch* s, streamsize n, Ch end);`
Maximal n-1 Zeichen bis (ausschließlich) zum Zeichen `end` *oder bis Zeilenende lesen, mit* `'\0'` *abschließen*

⊗ `basic_istream& getline(Ch* s, streamsize n);`
`basic_istream& getline(Ch* s, streamsize n, Ch end);`
Wie die entsprechenden Funktionen `get(...)`*, aber das Zeichen* `end` *oder das Zeilenendezeichen wird mit eingelesen, aber nicht in* `s` *eingetragen*

⊗ `basic_istream& read(Ch* s, streamsize n=1);`
n Zeichen lesen, die gelesenen Zeichen ohne `'\0'`*-Abschluß über* `s` *zurückgeben*

⊗ `basic_istream& ignore(streamsize n=1, int_type end=tr::eof());`
n Zeichen überlesen, maximal bis End Of File *(= `EOF` bei `istream`)*

⊗ `streamsize readsome(Ch* s, streamsize n=1);`
Liest maximal `n` *Zeichen, bricht bei* End Of File *ab, liefert die Anzahl der gelesenen Zeichen zurueck*

⊗ `int_type peek();`
Nächstes Zeichen lesen ohne es zu entnehmen

⊗ `basic_istream& putback(Ch ch);`
Das Zeichen `ch` *in den Eingabestrom zurückschreiben*

⊗ `basic_istream& unget();`
Das zuletzt gelesene Zeichen in den Eingabestrom zurückschreiben

Ausgabefunktionen

Die Ausgabefunktionen umfassen im wesentlichen Operatorfunktionen `operator<<` für alle elementaren Standardtypen sowie je eine spezielle Funktion zur Ausgabe eines Zeichens, zur Ausgabe einer Zeichenfolge und zur Leerung des Ausgabepuffers.

Der Rückgabewert aller Ausgabefunktionen ist eine Referenz auf das aktuelle `basic_ostream`-Objekt (`return *this`), d.h. der Stream-Zustand, der dann mit speziellen Funktionen interpretiert werden kann (siehe Abschn. 11.4.8).

Die folgende Zusammenstellung gibt einen Überblick über die Ausgabefunktionen der Klasse `basic_ostream`, die natürlich ebenfalls für Objekte abgeleiteter Klassen, wie z.B. für `iostream`-, `fstream`- und `stringstream`-Objekte, zur Verfügung stehen:

Elementfunktionen der Klasse `basic_ostream` *zur Ausgabe*

⊗ `basic_ostream& operator<< (bool n);`
`basic_ostream& operator<< (short n);`
`basic_ostream& operator<< (unsigned short n);`
`basic_istream& operator<< (. . .);`
Ausgabefunktionen für elementare Standardtypen

⊗ `basic_ostream& put(Ch ch);`
Ein Zeichen in den Ausgabestrom schreiben

⊗ `basic_ostream& write(Ch* s, streamsize n);`
n Zeichen (s[0]...s[n-1]) in den Ausgabestrom schreiben

⊗ `basic_ostream& flush();`
Ausgabe konkret durchführen und damit den Ausgabepuffer leeren

Funktionen zur Verknüpfung von Eingabe und Ausgabe

Mit den beiden Funktionen `tie` der Klasse `basic_ios` lassen sich zwei Ströme verbinden und trennen bzw. läßt sich der aktuelle Wert einer Bindung erfragen:

Elementfunktionen der Klasse `basic_ios` *zur Verknüpfung von Ein- und Ausgabe*

⊗ `basic_ostream<Ch, Tr> *tie(basic_ostream<Ch, Tr> *str);`
Verknüpfung herstellen oder lösen

⊗ `basic_ostream<Ch, Tr> *tie() const;`
Verknüpfung erfragen

Mit `cin.tie(cout)` wird z.B. die Standardeingabe an die Standardausgabe gebunden und damit erreicht, daß bei einem Wechsel von Ausgabe nach Eingabe der Ausgabepuffer zunächst geleert wird, d.h.

```
cout << "x:"; cin >> x;
```

ist identisch zu

```
cout << "x:"; cout.flush(); cin >> x;
```

Die Bindung `cin.tie(cout)` ist voreingestellt, d.h. sie braucht nicht explizit vorgenommen werden!

Mit `cin.tie(0)` kann z.B. die Bindung an `cout` gelöst werden, und mit `cin.tie()` kann festgestellt werden, an welchen Strom `cin` momentan gebunden ist. Wenn keine Bindung vorliegt, dann wird der Wert 0 zurückgeliefert.

Ein Beispiel

Der C++-Text 11.7 demonstriert eine Möglichkeit der Kontrolle auf korrekte Eingabe. Wenn die Zahl nicht richtig eingegeben wird, dann liefert `cin` den Wert `0` zurück. In dem Falle werden alle Zeichen der aktuellen Zeile ausgelesen, und der Zustand des Streams wird wieder auf seinen Ausgangswert gesetzt, um damit die Voraussetzung für eine Neueingabe zu schaffen.

C++-Text 11.7: *Eingabe mit Kontrolle* ./Bsp11/io/inout.cpp

```
#include <iostream>
using namespace std;

int main() {
  int n;
  bool ok = false;
  do {
    cout << '\n' << "n eingeben: ";
    cin >> n;
    if (cin) {
      cout << '\n' << "n = " << n << endl;
      ok = true;
    }
    else {
      cout << '\n' << "Falsche Eingabe !" << endl;
      cin.clear(); cin.ignore(100, '\n');
    }
  }
  while (!ok);
}
```

11.4.6 Arbeiten mit Dateien

Sequentielle Verarbeitung

Das Arbeiten mit sequentiellen Textdateien wird entsprechend abgewickelt wie das Arbeiten mit Tastatur und Bildschirm; es müssen nur zusätzlich die betroffenen Dateien geöffnet und wieder geschlossen werden. Das kann im einfachsten Falle über die Konstruktoren und Destruktoren erfolgen. Die folgenden vier Versionen einer Funktion zum Kopieren einer Datei stellen unterschiedliche Möglichkeiten des Datentransfers gegenüber.

Datei kopieren, Vers. 1: zeichenweise

```
int FileCopy(char* source,
             char* dest) {
  ifstream is(source);
  if (!is) return 1;
  ofstream os(dest);
  if (!os) return 2;
  char ch;
  while (is.get(ch))
    os.put(ch);
  if (!is.eof()) return 3;
  return 0;
}
```

Datei kopieren, Vers. 2: blockweise

```
int FileCopy(char* source,
             char* dest) {
  ifstream is(source);
  if (!is) return 1;
  ofstream os(dest);
  if (!os) return 2;
  char buf[1000];
  do {
    is.read(buf, 1000);
    os.write(buf, is.gcount());
  } while (is.good());
  if (!is.eof()) return 3;
  return 0;
}
```

Datei kopieren, Vers. 3: C-stringweise

```
int FileCopy(char* source,
             char* dest) {
  ifstream is(source);
  if (!is) return 1;
  ofstream os(dest);
  if (!is) return 2;
  char cstr[81];
  while (is.getline(cstr, 80))
    os << cstr << endl;
  if (!is.eof()) return 3;
  return 0;
}
```

Datei kopieren, Vers. 4: C++-stringweise

```
int FileCopy(char* source,
             char* dest) {
  ifstream is(source);
  if (!is) return 1;
  ofstream os(dest);
  if (!os) return 2;
  string str;
  while (getline(is, str))
    os << str << endl;
  if (!is.eof()) return 3;
  return 0;
}
```

Die Konstruktoren öffnen jeweils eine Datei zum Lesen und eine zum Schreiben, und am Ende der Funktion werden automatisch die zugehörigen Destruktoren zum Schließen der Dateien aktiviert. Es sind folgende Konstruktoren verfügbar:

Konstruktoren der Klassen `basic_ifstream`, `basic_ofstream` *und* `basic_fstream`

- ⊗ `explicit basic_ifstream();`
  Eingabestrom generieren
- ⊗ `explicit basic_ifstream(const char *s,`
  `ios_base::openmode mode = ios_base::in);`
  Eingabestrom generieren
- ⊗ `explicit basic_ofstream();`
  Ausgabestrom generieren
- ⊗ `explicit basic_ofstream(const char *s,`
  `ios_base::openmode mode = ios_base::out | ios_base::trunc);`
  Ausgabestrom generieren

⊗ `explicit basic_fstream();`
Ein-/Ausgabestrom generieren

⊗ `explicit basic_fstream(const char *s,`
`ios_base::openmode mode = ios_base::in | ios_base::out);`
Ein-/Ausgabestrom generieren

Die Formen ohne Parameter sind Standardkonstruktoren, die jeweils ein entsprechendes Objekt für Eingabeströme bzw. Ausgabeströme bzw. Ein- und Ausgabeströme generieren, die anderen öffnen zusätzlich jeweils eine Datei des angegebenen Namens und legen den Zugriffsmodus fest.

Natürlich können Stream-Objekte der Klassen `ifstream`, `ofstream` und `fstream` auch dynamisch vom Benutzer verwaltet werden, wie es der folgende Programmtext zeigt:

```
#include <fstream.h>
. . .
ifstream* ein;
ofstream* aus;
. . .
ein = new ifstream(name1);
aus = new ofstream(name2);
. . .
delete ein; delete aus;
. . .
```

Mit den Elementfunktionen `open` und `close` kann das Öffnen und Schließen der Dateien auch explizit unabhängig von Konstruktor und Destruktor erfolgen, mit `is_open` kann die Öffnung kontrolliert werden; die Funktionen gehören zu den Klassen `basic_ifstream`, `basic_ofstream` und `basic_fstream`:

Elementfunktionen für Kontrollaufgaben der Klassen `basic_(i/o)fstream`

⊗ `void open(const char *s,`
`ios_base::openmode mode = ios_base::in);`
Datei zum Lesen öffnen

⊗ `void open(const char *s,`
`ios_base::openmode mode = ios_base::out | ios_base::trunc);`
Datei zum Lesen oder zum Abschneiden öffnen

⊗ `void open(const char *s,`
`ios_base::openmode mode = ios_base::in | ios_base::out);`
Datei zum Lesen oder zum Schreiben öffnen

⊗ `bool is_open() const;`
Liefert true, wenn die Datei geöffnet ist, sonst false

⊗ `void close()`
Datei schließen

Die Tabelle 11.3 stellt die zum Öffnen und Schließen verfügbaren ios-Flags zusammen. Dabei sind folgende Kombinationen möglich:

```
in                                  ("r")
out
out, trunc                          ("w")
out, app                            ("a")
out, ate
in,  out,   trunc                   ("w+")
in,  out,   app                     ("a+")
in,  out,   ate
in,  binary                         ("rb")
out, binary
out, trunc,  binary                 ("wb")
out, app,    binary                 ("ab")
out, ate,    binary
in,  out,    trunc,  binary        ("w+b")
in,  out,    app,    binary        ("a+b")
in,  out,    ate,    binary
```

Die C-`stdio`-Entsprechung ist ggf. zum Vergleich in Klammern jeweils dahinter angegeben.

Tabelle 11.3: ios-Flags für das Öffnen von Dateien

(`const openmode ios_base::`*flagname*)	
ios-Flag	Bedeutung, Erläuterung
`in`	zum Lesen öffnen
`out`	zum Schreiben öffnen
`app`	zum Anhängen öffnen
`ate`	ans Dateiende positionieren
`trunc`	alten Inhalt löschen
`binary`	binärer Modus

Verarbeitung mit Direktzugriff

Für den Direktzugriff (random access) in Dateien sind die *seek*- und *tell*-Funktionen vorgesehen. `seekg` und `seekp` dienen zum Positionieren beim Lesen (`g` für get) bzw. beim Schreiben (`p` für put), mit `tellg` und `tellp` kann die aktuelle Lese- bzw. Schreibposition festgestellt werden.

Elementfunktionen der Klassen `basic_istream`, `basic_ostream` *zur Positionierung*

⊗ `basic_istream& seekg(pos_type pos);`
Im Eingabestrom positionieren

⊗ `basic_istream& seekg(off_type off, ios_base::seek_dir way);`
Im Eingabestrom positionieren

⊗ `basic_ostream& seekp(pos_type pos);`
Im Ausgabestrom positionieren

⊗ `basic_ostream& seekp(off_type off, ios_base::seek_dir way);`
Im Ausgabestrom positionieren

⊗ `basic_istream& tellg();`
Liefert Position im Eingabestrom

⊗ `basic_ostream& tellp();`
Liefert Position im Ausgabestrom

Das Positionieren mit `seekg` oder mit `seekp` erfolgt entweder durch Angabe der direkten Position oder durch Angabe eines *Offset*, der sich dann auf eine zusätzlich anzugebende Bezugsposition in Form eines ios-Flags bezieht. Die Tabelle 11.4 stellt die ios-Flags zur Steuerung des Direktzugriffs in Dateien zusammen.

Tabelle 11.4: ios-Flags für Dateizugriffe

(`const seekdir ios_base::`*flagname*)	
ios-Flag	Bedeutung, Erläuterung

`beg`
`cur`
`end`
	Beim Arbeiten z.B. mit seek den Bezugspunkt für die Positionierung definieren (beg: Dateianfang, cur: aktuelle Position, end: Dateiende)

Für den direkten Zugriff auf Datensätze einer Datei gibt es zwei verschiedene Möglichkeiten:

a) Es wird mit festen Satzlänge gearbeitet, dann kann die Anfangsposition jedes Datensatzes aus dessen Nummer und Größe leicht ermittelt werden;

b) es wird mit variabler Satzlänge gearbeitet, dann müssen die Anfangspositionen aller Datensätze in einer Tabelle abgelegt werden.

Im folgenden werden beide Alternativen an einem einfachen Beispiel demonstriert. Es wird ein Text zeilenweise in eine Datei `x` geschrieben, anschließend werden die Zeilen in rückwärtiger Reihenfolge gelesen und ausgegeben.

In der linken Spalte ist ein entsprechendes C++-Programm angegeben, das mit fester Satzlänge arbeitet, wobei ein Datensatz hier eine Zeile der konstanten Länge `N` Zeichen ist. Das Schreiben und Lesen erfolgt jeweils mit `x.write` bzw. `x.read` mit fester Satzlänge.

In der rechten Spalte ist ein entsprechendes C++-Programm angegeben, das mit variabler Satzlänge arbeitet: Das Schreiben erfolgt mit `x << line << endl;`, d.h. die

Zeile wird bis zum *Stringendezeichen* entsprechend ihrer aktuellen Länge in die Datei geschrieben. Ebenso wird mit `x.getline(line, N);` bis zum Zeilenende gelesen und vor dem Lesen wird jeweils mit `x.seekg(tab[lineNr-1]);` auf die aktuelle Zeile positioniert.

a) Direkter Zugriff, feste Satzlänge

```
#include <iostream>
#include <fstream>
using namespace std;

int main() {
  const int N = 200;
  char line[N];
  ifstream ein("fileio4.cpp");
  fstream x("X", ios::in|ios::out|
                 ios::trunc);


  int lineNr = 0;
  while (ein.getline(line, N)) {
    lineNr++;
    x.write(line, N);
  }

  while (lineNr > 0) {
    x.seekg((--lineNr)*N);
    x.read(line, N);
    cout << line << endl;
  }
}
```

b) Direkter Zugriff, variable Satzlänge

```
#include <iostream>
#include <fstream>
using namespace std;

int main() {
  const int N = 200;
  char line[N];
  ifstream ein("fileio4.cpp");
  fstream x("X", ios::in|ios::out|
                 ios::trunc);
  ostream::pos_type tab[1000];

  int lineNr = 0;
  while (ein.getline(line, N)) {
    tab[lineNr++] = x.tellp();
    x << line << endl;
  }

  while (lineNr > 0) {
    x.seekg(tab[--lineNr]);
    x.getline(line, N);
    cout << line << endl;
  }
}
```

Der C++-Text 11.8 demonstriert den Dateidirektzugriff auf extreme Weise. Die Datensätze werden wie die Elemente eines Vektors im Arbeitsspeicher benutzt und mit einem *Bubblesort*-Algorithmus entsprechend sortiert. Für das Arbeiten mit der Datei werden die beiden Funktionen `Create` und `Dispose` zum Generieren und Auflösen sowie die beiden Funktionen `Load` und `Store` zum Lesen bzw. Schreiben jeweils eines Datensatzes (`Block B`) an der bezeichneten Position (`Nr`) definiert:

> Natürlich ist dieses Beispiel – der C++-Text 11.8 – in keiner Weise ein Vorbild für das Sortieren von Dateien, sondern nur ein besonders einfaches Beispiel zur Demonstration des Direktzugriffs! Da der Zugriff auf einen Datensatz in der Datei etwa 10^6 mal langsamer ist als der Zugriff auf ein Element eines Vektors im Arbeitsspeicher, wäre dieses Sortierprogramm bei einer hinreichend großen Anzahl von Datensätzen auch etwa um den gleichen Faktor langsamer, als würde man die Datei in den Arbeitsspeicher laden, dort sortieren und anschließend wieder abspeichern!

C++-Text 11.8: *Sortieren im Direktzugriff* ./Bsp11/io/fileio2.cpp

```
#include <cstdlib>
#include <climits>
#include <fstream>
#include <iostream>
using namespace std;

struct Block { double x, y, z; };

void  Create  (fstream& fs, char* fname, Block B, int count);
void  Store   (fstream& fs, Block B, int Nr);
Block Load    (fstream& fs, int Nr);
void  Dispose (fstream& fs);

double RND    ();
void   Sort   (fstream& fs, int count);

int main() {
  const int N = 10;
  int i;
  fstream X;
  Block B = {0.0, 0.0, 0.0};

  Create(X, "X", B, N);

  for (i=0; i<N; i++) {
    B.x = RND(); B.y = RND(); B.z = RND();
    Store(X, B, i);
  }

  Sort(X, N);

  for (i=0; i<N; i++) {
    B = Load(X, i);
    cout << B.x << " " << B.y << " " << B.z << endl;
  }

  Dispose(X);
}

double RND() { return ((double)rand())/((double)RAND_MAX); }

void Sort(fstream& fs, int count) {
  Block B1, B2;
  int i, j;
  for (i=1; i<=count-1; i++) {
```

```
    for (j=count-1; j>=i; j--) {
      B1 = Load(fs, j-1); B2 = Load(fs, j);
      if (B1.x > B2.x) {
        Store(fs, B1, j); Store(fs, B2, j-1);
} } } }

void Create(fstream& fs, char* fname, Block B, int count) {
  int i;
  fs.open(fname, ios::in | ios::out | ios::trunc);
  for (i=0; i<count; i++) {
    fs.write(reinterpret_cast<char*>(&B), sizeof(Block));
} }

void Store(fstream& fs, Block B, int Nr) {
  int pos = Nr * sizeof(Block);
  fs.seekp(pos, ios::beg);
  fs.write(reinterpret_cast<char*>(&B), sizeof(Block));
}

Block Load(fstream& fs, int Nr) {
  Block B;
  int pos = Nr * sizeof(Block);
  fs.seekg(pos, ios::beg);
  fs.read(reinterpret_cast<char*>(&B), sizeof(Block));
  return B;
}

void Dispose(fstream& fs) { fs.close(); }
```

Zugriff auf den Dateipuffer

Für den Zugriff auf den Dateipuffer ist in den drei Klassen `basic_ifstream`, `basic_ofstream` und `basic_fstream` die Funktion `rdbuf` definiert.

Elementfunktion der Klassen `basic_(i/o)fstream` *zum Zugriff auf den Dateipuffer*

⊗ `basic_filebuf<Ch, Tr> *rdbuf() const;`
Liefert die Adresse des Dateipuffers

11.4.7 Strings als Eingabe- und Ausgabemedium

Ähnlich wie in ANSI/ISO-C ist es möglich, Strings als Eingabe- und Ausgabemedium zu verwenden. Die entsprechenden Strings werden in String-Stream-Objekten gespeichert und können direkt in C++-Standard-Strings umgewandelt werden. Der C++-Text 11.9 demonstriert einige Möglichkeiten, die sich dadurch eröffnen.

C++-Text 11.9: *Arbeiten mit String-Streams* ./Bsp11/io/strio1.cpp

```
#include <iostream>
#include <sstream>
#include <string>
#include <algorithm>
#include <iomanip>
using namespace std;

int main() {
  stringstream s(ios::in | ios::out | ios::trunc);
  char ch;

  // 1) Formatierte Ausgabe in den String-Stream s
  s << setfill('*');
  s << setw(12) << "zeile 1"  << '\n';
  s << setw(12) << setiosflags(ios::fixed) << setprecision(8);
  s << setw(12) << 12.34e-4 << '\n';
  s << setw(12) << "zeile 3"  << '\n';

  // 2) s zeichenweise lesen und ausgeben
  while (s.get(ch)) cout << ch;

  // 3) s zeichenweise rueckwaerts lesen und ausgeben
  s.clear();
  int i=1; s.seekg(-i, ios::end);
  while (s.tellg() > 0) {
    s.get(ch); cout << ch; i++; s.seekg(-i, ios::end);
  }
  s.get(ch); cout << ch;
  cout << endl;

  // 4) Den Wert von s in den String st uebernehmen und auf
  //    den String st die Algorithmen reverse und sort anwenden
  string st = s.str();
  string::iterator a = st.begin(), b = st.end();
  reverse(a, b); cout << st;
  sort(a, b);  cout << st << endl << endl;

  // 5) Dem String-Stream s einen neuen Wert zuweisen und ausgeben
  s.str("neuer String");
  while (s.get(ch)) cout << ch;
  cout << endl;
}
```

Das Programm erzeugt folgende Ausgabe:

```
*****zeile 1
```

```
**0.00123400
*****zeile 3

3 eliez*****
00432100.0**
1 eliez*****

3 eliez*****
00432100.0**
1 eliez*****


  ***********.00000112334eeeeiillzz

neuer String
```

Ältere C++-Versionen, die noch nicht die Klassen-Templates für die Stream-Bibliothek enthalten, verwenden als entsprechendes Medium C-Strings statt der C++-Strings. Der ANSI/ISO-C++-Standard unterstützt aus Gründen der Aufwärtskompatibilität zwar weiterhin die entsprechenden Möglichkeiten, sie sollten aber nicht mehr verwendet werden. Der Vorteil der neuen Version liegt vor allem in der Flexibilität von C++-Strings und in der Anwendbarkeit der generischen Funktionen (Algorithmen) der C++-Standard-Bibliothek.

Konstruktoren der Klassen `basic_(i/o)stringstream`

- ⊗ `explicit basic_istringstream(ios_base::openmode mode = ios_base::in);`
  Eingabe-String-Streamobjekt generieren
- ⊗ `explicit basic_istringstream(const basic_string<Ch, Tr>& s, ios_base::openmode mode = ios_base::in);`
  Eingabe-String-Streamobjekt generieren und mit dem String s initialisieren
- ⊗ `explicit basic_ostringstream(ios_base::openmode mode = ios_base::out);`
  Ausgabe-String-Streamobjekt generieren
- ⊗ `explicit basic_ostringstream(const basic_string<Ch, Tr>& s, ios_base::openmode mode = ios_base::out);`
  Eingabe-String-Streamobjekt generieren und mit dem String s initialisieren
- ⊗ `explicit basic_stringstream(ios_base::openmode mode = ios_base::in | ios_base::out);`
  Eingabe/Ausgabe-String-Streamobjekt generieren
- ⊗ `explicit basic_stringstream(const basic_string<Ch, Tr>& s, ios_base::openmode mode = ios_base::in | ios_base::out);`
  Eingabe/Ausgabe-String-Streamobjekt generieren und mit dem String s initialisieren

Elementfuntionen der Klassen `basic_(i/o)stringstream`

- ⊗ `basic_stringbuf<Ch, Tr> *rdbuf() const;`
  Liefert die Adresse des Datenpuffers

⊗ `basic_string<Ch, Tr>& str();`
Liefert den Wert des Streamobjekts als String

⊗ `void str(const basic_string<Ch, Tr>& s);`
Setzt den Wert des Streamobjekts auf den Wert des String s

11.4.8 Anzeige & Abfrage von Zuständen, Fehlerbehandlung

Jedes Stream-Objekt befindet sich stets in einem definierten IO-Zustand (iostate), der durch eine Reihe von ios-Flags definiert ist. Die Tabelle 11.5 gibt einen Überblick über diese Flags, die in der Klasse `ios_base` spezifiziert sind und die über entsprechende `ios`-Funktionen gelesen und gesetzt werden, z.B.:

```
while (!cin.eof()) { . . . }
. . .
if (...) cin.setstate(ios_base::badbit);
```

Tabelle 11.5: ios-Flags zur Status- und Fehleranzeige

(static const iostate ios_base::*flagname*)	
ios-Flag	Bedeutung, Erläuterung
`goodbit`	kein weiteres Bit gesetzt, der Stream ist in einem guten Zustand
`eofbit`	Dateiende erreicht (end of file)
`failbit`	die letzte Ein- oder Ausgabeoperation war fehlerhaft
`badbit`	es wurde versucht, eine ungültige Operation auszuführen

Ein Beispiel

Der folgende C++-Text zeigt eine Funktion, die den Stream-Status auf `cout` anzeigt. Die Funktion `rdstate()` liefert den Status (siehe unten), und durch Maskierung mit den Bitdefinitionen aus `ios_base` erhält man die Information, ob die entsprechenden Bits gesetzt sind:

```
void PrintStreamStatus(string stream, ios_base& ios) {
  ios_base::iostate s = ios.rdstate();
  cout << "IO-Status  des Streams " << stream << " : ";
  if (s & ios_base::eofbit)  cout << " eofbit";
  if (s & ios_base::failbit) cout << " failbit";
  if (s & ios_base::badbit)  cout << " badbit";
  if (s==0) cout << " %";  // d.h. kein Bit ist gesetzt
  cout << endl;
}
```

`ios`-Funktionen zum Zugriff auf den IO-Zustand (`iostate`)

Die folgende Zusammenstellung gibt einen Überblick über die `ios`-Funktionen zum Zugriff auf diese `ios`-Flags:

Elementfunktionen der Klasse `basic_ios` *für den Zugriff auf den IO-Zustand*

⊗ `bool good() const;`
Bei der letzten Ein- oder Ausgabeoperation ist kein Fehler aufgetreten

⊗ `bool eof() const;`
Dateiende (end of file) ist erreicht worden

⊗ `bool fail() const;`
Letzte Operation ist nicht korrekt durchgeführt worden

⊗ `bool bad() const;`
Wie fail, aber gravierenderer Fehler

⊗ `iostate rdstate() const;`
Liefert den Status des Streams

⊗ `void clear(iostate state = goodbit);`
clear() oder clear(0) löscht den Stream-Status, clear(n) setzt ihn auf den Wert n

⊗ `void setstate(iostate state);`
≡ `clear(state | rdstate());`

⊗ `operator void* () const;`
≡ `return fail() ? 0 : this;`

⊗ `bool operator ! () const;`
≡ `return fail();`

⊗ `iostate exceptions() const;`
Liefert die Exception-Maske

⊗ `void exceptions(iostate iosflags);`
Setzt die Exception-Maske

Die Funktion `operator void*` konvertiert *im Normalfall* den Zeiger auf das eigene Objekt `this` in einen `void`-Zeiger und *im Fehlerfall* – wenn also ein Fehlerflag gesetzt ist – in den Wert `NULL` ≡ `0`. Die Funktion `bool operator !` überlädt den `!`-Operator und gibt `true` zurück, wenn die vorangehende Operation nicht fehlerfrei abgewickelt wurde, sonst gibt sie `false` zurück. Damit sind dann Abfragen wie z.B.

```
somewhat abc, xyz;
. . .
if (!(cin >> abc)) . . .
. . .
if (!(cout << xyz)) . . .
```

und

```
istream is; ostream os;
somewhat item;
. . .
while (is >> item) os << item;
```

möglich und werden in ähnlicher Form auch häufig verwendet.

Ein weiteres Beispiel zur Verwendung der ios-Funktionen und -Flags ist in Abschn. 11.4.9 zu finden.

Behandlung von EA-Fehlern über den Exception-Mechanismus

Eine Möglichkeit einer fehlersicheren oder einer fehlertoleranten Programmierung von Eingaben und Ausgaben besteht darin, jeden nur denkbaren Fehler beim Lesen und Schreiben – aber auch z.B. beim Öffnen und Schließen von Streams – explizit zu überwachen, d.h. nach jeder entsprechenden Anweisung zu prüfen, ob die entsprechende Operation fehlerfrei durchgeführt wurde. Das ist sehr aufwendig und häufig nicht sinnvoll durchführbar, weil das Feststellen der Fehlerursache und die Fehlerbehandlung in verschiedenen Programmteilen lokalisiert sind. Hier kann der Exception-Mechanismus sinnvoll eingesetzt werden. Über die ios-Funktion

```
void exceptions(iostate iosflags);
```

wird eine Exception-Maske gesetzt, die definiert, welche ios-Flags eine Exception auslösen sollen; so sorgt z.B. der Aufruf

```
cin.exceptions(ios_base eofbit);
```

dafür, daß eine Exception ausgelöst wird, wenn bei der entsprechenden Leseoperation das Dateiende erreicht wurde. Es können natürlich auch gleich alle drei relevanten Flags sowohl für die Maske des gerade verwendeten Eingabestroms wie des gerade verwendeten Ausgabestroms übergeben werden:

```
cin.exceptions  (ios_base eofbit | ios_base failbit | ios_base badbit);
cout.exceptions (ios_base eofbit | ios_base failbit | ios_base badbit);
```

Die entsprechenden Exceptions werden jeweils durch die Funktion `clear(...)` ausgelöst, das ist die Funktion, die Flags setzt; die Funktion `setstate(...)` benutzt ihrerseits `clear`.

Der C++-Text 11.10 demonstriert die Möglichkeiten der Verwendung des Exception-Mechanismus zur Behandlung von EA-Fehlern an einem nicht unbedingt in jedem Detail nachahmenswerten Beipiel.[1] Das Programm liest alle Strings aus einer Eingabedatei und kopiert sie in eine Ausgabedatei (`CopyStrings`). Zunächst wird die

[1] Als nicht unbedingt nachahmenswert wird hier das Auslösen einer Exception bei eof (end of file) betrachtet.

alte Exception-Maske zwischengespeichert und eine neue gesetzt, die bewirkt, daß beim Setzen eines der genannten drei Bits eine Exception ausgelöst wird (übrigens wird beim Setzen des `eof`-Bits automatisch auch das `fail`-Bit gesetzt!). Die `while`-Schleife im `try`-Block wird im *Normalfall* mit dem Setzen der beiden Flags `eofbit` und als Folge des Flags `failbit` beendet. Das löst die Exception aus, die dann im nachfolgenden `catch`-block analysiert wird. Ein denkbarer *richtiger Fehlerfall* tritt z.B. auf, wenn der Stream `aus` nicht geöffnet ist; in dem Falle wird das Flag `badbit` gesetzt, eine entsprechende Exception ausgelöst und es wird im `catch`-Block der Text *Fehler bei der Ausgabe!* ausgegeben. In dem Falle wird auch die Exception mit `throw` neu ausgeworfen und führt dazu, daß diese Exception auf der Ebene von `main` erneut aufgefangen und das Programm mit einem entsprechenden Text beendet wird!

C++-Text 11.10: *EA-Fehler und Exception-Mechanismus* ./Bsp11/io/except3.cpp

```
#include <iostream>
#include <fstream>
#include <string>
using namespace std;

void PrintExceptionMask (string stream, ios_base& ios);
void PrintStreamStatus  (string stream, ios_base& ios);
void CopyStrings        (istream ein, ostream aus);

int main() {
  ifstream ein;
  ofstream aus;

  try {
    ein.open("ein");
    aus.open("aus");
    CopyStrings(ein, aus);
  }
  catch(...) {
    cout << "Das Programm wird mit einer exception beendet !!!" << endl;
    PrintStreamStatus("ein", ein); PrintStreamStatus("aus", aus);
    return 1;
  }

  cout << endl << "Das Programm wird ohne exception beendet" << endl;
  return 0;
}

void CopyStrings(istream ein, ostream aus) {
  string zeile;

  PrintExceptionMask("ein", ein); PrintExceptionMask("aus", aus);
```

```
  ios_base::iostate alterStatus1 = ein.exceptions(),
                    alterStatus2 = aus.exceptions(),
                    neuerStatus  = ios_base::eofbit | ios_base::failbit
                                                    | ios_base::badbit;

  ein.exceptions(neuerStatus); aus.exceptions(neuerStatus);
  PrintExceptionMask("ein", ein); PrintExceptionMask("aus", aus);

  try {
    while (ein >> zeile) {
      aus << zeile << endl;
    }
  }
  catch(ios_base::failure) {
    if (ein.eof())
      cerr << "Dateiende !!!" << endl;
    else {
      if (ein.fail())
        cerr << "Fehler bei der Eingabe !" << endl;
      if (aus.fail())
        cerr << "Fehler bei der Ausgabe !" << endl;
      throw;
    }
    PrintStreamStatus("ein", ein); PrintStreamStatus("aus", aus);
  }

  ein.exceptions(alterStatus1);
  aus.exceptions(alterStatus2);
  PrintExceptionMask("ein", ein);
  PrintExceptionMask("aus", aus);

}

void PrintStreamStatus(string stream, ios_base& ios) {
  ios_base::iostate s = ios.rdstate();
  cout << "IO-Status  des Streams " << stream << " : ";
  if (s & ios_base::eofbit)  cout << " eofbit";
  if (s & ios_base::failbit) cout << " failbit";
  if (s & ios_base::badbit)  cout << " badbit";
  if (s==0) cout << " %";
  cout << endl;
}

void PrintExceptionMask(string stream, ios_base& ios) {
  ios_base::iostate s = ios.exceptions();
  cout << "Exc.-Maske des Streams " << stream << " : ";
  if (s & ios_base::eofbit)  cout << " eof_exc.";
```

```
  if (s & ios_base::failbit) cout << " fail_exc.";
  if (s & ios_base::badbit)  cout << " bad_exc.";
  if (s==0) cout << " %";
  cout << endl;
}
```

11.4.9 Eigene Definitionen, weitere Funktionen

EA selbstdefinierter Typen

Der C++-Text 11.11 demonstriert die Eingabe und Ausgabe von Werten für den selbstdefinierten Typ `Time` durch Überladen der Operatoren >> bzw. <<. Es findet hier keine Überprüfung der Eingabe statt, was für eine professionelle Anwendung natürlich völlig inakzeptabel wäre.

C++-Text 11.11: *Eingabe ohne Kontrolle* ./Bsp11/io/userdef0.cpp

```
#include <iostream>
using namespace std;

class Time {
    int hour, minute, second;
  public:
    Time(int h=0, int m=0, int s=0) :
      hour(h), minute(m), second(s) {};
    friend
    istream& operator>> (istream& s, Time& t);
    friend
    ostream& operator<< (ostream& s, const Time& t);
};

istream& operator>> (istream& is, Time& t) {
  char ch;
  is >> t.hour >> ch >> t.minute >> ch >> t.second;
  return is;
}

ostream& operator<< (ostream& os, const Time& t) {
  return os << t.hour << ':' << t.minute << ':' << t.second;
}

int main() {
  Time t;
  cout << "t eingeben: ";
  cin >> t;
  cout << "t = " << t << endl;
}
```

Als Alternative demonstriert der C++-Text 11.12 eine Version, in der bei der Eingabe der Wert des Trennzeichens (:) und die drei Zahlenwerte überprüft werden. Beim Erkennen einer fehlerhaften Eingabe wird das `badbit` gesetzt. Ein gesetztes Fehlerbit sorgt dann z.B. bei einer Abfrage der Form

```
if (cin) . . .
```

dafür, daß über die intern aufgerufene Funktion `fail()` der Wert `0` erzeugt und damit die fehlerhafte Eingabe erkannt wird.

C++-Text 11.12: *Eingabe mit Kontrolle* ./Bsp11/io/userdef.cpp

```
#include <iostream>
using namespace std;

class Time {
    int hour, minute, second;
  public:
    Time(int h=0, int m=0, int s=0) :
      hour(h), minute(m), second(s) {};
    friend
    istream& operator>> (istream& s, Time& t);
    friend
    ostream& operator<< (ostream& s, const Time& t);
};

istream& operator>> (istream& is, Time& t) {
  char ch;
  int x, y, z;
  is >> x >> ch;
  if (ch==':') {
    is >> y >> ch;
    if (ch==':')
      is >> z;
    else
      is.setstate(ios_base::badbit);
  }
  else
    is.setstate(ios_base::badbit);
  if (x<0 || y<0 || z<0 || x>59 || y>59 || z>59)
    is.setstate(ios_base::badbit);
  if (is) t = Time(x, y, z);
  return is;
}

ostream& operator<< (ostream& os, const Time& t) {
  return os << t.hour << ':' << t.minute << ':' << t.second;
}
```

```
int main() {
  Time t;
  bool ok = false;
  do {
    cout << "t eingeben: ";
    cin >> t;
    if (cin) {
      cout << "t = " << t << endl;
      ok = true;
    }
    else {
      cout << "Falsche Eingabe !" << endl;
      cin.clear();
      cin.ignore(100, '\n');
    }
  }
  while (!ok);
}
```

Selbstdefinierte Manipulatoren

Das Definieren eigener Manipulatoren ist relativ einfach, die beiden Klassen `basic_ostream` und `basic_istream` stellen dafür jeweils zwei Elementfunktionen zur Verfügung, die den Ausgabeoperator bzw. den Eingabeoperator überladen:

- ⊗ `basic_ostream& operator<<(basic_ostream& (*f)(basic_ostream&));`
- ⊗ `basic_ostream& operator<<(ios_base& (*f)(ios_base&));`
- ⊗ `basic_istream& operator>>(basic_istream& (*f)(basic_istream&));`
- ⊗ `basic_istream& operator>>(ios_base& (*f)(ios_base&));`

Parameter der Elementfunktion ist jeweils ein Zeiger auf eine globale Funktion `f` mit der angegebenen Signatur. Wird z.B. eine entsprechende Funktion `xyz` definiert und wird dann dieser Funktionsname als Operand verwendet, ruft die Elementfunktion `cout.operator<<` die Funktion `xyz` auf und:

```
basic_ostream& xyz(basic_ostream& os) { os.put('\07'); return os; }
. . .
cout << xyz;  // == cout.operator<<(xyz);
```

Der C++-Text 11.13 zeigt ein vollständiges Beispiel.

C++-Text 11.13: *Selbstdefinierter Manipulator, Beispiel 1* ——— ./Bsp11/io/manip2.cpp

```
#include <iostream>
using namespace std;
```

```
ostream& endl2 (ostream& os) {
  os.put('\n'); os.put('\n'); os.flush();
  return os;
};

int main() {
  cout << ". . ." << endl2;
  cout << ". . ." << endl;
  return 0;
}
```

Manipulatoren zur Verwendung in Eingabeströmen werden ganz entsprechend definiert.

Etwas schwieriger gestaltet sich die Definition von Manipulatoren mit Parametern. Der Versuch

```
basic_ostream& xyz(basic_ostream& os, int n) {
  for (int i=0; i<n; i++) os.put('\07');
  return os;
}
. . .
cout << xyz(5);   // == cout.operator<<(xyz);
```

führt natürlich schon zu einen Syntaxfehler, weil die Signatur der definierten Funktion nicht mit der des Formalparameters übereinstimmt. Eine Lösung des Problems besteht darin, statt einer Funktion ein Funktionsobjekt als Parameter zu übergeben:

```
class xyz {
    int n;
  public:
    xyz(int nn=1) : n(nn) {}
    ostream& operator() (ostream& os) const {
      for (int i=0; i<n; i++) os.put('\07');
      return os;
    }
};
. . .
ostream& operator<< (ostream& os, const xyz& x) { return x(os); }
. . .
cout << xyz(5);
```

Die Ausgabeanweisung führt dann zu folgendem Ablauf:

(1) Es wird die gobale Funktion `operator<<(cout, x(5))` aufgerufen, die ein Objekt vom Typ `xyz` mit dem übergebenen Parameter `5` generiert, d.h. der übergebene Wert des Parameters `x` wird im Objekt gespeichert;

(2) es wird die Elementfunktion `operator()` des Objektes aufgerufen, die den Funktionsoperator überlädt, der Wert des Parameters der globalen Funktion ist als interner Wert `n` des Objektes verfügbar.

Die C++-Texte 11.14 und 11.15 zeigen zwei entsprechende vollständige Programmbeispiele.

C++-Text 11.14: *Selbstdefinierter Manipulator, Beispiel 2* ———— ./Bsp11/io/manip3.cpp

```
#include <iostream>
using namespace std;

class linefeed {
    int n;
  public:
    linefeed(int nn=1) : n(nn) {}
    ostream& operator() (ostream& os) const {
      for (int i=0; i<n; i++) os.put('\n');
      os.flush();
      return os;
    }
};

ostream& operator<< (ostream& os, const linefeed& lf) {
  return lf(os);
}

int main() {
  cout << ". . ." << linefeed(5);
  return 0;
}
```

C++-Text 11.15: *Selbstdefinierter Manipulator, Beispiel 3* ———— ./Bsp11/io/manip4.cpp

```
#include <iostream>
using namespace std;

class sequence {
    int n;
    char c;
  public:
    sequence(char ch = ' ', int nn=1) : c(ch), n(nn) {}
    ostream& operator() (ostream& os) const {
      for (int i=0; i<n; i++) os.put(c);
      return os;
}  };
```

```
ostream& operator<< (ostream& os, const sequence& lf) {
  return lf(os);
}

int main() {
  cout << sequence('>', 3) << "Hallo" << sequence('<', 3) << endl;
  return 0;
}
```

Das letzte Beispiel – C++-Text 11.15 – demonstriert die Definition eines komplexeren Manipulators, mit dem Ausgaben ähnlich formatiert werden können wie mit den Formatierungsstrings in der C-Funktion `printf`. Natürlich kann diese Simulation durch Erweiterung der Funktionalität der Elementfunktion `operator()` der Klasse `format` weiter perfektioniert werden.

C++-Text 11.16: *Selbstdefinierter Manipulator, Beispiel 4* ./Bsp11/io/manip5.cpp

```
#include <iostream>
#include <cstdlib>
#include <cstring>
#include <string>

using namespace std;

class format {
    string fmt;
  public:
    format(string s) : fmt(s) {}
    ostream& operator() (ostream& os) const;
};

ostream& format :: operator() (ostream& os) const {
  int i=0;
  while (fmt[i] != '\0') {
    if (fmt[i] != '%') { os << fmt[i]; i++; }
    else {
      i++;
      if (fmt[i] == '%') { os << fmt[i]; i++; }
      else {
        bool ok = true;
        int istart = i;
        int width = 0, precision = 6, flags = 0;
        if (isdigit(fmt[i])) {
          width = atoi(&fmt[i]);
          do i++; while (isdigit(fmt[i]));
        }
        if (fmt[i] == '.') {
```

```
          i++; precision = atoi(&fmt[i]);
          while (isdigit(fmt[i])) i++;
        }
        switch (fmt[i]) {
          case 'd': flags |= ios::dec;        break;
          case 'x': flags |= ios::hex;        break;
          case 'o': flags |= ios::oct;        break;
          case 'f': flags |= ios::fixed;      break;
          case 'e': flags |= ios::scientific; break;
          // . . .
          default: ok = false;                break;
        }
        i++;
        if (fmt[i] != '\0') ok = false;
        if (ok) {
          os.unsetf(ios::adjustfield | ios::basefield |
                                       ios::floatfield);
          os.setf(flags); os.width(width);
          os.precision(precision); os.fill(' ');
        }
        else i = istart;
      }
    }
  }
  return os;
}

ostream& operator<< (ostream& os, const format& fm) { return fm(os); }

int main() {
  int    x = 27;
  double y = 123.456;
  cout << format(" x = %d") << x << format(", y = %8.3f") << y
                              << format(", y = %8.3e") << y << endl;
  return 0;
}
```

Umlenken von EA-Strömen

In manchen Fällen ist es sinnvoll, Eingabeströme oder Ausgabeströme zur Laufzeit umlenken zu können, z.B. um die Ausgabe in eine Datei zu Testzwecken auf den Bildschirm zu leiten oder umgekehrt. In älteren C++-Versionen, die über die Klassen `istream_withassign` und `ostream_withassign` verfügten, war das durch einfache Zuweisungen zwischen Stream-Objekten möglich. Durch die Verwendung von Klassen-Templates im C++-Standard sind aber Stream-Objekte nicht mehr kopier- und zuweisbar, trotzdem gibt es aber Möglichkeiten, entsprechende Umleitungen zur

Laufzeit zur realisieren; der C++-Text 11.17 demonstriert das.

C++-Text 11.17: *Umlenken eines Ausgabestromes, Beispiel 1* ./Bsp11/io/fileio6.cpp

```
#include <iostream>
#include <fstream>
#include <iomanip>

using namespace std;

const bool toFile = true;
streambuf* buf;

int main() {

  ofstream of("f6.aus");
  of.fill('.'); of.setf(ios::left, ios::adjustfield);

  if (toFile) {                // Ausgabe in Datei umleiten
    buf = cout.rdbuf();
    cout.rdbuf(of.rdbuf());
  }

  cout.copyfmt(of);
  cout << setw(30) << "Helga Meyer"    << 1960 << endl;
  cout << setw(30) << "Bernhard Meyer" << 1956 << endl;
  cout << setw(30) << "Elke Meyer"     << 1990 << endl;

  if (toFile) {                // Umleitung rueckgaengig machen, ist
    cout.rdbuf(buf);           // hier auch formal erforderlich !!!
  }
}
```

Die Ausgaben sollen wahlweise in eine Datei oder auf das Standard-Ausgabemedium Bildschirm ausgegeben werden. Mit `cout.rdbuf(of.rdbuf())` benutzt `cout` den Stream-Puffer von `of`, und mit `cout.copyfmt(of)` wird die Formatinformation kopiert; damit hat das Stream-Objekt `cout` den entsprechenden Zustand des Stream-Objektes `of` übernommen.

Um die Umleitung wieder rückgängig machen zu können, wird der alte Wert des Zeigers auf den Stream-Puffer zunächst gespeichert, und mit `cout.readbuf(buf)` wird die Umleitung dann aufgehoben. Achtung:

> Die Rücknahme der Umleitung ist hier zwingend, auch wenn sie *logisch* nicht erforderlich ist! Der Grund dafür ist der automatische Destruktoraufruf des Objektes `of`, der den Dateipuffer freigibt!

Die verwendeten Funktionen `rdbuf` der Stream-Objekte sind in der Klasse `basic_ios` definiert und damit per Vererbung für alle Objekte abgeleiteter Klassen verfügbar.

Elementfunktionen der Klasse `basic_ios`

- ⊗ `basic_streambuf<Ch, Tr> *rdbuf() const;`
  Liefert die Adresse des Puffers des Stream-Objektes
- ⊗ `basic_streambuf<Ch, Tr> *rdbuf(basic_streambuf<Ch, Tr> *sb);`
  Übergibt dem Stream-Objekt die Adresse des Puffers

Etwas anders liegt der Fall bei der im C++-Text 11.18 gewählten Vorgehensweise. Hier wird das Stream-Objekt `out` mit `out(of.rdbuf())` so initialisiert, daß es über keinen eigenen separaten Stream-Puffer verfügt, sondern den Puffer des Stream-Objektes `of` benutzt oder – wenn `toScreen` den Wert `true` hat – den Puffer des Stream-Objektes `cout`.

Konstruktoren der Klassen `basic_istream` *und* `basic_ostream`

- ⊗ `explicit basic_istream(basic_streambuf<Ch, Tr> *sb);`
  Generiert ein Eingabe-Stream-Objekt und initialisiert es mit dem Puffer `sb`
- ⊗ `explicit basic_ostream(basic_streambuf<Ch, Tr> *sb);`
  Generiert ein Ausgabe-Stream-Objekt und initialisiert es mit dem Puffer `sb`

C++-Text 11.18: *Umlenken eines Ausgabestromes, Beispiel 2* ./Bsp11/io/fileio7.cpp

```
#include <iostream>
#include <fstream>
#include <iomanip>
using namespace std;

const bool toScreen = true;

int main() {
  ofstream of("f7.aus");
  of.fill('.'); of.setf(ios::left, ios::adjustfield);

  ostream out(of.rdbuf());
  if (toScreen)                // Ausgabe auf Bildschirm umleiten
    out.rdbuf(cout.rdbuf());

  out.copyfmt(of);
  out << setw(30) << "Helga Meyer"    << 1960 << endl;
  out << setw(30) << "Bernhard Meyer" << 1956 << endl;
  out << setw(30) << "Elke Meyer"     << 1990 << endl;
}
```

Spezielle ios-Funktionen

Es gibt eine Reihe weiterer spezieller ios-Funktionen, die hier nur kurz skizziert werden. Diese Funktionen betreffen folgende Aufgabenbereiche:

- Verwendung von `locale`-Objekten zur Festlegung nationaler Eigenarten
- Erweiterung der Zustandsinformation von Stream-Objekten
- Konvertierung zwischen verschiedenen Zeichentypen
- Synchronisierung von Eingaben und Ausgaben im C-Stil (`stdio`) mit solchen im C++-Stil

Elementfunktionen der Klassen `ios_base` *und* `basic_ios`

⊗ `locale imbue(const locale& loc);`
Setzt das von den Streams benutzte `locale`*-Objekt auf den Wert loc und liefert den entsprechenden alten Wert zurück*

⊗ `locale getloc();`
Liefert den Wert des aktuellen `locale`*-Objektes*

⊗ `static int xalloc();`
Liefert Speicherplatz, mit dem die Zustandsinformation von Stream-Objekten erweitert werden kann

⊗ `long& iword(int index);`
Zugriff auf die erweiterte Zustandsinformation mit Zeigern vom Typ `long&`

⊗ `void* pword(int index);`
Zugriff auf die erweiterte Zustandsinformation mit Zeigern vom Typ `void*`

⊗ `void register_callback(event_callback fn, int index);`
Registriert eine Funktion `fn(index)`*, die dann bei bestimmten Zustandswechseln aufgerufen wird*

⊗ `bool sync_with_stdio(sync = true);`
Damit kann die Voraussetzung für eine gemischte Verwendung von EA-Operationen im C-Stil (`stdio`*) und im C++-Stil an- oder abgeschaltet und abgefragt werden*

⊗ `Ch widen(char c);`
Wandelt das Zeichen `c` *in ein entsprechendes vom Typ* `Ch`

⊗ `char narrow(Ch c1, char c2);`
Wandelt das Zeichen `c1` *in ein entsprechendes vom Typ* `char`

11.5 Container

11.5.1 Das Konzept der *Standard Template Library (STL)*

Die *Standard Template Library (STL)* ist ein Bestandteil der C++-Standardbibliothek, er umfaßt im wesentlichen die Teile *Container*, *Iteratoren* und *Algorithmen*. Die *STL* wurde von D.R. Musser und A.A. Stephanov in der Fa. Hewlett-Packard entwickelt ([28]), [9]) und ist in einer relativ späten Phase der Standardisierung in den Standard aufgenommem worden. Sie hat dann auch noch einen nicht unerheblichen Einfluß auf die Entwicklung anderer Teile der Bibliothek genommen.

Die Beschreibung des Konzeptes *STL* sowie die Darstellung der zugehörigen Details verteilt sich auf die vier Abschnitte **Container**, **Iteratoren**, **Funktionsobjekte** und **Algorithmen**; in diesem Abschnitt wird vorab das Gesamtkonzept skizziert.

Die Standard Template Library (STL) ist eine generische Container-Bibliothek auf der Basis der C++-Templates, Bild 11.3 gibt einen Überblick über das Konzept der Bibliothek:

- Den Kern bilden die zehn Containerklassen **Vector**, **Deque**, **List**, **Stack**, **Queue**, **Priority-Queue**, **Set**, **Multiset**, **Map** und **Multimap**, wobei Stack, Queue und Priority-Queue sog. Container-Adapter sind, die auf die Container Vector, Deque und List abgebildet werden. In dem Bild sind bei jedem Container die typischen Elementfunktionen eingetragen.

- Es gibt eine Reihe von Elementfunktionen, die für alle Container verfügbar sind, dazu gehören z.B. die Funktionen, die die Iteratorgrenzwerte zurückliefern sowie die Zuweisungsoperation und die Vergleichsoperationen (jeweils auf ganze Containerobjekte angewandt).

- Zu allen STL-Container-Klassen – mit Ausnahme der Klassen für die Container-Adapter – sind jeweils zugehörige Iterator-Klassen definiert, die beim Arbeiten mit Container-Objekten einen hohen Stellenwert haben, siehe dazu Abschn. 11.6. Es sind nicht alle Iteratoren jeweils auf alle Container anwendbar, sondern nur jeweils diejenigen, die mit konstanter Zeitkomplexität implementierbar sind. Dabei sind Iteratoren Abstraktionen von Zeigern, d.h. mit Iteratoren kann in entsprechender Weise auf Container zugegriffen werden, wie mit Zeigern auf C-Vektoren.

- Eine ebenfalls sehr wichtige Rolle beim Arbeiten mit STL-Containern spielen die generischen Funktionen (Funktionsschablonen, Algorithmen), siehe Abschn. 10.1.3. Es gibt generische Funktionen, die auf alle Container-Typen anwendbar sind, z.B. die Traversierungsfunktion `for_each(...)`, und es gibt andere, die z.B. nur auf Containertypen anwendbar sind, für die Direktzugriffs-Iteratoren definiert sind, z.B. bestimmte Sortier- und Suchfunktionen.

Die Algorithmen bilden wegen der hohen Bandbreite bei ihrem Einsatz eine sehr leistungsfähige und auch effektive Grundlage für das Arbeiten mit Containern, die

Elementfunktionen fur alle Container:

begin, end, rbegin, rend, // Iteratorpositionen

size, empty, clear,

=, ==, !=, <, <=, >, >=, // Zuweisung und Vergleiche

....

Container:

vector	deque	list	stack	queue
[i]	[i]	front	top	front
front	front	back	push	back
back	back	push_back	pop	push
push_back	push_back	pop_back	......	pop
pop_back	pop_back	insert		......
insert	insert	erase		
erase	erase	push_front		
resize	push_front	pop_front		
....	pop_front	resize		
	resize	....		
	....			

priority_queue	set	multiset	map	multimap
top	find	find	[key]	find
push	insert	insert	find	insert
pop	erase	erase	insert	erase
......	......	......	erase	......
			......	

Iteratoren:

x = *p, *p = x, ++p, p++, --p, p--, p == q, p != q,

p[n], p + n, n + p, p - n, p += n, p -= n, p - q, p < q, p <= q, p >= q

Generische Funktionen:

for_each, find, copy, reverse, sort, binary_search, merge,

set_union, set_intersection, set_difference,

....

Bild 11.3: Überblick über das Konzept der Standard Template Library

Alternative wäre jeweils ein entsprechendes Spektrum von Elementfunktionen. Dieser Ansatz – d.h. die Definition globaler Funktionen mit einer generischen Anwendungsbandbreite – ist natürlich nicht objektorientiert, sondern nur im Rahmen einer hybriden Sprache möglich, siehe auch Abschn. 10.1.3.

11.5.2 Container für Sequenzen

Das sind Container, die Objekte in einer festen linearen Anordnung aufbewahren. Bei der Definition eines entsprechenden Containers wird mit *Type* jeweils der Elementetyp festgelegt.

vector<*Type*>**:** Ein nach einer Seite offenes dynamisches Array; ermöglicht die Benutzung von Direktzugriffs-Iteratoren. Anwendungsbeispiel:

```
#include<vector>
#include<algorithm>

vector<int> table(10);
vector<int>::iterator it;

for (it=table.begin(); it<table.end(); it++)
  *it = rand() % 100;

sort(table.begin(), table.end());

for (it=table.begin(); it<table.end(); it++)
  cout << *it << " ";
```

deque<*Type*>**:** Ein nach zwei Seiten offenes dynamisches Array; ermöglicht die Benutzung Direktzugriffs-Iteratoren, der Name *„deque“* ist eine Abkürzung für *„double ended queue“* . Anwendungsbeispiel:

```
#include<deque>
#include<algorithm>

deque<int> table(10);
deque<int>::iterator it;

. . . wie bei vector . . .
```

list<*Type*>**:** Eine Zweiwegliste; ermöglicht die Verwendung von Bidirektional-Iteratoren

```
#include<list>
```

```
#include<vector>
#include<algorithm>

list<int> Liste;
list<int>::iterator it;

for (int i=0; i<10; i++) push_front(i);

vector<int> v(10);
copy(Liste.begin(), Liste.end(), v.begin());
sort(table.begin(), table.end());
copy(v.begin(), v.end(), Liste.begin());

for (it=Liste.begin(); it<Liste.end(); it++)
  cout << *it << " ";
```

Die vollständige `template`-Schnittstelle der drei Klassen `vector`, `deque` und `list` enthält einen weiteren Typparameter mit Default-Initialisierung zur Definition eines individuellen Speichermodells; am Beispiel der Klasse `vector` sieht das so aus:

```
template< class T, class A = allocator >
class vector { . . . };
```

Durch Definition einer eigenen `Allocator`-Klasse kann der Benutzer sich eigene Speicherverwaltungsmodelle definieren.

Die Funktionalitäten der drei Containertypen überschneiden sich, weisen aber jeweils typische Merkmale auf:

- `vector` und `deque` sind Direktzugriffs-Container, d.h. durch Verwenden des Subskriptoperators und durch Verwenden von Direktzugriffs-Iteratoren kann auf Elemente mit konstanter Zeitkomplexität lesend und schreibend zugegriffen werden. Auch die Zugriffe auf die Enden – `front`, `back`, `push_back`, `push_front`, `pop_back`, `pop_front` – werden mit konstanter Zeitkomplexität ausgeführt, wobei die beiden letztgenannten nur in der Klasse `deque` verfügbar sind. Die Funktionen `insert` und `erase` – Einfügen bzw. Löschen eines Elementes an der Stelle der Cursorposition – werden mit linearer Zeitkomplexität ausgeführt.

- `list` ermöglicht keine Direktzugriffe, d.h. es wird kein Subskriptoperator angeboten, und eine Verwendung von Direktzugriffs-Iteratoren ist nicht möglich. Die angegebenen Funktionen werden mit konstanter Zeitkomplexität ausgeführt, insbesondere auch `insert` und `erase`.

Im folgenden werden die Funktionalitäten der drei Containertypen `deque`, `list` und `vector` sowie des spezialisierten Typs `vector<bool>` im Detail erläutert.

Definitionen für alle Container für Sequenzen (deque, list und vector)

```
template <class T, class A = allocator<T> >
class SeqCont {   // SeqCont = deque | list | vector
  public:

  // Allgemeine Elemente fuer deque, vector und list :
  //
  // -- Typdefinitionen
  // -- Konstruktion, Kopieren, Destruktion
  // -- Iteratorpositionen
  // -- Kapazitaet, Fuellungsgrad
  // -- Zugriff auf Elemente
  // -- Modifikation des Containers

  // Weitere spezielle Funktionen : . . .

};

// Globale Funktionen (Vergleichen und Vertauschen):
```

Typdefinitionen:

Zur Spezifikation von Parameter- und Rückgabetypen der Elementfunktionen für die Klassen deque, list und vector sowie zur Verwendung für weitere Deklarationen werden Typdefinitionen benötigt, die diese Klassen öffentlich zur Verfügung stellen. Die folgenden Zeilen demonstrieren das:

```
reference         front ();
const_reference   front () const;
iterator          begin ();
const_iterator    begin () const;0
iterator          erase (iterator first, iterator last);
size_type         size  () const;

list<string>::iterator           iter;
list<somewhat>::reverse_iterator riter;
```

Alle Container der STL veröffentlichen die relevanten Typnamen, die dann auch für den Entwurf von entsprechenden Iteratoren und Algorithmen benötigt werden, siehe dazu die Abschnitte 11.6 und refAlgorithmen. Zusammenstellung der von allen Containern für Sequenzen (deque, list, vector) definierten Typen:

```
⊗ typedef typename A::reference              reference;
  typedef typename A::const_reference        const_reference;
  typedef implementierungsabhaengig          iterator;
  typedef implementierungsabhaengig          const_iterator;
```

```
typedef typename A::size_type                  size_type;
typedef typename A::difference_type            difference_type;
typedef T                                      value_type;
typedef A                                      allocator_type;
typedef typename A::pointer                    pointer;
typedef typename A::const_pointer              const_pointer;
typedef std::reverse_iterator<iterator>        reverse_iterator;
typedef std::reverse_iterator<const_iterator> const_reverse_iterator;
```

Diese Typen sind in dieser Form für alle Container für Sequenzen definiert. Für das Default-Speichermodell hat `reference` *den Typ* `T&` *und* `const_reference` *den Typ* `const T&`. *Die Iteratortypen sind in der Regel über eine entsprechende lokale Klasse definiert.* `size_type` *und* `difference_type` *sind vorzeichenlose ganzzahlige Typen, ebenfalls abhängig vom Speichermodell. Auch die Zeigertypen* `pointer` *und* `const_pointer` *sind vom Speichermodell abhängig, die Defaultwerte sind* `T*` *bzw.* `const T*`. *Die Reverse-Iteratoren sind Iterator-Adapter, die mit dem eigenen Iteratortyp parametrisiert sind.*

Konstruktion, Kopieren, Destruktion:

Die folgenden Deklarationen und Anweisungen demonstrieren die wesentlichen Möglichkeiten der Konstruktion und des Kopierens von sequentiellen Containern der Typen `deque`, `vector` und `list`; alle drei Typen sind in der Beziehung gleich ausgestattet:

```
const int                          Size = 100;
typedef . . .                      somewhat;
vector<double>                     vec1a, vec1b;
vector<double>                     vec2(Size);
vector<double>                     vec3(Size, 0.0);
vector<double>::iterator           first=vec3.begin(),
                                   last =vec3.end();
vector<double>                     vec4(first, last);
vector<double>                     vec5(vec4);
vector< vector<double> >           vec6;
vector< deque< list<somewhat> > > vec7;
. . .
vec1a = vec1b;
vec5  = vec4;
vec2.assign(first, last);
vec2.assign(30, 0.0);
```

Zusammenstellung der entsprechenden Prototypen:

⊗ `explicit` *SeqCont*`(const A& = A());`
`explicit` *SeqCont*`(size_type n, const T& value = T(), const A& = A());`
`template <class InIt>` *SeqCont*`(InIt first, InIt last, const A& = A());`
SeqCont`(const` *SeqCont*`<T,A>& x);`
Standardkonstruktor, zwei weitere Konstruktoren und Kopierkonstruktor

- ~*SeqCont*();
  Destruktor
- *SeqCont*<T,A>& operator=(const *SeqCont*<T,A>& x);
  Zuweisungsoperator
- **template <class InIt> void assign(InIt first, InIt last);**
  template <class Size, class T> void assign(Size n, const T& t = T());
  Zwei spezielle Zuweisungsfunktionen
- **allocator_type get_allocator() const;**
  Liefert den Allokatortyp

Iteratorpositionen:

Die Container sind mit einer Iterator-Schnittstelle versehen, die es ermöglichen, globale generische Funktionen – die sog. Algorithmen – auf sie anzuwenden. Die Container können auf diese Weise vom Anfang bis zum Ende oder auch bereichsweise oder auch in umgekehrte Richtung durchlaufen werden. Die folgenden Elementfunktionen liefern entsprechende Anfangs- und Endpositionen:

```
iterator               begin();
const_iterator         begin() const;
iterator               end();
const_iterator         end() const;
reverse_iterator       rbegin();
const_reverse_iterator rbegin() const;
reverse_iterator       rend();
const_reverse_iterator rend() const;
```

Die ersten vier Funktionen liefern Iteratoren für die Vorwärtsrichtung, sie verweisen auf das erste Element bzw. auf die Position hinter dem letzten Element. Die letzten vier Funktionen liefern Iteratoren für die Rückwärtsrichtung, sie verweisen auf das letzte Element bzw. auf die Position vor dem ersten Element. Die mit const-*bezeichneten Iteratortypen verweisen auf konstante Elemente. Bei* deque *und bei* vector *ist* iterator *ein Random-Access-Iterator, bei* list *ist er dagegen ein Biderectional-Iterator.*

Kapazität, Füllungsgrad:

```
size_type size    () const;
size_type max_size() const;
void      resize  (size_type sz, T c = T());
bool      empty   () const;
```

size() *liefert die aktuelle Größe, d.h. wie viele Plätze für Elemente sind vorhanden;* max_size() *liefert die maximal mögliche Größe. Mit* resize(...) *erhält der Container die angegebene neue Größe* sz, *evtl. neue Elemente werden mit dem Wert* c *initiiert. Mit* empty() *kann festgestellt werden. ob der Container leer ist.*

Zugriff auf Elemente:

```
reference       front();
const_reference front() const;
```

```
reference       back ();
const_reference back () const;
```

Liefert Referenz auf das erste bzw. auf das letzte Element des Containers. Bei den Versionen mit `const` *kann das Element nicht verändert werden.*

Modifikation des Containerinhalts:

```
⊗ void     push_back  (const T& x);
iterator insert     (iterator pos, const T& x = T());
void     insert     (iterator pos, size_type n, const T& x);
template <class InIt>
void     insert     (iterator pos, InIt first, InIt last);
void     pop_back   ();
iterator erase      (iterator pos);
iterator erase      (iterator first, iterator last);
void     swap       (SeqCont<T,A>&);
void     clear      ();
```

`push_back` *fügt das Element* `x` *hinten an, die* `insert`*-Funktionen fügen ein oder mehrere Elemente vor* `pos` *ein.* `pop_back()` *entfernt das letzte Element, die* `erase`*-Funktionen entfernen ein bzw.* `last-first` *Elemente,* `clear` *leert den Container, und* `swap` *vertauscht den Inhalt des übergebenen Containers mit dem eigenen.*

Globale Funktionen (Vergleichen und Tauschen):

```
⊗ template <class T, class A>
    bool operator==(const SeqCont<T,A>& x, const SeqCont<T,A>& y);
  . . .
  template <class T, class A>
    bool operator<=(const SeqCont<T,A>& x, const SeqCont<T,A>& y);
```

Die sechs lexikographischen Vergleiche zweier Container. Die Operationen `!=`, `>`, `>=` *und* `<=` *werden auf die beiden Operationen* `==` *und* `<` *zurückgeführt. Gleichheit (*`==`*) zweier Container ist erfüllt, wenn beide die gleiche Größe haben und wenn weiterhin alle Elemente an allen Positionen gleiche Werte haben. Die Relation* kleiner *(*`<`*) ist analog definiert wie bei Strings.*

```
⊗ template <class T, class A>
    void swap(SeqCont<T,A>& x, SeqCont<T,A>& y);
```

Diese Funktion ist die globale Alternative zu der entsprechenden Elementfunktion, sie vertauscht die Inhalte der beiden Container.

Containerklasse deque

```
template <class T, class A = allocator<T> >
class deque {
  public:
    . . .
    // Spezielle Funktionen fuer deque :
    //
    // -- Zugriff auf Elemente
```

```
    // -- Modifikation des Containers
};
```

Zugriff auf Elemente:

⊗ `reference       operator[](size_type n);`
`const_reference operator[](size_type n) const;`
`reference       at(size_type n);`
`const_reference at(size_type n) const;`
Liefert Referenz auf das Element an der Position `n`*, die* `const`*-Versionen werden aufgerufen, wenn die Objekte konstante Werte haben. Bei der Verwendung des Subskriptoperators findet* **keine** *Bereichsüberprüfung statt, die Funktionen* `at` *überwachen dagegen den Indexbereich und generieren bei Bereichsüberschreitung ein Ausnahmeobjekt vom Typ* `out_of_range`

Modifikation des Containers:

⊗ `void push_front (const T& x);`
`void pop_front  ();`
Fügt das Element `x` *vor dem bisher ersten Element ein bzw. entfernt das erste Element*

Containerklasse `list`

```
template <class T, class A = allocator<T> >
class list {
  public:
    . . .
    // Spezielle Funktionen fuer list :
    //
    // -- Modifikation des Containers
    // -- Listenoperationen
};
```

Modifikation des Containers:

⊗ `void push_front (const T& x);`
`void pop_front  ();`
Fügt das Element `x` *vor dem bisher ersten Element ein bzw. entfernt das erste Element*

Listenoperationen:

⊗ `void splice (iterator pos, list<T,A>& x);`
`void splice (iterator pos, list<T,A>& x, iterator i);`
`void splice (iterator pos, list<T,A>& x, iterator first, iterator last);`
`void remove (const T& value);`
`template <class Pred> void remove_if (Pred pred);`
`void unique ();`

```
template <class BinPred> void unique (BinPred binary_pred);
void merge (list<T,A>& x);
template <class Cmp> void merge(list<T,A>& x, Cmp comp);
void sort ();
template <class Cmp> void sort(Cmp comp);
void reverse ();
```

Die Funktionen `splice` *fügen die Elemente der übergebenen Liste* `x` *oder Teile davon vor* `pos` *in die eigene Liste ein. Das übergebene Objekt oder die betroffenen Teile werden dabei aufgelöst. Die Funktionen* `remove` *und* `remove_if` *entfernen das Element mit dem übergebenen Wert bzw. die Elemente, für die* `pred` *den Wert* `true` *liefert. Die Funktionen* `unique` *entfernen jeweils von mehrfach vorkommenden Elementen mit gleichem Wert alle bis auf einen. Die Funktionen* `merge` *verschmelzen die übergebene Liste mit der eigenen, bei der ersten Variante wird der Operator* < *der Elemente verwendet, bei der zweiten wird das Funktionsobjekt* `comp` *verwendet. Die Funktionen* `sort` *sortieren die Liste unter Verwendung von* < *bzw. unter Verwendung von* `comp`*. Die Funktion* `reverse` *kehrt die Reihenfolge der Elemente in der Liste um.*

Containerklasse `vector`

```
template <class T, class A = allocator<T> >
class vector {
  public:
    . . .
    // Spezielle Funktionen fuer vector :
    //
    // -- Kapazitaet, Fuellungsgrad
    // -- Zugriff auf Elemente
};
```

Kapazität, Füllungsgrad:

⊗ `size_type capacity() const;`
Gibt an, wie viele Elemente aufgenommen werden können, ohne eine Neuallokierung durchführen zu müssen

⊗ `void reserve(size_type n);`
Sorgt dafür, daß nach Ausführen der Funktion der Vektor insgesamt mindestens n *Elemente aufnehmen kann, ohne eine Neuallokierung durchführen zu müssen*

Zugriff auf Elemente:

⊗
```
reference       operator[](size_type n);
const_reference operator[](size_type n) const;
reference       at(size_type n);
const_reference at(size_type n) const;
```
Liefert Referenz auf das Element an der Position `n`*, die* `const_`*-Versionen werden aufgerufen, wenn die Objekte konstante Werte haben. Bei der Verwendung des Sub-*

skriptoperators findet **keine** *Bereichsüberprüfung statt, die Funktionen* `at` *überwachen dagegen den Indexbereich und generieren bei Bereichsüberschreitung ein Ausnahmeobjekt vom Typ* `out_of_range`

Spezialisierte Containerklasse `vector<bool>`

Die Containerklasse `vector<bool>` ist eine Spezialisierung der allgemeineren Klasse Vektor und deckt den sicher nicht seltenen Fall ab, daß die Elemente *Boolesche Werte* sind. Dabei geht es insbesondere darum, die Werte ohne Redundanz abzulegen. Die interne Klasse `reference` simuliert Referenzen auf die *Booleschen Werte* in dem Vektor.

```
template <class A = allocator<bool> >
class vector<bool, A> {
  public:
    . . .
    class reference {
        friend class vector;
        reference();
      public:
        ~reference();
        operator bool() const;
        reference& operator=(const bool x);
        reference& operator=(const reference& x);
        void flip();       // flips the bit
    };
    . . .
    reference        operator[](size_type n);
    const_reference operator[](size_type n) const;
    const_reference at(size_type n) const;
    reference        at(size_type n);
    . . .
    void flip();     // alle Bits invertieren
    . . .
};
```

Die Funktionalität dieser Klasse stimmt bis auf einige kleine Details und bis auf die zusätzlich vorhandene Funktion `flip()` mit der der allgemeinen Vektorklasse überein. Die Funktion `flip()` invertiert alle *Booleschen Werte* des Objektes.

Benutzung der Containerklassen für Sequenzen

Die beiden C++-Texte 11.19 und 11.20 demonstrieren die Benutzung der Container für Sequenzen. Im ersten Beispiel wird die Verwendung eines C-Vektors, eines STL-Vektors und einer STL-Liste gegenübergestellt, wobei zu beachten ist, daß der

Algorithmus sort auf die STL-Liste nicht anwendbar ist! Das zweite Beispiel demonstriert insbesondere die Verwendung von Iteratoren.

C++-Text 11.19: *Container für Sequenzen, Beispiel 1* ./Bsp11/stl/stl0.cpp

```
#include <iostream>
#include <vector>
#include <list>
#include <algorithm>
#include <stdlib>
using namespace std;

void print(int x) { cout << x << " "; }

int main() {

  int             C_Vektor[20];     // C-Vektor
  vector<int>     Vektor(20);       // STL-Vektor
  list<int>       Liste;            // STL-Liste

  for (int i=0; i<20; i++) {
    int x = rand() % 6 + 1;
    C_Vektor[i] = x;
    Vektor[i]  = x;
    Liste.push_back(x);
  }

  for_each (C_Vektor, C_Vektor+20,  print);
  cout << endl;
  for_each (Vektor.begin(), Vektor.end(), print);
  cout << endl;
  for_each (Liste.begin(), Liste.end(), print);
  cout << endl;

  sort(&C_Vektor[0], &C_Vektor[20]);
  sort(Vektor.begin(), Vektor.end());
  cout << endl;
  for_each (C_Vektor, C_Vektor+20, print);
  cout << endl;
  for_each (Vektor.begin(), Vektor.end(), print);
  cout << endl;
}
```

Ausgabe des Programms:

```
6 6 5 5 6 5 1 1 5 3 6 6 2 4 2 6 2 3 4 1
6 6 5 5 6 5 1 1 5 3 6 6 2 4 2 6 2 3 4 1
```

```
6 6 5 5 6 5 1 1 5 3 6 6 2 4 2 6 2 3 4 1

1 1 1 2 2 2 3 3 4 4 5 5 5 6 6 6 6 6 6
1 1 1 2 2 2 3 3 4 4 5 5 5 6 6 6 6 6 6
```

C++-Text 11.20: *Container für Sequenzen, Beispiel 2* ./Bsp11/stl/stl1.cpp

```
#include <iostream>
#include <vector>
#include <list>
#include <algorithm>
#include <cstdlib>
using namespace std;

int main() {

  int                      cont1[20]; // C-Vektor
  vector<int>              cont2;     // Vektor
  list<int>                cont3;     // Liste

  int*                     it1;       // Iterator fuer C-Vektor
  vector<int>::iterator    it2;       // Iterator fuer Vektor
  list<int>::iterator      it3;       // Iterator fuer Liste

  it1 = cont1;
  for (int i=0; i<20; i++) {
    int x = rand() % 6 + 1;
    *it1++ = x;
    cont2.push_back(x);
    cont3.push_back(x);
  }

  it1 = cont1;
  while (it1 != cont1+20)    cout << *it1++ << " ";
  cout << endl;

  it2 = cont2.begin();
  while (it2 != cont2.end()) cout << *it2++ << " ";
  cout << endl;

  it3 = cont3.begin();
  while (it3 != cont3.end()) cout << *it3++ << " ";
  cout << endl;

  sort(cont1, cont1+20);
  sort(cont2.begin(), cont2.end());
  cout << endl;
```

```
  it1 = cont1;
  while (it1 != cont1+20)     cout << *it1++ << " ";
  cout << endl;
  it2 = cont2.begin();
  while (it2 != cont2.end()) cout << *it2++ << " ";
  cout << endl;
}
```

11.5.3 Containeradapter für Sequenzen

Die Funktionalitäten von Containern der Typen `stack`, `queue` und `priority_queue` sind jeweils als Untermenge in den Funktionalitäten der Container vom Typ `vector`, `deque` und `queue` enthalten und werden entsprechend darauf abgebildet. Iteratoren sind auf Container-Adapter nicht anwendbar.

stack<*Type*>**, stack**<*Type, Container*>**:** Ein Container, der als Stapelspeicher (LIFO-Struktur) arbeitet; Anwendungsbeispiel:

```
#include<stack>
#include<vector>

stack< int, vector<int> > s(10);
for (int i=0; i<10; i++) s.push(i);
while ( !s.empty() ) {
  cout << s.top() << " "; s.pop();
}
```

queue<*Type*>**, queue**<*Type, Container*>**:** Ein Container, der als Warteschlange (FIFO-Struktur) arbeitet; Anwendungsbeispiel:

```
#include<queue>
#include<string>

queue<string> que;

que.push("aaa"); que.push("bbb"); que.push("ccc");

while ( !que.empty() ) {
  cout << que.front() << " "; que.pop();
}
```

priority_queue<*Type*>**, priority_queue**<*Type, Container*>**:** Ein Container, der als Prioritätswarteschlange (PRIO-Struktur) arbeitet; Anwendungsbeispiel:

```
#include<queue>

priority_queue<int> pque;

for (int i=0; i<10; i++) pque.push(rand());

while ( !pque.empty() ) {
  cout << pque.top() << " "; pque.pop();
}
```

Die vollständigen template-Schnittstellen der drei Klassen stack, queue und priority_queue enthalten jeweils einen Typparameter mit Default-Initialisierung, der angibt, welche Containerklasse als Basis verwendet werden soll. Bei der Prioritätswarteschlange kann darüber hinaus ein selbstdefiniertes Funktionsobjekt zur Festlegung der Ordnung übergeben werden:

```
template< class T, class Cont = deque<T> >
class stack { . . . }

template< class T, class Cont = deque<T> >
class queue { . . . }

template< class T, class Cont = vector<T>,
          class Cmp = less<Cont::value_type> >
class priority_queue { . . . }
```

Im folgenden werden die drei Containeradapter queue, stack und priority_queue im Detail beschrieben.

Containeradapter queue

```
template <class T, class Cont = deque<T> >
class queue {
  public:
    typedef typename Cont::value_type value_type;
    typedef typename Cont::size_type  size_type;
    typedef typename Cont             container_type;
  protected:
    Cont c;
  public:
    explicit queue(const Cont& = Cont());

    bool        empty () const              { return c.empty(); }
    size_type   size  () const              { return c.size();  }
    value_type& front ()                    { return c.front(); }
    const
    value_type& front () const              { return c.front(); }
```

```
    value_type& back  ()                     { return c.back();  }
    const
    value_type& back  () const               { return c.back();  }
    void        push  (const value_type& x)  { c.push_back(x);   }
    void        pop   ()                     { c.pop_front();    }
};
```

Containeradapter priority_queue

```
template <class T, class Cont = vector<T>,
          class Cmp = less<Cont::value_type> >
class priority_queue {
  public:
    typedef typename Cont::value_type value_type;
    typedef typename Cont::size_type  size_type;
    typedef typename Cont             container_type;
  protected:
    Cont c;
    Cmp comp;
  public:
    explicit
    priority_queue(const Cmp& x = Cmp(), const Cont& = Cont());
    template <class InIt>
    priority_queue(InIt first, InIt last, const Cmp& x = Cmp(),
                                          const Cont& = Cont());

    bool        empty () const              { return c.empty(); }
    size_type   size  () const              { return c.size();  }
    const
    value_type& top   () const              { return c.front(); }
    void        push  (const value_type& x);
    void        pop   ();
};
// keine Vergleichsfunktionen
```

Containeradapter stack

```
template <class T, class Cont = deque<T> >
class stack {
  public:
    typedef typename Cont::value_type value_type;
    typedef typename Cont::size_type  size_type;
    typedef typename Cont             container_type;
  protected:
    Cont c;
  public:
```

```
        explicit stack(const Cont& = Cont());

        bool         empty () const                { return c.empty(); }
        size_type    size  () const                { return c.size();  }
        value_type&  top   ()                      { return c.back();  }
        const
        value_type&  top   () const                { return c.back();  }
        void         push  (const value_type& x)   { c.push_back(x);   }
        void         pop   ()                      { c.pop_back();     }
    };
```

Benutzung der Containeradapter für Sequenzen

Der C++-Text 11.21 demonstriert die Benutzung der drei Containeradapter queue, stack und priority_queue.

C++-Text 11.21: *Containeradapter, Beispiel* ./Bsp11/stl/stl2.cpp

```
#include <iostream>
#include <string>
#include <queue>
#include <vector>
#include <deque>
#include <functional>
#include <stack>
using namespace std;

string RandString(int l) {
  string s;
  for (int i=0; i<l; i++) s += rand() % 26 + 'a';
  return s;
}

int main() {

  queue<string>          fifo;
  stack<string>          lifo;
  priority_queue<string> prio;

  for (int i=1; i<=8; i++) {
    string s = RandString(5);
    fifo.push(s); lifo.push(s); prio.push(s);
  }

  while(!fifo.empty()) {
    cout << fifo.front() << " "; fifo.pop();
```

```
  }
  cout << endl;
  while(!lifo.empty()) {
    cout << lifo.top() << " "; lifo.pop();
  }
  cout << endl;

  while(!prio.empty()) {
    cout << prio.top() << " "; prio.pop();
  }
  cout << endl;
}
```

Ausgabe des Programms:

```
phqgh umeay lnlfd xfirc vscxg gbwkf nqdux wfnfo
wfnfo nqdux gbwkf vscxg xfirc lnlfd umeay phqgh
xfirc wfnfo vscxg umeay phqgh nqdux lnlfd gbwkf
```

11.5.4 Container für Assoziationen

Container, die einen assoziativen Zugriff über einen Suchschlüssel ermöglichen. Bei der Definition wird jeweils mit *Key* der Typ des Suchschlüssels festgelegt.

set<*Key*>: Container für Objekte, die mit Suchschlüsseln (keys) versehen sind. Die Objekte sind über die Schlüssel zugreifbar, und die Schlüssel sind eindeutig. Ein Set wird z.B. auf einen ausgeglichenen Baum abgebildet. `set`-Container ermöglichen die Benutzung von Bidirektional-Iteratoren. Anwendungsbeispiel:

```
#include<set>

set<int> s;

for (int i=0; i<20; i++)
  s.insert(rand()%20);

for (int i=0; i<20; i++)
  if ( s.find(i)!=s.end() )
    cout << i << " ";
```

multiset<*Key*>: Entsprechend `Set`, aber Schlüssel können auch mehrfach vorkommen, häufig wird hierfür auch der Name `Bag` verwendet. `multiset`-Container ermöglichen die Verwendung von Bidirektional-Iteratoren. Anwendungsbeispiel:

```
#include<set>
```

```
multiset<int> ms;

for (int i=0; i<20; i++) ms.insert(rand()%20);

while ( !ms.empty() )
  for (int i=0; i<20; i++)
    if ( ms.find(i)!=ms.end() ) cout << i << " ";
```

map<*Key, Type*>**:** Map unterscheidet sich von Set dadurch, daß jedem Schlüssel vom Typ *Key* ein Datum vom Typ *Type* zugeordnet ist, ein Map-Container ist damit z.B. einem Wörterbuch (dictionary) vergleichbar. map-Container ermöglichen die Verwendung von Bidirektional-Iteratoren. Anwendungsbeispiel:

```
#include<map>
#include<string>
#include<iostream>
using namespace std;

typedef multimap<string, string> WordBook;

WordBook WoBuch;          // Woerterbuch
WordBook::iterator pos; // Position

int main() {
  WoBuch["Baum"]                       = "tree";
  WoBuch["Haus"]                       = "house";
  WoBuch["Stapelspeicher"]             = "Stack";
  WoBuch["Warteschlange"]              = "queue";
  WoBuch["Prioritaetswarteschlange"] = "priority queue";

  pos =  WoBuch.find("Haus");
  cout << pos->first << " : " << pos->second << endl;
}
```

multimap<*Key, Type*>**:** Entsprechend einem Multiset mit einem Datum, das jedem Schlüssel zugeordnet ist. map-Container ermöglichen die Verwendung von Bidirektional-Iteratoren. Anwendungsbeispiel:

```
#include<map>
#include<string>
#include<iostream>
using namespace std;

typedef multimap<string, string> WordBook;
```

```
WordBook WoBuch;          // Woerterbuch
WordBook::iterator pos; // Position

int main() {
  typedef WordBook::value_type VT;

  WoBuch.insert(VT("Baum", "tree"));
  WoBuch.insert(VT("Haus", "house"));
  WoBuch.insert(VT("Stapelspeicher", "stack"));
  WoBuch.insert(VT("Warteschlange", "queue"));
  WoBuch.insert(VT("Prioritaetswarteschlange", "priority queue"));
  WoBuch.insert(VT("Haus", "home"));

  for (pos =  WoBuch.lower_bound("Haus");
       pos != WoBuch.upper_bound("Haus"); pos++)
    cout << pos->first << " : " << pos->second << endl;
}
```

Die `template`-Schnittstellen der Klassen `set`, `multiset`, `map` und `multimap` enthalten zusätzlich zum Typparameter `Key` bzw. zusätzlich zu den Typparametern `Key` und `T` jeweils noch zwei Typparameter mit Default-Initialisierung:

```
template< class Key, class Cmp = less<Key>,
          class A = allocator<Key> >
class set { . . . }

template< class Key, class Cmp = less<Key>,
          class A = allocator<Key> >
class multiset { . . . }

template< class Key, class T, class Cmp = less<Key>,
          class A = allocator<T> >
class map { . . . }

template< class Key, class T, class Cmp = less<Key>,
          class A = allocator<T> >
class multimap { . . . }
```

Der Parameter `A` repräsentiert wie bei den Containertypen für Sequenzen das Speichermodell, und über den Parameter `Cmp` kann ein Funktionsobjekt zur Definition der internen Ordnung übergeben werden.

Definitionen für alle Container vom Typ `map` und `multimap`

```
template <class Key, class T, class Cmp = less<Key>,
          class A = allocator<T> >
class MapCont {   // MapCont = map | multimap
```

```
    public:

    // Allgemeine Elemente fuer map und multimap :
    //
    // -- Typdefinitionen
    // -- Konstruktion, Kopieren, Destruktion
    // -- Iteratorpositionen
    // -- Kapazitaet, Fuellungsgrad
    // -- Modifikation des Containerinhalts
    // -- Vergleich von Schluessel- und Inhaltswerten
    // -- Weitere Operationen

    // Weitere spezielle Funktionen: . . .

  };

  // Globale Funktionen (Vergleichen und Vertauschen)
  // wie bei den Containern fuer Sequenzen
```

Typdefinitionen:

Wie die Containerklassen für Sequenzen stellen auch die Containerklassen für Assoziationen wieder entsprechende Typdefinitionen zur Verfügung. Die Elemente für Assoziationen besitzen alle eine Schlüsselinformation `key_type` = `Key`, über die sie identifiziert werden. Die Elemente der Containerklassen `map` und `multimap` haben zusätzlich den `mapped_type` = `T`. Beide zusammen ergeben das Paar `value_type` = `pair<const Key, T>`. Bei den Elementen der Containerklassen `set` und `multiset` fallen `key_type` und `value_type` zusammen.

```
⊗ typedef Key                                        key_type;
  typedef T                                          mapped_type;
  typedef pair<const Key,T>                          value_type;
  typedef Cmp                                        key_compare;
  typedef A                                          allocator_type;
  typedef typename A::reference                      reference;
  typedef typename A::const_reference                const_reference;
  typedef implementierungsabhaengig                  iterator;
  typedef implementierungsabhaengig                  const_iterator;
  typedef typename A::size_type                      size_type;
  typedef typename A::difference_type                difference_type;
  typedef typename A::pointer                        pointer;
  typedef typename A::const_pointer                  const_pointer;
  typedef std::reverse_iterator<iterator>            reverse_iterator;
  typedef std::reverse_iterator<const_iterator> const_reverse_iterator;
```

Die Namen `key_type` *und* `mapped_type` *bezeichnen die Typen für Suchschlüssel und zugeordnetes Datenelement,* `value_type` *wird durch das Klassentemplate* `pair` *definiert, das beide Typen zusammenfaßt* (siehe Abschn. 11.2)*. Dabei ist zu beachten, daß der Schlüsselwert nicht verändert werden kann.* `key_compare` *ist der Typname für das Funktionsobjekt* `Cmp`*, das zwei Schlüsselwerte vergleicht und damit die interne*

Ordnung definiert.

⊗ `class value_compare`
  `: public binary_function<value_type, value_type, bool> {...}`
Diese Klasse vergleicht zwei Elemente vom Typ `value_type`*, also Paare aus Suchschlüssel und zugeordnetem Datenelement, und berücksichtigt dabei nur die Suchschlüsselanteile.*

Konstruktion, Kopieren, Destruktion:

Die folgenden Deklarationen und Anweisungen demonstrieren die wesentlichen Möglichkeiten der Konstruktion und des Kopierens von assoziativen Containern der Typen `map`, `multimap`, `set` und `multiset`:

```
typedef ... key;
typedef ... mapped;

map<int, double>                     mp1, mp2;
map<string, string>                  mp3;
map<key, mapped>                     mp4;

multimap<key, mapped>                mmp1;
. . .
multimap<key, mapped>                mmp2(mmp1.begin(), mmp1.end();
multimap<key, mapped, greater<key> > mmp3;
. . .
mp2 = mp1; mmp2 = mmp1;
```

Zusammenstellung der entsprechenden Prototypen:

⊗ `explicit` *MapCont*`(const Cmp& comp = Cmp(), const A& = A());`
`template <class InIt>`
MapCont`(InIt first, InIt last, const Cmp& comp = Cmp(), const A& = A());`
MapCont`(const` *MapCont*`<Key,T,Cmp,A>& x);`
Der erste Konstruktor generiert einen leeren Container, der zweite erzeugt einen entsprechenden Container und fügt die Elemente aus dem angegebenen Bereich ein, in beiden Fällen können Vergleichsobjekt und Speichermodell angegeben werden. Der dritte Konstruktor ist der Kopierkonstruktor.

⊗ `~`*MapCont*`();`
Destruktor

⊗ *MapCont*`<Key,T,Cmp,A>& operator=(const` *MapCont*`<Key,T,Cmp,A>& x);`
Zuweisungsoperator

⊗ `allocator_type get_allocator() const;`
Liefert den installierten Allokatortyp

Iteratorpositionen:

⊗ `iterator          begin();`
`const_iterator    begin() const;`

```
iterator               end();
const_iterator         end() const;
reverse_iterator       rbegin();
const_reverse_iterator rbegin() const;
reverse_iterator       rend();
const_reverse_iterator rend() const;
```

Diese Funktionen liefern wie im Falle der Container für Sequenzen die entsprechenden Iteratorpositionen zum Vorwärts- und zum Rückwärtsiterieren für nicht konstante und für konstante Container. Bei schreibenden Iteratorzugriffen ist zu beachten, daß Schlüsselwerte nicht verändert werden können.

Kapazität, Füllungsgrad:

⊗
```
bool      empty() const;
size_type size() const;
size_type max_size() const;
```

Die erste Funktion gibt an, ob der Container leer ist, die zweite liefert die aktuelle Anzahl von Elementen im Container, und die dritte liefert die maximal mögliche Zahl von Elementen, die der Container insgesamt aufnehmen kann.

Modifikation des Containerinhalts:

⊗
```
iterator insert(iterator pos, const value_type& x);
template <class InIt> void insert(InIt first, InIt last);
void      erase(iterator pos);
size_type erase(const key_type& x);
void      erase(iterator first, iterator last);
void swap(MapCont<Key,T,Cmp,A>&);
void clear();
```

Die erste Funktion fügt `x` *ein und liefert dann dessen Position im Container,* `pos` *ist ein Hinweis, bei welcher Position mit dem Suchen der Einfügstelle begonnen werden sollte. Die zweite Funktion fügt die Elemente des angegebenen Bereichs ein. Die erste* `erase`*-Funktion entfernt das Element an der angegebenen Position, die zweite entfernt alle Elemente mit dem angegebenen Wert und liefert die Anzahl der entfernten Elemente, und die dritte entfernt alle Elemente im Bereich* `[first, last)`. `swap` *vertauscht den Inhalt des übergebenen Containers mit dem eigenen, und* `clear` *leert den Container.*

Vergleich von Schlüssel- und Inhaltswerten:

⊗
```
key_compare   key_comp() const;
value_compare value_comp() const;
```

Die erste Funktion liefert ein Funktionsobjekt zum Vergleich von Suchschlüsseln, die zweite liefert ein Funktionsobjekt, das die Suchschlüssel von Elementen vergleicht.

Weitere Operationen:

⊗
```
iterator       find(const key_type& x);
const_iterator find(const key_type& x) const;
size_type      count(const key_type& x) const;
```

```
iterator       lower_bound(const key_type& x);
const_iterator lower_bound(const key_type& x) const;
iterator       upper_bound(const key_type& x);
const_iterator upper_bound(const key_type& x) const;
pair<iterator,iterator>
               equal_range(const key_type& x);
pair<const_iterator,const_iterator>
               equal_range(const key_type& x) const;
```

Alle Funktionen bis auf `count` *sind jeweils mit gleicher Funktionalität doppelt vorhanden, nämlich für nicht konstante und für konstante Objekte. Wenn vorhanden, dann liefert* `find` *die Position eines Elements mit dem Schlüsselwert* `x`*, sonst liefert die Funktion die Endposition* `xyz.end()`. `lower_bound` *und* `upper_bound` *liefern das gleiche Ergebnis, wenn genau ein entsprechendes Element existiert; wenn mehrere Elemente existieren (im Multmap), liefert* `lower_bound` *die Position des ersten und* `upper_bound` *die Position des letzten entsprechenden Elements. Die Funktion* `count` *bestimmt die Anzahl der Elemente im Container mit dem Schlüsselwert* `x`*, und die beiden Funktionen* `equal_range` *liefern ein Iteratorpaar, das auf das erste und letzte Element mit dem Schlüsselwert* `x` *im Container zeigt.*

Globale Funktionen (Vergleichen und Tauschen):

⊗
```
template <class T, class A>
  bool operator==(const MapCont<T,A>& x, const MapCont<T,A>& y);
. . .
template <class T, class A>
  bool operator<=(const MapCont<T,A>& x, const MapCont<T,A>& y);
```

Die sechs lexikographischen Vergleiche zweier Container. Die Operationen `!=`, `>`, `>=` *und* `<=` *werden auf die beiden Operationen* `==` *und* `<` *zurückgeführt. Gleichheit (*`==`*) zweier Container ist erfüllt, wenn beide die gleiche Größe haben und wenn weiterhin alle Elemente an allen Positionen gleiche Werte haben. Die Relation* kleiner *(*`<`*) ist analog definiert wie bei Strings.*

⊗
```
template <class T, class A>
  void swap(MapCont<T,A>& x, MapCont<T,A>& y);
```

Diese Funktion ist die globale Alternative zu der entsprechenden Elementfunktion, sie vertauscht die Inhalte der beiden Container.

Besonderheiten der Containerklasse `map`

Container der Klasse `map` können Elemente mit bestimmten Schlüsselwerten nicht mehrfach enthalten, jeder Schlüssel ist eindeutig. Zusätzlich zu den bisher angegebenen Funktionen gibt es für die Klasse `map` zwei spezielle Elementfunktionen. Die Funktion `operator[]` unterstützt vergleichbar dem Subskriptoperator für Vektoren den lesenden und schreibenden Direktzugriff (assoziativer Zugriff), z.B.:

```
map<string, string> Wobuch;
string              Wort;
WoBuch["Baum"] = "tree";
```

```
. . .
Wort = WoBuch["Baum"];
```

Aber Vorsicht: Wenn bei dem Aufruf `Wort = WoBuch["Baum"];` kein Element mit dem angegebenen Schlüssel existiert, wird ein neuer Eintrag mit diesem Schlüssel erzeugt, der zugeordnete Wert wird per Standardkonstruktor erzeugt.

Die spezielle `insert`-Funktion fügt ein Element ein, falls im Container bisher kein entsprechender Schlüsselwert existiert, und liefert dem Anwender relevante Informationen zurück.

Zugriff auf Elemente:

⊗ `reference operator[](const key_type& x);`
Liefert eine Referenz auf den Wert vom Typ `T`*, der dem Schlüsselwert* `x` *zugeordnet ist. Wenn kein Schlüsselwert* `x` *existiert, wird ein entsprechendes Paar* `(x, T())` *eingefügt und die Referenz auf den neu kreierten Wert* `T()` *geliefert. Der neue zugeordnete Wert zu dem Schlüssel* `x` *wird durch den Standardkonstruktor erzeugt.*

Modifikation des Containerinhalts:

⊗ `pair<iterator, bool> insert(const value_type& x);`
Wenn bisher ein Element mit dem Schlüsselwert von `x` *existiert, wird ein Element* `x` *eingefügt und ein Paar zurückgegeben, das die Position des eingefügten Elements und den Wert* `true` *enthält. Wenn ein entsprechendes Element schon existiert, dann wird dessen Position und der Wert* `false` *zurückgegeben.*

Besonderheiten der Containerklasse `multimap`

Container der Klasse `multimap` können Elemente mit gleichen Schlüsseln mehrfach enthalten, deshalb sind die gerade erläuteten beiden speziellen `map`-Funktionen hier nicht definiert, statt dessen gibt es speziell für `multimap`-Container eine besondere Funktion `insert` zum Einfügen eines Elements. Das Element wird in jedem Falle eingefügt, d.h. die Rückgabe einer zusätzlichen Booleschen Komponente als Vollzugsmeldung wie beim `map`-Container ist hier überflüssig.

Modifikation des Containerinhalts:

⊗ `iterator insert(const value_type& x);`
Ein Element `x`*, bestehend aus Schlüsselwert und zugeordnetem Wert, wird eingefügt, die Position des eingefügten Elements wird zurückgeliefert.*

Definitionen für alle Container vom Typ `set` und `multiset`

Die Containerklassen `set` und `multiset` sind Spezialfälle der Containerklassen `map` und `multimap`, deren Elemente nur einen Schlüsselwert enthalten, der zugeordnete Wert vom Typ `T` (`mapped_type`) entfällt:

```
template <class Key, class Cmp = less<Key>, class A = allocator<T> >
class SetCont {    // SetCont = set | multiset
  public:

  // Allgemeine Elemente fuer set, multiset :
  //
  // -- Typdefinitionen
  // -- Konstruktion, Kopieren, Destruktion          : wie MapCont
  // -- Iteratorpositionen                           : wie MapCont
  // -- Kapazitaet, Fuellungsgrad                    : wie MapCont
  // -- Modifikation des Containerinhalts            : wie MapCont
  // -- Vergleich von Schluessel- und Inhaltswerten  : wie MapCont
  // -- Weitere Operationen

  // Weitere spezielle Funktionen: . . .

};

// Globale Funktionen (Vergleichen und Vertauschen) : wie MapCont
```

Typdefinitionen:

Im Vergleich zu den Containern vom Typ `map` und `multimap` entfällt hier der Typ `T` = `mapped_type`, und damit fallen `key_type` und `value_type` sowie ebenfalls `key_compare` und `value_compare` zusammen, d.h. sind jeweils synonym.

```
⊗ typedef Key                               key_type;
  typedef Cmp                               key_compare;
  typedef Key                               value_type;
  typedef Cmp                               value_compare;
```

...Rest wie bei *MapCont*

Durch den Wegfall eines zugeordneten Wertes sind Schlüssel und Wert sowie Schlüsselvergleich und Wertvergleich synonym, die übrigen Typdefinitionen sind mit denen der MapCont-Klassen identisch.

Konstruktion, Kopieren, Destruktion:

Die Elemente für *Konstruktion, Kopieren* und *Destruktion* entsprechen denen der *MapCont*-Klassen. Die folgenden Deklarationen und Anweisungen demonstrieren die wesentlichen Möglichkeiten der Konstruktion und des Kopierens von Containern der Typen `set` und `multiset`:

```
typedef ... somewhat;

int    vec1[10] = { 0, 2, 7, 12, 23, 24, 36, 45, 63, 72};
string vec2[8]  = { "Rolf", "Thekla", "Julie", "Peter",
                    "Hans", "Ilse", "Helene", "Erich"};

set<int>                          s1;
```

```
set<int>                                s2(vec1, vec1+10);
set<int, greater<int> >                 s3(vec1, vec1+10);
set<int>                                s4(s2);
set<somewhat>                           s5;
set< set<somewhat> >                    s6;
set< list<somewhat> >                   s7;

multiset<string>                        ms1;
multiset<string>                        ms2(vec2, vec2+8);
multiset<string, greater<string> >      ms3(vec2, vec2+8);
multiset<string>                        ms4(ms2);
multiset< set<somewhat> >               ms5;
. . .
s1 = s2; ms1 = ms2;
```

Zusammenstellung der entsprechenden Prototypen:

⊗ `explicit` *SetCont*`(const Cmp& comp = Cmp(), const A& = A());`
`template <class InIt>`
SetCont`(InIt first, InIt last, const Cmp& comp = Cmp(), const A& = A());`
SetCont`(const` *SetCont*`<Key,T,Cmp,A>& x);`
... entsprechend MapCont

⊗ `~`*SetCont*`();`
... entsprechend MapCont

⊗ *SetCont*`<Key,T,Cmp,A>& operator=(const` *SetCont*`<Key,T,Cmp,A>& x);`
... entsprechend MapCont

⊗ `allocator_type get_allocator() const;`
... entsprechend MapCont

Iteratorpositionen:

```
⊗ iterator               begin();
  const_iterator         begin() const;
  iterator               end();
  const_iterator         end() const;
  reverse_iterator       rbegin();
  const_reverse_iterator rbegin() const;
  reverse_iterator       rend();
  const_reverse_iterator rend() const;
```
... entsprechend MapCont

Kapazität, Füllungsgrad:

```
⊗ bool      empty() const;
  size_type size() const;
  size_type max_size() const;
```
... entsprechend MapCont

Modifikation des Containerinhalts:

```
⊗ iterator insert(iterator pos, const value_type& x);
  template <class InIt> void insert(InIt first, InIt last);
  void      erase(iterator pos);
  size_type erase(const key_type& x);
  void      erase(iterator first, iterator last);
  void swap(SetCont<Key,T,Cmp,A>&);
  void clear();
  ... entsprechend MapCont
```

Vergleich von Schlüssel- und Inhaltswerten:

```
⊗ key_compare   key_comp() const;
  value_compare value_comp() const;
  ... entsprechend MapCont
```

Weitere Operationen:

```
⊗ iterator  find(const key_type& x) const;
  size_type count(const key_type& x) const;
  iterator  lower_bound(const key_type& x) const;
  iterator  upper_bound(const key_type& x) const;
  pair<iterator,iterator> equal_range(const key_type& x) const;
  ... entsprechend MapCont
```

Globale Funktionen (Vergleichen und Tauschen):

```
⊗ template <class T, class A>
    bool operator==(const SetCont<T,A>& x, const SetCont<T,A>& y);
   . . . . . . . . . . . . .
  template <class T, class A>
    bool operator<=(const SetCont<T,A>& x, const SetCont<T,A>& y);
  ... entsprechend MapCont

⊗ template <class T, class A>
    void swap(SetCont<T,A>& x, SetCont<T,A>& y);
  ... entsprechend MapCont
```

Besonderheiten der Containerklasse `set`

Eine Funktiom `operator[]` wie in der Klasse `map` gibt es nicht, sie würde keinen Sinn machen. Die folgende Funktion `insert` hat die gleiche Syntax und Semantik wie in der Klasse `map`:

Modifikation des Containerinhalts:

⊗ `pair<iterator, bool> insert(const value_type& x);`
Wenn bisher kein Element mit dem Wert `x` *existiert, wird ein Element* `x` *eingefügt und ein Paar zurückgegeben, das die Position des eingefügten Elements und den Wert* `true` *enthält. Wenn ein entsprechendes Element schon existiert, wird dessen Position und der Wert* `false` *zurückgegeben.*

Besonderheiten der Containerklasse `multiset`

Die folgende Funktion `insert` hat die gleiche Syntax und Semantik wie in der Klasse `multimap`:

Modifikation des Containerinhalts:

- ⊗ `iterator insert(const value_type& x);`
  Ein Element `x` *wird in den Container eingefügt, die Position des eingefügten Elements wird zurückgeliefert.*

Benutzung der Containerklassen für Assoziationen

Die C++-Texte 11.22 und 11.23 demonstrieren die Verwendung der Containerklassen `set` und `multiset` bzw. `map` und `multimap`.

C++-Text 11.22: *Container für Assoziationen, Beispiel 1* ./Bsp11/stl/stl3.cpp

```
#include <iostream>
#include <set>
#include <algorithm>
#include <cstdlib>
using namespace std;

void print(int x) { cout << x << " "; }

int main() {

  set<int>        Menge;            // STL-Set
  multiset<int>   MultiMenge;       // STL-Multiset

  for (int i=0; i<20; i++) {
    int x = rand() % 6 + 1;
    Menge.insert(x);
    MultiMenge.insert(x);
  }

  // Ausgabe durch Verwenden der globalen Funktion foreach:
  //--------------------------------------------------------

  for_each (Menge.begin(), Menge.end(),  print);
  cout << endl;
  for_each (MultiMenge.begin(), MultiMenge.end(),  print);
  cout << endl;


  // Ausgabe durch direktes Verwenden von Iteratoren:
  //--------------------------------------------------
```

```
  set<int>::iterator      it1;     // Iterator fuer Set
  multiset<int>::iterator it2;     // Iterator fuer Multiset

  it1 = Menge.begin();
  while (it1 != Menge.end()) cout << *it1++ << " ";
  cout << endl;
  it2 = MultiMenge.begin();
  while (it2 != MultiMenge.end()) cout << *it2++ << " ";
  cout << endl;
}
```

Ausgabe des Programms:

```
    1 2 3 4 5 6
    1 1 1 2 2 2 3 3 4 4 5 5 5 5 6 6 6 6 6 6
    1 2 3 4 5 6
    1 1 1 2 2 2 3 3 4 4 5 5 5 5 6 6 6 6 6 6
```

C++-Text 11.23: *Container für Assoziationen, Beispiel 2* ./Bsp11/stl/stl3a.cpp

```
#include <iostream>
#include <set>
#include <map>
#include <algorithm>
#include <cstdlib>
using namespace std;

int main() {

  typedef map<int, int>       Table1;
  typedef multimap<int, int>  Table2;

  Table1 tab1;
  Table2 tab2;

  for (int i=0; i<10; i++) {
    int x = rand() % 6 + 1;

    tab1[x] = x * x;                                // entweder so
//  tab1.insert(pair<const int, int>(x, x * x));   // oder so
//  tab1.insert(Table1::value_type(x, x * x));     // oder so

    tab2.insert(pair<const int, int>(x, x * x));   // entweder so
//  tab2.insert(Table2::value_type(x, x * x));     // oder so
//  tab2[x] = x * x;                                // aber nicht so !!!
  }
```

```
  Table1::iterator it1;
  Table2::iterator it2;

  it1 = tab1.begin();
  while (it1 != tab1.end()) {
    cout << '(' << it1->first << " " << it1->second << ") ";
    it1++;
  }
  cout << endl;

  it2 = tab2.begin();
  while (it2 != tab2.end()) {
    cout << '(' << it2->first << "," << it2->second << ") ";
    it2++;
  }
  cout << endl;
}
```

Ausgabe des Programms:

```
(1 1) (3 9) (5 25) (6 36)
(1,1) (1,1) (3,9) (5,25) (5,25) (5,25) (5,25) (6,36) (6,36) (6,36)
```

11.5.5 Die Containerklasse bitset

Die Containerklasse bitset ist besonders gut geeignet, eine Bitsequenz fester Länge mit hoher Speicher- und Zeiteffizienz darzustellen:

```
template <size_t N>
class bitset {
  public:

    // Bit-Referenz
    // Konstruktoren
    // Operatoren
    // Konvertierung
    // Kapazitaet, Fuellungsgrad
    // Vergleiche und Tests
    // Bits verschieben
};

// Globale Funktionen
```

Bit-Referenz:

```
class reference {
  friend class bitset;
  reference();
```

```
public:
 ~reference();
  reference& operator=(bool x);             // for b[i] = x;
  reference& operator=(const reference&); // for b[i] = b[j];
  bool operator~() const;                   // flips the bit
  operator bool() const;                    // for x = b[i];
  reference& flip();                        // for b[i].flip();
};
```

Konstruktoren:

```
bitset();
bitset(unsigned long val);
template<class Ch, class Tr, class A>
  explicit bitset(
    const basic_string<Ch,Tr,A>& str,
    typename basic_string<Ch,Tr,A>::size_type pos = 0,
    typename basic_string<Ch,Tr,A>::size_type n =
      basic_string<Ch,Tr,A>::npos);
```

Operatoren:

```
bitset<N>& operator&= (const bitset<N>& rhs);
bitset<N>& operator|= (const bitset<N>& rhs);
bitset<N>& operator^= (const bitset<N>& rhs);
bitset<N>& operator<<= (size_t pos);
bitset<N>& operator>>= (size_t pos);
bitset<N>& set();
bitset<N>& set(size_t pos, int val = true);
bitset<N>& reset();
bitset<N>& reset(size_t pos);
bitset<N>  operator~ () const;
bitset<N>& flip();
bitset<N>& flip(size_t pos);
reference operator[](size_t pos);   // for b[i];
```

Konvertierung:

```
unsigned long  to_ulong() const;
template <class Ch, class Tr, class A>
  basic_string<Ch, Tr, A> to_string() const;
```

Kapazität, Füllungsgrad:

```
size_t count() const;
size_t size()  const;
```

Vergleiche und Tests:

```
bool operator== (const bitset<N>& rhs) const;
```

```
    bool operator!= (const bitset<N>& rhs) const;
    bool test(size_t pos) const;
    bool any() const;
    bool none() const;
```

Bits verschieben:

```
    bitset<N> operator<< (size_t pos) const;
    bitset<N> operator>> (size_t pos) const;
```

Globale Funktionen:

```
    template <size_t N>
      bitset<N> operator& (const bitset<N>&, const bitset<N>&);
    template <size_t N>
      bitset<N> operator| (const bitset<N>&, const bitset<N>&);
    template <size_t N>
      bitset<N> operator^ (const bitset<N>&, const bitset<N>&);
    template <class Ch, class Tr, size_t N>
      basic_istream<Ch, Tr>&
      operator>> (basic_istream<Ch, Tr>& is, bitset<N>& x);
    template <class Ch, class Tr, size_t N>
      basic_ostream<Ch, Tr>&
      operator<< (basic_ostream<Ch, Tr>& os, const bitset<N>& x);
```

Benutzung der Klasse `bitset`

Der C++-Text 11.24 demonstriert die Benutzung der Containerklasse `bitset` am Beispiel der Berechnung von Primzahlen nach dem bekannten *Sieb*-Algorithmus.

C++-Text 11.24: *Container* `bitset`, *Primzahlenberechnung* ———— ./Bsp11/stl/primes.cpp

```
#include<bitset>
#include<iostream>
#include<cmath>
using namespace std;

int main() {

  const int NN = 1000000;
  bitset<NN> Primes;
  int root, i, j;

  for (i=2; i<NN; i++) Primes.set(i);

  root = (int) sqrt(NN);
  for (i=2; i<=root; i++) {
    if (Primes.test(i)) {
```

```
      j = i + i;
      while (j < NN) {
        Primes.reset(j); j += i;
      }
    }
  }

  j = 0;
  for (i=2; i<NN; i++)
    if (Primes.test(i)) {
      cout << i << " "; j++;
      if (j%10 == 0) cout << endl;
    }
}
```

Ausgabe des Programms:

```
2 3 5 7 11 13 17 19 23 29
31 37 41 43 47 53 59 61 67 71
73 79 83 89 97 101 103 107 109 113
 ... ... ... ... ... ... ... ... ... ...
999721 999727 999749 999763 999769 999773 999809 999853 999863 999883
999907 999917 999931 999953 999959 999961 999979 999983
```

11.6 Iteratoren

11.6.1 Operationen und Klassifizierung

Iteratoren sind Objekte, die sich wie Zeiger verhalten. Sie sind zwar keine Zeiger, aber sie verhalten sich wie solche; sie können als Abstraktionen von Zeigern angesehen werden. Der C++-Text 11.25 möge das demonstrieren:

C++-Text 11.25: *Iterator-Demo* ./Bsp11/iterators/iter0.cpp

```
#include <iostream>
#include <vector>
#include <cstdlib>
using namespace std;

int Size = 10;

int main() {
  vector<int> vec1(Size), vec2(Size);
  vector<int>::iterator p1, p2;
  int i;
```

```
    p1 = vec1.begin();
    for (i=0; i<Size; i++) *p1++ = i*i;

    p1 = vec1.begin(); p2 = vec2.begin();
    while (p1 != vec1.end()) *p2++ = *p1++;

    p2 = vec2.begin();
    srand(1234); i = rand() % 10;
    cout << "i=" << i << ", i*i=" << *(p2+i) << endl;

}
```

Auf Iteratoren für Container vom Typ `vector` sind exakt die gleichen Operationen definiert wie für einfache C-Zeiger: *Zuweisen*, *Dereferenzieren*, *Inkrementieren* und *Dekrementieren*, *Vergleichen* und *Adreßrechnungen*. Solche Iteratoren heißen *Random-Access-Iteratoren*. Dagegen haben Iteratoren für Container vom Typ `list` eine eingeschränkte Funktionalität, sie erlauben z.B. keine Adreßarithmetik, weil ein direkter Zugriff auf Listenelemente mit aktzeptablem Zeitverhalten nicht möglich ist. Insgesamt unterscheidet man fünf Iteratorkategorien:

- *Random-Access-Iterator* (kurz: RanIt): hat die gleiche Funktionalität wie ein (typisierter) Zeiger;

- *Bidirectional-Iterator* (kurz: BiIt): im Vergleich zu RanIt keine Adreßrechnungen außer Inkrementieren und Dekrementieren, keine Ordnungsrelationen, nur Test auf Gleichheit und Ungleichheit;

- *Forward-Iterator* (kurz: FwdIt): im Vergleich zu BiIt keine Dekrementierungen;

- *Input-Iterator* (kurz: BiIt): im Vergleich zu FwdIt kein Schreibzugriff auf das dereferenzierte Objekt;

- *Output-Iterator* (kurz: OutIt): im Vergleich zu FwdIt kein Lesezugriff auf das dereferenzierte Objekt sowie kein Test auf Gleichheit und auf Ungleichheit.

Die Beziehungen zwischen den Iteratorkategorien können demnach wie folgt skizziert werden, wobei das Symbol $\supset$ sich dann jeweils auf die Menge der definierten Operationen bezieht:

$$\boxed{RanIt \supset BiIt \supset FwdIt \supset {InIt \atop OutIt}}$$

Die Tabelle 11.6 enthält einen detaillierten Überblick über die Operationen für die fünf Iteratorkategorien.

Tabelle 11.6: Operationen für Iteratoren

Operation	Bemerkung	InIt	OutIt	FwdIt	BiIt	RanIt
Kopieren						
`p = q`	Zuweisen	■	■	■	■	■
Dereferenzieren						
`x = *p`	Lesen	■		■	■	■
`x = p->k`	≡ `x = (*p).k`	■		■	■	■
`*p = x`	Schreiben		■	■	■	■
Inkrementieren und Dekrementieren						
`++p`	liefert neuen Wert	■	■	■	■	■
`p++`	liefert alten Wert	■	■	■	■	■
`--p`	liefert neuen Wert				■	■
`p--`	liefert alten Wert				■	■
Vergleichen						
`flag = p<q`						■
`flag = p<=q`						■
`flag = p==q`		■		■	■	■
`flag = p!=q`		■		■	■	■
`flag = p>=q`						■
`flag = p>q`						■
Distanz bestimmen						
`n = p - q`	Voraussetzung: $p > q$					■
Direktzugriff						
`p = p + n`						■
`p += n`						■
`p = p - n`						■
`p -= n`						■
`x = p[n]`	≡ `x = *(p+n)`					■
`p[n] = x`	≡ `*(p+n) = x`					■

11.6.2 Iteratoren als Container-Schnittstellen

Das Prinzip

Die Containerklassen der C++-Standardbibliothek sind jeweils mit einer lokalen Klasse `iterator` ausgerüstet, die die entsprechenden Operationen zur Verfügung stellt. Darüber hinaus hat jede Containerklasse die beiden Elementfunktionen `begin()` und `end()`, die die Anfangs- und Endposition des Iterators im aktuellen Containerobjekt liefern:

```
vector<double> vec(Size);
vector<double>::iterator anfang = vec.begin(), ende = vec.end();
```

Bild 11.4 stellt das dar. Der von `end()` gelieferte Iteratorwert zeigt jeweils genau auf die Position, die auf das letzte Element folgt. Die Sprachen C und C++ sind so definiert, daß diese Definition auch auf C-Vektoren übertragbar ist, d.h., daß jeweils auch ein entsprechender Zeigerwert definiert ist:

```
double vec[Size];
double *anfang = vec, *ende = vec + Size;
```

Zur Bezeichnung von Bereichen, die durch Iteratoren abgegrenzt sind, verwendet man vielfach die Schreibweise `[first, last)`: von einschließlich `first` bis einschließlich `last-1` *(halboffenes Intervall)*.

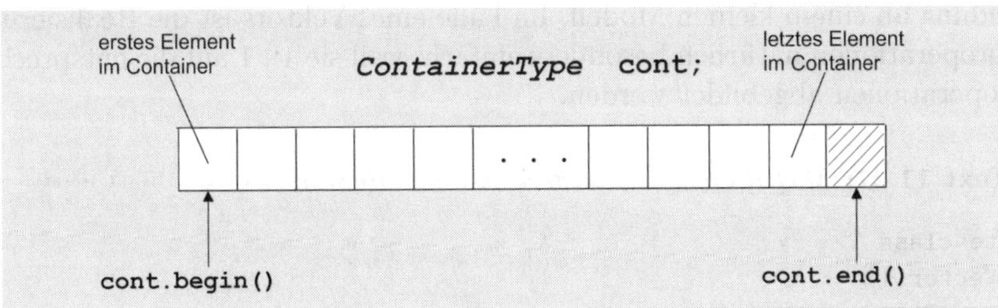

Bild 11.4: Anfangs- und Endwerte für Iteratoren

Der C++-Text 11.26 demonstriert noch einmal eine Grundidee des Iteratorkonzeptes: möglichst einheitliche Schnittstelle für verschiedene Containertypen, in dem Beispiel für die Typen `vector` und `list`.

C++-Text 11.26: *Iterator als Container-Schnittstelle* ./Dsp11/iterators/iter1.cpp

```
#include <iostream>
#include <vector>
#include <list>
using namespace std;
```

```
int Size = 10;

int main() {

  vector<int> vec;
  vector<int>::iterator p;

  list<int> tab;
  list<int>::iterator q;

  for (int i=0; i<10; i++) {
    vec.push_back(i*i); tab.push_back(i*i);
  }

  p = vec.begin();
  while (p != vec.end()) cout << *p++ << " ";
  cout << endl;

  q = tab.begin();
  while (q != tab.end()) cout << *q++ << " ";
  cout << endl;

}
```

Der C++-Text 11.27 demonstriert das Zusammenspiel von Iterator, Container und Anwendung an einem kleinen Modell. Im Falle eines Vektors ist die Realisierung der Iteratoroperationen natürlich besonders einfach, weil sie 1 : 1 auf die entsprechenden Zeigeroperationen abgebildet werden.

C++-Text 11.27: *Modell einer Containerklasse mit Iterator* ——— ./Bsp11/iterators/iter2.cpp

```
template<class T>
class Vector {
    class Iter;

  public:
    typedef Iter iterator;

    Vector         (int sz) { data = new T[size=sz]; }
    ~Vector        ()       { delete[] data; }
    iterator begin ()       { return iterator(data); }
    iterator end   ()       { return iterator(data+size); }

  private:
    T* data;
    int size;
```

```
    class Iter {
        T*      pos;
      public:
        Iter(T* po) { pos = po; }

        T& operator* () { return *pos; }

        Iter operator++ (int) { Iter it = *this; pos++; return it; }
        Iter& operator++ ()    { pos++; return *this; }

        int operator== (const Iter& it) const { return pos == it.pos; }
        int operator!= (const Iter& it) const { return pos != it.pos; }
    };
};


#include <iostream>
using namespace std;

int Size = 10;

int main() {
  Vector<int> vec(Size);
  Vector<int>::iterator p = vec.begin();

  for (int i=0; i<Size; i++) *p++ = i*i;

  p = vec.begin();
  while (p != vec.end()) cout << *p++ << " ";
  cout << endl;
}
```

In dem kleinen Modell sind beide Varianten des Inkrement Operators – präfix und postfix – realisiert:

```
Iter operator++ (int) { Iter it = *this; pos++; return it; } // postfix
Iter& operator++ ()   { pos++; return *this; }               // praefix
```

Bei der Postfixversion wird der alte Wert des Iterators zurückkopiert, bei der Präfixversion wird eine Referenz auf den neuen Wert des Iterators geliefert, d.h.:

- Wenn Laufzeiteffizienz wichtig ist, dann sollte die Präfixform des Iterators bevorzugt werden!

Die Standard-Iteratorschnittstelle der Bibliothekscontainer

Die Bibliothekscontainer der Standardbibliothek (`vector`, `list` und `deque` sowie `set`, `multiset`, `map` und `multimap`) – aber nicht die Container-Adapter (`stack`, queue und priority_queue) – sind mit einer einheitlichen Iteratorschnittstelle ausgestattet, die jeweils vier Typdefinitionen und acht Elementfunktionen umfaßt:

⊗ **Iteratortypen** :

```
typedef implementierungsabhaengig                  iterator;
typedef implementierungsabhaengig                  const_iterator;
typedef std::reverse_iterator<iterator>            reverse_iterator;
typedef std::reverse_iterator<const_iterator> const_reverse_iterator;
```

⊗ **Iteratorpositionen** :

```
iterator               begin();
const_iterator         begin() const;
iterator               end();
const_iterator         end() const;
reverse_iterator       rbegin();
const_reverse_iterator rbegin() const;
reverse_iterator       rend();
const_reverse_iterator rend() const;
```

Die beiden nicht konstanten Iteratortypen liefern per Dereferenzierung mit operator* eine Referenz auf ein Element, das auch manipuliert werden kann, die beiden konstanten Iteratortypen liefern dagegen eine Referenz auf ein nicht manipulierbares Element. Die mit const versehenen Elementfunktionen liefern Iteratorpositionen auf konstante Container. Die Reverse-Iteratortypen und die entsprechenden Elementfunktionen sind definiert worden, um Container auch in Gegenrichtung durchlaufen zu können, die Details werden im nächsten Abschnitt erläutert.

11.6.3 Reverse-Iteratoren

Für alle Container, die entweder mit Random-Access- oder mit Bidirektional-Iteratoren ausgestattet sind, werden sog. Reverse-Iteratoren in Form von Iterator-Adaptern zur Verfügung gestellt, die die Laufrichtung umdrehen, d.h. die Inkrementoperatoren bewegen das Iteratorobjekt in Richtung erstes Element. Der C++-Text 11.28 stellt die Verwendung von normalen Iteratoren und Reverse-Iteratoren an einem kleinen Beispiel gegenüber. Die entsprechenden Container stellen die Elementfunktionen rbegin() und rend() zur Verfügung, die die Position liefern, die auf die Position des letzten Elements folgt bzw. die Position des ersten Elements. Bild 11.5 zeigt den Zusammenhang. An sich müßte – aus Symmetriegründen zum normalen Iterator – rbegin() auf das letzte Element verweisen und rend() eine Position vor das erste Element! Das geht aber nicht, da bei Vektoren nicht garantiert ist, daß eine solche Position existiert. Deshalb löst man das Problem so, daß bei der Dereferenzierung jeweils das voranstehende Element angesprochen wird; der C++-Text 11.29 demonstriert das.

C++-Text 11.28: *Verwendung von Reverse-Iteratoren I* ./Bsp11/iterators/iter3.cpp

```
#include <iostream>
#include <list>
using namespace std;

int Size = 10;

int main() {
  list<int> tab;
  list<int>::iterator p;
  list<int>::reverse_iterator q;

  for (int i=0; i<10; i++) tab.push_back(i*i);

  p = tab.begin();
  while (p != tab.end()) cout << *p++ << " ";
  cout << endl;

  q = tab.rbegin();
  while (q != tab.rend()) cout << *q++ << " ";
  cout << endl;
}
```

Ausgabe des Programms:

```
0 1 4 9 16 25 36 49 64 81
81 64 49 36 25 16 9 4 1 0
```

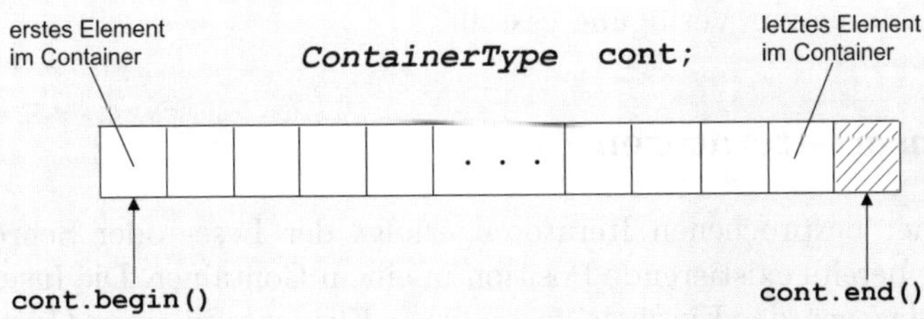

Bild 11.5: Anfangs- und Endwerte für Reverse-Iteratoren

C++-Text 11.29: *Verwendung von Reverse-Iteratoren II* /Bsp11/iterators/iter4.cpp

```
#include <iostream>
#include <vector>
using namespace std;
```

```
int Size = 10;

int main() {

  vector<int> tab;
  vector<int>::iterator p;
  vector<int>::reverse_iterator q;

  for (int i=0; i<10; i++) tab.push_back(i*i);

  p = tab.begin();
  while (p != tab.end()) {
    cout << p-tab.begin(); cout << ' ' << *p++ << "  ";
  }
  cout << endl;

  q = tab.rbegin();
  while (q != tab.rend()) {
    cout << tab.rend() - q; cout << ' ' << *q++ << "  ";
  }
  cout << endl;
}
```

Ausgabe des Programms:

```
0 0  1 1  2 4  3 9  4 16  5 25  6 36  7 49  8 64  9 81
10 81  9 64  8 49  7 36  6 25  5 16  4 9  3 4  2 1  1 0
```

Für Reverse-Iteratoren werden die gleichen Operationen wie für die entsprehenden normalen Iteratoren zur Verfügung gestellt.

11.6.4 Insert-Iteratoren

Mit den bisher besprochenen Iteratoren erfolgt der Lese- oder Schreibzugriff jeweils auf eine bereits existierende Position in einem Container. Die Insert-Iteratoren ermöglichen dagegen das Einfügen zusätzlicher Elemente in einen Container, wie es im C++-Text 11.30 demonstriert wird.

C++-Text 11.30: *Verwendung von Insert-Iteratoren* ./Bsp11/iterators/iter5.cpp

```
#include <iostream>
#include <vector>
#include <list>
using namespace std;

template<class Container>
```

```
void Print(Container cont) {
  Container::iterator p;
  p = cont.begin();
  while (p != cont.end()) cout << *p++ << " ";
  cout << endl;
}

int main() {

  vector<int> vec;
  list<int>   tab;

  for (int i=0; i<5; i++) vec.push_back(i*i);
  Print(vec);

  back_insert_iterator <list<int> > ii1(tab);
//====================                ===
  copy(vec.begin(), vec.end(), ii1);
  Print(tab);

  front_insert_iterator <list<int> > ii2(tab);
//=====================               ===
  copy(vec.begin(), vec.end(), ii2);
  Print(tab);

  insert_iterator <vector<int> > ii3(vec, vec.begin()+2);
//===============                ===
  copy(tab.begin(), tab.end(), ii3);
  Print(vec);

  cout << endl;

}
```

Ausgabe des Programms:

```
0 1 4 9 16
0 1 4 9 16
16 9 4 1 0 0 1 4 9 16
0 1 16 9 4 1 0 0 1 4 9 16 4 9 16
```

Es gibt drei verschiedene Insert-Iteratoren:

- **Front-Insert-Iteratoren** ermöglichen das Einfügen zusätzlicher Elemente vor der ersten Position.
- **Back-Insert-Iteratoren** ermöglichen das Einfügen zusätzlicher Elemente hinter der letzten Position.

- **Insert-Iteratoren** ermöglichen das Einfügen zusätzlicher Elemente hinter einer beliebigen gültigen Position.

Insert-Iteratoren haben folgende Klassenschnittstelle (hier am Beispiel der Klasse `insert_iterator`, die beiden anderen sehen ganz entsprechend aus):

```
template <class Container>
class insert_iterator : public iterator<...> {
  protected:
     Container& container;
     typename Container::iterator iter;
  public:
    typedef Container container_type;
    insert_iterator(Container& x, typename Container::iterator i);
    insert_iterator&
      operator=(const typename Container::value_type& value);
    insert_iterator& operator*();
    insert_iterator& operator++();
    insert_iterator& operator++(int);
};
```

Zur bequemen Handhabung von Insert-Operatoren sind die drei Funktionsschablonen `back_inserter`, `front_inserter` und `inserter` definiert worden, die in dem C++-Text 11.30 entsprechend wie folgt verwendet werden können:

```
. . .
copy(vec.begin(), vec.end(), back_inserter(tab));
. . .
copy(vec.begin(), vec.end(), front_inserter(tab));
. . .
copy(tab.begin(), tab.end(), inserter(vec, vec.begin()+2));
. . .
```

Die drei Funktionsschablonen haben folgende Prototypen:

⊗ `template <class Container>`
`back_insert_iterator<Container> back_inserter(Container& x);`

⊗ `template <class Container>`
`front_insert_iterator<Container> front_inserter(Container& x);`

⊗ `template <class Container, class Iterator>`
`insert_iterator<Container> inserter(Container& x, Iterator i);`

11.6.5 Stream-Iteratoren

Normale Stream-Iteratoren

Die Containerklassen der C++-Standardbibliothek sind mit einer Iteratorschnittstelle ausgerüstet, die es z.B. ermöglicht, mit einer generischen Funktion `copy` Elemente eines Containers in andere Container zu kopieren, z.B.

```
vector<int> vec;
list<int>   tab;
. . .
list<int>::iterator it = tab.begin();
copy(vec.begin(), vec.end(), it);
```

Die Stream-Iteratoren dienen dazu, dieses Konzept auf Eingabe- und Ausgabeobjekte der Stream-Bibliothek zu erweitern, z.B.

```
vector<int> vec;
. . .
ostream_iterator<int> it(cout, " ");
copy(vec.begin(), vec.end(), it);
```

Es wird hier ein Ausgabe-Iterator `it` für das Ausgabeobjekt `cout` generiert; der zweite Parameter legt fest, daß jedem ausgegebenen Element ein Leerzeichen angefügt wird. Der folgende Code zeigt die Klassenschnittstellen eines Stream-Iterators für die Eingabe, der Standardkonstruktor erzeugt ein *End-Of-Stream*-Iteratorobjekt:

```
template <class T, class Ch, class Tr = char_traits<Ch>,
          class Dist = ptrdiff_t>
class istream_iterator : public iterator<...> {
  public:
    . . .
    istream_iterator();
    istream_iterator(istream_type& s);
    istream_iterator(const istream_iterator& x);
    ~istream_iterator();
    const T& operator*() const;
    const T* operator->() const;
    istream_iterator& operator++();
    istream_iterator  operator++(int);
    . . .
};
// ... Funktionstemplates fuer operator== und operator!= ...
```

Die Klassenschnittstelle eines Stream-Iterators für die Ausgabe ist ähnlich aufgebaut:

```
template <class T, class Ch, class Tr = char_traits<Ch> >
class ostream_iterator : public iterator<...> {
  public:
    . . .
    ostream_iterator(ostream_type& s);
    ostream_iterator(ostream_type& s, const Ch* delimiter);
    ostream_iterator(const ostream_iterator& x);
    ~ostream_iterator();
```

```
        ostream_iterator& operator=(const T& value);
        ostream_iterator& operator*();
        ostream_iterator& operator++();
        ostream_iterator& operator++(int);
        . . .
    };
```

Sie hat keinen Standardkonstruktor, aber einen Konstruktor mit dem zweiten Parameter `delimiter`, der einen String definiert, der jedem ausgegebenen Element (z.B. als Trennzeichen) hinzugefügt wird. Im Gegensatz zum `istream_iterator` existiert hier ein Zuweisungsoperator, aber kein Operator `->`, und es gibt keine Funktionstemplates für die Operatoren `==` und `!=`.

Der C++-Text 11.31 demonstriert die Benutzung der Stream-Iteratoren. Der Standardkonstruktor der Klasse `istream_iterator` erzeugt einen Iterator, der das Ende des Eingabe-Streams bezeichnet.

C++-Text 11.31: *Verwendung von Stream-Iteratoren* ——— ./Bsp11/iterators/iter6.cpp

```
#include <iostream>
#include <fstream>
#include <algorithm>
#include <iterator>
using namespace std;

int main() {
  ofstream out;
  ifstream in;
  int c_vec[10];

  for (int i=0; i<10; i++) c_vec[i] = i*i;

  out.open("buffer");
  ostream_iterator<int> outit1(out, " ");
  copy(c_vec, c_vec+10, outit1);
  out.close();

  in.open("buffer");
  istream_iterator<int> init(in),          // Der Standardkonstruktor erzeugt
                        ende;              // das Objektende, das als
                                           // End-of-Stream-Iterator dient
  ostream_iterator<int> outit2(cout, " ");
  copy(init, ende, outit2);
  in.close();
}
```

Stream-Puffer-Iteratoren

Die *normalen* Stream-Iteratoren betreffen die obere Ebene, auf der die Daten formatiert eingegeben und ausgegeben werden. Die Stream-Puffer-Iteratoren können dagegen verwendet werden, um direkt zeichenweise lesend und schreibend auf die Stream-Puffer zugreifen zu können. Der folgende Code skizziert die beiden entsprechenden Klassen mit jeweils einem typischen Operator; auf die Wiedergabe weiterer Details wird hier verzichtet:

```
template<class Ch, class Tr = char_traits<Ch> >
class istreambuf_iterator : public iterator<...> {
  public:
    . . .
    Ch operator*() const;
    . . .
};
// ... Funktionstemplates fuer operator== und operator!= ...

template <class Ch, class Tr = char_traits<Ch> >
class ostreambuf_iterator : iterator<...> {
public:
  . . .
  ostreambuf_iterator& operator=(Ch c);
  . . .
};
```

11.6.6 Selbstdefinierte Iteratoren (Iterator-Adapter)

Grundlagen, Hintergründe, Basisdefinitionen

Für ein vertieftes Verständnis des Iterator-Konzepts und als Grundlage zur Definition eigener Iterator-Adapter ist es wichtig, die Basisdefinitionen des Iterator-Moduls der Standardbibliothek und ihre Verwendung kennenzulernen. Eine Basisdefinition ist die Klasse `iterator`, die als Basisklasse für abgeleitete Iteratoren verwendet wird; sie dient lediglich dazu, feste Typbezeichner zu definieren für grundlegende Typen, die ihr als Typparameter übergeben werden:

```
template<class Cat, class T, class Dist = ptrdiff_t, class Ptr = T*,
                                                     class Ref = T&>
struct iterator {
  typedef T    value_type;
  typedef Dist difference_type;
  typedef Ptr  pointer;
  typedef Ref  reference;
  typedef Cat  iterator_category;
}
```

Die wichtigsten Typen sind `iterator_category` und `value_type` (Elementetyp), für die anderen drei Typen gibt es Defaultwerte, die sich zum Teil aus dem Elementetyp ergeben. Der Typ `difference_type` ist sowohl bei der Verwendung von Zeigern als Iteratoren als auch bei allen in der C++-Standardbibliothek definierten Iteratoren der Default-Typ `ptrdiff_t`; es ist aber denkbar, daß ein selbstdefinierter Iteratortyp dafür einen eigenen Typ definiert! Die möglichen Typen für die Iteratorkategorie sind in Form leerer Klassen als sog. Iterator-Tags wie folgt definiert:

```
struct input_iterator_tag{};
struct output_iterator_tag{};
struct forward_iterator_tag: public input_iterator_tag{};
struct bidirectional_iterator_tag: public forward_iterator_tag{};
struct random_access_iterator_tag: public bidirectional_iterator_tag{};
```

Eine weitere wichtige Basisdefinition ist die Klasse `iterator_traits` (*trait* bedeutet *Wesenszug, Charakter*), sie dient dazu, für einen Iteratortyp, der als Typparameter übergeben wird, feste Typbezeichner zu definieren:

```
template<class Iterator>
struct iterator_traits {
  typedef Iterator::difference_type   difference_type;
  typedef Iterator::value_type        value_type;
  typedef Iterator::pointer           pointer;
  typedef Iterator::reference         reference;
  typedef Iterator::iterator_category iterator_category;
};
```

Der folgende Code skizziert die Definition und die Verwendung einer eigenen Iteratorklasse `myIterator` unter Verwendung der obigen Basisdefinitionen:

```
template <class Cont>
class myIterator: public iterator
                  < bidirectional_iterator_tag,
                    iterator_traits<Cont::iterator>::value_type >
{
    Cont::iterator current;
    Cont& cont;
  public:
    myIterator(const Cont::iterator& iter, Cont& co) {...}
    . . .
};
. . .
typedef list<int> ListType;
typedef myIterator<List> myIteratorType;
ListType tab;
myIteratorType iter(tab.begin(), tab);
```

Der Typparameter für die Klasse `myIterator` ist natürlich der Typ des zu iterierenden Containers. Der selbstdefinierte Iteratortyp soll der Kategorie *Bidirectional-Iterator* angehören, also wird die Basisklasse `iterator` mit dem entsprechenden Tag typisiert. Der zweite Typparameter für die Basiklasse `iterator` – der Elementetyp – wird über die Traits-Klasse aus dem Containertyp gewonnen.

Nun taucht das Problem auf, daß Iteratoren auch einfache Zeiger sein können! Das Problem kann recht einfach durch folgende partielle Spezialisierung der Traits-Klasse gelöst werden, eine weitere Basisdefinition, die ebenfalls Bestandteil des Iterator-Moduls der Standardbibliothek ist:

```
template<class T>
struct iterator_traits<T*> {
  typedef ptrdiff_t difference_type;
  typedef T value_type;
  typedef T* pointer;
  typedef T& reference;
  typedef random_access_iterator_tag iterator_category;
};
```

Zu den Basisdefinitionen gehören auch die beiden Funktionsschablonen `advance` und `distance`:

```
template <class InputIterator, class Distance>
  void advance(InputIterator& i, Distance n);

template<class InputIterator>
  iterator_traits<InputIterator>::difference_type
    distance(InputIterator first, InputIterator last);
```

Mit `distance` wird der Abstand zweier Iteratoren bestimmt, und mit `advance` kann der Iterator um n Positionen weitergeschaltet werden. Die Funktionsschablonen sind auf alle Iteratorkategorien anwendbar, und es ist gewährleistet, daß die generierte Funktion dann auch jeweils eine möglichst effiziente ist. Wenn der Iteratorparameter z.B. ein Random-Access-Iterator ist, wird das Fortschalten mit dessen Elementfunktion `operator+` in konstanter Zeit ($T = \mathrm{O}(1)$) durchgeführt; andernfalls wird das Fortschalten durch wiederholtes Inkrementieren in linearer Zeit ($T = \mathrm{O}(n)$) umgesetzt.

Die häufig zitierte Funktionsschablone `reverse` aus dem C++-Standard-Dokument demonstriert besonders klar die Verwendung der *Iterator-Traits* und die Verwendung der `distance`-Funktion:

```
void reverse(BidIt first, BidIt last) {
   iterator_traits<BidIt>::difference_type n = distance(first, last);
   --n;
   while(n > 0) {
       iterator_traits<BidIt>::value_type tmp = *first;
```

```
        *first++ = * --last;
        *last = tmp;
        n -= 2;
    } }
```

Insbesondere am Beispiel der Definition der Variablen `tmp` wird deutlich, wie dessen Typ über die Klasse `iterator_traits` ermittelt wird!

Ein selbstdefinierter Iterator-Adapter

Auf der Basis der oben vermittelten Grundlagen soll jetzt ein Iterator-Adapter der Kategorie *Bidrectional-Iterator* selbst definiert werden, der als Sonderausstattung gegenüber der Standardversion eine Bereichsüberprüfung enthält:

> Beim Inkrementieren und beim Dekrementieren wird überwacht, daß der Iterator die Endposition `cont.end()` nicht überschreitet bzw. die Anfangsposition `cont.begin()` nicht unterschreitet, und beim Dereferenzieren wird überwacht, daß der Iterator nicht die Endposition `cont.end()` innehat.
>
> Die Überwachung soll – wie bei der Verwendung des C-Makros `assert` – abschaltbar sein. Im Fehlerfalle soll ein Fehlerobjekt ausgeworfen werden, um damit die Voraussetzung für ein flexibles Reagieren zu schaffen.

Der C++-Text 11.32 zeigt die entwickelte Iteratorklasse `safeBidIt` und eine kleine Test- und Demoanwendung.

C++-Text 11.32: *Selbstdefinierter Iterator-Adapter* ./Bsp11/iterators/iter7.cpp

```
#include <iterator>
#include <iostream>
#include <list>
#include <exception>
using namespace std;

#define NDEBUG 0      // Ueberwachung eingeschaltet

template<class T, class U>
inline void Assert(T expression, U error) {
  if (!NDEBUG) if (!expression) throw error;
}

template <class Cont>
class saveBidIt: public iterator
                      <bidirectional_iterator_tag,
                       iterator_traits<Cont::iterator>::value_type>
```

```
{
  protected:
    Cont::iterator current;
    Cont& cont;
  public:
    saveBidIt(const Cont::iterator& iter, Cont& co)
    : current(iter), cont(co) {}

    Cont::iterator base() const {
      return current;
    }

    Cont::reference operator* () const {
      Assert(current != cont.end(),
             out_of_range("Bereichsfehler in saveBidIt::operator*()"));
      return *current;
    }

    Cont::allocator_type::pointer operator->() const;
    //{ return &(operator*()); } // nicht def. fuer sets !

    saveBidIt& operator++() {
      Assert(current++ != cont.end(),
             out_of_range("Bereichsfehler in saveBidIt::operator++()"));
      return *this;
    }

    saveBidIt operator++(int) {
      saveBidIt temp(*this);
      Assert(current++ != cont.end(),
             out_of_range("Bereichsfehler in saveBidIt::operator++(int)"));
      return temp;
    }

    saveBidIt& operator--() {
      Assert(current-- != cont.begin(),
             out_of_range("Bereichsfehler in saveBidIt::operator--()"));
      return *this;
    }

    saveBidIt operator--(int) {
      saveBidIt temp(*this);
      Assert(current-- != cont.begin(),
             out_of_range("Bereichsfehler in saveBidIt::operator--(int)"));
      return temp;
    }
```

```
    friend bool operator==(const saveBidIt& x, const saveBidIt& y) {
      return x.current == y.current;
    }

    friend bool operator!=(const saveBidIt& x, const saveBidIt& y) {
      return x.current != y.current;
    }
};

typedef list<int> List;
typedef saveBidIt<List> saveBidIt_t;

int main() {

  try {
    List tab;

    for (int i=0; i<10; i++) tab.push_back(i*i);

    saveBidIt_t iter(tab.begin(), tab);
    while (iter.base() != tab.end()) { *iter += 1; iter++; }
    while (iter.base() != tab.begin()) iter--;

    while (iter.base() != tab.end()) cout << *iter++ << " ";
    cout << endl;

    iter++;  // !!!
  }
  catch (out_of_range& err) {
    cout << err.what() << endl;
  }
  catch (exception& err) {
    cout << "???" << endl;
  }
}
```

Ausgabe des Programms:

```
1 2 5 10 17 26 37 50 65 82
Bereichsfehler in saveBidIt::operator++(int)
```

Für die Bereichsüberwachung wird das in Abschn. 9.10.4 erläuterte Makro verwendet. Der Iteratorbasisklasse wird die Kategorie über den Typparameter `bidirectional_iterator_tag` übergeben, und den Elementetyp erhält sie über den Umweg der Traitsklasse für den Iteratortyp. Objekte vom Typ `safeBidIt` enthalten eine Referenz auf den zugehörigen Container und den Wert des aktuellen Iterators, beide werden vom Konstruktor initiiert.

Die Funktion `base` liefert ein Objekt der Basisklasse, diese Funktion muß z.B. in Vergleichen wie `iter.base() != tab.end()` verwendet werden, weil `iter` vom Typ *abgeleitete Klasse* und `tab.end()` vom Typ *Basisklasse* ist. Alternativ können natürlich auch spezielle Vergleichsfunktionen definiert werden.

11.7 Funktionsobjekte

11.7.1 Verwendung von Funktionsobjekten

Funktionsobjekte werden im Detail im Abschnitt 9.1.15 behandelt, es sind Objekte, die wie Funktionen aufgerufen werden können, ihre Elementfunktionen haben den Namen `operator()`, d.h. sie überladen den Funktionsoperator. In diesem Abschnitt geht es im wesentlichen um Funktionsobjekte in der C++-Standardbibliothek und um deren Verwendung als Argumente von Algorithmen. Der folgende Code stellt die Verwendung einer Funktion der Verwendung eines Funktionsobjektes gegenüber:

```
// typedef double Func(double);

// double f(double x) { return 2*x*x + 0*x -1; }

class Func {
    double a, b, c; // Polynominalkoeffizienten
  public:
    Func(double a, double b=0, double c=0);
    double operator()(double x) const;
};

double Nullstelle(double x1, double x2, Func f);

int main() {
  Func f(2, 0, -1);
  cout << Nullstelle(0, 10, f) << endl;
}
```

Die auskommentierte Definition des Typs `Func` und die ebenfalls auskommentierte Definition der Funktion `f` werden ersetzt durch das Objekt `f` der Klasse `Func`. Zwei wesentliche Vorteile sind:

- Das Funktionsobjekt hat einen internen Zustand, der bei der Definition des Objektes über den Konstruktor initialisiert wird, in diesem Beispiel wird dadurch die Funktion spezifiziert.
- Es ist möglich, die Operatorfunktion zu überladen; davon wird in diesem Beispiel kein Gebrauch gemacht.

Der C++-Text 11.33 demonstriert die Verwendung von Funktionsobjekten als Argumente beim Aufruf von Algorithmen. Bei diesem einfachen Beispiel kann man diese Objekte natürlich ebensogut durch einfache Funktionen ersetzen.

C++-Text 11.33: *Funktionsobjekte und Algorithmen I* ./Bsp11/funcobjs/funcobj2.cpp

```
#include <iostream>
#include <vector>
#include <algorithm>
#include <cstdlib>
using namespace std;

template<class T> class print {
  public:
    void operator() (const T& x) { cout << x << " "; }
};

template<class T> class cmp1 {
  public:
    bool operator() (const T& x, const T& y) { return x < y; }
};

template<class T> class cmp2 {
  public:
    bool operator() (const T& x, const T& y) { return x > y; }
};

int main() {
  vector<int> vec;

  for (int i=0; i<10; i++) {
    int x = rand()%100; vec.push_back(x);
  }

  print<int> pr;
  for_each(vec.begin(), vec.end(), pr);
  cout << endl;

  cmp1<int> less;
  sort(vec.begin(), vec.end(), less);
  for_each(vec.begin(), vec.end(), pr);
  cout << endl;

  cmp2<int> greater;
  sort(vec.begin(), vec.end(), greater);
  for_each(vec.begin(), vec.end(), pr);
  cout << endl;
}
```

11.7.2 Funktionsobjekte der Standardbibliothek

Die C++-Standardbibliothek stellt eine Reihe von Funktionsobjekten für arithmetische Verknüpfungen, für logische Vernüpfungen und für Vergleiche zur Verfügung. Die Verknüpfungen beziehen sich jeweils auf einen Operanden (z.B. Negation) oder auf zwei Operanden (z.B. Addition) und werden dementsprechend jeweils von einer der beiden Basisklassen `unary_function` bzw. `binary_function` abgeleitet.

Basisklassen

Die Aufgabe der beiden Basisklassen ist jeweils die Veröffentlichung der Typbezeichner für die Argumente und für das Resultat:

```
template <class Arg, class Result>
struct unary_function {
  typedef Arg    argument_type;
  typedef Result result_type;
};

template <class Arg1, class Arg2, class Result>
struct binary_function {
  typedef Arg1   first_argument_type;
  typedef Arg2   second_argument_type;
  typedef Result result_type;
};
```

Funktionsobjekte für arithmetische Operationen

Es gibt fünf Klassen für die arithmetischen *binären* Operationen `+ - * / %`:

```
template <class T>
struct ArithOp : binary_function<T,T,T> {
  T operator()(const T& x, const T& y) const;
};
```

`ArithOp` steht für `plus`, `minus`, `multiplies`, `divides` und `modulus`! Die Klasse `plus` liefert beispielsweise die arithmetische Summe `x + y`.

Die *unäre* Funktion `negate` negiert das übergebene Argument, d.h. sie liefert `-x`:

```
template <class T>
struct negate : unary_function<T,T> {
  T operator()(const T& x) const;
};
```

Funktionsobjekte für Vergleiche und Verknüpfungen(Prädikate)

Für die Vergleiche `==` `!=` `>` `<` `>=` `<=` und für die binären logischen Verknüpfungen `&&` `||` gibt es sieben Klassen der folgenden Form:

```
template <class T>
struct BoolOp : binary_function<T,T,bool> {
  bool operator()(const T& x, const T& y) const;
};
```

`BoolOp` steht für `equal_to`, `not_equal_to`, `greater`, `less`, `greater_equal`, `less_equal`, `logical_and`, und `logical_or`. Das Ergebnis der Verknüpfung ist also jeweils `false` (0) oder `true` (1).

Die *unäre* Funktion `logical_not` liefert die logische Negation für das übergebene Argument, d.h. sie liefert `!x`:

```
template <class T>
struct logical_not : unary_function<T,bool> {
  bool operator()(const T& x) const;
};
```

Zusammenstellung der Funktionsobjekte

Tabelle 11.7 gibt einen kompakten Überblick über die insgesamt fünfzehn in dem Modul `functional` der Standardbibliothek definierten Funktionsobjekte. Darüber hinaus sind dort sog. Funktionsadapter definiert, die im Anschluß erörtert werden.

Beispiele:

Der C++-Text 11.34 demonstriert das Zusammenwirken von Funktionsobjekten und Algorithmen der Standardbibliothek. Die hier verwendeten Algorithmen werden erst im Abschnitt 11.8 präsentiert, sind aber durch die angegebenen Kommentare an dieser Stelle hinreichend beschrieben.

C++-Text 11.34: *Funktionsobjekte und Algorithmen II* ———— ./Bsp11/funcobjs/funcobj3.cpp

```
#include <iostream>
#include <algorithm>
#include <functional>
using namespace std;

const int size = 10;

class print { public: void operator() (int x) { cout << x << " "; } };

int main() {
```

Tabelle 11.7: Funktionsobjekte der C++-Standardbibliothek

Operation	Ergebnis
Arithmetische Operationen:	
`z = plus (x, y);`	$z = x + y$
`z = minus (x, y);`	$z = x - y$
`z = multplies (x, y);`	$z = x * y$
`z = divides (x, y);`	$z = x/y$
`z = modulus (x, y);`	$z = x \bmod y$
`z = negate (x) ;`	$z = -x$
Vergleiche:	
`flag = less (x, y);`	$flag = x < y$
`flag = less_equal (x, y);`	$flag = x \leq y$
`flag = equal_to (x, y);`	$flag = x \equiv y$
`flag = not_equal_to (x, y);`	$flag = x \not\equiv y$
`flag = greater (x, y);`	$flag = x > y$
`flag = greater_equal (x, y);`	$flag = x \geq y$
Weitere logische Verknüpfungen:	
`flag = logical_and (x, y);`	$flag = x \wedge y$
`flag = logical_or (x, y);`	$flag = x \vee y$
`flag = logical_not (x) ;`	$flag = \neg x$

```
int cvec1[size] = { 7, 5, 3, 8, 0, 1, 9, 7, 2, 4 },
    cvec2[size] = { 16, 14, 12, 22, 34, 44, 26, 26, 8, 18 },
    cvec3[size];
int* p;

p = find_if(cvec1, cvec1+size, logical_not<int>());
if (p < cvec1+size) cout << *p << '\n'; else cout << "not found\n";
// es wird das erste Element *p gefunden, fuer das gilt: !(*p)==true

p = find_first_of(cvec1, cvec1+size, cvec2, cvec2+size);
if (p < cvec1+size) cout << *p << '\n'; else cout << "not found\n";
// es wird das erste Element von cvec1 gefunden, das auch in cvec2
// existiert

p = find_first_of(cvec1, cvec1+size, cvec2, cvec2+size, greater<int>());
if (p < cvec1+size) cout << *p << '\n'; else cout << "not found\n";
// es wird das erste Element von cvec1 gefunden, das groesser ist
// als irgendein Element in cvec2

p = transform(cvec1, cvec1+size, cvec3, negate<int>());
```

```
  for_each(cvec3, p, print()); cout << endl;
  // alle Elemente von cvec1 werden in negierter Form nach cvec3 kopiert

  p = transform(cvec1, cvec1+size, cvec2, cvec3, plus<int>());
  for_each(cvec3, p, print()); cout << endl;
  // entsprechende Elemente in cvec1 und cvec2 werden addiert und nach
  // cvec3 kopiert

  p = transform(cvec1, cvec1+size, cvec2, cvec3, greater<int>());
  for_each(cvec3, p, print()); cout << endl;
  // das Ergebnis des Vergleichs entsprechender Elemente in cvec1 und cvec3
  // -- d.h. false(0) oder true(1) -- wird nach cvec3 kopiert

  p = transform(cvec1, cvec1+size, cvec2, cvec3, logical_and<int>());
  for_each(cvec3, p, print()); cout << endl;
  // entsprechende Werte in cvec1 und cvec2 werden als Boolesche Werte
  // interpretiert, "logisch-und-verknuepft" und das Ergebnis nach cvec3
  // kopiert
}
```

Ausgabe des Programms:

```
0
8
9
-7 -5 -3 -8 0 -1 -9 -7 -2 -4
23 19 15 30 34 45 35 33 10 22
0 0 0 0 0 0 0 0 0 0
1 1 1 1 0 1 1 1 1 1
```

11.7.3 Funktionsadapter der Standardbibliothek

Funktionsadapter sind Funktions-Templates, die die Funktionalität von Funktionsobjekten transformieren, im einfachsten Falle Negatoren, die die von Funktionsobjekten gelieferten Ergebnisse invertieren.

Funktionsadapter für Prädikate

Die einfachsten Funktionsadapter sind anwendbar auf Funktionsobjekte mit unären und booleschen binären Operationen, die Adapter invertieren das Ergebnis:

```
template <class Pred>
unary_negate<Pred> not1(const Pred& pred);

template <class Pred>
binary_negate<Pred> not2(const Pred& pred);
```

`not1` negiert das Ergebnis einer unären, `not2` das einer binären Verknüpfung, z.B.

- `not1(logical_not<int>())` und
  `not2(logical_and<int>())`

Funktionsadapter für Operationen

Diese beiden Adapter beziehen sich auf Funktionsobjekte, die zwei Argumente verknüpfen und das eine durch den explizit angegebenen Wert `x` ersetzen; bei `bind1st` ist `x` der erste (linke), bei `bind2nd` dagegen der zweite (rechte) Operand:

```
template <class Operation, class T>
binder1st<Operation> bind1st(const Operation& op, const T& x);

template <class Operation, class T>
binder2nd<Operation> bind2nd(const Operation& op, const T& x);
```

Das folgende kleine Beispiel zeigt den Unterschied:

- `bind1st(minus<int>(), x)` bedeutet $x - arg$ und
  `bind2nd(minus<int>(), x)` bedeutet $arg - x$

Funktionsadapter für globale Funktionen

Aus formalen Gründen ist an vielen Stellen – z.B. als Argument bei den Funktionsadaptern `bind1st` und `bind2nd` – der Typ *Funktionsobjekt* gefordert, wo eine *normale Funktion* verfügbar ist. Die beiden Funktions-Templates `ptr_fun` ermöglichen die Umwandlung eines Zeigers auf eine Funktion mit ein oder mit zwei Argumenten in ein entsprechendes Funktionsobjekt vom Typ `pointer_to_unary_function` bzw. vom Typ `pointer_to_binary_function`:

```
template <class Arg, class Result>
pointer_to_unary_function<Arg, Result> ptr_fun(Result (*f)(Arg));

template <class Arg1, class Arg2, class Result>
pointer_to_binary_function<Arg1,Arg2,Result>
ptr_fun(Result (*f)(Arg1, Arg2));
```

Funktionsadapter für Elementfunktionen

Entsprechende Adapter gibt es auch für die Konvertierung von Elementfunktionen in Funktionsobjekte, und zwar für die beiden Varianten *Rückgabe des Objektes per Wert* und *per Referenz*:

```
template<class S, class T> mem_fun_t<S,T>
mem_fun(S (T::*f)());
```

```
template<class S, class T, class A> mem_fun1_t<S,T,A>
mem_fun1(S (T::*f)(A));

template<class S, class T> mem_fun_ref_t<S,T>
mem_fun_ref(S (T::*f)());

template<class S, class T, class A> mem_fun1_ref_t<S,T,A>
mem_fun1_ref(S (T::*f)(A));
```

Zusammenstellung der Funktionsadapter

Tabelle 11.8 gibt einen kompakten Überblick über die insgesamt fünfzehn in dem Modul `functional` der Standardbibliothek definierten Funktionsadapter.

Tabelle 11.8: Funktionsadapter der C++-Standardbibliothek

Operation	**Ergebnis**
Prädikat negieren:	
`pred = not1 (pred);`	$\neg$pred(arg)
`pred = not2 (pred);`	$\neg$pred($arg1, arg2$)
Binäre Operation aufrufen:	
`funcobj = bind1st (op, x);`	op(x, arg)
`funcobj = bindnd2 (op, x);`	op(arg, x)
Funktion über Zeiger aufrufen:	
`ptr = ptr_fun (f);`	f(arg)
`ptr = ptr_fun (f);`	f($arg1, arg2$)
Elementfunktion über Zeiger aufrufen:	
`ptr = mem_fun (T::f);`	T :: f()
`ptr = mem_fun1 (T::f);`	T :: f(arg)
Elementfunktion über Referenz aufrufen:	
`ref = mem_fun_ref (T::f);`	T :: f()
`ref = mem_fun1_ref (T::f);`	T :: f(arg)

Beispiele:

Der C++-Text 11.35 demonstriert das Zusammenwirken von Funktionsadaptern, Funktionsobjekten und Algorithmen der Standardbibliothek.

C++-Text 11.35: *Funktionsadapter und Algorithmen* ./Bsp11/funcobjs/funcobj4.cpp

```
#include <iostream>
#include <algorithm>
#include <functional>
using namespace std;

const int size = 10;

class print { public: void operator() (int x) { cout << x << " "; } };

int main() {

  int cvec1[size] = { 7, 5, 3, 8, 0, 1, 9, 7, 2, 4 },
      cvec2[size] = { 16, 14, 12, 22, 34, 44, 26, 26, 8, 18 },
      cvec3[size];
  int* p;

  p = find_if(cvec1, cvec1+size, not1(logical_not<int>()));
  if (p < cvec1+size) cout << *p << '\n'; else cout << "not found\n";
  // es wird das erste Element *p gefunden, fuer das gilt: !!(*p)==true

  p = transform(cvec1, cvec1+size, cvec2, cvec3, not2(logical_and<int>()));
  for_each(cvec3, p, print()); cout << endl;
  // entsprechende Werte in cvec1 und cvec2 werden als Boolesche Werte
  // interpretiert, "logisch-und-verknuepft", und das Ergebnis wird negiert
  // und nach cvec3 kopiert

  p = transform(cvec1, cvec1+size, cvec3, bind1st(minus<int>(), 3));
  for_each(cvec3, p, print()); cout << endl;
  // Wert 3 minus jeweiliges Element berechnen und nach cvec3 kopieren

  p = transform(cvec1, cvec1+size, cvec3, bind2nd(minus<int>(), 3));
  for_each(cvec3, p, print()); cout << endl;
  // jeweiliges Element minus Wert 3 berechnen und nach cvec3 kopieren

  p = find_if(cvec1, cvec1+size, bind2nd(greater<int>(), 8));
  if (p < cvec1+size) cout << *p << '\n'; else cout << "not found\n";
  // es wird das erste Element gefunden, das gr"o"ser als 8 (acht) ist
}
```

Ausgabe des Programms:

```
7
0 0 0 0 1 0 0 0 0 0
-4 -2 0 -5 3 2 -6 -4 1 -1
4 2 0 5 -3 -2 6 4 -1 1
9
```

11.8 Algorithmen: globale generische Funktionen

Abkürzungen

In dem Modul `algorithm` der C++-Standardbibliothek sind etwa einhundert Funktions-Templates definiert, die in diesem Abschnitt präsentiert werden. Die im Standard-Dokument verwendeten Namen für die Typparameter sind absichtlich lang und aussagekräftig gewählt worden, sie werden aber im folgenden durch kürzere Namen ersetzt, um die Darstellung kompakter und übersichtlicher zu gestalten. Das folgende Beispiel stellt beide Versionen zum Vergleich gegenüber:

- ```
  template<class ForwardIterator1, class ForwardIterator2,
                                   class BinaryPredicate>
  ForwardIterator1
  find_first_of(ForwardIterator1 first1, ForwardIterator1 last1,
                ForwardIterator2 first2, ForwardIterator2 last2,
                                         BinaryPredicate pred);
  ```

- ```
  template<class FwdIt1, class FwdIt2, class BinPred>
  FwdIt1 find_first_of(FwdIt1 first1, FwdIt1 last1,
                       FwdIt2 first2, FwdIt2 last2, BinPred pred);
  ```

Liste der verwendeten Abkürzungen für die Typbezeichner:

- `FwdIt` für `ForwardIterator`
- `InIt` für `InputItarator`
- `OutIt` für `OutputIterator`
- `BidIt` für `BidirectionalIterator`
- `RanIt` für `RandomAccessIterator`
- `BinPred` für `BinaryPredicate`
- `Func` für `Function`
- `Pred` für `Predicate`
- `UnOp` für `UnaryOperation`
- `BinOp` für `BinaryOparation`
- `RndFunc` für `RandomFunction`
- `Cmp` für `Compare`

Halboffenes Intervall, Notation

Fast alle Algorithmen der Standardbibliothek arbeiten jeweils mit ein oder zwei definierten Bereichen, die Containern, Eingabe- oder Ausgabemedien zugeordnet sind, z.B.:

⊗ `it = find(first, last, value);`
sucht value in `[first, last)`

⊗ `it = search(first1, last1, first2, last2);`
sucht Subfolge `[first2, last2)` *in* `[first1, last1)`

⊗ `it = copy(first, last, result);`
kopiert `[first, last)` *nach* `[result, result + (last-first))`

⊗ `it = swap_ranges(first1, last1, first2);`
vertauscht `[first1, last1)` *mit* `[first2, first2 + (last1- first1))`

Dabei bezeichnet die Notation `[anfang, ende)` jeweils ein sog. *halboffenes Intervall*, das den Bereich $anfang \ldots ende - 1$ definiert, d.h. `anfang` ist die Position des ersten Elements in dem Bereich und `ende` ist die Position des ersten Elements hinter dem Bereich, also:

- `[m, n)` bedeutet $m, m+1, \ldots n-2, n-1$

Die meisten Algorithmen liefern eine Iteratorposition als Rückgabewert.

11.8.1 Nicht modifizierende sequentielle Operationen

Übersicht

Die Tabelle 11.9 gibt einen kompakten Überblick über den ersten Algorithmen-Komplex mit sequentiell arbeitenden Operationen, die den Inhalt des jeweiligen Containers nicht verändern. Abgesehen von `for_each` existieren jeweils zwei Versionen für jeden Algorithmus. Die Version ohne den Parameter `pred` verwendet für Vergleiche den Default-Operator `<` (kleiner als) des Elementetyps, die Variante verwendet das Funktionsobjekt `pred` vom Typ `Pred` (= `Predicate`) zur Definition der entsprechenden Relation. Die Zeitkomplexität O(...) charakterisiert jeweils das zeitliche Verhalten.

Beispiele

Die beiden C++-Texte 11.36 und 11.37 demonstrieren die Verwendung der Algorithmen `for_each`, `find`, `find_if` und `search`. Im ersten Beispiel werden C-Vektoren und entsprechende Zeiger, im zweiten Beispiel werden Container der Klasse `vector` oder `list` oder `deque` und die dazu definierten Iteratoren verwendet.

C++-Text 11.36: *Sequentielle Operationen 1* ./Bsp11/algo/seqops.cpp

```
#include <iostream>
#include <algorithm>
using namespace std;
```

Tabelle 11.9: Nicht modifizierende sequentielle Operationen

Operation	**O(...)**
Funktion `f` *auf alle Elemente anwenden:*	
`g = for_each(first, last, f);`	$O(n)$
Auffinden eines Wertes oder einer Sequenz:	
`it = find(first, last, value);`	$O(n)$
`it = find_if(first, last, pred);`	$O(n)$
`it = find_end(first1, last1, first2, last2);`	$O(n_1 \cdot n_2)$
`it = find_end(first1, last1, first2, last2, pred);`	$O(n_1 \cdot n_2)$
`it = find_first_of(first1, last1, first2, last2);`	$O(n_1 \cdot n_2)$
`it = find_first_of(first1, last1, first2, last2, pred);`	$O(n_1 \cdot n_2)$
Paar mit zwei benachbarten gleichen Werten finden:	
`it = adjacent_find(first, last);`	$O(n)$
`it = adjacent_find(first, last, pred);`	$O(n)$
Anzahl bestimmter Elemente finden:	
`diff = count(first, last, value);`	$O(n)$
`diff = count_if(first, last, pred);`	$O(n)$
Ungleiches Paar finden:	
`pair = mismatch(first1, last1, first2);`	$O(n)$
`pair = mismatch(first1, last1, first2, pred);`	$O(n)$
Zwei Sequenzen vergleichen:	
`flag = equal(first1, last1, first2);`	$O(n)$
`flag = equal(first1, last1, first2, pred);`	$O(n)$
Aufsuchen von Mustern:	
`it = search(first1, last1, first2, last2);`	$O(n_1 \cdot n_2)$
`it = search(first1, last1, first2, last2, pred);`	$O(n_1 \cdot n_2)$
`it = search_n(first, last, count, value);`	$O(n_1 \cdot n_2)$
`it = search_n(first, last, count, value, pred);`	$O(n_1 \cdot n_2)$

```
const int size1 = 10, size2 = 5;

void func1(int x) { cout << x*x << " "; }

template<class T> class func2 {
  public:
    void operator() (const T& x) { cout << x*x << " "; }
};

bool func3(int x) { return x%3 == 0; }

int main() {
  int cvec1[size1] = { 0, 1, 2, 3, 4, 5, 6, 7, 8, 9},
      cvec2[size2] = { 4, 5, 6, 7, 8 };
  int *p1first = cvec1, *p1last = cvec1 + size1,
      *p2first = cvec2, *p2last = cvec2 + size2, *p;

  for_each(p1first, p1last, func1); cout << endl;

  func2<int> funcInt;
  for_each(p1first, p1last, funcInt); cout << endl;

  p = find(p1first, p1last, 7);        cout << *p << endl;
  p = find_if(p2first, p2last, func3); cout << *p << endl;

  p = search(p1first, p1last, p2first, p2last); cout << *p << endl;
}
```

Ausgabe des Programms:

```
0 1 4 9 16 25 36 49 64 81
0 1 4 9 16 25 36 49 64 81
7
6
4
```

C++-Text 11.37: *Sequentielle Operationen II* ./Bsp11/algo/seqops2.cpp

```
#include <iostream>
#include <algorithm>
#include <vector>     // oder <list> oder <deque>
using namespace std;

const int size1 = 10, size2 = 5;

void func1(int x) { cout << x*x << " "; }
```

```
template<class T> class func2 {
  public:
    void operator() (const T& x) { cout << x*x << " "; }
};

bool func3(int x) { return x%3 == 0; }

typedef vector<int> SeqCont;  // oder list<int> oder deque<int>
                              // ==============================
int main() {
  int i;
  SeqCont cont1, cont2;

  for (i=0; i<size1; i++) cont1.push_back(i);
  for (i=0; i<size2; i++) cont2.push_back(i+4);

  SeqCont::iterator p1first = cont1.begin(), p1last = cont1.end(),
                    p2first = cont2.begin(), p2last = cont2.end(), p;

  for_each(p1first, p1last, func1); cout << endl;

  func2<int> funcInt;
  for_each(p1first, p1last, funcInt); cout << endl;

  p = find(p1first, p1last, 7);        cout << *p << endl;
  p = find_if(p2first, p2last, func3); cout << *p << endl;

  p = search(p1first, p1last, p2first, p2last); cout << *p << endl;
}
```

Ausgabe des Programms (wie Vorgänger):

```
0 1 4 9 16 25 36 49 64 81
0 1 4 9 16 25 36 49 64 81
7
6
4
```

Erläuterung der Funktionen

⊗ `template<class InIt, class Func>`
`Func for_each(InIt first, InIt last, Func f);`
Wendet f auf alle Elemente im Bereich `[first, last)` *an und gibt f zurück; die Elemente können nicht manipuliert werden!*

⊗ `template<class InIt, class T>`
`InIt find(InIt first, InIt last, const T& value);`

Liefert Iterator auf das erste Element im Bereich [first, last) *mit dem Wert* value*; liefert* last*, wenn keines gefunden*

⊗
```
template<class InIt, class Pred>
InIt find_if(InIt first, InIt last, Pred pred);
```
Liefert Iterator auf das erste Element im Bereich [first, last)*, für das* pred true *ist; liefert* last*, wenn keines gefunden*

⊗
```
template<class FwdIt1, class FwdIt2>
FwdIt1 find_end(FwdIt1 first1, FwdIt1 last1,
                FwdIt2 first2, FwdIt2 last2);
```
Sucht die letzte Sequenz im Bereich [first1, last1)*, die mit der Sequenz in* [first2, last2) *übereinstimmt und liefert Iterator auf das letzte Element der gefundenen Sequenz; liefert* last1*, wenn nicht gefunden*

⊗
```
template<class FwdIt1, class FwdIt2, class BinPred>
FwdIt1 find_end(FwdIt1 first1, FwdIt1 last1,
                FwdIt2 first2, FwdIt2 last2, BinPred pred);
```
Im Unterschied zur vorangehenden Funktion ist hier nicht die paarweise Gleichheit gefordert, sondern das Prädikat BinPred pred *muß paarweise den Wert* true *liefern*

⊗
```
template<class FwdIt1, class FwdIt2>
FwdIt1 find_first_of(FwdIt1 first1, FwdIt1 last1,
                     FwdIt2 first2, FwdIt2 last2);
```
Such das erste Element in [first1, last1)*, das mit einem Element aus* [first2, last2) *übereinstimmt; liefert* last1*, wenn nicht gefunden*

⊗
```
template<class FwdIt1, class FwdIt2, class BinPred>
FwdIt1 find_first_of(FwdIt1 first1, FwdIt1 last1,
                     FwdIt2 first2, FwdIt2 last2, BinPred pred);
```
Im Gegensatz zur vorangehenden Funktion wird hier das erste Element gesucht, für das BinPred pred *den Wert* true *liefert.*

⊗
```
template<class FwdIt>
FwdIt adjacent_find(FwdIt first, FwdIt last);
```
Liefert die Position des ersten Paares aus zwei gleichen Elementen im Bereich [first, last)*; liefert* last*, wenn nicht gefunden*

⊗
```
template<class FwdIt, class BinPred>
FwdIt adjacent_find(FwdIt first, FwdIt last, BinPred pred);
```
Liefert die Position des ersten Paares aus zwei Elementen im Bereich [first, last)*, für das* BinPred pred *den Wert* true *ermittelt; liefert* last*, wenn nicht gefunden*

⊗
```
template<class InIt, class T> iterator_traits<InIt>::
difference_type count(InIt first, InIt last, const T& value);
```
Liefert die Anzahl der Elemente des Bereiches [first, last)*, die mit dem Wert* value *übereinstimmen*

⊗
```
template<class InIt, class Pred> iterator_traits<InIt>::
difference_type count_if(InIt first, InIt last, Pred pred);
```
Liefert die Anzahl der Elemente des Bereiches [first, last)*, für die das Prädikat* pred *den Wert* true *liefert*

⊗ `template<class InIt1, class InIt2>`
`pair<InIt1, InIt2> mismatch(InIt1 first1, InIt1 last1, InIt2 first2);`
Gibt das erste Paar zweier Iteratoren (i, j) *mit* $first1 \leq i < last1$ *und* $first2 \leq j$ *zurück, die auf zwei ungleiche Elemente zeigen; liefert das Paar* $(last1, (first2 + last1 - first1))$, *wenn nicht gefunden (d.h. wenn alle entsprechenden Elemente übereinstimmen)*

⊗ `template<class InIt1, class InIt2, class BinPred>`

```
pair<InIt1, InIt2> mismatch(InIt1 first1, InIt1 last1,
                            InIt2 first2, BinPred pred);
```

Gibt das erste Paar zweier Iteratoren (i, j) *mit* $first1 \leq i < last1$ *und* $first2 \leq j$ *zurück, die auf zwei Elemente zeigen, für die das Prädikat* `pred` *den Wert* `false` *ermittelt; liefert das Paar* $(last1, (first2 + last1 - first1))$, *wenn nicht gefunden*

⊗ `template<class InIt1, class InIt2>`
`bool equal(InIt1 first1, InIt1 last1, InIt2 first2);`
Liefert `true`, *wenn die Sequenz des Bereiches* `[first1, last1)` *mit der Sequenz des Bereiches* `[first2, last2)` *übereinstimmt, sonst* `false`

⊗ `template<class InIt1, class InIt2, class BinPred>`
`bool equal(InIt1 first1, InIt1 last1, InIt2 first2, BinPred pred);`
Im Unterschied zur vorigen Funktion müssen hier die Elementepaare nicht gleich sein, sondern das Prädikat muß für alle Paare den Wert `true` *liefern*

⊗ `template<class FwdIt1, class FwdIt2>`
`FwdIt1 search(FwdIt1 first1, FwdIt1 last1, FwdIt2 first2, FwdIt2 last2);`
Sucht das erste Vorkommen der Subfolge *des Bereichs* `[first2, last2)` *im Bereich* `[first1, last1)` *und liefert die entsprechende Anfangsposition; liefert* `last1`, *wenn nicht gefunden*

⊗ `template<class FwdIt1, class FwdIt2>`

```
FwdIt1 search(FwdIt1 first1, FwdIt1 last1, FwdIt2 first2,
                             FwdIt2 last2, BinPred pred);
```

Im Unterschied zur vorigen Funktion müssen hier nicht die Elemente gleich sein, sondern die Paare müssen jeweils das Prädikat `pred==true` *liefern*

⊗ `template<class FwdIt, class Size, class T>`
`FwdIt search_n(FwdIt first, FwdIt last, Size count, const T& value);`
Liefert die Anfangsposition der ersten Sequenz von `count` *Elementen in dem Bereich* `[first, last)`, *die alle den Wert* `value` *haben; liefert* `last`, *wenn nicht gefunden*

⊗ `template<class FwdIt, class Size, class T, class BinPred>`

```
FwdIt search_n(FwdIt first, FwdIt last, Size count, const T& value,
                                                     BinPred pred);
```

Liefert die Anfangsposition der ersten Sequenz von `count` *Elementen in dem Bereich* `[first, last)`, *die alle mit dem Wert* `value` *das Prädikat* `pred==true` *bilden; liefert* `last`, *wenn nicht gefunden*

11.8.2 Modifizierende sequentielle Operationen

Übersicht

Die Tabellen 11.10 und 11.11 geben einen Überblick über sequentielle Operationen, die die Inhalte von Containern modifizieren. Die Zeitkomplexität ist jeweils linear mit Ausnahme der beiden Algorithmen `swap` und `iter_swap`, bei denen zusätzlich der Bezug anzugeben ist: wenn wir annehmen, daß die Argumente Containerobjekte definieren, dann gilt dort ebenfalls $O(n)$, wobei n die Anzahl der Elemente wäre.

Tabelle 11.10: Modifizierende sequentielle Operationen, Teil I

Operation	**O(...)**
Bereich kopieren:	
`it = copy(first, last, result);`	$O(n)$
`it = copy_backward(first, last, result);`	$O(n)$
Elemente und Bereiche vertauschen:	
`swap(a, b);`	÷
`it = swap_ranges(first1, last1, first2);`	$O(n)$
`iter_swap(a, b);`	÷
Elemente eines Bereiches mit der Operation `op` *verändern:*	
`it = transform(first, last, result, op);`	$O(n)$
`it = transform(first1, last1, first2, result, op);`	$O(n)$
Alte Werte in einem Bereich durch neue ersetzen:	
`replace(first, last, old, new);`	$O(n)$
`replace_if(first, last, pred, new);`	$O(n)$
`it = replace_copy(first, last, result, old, new);`	$O(n)$
`it = replace_copy_if(first, last, result, pred, new);`	$O(n)$
Elemente des Bereiches mit dem Wert `value` *initialisieren:*	
`fill(first, last, value);`	$O(n)$
`fill_n(first, Size n, value);`	$O(n)$
Bereich mit der Operation `gen` *initialisieren:*	
`generate(first, last, gen);`	$O(n)$
`generate_n(first, n, gen);`	$O(n)$
Bestimmte Elemente in einem Bereich entfernen:	
`it = remove(first, last, value);`	$O(n)$
`it = remove_if(first, last, pred);`	$O(n)$
`it = remove_copy(first, last, result, value);`	$O(n)$
`it = remove_copy_if(first, last, result, pred);`	$O(n)$

Tabelle 11.11: Modifizierende sequentielle Operationen, Teil II

Operation	O(...)
Multiplikate entfernen bzw. Kopie ohne Multiplikate erstellen:	
`it = unique(first, last);`	$O(n)$
`it = unique(first, last, pred);`	$O(n)$
`it = unique_copy(first, last, result);`	$O(n)$
`it = unique_copy(first, last, result, pred);`	$O(n)$
Reihenfolge invertieren bzw. entsprechende Kopie erstellen:	
`reverse(first, last);`	$O(n)$
`it = reverse_copy(first, last, result);`	$O(n)$
Elemente rotieren bzw. entsprechende Kopie erstellen:	
`rotate(first, middle, last);`	$O(n)$
`it = rotate_copy(first, middle, last, result);`	$O(n)$
Elemente mischen:	
`random_shuffle(first, last);`	$O(n)$
`random_shuffle(first, last, rand);`	$O(n)$
Eine bestimmte Ordnung erzeugen:	
`it = partition(first, last, pred);`	$O(n)$
`it = stable_partition(first, last, pred);`	$O(n)$

Beispiel

Der C++-Text 11.38 demonstriert die Verwendung sequentiell arbeitender Operationen am Beispiel der Algorithmen `transform`, `copy`, `reverse`, `rotate` und `random_shuffle`. Als Containerobjekte werden hier einfache C-Vektoren verwendet, die natürlich wieder durch entsprechende Container für Sequenzen (`list`, `vector`, `deque`) ersetzt werden können. Dabei ist aber zu beachten, daß für `random_shuffle` Random-Access-Iteratoren benotigt werden, d.h. an der Stelle ist ein Container vom Typ `list` nicht verwendbar.

C++-Text 11.38: *Sequentielle Operationen III* ./Bsp11/algo/seqops3.cpp

```
#include <iostream>
#include <algorithm>
using namespace std;

const int size1 = 5, size2 = 10;
const int size3 = size2;
class f1 { public: int  operator() (int x) { return x*x; } };
class f2 { public: int  operator() (int x, int y) { return x*x + y*y; } };
```

```
int main() {

  // C-Vektoren als Container
  int cvec1[size1] = { 0, 1, 2, 3, 4 },
      cvec2[size2] = { 0, 1, 2, 3, 4, 5, 6, 7, 8, 9 },
      cvec3[size3];

  // Zeiger als Iteratoren
  int *p1first = cvec1, *p1last = cvec1 + size1,
      *p2first = cvec2, *p2last = cvec2 + size2,
      *p3first = cvec3, *p3last = cvec3 + size3,
      *p;

  // Stream-Iterator zur Ausgabe
  ostream_iterator<int> oit(cout, " ");

  p = transform(p1first, p1last, p3first, f1());
  copy(p3first, p, oit); cout << endl;

  p = transform(p1first, p1last, p2first, p3first, f2());
  copy(p3first, p, oit); cout << endl;

  reverse(p1first, p1last);
  copy(p1first, p1last, oit); cout << endl;

  rotate(p2first, p2first+3, p2last);
  copy(p2first, p2last, oit); cout << endl;

  random_shuffle(p2first, p2last);
  copy(p2first, p2last, oit); cout << endl;
}
```

Ausgabe des Programms:

```
0 1 4 9 16
0 2 8 18 32
4 3 2 1 0
3 4 5 6 7 8 9 0 1 2
7 6 3 5 9 0 1 2 8 4
```

Erläuterung der Funktionen

⊗ `template<class InIt, class OutIt>`
`OutIt copy(InIt first, InIt last, OutIt result);`
Kopiert alle Elemente des Bereiches `[first, last)]` *in den Bereich ab* `result`*; liefert* `result + (first - last)`

⊗
```
template<class BidIt1, class BidIt2>
BidIt2 copy_backward(BidIt1 first, BidIt1 last, BidIt2 result);
```
Wie `copy`*, kopiert aber in umgekehrter Reihenfolge; liefert* `result-(first-last)`

⊗
```
template<class T> void swap(T& a, T& b);
```
Vertauscht die beiden Elemente `a` *und* `b`

⊗
```
template<class FwdIt1, class FwdIt2>
FwdIt2 swap_ranges(FwdIt1 first1, FwdIt1 last1, FwdIt2 first2);
```
Vertauscht die Elemente der Bereiche `[first1, last1)` *und* `[first2, first2 + (last1 - first1))`*; liefert first2 + (last1 - first1) zurück*

⊗
```
template<class FwdIt1, class FwdIt2>
void iter_swap(FwdIt1 a, FwdIt2 b);
```
Vertauscht die beiden Elemente der Positionen `a` *und* `b`

⊗
```
template<class InIt, class OutIt, class UnOp>
OutIt transform(InIt first, InIt last, OutIt result, UnOp op);
```
Transformiert alle Elemente im Bereich `[first, last)` *mit der Operation* `UnOp op` *und weist die Resultate den Elementen im Bereich ab* `result` *zu; liefert* `result + last1-first1`

⊗
```
template<class InIt1, class InIt2, class OutIt, class BinOp>
OutIt transform(InIt1 first1, InIt1 last1,
                InIt2 first2, OutIt result, BinOp op);
```
Verknüpft alle Elemente im Bereich `[first1, last1)` *mit den entsprechenden Elementen im Bereich* `[first2, first2 + last1-first1)` *mit der Operation* `BinOp op` *und kopiert die resultierenden Elemente in den Bereich ab* `result`*; liefert* `result + last1-first1`

⊗
```
template<class FwdIt, class T>
void replace(FwdIt first, FwdIt last, const T& old_value,
                                      const T& new_value);
```
Weist allen Elementen im Bereich `[first, last)`*, die den Wert* `old_value` *haben, den Wert* `new_value` *zu*

⊗
```
template<class FwdIt, class Pred, class T>
void replace_if(FwdIt first, FwdIt last, Pred pred,
                                         const T& new_value);
```
Weist allen Elementen im Bereich `[first, last)`*, für die das Prädikat* `pred` *das Ergebnis* `true` *ermittelt, den Wert* `new_value` *zu*

⊗
```
template<class InIt, class OutIt, class T>
OutIt replace_copy(InIt first, InIt last, OutIt result,
                   const T& old_value, const T& new_value);
```
Weist den Elementen im Bereich `[result + last-first)` *den Wert* `new_value` *zu, wenn sie den Wert* `old_value` *haben, sonst erhalten sie die entsprechenden Werte der Elemente im Bereich* `[first, last)`*; liefert* `result + (last-first)`

⊗
```
template<class InIt, class OutIt, class Pred, class T>
OutIt replace_copy_if(InIt first, InIt last, OutIt result,
                             Pred pred, const T& new_value);
```
Im Unterschied zu `replace_copy` *wird der Wert* `new_value` *zugewiesen, wenn das*

Prädikat `pred`, *angewandt auf das entsprechende Element im Bereich* `[first, last)`, *den Wert* `true` *ergibt; liefert* `result + (last-first)`

⊗ `template<class FwdIt, class T>`
`void fill(FwdIt first, FwdIt last, const T& value);`
Weist allen Elementen im Bereich `[first, last)` *den Wert* `value` *zu*

⊗ `template<class OutIt, class Size, class T>`
`void fill_n(OutIt first, Size n, const T& value);`
Weist allen Elementen im Bereich `[first, first+n)` *den Wert* `value` *zu*

⊗ `template<class FwdIt, class Generator>`
`void generate(FwdIt first, FwdIt last, Generator gen);`
Weist allen Elementen im Bereich `[first, last)` *den von Funktionsobjekt* `gen` *gelieferten Wert zu*

⊗ `template<class OutIt, class Size, class Generator>`
`void generate_n(OutIt first, Size n, Generator gen);`
Weist allen Elementen im Bereich `[first, first+n)` *den von Funktionsobjekt* `gen` *gelieferten Wert zu*

⊗ `template<class FwdIt, class T>`
`FwdIt remove(FwdIt first, FwdIt last, const T& value);`
Entfernt aus dem Bereich `[first, last)` *alle Elemente, die den Wert* `value` *haben; liefert das neue Bereichsende zurück*

⊗ `template<class FwdIt, class Pred>`
`FwdIt remove_if(FwdIt first, FwdIt last, Pred pred);`
Entfernt aus dem Bereich `[first, first+n)` *alle Elemente, die den Wert* `value` *haben; liefert das neue Bereichsende zurück*

⊗ `template<class InIt, class OutIt, class T>`
```
OutIt remove_copy(InIt first, InIt last,
                  OutIt result, const T& value);
```
Kopiert alle Elemente des Bereichs `[first, last)`, *die nicht den Wert* `value` *haben, in den Bereich ab* `result`*; liefert das Ende des Zielbereiches*

⊗ `template<class InIt, class OutIt, class Pred>`
`OutIt remove_copy_if(InIt first, InIt last, OutIt result, Pred pred);`
Kopiert alle Elemente des Bereichs `[first, last)`, *für die das Prädikat* `pred` *das Ergebnis* `true` *liefert, in den Bereich ab* `result`*; liefert das Ende des Zielbereiches*

⊗ `template<class FwdIt>`
`FwdIt unique(FwdIt first, FwdIt last);`
Mehrfach vorkommende Elemente im Bereich `[first, last)` *bis auf das jeweils erste Element entfernen; liefert das Ende des Zielbereiches*

⊗ `template<class FwdIt, class BinPred>`
`FwdIt unique(FwdIt first, FwdIt last, BinPred pred);`
Aufeinanderfolgende gleiche Elemente im Bereich `[first, last)` *bis auf das jeweils erste Element entfernen, wenn* `pred`, *angewendet auf das erste und das jeweils doppelt vorhandene Element* `true` *ergibt; liefert das Ende des Zielbereiches*

⊗ `template<class InIt, class OutIt>`
`OutIt unique_copy(InIt first, InIt last, OutIt result);`

Kopiert die Elemente aus Bereich `[first, last)` *in den Bereich ab* `redult` *und entfernt dabei von aufeinanderfolgenden gleichen Elementen jeweils alle bis auf das erste; liefert das Ende des Zielbereiches*

⊗ `template<class InIt, class OutIt, class BinPred>`
`OutIt unique_copy(InIt first, InIt last, OutIt result, BinPred pred);`
Kopiert die Elemente aus Bereich `[first, last)` *in den Bereich ab* `redult` *und entfernt dabei jeweils das Element, wenn* `pred`*, angewendet auf das Element und seinen Vorgänger, den Wert* `true` *ermittelt; liefert das Ende des Zielbereiches*

⊗ `template<class BidIt>`
`void reverse(BidIt first, BidIt last);`
Kehrt die Reihenfolge der Zeichen im Bereich `[first, last)` *um*

⊗ `template<class BidIt, class OutIt>`
`OutIt reverse_copy(BidIt first, BidIt last, OutIt result);`
Kopiert die Zeichen des Bereiches `[first, last)` *in umgekehrter Reihenfolge in den Bereich ab* `result`*; liefert das Ende des Zielbereiches zurück*

⊗ `template<class FwdIt>`
`void rotate(FwdIt first, FwdIt middle, FwdIt last);`
Rotation der Elemente in dem Bereich `[first, last)` *nach folgendem Schema: alle Elemente der Positionen* `first+i` *gelangen an die Positionen* `first + (i+last-mid) % (last-first)`

⊗ `template<class FwdIt, class OutIt>`
```
OutIt rotate_copy(FwdIt first, FwdIt middle,
                  FwdIt last, OutIt result);
```
Kopieren und Rotation der Elemente des Bereiches `[first, last)` *nach folgendem Schema: alle Elemente der Positionen* `first+i` *gelangen an die Positionen* `result + (i+last-mid) % (last-first)`*; liefert das Ende des Zielbereiches zurück*

⊗ `template<class RanIt>`
`void random_shuffle(RanIt first, RanIt last);`
Mischt die Elemente des Bereichs `[first, last)`*, d.h. bringt sie in eine* zufällige Reihenfolge

⊗ `template<class RanIt, class RndFunc>`
`void random_shuffle(RanIt first, RanIt last, RndFunc& rand);`
Wie die vorangehende Funktion, aber verwendet zum Mischen *das übergebene Funktionsobjekt*

⊗ `template<class BidIt, class Pred>`
`BidIt partition(BidIt first, BidIt last, Pred pred);`
Ordnet den Bereich `[first, last)` *so, daß alle Elemente, für die* `pred` *den Wert* `true` *liefert, vor die anderen Elemente angeordnet werden, für die das nicht zutrifft; liefert die Position des ersten Elements der zweiten Gruppe*

⊗ `template<class BidIt, class Pred>`
`BidIt stable_partition(BidIt first, BidIt last, Pred pred);`
Wie die vorangehende Funktion, aber zusätzlich wird gewährleistet, daß die relative Anordnung der Elemente innerhalb beider Gruppen nicht verändert wird; liefert die Position des ersten Elements der zweiten Gruppe

11.8.3 Sortieren, Suchen und verwandte Operationen

Übersicht

Die Tabelle 11.12 gibt einen Überblick über Algorithmen zum Sortieren, Suchen, Verschmelzen und ähnlichen Operationen. Die Algorithmen zum Sortieren und für verwandte Operationen benötigen natürlich Random-Access-Iteratoren und haben die Zeitkomplexität $O(n \log n)$. Die Algorithmen zum Suchen und für verwandte Operationen haben bei der Verwendung von Bidirectional-Iteratoren eine lineare und bei der Verwendung von Random-Access-Iteratoren eine logarithmische Zeitkomplexität.

Beispiele

Der C++-Text 11.39 demonstriert die Verwendung von Operationen zum Sortieren, Suchen und von verwandten Aktionen am Beispiel der Algorithmen `sort`, `merge` und `binary_search`. Als Containerobjekte werden hier wieder einfache C-Vektoren verwendet. Für die Algorithmen `sort` bis `nth_element` sind Random-Access-Iteratoren erforderlich, d.h. sie sind z.B. auf Container vom Typ `vector` und `deque`, aber nicht auf solche vom Typ `list` anwendbar.

C++-Text 11.39: *Sortieren und Suchen I* ./Bsp11/algo/sort.cpp

```
#include <iostream>
#include <algorithm>
using namespace std;

const int size1 = 5, size2 = 10;
const int size3 = size1 + size2;

int main() {

  int cvec1[size1] = { 1, 2, 3, 4, 5 },
      cvec2[size2] = { 8, 2, 5, 3, 4, 6, 2, 9, 1, 4 },
      cvec3[size3];

  int *p1first = cvec1, *p1last = cvec1 + size1,
      *p2first = cvec2, *p2last = cvec2 + size2,
      *p3first = cvec3, *p3last = cvec3 + size3;

  ostream_iterator<int> oit(cout, " ");

  sort(p2first, p2last);
  copy(p2first, p2last, oit); cout << endl;
```

Tabelle 11.12: Sortieren, Suchen und ähnliche Operationen

Operation	**O(...)**
Sortiert den Bereich:	
`sort(first, last);`	$O(n \log n)$
`sort(first, last, comp);`	$O(n \log n)$
Sortiert Bereich, Ordnung gleicher Elemente bleibt erhalten:	
`stable_sort(first, last);`	$O(n \log n)$
`stable_sort(first, last, comp);`	$O(n \log n)$
Unvollständiges Sortieren:	
`partial_sort(first, middle, last);`	$O(n_1 \log n_2)$
`partial_sort(first, middle, last, comp);`	$O(n_1 \log n_2)$
`it = partial_sort_copy(first, last, r_first, r_last);`	$O(n_1 \log n_2)$
`it = partial_sort_copy(first, last, r_first, r_last, comp);`	$O(n_1 \log n_2)$
Das n-te Element steht dort, wo es stände, wenn sortiert wäre:	
`nth_element(first, nth, last);`	$O(n)$
`nth_element(first, nth, last, comp);`	$O(n)$
Liefert erstmögliche Einfügposition im sortierten Bereich:	
`it = lower_bound(first, last, value);`	$O(n)/O(\log n)$
`it = lower_bound(first, last, value, comp);`	$O(n)/O(\log n)$
Liefert letztmögliche Einfügposition im sortierten Bereich:	
`it = upper_bound(first, last, value);`	$O(n)/O(\log n)$
`it = upper_bound(first, last, value, comp);`	$O(n)/O(\log n)$
Liefert erst- und letztmögliche Einfügposition als Paar:	
`pair = equal_range(first, last, value);`	$O(n)/O(\log n)$
`pair = equal_range(first, last, value, comp);`	$O(n)/O(\log n)$
Stellt fest, ob es in dem Bereich eine adäquate Einfügstelle gibt:	
`flag = binary_search(first, last, value);`	$O(n)/O(\log n)$
`flag = binary_search(first, last, value, comp);`	$O(n)/O(\log n)$
Die beiden Bereiche verschmelzen:	
`it = merge(first1, last1, first2, last2, result);`	$O(n_1 + n_2)$
`it = merge(first1, last1, first2, last2, result, comp);`	$O(n_1 + n_2)$
Den linken mit dem rechten Teil verschmelzen:	
`inplace_merge(first, middle, last);`	$O(n)$
`inplace_merge(first, middle, last, comp);`	$O(n)$

```
  merge(p1first, p1last, p2first, p2last, p3first);
  copy(p3first, p3last, oit); cout << endl;

  if (binary_search(p3first, p3last, 5))
    cout << "gefunden\n";
  else
    cout << "nicht gefunden\n";
}
```

Ausgabe des Programms:

```
1 2 2 3 4 4 5 6 8 9
1 1 2 2 2 3 3 4 4 4 5 5 6 8 9
gefunden
```

Der C++-Text 11.40 demonstriert die Verwendung der Algorithmen partial_sort, lower_bound, upper_bound und equal_range und verwendet den Containertyp vector. Die drei letztgenannten werden verwendet, um Anfangs- und Endposition von Bereichen mit gleichen Elementen zu ermitteln, equal_range liefert die Werte als Paar von Forward-Iteratoren pair<FwdIt, FwdIt> zurück.

C++-Text 11.40: *Sortieren und Suchen II* ./Bsp11/algo/sort2.cpp

```
#include <iostream>
#include <vector>
#include <algorithm>
#include <cstdlib>
using namespace std;

typedef vector<int>           Array;
typedef Array::iterator       AIter;
typedef ostream_iterator<int> OIter;
typedef pair<AIter, AIter>    Tuple;

int main() {

  Array vec1, vec2, vec3;
  OIter oit(cout, " ");

  // 20 Zufallszahlen in vec1 eintragen, dann vec1 ausgeben
  for (int i=0; i<20; i++) {
    int x = rand()%6 + 1; vec1.push_back(x);
  }
  copy(vec1.begin(), vec1.end(), oit); cout << endl;

  // vec1 kopieren, Kopie sortieren, dann Kopie ausgeben
  vec2 = vec1;
```

```
  sort(vec2.begin(), vec2.end());
  copy(vec2.begin(), vec2.end(), oit); cout << endl;

  // vec1 kopieren, Kopie bis Pos. 4 sortieren, dann Kopie ausgeben
  vec3 = vec1;
  partial_sort(vec3.begin(), vec3.begin() + 4, vec3.end());
  copy(vec3.begin(), vec3.end(), oit); cout << endl;

  // Anfangs- und Endpos. der Elemente 5 bestimmen und ausgeben
  AIter p1, p2;
  p1 = lower_bound(vec2.begin(), vec2.end(), 5);
  p2 = upper_bound(vec2.begin(), vec2.end(), 5);

  cout << "Fuenfen von Pos. " << p1-vec2.begin() << " bis Pos. "
                              << p2-vec2.begin() << endl;

  // Anfangs- und Endpos. der Elemente 5 bestimmen und ausgeben
  Tuple tuple;
  tuple = equal_range(vec2.begin(), vec2.end(), 5);
  cout << "Fuenfen von Pos. " << tuple.first-vec2.begin() << " bis Pos. "
                              << tuple.second-vec2.begin() << endl;
}
```

Ausgabe des Programms:

```
6 6 5 5 6 5 1 1 5 3 6 6 2 4 2 6 2 3 4 1
1 1 1 2 2 2 3 3 4 4 5 5 5 5 6 6 6 6 6 6
1 1 1 2 6 6 6 5 5 5 6 6 5 4 3 6 2 3 4 2
Fuenfen von Pos. 10 bis Pos. 14
Fuenfen von Pos. 10 bis Pos. 14
```

Erläuterung der Funktionen

⊗ `template<class RanIt>`
`void sort(RanIt first, RanIt last);`
Sortiert die Elemente im Bereich `[first, last)` *unter Verwendung des für die Elemente definierten Operators* `<`

⊗ `template<class RanIt, class Cmp>`
`void sort(RanIt first, RanIt last, Cmp comp);`
Wie die erste `sort`*-Funktion, aber verwendet das Funktionsobjekt* `Cmp`

⊗ `template<class RanIt>`
`void stable_sort(RanIt first, RanIt last);`
Sortiert die Elemente im Bereich `[first, last)` *unter Verwendung des für die Elemente definierten Operators* `<`*, wobei zusätzlich gewährt wird, daß die relative Reihenfolge der Elemente mit gleichen Schlüsseln nicht verändert wird*

⊗
```
template<class RanIt, class Cmp>
void stable_sort(RanIt first, RanIt last, Cmp comp);
```
Wie die erste `stable_sort`*-Funktion, aber verwendet das Funktionsobjekt* `Cmp`

⊗
```
template<class RanIt>
void partial_sort(RanIt first, RanIt middle, RanIt last);
```
Sortiert den Bereich `[first, last)` *nicht vollständig, sondern so, daß die ersten* `middle-first` *sortierten Elemente entstehen, und ordnet sie im Bereich* `[first, middle)` *an. Zum Sortieren wird der für die Elemente definierte Operator* `<` *verwendet*

⊗
```
template<class RanIt, class Cmp>
void partial_sort(RanIt first, RanIt middle, RanIt last, Cmp comp);
```
Wie die vorige Funktion, aber verwendet das Funktionsobjekt `Cmp` *zum Sortieren*

⊗
```
template<class InIt, class RanIt>
RanIt partial_sort_copy(InIt first, InIt last,
                        RanIt result_first, RanIt result_last);
```
Die Länge der erzeugten Sortiersequenz wird durch die kleinere der beiden Differenzen `last-first` *und* `result_last-result_first` *definiert, sie wird aus den Elementen des Bereichs* `[first, last)` *erzeugt und in den Bereich ab* `result_first` *kopiert. Zurückgegeben wird die Position auf das Ende der sortierten Elemente im Zielbereich. Zum Sortieren wird der für die Elemente definierte Operator* `<` *verwendet*

⊗
```
template<class InIt, class RanIt, class Cmp>
RanIt partial_sort_copy(InIt first, InIt last, RanIt result_first,
                        RanIt result_last, Cmp comp);
```
Wie die vorige Funktion, aber verwendet das Funktionsobjekt `Cmp` *zum Sortieren*

⊗
```
template<class RanIt>
void nth_element(RanIt first, RanIt nth, RanIt last);
```
Der Bereich `[first, last)` *wird so geordnet* (nicht sortiert!), *daß das Element an der Position* `nth` *dort steht, wo es auch stehen würde, wenn der Bereich vollständig sortiert wäre. Es wird der für die Elemente definierte Operator* `<` *verwendet*

⊗
```
template<class RanIt, class Cmp>
void nth_element(RanIt first, RanIt nth, RanIt last, Cmp comp);
```
Wie die vorige Funktion, aber es wird das für die Elemente definierte Funktionsobjekt `Cmp` *verwendet*

⊗
```
template<class FwdIt, class T>
FwdIt lower_bound(FwdIt first, FwdIt last, const T& value);
```
Die Funktion setzt voraus, daß der Bereich `[first, last)` *sortiert ist, und liefert die erst mögliche (bei gleichen Schlüsseln) Einfügstelle für* `value`. *Die innere Ordnung ist über den Operator* `<` *der Elemente definiert*

⊗
```
template<class FwdIt, class T, class Cmp>
FwdIt lower_bound(FwdIt first, FwdIt last, const T& value, Cmp comp);
```
Wie die vorangehende Funktion, aber es wird das für die Elemente definierte Funktionsobjekt `Cmp` *verwendet*

⊗
```
template<class FwdIt, class T>
FwdIt upper_bound(FwdIt first, FwdIt last, const T& value);
```
Wie die entsprechende Funktion `lower_bound`, *aber hier wird entsprechend die letztmögliche Einfügposition für* `value` *ermittelt*

⊗ `template<class FwdIt, class T, class T>`
`FwdIt upper_bound(FwdIt first, FwdIt last, const T& value, Cmp comp);`
Wie die vorangehende Funktion, aber es wird das für die Elemente definierte Funktionsobjekt `Cmp` *verwendet*

⊗ `template<class FwdIt, class T>`
```
pair<FwdIt, FwdIt> equal_range(FwdIt first, FwdIt last,
                               const T& value);
```
Liefert die beiden Iteratoren, die `lower_bound` *und* `upper_bound` *liefern würden, als Paar. Für die Vergleiche wird der Operator* `<` *der Elemente verwendet*

⊗ `template<class FwdIt, class T, class Cmp>`
```
pair<FwdIt, FwdIt> equal_range(FwdIt first, FwdIt last,
                               const T& value, Cmp comp);
```
Wie die vorangehende Funktion, aber es wird das für die Elemente definierte Funktionsobjekt `Cmp` *verwendet*

⊗ `template<class FwdIt, class T>`
`bool binary_search(FwdIt first, FwdIt last, const T& value);`
Sucht im sortierten Bereich `[first, last)` *das Element* `value` *und liefert* `true`*, wenn es gefunden wurde, sonst* `false`*. Die Sortierreihenfolge ist über den Operator* `<` *der Elemente definiert*

⊗ `template<class FwdIt, class T, class Cmp>`
`bool binary_search(FwdIt first, FwdIt last, const T& value, Cmp comp);`
Wie die vorangehende Funktion, aber es wird das für die Elemente definierte Funktionsobjekt `Cmp` *verwendet*

⊗ `template<class InIt1, class InIt2, class OutIt>`
```
OutIt merge(InIt1 first1, InIt1 last1,
InIt2 first2, InIt2 last2, OutIt result);
```
Die beiden sortierten Bereiche `[first1, last1)` *und* `[first2, last2)` *werden zu einem sortierten Bereich verschmolzen, der bei* `result` *beginnt. Die Sortierreihenfolge ist über den Operator* `<` *der Elemente definiert. Es wird der Iterator auf das Ende des Ausgabebereiches zurückgegeben*

⊗ `template<class InIt1, class InIt2, class OutIt, class Cmp>`
```
OutIt merge(InIt1 first1, InIt1 last1, InIt2 first2, InIt2 last2,
                                 OutIt result, Cmp comp);
```
Wie die vorangehende Funktion, aber es wird das für die Elemente definierte Funktionsobjekt `Cmp` *verwendet*

⊗ `template<class BidIt>`
`void inplace_merge(BidIt first, BidIt middle, BidIt last);`
Die beiden sortierten Bereiche `[first, middle)` *und* `[middle, last)` *werden zu dem sortierten Bereich* `[first, last)` *verschmolzen. Die Sortierreihenfolge ist über den Operator* `<` *der Elemente definiert*

⊗ `template<class BidIt, class Cmp>`
`void inplace_merge(BidIt first, BidIt middle, BidIt last, Cmp comp);`
Wie die vorangehende Funktion, aber es wird das für die Elemente definierte Funktionsobjekt `Cmp` *verwendet*

11.8.4 Mengenoperationen

Übersicht

Die Mengenoperationen **includes** ($m_2 \subset m_1$), **set_union** ($m_1 \cup m_2$), **set_intersection** ($m_1 \cap m_2$), **set_difference** ($m_1 \backslash m_2$) und **set_symmetric_difference** ($(m_1 \cup m_2) \backslash (m_1 \cap m_2)$) sind auf Objekte der Containertypen *Set* und *Multiset* und darüber hinaus generell auch auf alle sortierten Sequenzen anwendbar. Dabei ist die Semantik der Mengenoperationen so erweitert worden, daß – wie im *Multiset* – Elemente auch mehrfach vorhanden sein können.

Die Algorithmen existieren jeweils in zwei Versionen, die eine verwendet für die Ordnung der Elemente jeweils den dafür definierten Operator `<`, die zweite verwendet jeweils ein übergebenes Funktionsobjekt `cmp`.

Tabelle 11.13: Mengenoperationen

Operation	O(...)
Sind alle Elemente des Bereichs 2 in dem Bereich 1 enthalten:	
`flag = includes(first1, last1, first2, last2);`	$O(n_1 + n_2)$
`flag = includes(first1, last1, first2, last2, comp);`	$O(n_1 + n_2)$
Vereinigungsmenge der Elemente aus beiden Bereichen bilden:	
`it = set_union(first1, last1, first2, last2, res);`	$O(n_1 + n_2)$
`it = set_union(first1, last1, first2, last2, res, comp);`	$O(n_1 + n_2)$
Schnittmenge der Elemente aus beiden Bereichen bilden:	
`it = set_intersection(first1, last1, first2, last2, res);`	$O(n_1 + n_2)$
`it = set_intersection(first1, last1, first2, last2,res,comp);`	$O(n_1 + n_2)$
Differenzmenge der Elemente aus beiden Bereichen bilden:	
`it = set_difference(first1, last1, first2, last2, res);`	$O(n_1 + n_2)$
`it = set_difference(first1, last1, first2, last2, res, comp);`	$O(n_1 + n_2)$
Symm. Differenzmenge der Elem. aus beiden Bereichen bilden:	
`it = set_symmetric_difference(first1,last1,first2,last2,res);`	$O(n_1 + n_2)$
`it = set_symmetric_difference(first1,last1,first2,last2,res, comp);`	$O(n_1 + n_2)$

Beispiel

Der C++-Text 11.41 zeigt eine kleine Anwendung, bei der die Mengenoperationen *Vereinigung*, *Schnittmenge bilden*, *Differenz* und *symmetrische Differenz* auf zwei einfache C-Vektoren angewendet werden. Beide C-Vektoren enthalten verschiedene Elemente mehrfach; die ausgegebenen Zahlenwerte demonstrieren die entsprechend erweiterte Semantik der Algorithmen für diese Mengenoperationen.

C++-Text 11.41: *Mengenoperationen auf sortierten Strukturen* ./Bsp11/algo/setops.cpp

```
#include <iostream>
#include <algorithm>
using namespace std;

const int size1 = 10, size2 = 15;

int main() {

  int x[size1] = { 1, 2, 3, 3, 5, 7, 7, 7, 8, 8},
      y[size2] = { 2, 2, 3, 5, 5, 5, 5, 6, 7, 7, 8, 8, 8, 8, 9, };

  ostream_iterator<int> Out(cout, " ");

  if (includes(x, x+size1, y, y+size2))
    cout << "x ist in y enthalten\n";
  else
    cout << "x ist nicht in y enthalten\n";

  set_union                (x, x+size1, y, y+size2, Out); cout << endl;
  set_intersection         (x, x+size1, y, y+size2, Out); cout << endl;
  set_difference           (x, x+size1, y, y+size2, Out); cout << endl;
  set_symmetric_difference (x, x+size1, y, y+size2, Out); cout << endl;

}
```

Ausgabe des Programms:

```
x ist nicht in y enthalten
1 2 2 3 3 5 5 5 5 6 7 7 7 8 8 8 8 9
2 3 5 7 7 8 8
1 3 7
1 2 3 5 5 5 6 7 8 8 9
```

Erläuterung der Funktionen

- ⊗ `template<class InIt1, class InIt2>`
  `bool includes(InIt1 first1, InIt1 last1, InIt2 first2, InIt2 last2);`
  Liefert `true`, *wenn alle Elemente des sortierten Bereichs* `[first2, last2)` *in dem sortierten Bereich* `[first1, last1)` *enthalten sind, sonst* `false`, *die interne Ordnung ist über den Operator < der Elemente definiert*

- ⊗ `template<class InIt1, class InIt2, class Cmp>`
  `bool includes(InIt1 first1, InIt1 last1,`
  `               InIt2 first2, InIt2 last2, Cmp comp);`
  Wie die vorangehende Funktion, aber für die Vergleiche wird `comp` *verwendet*

⊗
```
template<class InIt1, class InIt2, class OutIt>
OutIt set_union(InIt1 first1, InIt1 last1, InIt2 first2,
                                        InIt2 last2, OutIt result);
```
Es wird die Vereinigungsmenge der Elemente der beiden sortierten Bereiche `[first1, last1)` *und* `[first2, last2)` *gebildet und in den Bereich ab* `result` *kopiert. Der Iterator auf das Ende des Zielbereiches wird zurückgeliefert. Die interne Ordnung ist über den Operator* `<` *der Elemente definiert*

⊗
```
template<class InIt1, class InIt2, class OutIt, class Cmp>
OutIt set_union(InIt1 first1, InIt1 last1, InIt2 first2,
                InIt2 last2, OutIt result, Cmp comp);
```
Wie die vorangehende Funktion, aber für die Vergleiche wird `comp` *verwendet*

⊗
```
template<class InIt1, class InIt2, class OutIt>
OutIt set_intersection(InIt1 first1, InIt1 last1,
                       InIt2 first2, InIt2 last2, OutIt result);
```
Es wird die Schnittmenge der Elemente der beiden sortierten Bereiche `[first1, last1)` *und* `[first2, last2)` *gebildet und in den Bereich ab* `result` *kopiert. Der Iterator auf das Ende des Zielbereiches wird zurückgeliefert. Die interne Ordnung ist über den Operator* `<` *der Elemente definiert*

⊗
```
template<class InIt1, class InIt2, class OutIt, class Cmp>
OutIt set_intersection(InIt1 first1, InIt1 last1, InIt2 first2,
                       InIt2 last2, OutIt result, Cmp comp);
```
Wie die vorangehende Funktion, aber für die Vergleiche wird `comp` *verwendet*

⊗
```
template<class InIt1, class InIt2, class OutIt>
OutIt set_difference(InIt1 first1, InIt1 last1,
                     InIt2 first2, InIt2 last2, OutIt result);
```
Es wird die Differenzmenge der Elemente der beiden sortierten Bereiche `[first1, last1)` *und* `[first2, last2)` *gebildet und in den Bereich ab* `result` *kopiert. Der Iterator auf das Ende des Zielbereiches wird zurückgeliefert. Die interne Ordnung ist über den Operator* `<` *der Elemente definiert*

⊗
```
template<class InIt1, class InIt2, class OutIt, class Cmp>
OutIt set_difference(InIt1 first1, InIt1 last1, InIt2 first2,
                     InIt2 last2, OutIt result, Cmp comp);
```
Wie die vorangehende Funktion, aber für die Vergleiche wird `comp` *verwendet*

⊗
```
template<class InIt1, class InIt2, class OutIt>
OutIt set_symmetric_difference(InIt1 first1, InIt1 last1,
                               InIt2 first2, InIt2 last2, OutIt result);
```
Es wird die symmetrische Mengendifferenz der Elemente der beiden sortierten Bereiche `[first1, last1)` *und* `[first2, last2)` *gebildet und in den Bereich ab* `result` *kopiert. Der Iterator auf das Ende des Zielbereiches wird zurückgeliefert. Die interne Ordnung ist über den Operator* `<` *der Elemente definiert*

⊗
```
template<class InIt1, class InIt2, class OutIt, class Cmp>
OutIt set_symmetric_difference(InIt1 first1, InIt1 last1,
                               InIt2 first2, InIt2 last2,
                               OutIt result, Cmp comp);
```
Wie die vorangehende Funktion, aber für die Vergleiche wird `comp` *verwendet*

11.8.5 Heap-bezogene Operationen

Übersicht

Heaps sind spezielle Datenstrukturen, die besonders gut zur Realisierung von Prioritätswarteschlangen geeignet sind, siehe dazu Abschn. 5.5. Die folgenden Funktionen betreffen das Einfügen eines Elements in einen Heap, das Entnehmen des ersten (höchstprioren) Elements, das Umformen eines Bereichs in eine Heap-Struktur und das Umformen einer Heap-Struktur in einen sortierten Bereich.

Jeder Algorithmus existiert in zwei Varianten, die jeweils erste benutzt den für die Elemente definierten Operator <, die jeweils zweite benutzt ein Funktionsobjekt `comp` vom Typ `Cmp` (`Compare`), der als Typparameter übergeben wird.

Tabelle 11.14: Heap-bezogene Operationen

Operation	O(...)
Fügt `*(last-1)` *in den Heapbereich* `[first, last-1)` *ein:*	
`void push_heap(first, last);`	$O(\log n)$
`void push_heap(first, last, comp);`	$O(\log n)$
Entfernt das Element an der Stelle `first` *aus dem Heap:*	
`void pop_heap(first, last);`	$O(\log n)$
`void pop_heap(first, last, comp);`	$O(\log n)$
Ordnet den Bereich so, daß sich eine Heap-Struktur ergibt:	
`void make_heap(first, last);`	$O(n)$
`void make_heap(first, last, comp);`	$O(n)$
Sortiert die Elemente des Heapbereichs:	
`void sort_heap(first, last);`	$O(n \log n)$
`void sort_heap(first, last, comp);`	$O(n \log n)$

Beispiele

Heaps haben die logische Struktur eines *vollständig* ausgeglichenen Baumes. Die Ausgeglichenheit wird mit einem sehr geringen Aufwand erreicht, der Preis dafür ist der, daß im wesentlichen eben nur die speziellen Operationen `push_heap` – Einfügen eines Elements gemäß seiner Priorität – und `pop_heap` – Entnahme des höchstprioren Elements – möglich sind. Der C-Text 11.42 demonstriert die Verwendung der Heap-bezogenen Algorithmen:

> Im ersten Block wird mit `push_heap` jeweils das als letztes im Vektor stehende Element in die Heapstruktur eingefügt, die interne Priorität wird durch das Funktionsobjekt `cmp` definiert. Danach wird eine Kopie

des Vektors erstellt und ein Inhalt ausgegeben. Im unteren Teil des Programms wird iterativ jeweils das höchstpriore Heapelement entnommen und ausgegeben, und anschließend wird die Heapstruktur des zweiten Vektors sortiert and danach ausgegeben. Die Sortierreihenfolge – links der größte und rechts der kleinste Wert – ist durch das in der Klasse cmp definierte Funktionsobjekt definiert.

C++-Text 11.42: *Mengenoperationen auf sortierten Strukturen* ___ ./Bsp11/algo/heapops.cpp

```
#include <iostream>
#include <vector>
#include <algorithm>
#include <cstdlib>
using namespace std;

class cmp   { public: bool operator() (int x, int y) { return x > y; } };

int main() {

  vector<int> vec1, vec2;
  vector<int>::iterator p;
  ostream_iterator<int> oit(cout, " ");

  // 10 Zufallszahlen erzeugen, ausgeben, in vec1 eintragen und
  // anschliessend in den Heap-Bereich einfuegen
  for (int i=0; i<10; i++) {
    int x = rand()%100; cout << x << " ";
    vec1.push_back(x);
    push_heap(vec1.begin(), vec1.end()-1, cmp());
  }
  cout << endl;

  vec2 = vec1;

  // vec1 in der Reihenfolge vec1[0], vec1[1], vec1[2], ... ausgeben
  copy(vec1.begin(), vec1.end(), oit);
  cout << endl;

  // vec1 in der Heap-Reihenfolge ausgeben und dabei die Elem. enfernen
  p = vec1.end();
  while (p != vec1.begin()) {
    pop_heap(vec1.begin(), p, cmp()); p--;
    cout << *p << " ";
  }
  cout << endl;
```

```
  // die Heap-Struktur von vec2 sortieren
  sort_heap(vec2.begin(), vec2.end(), cmp());

  // vec2 in der Reihenfolge vec2[0], vec2[1], vec2[2], ... ausgeben
  copy(vec2.begin(), vec2.end(), oit);
  cout << endl;

}
```

Ausgabe des Programms:

```
Random      : 41 67 34 0 69 24 78 58 62 64
Heap        : 0 34 24 58 69 41 78 67 62 64
Pop, pop ...: 0 24 34 41 58 62 64 67 69 78
Sortiert    : 78 69 67 64 62 58 41 34 24 0
```

Erläuterung der Funktionen

- ⊗ `template<class RanIt>`
  `void push_heap(RanIt first, RanIt last);`
  Die Elemente des Bereichs `[first, last-1)` *bilden einen Heap, in den das Element an der Position* `last` *eingefügt wird, d.h. nach Ausführen der Funktion erstreckt sich der Heap über den Bereich* `[first, last)`.
- ⊗ `template<class RanIt, class Cmp>`
  `void push_heap(RanIt first, RanIt last, Cmp comp);`
  Dito, aber für die internen Vergleiche wird `Cmp` *verwendet*
- ⊗ `template<class RanIt>`
  `void pop_heap(RanIt first, RanIt last);`
  Das kleinste Element wird aus dem Heapbereich `[first, last)` *entfernt und an die Position* `last-1` *gebracht, nach Ausführen der Funktion erstreckt sich der Heap über den Bereich* `[first, last-1)`
- ⊗ `template<class RanIt, class Cmp>`
  `void pop_heap(RanIt first, RanIt last, Cmp comp);`
  Dito, aber für die internen Vergleiche wird `Cmp` *verwendet*
- ⊗ `template<class RanIt>`
  `void make_heap(RanIt first, RanIt last);`
  Macht den Bereich `[first, last)` *zu einem Heap*
- ⊗ `template<class RanIt, class Cmp>`
  `void make_heap(RanIt first, RanIt last, Cmp comp);`
  Dito, aber für die internen Vergleiche wird `Cmp` *verwendet*
- ⊗ `template<class RanIt>`
  `void sort_heap(RanIt first, RanIt last);`
  Macht aus dem Heapbereich `[first, last)` *einen sortierten Bereich*
- ⊗ `template<class RanIt, class Cmp>`
  `void sort_heap(RanIt first, RanIt last, Cmp comp);`
  Dito, aber für die internen Vergleiche wird `Cmp` *verwendet*

11.8.6 Minimax bestimmen und lexikographische Vergleiche

Übersicht

Die Tabelle 11.15 stellt verschiedene Algorithmen zur Bestimmung von Minimum und Maximum und zwei Algorithmen für den lexikographischen Vergleich zusammen. Lexikographisch vergleichen beinhaltet eine Verallgemeinerung der Vergleichsstrategie, wie sie bei Strings angewendet wird: Die Elemente werden paarweise von links nach rechts gehend verglichen, bis gegebenenfalls ein Unterschied gefunden wird. Mit dieser Strategie können dann auch Containerinhalte ganz oder partiell verglichen werden.

Tabelle 11.15: Minimum, Maximum und ähnliche Operationen

Operation	O(...)
Liefert den kleineren der beiden Werte:	
`c = min(a, b);`	÷
`c = min(a, b, comp);`	÷
Liefert den größeren der beiden Werte:	
`c = max(a, b);`	÷
`c = max(a, b, comp);`	÷
Liefert die Position des kleinsten Elements:	
`it = min_element(first, last);`	$O(n_1 + n_2)$
`it = min_element(first, last, comp);`	$O(n_1 + n_2)$
Liefert die Position des größten Elements:	
`it = max_element(first, last);`	$O(n_1 + n_2)$
`it = max_element(first, last, comp);`	$O(n_1 + n_2)$
Ist der Bereich 1 lexikographisch kleiner als der Bereich 2:	
`flag = lexicographical_compare(first1, last1, first2, last2);`	$O(\min(n_1, n_2))$
`flag = lexicographical_compare(first1, last1, first2, last2, comp);`	$O(\min(n_1, n_2))$

Beispiel

Der C++-Text 11.43 demonstriert die Anwendung der Algorithmen für lexikographische Vergleiche:

> Zwei `list`-Container werden mit Zufallsfolgen von `0` und `1` gefüllt und dann zunächst vollständig lexikographisch (d.h. unter Berücksichtigung der vollständigen Inhalte) verglichen. Danach wird ein entsprechender

Vergleich durchgeführt, der nur jeweils die Elemente ab Position 3 durchführt.

C++-Text 11.43: *Algorithmen für lexikographische Vergleiche* ./Bsp11/algo/lexops.cpp

```
#include <iostream>
#include <list>
#include <algorithm>
#include <cstdlib>
using namespace std;

class print { public: void operator() (int x) { cout << x; } };

int main() {
  list<int> tab1, tab2;
  ostream_iterator<int> oit(cout);

  srand(12345);
  for (int i=0; i<10; i++) {
    int x = rand()%2; int y = rand()%2;
    tab1.push_back(x); tab2.push_back(y);
  }
  copy(tab1.begin(), tab1.end(), oit); cout << endl;
  copy(tab2.begin(), tab2.end(), oit); cout << endl;

  // Vollstaendiger lexikographischer Vergleich
  bool
  flag = lexicographical_compare(tab1.begin(), tab1.end(),
                                 tab2.begin(), tab2.end());
  cout << "tab1 und tab2 ab Position 0 :  ";
  if (flag) cout << "tab1 ist kleiner als tab2 !\n";
  else cout << "tab1 ist nicht kleiner als tab2 !\n";

  // Lexikographischer Vergleich ab Position 3
  list<int>::iterator it1 = tab1.begin(),
                      it2 = tab2.begin();
  advance(it1, 3); advance(it2, 3);
  flag = lexicographical_compare(it1, tab1.end(), it2, tab2.end());
  cout << "tab1 und tab2 ab Position 3 :  ";
  if (flag) cout << "tab1 ist kleiner als tab2 !\n";
  else cout << "tab1 ist nicht kleiner als tab2 !\n";
}
```

Ausgabe des Programms:

```
0101011001
```

```
0111000001
tab1 und tab2 ab Position 0 :  tab1 ist kleiner als tab2 !
tab1 und tab2 ab Position 3 :  tab1 ist nicht kleiner als tab2 !
```

Erläuterung der Funktionen

⊗ `template<class T>`
`const T& min(const T& a, const T& b);`
Liefert den kleineren beider Werte unter Verwendung des Operators `<` *des Typs* `T`

⊗ `template<class T, class Cmp>`
`const T& min(const T& a, const T& b, Cmp comp);`
Wie vorangehende Funktion, aber für die internen Vergleiche wird `Cmp` *verwendet*

⊗ `template<class T>`
`const T& max(const T& a, const T& b);`
Liefert den größeren beider Werte unter Verwendung des Operators `<` *des Typs* `T`

⊗ `template<class T, class Cmp>`
`const T& max(const T& a, const T& b, Cmp comp);`
Wie vorangehende Funktion, aber für die internen Vergleiche wird `Cmp` *verwendet*

⊗ `template<class FwdIt>`
`FwdIt min_element(FwdIt first, FwdIt last);`
Liefert die Position des kleinsten Elements in dem Bereich `[first, last)` *unter Verwendung des Operators* `<` *des Typs* `T`

⊗ `template<class FwdIt, class Cmp>`
`FwdIt min_element(FwdIt first, FwdIt last, Cmp comp);`
Wie vorangehende Funktion, aber für die internen Vergleiche wird `Cmp` *verwendet*

⊗ `template<class FwdIt>`
`FwdIt max_element(FwdIt first, FwdIt last);`
Liefert die Position des kleinsten Elements in dem Bereich `[first, last)` *unter Verwendung des Operators* `<` *der Elemente*

⊗ `template<class FwdIt, class Cmp>`
`FwdIt max_element(FwdIt first, FwdIt last, Cmp comp);`
Wie vorangehende Funktion, aber für die internen Vergleiche wird `Cmp` *verwendet*

⊗
```
template<class InIt1, class InIt2>
bool lexicographical_compare(InIt1 first1, InIt1 last1,
                             InIt2 first2, InIt2 last2);
```
Die Elemente der Bereiche werden lexikographisch verglichen, d.h. der Vergleich erfolgt entsprechend dem Vergleich von Strings. Im Falle, daß der erste Bereich kleiner ist, wird `true` *geliefert, sonst* `false`. *Die Elementvergleiche werden unter Verwendung des Operators* `<` *der Elemente durchgeführt*

⊗
```
template<class InIt1, class InIt2, class Cmp>
bool lexicographical_compare(InIt1 first1, InIt1 last1,
                             InIt2 first2, InIt2 last2,
                                           Cmp comp);
```
Wie vorangehende Funktion, aber für die internen Vergleiche wird `Cmp` *verwendet*

11.8.7 Permutieren

Übersicht

Die Tabelle 11.16 stellt als letzten Komplex vier Algorithmen zur Durchführung von Permutationen zuammen.

Tabelle 11.16: Permutieren

Operation	O(...)
Erzeugt die nächste Permutation:	
`flag = next_permutation(first, last);`	$O(n)$
`flag = next_permutation(first, last, comp);`	$O(n)$
Erzeugt die vorangehende Permutation:	
`flag = prev_permutation(first, last);`	$O(n)$
`flag = prev_permutation(first, last, comp);`	$O(n)$

Beispiel

Der C++-Text 11.44 zeigt die Anwendung der beiden Algorithmen `next_permutation` und `prev_permutation`. Die Algorithmen liefern den Rückgabewert `false`, wenn der jeweils lexikographisch größte bzw. kleinste Wert erreicht ist. In der ersten Schleife werden die Buchstaben in eine Ausgangsstellung gebracht, die der alphabetischen Sortierung entspricht (im ASCII-Zeichensatz kommen die Großbuchstaben vor den Kleinbuchstaben).

C++-Text 11.44: *Mengenoperationen auf sortierten Strukturen* —— ./Bsp11/algo/permops.cpp

```
#include <iostream>
#include <vector>
#include <algorithm>
#include <cstdlib>
using namespace std;

const int Size =4;

class print { public: void operator() (char ch) { cout << ch; } };

int main() {

  char name[Size] = {'R', 'o', 'l', 'f'};
```

```
  bool flag = true;
  while (flag) flag = prev_permutation(name, name+Size);

  flag = next_permutation(name, name+Size);
  int n=1;
  do {
    for_each(name, name+Size, print());
    flag = next_permutation(name, name+Size);
    if (n%10) cout << " "; else cout << '\n';
    n++;
  } while (flag);
  cout << endl;

}
```

Ausgabe des Programms:

```
Rflo Rfol Rlfo Rlof Rofl Rolf fRlo fRol flRo floR
foRl folR lRfo lRof lfRo lfoR loRf lofR oRfl oRlf
ofRl oflR olRf olfR
```

Erläuterung der Funktionen

⊗ `template<class BidIt>`
`bool next_permutation(BidIt first, BidIt last);`
Für die Elemente des Bereichs `[first, last)` *wird die nächste Permutation erzeugt, d.h. der nächste lexikographische Wert. Wenn ein solch* größerer *Wert existiert, dann liefert die Funktion den Wert* `true`, *andernfalls liefert sie den Wert* `false` *und erzeugt den kleinsten lexikographischen Wert. Für die Vergleiche wird der Operator* `<` *der Elemente verwendet*

⊗ `template<class BidIt, class Cmp>`
`bool next_permutation(BidIt first, BidIt last, Cmp comp);`
Wie vorangehende Funktion, aber für die internen Vergleiche wird `Cmp` *verwendet*

⊗ `template<class BidIt>`
`bool prev_permutation(BidIt first, BidIt last);`
Für die Elemente des Bereichs `[first, last)` *wird die vorangehende Permutation erzeugt, d.h. der vorige lexikographische Wert. Wenn ein solch* kleinerer *Wert existiert, dann liefert die Funktion den Wert* `true`, *andernfalls liefert sie den Wert* `false` *und erzeugt den größten lexikographischen Wert. Für die Vergleiche wird der Operator* `<` *der Elemente verwendet*

⊗ `template<class BidIt, class Cmp>`
`bool prev_permutation(BidIt first, BidIt last, Cmp comp);`
Wie vorangehende Funktion, aber für die internen Vergleiche wird `Cmp` *verwendet*

11.8.8 Anwendungsbeispiel *Textanalyse*

Als kleine *praxisnahe* Anwendung der STL-Bibliothek wird hier ein C++-Programm präsentiert, das zur Analyse von Textdateien verwendet werden kann, es demonstriert insbesondere die Verwendung von Containern vom Typ `set`. Das Bild 11.6 gibt einen Überblick über die Wirkungsweise des Programms in Form eines Datenflußplanes:

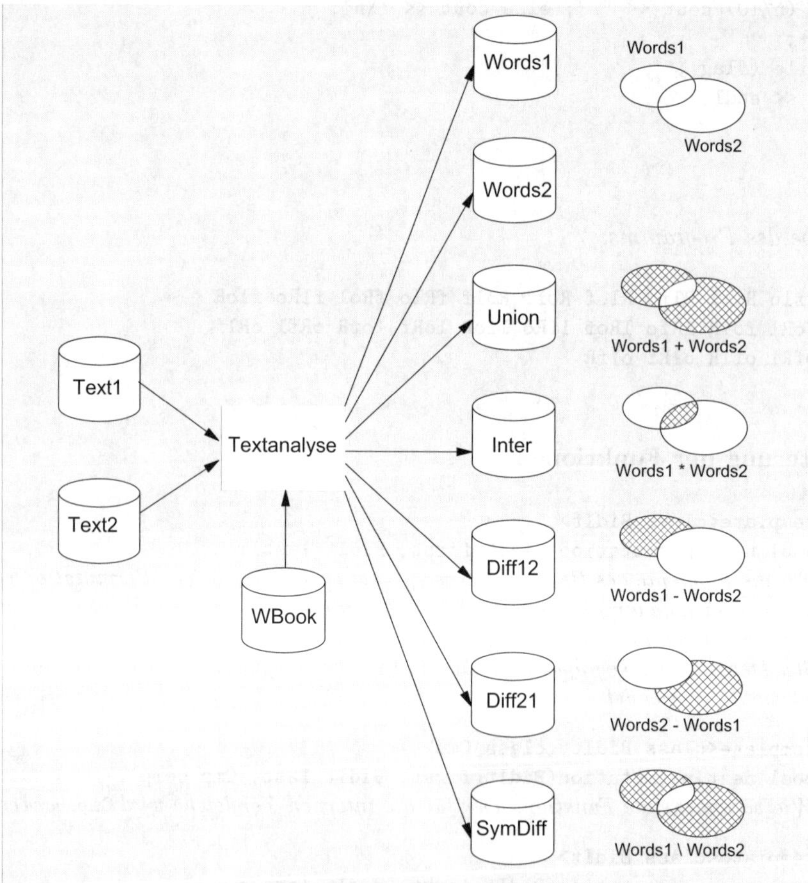

Bild 11.6: Textanalyse

Die beiden Eingabedateien `Text1` und `Text2` enthalten die beiden zu analysierenden Texte, das Programm extrahiert daraus alle Wörter und schreibt sie in die Datei `Words1` bzw. `Words2`, sofern sie nicht in dem Wörterbuch der Datei `WBook` enthalten sind. d.h. also: `Words1` enthält alle unbekannten Wörter aus `Text1` und `Words2` entsprechend alle *unbekannten* Wörter aus `Text2`.

Die übrigen fünf Ausgabedateien `Union`, `Inter`, `Diff12`, `Diff21` und `SymDiff` enthalten jeweils die Vereinigungsmenge bzw. die Schnittmenge bzw. die beiden Differenzmengen bzw. die symmetrische Mengendifferenz, bezogen auf die beiden *unbekannten Wortmengen*.

Als Minibeispiel zur Demonstration der Funktionalität sollen folgende Eingaben verwendet werden:

Eingaben

Datei "Text1"	:	`Dieses ist der erste Text.`
Datei "Text2"	:	`Dieses ist der zweite Text.`
Datei "WBook"	:	`der die das`

Daraus erzeugt das Programm dann folgende Inhalte zu den sieben Ausgabedateien:

Datei "Words1"	:	`Dieses Text erste ist`
Datei "Words2"	:	`Dieses Text ist zweite`
Datei "Union"	:	`Dieses Text erste ist zweite`
Datei "Inter"	:	`Dieses Text ist`
Datei "Diff12"	:	`erste`
Datei "Diff21"	:	`zweite`
Datei "SymDiff"	:	`erste zweite`

Der C++-Text 11.45 enthält das vollständige Programm. Es verwendet die drei Module `set`, `iterator` und `algorithm` der STL-Bibliothek. Natürlich hätte man das Programm auch ohne deren Verwendung schreiben könnnen, aber wenn man große Textdateien mit erträglichem Aufwand analysieren will, dann kommt man bei den internen Datenstrukturen nicht an ausgeglichenen Bäumen oder vergleichbaren Strukturen vorbei, und das *per Hand* selbst zu realisieren wäre völlig uneffektiv!

C++-Text 11.45: *Standard-Container, Textanalyse* ./Bsp11/stl/stl4.cpp

```
#include <fstream>
#include <string>
#include <algorithm>
#include <iterator>
#include <set>
using namespace std;

void ReadBook(const string& Filename, set<string>& wbook);
```

```
// Extrahiert aus der angegebenen Datei alle Woerter
// und fuegt sie in das Set wbook ein

void ReadText(const string& Filename, const set<string>& wbook,
                                      set<string>& words);
// Extrahiert aus der angegebenen Datei alle Woerter
// und fuegt sie in das Set words ein, sofern sie nicht
// im Set wbook enthalten sind

int main(int argc, char* argv[]) {

  string text1 = "Text1", text2  = "Text2", wordbook = "WBook";

  if (argc >= 2) {
    text1 = argv[1]; text2 = argv[2];
    if (argc == 3) wordbook = argv[3];
  }

  ofstream ofs1("Words1"), ofs2("Words2"), ofs3("Union"), ofs4("Inter"),
           ofs5("Diff12"), ofs6("Diff21"), ofs7("SymDif");

  typedef ostream_iterator<string> OutIt;

  set<string> Set0, Set1, Set2;

  ReadBook(wordbook, Set0);
  ReadText(text1, Set0, Set1); ReadText(text2, Set0, Set2);

  copy(Set1.begin(), Set1.end(), OutIt(ofs1, " "));
  copy(Set2.begin(), Set2.end(), OutIt(ofs2, " "));

  set_union(Set1.begin(), Set1.end(),
            Set2.begin(), Set2.end(), OutIt(ofs3, " "));

  set_intersection(Set1.begin(), Set1.end(),
                   Set2.begin(), Set2.end(), OutIt(ofs4, " "));

  set_difference(Set1.begin(), Set1.end(),
                 Set2.begin(), Set2.end(), OutIt(ofs5, " "));

  set_difference(Set2.begin(), Set2.end(),
                 Set1.begin(), Set1.end(), OutIt(ofs6, " "));

  set_symmetric_difference(Set1.begin(), Set1.end(),
                           Set2.begin(), Set2.end(), OutIt(ofs7, " "));

}
```

```
void GetNextWord(string& word, ifstream& in) {
  char ch = in.get();
  word = "";
  while(!in.eof() && isalpha(ch)) { word += ch; in.get(ch); }
}

void ReadBook(const string& Filename, set<string>& wbook) {
  ifstream ifs(Filename.c_str());
  string Word;
  while (!ifs.eof()) {
    GetNextWord(Word, ifs);
    if (Word.length()>1) wbook.insert(Word);
  }
}

void ReadText(const string& Filename, const set<string>& wbook,
                                           set<string>& words) {
  ifstream ifs(Filename.c_str());
  string Word;
  while (!ifs.eof()) {
    GetNextWord(Word, ifs);
    if (Word.length()>1)
      if (wbook.find(Word) == wbook.end()) words.insert(Word);
  }
}
```

11.8.9 Anwendungsbeispiel *Anagramme*

Ein Anagrammgenerator wurde bereits in Abschn. 6.3.3 vorgestellt, er wurde auf der Basis der dort entwickelten C-Container entwickelt. Die hier vorgestellte Version verwendet Containertypen und Algorithmen der C++-Standardbibliothek. Das Programm soll eine Textdatei lesen und die dort enthaltenen Anagramme, nach Gruppen sortiert, ausgeben. Für die Eingabe

```
defc vyxw sie fghi ghif wxyz hifg sei ghij eis
hier abcd xwyv jklm ihre bcde cdef eines seine
```

erzeugt das Programm dann folgende Ausgabe:

```
Anagrammgruppen der Groesse 2:
cdef defc   eines seine   hier ihre   vyxw xwyv

Anagrammgruppen der Groesse 3:
eis sei sie   fghi ghif hifg
```

Bild 11.7 zeigt die verwendeten Datenstrukturen. Die aus im Eingabetext gelesenen Wörter werden jeweils als Paar zusammen mit dem daraus erzeugten sortierten String in den Multimap-Container `WordPairs` eingetragen, wobei der sortierte String als Schlüssel verwendet wird. Dadurch wird erreicht, daß die Wörter einer Anagramm-Gruppe aufeinanderfolgend im Multimap auftreten. Anfang und Ende jedes Anagramms werden durch ein Paar von Zeigern markiert, und die Zeigerpaare werden in Listen verwaltet, wobei jeweils alle Zeigerpaare für Anagramme einer bestimmten Größe in einer entsprechenden Liste zusammengefaßt werden, und diese Listen werden in dem Map-Container `Groups` verwaltet, wobei die Anagrammgröße als Schlüssel verwendet wird.

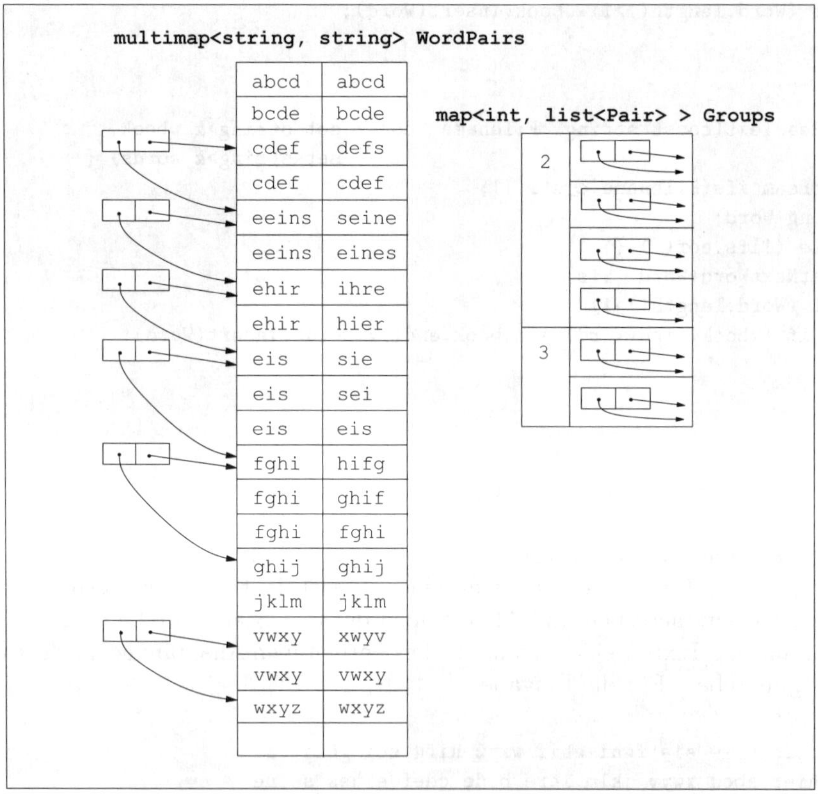

Bild 11.7: Anagrammgenerator

Der C++-Text 11.46 zeigt das zugehörige Programm, das die Containertypen `set`, `map` und `multimap` sowie einige Algorithmen und Funktionsobjekte der C++-Standardbibliothek verwendet. Dabei ergibt sich mit manchen Compilern ein kleines Problem:

Für die im Bibliotheksmodul `utility` definierte Klasse `pair` wird dort auch das Funktions-Template

```
template <class T1, class T2>
bool operator<(const pair<T1,T2>&, const pair<T1,T2>&);
```

definiert. Zur Instanzierung der entsprechenden Funktion für den im Programm verwendeten Iteratortyp `MMIter` muß `operator<` für diesen Typ definiert sein. Da `MMIter` aber ein Bidirectional-Iterator ist, existiert ein solcher nicht. Nun wird in unserem Programm eine entsprechende Funktion gar nicht verwendet, d.h. der Compiler braucht das angegebene Funktionstemplate nicht für `MMIter` zu instanzieren. Da aber manche Compiler sich an dieser Stelle (noch) nicht ANSI/ISO-konform verhalten, enthält das Programm als *Dummy (Platzhalter)* die Funktion

```
namespace std {
bool operator< (const MMIter& x, const MMIter& y) {
  assert(0); return false;
} }
```

Wenn diese Funktion aufgerufen wird, kann es sich nur um einen Fehler handeln, und das wird mit `assert(0)` überwacht. Die explizite Angabe des Namensbereichs `std` an dieser Stelle ist unbedingt erforderlich!

C++-Text 11.46: *Standard-Container, Anagramme* ./Bsp11/stl/stl5.cpp

```
#include <iostream>
#include <fstream>
#include <string>
#include <list>
#include <algorithm>
#include <set>
#include <map>
#include <cassert>
using namespace std;

const char* Dic = "DIC";      // Woerterbuch

typedef set<string>             AllWords;
typedef multimap<string, string> Multimap;
typedef Multimap::const_iterator MMIter;

struct Pair : pair<MMIter, MMIter> {
  Pair() : pair<MMIter, MMIter>(MMIter(), MMIter()) {}
  Pair(MMIter p, MMIter q) : pair<MMIter, MMIter>(p, q) {}
};
```

```
typedef list<Pair>             Pairs;
typedef map<int, Pairs>        Map;
typedef Map::const_iterator    MapIter;
typedef Pairs::const_iterator PairsIter;

void ReadWords(const char* Filename, AllWords& words);
// Eine Textdatei lesen und alle Woerter in "words" eintragen

void MakePairs(const AllWords& words, Multimap& WordPairs);
// Jedes Wort sortieren und alle Paare, bestehend jeweils
// aus einem Wort und dem sortierten Wort, in WordPairs eintragen

//-------------- evtl. erforderlich !!! --------------
namespace std {
bool operator< (const MMIter& x, const MMIter& y) {
  assert(0); return false;
} }
//---------------------------------------------------

int main() {
  AllWords words;
  Multimap WordPairs;

  // Alle Woerter der Datei Dic lesen und in das Set words eintragen
  ReadWords(Dic, words);

  // Zu jedem Wort aus dem set words einen sortierten String erzeugen
  // und beide als Paar in das Multimap WordPairs eintragen
  MakePairs(words, WordPairs);

  // Alle Anagramme durch Zeigerpaare markieren, die Zeigerpaare
  // in Listen entsprechend der Anagrammgruppe zusammenfassen und
  // die Listen in dem Map Groups verwalten
  Map Groups;
  MMIter j = WordPairs.begin(), finis = WordPairs.end(), k;
  while (true) {
    // Beginn einer neuen Gruppe
    j = adjacent_find(j, finis, not2(WordPairs.value_comp()));
    if (j == finis) break;

    // Ende der Gruppe
    k = find_if(j, finis, bind1st(WordPairs.value_comp(), *j));

    int n = distance(j, k);
    if (n > 1) Groups[n].push_back(Pair(j, k));
    j = k;
  }
```

```
  // Ausgabe der Anagramme, geordnet nach Gruppen
  MapIter m;
  for (m=Groups.begin(); m!=Groups.end(); ++m) {

    cout << "Anagrammgruppen der Groesse " << m->first << ":\n";

    PairsIter l;
    for (l = m->second.begin(); l != m->second.end(); ++l) {
      j = l->first; k = l->second;
      for (; j!=k; ++j) cout << j->second << " ";
      cout << "  ";
    }
    cout << endl << endl;
  }
}

void GetNextWord(string& word, ifstream& in) {
  char ch; word = "";
  while(!in.eof()) {
    in.get(ch);
    if (!isalpha(ch)) break;
    word += ch;
  }
}

void ReadWords(const char* Filename, AllWords& words) {
  ifstream ifs(Filename);
  string Word;
  while (!ifs.eof()) {
    GetNextWord(Word, ifs);
    if (Word.length()>1) words.insert(Word);
  }
}

void MakePairs(const AllWords& words, Multimap& WordPairs) {
  string Word, sWord;
  AllWords::iterator p;
  for (p=words.begin(); p!=words.end(); p++) {
    Word = sWord = *p;
    sort(sWord.begin(), sWord.end());
    WordPairs.insert(Multimap::value_type(sWord, Word));
  }
}
```

11.9 Weitere Dienstleistungen

11.9.1 Ausnahmebehandlung

Die Standardbibliothek unterstützt die Ausnahmebehandlung, indem sie verschiedene entsprechende Klassen und Funktionen zur Verfügung stellt, die sich auf die Module `exception`, `stdexcept` und `ios` verteilen. Die in `exception` definierten Standard-Ausnahmen werden direkt von Sprachkonstrukten benutzt (z.B. `bad_alloc` von `new` und `bad_cast` von `dynamic_cast`), die in `stdexcept` definierten Standard-Ausnahmen werden dagegen in der Standardbibliothek benutzt.

Das Modul `exception`

Das Modul `exception` stellt zunächst die Basisklasse `exception` zur Verfügung, die die Spitze einer Hierarchie von standardisierten Ausnahmeklassen bildet:

```
class exception {
  public:
    exception() throw();
    exception(const exception&) throw();
    exception& operator=(const exception&) throw();
    virtual ~exception() throw();
    virtual const char* what() const throw();
};
```

Die Elementfunktion `what`, die in abgeleiteten Klassen überschrieben wird, liefert einen implementierungsabhängigen C-String. Davon abgeleitet sind vier Klassen, die alle gleich aufgebaut sind und die Funktion `what` überschreiben, die dann einen entsprechend spezielleren C-String liefert. Die Klassen `bad_alloc`, `bad_cast`, `bad_typeid` und `bad_exception` betreffen Fehler bei der Speicherreservierung bzw. einen Fehler bei `dynamic_cast`, bzw. einen Nullzeiger in einem `typeid`-Ausdruck bzw. ein nicht erwartetes Ausnahmeobjekt.

```
class bad_alloc : public exception {
  public:
    bad_alloc() throw();
    bad_alloc(const bad_alloc&) throw();
    bad_alloc& operator=(const bad_alloc&) throw();
    virtual ~bad_alloc() throw();
    virtual const char* what() const throw();
};

class bad_cast       : public exception { ... };
class bad_typeid     : public exception { ... };
class bad_exception  : public exception { ... };
```

Neben den genannten Klassen werden die folgenden Funktionen und Typdefinitionen zur Unterstützung der Ausnahmebehandlung angeboten:

⊗ `typedef void (*new_handler)();`
Typ einer parameterlosen Funktion für die Verwendung in der folgenden Funktion

⊗ `new_handler set_new_handler(new_handler new_p) throw();`
Die Funktion `new_p` *wird als aktuelle Funktion installiert. Ihre Aktivierung wird ausgelöst, wenn eine Speicheranforderung nicht befriedigt werden kann. Der vorige* `new_handler` *wird zurückgeliefert.*

⊗ `typedef void (*unexpected_handler)();`
Typ einer parameterlosen Funktion für die Verwendung in der folgenden Funktion

⊗ `unexpected_handler set_unexpected(unexpected_handler f) throw();`
Die Funktion `f` *wird als aktuelle Funktion installiert. Ihre Aktivierung wird ausgelöst, wenn von einer Funktion entgegen ihrer Ausnahmespezifikation ein entsprechendes Ausnahmeobjekt ausgeworfen wird. Der vorige* `unexpected_handler` *wird zurückgeliefert.*

⊗ `typedef void (*terminate_handler)();`
Typ einer parameterlosen Funktion für die Verwendung in der folgenden Funktion

⊗ `terminate_handler set_terminate(terminate_handler f) throw();`
Die Funktion `f` *wird als aktuelle Funktion installiert. Ihre Aktivierung wird ausgelöst, wenn das Programm abgebrochen werden soll. Der vorige* `terminate_handler` *wird zurückgeliefert.*

⊗ `void terminate();`
Aktiviert die durch `set_terminate` *installierte Funktion, per Default ist das* `abort`. *Die Funktion wird z.B. aufgerufen, wenn für ein Ausnahmeobjekt kein passender* `catch_handler` *gefunden werden kann.*

⊗ `bool uncaught_exception();`
Liefert `true`*, wenn ein Ausnahmeobjekt existiert, das bisher noch nicht aufgefangen wurde*

Das Modul `stdexcept`

Ausnahmeobjekte der hier definierten Klassen werden in vielen Teilen der Standardbibliothek generiert und können natürlich auch in selbst geschriebenem Code ausgeworfen werden. Dieses Modul definiert eine Klasse `logic_error` mit den vier Ableitungen `domain_error`, `invalid_argument`, `length_error` und `out_of_range` sowie die Klasse `runtime_error` mit den drei Ableitungen `range_error`, `overflow_error` und `underflow_error`, wobei alle Klassen direkt oder indirekt von der Basisklasse `exception` abgeleitet sind:

```
class logic_error : public exception {
  public:
    logic_error(const string& what_arg);
};
```

```
class domain_error : public logic_error {
  public:
    domain_error(const string& what_arg);
};

class invalid_argument : public logic_error { ... };
class length_error     : public logic_error { ... };
class out_of_range     : public logic_error { ... };

class runtime_error : public exception {
  public:
    runtime_error(const string& what_arg);
};

class range_error : public runtime_error {
  public:
    range_error(const string& what_arg);
};

class overflow_error  : public runtime_error { .... };
class underflow_error : public runtime_error { .... };
```

Die Klassifizierung in *logische Fehler* und *Laufzeitfehler* ist so gemeint, daß *Laufzeitfehler* solche Fehler sind, die prinzipiell erst während des Programmlaufs erkannt werden können, z.B. *Division durch Null* bei der Auswertung eines arithmetischen Ausdrucks. *Logische Fehler* sollen hingegen typischerweise solche sein, die z.B. beim Überprüfen von Vorbedingungen entdeckt werden. Ein Ausnahmeobjekt vom Typ `out_of_range` wird z.B. erzeugt, wenn beim indizierten Zugriff auf ein Element vom Typ `string` oder `vector` mit `at` eine Bereichsüberschreitung festgestellt wird.

Der Benutzer hat die Möglichkeit, die vorgegebene Hierarchie der Ausnahmebehandlung in seinem Code zu verwenden, und auch, sie durch weitere Ableitungen auszubauen. Die hier gezeigte Klassifizierung ist allerdings nicht ganz unumstritten, *Stroustrup* selbst äußert sich in [Str1] kritisch zu diesem Rahmen.

Die Klasse `ios_base::failure`

Diese Klasse ist lokal zur Klasse `ios_base` in dem Modul `ios` definiert, sie ist die Basisklasse für alle Ausnahmeobjekte, die in der Standard-Stream-IO-Bibliothek ausgeworfen werden:

```
class ios_base::failure : public exception {
  public:
    explicit failure(const string& msg);
    virtual ~failure();
    virtual const char* what() const;
};
```

11.9.2 Grenzwerte der Implementierung

Die Implementierung der elementaren Datentypen in C und C++ ist implementierungsabhängig, Informationen darüber sind in den Modulen `<cfloat>` und `<climits>` abgelegt, siehe dazu die Abschnitte 2.5 und 2.6. In C++ werden diese Informationen durch das Modul `limits` in zwei Richtungen erweitert: zum einen werden zusätzliche Informationen angeboten, und zum zweiten ist das Konzept erweiterbar auf selbstdefinierte Typen. Das Modul bietet als Ausgangspunkt das Klassen-Template `numeric_limits` mit vielen Elementen, die dann jeweils spezielle Informationen zu dem entsprechenden Typ liefern:

```
template<class T> class numeric_limits {
  public:
    static const bool is_specialized = false;
    static T min() throw();
    static T max() throw();
    . . .
    static const bool is_iec559 = false;
    . . .
};
```

Für alle elementaren Datentypen werden Spezialisierungen angeboten. Das Element `is_specialized` dient der Unterscheidung zwischen diesen den elementaren Typen, für die Spezialisierungen angeboten werden, und anderen selbstdefinierten Typen, für die das nicht der Fall ist:

```
class numeric_limits<bool>          { ... }
class numeric_limits<char>          { ... }
class numeric_limits<signed char>   { ... }
class numeric_limits<unsigned char> { ... }
class numeric_limits<wchar_t>       { ... }
. . .
class numeric_limits<long double>   { ... }
```

Der folgende Code demonstriert die Anwendung:

```
#include <limits>
#include <iostream>
. . .
typedef numeric_limits<short>       SHORT;
typedef numeric_limits<int>         INT;
typedef numeric_limits<long>        LONG;
typedef numeric_limits<unsigned>    UINT;
typedef numeric_limits<float>       FLOAT;
typedef numeric_limits<double>      DOUBLE;

cout << "short:   " << SHORT::min() << "..." << SHORT::max() << endl;
```

```
cout << "int:      " << INT::min()  << "..." << INT::max()  << endl;
cout << "long:     " << LONG::min()  << "..." << LONG::max()  << endl;
cout << "unsigned:" << UINT::min()  << "..." << UINT::max()  << endl;
cout << "float:    " << FLOAT::min() << "..." << FLOAT::max() << endl;
cout << "double:   " << DOUBLE::min()<< "..." << DOUBLE::max()<<
          " --> iec559 ? (1=ja): " << DOUBLE::is_iec559 << endl;
```

Ausgabe:

```
short:     -32768...32767
int:       -2147483648...2147483647
long:      -2147483648...2147483647
unsigned: 0...4294967295
float:     1.17549e-038...3.40282e+038
double:    2.22507e-308...1.79769e+308 --> iec559 ? (1=ja): 1
```

11.9.3 Speichermodelle

Das Thema *Speichermodelle* wird kurz in Abschnitt 1.13 behandelt. Das Speichermodell bestimmt z.B. die Aufteilung des verfügbaren Arbeitsspeichers für *Programmcode, globale Daten, Stack-Speicher* und *Heap-Speicher*. In 16-Bit-Programm-Entwicklungsumgebungen, die in früheren Zeiten für MS-DOS-Umgebungen geschrieben wurden, waren z.B. verschiedene Speichermodelle per Menü wählbar. Dabei ging es darum, die verfügbaren 64K großen Datensegmente zu verteilen. Bei den heute üblichen 32-Bit-Umgebungen besteht dieser Bedarf im allgemeinen nicht, und es wird meist mit einem Default-Speichermodell gearbeitet. Viele Klassen-Templates der C++-Standardbibliothek verwenden aus Gründen einer besseren Flexibilität das Speichermodell als Typparameter, der mit einem Default-Typ belegt ist, was z.B. die Klassen-Templates für Strings und für Container betrifft:

```
template<class Ch, class Tr=char_traits<Ch>, class A=allocator<Ch> >
class basic_string {...}
. . .
template <class T, class A = allocator<T> >
class vector {
. . .
```

Das entsprechende Default-Speichermodell wird als Klassen-Template `allocator` in dem Modul `memory` der Standardbibliothek definiert:

```
template <class T>
class allocator { ... }
```

Damit wird dort gleichzeitig ein Rahmen zur Definition eigener Speichermodelle vorgegeben, wofür sicher nur in Ausnahmefällen – und vielleicht zu Übungszwecken für Informatiker – Bedarf besteht.

11.9.4 Internationalisierung

Programmiersprachen und Programmbibliotheken tun sich im allgemeinen sehr schwer darin, die Berücksichtigung nationaler Eigenheiten zu unterstützen, das betrifft z.B.:

- die Darstellung spezieller Zeichen, wie z.B. der deutschen Umlaute;
- die unterschiedliche Darstellung von Gleitkommazahlen und
- die verschiedenen Darstellungsformen von Zeit- und Datumsangaben.

Der Standard-Zeichensatz ist meist durch den ASCII-Code oder durch verschiedene Erweiterungen vorgegeben, und beim Vergleich von Strings werden ebenfalls diese Standard-Alphabete zugrunde gelegt. Aus diesem Grunde hat man sich in C++ bei der Entwicklung der Standard-Bibliotheks-Module für die Eingabe und Ausgabe von Daten und für das Arbeiten mit Strings dafür entschieden, die entsprechenden Klassen mit Typen zu parametrisieren, z.B.:

```
template <class Ch, class Tr = char_traits<Ch> >
class basic_ios : public ios_base {...};
. . .
template <class Ch, class Tr = char_traits<Ch> >
class basic_fstream : public basic_iostream<Ch, Tr> {...};
. . .
template<class Ch, class Tr=char_traits<Ch>, class A=allocator<Ch> >
class basic_string {...}
```

Der erste Typparameter definiert jeweils den Zeichensatz (`Ch` ≡ *CharType*), der zweite die zum Zeichensatz gehörenden *Eigenarten* (`Tr` ≡ *TraitsType*), die z.B. die Reihenfolge der Zeichen im Alphabet bestimmen. Damit wird es möglich, entsprechende Klassen für das Arbeiten mit speziellen nationalen Zeichensätzen und den zugehörenden Eigenarten zu generieren mit dem Ergebnis, daß z.B. Strings so sortiert werden, wie es dem besonderen Alphabet entspricht, daß Zeit- und Datumsangaben so dargestellt werden, wie es jeweils üblich ist, usw.

Als weitere Unterstützung zur Umsetzung dieser Anpassungen – mit dem möglichen Ziel der Kapselung nationaler Eigenarten im Rahmen der Entwicklung *multinationaler Softwarepakete* – enthält die C++-Standardbibliothek das recht umfangreiche Modul `locale`, auf das hier aber nicht weiter eingegangen wird.

11.9.5 Numerik

Zur Unterstützung numerischer Anwendungen stellt die C++-Standardbibliothek drei Module zur Verfügung:

- Das Modul `complex` stellt ein Klassen-Template, verschiedene Spezialisierungen und eine Reihe von Funktionen für das Arbeiten mit komplexen Zahlen zur Verfügung.

- Das Modul `valarray` stellt fünf Klassen-Templates, zwei Klassen und viele Funktionen für den Bereich Vektor-Arithmetik zur Verfügung.
- Das Modul `numeric` stellt spezielle Algorithmen bereit, die wie die allgemeinen Algorithmen aus Abschnitt 11.8 konzipiert und auf Container anwendbar sind, mit der Besonderheit, daß sie numerische Berechnungen durchführen.

Das Modul `complex`

Das Klassen-Template `complex` ist mit dem Typ `T` – dem Typ für die Elemente Real- und Imaginärteil – parametrisiert. Damit ist die Anwendungsbandbreite sehr groß geworden. Für die *Normalfälle*, daß die Komponenten vom Standardtyp `float`, `double` oder `long double` sind, gibt es entsprechende Spezialisierungen:

```
template<class T> class complex { ... };

class complex<float>       { ... };
class complex<double>      { ... };
class complex<long double> { ... };
```

Die Elementfunktionen der Klassen und viele nicht als Elemente definierte Funktionen überladen die üblichen Operatoren für numerisches Rechnen und stellen darüber hinaus viele Funktionen für das Arbeiten mit komplexen Zahlen bereit.

Die Klasse `complex` ist ein gutes Beispiel dafür, daß es in C++ möglich ist, sich Typen selbst zu definieren, die – einschließlich von Typkonvertierungen – in etwa so verwendet werden können wie von der Sprache vordefinierte Datentypen; der folgende Code demonstriert das an einem kleinen Beispiel:

```
complex<double> x, y, z;

x = 4.7;                      // implizit double in complex
cout << x << endl;
y = sqrt(x);
cout << y << endl;

y = complex<double>(-1);   // int -> double -> complex
z = -1;                       // int -> double -> complex

cout << sqrt(y) << " " << sqrt(z) << endl;
```

Ausgabe:

```
(4,0)
(2,0)
(0,1) (0,1)
```

Die Funktionalität für das Arbeiten mit `complex`-Objekten umfaßt die üblichen mathematischen Operatoren und die angegebenen Funktionen:

- **Operatoren**: `+ - * / == != += -= *= /= =`
- **Funktionen**: `real imag abs arg norm conj polar cos cosh exp log log10 pow sin sinh sqrt tan tanh`

Das Modul valarray

Dieses Modul soll besonders das zeiteffiziente Arbeiten mit großen eindimensionalen Zahlenvektoren unterstützen und stellt dafür das Klassen-Template `valarray` zur Verfügung und darüber hinaus vier weitere Klassen-Templates und zwei Klassen als Hilfsmittel:

```
template<class T> class valarray { ... };

class slice { ... };

template <class T> class slice_array { ... };

class gslice { ... };

template <class T> class gslice_array { ... };

template <class T> class mask_array { ... };

template <class T> class indirect_array { ... };
```

Der folgende Code vermittelt einen kleinen Einblick in das Arbeiten mit der Klasse valarray:

```
valarray<double> x(1.7, 10),    // 10 Elemente mit dem Wert 1.7
                 y(2.25, 10),
                 z1(10), z2(10), z3(10);

z1 = 2.0 * (x + y);  // z1[i] = 2 * (x[i] + y[i] fuer alle i
z2 = x * y;          // z2[i] = x[i] * y[i]      fuer alle i
z3 = sqrt(y);        // z3[i] = y[i]             fuer alle i

for (int i=0; i<10; i++) cout << z1[i] << " ";
cout << endl;
for (int j=0; j<10; j++) cout << z2[j] << " ";
cout << endl;
for (int k=0; k<10; k++) cout << z3[k] << " ";
cout << endl;
```

Ausgabe:

```
7.9 7.9 7.9 7.9 7.9 7.9 7.9 7.9 7.9 7.9
3.825 3.825 3.825 3.825 3.825 3.825 3.825 3.825 3.825 3.825
1.5 1.5 1.5 1.5 1.5 1.5 1.5 1.5 1.5 1.5
```

Die Klasse `valarry` ist eine spezielle effiziente Alternative zur Klasse `vector` im Bereich der Numerik.

Das Modul `numeric`

Dieses Modul stellt einige Funktions-Templates zur Verfügung, die entsprechend aufgebaut sind wie die Funktions-Templates des Moduls `algorithm`. Sie sind ebenfalls über Iteratorschnittstellen auf Containerobjekte anwendbar. Das Besondere dieser Funktionen ist aber, daß sie numerische Manipulationen durchführen:

⊗
```
template <class InIt, class T>
T accumulate(InIt first, InIt last, T init);
```

⊗
```
template <class InIt, class T, class BinOp>
T accumulate(InIt first, InIt last, T init, BinOp op);
```

⊗
```
template <class InIt1, class InIt2, class T>
T inner_product(InIt1 first1, InIt1 last1, InIt2 first2, T init);
```

⊗
```
template <class InIt1, class InIt2, class T, class BinOp1,
                                             class BinOp2>
T inner_product(InIt1 first1, InIt1 last1, InIt2 first2, T init,
                                           BinOp1 op1, BinOp2 op2);
```

⊗
```
template <class InIt, class OutIt>
OutIt partial_sum(InIt first, InIt last, OutIt result);
```

⊗
```
template <class InIt, class OutIt, class BinOp>
OutIt partial_sum(InIt first, InIt last, OutIt result, BinOp op);
```

⊗
```
template <class InIt, class OutIt>
OutIt adjacent_difference(InIt first, InIt last, OutIt result);
```

⊗
```
template <class InIt, class OutIt, class BinOp>
OutIt adjacent_difference(InIt first, InIt last, OutIt result,
                                                 BinOp op);
```

Die erste Funktion `accumulate` addiert z.B. die Werte aller Elemente des Bereichs `[first, last)` zum Initialwert `init` und gibt das Ergebnis zurück: $init + \sum_{i=first}^{last} *i$. Bei der zweiten Funktion `accumulate` wird statt der jeweiligen Addition die durch das Funktionsobjekt `op` definierte Verknüpfung verwendet.

Auf eine detaillierte Beschreibung der übrigen Funktionen wird hier verzichtet.

Literaturverzeichnis

Bücher zu Themen dieses Buches

[1] Kernighan, Ritchie: *Programmieren in C*, 2nd ed., Hanser, 1990

[2] ANSI X3.159-1989: *Programming Language – C*, American National Standards Institute, 1989

[3] Peter A. Darnell Philip E. Margolis: *C – A Software Engineering Approach*, 3rd ed., Springer, 1996

[4] Bjarne Stroustrup: *The C++ Programming Language*, 3rd ed., Addison-Wesley, 1997

[5] Bjarne Stroustrup: *Design und Entwicklung von C++*, Addison-Wesley, 1994

[6] Ellis, Stroustrup: *The Annotated C++ Reference Manual*, ANSI Base Document, Addison-Wesley, 1991

[7] Nicolai Josuttis: *Objektorientiertes Programmieren in C++*, Addison-Wesley, 1994

[8] Ulrich Breymann: *C++ – Eine Einführung*, Hanser, 1996

[9] David R. Musser, Atul Saini: *STL Tutorial and Reference Guide – C++ Programming with the Standard Template Library*, Addison-Wesley, 1996

[10] Gamma, Helm, Johnson, Vlissides: *Design Patterns – Elements of Reusable Object-Oriented Software*, Addison-Wesley, 1994

[11] Tom Cargill: *C++ Programming Style*, Addison-Wesley 1992

[12] James O. Coplien: *Advanced C++ – Programming Styles and Idioms*, Addison-Wesley, 1992

[13] Martin D. Carroll, Margaret A. Ellis: *Designing and Coding Reusable C++*, Addison-Wesley 1995

[14] RRZN/Uni HannoverRRZN: *Die Programmiersprache C++ für C-Programmierer*, RRZN-Hannover (SPR.C 2), 1993

[15] Scott Meyers: *Effective C++*, Addison-Wesley, 1992

[16] Scott Meyers: *More Effective C++*, Addison-Wesley, 1996

[17] Niklaus Wirth: *Algorithmen und Datenstrukturen*, Teubner, 1986

[18] Niklaus Wirth: *Compilerbau*, Teubner, 1984

[19] Niklaus Wirth: *Grundlagen und Techniken des Compilerbaus*, Addison-Wesley, 1995

[20] Jon Bentley: *Programming Pearls*, Addison-Wesley 1986

[21] Bernd Oestereich: *Objektorientierte Softwareentwicklung mit der Unified Modeling Language*, Oldenbourg 1997

[22] Bertrand Meyer: *Objektorientierte Softwareentwicklung*, Hanser, 1990

Spezielle Zeitschriftenartikel zu Themen dieses Buches

[23] Martin D. Carroll, Margarat A. Ellis: *What functions should all classes provide?*, C++ Report Vol.6/No.9, SIGS, 1994

[24] David Reed: *Exceptions – Pragmatic issues with a new language feature*, C++ Report Vol.5/No.8,1993

[25] Tom Cargill: *Exception handling: a false sense of security*, C++ Report Vol. 6/No. 9, SIGS 1994

[26] Jack W. Reevs: *Coping with Exceptions*, C++ Report Vol.8/No.3, 1996

[27] Harald M. Müller: *Ten Rules for Handling Exception Handling Successfully*, C++ Report Vol.8/No.1, SIGS 1996

[28] D.R. Musser, A.A. Stephanov: *Algorithm–Oriented Generic Libraries*, Software Practice and Experience, Vol. 24/No. 7, July 1994

[29] Günter Wahl: *UML kompakt*, OBJEKTspektrum 2/98, 1998

[30] S.K. Park, K.W. Miller: *Random Number Generators, Good Ones are Hard toFind*, CACM, 31, 1988

[31] T.L. Veldhuizen: *Using C++ template metaprograms*, C++ Report Vol.7/No.4, 1995

[32] T.L. Veldhuizen: *Using C++ expression templates*, C++ Report Vol.7/No.5, 1995

[33] U. Eisenecker, K. Czarnecki: *Template-Metaprogrammierung – eine Einführung*, OBJEKTspektrum 3/99, 1999

[34] T.L. Veldhuizen, K. Ponnamabalam: *Linear Algebra with C++ Template Metaprograms*, Dr.Dobb's JOURNAL, Aug. 1996

Zeitschriften, Newsgroups, Internet-Adressen

[35] SIGS Publications: *C++ Report*

[36] SIGS Publications: *Journal of Objektoriented Programming*

[37] SIGS Publications: *OBJEKTspectrum*

[38] PUBLISHER Peter Westerman: *Dr.Dobb's JOURNAL*

[39] Springer: *Software Concepts and Tools*

[40] comp.lang.c++: *C++ – Newsgroup*

[41] comp.std.c++: *Diskussionen zur Standardisierung*

[42] comp.object: *OOP – Newsgroup*

[43] c.plusplus: *C++– Newsgroup*

[44] c.plus.plus.ger: *Deutsche C++– Newsgroup*

[45] ftp://research.att.com/dist/c++std/WP/ *ANSI/C++ Draft Standard*

[46] http://www.maths.warwick.ac.uk/cpp/pub/wp/html/cd2/ *ANSI/C++ Draft Standard, HTML-Version*

[47] http://www.ddj.com/ *Dr. Dobb's Journal, Homepage*

[48] http://http://www.sigs.com/ *SIGS-Communications (C++ Report, JOOP, OBJECT-spektrum, Java Report, Java Spectrum, ...*

[49] http://www.gimpel.com/ *Gimpel Software, besondere Syntaxckecker für C/C++*

C/C++-Textverzeichnis

1.0 Hallo Welt .... (./Bsp1/b1to7/b1.c) 7
1.1 ... und das ist die Welt .... (./Bsp1/b1to7/b2.c) 8
1.2 Dateilister Version 0 .... (./Bsp1/b1to7/b3.c) 9
1.3 Datei kopieren .... (./Bsp1/b1to7/b4.c) 10
1.4 Zahlensumme berechnen .... (./Bsp1/b1to7/b5.c) 10
1.5 Dateilister Version 1 .... (./Bsp1/b1to7/b6.c) 12
1.6 Dateilister Version 2 .... (./Bsp1/b1to7/b7.sht) 13
1.7 Worthäufigkeiten bestimmen .... (./Bsp1/b1to7/b8.sht) 14
1.8 Ein selbstreproduzierendes Programm .... (./Bsp1/b1to7/b9.c) 16
1.9 Grenzwerte .... (./Bsp1/eledata/limits.c) 24
1.10 ASCII-Zeichen .... (./Bsp1/eledata/char1.c) 39
1.11 Schaltjahr-Berechnung .... (./Bsp1/eledata/schaltja.c) 40
1.12 Arbeiten mit Vektoren .... (./Bsp1/datenstr/demo1.c) 67
1.13 Zugriff auf Elemente mehrdimensionale Vektoren .... (./Bsp1/Matrix/MtAccess.c) 79
1.14 Mehrdimensionale Vektoren als Parameter .... (./Bsp1/Matrix/MtParam.c) 80
1.15 Vier verschiedene Namenslisten .... (./Bsp1/Matrix/WordList.c) 82
1.16 Wortliste, Version 0 .... (./Bsp1/wolist/wolist0.sht) 84
1.17 Wortliste, Version 2 .... (./Bsp1/wolist/wolist2.sht) 90
1.18 Dynamische Strings, Demo 1 .... (./Bsp1/pointer/p2.c) 102
1.19 Dynamische Strings, Demo 2 .... (./Bsp1/pointer/p3.sht) 103
1.20 Wortliste, Version 1 .... (./Bsp1/wolist/wolist1.sht) 104
1.21 EA-Beispiel 1 .... (./Bsp1/io/io1.c) 113
1.22 EA-Beispiel 2 .... (./Bsp1/io/io2.c) 114
1.23 EA-Beispiel 3 .... (./Bsp1/io/io3.c) 116
1.24 EA-Beispiel 4 .... (./Bsp1/io/io4.c) 117
1.25 Datei-Direktzugriff, H-Datei .... (./Bsp1/io/rndfile.h) 123
1.26 Datei-Direktzugriff, C-Datei .... (./Bsp1/io/rndfile.c) 123
1.27 Datei-Direktzugriff, Demo .... (./Bsp1/io/rnddemo.c) 124
1.28 Stapelspeicher, Version 1, H-Datei .... (./Bsp1/Stapel/stapel1.h) 138
1.29 Stapelspeicher, Version 1, C-Datei .... (./Bsp1/Stapel/stapel1.c) 139
1.30 Stapelspeicher, Version 1, Demo .... (./Bsp1/Stapel/xyz1.c) 139
1.31 Stapelspeicher, Version 2, H-Datei .... (./Bsp1/Stapel/stapel2.h) 139
1.32 Stapelspeicher, Version 2, C-Datei .... (./Bsp1/Stapel/stapel2.c) 140
1.33 Stapelspeicher, Version 2, Demo .... (./Bsp1/Stapel/xyz2.c) 140
1.34 Zeiger auf Funktionen, Beispiel 1 .... (./Bsp1/pointer/Vektor.c) 148

1.35 Zeiger auf Funktionen, Beispiel 2 .... (./Bsp1/pointer/Struktur.c) 149
1.36 Zeiger auf Funktionen, Beispiel 3 .... (./Bsp1/function/sort.c) 150
1.37 Einfache Makros .... (./Bsp1/praepro/makro0.c) 154
1.38 Funktionsgenerierung mit Makros, Beispiel 1 .... (./Bsp1/praepro/makro1.c) 155
1.39 Funktionsgenerierung mit Makros, Beispiel 2 .... (./Bsp1/praepro/makro2.c) 156

3.0 Modul Stapel, H-Datei .... (./bsp3/stack/stapel.h) 186
3.1 Modul Stapel, C-Datei .... (./Bsp3/stack/stapel.sht) 187
3.2 Modul Stapel, Anwendung .... (./Bsp3/stack/demo.c) 187
3.3 Modul GStapel, H-Datei .... (./Bsp3/stack/Gstapel.h) 188
3.4 Modul GStapel, C-Datei .... (./Bsp3/stack/Gstapel.sht) 188
3.5 Modul GStapel, Anwendung .... (./Bsp3/stack/Gdemo.c) 189
3.6 Erweitertes Modul GStapel, H-Datei .... (./Bsp3/stack/gstapel2.h) 190
3.7 Erweitertes Modul GStapel, Anwendung .... (./Bsp3/stack/gdemo2.c) 191
3.8 Modul Complex, H-Datei .... (./Bsp3/complex/complex.h) 192
3.9 Modul Complex, C-Datei .... (./Bsp3/complex/complex.c) 193
3.10 Modul Complex, Demo .... (./Bsp3/complex/ComTest.c) 194
3.11 Modul MyString, H-Datei .... (./Bsp3/strings/mystring.h) 196
3.12 Modul MyString, C-Datei .... (./Bsp3/strings/mystring.sht) 197
3.13 Modul MyString, Demo .... (./Bsp3/strings/StrTest.c) 198
3.14 Modul Set, Version 0, H-Datei .... (./Bsp3/set/set0.h) 200
3.15 Modul Set, Version 0, C-Datei .... (./Bsp3/set/set0.c) 200
3.16 Modul Set, Version 1, H-Datei .... (./Bsp3/set/set1.h) 201
3.17 Modul Set, Version 1, C-Datei .... (./Bsp3/set/set1.c) 203
3.18 Modul Set1, Primzahlenberechnung .... (./Bsp3/set/sieb1.c) 204
3.19 Modul Set, Version 2, H-Datei .... (./Bsp3/set/set2.h) 205
3.20 Modul Set, Version 2, C-Datei .... (./Bsp3/set/set2.c) 206
3.21 Modul Set, Version 2, Primzahlenberechnung .... (./Bsp3/set/sieb2.c) 207
3.22 Modul Set, Version 3, H-Datei .... (./Bsp3/set/set3.h) 209
3.23 Modul Set, Version 3, C-Datei .... (./Bsp3/set/set3.c) 209
3.24 Modul Set, Version 4, H-Datei .... (./Bsp3/set/set4.h) 212
3.25 Modul Set, Version 4, C-Datei .... (./Bsp3/set/set4.sht) 212
3.26 Modul Set, Version 4, Primzahlenberechnung .... (./Bsp3/set/sieb4.c) 213
3.27 Modul List, H-Datei .... (./Bsp3/list/list.h) 215
3.28 Modul List, C-Datei .... (./Bsp3/list/list.sht) 216
3.29 Modul List, Anwendung .... (./Bsp3/list/listtest.c) 218
3.30 Modul Set, H-Datei .... (./Bsp3/list/set.h) 220
3.31 Modul Set, C-Datei .... (./Bsp3/list/set.sht) 221
3.32 Modul Set, Anwendung .... (./Bsp3/list/sieb.c) 222
3.33 Modul Prio, H-Datei .... (./Bsp3/list/prio.h) 223
3.34 Modul Prio, C-Datei .... (./Bsp3/list/prio.c) 223
3.35 Modul PrioTest, Anwendung .... (./Bsp3/list/priotest.c) 224
3.36 Modul Table, H-Datei .... (./Bsp3/list/table.h) 225
3.37 Modul Table, C-Datei .... (./Bsp3/list/table.c) 225
3.38 Modul Table, Anwendung .... (./Bsp3/list/tabtest.c) 227

4.0 Messung an Sortieralgorithmen .... (./Bsp4/sort/sorttime.sht) 248

5.0 ADT List, H-Datei .... (./Bsp5/list/list.h) 267

5.1 ADT List, C-Datei .... (./Bsp5/list/list.sht) 268
5.2 ADT List, Demo .... (./Bsp5/list/listtest.c) 270
5.3 ADT SList, H-Datei .... (./Bsp5/slist/slist.h) 276
5.4 ADT SList, C-Datei .... (./Bsp5/slist/slist.sht) 277
5.5 ADT Tree, H-Datei .... (./Bsp5/tree/tree.h) 288
5.6 ADT Tree, Implementierung .... (./Bsp5/tree/tree.sht) 289
5.7 ADT Tree, Demo .... (./Bsp5/tree/test.c) 292
5.8 crtree, Spezifikation .... (./Bsp5/cross/crtree.h) 294
5.9 crtree, Implementierung .... (./Bsp5/cross/crtree.c) 295
5.10 Cross, die obere Ebene .... (./Bsp5/cross/cross2.sht) 296
5.11 ADT Avl, H-Datei .... (./Bsp5/avl/avl.h) 311
5.12 ADT Avl, C-Datei .... (./Bsp5/avl/avlc.sht) 312
5.13 ADT Avl, Demo .... (./Bsp5/avl/test.c) 315
5.14 Bayer-Baum .... (./Bsp5/btree/btree.c) 327
5.15 HeapSort .... (./Bsp5/heap/h.sht) 338
5.16 Hashing .... (./Bsp5/hash/ha1.sht) 344
5.17 HashTree, H-Datei .... (./Bsp5/hash/hashtree.h) 347
5.18 HashTree, C-Datei .... (./Bsp5/hash/hashtree.c) 348

6.0 Queue-Container, H-Datei .... (./Bsp6/contain/queue.h) 357
6.1 Set-Container, H-Datei .... (./Bsp6/contain/set.h) 359
6.2 Map-Container, H-Datei .... (./Bsp6/contain/Map.h) 361
6.3 Container-Test .... (./Bsp6/contain/contest.c) 364
6.4 Set-Anwendung Textanalyse .... (./Bsp6/contain/analyse.c) 367
6.5 Multimap-Anwendung Anagramme .... (./Bsp6/contain/anagrams.c) 369

7.0 Scanner .... (./Bsp7/scan/scident.sht) 380
7.1 Scanner für Zahlen .... (./Bsp7/scan/scnumber.sht) 381
7.2 Scanner für Kommentare, Vers.1 .... (./Bsp7/scan/scco1.sht) 383
7.3 Scanner, H-Datei .... (./Bsp7/pl0/scan.h) 384
7.4 Scanner, C-Datei .... (./Bsp7/pl0/scan.c) 385
7.5 Scanner, Test .... (./Bsp7/pl0/scantest.c) 387
7.6 Scanner für Kommentare, Vers. 2 .... (./Bsp7/scan/scco4.sht) 388
7.7 Scanner für Kommentare, Vers. 3 .... (./Bsp7/scan/scco5.sht) 389
7.8 Überlesen geschachtelter Kommentare .... (./Bsp7/scan/scco6.sht) 391
7.9 Parser für eine ganz einfache Sprache .... (./Bsp7/pl0/MINIPAR.sht) 395
7.10 Parser für arithmetische Ausdrücke .... (./Bsp7/pl0/expr.str) 397
7.11 Parser für EBNF-Produktionen .... (./Bsp7/pl0/EBNFPAR.str) 399
7.12 Parser für ML1 .... (./Bsp7/pl0/ml1.sht) 402
7.13 Parser für ML2 .... (./Bsp7/pl0/ml2.sht) 406

8.0 Prioritätswarteschlange, Version 0 .... (./Bsp8/prio/prio0.sht) 437
8.1 Prioritätswarteschlange, Version 1 .... (./Bsp8/prio/prio1.sht) 439
8.2 Prioritätswarteschlange, Version 2 .... (./Bsp8/prio/prio2.sht) 440
8.3 Prioritätswarteschlange, Version 3 .... (./Bsp8/prio/prio3.sht) 442
8.4 Prioritätswarteschlange, Version 4 .... (./Bsp8/prio/prio4.sht) 446
8.5 Prioritätswarteschlange, Version 5 .... (./Bsp8/prio/prio5.sht) 450
8.6 Standard-Container, Beispiel 1 .... (./Bsp8/stl/stl001.cpp) 459
8.7 Standard-Container, Beispiel 2 .... (./Bsp8/stl/stl002.cpp) 460

8.8 Standard-Strings, Beispiel 1 .... (./Bsp8/strings/ex1.cpp) 464
8.9 Standard-Strings, Beispiel 2 .... (./Bsp8/strings/ex2.cpp) 465

9.0 Stack, Version 1 .... (./Bsp9/stack/stack1.h) 468
9.1 Stack, Version 1, Anwendung .... (./Bsp9/stack/demo1.cpp) 469
9.2 Stack, Version 2, H-Datei .... (./Bsp9/stack/stack2.h) 470
9.3 Stack, Version 2, CPP-Datei .... (./Bsp9/stack/stack2.cpp) 470
9.4 Stack, Version 2a .... (./Bsp9/stack/stack2a.h) 471
9.5 Date, H-Datei .... (./Bsp9/date/date1.h) 473
9.6 Date, CPP-Datei .... (./Bsp9/date/date1.cpp) 473
9.7 Date, Anwendung .... (./Bsp9/date/demo1.cpp) 474
9.8 Friends .... (./Bsp9/friends/xyz.cpp) 485
9.9 Komplexe Zahlen, Version 0, H-Datei .... (./Bsp9/complex/complex0.h) 486
9.10 Komplexe Zahlen, Version 0, CPP-Datei .... (./Bsp9/complex/complex0.cpp) 489
9.11 Komplexe Zahlen, Version 0, Anwendung .... (./Bsp9/complex/demo0.cpp) 489
9.12 Komplexe Zahlen, Version 1, H-Datei .... (./Bsp9/complex/complex1.h) 491
9.13 Komplexe Zahlen, Version 1, CPP-Datei .... (./Bsp9/complex/complex1.cpp) 492
9.14 Komplexe Zahlen, Version 1, Anwendung .... (./Bsp9/complex/demo1.cpp) 492
9.15 Komplexe Zahlen, Version 2, H-Datei .... (./Bsp9/complex/complex2.h) 495
9.16 Komplexe Zahlen, Version 2, CPP-Datei .... (./Bsp9/complex/complex2.cpp) 498
9.17 Komplexe Zahlen, Version 3, H-Datei .... (./Bsp9/complex/complex3.h) 499
9.18 Komplexe Zahlen, Version 3, CPP-Datei .... (./Bsp9/complex/complex3.cpp) 502
9.19 Komplexe Zahlen, Version 4, H-Datei .... (./Bsp9/complex/complex4.sht) 504
9.20 Statische Elemente in einer Klasse .... (./Bsp9/static/x.cpp) 507
9.21 Funktionsobjekte, Beispiel 0 .... (./Bsp9/funcobjs/funcobj0.cpp) 511
9.22 Funktionsobjekte, Beispiel 1 .... (./Bsp9/funcobjs/funcobj1.cpp) 511
9.23 Funktionsobjekte, Beispiel 2 .... (./Bsp9/funcobjs/funcobj2.cpp) 511
9.24 Funktionsobjekte, Beispiel 3 .... (./Bsp9/funcobjs/funcobj3.cpp) 512
9.25 Funktionsobjekte, Beispiel 4 .... (./Bsp9/funcobjs/funcobj4.cpp) 513
9.26 Basisklasse Stack, H-Datei .... (./Bsp9/stack/stack3.h) 517
9.27 Basisklasse Stack, C-Datei .... (./Bsp9/stack/stack3.cpp) 518
9.28 Abgeleitete Klasse MyStack, H-Datei .... (./Bsp9/stack/mystack3.h) 518
9.29 Abgeleitete Klasse MyStack, Anwendung .... (./Bsp9/stack/demo3.cpp) 519
9.30 Abgeleitete Klassen, Konstruktion, ... (./Bsp9/inherit/inherit.cpp) 523
9.31 MyStack erbt privat von Stack .... (./Bsp9/stack/stack3a.sht) 527
9.32 MyStack benutzt Stack .... (./Bsp9/stack/stack3b.sht) 529
9.33 Abstrakte Klasse StackDef .... (./Bsp9/stack/stackdef.h) 530
9.34 Stack erbt von StackDef .... (./Bsp9/stack/stack4.h) 531
9.35 Anwendung der Klasse Stack .... (./Bsp9/stack/demo4.cpp) 532
9.36 Dynamisches Binden .... (./Bsp9/date/date2.cpp) 535
9.37 Zuweisung abgeleiteter Typen .... (./Bsp9/poly/a.cpp) 539
9.38 Heterogene Datenstruktur .... (./Bsp9/poly/b.cpp) 540
9.39 Virtueller Destruktor .... (./Bsp9/date/date3.cpp) 542
9.40 Graphiksystem, abstrakte Basisklasse .... (./Bsp9/figure/figure.h) 544
9.41 Graphiksystem, konkrete Klassen .... (./Bsp9/figure/objects.sht) 544
9.42 Graphiksystem, Anwendung .... (./Bsp9/figure/fgdemo.cpp) 545
9.43 Graphiksystem, erweitert .... (./Bsp9/figure/figures.sht) 547
9.44 Heterogen und generisch .... (./Bsp9/Any/Any.cpp) 550

9.45	Polymorphe Container, Basisklasse	(./Bsp9/Any/Any.h)	554
9.46	Polymorphe Container, Klasse sortable	(./Bsp9/Any/sortable.h)	556
9.47	Polymorphe Container, Klasse Integer	(./Bsp9/Any/integer.h)	557
9.48	Polymorphe Container, Klasse Container	(./Bsp9/Any/contain.h)	559
9.49	Polymorphe Container, Klasse Stack, H-Datei	(./Bsp9/Any/stack.h)	559
9.50	Polymorphe Container, Klasse Stack, CPP-Datei	(./Bsp9/Any/stack.cpp)	561
9.51	Polymorphe Container, Anwendung	(./Bsp9/Any/polycont.cpp)	563
9.52	Hierarchie mit abstrakter Basisklasse	(./Bsp9/inherit/ABC.cpp)	571
9.53	Fallstudie Querverweis-Listengenerator	(./Bsp9/inherit/cross.sht)	576
9.54	Mehrfachvererbung, Prinzip	(./Bsp9/multinhe/muin0.cpp)	580
9.55	Mehrfachvererbung, gemeinsame Basisklasse	(./Bsp9/multinhe/muin1.cpp)	581
9.56	Mehrfachvererbung, nichtvirtuelle Basisklasse	(./Bsp9/multinhe/muin2.cpp)	582
9.57	Mehrfachvererbung, virtuelle Basisklasse	(./Bsp9/multinhe/muin3.cpp)	584
9.58	Mehrfachvererbung, Verantwortlichkeiten	(./Bsp9/multinhe/muin4.sht)	586
9.59	Virtuelle Methoden und virtuelle Basisklassen	(./Bsp9/multinhe/muin5.cpp)	590
9.60	Fallstudie Querverweis-Listengenerator	(./Bsp9/multinhe/cr0.sht)	592
9.61	Generischer Stack, H-Datei	(./Bsp9/stack/stack5.h)	600
9.62	Generischer Stack, CPP-Datei	(./Bsp9/stack/stack5.cpp)	602
9.63	Generischer Stack, Anwendung	(./Bsp9/stack/demo5.cpp)	603
9.64	Generische Container, Vers. 1, Basisklasse	(./Bsp9/gencont/contadef.h)	608
9.65	Generische Container, Vers. 1, konkrete Klassen	(./Bsp9/gencont/contsa.sht)	609
9.66	Generische Container, Vers. 1, Anwendung	(./Bsp9/gencont/demoa.cpp)	610
9.67	Generische Container, Vers. 2	(./Bsp9/gencont/contsb.sht)	616
9.68	Generische Container, Vers. 2, Anwendung	(./Bsp9/gencont/demob.cpp)	616
9.69	Namensbereich, Beispiel 1	(./Bsp9/namesp/nsp1.cpp)	621
9.70	Namensbereich, Beispiel 2	(./Bsp9/namesp/nsp2.sht)	622
9.71	Namensbereich, Beispiel 3	(./Bsp9/namesp/nsp3.sht)	623
9.72	Namensbereich, Beispiel 4: Anwendung	(./Bsp9/namesp/nsp4.cpp)	627
9.73	Namensbereich, Beispiel 4: Stack, H-Datei	(./Bsp9/namesp/stack.h)	628
9.74	Namensbereich, Beispiel 4: Queue, H-Datei	(./Bsp9/namesp/queue.h)	628
9.75	Namensbereich, Beispiel 4: Stack, CPP-Datei	(./Bsp9/namesp/stack.cpp)	628
9.76	Namensbereich, Beispiel 4: Queue, CPP-Datei	(./Bsp9/namesp/queue.cpp)	629
9.77	Fehlerbehandlung, das Prinzip	(./Bsp9/exception/e0.cpp)	637
9.78	Fehlerbehandlung, Aufräumen des Stack	(./Bsp9/exception/e1.cpp)	639
9.79	Fehlerbehandlung, die Klasse Tiny	(./Bsp9/exception/tiny.h)	644
9.80	Fehlerbehandlung, die Klasse Error	(./Bsp9/exception/error.h)	646
9.81	Fehlerbehandlung, Anwendung	(./Bsp9/exception/tinydemo.cpp)	647
9.82	Fehlerbehandlung, Stack-Schnittstelle	(./Bsp9/exception/stack0.h)	654
9.83	Fehlerbehandlung, Stack-Implementierung	(./Bsp9/exception/stack0.cpp)	655
10.0	Smart Pointer zur Verwaltung des Heap	(./Bsp10/smart/demo1.cpp)	662
10.1	Smart Pointer für Vektor-Objekte	(./Bsp10/smart/demo2.cpp)	664
10.2	Iteratoren, das Prinzip	(./Bsp10/iter/iter00.cpp)	667
10.3	Iteratoren für einen Vektor	(./Bsp10/iter/iter0.h)	668
10.4	Demo zur Anwendung von Iteratoren	(./Bsp10/iter/iter01.cpp)	669
10.5	Iteratoren für eine Liste	(./Bsp10/iter/iter1.h)	670
10.6	Vektor mit Iteratoren für Direktzugriffe	(./Bsp10/iter/iter2.h)	673
10.7	Komplexere Algorithmen mit Iteratoren	(./Bsp10/iter/iter2.cpp)	674

10.8 Generische Container-Funktionen .... (./Bsp10/iter/generic.h) 677
10.9 Demo zur Anwendung generischer Funktionen .... (./Bsp10/iter/generic.cpp) 678
10.10 Ref.–Count-String-Klasse, H-Datei .... (./Bsp10/refcount/string3.h) 680
10.11 Reference-Count-String-Klasse, CPP-Datei .... (./Bsp10/refcount/string3.cpp) 681
10.12 Ref.-Count-String-Klasse, Test und Demo .... (./Bsp10/refcount/teststr3.cpp) 683
10.13 Reference-Count-Matrix-Klasse, H-Datei .... (./Bsp10/refcount/matrix2.h) 683
10.14 Reference-Count-Matrix-Klasse, CPP-Datei .... (./Bsp10/refcount/matrix2.sht) 684
10.15 Ref.-Count-Matrix-Klasse, Test und Demo .... (./Bsp10/refcount/testmat2.cpp) 686
10.16 Compilezeit-Berechnungen I .... (./Bsp10/metaprgs/fac.cpp) 688
10.17 Compilezeit-Berechnungen II .... (./Bsp10/metaprgs/vector.cpp) 690
10.18 Simulation von Steueranweisungen .... (./Bsp10/metaprgs/if.cpp) 690
10.19 Laufzeit-Polymorphismus .... (./Bsp10/metaprgs/frame.cpp) 692
10.20 Compilezeit-Polymorphismus .... (./Bsp10/metaprgs/frame2.cpp) 692
10.21 Simulation von Zusicherungen (1.1) .... (./Bsp10/assertio/stackde1.h) 697
10.22 Simulation von Zusicherungen (1.2) .... (./Bsp10/assertio/stack1.h) 698
10.23 Simulation von Zusicherungen (1.3) .... (./Bsp10/assertio/test1.cpp) 699
10.24 Simulation von Zusicherungen (2.1) .... (./Bsp10/assertio/myassert.h) 700
10.25 Simulation von Zusicherungen (2.2) .... (./Bsp10/assertio/stackde2.h) 702
10.26 Simulation von Zusicherungen (2.3) .... (./Bsp10/assertio/stack2.h) 703
10.27 Simulation von Zusicherungen (2.4) .... (./Bsp10/assertio/test2.cpp) 705
10.28 Schnittstelle der String-Klasse .... (./Bsp10/string/string0.hs) 708
10.29 Implementierung der String-Klasse .... (./Bsp10/string/string0.sht) 713
10.30 Eine Klasse *MyString* .... (./Bsp10/string/MyString.h) 715
10.31 Demo für die Klasse MyString .... (./Bsp10/string/TestMy.cpp) 716
10.32 Array-Klasse, H-Datei .... (./Bsp10/virtarr/array.h) 718
10.33 Fehler-Klasse .... (./Bsp10/virtarr/errors.h) 719
10.34 Array-Klasse, Test und Demo ....(./Bsp10/virtarr/arrtest.cpp) 720
10.35 Array-Klasse, CPP-Datei .... (./Bsp10/virtarr/array.cpp) 722
10.36 Die Klasse List, Headerdatei .... (./Bsp10/gencont2/list.h) 725
10.37 Die Klasse SList, Headerdatei .... (./Bsp10/gencont2/slist.h) 726
10.38 Die Klasse Tree, Headerdatei .... (./Bsp10/gencont2/tree.h) 727
10.39 Die Container Stack, Queue und Prio .... (./bsp10/gencont2/queue.h) 729
10.40 Die Container Set und Multiset .... (./Bsp10/gencont2/Set.h) 731
10.41 Die Container Map, Multimap und Vector .... (./Bsp10/gencont2/Map.h) 733
10.42 Container: Demo .... (./Bsp10/gencont2/Contain.cpp) 735

11.0 Automatische Größenanpassung von Strings .... (./Bsp11/strings/ex4.cpp) 745
11.1 Strings, Iteratoren und Algorithmen .... (./Bsp11/strings/ex5.cpp) 745
11.2 Strings und Elementfunktionen .... (./Bsp11/strings/ex6.cpp) 746
11.3 Strings und Ausnahmebehandlung .... (./Bsp11/strings/ex7.cpp) 747
11.4 Formatierung: ios-Operationen und ios-Flags .... (./Bsp11/io/iosfunc.cpp) 765
11.5 Formatierung: Manipulatoren und ios-Flags .... (./Bsp11/io/manip.cpp) 769
11.6 Eingabe mit Kontrolle .... (./Bsp11/io/inout.cpp) 774
11.7 Sortieren im Direktzugriff .... (./Bsp11/io/fileio2.cpp) 780
11.8 Arbeiten mit String-Streams .... (./Bsp11/io/strio1.cpp) 781
11.9 EA-Fehler und Exception-Mechanismus .... (./Bsp11/io/except3.cpp) 787
11.10 Eingabe ohne Kontrolle .... (./Bsp11/io/userdef0.cpp) 789
11.11 Eingabe mit Kontrolle .... (./Bsp11/io/userdef.cpp) 790

11.12 Selbstdefinierter Manipulator, Beispiel 1 .... (./Bsp11/io/manip2.cpp) 791
11.13 Selbstdefinierter Manipulator, Beispiel 2 .... (./Bsp11/io/manip3.cpp) 793
11.14 Selbstdefinierter Manipulator, Beispiel 3 .... (./Bsp11/io/manip4.cpp) 793
11.15 Selbstdefinierter Manipulator, Beispiel 4 .... (./Bsp11/io/manip5.cpp) 794
11.16 Umlenken eines Ausgabestromes, Beispiel 1 .... (./Bsp11/io/fileio6.cpp) 796
11.17 Umlenken eines Ausgabestromes, Beispiel 2 .... (./Bsp11/io/fileio7.cpp) 797
11.18 Container für Sequenzen, Beispiel 1 .... (./Bsp11/stl/stl0.cpp) 810
11.19 Container für Sequenzen, Beispiel 2 .... (./Bsp11/stl/stl1.cpp) 811
11.20 Containeradapter, Beispiel .... (./Bsp11/stl/stl2.cpp) 815
11.21 Container für Assoziationen, Beispiel 1 .... (./Bsp11/stl/stl3.cpp) 827
11.22 Container für Assoziationen, Beispiel 2 .... (./Bsp11/stl/stl3a.cpp) 828
11.23 Container `bitset`, Primzahlenberechnung .... (./Bsp11/stl/primes.cpp) 831
11.24 Iterator-Demo .... (./Bsp11/iterators/iter0.cpp) 832
11.25 Iterator als Container-Schnittstelle .... (./Bsp11/iterators/iter1.cpp) 835
11.26 Modell einer Containerklasse mit Iterator .... (./Bsp11/iterators/iter2.cpp) 836
11.27 Verwendung von Reverse-Iteratoren I .... (./Bsp11/iterators/iter3.cpp) 838
11.28 Verwendung von Reverse-Iteratoren II .... (./Bsp11/iterators/iter4.cpp) 839
11.29 Verwendung von Insert-Iteratoren .... (./Bsp11/iterators/iter5.cpp) 840
11.30 Verwendung von Stream-Iteratoren .... (./Bsp11/iterators/iter6.cpp) 844
11.31 Selbstdefinierter Iterator-Adapter .... (./Bsp11/iterators/iter7.cpp) 848
11.32 Funktionsobjekte und Algorithmen I .... (./Bsp11/funcobjs/funcobj2.cpp) 852
11.33 Funktionsobjekte und Algorithmen II .... (./Bsp11/funcobjs/funcobj3.cpp) 854
11.34 Funktionsadapter und Algorithmen .... (./Bsp11/funcobjs/funcobj4.cpp) 858
11.35 Sequentielle Operationen I .... (./Bsp11/algo/seqops.cpp) 861
11.36 Sequentielle Operationen II .... (./Bsp11/algo/seqops2.cpp) 863
11.37 Sequentielle Operationen III .... (./Bsp11/algo/seqops3.cpp) 868
11.38 Sortieren und Suchen I .... (./Bsp11/algo/sort.cpp) 873
11.39 Sortieren und Suchen II .... (./Bsp11/algo/sort2.cpp) 875
11.40 Mengenoperationen auf sortierten Strukturen .... (./Bsp11/algo/setops.cpp) 879
11.41 Mengenoperationen auf sortierten Strukturen .... (./Bsp11/algo/heapops.cpp) 883
11.42 Algorithmen für lexikographische Vergleiche .... (./Bsp11/algo/lexops.cpp) 886
11.43 Mengenoperationen auf sortierten Strukturen .... (./Bsp11/algo/permops.cpp) 888
11.44 Standard-Container, Textanalyse .... (./Bsp11/stl/stl4.cpp) 891
11.45 Standard-Container, Anagramme .... (./Bsp11/stl/stl5.cpp) 895

Abbildungsverzeichnis

1.1 Entwicklungsstufen der Programmiersprache C 5
1.2 Definition der Sprachsubsets *Clean-C* und *Better-C* 6
1.3 Syntaxdiagramme der Steueranweisungen, teilweise leicht vereinfacht . . . 53
1.4 Rekursive Berechnung mit Hilfe eines Stapelspeichers 57
1.5 Definition einer ANSI-C-Funktion 64
1.6 Aufruf einer ANSI-C-Funktion 65
1.7 Die Dualität zwischen Vektoren und Adressen 68
1.8 Kopieren einer Zeichenkette (String) 74
1.9 Vier Alternativen zur Darstellung einer Liste mit Strings 82
1.10 Typisierte und nichttypisierte Zeiger 94
1.11 Arbeiten mit dem Programm-Stack und mit dem Programm-Heap 99
1.12 Überblick über die Funktionalität des Moduls `stdio.h` 110
1.13 Zwei Realisierungsformen eines Stapelspeichers 138
1.14 Programm, bestehend aus sechs Modulen, Abhängigkeiten 142
1.15 Programm, bestehend aus sechs Modulen, Code 143
1.16 Aufbau einer *Translation Unit* 145
1.17 Allgemeine Struktur eines ANSI-C-Programms 146
1.18 Speicherverwaltung für C-Programme 159
1.19 Speichermodelle bei der Verwendung von 64 KByte-Datensegmenten . . . 160

3.1 Abstrakter Datentyp *Stapelspeicher* 186
3.2 Ein generischer Stapelspeicher 190
3.3 Abstrakter Datentyp *Komplex* 192
3.4 Modul *Strings* 196
3.5 Abstrakter Datentyp *Set* 199
3.6 Abbildung eines kleinen Set auf einen Integer-Typ 201
3.7 Abbildung eines Set auf einen statischen Integer Vektor 202
3.8 Abbildung eines Set auf einen dynamischen Integer-Vektor 205
3.9 Alternative Abbildung eines Set auf einen dynamischen Vektor 208
3.10 Realisierung der generischen Version des ADT Set 211
3.11 Benutzerschnittstelle des ADT *List* 215
3.12 Interner Aufbau des ADT *List* 216

3.13 Anpassung des Moduls *List* an verschiedene Anwendungen 220

4.1 Zeitverhalten verschiedener Sortieralgorithmen 252
4.2 Das *Problem des Handlungsreisenden* 253
4.3 Berechenbarkeit unter Berücksichtigung der Zeitkomplexität 254

5.1 Zeiger auf Strukturen 259
5.2 Zeiger in linearen Listen 259
5.3 Generieren einer Liste 261
5.4 Einfügen eines Knotens in eine einfach verkettete Liste 262
5.5 Löschen eines Knotens in einer einfach verketteten Liste (Tricklösung) . . 263
5.6 Einfügen eines Knotens in eine doppelt verkettete Liste 264
5.7 Löschen eines Knotens in einer doppelt verketteten Liste 264
5.8 Einfügen (Push) und Löschen (Pop) im Stapelspeicher 265
5.9 Einfügen und Löschen in einer Warteschlange 265
5.10 ADT List 266
5.11 Aufbau eines generischen ListManagers 268
5.12 Aufbau einer Prioritätswarteschlange 271
5.13 Einfügen in eine Prioritätswarteschlange, Vers. 1 272
5.14 Einfügen in eine Prioritätswarteschlange, Vers. 2 273
5.15 ADT SList 275
5.16 Aufbau eines generischen ListManagers für sortierte Listen 277
5.17 Aufbau eines binären Suchbaumes 280
5.18 Traversieren eines binären Suchbaumes 281
5.19 Einfügen eines Knoten in einen binären Suchbaum 283
5.20 Suchen in einem binären Suchbaum 284
5.21 Löschen in einem binären Suchbaum 285
5.22 ADT TreeManager 287
5.23 Aufbau eines generischen TreeManagers 289
5.24 Datenstruktur des Querverweislisten-Generators 294
5.25 Programmstruktur des Querverweis-Listengenerators 294
5.26 ADT zur Kapselung der angegebenen Datenstruktur 295
5.27 AVL-ausgeglichener Baum 298
5.28 Einfügen in einen AVL-Baum, Beispiel 1 300
5.29 Einfügen in einen AVL-Baum, Beispiel 2 301
5.30 Einfache LL-Rotation 303
5.31 Doppelte LR-Rotation 304
5.32 Wachsen eines AVL-Baumes 306
5.33 AVL-Baum, generiert mit Zufallsschlüsseln 307
5.34 Löschen im AVL-Baum 308
5.35 Schrumpfen eines AVL-Baumes 309
5.36 ADT AvlManager 310
5.37 Bayer-Baum 317
5.38 Wachsen eines Bayer-Baumes 318

5.39 Datenstruktur einer Seite in einem Bayer-Baum 320
5.40 Heap-Struktur 334
5.41 Aufwärtsgleiten in einem Heap 334
5.42 Abwärtsgleiten in einem Heap 335
5.43 Anordnen von Namen entsprechend ihrer Hashadressen 340
5.44 Hashing-Simulationsergebnisse 343
5.45 Halbdynamisches Hashverfahren 347
5.46 Kombination des Hashverfahrens mit Suchbäumen 348
5.47 Dynamisches Hashverfahren 351

6.1 Textanalyse 366

7.1 Endlicher Automat 377
7.2 Zahlenschloß 378
7.3 Scanner zur Erkennung von Bezeichnern 380
7.4 Scanner zur Erkennung von Zahlen 382
7.5 Scanner zur Erkennung von Kommentaren 383
7.6 Kellerautomat 390
7.7 Syntax der Metasprache EBNF 394
7.8 Syntax einer einfachen Sprache 394
7.9 Syntaxdiagramm für die Sprache ML1 401
7.10 Syntaxdiagramm für die Sprache ML2 405

8.1 ANSI/ISO-C, Better-C und ANSI/ISO-C++ 412
8.2 Datenkapselung, das *Gekochte-Ei-Modell* 435
8.3 *Prioritätswarteschlange, C-Version* 436
8.4 Datenkapsel *Prioritätswarteschlange*, C++-Version 438
8.5 Datenkapsel *Prioritätswarteschlange*, C++-Version 441
8.6 Erweiterung der Prioritätswarteschlange durch Vererbung 444
8.7 Verwendung einer *abstrakten Basisklasse* 445
8.8 Eine generische Klasse durch Verwendung des Template-Konzepts 449
8.9 Überblick über die C++-Standardbibliothek 453
8.10 Konzept der Standard Template Library (STL) 459
8.11 Anwendbarkeit von Iteratoren auf STL-Container 462

9.1 Eine Klasse Stack und zwei Stack-Objekte 472
9.2 Vererbung: Die Klasse `MyStack` erbt von der Basisklasse `Stack` 520
9.3 Öffentliches und privates Erben 528
9.4 Privates Erben und Benutzen 530
9.5 Statisches und Dynamisches Binden 538
9.6 Heterogene Liste als Ergebnis einer polymorphen Programmstruktur . . . 541
9.7 Klassensystem für graphische Objekte 543
9.8 Erweitertes Klassensystem für graphische Objekte 547
9.9 Polymorphe Struktur 551

9.10 Polymorphe Container-Struktur 553
9.11 Erweiterbare Systeme mit abstrakten Basisklassen 569
9.12 Hierarchie mit nicht abstrakter Basisklasse 570
9.13 Hierarchie mit abstrakter Basisklasse, Version 1 571
9.14 Hierarchie mit abstrakter Basisklasse, Version 2 571
9.15 Querverweis-Listengenerator 575
9.16 Mehrfachvererbung mit nichtvirtuellen Basisklassen 584
9.17 Mehrfachvererbung mit virtuellen Basisklassen 586
9.18 Querverweis-Listengenerator 593
9.19 Beziehungen zwischen Klassen in C++ 597
9.20 Beziehungen zwischen Klassen, UML-Darstellung 598
9.21 Generische Container, Version 1 607
9.22 Generische Container, eine Speziallösung 615
9.23 Ablauf ohne und mit Erzeugen eines Ausnahmeobjektes 641
9.24 Standardisierte Ausnahmeklassen 648

10.1 Zeiger als Iterator für einen Vektor 667
10.2 Eine doppelt verkettete Liste mit Iterator 670
10.3 Das Prinzip des Reference-Counting 680

11.1 Übersicht über die Module der C++-Standardbibliothek 738
11.2 Das Klassensytem zur Realisierung des Stream-IO-Konzeptes 759
11.3 Überblick über das Konzept der Standard Template Library 800
11.4 Anfangs- und Endwerte für Iteratoren 835
11.5 Anfangs- und Endwerte für Reverse-Iteratoren 839
11.6 Textanalyse 890
11.7 Anagrammgenerator 894

Tabellenverzeichnis

1.1 Elementare Datentypen in ANSI/ISO-C 23
1.2 Operatoren für Elementare Datentypen, Teil I 29
1.3 Operatoren für Elementare Datentypen, Teil II 30
1.4 Prioritäten von Operatoren 35
1.5 Konvertierungszeichen für die formatierte Ausgabe 120
1.6 Konvertierungszeichen für die formatierte Eingabe 121
1.7 Geltungsbereich, Lebensdauer und Bindung bei Variablen 134
1.8 Interne und externe Bindung bei Funktionen 135

6.1 Abbildung von Containerstrukturen auf Datenstrukturen 355

8.1 Operationen auf C++-Standard-Strings, eine Auswahl 463

10.1 Abbildung von Containerstrukturen auf Datenstrukturen 725

11.1 ios-Flags für die Formatierung 768
11.2 Manipulatoren 771
11.3 ios-Flags für das Öffnen von Dateien 777
11.4 ios-Flags für Dateizugriffe 778
11.5 ios-Flags zur Status- und Fehleranzeige 784
11.6 Operationen für Iteratoren 834
11.7 Funktionsobjekte der C++-Standardbibliothek 855
11.8 Funktionsadapter der C++-Standardbibliothek 858
11.9 Nicht modifizierende sequentielle Operationen 862
11.10 Modifizierende sequentielle Operationen, Teil I 867
11.11 Modifizierende sequentielle Operationen, Teil II 868
11.12 Sortieren, Suchen und ähnliche Operationen 874
11.13 Mengenoperationen 879
11.14 Heap-bezogene Operationen 882
11.15 Minimum, Maximum und ähnliche Operationen 885
11.16 Permutieren 888

Stichwortverzeichnis

Stichworte in Schreibmaschinenschrift sind Schlüsselwörter (z.B. while) oder Bibliotheksbezeichner (z.B. strcpy).

_

_IOFBF, _IOLBF, _IONBF, 173
__DATE__, 157
__FILE__, 157
__LINE__, 157
__STDC__, 157
__TIME__, 157
__cplusplus, 418

A

Ableitung, *siehe* Vererbung
abort, 177
abs, 178
Abstrakte Datentypen (ADT), 184
  Realisierung in C, 185
abstrakte Klasse, *siehe* Klassen
acos, 170
adjacent_find, 865
Adressen, **67**
  Adreßarithmetik, 69
  Adreßparameter, 70
ADT Avl, ausgegl. binärer Baum, **310**
  Anwendung, 315
  Entwurf und Implementierung, 311
  Implementierung, 312
  Spezifikation, 310
ADT List, unsortierte Liste, **265**
  Anwendung, 270
  Entwurf und Implementierung, 267
  Spezifikation, 266
ADT SList, sortierte Liste, **275**
  Entwurf und Implementierung, 276
  Spezifikation, 275
ADT Tree, binärer Suchbaum, **287**
  Anwendung, 292
  Entwurf und Implementierung, 288
  Spezifikation, 287
algorithm, 415
Algorithmen, **860**
  Beispiel Anagramme, 893
  Beispiel Textanalyse, 890
  generische, 675
  Heap-bezogene Operationen, 882
  Mengenoperationen, 879
  Minimax, lexikogr. Vergleiche, 885
  modifizierende, 867
  nicht modifizierende, 861
  Permutieren, 888
  Sortieren, Suchen u.a., 873
allocator_type, 748, 803, 819
and, 414
and_eq, 414
ANSI/ISO-C, **3**, **4**, **6**
  lexikalische Struktur, 17
  syntaktische Struktur, 17
ANSI/ISO-C-Standardbibliothek, **166**
Anweisungen, **21**
  bedingte, 42
  Steueranweisungen, 44
append, 751
Arrays, *siehe* Vektoren
  eine Klasse für, 718
asctime, 182
asin, 170
asm, 413
assert, 160, 166
assert.h, 166
assertions, *siehe* Zusicherungen
assign, 749, 805
at, 751, 807, 808
atan, 170
atan2, 170

atexit, 177
atof, 176
atoi, 176
atol, 176
Aufzählungstypen, **41**
Ausdrücke, **21**, **33**
  als Anweisungen, 42
  bedingte, 42
  mit gemischten Zahlentypen, 37
Ausnahmebehandlung, **451**, **635**
  Abbau des Programmstack, 638
  Beispiel Stack, 654
  Betriebsmittelverwaltung, 650
  Ebenen überspringen, 639
  Empfehlungen, 658
  Fehlerklassen, 641, 643
  Grundlagen, 636
  nicht aufgefangene Fehlerobjekte, 650
  nicht erwartete Fehlerobjekte, 649
  Objekte weiterreichen, 639
  Parameterübergabe, 642
  Problem mit dynamischen Daten, 653
  Spezifikation des Ausnahmeverhaltens, 648
  Sprachkonstrukte, 651
  standardisierte Klassen, 648
  Zusammenfassung, 659
auto, 19
auto pointer, *siehe* smart pointer
auto_ptr, 743
Automaten in der Softwaretechnik, **375**
Automaten und Sprachen, **376**
Automaten, endliche, **376**
Automaten, Kellerautomaten, **388**
automatic-Variable, 131
AVL-Bäume, *siehe* Bäume, binäre ausgeglichene

B

back, 805
bad, 785
Bäume, ausgeglichene Vielweg-, **316**
  Anwendung, 327
  Datenstrukturen, 320
  Einfügen in, 322
  Einführung und Konzept, 316
  Löschen in, 324
  Traversieren, 321
Bäume, binäre (wilde), **279**
  Einfügen in, 282
  Grundlagen, 279
  Löschen in, 284
  Suchen, 284
  Traversieren, 280
  Übungen, 286
Bäume, binäre ausgeglichene, **297**
  Algorithmen, 299
  Datenstruktur, 299
  Definition und Konzept, 297
  Einfügen in, 299
  Löschen in, 306
basic_string, 744
Basisklasse, *siehe* Klassen
Basisklassen, abstrakte und nicht abstrakte, **569**
Bayer-Bäume, *siehe* Bäume, ausgeglichene Vielweg-
begin, 750, 805, 820, 825
Better-C, **6**
  Erweiterungen, 21, 43, 54, 65, 108, 128, 147, 158
Bibliotheksklasse, ANSI/ISO-C++
  basic_fstream, 758, 776
  basic_ifstream, 758, 776
  basic_ios, 758, 767, 773, 785
  basic_istream, 758, 770, 777
  basic_istringstream, 758, 783
  basic_ofstream, 758, 776
  basic_ostream, 758, 773, 777
  basic_ostringstream, 758, 783
  basic_stringstream, 758, 783
  ios_base, 758, 767
Bin_search, 878
Bindung, statische und dynamische, 537
bitand, 414
Bitfelder, 91
bitor, 414
bitset, 415, 829
bool, 413, 420
Boolesche Ausdrücke, 40
break, 19, 51
bsearch, 178

BUFSIZ, 173

C

C-Standardbibliothek, **166**
c_str, 753
C++, Erweiterungen gegenüber C, **412**
allgemeine Bemerkungen, 412
Ausnahmebehandlung, 451
Bibliotheksmodule, neue, 415
Bindespezifikation, 417
bool, 420
Deklarationen und Bindung, 417
Einbinden von C-Code, 417
Inline-Funktionen, 419
Inline-Kommentare, 418
Klassen, 435
Namensraum std, 416
Objektorientierung, 435
Operatoren, neue, 415
Referenztypen, 424
Schlüsselwörter, neue, 413
Standardbibliothek, 453
Container, 458
Standard Template Library, 458
Stream-IO, 455
Strings, 461
Überblick, 453
calloc, 177
capacity, 750, 808
case, 19
catch, 413
ceil, 171
char, 19
Character-Konstanten, *siehe* Zeichenkonstanten
class, 413
Clean-C, **6**
Einschränkungen, 21, 43, 54, 65, 108, 128, 147, 158
clear, 750, 785, 806, 821, 825
clearerr, 126, 176
clock, 181
clock_t, 181
CLOCKS_PER_SEC, 181
close, 776
compare, 754
Compilezeit-Berechnungen, **688**
Compilezeit-Polymorphismus, **691**
compl, 414
complex, 415
const, 19, 25, 421
const_cast, 413, 632
const_iterator, 748, 803, 819
const_pointer, 748, 803, 819
const_reference, 748, 803, 819
const_reverse_iterator, 748, 803, 819
Container-Bibliothek, **799**
Datenstrukturen, 725
Container-Bibliothek, eine kleine, **725**
Konzept und Überblick, 725
Container-Strukturen
Set und Multiset, 730
Container-Strukturen in C, **353**
Anwendungsbeispiele, 364
Anagramme, 369
Textanalyse, 366
Übungen, 374
Implementierung, 354
Map, Multimap und Vector, 359
Set und Multiset, 358
Stack, Queue und Priorityqueue, 355
Test- und Demoprogramm, 364
Überblich, 354
Container-Strukturen, polymorph, **553**
Containerbibliothek, 553
Containerklassen, **799**
bitset, 829
deque, 803, 806
list, 803, 807
map, 818, 822
multimap, 818, 823
multiset, 823, 827
priority_queue, 814
queue, 813
set, 823, 826
stack, 814
vector, 803, 808
vector<bool>, 809
continue, 19, 50
copy, 753, 869
copy_backward, 869
copyfmt, 768
cos, 170

cosh, 170
count, 821, 826, 865
count_if, 865
ctime, 182
ctype.h, 166

D

data, 753
Dateien, **114**
  direkter Zugriff, 116
Datenstrukturen, **67**
  heterogene, 540
  Schachtelung von, 88
Datentypen
  elementare, 21
  vordefinierte, 21
default, 19
Default-Parameterwerte, **423**
define, 152
Definitionen, *siehe* Deklarationen
Definitionsdatei, *siehe* Headerdatei
Deklarationen, 25
  externe (globale), 129
  in C++, 422
  Syntax von, 105
delete, 413
deque, 803, 806
dequeue, 415
Destruktoren, 473
Destruktoren, implizite Erzeugung von, 477
Destruktoren, virtuelle, 541
difference_type, 748, 803, 819
difftime, 182
div_t, 176, 178
do, 19
do/while, 48
double, 19
duration, *siehe* Lebensdauer
dynamic_cast, 413, 632
dynamische Datenstrukturen, **257**, 258
dynamisches Binden, *siehe* Polymorphie

E

EBNF-Notation, **392**
EDOM, 167
Eingabe und Ausgabe, **110**
  Dateien, 114
  Drektzugriff auf Dateien, 122
  Fehlerbehandlung, 126
  Formatierung, 118
  mit Strings, 125
  Standardgeräte, 112
  stderr, 111
  stdin, 111
  stdout, 111
  Typen, Variable, Konstanten, 111
  Überblick, 110
  weitere Funktionen, 127
Eingabe und Ausgabe in C++, *siehe* Stream-IO
Element-Templates, 619
Elementfunktion, 442
  konstante, 481
  rein virtuelle, 529
  virtuelle, 525
else, 19
empty, 750, 805, 821
end, 750, 805, 820, 825
enum, 19
eof, 785
EOF, 173
equal, 866
equal_range, 821, 826, 878
ERANGE, 167
erase, 752, 806, 821, 825
errno, 167
errno.h, 167
exception, 415
Exception-Handling, *siehe* Ausnahmebehandlung
exceptions, 785
exit, 177
EXIT_FAILURE, 176
EXIT_SUCCESS, 176
exp, 170
explicit, 413, 476, 487
export, 413, 604
extern, 19
externe Bindung, 130

F

fabs, 171
fail, 785
false, 413

fclose, 115, 173
Fehlerbehandlung, **160**
feof, 116, 126, 176
ferror, 116, 126, 176
fflush, 127, 173
fgetc, 114, 174
fgetpos, 116, 175
fgets, 114, 174
FILE, 172
FILENAME_MAX, 173
fill, 768, 769, 871
fill_n, 871
find, 753, 821, 826, 864
find_end, 865
find_first_not_of, 753
find_first_of, 753, 865
find_if, 865
find_last_not_of, 753
find_last_of, 753
flags, 767
float, 19
float.h, 167
Floatingpoint-Konstanten, *siehe* Gleitkommakonstanten
floor, 171
flush, 773
fmod, 171
fopen, 115, 174
FOPEN_MAX, 173
for, 19, 48
for_each, 864
Formatierung, **118**
fpos_t, 172
fprintf, 114, 174
fputc, 115
fputs, 115, 174
fread, 122, 175
free, 97, 177
freopen, 115, 174
frexp, 170
friend, 413
friend-Funktionen, 485
friend-Klassen, 485
front, 805
fscanf, 114, 174
fseek, 122, 175
fsetpos, 116, 175
fstream, 415
ftell, 122, 175
functional, 415
Funktionen, **54**
  Aufruf von, 62
  Bibliotheksfunktionen, 64
  Definition, 62
  Deklaration, 55, 62
  Grundlagen, 54
  ohne Parameter, 423
  Prototyp, 55
  rekursive, 56
  variable Parameterzahl, 61
  virtuelle, 525
Funktions-Templates, **431**, 618
Funktionsobjekte, 510
Funktionsprototypen, 55
fwrite, 122, 175

G

gcount, 772
Geldkonvertierungen, 231
Geltungsbereich, **128**
generate, 871
generate_n, 871
generische Algorithmen, *siehe* Algorithmen, generische
generische Funktionen, **431**
generische Softwareentwicklung, **661**
get, 772
get_allocator, 750, 805, 820, 825
getc, 175
getchar, 112, 175
getenv, 178
getline, 755, 772
getloc, 798
gets, 112, 175
Gleitkommakonstanten, 26
gmtime, 182
good, 785
goto, 19, 50

H

Hashverfahren, **339**
  Allgemeines, 339
  Anwendungen, 352
  Basisalgorithmen, 341
  Berechnung der Hashadresse, 341

ein erstes Beispiel, 339
Kollisionsbehandlung, 342
lineares Sondieren, 342
quadratisches Sondieren, 343
Rehashing, 343
Simulationsergebnisse, 343
statische, 339
Headerdatei, **136**
allgemeiner Aufbau, 153
Heap-Strukturen, **333**
Einfügen in, 334
Entnehmen aus, 335
siftdown (runtergleiten), 335
siftup (hochgleiten), 335
Sortieren mit, 336
Zeitkomplexität, 336
Heapsort, 337
Heapverwaltung, **258**
`HUGE_VAL`, 169

I

identifier, *siehe* Namen
`if`, 19, 45
`if/else`, 45
`ifndef`, 153
`ignore`, 772
`imbue`, 798
Implementationsdatei, *siehe* Quellcodedatei
`include`, 152
`includes`, 880
Initialisierung von Vektoren, 69
`inline`, 413
Inline-Funktionen, **419**
Inline-Kommentare, **418**
`inplace_merge`, 878
`insert`, 751, 806, 821, 823, 825–827
`int`, 19
Integer-Konstanten, 26
intelligente Zeiger, *siehe* smart pointer
interne Bindung, 130
IO-Stream, *siehe* Stream-IO
`iomanip`, 415
`ios`, 415
ios-Flags, 456, 765
ios-Operationen, 456, 765
`iosfwd`, 415
`iostream`, 415
`is_open`, 776
`isalnum`, 166
`isalpha`, 166
`iscntrl`, 166
`isdigit`, 166
`isgraph`, 167
`islower`, 167
`isprint`, 167
`ispunct`, 167
`isspace`, 167
`istream`, 415
`isupper`, 167
`iter_swap`, 870
`iterator`, 415, 748, 803, 819
Iteratoren, 666
Arbeiten mit, 672
Grundlagen, 666
Klassifizierung, 672
`iword`, 798

J

`jmp_buf`, 171

K

`key_comp`, 821, 826
`key_compare`, 819, 824
`key_type`, 819, 824
Klassen, **438**, **442**, **445**, **449**, **468**
abstrakte, 448, 529
als abstrakte Datentypen, 468
Basisklasse, 444
Beziehungen zwischen, 596
Destruktoren, 473
friend-Funktionen, 485
friend-Klassen, 485
Funktionsobjekte, 510
Grundlagen, 468
Hinweise und Regeln, 514
Initialisierungslisten, 521
Konstruktoren, 473
Kopierkonstruktor, 500
minimale Standarschnittstelle, 479
mit dynamisch verwalteten Daten, 499
Polymorphie, 535
Referenzparameter, 495
Schachtelung von, 508

Schnittstellen-Klassen, 568
statische Elemente, 505
subtyping, 517
Typerweiterung, 517
Überladen von Konvertierungsoperatoren, 494
Überladen von Operatoren, 490
Übungsaufgaben, 515
Vererbung, 517, 535
virtuelle Destruktoren, 541
Zugriffsrechte, 484
Zuweisungsoperatoren, 477, 500
Klassen-Templates, **599**
Anwendung, 603
Aufteilung des Quellcodes, 604
Compilezeit-Polymorphismus, 620
Element-Templates, 619
generische Container-Bibliothek, 607
generischer Stack, 600
Grundlagen, 599
Implementierung, 602
Klassenschnittstelle, 600
Parameter, 605
partielle Spezialisierung, 612
Polymorphismus mit, 620
Spezialisierung, 611, 614
Komplexe Arithmetik, 486
Komplexe Zahlen, 495
Konstanten, **25**
Konstanz
logische, 482
physikalische, 482
Konstruktoren, 473
implizite Erzeugung von, 475
kontextfreie Sprachen, 392
Kontrollstrukturen, *siehe* Steueranweisungen
Kopierkonstruktor, 500
Bedeutung von, 475

L

L-Werte, 34
L_tmpnam, 173
labeled statements, 49
labs, 178
Laufzeit-Typinformation, **629**
Syntax und Semantik, 631
Laufzeiteffizienz, **503**
ldexp, 170
ldiv_t, 176, 178
Lebensdauer, **128**
Lebensdauer von Variablenwerten, **131**
length, 750
lexicographical_compare, 887
lexikalische Analyse, **380**
limits, 415
limits.h, 168
list, 415, 803, 807
Listen, lineare, **258**
doppelt gekettete, 263
einfach gekettet, 260
Listen,lineare
Übungen, 274
locale, 415
locale.h, 169, 172
localtime, 182
log, 170
log10, 170
long, 19
longjmp, 171
lower_bound, 821, 826, 877

M

make_heap, 884
malloc, 97, 177
Manipulatoren, 456, 769
map, 415, 818, 822
mapped_type, 819
math.h, 169
Matrixoperationen, 228
max, 887
max_element, 887
max_size, 750, 805, 821
MB_CUR_MAX, 176
mblen, 178
mbstowcs, 179
mbtowc, 179
mehrdimensionale Vektoren, 77
Mehrfachvererbung, **580**
Anwendungsbeispiel, 591
Grundlagen, 580
mit nichtvirtueller Basisklasse, 582
mit virtueller Basisklasse, 584

virtuelle und rein virtuelle Methoden, 590
Mehrfachzuweisungen, **42**
member function, *siehe* Elementfunktion
memchr, 180
memcmp, 180
memcpy, 179
memmove, 179
memory, 415
memset, 181
merge, 807, 878
Metaprogrammierung, *siehe* Programmiertechniken
Methode, *siehe* Elementfunktion
min, 887
min_element, 887
mismatch, 865, 866
mktime, 182
modf, 170
Modulare Programmierung, **184**
- Abstrakte Datentypen (ADT), 184
- Beispiel komplexe Arithmetik, 192
- Beispiel Set, 199
- Beispiel sortierte Liste, 214
- Beispiel Strings, 195
- Datenkapselung, 184
- Geheimnisprinzip, 184
- generische Module in C, 188
- Grundlagen, 184
- Übungen, 228

Module, **136**
multimap, 818, 823
multiset, 823, 827
mutable, 413, 483

N

Namen, **26**
Namensbereiche, **432**, **621**
- Using-Direktive, 625
- Using-Deklaration, 625
- anonyme, 626
- Anwendung, 627
- Erweiterung von, 622
- Grundlagen, 621

namespace, 413
namespaces, *siehe* Namensbereiche
narrow, 798
new, 413, 415
new-Handler, 428
next_permutation, 889
not, 414
not_eq, 414
nth_element, 877
NULL, 172, 173, 176, 181

O

Oberklasse, *siehe* Klassen, Basisklasse
Objekt, 442
Objekte, 34
- konstante, 481

objektorientierte Programmierung, **467**
objektorientierte Softwareentwicklung, **661**
Objektschachtelung, 546
offsetof, 172
open, 776
operator, 413
operator +, 755
operator +=, 751
operator <, 806, 822, 826
operator <<, 755, 773
operator <=, 741, 806, 822, 826
operator =, 749, 805, 820, 825
operator ==, 755, 806, 822, 826
operator >, 741, 806, 822, 826
operator >=, 741, 755, 806, 822, 826
operator >>, 755, 770
operator [], 751, 807, 808, 823
operator !, 785
operator !=, 741, 806, 822, 826
operator void*, 785
Operatoren, **21**, **28**
- binäre, 28
- für elementare Datentypen, 28
- Postfix-, 32
- Präfix-, 32
- Prioritäten von, 35
- sonstige, 33
- unäre, 31
- Zuweisungs-, 33

or, 414
or_eq, 414
ostream, 415

P

pair, 741
Parser, **392, 393**
Parser für ML1 und ML2, **400**
Parser, Regeln zur Entwicklung von, 396
partial_sort, 877
partial_sort_copy, 877
partitition, 872
peek, 772
perror, 126, 176
pointer, 748, 803, 819
polymorphe Container-Strukturen, **553**
Polymorphie, **535**
  Aspekte der, **549**
pop_back, 806
pop_front, 807
pop_heap, 884
pow, 171
Präprozessor, **152**
  bedingte Einfügung, 153
  bedingte Übersetzung, 153
  define, 152
  Einfügen von Dateien, 152
  ifndef, 153
  include, 152
  Makros, 154
  Textersetzungen, 152
  vordefinierte Bezeichner, 157
  vordfinierte Bezeichner, 157
precision, 768
prev_permutation, 889
printf, 112, 174
Prioritätswarteschlange, **271**
priority queue, *siehe* Prioritätswarteschlange
priority_queue, 814
private, 413
Produktion, 379
Programmiertechniken, **662**
  Algorithmen, generische, 675
  Compilezeit-Berechnungen, 688
  Compilezeit-Polymorphismus, 691
  Iteratoren, 666
  Referenzzählung, 679
  smart pointer, 662
  Zusicherungen, 694
Programmstruktur, **128**
protected, 413
ptrdiff_t, 172
public, 413
push_back, 806
push_front, 807
push_heap, 884
put, 773
putback, 772
putc, 175
putchar, 113, 175
puts, 112, 175
pword, 798

Q

qsort, 178
Quellcodedatei, 136
Querverweis-Listengenerator, 293
queue, 415, 813
Queue, *siehe* Warteschlange

R

rand, 177
RAND_MAX, 176
random_shuffle, 872
rbegin, 750, 805, 820, 825
rdbuf, 781, 783, 797
rdstate, 785
read, 772
readsome, 772
realloc, 177
Records, *siehe* Strukturen
reference, 748, 803, 819
Reference-Counting, *siehe* Referenzzählung
Referenzparameter, 495
Referenzzählung, 679
register, 19
register-Variablen, 132
register_callback, 798
reguläre Sprachen, **379**, 395
reinterpret_cast, 413, 633
remove, 127, 173, 807, 871
remove_copy, 871
remove_copy_if, 871
remove_if, 807, 871
rename, 127, 173
rend, 750, 805, 820, 825
replace, 752, 870

replace_copy, 870
replace_copy_if, 870
replace_if, 870
reserve, 750, 808
resize, 750, 805
return, 19, 51
reverse, 807, 872
reverse_copy, 872
reverse_iterator, 748, 803, 819
rewind, 117, 175
rfind, 753
rotate, 872
rotate_copy, 872
RTTI, *siehe* Laufzeit-Typinformation

S

scanf, 112, 174
Scanner, **380**
Scanner für Kommentare, **383**
Scanner für Sprachsymbole, **384**
Scanner für Zahlen, **381**
Schachtelung von Objekten, 546
Schlüsselwörter
  Übersicht (ANSI/ISO-C), **19**
  Übersicht (ANSI/ISO-C++), 413
Schnittstellen-Klassen, **568**
scope, *siehe* Geltungsbereich
search, 866
search_n, 866
SEEK_CUR, SEEK_END, SEEK_SET, 173
seekg, 777, 778
seekp, 778
selbstverwaltete Daten, **97**
set, 415, 823, 826
set_difference, 881
set_intersection, 881
set_symmetric_difference, 881
set_union, 880, 881
setbuf, 127, 174
setf, 768
setjmp, 171
setjmp.h, 171
setstate, 785
setvbuf, 127, 174
short, 19
signal.h, 171
Signatur, 526
signed, 19
sin, 170
sinh, 170
size, 750, 805, 821
size_t, 172, 176, 181
size_type, 748, 803, 819
sizeof, 19
smart pointer, 662
Softwareentwicklung
  generische, **661**
  objektorientierte, **661**
sort, 807, 876
sort_heap, 884
Sortieren
  Bubblesort, 243
  einfache Sortieralgorithmen, 242
  Heapsort, 245
  Insertionsort, 243
  Mergesort, 247
  Quicksort, 245
  schnelle Sortieralgorithmen, 244
  Selectionsort, 244
  Zeitmessungen, 248
Speicherklassen, **128**
Speichermodelle, **158, 159**
Speicherverwaltung, **158**, **427**
Spezialisierung von Templates, 611
Spezialisierung, partielle, 612
splice, 807
Sprachen, kontextfreie, **388**
Sprachen, reguläre, **376**
sprintf, 125, 174
sqrt, 171
srand, 177
sscanf, 125, 174
sstream, 415
stable_partitition, 872
stable_sort, 876
stack, 415, 814
Stack, *siehe* Stapelspeicher
Standard Template Library (STL), **799**
  Assoziationen, 816
  Containeradapter, 812
  Konzept und Übersicht, **799**
  Sequenzen, 801
Standardbibliothek, **165**, **453**, **737**
  Algorithmen, **860**

allgemeine Definitionen, 172
allgemeine Dienste, **740**
ANSI/ISO-C, 165
ANSI/ISO-C++, 737
assert.h, 166
Ausnahmebehandlung, 171, **898**
Container, **799**
ctype.h, 166
Datum und Zeit, 181
Ein- und Ausgabe, 172
errno.h, 167
Fehlerdiagnostik, 166
Fehlererkennung, 167
float.h, 167
Funktionsobjekte, **851**
globale Sprünge, 171
Grenzwerte, **901**
Grenzwerte für ganzzahlige Typen, 168
Grenzwerte für Gleitkommatypen, 167
Hilfsfunktionen, 176
Internationallisierung, **903**
Iteratoren, **832**
limits.h, 168
locale.h, 169, 172
lokale Kontrolle, 169
math.h, 169
mathematische Funktionen, 169
Numerik, **902, 903**
setjmp.h, 171
signal.h, 171
stddef.h, 172
stdio.h, 172
stdlib.h, 176
Streams, **756**
String-Operationen, 179
string.h, 179
Strings, **744**
time.h, 181
Übersicht, **738**
variable Parameterlisten, 172
Weitere, **898**
Zeichenoperationen, 166
Standardgeräte, **112**
Stapelspeicher, **258**
als lineare Liste, 264
static, 19
static-Variablen, 132
static_cast, 413, 631
statische Typisierung, 629
stddef.h, 172
stderr, stdin, stdout, 173
stdexept, 415
stdin, 112
stdio.h, 172
stdlib.h, 176
stdout, 112
Steueranweisungen, **44**
Anweisungen mit Marken, 49
break, 51
continue, 50
do/while, 48
for, 48
goto, 50
if, 45
if/else, 45
mit Marken, 49
return, 51
Sprünge, 49
switch, 46
Übersicht, 44
Verbundanweisung, 45
Verzweigungen, 45
while, 47
Wiederholungen, 47
Zusammenfassung, 52
str, 783, 784
strcat, 72, 179
strchr, 180
strcmp, 73, 180
strcoll, 180
strcpy, 72, 179
strcspn, 180
Stream-IO, **756**
Arbeiten mit Dateien, 457, 774
Aufbau der Bibliothek, 758
EA selbstdefinierter Typen, 789
Ein- Ausgabe im Standardmodus, 756
Formatierung, 456, 765
Selbstdefinierte Manipulatoren, 791
Stream-IO, Zustände und Fehler, 784
streambuf, 415

strerror, 181
strftime, 182
string, 415, 744
string.h, 179
Strings, **72**
  alternative Darstellungen, 75
  Konzept und Übersicht, **744**
Strings, eine Klasse für, 706
strlen, 72, 181
strncat, 179
strncmp, 180
strncpy, 179
strpbrk, 180
strrchr, 180
strspn, 180
strstr, 180
strtod, 177
strtok, 180
strtol, 177
strtoul, 177
struct, 19
struct tm, 181
Strukturen, **85**
  Arbeiten mit, 86
  Initialisierung von, 89
  rekursive, 87
Strukturtypen, Erweiterung, **421**
strxfrm, 180
Suchbäume, 279
Suchen
  binäres Suchen, 250
  lineares Suchen, 250
swap, 753, 755, 806, 821, 822, 825, 826, 870
swap_ranges, 870
switch, 19, 46
sync_with_stdio, 798
syntaktische Analyse, **392**
Syntaxdiagramme, **392**
system, 178

T

tan, 170
tanh, 170
tellg, 778
tellp, 778
template, 413
Templates, *siehe* Funktions-Templates, *siehe* Klassen-Templates
this, 413
this, der vordefinierte Zeiger, 472
throw, 413
tie, 773
time, 182
time.h, 181
time_t, 181
TMP_MAX, 173
tmpfile, 127, 173
tmpnam, 127, 173
tolower, 167
toupper, 167
traits_type, 748
transform, 870
true, 413
try, 413
Typdefinitionen, 76
typecasts, **434**
typedef, 19, 76
typeid, 413, 633
typeinfo, 415
typename, 413
Typerweiterung, **517**
Typkonvertierungen, **36**, **420**, **434**, 629

U

Überladen von Operatoren, **431**, 490
  Hinweise zum, 494
Umwandlungskonstruktoren
  Bedeutung von, 476
unget, 772
ungetc, 114, 175
union, 19
Unionen, *siehe* Vereinigungen
unique, 807, 871
unique_copy, 871, 872
unsetf, 768
unsigned, 19
Unterklasse, *siehe* Klassen
upper_bound, 821, 826, 877
using, 413
utility, 415

V

va_arg, 172
va_end, 172

va_list, 172
va_start, 172
valarray, 415
value_comp, 821, 826
value_compare, 819, 820, 824
value_type, 748, 803, 819, 824
variable Parameterzahl, **423**
Variablen, **25**
  automatische, 131
  Lebensdauer, 131
  Register-, 132
  statische, 132
vector, 415, 803, 808
vector<bool>, 809
Vektoren, **67**
  Initialisierung, 69
  mehrdimensionale, 77
Verbundanweisung in C++, 422
Vereinbarungen, *siehe* Deklarationen
  interne (lokale), 129
Vereinigungen, **92**
Vererbung, **517**
  Basisklassen, abstrakte, 569
  Destruktoren, 521
  Grundlagen, 517
  Konstruktoren, 521
  Mehrfachfererbung, 580
  öffentliche und private, 527
  privates Erben und Benutzen, 528
  Probleme mit, 565
  richtige Anwendung, 565
  Übungsaufgaben, 533
  virtuelle Funktionen, 525
  Zuweisungsoperatoren, 521
vfprintf, 115, 174
virtual, 413
void, 19
volatile, 25
volatile, 19
vprintf, 113, 174
vsprintf, 125, 174

W

Warteschlange, **258**
  als lineare Liste, 265
wchar_t, 172, 176, 413
wchar_t, der Typ, 420
wcstombs, 179
wctomb, 179
Wertesemantik, **67**, 97
while, 19, 47
widen, 798
width, 768
write, 773
wstring, 744

X

xalloc, 798
xor, 414
xor_eq, 414

Z

Zahlen, **37**
  ganze, 26
  Gleitkommazahlen, 26
Zeichen, **39**
Zeichenketten, *siehe* Strings
Zeichenkonstanten, 27, **420**
Zeiger, **67**
  auf Funktionen, 148, 149
  Konvertierung zwischen, 95
  Konvertierungen, 92
  nichttypisierte (**void***), 75, 93
  Regeln zur Konvertierung, 96
  typisierte, 92
Zeigernotation, **258**
Zeigersemantik, **67**, 97
Zeitkomplexität, **238**
  binäres Suchen, 250
  die Macht der, 251
  einfache Sortieralgorithmen, 242
  lineares Suchen, 250
  Messungen, 248
  schnelle Sortieralgorithmen, 244
Zugriffsrechte, 484
Zusicherungen, 694
  Simulation von, 696, 700
Zusicherungen, Zusammenfassung, 705
Zuweisungsoperatoren, 477, 500, 522, **578**
  für Klassen mit polymorphen Zeigern, 578
  implizite Erzeugung von, 477
  in abgeleiteten Klassen, 521